汇集十年精华
展现裁判思维
促进适法统一

《中国法院年度案例集成丛书》

主　　编　胡田野　国家法官学院副院长

副 主 编　刘　畅　最高人民法院司法案例研究院规划部主任

　　　　　　李晓果　最高人民法院司法案例研究院研究部副主任

主编助理　赵文轩　最高人民法院司法案例研究院规划部编辑

本书编审人员　唐世银

序

党的十八大以来，以习近平同志为核心的党中央高度重视依法治国，明确提出全面依法治国，坚持在法治轨道上推进国家治理体系和治理能力现代化。党的二十大报告指出，要坚持走中国特色社会主义法治道路，建设中国特色社会主义法治体系、建设社会主义法治国家，围绕保障和促进社会公平正义，坚持依法治国、依法执政、依法行政共同推进，坚持法治国家、法治政府、法治社会一体建设，全面推进科学立法、严格执法、公正司法、全民守法，全面推进国家各方面工作法治化。人民法院始终坚持以习近平新时代中国特色社会主义思想为指导，深入贯彻落实习近平法治思想，把加强案例指导和研究作为助力推进全面依法治国的重要途径，通过制定司法解释、发布指导性案例、提炼裁判要旨、推行类案检索等系列举措，深入推进法律适用统一，不断提升司法质量、效率和公信力，努力让人民群众在每一个司法案件中感受到公平正义。

“中国法院年度案例丛书”是国家法官学院于2012年开始编辑出版的一套大型案例丛书，每年年初定期出版。截至2022年，已经连续出版11年。2020年起，丛书由国家法官学院和最高人民法院司法案例研究院共同编著。丛书编辑始终坚持以习近平新时代中国特色社会主义思想为指导，深入贯彻落实习近平法治思想，深化成果运用，认真总结案例积累的审判执行经验做法，积极回应人民群众多元司法需求，记录我国司法审判执行工作发展进程，助力丰富司法审判理论，构建中国法治话语体系。该丛书案例涵盖人民法院刑事、民事、商事、行政、知产、环资和执行各业务领域，按照业务领域和案由层级设计分册及纲目，目前汇编案例合计1.2万余篇。丛书严格遵循案例选编要求，突出争议焦点、裁判规则和法律适用分析，追求“好读有用”，已经形成品牌效应。为总结十余年的案例编选和研究经验，在全国各级人民法院的大力支持下，国家法官学院与最高人民法院司法案例研究院经全面梳理丛书的1.2万余篇案例，以新法新规为依据，对于其中“判得好且写得好”的案例进行再次深度加工，编辑出版“中国法院年度案例集成丛书”。

“中国法院年度案例集成丛书”坚决贯彻落实党的二十大报告关于坚持全面依法治国，推进法治中国建设的部署要求，深度挖掘优秀案例在完善裁判规则体系、促进统一法律适用、促进民法典等新法新规正确实施和应用法学研究等方面的法治价值、学术价值和时代价值，探索体系化提炼和编纂裁判规则的新思路，发挥司法案例的规范、指导、评价、引领作用，展现新时代我国法治建设成就，大力弘扬社会主义核心价值观，助推全民法治意识和法治素养提升。

“中国法院年度案例集成丛书”共15个分册：《物权纠纷裁判规则理解与适用》《合同纠纷裁判规则理解与适用》《借款担保纠纷裁判规则理解与适用》《人格权纠纷裁判规则理解与适用》《婚姻家庭与继承纠纷裁判规则理解与适用》《侵权纠纷裁判规则

理解与适用》《道路交通纠纷裁判规则理解与适用》《保险纠纷裁判规则理解与适用》《劳动纠纷裁判规则理解与适用》《公司纠纷裁判规则理解与适用》《金融纠纷裁判规则理解与适用》《知识产权纠纷裁判规则理解与适用》《行政纠纷裁判规则理解与适用》《刑事案例裁判规则理解与适用》《执行纠纷裁判规则理解与适用》。丛书在编辑工作中坚持以下原则：一是突出裁判规则价值。以历年“中国法院年度案例丛书”采用的1.2万余篇案例为精选基础，优中选优，提供给读者十余年积累的多类型、多视角的疑难新型典型性案例，概览人民法院的类型化裁判规则。二是方便读者检索。为体现以读者为本的理念，丛书分卷细化，每卷根据最新的案由、法律适用问题分类编排案例，以裁判规则、裁判思路或案件焦点的核心内容作为主标题，让读者一目了然，迅速找到目标案例。三是注重案例分析的实用性。根据最新的法律法规以及司法解释对原“法官后语”进行完善，高度提炼案例对理解和适用新法新规的参考价值，为新型疑难法律适用问题提供解决方案，为司法工作提供借鉴，为法学研究提供启迪。

中国法制出版社始终全力支持“中国法院年度案例集成丛书”的出版，给了作者和编辑们巨大的鼓励。该丛书还提供了数据库增值服务，内附精美书签，扫描其中二维码，即可免费查阅往年同类案例数据库。我们在此谨表谢忱，并希望通过共同努力，臻于至善，真正探索出一条编辑案例书籍、挖掘案例价值的新路，不断增强丛书案例的代表性、时代性、权威性，丰富案例类型，细化裁判规则，提升分析质量，以更好服务于社会主义法治国家建设、服务于司法审判执行工作、服务于学习研究法律的广大读者。

“中国法院年度案例集成丛书”既是法官、检察官、律师等法律工作者的办案参考和司法人员培训的实用教材，也是社会大众学法用法的经典案例读本，同时是教学科研机构案例研究的良好素材。当然，我们难以一步到位实现初衷，该丛书还存在各种不足甚至错误，欢迎读者批评指正。我们愿听取各方建议，不断拓宽司法案例研究领域，有效发挥类案裁判规则功能，立足新发展阶段，实现中国特色司法案例研究事业的高质量发展。

国家法官学院

最高人民法院司法案例研究院

2023年2月

目 录

Contents

一、财产保险合同纠纷

(一) 机动车相关保险合同纠纷

（二）责任保险合同纠纷

（三）其他财产保险合同纠纷

（二）意外伤害保险合同纠纷

（三）健康保险合同纠纷

三、保险人代位求偿权纠纷

一、财产保险合同纠纷

（一）机动车相关保险合同纠纷

001 单方委托鉴定未送达对保险公司不具有约束力，但仍不免除保险公司的定损义务

——钱某诉保险公司财产保险合同案

【案件基本信息】

1. 裁判书字号

江苏省无锡市梁溪区人民法院（2020）苏 0213 民初 3975 号民事判决书

2. 案由：财产保险合同纠纷

3. 当事人

原告：钱某

被告：保险公司

【基本案情】

2019 年 1 月 6 日，钱某为 A 号车辆向保险公司投保了车损险（保险金额 27160 元）、第三者责任险（保险金额 1000000 元）、不计免赔率等险种，保险期限为 2019 年 1 月 26 日至 2020 年 1 月 25 日。2019 年 8 月 26 日 13 时 14 分，杨某驾驶的 B 号车与张某驾驶的 C 号车与钱某驾驶的 A 号车发生道路交通事故。由于杨某未与前方同车道行驶的车辆保持必要的安全距离，经苏州市公安局交通

警察支队高速公路三大队处理认定，杨某负此次事故的全部责任，钱某与张某无责。事故发生后，钱某委托估价公司对A号车损失进行公估鉴定，经公估鉴定，最终车辆损失评估金额为24520元（公估基准日为2019年8月26日，即出险日）。后钱某支付公估费750元。2019年9月5日，估价公司向保险公司邮寄告知函，对车损评估的时间、地点等内容进行告知。

审理过程中，保险公司申请对保险车辆的维修价格进行公估鉴定。法院委托公估公司对保险车辆维修价格进行评估，经公估，评估标的在公估基准日（2019年8月26日，即出险日）的车辆评估损失金额为22600元，保险公司预交评估费1756元。诉讼中，钱某提供告知函、物流信息等证据，该快件最后状态显示为“上门派件”，经质证，保险公司认为其并未收到上述材料。

【案件焦点】

钱某单方委托进行的鉴定是否有效，保险公司能否要求重新鉴定。

【法院裁判要旨】①

江苏省无锡市梁溪区人民法院经审理认为：钱某与保险公司订立的保险合同系当事人的真实意思表示，依法成立、有效。事故发生在保险期间内，保险公司应当承担相应的保险责任。保险公司申请重新公估鉴定，经委托公估公司评估，案涉车辆评估损失金额为22600元，公估公司具有鉴定资质，予以认可，保险公司应当向钱某赔偿22600元。保险公司称其已在事故发生后进行定损，但无证据

---

① 本书【法院裁判要旨】适用的法律法规等条文均为案件裁判当时有效，下文不再对此进行提示。

证明将定损结果送达钱某处，不予采信。钱某称在委托评估前已向保险公司寄送了告知函，但钱某提供的快件物流信息中最后状态显示为“上门派件”，并未有签收的记录，保险公司亦否认收到上述告知函，故钱某系自行委托评估，保险公司未予参与，对钱某委托估价公司所作的公估鉴定结论书，不予采纳。保险公司在保险事故发生后未进行定损，系怠于履行保险合同约定的义务，钱某自行委托评估的评估费 750 元应由保险公司承担。保险公司申请委托评估产生的评估费 1756 元，系为查明和确定保险标的损失程度所支付的必要的、合理的费用，保险公司已预交，应由保险公司承担。

江苏省无锡市梁溪区人民法院依照《中华人民共和国保险法》第二十三条之规定，作出如下判决：

一、保险公司应于本判决发生法律效力之日起 10 日内赔偿保险理赔款 22600 元；

二、驳回钱某的其他诉讼请求。

判决后，双方当事人均未上诉，本判决现已生效。

【法官后语】①

在车辆损失保险合同纠纷案件中，车辆损失的评估是案件处理必要的一环。当事人自行委托得出的鉴定意见，在实务处理中应如何认定？根据民事诉讼法的规定，鉴定意见属于证据的一种，单方委托作出的鉴定意见，符合证据的形式要件。但是从证据的实质要件上看，单方委托剥夺了保险公司参与查勘、选择鉴定机构并提出相关意见的权利，保险公司无法对鉴定方法、鉴定过程、检材等进行确认。根据

---

① 本书【法官后语】对相关法律问题涉及的法律法规等进行了时效性更新，下文不再对此进行提示。

《最高人民法院关于民事诉讼证据的若干规定》第四十一条之规定，对于一方当事人就专门性问题自行委托有关机构或者人员出具的意见，另一方当事人有证据或者理由足以反驳并申请鉴定的，人民法院应予准许。与单方委托的司法鉴定程序相比，法院委托作出的鉴定意见，程序更合法，是在双方当事人共同同意的基础上选择鉴定机构，鉴定人需要接受双方当事人的共同监督；法院委托鉴定提交的鉴定材料更充分，综合双方的鉴定材料作出的鉴定结论更公允。

1. 单方委托鉴定意见可以采纳的基本条件

一是在进行单方委托时，应通知保险公司，允许保险公司对选择的鉴定机构资质等提出异议。参与对鉴定机构的选择是保险公司程序参与权的重要环节，通过保险公司的参与，可以避免其后对鉴定机构的资质等产生争议。二是在对保险车辆进行定损时，应通知保险公司到场。无论是被保险人还是委托的鉴定机构向保险公司发出通知，该通知都应实际送达到保险公司。若剥夺保险公司参与查勘、选择鉴定机构并提出相关意见的权利，保险公司就无法对鉴定方法、鉴定过程、检材等进行确认。三是应当选择人民法院委托鉴定机构名录中且具备对应资质的鉴定机构。四是诉讼中鉴定人到庭接受询问。在保险公司对鉴定意见不予认可、申请重新鉴定的情况下，赋予保险公司询问鉴定人的权利，既能使鉴定程序的问题暴露，也能使法院形成心证，作出合理的判断。

具体到本案，法院之所以不采纳单方意见，主要出于以下考虑：一是钱某未提供证据证明向保险公司的通知已经送达，钱某虽提供告知函、物流信息等证据，但该快件最后状态显示为“上门派件”，未有签收记录，保险公司亦否认收到上述材料。二是保险公司未到场参与鉴定程序。三是钱某未提供车辆维修的相关材料。

2. 单方委托鉴定意见即使不被法院采纳，也不能免除保险公司的定损义务

定损义务是保险条款明确约定的义务，保险公司不仅要承担定损义务，而且保险人、被保险人为查明和确定保险事故的性质、原因和保险标的的损失程度所支付的必要的、合理的费用，以及保险事故发生后被保险人为防止或者减少保险标的的损失所支付的必要的、合理的费用，亦应由保险公司承担。

具体到本案中，法院虽未采纳钱某单方委托作出的鉴定意见，但考虑到保险公司未履行定损义务，且重新鉴定的评估金额与钱某单方委托评估的金额相差不大，故认定由保险公司承担两次评估的评估费。

3. 单方委托鉴定意见存在的价值

一是保险公司在交通事故发生后拒绝定损或怠于定损，则视为保险公司放弃了查勘车损的权利，此时被保险人委托第三方鉴定机构对车损进行鉴定不存在过错，在保险公司没有提供反驳证据的情况下，可以采纳单方委托的鉴定意见。二是在充分保证保险公司程序参与权的条件下，可以考虑采纳单方委托鉴定意见。否则，完全否认单方委托鉴定的效力，则纵容了保险公司过分压低定损金额的做法。在部分车损数额较大的案件中，保险公司定损金额与单方委托定损金额差距甚大，有的定损金额甚至仅为委托定损金额的一半左右，部分被保险人为了减少损失，不得不接受保险公司过低的定损。三是在法院委托鉴定的金额与被保险人单方委托鉴定的金额差距不大的情况下，亦是对法院委托鉴定意见的佐证，可以加强第二次鉴定意见的证明力。

编写人：江苏省无锡市梁溪区人民法院　李涛

002 驾驶员未办理道路运输从业资格证不构成保险公司免责事由

——物流公司诉财保公司保险合同案

【案件基本信息】

1. 裁判书字号

湖南省资兴市人民法院（2020）湘1081民初724号民事判决书

2. 案由：保险合同纠纷

3. 当事人

原告：物流公司

被告：财保公司

【基本案情】

物流公司货车司机袁某持有A2机动车驾驶证。2019年8月22日，袁某驾驶物流公司所有的重型半挂牵引车，至兴宁镇天鹅山路口时发生交通事故，导致车辆碰撞道路路牌，路牌和车辆不同程度受损。2019年8月23日，经资兴市交警大队认定，因袁某驾驶机动车操作不当，其应负事故的全部责任。事故发生后，物流公司支付了路牌制作费32000元、吊车费600元，合计32600元。2020年4月30日，物流公司以财保公司的名义就上述费用到税务部门开具了发票。尔后，物流公司持发票向财保公司申请理赔，但财保公司以“驾驶出租机动车或营业性机动车无交通运输管理部门核发的许可证书或其他必备证书”为由拒赔商业险，仅在交强险范围内赔偿了2000元。

另查明，物流公司为涉案货车在财保公司购买了机动车第三者责任强制保险、100 万元机动车第三者责任商业保险（含不计免赔）、122740 元机动车损失险；物流公司为挂号营运货车在财保公司购买了 82170 元机动车损失险。交通事故发生在保险有效期内。物流公司为涉案重型半挂牵引车办理了道路运输证。

【案件焦点】

驾驶员未办理道路运输从业资格证是否构成保险公司免责事由。

【法院裁判要旨】

湖南省资兴市人民法院经审理认为：《中华人民共和国保险法》第十九条规定，采用保险人提供的格式条款订立的保险合同中的下列条款无效：（一）免除保险人依法应承担的义务或者加重投保人、被保险人责任的；（二）排除投保人、被保险人或者受益人依法享有的权利的。本案中，一是财保公司未能举证证明在订立保险合同时，已将案涉《中国保险行业协会机动车综合商业保险示范条款》交付给物流公司。二是对免责条款中“驾驶出租机动车或营运性机动车无交通运输管理部门核发的许可证书或其他必备证书”的含义约定不清，并未明确要求驾驶人取得何种许可证书或必备证书，难以认定所要求取得的许可证书是《道路运输许可证》或是对要求驾驶人取得道路运输从业资格证，保险公司亦未提供证据证明其履行了明确告知义务。三是交通运输管理部门核发的许可证书仅是对从事相关运输行业驾驶员职业素养的基本评价，并不涉及对驾驶人驾驶能力的考核。涉案司机虽未取得道路运输从业资格证，但其持有 A2 驾驶证，具有驾驶案涉车辆的资格。司机未取得道路运输从业资格证与事故的发生不存在必然的因果关系，不能显著增加承保车辆发生交通事故的概率，进而增大其理赔风险。四是该条系格式条款，存在免除已方责任、加重对方责任义务、排除对方依法应享有的主要权利的情形，应认定为无效。综上所述，该保险条款不能成为保险公司免除其承担相关保险赔偿的免责事由，对物流公司诉请财保公司在保险限额内理赔交通事故损失 30600 元的诉讼请求，予以支持。

湖南省资兴市人民法院依照《中华人民共和国保险法》第十九条、《最高人民法院关于民事诉讼证据的若干规定》第二条、《中华人民共和国民事诉讼法》第一百四十二条之规定，判决如下：

财保公司于本判决生效之日起十日内支付物流公司理赔款 30600 元。

判决后，双方当事人均未上诉，本判决现已生效。

【法官后语】

保险公司主张驾驶员没有道路运输从业资格证，进而拒绝在商业险范围内理赔，法院对此答辩意见基本是不予采纳的，认为驾驶员没有道路运输从业资格证不是保险公司拒赔的正当理由，但实务中仍存在一定的分歧。

第一种观点认为保险公司可以免赔。一是《中国保险行业协会机动车综合商业保险示范条款》第二十四条指出，驾驶出租机动车或营业性机动车无交通运输管理部门核发的许可证书或其他必备证书，保险公司可以免赔；二是根据《道路运输从业人员管理规定》第六条第三款规定，经营性道路客货运输驾驶员和道路危险货物运输从业人员必须取得相应从业资格，方可从事相应的道路运输活动。

为此，驾驶员没有道路运输从业资格证违反了规定，加大了交通事故发生的风险，属于商业三者险的免责事由，保险公司在商业险责任限额内可以免赔。

第二种观点认为保险公司不能免赔。一是对免责条款中“驾驶出租机动车或营运性机动车无交通运输管理部门核发的许可证书或其他必备证书”的含义约定不清，并未明确要求驾驶人取得何种许可证书或必备证书，难以认定所要求取得的许可证书是《道路运输许可证》或是道路运输从业资格证，保险公司亦未提供证据证明其履行了明确告知义务。二是交通运输管理部门核发的许可证书仅是对从事相关运输行业驾驶员职业素养的基本评价，并不涉及对驾驶人驾驶能力的考核。本案司机虽未取得道路运输从业资格证，但其持有A2驾驶证，具有驾驶案涉车辆的资格。司机未取得道路运输从业资格证与事故的发生不存在必然的因果关系，不能显著增加承保车辆发生交通事故的概率，进而增大其理赔风险。三是该条系格式条款，存在免除己方责任、加重对方责任义务、排除对方依法应享有的主要权利的情形，应认定为无效。综上所述，该保险条款不能成为保险公司免除其承担相关保险赔偿的免责事由。

笔者同意第二种观点，保险公司不能因为驾驶员没有道路运输从业资格证而在商业险责任限额内免赔。第一，交通运输管理部门核发的许可证书只是对从事相关运输行业驾驶人职业素养的基本评价，并不涉及对驾驶人驾驶能力的考核，没有道路运输从业资格证并不代表其失去了驾驶准驾车型的资格，机动车驾驶证才是对驾驶人机动车驾驶能力的认定。第二，根据《中华人民共和国保险法》第十九条第一项的规定，免除保险人依法应承担的义务或者加重投保人、被保险人责任的格式条款属于无效条款。保险条款中关于驾驶出租机动车或营业性机动车无交通运输管理部门核发的许可证或其他必备证书而造成的人员伤亡、财产损失和费用，保险人均不负责赔偿的约定属无效条款，该条款未表述详细，到底是需取得何种许可证或必备证件并不明确。即使保险公司尽到了告知义务，投保人也未必清楚认同，事实上保险公司是为了免除己方责任，加重对方责任。第三，驾驶员取得道路运输从业资格证只是相关行政部门对行业进行管理的规定，而非法律强制性的规定，即使违反了行政法上的相关规定，也应由行政部门进行处罚，且无证据证明没有道路运输从业资格证会显著增加承包车辆的营运风险即增大保险公司的赔偿责任。

编写人：湖南省资兴市人民法院　邓美丹

003　交通事故通知迟延情形下保险人的责任承担

——赵某诉财保夷陵支公司财产保险合同案

【案件基本信息】

1. 裁判书字号

湖北省宜昌市夷陵区人民法院（2020）鄂 0506 民初 879 号民事判决书

2. 案由：财产保险合同纠纷

3. 当事人

原告：赵某

被告：财保夷陵支公司

【基本案情】

2019 年 3 月 23 日 22 时 18 分至 23 时 16 分，登记在原告赵某名下的小型轿车由猇亭往白洋方向行驶至宜昌市高新区白洋园区新 318 国道（白洋大道）处时，与道路右侧防护栏碰撞并驶出有效路面，事故造成该车、公路护栏、电线杆及边沟受损。原告赵某于 2019 年 3 月 24 日 8 时 30 分许向高新区交警大队白洋中队报警，同年 3 月 31 日，宜昌市公安局交通警察支队高新区大队对该起事故作出《道路交通事故证明》，对前述事实予以确认，且载明在事故发生后，因有关当事人未在现场第一时间向交警部门报案，现有证据无法查明事故发生的具体经过和发生原因。同年 4 月 2 日，宜昌市公路管理局高新区分局向原告发出《公路路产损失赔偿决定书》及《路损赔偿明细表》，对原告造成的路产损失核定为 9680 元，次日原告赔付完毕。2019 年 5 月 30 日，涉案车辆因报废予以注销登记，该车在被告财保夷陵支公司处购买了责任限额为 41428.60 元的机动车损失保险和责任限额为 50 万元的第三者责任保险（均含不计免赔），保险期间为 2018 年 11 月 29 日至 2019 年 11 月 28 日。2019 年 5 月 21 日，被告定损员就理赔事宜与原告签订《事故车辆理赔协议书》，但该协议书未经被告审核盖章，同年 9 月，被告向原告发出《拒赔通知书》。原告于 2020 年 5 月 26 日诉至法院，要求被告支付保险理赔款 52108.60 元（其中路产损失 9680 元、车损保险责任限额 41428.60 元、拖车费 1000 元）。

【案件焦点】

1. 赵某是否构成通知迟延；2. 赵某在交通事故 10 小时后才报

警是否造成交通事故原因无法查明；3. 保险公司能否在无法排除醉驾等违法驾驶情形下拒赔。

【法院裁判要旨】

湖北省宜昌市夷陵区人民法院经审理认为：原告赵某与被告财保夷陵支公司签订的机动车损失保险、第三者责任保险、不计免赔险等保险合同，系双方当事人真实意思表示，不违反国家法律、行政法规的强制性规定，为有效合同。《中华人民共和国保险法》第二十一条规定："投保人、被保险人或者受益人知道保险事故发生后，应当及时通知保险人。故意或者因重大过失未及时通知，致使保险事故的性质、原因、损失程度等难以确定的，保险人对无法确定的部分，不承担赔偿或者给付保险金的责任，但保险人通过其他途径已经及时知道或者应当及时知道保险事故发生的除外。"本案中，原告自述发生案涉交通事故时系其本人驾驶，但在事故发生后，原告在有条件通知交警部门或者保险公司的情况下，未在第一时间通知交警部门对事故责任进行认定，亦未通知保险公司对事故现场进行勘验，在车辆撞击后几近报废的情况下，擅自弃车离开事故现场，对事故现场未采取有效的保护措施，亦未及时采取拍照、录像等方式固定案发现场，致使事故发生的性质、原因、损失程度及驾驶人的驾驶状态均难以确定。原告诉称被告就免责条款未尽提示义务，并称投保资料上非其本人签字，但原告提交的《机动车商业保险保险单（正本）》下部"重要提示"栏中详细载明"被保险人应当在保险事故发生后及时通知保险人"，故原告应当知晓在交通事故发生后有及时报案的义务。在法律对被保险人及时通知义务有明确规定以及原、被告双方有合同约定的情况下，原告自称因时间太晚而未报案或报险的理由不具有充分性，无法排除可能存在禁驾或其他违法驾驶行为。原告的行为致使事故原因无法核实，主观上存在重大过失，故其请求被告支付保险赔偿款52108.60元的诉讼请求于法无据。

湖北省宜昌市夷陵区人民法院依照《中华人民共和国合同法》第六十条，《中华人民共和国保险法》第十条、第二十一条，《中华人民共和国民事诉讼法》第一百四十二条之规定，判决如下：

驳回赵某的诉讼请求。

判决后，双方当事人均未上诉，本判决现已生效。

【法官后语】

本案法律事实发生在民法典施行前，故应当适用当时的法律如合同法及相关司法解释的规定。交通事故发生后，投保人、被保险人、受益人应当及时履行通知义务，以便于保险公司及时进行保险事故认定、办理理赔手续。

1. 交通事故发生后投保人、被保险人或受益人的通知义务

财产保险本质上是保险公司通过协议的方式，将众多投保人连接起来形成共同体，共同分担保险标的风险而产生的损失，并赚取一定的利润，实现多方共赢。保险源于经济发展现实需求，作为一种经济活动，需要遵循经济发展规律。投保人交纳的保费对价即保险事故发生后保险公司进行的理赔数额，而保费的多少取决于保险事故风险的大小，两者之间呈同向变化关系。同样，法律规制保险行业秩序也应当如此，这样才能促进保险行业发展，维护各方整体利益。保险事故发生后，对通知时效性作特别要求，主要原因在于保险公司要第一时间进行事故现场勘验、原因查明、损失计算、责

任确定、办理理赔，否则很容易造成现场状况不清、原因无法查明、损失无法估量等，致使保险公司理赔认定和计算出现困难，进而损害保险公司利益和保险行业发展。

那么，如何认定保险事故发生后是否履行及时通知义务？其一，从主体上看，投保人、被保险人、受益人是通知义务的履行主体，其在获知保险事故发生后，应当在第一时间通知保险人。其二，通知义务主体需在有条件履行通知义务的情形下才构成通知迟延，其因行动受限、通知渠道受限等非主观原因而造成的迟延不构成通知迟延，如受伤昏迷、无通信网络信号等。其三，是否及时不宜采取量化方式，不同人面对危机时会如何临场应对存在重大差异，故应当采取符合一般人的判断标准，重点考察其在事故发生后能够做些什么、做了些什么、出于什么原因才没做到位等。

本案中，作为投保人的车主从事故发生到向交警报案时间间隔长达 10 小时，虽处于夜晚，但又没有证据证明车主当时因受伤而丧失行动能力，其在有条件的情况下没能够及时向交警报案和通知保险人，反而自行离开事故现场，其行为不仅造成保险公司未能第一时间进行现场勘验，也不符合交通事故发生后救助、报警、维护现场安全等常规操作，不符合一般人的判断标准，因而构成通知迟延。

2. 违反通知义务可能造成的后果及责任承担

根据《中华人民共和国保险法》第二十一条的规定，违反通知义务可能造成两种情形：一种情形是虽然迟延通知，但保险公司已知晓或者结合其他证据材料能够查清事故性质、原因、损失程度等，构成保险事故的，此时保险公司仍应承担赔偿或给付保险金责任；另一种情形是构成迟延通知，造成无法查清事故性质、原因、损失程度等，此时保险公司不承担责任。

迟延通知情形下，保险公司免责需符合以下几个条件：其一，迟延通知系因故意或重大过失造成。一般过失不构成，如交通事故发生后，急于处理交通事故救助、现场安全、双方协商、求助等事项，已及时报警，但一时忘记及时通知保险公司。其二，迟延通知需造成保险事故性质、原因、损失程度等难以确定后果，且两者之间具有因果关系。虽然通知迟延，但报警及时，通过交警部门责任认定书等证据能够准确确定保险事故性质、原因、损失程度等后果，或者通过行车记录仪、现场照片、录像记录、证人证言等可以确定全部或部分后果的，保险公司仍应在能够确认保险事故后果的范围内承担责任。其三，保险公司通过其他渠道已经知道保险事故发生。保险公司不管从何种途径知晓保险事故发生后，都应当秉持诚信原则积极主动及时进行调查处理，不应当利用通知义务主体迟延通知追求免责效果。

本案中，投保人在有条件履行通知义务的情况下没有通知保险人，也没有及时报警处理，存在重大过失；由于驾驶人当时的状态、条件无法准确获知，事故原因无法准确查明，无法排除酒后驾驶、无证驾驶等约定免责情形，而车主又没有提供其他诸如现场照片、人证、行车记录等证据排除，故保险人主张不承担保险赔付责任理由成立。

编写人：湖北省宜昌市夷陵区人民法院　刘辉洲

004 连环买卖的车辆财产损失保险金的理赔

——尹某诉融资租赁公司等财产保险合同案

【案件基本信息】

1. 裁判书字号

江苏省无锡市中级人民法院（2020）苏02民终1527号民事裁定书

2. 案由：财产保险合同纠纷

3. 当事人

原告（被上诉人）：尹某

被告（上诉人）：融资租赁公司

被告（被上诉人）：财保无锡分公司

被告：二手车上海公司、二手车无锡分公司

【基本案情】

关于车辆购买情况，尹某提供一份签订日期为2018年1月22日的《购车协议》复印件，该协议载明：尹某向二手车无锡分公司购买案涉轿车，总价款190575元，首付款48180元，余款指定融资租赁公司收取。该车的变更登记显示：2018年1月22日，该车由吴某出卖给二手车无锡分公司并办理转移登记。二手车无锡分公司、融资租赁公司提供的《融资租赁套系合同》复印件载明：合同签订地为广州市南沙区，融资租赁公司向尹某购买案涉车辆，《融资租赁销售合同》生效时，车辆所有权转移至融资租赁公司，融资租赁公司以占有改定的方式出租给尹某使用，乙方签名处有尹某签名，但该签名与起诉状及开庭笔录上尹某的签名完全不同，附件《融资租赁销售合同》上未见尹某签名；附件《融资租赁回租合同费用明细及租金支付表》载明承租人尹某，租期36个月，至2021年1月21日，合同总额175119元，首付款32724元，2018年1月22日支付，融资总额142395元，车辆价格154600元，每期租金3955.42元，（乙方）承租人指定收款人为吴某。尹某提供的银行流水明细清单显示：2018年2月至2019年4月，每月还款3955.42元。

尹某在庭审中陈述："车子是在二手车无锡分公司处买的，价款12.8万元，首付了4.8万元，二手车无锡分公司的员工称余款8万元是可以银行贷款的，然后二手车无锡分公司员工就给我办理了贷款。当时我以为是银行，后来打官司找了律师之后我才知道是融资租赁公司，这8万元是融资租赁公司给二手车无锡分公司的，我也没拿到钱，钱给谁我也不知道。当时打了几个电话，二手车无锡分公司工作人员说贷款可以签合同了，然后就签了合同。合同是在二手车无锡分公司的办公室签的，工作人员有两个，一个是财务，另一个是业务员，说我把合同签了之后，每个月正常还月供就可以了。我说提前还款的话利息会不会扣，他说利息不扣的，提前还款不需要支付利息，对方同意的。后来我把我的银行卡号给二手车无锡分公司，每月从我银行账户上扣款3955.42元，自2018年2月至2019年4月每月还款3955.42元。发生事故是在2019年2月18日晚上，之后一直跟二手车无锡分公司沟通协商理赔保险，沟通无效后从2019年5月开始就没再还了。"

综合上述情况，结合尹某的陈述及二手车无锡分公司、融资租赁公司的书面答辩，可以看出案涉车辆买卖流程为：2018年1月

22 日，尹某以 190575 元的价格向二手车无锡分公司购买案涉车辆，购车款约定要支付给指定收款人融资租赁公司；同一天，融资租赁公司向尹某购买车辆，以占有改定的方式出租给尹某，融资总额 142395 元，约定要支付给指定收款人吴某；同一天，二手车无锡分公司以购买的方式从吴某处取得车辆，并办理车辆转移登记。由此可见，二手车无锡分公司并非基于其与尹某、融资租赁公司的合意，取得车辆登记，而是其利用尹某需要购置案涉车辆，进行连环买卖。

2019 年 2 月 18 日 20 时 30 分许，尹某驾驶案涉车辆发生单方交通事故，致车辆受损。交警部门认定尹某负事故全部责任。事故发生后，经财保无锡分公司定损，推定车辆全损。案涉车辆在财保无锡分公司投保了车损险及不计免赔率，具体情况为：2018 年 1 月 22 日至 2019 年 1 月 22 日，被保险人为尹某，保险单特别约定载明车主为二手车无锡分公司、第一受益人为融资租赁公司；2019 年 1 月 23 日至 2020 年 1 月 22 日，保险金额为 119340 元，被保险人为二手车无锡分公司，保险单特别约定载明第一受益人为融资租赁公司，该份保险单原件由尹某持有。

尹某多次与二手车无锡分公司联系，要求配合办理保险理赔无果。现起诉要求：财保无锡分公司赔偿保险金 119340 元；二手车无锡分公司、二手车上海公司、融资租赁公司配合完成理赔手续。

【案件焦点】

尹某是否有权要求财保无锡分公司向其赔偿保险金。

【法院裁判要旨】

江苏省无锡市梁溪区人民法院经审理认为：基于以下几点理由，可以认定尹某是案涉车辆的实际车主，其有权直接要求财保无锡分公司赔偿保险金：第一，从购车流程来看，尹某为了购买案涉车辆，需要付款给指定收款人融资租赁公司。这并非在取得案涉车辆的情况下进行融资，约定的融资款也是指定支付给车辆最初出卖人吴某，因此不符合融资租赁的法律特征，名为融资租赁，实为借款，尹某与融资租赁公司之间的法律关系应按借款合同关系处理。第二，融资租赁回租合同约定的车辆归属、占有改定、保险理赔的条款均是基于融资租赁法律关系，而尹某与融资租赁公司间的法律关系应按借款合同关系处理，故上述约定对尹某不产生法律效力。第三，尹某持有保险单正本，且实际占有使用车辆，应认定其为实际车主，其有权直接向财保无锡分公司主张保险利益。第四，保险单特别约定载明融资租赁公司为第一受益人，受益人是保险法对人身保险的规定，而本案保险系财产保险，该约定违反保险法的相关规定，应为无效。综上所述，尹某可以基于车辆损失向财保无锡分公司主张赔偿保险金。保险事故发生后，财保无锡分公司应承担保险责任。关于保险车辆损失金额，财保无锡分公司推定车辆全损，应按保险金额赔偿保险金，财保无锡分公司在赔偿保险金后取得涉案车辆残值。尹某要求相应被告配合理赔，没有合同和法律依据，不予支持。

江苏省无锡市梁溪区人民法院依照《中华人民共和国保险法》第二十三条之规定，作出如下判决：

一、财保无锡分公司应于本判决发生法律效力之日起 10 日内赔偿尹某保险金 119340 元，财保无锡分公司在赔偿保险金后取得该车的残值；

二、驳回尹某的其他诉讼请求。

融资租赁公司不服一审判决，提起上诉。因未在指定的期限内交纳诉讼费，江苏省无锡市中级人民法院依照《中华人民共和国民事诉讼法》第一百五十四条第一款第十一项、《最高人民法院关于适用〈中华人民共和国民事诉讼法〉的解释》第三百二十条之规定，作出如下裁定：

本案按上诉人融资租赁公司自动撤回上诉处理。一审判决自本裁定书送达之日起发生法律效力。

【法官后语】

对于连环买卖中涉及的法律关系应从买卖流程、资金流向和合同的本质特征进行综合考量，按照实际法律关系确认权利义务，如构成借款合同关系的，应认定买受人为车辆所有权人，并有权基于财产保险合同的被保险人身份直接向保险公司主张保险理赔。

1. 案涉车辆所有权人的认定

本案中，融资租赁公司主张其与尹某之间构成售后回租形式的融资租赁关系，其是案涉车辆的所有权人。那么，该主张是否成立呢？从融资租赁合同本质特征来看，主要有三个特征：一是融资与融物相结合，即有实际的租赁物；二是涉及两个合同，即买卖合同和融资租赁合同；三是出租人享有所有权。首先，从车辆买卖的流程来看，2018年1月22日，二手车无锡分公司以购买的方式从吴某处取得车辆，并办理车辆转移登记。同一天，尹某向二手车无锡分公司购买案涉车辆，首付款48180元，余款指定融资租赁公司收取；融资租赁公司提供了同一天与尹某签订的《融资租赁套系合同》复印件，载明：融资租赁公司向尹某购买案涉车辆，《融资租赁销售合同》生效时，车辆所有权转移至融资租赁公司，融资租赁公司以占有改定的方式出租给尹某使用，但乙方签名处“尹某”与尹某在起诉状及开庭笔录上的签名完全不同，附件《融资租赁销售合同》上未见尹某签名，该证据存在明显瑕疵，融资租赁公司未能完成上述融资租赁合同本质特征第二个特征的举证要求，其主张不能成立。其次，从资金的流向来看，尹某要付的买车余款由融资租赁公司收取，而最终余款也是由融资租赁公司提供并支付给二手车无锡分公司，尹某再向融资租赁公司每月还款。显而易见，二手车无锡分公司是想利用尹某购置案涉车辆的需求，进行连环买卖，以指定收款人的方式，既实现赚取购车款差额的目的，又为融资租赁公司提供了融资营利的机会。尹某与融资租赁公司之间的法律关系符合借款合同关系，而非融资租赁公司主张的融资租赁合同关系。尹某已向二手车无锡分公司支付买车款并实际占有案涉车辆，应当认定其是该车的实际所有权人。

2. 财产保险合同约定第一受益人的效力认定

在实务处理中，往往会碰到保险公司在财产保险合同保险单上载明第一受益人为第三人，该第三人往往是贷款购车的出借方，目的是让出借方得到保险理赔款，以此来保护出借方的权益。但受益人是保险法对人身保险的规定，而本案保险系财产保险，该约定违反保险法的相关规定，应为无效，被保险人依法有权直接向保险公司主张保险赔偿，不需要所谓的“受益人”作出权利让渡。

编写人：江苏省无锡市梁溪区人民法院　刘刚

005 保险车辆已修复、鉴定不可行的情形下如何定损

——朱某诉人寿北分公司财产保险合同案

【案件基本信息】

1. 裁判书字号

北京市朝阳区人民法院（2019）京 0105 民初 63958 号民事判决书

2. 案由：财产保险合同纠纷

3. 当事人

原告：朱某

被告：人寿北分公司

【基本案情】

2018 年 9 月 28 日，朱某在人寿北分公司投保了机动车辆商业保险。2019 年 5 月 17 日，涉案车辆被冰雹砸损，同日朱某向人寿北分公司报案。经人寿北分公司同意，2019 年 5 月 24 日，朱某将涉案车辆送到汽修公司进行修理。

2019 年 5 月 28 日，汽修公司向朱某出具结算单，载明配件项目为：喷漆；机盖钣金（铝）；PPG 底漆；PPG 面漆；鹦鹉清漆；3M 砂纸；钣金。以上配件金额合计为 19360 元。2019 年 5 月 29 日，汽修公司向朱某开具了金额为 19360 元的发票。庭审中，朱某称其目前无力支付修理费，并已与汽修公司协商待人寿北分公司支付保险赔偿金后，朱某再向汽修公司支付修理费，故尚未向汽修公司支付修理费。

诉讼中，汽修公司申请对涉案车辆损失进行鉴定，法院委托评估公司对结算单中关于涉案车辆的配件项目的数量和单价进行评估鉴定。评估公司出具《退函》，载明：1. 车辆损失情况确认书仅有工时费，无该车辆受损位置及受损数量；2. 通过鉴定申请人提供的该车辆照片无法准确判断出该车辆受损位置、受损数量及受损程度；3. 该车辆已修复，无法判断维修位置及数量是否为此次事件造成。因此，评估公司无法就法院要求鉴定的上述配件数量进行评估。

庭审中，人寿北分公司表示可以赔偿朱某 9800 元，但双方并未协商一致。

【案件焦点】

朱某因保险事故遭受的损失应如何核定。

【法院裁判要旨】

北京市朝阳区人民法院经审理认为：朱某与人寿北分公司订立的保险合同，是双方当事人的真实意思表示，内容不违反法律、行政法规的强制性规定，合法有效。本案交通事故发生在保险期间，人寿北分公司作为被保险车辆的保险人应当按照保险合同的约定承担保险赔偿责任。本案的争议焦点为朱某因保险事故遭受的损失应如何核定。

《中华人民共和国保险法》第二十三条第一款规定："保险人收到被保险人或者受益人的赔偿或者给付保险金的请求后，应当及时作出核定；情形复杂的，应当在三十日内作出核定，但合同另有约定的除外。保险人应当将核定结果通知被保险人或者受益人；对属于保险责任的，在与被保险人或者受益人达成赔偿或者给付保险金的协议后十日内，履行赔偿或者给付保险金义务。保险合同对赔偿或者给付保险金的期限有约定的，保险人应当按照约定履行赔偿或者给付保险金义务。”第二款规定：“保险人未及时履行前款规定义务的，除支付保险金外，应当赔偿被保险人或者受益人因此受到的损失。”保险事故发生后，朱某及时向人寿北分公司报案，并经人寿北分公司同意将事故车辆送到汽修公司修理。但人寿北分公司提供的证据并不足以证明其已及时对朱某的事故损失进行了核定且已将核定结果通知朱某，故人寿北分公司未完全履行法定义务，由此造成双方对事故损失认定发生争议，人寿北分公司依法应承担相应后果。根据朱某提交的结算单及发票，结算单中关于配件项目的数量和单价明细约定清楚，亦属于合理定价范畴，能够证明车辆受损情况，由此发生的修理费应由人寿北分公司按照保险合同约定进行赔偿。且评估公司出具《退函》，表示事故车辆已修复，无法通过照片准确判断车辆受损位置及数量，故事故车辆已无继续鉴定之必要。人寿北分公司的抗辩意见无事实和法律依据，不予采信。综上所述，朱某要求人寿北分公司支付保险赔偿金 19360 元，合法有据，予以支持。

北京市朝阳区人民法院依照《中华人民共和国保险法》第十四条、第二十三条之规定，作出如下判决：

人寿北分公司于本判决生效之日起十日内给付原告朱某保险赔偿金 19360 元。

判决后，双方当事人均未上诉，本判决现已生效。

【法官后语】

实务中，定损包括内部定损与外部定损。内部定损即保险公司单方定损，通常由保险公司派出专员定损，保险公司大多要求以此作为保险理赔程序的基本模式。保险公司主张单方定损权的法律依据是《中华人民共和国保险法》第二十三条，即保险人收到被保险人的赔偿请求后应及时作出核定，如果保险人未及时核定，应向被保险人赔偿损失。本案中，保险公司提交车辆损失情况确认书及短信，因该确认单系保险公司单方出具，且无被保险人签字确认，而就短信亦没有提供原始载体以供核实，故法院没有采信。

外部定损是由被保险人自行委托定损，即由被保险人单方委托公估机构定损。相比保险公司，第三方评估意见则更具中立性与专业性，在无证据证明其作出的公估报告有失公正时，应予确认。本案中，被保险人未自行委托定损，且保险车辆已修复，鉴定在事实上不可行的情况下，法院审查了被保险人提供的结算单及发票，结算单中关于配件项目的数量和单价明细约定清楚，亦属于合理定价范畴，能够证明车辆受损情况，故保险车辆根据结算单和发票金额予以定损，即事实上认可了外部定损。

需要说明的是，定损权之所以重要，是因为保险公司行使这项权利是其承担赔付责任的基础。在保险事故发生后，被保险人负有提供初步证明资料的义务，而保险公司负有进一步核查定损的义务。从合同约定来看，除出现较为轻微表面损坏的案例外，被保险人在保险公司定损中所需承担的是法定的协助义务。缺少这种协助，保险公司就无法完成查勘定损。笔者认为，对判决采信外部定损，应设定三个限制条件。第一，要求被保险人对外部定损作出合理解释，可以基于保险公司同意送到维修厂进行维修。第二，要求被保险人举证证明其已履行定损前的通知义务。特别是在委托评估结束、车辆已修复的情形下，投保车辆已无再次评估车损的可能，如被保险人无适当理由未在事前积极履行通知义务，甚至是保险公司主动联系也联系不上被保险人，应当推定被保险人主观上具有扩大损失、谋求超过利润的恶意。第三，要求被保险人留存定损的主要依据，主要包括车辆的外观照片、拆检照片。

编写人：北京市朝阳区人民法院　李巧霞　何方

006 保险金赔偿协议存在重大误解与显失公平情形的应予撤销

——王某诉保险北京分公司等财产保险合同案

【案件基本信息】

1. 裁判书字号

北京市第二中级人民法院（2020）京02民终95号民事判决书

2. 案由：财产保险合同纠纷

3. 当事人

原告（被上诉人）：王某

被告（上诉人）：保险北京分公司

被告：机械公司、李某

【基本案情】

保险北京分公司向王某签发的涉案机动车商业险保单载明：新车购置价688800元、车辆损失险赔偿限额688800元。《机动车损失保险条款》约定，保险机动车全部损失或推定全损，赔款=（出险时的实际价值-应由机动车交通事故责任强制保险赔偿的金额）×事故责任比例。

2016年11月7日晚，王某将保险车辆停放在李某居住的房屋门口，后该房屋发生火灾致使车辆被烧毁，发生维修费用合计491197元。2016年11月21日，王某与李某协议达成由李某赔偿损失30万元的协议，王某于当日收到李某支付的赔偿款24万元。后李某就上述协议及赔款产生争议并提起诉讼，该案法院判决王某返还李某24万元。

另外，火灾事故发生当天，王某报险。保险北京分公司于2016年12月15日出具《一次性赔付协议书》，以王某车辆全损之规定一次性赔付保险金98000元，残值归王某所有。

审理过程中，保险北京分公司确认保险机动车出险时的实际价值为557928元。保险北京分公司称：协议的方案系王某主动提出，定损金额98000元=保险机动车出险时的实际价值（557928元）-保险机动车残值。王某则主张，其报保险事故后保险北京分公司称该火灾事故不属于理赔范围并要求与王某提前解除保险合同、退还保险费98000元，保险北京分公司的工作人员在此过程中向王某索取好处费5000元。但其后在李某起诉王某的案件中，保险北京分公司向法院表示该火灾事故是其理赔范围且已经理赔完毕，致使王某在该案件败诉。王某认为，其在本次事故中无责，98000元的保险金完全不足以弥补王某的损失，显失公平，保险北京分公司对王某存在欺诈行为，王某要求保险北京分公司应当按照实际损失依法理赔。机械公司是失火房屋所有权人，李某是失火房屋的实际使用人，机械公司、李某应当对王某的财产损失承担补充连带赔偿责任。保险北京分公司不同意王某的全部诉讼请求。机械公司和李某认为其不是本案适格当事人。

【案件焦点】

1. 王某与保险北京分公司签署的《一次性赔付协议书》是否具有可撤销事由；2. 保险北京分公司是否应当承担赔偿责任。

【法院裁判要旨】

北京市西城区人民法院经审理认为：关于第一个争议焦点，第一，该协议系王某因重大误解而订立。王某与保险北京分公司签署协议时，由于已经与李某达成赔偿协议且获赔 24 万元，该事实足以影响王某的判断。签署协议后，生效判决撤销了王某与李某达成的赔偿协议并要求王某返还李某 24 万元，该情形为王某与保险北京分公司签署协议时不能预料之情况，亦使得王某未获赔偿损失及赔偿利益发生重大变化，对王某的利益造成重大损害。第二，该协议订立时存在显失公平之情形。对于事故定损，保险北京分公司显然更有经验且更为专业。保险北京分公司推算出保险机动车的残值为 459928 元，显然与车辆残值的应然状态不符。98000 元远低于保险北京分公司在保险机动车全损或推定全损情形下其应当赔付的保险金。第三，王某在签署该协议过程中存在过错。首先，赔付协议书等文件明确载明 98000 元系保险理赔款，用词简单明确，王某应能正常理解文字含义。其次，王某交纳的年度保险费用为 13173.84 元，王某所持其认为 98000 元系提前解除保险合同赔偿款的主张明显有悖生活常理。最后，王某在庭审中自认曾给付定损员好处费 5000 元，此种行为以及定损员收取好处费的行为均有悖诚实信用原则。

关于第二个争议焦点，保险条款约定当保险机动车的修复费用与施救费用之和预计达到或者超过出险时保险机动车实际价值的 80%时，视为保险机动车推定全损。故本案中保险机动车的修复费用与施救费用之和应大于或等于446342.40元。法院综合考虑保险机动车的定损情况、双方过错情况、保险条款约定，确定王某案涉事故的保险机动车损失数额为446342.40元（出险时保险机动车实际价值的80%）。

北京市西城区人民法院依据《中华人民共和国民法总则》第一百四十七条、第一百五十一条、第一百五十五条，《中华人民共和国合同法》第五十四条、第五十六条、第五十八条、第六十条，《中华人民共和国保险法》第二条、第五条、第十四条、第二十三条、第五十五条第一款，《最高人民法院关于适用〈中华人民共和国民事诉讼法〉的解释》第九十条、第一百零五条、第一百零八条之规定，判决如下：

一、撤销王某与保险北京分公司于2016年12月15日达成的《机动车辆保险全损（推定全损）案件一次性赔付协议书》；

二、保险北京分公司于本判决生效之日起十日内赔偿王某保险金348342.40元；

三、驳回王某的其他诉讼请求。

二审法院同意一审法院裁判意见。

【法官后语】

保险合同为典型的射幸合同，其不遵循等价有偿的交易规则，一旦发生保险事故，投保人或被保险人获得的赔偿金额将远远大于其所支付的保险费，若保险事故不发生，保险人在收取保费后则无须承担任何责任。这种特点导致合同双方当事人均存在较大的道德风险：投保人希望以较低的保费获得高额赔偿，往往夸大损失，以获取额外利益；保险人则希望多收取保费、不承担或少承担赔偿责任，往往在事故发生后想方设法推卸责任。而最大诚信原则要求投保人不得人为地增加或制造风险，要求保险人不得故意隐瞒保险合同条款中对投保人不利的内容，在保险事故发生后及时进行赔付。本案中，保险公司与保险消费者出于自身利益考虑，在保险理赔过程中均未遵循保险法要求的最大诚信原则，双方达成的《一次性赔付协议书》未能如实反映保险事故的损失情况。

就王某而言，本案中，《一次性赔付协议书》及相关申请等文件所载内容均用词简单明确，不存在任何理解障碍，且王某手抄部分核心内容并签字确认。王某交纳的年度保险费用为13173.84元，事故发生时保险合同的剩余期限约为4个月。另外，王某自认为了获得理赔款曾给付定损员好处费5000元。根据经验法则及生活常理，以上种种情形均足以反映出王某在理赔过程中未遵循诚实信用原则，存在过错。

就保险公司而言，保险机动车推定全损，协议书亦是按全损的约定进行赔付。根据该协议书的内容，结合保险合同约定推算，机动车的残值竟高达车辆实际价值的82%，这显然有悖逻辑，保险公司作为专业性机构，显然不能以该方案系保险消费者自行提出而免责。结合王某所述定损员收好处费之情况，可以认定保险北京分公司亦未遵循诚实信用原则，存在过错。

综上所述，法院根据法律规定及经验法则，撤销《一次性赔付协议书》，并在综合考虑保险机动车的定损情况、王某和保险北京分公司的过错情况、保险条款中关于全损及推定全损的约定的基础上，确定王某案涉事故的保险机动车损失数额。

本案例的典型意义在于，法官以事实及保险合同为依据，以法律为准绳，对保险公司及投保人的行为进行认定并作出鲜明价值判断，敦促保险公司及投保人以最大诚信原则全面履行保险合同的权利义务，并在此基础上对投保人的合同权益依法予以妥善保护。保险合同具有信息高度不对称、条款格式性、专业性等特点，在保险活动中，保险人及其工作人员从业不规范的现象亦时有发生。在此情形下，投保人要审慎听取保险业务员的口头陈述，尤其是在其口头陈述与书面协议相悖的情况下，要仔细阅读协议内容后再加以确认。本案例对投保人依法索赔、保险公司规范理赔等方面均有一定的指导和示范意义。

编写人：北京市西城区人民法院　周韬　姚岚

007　保险人不得以侵权的第三人没有参加诉讼为由拒绝承担保险赔偿责任

——向某诉财保永顺支公司保险合同案

【案件基本信息】

1. 裁判书字号

湖南省湘西土家族苗族自治州中级人民法院（2021）湘31民终75号民事裁定书

2. 案由：保险合同纠纷

3. 当事人

原告（被上诉人）：向某

被告（上诉人）：财保永顺支公司

【基本案情】

2020年8月9日，李某驾驶A号车上路行驶，超越前方车辆时与原告向某驾驶的B号车相撞，造成向某受伤，向某车辆受损的交通事故。B号车被永顺县交警大队拖运至某汽车售后服务中心进行维修，花去费用 14000 元，向某收到对方李某支付的 2000 元，尚欠 12000 元未予支付，B 号车亦暂停于该汽车售后服务中心。8 月 20 日，永顺县交警大队认定李某与向某在事故中负同等责任。9 月 8 日，经永顺县交警大队调解，向某与李某达成协议："1. 向某的治疗费用由李某承担；2. 由李某一次性赔偿向某误工费、伙食补助费、护理费、营养费等费用共计 7000 元；3. B 号车及 A 号车修理费（凭据）经保险公司定损后依相关规定赔付；4. 此后向某发生任何问题均与李某无关。"向某在财保永顺支公司为 B 号车辆投保了机动车损失险，保险金额为 51548 元。保险期间为 2019 年 10 月 4 日至 2020 年 10 月 3 日。

原告向某以其在被告财保永顺支公司投保了车损险且不计免赔，剩余 12000 元车损依法应当由财保永顺支公司赔偿为由，诉请判决财保永顺支公司赔偿其车损 12000 元。

被告财保永顺支公司辩称：向某与李某负本次事故的同等责任，李某应承担相应的赔偿责任。本案应追加李某为被告，但被法院驳回。根据道路交通安全法，向某车辆的损失，应由李某的交强险先行赔付，不足部分，应按责承担。法院不同意我公司追加李某为被告，我公司就不应承担李某应承担的部分。请求人民法院查清事实，追加李某为被告，依法进行审理。

【案件焦点】

因第三者责任对保险标的的损害而造成保险事故的，被保险人要求保险人先予赔偿的，保险人应否对被保险人先予赔偿。

【法院裁判要旨】

湖南省永顺县人民法院经审理认为：投保人向保险人投保车辆

损失险的目的不仅在于使被保险人及其允许的合法驾驶人在使用保险机动车因自身原因造成保险车辆的损失能得到补偿，还在于使因他人原因造成保险车辆的损失能得到补偿。本案中，虽然原告向某可以向事故责任人李某求偿，但《中华人民共和国保险法》第六十条直接规定了保险人的代位求偿权，保险人享有代位求偿权，其应有之义自然是因第三者对保险标的的损害而造成保险事故的，保险人应当予以赔偿。被告财保永顺支公司辩称在对方负有责任的情形下保险公司不承担对方责任范围内的赔偿责任，不仅违背当事人投保车辆损失险之目的，也显然违反《中华人民共和国保险法》的立法精神，从而使保险失去根本意义，故对该抗辩理由不予支持。向某的保险车辆因发生上述交通事故造成损失，属于保险事故，财保永顺支公司应对该车辆损失承担保险赔偿责任。根据向某提交的经某汽车修配厂出具的对该车辆的维修接车检查表及证明，保险车辆尚存的事故损失为 12000 元。财保永顺支公司对维修费用虽有异议但未提供证据推翻该结论，对该损失费用予以采信。故向某要求财保永顺支公司支付车辆损失保险金 12000 元的诉讼请求，应予以支持。被告财保永顺支公司赔偿后就其多承担的车损赔偿费用，可向侵权人李某行使追偿权。

湖南省永顺县人民法院根据《中华人民共和国保险法》第二十三条、第六十条，《最高人民法院关于适用〈中华人民共和国民事诉讼法〉的解释》第九十条之规定，判决如下：

被告财保永顺支公司于本判决生效之日起十日内给付原告向某车辆损失保险赔偿款 12000 元。

财保永顺支公司不服，提起上诉，后撤回上诉。湖南省湘西土家族苗族自治州中级人民法院依照《中华人民共和国民事诉讼法》

第一百七十三条规定，裁定如下：

准许财保永顺支公司撤回上诉。一审判决自本裁定书送达之日起发生法律效力。

【法官后语】

1. 保险合同纠纷案中侵权的第三人并非必须参加本案诉讼的当事人

根据《中华人民共和国保险法》第六十条第一款“因第三者对保险标的损害而造成保险事故的，保险人自向被保险人赔偿保险金之日起，在赔偿金额范围内代位行使被保险人对第三者请求赔偿的权利”之规定，被保险人享有两种救济途径：既可以选择要求侵权的第三者进行侵权赔偿，也可以选择要求其投保车损险的保险公司赔偿。本案原告向某与第三者李某发生导致原告向某车辆受损的交通事故，双方在事故中负同等责任。向某选择的是第二种救济途径，即其起诉的案由是与财保永顺支公司之间的保险合同纠纷，而不是侵权纠纷。既然被保险人向某选择的是合同纠纷，那么只要被保险人没有放弃向第三者索赔的权利，事故属于保险合同承保范围，被告财保永顺支公司就应当按照保险合同的约定对被保险人的车损进行赔偿，财保永顺支公司依据保险合同的约定承担保险赔偿金后，可代位行使对第三者李某请求赔偿的权利。故，在本案的处理中，被告财保永顺支公司申请追加第三者李某为被告，基于被保险人与保险人之间的保险合同及《中华人民共和国保险法》第六十条关于保险公司代位求偿权的规定，本案为非必要共同诉讼，依法驳回了被告保险公司追加李某为被告的申请。

2. 有侵权的第三人的，保险人应当根据被保险人的要求对其先予赔偿

《中华人民共和国保险法》第六十条中关于保险人代位求偿权的规定，很好地平衡了保险人与被保险人之间的利益，既能有效防止被保险人因保险事故获得双重赔偿、构成不当得利，又可避免第三者借由保险事故有保险人赔偿而逃避其基于侵权所应承担的赔偿责任。因此，第三者责任对保险标的的损害而造成保险事故的，被保险人要求保险人先予赔偿的，保险人应当对被保险人先予赔偿。

3. 保险代位求偿权的行使条件

保险代位求偿权为保险人享有的法定权利，无论保险合同是否有约定，保险人均可依法行使该项权利，保险人的代位求偿权是基于法律的规定而当然取得，即由于法律的规定而将被保险人对于第三者侵害人的债权移转给保险人。也就是说，保险代位权的来源是债权的法定转移。享有保险代位求偿权，应同时符合以下三个构成要件：（1）保险标的遭受损害的事故是由第三者造成的保险事故，第三者对保险标的的损失负有赔偿责任（主、次或同等责任）。这是保险人对被保险人承担赔偿责任以及向第三者行使保险代位求偿权最基本的前提条件。（2）保险标的损失原因属于保险责任范围，根据保险合同的约定，保险人负有赔偿义务。如果损失属于保险合同约定的除外责任，那么保险人就不应承担赔偿义务，也不存在代位求偿权。（3）保险人已经向被保险人承担保险赔偿责任。保险人只有承担了保险赔偿责任，才能取得代位求偿权。《中华人民共和国保险法》设置代位求偿权的初衷就是使被保险人的损失尽快得到赔偿，同时也防止被保险人获得双重赔偿。

编写人：湖南省永顺县人民法院　丁琼

008 保险人在保险单显著位置提醒投保人阅读免责条款可视为尽到提示义务

——陈某诉财保北京分公司财产保险合同案

【案件基本信息】

1. 裁判书字号

北京市第二中级人民法院（2020）京 02 民终 7758 号民事判决书

2. 案由：财产保险合同纠纷

3. 当事人

原告（被上诉人）：陈某

被告（上诉人）：财保北京分公司

【基本案情】

2017 年 9 月 16 日，陈某为其汽车（以下简称被保险车辆）在财保北京分公司投保机动车损失险。《机动车综合商业保险条款》第八条约定："在上述保险责任范围内，下列情况下，不论任何原因造成被保险机动车的任何损失和费用，保险人均不负责赔偿……（二）驾驶人有下列情形之一者：1. 事故发生后，在未依法采取措施的情况下驾驶被保险机动车或者遗弃被保险机动车离开事故现场……"

陈某提交的《北京市公安局公安交通管理局道路交通事故认定书（简易程序）》（以下简称《事故认定书》）载明，2018 年 6 月 15 日 21 时 40 分，陈某驾车由北向南行驶过程中，被保险车辆左前部与中心隔离护栏接触，导致被保险车辆损坏、护栏损坏，事发后，陈某离开现场，其朋友牛某赶到现场报警并称自己是驾驶员，6 月 16 日 0 时 35 分陈某回到现场，对其酒精监测为零。案涉事故发生后，陈某打电话通知其朋友牛某，随后牛某以及贾某到达事故现场。财保北京分公司未派人到现场核查。庭审过程中，陈某陈述，案涉事故发生后，陈某并未离开现场，因撞晕了于是到道路旁边的绿化带休息，该地点在事故现场不远处，并非离开现场。陈某向财保北京分公司申请理赔，财保北京分公司于 2018 年 7 月 27 日出具《机动车辆保险拒赔通知书》。

庭审过程中，法院询问陈某的投保过程。陈某称，其是在 4S 店购买被保险车辆时投保的案涉保险险种，当时保险代理人未向其交付过任何的保单、保险条款等书面材料，陈某不知晓保险合同的约定。财保北京分公司称，陈某并非通过电子投保方式进行投保，而是在 4S 店通过保险公司的代理店购买的案涉保险。财保北京分公司未向法院提交陈某签字的投保单，也未举证证明曾经向陈某送达过保险单和保险条款等书面材料。承办法官另通过财保北京分公司了解到，陈某之前并未在财保北京分公司投保过相同的保险，陈某提交的保单亦无法判断打印时间。

二审法院另查明，陈某提供的保险单中“重要提示”一栏载明“请详细阅读承保险种对应的保险条款，特别是责任免除和赔偿处理”。

【案件焦点】

1. 陈某是否存在保险合同责任免除条款约定的遗弃被保险机动车离开事故现场以及换驾的行为；2. 保险公司能否据此拒绝赔付保险金。

【法院裁判要旨】

北京市西城区人民法院经审理认为：

一、陈某是否存在遗弃被保险机动车离开事故现场以及换驾的行为

第一，陈某是否存在遗弃被保险机动车离开事故现场的情形。根据法院查明的事实，案涉交通事故发生时间是 2018 年 6 月 15 日 21 时 40 分，陈某随即委托其妻子向财保北京分公司报案，并于当日 22 时 16 分通过微信与财保北京分公司勘察人员联系发送现场照片、车损照片、行驶证、驾驶证等相关材料。同时，陈某电话通知其朋友牛某、贾某等赶到现场帮助处理交通事故相关事项。虽然监控录像显示 22 时 30 分陈某未在事故现场，但考虑以上情形，特别是其朋友牛某一直在现场，法院认定陈某的行为不构成保险合同免责条款约定的遗弃被保险车辆离开事故现场的情形。

第二，陈某是否存在换驾行为。根据法院查明的事实，牛某赶到现场时间是 22 时 6 分，报警时间是 22 时 8 分，监控视频截图载明 22 时 15 分陈某在事故现场，且其自 22 时 16 分开始与财保北京分公司的勘察人员联系发送现场照片等材料，直至 22 时 30 分陈某离开事故现场。交通警察赶到事故现场时，牛某谎称本人是驾驶员，经交警甄别后，陈某才于次日 0 时 35 分赶到事故现场。据此，法院认定陈某本人既可以与财保北京分公司勘察人员就事故进行沟通联系，亦有能力本人报警，但事实是陈某打电话让朋友牛某赶到现场并报警，且牛某报警时，陈某本人亦在现场。根据日常生活经验，陈某知晓牛某报警谎称本人是驾驶员的事实，亦并未采取积极行为加以阻止，随即又快速离开事故现场直至交警甄别牛某谎报自己是驾驶员后，陈某才被动赶到事故现场，其行为本身构成换驾。

二、保险公司拒绝赔偿保险金是否符合法律规定

虽然陈某换驾行为属于被法律规定禁止的行为，但根据保险法第十七条的规定，财保北京分公司援引免责条款的约定拒赔，应当举证证明其已经就免责条款向陈某进行了提示。本案诉讼过程中，财保北京分公司未举证证明其向陈某送达过保险条款，应当承担举证不能的法律后果。保险合同免责条款对陈某不发生法律效力。

北京市西城区人民法院依据《中华人民共和国合同法》第六十条，《中华人民共和国保险法》第十七条第二款，《最高人民法院关于适用〈中华人民共和国保险法〉若干问题的解释（二）》第十一条第一款、第十二条，《最高人民法院关于适用〈中华人民共和国保险法〉若干问题的解释（二）》第十条之规定，判决如下：

一、财保北京分公司于本判决生效后十日内赔偿陈某保险金49646元；

二、财保北京分公司于本判决生效后十日内给付陈某施救费用2800元。

财保北京分公司不服，提起上诉。北京市第二中级人民法院经审理认为：依照《中华人民共和国道路交通安全法》第七十条规定，在道路上发生交通事故，车辆驾驶人应当立即停车，保护现场；不即行撤离现场的，应当迅速报告执勤的交通警察或者公安机关交通管理部门。本案中，依据公安机关交通管理部门出具的《事故认定书》，陈某在发生交通事故后不仅擅自离开现场，而且未向交通警察如实告知实际驾驶人情况。因此，陈某未履行如实报案的法定义务且该行为导致事故原因责任无法查明，属于法律规定的禁止性行为，亦属于保险条款中约定的财保北京分公司免责情形。依据保险单中的“重要提示”内容，可以认定财保北京分公司已对免责条款作出

了提示。依照《最高人民法院关于适用〈中华人民共和国保险法〉若干问题的解释（二）》第十条的规定，财保北京分公司主张本案适用的免责条款在作出提示后即发生法律效力。因此，财保北京分公司主张的免赔理由成立。综上所述，法院对财保北京分公司的上诉请求予以支持。

北京市第二中级人民法院依照《中华人民共和国保险法》第五条、《最高人民法院关于适用〈中华人民共和国保险法〉若干问题的解释（二）》第十条及《中华人民共和国民事诉讼法》第一百七十条第一款第二项规定，判决如下：

一、撤销一审判决；

二、驳回陈某的诉讼请求。

【法官后语】

保险法的基本原则之一是最大诚信原则。最大诚信原则是指保险合同的双方当事人在保险合同的订立和履行过程中，必须以最大的诚意，履行自己的义务，互不欺骗和隐瞒，恪守合同的约定。最大诚信原则源自民法的诚实信用原则。最大诚信原则不仅约束保险人，也约束投保人、被保险人和受益人。对于投保人而言，在缔约阶段，最大诚信原则最主要的体现是保险法第十六条规定的如实告知义务，在合同履行阶段，主要体现在保险法第二十一条的及时通知义务。保险法第二十一条规定："投保人、被保险人或者受益人知道保险事故发生后，应当及时通知保险人。故意或者因重大过失未及时通知，致使保险事故的性质、原因、损失程度等难以确定的，保险人对无法确定的部分，不承担赔偿或者给付保险金的责任，但保险人通过其他途径已经及时知道或者应当及时知道保险事故发生的除外。”对保险人而言，最大诚信原则主要体现在保险法第十七条规定的对免责条款的提示和明确说明的义务。

实践中，多数保险合同将法律、行政法规的禁止性规定作为保险合同的免责条款。比如，很多保险合同约定了无证驾驶、酒驾的，保险人免于赔偿。对于这类免责条款，是否仍要求保险人给予投保人以提示和明确说明，以往存在争议。《最高人民法院关于适用〈中华人民共和国保险法〉若干问题的解释（二）》第十条回应了这一争议，规定：“保险人将法律、行政法规中的禁止性规定情形作为保险合同免责条款的免责事由，保险人对该条款作出提示后，投保人、被保险人或者受益人以保险人未履行明确说明义务为由主张该条款不成为合同内容的，人民法院不予支持。”即对于将禁止性规定作为免责条款时，保险人仅需向投保人提示该条款即可，减轻了保险人的说明义务。

对于如何提示免责条款，在事实认定和法律适用时存在较大争议。从上述案例来看，两审法院在认定驾驶人存在离开事故现场和未如实陈述上是一致的，主要争议就在于一审法院和二审法院在保险人是否尽到了提示义务上存在不同认识。一审法院认为，保险人未向投保人送达保险条款，投保人对于保险合同中的免责条款是不知情的；二审法院则认为，保险单的“重要提示”一栏载明“请详细阅读承保险种对应的保险条款，特别是责任免除和赔偿处理”，据此认定保险人已经尽到了提示义务。

《中华人民共和国道路交通安全法》第七十条规定，在道路上发生交通事故，车辆驾驶人应当立即停车，保护现场；不即行撤离现场的，应当迅速报告执勤的交通警察或者公安机关交通管理部门。法律课以驾驶人保护现场的义务，是为了便于交通管理部门查清事故责任。驾驶人若离开现场，或不如实向交通管理部门陈述事故发生的过程，不仅为法律所禁止，更是保险合同所规制的行为。笔者认为，交通事故发生后，换驾行为是一种严重的违法行为，换驾导致交通管理部门无法确定真实驾驶员及其事故发生时的精神状态及是否有违反道路交通安全法第二十二条所规定的情形，也导致保险人无法判断事故是否属于保险责任，保险人根据保险法第二十一条的规定即可拒赔。《最高人民法院关于适用〈中华人民共和国保险法〉若干问题的解释（二）》第十一条第一款规定：“保险合同订立时，保险人在投保单或者保险单等其他保险凭证上，对保险合同中免除保险人责任的条款，以足以引起投保人注意的文字、字体、符号或者其他明显标志作出提示的，人民法院应当认定其履行了保险法第十七条第二款规定的提示义务。”本文认为，车险是一种高度成熟的财产保险，在国内，各家保险公司所使用的车险条款一般都是中国保险行业协会所制定的示范条款，当事人获取该保险条款较为容易，且投保人往往不是第一次投保。在此情形下，人民法院在认定保险人是否尽到提示义务时，可综合考虑如下事实：1. 投保人是否曾在该保险公司投保过车辆损失险；2. 保险人是否通过短信向投保人发送投保链接，告知投保人阅读保险条款；3. 保险人是否在投保单、保险单显著位置提示投保人阅读保险条款。鉴于电话投保、网络投保的方式比较普遍，保险人未向投保人提示保险条款的情形是比较罕见的，更多的时候是投保人疏于阅读保险条款。鉴于本案中保险人已在保险单上显著位置，提示投保人仔细阅读保险条款，特别是免责条款，可以认定保险人已尽到提示义务。

编写人：北京市西城区人民法院　何宗遥

009 保险人未就免责条款尽到提示说明义务的，应认定未订入保险合同

——汽车公司诉保险公司、杨某机动车交通事故责任案

【案件基本信息】

1. 裁判书字号

江苏省无锡市中级人民法院（2020）苏02民终5207号民事判决书

2. 案由：机动车交通事故责任纠纷

3. 当事人

原告（被上诉人）：汽车公司

被告（上诉人）：保险公司

被告（被上诉人）：杨某

【基本案情】

2019年11月3日，杨某驾驶A号小型普通客车与纪某驾驶的B号小型轿车发生碰撞，造成车辆损坏（车损60000元，保险公司已理赔）的交通事故。公安机关认定，杨某负事故全部责任，纪某无责任。

杨某所有的A号小型普通客车在保险公司投有交强险及150万元商业三者险（含不计免赔）；B号小型轿车实际所有人为纪某，于2019年3月购置，后挂靠登记在汽车公司名下，主要用于网络预约出租汽车客运服务。事故发生后，B号小型轿车于当年11月4日至12月3日停放在一家汽车专营店修理，未经营。

为证明停运损失情况，汽车公司提供B号小型轿车在事故发生前三个月的营运服务订单（含每日收益、在线时长等数据），显示2019年8月1日至11月3日（共计95天），该车收入流水金额总计为25504元。保险公司认为，停运损失不属于保险理赔范围，不予赔偿。杨某称，保险公司未就免责事项尽到提示说明义务，对其没有约束力。

【案件焦点】

1. 保险公司主张的停运损失属于间接损失，保险不予理赔的意见是否成立；2. 汽车公司车辆停运期间的合理成本如何确定。

【法院裁判要旨】

江苏省无锡市滨湖区人民法院经审理认为：当事人同时起诉侵权人和保险公司的，应先由保险公司在交强险责任限额范围内予以赔偿；不足部分，由保险公司根据商业保险合同金额按事故责任比例予以赔偿。杨某负事故全责，B号小型轿车的停运损失8054元应由保险公司赔偿。保险公司辩称停运损失免责的意见不成立，不予采纳。

江苏省无锡市滨湖区人民法院根据《中华人民共和国道路交通安全法》第七十六条第一款第二项，《最高人民法院关于审理道路交通事故损害赔偿案件适用法律若干问题的解释》第十五条第三项、第十六条第一款，《最高人民法院关于适用〈中华人民共和国民事诉讼法〉的解释》第九十条之规定，判决如下：

一、保险公司于判决发生法律效力之日起二十日内，支付汽车公司8054元；

二、驳回汽车公司的其他诉讼请求。

保险公司不服，提起上诉。江苏省无锡市中级人民法院经审理认为：保险人没有证据证明已对保险免责条款尽到提示说明义务，根据民法典第四百九十六条的规定，应认定免责条款未订入保险合同，保险公司不能据此主张免责；保险公司提出的应扣除合理运营成本的意见成立，但该公司没有提出具体的扣除金额，鉴于汽车公司愿意扣除 1000 元，予以准许。

江苏省无锡市中级人民法院依照《中华人民共和国民法典》第四百九十六条、《最高人民法院关于适用〈中华人民共和国民法典〉时间效力的若干规定》第九条、《中华人民共和国保险法》第十七条、《中华人民共和国民事诉讼法》第一百七十条第一款第二项的规定，判决如下：

一、撤销一审判决；

二、保险公司于本判决发生法律效力之日起十日内支付汽车公司车辆停运损失 7054 元；

三、驳回汽车公司的其他诉讼请求。

【法官后语】

本案作为道路交通事故纠纷，涉及民事规范和商事规范的交叉使用。民法典对合同法等进行了整合，对格式合同的订立、效力认定等作出了一般性规定，作为调整保险合同特别法的保险法对上述问题也作出了相应规定。而保险法与民法典的规定既有相通之处，又有明显差别。司法实践中，对于保险法和民法典规定的交叉领域，应结合民法典和保险法的具体规定，遵循立法法关于法律适用的一般规则，从法理的角度作出辨析并在裁判文书中进行法理阐释，做到"释明法理，讲明情理"，达到以理服人的效果，从而体现裁判文书的严谨性、提升裁判文书的权威性。

1. 格式条款提示、说明义务的认定

本案保险公司主张的免责事由，是保险公司为重复使用而预先拟定，在订立保险合同时未与投保人协商的格式条款。《中华人民共和国民法典》第四百九十六条第二款规定，采用格式条款订立合同的，提供格式条款的一方应当遵循公平原则确定当事人之间的权利和义务，并采取合理的方式提示对方注意免除或者减轻其责任等与对方有重大利害关系的条款，按照对方的要求，对该条款予以说明；《中华人民共和国保险法》第十七条规定，订立保险合同，采用保险人提供的格式条款的，保险人向投保人提供的投保单应当附格式条款，保险人应当向投保人说明合同的内容。对保险合同中免除保险人责任的条款，保险人在订立合同时应当在投保单、保险单或者其他保险凭证上作出足以引起投保人注意的提示，并对该条款的内容以书面或者口头形式向投保人作出明确说明。

通过对比分析民法典第四百九十六条和保险法第十七条规范内容可以看出，民法典对格式免责条款采取了"主动提示、被动说明"的立法模式，即格式免责条款提供方应对格式免责条款的存在主动提示合同相对方予以注意，合同相对方对格式免责条款有疑问的，格式免责条款提供方应按照相对方要求作出说明。而保险法第十七条对保险合同格式免责条款则采取了"主动提示、主动说明"的立法模式，即保险合同格式免责条款提供方应对格式免责条款的存在主动提示合同相对方予以注意，并主动对格式免责条款的内容作出说明。鉴于民法典第四百九十六条是对合同格式免责条款提示、说明义务的一般性规定，保险法第十七条系对保险合同这一特殊有名合同的具体规范，且相对于投保人而言，保险人作为格式免责条款拟定方，更具有专业判断优势，保险人则相对处于劣势。据此，应根据《中华人民共和国立法法》第九十二条“特别法优于一般法”的规定，对保险合同格式免责条款的提示、说明义务采用保险法的规定，即保险公司应对其提供的格式免责条款向投保人作出提示、说明。而本案中，保险公司未提供证据证明保险合同订立时已就其主张的免责事由向投保人杨某作出了提示和说明义务。

2. 保险人未尽到提示、说明义务的后果认定

至于保险人未对保险合同中格式免责条款尽到提示、说明义务的后果问题，民法典与保险法的规定也存在不一致之处，对此亦应根据《中华人民共和国立法法》第九十二条及有关民法典溯及力的司法解释予以厘清。《中华人民共和国民法典》第四百九十六条规定，提供格式条款的一方未履行提示或者说明义务，致使对方没有注意或者理解与其有重大利害关系的条款的，对方可以主张该条款不成为合同的内容；《中华人民共和国保险法》第十七条规定，（对免责条款）未作提示或者明确说明的，该条款不产生效力。

上述规范的差异在于：民法典遵循了从事实判断到效力判断的逻辑；保险法则越过事实判断直接进行效力评判。通过法理、学理和事理分析，笔者认为，民法典的规范更符合法律行为发生的判断逻辑。根据《中华人民共和国民法典》第一百三十四条、第一百三十六条的规定，保险合同系双务合同，合同内容需基于双方意思表示一致成立，只有已成立的合同才发生效力判断问题，只有有效的格式免责条款才发生条文解释问题。以此而论，民法典第四百九十六条至第四百九十八条构成一个逻辑自恰的认知体系，即对于格式免责条款认定应依据“订入规则、效力规则、解释规则”的逻辑展

开，以上规则具有坚实的事实和法理基础，更符合格式合同订立的客观事实和一般认知规律。故对于保险合同格式免责条款未尽到提示、说明义务后果的认定，应按照立法法第九十二条“新法优于旧法”的原则，根据《最高人民法院关于适用〈中华人民共和国民法典〉时间效力的若干规定》第九条的规定，适用民法典的规定处理，即民法典施行前订立的合同，提供格式条款一方未履行提示或者说明义务，涉及格式条款效力认定的，适用民法典第四百九十六条的规定。综上所述，本案中保险公司未对停运损失免责的格式条款尽到提示、说明义务，该免责事项不成为保险合同的内容，保险公司不能据此主张免责。

编写人：江苏省无锡市中级人民法院　张朴田

010 被保险人未履行及时通知义务，保险人对于事故的性质、原因、损失程度可以确定的部分应当承担理赔责任

——张某诉财保德州支公司财产保险合同案

【案件基本信息】

1. 裁判书字号

北京市第三中级人民法院（2020）京03民终11659号民事判决书

2. 案由：财产保险合同纠纷

3. 当事人

原告（被上诉人）：张某

被告（上诉人）：财保德州支公司

【基本案情】

涉诉车辆登记在张某名下，在保险公司投保了机动车损失保险。张某陈述，2018 年 8 月 17 日下午 3 点左右，张某驾驶被保险车辆行驶时与树木相撞，造成车辆受损严重、张某受伤。张某于 2018 年 8 月 17 日到医院进行治疗，伤情为 L1-4 右侧横突骨折。2018 年 8 月 18 日，张某报警并向保险公司报险。经鉴定，涉诉车辆在交通事故发生前的市场价值为 77300 元。事故后车辆撞击严重，张某伤势严重，只能选择先去医院治疗，是张某的朋友找修理厂拖走了车。张某在第二天报警保险没有超过 48 小时，保险公司的拒赔理由不成立。报案时间发生在 48 小时之内，符合保险条款报案时间的约定。

保险公司认为：张某连事故的真实性都不能证明，驾驶人是否就是张某也无法证明，真实驾驶人事发时是否存在饮酒、无证等行为均无任何证据证明。张某在事故发生后又擅动现场，造成保险事故的性质、原因、损失程度等均难以确定。保险公司在与投保人签订的保险合同中约定事故发生后应该通知保险人，如果不通知则不承担保险责任，依据保险条款以及保险法第二十一条的规定，保险公司不应承担本事故的赔偿责任。

【案件焦点】

被保险人未在事故发生后立即通知保险公司，保险公司是否应当承担理赔责任。

【法院裁判要旨】

北京市顺义区人民法院经审理认为：

第一，本案事故的性质、原因、损失程度是否难以确定。

保险法第二十一条规定了投保人在事故发生后负有及时通知保险公司的义务，但仅指投保人、被保险人或者受益人因故意或者重大过失未通知，要承担不利后果。如果因客观原因或者一般过失未及时通知，保险公司仍应承担赔付责任，且保险公司仅对无法确定的部分不承担赔付责任。故只有当投保人故意不报案或者逾期报案是因本人的故意或者重大过失造成，且由此导致事故的性质、原因、损失程度无法确定，保险公司才可以拒绝承担保险责任。

本案中，张某虽未在事故发生后立即报警并通知保险公司，但其关于事发过程的陈述与被保险车辆损坏部位、现场树木的被撞痕迹、就医记录的时间可以相互印证，并无矛盾之处，足以对此次事故发生的地点和成因作出认定。

第二，张某在未报警亦未通知保险公司的情况下离开被保险车辆，是否构成免责条款中约定的免赔条件。

免责条款约定的免赔情形包括未依法采取措施直接驾驶被保险车辆离开事故现场以及未依法采取措施遗弃被保险车辆两种情形。但保险条款另约定了发生保险事故后，被保险人应在48小时内通知保险人，而张某报险时间在上述时间范围内。此外，根据张某的陈述，由于事发后涉诉车辆损毁严重，且张某受伤，故先行就医而未第一时间报警并通知保险公司，上述解释并不违反生活常识。

北京市顺义区人民法院依照《中华人民共和国保险法》第二十三条、第三十条，《中华人民共和国民事诉讼法》第六十四条之规定，作出如下判决：

一、被告财保德州支公司给付原告张某保险金75585.30元，于本判决生效之日起七日内执行；

二、驳回原告张某的其他诉讼请求。

二审法院同意一审法院裁判意见。

【法官后语】

保险事故发生后，被保险人须及时通知保险人，这是保险人履行赔偿责任的一项先决条件。作出这一规定，一是为确定保险责任归属和损失程度范围提供重要依据，亦可以指导被保险人采取适当有效的措施，避免损失进一步扩大；二是可以在得知事故后，督促被保险人采取行动保护向第三者求偿的权利不受影响。

《中华人民共和国保险法》第二十一条规定："投保人、被保险人或者受益人知道保险事故发生后，应当及时通知保险人。故意或者因重大过失未及时通知，致使保险事故的性质、原因、损失程度等难以确定的，保险人对无法确定的部分，不承担赔偿或者给付保险金的责任，但保险人通过其他途径已经及时知道或者应当及时知道保险事故发生的除外。"

保险法第二十一条包含以下几层含义：第一，保险事故发生后，投保人、被保险人或者受益人应当及时通知保险公司，因故意或者重大过失未通知，受益人要承担不利后果。但是如果因客观原因或者一般过失未通知，保险公司仍应承担赔付责任。第二，保险公司仅对无法确定的部分，不承担赔偿或者给付保险金的责任。第三，虽然投保人、被保险人、受益人未及时通知，但保险人通过其他途径已经及时知道或者应当及时知道保险事故发生的，保险公司仍应当赔付。故及时通知义务并不意味着未履行就一定免除保险公司的理赔责任。只有当投保人故意不报案或者逾期报案是因本人的故意或者重大过失造成，且由此导致事故的性质、原因、损失程度无法确定的，保险公司才可以拒绝承担保险责任。

本案中，张某虽未在事故发生后立即报警并通知保险公司，但其关于事发过程的陈述与被保险车辆损坏部位、现场树木的被撞痕迹、就医记录的时间可以相互印证，并无矛盾之处，足以对此次事故发生的地点和成因作出认定。故保险公司仍应当对于事故造成的合理损失承担保险责任。

但笔者亦提醒社会公众：如果发生交通事故后，不及时报警或通知保险公司，致使无法确定驾驶人是否存在上述免责情形，导致事故的事实及成因无法查明，那么行为人应承担相应的法律后果，保险公司依法依约可以拒赔。

编写人：北京市顺义区人民法院　牛佳雯

011　财产保险合同中保险价值的认定

——广告公司诉保险公司财产保险合同案

【案件基本信息】

1. 裁判书字号

浙江省绍兴市中级人民法院（2020）浙06民终2198号民事判决书

2. 案由：财产保险合同纠纷

3. 当事人

原告（被上诉人）：广告公司

被告（上诉人）：保险公司

【基本案情】

2019 年 1 月 30 日，广告公司为其所有的车辆在被告处投保了机动车损失险（保险金额 2487680 元）及对应的不计免赔险等，保险期间自 2019 年 1 月 31 日 0 时起至 2020 年 1 月 30 日 24 时止。保险单上载明的实际价值为 2487680 元，投保单中记载车主为广告公司。机动车综合商业保险示范条款（以下简称示范条款）第十二条载明：保险金额按投保时被保险机动车的实际价值确定，投保时被保险机动车的实际价值由投保人与保险人根据投保时的新车购置价减去折旧金额后的价格协商确定或其他市场公允价值协商确认。第十九条载明机动车全部损失情况下赔偿=（保险金额-被保险人已从第三方获得的赔偿金额）×（1-事故责任免赔率）×（1-绝对免赔率之和）-绝对免赔额。上述车辆系广告公司以 195 万元的价格二手买得，转移登记日期为 2019 年 1 月 30 日，该车辆受让之前的车牌号为 A，受让时车牌号并未一并转让，后广告公司为该车辆领取了 B 号车牌。上述车辆在转让给广告公司之前亦投保于保险公司。

2019 年 5 月 30 日，黄某驾驶 B 号车辆在高速公路行驶时，车尾部位起火，造成该车辆烧毁的交通事故，现场未发现任何影响通行安全的物体。交警部门认为，根据现有证据，该车辆起火原因无法查清，成因无法判断。检测鉴定技术有限公司对上述车辆起火原因进行了鉴定，亦认为起火原因无法认定。黄某在发生上述事故的同日向保险公司进行报案。广告公司及保险公司均确认车辆因上述事故被烧毁后已无残值。后广告公司起诉要求保险公司赔偿车辆损失 2487680 元；但保险公司认为案涉事故系不明原因火灾造成，且广告公司在投保时未履行如实告知义务，故其拒绝赔偿。

【案件焦点】

1. 广告公司在投保时是否隐瞒真实信息，保险公司能否以此拒赔；2. 保险公司能否以案涉事故属于其免责范围为由拒赔；3. 若保险公司需承担赔偿责任，则赔偿金额如何确定。

【法院裁判要旨】

浙江省绍兴市越城区人民法院经审理认为：就第一个争议焦点，保险公司认为广告公司在投保时未如实填写车牌信息，未将车辆转让、异地迁移的情况告知，故其依法不承担赔偿责任。就车牌问题，根据广告公司的陈述，其在购买车辆时车牌并未一并转让，因投保时要登记车牌就登记了老车牌，可认定其存在未如实告知的情况。但根据北京市车牌转让的政策及案涉车辆是续保的情况，保险公司作为专业的保险机构，在投保时应该知道广告公司不可能使用A号车牌，故其应该明知该未如实告知情况，依法应承担赔偿责任。就车辆转让问题，投保单中车主已写明是广告公司，结合案涉车辆系在保险公司处续保的事实，可以认定保险公司在广告公司投保时应当知道车辆发生转让的事实，广告公司并未对此进行隐瞒。就车辆是否异地迁移问题，投保单中并没有该项告知内容，保险公司亦未举证证明其另行向广告公司进行了询问，故广告公司予以隐瞒的依据不足。

就第二个争议焦点，保险公司认为原因不明的火灾造成损失属于免责范围。但其提供的投保单及投保人声明中投保人签章均不是广告公司的公章。保险公司在官网公示保险条款内容的行为亦不足以证明其已就免责条款履行了明确说明义务，故其不能以案涉事故属于免责范围为由拒赔。

就第三个争议焦点，双方对于案涉车辆已烧毁、没有残值的事实予以确认，故该车辆应按全损予以赔偿。保险公司认为，保险金额不能超过保险价值，保险价值应以实际购车金额为准；但保险单中载明车辆的实际价值及保险金额均为2487680元，根据示范条款第十二条的约定，保险金额是按投保时被保险机动车的实际价值确认。另根据示范条款第十九条约定的赔款计算方式及保险法第五十五条的规定，案涉车辆损失险应为定值保险，保险公司应按保险金额2487680元进行赔偿。虽然购车发票显示车辆二手购买的价格为195万元，但该价格并不能等同于车辆的实际价值，买卖双方的身份关系等原因都会对价格造成影响。

浙江省绍兴市越城区人民法院依照《中华人民共和国保险法》第十六条、第十七条、第二十三条、第五十五条之规定，作出如下判决：

保险公司应于本判决生效之日起三十日内支付给广告公司保险赔偿金2487680元。

二审法院同意一审法院裁判意见。

【法官后语】

在车辆保险中，被保险人与保险人就车辆的赔偿金额极易发生分歧，从而导致诉讼。在车辆发生全损的情况下，容易就车辆的实际价值发生争议，这与保险合同中是否约定保险价值存在很大的关系。保险标的的保险价值是指保险标的的价格，是确定保险金额从而确定保险人承担赔偿责任的依据。确定保险价值对于履行财产保险合同具有重要的意义，财产保险根据是否约定保险价值一般可分为定值保险和不定值保险。根据保险法第五十五条的规定，定值保险是指投保人和保险人在订立保险合同时，约定保险标的的保险价值并在合同中载明的，当保险标的发生损失时，以约定的保险价值作为赔偿计算标准。不定值保险是指投保人和保险人未约定保险标的的保险价值，只是明确了保险金额，当保险标的发生损失时，以保险事故发生时保险标的的实际价值作为赔偿计算标准。

结合到本案中的保险合同，首先要确定是否是定值保险。案涉保险单中明确载明车辆的实际价值为2487680元。虽然没有写明是保险价值，但保险价值是保险标的的价格，就是保险标的的实际价值。保险条款另约定，机动车全部损失情况下赔偿=（保险金额-被保险人已从第三方获得的赔偿金额）×（1-事故责任免赔率）×（1-绝对免赔率之和）-绝对免赔额；保险金额按投保时被保险机动车的实际价值确定。也就是说，案涉保险单中记载的保险标的的实际价值是保险标的损失赔偿的计算依据，故可以认定案涉保险是定值保险。案涉保险价值与保险金额一致，在保险标的全损的情况下，原告主张按保险金额全额赔偿，符合保险法第五十五条的规定。

本案中，广告公司是二手购得车辆，车辆的购买价格为195万元，与保险合同约定的车辆实际价值2487680元不一致。因两个价格上的差异，此案会产生另外一种观点，即保险公司抗辩的保险标的的实际价值应按车辆二手购买价格为准。还有观点认为，按照2487680元赔付会违背保险法损失补偿原则。笔者认为：第一，案涉车辆的保险条款中明确约定投保时被保险机动车的实际价值由投保人与保险人根据投保时的新车购置价减去折旧金额后的价格协商确定或其他市场公允价值协商确认。保险公司陈述保单中的实际价值是其系统产生的。基于保险关系中保险人的强势地位及实践中投保车辆保险的操作过程，投保人在投保时对于车辆实际价值的确定基本没有话语权。而保险人作为专业的机构，对于车辆实际价值的确定自有一套合理完善的估价体系或标准，其确定的实际价值一般是较为合理准确的。而车辆买卖价格并不能等同于车辆的实际价值，买卖双方的身份关系、议价能力等各种因素都会对交易价格造成影响。故本案在判决时并未采纳保险公司的观点。第二，上述认为违背损失补偿原则的观点，混淆了车辆受让人通过车辆买卖交易获得的利益与通过保险事故获得的利益两个不同的概念。广告公司以195万元的价格购买实际价值为2487680元的保险车辆，超出购买价格部分的利益系其通过买卖交易获得的合法利益，而不是通过保险事故获得的利益，不构成不当得利。

编写人：浙江省绍兴市越城区人民法院　何敏敏

012 财产保险合同中“高保低赔”条款的认定

——王某诉人保成都分公司财产保险合同案

【案件基本信息】

1. 裁判书字号

江苏省无锡市中级人民法院（2019）苏02民终5364号民事判决书

2. 案由：财产保险合同纠纷

3. 当事人

原告（被上诉人）：王某

被告（上诉人）：人保成都分公司

【基本案情】

涉案重型专项作业车系王某所有。2019年3月，王某为该车在人保成都分公司处投保了财产损失险、附加第三者责任险及附加起重货物责任保险，其中财产损失保险金额为265000元，免赔率为0%，保险期限为2019年3月13日至2020年3月12日。同时，该保单附件特别约定清单载明：工程机械财产损失险保险金额为265000元，保险标的的保险金额按新设备购置价投保，每次事故财产损失无免赔额，不足额投保时，保险标的的财产损失部分按保险金额与保险价值的比例承担保险责任；保险标的发生本保险事故，导致全部损失，设备年折旧率为10%，累计折旧率上限为80%，实际价值=新设备购置价×（1-累计折旧率），其中累计折旧率=年折旧率×已使用年限；经过双方同意，驾驶或操作被保险机动车应具备国家有关部门核发的有效驾驶证或者有效操作证、许可证书或者其他必备证书，且按照规定进行年检并合格。

2019年4月24日，该车在工地作业时发生翻车事故，造成车辆损坏。事故发生后，王某及时联系人保成都分公司，人保成都分公司确认该车配件的核损报价共计87736元，维修工时费为12500元，共计100236元。为证明其已实际支付维修费用及车辆施救费用，王某向法院提交相应增值税发票。同时，该车发生事故后，产生车辆施救费用7000元。据此，王某认为上述车辆损失费用及施救费用未超过保险合同约定的财产损失保险金额265000元，故要求人保成都分公司足额赔偿。对此，人保成都分公司认为，根据保险合同附件特别约定，该车年折旧率为10%，已使用7年，新车价值为265000元，故目前车辆价值为79500元，而其通过定损，确认该车的维修价值为 100236 元，故认为该车已不适宜维修，应推定全损处理，且保险金额 265000 元并非目前车辆的价值而是保险期内全年车辆维修金额的最高限额，对于施救费用，其认为该费用系间接损失，不应由保险公司进行赔偿。

案涉车辆驾驶员为邓某，其经培训合格后获得建设机械施工作业操作证，操作项目为汽车式起重机操作，使用期限为 2019 年 3 月 23 日至 2025 年 3 月 22 日。

【案件焦点】

该案的保险合同中约定保险金额以新设备购置价确定，同时又约定车辆发生事故时按照实际价值进行赔偿，在此情况下，车辆赔偿款的标准应如何确定。

【法院裁判要旨】

江苏省无锡市惠山区人民法院经审理认为：保险合同系双方真实的意思表示，合法有效，双方均应按约履行。王某作为投保人已按约支付保险费，人保成都分公司作为保险人应按约承担保险责任。本案中，案涉车辆事故发生在保险期限内，驾驶人具备相应的驾驶资质，该车损失金额系人保成都分公司定损后所确定，而施救费 7000 元系王某作为被保险人为减少保险标的的损失所支付的必要、合理的费用，应当由人保成都分公司承担，且上述费用总和未超出保险合同约定的财产损失保险金额 265000 元，故人保成都分公司应按保险合同的约定赔偿王某上述费用共计 107236 元。人保成都分公司称该车维修费用超过该车实际损失，应推定全损处理，未提供相应依据，不予采纳。

江苏省无锡市惠山区人民法院依照《中华人民共和国合同法》

第六十条,《中华人民共和国保险法》第十四条、第五十七条,《中华人民共和国民事诉讼法》第六十四条之规定,判决如下:

人保成都分公司于本判决生效之日起十日内向王某赔偿车辆损失费、施救费理赔款共计 107236 元。

人保成都分公司不服,提出上诉。江苏省无锡市中级人民法院经审理认为:当投保人与保险人约定以新车购置价作为保险金额时,虽保险合同中未载明保险价值,但应认为此保险合同中已隐含以新车购置价作为保险价值的意思表示,保险人应以该保险金额即保险价值为限承担赔偿责任。本案中,保险单及特别约定清单第八条明确约定:保险标的的保险金额按照新设备购置价即 265000 元投保,每次事故财产损失无免赔额。而特别约定清单第九条关于赔偿处理条款却约定:保险标的发生保险事故,导致全部损失,按折旧后的实际价值标准进行赔付。根据该条款的约定,人保成都分公司承担的最高赔偿限额即车辆出险时的实际价值,但保险合同却以必然高于车辆在出险时的实际价值的新车购置价为保险金额,导致保险金额失去其作为保险人承担赔偿或者给付保险金责任的最高限额的基本功能。因此,本案人保成都分公司制定的保险条款中相关赔偿处理的规定应仅适用于以车辆的实际价值作为保险金额的保险合同,而不适用于本案以新车购置价作为保险金额的保险合同。据此,涉案车辆发生事故后人保成都分公司定损维修费用为 100236 元,该金额未超过合同约定的财产损失保险金额,一审判决人保成都分公司应足额赔偿,并无不当。

江苏省无锡市中级人民法院依照《中华人民共和国民事诉讼法》第一百七十条第一款第一项之规定,判决如下:

驳回上诉,维持原判。

【法官后语】

随着车辆保有量的增加，因车损险引起的纠纷亦越来越多，其中因诸如本案中的“高保低赔”条款引起的纠纷占据很大一部分比例，尤其是货车保险合同纠纷。“高保低赔”条款，顾名思义，即以高的价值为标准投保并交纳保险费，而发生保险事故后，保险公司却主张以事故发生时车辆的实际价值即计算折旧率后的价值为标准予以赔偿，具体到本案中，保险合同一方面约定保险标的的保险金额按新设备购置价投保，而另一方面又约定车辆发生事故时按实际价值赔偿，此时，车辆的实际价值必然低于新车购置时的价值，即典型的“高保低赔”条款。

对于“高保低赔”条款，笔者认为，涉及赔偿时应从有利于投保人的角度出发，高保高赔，理由如下：

一是根据保险法上的“对价平衡”原则，保险人与被保险人的权利义务应对等，《中华人民共和国保险法》第一百一十四条第一款亦规定：“保险公司应当按照国务院保险监督管理机构的规定，公平、合理拟订保险条款和保险费率，不得损害投保人、被保险人和受益人的合法权益。”该原则强调保险合同当事人的诚实义务，如投保人投保时的告知义务、保险合同存续期间的安全维持义务和危险显著增加时的通知义务及危险减少时的保险费返还义务，同时，在保险技术层面，该原则主要表现为精算层面的数理公平，如上述条款中对于保险费率的规定。作为专门从事保险业务的保险公司，对车辆价值的自然损耗有较为专业的认知能力，其明知车辆出险时的实际价值必然低于新车购置价，却仍在合同中约定以新车购置价作为确定保险金额的依据，依据常理，投保人亦据此支付保险费，故若在“高保”的情况下，保险公司主张“低赔”，有违诚实信用原则及公平原则。

二是从格式条款的角度来讲，在对格式条款的理解发生争议时，应按照通常理解予以解释，在对格式条款有两种以上解释时，应作出不利于提供格式条款一方的解释。本案中，双方对关于保险金额以新车购置价确定的条款与按车辆实际价值赔偿的条款的理解发生争议，其实系保险公司一方面在承保上采用了定值保险的方式，即约定旧车按照新车的购置价确定保险金额，不足额投保时，保险标的的财产损失部分按照保险金额与保险价值的比例承担保险责任，另一方面约定的赔付方式又类似不定值保险，即明确“保险标的发生保险事故，导致全部损失，按照折旧后的实际价值标准进行赔付”。囿于保险专业知识的匮乏，投保人一般无法理解其中的区别以及隐藏的风险，保险公司利用了信息的不对称及保险合同的格式性和附和性，混淆了定值保险与不定值保险的方式，获取了高额的保费。而发生保险事故时，原告作为投保人，认为保险公司对车辆损失进行了确定，该损失未超过保险金额，故根据损失赔偿原则，保险公司应据实支付赔偿款，保险公司则认为应根据事故发生时车辆的实际价值进行赔偿，即双方对该赔偿条款的理解发生合理的争议，此时，应作出不利于保险公司的解释。

三是从投保人合理期待的角度来讲，投保人为车辆投保，系为分担风险，以期在发生合同约定的相应情形时，能实际获得保险公司的赔偿以弥补损失。而保险公司的“高保低赔”条款却以必然高于车辆在出险时的实际价值的新车购置价作为保险金额，导致保险金额失去其作为保险人承担赔偿或者给付保险金责任的最高限额的基本功能，与投保人的合理期待不符。因此，本案中保险条款中相关赔偿处理的规定应仅适用于以车辆的实际价值作为保险金额的保险合同，而不适用于本案以新车购置价作为保险金额的保险合同。

编写人：江苏省无锡市惠山区人民法院　刘效庆

013　车辆损失保险合同中约定的危险程度增加的范围认定

——康某诉财保石河子分公司保险合同案

【案件基本信息】

1. 裁判书字号

新疆维吾尔自治区石河子市人民法院（2020）兵9001民初2122号民事判决书

2. 案由：保险合同纠纷

3. 当事人

原告：康某

被告：财保石河子分公司

【基本案情】

A号家庭自用车登记在原告康某名下。2020年3月16日，原告在被告处办理机动车损失保险及不计免赔险，保险金额为182106.40元，原告向被告交纳保险费1848.12元。

2020年3月20日11时许，原告驾驶A号车辆外出游玩，在穿过沙漠陡坡过程中发生翻车事故，造成车辆受损。后原告就车辆事故向被告报案，被告到事故现场后进行了勘查。2020年3月21日，被告为原告出具拒赔/拒付通知书：主要内容为："经调查核实，根据有关法律和保险合同的规定，本次赔偿申请不属于保险责任赔偿范围。敬请谅解。具体理由为：根据《机动车综合商业保险条款》责任免除条款第九条项下第四款之约定及被保险人未尽到妥善保管的义务，不属于保险责任。”后原告为施救车辆花费 8500 元，原告就受损车辆进行了修理，共花费车辆修理费 31070 元。

另查明，《机动车综合商业保险条款》第九条第五款约定，下列原因导致的被保险机动车的损失和费用，保险人不负责赔偿：被保险机动车被转让、改装、加装或改变使用性质等，被保险人、受让人未及时通知保险人，且因转让、改装、加装或改变使用性质等导致被保险机动车危险程度显著增加。第二十五条第一款约定，下列原因导致的人身伤害、财产损失和费用，保险人不负责赔偿：被保险机动车被转让、改装、加装或改变使用性质等，被保险人、受让人未及时通知保险人，且因转让、改装、加装或者改变使用性质等导致被保险机动车危险程度显著增加。

【案件焦点】

康某机动车受损的保险费是否能够获得赔付。

【法院裁判要旨】

新疆维吾尔自治区石河子市人民法院经审理认为：关于涉案保险标的的危险程度是否显著增加的问题，根据《中华人民共和国保险法》第五十二条的规定，在合同有效期内，保险标的的危险程度显著增加的，被保险人应当按照合同约定及时通知保险人，保险人可以按照合同约定增加保险费或者解除合同。保险人解除合同的，应当将已收取的保险费，按照合同约定扣除自保险责任开始之日起至合同解除之日止应收的部分后，退还投保人。被保险人未履行前款规定的通知义务的，因保险标的的危险程度显著增加而发生的保险事故，保险人不承担赔偿保险金的责任。依据上述法律及保险合同的约定，保险标的危险程度显著增加，发生保险事故，保险人可拒绝赔偿。本案中，被告财保石河子分公司以原告进行沙漠竞赛，违反了维护保险标的安全和危险增加通知义务为由，作出了拒赔处理。但被告财保石河子分公司提交的事故现场照片无法证明被保险车辆危险程度增加，也无法证明被保险车辆在事故发生时原告驾驶车辆正在进行冲沙竞技运动，且没有其他证据佐证被告财保石河子分公司的拒赔理由。因此，被告财保石河子分公司的拒赔理由不成立，应当承担举证不能的法律后果。被告财保石河子分公司应当依照保险合同的约定赔偿原告车辆发生事故所支出的施救费 8500 元，车辆修理费 31070 元。

新疆维吾尔自治区石河子市人民法院依照《中华人民共和国保险法》第二条、第十七条、第五十二条，《中华人民共和国民事诉讼法》第六十四条第一款的规定，作出如下判决：

被告财保石河子分公司于判决生效之日起十日内赔付原告康某施救费 8500 元，车辆修理费 31070 元，合计 39570 元。

判决后，双方当事人均未上诉，本判决现已生效。

【法官后语】

本案是一起因被保险人驾驶机动车在沙漠中冲沙造成车辆损坏的案件。本案的争议点是，在机动车发生事故后，被保险车辆因发生事故造成的车辆损失保险合同中约定的危险程度增加的范围如何认定、驾驶人驾驶机动车在沙漠中冲沙算不算危险程度增加。

关于机动车在适用过程中危险程度显著增加的认定问题。《中华人民共和国保险法》第五十二条规定了被保险人对保险标的危险程度显著增加的通知义务。所谓危险程度显著增加的通知义务，是指保险合同订立后，在保险期间内保险标的的危险程度发生显著增加时，被保险人负有将该危险增加状况及时通知保险人的义务。《最高人民法院关于适用〈中华人民共和国保险法〉若干问题的解释（四）》第四条第一款规定：人民法院认定保险标的是否构成《保险法》第四十九条、第五十二条规定的“危险程度显著增加”时，应当综合考虑以下因素：（一）保险标的用途的改变；（二）保险标的使用范围的改变；（三）保险标的所处环境的变化；（四）保险标的因改装等原因引起的变化；（五）保险标的使用人或者管理人的改变；（六）危险程度增加持续的时间；（七）其他可能导致危险程度显著增加的因素。第二款规定：保险标的危险程度虽然增加，但增加的危险属于保险合同订立时保险人预见或者应当预见的保险合同承保范围的，不构成危险程度显著增加。

以上法律和司法解释对何为危险程度显著增加予以了列明。之所以规定危险程度显著增加系因为对轻微危险程度的增加的情形并未严重影响保险人利益，保险人不得对承保危险进行重新评估、核定保费或解除保险合同。对于危险程度显著增加的情形，保险人在商业保险合同中一般会约定保险人因转让、改装、加装或者改变使用性质等导致被保险机动车危险程度显著增加而免赔，其目的是防止投保人故意将自身投保车辆置于危险程度显著增加的境地和情形，导致车辆发生事故损坏，以此来骗取保险金，严重影响了保险人的利益。因此，对于危险程度显著增加的认定应当以是否足以影响保险人决定是否同意承保或者提高保险费率为判断标准。

在审判实践中，对于危险程度显著增加的认定应当基于以下两个方面的考虑：(1) 危险状态需达到重要程度，如果危险程度仅是轻微加重，对保险人履行义务并无影响，则被保险人无须履行通知义务，如危险程度明显达到重要程度；(2) 不可预见性，危险程度的显著增加需是保险人在订约时无法预见的，即未在保险人预估风险范围之内，如地震、突降暴雨导致车辆淹没等。

本案中，康某就其所有的车辆向财保石河子分公司投保了机动车商业财产保险。其作为投保车辆所有人，对车辆负有日常维护、保养之义务，使投保车辆符合路上安全行驶条件。康某驾驶自己机动车前往旅游地的沙漠地带冲沙，在冲沙过程中造成车辆损坏，其冲沙的目的是完成旅游项目或者任务，其在冲沙过程中并不是故意将自有车辆损坏，也不是为了骗取保险金而故意为之，加之投保人和保险人并没有在保险合同中约定将驾驶车辆冲沙游玩行为作为保险公司危险程度显著增加的免赔的条款。因此，从本案查明的事实来看，应当认定康某驾驶车辆冲沙游玩不属于使车辆危险程度显著增加的情形，故不属于保险公司免赔的情形。

编写人：新疆维吾尔自治区石河子市人民法院　杜世成　邓文娟

014　事故发生时被保险车辆未处于运营状态，被保险车辆危险程度显著增加的事实并不因此而改变

——王某诉财险北京分公司财产保险合同案

【案件基本信息】

1. 裁判书字号

北京市朝阳区人民法院（2020）京0105民初16696号民事判决书

2. 案由：财产保险合同纠纷

3. 当事人

原告：王某

被告：财险北京分公司

【基本案情】

2019年5月20日，王某向财险北京分公司为其小轿车（涉案车辆）缴纳了保险费。2019年11月9日1时50分，王某驾驶该小轿车发生交通事故，造成王某车辆损失17179元。后北京市公安局公安交通管理局朝阳交通支队亚运村大队出警，出具了道路交通事故认定书。2019年11月9日，王某就上述损失向财险北京分公司申请理赔，但财险北京分公司于2019年11月14日出具《机动车辆保险拒赔通知书》，拒绝理赔。

王某认为，其向财险北京分公司缴纳了保险费，财险北京分公司应当就王某因交通事故发生的损失进行理赔，故王某诉至法院，请求判令财险北京分公司赔偿17179元。财险北京分公司辩称：涉案车辆在交通管理部门备案是非运营车辆，投保时是按照非运营车的费率投保的商业险，投保后王某将保险标的车用于运营使用，改变了车辆使用性质，王某未履行通知义务，因保险标的危险程度显著增加而发生的保险事故，财险北京分公司不承担赔偿保险金的责任。

【案件焦点】

1. 事故发生时，被保险车辆未进行营运，是否构成被保险车辆危险程度显著增加；2. 财险北京分公司是否应当承担保险责任。

【法院裁判要旨】

北京市朝阳区人民法院经审理认为：关于王某改变车辆使用性质，是否造成被保险车辆危险程度显著增加一节。首先，《最高人民法院关于适用〈中华人民共和国保险法〉若干问题的解释（四）》第四条第一款规定，人民法院认定保险标的是否构成危险程度显著增加时，应当综合考虑以下因素：（一）保险标的用途的改变；（二）保险标的使用范围的改变；（三）保险标的所处环境的变化；（四）保险标的因改装等原因引起的变化；（五）保险标的使用人或者管理人的改变；（六）危险程度增加持续的时间；（七）其他可能导致危险程度显著增加的因素。本案中，王某驾驶涉案车辆承接网约车运营业务，改变了车辆用途，且自2019年7月至11月一直从事网约车运营业务，增加了车辆使用频率，符合危险程度显著增加之基本情形。其次，根据《中华人民共和国保险法》第五十二条之规定，在合同有效期内，保险标的的危险程度显著增加的，被保险人应当按照合同约定及时通知保险人，保险人可以按照合同约定增加保险费或者解除合同，保险人解除合同的，应当将已收取的保险费，按照合同约定扣除自保险责任开始之日起至合同解除之日止应收的部分后，退还投保人。被保险人未履行前款规定的通知义务的，因保险标的的危险程度显著增加而发生的保险事故，保险人不承担赔偿保险金的责任。本案中，王某改变车辆使用性质从事营运行为导致车辆危险程度显著增加，在此情形下，王某的通知义务属法定义务，王某未履行法定的通知义务，致使财险北京分公司不能行使合法的解除合同权利或者要求增加保费的权利，对此王某应承担相应的法律后果。再次，因保险费与保险赔偿金存在对价关系，保险人会根据投保人告知情况，评估保险标的危险程度进而决定是否对其进行承保、承保险种以及收取保险费率。保险合同成立后，在保险标的危险程度显著增加而发生事故的情况下，仍要求保险公司依原合同承担保险责任，与法律规定及双方保险条款不符。最后，王某在事故发生后签署了《被保险人自愿放弃索赔、注销案件申请书》，现无相反证据足以推翻，对该申请书予以确认。因此，财险北京分公司有权拒绝承担商业险保险金的赔偿责任。需要说明的是，结合本案事故发生在凌晨、事故发生前车辆营运的单数，虽然事故发生时被保险车辆并未处于运营状态，但是被保险车辆危险程度显著增加的事实并不因此而改变。综上所述，王某要求财险北京分公司支付理赔款，不予支持。

北京市朝阳区人民法院依照《中华人民共和国保险法》第五十二条、《最高人民法院关于适用〈中华人民共和国保险法〉若干问题的解释（四）》第四条第一款之规定，判决如下：

驳回原告王某的全部诉讼请求。

判决后，双方当事人均未上诉，本判决现已生效。

【法官后语】

1. 保险标的的危险程度显著增加的认定标准

《中华人民共和国保险法》第五十二条规定，保险标的的危险程度显著增加的，被保险人应当按照合同约定及时通知保险人，保险人可以按照合同约定增加保险费或者解除合同。被保险人未履行前款规定的通知义务的，因保险标的的危险程度显著增加而发生的保险事故，保险人不承担赔偿保险金的责任。《最高人民法院关于适用〈中华人民共和国保险法〉若干问题的解释（四）》第四条规定，在认定“危险程度显著增加”时，应当综合考虑保险标的用途的改变、保险标的使用范围的改变、保险标的所处环境的变化、危险程度增加持续的时间等相关因素。因此，考虑保险标的的危险程度显著增加的审查要素包括：一是危险程度是否显著增加，二是被保险人是否按照约定及时通知保险人。

2. 事故发生时，被保险车辆未营运，是否构成保险标的的危险程度显著增加

关于被保险车辆是否构成危险程度显著增加，需要结合司法解释去认定。一是投保时，载明被保险车辆使用性质为非营业，王某在为被保险车辆投保2个月后，即于2019年7月开始网约车运营，7月至10月每月营运50单左右，11月营运不到100单，属于保险标的的用途改变，而这种改变使保险标的所面临的风险极大增加。二是事故发生在2019年11月9日，王某自认7月至11月一直从事网约车营运业务，且11月当月营运不到100单，可见保险标的危险程度增加具有持续性。故被保险车辆改变使用性质，构成保险标的的危险程度显著增加。

虽然事故发生时，王某并未进行营运，但是事故发生在凌晨，从王某网约车司机端的接单记录来看，从前一天晚上的十点多一直持续运营至交通事故发生前，被保险车辆一直进行营运，故结合本案事故发生在凌晨的时间段、事故发生前车辆营运的单数，虽然事故发生时被保险车辆并未处于运营状态，但是被保险车辆危险程度显著增加的事实并不因此而改变。

3. 保险标的危险程度显著增加，保险人应否免除保险责任

关于被保险人是否按照约定及时通知保险人，王某称涉案车辆改变使用性质、从事网约车营运，未向财险北京分公司告知。而保险期间内，如保险标的的用途改变，使保险标的所面临的风险增加，缔结保险合同的基础发生重大变化，保险事故发生的概率超过了保险人在

订立保险合同时对事故发生的合理预估，即承保风险和保费之间的平衡被打破，如果仍按照保险合同订立时的约定要求保险人承担保险责任，对保险人显失公平，故法律赋予保险人相应的救济权以实现公平，这种救济权便是保险人允许保险人重新对保险费与保险赔偿金作出安排，可以增加保险费或者解除合同；如投保人未作通知，因保险车辆的危险程度显著增加而发生的保险事故，保险人不承担赔偿责任。

综上所述，王某未通知财险北京分公司，因保险车辆的危险程度显著增加而发生的保险事故，财险北京分公司不承担赔偿责任。

编写人：北京市朝阳区人民法院　马娇　宋学亮

015 雇员因驾驶车辆发生道交事故而垫付本车及三者车维修费等损失，后未获记名被保险人雇主偿付的，有权要求本车车损险、三者险的保险人支付保险金

——环境科技公司诉保险上海分公司财产保险合同案

【案件基本信息】

1. 裁判书字号

上海金融法院（2021）沪74民终208号民事判决书

2. 案由：财产保险合同纠纷

3. 当事人

原告（被上诉人）：环境科技公司

被告（上诉人）：保险上海分公司

第三人（被上诉人）：葛某

【基本案情】

2018 年 6 月 6 日，被告保险上海分公司签发《机动车综合商业保险保险单》，载明：被保险车辆牌号为 A，被保险人及行驶证车主为原告环境科技公司，使用性质为非营业货车；投保险种有机动车损失保险、第三者责任保险、不计免赔率等，保险期间自 2018 年 6 月 7 日 0 时起至 2019 年 6 月 6 日 24 时止。《机动车损失保险条款》第六条约定“保险期间内，被保险人或其允许的驾驶人在使用被保险机动车过程中，因下列原因造成保险机动车的直接损失，且不属于免除保险人责任的范围，保险人依照本保险合同的约定负责赔偿”。《机动车第三者责任保险条款》第二十二条约定：“在保险期间内，被保险人或其允许的驾驶人在使用被保险车辆过程中发生意外事故，致使第三者遭受人身伤亡和财产的直接损毁，依法应当对第三者承担的损害赔偿责任，且不属于免除保险人责任的范围，保险人依照本保险合同的约定，对于超过机动车交通事故强制保险各分项赔偿限额的部分负责赔偿。”

2018 年 9 月 7 日，第三人葛某（系原告兼职驾驶员）驾驶 A 号车追尾案外人王某驾驶的 B 号车，导致两车受损。葛某与王某签署《事故协议书》，确认葛某负事故的全部责任，王某不负事故责任。事故发生当日，葛某支付三者车施救费 500 元。次日，葛某支付了本车修理费 38860 元。被告于 2018 年 11 月 1 日在交强险范围内向原告赔付了 2000 元。审理中，就涉案车辆损失金额，原告、被告、第三人均表示不申请评估。

就第三人葛某支付的款项，葛某以环境科技公司为被告另行提起诉讼，要求环境科技公司支付葛某垫付的车辆维修费等。后该案以需等待本案审理结果为由中止审理。故原告环境科技公司提起本案诉讼，请求被告给付原告B号车修理费48800元（已扣除交强险2000元）、A号车修理费68860元、施救费700元。第三人葛某则主张：1. 因其中的维修费90360元系葛某代付，故被告应直接支付给葛某保险金（可扣除交强险2000元）；2. 如果本案支持葛某的诉讼请求，其将撤回在另案对环境科技公司的起诉。被告保险上海分公司以车辆超过年检等理由拒赔。

【案件焦点】

是原告还是第三人享有本车修理费（第一次）、三者车的保险金请求权。

【法院裁判要旨】

上海市浦东新区人民法院经审理认为：案涉保险条款第六条、第二十二条约定保险人对“被保险人或其允许的驾驶人”在使用被保险车辆的过程中，被保险车辆的损失以及被保险车辆造成的第三者的损失负责赔偿。就本车损失，虽然原告系本车所有权人和记名被保险人，但其并未支付本车修理费而承担损失。第三人葛某作为原告所允许的驾驶人，就本车损失支付了修理费（第一次），故其系因保险事故而遭受损失的主体，为涉案保险合同纠纷的被保险人，有权就本车损失向被告行使保险金请求权。同理，就三者车损失，第三人而非原告有权向被告行使保险金请求权。

上海市浦东新区人民法院依照《中华人民共和国保险法》第十二条第二款、第四款、第五款、第六款等规定，作出如下判决：

一、被告保险上海分公司赔付第三人葛某保险金88160元；

二、驳回原告环境科技公司的诉讼请求。

保险上海分公司不服，提起上诉。上海金融法院经审理认为：上诉人提出的车辆超过年检、施救费金额有误等上诉请求，不能成立，应予驳回，一审判决认定事实清楚，适用法律正确，应予维持。

上海金融法院依照《中华人民共和国民事诉讼法》第一百七十七条第一款第一项之规定，判决如下：

驳回上诉，维持原判。

【法官后语】

在现实生活中，雇员驾驶登记于雇主名下的机动车（以下简称本车），与另外一辆机动车（以下简称三者车）发生道路交通事故的情况经常发生。如果交管部门认定本车承担全部事故责任，通常雇主会支付本车、三者车的车辆维修费、施救费等损失，或者由雇员先行垫付、雇主再支付给雇员，嗣后雇主再向本车的保险公司申请理赔。本案中雇员先行垫付后，雇主并未向雇员偿付垫付的款项。雇员因此向雇主提起偿付垫付款项的诉讼，雇主被迫以被保险人身份向本车的保险公司提起本案诉讼，主张保险金请求权。同时，雇员又作为有独立请求权的第三人参加本案诉讼，主张保险金请求权。由此，本案的争议焦点是，原告还是第三人享有本车、三者车的保险金请求权。与之前司法实践中因保险公司抗辩驾驶人并非被保险人而拒赔，进而产生确定被保险人争议焦点不同，本案中机动车一方的所有权人（亦是记名被保险人）、驾驶人内部之间系因争夺被保险人的身份而产生争议。

本案财产保险合同纠纷涉及两个险种，即责任保险三者险、一般财产保险车损险。在上述两个保险险种下，环境科技公司均为记名被保险人。本案中，雇主环境科技公司是本车的所有权人，同时因雇员葛某发生交通事故时的驾驶行为为职务行为，也是应向第三者承担侵权责任的主体。根据《中华人民共和国保险法》第十二条的规定，财产保险的被保险人是其财产受保险合同保障的人，其应当对保险标的具有法律上承认的利益。通说认为，上述保险利益已经从一般性、技术性保险利益扩大至经济性保险利益。从一般性、技术性保险利益角度而言，环境科技公司基于本车的财产所有权以及对第三者应当承担的侵权责任，对保险标的具有法律上承认的利益。但保险事故发生之后，环境科技公司自身未支付本车以及三者车的维修费等损失，其在雇员葛某另案提起诉讼的案件中，也未向葛某支付垫付的款项，另案也未作出环境科技公司应向葛某支付垫付款的判决，故其并未遭受实际损失。根据保险法的损失填补原则，保险人应该对被保险人所遭受的实际损失进行填补，无损失即无填补。故，环境科技公司虽然具有一般性、技术性保险利益，其因雇员葛某的垫付而对外支付了本车以及三者车的维修费等损失，但其实际并未遭受经济损失，显然不应享有保险金请求权。遭受实际损失的主体是已经垫付款项的葛某。虽然葛某不是车辆所有权人，也非侵权责任的承担主体，不享有一般性、技术性保险利益，但葛某因驾驶被保险车辆、垫付款项而与保险标的具有事实上的关系，经济上受到了损害（雇主环境科技公司拒绝支付垫付款项），享有经济性保险利益，故葛某依法享有本案的保险金请求权。且葛某享有保险金请求权，未损害保险公司的正当利益，同时也避免了环境科技公司取得保险金后仍不向葛某支付垫付款项的风险，减少了讼累，亦未违反公序良俗。

司法实践中，挂靠人、车辆借用人通常被认为享有保险利益而被认定为附加被保险人。同理，本案根据经济性保险利益规则，认定驾驶车辆且垫付损失款的雇员享有保险利益，系被保险人，有利于便捷、高效地解决此类纠纷。

编写人：上海金融法院　李鹏

016 商业第三者责任险合同中，车辆使用性质是否改变的判断规则

——财保桂林支公司诉孔某等保险合同案

【案件基本信息】

1. 裁判书字号

广东省广州市中级人民法院（2020）粤 01 民终 3996 号民事判决书

2. 案由：保险合同纠纷

3. 当事人

原告（被上诉人）：财保桂林支公司

被告（被上诉人）：孔某、汽车公司、纺织公司

被告（上诉人）：财保广东分公司

【基本案情】

2019 年 1 月 5 日，孔某驾驶车牌号为 A 的货车，与王某驾驶的 B 号小型轿车发生碰撞，造成车辆损坏。同日，孔某、王某签订《机动车辆保险简易索赔凭证》，确认 A 号车负事故全部责任，B 号车无责任，广州市公安局交通警察支队番禺大队在该索赔凭证上加盖印章予以确认。

赵某就B号车在财保桂林支公司处投保了机动车损失保险，保险金额为208692.8元。2019年1月28日，财保桂林支公司向赵某支付赔偿款36911元。赵某向财保桂林支公司出具《机动车辆索赔权转让书》，同意将向责任方追偿的权利转让给财保桂林支公司。

A号车的登记车主为汽车公司，汽车公司将该车出租给纺织公司。事故发生时，纺织公司的员工孔某正在运送货物。A号车的行驶证载明车辆使用性质为“非营运”。2018年10月18日，汽车公司就该A号车在财保广东分公司处投保了交强险和商业第三者责任险，交强险的财产损失赔偿限额为2000元，商业第三者责任险的赔偿限额为1000000元。事故发生于保险期间。汽车公司与财保广东分公司存在长期的保单合作关系，汽车公司对名下的车辆进行了批量投保。财保广东分公司知悉A号车系由汽车公司用于出租给第三方公司。

财保桂林支公司诉至法院，请求判令四被告共同赔偿36911元。财保广东分公司主张，实际使用人纺织公司将涉案车辆用于营运而没有告知保险公司，改变了车辆使用性质，使车辆的危险程度增加，应免除商业险的责任。汽车公司认为，涉案车辆的租赁行为不应认定为营运行为，财保广东分公司对该格式条款未尽到说明和解释义务，免责条款不生效。纺织公司认为，其使用车辆为公司运输服装，属于非营运性质，未改变车辆的使用性质，未增加车辆危险程度。

【案件焦点】

1. 涉案车辆是否存在改变使用性质，导致危险程度显著增加的情况；2. 财保广东分公司是否应当在商业第三者责任险范围内承担赔偿责任。

【法院裁判要旨】

广东省广州市白云区人民法院经审理认为：财保桂林支公司已经基于B号车的损失支付了保险金36911元，享有保险代位求偿权。交警部门确认A号车负事故全部责任。A号车已在财保广东分公司处投保交强险和商业第三者责任险。故财保广东分公司应在赔偿限额范围内承担赔偿责任。

关于涉案车辆是否存在改变使用性质，导致危险程度显著增加的情况。首先，财保广东分公司知悉该车辆系用于租赁；其次，认定车辆的使用性质是“营业”还是“非营业”，不仅看车辆的使用状况，而且更重要的是看车辆的使用目的。现无证据证实纺织公司使用该车辆并收取运费，不足以认定A号车系营运车辆；最后，财保广东分公司未提供证据证明已就该责任免责条款履行明确说明义务，该免责条款不产生效力。因此，财保广东分公司应支付赔偿款36911元。

广东省广州市白云区人民法院依照《中华人民共和国保险法》第十三条、第十四条、第十七条、第六十条，《最高人民法院关于适用〈中华人民共和国保险法〉若干问题的解释（二）》第十一条、第十三条，《中华人民共和国民事诉讼法》第六十四条之规定，作出如下判决：

一、于本判决生效之日起五日内，被告财保广东分公司向原告财保桂林支公司支付理赔款36911元；

二、驳回原告财保桂林支公司的其余诉讼请求。

财保广东分公司不服一审判决，提出上诉。广东省广州市中级人民法院经审理认为：A 号车本就是货车，财保广东分公司明知该车系用于租赁给第三方公司，故即使该车用于送货和收货，也不足以证实危险程度显著增加。据此，一审判决并无不当，予以维持。

广东省广州市中级人民法院依照《中华人民共和国民事诉讼法》第一百七十条第一款第一项之规定，作出如下判决：

驳回上诉，维持原判。

【法官后语】

在涉及交通事故的案件中，承保商业第三者责任险的保险公司常常以车辆使用性质改变，导致危险程度显著增加为由，主张不承担赔偿责任。该问题常常成为案件的争议焦点和裁判的难点。对此，一方面应当结合是否收取运费，判断车辆的使用性质是否发生了由“非营运”到“营运”的改变，另一方面应当结合保险公司对车辆使用的知悉情况，判断车辆的使用性质是否相对于保险公司的已知情况发生了变化。

《中华人民共和国保险法》第五十二条规定：“在合同有效期内，保险标的的危险程度显著增加的，被保险人应当按照合同约定及时通知保险人，保险人可以按照合同约定增加保险费或者解除合同。保险人解除合同的，应当将已收取的保险费，按照合同约定扣除自保险责任开始之日起至合同解除之日止应收的部分后，退还投保人。被保险人未履行前款规定的通知义务的，因保险标的的危险程度显著增加而发生的保险事故，保险人不承担赔偿保险金的责任。”该规定赋予了保险公司在保险标的危险程度显著增加时增加保险费、解除合同的权利，而且当被保险人不履行通知义务时，保险公司不承担赔偿责任，平衡了保险合同中的风险。关于保险标的危险程度显著增加的具体情形，《中国保险行业协会机动车综合商业保险示范条款》第二章机动车第三者责任保险第二十五条载明“下列原因导致的人身伤亡、财产损失和费用，保险人不负责赔偿……（三）被保险机动车被转让、改装、加装或改变使用性质等，被保险人、受让人未及时通知保险人，且因转让、改装、加装或改变使用性质等导致被保险机动车危险程度显著增加”。该条款将改变使用性质列为导致危险程度显著增加的一种情形。

本案中，财保广东分公司主张，实际使用人纺织公司将涉案车辆用于营运而没有告知保险公司，改变了车辆使用性质，使车辆的危险程度增加，因此应免除商业险的责任。涉案保单载明的车辆使用性质为“非营业货车”，车辆行驶证载明的车辆性质亦为“非营运”，但保险合同并未对“营业”“营运”的含义作出约定。由于并无证据显示涉案车辆用于社会运输并收取运费，因此不能认为属于营运车辆的范畴。同时，在判断涉案车辆是否存在财保广东分公司未知的改变使用性质，导致危险程度显著增加的情况时，还应当重点审查车辆的使用性质是否相对于保险公司已知的使用性质发生了变化，且该变化导致了危险程度显著增加。本案中，财保广东分公司在知悉投保的车辆用于租赁的情况下，仍订立了保险合同。并且，投保车辆是货车，送货是其基本用途，因此，实际使用人纺织公司将其用于公司内部送货的情况，并未发生财保广东分公司未知的变化和危险，财保广东分公司仍应当在商业第三者责任险范围内承担赔偿责任。

编写人：广东省广州市白云区人民法院　伍璇　刘明丽

017 实施侵权行为的被保险人，不属于其所有的被侵害车辆的第三者

——物流公司诉人保财险佛山公司财产保险合同案

【案件基本信息】

1. 裁判书字号

广东省佛山市三水区人民法院（2021）粤0607民初536号民事判决书

2. 案由：财产保险合同纠纷

3. 当事人

原告：物流公司

被告：人保财险佛山公司

【基本案情】

2020年6月5日，原告作为被保险人为其所有的A号车在被告处投保了交强险和限额为200万元商业三者险（含不计免赔）。原、被告在商业三者险中约定：保险期间内，被保险人或其允许的驾驶人在使用被保险机动车过程中发生意外事故，致使第三者遭受财产直接损毁，依法应当对第三者承担损害赔偿责任，且不属于免除保险人责任的范围，保险人依照保险合同的约定，对于超过交强险各分项赔偿限额的部分负责赔偿。

2020年10月14日14时26分，陈某驾驶A号车（牵引"B挂"号挂车），与苏某驾驶的C号车（牵引"D挂"号挂车）发生碰撞，导致苏某受伤、公路设施损坏、路边竹林及两车不同程度

损坏、光缆中断。事故经怀集县公安局交通警察大队处理，认定陈某应负事故全部责任，苏某无责任。

事故发生后，原告向怀集县公路局赔偿路产损失 730 元。因对 C 号车、“D 挂”号挂车进行施救，向怀集县怀城镇新衡达交通拯救中心支付了吊车费 10000 元、施救费 2500 元。

本案交通事故发生时，陈某、苏某均为原告正在执行工作任务的员工，C 号车、“D 挂”号挂车以及 A 号车、“B 挂”号挂车的所有人或实际支配人为原告。

【案件焦点】

本案交通事故发生时，作为侵权行为人的物流公司，能否成为其所有的 A 号车所投保三者险的“第三者”。

【法院裁判要旨】

广东省佛山市三水区人民法院经审理认为：本案系财产保险合同纠纷案件。庭审时，原告明确请求被告承担赔偿责任的基础是其为 A 号车投保的交强险、商业三者险。因交强险、商业三者险均为责任保险，依照《中华人民共和国保险法》第六十五条第四款的规定，本案被告进行保险赔付须以原告依法应对第三者承担赔偿责任为前提，无赔偿责任则无保险赔付。根据侵权法基本原理，任何侵权行为的行为人不能成为该类侵权案件的受害人，当侵权行为人因此而受到损害时，应基于其他理由（如劳动安全）请求赔偿，或通过人身意外险或者其他非责任保险予以化解。换言之，在一般侵权行为中，侵权行为人不能要求自己对自己的损害承担赔偿责任。也就是说，依照保险法对责任保险的定义并结合保险合同对保险责任的约定，实施一般侵权行为的原告自身不能成为该侵权行为所侵害的第三者。

在本案中，陈某、苏某均为原告正在执行工作任务的员工，执行法人或者非法人组织工作任务的人员，就其职权范围内的事项，以法人或者非法人组织的名义实施民事法律行为，对法人或者非法人组织发生效力。用人单位的工作人员因执行工作任务造成他人损害的，由用人单位承担侵权责任。本案交通事故的直接侵权人为原告，C号车、“D挂”号挂车因本案交通事故所产生的车辆维修费、施救费、吊车费等财产损失的权利人为原告。综上所述，原告不能就该部分损失请求自己承担赔偿责任，故该部分损失不属于交强险和商业三者险的保险责任，原告该部分诉请缺乏事实和法律依据，本院不予支持。至于730元的公路路产损失，其权利人为怀集县公路局，原告依法应承担赔偿责任，该部分损失属于保险责任范围且不构成责任免除，被告依法应在交强险及商业三者险范围内予以赔付。

广东省佛山市三水区人民法院依照《中华人民共和国民法总则》第一百七十条，《中华人民共和国侵权责任法》第十九条、第三十四条第一款、第四十八条，《中华人民共和国道路交通安全法》第七十六条第一款，《中华人民共和国保险法》第六十五条第四款，《机动车交通事故责任强制保险条例》第二十一条第一款，《最高人民法院关于审理〈中华人民共和国民法典〉时间效力的若干规定》第一条第二款，以及《中华人民共和国民事诉讼法》第六十四条的规定，判决如下：

一、被告人保财险佛山公司于本判决生效之日起十日内赔偿原告物流公司730元；

二、驳回原告物流公司的其他诉讼请求。

判决后，双方当事人均未上诉，本判决现已生效。

【法官后语】

本案争议的焦点在于对“第三者”范围的认定，这决定了被告人保财险佛山公司在交强险及商业三者险范围内是否承担保险理赔责任。

1. 关于“第三者”的概念和分类

在保险法中，财产保险存在两种意义上的“第三者”：一种是《中华人民共和国保险法》第六十条所规定的作为保险代位求偿对象的第三者，即最终赔偿责任的侵权行为人；另外一种是《中华人民共和国保险法》第六十五条所规定的责任险所保障的第三者。虽然都是第三者，但两者并非同一概念，所指向的人员范围不尽相同，不能完全对等。

根据《机动车交通事故责任强制保险条例》及商业三者险相关条款，责任险所保障的第三者，是指除了被保险人和本车车上人员以外的因被保险车辆发生意外事故遭受人身伤亡或财产损失的人，即本车车上人员、被保险人（通常为车辆所有权人）以外的第三人，通常包括本车之外的非机动车驾驶人、行人以及对方机动车上的人员。在车辆驾驶人与被保险人分离的特定情形下，被保险人也可以成为本车三者险的第三者，如被保险人雇请的司机驾驶车辆发生意外致伤被保险人，被保险人也有可能被认定为事故车辆责任险的第三者。但作为直接实施侵权行为的驾驶人，根据侵权法的基本原理，其不能成为该侵权行为中要求侵权方承担赔偿责任的受害人，故其自身不可能成为该侵权行为所保障的第三者。

保险人代位求偿权中的第三者，依照法律规定应为对保险标的造成损害形成保险事故的侵权行为人，通常是被保险人之外的第三者。基于民法上的家庭财产为全体家庭成员所共有的原理以及诚信原则，《中华人民共和国保险法》第六十二条规定，被保险人的家庭成员或者其组成人员一般不得作为代位求偿权的对象。但在特定情形下，被保险人的家庭成员或者其组成人员也可以成为代位求偿的对象，如被保险人的家庭成员或者其组成人员故意造成保险事故。

2. 作为C号车、“D挂”号挂车所有权人的原告，是否属于本案侵权车辆的第三者

本案中，驾驶肇事车辆实施侵权行为的是原告正在执行工作任务的员工陈某，依照法律规定，原告属于承担赔偿责任的侵权行为人。在本次事故中受损的C号车、“D挂”号挂车又为原告所有，根据侵权法基本原理，实施侵权行为的原告自身不能成为该行为所保障的有请求权的第三者，故C号车、“D挂”号挂车在本案交通事故中所产生的损失，不属于被告人保财险佛山公司承保的交强险及商业三者险的保险责任。

3. 以道路交通事故为基础的财产保险合同纠纷中，不能依据《中华人民共和国保险法》第六十二条对作为代位求偿权对象的第三者所作的限制性规定，去界定责任保险所保障的第三者

两者虽在特定情形下存在重合，但还是存在明显的区别，作为代位求偿权对象的第三者，一般是侵权行为人，属于致害方；而责任保险保障的第三者，通常是受侵害的对象。本案原告之所以要求保险公司承担保险赔付责任，是因为其依照《中华人民共和国保险法》第六十二条的规定，认为原告的工作人员驾车过失所造成的损害，不属于保险公司可以追偿的范围，理应属于保险公司赔偿的范围，明显混淆了两个“第三者”的概念和范围。

编写人：广东省佛山市三水区人民法院　雷智勇

018 不处于驾驶状态的驾驶员，于事故发生之时已离开车体，应当视为已转化为“第三者”

——李某等诉保险茂名公司责任保险合同案

【案件基本信息】

1. 裁判书字号

广东省茂名市中级人民法院（2020）粤09民终2774号民事判决书

2. 案由：责任保险合同纠纷

3. 当事人

原告（被上诉人）：李某、杨金、杨木、杨水、杨火、杨土（皆为化名）

被告（上诉人）：保险茂名公司

【基本案情】

黄某是A号牌重型特殊结构货车的所有人。2019年5月16日，黄某为A号牌重型特殊结构货车向保险茂名公司投保了机动车交通事故责任强制保险和机动车商业保险。《中国保险行业协会特种车综合商业保险示范条款》第三条约定：“本保险合同中的第三者是指因被保险机动车发生意外事故遭受人身伤亡或者财产损失的人，但不包括被保险机动车本车上人员、被保险人。”第四条约定：“本保险合同中的车上人员是指发生意外事故的瞬间，在被保险机动车车体内或车体上的人员，包括正在上下车的人员。”第二十六条约定：“下列人身伤亡、财产损失和费用，保险人不负责赔偿……本车车上人员的人身伤亡；在作业中由于震动、移动或减弱支撑造成的财产、土地、建筑物的损毁及由此造成的人身伤亡……（十二）精神损害抚慰金……”

2020年3月24日17时45分，杨某驾驶A号牌重型特殊结构货车在陡坡卸混凝土。杨某下车后，A号牌车向前滑行碰撞杨某，造成杨某当场死亡的交通事故。2020年4月9日，信宜市公安局交通警察大队作出《道路交通事故认定书》，认定交通事故形成原因为杨某驾驶机动车停在陡坡路段下车作业，属于意外，无过错，杨某无责任。事故发生时，杨某未满60周岁，为居民户口。杨某与原告李某是夫妻关系，两人育有杨金、杨木、杨水、杨火、杨土。

【案件焦点】

受害人杨某在本案事故中属于“车上人员”还是“第三者”。

【法院裁判要旨】

广东省信宜市人民法院经审理认为：首先，本案事故经信宜市公安局交通警察大队作出《道路交通事故认定书》认定为属于交通事故，原、被告也没有提出异议，本院予以确认。其次，本案事故发生前，杨某确系操控涉案保险车辆的驾驶员，但事故发生时，杨某已经完成对机动车辆驾驶使用过程，其是在进行其他作业的过程中，发生了本案的交通事故，其已经在时间和空间上转换为第三者，不再属于车上人员。涉案车辆是在杨某正确操作停车并下车作业后，向前滑行导致杨某死于车外，相对于涉案车辆而言其已属于第三者。涉案车辆所有人黄某为涉案车辆投保了交强险以及商业第三者险，因涉案车辆导致第三者所产生的损失，应属于交强险以及商业第三者险的赔付。

此外，对于事故责任，本案事故经信宜市公安局交通警察大队作出《道路交通事故认定书》，认定该交通事故属于意外事故，杨某无责任。结合案情来看，杨某在本案事故中作为“第三者”，其对事故的发生并无过错，对事故不需要承担责任，但A号牌重型特殊结构货车被停放在陡坡路段后发生滑行事故，致人死亡，该车应负事故的全部责任。由于车辆所有人黄某为A号牌重型特殊结构货车在被告保险茂名公司处投保了交强险及商业险，被告保险茂名公司应对本案事故承担赔偿责任。综上所述，本案受害人杨某因本案事故造成的损失应当属于交强险以及第三者责任保险的保险责任范围。

受害者杨某已经死亡，其第一顺序继承人李某、杨金、杨木、杨水、杨火、杨土请求被告赔偿因杨某死亡而产生的损失，理据充分，予以支持。结合原、被告所提供的证据及陈述的意见，依法对杨某的损失核定为904609.5元。

广东省信宜市人民法院依照《中华人民共和国保险法》第九条、《中华人民共和国侵权责任法》第十五条之规定，作出如下判决：

一、限被告保险茂名公司在本判决发生法律效力之日起十日内在机动车交通事故责任强制保险限额内赔偿110000元给原告李某、杨金、杨木、杨水、杨火、杨土；

二、限被告保险茂名公司在本判决发生法律效力之日起十日内在机动车商业保险限额内赔偿844609.5元给原告李某、杨金、杨木、杨水、杨火、杨土。

保险茂名公司不服一审判决，提出上诉。广东省茂名市中级人民法院经审理认为：首先，本案中，受害人杨某在发生事故时，已经完成对机动车辆驾驶使用过程，其是在完成驾驶后下车转为进行其他作业的过程中，发生了本案的交通事故，其已经在时间和空间上转换为第三者，不再属于车上人员。其次，涉案车辆是在杨某正确操作停车并下车作业后，向前滑行导致杨某死亡于车外，相对于涉案车辆而言其已属于第三者。最后，涉案车辆所有人黄某为涉案车辆投保了交强险以及商业第三者险，因涉案车辆导致第三者所产生的损失，应属于交强险以及商业第三者险的赔付范围，故一审法院判令保险茂名公司对本案事故造成的损失承担第三者责任保险的保险责任并无不当，本院予以维持。

至于保险公司主张根据涉案保险的保险条款，杨某没有从业资格证，保险公司在商业险第三者范围内不应承担赔偿责任，交警部门已认定杨某在本次事故中无责，而且杨某在事故发生时其并非驾驶人员而是第三者，保险公司以上述理由主张免责，缺乏依据，本院不予支持。

广东省茂名市中级人民法院依照《中华人民共和国民事诉讼法》第一百七十条第一款第一项之规定，作出如下判决：

驳回上诉，维持原判。

【法官后语】

机动车辆是一种交通工具，任何人都不可能永久地置身于机动车辆之上。而“第三者”和“车上人员”均为相对的概念，是在特定时空条件下的临时性身份，即“第三者”与“车上人员”均不是永久的、固定不变的身份，二者可以因特定时空条件的变化而转化。因此，判断因保险车辆发生意外交通事故而受害的人属于“第三者”还是属于“车上人员”，应以该受害人在交通事故发生当时这一特定的时间是否身处保险车辆之上为依据，在车上即为“车上人员”，在车外即为“第三者”。

机动车第三者责任保险中“第三者”是指除保险人、被保险人和保险车辆上的人员外，因保险车辆的意外事故遭受人身、财产损害的第三人。保险车辆本车上的乘客不属于本车投保的第三者责任保险中的“第三者”。保险车辆的驾驶员可以通过车上人员责任险和意外伤害险来保障自己的权益。从第三者责任险的立法本意来看，主要是保护除车上人员、被保险人外的受害人的利益。

判断因保险车辆发生意外事故而受害的人是否属于“车上人员”，必须以该人在事故发生当时这一特定的时间是否身处保险车辆之上为依据，在车上即为“车上人员”，在车下即为“车下人员”。由于“车上人员”与“第三者”身份可因特定时空条件的变化而转化，交通事故发生的时间确定尤为重要。对于交通事故发生的时间，应从受害者受到伤害时起算，而不是从危险发生时起算。

本案中，事故发生时，受害人杨某已经完成对机动车辆驾驶使用过程，其是在进行其他作业的过程中发生了本案的交通事故，其在时间和空间上已不再属于车上人员，身份已经转化为交强险和商业第三者责任险中的第三者。涉案车辆是在杨某正确操作停车并下车作业后，向前滑行导致杨某死亡于车外，相对于涉案车辆而言其已属于第三者，应按第三者责任险理赔。

编写人：广东省信宜市人民法院　黄方强　任秋雯

019　投保客车违规载货是否构成法定保险免责事由的认定

——钱某诉财保无锡分公司财产损失保险合同案

【案件基本信息】

1. 裁判书字号

江苏省无锡市中级人民法院（2020）苏02民终1183号民事判决书

2. 案由：财产损失保险合同纠纷

3. 当事人

原告（被上诉人）：钱某

被告（上诉人）：财保无锡分公司

【基本案情】

钱某为其名下的车辆（小型普通客车）向财保无锡分公司投保机动车损失险。为运送自己公司的货物，钱某将该车辆后排座椅拆除。2019 年 7 月 1 日，李某驾驶该车辆在高架行驶时，因避让车辆发生侧翻，造成车辆损坏、李某受伤的交通事故。经公安交警认定，本次事故李某负全部责任。事故现场照片显示，事故车辆后排座椅被拆除装载货物六箱，送货单显示所送货物为 1200 套 10A 充电器铝壳。钱某诉至法院，请求判令财保无锡分公司支付其车辆维修费 30000 元、拖吊施救费 1300 元、医药费 511.65 元，合计 31811.65 元。

【案件焦点】

钱某拆卸涉案客车座椅后用于运输公司货物，是否构成使得保险标的危险程度显著增加的情形。

【法院裁判要旨】

江苏省无锡市新吴区人民法院经审理认为：钱某与财保无锡分公司之间的保险合同关系成立，双方均应按约履行义务。钱某投保的车辆在保险期间内发生保险事故，致使投保车辆损坏及人员受伤，钱某因此支付相应拖吊施救费、修理费及医药费，财保无锡分公司应依据保险合同的约定，在机动车损失险、车上司机责任险的保险范围内予以赔付。钱某将车辆座椅拆除仅是为了运送自家货物，而非增加车辆乘客座位数，不应视为危险程度显著增加的车辆改装。财保无锡分公司未提供证明座椅拆除产生车辆制动性及操控性问题的依据，亦未具体说明座椅拆除与车辆引发事故存在何种因果关系，故对财保无锡分公司提出因案涉车辆改装造成车辆制动性、操控性产生问题，造成该起事故的抗辩，不予支持。钱某陈述为其自家企业运送货物，这不同于以运输谋利的营运车辆，且财保无锡分公司未提供家庭自用车不得运输自有货物的约定，因此不能由此确定保险车辆使用范围、用途进行了改变，故对财保无锡分公司提出案涉车辆使用性质改变，危险程度显著增加的抗辩，不予采信。

江苏省无锡市新吴区人民法院依照《中华人民共和国保险法》第十四条、第二十三条第一款，《中华人民共和国民事诉讼法》第一百四十二条之规定，判决如下：

财保无锡分公司于判决发生法律效力之日起 10 日内支付钱某车辆维修费 30000 元、施救费 1300 元、医药费 511.65 元，合计 31811.65 元。

财保无锡分公司不服，提起上诉。江苏省无锡市中级人民法院经审理认为：在保险合同有效期内，保险标的危险程度显著增加的，被保险人应当按照合同约定及时通知保险人，否则因保险标的危险程度显著增加而发生的保险事故，保险人不承担赔偿或给付责任。本案中，案涉车辆的用途已被被保险人从小型普通客车改变成为自己所设立的公司运输货物，该用途改变具有长期性。据此，对照是否构成“危险程度显著增加”评判标准，评述如下：1. 涉案车辆属于客车，除本身设置的行李架和行李箱外不得载货，而使用人将车辆座椅部位拆除用于装货，明显违背了行政法规关于安全性问题的禁止性规定，因此，法律推定为危害行车安全的行为。2. 从驾驶员被认定承担全部责任可知，翻车事故非他人道路交通违规行为或其他外力因素导致。如果车辆的重量或重心发生与车辆原本设计所不符的变化，在驾驶员急速避让时车辆平衡与制动发生问题的概率将会增大。本案翻车事故发生时保险标的装载了包装外形较大的 6 箱货物，导致行车安全存在上述不利因素。在此情况下，钱某如主张违规载货情形与本案翻车事故并无因果关系，应当提供相关证据证明，现其未能提供证据证明，因此应当认定保险事故发生与涉案客车违规载货存在一定的因果关系。3. 对日常生产生活中利用客车搭载货物的情形应根据使用目的、方式、状态等综合判断其合理性及人为增加危险性的程度。如果为持续的商业用途需要在较长时间段内不定期或固定将客车用于载货，会使得车辆的安全隐患在较长时间内存在，可以认定为对车辆的不合理使用，使得车辆危险程度显著增加。本案中，钱某将家用客车拆除座椅后在较长时间内不定期用于运输公司货物，且在载货期间发生了翻车的交通事故，该情形应当认定为车辆危险程度显著增加。钱某未将该情形通知财保无锡分公司，且无证据证明财保无锡分公司曾发现该情形并继续承保，故车辆因此发生交通事故后，财保无锡分公司有权拒绝理赔。

江苏省无锡市中级人民法院依照《中华人民共和国保险法》第五十二条、《中华人民共和国道路交通安全法实施条例》第五十四条、《最高人民法院关于适用〈中华人民共和国保险法〉若干问题的解释（四）》第四条、《中华人民共和国民事诉讼法》第一百七十条第一款第二项之规定，判决如下：

一、撤销一审判决；

二、驳回钱某的诉讼请求。

【法官后语】

实践中，将投保客车违规用于载货的情形并不鲜见，对于这种情形是否属于使保险标的"危险程度显著增加"，保险人能否主张免责，司法实践未有统一标准。本案从法律规范应然性、因果关系实然性、区分危险性程度、保险人能否预见以及贯彻安全生产理念等角度，全面分析了投保客车违规载货是否构成保险标的"危险程度显著增加"情形：

1. 从法律、行政法规对客车载货进行严格规范的应然性角度。《中华人民共和国道路交通安全法实施条例》第五十四条规定，机动车载物不得超过机动车行驶证上核定的载质量，装载长度、宽度不得超出车厢，并明确载客汽车除车身外部的行李架和内置的行李箱外，不得载货。根据《机动车运行安全技术条件》（GB 7258—2017）等国家标准及相关文件，客车设计和制造主要用于载运人员，而货车主要用于载运货物，故国家针对客车与货车在外廓尺寸、轴荷、质量限值、制动系统、安全防护等方面设置的强制性标准存在多种差异，厂商根据国家强制性标准和车辆使用的具体需求设计的客车与货车在装载空间、载质量、制动、操作功能等方面也存在明显差别。如擅自将客车非载货空间用于载货，从常理即可推知会不同程度改变客车的质量和空间使用状态，影响车辆行驶过程中的操作与制动，进而危及车内人员安全，且因机动车参与公共交通，该问题也会给公共交通安全带来隐患，故行政法规将此确定为禁止性行为。因此，从客车超出限定标准载货本身的违法性及其对车辆与公共道路安全造成的危害性而言，可以认定构成车辆危险程度显著增加。

2. 从客车违规载货与事故发生因果关系的实然性角度。客车违规载货是否导致保险事故发生，应当综合交警事故责任认定、车辆载货状态、事故发生过程、当事人有无相反证据等因素认定。如全方面考虑以上因素后，认定事故发生与客车违规载货具有一定因果关系的，则是从实际后果反证了车辆危险程度显著增加。同时，该因果关系也是构成保险公司法定免责事由的前提条件。本案综合考虑了事发时车辆违规装载大体积货物翻车的客观状态，交警部门认定驾驶员负事故全部责任，车辆违规装载大量货物将提高车辆重心在急速避让时容易发生翻车的一般生活经验，以及钱某未能提供事故发生与违规载货无关的反证等因素，认定本案事故发生与客车拆改后违规载货有一定因果关系，进而从实际后果证实了车辆危险程度显著增加。

3. 从合理区分人为增加交通工具危险性程度的角度。如为家庭及工作生活需要，偶尔用自用客车座椅部位装载较少的家具、商品等，因所用时间较短、发生次数较少、造成安全事故的可能性较低，故不宜以此认定为使得保险标的危险程度显著增加的行为。但是，如果为持续的商业用途需要在较长时间段内不定期或固定将客车用于载货，会使得车辆的安全隐患在较长时间内存在，可以认定为对车辆的不合理使用，使得车辆危险程度显著增加。

4. 从保险人是否预见或应当预见危险程度增加的角度。保险标的增加危险程度属于保险合同订立时保险人预见或者应当预见的保险合同承保范围的，不构成危险程度显著增加。将投保客车拆改后长期用于载货，该车辆使用用途的改变超出了一般人日常合理利用交通工具的限度，属于保险人在订立合同时不能预见的情形。实践中，应当注意审查在长期连续签订保险合同情形中，保险公司有无对保险人车辆进行过考察或曾经发现存在客车违规载货情形而后继续承保的，如无证据表明存在上述情况，则仍应认定构成保险标的危险程度显著增加。

5. 从贯彻安全生产理念及保障道路交通安全角度。机动车作为日常交通工具，其行车安全不仅事涉车辆使用人的生命健康和财产安全，也是公共安全的重要领域。从强化风险防控、从根本上消除事故隐患、有效遏制重特大事故发生的角度出发，就应当尽可能杜绝私自改装、违法变更机动车辆用途等行为。因此，从社会导向和执法效果考虑，对私自拆卸座椅变更机动车用途的行为亦应当作出不利评价。

综上所述，将投保客车较长时间或不定期违规用于载货，可视为使保险标的危险程度显著增加情形，投保人应当及时通知保险人。否则，因此发生保险事故的，保险人无须承担赔偿或给付保险金责任。

编写人：江苏省无锡市中级人民法院　潘华明　李佳

020　免检车辆未申领检验标志的不构成保险免责条款中的未检验情形

——纺织公司诉财险宝鸡支公司财产保险合同案

【案件基本信息】

1. 裁判书字号

陕西省宝鸡市中级人民法院（2020）陕 03 民终 1523 号民事判决书

2. 案由：财产保险合同纠纷

3. 当事人

原告（被上诉人）：纺织公司

被告（上诉人）：财险宝鸡支公司

【基本案情】

原告纺织公司于2017年10月购买一辆小型普通客车，同年11月9日办理了车辆注册登记，系非营运车辆。2020年1月8日，纺织公司员工赵某驾驶该车辆发生交通事故，致行人方某死亡，花费抢救费、医疗费共计10022.32元。该事故经宝鸡市公安局交通警察支队陈仓大队认定，赵某承担事故的全部责任，方某不承担责任。事故处理期间，赵某与受害人家属就赔偿事宜达成了调解协议，各项损失共计1100000元，应付金额为1045367元。后赵某按照调解书向受害人家属全额赔付。纺织公司因交通事故造成车辆受损，支付修理费17000元。

经宝鸡市公安局交通警察支队陈仓大队委托，某司法鉴定所出具鉴定意见：肇事车辆转向、制动、喇叭技术性能符合《机动车运行安全技术条件》标准。

2017年10月31日、2019年10月31日，纺织公司分别在被告处为涉案车辆购买了为期两年和一年的交强险与商业保险。保期内的第三者责任险保险限额为100万元。商业险保险示范条款约定，在上述保险责任范围内，未按规定检验或检验不合格者，不论任何原因造成的人身伤亡、财产损失和费用，保险人均不负责赔偿。事故发生后，纺织公司及时向财险宝鸡支公司报案。该车的审验期限至2019年11月届满。

【案件焦点】

被保险车辆未领取检验标志，是否属于保险合同约定的免责事由。

【法院裁判要旨】

陕西省宝鸡市金台区人民法院经审理认为：车辆年检是交管部门的行政行为，保险合同是基于投保人与保险人的民事行为，未按期年检并不能说明车辆必然存在安全技术隐患，经鉴定本案涉案车辆各项指标合格，与事故的发生没有直接因果关系。因此财险宝鸡支公司应当在交强险及商业险投保范围内承担保险责任。其以保险合同条款是公示条款，且纺织公司系连续投保，故可免除说明义务的意见没有法律依据，不予支持。

陕西省宝鸡市金台区人民法院依照《中华人民共和国合同法》第三十九条，《中华人民共和国保险法》第十条、第十四条、第十七条、第十九条、第五十九条、第六十五条，《机动车交通事故责任强制保险条例》第二十一条之规定，作出如下判决：

一、财险宝鸡支公司于判决生效后十五日内向纺织公司支付保险赔偿金 1043627.82 元；

二、驳回纺织公司的其他诉讼请求。

财险宝鸡支公司不服，提起上诉。陕西省宝鸡市中级人民法院经审理认为：财险宝鸡支公司主张的免责事由为双方之间保险合同约定“发生保险事故时被保险机动车行驶证、号牌被注销的，或未按规定检验或检验不合格”，其不承担赔偿责任，而事故发生时，案涉车辆未按规定检验。根据本案已查明的事实，案涉车辆初次登记时间为 2017 年 10 月 30 日。公安部、国家质检总局联合发布的《关于加强和改进机动车检验工作的意见》第十一条规定，自 2014 年 9

月1日起，试行6年以内的非营运轿车和其他小型、微型载客汽车（面包车、7座及7座以上车辆除外）免检制度。对注册登记6年以内的非营运轿车和其他小型、微型载客汽车（面包车、7座及7座以上车辆除外），每2年需要定期检验时，机动车所有人提供交通事故强制责任保险凭证、车船税纳税或者免征证明后，可以直接向公安机关交通管理部门申请领取检验标志，无需到检验机构进行安全技术检验。即案涉车辆在事故发生时无需到检验机构进行安全技术检验，可直接申请领取检验标志，财险宝鸡支公司主张的案涉车辆事故发生时未进行检验的主张亦不能成立。

陕西省宝鸡市中级人民法院依照《中华人民共和国民事诉讼法》第一百七十条第一款第一项规定，作出如下判决：

驳回上诉，维持原判。

【法官后语】

“未按规定检验”仅指未对车体做安全性检验，还是包含免检车辆未申领检验标志的情形，实务中存在不同理解，这种分歧在机动车交通事故责任和保险合同案件中较为典型。

首先，应正确理解保险免责事由中“检验”一词的外延。《中华人民共和国道路交通安全法》第十三条规定：“对登记后上道路行驶的机动车，应当依照法律、行政法规的规定，根据车辆用途、载客载货数量、使用年限等不同情况，定期进行安全技术检验……对符合机动车国家安全技术标准的，公安机关交通管理部门应当发给检验合格标志……”因此，所谓“检验”仅指安全技术检验，此时并不区分机动车是否为营运车辆及车载座位数多少。经过安全技术检验合格才能上路行驶，对此并无异议。但随着我国汽车保有量的大幅提升，国家为进一步提升机动车检验效能，公安部、国家质检总局于2014年4月29日联合出台了《关于加强和改进机动车检验工作的意见》（本案以下简称《改革措施》），其中第十一条规定“试行非营运轿车等车辆6年内免检。自2014年9月1日起，试行6年以内的非营运轿车和其他小型、微型载客汽车（面包车、7座及7座以上车辆除外）免检制度”。在此期间，每2年提供交强险凭证、车船税纳税或免征证明后，直接向公安交管部门申领检验标志。由此开始，国家对特定非营运小型机动车实行免检制度，而免检方式为符合条件的车辆提供相关证明后直接申领检验标志。保险免责事由中的“未进行检验”应当包含对免检车辆检验程序的评价。

其次，免检车辆未按期领取免检标志的，是否构成免责事由中的“未按规定检验”。笔者认为，国家实行免检制度，即对免检车辆的安全技术性能做了肯定性拟制，是否实际存在安全隐患并不影响车辆“免检”。而申领检验标志属于在形式上对拟制后果进行的确认，目的是方便行政管理。免检车辆未按照管理规定申领检验标志，仅违反了行政管理规定，并不能作为免除保险人实体保险责任的法定事由，否则有违权利义务对等原则。因此，“未按规定检验”仅指应进行安全技术检验的车辆未定期检验，免检车辆未申领检验标志的，不构成此情形。

本案中，原告所有车辆发生事故时属于6年内免检车辆，依法投保有交强险，可直接申领检验标志，保险公司以未领取检验标志主张构成免责事由中的“未按规定检验”，并免除保险责任的，于法无据。

编写人：陕西省宝鸡市金台区人民法院　韩江

021 对被保险车辆修理费用进行认定时司法鉴定意见的适用问题

——刘某诉保险公司财产保险合同案

【案件基本信息】

1. 裁判书字号

北京市第三中级人民法院（2020）京 03 民终 11631 号民事判决书

2. 案由：财产保险合同纠纷

3. 当事人

原告（被上诉人）：刘某

被告（上诉人）：保险公司

【基本案情】

涉案车辆在保险公司处投保了机动车损失保险（综合型）【含不计免赔】，保险限额为 217000 元，保险期间自 2018 年 8 月 7 日 0 时起至 2019 年 8 月 6 日 24 时止，被保险人为刘某。

2018 年 10 月 6 日 6 时 35 分，张某驾驶被保险车辆行驶时，与李某驾驶的车辆发生碰撞，造成张某受伤、两车损坏。经北京市公安局顺义分局交通支队李桥中队认定，张某负事故全部责任。后被保险车辆进行修理，花费修理费 142910 元，拖车租赁费 7500 元。

刘某提交保险公司出具的定损单、定损清单以及修理厂出具的车辆维修明细。保险公司不认可被保险车辆修理项目和维修价格的合理性，并就此申请了鉴定。2019 年 6 月 28 日，交通运输部公路科学研究所司法鉴定中心作出司法鉴定意见书。鉴定意见为涉案车辆《修理厂维修明细1》和《修理厂维修明细2》中的44项配件项目及维修项目，本报告第五部分列出的第一类为合理的配件项目及维修项目；第二类为不合理的配件项目及维修项目；第三类为应该通过维修修复、不应该更换的配件项目。保险公司为此支付鉴定费8000元。2019年10月10日，资产评估公司作出资产评估报告，评估结论为：在评估假设条件成立前提下，纳入评估范围的车辆维修费于本次评估基准日的市场价值为53300元。保险公司为此支付评估费12000元。刘某对于上述鉴定意见及评估结论均不认可，保险公司认可上述鉴定意见及评估结论。

刘某提交保险公司（甲方）与修理厂（乙方）签订的《机动车辆保险维修、直赔服务协议》、保险公司（甲方）与修理厂（乙方）签订的《保险事故车辆维修服务采购协议》以及保险公司查勘定损过程中拍摄的被保险车辆照片并申请证人刘某出庭作证。诉讼中，保险公司未提交相关证据佐证修理厂与刘某存在恶意串通损害保险公司利益的情形。

【案件焦点】

被保险车辆修理费用的数额如何认定。

【法院裁判要旨】

北京市顺义区人民法院经审理认为：本案的争议焦点在于被保险车辆修理费用的合理数额，保险公司不认可涉诉车辆的维修项目及维修费用金额的合理性，故提请司法鉴定。至于司法鉴定结论能否直接作为定案依据：首先，综合双方当事人陈述意见及本案证据可知保险公司对于涉诉车辆的维修项目（除尾气检测）是予以认可的。其次，保险公司于 2018 年 11 月 19 日出具定损单和定损清单，此时车辆已完成修理，保险公司未将定损结果告知刘某，未提交证据证实其委托修理厂将定损结果告知刘某。保险公司亦未提交证据佐证在整个车辆查勘定损及维修过程中，刘某一方与修理厂存在恶意串通损害保险公司利益的行为存在。那么在此情况下，即便车辆维修项目及金额超出合理范围，该超出合理范围的经济损失如由被保险人刘某一方自行负担，亦有失公平。故本案不宜直接依据鉴定结论认定车辆的维修项目和费用金额。再次，结合案件实际情况，尽管保险公司出具的定损单及定损清单没有保险公司盖章，但根据当事人陈述、保险公司与修理厂签订的服务协议、采购协议及修理厂证人证言可知，在保险公司与修理厂长期的合作过程中，存在保险公司与修理厂查勘确定维修方案后修理厂边维修保险公司边走定损流程的情况，且存在保险公司出具不盖章的定损单、定损清单的情况。因此，保险公司出具的定损清单中载明的维修项目应当认定为保险公司认可的维修项目，且该项目与修理厂出具的《车辆维修明细》一致。至于维修费用金额，该笔费用为刘某实际支出，且金额并未超出承保范围，保险公司应予赔偿。最后，对于修理厂《车辆维修明细》中超出定损项目的尾气检测一项，修理厂已就维修合理性作出解释，该项修理费已由刘某实际给付，保险公司亦应予赔付。对于刘某要求保险公司给付的拖车租赁费 7500 元，予以支持。

北京市顺义区人民法院依照《中华人民共和国保险法》第二十三条、《最高人民法院关于适用〈中华人民共和国民事诉讼法〉的解释》第九十条之规定，判决如下：

保险公司给付刘某保险金 150410 元，于判决生效之日起七日内执行。

保险公司不服一审判决，提出上诉。北京市第三中级人民法院经审理认为：本案二审争议焦点为被保险车辆修理费用的数额认定问题。保险公司主张以司法鉴定意见作为确定被保险车辆的合理费用缺乏依据，具体理由如下：其一，涉案事故车辆有具体明确的维修项目。其二，刘某对涉案车辆的维修并未超出保险公司要求。其三，给付被保险人保险金属于保险公司合同义务。此外，关于修理厂《车辆维修明细》中超出定损项目的尾气检测一项，修理厂已就维修合理性作出解释，保险公司并未提交充分有效证据证明该项目为非必需项目，且该项修理费已由刘某实际给付，保险公司应向刘某支付该笔维修费。关于保险公司及修理厂已确认的维修项目所产生维修费用，刘某亦已实际支出，且金额并未超出承保范围，一审法院判决保险公司向刘某支付车辆保险金合法有据。刘某要求保险公司给付拖车租赁费 7500 元，具有事实依据，一审法院对此予以支持并无不当。

北京市第三中级人民法院依照《中华人民共和国民事诉讼法》第一百七十条第一款第一项之规定，判决如下：

驳回上诉，维持原判。

【法官后语】

本案的主要争议焦点和涉及的法律问题为被保险车辆修理费用的数额认定问题。本案中，保险公司不认可涉诉车辆的维修项目及维修费用金额的合理性，申请进行司法鉴定，但鉴定机构出具的鉴定意见中车辆维修费用远低于实际维修费用，在这种情况下，法院能否直接将司法鉴定意见作为定案依据便成为本案的难点问题。

鉴定意见是指鉴定人接受委托或聘请，运用自己的专业知识和技术，对案件中涉及的专业性事实问题进行分析、判断后所出具的结论性书面意见。《中华人民共和国民事诉讼法》规定了法定的八种证据形式，包括当事人的陈述、书证、物证、视听资料、电子数据、证人证言、鉴定意见、勘验笔录。可见，鉴定意见属于法定的证据之一。法律和司法解释对证据采信方面的规定较少，且大部分集中在非法证据排除方面，对鉴定意见采信方面的规定较为缺乏，在一定程度上赋予了法官较大的自由裁量权。但由于鉴定结论专业化及认证规则不完善的特点，司法实践中对鉴定意见缺乏统一明确的认定标准，在鉴定意见的认定上便会产生一定的难度和分歧。

在司法实践中，对于司法鉴定意见能否直接作为定案依据这一问题，主要有以下两种意见：第一种意见认为，鉴定意见是相关领域专业人士出具的书面意见，除非当事人能提供充分证据推翻鉴定意见，否则应采用鉴定意见作为定案依据；第二种意见认为，法院应结合在案证据和案件情况审慎认定能否直接将司法鉴定结论作为定案依据，防止出现当事人利用司法鉴定规避责任的情况。

但以上两种意见均会产生一定的问题，如在本案中，若法院未将司法鉴定意见作为定案依据来认定被保险车辆修理费用的数额，则诉讼中启动司法鉴定的必要性便会受到质疑；若法院直接将司法鉴定意见作为定案依据来认定被保险车辆修理费用的数额，则对实际支付修理费的被保险人不公平，在很大程度上司法鉴定也会成为保险公司规避保险责任的手段。

本案中，合议庭倾向于认为，结合本案证据和案件情况，不宜直接以司法鉴定意见作为确定被保险车辆的合理费用之依据。具体理由如下：

首先，本案事故车辆修理厂为保险公司所指定修理单位。保险公司与修理厂签有《采购协议》和《服务协议》，具有长期稳定的合作关系。双方签订的合同约定由修理厂为保险公司保险事故客户提供车辆维修服务，并约定了维修和更换项目的确定、维修费用的收取等内容。保险公司与修理厂均系市场经济中的商事主体，对合同中的约定应有明确的认识。法院应充分尊重当事人的约定及合作习惯，除非确有必要，一般不应以事后的判断来改变当事人事前的、市场的、专业的判断及合作习惯，因为后者所包含的专业判断、对收益与市场经营风险的权衡、对机会成本的比较等，均为当事人在缔约时之决策因素。本案中，刘某系依指示到修理厂维修车辆，在车辆维修完毕后支付了车辆维修费。现保险公司不认可涉案车辆的维修项目及维修金额，但并未提交证据证明其在车辆维修前或维修过程中对修理厂的维修项目或价格提出异议，亦未证实就其所主张的修理厂的维修项目或费用问题向刘某进行明示或告知。

其次，涉案事故车辆有具体明确的维修项目，且维修项目具有合理性。涉案车辆发生保险事故后，保险公司多次进行查勘，涉案车辆的维修项目系经保险公司多次查勘后修理厂与保险公司达成的一致意见，且具体明确，修理厂亦实际按照双方确定的维修项目进行了维修。在保险公司与修理厂长期的合作过程中，存在保险公司与修理厂查勘确定维修方案后，修理厂维修车辆、保险公司同时进行定损流程的情况，亦存在保险公司出具不盖章的定损单、定损清单之情形。对比修理厂开具的车辆维修明细与保险公司于 2018 年 11 月 19 日出具的定损清单中载明的维修项目，除多出一项尾气检测项目外，其他维修项目与定损清单一致，应视为保险公司出具的定损清单中载明的维修项目为该公司所认可的涉案车辆维修项目。

再次，在车辆定损维修过程中，保险公司并未及时将定损情况告知被保险人。《中华人民共和国保险法》第二十三条规定：“保险人收到被保险人或者受益人的赔偿或者给付保险金的请求后，应当及时作出核定；情形复杂的，应当在三十日内作出核定，但合同另有约定的除外。保险人应当将核定结果通知被保险人或者受益人；对属于保险责任的，在与被保险人或者受益人达成赔偿或者给付保险金的协议后十日内，履行赔偿或者给付保险金义务。保险合同对赔偿或者给付保险金的期限有约定的，保险人应当按照约定履行赔偿或者给付保险金义务。保险人未及时履行前款规定义务的，除支付保险金外，应当赔偿被保险人或者受益人因此受到的损失……”本案中，涉案车辆于2018年10月30日修理完毕，保险公司于2018年11月19日出具定损单和定损清单，在车辆修理过程中，保险公司未将定损结果告知刘某，亦未提交证据证实其委托修理厂将定损结果告知刘某。本案不存在被保险人刘某应承担车辆维修费用之法定及合同约定情形。

最后，本案不存在被保险人与修理厂串通损害保险公司利益的行为。保险公司并未提交证据证明在车辆查勘定损及维修过程中，刘某一方与修理厂存在恶意串通损害保险公司利益的行为。在此情况下，直接依据鉴定意见认定车辆的维修项目和费用金额有失公平。

此外，需要指出的是，鉴定结论的运用是为了发现案件事实的真相，实现实体公正，但是它也关乎程序公正和效率的问题。鉴定的本质是帮助法官解决案件中的专业性问题，其在于弥补法官在专业领域的不足。法院在此类案件中启动司法鉴定时，应对鉴定的必要性进行审查。鉴定意见必要性包括两方面内容：其一，所要鉴定的是事实问题，这主要是与法律问题相区分的；其二，此事实问题的解决必须借助于专门知识和技能即专业性问题。换言之，鉴定意见只有在超出法官认识能力和专业范围，且不进行鉴定将实质性影响本案裁判时才能引入诉讼。如不属于专业性问题，一般人凭借常识、经验就能认知判断的事项，或者没有鉴定必要，法院根据案件情况即可做出裁判的事项，则没有必要启动鉴定程序。例如，在类似案件中如保险公司申请鉴定，法院可对案件各方面因素，包括修理厂与保险公司之间的关系、事故车辆维修项目的合理性、车辆定损维修过程等方面综合进行考量，如通过审查案件证据材料能够查明案件事实并适用法律对被保险人车辆实际发生的维修费用进行认定的，则无需启动鉴定程序，以进一步提高审判效率，减轻当事人诉累。

由于鉴定意见是具有专门知识的人对案件中涉及的专业性事实作出的意见，具有较高的可信度和科学性，因此在司法实践中，鉴定意见往往被赋予较高的地位。但值得注意的是，司法鉴定意见属民事诉讼法规定证据形式中的一种，司法鉴定机构出具的意见不具有任何预决的效力，鉴定意见在一定程度上亦包含着鉴定人员的主观判断，其结论受检材选择的适当性、鉴定方法的科学性、认证分析的逻辑性等多方面的影响，其证明力如何需由法院在质证和认证的基础上进行判断，因此有必要对鉴定的标准、方法、规范、内容和结论进行审慎的审查与认定。

综上所述，在对被保险车辆修理费用的数额认定时，法院应综合考量修理厂与保险公司之间的关系、事故车辆维修项目的合理性、车辆定损维修过程等因素审慎认定能否直接将司法鉴定意见作为定案依据，防止出现保险公司利用司法鉴定规避其应承担的保险责任，进而损害被保险人利益的情况。同时，亦应审核有无被保险人与修理厂串通损害保险公司利益的行为发生。

编写人：北京市第三中级人民法院　何灵灵　卫孚嘉

022 车上人员责任险与交强险保险竞合时赔付方式的认定

——王某诉财保公司保险合同案

【案件基本信息】

1. 裁判书字号

江苏省淮安市中级人民法院（2019）苏08民终2449号民事判决书

2. 案由：保险合同纠纷

3. 当事人

原告（被上诉人）：王某

被告（上诉人）：财保公司

【基本案情】

2018年7月2日，王某所有的A号货车在财保公司投保机动车损失险及车上人员责任险（司机）并不计免赔，机动车损失险保险金额为151800元，车上人员责任险（司机）责任限额为10000元，保险期间为2018年8月1日至2019年7月31日。2018年8月30日，李某在经王某允许后驾驶上述投保车辆与案外人肖某驾驶的B号重型厢式货车发生保险事故，导致车辆损坏，肖某当场死亡，李某及B号车上人员金某受伤。事故发生后，交警部门认定案涉投保车辆驾驶员李某负事故次要责任，肖某负事故的主要责任。李某受伤产生医疗费22724.45元，王某支付了该医疗费。现双方对车辆损失、施救费以及已付车上人员医疗费等理赔数额未能达成一致意见，故王某诉至法院，要求财保公司赔偿车损费、评估费、施救费、医疗费等合计176650元并承担本案的诉讼费用。

【案件焦点】

1. 车上人员责任险应否在扣除10000元交强险后按照事故责任比例予以赔付；2. 财保公司应否承担评估费。

【法院裁判要旨】

江苏省涟水县人民法院经审理认为：财保公司应赔付车损险149800元、施救费6580元。

对于车上人员责任险保险金赔付问题。因案涉车辆投保了保险金额为10000元的车上人责任险（司机），案涉车辆司机在保险事故中受伤，实际产生医疗费为22724.45元，王某支付了该医疗费，财保公司应按照保险合同赔偿。财保公司主张保险合同约定按事故责任比例承担赔偿责任，因该条款不符合保险法原理，不符合缔约目的，也有违公平原则，同时与鼓励机动车驾驶者遵守交通法规的社会正面价值导向相背离，故该免责条款无效，对财保公司该抗辩意见不予采信。财保公司应赔付车上人员责任险保险金10000元。

对于评估费问题。根据相关法律规定，被保险人因确定保险标的损失程度所支付的必要的、合理的费用，由保险人承担，故本案的评估费用7450元应由财保公司承担。

江苏省涟水县人民法院依照《中华人民共和国保险法》第二条、第十四条、第五十七条、第五十九条、第六十四条，《中华人民共和国民事诉讼法》第四十八条、第一百四十二条，《最高人民法院关于适用〈中华人民共和国民事诉讼法〉的解释》第五十二条之规定，判决如下：

一、财保公司于判决发生法律效力之日起二十日内向王某赔付机动车损失保险金 141800 元、车上人员责任险（司机）保险金 10000 元、施救费用 6580 元、评估费用 7450 元，合计 165830 元；

二、财保公司于判决发生法律效力并在王某返还 A 号货车后十日内向王某赔付机动车损失保险金 8000 元；

三、驳回王某的其他诉讼请求。

财保公司不服原审判决对车上人员责任险保险金、评估费以及诉讼费的认定，提起上诉。江苏省淮安市中级人民法院经审理认为：

第一，关于车上人员责任险的赔付问题。首先，机动车车上人员责任险系责任保险，保险标的是被保险人因为被保险机动车意外事故的发生依法应对车上人员所负的赔偿责任，故该种保险应按责任比例进行赔付。其次，被上诉人作为车上人员责任险的被保险人，其向车上人员支付医疗费用后，既可以依据本车车上人员责任险主张理赔，也可以依据对方投保的交强险主张理赔。应根据《最高人民法院关于审理道路交通事故损害赔偿案件适用法律若干问题的解释》第十六条规定，优先在交强险限额内赔偿，被上诉人支付的医疗费用应先扣除交强险赔偿限额。故财保公司向王某赔付车上人员责任险保险金为（22724.45 元-10000 元）×30%＝3817.3 元。

第二，关于评估费问题。根据《中华人民共和国保险法》第六十四条规定，保险人、被保险人为查明和确定保险事故的性质、原因和保险标的的损失程度所支付的必要的、合理的费用，由保险人承担。本案中，王某为确定投保车辆损失程度所支出的评估费属于上述规定的必要、合理费用，财保公司依法应予承担。

江苏省淮安市中级人民法院依据《中华人民共和国民事诉讼法》第一百七十条第一款第二项规定，判决如下：

一、维持江苏省涟水县人民法院（2019）苏 0826 民初 142 号民事判决第二项、第三项；

二、变更江苏省涟水县人民法院（2019）苏0826民初142号民事判决第一项为：财保公司应于本判决发生法律效力之日起二十日内向王某赔付机动车损失保险金141800元、车上人员责任险（司机）保险金3817.3元、施救费用6580元。

【法官后语】

车上人员责任险的被保险人，因双方交通事故在向本车车上人员支付医疗费用后，既可以依据本车的车上人员责任险主张保险金，也可以依据对方投保的交强险主张保险金，即产生了车上人员责任险和交强险的两种责任保险竞合。究竟如何赔付，是当前法院审理此类保险案件的热点和难点，一审、二审不同的裁判思路分别代表了审判实践中两种完全相反的观点。本案对此问题作了详细研究梳理，对问题的解决提供了一定的借鉴。

1. 车上人员责任险应按照事故责任比例予以赔偿

机动车车上人员责任险顾名思义，系责任保险，根据《中华人民共和国保险法》第六十五条第二款规定，责任保险的被保险人给第三者造成损害，被保险人对第三者应负的赔偿责任确定的，根据被保险人的请求，保险人应当直接向该第三者赔偿保险金。而且机动车车上人员责任险的保险合同中通常也都约定，“保险期间内，被保险人或其允许的驾驶人在使用被保险机动车过程中发生意外事故，致使车上人员遭受人身伤亡，且不属于免除保险人责任的范围，依法应当对车上人员承担的损害赔偿责任，保险人依照本保险合同的约定负责赔偿”。可以看出，车上人员责任险的保险标的是被保险人因为被保险机动车意外事故的发生依法应对车上人员所负的赔偿责任，且该种赔偿责任属于机动车车上人员责任险保险合同约定的责任，故该种保险只是对被保险人应负担的责任予以赔付，应按被保险人在事故中的责任比例进行赔付，这也是责任保险的基础，不同于车损险等普通的财产险，不适用损失补偿原则。由于车损险是一种损失补偿保险，被保险人获得赔偿的依据是其实际损失，而非其承担的赔偿责任，因此车损险中约定依据机动车驾驶人在事故中所负的事故责任比例承担相应赔偿责任属于无效条款，而车上人员责任险等责任保险中如此约定则符合保险法理，亦符合缔约目的，属于有效条款。

2. 损失应先扣除交强险赔偿限额

车上人员责任险的被保险人，其在向车上人员支付医疗费用后，成为事故责任对方所投保交强险的第三者，其既可以依据车上人员责任险向保险公司主张理赔其所负事故责任比例对应的保险金，也可以依据对方投保的交强险向承保该险种的保险公司主张理赔，从而产生了责任保险竞合。由于我国交强险实行的是统一限额赔偿制度，只区分有责项下的赔偿限额和无责项下的赔偿限额，并不像车上人员责任险、三者险等责任保险是按被保险人所负事故责任比例赔偿，不能通过按责任比例承担各自份额的方式而不受先后理赔顺序的影响，因此会因为是先扣再比、先比再扣或者是只比不扣，得出不一样的理赔数额。对此，车上人员责任险保险合同通常都约定赔款要先扣除对方交强险赔偿限额后再按责任比例赔付，即先扣再比，此种约定从一定意义上说也是属于设定索赔前置条件的保险条款。

(1) 索赔前置条款的非法性排除

审判实践中同样有观点认为该条款为无效条款，理由是根据《最高人民法院关于适用〈中华人民共和国保险法〉若干问题的解释（二）》（本案以下简称《解释二》）第十九条第一款规定："保险事故发生后，被保险人或者受益人起诉保险人，保险人以被保险人或者受益人未要求第三者承担责任为由抗辩不承担保险责任的，人民法院不予支持。"该观点从表面上看极具合理性，但实质是误解了该条的要义。

根据保险法第六十条和第六十一条的相关规定，财产保险的被保险人或受益人对第三人享有的赔偿请求权与其对保险人享有的保险金赔偿请求权是相互影响的，保险人赔付被保险人损失后还享有向造成损失的第三者请求赔偿的代位追偿权。《解释二》第十九条进一步明确了这两种请求权竞合情形下的行使顺序，即被保险人可以自由选择。因《解释二》第十九条是对保险法第六十条和第六十一条的进一步解释，故该解释的适用前提是财产保险事故，被保险人享有自由选择权是建立在保险人享有代位追偿权的基础上。车损险是最典型的财产保险，适用损失填补原则，保险人赔偿财产损失后可代位追偿，如果车损险保险条款规定被保险人首先要向负有责任的第三人求偿，实际上是剥夺了被保险人直接向保险人求偿的权利，也不符合设置保险人代位追偿权的立法初衷，故这样的条款属无效条款，适用《解释二》第十九条毋庸置疑。但车上人员责任险系责任保险，不是普通的财产保险，其保险标的是被保险人依法应负的赔偿责任，不适用损失填补原则，保险人赔偿后并不享有代位追偿权，因此车上人员责任险不适用《解释二》第十九条规定，进而不能因车损险中设置索赔前置条件的保险条款无效而类推在车上人员责任险中也无效。

（2）索赔前置条款的合法性分析

车上人员责任险属于商业保险，即非强制的保险，在与交强险竞合时，究竟是先扣再比还是只比不扣，笔者认为，根据《最高人民法院关于审理道路交通事故损害赔偿案件适用法律若干问题的解释》第十三条第一款规定，同时投保机动车第三者责任强制保险（以下简称交强险）和第三者责任商业保险（以下简称商业三者险）的机动车发生交通事故造成损害，当事人同时起诉侵权人和保险公司的，人民法院应当依照民法典第一千二百一十三条的规定，确定赔偿责任。因此，两种责任保险竞合时，应优先在交强险限额内赔偿，这也符合交强险法定性、强制性的特点。而且，车上人员责任险保险合同系投保人自愿签订，保险人也就该索赔前置条款向投保人予以了提示和明确说明，保险合同对此也没有其他相反的特别约定，该条款理应产生法律效力。被保险人支付的医疗费用在车上人员责任险中理赔时应先扣除交强险的赔偿限额。

编写人：江苏省淮安市中级人民法院　刘弘

023　被保险人主张保险理赔不以保险标的实际修复为前提

——南某诉人保江宁公司财产保险合同案

【案件基本信息】

1. 裁判书字号

江苏省南京市中级人民法院（2019）苏 01 民终 2768 号民事判决书

2. 案由：财产保险合同纠纷

3. 当事人

原告（被上诉人）：南某

被告（上诉人）：人保江宁公司

【基本案情】

案涉车辆由案外人黄某初次购买，并初始登记在黄某名下。黄某为案涉车辆向保险公司投保机动车交通事故责任强制保险，保险期间为2017年8月14日0时至2018年8月13日24时，财产损失赔偿限额为2000元。后案涉车辆由南某买受。2017年10月2日，南某向人保江宁公司为案涉车辆投保机动车损失保险、第三者责任保险及不计免赔，其中机动车损失保险的保险金额为319558.4元，第三者责任保险的保险金额为100万元，保险期间为2017年10月2日18时至2018年10月2日24时。2018年5月3日18时30分，南某驾驶车辆沿宁宣高速行驶时撞上护栏，造成车辆及护栏损坏。南京市公安局交通管理局高速公路五大队认定南某负事故全部责任。次日，南某向江苏省高速公路交通运输执法总队宁杭支队支付路产赔偿费10170元。

经南某申请，一审法院依法委托双方当事人共同选定的公估公司对案涉车辆损失进行评估。2018年7月26日，公估公司出具评估报告，确认案涉车辆的损失金额为262000元。南某为此支付公估费14400元。

【案件焦点】

被保险人主张保险金是否以案涉车辆实际修复为前提。

【法院裁判要旨】

江苏省南京市江宁区人民法院经审理认为：虽然案涉交强险保险单与商业险保险单记载的车牌号均与南某持有的行驶证车牌号不一致，但2张保险单记载的车架号与发动机号均与南某所有的车辆一致。南某驾驶该车在保险期间内发生交通事故，人保江宁公司应当按约赔偿车辆损失。经公估公司评估，案涉车辆因事故造成的损失金额为 262000 元。人保江宁公司抗辩称该金额过高，但并未提供反驳证据。人保江宁公司应当在机动车损失险项下赔偿南某车辆损失 262000 元。南某因案涉事故造成高速公路路产损失，并赔偿了 10170 元。法律规定，同时投保交强险和商业三者险的机动车发生交通事故造成损害，应先由承保交强险的保险公司在责任限额范围内予以赔偿，不足部分，由承保商业三者险的保险公司根据保险合同予以赔偿。故人保江宁公司抗辩称应由承保案涉车辆交强险的保险公司在财产损失限额范围内赔偿 2000 元符合法律规定，予以采纳。因此，扣除应由交强险赔付的部分，人保江宁公司应在商业三者险项下赔偿南某 8170 元。本案审理过程中，南某申请对案涉车辆损失进行评估而支付的公估费 14400 元系属被保险人为查明和确定保险标的的损失程度所支付的必要的、合理的费用，依法应由保险公司承担。

江苏省南京市江宁区人民法院依照《中华人民共和国保险法》第二十三条、第六十四条，《最高人民法院关于审理道路交通事故损害赔偿案件适用法律若干问题的解释》第十六条的规定，作出如下判决：

一、人保江宁公司于判决发生法律效力之日起十日内赔偿南某车辆损失 262000 元、路产损失 8170 元及公估费 14400 元，合计 284570 元；

二、驳回南某的其他诉讼请求。

人保江宁公司不服一审判决，提起上诉，认为南某并未提交维修费票据，不能证明已实际支付维修费。江苏省南京市中级人民法院经审理认为：根据案涉《机动车损失保险条款》约定，人保江宁公司应当对属于保险责任范围内的损失按约赔偿。本案一审中，关于案涉车辆损失金额的问题，公估公司作为鉴定机构系双方当事人协商选定，一审法院依法委托公估公司对案涉车辆损失进行评估，公估公司所作车辆损失为262000元的鉴定意见经一审法院审核后可以作为认定案涉车辆损失金额的依据。对于人保江宁公司关于南某未提供维修费发票不能证明其已经实际支付了维修费用，故人保江宁公司对案涉车辆损失不应赔偿的上诉意见，保险人给付保险金是保险人在保险合同项下应负担的主要义务。引发财产损失的保险事故发生之时，保险人已对被保险人负有确定的给付义务。案涉车辆因交通事故已造成损失，且损失金额已经一审法院委托公估机构予以确定，车辆是否维修并非确定损失是否发生的前提条件，即使案涉保险条款约定南某在理赔时应当提交维修费用票据，该票据并不是确定损失是否发生的依据，人保江宁公司的该项上诉意见，无事实和法律依据。

江苏省南京市中级人民法院依照《中华人民共和国民事诉讼法》第一百七十条第一款第一项规定，作出如下判决：

驳回上诉，维持原判。

【法官后语】

保险事故发生引发保险标的财产损失后，保险人在理赔过程中往往要求被保险人实际修复保险标的，并将维修或修复的发票、清单、明细等文件提交作为保险理赔的前提。这一做法对于坚持保险补偿原则、防范保险欺诈具有一定的积极意义，但延长了理赔周期，与被保险人及时获得赔付的权利相悖。近年来，在保险法及司法解释所确定的理赔规则体系之下，未先行修复受损害保险标的的当事人能否获得保险金赔付，引发纠纷争议较多，裁判结果亦不尽相同。

保险事故发生时即产生保险人给付义务，通过保险人自行核定或独立评估鉴定确定赔付金额是给付义务履行层面的问题。保险人给付保险金是与投保人缴纳保费相对应的对待给付义务，是保险人在保险合同项下应负担的主要义务。给付保险金的前提在于保险事故发生。就财产险而言，一旦保险事故发生，必然引发保险人给付义务的产生，除非保险事故并未造成财产损失，此时应用保险法的损失填补原则可以豁免保险人的赔偿责任。具体到给付义务履行层面，损失金额之确定，又为保险人履行保险金给付义务之先决条件；如若损失金额不确定，保险人亦无从履行给付义务。唯损失金额之确定，在于启动损失调查勘估程序，即我国保险法中规定的保险人“核定”程序或独立评估鉴定程序。根据《中华人民共和国保险法》第二十一条至第二十五条以及《最高人民法院关于适用〈中华人民共和国保险法〉若干问题的解释（二）》第十五条的规定，保险人核定损失金额存在法定时限要求。但保险事故的复杂性、保险理赔的专业性以及保险人在理赔程序中的优势地位会导致部分保险人将其自主运行的核定理赔程序异化为拖赔、惜赔或无理拒赔的工具，通过“制造”义务履行问题拖延义务履行，甚至质疑义务的存在与正当性。这是司法应当予以纠正的，同时也更加凸显由独立机构进行评估鉴定的必要性。当保险人怠于核定损失或双方存在争议时，保险人与被保险人均可启动独立评估鉴定程序以确定损失数额。为保证保险理赔的公平性与及时性，一般情况下，经由独立评估鉴定机构确定的损失数额或成为较优选项。

保险赔付方式包含保险金赔付与现物赔偿，我国保险法并未规定现物赔偿方式。在不存在相反约定的情况下，一旦保险事故发生，被保险人的期待利益转化为现实利益，即可以请求保险人给付保险金。至于保险金的用途，由被保险人单方处置、决定，不受保险人干涉。被保险人有权选择修复保险标的，也有权选择继续使用、折价出售等。要求被保险人必须先行修复，然后才能获得保险金，是对被保险人财产处分权的剥夺，不当地增加了被保险人的负担。损失核定是专业人员按照更换配件价格、工时费、材料费等计算出将受损标的恢复原有使用价值所需费用的专业程序，既不需要受损标的真实还原，其成本也应摊销在保险人的经营管理费用之中。在部分案件中，被保险人在保险事故发生后无力维修，无法提供维修发票与清单，遂发生保险人拒赔之后果，这一方面延迟了保险人负担的法定时限内核定并理赔之义务履行，为被保险人获得法定赔付设置了不合理的前置程序；另一方面又规避了保险人本应承担的核定事故损失的成本，是保险人延迟履行其法定义务的表现。就本案而言，案涉事故发生后，人保江宁公司未及时核定损失，南某有权委托有公估资质的机构对损失进行评估，以确定损失金额。人保江宁公司以南某未实际支付维修费为由主张拒赔，侵犯了南某请求及时赔付保险金的权利，不应得到支持。

编写人：江苏省南京市中级人民法院　朱永刚

024　驾驶越野车涉水行驶是否属于危险程度显著增加

——林某诉人保公司保险合同案

【案件基本信息】

1. 裁判书字号

福建省福州市中级人民法院（2019）闽 01 民终 5428 号民事判决书

2. 案由：保险合同纠纷

3. 当事人

原告（被上诉人）：林某

被告（上诉人）：人保公司

【基本案情】

林某系A号车所有人，该车辆在人保公司投保了机动车损失保险及不计免赔险、发动机涉水损失险等险种，保险期限为2018年1月13日至2019年1月12日。2018年3月31日，林某驾驶A号车在闽侯县因涉水造成包括发动机损失在内的车辆损失。事故发生后林某向人保公司报案，人保公司安排“××救援”对车辆进行施救。2018年5月2日，人保公司理赔中心以报案情况不属于保险责任范围为由拒绝赔付。林某因此诉至法院，要求人保公司在机动车损失保险、发动机涉水损失险范围内赔偿维修费、施救费等共计88417元。

【案件焦点】

1. 本案事故是否属于机动车损失险及发动机涉水损失险的保险责任范围；2. 本案事故是否属于保险人免责范围。

【法院裁判要旨】

福建省福州市鼓楼区人民法院经审理认为：林某就案涉车辆在人保公司投保机动车损失险、发动机涉水损失险（不计免赔），系双方真实意思表示，未违反法律行政法规强制性规定，双方保险合同关系合法有效。林某在事故发生后，未如实告之事故发生情况，导致人保公司查明的事故原因与事实存在差异。林某提交的事故经过的视频材料可以证实案涉车辆系缓慢驶过河滩上积水时，其车头被河水淹没后熄火，案涉小车并非坠落水中，该事故不属于机动车损失保险的保险责任范围。根据保险合同约定，发动机涉水损失系机动车损失保险的附加险。发动机涉水损失险保险责任条款约定，“保险期间内，投保了本附加险的被保险机动车在使用过程中，因发动机进水后导致的发动机的直接损毁，保险人负责赔偿”。该条款并未约定保险责任范围为发生机动车损失保险责任范围内的事故，同时保险合同亦约定，附加险条款的法律效力优于主险条款。案涉小车缓慢驶过河滩上积水时，其车头被河水淹没，发动机进水后导致发动机损毁，符合案涉发动机涉水损失险第一条保险责任的约定，故人保公司应依约理赔。经鉴定机构鉴定，此次事故造成发动机进水，损失费用共计 88417 元，人保公司虽对此鉴定结论提出异议，但未提交相反证据予以佐证，本院对此鉴定结论予以认可，人保公司应依约赔付林某。林某在人保公司拒不定损情况下，申请对此次事故的损失进行鉴定，支出的鉴定费 5000 元，系确定损失所支出必要合理之费用，该费用应由人保公司承担。人保公司未提交证据证明被保险车辆主要用于在河里涉水行驶，同时亦未能提供充分证据证明投保车辆偶尔用于涉水爬山即已达到车辆危险程度显著增加的程度，故本案事故不属于保险法第五十二条规定的保险标的的危险程度显著增加的情形，人保公司的上述答辩意见不予采纳。林某主张其因本次事故支出施救费 800 元，但未提交证据予以证明，不予支持。

福建省福州市鼓楼区人民法院依照《中华人民共和国合同法》第六十条、第一百零七条，《中华人民共和国保险法》第十一条、第十四条之规定，作出如下判决：

一、人保公司应于本判决生效之日起十日内向林某支付保险赔偿金88417元及鉴定费5000元；

二、驳回林某其他损失请求。

人保公司不服一审判决，提起上诉。福建省福州市中级人民法院经审理认为：关于本案事故是否属于机动车损失险及发动机涉水损失险的保险责任范围。案涉车辆系缓慢驶过河滩积水，并非坠落水坑，不符合《机动车综合商业保险条款》中关于“坠落”的释义，亦不符合一般人通常理解的“坠落”，故该事故不属于机动车损失险的保险责任范围。发动机涉水损失险虽然是附加险，但其保险责任范围明确，不存在未尽事宜，人保公司关于机动车损失险的保险责任范围同样适用于发动机涉水损失险的主张不能成立。案涉车辆发动机进水后导致发动机直接毁损，属于发动机涉水损失险的保险责任范围。关于本案事故是否属于保险人免责范围。首先，从林某所陈述的事故时间前后不一、错误指认现场等事实可以证实，林某在事故发生后，未如实告知人保公司事故发生情况，导致人保公司查明的事故情况与事实存在差异。诉讼中，法院要求林某提交完整的能够反映事发经过的视频材料，但其未能提供。其次，事故发生地为溪床，并非正常的道路。据林某及其代理人陈述，事发当日，林某驾车在溪床上玩了半个多小时，且在比较浅的溪水上行驶。再次，林某陈述，案涉车辆底盘曾改装过，车辆的涉水点在1.3米至1.4米，其曾驾驶车辆安全通过1米水深的路段。最后，根据某公估公司出具的《调查报告》，事发地点附近的烧烤店老板曾陈述“时常有越野车在水中驾驶寻求刺激”，林某的朋友李某曾发布涉案越野车下河涉水行驶的照片至微信朋友圈。结合上述事实，可以证实事故发生当日，林某是有意驾驶被保险车辆在事故发生地附近涉水行驶玩耍，并非偶然涉水行驶，其主观上存在放任车辆涉水的故意，符合“车辆危险程度显著增加”的情形，在此情况下，林某理应事先如实告知人保公司车辆涉水情况。依照《中华人民共和国保险法》第五十二条“在合同有效期内，保险标的的危险程度显著增加的，被保险人应当按照合同约定及时通知保险人，保险人可以按照合同约定增加保险费或者解除合同……被保险人未履行前款规定的通知义务的，因保险标的的危险程度显著增加而发生的保险事故，保险人不承担赔偿保险金的责任”之规定，林某未及时通知人保公司，且案涉车辆发动机进水导致发动机的毁损与林某故意驾驶车辆涉水行驶存在直接的因果关系，故人保公司不承担赔偿保险金的责任。

福建省福州市中级人民法院依照《中华人民共和国民事诉讼法》第一百七十条第一款第二项规定，判决如下：

一、撤销福建省福州市鼓楼区人民法院（2018）闽 0102 民初 5869 号民事判决；

二、驳回林某的诉讼请求。

【法官后语】

保险是将被保险人的风险转移给承保人的一种协议。该协议的具体内容是投保人向保险人支付一定的费用，保险人承诺在特定事件发生或约定期限到来之时，向被保险人赔偿或者给付相应金钱或其他利益。由于保险人承保的保险标的之风险处于不确定之状态，因此，保险人无论是在缔约时还是在缔约后关于危险的掌握及控制于事实上几乎立于无能之地位。与此同时，由于保险合同为继续性合同，若危险严重超出缔约时保险合同所承保的程度，则势必会提高保险事故发生的概率，从而加重保险人的义务，破坏原有的对价平衡。因此，当保险标的的危险程度显著增加时，被保险人应当按照合同约定及时通知保险人，以便保险人决定是否增加保费或者解除保险合同，此即危险增加的通知义务。

按照法学理论通说，构成危险程度显著增加应当同时具备显著性、持续性和未被评价性三个要件。(1) 显著性，指危险状况的改变必然对保险人产生重要的影响，以至于在该情况下任何一个理性的保险人都会要求提高保险费用或不再愿意接受原保险合同的约束。(2) 持续性，指保险标的危险程度显著增加的状况是非偶然的，该危险增加的状况在相当长的一段时期内处于一个持续性的状态。(3) 未被评价性，指以符合现实的理性保险技术为标准，危险状况的改变在订约当时未曾预料和评估。

根据《最高人民法院关于适用〈中华人民共和国保险法〉若干问题的解释（四）》第四条的规定，人民法院认定保险标的是否构成“危险程度显著增加”时，应当综合考虑以下因素：(1) 保险标的用途的改变；(2) 保险标的使用范围的改变；(3) 保险标的所处环境的变化；(4) 保险标的因改装等原因引起的变化；(5) 保险标的使用人或者管理人的改变；(6) 危险程度增加持续的时间；(7) 其他可能导致危险程度显著增加的因素。保险标的危险程度虽然增加，但增加的危险属于保险合同订立时保险人预见或者应当预见的保险合同承保范围的，不构成危险程度显著增加。在保险纠纷审判实践中，机动车辆危险程度显著增加的典型情形主要包括对投保车辆进行改装、加装或者变更使用用途等。本案中，被保险人以家庭自用用途为案涉车辆投保，事故发生当日，被保险人有意驾驶被保险车辆在事故发生地附近涉水行驶玩耍，其主观上存在放任车辆涉水的故意，该涉水行为客观上导致保险标的发生事故的概率增大，符合“车辆危险程度显著增加”的情形，在此情况下，被保险人理应事先如实告知人保公司车辆涉水情况。被保险人未及时通知人保公司，且案涉车辆发动机进水导致发动机的毁损与被保险人故意驾驶车辆涉水行驶存在直接的因果关系，故保险人不承担赔偿保险金的责任。

日常生活中，在保险合同有效期内因主观或客观原因导致保险标的的危险程度显著增加的情况时有发生，基于对价平衡原则，在此种情况下被保险人应当按照合同约定及时通知保险人，保险人可以按照合同约定增加保险费或者解除合同，唯此才能更好地平衡保险合同双方的关系，平等合法保护各方权益。

编写人：福建省福州市鼓楼区人民法院　王明亮　林长春

025　保险公司销售人员收取理赔材料的行为是否属于诉讼时效中断的事由

——某物流公司诉某财险公司财产保险合同案

【案件基本信息】

1. 裁判书字号

广东省广州市中级人民法院（2019）粤01民终13669号民事判决书

2. 案由：财产保险合同纠纷

3. 当事人

原告（被上诉人）：某物流公司

被告（上诉人）：某财险公司

【基本案情】

2014 年 3 月 11 日，甲运输公司为其名下 A 号车辆向被告投保车辆损失保险及不计免赔险，被告出具《机动车辆保险单》，载明被保险人为甲运输公司，车辆损失险保险金额为 212500 元，保险期间自 2014 年 3 月 20 日 0 时起至 2015 年 3 月 19 日 24 时止。2014 年 8 月 2 日，刘某驾驶的重型半挂牵引车因损坏无法行使，其遂将车辆停在路上，遇由杨某驾驶载物超过核定载质量的某号牌重型半挂牵引车从后方同方向同车道驶至该路段，两车发生碰撞，造成杨某受伤及两车不同程度损坏的道路交通事故。佛山市公安局交通警察支队一环公路大队出具的《道路交通事故认定书》认定刘某承担此次事故的同等责任，杨某承担此次事故的同等责任。2014 年 8 月 4 日，被告出具机动车辆保险批单与机动车交通事故责任强制保险批单，同意被保险人为甲运输公司，车主的名称变更为某物流公司，即本案原告。案涉事故发生后，原告一直向被告索赔，被告的销售人员张某于 2016 年 7 月 26 日向原告出具《车辆理赔资料接收单及索赔联》。2014 年 12 月 10 日，案涉车辆作报废处理。原告委托鉴定公司对案涉车辆损失进行评估，鉴定公司出具《评估报告书》，报告书载明车辆损失价值为 227248 元。

【案件焦点】

1. 原告的主张是否超过诉讼时效；2. 案涉车辆违反安全装载规定是否构成被告的免赔事由；3. 如何确定案涉车辆的损失。

【法院裁判要旨】

广东省广州市越秀区人民法院经审理认为：关于原告的主张是否超过诉讼时效的问题，案涉事故发生在 2014 年 8 月 2 日，原告陈述在案涉事故发生后一直向被告积极索赔，且被告的销售人员张某于 2016 年 7 月 26 日向原告出具《车辆理赔资料接收单及索赔联》。上述事实可以认定原告在案涉事故发生后向被告申请理赔，且提交了相应的理赔材料，原告并未放弃保险索赔的权利，即使按照《车辆理赔资料接收单及索赔联》上载明的提交资料日期 2016 年 7 月 26 日来说，原告的主张也未超过诉讼时效。故被告抗辩原告的索赔已超过诉讼时效的意见，没有法律依据，不予采纳。

关于案涉车辆违反安全装载规定是否构成被告的免赔事由的问题，佛山市公安局交通警察支队一环公路大队出具的《道路交通事故认定书》并未认定杨某驾驶的案涉车辆违反安全装载规定是构成案涉事故的直接原因，故被告抗辩案涉车辆违反安全装载规定构成免责事由的意见没有事实根据，不予采纳。但根据双方签订的保险单所附《机动车综合商业保险条款》第十一条第三款及附加险中不计免赔率险第一条、第二条的约定，因案涉车辆违反安全装载规定，但不是事故发生的直接原因的，增加 10%的绝对免赔率，故对案涉事故造成的车辆损失，属于被告的保险责任，被告应予以赔偿，但可以增加 10%的绝对免赔率。

关于如何确定案涉车辆损失的问题，因本案中原告自行委托的鉴定公司评估的车辆损失价值为 227248 元，被告对此有异议并申请重新评估鉴定，故法院委托乙公司对案涉车辆的损失进行重新评估鉴定，评估结论为涉案重型半挂牵引车在受损事故发生时的实际价值为 205800 元，故法院以此评估结论作为认定车辆损失金额的依据。在被告增加 10%的绝对免赔率后，应向原告赔偿案涉车辆的损失 185220 元（205800 元×90%）。重新委托评估产生的评估费 15600 元，是为查明和确定被保险车辆损失程度所支付的必要的、合理的费用，应由被告承担。

广东省广州市越秀区人民法院依照《中华人民共和国合同法》第八条、第六十条、第一百零七条，《中华人民共和国保险法》第十四条、第二十六条、第六十四条之规定，判决如下：

一、在本判决发生法律效力之日起十日内，被告某财险公司向原告某物流公司支付保险赔偿金 185220 元；

二、驳回原告某物流公司的其他诉讼请求。

某财险公司不服原审判决，提起上诉。广东省广州市中级人民法院经审理认为：某财险公司称本案证人张某系其员工，但没有权限接收索赔材料，某物流公司向其提交资料索赔，不能证明某财险公司收到了给付保险金的请求，因此其可以主张时效抗辩。但本案保险合同订立时，即由该员工代表上诉人与投保人协商，而在保险事故发生后，某物流公司向该员工提供索赔资料主张索赔，也符合保险合同履行的常规。如某财险公司对该员工的权限有限制，要求其不得接受理赔申请，也应将此限制通知相对人，否则该限制对相对人不发生效力。现某财险公司未就此提交证据，故即便某财险公司对其员工权限存在限制，也不能因此对抗某物流公司，此项上诉理由不能成立。关于损失金额的问题，本案车辆损失金额经一审法院委托有资质的鉴定机构评估确定，现某财险公司并未举证证明评估过程和评估结论存在违法行为，故对其关于评估结论的异议不予支持。综上所述，一审法院认定事实清楚，适用法律和处理结果正确。

广东省广州市中级人民法院依照《中华人民共和国民事诉讼法》第一百七十条第一款第一项之规定，判决如下：

驳回上诉，维持原判。

【法官后语】

职务行为通常是指工作人员行使职务的行为，是履行职责的活动，与工作人员的个人行为相对应。一般而言，公司制企业的工作人员可以分为两类：法定代表人和其他工作人员，因此职务行为也可以进一步分化为法定代表人的职务代表行为和其他工作人员的职务代理行为两种。

其他工作人员依公司法人的授权，与交易相对人发生外部法律关系。职务代理行为具有以下三个特点：第一，法人与其他工作人员之间的代理关系是以委托或劳动合同等合同关系为基础关系而产生。这些基础关系也通常决定了代理人从事代理活动的范围和权限。第二，其他工作人员进行职务代理行为时须有法人的明确授权，包括具体性授权和常规性授权，代理权是代理行为之法律后果归属于法人的必备条件，代理行为视为代理人的行为。第三，职务代理行为和普通民事代理的区别主要表现在，相对人在交易过程中进行“外观判断”时所需持有的“注意程度”不同；对于职务代理行为，从外观来看，因代理人与法人存在劳动雇佣关系，而较容易使相对人对代理人是否具备充分代理权形成误判。

具体到本案中，张某收取理赔资料的行为是否构成职务代理行为，应从以下几个方面分析：首先，张某作为保险公司销售人员，与保险公司签订了劳动合同关系，符合职务代理行为的基础构成要件。其次，张某收取投保人提交的理赔资料，是在保险公司的营业场所，保险公司的理赔人员也在旁边，保险公司仅因投保人提交的理赔资料不全，故未收取材料，于是张某向投保人出具了《车辆理赔资料接收单及索赔联》。从案情来看，虽然张某不是保险公司理赔部门的工作人员，不具有收取理赔资料的权限，但是在商事活动中，除法人名义、授权、利益归属等方面外，惯例或习惯、牵连性、信赖可能性及时间、地点标准也应作为识别规则。本案保险合同订立时，即由该员工代表保险公司与投保人协商，而在保险事故发生后，投保人向该员工提供索赔资料主张索赔，也符合保险合同履行的常规。如保险公司对该员工的权限有限制，要求其不得接受理赔申请，也应将此限制通知相对人，否则该限制对相对人不发生效力。最后，投保人在保险公司的营业场所递交了理赔资料，并拿到了保险公司员工张某出具的回执，投保人作为非保险公司的员工，并不能清楚了解保险公司内部的规章制度和员工权限，投保人作为善意相对人有理由相信张某有单位的代理权，张某的行为构成表见代理。因此，作为销售人员的张某收取理赔资料的行为，构成投保人理赔诉讼时效中断的事由。

编写人：广东省广州市中级人民法院　赵璐璐

026 报险和定损并不是认定车辆损失与事故关联性的唯一方式

——孟某诉财险北京分公司财产保险合同案

【案件基本信息】

1. 裁判书字号

北京市西城区人民法院（2019）京 0102 民初 8305 号民事判决书

2. 案由：财产保险合同纠纷

3. 当事人

原告：孟某

被告：财险北京分公司

【基本案情】

孟某于2015年12月15日为A号车向财险北京分公司投保了机动车损失商业险，保险限额为324000元，保险期间为2015年12月16日至2016年12月15日。2016年8月20日，案外人吴某驾驶B号小客车与孟某驾驶的A号小客车以及王某驾驶的C号小客车发生交通事故。吴某负全部责任。事故发生后，吴某因酒驾被刑事拘留，孟某与吴某及其保险公司协商赔偿事宜未果。孟某自行修理了车辆，共花费89100元，现依据相关法律规定要求财险北京分公司按照合同约定在保险责任范围内支付车辆损失费用，故诉至法院。

财险北京分公司辩称，认可公司与孟某之间的保险合同关系。因保险事故发生后，孟某未向财险北京分公司报案，财险北京分公司没有对被保险车辆定损，不能确定被保险车辆的维修项目与保险事故的关联性和合理性，但财险北京分公司不申请对关联性和合理性进行鉴定。财险北京分公司不同意孟某的全部诉讼请求。

【案件焦点】

1. 在没有报险的情况下，车辆维修项目与事故是否具有关联性，维修项目是否合理；2. 维修费发票和结算单出具时间较事故发生时间晚是否具有合理性。

【法院裁判要旨】

北京市西城区人民法院经审理认为：关于未及时报险的问题。事故发生后，原告虽未向财险北京分公司报案，但公安交通管理部门第一时间对事故现场、车辆受损情况以及事故责任分别进行了勘查、记录和认定。结合交通事故认定书及现场照片可知，被保险车辆受损部位为前部和左侧，与车辆维修清单相吻合。此外，财险北京分公司在诉讼中明确表示放弃对维修项目与事故的关联性进行鉴定，同时亦未提交证据证明维修项目存在不合理之处，故对财险北京分公司的上述答辩意见不予采信。事故发生后，虽然原告未向财险北京分公司报险，但是报险和定损并不是认定车辆损失与事故关联性的唯一方式，本案中，根据事故现场照片以及交通事故责任认定书等其他证据亦可以认定其关联性。

关于维修费发票和结算单出具时间较事故发生时间晚 2 年多的问题。原告解释称，因与肇事方一直无法达成赔偿协议，在车辆维修尾款未支付的情况下，维修厂拒绝出具维修费发票和结算单，后为向财险北京分公司主张权利，在其自行补齐维修款后，维修厂才开具了发票和结算单，因此导致出现日期差异。上述解释符合常理，根据维修厂出具的情况说明，结合交通事故认定书、现场照片等证据，通过逻辑分析和日常生活经验判断，可以认定维修费发票和结算单与涉诉事故具有关联性。

综上，维修项目与事故之间具有关联性，维修项目和费用亦无明显不合理之处，因此对于孟某要求财险北京分公司在机动车辆损失险的保险金额限额内向其赔偿车辆维修费用 89100 元的诉讼请求予以支持。孟某要求财险北京分公司支付车辆折旧损失费 10000 元，但未提交相应证据予以证明，故对该项诉讼请求不予支持。

北京市西城区人民法院依照《中华人民共和国保险法》第二条、《中华人民共和国民事诉讼法》第六十四条第一款的规定，判决如下：

一、财险北京分公司于本判决生效后十日内给付孟某车辆损失保险金 89100 元；

二、驳回孟某的其他诉讼请求。

判决后，双方当事人均未上诉，本判决现已生效。

【法官后语】

在财产保险合同纠纷中，涉及车辆的保险合同日益增多，在车辆发生保险事故后，被保险人应及时向保险公司报告险情，保险公司应当及时对事故进行查勘，以此确定相应的保险责任，但是被保险人的报险并非唯一的确定保险事故的依据，在有相应的现场照片和交管部门的认定书时，也能够认定保险事故基本情况。同时，在被保险人存在合理的理由时，即使修理费用票据开出时间晚于事故多时，也能够认定合理的维修支出。结合本案，对于此类纠纷中的常见问题要注意从以下几个方面理解：

1. 关于保险合同的成立生效问题

当事人之间签订的合同，如果没有违反法律、行政法规的强制性规定，应当认定为有效。在对保险纠纷的处理上首先要对保险合同与具体条款是否有效进行基础判定，因为这是当事人后续责任认定的基础和依据，只有在保险合同合法有效的基础上才能讨论保险事故和当事人的处理是否属于理赔范围、是否存在免责事由、是否存在不合理支出等问题。

2. 关于未及时对事故报险的问题

保险事故发生后，被保险人应当及时报险，保险公司应当及时进行查勘，以此确定事故中的责任，但是报险和现场查勘并非定险定责的唯一依据。对事故的现场情况和相应证据的固定完全可以根据现场的照片和交管部门的认定书等来进行，这些属于具有合法性、关联性和真实性的证据，具有和报险、现场查勘一样的作用。在本案中，交管部门的认定书是一种具有高度证明力的责任认定证据，在其已经对事故的原因和现场责任等进行记录、界定时，加之现场事故的照片等佐证，完全可以对责任进行认定。

3. 关于维修票据较晚的合理性认定

在保险事故发生后，对于受损的投保财产进行维修、更换等处理，具体到本案中是对投保车辆进行维修，是被保险人减少损失的正常处理方式，且有利于避免保险公司因为财产损失扩大而加重赔偿额度，因此只要是正常的、符合常理的维修等都是符合合同约定的。但是维修等处理方式的支出票据因为各种原因可能存在不能及时出具的情况，具体到本案中就是被保险人因为事故责任人一直未及时赔偿导致维修厂未及时开出票据。在此情况下，被保险人没有及时取得维修支出费用票据并不能当然地认定保险公司免责或者保险公司对没有及时开出票据部分不承担责任。保险事故的责任认定源于损失，维修是弥补损失的一种方式，在维修符合常理和一般标准时，因为当事人正常地行使权利而无法及时取得维修票据，在有足够证据的情况下，可以认定票据开出时间是合理的。

编写人：北京市西城区人民法院　张学良

027 保险公司采取 APP[①] 录单方式时，电子保单不能免除人工的提示与说明义务

——曲某诉保险公司财产保险合同案

【案件基本信息】

1. 裁判书字号

北京市第一中级人民法院（2019）京 01 民终 10869 号民事判决书

---

① 英文 Application 的简称，指手机上的应用程序。以下不再提示。

2. 案由：财产保险合同纠纷

3. 当事人

原告（被上诉人）：曲某

被告（上诉人）：保险公司

【基本案情】

曲某系陕 A××××机动车（以下简称涉案车辆）的所有权人。2017 年 9 月 1 日，曲某作为被保险人向保险公司投保了机动车交通事故责任强制保险，同时还投保了机动车综合商业保险，保险期间为 2017 年 9 月 30 日至 2018 年 9 月 29 日，承保险种有机动车损失保险，保险金额/赔偿限额为 433100 元，不计免赔。

2018 年 7 月 4 日，临潼区出现大到暴雨天气。当日 8 时 50 分，曲某驾驶涉案车辆进入积水路段突然发生熄火。曲某随即报案并等待救援，支付施救费 5000 元。后曲某将车辆拖至太原之星汽车销售服务有限公司进行定损，定损金额为 343132.06 元。2018 年 9 月 20 日，保险公司对曲某出具《机动车保险拒赔通知书》，告知被保险车辆未承保"发动机涉水损失险"，不属于保险责任，对此公司不能给予赔付。拒赔情况备注：根据《中国保险行业协会机动车综合商业保险示范条款》机动车损失保险责任免除第十条第八款"发动机进水后导致的发动机损坏"。因该争议，至今曲某未维修车辆。曲某要求保险公司赔偿施救费、车辆维修费。保险公司不同意其全部诉讼请求。

【案件焦点】

保险公司对于涉案车辆的维修费及保险条款是否向曲某尽到了提示和说明义务。

【法院裁判要旨】

北京市海淀区人民法院经审理认为：双方针对涉案车辆所签订的保险合同，系双方当事人的真实意思表示，且内容未违反法律、行政法规的强制性规定，合法有效，双方当事人均应依约全面履行各自义务。根据查明的事实，涉案车辆在事发时因涉水造成发动机损坏，该损失是否属于车损险的范围、保险人是否有权拒绝赔偿，争议焦点在于保险公司是否就此向曲某尽到了提示和说明义务。

关于说明义务的标准，保险公司虽然称涉水险应属于投保人自行投保的内容，且在电子保单中已经加黑、加粗说明，但根据曲某提供的证人证言，能够确认曲某在购买保险时，保险公司保险经纪人并未将相关的保险条款当面交付给曲某，也没有就相关免责条款向曲某当面进行明确的说明和提示。故保险公司未尽到提示和说明义务，相应免责条款不产生效力，其拒赔事由不成立，其应当向曲某赔偿相应车辆维修款。

北京市海淀区人民法院依照《中华人民共和国合同法》第一百零七条，《中华人民共和国保险法》第十七条，《最高人民法院关于适用〈中华人民共和国合同法〉若干问题的解释（二）》第十四条，《最高人民法院关于适用〈中华人民共和国保险法〉若干问题的解释（二）》第十条、第十三条之规定，判决如下：

一、保险公司于本判决生效后七日内赔偿曲某施救费 5000 元、车辆维修费用 317948. 83 元，合计 322948. 83 元；

二、驳回曲某的其他诉讼请求。

保险公司不服，提起上诉。北京市第一中级人民法院经审理认为：就提示与明确说明义务，保险公司上诉主张因采用电子投保，且已在曲某投保过程中向其释明，故不应承担本案赔偿责任。但法院认为，就保险公司已向曲某释明免责条款之主张，与在案证人证言不符，应不予采信。上诉人采用电子方式经营，但不能因此降低其向被上诉人就免责条款予以提示与明确说明的义务。

北京市第一中级人民法院依照《中华人民共和国民事诉讼法》第一百七十条第一款第一项之规定，判决如下：

驳回上诉，维持原判。

【法官后语】

随着互联网、大数据及人工智能的迅速发展，APP 录单、电子投保及机器人客服指导投保日益成为互联网保险新方式，由此带来了投保方式便捷性与保险人说明义务履行方式、投保人知情权保障的冲突。如何认定保险人说明义务中保险代理人职责的限度，在电子保单中已载明保险免责条款的前提下可否减轻保险人说明义务的履行标准及举证责任分配，这个案例提供了一个重要的分析样本。

1. 数字提示形式是否可以降低保险人人工提示和说明的标准

订立保险合同，采用保险人提供的格式条款的，保险人向投保人提供的投保单应当附格式条款，保险人应当向投保人说明合同的内容。在 APP 录单的投保方式中，电子保单已经就相关免责条款加黑、加粗说明。但根据投保人提供的证据，能够确认投保人在购买保险时，保险人并未将相关的保险条款当面交付给投保人，也未就相关免责条款向投保人当面进行明确的说明和提示。应当认定保险人未尽到提示和说明义务，相应免责条款不产生效力，保险人拒赔事由不成立。

格式化的数字说明和提示形式，第一，无法满足不同投保人的多元化需求；第二，无法即时解答投保人的疑问；第三，存在“点击即理解”的误区，无法保证投保人确实已对保险条款真正知晓。综上，数字提示形式不能作为保险人降低人工提示和说明标准的理由。

2. 保险人采用新技术与履行义务的关系

随着保险人运用新技术不断暴露出的便捷性与义务履行标准降低之间相冲突的问题，我们应探索鼓励保险人创新与保障投保人利益平衡点。在严格遵循司法过程的法律方法基础上，运用符合一定原则的价值判断，平衡各方冲突的利益，弥补严格权利保护与社会创新发展需求的差距，实现规则适用与创新发展的有效统一。

在互联网、大数据及人工智能迅速发展的背景下，应鼓励保险人采取新技术降低运营成本，提高投保便捷性。然而，新技术的运用不能成为保险人降低法定义务履行标准的理由，新技术应是保证保险人与投保人权利义务的平衡、共同利益最大化的手段。因此，司法在新技术挑战下，如何平衡鼓励保险人创新业务形式与投保人权利保障，成为司法裁判满足法律效果与社会效果相统一的新维度。

综上，新技术不能免除保险人己方工作人员的专业性训练和履行义务的标准，保险人采用新技术投入运营，一方面是为了降低运维成本；另一方面是为了便利投保人，扩大覆盖范围。然而，重要的是，新技术的运用应当成为保险人提高义务履行标准，提高投保人权利保障力度的方式，保险人作为大型机构，也有人力、物力践行上述目标。随着人工智能、大数据的发展，相信越来越多的保险人、投保人与被保险人的互动形式将产生，新型、疑难复杂的纠纷也会显现，而新型纠纷的争议解决方式也应当回归到公平第一、兼顾效率的立场。

编写人：北京市海淀区人民法院　郝蓬　秦鹏博

028 保险公司错误地为牵引车投保车上货物责任险，发生交通事故致挂车上货车受损的保险责任认定

——物流公司、朱某诉财保公司保险合同案

【案件基本信息】

1. 裁判书字号

四川省成都市中级人民法院（2019）川01民终16157号民事判决书

2. 案由：保险合同纠纷

3. 当事人

原告（被上诉人）：物流公司、朱某

被告（上诉人）：财保公司

【基本案情】

2018年3月20日，朱某驾驶A号重型半挂牵引车牵引B号重型仓栅式半挂车从汉源进入京昆高速公路往西昌方向行驶，与前方关某驾驶的C号重型半挂牵引车D号重型仓栅式半挂车发生追尾碰撞后自燃，造成朱某受伤、车辆受损的道路交通事故。2018年3月23日，四川省公安厅交通警察总队高速公路六支队三大队出具《道路交通事故认定书》，认定朱某承担此次事故的全部责任，关某不承担任何责任。

朱某为A号重型半挂牵引车和B号重型仓栅式半挂车的实际

车主，行驶证上载明A号重型半挂牵引车核定载质量为0，B号重型仓栅式半挂车核定载质量为33700千克。2016年5月9日，朱某与物流公司签订《车辆服务协议》《车辆购买实际出资人及车辆营运实际收益人确认书》，约定上述车辆借用物流公司组织机构代码证进行车辆注册登记，由物流公司统一投保，朱某依法享有自主使用和经营、自享收益和自负盈亏、自我管理和自担风险的民事权利。

2017年2月27日，物流公司在财保公司为A号重型半挂牵引汽车投保了机动车辆商业保险，保险期限为2017年4月9日0时起至2018年4月8日24时止，包括机动车损失保险、车上货物责任险等，机动车损失保险金额为258664元，车上货物责任险金额为30000元。同时为B号重型仓栅式运输半挂车投保了机动车第三者责任保险及不计免赔率险，保险期限为2017年4月12日0时起至2018年4月11日24时止。2018年7月20日，财保公司出具不予受理通知书。

纠纷发生后，物流公司、朱某诉至法院，请求判令财保公司承担保险责任，赔付保险金额49792.23元。财保公司辩称，挂车未投保车上货物责任险，所以挂车上的货物损失不属于保险责任，不应当由其赔付，其已向原告支付的施救费3000元应该扣除，对于对方剩余的车辆损失费，无相关证据不予认可。

【案件焦点】

1. 对于事故造成的车上货物损失，财保公司是否应当理赔；2. 物流公司、朱某请求的施救费和剩余的车辆损失费能否成立及具体金额。

【法院裁判要旨】

四川省成都市锦江区人民法院经审理认为：关于牵引车投保的车上货物责任险保险范围是否包含挂车上的货物，从车辆的行驶证中可以看出，牵引车的核定载质量为 0，挂车核定载质量为 33700 千克，挂车具有装载的功能，牵引车只具有牵引的功能，本身并不能装载货物，但在物流公司为车辆投保车上货物责任险时，财保公司错误地对牵引车投保车上货物责任险，对挂车未投保车上货物责任险，在发生保险事故时，财保公司又以此来推脱其责任。在货运过程中挂车与牵引车是作为一个整体使用的，作为投保人，其在投保车上货物责任险时并不知道应为挂车还是牵引车投保，财保公司作为专门的保险公司，其明知应为挂车投保车上货物责任险，而错误地对牵引车投保车上货物责任险，故本案中物流公司投保的车上货物责任险应为挂车。财保公司应当按照保险合同的约定向原告进行赔偿。

关于施救费，原、被告均认可施救费用总计 13592.23 元，财保公司已支付的施救费用 3000 元应予以扣除，故财保公司应当向原告支付赔偿金 10592.23 元。关于原告主张的剩余车损费 6200 元，因未提交有效证据证明，故对其该项诉讼请求不予支持。

四川省成都市锦江区人民法院依照《中华人民共和国合同法》第八条，《中华人民共和国保险法》第五条、第十四条之规定，作出如下判决：

一、财保公司于本判决发生法律效力之日起十日内向物流公司、朱某赔付车上货物损失费 30000 元、施救费 10592.23 元；

二、驳回物流公司、朱某的其他诉讼请求。

二审法院同意一审法院裁判意见。

【法官后语】

近年来随着我国机动车保有量大幅增加，道路交通事故引发的保险纠纷案件日益增多。由于对保险条款的理解差异等原因，保险关系各方主体间关于是否理赔、如何理赔往往存在较大争议。本案中保险公司是否对挂车上货物损失承担保险责任是双方的主要争议焦点，法院在审理中认为保险公司应当承担赔偿责任，现从以下角度进行分析。

1. 保险公司承担赔偿责任符合普通人的合理期待

保险制度具有分摊损失和经济补偿的功能。物流公司投保车上货物责任险的初衷是发生事故导致车上货物受损时能够通过保险理赔的方式减轻或填补己方遭受的损失，财保公司同意与其签订保险合同，物流公司便获得事故发生后获得赔偿的合理期待。

作为普通投保人，物流公司难以对具有一定专业性且内容繁杂的保险合同条款完全理解，但保险公司的承保行为使其有理由相信保险公司已完全知悉车辆使用情况，并据此作出决定承保的行为，其投保的车上货物责任险保险标的就是牵引车与挂车连接使用时发生交通事故所载货物损失。

事故发生后，财保公司以挂车未投保车上货物责任险为由拒赔，此时被保险人对保险合同的合理期待与保险人对保险合同文本的专业理解间出现差距。此种差距是由于保险公司未就保险条款履行充分的解释说明义务所致，如果投保人签订合同时知悉只有对挂车投保车上货物责任险才可能在事故发生后获得赔偿，按照普通人的理性选择，是不可能对牵引车投保车上货物责任险的。投保人的缔约能力与保险人存在较大差距，此种差距之不利益应由缔约能力较强的保险人承受。因此，法院在裁判时将投保人的投保真意与初衷作为重要参考，主动作出合理而恰当的解释，认定保险公司的抗辩不成立。

2. 保险公司承担赔偿责任符合保险法诚实信用原则

《中华人民共和国保险法》第五条规定，保险活动当事人行使权利、履行义务应当遵循诚实信用原则。诚实信用原则要求保险双方以最大诚信态度订立保险合同，如实告知重要情况。财保公司在承保前理应对车辆情况进行审查，对于牵引车与挂车连接使用，货物仅可能载于挂车上的情况理应知悉。其明知对牵引车投保车上货物责任险将导致投保人保险利益无法实现却不予说明直接承保，事故发生后又以此拒绝理赔，令投保人购买了一份毫无意义的商业保险，变相免除了自己的赔偿责任，违反了诚实信用原则。

对于保险合同这种“要么接受，要么离开”的附和性合同，保险公司应当尽到更大的诚实信用义务。在保险实务中，部分保险代理人为促成保险合同签订，对保险合同内容不加说明，导致投保人签订“陷阱条款”，损害投保人利益。此时法院要通过司法裁判对违反诚信义务的行为进行规制，实现合同的实质公平。

综上，为了规范保险行业，保护投保人的合理期待，此类案件中应当认定保险公司承担保险责任，以促使保险公司设置合理的保险险种，投保时对承保范围进行充分的说明，尽量避免因投保人认知偏差投保不恰当险种而引发纠纷。

编写人：四川省成都市锦江区人民法院　李媛媛

029 被保险人起诉侵权人要求赔偿后，能否向本人投保的保险公司主张赔付保险金

——尹某诉保险公司财产保险合同案

【案件基本信息】

1. 裁判书字号

北京市大兴区人民法院（2019）京 0115 民初 24601 号民事判决书

2. 案由：财产保险合同纠纷

3. 当事人

原告：尹某

被告：保险公司

【基本案情】

尹某通过电子投保的方式为 A 号车辆在保险公司处购买了商业机动车损失保险（含不计免赔），保险期间为 2018 年 7 月 31 日至 2019 年 7 月 30 日，保险金额为 106124 元，被保险人为尹某。保险公司提供的机动车综合商业保险条款中机动车损失保险一章第六条约定，保险期间内，被保险人或其允许的驾驶人在使用被保险机动车过程中，因“碰撞、倾覆、坠落”造成被保险机动车的直接损失，且不属于免除保险人责任的范围，保险人依照本保险合同的约定负责赔偿。

2018 年 10 月 19 日，案外人柯某驾驶 B 号汽车与尹某驾驶的 A 号汽车相撞，经北京市公安局大兴分局交通支队旧宫中队认定，案外人柯某负全责。

事故发生后，尹某就事故造成的损失起诉案外人柯某，2019年5月31日，法院判决案外人柯某赔偿尹某车辆修理费58000元及交通费6000元。在庭审过程中，保险公司未提出车辆修理项目和费用明显超出合理范围的具体意见和证据。该判决生效后，尹某申请强制执行，法院于2019年9月29日作出（2019）京0115执7261号执行裁定书，在车辆登记机关查封了被执行人柯某名下两台车辆，但因未实际扣押而无法进一步处置，致使尹某申请执行的全部金额未受清偿，故裁定终结该次执行程序。

【案件焦点】

法院生效判决已判定侵权人赔偿被保险人尹某事故损失后，就未实际获赔的损失被保险人能否再向其投保的保险公司主张权利。

【法院裁判要旨】

北京市大兴区人民法院经审理认为：尹某与保险公司的保险合同是双方的真实意思表示，没有违反法律、行政法规的强制性规定，合法有效，保险公司应按保险合同约定履行保险金赔付义务。涉案事故发生在2018年10月19日，系在保险合同的有效期限内，且生效判决已经确认车辆修理费58000元为此次事故的车辆损失，故法院对尹某诉求的车辆修理费58000元予以支持。对于原告尹某诉求的租车费6000元及案件受理费1450元，根据保险合同第六条之约定，被保险机动车的直接损失属于保险赔偿范围，保险人依据合同约定应当负责赔偿。但本案中尹某诉求的租车费和案件受理费不属于因交通事故发生的被保险机动车的直接损失，且尹某亦未举证证明租车费和案件受理费属于机动车损失保险的赔偿范围，故尹某要求保险公司赔偿其租车费6000元及案件受理费1450元无依据，法院不予支持。

另外，根据《中华人民共和国保险法》第六十条和《最高人民法院关于适用〈中华人民共和国保险法〉若干问题的解释（二）》第十九条之规定，在原告尹某向案外人柯某依法申请强制执行却未获清偿的情况下，被告保险公司应当在保险赔偿限额内承担理赔责任，即对车辆修理费58000元负有赔偿义务，但在理赔之后享有代位求偿权。据此，被告保险公司提出拒赔车辆修理费的抗辩理由缺乏依据，法院不予支持。

北京市大兴区人民法院依据《中华人民共和国保险法》第二条、第六十条，《最高人民法院关于适用〈中华人民共和国保险法〉若干问题的解释（二）》第十九条第二款，《最高人民法院关于民事诉讼证据的若干规定》第二条之规定，判决如下：

一、保险公司于本判决生效后十日内赔偿尹某车辆修理费58000元；

二、保险公司在履行完上述第一项义务后可就北京市大兴区人民法院（2019）京0115民初5521号民事判决书中所确认的车辆修理费58000元行使代位求偿权；

三、驳回尹某的其他诉讼请求。

判决后，双方当事人均未上诉，本判决现已生效。

【法官后语】

交通事故发生后，通常会涉及被保险人与第三者之间的侵权责任关系、保险公司与被保险人之间的保险合同关系、保险公司与第三者之间的代位求偿关系。笔者认为，审理此类案件应考虑以下三个层次的问题：

1. 交通事故中无责方是否有权向其本人投保车辆损失险的保险公司主张赔付

根据保险法第六十条的规定，因第三者对保险标的的损害而造成保险事故的，保险人自向被保险人赔偿保险金之日起，在赔偿金额范围内代位行使被保险人对第三者请求赔偿的权利。由此可见，该条款将第三者对保险标的造成损害的情况下保险人赔偿保险金确定为其法定义务，无论被保险人有无责任，保险公司原则上都应在投保限额内给予被保险人相应的赔付，且可基于其先行赔偿行为获得代位求偿权。需要重点审查的是该保险事故是否符合保险合同约定的赔付范围。在道路交通事故损害赔偿案件处理中，当事人和保险公司常常认为，责任方和责任方的保险公司应当先履行赔付义务，无责方的保险公司一般未被主张承担赔付义务。而根据目前通常的商业车辆保险签订情况，被保险人都投保了机动车损失险，该险种就是针对被保险人的车辆损失，针对该险种的通用保险条款没有将被保险人在事故中的责任范围作为赔付条件，故根据保险合同约定和保险法第六十条的规定，无责方都可以要求其投保车辆损失险的保险公司履行赔付义务。然而，无责赔付也有例外情形。财产保险的基本目的在于损失补偿，而车辆损失险作为财产保险的一种，同样具有损失补偿之属性，这就意味着被保险人不能超出损失获得额外利益，因此在被保险人已从侵权人处获得足额赔偿或其车辆实际损失本身无法确定的情形下保险公司不适用无责赔付。

2. 被保险人从第三者处应获得的损失赔偿经生效裁判确定后，是否就意味着其对保险公司的请求权便已消灭

笔者对此持否定意见。根据保险法及相关司法解释的规定，因第三者造成被保险人车辆受损的情况下，被保险人可获得双重请求

权，其既可以依据侵权关系要求侵权人承担赔偿责任，也可以依据保险合同关系要求保险公司承担合同责任。实务中，交通事故发生后被保险人可能会通过与第三者和解或者提起侵权诉讼等方式向第三者主张权利，双方的和解协议或法院的生效判决书中均会确认第三者应当予以赔偿的金额，但此种确认并不意味着保险金给付请求权的消灭。根据财产保险合同的损失补偿原则，保险赔付的前提是被保险人的损失是否得到实际弥补，而非其应受偿的金额范围是否被确认或者被允诺。因此，前项权利的确认并不当然消灭后项权利的行使，本案仍判决保险公司向原告履行赔付义务。

3. 被保险人向第三人主张赔偿的案件已进入执行程序，保险公司赔付被保险人损失后取得的代位求偿权如何实现与执行程序的衔接

根据《最高人民法院关于适用〈中华人民共和国保险法〉若干问题的解释（二）》第十九条的规定，财产保险事故发生后，被保险人就其所受损失从第三者取得赔偿后的不足部分提起诉讼，请求保险人赔偿的，人民法院应予依法受理。由此可见，被保险人的双重请求权行使无前后顺序限制，其就未获赔偿部分再向自己的保险公司主张赔付的，保险公司原则上应在保险限额内，就被保险人从侵权人处获得赔偿的不足部分进行理赔。此外，本案中尹某与第三者的侵权之诉已进入强制执行阶段，就保险公司赔付之后代位求偿权进入执行程序的问题，实务存在两种意见。一种意见认为保险公司的代位求偿权需经诉讼实现；另一种意见认为保险公司可直接申请将其变更为申请执行人，从而继续执行被执行人的财产。笔者认为，基于便利当事人权利实现和节约司法资源的考虑，应在财产保险合同纠纷的判决中写入保险公司的代位求偿权，以此种形式确认代位求偿权后保险公司即可依据判决书就其赔付范围直接申请变更申请执

行人。当然，还涉及该执行案件金额与本案赔付金额是否一致等问题，需要区分情况处理，既要保证事故损失方及时得到赔偿，也要避免赔付范围符合超过实际损失，依法保护无责方保险公司的代位求偿权。

编写人：北京市大兴区人民法院　赵芳芳　倘钰莹

030　“受益人”是否具有独立的财产保险金给付请求权

——尹某诉财保公司财产保险合同案

【案件基本信息】

1. 裁判书字号

重庆市第二中级人民法院（2019）渝02民终3002号民事判决书

2. 案由：财产保险合同纠纷

3. 当事人

原告（被上诉人）：尹某

被告（上诉人）：财保公司

第三人：张某

【基本案情】

2015年，第三人张某为其所有的小型客车在财保公司投保了机动车损失险等商业保险，保险单“第一受益人”处填写为尹某。2016年，案外人于某驾驶被保险车辆在保险期间内发生交通事故，造成车辆受损。车辆维修后，第三人张某向财保公司提出索赔申请，并提交了包括汽车维修发票在内的索赔材料，后财保公司向张某支付保险金136000元。尹某知晓此事后，找到财保公司，以保险合同

"第一受益人"身份要求财保公司向其支付车损保险金 136000 元。财保公司遂发现其已将保险金赔付第三人张某，故于 2017 年以保险金应当赔付给受益人尹某为由对第三人张某提起诉讼，请求法院确认财保公司、张某指定尹某作为保险合同受益人的约定有效，并要求第三人张某将保险金 136000 元退还尹某。该案经一审、二审法院审理，以财保公司证据不足及其已实际赔付完毕为由，驳回了财保公司的诉讼请求。尹某不服，遂于 2018 年向人民法院起诉，以赔付对象错误为由要求财保公司支付其车损保险金 136000 元及相应利息。

【案件焦点】

尹某作为财产保险合同"受益人"是否具有案涉车损保险金的给付请求权。

【法院裁判要旨】

重庆市云阳县人民法院经审理认为：依法成立的合同对合同相对方均有约束力，双方应当按约定享受权利和承担义务。张某为其所有的小型客车投保时指定尹某为第一受益人，且保险单上亦载明尹某为第一受益人，其内容不损害国家、集体、社会公共利益和他人利益，该约定有效。保险事故发生后，财保公司应当按约定向尹某支付保险金。

重庆市云阳县人民法院依照《中华人民共和国保险法》第十二条、第十三条、第十四条，《最高人民法院关于适用〈中华人民共和国保险法〉若干问题的解释（二）》第十四条，《中华人民共和国合同法》第六十条之规定，作出如下判决：

一、财保公司于判决生效后十日内支付尹某保险金 136000 元，并从2016年6月13日起以136000元为基数按中国人民银行公布的同期同类贷款利率支付利息至保险金付清之日止；

二、驳回尹某的其他诉讼请求。

财保公司不服一审判决，提起上诉。重庆市第二中级人民法院经审理认为：因受益人是人身保险合同中的特有概念，故在财产保险合同中约定的受益人不是保险法意义上的受益人，尹某主张自己系本案财产保险受益人，其享有的权利基础应理解为被保险人张某向其转让保险金的请求权。在纠纷过程中，被保险人张某并未认可其将保险金请求权转让给尹某，对此已有生效法律文书予以确认，而尹某并无相反证据予以推翻，应承担举证不能的不利后果。故尹某以“受益人”的身份主张财保公司支付保险金，无事实依据，其请求不应得到支持。

重庆市第二中级人民法院依照《中华人民共和国民事诉讼法》第一百七十条第一款第二项之规定，作出如下判决：

一、撤销重庆市云阳县人民法院（2019）渝0235民初3559号民事判决；

二、驳回尹某的诉讼请求。

【法官后语】

本案的主要分歧表现为对财产保险合同“受益人”概念内涵及其权利基础理解的不同。

从财产保险合同中“受益人”的概念内涵来看，受益人是人身保险合同中的特有概念，我国保险法第十八条第三款在界定“受益人”概念时，明确将范围表述为“人身保险合同”，并未对财产保险合同进行规制。被保险人指定第三人为受益人的人身保险合同作为典型的赋权型利他合同，受益人被赋予当然的保险金给付请求权系基于必要的合同利益，其本身也是对合同相对性原则的突破，具有特殊性。反观财产保险合同，其保险标的并非与被保险人不可分割，合同特征与人身保险合同显著不同。本案尹某虽是车辆投保单上载明的“受益人”，但直接套用保险法意义上的“受益人”对其理解明显不当，在被保险人张某明确向尹某让与本案保险金请求权前，张某仍系保险合同的相对方之一，尹某不能仅因登记为“受益人”就当然获得保险金的给付请求权。

从财产保险合同“受益人”享有的权利基础来看，被保险人将“受益人”权利约定由第三人行使，本质上仍是一种债权让与的行为，在明确转移之前，保险金请求权实际上仍应由被保险人享有并支配。本案车辆投保单中虽“第一受益人”处填写了尹某的名字，但概念内涵并不明确，且在诉讼过程中，张某始终否认其已将保险金请求权让与尹某，尹某也未能提供充分证据进行反证。基于保险公司已按照保险合同约定向被保险人张某实际履行了保险责任，故二审法院依法撤销了一审判决并驳回了尹某的诉讼请求。

在我们的社会生活中，受益人制度被大量嫁接到财产保险合同中，除本案外，典型的还如贷款车辆保险合同中银行明确要求列为保险“受益人”等，而我国目前对财产保险合同“受益人”进行规制的相关法律法规尚处于探索阶段，如何进一步保护财产保险合同各方、包括“受益人”的合法权益，避免产生不必要的分歧，值得更广泛而深入地探究。

编写人：重庆市云阳县人民法院　高峰

重庆市第二中级人民法院　陈冉

031 车辆贬值损失是否属于保险赔偿范围

——贾某诉保险公司保险合同案

【案件基本信息】

1. 裁判书字号

北京市大兴区人民法院（2019）京0115民初7690号民事判决书

2. 案由：保险合同纠纷

3. 当事人

原告：贾某

被告：保险公司

【基本案情】

贾某于2017年4月26日在保险公司为车辆投保家庭自用汽车损失保险、第三者责任保险、不计免赔特约险等。在保险期间内，贾某驾驶该车辆与案外人王某合驾驶的车辆发生交通事故，致使王某合车辆受损。事故发生后，经北京市公安局大兴分局交通支队认定，贾某负事故的全部责任。

王某合提起诉讼，要求贾某及保险公司支付交通费、车辆贬值损失及鉴定费。2018年12月，北京市大兴区人民法院作出（2018）京0115民初17908号民事判决书，在该判决书“法院认为”部分载明“车牌号为×××的小客车在保险公司投保了交强险及商业三者险，故对王某合的损失，应先由保险公司在交强险责任限额内承担赔偿责任，不足部分，保险公司在商业三者险限额内承担赔偿责任，对保险责任范围之外的损失，由贾某承担赔偿责任”“对于车辆贬值损失，其属于间接损失，且根据保险公司商业险条款第二十六条的约定，修理后因价值降低引起的减值损失，商业险不承担赔偿责任。根据以上两点，对于贬值损失，商业三者险不承担赔偿责任。对于鉴定机构评估的28137元，贾某未在法院指定的异议期内对鉴定结论提出异议，对其在庭审中抗辩鉴定费用过高的意见，法院不予采信”。判决由保险公司在机动车交通事故商业保险限额内赔偿王某合交通费963元，由贾某赔偿王某合车辆贬值损失28137元，鉴定费10000元由贾某负担。判决后，贾某未上诉，该判决书目前已发生法律效力。

后贾某向北京市大兴区人民法院提起诉讼，请求判令保险公司支付贾某与王某合机动车交通事故中王某合的车辆贬值损失28137元及鉴定费10000元。

保险公司不同意贾某的全部诉讼请求，主张车辆贬值损失不属于保险赔偿范围，在王某合交通事故判决中已经认定保险公司无需承担保险责任。

【案件焦点】

车辆贬值损失是否属于保险赔偿范围，保险公司应否赔偿车辆贬值损失。

【法院裁判要旨】

北京市大兴区人民法院经审理认为：生效民事判决具有既判力。（2018）京0115民初17908号民事判决书已经在商业三者险的范围内对车辆贬值损失和鉴定费的负担作出了处理，并且认定“对于车辆贬值损失，其属于间接损失，且根据商业险条款第二十六条的约定，修理后因价值降低引起的减值损失，商业险不承担赔偿责任。根据以上两点，对于贬值损失，商业三者险不承担赔偿责任”，现贾某起诉要求保险公司承担车辆贬值损失28137元及车辆贬值损失鉴定产生的鉴定费10000元，无法律依据，法院不予支持。

北京市大兴区人民法院依据《中华人民共和国保险法》第六十五条、《中华人民共和国民事诉讼法》第一百五十五条之规定，判决如下：

驳回贾某的全部诉讼请求。

判决后，双方当事人均未上诉，本判决现已生效。

【法官后语】

1. 关于车辆贬值损失是否属于可赔偿损失范围

一种观点认为，根据损害赔偿的基本原则填平损失，交通事故会造成不同程度的车辆贬值损失，应当由侵权方填平其给被侵权人造成的损失；另一种观点认为，考虑到社会经济发展情况，目前尚不具备完全支持贬值损失的客观条件，原则上不支持车辆贬值损失赔偿。《最高人民法院关于审理道路交通事故损害赔偿案件适用法律若干问题的解释》第十二条规定了因道路交通事故造成财产损失予以赔偿的范围，车辆贬值损失并不在该范围内。由此可见，目前车辆贬值损失原则上不予支持，只有在满足少数特定条件的时候才能适当赔偿。

2. 审理车辆贬值损失考虑因素

结合各地法院已有判决，对于车辆贬值损失应当考虑以下因素：（1）交通事故对车辆造成的损害程度。综合考虑受损的部位和程度、是否具有可更换性等，一般轻微的损害可以通过更换部件进行修复，也不会造成车辆价值的大幅降低，只有交通事故对车辆实体造成重大损害时，才存在车辆贬值的赔偿可能；（2）车辆年限和行驶里程。年限和里程对车辆价值的影响较大，一般只有年限较短、行驶里程较少的车辆发生重大损害的时候才存在赔偿车辆贬值的可能；

(3) 修理费用与重置费用的比例。在考虑交通事故是否对车辆实体造成重大损害时，修理费用与重置费用的比例能够客观地反映出车辆受损的程度，一般修理费占重置费用较大比例时，存在赔偿贬值的可能，而轻微的修理费如占比不足10%，一般不具有赔偿贬值的可能。结合以上参考因素，交通事故对车辆价值造成重大影响时，综合案件具体情况，对于车辆贬值损失，可以考虑予以适当赔偿。

3. 车辆贬值损失是否属于保险赔偿范围

如果车辆贬值损失综合案件事实及交通事故对车辆造成的损害程度等因素认可属于可赔偿的范围，那么接下来需要考虑的是车辆贬值损失能否请求保险赔偿。保险公司关于贬值损失不承担赔偿责任的规定属于免责条款，根据《中华人民共和国保险法》第十七条、《最高人民法院关于适用〈中华人民共和国保险法〉若干问题的解释（二）》第十一条的规定，保险人应当对是否交付保险条款以及是否履行对该免责条款的提示、明确说明义务承担举证责任。如果保险人已经履行以上提示、说明义务，那么车辆贬值损失不属于保险赔偿范围，无权请求保险公司承担赔偿责任。

编写人：北京市大兴区人民法院　邵慧

032　车辆发动机涉水险的责任认定

——宋某诉财险公司财产保险合同案

【案件基本信息】

1. 裁判书字号

河南省高级人民法院（2019）豫民再900号民事判决书

2. 案由：财产保险合同纠纷

3. 当事人

原告（被上诉人、再审申请人）：宋某

被告（上诉人、再审被申请人）：财险公司

【基本案情】

2018年8月18日14时25分，宋某驾驶A号车行驶至商丘市平原路钢材市场时，因暴雨导致路面积水，车辆被水淹，发动机严重损坏。宋某及时报案，财险公司于同日进行出险和查勘，认定为水淹车，提醒宋某不要二次启动车辆。2018年7月21日，经法院委托，公估公司作出案涉车辆评估报告，认定车辆发动机损失价值为255900元，宋某支出评估费3500元。事故发生时，宋某驾、行证合法有效。诉讼前，双方与修理厂三方之间曾达成包修协议，但因修复费问题协议未能实际履行。A号车辆在财险公司处投保车辆损失险475844元，含不计免赔，事故发生在保险期间。财险公司提交的机动车综合商业保险条款第六条保险责任第四项载明，雷击、暴风、暴雨、洪水等原因造成被保险机动车车辆的直接损失，且不属于免除保险人责任的范围，保险人依照本保险合同的约定负责赔偿；责任免除第十条第八项约定，发动机进水后导致的发动机损坏。案涉A号车辆未投保发动机涉水损失险。

【案件焦点】

宋某驾驶车辆行至积水路面导致发动机进水造成损失，财险公司应否承担赔偿责任。

【法院裁判要旨】

河南省商丘市梁园区人民法院经审理认为：机动车综合商业保险条款第六条保险责任第四项载明，雷击、暴风、暴雨、洪水等原因造成被保险机动车车辆的直接损失，且不属于免除保险人责任的范围，保险人依照本保险合同的约定负责赔偿；责任免除第十条第八项约定，发动机进水后导致的发动机损坏。《中华人民共和国保险法》第三十条规定，采用保险人提供的格式条款订立的保险合同，保险人与投保人、被保险人或者受益人对合同条款有争议的，应当按照通常理解予以解释。本案中财险公司提交的保险条款出现两种对双方相反和截然不同的解释，依据保险法第三十条的规定，理应作出对保险人不利的解释。

河南省商丘市梁园区人民法院依照《中华人民共和国合同法》第六十条，《中华人民共和国保险法》第十四条、第三十条、第六十四条、第六十五条、第六十六条之规定，作出如下判决：

一、财险公司于判决生效之日起十日内在A号车辆损失保险限额内给付宋某车损及评估费259400元；

二、驳回宋某的其他诉讼请求。

财险公司不服一审判决，提起上诉。河南省商丘市中级人民法院经审理认为：宋某驾驶的案涉车辆未投保发动机涉水损失险。发动机涉水损失险属于附加险，其保险条款显示保险责任是“保险期间内，投保了本附加险的被保险机动车在使用过程中，因发动机进水后导致的发动机的直接损毁，保险人负责赔偿”。本案车辆损失险保险条款第十条第八项约定，发动机进水后导致的发动机损坏，属于免除保险人保险责任的情形。一审中，财险公司亦提交了宋某签名的投保单和保险条款。宋某知晓发动机进水后导致的发动机损坏属于保险人免责情形，又未投保发动机涉水损失险，一审判决财险公司对涉案车辆的损失及评估费承担给付责任不当。

河南省商丘市中级人民法院依照《中华人民共和国民事诉讼法》第一百七十条第一款第二项之规定，作出如下判决：

一、撤销一审判决；

二、驳回宋某的诉讼请求。

再审法院同意二审法院裁判意见。

【法官后语】

从本案当事人的诉辩主张来看，值得分析与研究的问题主要有两个：

1. 双方争议的保险条款是否存在两种以上解释，能否适用保险法第三十条规定的不利解释规则

保险法第三十条确立不利解释规则是保险法规定的特殊规则，法律明确规定作出不利解释是有前提条件的，是受到限制的。当事人对合同条款有争议不等于就存在两种以上的解释，出现争议时首先应当按照通常理解予以解释。结合本案保险合同整体条款之内容，保险合同中的责任条款与免责条款在本质上共同构成了保险公司承担保险责任的范围，应当说“暴雨条款”是积极条款，明确了车损险的承保风险，而“发动机进水免责条款”属于否定条款，规定了主险中车辆损失险的除外责任。从保险合同字面理解与整体理解的角度看，对当事人争议的车辆损失险条款，通常理解只能作出一种解释即“因暴雨造成车辆除发动机进水损失以外的其他损失为车损险承保范围”，发动机涉水险是保险合同中已经明确的一种独立附加险种。因此，本案不宜完全脱离保险合同的整体条款，特别是忽略主险与附加险的关系而简

单适用“不利解释规则”，作出对保险公司不利的解释。否则，其后果将造成保险行业中普遍存在的附加险条款形同虚设。一审法院采用“不利解释规则”判决保险公司承担赔偿责任明显不当。

2. 车辆发动机损坏的近因能否认定为暴雨

近因原则，一般是指保险人对于承保范围的保险事故作为直接的、最近的原因所引起的损失，承担保险责任，而对于承保范围以外的原因造成的损失，不负赔偿责任。按照该原则，承担保险责任并不取决于时间上的接近，而是取决于导致保险损失的保险事故是否在承保范围内，如果存在多个原因导致保险损失，其中起决定性的、最有效的以及不可避免会产生保险事故作用的原因是近因。本案中，从保险合同字面分析，暴雨条款和发动机进水免责条款似乎存在矛盾之处，但其实质并不矛盾。因为“暴雨”和“遭水淹、涉水行驶”属于不同事件，两者同时出现时，应判断何种事件是造成损失的决定性原因。若车辆在行驶途中突遇暴雨，强降水大大超出积水除涝能力，只能涉水行驶，最终导致发动机进水，则暴雨是涉水行驶的直接原因，涉水行驶是暴雨之下的必然选择，可以认定暴雨是事故的近因，属于保险事故，保险公司应当赔偿。若车辆行驶在暴雨过后的积水路面，由于驾驶员的不当操作导致车辆发动机进水，在保险公司对发动机进水免责条款尽到提示说明义务的情况下保险公司有权拒绝赔偿。从本案的事实来看，造成宋某驾驶的车辆发动机进水存在多因一果的情形，包括暴雨过后形成的路面积水与宋某主观判断失误操作不当两个方面原因，但起决定性作用的是宋某判断失误操作不当将车辆驶入有积水的路面。虽然不是人为故意，但存在重大过失，客观上不应当认定为不可避免的情形。

综上，审判实践中，在保险车辆仅投保车辆损失险未投保发动涉水损失险的情况下，如果保险公司对保险合同免责条款已经尽到了提示说明义务，保险车辆行驶至暴雨过后形成的路面积水时，导致发动机进水造成损失，保险公司有权拒绝赔偿。

编写人：河南省高级人民法院　卞亚峰

033　车损金额与实际维修金额间税率差的认定

——王某诉财保公司财产保险合同案

【案件基本信息】

1. 裁判书字号

江苏省泰州市中级人民法院（2019）苏12民终1918号民事判决书

2. 案由：财产保险合同纠纷

3. 当事人

原告（被上诉人）：王某

被告（上诉人）：财保公司

【基本案情】

2017年8月11日，王某为其所有的A号小型轿车在财保公司处投保了机动车损失险（含不计免赔）等险种，保险期间为2017年8月11日至2018年8月11日，机动车损失险的保险金额为442600元。2018年8月3日17时30分左右，宋某驾驶A号小型轿车与贾某驾驶的轻型半挂牵引车发生碰撞，双方车辆均受损。经交警部门认定，宋某负事故全部责任，贾某无责任。王某向泰州市保险纠纷第三方调解工作室申请对A号小型轿车损失进行评估，该工作室委托公估公司评估，该公司于2018年9月20日作出评估意见：车辆损失金额为311200元，其中材料费合计294200元、工时费合计17000元。王某支付评估费15560元。汽修厂对A号小型轿车进行维修，并开具税率为3%、价税合计为311200元的江苏增值税普通发票4份。车辆修理后，王某已自行处置并更换配件。

案件审理过程中，法院向公估公司就维修配件价格、维修资质等进行了咨询，公估公司书面回函称：评估报告评估标的车辆材料价格系采取标的品牌原装正厂配件价格为标准进行核定（即标的品牌4S店或特约维修站报价），工时标准是按照江苏交通运输协会汽车维修行业分会指定的标准，工时费是按江苏省内汽车维修资质二类修理厂标准进行评定的，金额是含税价，配件和工时的税率应为16%，修理费的税率根据实际修理厂的情况不同而有所差异，如果实际修理厂是非小规模纳税人，则税率为16%。后王某申请对更换配件的残值及汽修厂维修车辆工时进行评估，公估公司于2019年4月15日出具公估报告，评估意见为：1. 更换配件建议残值974元；2. 根据三类汽车维修资质，评估维修工时费所需12600元。王某支付评估费2000元。

【案件焦点】

案涉车辆损失金额如何认定。

【法院裁判要旨】

江苏省泰州市海陵区人民法院经审理认为：公估公司作为专业的第三方评估机构，其与案涉争议无利害关系，出具的公估报告具有公正性、客观性，可作为认定本案事实的依据。关于税率差的问题，开具何种发票涉及纳税人身份问题，而非逃税，也未因修理厂不具备一般纳税人身份而降低原告修理费的支出，对该点抗辩意见不予采纳。

江苏省泰州市海陵区人民法院依照《中华人民共和国保险法》第二十三条、第六十四条之规定，判决如下：

一、财保公司于判决生效后十日内给付王某保险理赔款 305826 元；

二、驳回王某的其他诉讼请求。

财保公司不服一审判决，提起上诉。江苏省泰州市中级人民法院经审理认为：财产保险合同是一种填补损失的合同，财产保险合同以财产及与财产有关的利益作为保险标的，由此决定了财产保险合同以补偿被保险人的实际财产损失为其唯一目的，这就是财产保险合同的损害填补原则。开具何种发票涉及纳税人身份问题，但保险合同必须以实际财产损失填补为原则。本案公估报告中计算的配件材料费均是按照江苏省内的标的品牌汽配原厂价格或标的授权维修站报价为基础进行计算的，扣除 16%税额后的价格只有 247128 元，这一价格是核定案涉车辆配件材料费的基础和标准，现王某提供的发票和维修清单核定后，配件材料费扣除 3%税额后的价格却高达 285374 元，对于这明显多出的配件材料金额，王某无法提供相应证据予以证明，故从填补实际损失的角度出发，本案中配件材料费只能按照公估报告中核定的 247128 元再加上汽修厂应收取的税额 7413. 84 元（247128×3%）计算。

江苏省泰州市中级人民法院依照《中华人民共和国民事诉讼法》第一百七十条第一款第二项的规定，判决如下：

一、维持泰州市海陵区人民法院（2018）苏 1202 民初 5812 号民事判决第二项；

二、变更上述民事判决主文第一项为：财保公司于本判决生效后十日内给付王某保险理赔款 266167.84 元。

【法官后语】

财产保险合同是一种填补损失的合同，财产保险合同以财产及与财产有关的利益作为保险标的，由此决定了财产保险合同以补偿被保险人的实际财产损失为其唯一目的，这就是财产保险合同的损害填补原则。

本案是一起财产保险合同纠纷，主要争议在于评估车损金额与实际维修金额二者间税率差的认定，对此有两种不同意见。一种意见认为，应当以投保人提交的实际维修发票上载明的金额直接予以认定，不应区分评估报告认定的车损金额税率与实际开具维修发票中的纳税税率，因为开具何种发票涉及纳税人身份问题，而非逃税，且投保人也未因修理厂不具备一般纳税人身份而降低修理费支出。另一种意见认为，评估报告中认定的车损金额是含税价格，因纳税人身份不同而税率不同时，应以评估报告中认定的扣除税额后的车辆损失金额为基础，在不同税率基础上计算出投保人的实际损失，不能让投保人或维修厂从财产保险中获取额外的利益。上述争论的观点实质上是保险法中损害填补原则的理解与适用。

在财产保险合同中，当事人提供的维修发票载明的金额并不能当然直接认定为保险车辆的实际损失金额，要结合具体案件具体分析。本案中，评估机构出具的评估报告中认定的车辆损失价格是含税价格，税率为 16%，而在案涉车辆实际维修中，因涉及不同维修厂的纳税人身份，实际车辆损失价格的税率为 3%。评估报告作为本案认定车辆实际损失的重要证据，当与实际维修发票中的损失价格出现税率差时，并不能直接以维修发票载明的金额为车辆实际损失。

以保险法损害填补原则为裁判指引，以评估报告中的车辆损失价格为基础，在扣除评估报告载明的税率后计算出不包含税价的车辆损失金额，这一车辆损失金额是评估机构依据需更换的汽车配件品牌原装正厂配件价格为标准进行核定计算的，是目前市场上被行业认可的配件价格。在此基础上，被保险人在税率改变为3%的基础上还能开具出与评估报告中核定的车辆损失金额一致的发票，其必须就实际更换的配件清单、价格进行举证，证明其实际更换的配件价格高于评估报告认定的配件价格，当其不能举证时，法院只能依据评估报告认定的扣除税率的车辆损失金额为基础，在实际维修厂缴纳的税率基础上计算出投保人的车辆实际损失。

司法实务中不能仅仅依靠评估报告与维修发票来认定车辆实际损失金额，必须综合考量维修更换配件清单、损失金额税率等证据。本案裁判思路在认定案涉证据时既没有单纯以维修发票金额与评估车损金额一致就直接认定案涉车辆损失金额，也没有采纳因纳税人身份涉及的不同税率而直接回避税率差这一细节问题，而是从保险法损害填补原则出发，时刻把握住案涉车辆实际损失这一线索，在保障被保险人损失得到补偿的同时，有效防范了可能获得的超额补偿。

编写人：江苏省泰州市中级人民法院　邢晔源

034 车损险保险金请求权转让效力及效力范围

——汽修公司诉保险公司保险合同案

【案件基本信息】

1. 裁判书字号

江苏省盐城市中级人民法院（2019）苏09民终4410号民事判决书

2. 案由：保险合同纠纷

3. 当事人

原告（上诉人）：汽修公司

被告（上诉人）：保险公司

【基本案情】

2018年10月4日，陈某驾驶A号小型轿车（车主杜某）由北向南行驶，与戴某驾驶的B号小型轿车发生碰撞，致两车损坏。公安部门认定陈某负全部责任，戴某无责任。陈某驾驶的A号小型轿车在保险公司投保了车辆损失险，责任限额为71764元。事故发生后，杜某与汽修公司签订合同，对修理产生的维修费用直接由汽修公司向保险公司索赔，并通知保险公司。保险公司对事故车辆进行勘验后认定损失为18000元并通知当事人，但未被接受。后汽修公司提起诉讼，要求保险公司赔偿汽修公司汽车修理费57001元。

【案件焦点】

杜某将车损险保险金请求权转让给汽修公司的效力及效力范围如何认定。

【法院裁判要旨】

江苏省射阳县人民法院经审理认为：杜某与汽修公司签订合同，约定车辆维修费用直接由汽修公司向保险公司索赔，并通知保险公司。该合同是保险金请求权转让合同。根据民法的基本原理，该约定应以保险金请求权存在为前提条件。车辆因事故产生损失，受益人持有与保险公司签订的保险合同，但并非一定能获得赔偿。因此，在保险公司审查确认或者经其他法律规定的程序确认赔偿之前，并不能认定受益人已经享有保险金请求权。在此种情况下，受益人与他人签订的保险金请求权转让合同并不当然生效，而是在保险金请求权得到确认时才生效。保险公司对车损进行查勘并定损为18000元，并通知当事人，确认了受益人的保险金请求权，此时转让合同生效。但因受益人享有的可转让的保险金请求权为18000元，受让人只能按18000元主张权利。

江苏省射阳县人民法院依照《中华人民共和国合同法》第七十九条、《最高人民法院关于适用〈中华人民共和国保险法〉若干问题的解释（三）》第十三条的规定，判决如下：

一、保险公司支付汽修公司理赔款18000元，此款项于本判决生效后十日内履行完毕；

二、驳回汽修公司的其他诉讼请求。

保险公司、汽修公司均不服一审判决，提起上诉。江苏省盐城市中级人民法院经审理认为：本案中保险合同双方并未就保险赔偿金额达成一致，赔偿金额尚不确定，且在双方仍存在争议的情况下，即对车辆进行维修，致车辆损失难以查清，故一审对保险公司已确认的损失金额予以判决，并无不当。

江苏省盐城市中级人民法院依照《中华人民共和国民事诉讼法》

第一百七十条第一款第一项之规定，判决如下：

驳回上诉，维持原判。

【法官后语】

鉴于司法评估的损失价格颇高、裁判结果依赖评估结论的现象在车损险纠纷案件中普遍存在，汽修厂等非保险合同相对人嗅到了“商机”。近年来，汽修厂、专业索赔机构以受让保险金请求权为由，以逐利为目的，强行介入保险人与被保险人的保险合同纠纷，破坏了保险市场的正常理赔秩序，同时也使得车损险索赔案件量进一步增加，审理难度进一步加大。本案即汽修厂介入车损险纠纷的典型案例。该案的裁判以维护保险市场理赔秩序为价值导向，重点解决了车损险中保险金请求权的转让效力以及受让人的权利范围。

保险事故发生后，保险金请求权可以转让，但该转让生效的时间点应是保险人赔付的保险金额确定之时，而非保险事故发生之时。一方面，保险金请求权具有财产属性。保险事故发生后，保险合同签订时保险人是否承担保险责任的不确定性已被固定，保险人与被保险人将就保险金赔偿的具体数额进行协商，至此，保险金请求权已是纯粹的财产权利。另一方面，该请求权的转让并未违背现有法律规定。《中华人民共和国民法典》第五百四十五条确立了债权自由让与的原则，同时对不得让与的债权类型作出例外规定，即根据债权性质不得转让、按照当事人约定不得转让、依照法律规定不得转让，而车损险中的保险金请求权不在其列。同时，对于具有人身属性的保险金请求权，在保险事故发生后的转让，法律亦持肯定态度，那么在财产保险中，已转化为纯粹财产利益的保险金请求权似乎也无禁止之必要。

本案中，虽然杜某可以在事故发生后将保险金请求权转让给汽修公司，但并不意味着该转让的效果一经双方意思表示达成一致即产生。不同于债权产生即能确定债权金额的一般债权，保险金请求权的债权数额以被保险人的实际损失为限，该损失的确定需要经过保险人定损、被保险人接受，故在保险事故发生后，赔付保险金额确定前，保险金请求权让与合同成立，待保险金额确定时方能产生债权让与的效果。本案中受让人汽修公司可在保险公司已经定损，即其已经认可的赔付金额范围内主张权利。

保险制度的设立旨在共同体中分担个体在将来可能发生的危险之损失，是人类有史以来用以弥补各种损失所创设最完善之制度，也正是此种不确定性及偶然性，极易引发道德风险，为不当获益提供了空间。故在保险纠纷的司法审判中，应当注重尊重当事人权利处分自由与规制保险市场制度的平衡。本案的审理坚持在维护保险市场正常秩序，发挥保险制度价值的前提下，不因解决少数人在保险赔付中获取不当得利的潜在问题，而过多干预保险合同当事人对其权利的自由处分，在不违背保险法基本原则、民法一般规定的情况下，对保险金请求权的转让应持开放态度，一方面维持合同债权的处分自由，另一方面也减少了传统保险领域审判中，一有争议即鉴定的审理思路，从侧面遏制了汽修厂、专业索赔公司欲从财产保险理赔中获取不当得利的恶意。

编写人：江苏省射阳县人民法院　戴志成　陈景睿

035 非营运车辆拼车行为性质的认定及案涉车辆待定损期间停车费的赔付问题

——陈某诉保险公司财产保险合同案

【案件基本信息】

1. 裁判书字号

重庆市黔江区人民法院（2019）渝0114民初2889号民事判决书

2. 案由：财产保险合同纠纷

3. 当事人

原告：陈某

被告：保险公司

【基本案情】

2017年1月13日19时50分，陈某驾驶自己所有的轿车在包茂高速公路上与案外人张某驾驶的轿车发生追尾，造成了两车受损的交通事故。经重庆市交通行政执法总队认定，陈某负事故的全部责任。陈某驾驶的前述车辆在保险公司投有机动车损失保险（不计免赔、非营运保险），保险金额为108800元，保险期间为2016年8月11日至2017年8月10日，事故发生时在保险期限内。事故发生后，保险公司派人去现场勘察，但未定损，陈某将案涉肇事车辆运回等待修理，直至2018年春节，陈某向保险公司要求修理案涉车辆，保险公司明确告知陈某不予理赔。陈某主张保险公司向其赔偿修理轿车花费的55920元。陈某在事故发生时，顺路搭载了两人，并约定到达目的地后分别收取两人120元的拼车费。保险公司以陈某的拼车行为系非法营运行为为由拒赔。2019年

1月4日，陈某自行组织修理案涉车辆，花去修车费用44970元，车辆待定损期间产生的停车管理费10950元（从2017年1月4日起至2019年1月3日止共计停车730天，每天15元），共计55920元。

【案件焦点】

1. 保险公司是否能以非营运车辆的拼车行为为由拒赔；2. 受损车辆待定损期间停车费的赔付问题。

【法院裁判要旨】

重庆市黔江区人民法院经审理认为：非法营运是指没有依法取得营运权而实施了营运行为，即未按规定领取有关主管部门核发的营运证件和超越核定范围进行经营。投保人虽顺路搭载了两个人，但并未超载，不会导致车辆的危险程度显著增加，故顺路搭载两个人的拼车行为不属于法律所禁止的非法营运行为，保险公司以陈某的拼车行为是非法营运行为从而免责的抗辩不能成立。

对陈某所有的案涉车辆在待定损期间产生的停车费问题，保险公司作为保险人在接到保险事故通知后对案涉车辆造成的损失是否属于理赔范围和核定范围应向陈某履行告知义务，保险公司未履行告知义务，故应对该费用中合理期间产生的部分向陈某承担赔付责任，陈某在保险公司未履行前述告知义务时，有义务向保险公司督查履行，并有责任在保险公司未明确答复时在合理期限内采取措施避免损失的扩大，未采取措施超过合理期限外扩大的损失应自行负责。结合本案存在拼车行为、陈某车辆的损坏程度等情况，该合理期限以三个月为宜，即对事故发生后三个月内的停车管理费应由保险公司负担（90天×15元/天＝1350元），超出部分，陈某自行负担。保险公司未提供证据证明陈某存在扩大修理的嫌疑，故对陈某修车支付的费用44970元应予赔偿。

重庆市黔江区人民法院依据《中华人民共和国民法总则》第一百七十六条、第一百八十八条，《中华人民共和国合同法》第六十条、第一百零七条、第一百一十九条，《中华人民共和国保险法》第五条、第十条、第二十三条、第四十八条、第五十七条及《中华人民共和国民事诉讼法》第六十四条之规定，判决如下：

一、保险公司在本判决生效之日起五日内理赔给陈某交通事故造成的损失46320元；

二、驳回陈某的其他诉讼请求。

判决后，双方当事人均未上诉，本判决现已生效。

【法官后语】

随着经济的快速增长，保险行业的发展日新月异，保险已经涉及我们生活的方方面面，如机动车必须投保机动车交通事故责任强制保险，在发生交通事故后，保险公司将根据保险条款向投保人或伤者赔偿。法官在审理财产保险合同纠纷案件的过程中，会听到部分当事人抱怨理赔难的呼声，保险合同作为诚信合同，应最大限度地保护投保人的权益。在司法实践中，认定非营运车辆的拼车行为是否构成法律所禁止的非法营运行为，应具体考虑拼车行为是否增加了车辆的行驶风险，若保险标的的风险没有增加，保险公司就不能以拼车行为为由拒赔。同时，拼车行为也体现了共享经济，在一定程度上缓解了城市的交通压力，节约了交通资源，只要在不影响车辆安全行驶的情况下，我们不应当抵制拼车行为。法院在审理本案时，着重考虑保护共享经济，本案案涉车辆的拼车行为没有增加案涉车辆的运行风险，故保险公司不能因陈某存在拼车行为拒赔。

本案在涉及车辆待定损期间产生的车辆管理费问题时，重点从诚实信用原则出发，并兼顾以下两个方面：第一，陈某作为普通公民不了解相关的法律规定，在保险公司不作为时，可能不会第一时间去督促保险公司履行告知义务，应给陈某一段合理的期间保护其权益，但该期限不宜过长，否则存在恶意扩大损失的可能性。第二，保险公司的不作为会直接增加陈某的损失，保险公司应对其不作为产生的损失承担相应的责任，切实保护投保人的利益，但考虑到实践中保险公司认定拼车行为是否属于非法营运、保险公司是否可以因此拒赔具有一定的难度，因此在确定保险公司承担停车管理费的期限时要适度给予保险公司一定的空间。故法院秉着公平原则认定保险公司承担停车管理费的期限为三个月。

本案判决发出后，双方当事人均服判、未上诉，保险公司在判决确定的期限内积极履行判决书确定的义务，该判决对保险公司和利益相关人具有一定的指引作用。

编写人：重庆市黔江区人民法院　高雅　蒋小清

036 改变车辆用途导致车辆危险程度显著增加的情形应如何认定

——汽车公司诉保险公司财产保险合同案

【案件基本信息】

1. 裁判书字号

北京市朝阳区人民法院（2019）京 0105 民初 34335 号民事判决书

2. 案由：财产保险合同纠纷

3. 当事人

原告：汽车公司

被告：保险公司

【基本案情】

2017年8月3日，汽车公司作为投保人和被保险人在保险公司处为车牌号为A的车辆投保了机动车交通事故责任保险和商业保险，保险期限为2016年11月30日0时至2017年11月29日24时。2017年11月8日11时26分，车牌号为A的车辆与B车辆发生碰撞事故。事故发生后，汽车公司立即向保险公司报案，但保险公司以改变车辆使用性质为由拒绝理赔。故汽车公司诉至法院，要求判令保险公司支付保险金16375元。经审查，汽车公司与巴士公司签订了《北京市汽车租赁合同》，约定汽车公司将20辆车租给巴士公司，承租期限为2016年12月1日至2019年11月30日，每月每辆车10500元；巴士公司只允许在全国范围内使用租赁车辆。上述20辆车中包含本案所涉车辆，且涉案车辆车身印有巴士公司微信公众号二维码，宣传语为“门到门机场接送”，通过二维码进入公众号可以看到其宣传“39元门到门接送机服务”“一口价，不限距离”。关于拒赔的理由，汽车公司和保险公司均认可投保时明确的车辆性质为非营运车辆；但保险公司称，汽车公司将车辆改为营运性质租赁出去，严重增加了使用时间，使用里程也显著增加，且驾驶员非汽车公司自己的驾驶员、涉案车辆已经产生了费用结算，因此造成保险标的的危险程度显著增加，保险公司不应承担赔偿责任。汽车公司称因其与保险公司系多年合作伙伴，保险公司对于上述车辆租赁情况应为明知，故在投保时并未告知保险公司已将涉案车辆租给巴士公司使用的情况。

【案件焦点】

租赁车辆行为是否属于改变车辆用途导致车辆危险程度增加的情形。

【法院裁判要旨】

北京市朝阳区人民法院经审理认为：营运车辆通常是指交通运输管理部门核发营运证书的从事客运、货运或客货两用的车辆，或车辆的运载是以完成商业性传递或交通运输为目的。本案中，汽车公司将保险车辆租赁给巴士公司，并未限制车辆是否可以用于运营，只是限制车辆仅能在全国范围内使用。从巴士公司实际使用情况来看，巴士公司系从事市区到机场运送服务的公司，具有营利性质。此种情形应当属于保险标的用途的改变，这种改变使得保险标的所面临的风险增加。而汽车公司未将此情况及时告知保险公司，保险公司无从选择增加保险费或解除合同。故保险公司以汽车公司改变车辆营运性质导致危险程度显著增加为由拒赔，予以认可。

北京市朝阳区人民法院依照《中华人民共和国保险法》第四十九条、第五十二条，《最高人民法院关于适用〈中华人民共和国保险法〉若干问题的解释（四）》第四条之规定，判决如下：

驳回汽车公司的全部诉讼请求。

判决后，双方当事人均未上诉，本判决现已生效。

【法官后语】

保险标的的情况是保险合同当事人订立合同的基础要素，保险人需依据保险标的的情况确定是否承保及保险费率标准。最大诚信原则被称为保险法的“帝王条款”，危险增加通知义务为该原则最重要的表现之一。根据我国保险法的规定，在保险标的的危险程度显著增加的情况下，被保险人应及时通知保险人，如被保险人未履行通知义务，因保险标的危险程度显著增加而发生事故的，保险人不承担赔偿责任。

所谓危险程度显著增加，是指保险合同当事人在订立保险合同时并不存在，也不能预见，但在保险期限内发生的保险标的危险因素或危险程度的显著增加。那么改变车辆用途是否构成危险程度显著增加，我国保险法司法解释中对“危险程度显著增加”的考虑因素进行了列举式规定，其中包含“保险标的用途的改变”。

本案中，关于汽车公司是否构成改变车辆使用用途以致危险程度显著增加，主要从以下几个方面进行考量：

1. 约定使用性质与实际使用性质的区别。在汽车公司与保险公司订立保险合同过程中，对车辆性质的约定为非营运性车辆，具有供本单位使用、非经营性的属性；而车辆的实际使用性质系租赁给巴士公司进行接送机服务、具有营利性质，也即车辆并非仅变更了使用主体，而是在使用方式、使用性质上均发生了改变，而上述改变提高了车辆的使用频率，相应增加了出险的概率。

2. 综合考虑危险程度增加持续的时间。危险程度是否显著增加还需考虑危险程度增加持续的时间，本案中汽车公司与巴士公司订立了为期3年的车辆租赁合同，并每车按月收取费用，可见涉案车辆在保险期间内一直由巴士公司以营利性质持续使用，因改变用途导致的风险亦持续存在。

3. 危险应为订立保险合同时保险人无法预见、无法估计之危险。本案中，如汽车公司能够举证证明在订立保险合同时，保险公司明知其已经或将要将标的车辆用于租赁给巴士公司进行营利，但仍与汽车公司订立保险合同，且未对保费标准进行调整、未附加免赔情形的，则保险公司将无法以危险程度显著增加为由拒绝承担赔偿责任。也即此时对于保险公司而言，危险具有可预见性，对于可预见性的危险承担赔偿责任与双方订立合同时形成的对价相符，亦不违反最大诚信原则。

编写人：北京市朝阳区人民法院　李方　吴桐

037　格式条款的体系性审查

——张某诉保险公司财产保险合同案

【案件基本信息】

1. 裁判书字号

河南省信阳市中级人民法院（2019）豫15民终1480号民事判决书

2. 案由：财产保险合同纠纷

3. 当事人

原告（上诉人）：张某

被告（被上诉人）：保险公司

【基本案情】

2018年7月30日22时左右，原告张某驾驶A号车由南向北行驶至息县交通局北300米处时，因天降暴雨，路面积水较深，车辆发动机进水，突然熄火，致车辆受损。原告报险后在保险公司推荐的汽车销售服务公司对车辆进行维修，花费维修费42500元。经公估公司评估：A号小型普通客车估损总值为42500元，评估费用为2300元。投保人罗某在保险公司为车辆A号小型普通客车投保了机动车交通事故责任强制保险（以下简称交强险）和机动车商业保险（以下简称商业险），被保险人为张某，保险期间均为一年，投保人罗某同时在投保人声明处签名确认。

【案件焦点】

不同的格式条款之间在内容和理解上发生争议，应当如何解释和适用。

【法院裁判要旨】

河南省信阳市息县人民法院经审理认为：保险合同是投保人与保险人约定保险权利义务关系的协议，双方当事人均应按照保险合同的约定行使权利并承担义务。原告主张发动机涉水造成的机动车损失属于机动车损失保险赔偿的范围，经查，“机动车商业保险单”重要提示一栏明确指出：本保险合同由保险条款、投保单、保险单、批单和特别约定组成。被告提交的《机动车综合商业保险条款》第一章“机动车损失保险”中“责任免除”第十条约定，发动机进水后导致的发动机损坏，保险人不负责赔偿；该条款同时显示“发动机涉水损失险”属于附加险。原告提出被告提交的《机动车综合商业保险条款》属格式条款，未对原告释明，该条款对其不发生效力。经查，投保人罗某在投保人声明处签字确认，该声明显示保险人已向投保人详细介绍并提供了投保险种所适用的条款，并对其中免除保险人责任的条款作了明确说明，投保人已充分理解并接受上述内容，该声明已由投保人签字确认，视为保险人已尽到了格式条款的解释说明义务，故原告的主张没有事实依据，法院不予支持。

河南省信阳市息县人民法院依照《中华人民共和国民事诉讼法》第六十四条第一款之规定，作出如下判决：

驳回张某的诉讼请求。

宣判后，张某不服一审判决，提起上诉。河南省信阳市中级人民法院经审理认为：A 号小型普通客车在暴雨情况下涉水行驶导致发动机损坏，属于机动车损失保险的赔偿范围。理由如下：第一，A 号小型普通客车的损失是暴雨造成路面积水，车辆涉水行驶导致发动机进水后损坏所致，暴雨是导致事故发生的最有效、起决定性作用的原因，符合《机动车综合商业保险条款》第六条第四项约定，保险公司应当在保险责任限额范围内承担赔偿责任。第二，张某在暴雨中驾驶 A 号小型普通客车的行为并不违反保险合同约定，也不违反有关保险法律法规的禁止性规定，张某对本次保险事故的发生在主观上并无故意或重大过失。第三，尽管该保险第十条第八项载明了“发动机进水后导致的发动机损坏”的免责条款，但该免责条款与《机动车综合商业保险条款》第六条第四项存在歧义且相互矛盾。《中华人民共和国合同法》第四十一条规定：“对格式条款的理解发生争议的，应当按照通常理解予以解释。对格式条款有两种以上解释的，应当作出不利于格式条款一方的解释……”虽然保险公司在保险单等保险凭证及相应保险条款中，已通过黑体字、单列等特别标识对包括诉争条款在内的免责条款作出提示，但是因当事人对《机动车综合商业保险条款》第六条第四项约定的因“暴雨”而导致的车损及第十条第八项约定的发动机进水后导致发动机损坏存在歧义，且该条款系格式条款，应当作出不利于格式条款提供方的解释，故该提示不能免除保险公司的赔偿责任。

关于 A 号小型普通客车的车辆损失问题，公估公司出具的车损评估报告虽系鉴定机构受张某单方委托作出的，但保险公司并未提交足以反驳的证据，亦未就车损情况申请重新鉴定，张某据此请求保险公司赔偿车辆损失 42500 元有事实依据。张某支付的评估费 2300 元，是为查明和确定保险事故的性质、原因和保险标的的损失程度所支付的必要的、合理的费用，该项费用应当由保险公司承担。综上所述，张某的上诉请求成立，予以支持。

河南省信阳市中级人民法院依照《中华人民共和国合同法》第四十一条，《中华人民共和国保险法》第十二条、第十七条、第三十条、第五十七条、第六十四条，《最高人民法院关于适用〈中华人民共和国保险法〉若干问题的解释（二）》第九条第一款，《中华人民共和国民事诉讼法》第一百七十条第一款第二项之规定，作出如下判决：

一、撤销河南省息县人民法院（2019）豫 1528 民初 181 号民事判决；

二、保险公司于本判决生效之日起十日内赔偿张某 44800 元。

【法官后语】

一审与二审不同的判决结果，反映出对《机动车综合商业保险条款》这一单方格式条款的审查、理解、解释与适用的不同。

《机动车综合商业保险条款》第六条第四项载明，保险期间内，被保险人或其允许的驾驶人在使用被保险机动车过程中，因下列原因造成被保险机动车的直接损失，且不属于免除保险人责任的范围，保险人依照保险合同的约定负责赔偿：雷击、暴风、暴雨、洪水、龙卷风、冰雹、台风、热带风暴；该保险条款第十条第八项又载明，下列原因导致的被保险机动车的损失和费用，保险人不负责赔偿：发动机进水后导致的发动机损坏。同时该格式条款还专门约定有附加险，其中发动机涉水损失险是其中之一。

在格式条款对双方均发生法律约束力的情况下，一审裁判简单地依照格式条款予以判决，缺乏对格式条款的整体性和系统性司法审查的意识。二审注意到一审处理的失当并予以纠正，体现了对格式条款进行整体性、体系性审查的审慎态度，其适用“对格式条款的理解发生争议的，应当按照通常理解予以解释。对格式条款有两种以上解释的，应当作出不利于格式条款一方的解释”的法律规定进行处理，更加注重公平和个案的具体分析，取得了法治效果和社会效果的统一。

需要说明的是，对于此类纠纷我们还是要结合个案具体分析，既要兼顾公平，也要防止对意思自治的不当干预。比如，对于格式条款间没有交叉，不存在歧义的非自然灾害或其他人为条件下造成的机动车“附加险”承保项目中的损失，应尊重当事人意思自治，维护交易的稳定、便捷和安全。

编写人：河南省信阳市息县人民法院　樊鑫

038　机动车损失险项下定损金额与实际修理费存在差异情形下的认定

——李某诉中国某某分公司财产保险合同案

【案件基本信息】

1. 裁判书字号

北京市第一中级人民法院（2019）京01民终6278号民事判决书

2. 案由：财产保险合同纠纷

3. 当事人

原告（上诉人）：李某

被告（被上诉人）：中国某某分公司

【基本案情】

李某作为涉案车辆被保险人在中国某某分公司投保车辆商业险，保险期限为2015年10月28日至2016年10月27日。2016年7月20日，司机张某驾驶涉案车辆行驶至北京市丰台区程庄路路口时，车辆涉水被淹。事故发生后，李某向中国某某分公司报案并申请理赔。2016年7月23日，中国某某分公司对理赔车辆损失情况进行查勘确认。因李某对中国某某分公司出具的车辆损失情况确认书认定的理赔金额不予认可，双方产生争议。之后，李某自行对事故车辆进行了维修。

案件诉讼中，李某就诉讼请求提交机动车保险单、维修车辆材料明细表统一结算《凭证附件》单、汽车维修施工单、汽车技修公司增值税普通发票、汽车救援技术服务公司定额发票等材料予以证明。中国某某分公司对李某提交的维修车辆材料明细表统一结算《凭证附件》单、汽车维修施工单、定额发票等材料的证明目的均不予认可。中国某某分公司就答辩意见提交事故车辆照片光盘资料、保险合同条款等予以证明。李某对事故车辆照片光盘资料、保险合同条款的真实性没有异议，但对中国某某分公司所要证明的内容不予认可。

经中国某某分公司申请，法院委托北京某车辆司法鉴定中心对车辆涉案维修项目合理性进行鉴定。2018年12月6日，北京某车辆司法鉴定中心出具《终止鉴定告知书》，内容为“2018年8月

27日，贵院因办理原告李某与被告中国某某分公司财产保险合同纠纷一案，委托我中心对涉案车辆维修项目合理性进行鉴定。我中心于2018年11月27日收到北京市海淀区人民法院四季青法庭回函及相关材料，材料显示涉案车辆已经修复。根据现有鉴定材料进行分析，该案已超出我中心鉴定能力。根据《司法鉴定程序通则》第二十九条之规定，我鉴定中心决定终止此次鉴定工作”。

【案件焦点】

实际维修金额与定损金额有较大差异，且涉案车辆已经不具备再次鉴定条件时，保险理赔金额如何认定。

【法院裁判要旨】

北京市海淀区人民法院经审理认为：合法的民事权益受法律保护。当事人对自己提出的主张，有责任提供证据。中国某某分公司承保被保险人李某投保的车辆商业险，中国某某分公司与李某之间已形成财产保险合同关系，双方均应诚信履行保险合同约定的义务。李某投保的车辆在保险责任期限内发生保险事故，中国某某分公司作为承保公司应在保险合同责任范围内承担理赔责任。虽然中国某某分公司对李某提交的修理费发票及维修项目明细的真实性及合理性提出异议并提出相关鉴定申请，但因鉴定材料不完整，鉴定机关无法进行鉴定，而中国某某分公司就其答辩、质证意见亦未提供其他充分证据予以证明，故中国某某分公司仍应在李某主张修理费用的范围内承担相应的理赔责任。同时，虽然李某对中国某某分公司的定损金额不予认可且自行对事故车辆进行维修的行为并无不当，但在中国某某分公司对其维修费用的合理性提出异议并申请鉴定后，李某应当在其举证责任范围内提供维修后的车辆及相关材料以配合鉴定机关进行鉴定。由于李某并未按鉴定机关的要求提供维修车辆及相关材料，致使鉴定机关无法进行鉴定，李某也应在其责任范围内承担举证不能的法律后果。据此，虽然李某就其主张中国某某分公司赔付车辆修理费 96352 元提交修理费发票及维修项目明细，但在李某未提供其他客观证据证明上述修理费用真实合理的情况下，法院对其主张理赔的数额，不予采信。考虑本案审理情况，法院将酌情判处中国某某分公司应当理赔的具体金额。关于李某起诉主张中国某某分公司支付拖车费 1000 元，于法有据，法院予以支持。

北京市海淀区人民法院依照《中华人民共和国保险法》第二条、第五十五条、第五十七条第二款，《中华人民共和国民事诉讼法》第六十四条第一款的规定，判决如下：

一、中国某某分公司于本判决生效后三日内给付李某车辆保险理赔款 67446. 4 元、拖车费 1000 元，上述费用共计 68446. 4 元；

二、驳回李某的其他诉讼请求。

李某不服原审判决，提起上诉。北京市第一中级人民法院经审理认为：本案中李某投保的涉案车辆在保险期间内发生保险事故，中国某某分公司应承担相应的保险赔偿责任。虽然李某与中国某某分公司对车辆定损金额有较大分歧，但在李某提交了涉案车辆的维修车辆材料明细表、汽车维修施工单及修理费发票等证据的情形下，中国某某分公司应就其异议主张提交充足证据加以证明。而且在涉案车辆定损金额与实际修理费用有较大差异的前提下，李某亦应配合鉴定机关就相应修理项目的真实性、合理性进一步查证。但因涉案车辆已经修复且已经转售、不能提供，致使中国某某分公司提出的鉴定申请无法进行下去，李某对此亦有一定责任。因此，结合本案双方举证的实际情况及涉案车辆的客观情况，一审法院酌情判令中国某某分公司应承担的保险理赔款金额并无不当。因鉴定费未实际发生，故中国某某分公司关于鉴定费未予处理的上诉意见亦不能成立，对此不予采信。中国某某分公司的上诉请求不能成立，应予维持。

北京市第一中级人民法院依照《中华人民共和国民事诉讼法》第一百七十条第一款第一项的规定，作出如下判决：

驳回上诉，维持原判。

【法官后语】

我国机动车保有量不断增长，路况日益复杂，交通事故也随之增加，因此越来越多的车主选择购买商业车险。车辆定损是机动车辆理赔程序中非常关键的一个环节，是保险评估机构对事故车辆的现存价值和修理项目、方式及费用等作出评估和鉴定，并基于此保险人决定赔偿金额的行为。而在近年来的财产保险合同纠纷中，因被保险人与保险人就投保车辆定损事宜发生争议进而引发诉讼的案件数量有增长趋势。一般而言，此类纠纷涉及的类型包括以下几种：

一是经保险人定损且被保险人在定损单上签字确认后，因维修费增加而引发争议。

二是经保险人定损，但被保险人认为定损金额过低，协商不成后未经保险人同意而自行找其他机构评估，最终按照评估结果维修，抑或直接维修，最终导致实际维修费用高于定损金额，进而引发争议。

三是事故发生后，被保险人未与保险人协商，在保险人定损前，被保险人直接委托第三方机构进行评估，并按照评估价格进行维修，抑或直接进行维修，进而引发争议。

解决上述问题的关键在于对定损的性质认定问题，是否必须在定损金额内进行赔付，未定损保险人是否有权拒绝赔付。就此笔者认为，定损的核心问题是确定保险责任及范围，在车辆损失险中主要涉及维修项目、修理方式以及维修费用等，保险人、被保险人对此应在平等、自愿的基础上协商确定，被保险人享有对金额的不认可权，而被保险人未经定损另行评估、维修的，保险人亦有权重新核定。在此类纠纷中涉及较多的证据即定损单、维修费用发票及清单、评估中心的评估意见等，如前所述，前述证据均不具备绝对的证明效力，争议发生后赔偿金额的确定需要综合案件的证据及具体情况综合判断。

在前述三种纠纷类型下，可以组织双方当事人明确争议项目，且保险人、被保险人均有权提起对车辆的评估鉴定申请，以在诉讼中对车辆的维修费用进行评估，并不绝对以定损单抑或实际维修费清单作为赔偿依据。但实践中，有些车辆已经修复、转卖、不能提供，不具备重新鉴定、评估的条件，此时应区别情况加以处理。对于经过定损，但实际维修费用高于定损金额的，被保险人应配合就相应修理项目的真实性、合理性进一步查证，但因涉案车辆不具备重新鉴定、评估的条件，被保险人对此负有一定的责任，故法院可以结合保险人、被保险人举证的实际情况及涉案车辆的客观情况，在定损金额与实际维修金额之间，对赔偿金额进行酌定处理；对于自始未经定损，直接第三方评估或自行维修的，且事后亦无法提供涉案车辆致使无法另行鉴定、评估的，因保险人无法对车辆情况加以断定，故应视为被保险人举证不能，对其提出的索赔请求不予准许。

妥善审理财产保险合同纠纷案件，对于充分发挥保险的风险管理和保障功能，依法保护各方当事人合法权益，实现保险业持续健康发展和服务实体经济，具有重要意义。

编写人：北京市第一中级人民法院　耿瑗

039　价值约定与内部管理的抗衡

——金某诉保险公司财产保险合同案

【案件基本信息】

1. 裁判书字号

浙江省台州市中级人民法院（2020）浙10民终661号民事判决书

2. 案由：财产保险合同纠纷

3. 当事人

原告（被上诉人）：金某

被告（上诉人）：保险公司

【基本案情】

金某为其名下所有的A号轻型厢式货车向保险公司投保。保险公司出具保险报价单，载明“机动车损失保险159000元”，保险费用合计“6214.95元”。2019年7月20日，金某向保险公司支付保险费用6212.67元。2019年7月20日，保险公司出具保险单，载明“机动车损失保险159000元”“保险公司承保”“期限为2019年7月21日0时至2020年7月20日24时”。2019年8月

10日，台风“利奇马”致使该车辆被冲走。后双方因赔偿问题产生纠纷，2019年11月6日，金某向法院提起诉讼。

另查明，金某通过购买方式于2019年7月19日取得涉案车辆的所有权。涉案车辆初始登记为2015年7月3日。金某于2019年12月19日提出对投保单、保险人声明以及浮动告知单上“金某”字样是否为金某本人所写进行笔迹鉴定。法院向双方发送鉴定通知后，保险公司要求撤回其提交的投保单、投保人声明、浮动告知单三份证据，并要求上述三份证据不作为本案证据使用。

【案件焦点】

1. 保险报价单的性质及效力；2. 证据撤回后的法律后果。

【法院裁判要旨】

浙江省临海市人民法院经审理认为：当事人行使权利、履行义务应当遵循诚实信用原则。其一，报价单的性质及效力。本案中，保险公司对需要承保的金某发出报价单，其是以缔结合同为目的，向金某提出合同条件，并希望金某接受的意思表示，上述意思表示在实质上成立要约邀请。后保险公司要求撤回投保单、投保人声明和浮动告知单三份证据。经法院释明，保险公司仍然要求撤回上诉三份证据，保险公司应当承担不利的后果。其二，报价单价格与金某支付价格相差虽然只有2.28元，但并不能免除保险公司告知投保单具体金额等内容的责任，故对保险公司的抗辩，法院亦不予采纳。金某认为其根据报价单支付了保险费，应当按照报价单所告知的金额进行赔偿，法院予以支持。保费不足部分，应由金某予以补足。其三，金某要求保险公司支付车辆打捞费用50000元，但未提供证据予以证明；金某亦要求被告支付车辆损失利息，无法律依据，故均不予支持。

浙江省临海市人民法院依照《中华人民共和国合同法》第十四条、第十六条、第十七条，《中华人民共和国保险法》第五条、第十一条、第二十条之规定，判决如下：

一、保险公司于本判决生效之日起三十日内支付原告金某保险理赔款人民币 159000 元；

二、驳回金某的其他诉讼请求。

保险公司不服，提起上诉。浙江省台州市中级人民法院经审理认为：金某提出申请笔迹鉴定后，保险公司则提出要求撤回上述证据，故该公司应当承担对其不利的法律后果。保险公司通过第三方向金某发出的保险报价单约定机动车损失保险 159000 元，金某也接受该金额，故该金额可以认定为双方认可的保险金额。根据保险公司提供的保险投保单的内容，机动车损失保险的保险金额是指机动车的实际价值。因此，结合报价单和投保单的内容，可以认定该公司与金某约定的 159000 元为保险标的的实际价值。保险公司认为按车辆折旧计算方法计算本案事故车辆的实际价值为 90312 元，但该计算方法是保险公司内部管理的内容，该标准并不代表车辆的实际价值，况且双方对标的的保险价值另有约定，故保险公司要求按 90312 元进行赔付没有法律依据。综上，原判认定事实清楚，适用法律正确。保险公司上诉理由不足，对其上诉请求，不予支持。

浙江省台州市中级人民法院依照《中华人民共和国民事诉讼法》第一百七十条第一款第一项之规定，判决如下：

驳回上诉，维持原判。

【法官后语】

1. 撤回证据的法律后果认定

举证和质证是诉讼过程中必不可少的环节。当事人向法院提交证据后，应当接受法院的审查和对方当事人的质证。在司法实践中，我们会遇到当事人认为其所提交的证据经过质证后发现该证据对对方当事人有利，要求撤回该证据的情形。当事人在诉讼过程中，要求对已经质证的证据撤回，应当根据具体情况具体分析。比如，如果申请撤回的证据本身存在瑕疵，且与案件没有关联性，经对方当事人同意，可以允许撤回；如果申请撤回的证据存在损害国家、集体或者其他第三人利益或者可能涉嫌伪造的，即使对方当事人同意，也不应准许等。经过质证的证据被撤回后，应当视为当事人没有举证，但是被撤回证据证明的事实不能改变。无论是哪一种情形，如果持有证据的一方，在对方当事人提出反驳或者鉴定等意见后，考虑其先前提供的证据可能会对自身产生不利，而要求撤回的，应当承担不利的后果。

本案中，被告保险公司在金某要求对投保单、投保人声明、浮动告知单上“金某”字样是否为其本人所写进行笔迹鉴定时，申请撤回上述三份证据，且为无理由要求撤回。在法院告知撤回的法律后果后，仍然要求撤回证据，则应当承担不利的法律后果。即视为上述证据非金某所签，上述证据中的免责条款、关于保险金额的约定均不对金某产生法律效力，即保险合同有关保险金额为 90312 元的特别约定。

2. 保险金额的确认——报价单的认定与采纳

（1） 报价单的性质

日常中的报价单一般是指在合同的缔结过程中产生的，属于要约邀请。要约邀请只有在相对人发出要约再经过自己承诺，才能使合同成立。本案中，保险公司曾就车辆的保险发出报价单。值得我们注意的是，该报价单记载了完整的车架号等详细的车辆信息以及详细的保险项目及金额。究竟是以报价单为双方约定的车辆价值还是以投保单为双方约定的车辆价值，是双方争议的焦点。

本案中，因保险公司撤回了投保单、投保人声明、浮动告知单三份证据，故保险公司认为应当按照投保单来确定价值，这是没有依据的。保险公司对需要承保的金某发出报价单，该报价单含有金某所需投保的车辆的号牌号码、保险期限、具体保费报价，其中机动车损失保险的保险金额为159000元。该保险报价单具备了合同的各个要素，指向车辆明确，具有缔结合同目的，含有特定对象，非向不特定人群的要约邀请。因此，在无其他证据证明再有约定的情况下，该报价单直接对报价方和接受方产生了法律约束力，具有了要约的法律效力。而后金某通过交纳保险费的方式进行了承诺，因此双方已就投保单金额达成了一致的意思表示，合同已经成立。

报价单性质的认定，不能够单一地从日常经验进行判断，应当从要约与要约邀请的基本区别进行梳理。

(2) 赔偿金额的确认

赔偿数额的认定，是双方争议的另一个焦点。是按照保险公司内部的车辆折价平台进行确认，还是按照车辆约定的价值进行赔偿？首先，需要注意的是，保险公司在变更合同内容时，应当履行告知义务。本案中报价单价格与金某支付价格有差异，并不能免除保险公司告知投保单具体金额等内容的责任，但保险公司却通过打印保险单的方式进行确认，未对差额及保险金额进行提示或明确说明，自然足以让投保人产生只是保险费减少的表面特征。因此，保险公司仍应按照报价单的保险金额予以赔付。根据保险公司提供的保险投保单的内容，机动车损失保险的保险金额是指机动车的实际价值，结合报价单和投保单的内容，可以认定保险公司与金某约定的159000元为保险标的的实际价值。其次，根据《中华人民共和国保险法》第五十五条第一款之规定，投保人和保险人约定保险标的的保险价值并在合同中载明的，保险标的发生损失时，以约定的保险价值为赔偿计算标准。据此，保险公司应当按双方约定的保险标的的保险价值即159000元来进行赔付。保险公司认为按车辆折旧计算方法计算本案事故车辆的实际价值为90312元，但该计算方法是保险公司内部管理的内容，该标准并不代表车辆的实际价值，况且双方对标的的保险价值另有约定，故保险公司要求按90312元进行赔付没有法律依据。

编写人：浙江省临海市人民法院　朱玛　王迎春

040　免责条款中的实习期是否包括增驾A2车型实习期

——汽运公司诉保险公司财产保险合同案

【案件基本信息】

1. 裁判书字号

河南省开封市中级人民法院（2019）豫02民终字第2282号民事判决书

2. 案由：财产保险合同纠纷

3. 当事人

原告（上诉人）：汽运公司

被告（被上诉人）：保险公司

【基本案情】

2018 年 7 月 1 日 4 时许，赵某驾驶汽运公司的涉案重型半挂牵引车与对向车辆会车时，撞上桥面中心隔离带，导致车辆侧翻后，燃油泼洒至路面，护栏设施及该车前桥脱落，造成三车、中心隔离带设施、路面受损的交通事故。交通事故认定书认定，赵某负事故的全部责任。汽运公司委托鉴定机构对前述车辆的损失价值进行评估，经评估车辆损失价值为 125413 元、评估费 6200 元、施救费 19000 元，共计 150613 元。

汽运公司为涉案重型半挂牵引汽车向保险公司处投保机动车损失保险，保险限额为 259044.40 元。赵某的机动车驾驶证显示准驾车型为 A2，机动车驾驶证副页显示“增驾 A2，实习期至 2018 年 7 月 10 日”。机动车综合商业保险条款第八条第二款第五项约定了免责条款，“实习期内驾驶公共汽车、营运客车或者执行任务的警车、载有危险物品的机动车或牵引挂车的机动车”系保险人免赔的情形。保险公司提供的涉案保险原始投保单中投保人声明载明：“保险人已向本人详细介绍并提供了投保险种所使用的条款，并对其中免除保险人责任的条款，以及保险合同中付费约定和特别约定的内容向本人做了明确说明，本人已充分理解并接受上述内容，同意以此作为订立保险合同的依据；本人自愿投保上述险种。上述所填写的内容均属实。”投保人在声明上加盖了公章。

汽运公司向法院起诉，请求判令保险公司支付汽运公司因交通事故造成的各项损失共计 150613 元。

【案件焦点】

赵某在增驾实习期内驾驶牵引挂车的机动车，保险公司是否可以在商业三者险内免责。

【法院裁判要旨】

河南省兰考县人民法院经审理认为：汽运公司司机赵某在增驾A2机动车驾驶证实习期内驾驶牵引挂车，违反法律的强制性规定，属于保险公司机动车损失保险的免赔情形，保险公司的免责条款字体显著加粗、加黑，且保险公司提供的涉案保险原始投保单中投保人已作出声明，故保险公司对免除保险人责任的条款已尽到了法律规定的明确说明义务，该条款已生效。

河南省兰考县人民法院依照《中华人民共和国合同法》第一百零七条，《中华人民共和国保险法》第十条、第十七条第二款，《最高人民法院关于适用〈中华人民共和国保险法〉若干问题的解释（二）》第十条、第十一条第二款、第十三条，《中华人民共和国民事诉讼法》第六十四条第一款之规定，判决如下：

驳回汽运公司的诉讼请求。

汽运公司不服，提起上诉。河南省开封市中级人民法院经审理认为：首先，道路交通安全法实施条例第二十二条第二款明确规定实习期仅指初次申领驾驶证后的12个月，并不包括增驾实习期，而公安部《机动车驾驶证申领和使用规定》规定实习期包含增加准驾车型后的12个月，二者的规定存在不一致，对“驾驶人实习期内驾驶的被保险机动车牵引挂车，保险人不负责赔偿”的保险条款的理解易产生歧义，因此在订立合同时的说明义务应当较之其他免责条款更为“明确、详尽”，即保险公司应对保险条款中的“实习期”

到底系何种含义向投保人作出明确说明。其次，有关实习期的免责条款系保险公司预先拟定的格式条款，对格式条款的理解发生争议的，应当按照通常理解予以解释。对格式条款有两种以上解释的，应当作出不利于提供格式条款一方的解释。格式条款和非格式条款不一致的，应当采用非格式条款。因保险公司在签订合同时，未向投保人就“实习期”系何种含义作出明确说明，故本案应当对“实习期”作出不利于格式条款提供方即保险公司的解释，即“实习期”仅包含初次申领驾驶证后的 12 个月。赵某在 1999 年即初次领取驾驶证，本案事故发生时，赵某已经不在实习期。最后，保险公司提供投保单投保人声明栏只有代理人郑州二融汽车销售有限公司盖章，且没有签时间，不足以证明其已将该免责条款向投保人履行了提示说明义务，该免责条款未生效。因此，赵某在增驾实习期内驾驶牵引挂车的机动车，不应免除保险公司商业三者险内赔偿责任的理由。

河南省开封市中级人民法院依照《中华人民共和国保险法》第十七条第二款、《中华人民共和国合同法》第四十一条、《中华人民共和国民事诉讼法》第一百七十条第一款第二项之规定，判决如下：

一、撤销河南省兰考县人民法院（2019）豫 0205 民初 404 号民事判决；

二、保险公司在商业三者险责任限额内赔偿汽运公司损失 150613 元。

【法官后语】

在当前的审判实践中，针对上述免责条款，容易引起争议的主要是增驾A2车型实习期内驾驶机动车牵引挂车是否免责的问题。这是由于A2驾驶证的准驾车辆是“牵引车”，准驾车型是“重型、中型全挂、半挂汽车列车”，即申领A2驾驶证的目的就是驾驶牵引车牵引挂车；而其他类型驾驶证由于准驾车辆及准驾车型不同，故而争议不大。具体而言，问题的关键在于，认定上述免责条款中的“实习期”是否包括增驾A2车型实习期。

1. “增驾实习期内不得驾驶牵引车的机动车”的规定属于部门规章，不属于“禁止性规定”

从具体规定来看，《最高人民法院关于适用〈中华人民共和国保险法〉若干问题的解释（二）》第十条规定：“保险人将法律、行政法规中的禁止性规定情形作为保险合同免责条款的免责事由，保险人对该条款作出提示后，投保人、被保险人或者受益人以保险人未履行明确说明义务为由主张该条款不成为合同内容的，人民法院不予支持。”即对于禁止性规定情形的免责事由，保险人仅履行提示义务即可，不再需要对此类禁止性规定进行明确说明。因此，对于增驾实习期不得驾驶牵引挂车的机动车，应当首先区分其是否属于法律、行政法规中的禁止性规定情形。《中华人民共和国道路交通安全法实施条例》虽然属于行政法规，但该条例第二十二条明确规定实习期仅指初次申请驾驶证后的12个月，并不包括增驾实习期。公安部制定的《机动车驾驶证申领和使用规定》虽规定实习期包含增加准驾车型后的12个月，但该规定是公安部制定的关于指导机动车驾驶证申领和使用的部门规章，并非法律或行政法规，因此《机动车驾驶证申领和使用规定》中“增驾实习期内不得驾驶牵引车的机动车”的规定，并不属于“禁止性规定”。

2. “实习期”的现行规定存在不一致，应当作出不利于提供格式合同一方保险人的解释

根据保险法第三十条的规定，对保险合同格式条款有两种以上解释的，人民法院或者仲裁机构应当作出有利于被保险人和受益人的解释。保险人对于保险合同中的免责条款具有提示和明确说明的义务，即除在保险单上提示投保人注意外，保险人还应当对有关免责条款的概念、内容及其法律后果等，以书面或者口头形式向投保人或其代理人作出解释，以使投保人明了保险条款的真实含义和法律后果。鉴于“实习期”的现行规定存在不一致，对保险条款的理解易产生歧义，存在两种以上解释，应当作出不利于提供格式合同一方保险人的解释。并且，按照一般人的通常认识与理解，机动车驾驶人初次申领机动车驾驶证后的一年内为实习期。争议免责条款没有明确所谓的实习期是“初次申领驾驶证的实习期”还是“增驾实习期”，故应当对保险人作出不利解释。

3. 网络投保作为新型的投保方式日趋普遍，保险公司需对保险合同的免责条款已尽提示及明确说明义务承担举证责任

投保人主张保险公司未将免责条款进行提示或明确说明的，保险公司对此应承担相应的举证责任。保险公司主张A2驾驶证增驾实习期内牵引挂车发生交通事故属于责任免除范围的，除应提交投保人签字的保险单外，还应举证其就该项免责条款对投保人尽到了明确解释和说明义务，如采用足以引起投保人注意的文字、字体、符号或者其他标志。若保险公司未就何谓实习期、是否包括驾驶人在增驾实习期驾驶免责条款约定的准驾车型，向投保人予以明确的说明和告知，保险公司主张免除赔偿责任理据不足，不应支持。双方对保险条款中免责条款是否已尽提示及明确说明义务有争议的，保

险公司应提交相应网页等电子数据的形式，证明已经尽到提示及口头说明义务。保险公司提交相应证据，尽到举证责任后，投保人对此不认可的，需提供足以反驳的证据。

4. 增驾A2车型实习期内不允许驾驶准驾车型、车辆，则失去了实习期的设立目的和意义

根据《机动车驾驶证申领和使用规定》对准驾车型的规定，A2驾驶证对应的准驾车型为“牵引车”，准驾车辆为“重2型、中型全挂、半挂汽车列车”。故驾驶员申领A2驾驶证的目的就是牵引挂车、半挂车。不允许增驾A2车型实习期内牵引挂车，明显存在矛盾。并且，增驾A2车型实习期内，驾驶员已经取得了驾驶牵引车牵引挂车、半挂车的资格，而实习期的主要目的就是使驾驶员熟悉准驾车型、车辆的性能、运行等行驶情况，如在实习期内不能驾驶准驾车型、车辆，则失去了实习期的设立目的和意义。另外，类似案件中，交警部门往往并未对驾驶员处于增驾实习期与事故之间存在因果关系作出认定。驾驶人增驾车型处于实习期，不足以认定与交通事故的发生存在因果关系。

综上所述，机动车商业险中的保险合同将“驾驶人于实习期驾驶牵引挂车的机动车”约定为免责条款的，在保险人对免责条款进行了提示和说明的情况下，如果在增驾A2车型实习期内，驾驶员驾驶机动车牵引挂车发生保险事故，保险公司仍应承担保险责任。

编写人：河南省开封市中级人民法院　高新峰

041 如何认定财产保险合同约定“第一受益人”的法律地位及权利行使条件

——马某诉人保襄阳分公司财产保险合同案

【案件基本信息】

1. 裁判书字号

天津市滨海新区人民法院（2019）津 0116 民初 48644 号民事判决书

2. 案由：财产保险合同纠纷

3. 当事人

原告：马某

被告：人保襄阳分公司

【基本案情】

2019 年 9 月 7 日 4 时 30 分许，马某驾驶 A 号挂重型货车，沿长深高速公路行驶至下行津南服务区出口时，该车未保障安全驾车，撞到纪某驾驶的 B 号挂重型货车后尾部，马某的车溜车，该车左后部撞到由陈某驾驶的 C 号小型客车右前部，造成三车损坏的交通事故。经天津市公安交通管理局高速支队唐津大队认定，马某承担事故全部责任，纪某、陈某无责任。A 号挂车中的牵引车 A1 登记所有人为刘某、挂车 A2 登记所有人为王某，该车牵引车在人保襄阳分公司投保商业险，被保险人为刘某。其中，商业险包含机动车损失保险，保险责任限额为 141450 元，附带不计免赔，本次事故发生在保险期间。事故发生后，马某支付 4300 元施救费用。另，人保襄阳分公司出具的保单特别约定第 2 条记载：本保单第一受益人为马某。

马某提交了其与刘某于 2018 年 12 月 10 日签订的《车辆转让协议》，记载主要内容为刘某将 A 号挂车转让给马某，2018 年 12 月 10 日后该车发生的一切事故纠纷及产生的经济利润由马某所得等。

本案呈诉前，马某申请机动车鉴定评估有限公司对 A1 号牵引车损失进行评估，2019 年 9 月 12 日，该公司作出《评估报告书》，该评估意见为 A1 重型半挂牵引车损失金额为 97545 元，该评估意见记载更换配件费用 92020 元、工时费用 5805 元、扣除残值 280 元。马某后提交了该车维修费用发票及维修清单，马某支付维修费用 97545 元。维修清单记载内容与《评估报告书》内容一致。

2019 年 11 月 10 日，人保襄阳分公司向法院提交《重新鉴定申请书》，请求对 A1 重型半挂牵引车在本次事故中的修理损失进行鉴定。

【案件焦点】

1. 马某是否具备适格的原告主体资格；2. 马某主张的经济损失能否成立。

【法院裁判要旨】

天津市滨海新区人民法院经审理认为：关于焦点一，马某提交了其与刘某签订的《车辆转让协议》，结合保险单特别约定的第一受益人为马某。因此，马某取得了本案保险合同法律关系的当事人资格，有权就被保险车辆 A1 号车的财产权益向保险人主张权利，马某具备本案的原告主体资格。

关于焦点二，对于施救费损失。马某提交的施救费发票予以佐证，人保襄阳分公司虽对其不予认可，但并未举证证明其存在不合理之处，对其异议法院不予支持。施救费数额法院认定为 4300 元。对于 A1 号车的车辆损失，结合马某提交的《评估报告书》及其附录照片显示的该车辆受损程度及维修发票、维修清单，法院对马某主张的车辆维修费 97545 元予以认定。但残值扣除 280 元数额过低，法院在上述扣除残值基础上再酌情扣除更换零部件 92020 元 10%的残值。马某车辆维修费数额确定 88343 元（97545 元－92020 元×10%）。马某上述经济损失共计 92643 元，庭审中，马某主张扣除另外两辆机动车交强险无责任限额 200 元，经审查，该项主张不违反法律规定，法院予以照准。因此，人保襄阳分公司承担赔偿责任数额为 92443 元（92643 元-200 元）。人保襄阳分公司虽然对其不予认可并提出重新鉴定申请，但并未提交足以推翻 A1 号车实际损失的证据，法院对人保襄阳分公司的异议及重新鉴定申请不予支持。

天津市滨海新区人民法院依照《中华人民共和国保险法》第十条、第十四条、第五十七条之规定，判决如下：

一、人保襄阳分公司于本判决生效后十日内赔偿马某经济损失共计 92443 元；

二、驳回马某的其他诉讼请求。

判决后，双方当事人均未上诉，本判决现已生效。

【法官后语】

在财产保险合同中，约定“第一受益人”的情形比较常见，但保险法中并无对财产保险合同“第一受益人”的明文规定，仅在第十八条第三款规定了人身保险合同受益人的定义：“受益人是指人身保险合同中由被保险人或者投保人指定的享有保险金请求权的人。投保人、被保险人可以为受益人。”在发生财产损失保险事故时，能否参照上述规定，以“第一受益人”的名义起诉并行使权利，对此常常存在争议。

笔者认为，以“第一受益人”名义起诉，应当予以支持，但其能否达到行使权利的实体效果，应当视情况而定。理由为：

第一，根据民法中“法无禁止则允许”的基本理念，虽然“第一受益人”并非财产保险合同中的投保人或被保险人，并且保险法中也没有“第一受益人”的概念，但基于合同自治原则，保险合同当事人明确约定了“第一受益人”的主体，基于保险合同为保障“第一受益人”利益的特点，那么“第一受益人”对财产保险标的享有利害关系，如果在保险合同履行过程中，“第一受益人”认为保险标的受到了保险合同约定事件的侵害，那么，“第一受益人”完全可以根据《中华人民共和国民事诉讼法》的规定提起诉讼，法院应予受理并进入实体审理。

第二，“第一受益人”能否得到法院支持其诉讼请求，应当视投保人或被保险人与“第一受益人”之间有无特别约定。如果当事人之间的约定没有违反法律法规的强制性规定，应当认定此约定有效，并按照约定进行权利义务分配。如果没有特别约定，只有发生了保险标的全部损失的情况，才应当允许“第一受益人”分得相应的财产权利，如果发生了部分损失，此时保险标的需要进行修复，将此财产损失诉讼权利赋予投保人或被保险人，则可以对保险标的进行及时维修，符合保险法的基本理念。此时，“第一受益人”如获得赔偿，将直接影响保险标的的有效维修，增加了交易成本。

本案中，虽然人保襄阳分公司出具的保单特别约定第二条记载第一受益人为马某，马某具备原告主体资格，马某庭审中提交了其与被保险人刘某签订的《车辆转让协议》，其中约定了本次交通事故发生的财产权益由马某享有，在此约定合法有效的前提下，法院判决保险人人保襄阳分公司直接向“第一受益人”马某履行保险金的赔偿义务。

编写人：天津市滨海新区人民法院　张艳辉

042 投保人仅在投保单上签字并不当然证明保险人对免责条款已尽到提示和明确说明义务

——运输公司诉财险公司财产保险合同案

【案件基本信息】

1. 裁判书字号

重庆自由贸易试验区人民法院（2019）渝0192民初13397号民事判决书

2. 案由：财产保险合同纠纷

3. 当事人

原告：运输公司

被告：财险公司

【基本案情】

2017年3月13日，汽车公司向财险公司购买机动车商业险和交强险，被保险人为运输公司，被保险车辆为运输公司所有的一辆挂车及一辆牵引车。

在签订保险合同时，汽车公司盖章确认了一份投保单，该投保单除有保险金额及保险种类等信息外，还有一处为投保人声明栏。投保人声明栏中的内容为，“确认保险人已经明确履行保险合同中免责条款的明确说明义务，并已将保险条款交付给投保人”。

同日，财险公司向汽车公司出具机动车商业险及交强险保单。保险期间为1年。保险单中明确约定商业险保险单适用条款显示为《机动车综合商业保险示范条款》。该条款责任免除部分第八条约定，驾驶人驾驶出租机动车或营业性机动车无交通运输管理部门核发的许可证书或其他必备证书，保险人不负责赔偿。条款后附有一页《投保人声明》，该页为可撕取留存页，主要内容亦为保险人已通过书面形式向投保人明确说明了免责条款，投保人理解并认可保险合同中免责条款的内容。其中，“保险人已明确说明免除保险人责任条款的内容及法律后果”还需投保人在空白方框内手写，并在投保人签章处签字盖章和填写日期。庭审过程中，保险公司只举示了条款的示范文本。

2018年1月8日，被保险车辆在行驶中发生交通事故，产生损失。运输公司就此次事故向财险公司索赔，财险公司以驾驶员从业资格证过期为由拒赔。经核实，发生事故时，车辆驾驶员从业资格证确已超过有效期。

庭审中，运输公司陈述没有收到《机动车综合商业保险示范条款》，且在条款后的《投保人声明》上亦没有运输公司的手写及盖章确认，故财险公司没有履行免责条款的提示和明确说明义务。财险公司陈述，《机动车综合商业保险示范条款》对应的《投保人声明》没有找到，《投保人声明》已经给了投保人，故财险公司已经履行了免责条款的提示和明确说明义务。

【案件焦点】

财险公司对《机动车综合商业保险示范条款》中的免责条款是否尽到了提示和明确说明义务。

【法院裁判要旨】

重庆自由贸易试验区人民法院经审理认为：财险公司未尽到提示和明确说明义务。首先，《机动车综合商业保险示范条款》所附的《投保人声明》页内容表明，该页系保险公司针对保险合同中的免责条款，为履行法律规定的提示和明确说明义务而专门设置，保险公司履行提示和明确说明义务后，由投保人按照要求填写相应内容并签章确认。该页为可撕取页，按照工作流程，在投保人填写完毕后理应由保险公司撕取留存。财险公司在举证期限内并未举证证明投保人已填写的《投保人声明》，仅举示了示范文本，不足以证明其已向投保人就保险合同中的相应免责条款作出了提示和明确说明。财险公司关于《投保人声明》已交给投保人的陈述，因其未举证证明，且与工作流程设置的逻辑不符，法院不予采信。其次，虽然投保人在投保单的投保人声明栏、投保人签章处签章确认了，但结合保险条款所附的《投保人声明》，以及投保人在投保时本应在投保单上签章确认投保事项且投保单并未设置其他签章位置的事实，足以认定投保人在投保单上的签章并非对保险公司就免责条款已履行提示和明确说明义务的确认，而是对保险种类、保险金额等主要投保事项的确认。综上，财险公司对《机动车综合商业保险示范条款》中的免责条款未尽到提示和明确说明义务。

重庆自由贸易试验区人民法院依照《中华人民共和国保险法》第十条、第十三条、第十七条、第二十三条、第五十七条、第六十五条，《最高人民法院关于适用〈中华人民共和国保险法〉若干问题的解释（二）》第九条、第十三条和《中华人民共和国民事诉讼法》第一百四十二条之规定，作出如下判决：

一、财险公司于本判决生效之日起十日内在牵引车机动车损失险保险金额内赔付运输公司 14650 元；

二、财险公司于本判决生效之日起十日内在挂车机动车损失险保险金额内赔付运输公司 33600 元；

三、财险公司于本判决生效之日起十日内在牵引车交通事故强制责任保险金额内赔付运输公司 2000 元、在第三者责任险保险金额内赔付运输公司 1000 元；

四、驳回运输公司的其他诉讼请求。

判决后，双方当事人均未上诉，本判决现已生效。

【法官后语】

保险人关于免责条款的提示和明确说明义务，一直是保险纠纷领域的热点和难点。该问题的实质是保险人是否履行免责条款的提示和明确说明义务的事实认定问题。结合保险法以及《最高人民法院关于适用〈中华人民共和国保险法〉若干问题的解释（二）》的相关规定，保险人是否履行免责条款的提示和明确说明义务的举证责任应由保险人负担，这一点目前在理论界以及实务界并无争议。但在具体涉及《最高人民法院关于适用〈中华人民共和国保险法〉若干问题的解释（二）》第十三条规定的理解与适用时，实践中个案情形不同，未能达成一致，本案通过对个案的处理，试图提炼类似情况的事实认定标准，以便规范类案统一裁判的尺度。

关于保险人是否履行提示和明确说明义务的事实认定规则，具体包括两点：

1. 投保人已在投保单上确认，且投保单上有保险人就免责条款已履行提示和明确说明义务的内容，在无其他证据证明保险人未履行义务的情况下，投保人对投保单相应内容的确认有效，法院应认定保险人已经履行了相应义务。

《最高人民法院关于适用〈中华人民共和国保险法〉若干问题的解释（二）》第十三条的内容，实质是对保险人关于免责条款明确说明义务的举证责任分配。根据通说，明确说明义务的举证责任由保险人负担。该条共有两款，第一款为行为意义上的证明责任，第二款则为结果意义上的证明责任。在仅有投保人确认的投保单作为证据时，保险人已经就自己已履行明确说明义务完成了初步的证明责任，在无其他证据证明保险人未履行义务的情况下，保险人举示的投保单已经完成了该条第一款、第二款的证明责任，故法院应当认定保险人已经履行了免责条款的明确说明义务。

2. 投保人已在投保单上确认，虽然投保单上有保险人就免责条款已履行提示和明确说明义务的内容，但另有证据证明保险人未履行明确说明义务的，法院不应认定保险人已经履行了相应义务。

另有证据证明保险人未履行明确说明义务主要包含两层含义：首先，对投保单上盖章确认内容的范围认定。投保单上不仅有投保人声明栏中载明的保险人对免责条款履行提示和明确说明义务的内容，同时还记载了保险种类、保险金额等较为重要的保险信息。在另有证据证明保险人未履行明确说明义务的前提下，投保人在投保单上的签字确认，系对整个投保行为，包括保险种类、保险金额等较为重要的保险信息的确认，不包含对投保人声明栏中关于履行免责条款的提示和说明义务的确认。其次，对单独成页的《投保人声明》的性质认定。本案的特殊情况在于，签订保险合同的流程中设置有投保人确认保险人履行提示和明确说明义务的环节，即单独制作的《投保人声明》页。该份《投保人声明》的主要内容记载了保险人送达保险条款及履行提示和明确说明义务的详细情况，其设置目的在于证明保险人依法履行了对免责条款的提示和明确说明义务。按照保险合同正常的签订流程，保险人在履行提示和明确说明义务后，将该份《投保人声明》交由投保人盖章确认并留存。一旦双方就是否尽到提示和明确说明义务发生争议，保险人可举示《投保人声明》证明其已经履行了提示和明确说明义务。若无法举示，则保险人未尽到提示和明确说明义务。故，本案中保险人需负担该份《投保人声明》已经投保人确认的举证责任，在其无法举证证明的情况下，需承担不利的法律后果。

编写人：重庆两江新区人民法院（重庆自由贸易试验区人民法院）

吴克坤　李云梦

043　投保人举证推翻其确认保险人履行免责条款提示说明义务事实的免责条款不发生法律效力

——运输公司诉保险重庆分公司保险合同案

【案件基本信息】

1. 裁判书字号

重庆市第一中级人民法院（2019）渝01民终6005号民事判决书

2. 案由：保险合同纠纷

3. 当事人

原告（被上诉人）：运输公司

被告（上诉人）：保险重庆分公司

【基本案情】

2017年3月2日，运输公司为牌照为A的厢式运输车向保险重庆分公司投保第三者责任险等商业险，投保单上载明了险种、保险金额、保险期间等内容，《投保人声明》一栏为黑体字，内容为“本人已仔细阅读保险条款，尤其是黑体字部分的条款内容，并对保险公司就保险条款内容的说明和提示完全理解，没有异议，申请投保”，运输公司在该栏上加盖印章。《投保人声明》载明“保险人已通过上述书面形式向本人详细介绍并提供了投保险种所适用的条款，并对其中免除保险人责任的条款以及本保险合同中付费约定和特别约定的内容向本人作了书面明确说明，本人已充分理解并接受上述内容，同意以此作为订立保险合同的依据”等内容；下方空白方框内手写内容为“本人确认收到条款及机动车综合商业保险免责事项说明书，保险人已明确说明免除保险人责任条款的内容及法律后果”。运输公司在《投保人声明》尾部投保人签章处加盖印章，落款日期为2017年3月2日。同日，保险重庆分公司出具了保险单。

2017年12月28日，蔡某驾驶A号货车从重庆往晏家方向行驶，行驶至沪渝高速公路出城方向处与肖某驾驶的B号货车发生碰撞后侧翻，造成A号车驾驶人蔡某、乘车人苏某、金某受伤和公路路产以及两车不同程度损坏的交通事故。重庆市交通行政执法总队高速公路第四支队一大队于2018年1月16日出具《道路交通事故认定书》，认定驾驶人蔡某承担此次道路交通事故的全部责任。

事故发生后，蔡某因受伤治疗产生医疗费 1252.20 元；运输公司垫付和赔偿了相关费用，故要求保险重庆分公司赔偿：蔡某的医疗费、金某和苏某的乘客险保险金、A 号货车损失、B 号车辆损失、公路路产损失，共计 209842.20 元。

庭审中，保险重庆分公司举示该公司《机动车综合商业保险条款》，在“责任免除”中载明，驾驶人具有驾驶出租机动车或营业性机动车无交通运输管理部门核发的许可证书或其他必备证书的情形的，不论任何原因造成被保险机动车的任何损失和费用，保险人均不负责赔偿。保险重庆分公司陈述发生事故时，A 号货车的驾驶人蔡某没有取得相应的从业资格证，因此该公司根据责任免除条款的约定，不应当承担赔偿责任。

运输公司陈述，该公司因办公地点在重庆市巴南区，从 2010 年至今都是通过保险巴南支公司的法定代表人（经理）丁某进行投保，每次打款都是通过保险巴南支公司，保单也是保险巴南支公司派人送过来，保险重庆分公司从未交付保险条款，也没有对免责条款进行提示和说明；《投保人声明》中的手写内容不是该公司工作人员填写，该公司盖章时是空白的。

运输公司举示了其工作人员翟某于 2018 年 11 月 28 日通过手机与丁某的通话录音，在该录音中，丁某认可翟某所说的“保险公司没有在保单后附保险条款，也没有向运输公司交付保险条款”，并陈述“附了条款的应当加盖骑缝章，骑缝章都没得，证明没有附条款”；同时，丁某在录音中与翟某就赔偿金额进行了磋商。

保险重庆分公司认可丁某是该公司下属机构保险巴南支公司的法定代表人，是保险巴南支公司的经理，但不清楚录音是否为丁某本人，且录音是非法取得，不能作为证据使用；运输公司是向保险重庆分公司投保的，保单上的业务员不是丁某，丁某是保险巴南支公司的经理，因此即使录音属实，也与本案无关。

【案件焦点】

1. 保险人是否尽到了对免责条款的提示和说明义务；2. 保险人是否应当承担赔偿责任。

【法院裁判要旨】

重庆市江北区人民法院经审理认为：蔡某未取得从业资格证驾驶车辆的行为，属于保险条款中约定的免除保险人赔偿责任的情形。但根据运输公司工作人员与保险重庆分公司负责本案保险合同联系、洽谈事宜的工作人员丁某的通话录音，保险重庆分公司从未向运输公司交付过保险条款，未尽到对免责条款的提示和说明义务，保险条款中的相关免责条款不产生效力，故保险重庆分公司应当向运输公司进行赔付。

重庆市江北区人民法院依照《中华人民共和国保险法》第十七条，《最高人民法院关于适用〈中华人民共和国保险法〉若干问题的解释（二）》第十三条，《中华人民共和国民事诉讼法》第六十三条第四项、第七十一条的规定，判决如下：

保险重庆分公司于判决生效之日起十日内向运输公司支付保险金 209842.20 元。

二审法院同意一审法院裁判意见。

【法官后语】

投保人在《投保单》和《投保人声明》上盖章确认保险人向其交付了保险条款，并对免责条款进行了提示和明确说明。但投保人有相反证据证明保险人并未履行上述义务的，应认定保险人未尽到免责条款的提示和明确说明义务，保险条款中的相关免责条款依法不产生效力。

保险人缔约说明义务特别是对于保险人责任免除条款的提示和明确说明，在保险合同的签署过程中极为重要。对于免除保险人责任条款，保险人需要尽到比一般条款更高标准的说明义务。其中，"明确说明"是指保险人在与投保人签订保险合同之前或者签订保险合同之时，对于保险合同中所约定的免除保险人责任的条款，除了在保险单或者其他保险凭证上作出足够引起投保人注意的提示，还应当对免责条款的概念、内容及其法律后果等，以书面或者口头形式向投保人或其代理人作出解释，以使投保人明了该条款的真实含义和法律后果。在实践操作中，保险人往往对免除保险人责任的条款作加黑、加粗处理，并在格式条款尾部上方设置"投保人声明"一栏，留出一定空白格，要求投保人亲自誊抄"本人已阅读保单条款""保险人已对责任免除条款进行说明"等字样。

对于投保人在"投保人声明"栏签字，或誊抄投保人声明内容，能否证明保险公司已履行明确说明义务这一问题，主要有三种观点。

第一种观点持肯定态度，认为该等声明或誊抄行为已经达到了法律所要求的说明标准，投保人签字是其真实意思表示，站在降低保险公司成本、提升效率的角度，应当认定保险公司已履行明确说明义务。

第二种观点持否定态度，认为该等声明或誊抄行为不能证明投保人明了免除保险人责任条款的真实含义和法律后果，在司法实践中往往存在投保人未将全部保险条款向投保人出示的情况，站在保障投保人利益的角度，也不应认定保险公司已履行明确说明义务。

第三种观点系折中观点，要求投保人完整誊抄所有免责条款未免效率过低，笼统誊抄和在投保人声明栏处签名亦无法绝对说明保险人已尽到明确说明义务。考虑到要求保险公司举其他证据证明其尽到明确说明义务过于苛刻，故除非投保人有相反证据证明外，可认定保证人尽到了明确说明义务。

本案采取第三种观点，亦符合《最高人民法院关于适用〈中华人民共和国保险法〉若干问题的解释（二）》第十三条第二款的规定。尽管保险重庆分公司举示的《投保单》和《投保人声明》上的内容证实运输公司认可保险重庆分公司向其交付了保险条款，并对免责条款进行了提示和明确说明。但根据运输公司工作人员与保险重庆分公司的下属机构保险巴南支公司的经理即法定代表人丁某的通话录音，保险重庆分公司从未向运输公司交付过保险条款，故认定保险重庆分公司未履行免责条款的提示和明确说明义务，本案保险条款中的相关免责条款依法不产生效力。

编写人：重庆市江北区人民法院　朱敏　曲静宜

044 以家庭自用车辆名义投保的网约车在非运营过程中发生交通事故能否获赔商业险

——黄某诉财保北京公司财产保险合同案

【案件基本信息】

1. 裁判书字号

北京市西城区人民法院（2019）京 0102 民初 7667 号民事判决书

2. 案由：财产保险合同纠纷

3. 当事人

原告：黄某

被告：财保北京公司

【基本案情】

2018 年 5 月，黄某向财保北京公司投保车损险。2018 年 10 月 19 日 23 时，黄某驾驶被保险车辆与穆某驾驶的车辆在北京市海淀区某路段发生交通事故，造成被保险车辆受损，黄某支出修车费、车辆救援费共计 2 万余元。经交通管理部门认定，黄某对此次事故负全责。事故发生后，黄某向财保北京公司提出理赔申请。财保北京公司在理赔调查时发现，黄某于 2016 年在“××出行”平台上注册。事故发生当天，黄某共承接网约车业务 20 多单，事故发生地距离刚完成的最后一单终点的距离约为 5 公里，黄某称事故发生时其在收车回家路上。财保北京公司以黄某改变被保险车辆使用性质为由拒绝在商业险项下承担保险责任。黄某认为，事故发生在其回家途中而非运营过程中，财保北京公司在黄某投保时并未就免责条款向其提示并合理说明，故不发生效力，财保北京公司拒赔理由不成立，故诉至法院。

【案件焦点】

1. 黄某是否变更了被保险车辆的使用性质；2. 财保北京公司对涉案事故造成的损失是否应承担保险赔偿责任。

【法院裁判要旨】

北京市西城区人民法院经审理认为：保险合同为双务合同，保险费与保险赔偿金为对价关系，保险人依据投保人告知的情况，评估危险程度而决定是否承保以及收取保险费的多少。保险合同订立后，如果危险程度显著增加，保险事故发生的概率超过了保险人在订立保险合同时对事故发生的合理预估，如果仍然按照之前保险合同的约定要求保险人承担保险责任，对保险人有失公平。在当前车辆保险领域内，财保北京公司根据被保险车辆的用途，将其分为家庭自用和营运车辆两种，并设置了不同的保险费费率。相较于家庭自用车辆，营运车辆的运行里程多，使用频率高，故无论从社会常识的角度还是财保北京公司对风险的预估角度，营运车辆发生保险事故的概率更大，因而营运车辆的保费远高于家庭自用的车辆保费。以家庭自用名义投保的车辆，从事营运活动，致使车辆的风险显著增加，投保人应当及时通知财保北京公司，财保北京公司可以增加保费或者解除合同并返还剩余保费。

本案中，黄某在财保北京公司工作人员对其所作的询问笔录中表示，其在购买涉诉车辆当年注册了网约车业务，该车辆主要用于跑业务和代步。此外，黄某认可事发当日从事网约车运营 20 多单，但表示事故发生在收车后回家途中而非运营过程中，距离最后一单目的地 5 公里左右。根据生活常识可知，网约车业务的各笔订单之间不可能完全实现地理位置和时间的无缝对接，司机在拉完一单业务后，通常车辆会处于巡游状态，以便等待网约车平台派发下一个订单。虽然黄某表示事故发生在其回家途中而非运营过程中，但这无法排除其当时正处于等待下一个订单过程中的合理怀疑。即使黄某确已收车，也无法改变其更改车辆使用性质的事实。据此，法院认定黄某擅自变更车辆使用性质。

综上所述，黄某擅自改变被保险车辆的使用性质，从事营运行为，导致保险标的的危险程度显著增加且未通知财保北京公司，诉争保险事故系因其从事营运活动造成，故财保北京公司不应承担保险金赔偿责任，黄某的诉讼请求不能成立，应予驳回。

北京市西城区人民法院依照《中华人民共和国保险法》第五十二条、《中华人民共和国民事诉讼法》第六十四条第一款之规定，作出如下判决：

驳回黄某的诉讼请求。

判决后，双方当事人均未上诉，本判决现已生效。

【法官后语】

《中华人民共和国保险法》第五十二条规定："在合同有效期内，保险标的的危险程度显著增加的，被保险人应当按照合同约定及时通知保险人，保险人可以按照合同约定增加保险费或者解除合同。保险人解除合同的，应当将已收取的保险费，按照合同约定扣除自保险责任开始之日起至合同解除之日止应收的部分后，退还投保人。被保险人未履行前款规定的通知义务的，因保险标的的危险程度显著增加而发生的保险事故，保险人不承担赔偿保险金的责任。”在财保北京公司与投保人签订的保险合同中，财保北京公司提供的商业保险条款通常约定，被保险机动车改变使用性质，被保险人、受让人未及时通知保险人，且因改变使用性质等导致被保险机动车危险程度显著增加的，保险人不负责赔偿。因此，一般来说，如果以家庭自用车辆名义投保的车辆从事营运活动，会致使车辆的风险显著增加，投保人应当及时通知财保北京公司，财保北京公司可以增加保费或者解除合同并返还剩余保费；如果投保人未及时通知财保北京公司，则财保北京公司不承担赔偿责任。但是，由于网约车往往会在非营运和营运状态之间进行转换，所以在涉及网约车保险纠纷的具体案件中，车辆是否具备营运性质，是否达到“危险程度显著增加”的程度，成为很多纠纷的争议焦点。

《最高人民法院关于适用〈中华人民共和国保险法〉若干问题的解释（四）》第四条列举了保险标的“危险程度显著增加”的情形，包括用途的改变、所处环境的变化、使用范围的改变、因改装等原因引起的变化、使用人或管理人的改变等。该条将“危险程度显著增加”的情形进行类型化，更利于法官的判断。上述列举的情形仅是法官认定“危险显著增加”时的考量因素，实质判断标准仍是“危险增加的程度超过保险人承保时可预见的范围足以影响保险人决定是否继续承保或者提高保险费率”。该司法解释第四条第二款规定，保险标的危险的增加属于保险合同订立时保险人预见或应当预见的，不构成危险程度的增加。

由网约车的经营特点可知，网约车业务的各笔订单之间不可能完全实现地理位置和时间的无缝对接，司机在完成一单业务后，通常车辆会处于巡游状态，直至接到下一个订单。因此，即便网约车发生事故时并未处于搭载乘客的状态，也无法排除其仍可以等待并承接下一个订单的可能性，即无法以该事实否定车辆的营运性质。人民法院可根据车辆的运营记录等证据，综合判断和认定事故发生时车辆的使用性质。2019年，本案作为典型案例以新闻通报会形式向社会发布后，西城法院受理的多起涉网约车保险案件均以调解方式予以解决。此后，此类案件的收案量大幅下降，在诉源治理上取得了良好的社会示范效果。

编写人：北京市西城区人民法院　甘琳

045　保险人援引的免责条款应具有合理性和关联性

——汽车公司诉保险公司保险合同案

【案件基本信息】

1. 裁判书字号

江苏省镇江市中级人民法院（2019）苏11民终3661号民事判决书

2. 案由：保险合同纠纷

3. 当事人

原告（被上诉人）：汽车公司

被告（上诉人）：保险公司

【基本案情】

2019年4月16日，范某驾驶汽车公司的A号小型轿车，与同向行驶的周某所驾驶的B号小型普通客车发生追尾碰撞，致两车受损的交通事故。经交警认定，范某承担事故的全部责任。汽车公司的A号小型轿车在保险公司处投保交强险及车损险581660元、商业三者险2000000元，均投保不计免赔险种，事故发生在保险期间内。经保险公司定损，汽车公司实际支出维修费为61840元（含B号车维修费8200元）。

保险公司提供的商业险保险条款中的责任免除条款约定，“发生保险事故时被保险机动车未按规定检验或者检验不合格”，保险人不负赔偿责任。因汽车公司的小型轿车在事故发生时未进行年检，事故后经年检才取得合格证。保险公司以汽车公司车辆逾期年检违反了上述保险免责条款的约定为由拒绝赔付。汽车公司认为，其公司车辆虽然年检逾期，但并非导致事故发生的原因，保险公司不能免责，故诉至法院，请求判令保险公司赔付保险金61840元。

【案件焦点】

1. 保险人提供的案涉免责条款是否合理；2. 免责条款应否与保险事故间存在关联性。

【法院裁判要旨】

江苏省丹阳市人民法院经审理认为：汽车公司车辆在保险期间内发生保险事故，保险公司应按约赔付保险金。保险公司提供的商业险免责条款未区分车辆未年检和年检不合格两种情形，均不负责赔偿，存在不合理之处。机动车检验不合格会增加风险发生的概率，但是合格的车辆未年检不会增加风险发生概率。本案中，汽车公司车辆在事故后年检合格，并不存在安全隐患，非导致事故的原因。在此情况下，保险人依然以未年检为由主张免责，已经明显超出保险人控制经营风险的合理需要，不符合公平原则及被保险人的合理期待，该格式条款减轻了保险人自身责任而加重了投保人责任，应为无效条款，故对保险公司的抗辩意见不予支持。汽车公司主张的损失金额61840元，事实清楚，证据充分，予以支持。

江苏省丹阳市人民法院依照《中华人民共和国保险法》第十四条、第十九条、第六十五条第四款，《中华人民共和国民事诉讼法》第一百四十二条的规定，作出如下判决：

保险公司于判决生效后十日内赔付汽车公司保险金61840元。

二审法院基本同意一审法院裁判意见。

【法官后语】

1. 保险人提供的案涉免责条款是否合理

《中华人民共和国保险法》第十九条规定："采用保险人提供的格式条款订立的保险合同中的下列条款无效：（一）免除保险人依法应承担的义务或者加重投保人、被保险人责任的；（二）排除投保人、被保险人或者受益人依法享有的权利的。"所以，保险人制定的保险免责条款不得约定排除保险人的法定义务或者投保人、被保险人的法定权利，条款还应符合合理性判断标准，对投保人、被保险人一方不能显失公平。其中的"加重投保人、被保险人责任的"，即属于合理性判断，判断标准为该条款给投保人、被保险人设定的责任或义务超出正常合理要求，对投保人、被保险人构成显失公平的负担。判断的基础是诚实信用和利益平衡原则，事实依据则是具体保险类型在承保理赔等方面的要求和当事人的经济地位、履约能力等因素。

本案中，保险人将"未按规定检验或者检验不合格"作为免责条款，从合理性判断的角度出发，一审、二审法院都认为案涉条款未区分车辆未年检和年检不合格两种情形，保险人均不负责赔偿，存在不合理之处。对于年检不合格的情形来说，显然会大大增加风险发生的概率，保险人将其作为免责事由具有合理性。但对于车辆未年检的情形，并不一定会增加风险发生的概率，应区分情形看待：

第一，车辆经公安检验事故前就存在安全隐患，此种情形等同于年检不合格的约定，保险人可以免责；第二，车辆经检验不存在安全隐患，因而也不可能成为事故原因，已经明显超出保险人控制经营风险的合理需要，不符合被保险人的合理期待，存在当事人权利义务失衡的情况，显失公平，保险人以此主张免责不尽合理；第三，车辆未经检验或者无法检验出事故前是否存在安全隐患，则不利后果应由被保险人承担，保险人可以免责。因此，保险人在车辆未年检的情况下约定一概免责并不合理，属于“加重投保人、被保险人责任的”约定，应认定为无效条款，这也是一审法院的裁判思路。

2. 免责条款应否与保险事故间存在关联性

保险人按约承担或按约免除保险责任，应是发生的事故按约属于保险事故，保险人所援引的免责条款应与保险事故存在关联性才能以此免责。在保险实务中，可以近因原则确定关联性。近因原则是指保险人只有在造成损失的最直接、最有效原因为承保范围内的保险事故时才承担保险责任，对承保范围外的原因引起的损失，不负赔偿责任。

本案中，通过交警制作的事故责任认定书反映事故原因是被保险车辆驾驶员未遵守交通法规，尽到谨慎驾驶义务，而追尾前方车辆。且经过事故后补充年检，未发现车辆存有安全隐患，故被保险车辆受损系驾驶员未尽到谨慎驾驶义务的原因，是保险人应负赔偿责任的近因。保险人以非近因的免责事由（车辆未经年检）拒绝承担保险责任，该免责条款与保险事故及保险人在本案中应承担的保险责任之间并不具有关联性，若能以此免责，对投保人、被保险人来说亦显失公平，并不合理。

编写人：江苏省丹阳市人民法院　周强　陈庆

046 保险公司对"醉驾"享有的交强险追偿权即事实上的免赔权并不适用于"酒驾"情形

——刘某诉保险公司责任保险合同案

【案件基本信息】

1. 裁判书字号

福建省泉州市中级人民法院（2018）闽05民终7676号民事裁定书

2. 案由：责任保险合同纠纷

3. 当事人

原告（被上诉人）：刘某

被告（上诉人）：保险公司

【基本案情】

2017年9月19日，刘某为自己所有的小型轿车向保险公司投保了机动车交通事故责任强制险（以下简称交强险）。保险公司于当日出具保险单（抄件）一份，载明：被保险人刘某，死亡伤残赔偿限额为11万元，保险期间自2017年9月20日0时起至2018年9月19日24时止。2018年2月3日1时许，刘某酒后驾驶小型轿车至某路段时碰撞行人罗某，致使罗某被刘某驾驶的小型轿车沿路拖行，造成罗某当场死亡的交通事故。事故发生后，刘某未停车报警，而是驾车驶离现场。当日5时许，交警部门电话通知刘某到案接受调查，但其未及时到案，而是采取饮水及拖延到案的方式逃避交警部门对其酒后驾驶机动车行为的调查。当日15时许，刘某自行到泉州市公安局交警支队洛江大队接受调查。2018年2月8日，泉州市公安局交警支队洛江大队作出道路交通事故认定书，认定：刘某应承担本事故的全部责任；罗某无责任。同年5月14日，福建省泉州市洛江区人民检察院以刘某犯交通肇事罪提起公诉。死者罗某的家属同时提起附带民事诉讼。2018年6月11日，经福建省泉州市洛江区人民法院主持调解，刘某与罗某的家属自愿达成调解协议：由刘某一次性赔偿罗某家属全部经济损失77万元（已支付完毕），罗某的家属谅解刘某的犯罪行为，并请求对刘某减轻处罚并适用缓刑。次日，该院作出刑事判决。

【案件焦点】

1. 刘某是酒后驾驶还是醉酒驾驶；2. 保险公司应否承担交强险责任。

【法院裁判要旨】

福建省泉州市洛江区人民法院经审理认为：刘某与保险公司之间的保险合同关系，合法有效，对双方当事人均具有法律约束力。刘某依约支付保险费，保险公司亦应依约对保险事故承担保险责任。刘某在保险期限内，酒后驾驶被保险车辆发生道路交通事故造成罗某死亡，保险公司依法应承担赔偿责任。案发后，刘某虽与死者罗某的家属达成调解协议，并一次性赔偿死者家属77万元，但保险公司并未参与调解，该赔偿数额对其不发生法律约束力。因本案死者罗某属农村居民，死亡时未达20周岁，依照《最高人民法院关于审理人身损害赔偿案件适用法律若干问题的解释》第二十九条、第三十五条的规定，罗某的死亡赔偿金应以2018年度福建省农村居民人均可支配收入16334.8元为标准，按20年计算，即16334.8元/年×20年=326696元，已超过机动车交强险死亡伤残赔偿责任限额11万元的范围，且刘某已向死者罗某家属赔偿了全部经济损失，故刘某要求保险公司支付赔偿金11万元，合理合法，应予支持。保险公司主张刘某存在醉酒驾驶机动车行为，并据此主张免赔，缺乏事实依据，对其抗辩意见，不予采纳。

福建省泉州市洛江区人民法院依照《中华人民共和国合同法》第八条、第六十条第一款，《中华人民共和国保险法》第二条、第六十五条，《机动车交通事故责任强制保险条例》第二十一条、第二十二条，《中华人民共和国民事诉讼法》第六十四条第一款，《最高人民法院关于审理道路交通事故损害赔偿案件适用法律若干问题的解释》第十八条及《最高人民法院关于审理人身损害赔偿案件适用法律若干问题的解释》第二十九条、第三十五条之规定，作出如下判决：

保险公司在本判决生效之日起十日内给付刘某机动车交强险责任限额项下死亡伤残赔偿金11万元。

一审判决后，保险公司提起上诉。福建省泉州市中级人民法院经审理认为：保险公司在收到依法缴纳上诉案件诉讼费通知后，未按通知要求在规定的期限内缴交诉讼费，也未提出减交、缓交或免交申请。据此，依照《中华人民共和国民事诉讼法》第一百五十四条第一款第十一项，《最高人民法院关于适用〈中华人民共和国民事诉讼法〉的解释》第三百二十条之规定，裁定如下：

本案按上诉人保险公司自动撤回上诉处理。一审判决自本裁定书送达之日起发生法律效力。

【法官后语】

1. 醉酒驾驶与酒后驾驶的区别

根据《最高人民法院、最高人民检察院、公安部关于办理醉酒驾驶机动车刑事案件适用法律若干问题的意见》（本案以下简称《意见》）的规定，醉酒驾驶是指血液酒精含量达到80毫克/100毫升以上的，在道路上驾驶机动车的行为。广义上的“酒后驾驶”涵摄醉酒驾驶范畴，但司法实务中通常惯用狭义上的“酒后驾驶”概念，即仅指喝酒后血液酒精含量未达到80毫克/100毫升的在道路上驾驶机动车的行为，本文亦随之。醉酒驾驶与酒后驾驶不仅性质不同（前者属于危险驾驶犯罪行为，而未引发重大交通事故的酒后驾驶仅为一般违法行为），而且在交强险理赔问题上，二者也有显著区别，表现为根据《最高人民法院关于审理道路交通事故损害赔偿案件适用法律若干问题的解释》第十五条的规定，保险公司对醉酒驾驶有权向侵权人主张追偿权，而对酒后驾驶则没有。详言之，对于受害人而言，无论侵权人是醉酒驾驶或酒后驾驶，保险公司均应承担交强险理赔责任；但在醉酒驾驶情形中，保险公司在对受害人进行理赔后有权在赔偿范围内向侵权人追偿。也就是说，该交强险范围内的赔偿款最终应由侵权人实际承担，从该角度讲，对于被保险人和侵权人而言，保险公司对醉酒驾驶享有交强险免赔权。因此，交通事故发生后，倘若是被保险人先向事故第三者赔偿的，则其无权就已支付款项向保险人索赔相应的保险金。但在酒后驾驶情形中，被保险人可就先向事故第三者赔偿的交强险范围内的款项向保险人请求支付相应的保险金。

2. 酒后驾驶、醉酒驾驶的证明及举证责任

《意见》确立了以血液酒精含量检验为原则、以呼气酒精含量检验为例外的证明标准，其第六条第一款规定："血液酒精含量检验鉴定意见是认定犯罪嫌疑人是否醉酒的依据。犯罪嫌疑人经呼气酒精含量检验达到本意见第一条规定的醉酒标准，在抽取血样之前脱逃的，可以以呼气酒精含量检验结果作为认定其醉酒的依据。"

本案中，刘某因"酒驾"造成一人死亡的交通事故，并在事故发生后采取饮水及拖延到案的方式逃避交警部门的调查。从逻辑上讲，刘某的"酒驾"行为存在醉酒驾驶的可能性。但从事实认定和证明责任角度来说，保险公司抗辩称刘某的行为属醉酒驾驶，根据"谁主张、谁举证"原则，在刑事判决对此仅定性为酒后驾驶的前提下，其应承担相应的举证责任。保险公司对此举证不能，法院据此不采纳其相关抗辩意见，进而判决其应对刘某酒后驾驶所引发事故承担11万元的交强险理赔责任。

编写人：福建省泉州市洛江区人民法院　林前枢

047　保险事故发生后应及时通知保险人

——杨某诉保险公司财产损失保险合同案

【案件基本信息】

1. 裁判书字号

广东省阳江市中级人民法院（2019）民终122号民事判决书

2. 案由：财产损失保险合同纠纷

3. 当事人

原告（上诉人）：杨某

被告（被上诉人）：保险公司

【基本案情】

杨某于2017年5月18日5时许驾驶粤Q××××J号轿车在合山镇旧大桥头村仔路段碰撞路边房屋围墙，致车辆及房屋围墙损坏。本次事故发生后，杨某没有立即报警，也没有立即向保险公司报案，其是在2017年5月18日中午才报警并向保险公司报案。交警部门在当天13时左右到达事故现场勘查。对本次事故，阳江市公安局阳东分局交通警察大队于2017年11月13日出具了一份《证明》，载明："2017年5月18日5时许，杨某驾驶粤Q××××J号轿车在我队辖区合山镇旧大桥头村仔路段碰撞路边房屋围墙，致车辆及房屋围墙损坏。因杨某未及时报警，该事故事实及成因无法查清，根据《道路交通事故处理程序规定》第五十条规定，特此证明。"杨某称其在事故发生后没有立即报警是因为事故发生时天还没有亮，其没有这方面的经验。经评估，粤Q××××J号轿车交通事故损失价格为28682元。

【案件焦点】

保险公司是否可以对杨某的车辆损失拒赔。

【法院裁判要旨】

广东省阳江市阳东区人民法院经审理认为：杨某为其名下的粤Q××××J号轿车向保险公司投保了机动车损失保险（保险金额68835元，不计免赔），双方之间依法成立了保险合同关系，双方均应履行各自的合同义务。《中华人民共和国保险法》第二十一条规定："投保人、被保险人或者受益人知道保险事故发生后，应当及时通知保险人。故意或者因重大过失未及时通知，致使保险事故的性质、原因、损失程度等难以确定的，保险人对无法确定的部分，不承担赔偿或者给付保险金的责任，但保险人通过其他途径已经及时知道或者应当及时知道保险事故发生的除外。"本案中，杨某在事故发生后无正当理由未及时报警，也未及时通知保险公司，导致交警部门及保险公司对本次事故的事实及成因无法查清，杨某对此应承担相应的法律后果。

广东省阳江市阳东区人民法院依照《中华人民共和国保险法》第二十一条、《中华人民共和国民事诉讼法》第六十四条第一款的规定，作出如下判决：

驳回杨某的诉讼请求。

杨某不服一审判决，提起上诉。广东省阳江市中级人民法院经审理认为：杨某在本次事故发生后，未及时报警亦未及时通知保险公司，存在明显的重大过失，致使本次事故的性质、原因、损失承担等难以确定。

广东省阳江市中级人民法院依照《中华人民共和国民事诉讼法》第一百七十条第一款第一项的规定，作出如下判决：

驳回上诉，维持原判。

【法官后语】

随着社会经济的发展，公民维护自身权益的意识越来越高，在购买车辆时都会投保相应的车辆保险，万一发生交通事故，由保险公司来承担损失。大多数的公民会产生这样的错觉："只要发生了交通事故，保险公司都应该承担赔偿责任。”他们不知道自己还应履行相应的义务，否则保险公司可能有免赔的权利。在本案中，杨某在事故发生后无正当理由未及时报警，也未及时通知保险公司，导致交警部门及保险公司对本次事故的事实及成因无法查清。《中华人民共和国保险法》第二十一条规定：“投保人、被保险人或者受益人知道保险事故发生后，应当及时通知保险人。故意或者因重大过失未及时通知，致使保险事故的性质、原因、损失程度等难以确定的，保险人对无法确定的部分，不承担赔偿或者给付保险金的责任，但保险人通过其他途径已经及时知道或者应当及时知道保险事故发生的除外。”保险公司对其损失不承担赔偿责任。另外，在我们投保车辆保险时，保险公司都会与投保人签订相应的保险条款，在某些情形下，保险公司有免赔的权利，即我们平时所说的“免责条款”。本案中，就是因为杨某未履行及时通知保险公司的法定义务，导致本次事故事实及成因无法查清，保险公司根据上述法律规定不承担赔偿责任。

在社会生活中，可能会有“酒驾”“毒驾”“无证驾驶”甚至“顶包”等行为，如果发生交通事故后，不及时报警或不及时通知保险公司，致使无法确定驾驶人是否存在上述免责情形，导致事故的事实及成因无法查明，那么行为人应承担相应的法律后果，保险公司依法依约就可以拒赔。就本案而言，如果法院支持杨某的诉讼请求，判决保险公司对其的车辆损失承担赔偿责任，就会造成一种不良的社会风气，社会公众就会认为“只要买了保险，保险公司无论任何情况都应该承担赔偿责任”，有些驾驶人可能就会想尽办法逃避责任，可能会导致伤者得不到及时的救助、交通事故的事实无法查清。因此，本案作出保险公司拒赔的裁判结果，可以培育社会诚信、倡导驾驶行为规范，维护社会公平正义，体现了司法裁判的正能量。

最后提醒社会公众：在驾驶交通工具时，要遵守交通法规安全驾驶，遵守社会公共秩序，保障自己及他人的生命财产安全，规范驾驶行为。在道路上发生交通事故，车辆驾驶人应当立即停车，保护现场；造成人身伤亡或财产损失的，车辆驾驶人应当立即抢救受伤人员，并迅速报告执勤的交通警察或者公安机关交通管理部门，以及车辆所投保交强险、商业险的保险公司。因抢救受伤人员变动现场的，应当标明位置。乘车人、过往车辆驾驶人、过往行人应当予以协助。

编写人：广东省阳江市阳东区人民法院　赖宝军

048　施工车辆停在原地施工发生事故不属交强险赔付范围

——建材公司诉保险厦门分公司保险合同案

【案件基本信息】

1. 裁判书字号

福建省闽侯县人民法院（2018）闽 0121 民初 468 号民事判决书

2. 案由：保险合同纠纷

3. 当事人

原告：建材公司

被告：保险厦门分公司

【基本案情】

2016 年 9 月 24 日，建材公司为其所有的闽 A×××09 号泵车向保险厦门分公司投保了交强险、商业三者险和不计免赔险。保险期限为2016年9月24日0时至2017年9月23日24时。商业三者险的保额为100万元。

2017年3月22日13时许，建材公司员工胡某驾驶闽A×××09号泵车在工地对混凝土作业点进行浇筑卸料作业时，闽A×××09号泵车右边地面突然发生塌陷，导致车身向右倾斜，泵车臂架砸到现场施工人员张某，造成张某受伤，后经医院抢救无效后死亡。事发后，经福建省闽侯县安全生产监督管理局对事故调查认定，闽A×××09号泵车系造成张某死亡的直接原因。

2017年4月11日，建材公司与张某家属达成调解协议，由建材公司赔偿张某家属丧葬费、补偿费等一切费用90万元。现建材公司起诉，要求保险厦门分公司在保险赔偿限额范围内向建材公司支付建材公司代垫的闽A×××09号泵车交通事故赔偿款。

【案件焦点】

本案是否应适用《机动车交通事故责任强制保险条例》进行理赔。

【法院裁判要旨】

福建省闽侯县人民法院经审理认为：建材公司为其所有的闽A×××09号泵车向保险厦门分公司投保了交强险、商业三者险和不计免赔险，是双方当事人的真实意思表示，且不违反法律规定，应认定为有效合同。同时，闽A×××09号泵车出险时间在保险合同有效期内，因此保险厦门分公司应在合同约定和法定范围内理赔。但是，《机动车交通事故责任强制保险条例》第三条规定“本条例所称机动车交通事故责任强制保险，是指由保险公司对被保险机动车发生道路交通事故造成本车人员、被保险人以外的受害人的人身伤亡、财产损失，在责任限额内予以赔偿的强制性责任保险”。由此可见，机动车交通事故责任强制保险只适用于被保险机动车发生道路交通事故时，而本案事故是发生于施工现场停车作业，属施工安全事故，因此建材公司主张适用《机动车交通事故责任强制保险条例》责任限额理赔的诉请不能成立。因建材公司向保险厦门分公司投了商业三者险，且赔偿限额为 100 万元，故保险厦门分公司应在商业三者险限额范围内赔偿建材公司 789051.46 元。至于建材公司主张的精神损害抚慰金因该费用不属于商业第三者保险赔偿范围，且建材公司与张某家属达成的调解协议中未列明该项赔偿，故建材公司的该项主张法院不予支持。

福建省闽侯县人民法院依照《中华人民共和国合同法》第六十条、《中华人民共和国保险法》第十四条的规定，作出如下判决：

一、保险厦门分公司应于本判决生效之日起十日内向建材公司支付赔偿款 789051.46 元；

二、驳回建材公司的其他诉讼请求。

判决后，双方当事人均未上诉，本判决现已生效。

【法官后语】

《机动车交通事故责任强制保险条例》第三条规定“本条例所称机动车交通事故责任强制保险，是指由保险公司对被保险机动车发生道路交通事故造成本车人员、被保险人以外的受害人的人身伤亡、财产损失，在责任限额内予以赔偿的强制性责任保险”。第四十三条规定“机动车在道路以外的地方通行时发生事故，造成人身伤亡、财产损失的赔偿，比照适用本条例”。根据上述两条规定，适用交强险的前提是发生的事故属于交通事故范畴或虽不属于交通事故范畴但系机动车处于通行时发生事故而造成人身伤亡、财产损失。

1. 施工现场是否属于《中华人民共和国道路交通安全法》所规定的道路范畴？对于道路，《中华人民共和国道路交通安全法》第一百一十九条第一项规定“道路，是指公路、城市道路和虽在单位管辖范围但允许社会机动车通行的地方，包括广场、公共停车场等用于公众通行的场所”。本案中，事故发生的地点为建筑工地施工现场。作为建筑工地，由于其现场施工环境的危险性和一定的封闭性，一般只允许施工车辆及施工人员进入、通行，而社会车辆及人员均被禁止进入其中，因此建筑工地不具备公众通行的性质。故建筑工地施工现场不属于《中华人民共和国道路交通安全法》第一百一十九条第一项所规定的道路范畴。根据《中华人民共和国道路交通安全法》第一百一十九条第五项“交通事故，是指车辆在道路上因过错或者意外造成的人身伤亡或者财产损失的事件”的规定，交通事故必须发生在道路上，故在建筑工地发生的事故不属于交通事故。

2. 施工车辆停在原地施工时是否应认为处于通行状态中？所谓通行，并不仅指车辆始终处于行驶当中，而是既指车辆处于行驶状态中，亦指虽处于静止但欲通行状态中，如等红灯、起步发动等。就以上两种状态而言，车辆均呈现出交通工具的特性。本案中，涉案车辆为特种车辆，其既可作为交通工具行驶，也可作为起重机械进行施工作业。在本案事故发生时，该车辆系停在原地进行起重作业而非停在原地等待通行，即驾驶员在操作该车辆时，并无等待通行的意图，此时该车辆呈现的是起重作业机械的特性，而非交通工具的特性。本案中的事故不应认定为是车辆在通行中发生的事故。因此，本案事故既非交通事故，也不是在通行中发生的事故，故不属于交强险的赔付范围。

编写人：福建省闽侯县人民法院　王秀林

049 车上人员离车从事与驾驶无关作业被本车挤压应获得交强险赔偿

——李某、刘甲诉财险公司保险合同案

【案件基本信息】

1. 裁判书字号

黑龙江省哈尔滨市中级人民法院（2018）黑 01 民终 7608 号民事判决书

2. 案由：保险合同纠纷

3. 当事人

原告（被上诉人）：李某、刘甲

被告（上诉人）：财险公司

【基本案情】

李某系刘乙的妻子，刘甲系刘乙的儿子。2016 年 12 月 31 日 18 时，刘乙驾驶 A 重型半挂牵引车，在河北省沧州市佳兴物流园停车场东侧停车，因未拉手刹造成溜车，刘乙发现后到车头前推车，被挤压在李某停放在停车场西侧的 B 重型半挂牵引车上，刘乙受伤后经河北省沧州市人民医院抢救无效后死亡。刘乙住院抢救期间其家属支出医疗费 16659.83 元。经交警部门认定，刘乙负事故全部责任，李某无责任。A 重型半挂牵引车与 B 重型半挂牵引车均在财险公司投保交强险，保险事故发生在保险期限内，其中刘乙为 A 重型半挂牵引车的投保人。审理中，刘乙的父亲、母亲到庭，该二人表示不参加诉讼，不要求分割所得赔偿款。

【案件焦点】

驾驶员离车从事与驾驶无关作业时，被本车挤压致死，可否作为“第三者”获得机动车强制责任保险的赔付。

【法院裁判要旨】

黑龙江省哈尔滨市香坊区人民法院经审理认为：本案系机动车交通事故引发的保险合同纠纷，应根据侵权责任法、道路交通安全法、最高人民法院有关司法解释及机动车交通事故责任强制保险条例的有关规定进行处理。因刘乙已经死亡，李某、刘甲作为赔偿权利人提起诉讼主体适格。案外人李某在本次事故中无责，现李某、刘甲要求财险公司在 B 重型半挂牵引车的交强险的范围内承担 10% 的赔偿责任，即 12000 元的主张，财险公司同意赔偿，故对李某、刘甲的该项主张法院予以支持。

本案争议焦点为刘乙是否为 A 重型半挂牵引车机动车强制保险的“第三者”。我国《机动车强制责任保险条例》第二十一条规定，被保险机动车发生道路交通事故造成本车人员、被保险人以外的受害人人身伤亡、财产损失的，由保险公司依法在机动车交通事故责任强制保险责任限额范围内予以赔偿。保险公司所称的驾驶人员的正确理解应当为正在驾驶车辆的具备驾驶资格的人员，并且是实际在操作、控制着车辆的行驶或者正在进行与车辆的行驶有关的操作，如果驾驶人停车后离开车辆，而做与驾驶车辆无关的事项，此时其身份已不是车辆驾驶员。根据交通事故认定书记载，刘乙在停车后因未拉手刹造成 A 重型半挂牵引车溜车，刘乙发现后到车头前推车，被挤压在案外人李某停放在停车场西侧的 B 重型半挂牵引车上，致使刘乙受伤，后经医院抢救无效后死亡。本案中，交通事故发生的时间应为车辆挤压刘乙的时间，在这个时间节点，刘乙所处的空间位置是车外，已经由车上人员转化为第三者，故刘乙应属于被保险车辆发生事故遭受人身损害的保险车辆下的受害者，适用交强险对第三者的理赔。因案件受理费不在交强险理赔范围内，故李某、刘甲主张财险公司负担案件受理费的主张不予支持。

黑龙江省哈尔滨市香坊区人民法院依照《中华人民共和国侵权责任法》第六条、第四十八条、第四十九条，《最高人民法院关于审理道路交通事故损害赔偿案件适用法律若干问题的解释》第十六条、第十七条，《机动车强制责任保险条例》第二十一条、第四十二条之规定，作出如下判决：

一、财险公司在B重型半挂牵引车交强险责任范围内赔偿李某、刘甲12000元；

二、财险公司在A重型半挂牵引车交强险责任范围内赔偿李某、刘甲120000元；

三、驳回李某、刘甲的其他诉讼请求。

财险公司不服一审判决，提起上诉。黑龙江省哈尔滨市中级人民法院经审理认为：机动车辆是一种交通工具，任何人都不可能永久地置身于机动车辆上，故机动车辆保险合同所涉及的“第三者”和“车上人员”均为在特定时空条件下的临时身份，二者可以随特定时空条件的变化而转化。具体到本案中，关于刘乙是否属于交强险“第三者”的问题，应以发生事故时即受害人遭受损害的当时身体所处位置为依据，结合受害人因事故所损害的原因来加以分析。在该案中，刘乙在下车作业之前是驾驶员身份，属于“车上人员”。其在车辆停止以后、下车作业时发生了交通事故，事故发生时受害人刘乙已经离开车辆，已停止了对该车辆的操作和控制，在做与驾驶无关的事情，已经不属于“车上人员”，应认定为“第三者”。财险公司主张刘乙作为被保险人和机动车驾驶人，不属于机动车交通事故责任强制保险和机动车第三者责任险中的第三人，财险公司不应承担本车交强险的保险责任，依据不足，不予支持。财险公司的上诉请求不能成立，应予驳回；一审判决认定事实清楚，适用法律正确，应予维持。

黑龙江省哈尔滨市中级人民法院依照《中华人民共和国民事诉讼法》第一百七十条第一款第一项之规定，作出如下判决：

驳回上诉，维持原判。

【法官后语】

制定《机动车强制责任保险条例》的目的在于为机动车道路交通事故的受害人提供基本保障，及时、合理地填补其遭受的损害，在此基础上，借助机动车交通事故责任强制保险所具有的社会管理效用更好地履行政府职责，促进道路交通安全，进而维护社会大众的安全与权益。交强险实际上是针对交通事故频繁的社会危害而设立的，是对交通事故的发生所带来的人身和财产损失的有效弥补，交通事故的偶然性特征决定了个人往往不能及时有效地应对交通事故突然性所带来的风险。如此一来，通过机动车交通事故责任强制保险分散加害人的损害赔偿责任即成为必要。同时，对于政府而言，社会管理者的角色必然要求其承担管理道路交通、维护交通安全的职责，倘若完全听任加害人出于“转嫁”自身责任的考虑而投保商业责任保险，显然难堪此任。因此，国家强制机动车投保机动车交通事故责任强制保险，并不断提高其保障程度和覆盖面，使机动车交通事故的受害人能获得合理的赔偿。

我国《机动车强制责任保险条例》第二十一条规定，被保险机动车发生道路交通事故造成本车人员、被保险人以外的受害人人身伤亡、财产损失的，由保险公司依法在机动车交通事故责任强制保险责任限额范围内予以赔偿。结合交强险的立法目的，机动车辆保险合同所涉及的“第三者”和“车上人员”的身份并非固定不变，判断受害人发生交通事故时属于第三人还是车上人员，应当以发生事故当时这一特定时间节点，受害人身体所处空间为依据，二者只是在特定时空下的临时身份，其身份会因特定时空条件的变化相互发生转换。具体到本案中，关于刘乙是否属于交强险“第三者”的问题，应以发生事故时即受害人遭受损害的当时身体所处位置为依据，结合受害人因事故所受损害的原因来加以分析。

编写人：黑龙江省哈尔滨市香坊区人民法院　李爽

050　车上人员因事故甩出车外不能成为交强险的“第三者”

——孙甲诉财险公司责任保险合同案

【案件基本信息】

1. 裁判书字号

新疆维吾尔自治区乌鲁木齐铁路运输中级法院（2018）新71民终4号民事判决书

2. 案由：责任保险合同纠纷

3. 当事人

原告（上诉人）：孙甲

被告（被上诉人）：财险公司

【基本案情】

孙甲购买了车号为新A×××D3号的二手车，该车在财险公司处投保了机动车交通事故责任强制保险。2016年10月8日，孙甲超速驾驶新A×××D3号车，在向左侧急打方向盘时车辆发生侧滑，驶下路基后发生翻滚，造成乘车人齐某被甩出车外，后被本车碾压致死。事故经清河县公安局交警大队事故认定，孙甲承担事故的全部责任。2016年10月15日，孙甲父亲孙乙与齐某的继承人达成《交通事故赔偿协议书》，由孙乙赔偿了齐某的继承人各项费用共计210000元。事后，孙甲向财险公司申请理赔，财险公司以本次事故发生时齐某属于被保险车辆的车上人员，本次事故不属于保险责任的范围为由予以拒赔。为此，孙甲起诉，请求判令财险公司赔偿其交强险的保险金110000元。

【案件焦点】

1. 齐某能否视为机动车交通事故责任强制保险中的“第三者”；2. 财险公司是否应当在机动车交通事故责任强制保险中承担赔偿责任。

【法院裁判要旨】

新疆维吾尔自治区乌鲁木齐铁路运输法院经审理认为：本案的保险合同系双方当事人的真实意思表示，内容不违反法律、行政法规的强制性规定，是合法有效的合同，双方均应按合同的约定履行义务。因孙甲驾驶被保险车辆过程中操作不当，车辆驶入路基下翻滚，导致乘车人齐某被甩出车外受到车辆碾压而死亡，故在事故发生时齐某仍属于被保险车辆上的乘客，属于本车人员。依据《机动车交通事故责任强制保险条例》第三条“本条例所称机动车交通事故责任强制保险，是指由保险公司对被保险机动车发生道路交通事故造成本车人员、被保险人以外的受害人的人身伤亡、财产损失，在责任限额内予以赔偿的强制性责任保险”的规定以及《机动车交通事故责任强制保险条款》第五条的约定，本次事故中死者齐某属于本车人员，不属于交强险理赔的对象。孙甲诉请财险公司赔偿其交强险赔偿金 110000 元的诉讼请求，与上述规定和保险合同的约定不符，法院不予支持。

新疆维吾尔自治区乌鲁木齐铁路运输法院依照《中华人民共和国保险法》第十条、第十六条第七款，《机动车交通事故责任强制保险条例》第三条的规定，作出如下判决：

驳回孙甲的诉讼请求。

孙甲不服，提起上诉。新疆维吾尔自治区乌鲁木齐铁路运输中级法院经审理认为：保险合同中所涉及的“车上人员”和“第三者”均为特定时空条件下的临时性身份，即“第三者”与“车上人员”均不是永久的、固定不变的身份，诚如上诉人所说，“车上人员”在机动车停靠休息时正常下车后即为“车外人员”，但是两者的区别还是比较明确的，对于本案一个连续发生且无明显逻辑间断的事故而言，区分“车上人员”与“车外人员”的时间节点应当是事故危险发生之始的瞬间而非损害发生之后的时刻，双方均认可齐某事故发生之始是车上乘客，齐某在事故发生之始的瞬间是车上乘客，身处车上，因交通事故的原因才导致其脱离本车，不存在转化为“第三者”的问题，齐某仍属于“车上人员”，不应将其作为机动车交通事故责任强制保险限额赔偿范围的理赔对象，财险公司无需在机动车交通事故责任强制保险责任范围内承担赔偿责任。故孙甲的上诉理由不能成立，法院不予支持。

新疆维吾尔自治区乌鲁木齐铁路运输中级法院依照《中华人民共和国民事诉讼法》第一百七十条第一款第一项的规定，判决如下：

驳回上诉，维持原判。

【法官后语】

《机动车交通事故责任强制保险条例》第三条规定“本条例所称机动车交通事故责任强制保险，是指由保险公司对被保险机动车发生道路交通事故造成本车人员、被保险人以外的受害人人身伤亡、财产损失，在责任限额内予以赔偿的强制性责任保险”，《机动车交通事故责任强制保险条款》第五条约定“交强险合同中的受害人是指因被保险机动车发生交通事故遭受人身伤亡或者财产损失的人，但不包括被保险机动车本车车上人员、被保险人”，确定的赔偿对象排除了本车车上人员。在发生保险事故的纠纷中，受害人是否属于第三者的范围，对第三者的认定是能否获得机动车交通事故责任强制保险赔偿的关键。实践中赔偿对象的界定是以交通事故发生时受害人是“车上人员”还是“第三者”。虽然保险合同中所涉及的“车上人员”和“第三者”均为特定时空条件下的临时性身份，但机动车发生交通事故的特定时间节点应该是本车是否处于危险状态。

本案中，虽然交通事故发生时，车辆翻转产生的作用力将乘车人齐某抛出车外，其被抛出车外的瞬间没有位于机动车上，但其随后被本车碰撞碾压死亡即属于一次交通事故，并不是抛出车外后又发生了第二次交通事故。针对这么一个连续发生且无明显逻辑间断的事故而言，区分“车上人员”与“车外人员”的时间节点应当是事故危险发生之始的瞬间而非损害发生之后的时刻，齐某不论是在车上，还是因作用力被抛出车外，均属于被保险机动车的“车上人员”。

交强险的立法目的在于保障除车上人员、被保险人外的受害人的利益，而乘车人可以通过车上人员责任险和意外伤害险来保障权利。如果将车上人员在特定情形下理解为转化了的“第三者”，与交强险的立法本意不符。

随着我国经济的快速发展，机动车数量急剧增加，汽车作为一个普通的交通工具走入平常百姓家。汽车的普及给人们的生活带来了极大的便利和高效，但随着机动车保有量的增加，道路交通环境发展相对滞后，机动车交通事故的数量也有所增长。为了保障道路交通事故受害人利益，分散被保险人的风险，提高被保险人赔偿能力，机动车交通事故责任保险起到了积极的作用。

作为机动车辆的所有人或实际使用人，应按规定投保机动车交通事故责任强制保险，还可以根据车辆使用情况投保机动车综合商业保险，如车上人员责任保险、第三者责任保险，一旦发生了保险事故，保险公司按照相应的保险进行赔付，一方面能分担被保险人的赔偿责任、分散被保险人的风险，另一方面也能够让受害人得到及时有效的救济。

编写人：新疆维吾尔自治区乌鲁木齐铁路运输中级法院　毛建梅

051　承保交强险保险公司的追偿数额范围的正确认定

——财险公司诉孟某追偿权案

【案件基本信息】

1. 裁判书字号

山东省淄博市中级人民法院（2018）鲁03民终2304号民事判决书

2. 案由：追偿权纠纷

3. 诉讼双方

原告（上诉人）：财险公司

被告（被上诉人）：孟某

【基本案情】

2015年8月8日，孟某持C1证驾驶一辆运输型拖拉机与王甲驾驶的三轮车在路口相撞，导致驾驶人王甲及搭乘人王乙、王丙、冯甲、冯乙、刘甲六人受伤。后经交警部门认定，孟某承担事故同等责任。孟某名下涉案车辆在财险公司投保了交强险。后王甲等六人分别向法院提起诉讼，法院判决财险公司在交强险限额内赔偿王甲等六人各项损失共计120000元，该赔偿数额未按照交通事故双方应承担的责任份额进行分割，后财险公司全额履行。财险公司主张因孟某系无证驾驶机动车发生交通事故，故依法提起本案诉讼，要求孟某偿还交通事故垫付款120000元。孟某则辩称财险公司所述属实，但保险合同不是其签订，且其与被赔付人是同等责任，应平分经济损失。

【案件焦点】

财险公司在本案中向孟某追偿的数额应如何认定。

【法院裁判要旨】

山东省淄博市临淄区人民法院经审理认为：孟某持C1证驾驶拖拉机，与准驾车型不符，其驾驶涉案车辆造成第三人受伤，财险公司在依据生效判决书向第三人履行赔偿义务后，有权对实际驾驶车辆造成事故的侵权人即孟某行驶追偿权。在本案所涉及的交通事故中，经淄博市公安局交警支队临淄大队认定孟某承担同等责任，且法院生效判决中也确认其应承担50%的赔偿责任。因此，财险公司在交强险赔偿范围内的追偿数额，应以孟某应承担的赔偿额为限。综上，对财险公司要求孟某偿还垫付款120000元的诉求，仅支持其中的50%即60000元。

山东省淄博市临淄区人民法院依照《中华人民共和国民法通则》第一百三十一条，《中华人民共和国侵权责任法》第二十六条，《最高人民法院关于审理道路交通事故损害赔偿案件适用法律若干问题的解释》第十八条，《中华人民共和国民事诉讼法》第一百四十四条之规定，判决如下：

一、孟某向财险公司偿还垫付的保险赔偿款60000元，于本判决书生效后十日内付清；

二、驳回财险公司的其他诉讼请求。

财险公司不服一审判决，持原审起诉意见提起上诉。山东省淄博市中级人民法院经审理认为：关于原审认定的财险公司在本案中的追偿数额是否正确的问题。依据《最高人民法院关于审理道路交通事故损害赔偿案件适用法律若干问题的解释》第十八条的规定，有下列情形之一导致第三人人身损害，当事人请求保险公司在交强险责任限额范围内予以赔偿，人民法院应予支持：（一）驾驶人未取得驾驶资格或者未取得相应驾驶资格的……保险公司在赔偿范围内向侵权人主张追偿权的，人民法院应予支持。因交强险限额内赔偿对受害人的赔偿并不考虑侵权责任，故无论侵权人在交通事故中承担全部责任或是部分责任，均应按照交强险保险公司已向受害人先行赔付的数额进行追偿。本案中，财险公司在涉案交通事故赔偿纠纷中已在交强险限额内向受害人王甲等赔偿损失

120000 元。故财险公司要求孟某偿还垫付款 120000 元符合法律规定，应当予以支持。综上所述，财险公司的上诉请求成立，应予支持。

山东省淄博市中级人民法院依照《最高人民法院关于审理道路交通事故损害赔偿案件适用法律若干问题的解释》第十八条，《中华人民共和国民事诉讼法》第一百七十条第一款第二项、第一百七十五条的规定，判决如下：

一、撤销山东省淄博市临淄区人民法院（2018）鲁 0305 民初 715 号民事判决第二项；

二、变更山东省淄博市临淄区人民法院（2018）鲁 0305 民初 715 号民事判决第一项为：孟某向财险公司偿还垫付的保险赔偿款 120000 元，于本判决生效后十日内付清。

【法官后语】

本案主要涉及承保交强险保险公司的追偿数额范围的正确认定问题。

本案中，涉案交通事故的侵权人孟某持 C1 证驾驶拖拉机，与准驾车型不符，这显然属于一种无相应驾驶资格的情形。对于此情形下承保交强险的保险公司向侵权人的追偿权，《机动车交通事故责任强制保险条例》第二十二条第一款和《最高人民法院关于审理道路交通事故损害赔偿案件适用法律若干问题的解释》（本案以下简称《交通事故损害赔偿解释》）第十五条第一款均予以明确肯定。但本案反映出的主要问题则在于追偿的数额范围。一审认为承保交强险的保险公司在交强险赔偿范围内的追偿数额应以侵权人应承担的赔偿额为限，二审则认为应按照承保交强险的保险公司已向受害人先行赔付的数额进行追偿。这两种不同的理解显然会导致两种不同的裁判结果。因此，对于承保交强险保险公司的追偿数额范围问题有必要在审判实践中予以厘清。

关于承保交强险保险公司的追偿数额范围，《机动车交通事故责任强制保险条例》第二十二条只是明确了保险公司有权向致害人追偿，但并未明确追偿的数额范围。《交通事故损害赔偿解释》第十五条第二款则规定："保险公司在赔偿范围内向侵权人主张追偿权的，人民法院应予支持……"尽管《交通事故损害赔偿解释》第十五条第二款的这一规定相对明确，但也存在对其中的"赔偿范围"予以正确理解和把握的问题。这也决定了对承保交强险保险公司的追偿数额的正确认定。首先从对该条文进行文义解释和体系解释的角度来看，《交通事故损害赔偿解释》第十五条第二款是承接第一款而来的，其第二款中"赔偿范围"的含义无疑应当与第一款中"当事人请求保险公司在交强险责任限额范围内予以赔偿"的含义是一致的，即此处的"赔偿范围"应当是指保险公司在交强险责任限额内的实际赔偿数额。其次从理论上来讲，《交通事故损害赔偿解释》第十五条之所以对特定情形下的保险公司追偿权予以明确规定，其目的一方面是保障交通事故的受害人依法及时得到损害赔偿；另一方面则是使侵权人承担交通事故损害赔偿的最终责任，从而避免产生道德风险。而且保险公司在交强险限额内对受害人的赔偿本身也并不考虑侵权责任，而是先行按照损失数额全部赔偿，不存在划分责任比例进行赔偿的问题。因此，无论侵权人在交通事故中承担全部责任还是部分责任，承保交强险保险公司在已向受害人先行赔偿后，其向侵权人进行追偿的范围应为其赔偿范围，即保险公司应按照其实际赔偿的全部数额向侵权人进行追偿，而不应按侵权人应承担责任的比例确定追偿数额范围。

编写人：山东省淄博市中级人民法院　荣明潇

052　特种机动车作业事故损害应属于交强险赔偿范围

——李某诉财保德阳公司等机动车交通事故责任案

【案件基本信息】

1. 裁判书字号

四川省高级人民法院（2018）川民申 1736 号民事裁定书

2. 案由：机动车交通事故责任纠纷

3. 当事人

原告（被上诉人、再审被申请人）：李某

被告（上诉人、再审申请人）：财保德阳公司

被告（被上诉人、再审被申请人）：建筑租赁服务部、人保德阳公司

【基本案情】

2016 年 11 月 3 日 9 时许，姜某驾驶一辆特种车在工地吊运东西。因操作不慎，吊运的物品从高处落下，将路过此处的李某砸伤，什邡市公安局禾丰派出所接到报警后出警。李某被送往医院治疗，于 2017 年 2 月 16 日出院，出院医嘱及建议为：加强营养，休息三个月。2017 年 5 月 21 日，某司法鉴定中心出具司法鉴定意见书，载明：李某因交通事故致右足弓结构破坏，属十级伤残；右

足功能丧失50%以上，属十级伤残。

涉案特种车在财保德阳公司投保了交强险，在人保德阳公司投保了商业险，事故发生于保险期间。机动车交通事故责任强制保险单（抄单）载明了被保险人、被保险车辆号牌和发动机号码，该保险单上加盖了“公司保险单专用章”。机动车商业保险保险单（副本）载明了被保险人、车牌号码、发动机号码，承保险种有“起重、装卸、挖掘车辆损失扩展条款、不计免赔、第三者责任保险”等6个险种，该保险单上加盖有“公司承保业务专用章（2）”。

【案件焦点】

特种机动车辆在作业时发生事故造成的损害，承保交强险的保险公司是否应当在交强险范围内赔偿。

【法院裁判要旨】

四川省什邡市人民法院经审理认为：依照《中华人民共和国侵权责任法》第六条第一款“行为人因过错侵害他人民事权益，应当承担侵权责任”的规定，姜某应对造成李某的损失承担赔偿责任。因建筑租赁服务部是涉案特种车的实际所有人，且姜某与建筑租赁服务部之间系雇佣关系，根据《中华人民共和国侵权责任法》第三十五条的规定，李某的损失应当由建筑租赁服务部承担赔偿责任。李某相对于涉案特种车属于第三者，依照《中华人民共和国道路交通安全法》第七十六条第一款“机动车发生交通事故造成人身伤亡、财产损失的，由保险公司在机动车第三者责任强制保险责任限额范围内予以赔偿……”的规定，以及《中华人民共和国保险法》第六十五条第一款“保险人对责任保险的被保险人给第三者造成的损害，可以依照法律的规定或者合同的约定，直接向该第三者赔偿保险金”

的规定，财保德阳公司以及人保德阳公司应在保险责任范围内承担赔偿责任。故判决如下：

一、财保德阳公司于判决发生法律效力之日起十日内在涉案特种车保险责任限额内一次性赔偿李某在本次事故中受伤产生的各项损失 55721.46 元；

二、人保德阳公司于判决发生法律效力之日起十日内一次性赔偿李某在本次事故中受伤产生的各项损失 25793.02 元；

三、驳回李某的其他诉讼请求；

四、财保德阳公司于判决发生法律效力之日起十日内一次性支付建筑租赁服务部垫付的款项 29822.62 元。

财保德阳公司不服，提起上诉。四川省德阳市中级人民法院经审理认为：本案中，案涉车辆作为用于起重、吊运物品的特种机动车车辆，在道路上行驶的时间少于作业时间，若将该特种车辆在作业时造成的人身伤亡排除在交强险的赔偿范围之外，受害人获得交强险救济的概率将大为降低，投保人投保交强险的目的也会落空，该结果显然不符合交强险的设立目的。故二审法院对财保德阳公司提出的上诉主张不予支持。

四川省德阳市中级人民法院依照《中华人民共和国民事诉讼法》第一百七十条第一款第一项、《最高人民法院关于适用〈中华人民共和国民事诉讼法〉的解释》第三百三十四条之规定，判决如下：

驳回上诉，维持原判。

财保德阳公司仍不服，申请再审。四川省高级人民法院经审理认为：案涉机动车非普通车辆，是主要用于起重、吊装货物的特种机动车车辆。案涉事故正是姜某在操作该特种机动车车辆吊装货物作业过程中，因操作不慎，所吊运的物品掉落所致。虽然不属于通常意义上的交通事故，但是交强险设立的目的是通过强制机动车的所有人或者管理人依法投保，让保险人来承担、分摊社会风险，保障机动车相关事故中的受害人能及时从保险公司得到赔付而得以获得必要的救济。若将此损害排除在交强险的赔偿范围之外，受害人李某将不能获得交强险救济，投保人投保交强险的目的也会落空，该结果显然不符合交强险的立法目的。一审、二审法院根据《机动车交通事故责任强制保险条例》的立法精神，比照适用此条例，认定由财保德阳公司在交强险限额内承担责任，并无不当，予以支持。财保德阳公司申请再审的理由不能成立，其再审申请应予驳回。

四川省高级人民法院依照《中华人民共和国民事诉讼法》第二百零四条第一款，《最高人民法院关于适用〈中华人民共和国民事诉讼法〉的解释》第三百九十五条第二款之规定，裁定如下：

驳回财保德阳公司的再审申请。

【法官后语】

特种机动车辆在作业时发生事故造成的损害，应当由保险公司在交强险范围内赔偿，不足部分由相关当事人按照责任比例承担赔偿责任。本案例涉及的焦点问题主要在于：特种车辆作业事故是否应在交强险内赔偿。

有观点认为，《机动车交通事故责任强制保险条例》第三条规定“本条例所称机动车交通事故责任强制保险，是指由保险公司对被保险机动车发生道路交通事故造成本车人员、被保险人以外的受害人的人身伤亡、财产损失，在责任限额内予以赔偿的强制性责任保险”。该条例第四十三条规定，“机动车在道路以外的地方通行时发生事故，造成人身伤亡、财产损失的赔偿，比照适用本条例”。故交强险仅针对机动车通行过程中产生的侵权损害进行赔偿，作业事故产生的损害不包含在赔偿范围内。

但笔者认为，特种机动车辆作业事故应当在交强险内获赔，其依据如下：

1. 交强险立法本意

机动车交通事故责任强制险的立法本意是让保险人承担分摊社会风险，使得事故受害人能够及时从保险公司得到经济赔偿。《中华人民共和国道路交通安全法》第一百一十九条第三项对机动车的定义为“是指以动力装置驱动或者牵引，上道路行驶的供人员乘用或者用于运送物品以及进行工程专项作业的轮式车辆”。因此，吊车、混凝土泵车、压路机、渣土车等作业车辆虽具有特种车辆的性质，但仍属于机动车，应当购买交强险。对于吊车等特种机动车辆而言，其在道路上行驶的时间明显少于作业时间，如果将作业事故造成的损害排除在交强险赔偿范围外，会大大削弱交强险保障的效力，使得投保人投保交强险的目的难以实现，违背交强险的立法精神。

2. 交强险条款约定

《机动车交通事故责任强制保险条款》第八条约定，保险责任范围为被保险人在使用被保险机动车过程中发生交通事故。从文义解释角度看，“作业”应当包含在“使用”中，且特种机动车的“作业”与普通机动车“通行”都是机动车在动力装置驱动下的运动，二者的区别只在于车辆功能不同，不存在本质区别。故从保险条款来看，交强险保险条款并未把特种机动车辆在作业时发生的事故排除在保险责任范围之外。

3. 规范性文件规定

根据《机动车交通事故责任强制保险条例》第四十三条的立法精神，用于起重的特种机动车在进行作业时的责任事故，可以比照适用该条例。该条例第四十三条规定，机动车在道路以外的地方通行时发生事故，造成人身伤亡、财产损失的赔偿，比照适用本条例。依照此复函，起重的特种机动车在进行作业时的责任事故可以比照适用《机动车交通事故责任强制保险条例》的相关规定。

4. 保险的对价平衡原则

从实践上看，特种机动车辆交强险保费的金额往往高于普通机动车交强险保费金额，如果交强险的赔偿范围不包括作业事故造成的损失，对投保人而言就是花更大的代价获得更少的保障，违背保险的对价平衡原则。

综上，特种机动车辆在作业过程中造成的损失应当属于交强险的赔偿范围。

编写人：四川省德阳市中级人民法院　邵敏　杨轩

053 投保人未如实陈述导致保险事故的性质、原因无法查明，保险人对无法确定的部分免责

——张甲诉保险公司保险合同案

【案件基本信息】

1. 裁判书字号

福建省宁德市中级人民法院（2018）闽09民终1932号民事判决书

2. 案由：保险合同纠纷

3. 当事人

原告（上诉人）：张甲

被告（被上诉人）：保险公司

【基本案情】

2015 年 3 月 3 日，张甲作为投保人和被保险人就保险车辆豫 AT×××W 号车向保险公司投保，投保了道路交通事故责任强制保险 122000 元，车辆损失险 654570 元，第三者责任险 500000 元等及上述保险的不计免赔险，保险期间自 2015 年 3 月 3 日 19 时起至 2016 年 3 月 2 日 19 时止。张甲交纳保险费 17447.53 元，保险公司出具了机动车道路交通事故责任强制保险单、机动车辆保险单。2015 年 3 月 4 日晚，张甲将保险车辆借给案外人张乙驾驶，当日 23 时 35 分许，张乙驾驶豫 AT×××W 号车出行，因车速太快，该车驶出左侧路面，撞到路边电线杆、垃圾桶、行道树和某车行卷帘门，致豫 AT×××W 号车、电线杆等损坏。张乙报警，屏南县公安局交管大队民警接警后立即赶赴现场进行调查。同时，张乙通知了保险公司，公司安排了查勘人员到现场查勘定损。

2015 年 5 月，屏南县公安局交通管理大队作出了道路交通事故证明，确定了交通事故相关事宜，但因保险公司提出异议，屏南县公安局交通管理大队表示继续调查事发时保险车辆豫 AT×××W 号车的驾驶员，因保险公司拒绝将查勘定损材料出示给张甲，张甲只好于 2015 年 3 月 25 日自行委托福建立信司法鉴定所就保险车辆豫 AT×××W 号车进行定损。2015 年 4 月 8 日，该鉴定所出具车辆损失鉴定意见书认为修复金额为 661127 元，已超过车辆发生事故时的实际价值 510000 元，已无修复价值，推定全损。另外，张甲因交通事故还支付了拖车费 3500 元，鉴定费 7000 元。张甲将保险理赔材料全部交给了保险公司，但该公司认为保险车辆投保时间和出险时间相距太近，以不合理、需调查为由，不仅不予赔偿，还怀疑张甲骗险，双方无法就豫 AT×××W 号车保险理赔达成一致意见。

2015 年 6 月 8 日，张甲向屏南县人民法院起诉请求被告赔付相关保险金，赔偿拖车费、鉴定费。2015 年 7 月 3 日，屏南县人民法院认为保险公司被保险诈骗一案已于 2015 年 5 月 20 日进行侦查，该案尚处于侦查阶段，裁定驳回张甲的起诉。2018 年 1 月 9 日，屏南县公安局经过侦查，认为就保险公司被保险诈骗一案，不应对犯罪嫌疑人追究刑事责任，作出撤销案件决定书，决定撤销案件。由此，张甲诉请判令保险公司承担保险责任。

【案件焦点】

1. 本案保险事故的性质、原因是否可以确定；2. 如果不能确定，是否是因投保人、被保险人或者受益人故意或者重大过失未及时通知造成的。

【法院裁判要旨】

福建省屏南县人民法院经审理认为：张甲与保险公司订立的保险合同是双方当事人的真实意思表示，内容没有违反法律、行政法规的强制性规定，合同合法有效，双方当事人均应当依法行使权利、履行义务。本案虽然无法确证事故车辆实际驾驶员，但结合张乙对事故的过程描述与调取的监控有部分不一致，特别是在屏南县公安局交通警察大队民警特意询问其回来路上有无看到交通事故时，其却陈述其回来的路上没有看到交通事故，也没有停车，这与调取的监控视频中显示内容明显不符，也不符合常理，加之在事故车内发现有血迹，而张乙本人身体无外伤、张甲及张乙对事故发生后是谁先打电话的陈述不一致等情节，亦无法排除其存在顶包的嫌疑，保险公司的怀疑是合理的。由此可见，张甲及张乙未如实陈述，致使交警部门无法查明事故具体情况及实际驾驶员，对事故责任作出认定，进而造成保险事故的性质、原因等难以确定的结果，其责任在于张甲及张乙。基于以上分析，张甲主张要求保险公司对本次豫 AT×××W 号车辆受损赔付车辆损失保险金、拖车费、鉴定费之诉讼请求，不符合法律规定，不予支持。保险公司关于其无需承担赔偿责任的抗辩理由成立，予以采纳。

福建省屏南县人民法院依照《中华人民共和国合同法》第八条，《中华人民共和国保险法》第四条、第五条、第二十一条，《中华人民共和国民事诉讼法》第六十四条，《最高人民法院关于适用〈中华人民共和国民事诉讼法〉的解释》第九十条之规定，作出如下判决：

驳回原告张甲的诉讼请求。

张甲不服一审判决，提起上诉。福建省宁德市中级人民法院经审理认为，本案是否适用保险法第二十一条规定免除保险公司的责任需查明以下两个问题：（1）本案保险事故的性质、原因是否可以确定；（2）如果不能确定，是否是因投保人、被保险人或者受益人故意或重大过失未及时通知造成的。

2018 年 1 月 23 日，屏南县公安局交通警察大队出具《关于豫 AT×××W 小型客车事故反馈情况》，认为涉案事故可能存在“顶包”即驾驶员另有其人的情形，据此可以认定涉案事故实际驾驶员的身份无法确认，进而驾驶员是否处于适驾状态亦无法查明。因此，本案保险事故的性质、原因因实际驾驶员无法确认而无法确定。

张乙陈述系由其驾驶不当导致涉案事故，但张乙对事故过程的描述与调取的监控有部分不一致的地方；同时，张甲及张乙关于事故发生后由谁先打电话的陈述亦不一致；另外，事故车内发现有血迹，而张乙本人身体无外伤。上述多处情节与张乙作为实际驾驶人的身份不相符合，因此应当推定张甲及张乙在谁是实际驾驶人的问题上未作如实陈述。虽然保险公司负有查明事故性质的责任，但首先应当由张甲及张乙向保险人提供其所能提供的与确认保险事故的性质、原因、损失程度等相关信息，因此本案中张甲及张乙未作如实陈述是交警部门无法查明、保险公司无法及时获悉保险事故性质的根本原因。其性质无异于怠于履行通知义务，由此导致的后果有过之而无不及，故张甲及张乙未作如实陈述应当视为未及时履行保险法第二十一条规定的通知义务。

福建省宁德市中级人民法院依照《中华人民共和国民事诉讼法》第一百七十条第一款第一项之规定，作出如下判决：

驳回上诉，维持原判。

【法官后语】

保险不只是一种灾后补偿的消极手段，它同时还具有防灾防损的积极意义。防灾防损不仅仅包括保险人以承保的保险标的为对象所直接采取的预防和减少损失的措施，如根据合同约定，保险人可以对保险标的的安全状况进行检查，及时向投保人、被保险人提出消除不安全因素和隐患的书面建议。投保人、被保险人未按照约定履行其对保险标的安全应尽的责任的，保险人有权要求增加保险费或者解除合同。防灾防损也包括保险事故发生时，被保险人应尽量防止或者减少损失的发生，履行施救义务，就像保险法第二十一条规定的一样。但一部分投保人投机取巧，不但没有积极减少事故损失，反而隐瞒事实，期待获得不当利益，因此保险法第二十一条要求投保人、被保险人或者受益人知道保险事故发生后及时履行通知义务，因投保人、被保险人或者受益人故意或重大过失未及时通知保险人保险事故的性质、原因，保险人对无法确定的部分免责。

根据该规定，履行此项通知义务应当遵守以下要求：一是通知的内容应当是保险人承担保险责任范围内的保险事故，而不是保险责任范围以外的其他事故，即保险事故发生和造成损失的情况，具体包括出险时间、地点、原因、受损标的的种类、范围及损失程度等。二是为有利于保险人及时查勘现场、核定损失和确定责任，法律应对投保人、被保险人或者受益人履行通知义务的时间提出基本要求，即要求及时通知。但考虑到实际情况比较复杂，不同类型的保险事故、不同险种所需要的通知时间不尽一致，而且投保人、被保险人或者受益人的情况也不相同，因此不宜在法律中对通知的具体时间作统一规定，可以由保险合同当事人依据这一基本要求在保险合同中自行约定通知的具体时间。就本案而言，张甲虽然就保险事故已及时报警，但其所陈述的事实与监控视频所显示的客观事实有较大出入，其显然隐瞒了部分案件事实，导致事故车辆实际驾驶员无法查实，保险公司无法确定保险事故发生时事故车辆驾驶员是否处于适驾状态，因此依据保险法第二十一条之规定，免除该保险公司的保险责任。

编写人：福建省屏南县人民法院　陈亮

054 保险合同中从业资格证等免责条款的效力认定

——唐某诉保险公司财产损失保险合同案

【案件基本信息】

1. 裁判书字号

江苏省盐城市中级人民法院（2018）苏09民终4305号民事判决书

2. 案由：财产损失保险合同纠纷

3. 当事人

原告（被上诉人）：唐某

被告（上诉人）：保险公司

【基本案情】

2016年10月1日，唐某为自有的某重型普通货车向保险公司投保了交强险、不计免赔的车损险和三责险，交强险中财产损失赔偿限额为2000元，车损险及三责险的赔偿限额分别为37.35万元和100万元，保险期间均自2016年10月1日13时起至2017年10月1日24时止。与该保险单相对应的《机动车综合商业保险条款》中第八条机动车损失保险条款、第二十四条第三者责任保险条款责任免除均在第一款第二项第六目约定："驾驶出租机动车或营业性机动车无交通运输管理部门核发的许可证书或其他必备证书的，不论任何原因造成被保险机动车的任何损失和费用，保险人均不负责赔偿。"

2017年8月30日1时，唐某持准驾车型为B2的机动车驾驶证驾驶上述投保车辆在某段公路上与案外人姚某驾驶的车辆相撞，致两车受损。同日，榆树市公安局交通警察大队作出的《道路交通事故认定书》认定：唐某负该起事故的全部责任，姚某无责任。同年9月6日16时8分，唐某驾驶上述投保车辆，行驶至盐靖高速公路北行64千米路段时，与案外人周某驾驶的车辆相撞，致两车受损。同日，泰州市公安局交通警察支队高速公路四大队作出《道路交通事故认定书》，认定：唐某负该起事故的全部责任，周某无责任。

上述事故发生后，唐某对本车进行修理，先后支付修理费18550元、21489元；唐某另支付案外车辆A修理费1130元，案外车辆B修理费10400元、清障拖车费355元。唐某支付上述费用后，未能得到相应赔偿，遂诉至法院。

唐某向保险公司申请赔付保险金时，向保险公司出具加盖有保山市道路运输管理局印章的道路货物运输驾驶员从业资格证(以下简称从业资格证)。后经保险公司核实，该局复函否认其曾核发该证。

【案件焦点】

1. 案涉争议的“无交通运输管理部门核发的许可证书或其他必备证书”条款是否有效，保险公司可否据此免除保险责任；2. 案涉车辆的清障拖车费保险公司是否需要承担；3. 如果确定保险公司赔偿，是否需要扣除4000元绝对免赔额。

【法院裁判要旨】

江苏省盐城市亭湖区人民法院经审理认为：案涉保险合同不违反法律、行政法规的强制性规定，合法有效，具有法律约束力。

涉案免责条款仅表述为“无交通运输管理部门核发的许可证书或其他必备证书”，保险公司仅依据该表述即认定此处“证书”专指“从业资格证”明显不当。涉案保险条款系格式条款，应作出有利于投保人的解释。从合法驾驶人资格的认定标准来探讨，驾驶人能否驾驶机动车的前提是驾驶人是否按照《道路交通安全法》的规定取得驾驶证，而非从业资格证。该格式条款中“无交通运输管理部门核发的许可证书或其他必备证书，不予赔偿”的规定，显属免除保险人依法应承担的义务并加重投保人、被保险人责任的免责条款，依法应当认定为无效。

清障拖车费是唐某为查明和确定保险标的的损失程度及防止或者减少保险标的的损失所支付的必要的、合理的费用，依法应由保险公司承担。案涉两起交通事故导致唐某损失为本车及其他两辆车辆的修理费、拖车费合计 51924 元，保险公司应在交强险、车损险和三责险限额内予以赔偿。

综上，江苏省盐城市亭湖区人民法院依照《中华人民共和国合同法》第六条、第六十条，《中华人民共和国保险法》第十四条、第十九条、第三十条、第六十四条，《中华人民共和国道路交通安全法》第十九条，《中华人民共和国民事诉讼法》第一百四十二条之规定，判决如下：

保险公司应于判决生效之日起十日内向唐某赔偿保险金 51924 元。

保险公司不服原审判决，提起上诉。江苏省盐城市中级人民法院经审理认为：对于案涉免责条款的效力认定问题，二审法院同意一审法院裁判意见。

关于案涉车辆的清障拖车费的承担问题。案涉保险条款约定，对于投保人与保险人在投保时协商确定绝对免赔额的，本保险在实行免赔率基础上增加每次事故绝对免赔额。唐某在保险期限内发生两次保险事故，依据保险合同约定，应当扣除绝对免赔额 4000 元。在案涉机动车商业保险单与投保单上均明确载明机动车损失保险每次事故绝对免赔额 2000 元。本案系两次事故累计理赔，每次应扣除本车的保险理赔款 2000 元，合计 4000 元，一审法院未予扣减，显属不当，应予纠正。

综上，江苏省盐城市中级人民法院依照《中华人民共和国保险法》第十一条、第十七条、第五十七条，《中华人民共和国合同法》第四十一条，《中华人民共和国民事诉讼法》第一百七十条第一款第二项之规定，经该院审判委员会讨论决定，判决如下：

变更江苏省盐城市亭湖区人民法院（2018）苏 0902 民初 1516 号民事判决为“保险公司于本判决生效后十日内向唐某支付保险金 47924 元”。

【法官后语】

本案的争议焦点在于保险合同中“驾驶人存在驾驶出租机动车和营业性机动车无交通运输管理部门核发的许可证书或其他必备证书的，保险人不予赔偿”的免责条款效力认定问题。

首先，合同是平等主体的自然人、法人或其他组织之间设立、变更、终止民事权利义务关系的协议。《中华人民共和国保险法》第十一条规定，订立保险合同，应当协商一致，遵循公平原则确定各方的权利和义务。财产保险属于商业保险，商业保险合同应当充分尊重当事人的意思自治与契约自由，对于保险合同中约定明确的内容，双方当事人均应严格遵守，人民法院亦应予以支持。

其次，在保险合同关系中，保险公司因具有丰富的专业保险知识及实践经验而处于优势地位，其又是保险合同条款的事先拟订者，对于保险合同的成立与生效应当承担更多的审慎注意义务。保险公司可以依据不同的投保车辆性质制订不同的保险条款，其制订的保险条款内容应当清楚明确，并与现行法律、行政法规等保持一致，尤其是不同于一般情形下的特别约定内容及免责条款，必须具备相应的法律依据。保险公司制订的免责条款不但应在保险合同的显著位置以足以引起投保人注意的方式明示出来，更需要保险公司向投保人作出明确说明，对免责条款的提示与明确说明是保险公司的法定义务。明确说明义务体现在对免责条款内容、概念、种类等应当约定明确，不能产生歧义，保证投保人充分了解免责条款中约定的对其不利的内容并自愿予以接受。本案中，保险公司的相关免责条款虽然采取了明示方式，但对免责条款的说明并不到位。

再次，即使保险公司已就该条款履行了明确说明义务，根据《中华人民共和国保险法》第十九条的规定，采用保险人提供的格式条款订立的保险合同中的下列条款无效：（一）免除保险人依法应承担的义务或者加重投保人、被保险人责任的；（二）排除投保人、被保险人或者受益人依法享有的权利的。本案中，作为保险单附件的《机动车综合商业保险条款》系保险公司为了重复使用而预先拟定，并在订立合同时未与对方协商的条款，属于格式条款。驾驶人在驾驶案涉车辆发生事故时，虽未取得道路运输从业资格证，但其具有驾驶案涉车辆的驾驶资格，保险公司亦无证据证实投保人或驾驶人未取得从业资格证的行为增大了承保车辆发生交通事故的概率，进而增大了其理赔的风险。案涉保险条款中关于驾驶人无交通运输管理部门核发的许可证书或其他必备证书是保险人免责的规定，事实上属于免除己方责任、加重对方责任、排除对方主要权利的条款，违背了公平原则，应为无效，不能据此免除保险人责任。

最后，从本案争议免责条款的内容来看，该条款并未明确出现“道路运输从业资格证”的文字表述，仅有“许可证书或其他必备证书”的笼统概括表述，未进一步清楚详细地解释相关证书的种类名称等内容，与《道路运输条例》第二十二条规定的“从事货运经营的驾驶人员，应当符合下列条件：（一）取得相应的机动车驾驶证；（二）年龄不超过60周岁；（三）经设区的市级人民政府交通运输主管部门对有关货运法律法规、机动车维修和货物装载保管基本知识考试合格”及《道路运输从业人员管理规定》第十条规定的“经营性道路货物运输驾驶员应当符合下列条件：（一）取得相应的机动车驾驶证；（二）年龄不超过60周岁；（三）掌握相关道路货物运输法规、机动车维修和货物装载保管基本知识；（四）经考试合格，取得相应的从业资格证件”不一致，容易产生不同理解。在发生争议时，应当作出对保险公司不利的解释。因此，保险公司以唐某在发生交通事故时没有道路运输从业资格证为由拒绝理赔，缺乏事实与法律依据，不予支持。

编写人：江苏省盐城市中级人民法院　钟红梅　金龙飞

055 在无证据证明保险事故真实发生的情况下能否适用弃权制度

——郭某诉财险平度支公司财产保险合同案

【案件基本信息】

1. 裁判书字号

山东省青岛市中级人民法院（2017）鲁02民终6923号判决书

2. 案由：财产保险合同

3. 当事人

原告（上诉人）：郭某

被告（被上诉人）：财险平度支公司

【基本案情】

2016年1月28日，郭某将其所有的轿车在财险平度支公司投保机动车损失保险及不计免赔，并投保机动车损失保险无法找到第三方特约险，保险期限自2016年1月28日0时起至2017年1月27日24时止，其中机动车损失保险金额为735392元。2017年1月5日下午3时许，郭某电话报警称，其于2017年1月5日0时许驾驶轿车沿广州路由南往北行驶，与顺行在前的一辆无牌工程车相撞，致轿车损坏，工程车未察觉便驶离现场。接警后，平度市公安局泰山路派出所民警对车损进行拍照，因无现场，事故责任无法认定。2017年1月6日上午10时许，郭某向财险平度支公司报案。财险平度支公司对轿车作出定损报告，定损价值为262000元。后郭某向财险平度支公司申请理赔，财险平度支公司以郭某出险后驾车离开现场为由拒绝赔偿。庭审中，财险平度支公司提交《机动车综合商业保险条款》一份，其中机动车损失保险第八条约定：事故发生后，驾驶人在未依法采取措施的情况下驾驶被保险机动车或遗弃被保险机动车离开事故现场，保险人不负责赔偿；第十条第四项约定：投保人、被保险人或其允许的驾驶人知道保险事故发生后，故意或者因重大过失未及时通知，致使保险事故的性质、原因、损失程度等难以确定的，保险人对无法确定的部分，不承担赔偿责任。同时财险平度支公司提交郭某签名的投保单，投保单中载明：本人确认收到条款及《机动车综合商业保险免责事项说明书》，保险人已明确说明免除保险人责任条款的内容及法律后果。郭某质证时表示并未收到条款，投保单上的签名也非郭某本人所签，但财险平度支公司并未申请笔迹鉴定。

【案件焦点】

财险平度支公司的行为是否构成弃权、是否应当承担赔偿责任。

【法院裁判要旨】

山东省平度市人民法院经审理认为：郭某的车辆在财险平度支公司投保机动车损失保险及不计免赔，郭某与财险平度支公司之间的保险合同合法有效，双方均应遵照执行保险法的规定和保险合同的约定。本案中，郭某自称于2017年1月5日0时发生事故，但其未采取任何措施就驾车离开现场，于1月5日15时始向公安机关报案、于1月6日10时向财险平度支公司报案，公安机关因无现场而无法认定事故责任。在此情况下，财险平度支公司应否赔偿郭某的车辆损失?《中华人民共和国保险法》第二十一条规定，投保人、被保险人或者受益人知道保险事故发生后，应当及时通知保险人。故意或者因重大过失未及时通知，致使保险事故的性质、原因、损失程度等难以确定的，保险人对无法确定的部分，不承担赔偿或者给付保险金的责任，但保险人通过其他途径已经及时知道或者应当及时知道保险事故发生的除外；第二十二条规定，保险事故发生后，按照保险合同请求保险人赔偿或者给付保险金时，投保人、被保险人或者受益人应当向保险人提供其所能提供的与确认事故的性质、原因、损失程度等有关的证据和材料。本案中，郭某在事故发生后没有及时向公安部门及保险公司报案、没有采取任何措施驾车离开现场，且不能作出合理的解释，导致事故的性质、原因无法确定，根据《中华人民共和国保险法》第二十一条、第二十二条的规定，财险平度支公司不承担赔偿责任，郭某请求财险平度支公司赔偿车辆损失的诉讼请求，不予支持。

山东省平度市人民法院依照《中华人民共和国保险法》第二十一条、第二十二条，《中华人民共和国民事诉讼法》第六十四条，《最高人民法院关于适用〈中华人民共和国民事诉讼法〉的解释》第九十条之规定，判决如下：

驳回郭某对财险平度支公司的诉讼请求。

郭某不服一审判决，提起上诉。山东省青岛市中级人民法院经审理认为：结合双方的诉辩主张，本案的争议焦点为财险平度支公司是否应当承担赔偿责任的问题。根据《中华人民共和国保险法》第二十一条的规定，投保人、被保险人或者受益人知道保险事故发生后，应当及时通知保险人。故意或者因重大过失未及时通知，致使保险事故的性质、原因、损失程度等难以确定的，保险人对无法确定的部分，不承担赔偿或者给付保险金的责任，但保险人通过其他途径已经及时知道或者应当及时知道保险事故发生的除外。本案中，事故发生后，郭某在有条件通知交警部门或者保险公司的情况下，未在第一时间通知交警部门对事故责任进行认定，亦未通知保险公司对事故现场进行勘验，擅自离开事故现场，导致无法判断该事故是否为保险事故，保险事故发生的性质、原因以及驾驶员的驾驶状态均难以确定，郭某的上述行为存在重大过失，无法依据保险合同确定保险公司的保险责任，故对车辆造成的损失，保险公司不承担赔偿责任。

山东省青岛市中级人民法院依照《中华人民共和国民事诉讼法》第一百七十条第一款第一项的规定，判决如下：

驳回上诉，维持原判。

【法官后语】

保险法中的弃权制度要求当投保方违反法律规定或者当事人约定，保险人明知自身享有解除权及其他抗辩权，仍以明示或者默示的方式放弃上述权利，此后便不能再主张其放弃的权利。因弃权制度是用来对抗合同解除权和抗辩权，故其适用必须严格限定条件，认定保险人的行为构成弃权须同时具备以下要件：(1) 有依法成立并生效的保险合同；(2) 确实发生了保险事故；(3) 保险人知悉有违法或违约情况的发生；(4) 权利人已经通过意思表示自愿放弃了其权利；(5) 弃权的结果不能违反法律强制性规定或者社会公共利益。

本案中，财险平度支公司与郭某签订了保险合同，郭某向保险公司按期缴纳保费，双方之前存在依法成立并生效的保险合同。本案事故发生的第二日，郭某向财险平度支公司报案，财险平度支公司对涉案车辆作出定损报告（此时涉案车辆并非在事故现场），郭某按照保险公司的要求将车辆送至其指定的修理厂进行维修，后郭某向保险公司申请理赔时，该保险公司又以郭某出险后驾车离开现场为由拒绝赔付。结合上述要件进行分析，保险公司在事故发生后第二日对车辆进行定损时，应当知悉定损车辆并非在事故发生现场，无法确定是否确实发生了保险事故，但仍对车辆进行定损并对车辆指定维修地点进行维修，保险公司的该行为系明知被保险人有违约的情况发生，仍然以对车辆进行定损并对车辆指定维修地点进行维修，因定损和维修属于理赔的前置程序，且会对被保险人产生时间和金钱的成本，故此情形系保险人以默示的方式自愿放弃了拒赔权。从表面上看，保险人的上述行为貌似可以构成保险法中的弃权，保险公司应当承担赔偿责任。然而，由于被保险人在事故发生后未在第一时间通知交警部门对事故责任进行认定，亦未通知保险公司对事故现场进行勘验，擅自离开事故现场，导致无法判断该事故是否为保险事故，保险事故发生的性质、原因以及驾驶员的驾驶状态均难以确定，且交警部门出具的事故认定书中明确载明“因无现场，事故无法认定”，因此被保险人无法举证证明“确实发生了保险事故”，被保险人不能要求保险人按照保险合同的约定承担赔偿责任，法院亦无法认定保险人的行为构成弃权，保险人无需承担赔偿责任。

从以上分析不难看出，保险中弃权制度设立的初衷在于防止合同解除权和抗辩权的肆意行使，其构成要件略显苛刻。笔者将列举部分符合保险法中弃权制度构成要件的情形，以便读者在适用弃权制度时予以参考。

1. 投保人在履行如实告知义务时，若对保险人所提出的问题未作明确或全面的回答，而保险人放弃进一步询问即同意承保进而签发保单的情况下，可以推定为保险人已经放弃了进一步询问的权利，事后在发生保险事故时，保险人就不得以投保人未履行如实告知义务为由拒绝赔付。

2. 投保人在与保险人签订保险合同后，未在约定的期间内支付保险费，足以达到保险人取消保险合同的条件后，保险人仍然接受投保人交付保费的行为视为保险人放弃取消合同的权利，保险人事后不得以逾期缴纳保费为由解除合同。

3. 保险事故发生后，保险人明知自己享有拒绝赔付的抗辩权，但仍然向被保险人邮寄定损通知单并要求被保险人对定损通知单认定的损失数额予以核对或说明，因此增加了投保人在时间上和金钱上的负担，可视为保险人已经放弃了拒付保险金的权利，事后不得再以此为由拒绝赔付。

编写人：山东省青岛市中级人民法院　高勇　何宜曈

056 违反近因原则的保险条款无效

——陈某诉保险公司财产保险合同案

【案件基本信息】

1. 裁判书字号

浙江省金华市中级人民法院（2017）浙07民终4566号民事判决书

2. 案由：财产保险合同纠纷

3. 当事人

原告（被上诉人）：陈某

被告（上诉人）：保险公司

【基本案情】

陈某的车辆于2014年12月首次登记。2016年12月14日，陈某与保险公司签订保险合同，合同约定的免责事由包括机动车"未按规定检验"。2017年4月24日，陈某驾驶车辆与案外人蒋某某驾驶的车辆发生碰撞，造成两车均有车损的事故。事故发生后不久，陈某领取了机动车检验合格标志。《道路交通事故认定书》认定：陈某未与前车保持安全距离，造成追尾。陈某负事故全部责任，蒋某某无责任。陈某向保险公司申请理赔时，保险公司拒赔，理由为：投保车辆未在注册登记后2年内领取检验标志，属于保险合同约定的“未按规定检验”。陈某起诉认为，根据公安部、质检总局《关于加强和改进机动车检验工作的意见》的规定，新车在6年内免检，虽然规定“每2年需要定期检验”，但可以“直接领取”检验标志，说明检验只是一个行政程序。事故发生时，投保车辆注册后刚满2年，且该车在事故发生前一个月还在4S店进行了大保养，说明车辆安全性能是好的，未及时领取检验标志没有增加保险事故发生概率和保险风险。免责条款约定较为笼统，双方对未领取检验标志是否属于车辆未检验存在争议时，根据《中华人民共和国保险法》第三十条的规定，应作出有利于被保险人的解释。请求保险公司赔偿全部合理损失42030元及利息。保险公司反驳认为，6年内免检不等于免除了领取检验标志的义务，申领检验标志不只是一个行政程序。事故发生时保险车辆已超过了2年的检验期，属于保险合同免责条款约定的“未按规定检验”。就算被保险车辆在事故后通过了安全技术检验，也无法否定在事故发生时未按期年检的事实，更无法证明在事故发生时车辆的各项性能达到安全要求。根据保险合同约定，发生保险事故时，机动车未按规定检验的，保险人不承担赔偿责任。

【案件焦点】

1. 未按规定领取检验标志，是否属于保险合同约定的“未按规定检验”，是否适用疑义利益解释规则；2. 如果未申领检验标志属于“未按规定检验”，保险合同约定的免责事由是否成立，该约定是否有效。

【法院裁判要旨】

浙江省金华市婺城区人民法院经审理认为：保险车辆在事故发生后领取了检验合格标志，表明保险事故发生时被保险车辆安全技术合格。6 年内免检车辆的免检盖章只是一个行政程序，未进行免检盖章并不影响车辆的安全性能，也未增加保险风险。在双方对未申请领取检验标志是否属于“未检测车辆”存在争议的情况下，依照《中华人民共和国保险法》第三十条规定，应作出有利于被保险人和受益人的解释。

浙江省金华市婺城区人民法院依照《中华人民共和国保险法》第三十条的规定，判决如下：

保险公司于判决生效之日起十日内支付陈某保险金 42030 元，并赔偿利息损失（自 2017 年 5 月 5 日起按中国人民银行同期贷款利率计算至实际清偿之日止）。

宣判后，保险公司提起上诉。浙江省金华市中级人民法院经审理认为：保险合同约定的“未按规定检验”与《关于加强和改进机动车检验工作的意见》规定的“每 2 年需要定期检验”所指“检验”含义应作相同解释，陈某未在规定时间内申请领取检验标志属于保险合同条款“未按规定检验”。本案不存在两种以上解释，不适用疑义利益解释规则。但是，从损害发生的原因来看，事故发生是由于“陈某未与前车保持安全距离，造成追尾”所致，陈某未及时申领检验标志对于损害发生不具有决定性的意义，即本次事故发生的唯一有决定性意义的因素是驾驶者的不当驾驶。由于陈某追尾所导致的事故属于承保事故，保险人应负赔偿责任。虽然，双方之间签订的保险合同约定了“未按规定检验”作为免责事由，但该约定免除了保险人依法应承担的义务，根据《中华人民共和国保险法》

第十九条第一项的规定，该约定无效。

浙江省金华市中级人民法院依照《中华人民共和国民事诉讼法》第一百七十条第一款第一项的规定，判决如下：

驳回上诉，维持原判。

【法官后语】

1. “6年免检”的解释

“6年免检”含义的解释，属于法律解释而不是法律行为的解释，其内涵如何，应当依法律规范的解释方式处置。从《关于加强和改进机动车检验工作的意见》第十一条规定的内容看，“6年免检”只是在满足一定条件的情况下，省略上检测线检验的程序，仍然需要每两年申领标志。当然，对于发生过造成人员伤亡的交通事故的，还必须上线检验。因此，申领标志不只是一个行政程序而已，未申领标志驾驶机动车属于违反道路交通安全法的违法行为。在审判实务中，存在滥用“明确说明义务规则”和保险法第十七条的倾向，对于初步判断保险公司“无理拒赔”的案件，通常以保险公司未尽明确说明义务而认定合同不生效或无效。这种做法存在以下两个方面的不良后果：一方面，给保险公司以“法院很不讲理”的感觉；另一方面，法官忽略对保险合同条款的违法性审查，使得原本应当适用保险法第十九条规定认定无效的合同条款，都被认定为有效，导致一些“霸王条款”堂而皇之地存在。

2. 违反近因原则的保险条款无效

（1）近因原则的适用

近因原则是指在保险法上，只有当一个原因对损害结果的发生有决定性意义，而且这个原因是保险合同承保的风险时，保险人才承担保险责任。近因原则是世界各国所公认的保险法基本原则。在我国，虽然保险法中没有明文规定，但《最高人民法院关于适用〈中华人民共和国保险法〉若干问题的解释（三）》作出了明确规定，该解释第二十五条规定："被保险人的损失系由承保事故或者非承保事故、免责事由造成难以确定，当事人请求保险人给付保险金的，人民法院可以按照相应比例予以支持。"据此规定，只要造成被保险人损害的近因属于保险责任范围之内，保险公司就应当向被保险人赔偿。本案中，根据交通事故认定书，事故发生是驾驶者"未与前车保持安全距离，造成追尾"所致。也就是说，"追尾"是最直接、最具决定性意义的原因。驾驶者未及时申领标志（机动车事后检验合格）对于损害发生，并不具有决定性的意义，即本次事故发生的唯一有决定性意义的因素是驾驶者的不当驾驶。而"追尾"事故当然属于承保事故，因而保险人应负赔偿责任。

（2）《中华人民共和国保险法》第十九条的适用

从合同约定的角度来看，双方之间签订的保险合同明确约定了机动车一方"未按规定检验"作为保险合同赔偿的免责事由，而本案被上诉人驾驶机动车的确符合这一约定。根据《中华人民共和国保险法》第十九条的规定，下列两种情形，保险合同格式条款无效：一是免除保险人依法应承担的义务或者加重投保人、被保险人责任的；二是排除投保人、被保险人或者受益人依法享有的权利的。显然，保险条款中"未按规定检验免责"的约定，直接导致"追尾"事故得不到理赔，实质上免除了保险人依法应承担的责任，也排除了被保险人应享有的权利，该约定无效。

编写人：浙江省金华市中级人民法院　应秀良

057 投保时车牌号填写错误，保险公司承担责任

——张甲、徐甲诉财保包头支公司等机动车交通事故责任案

【案件基本信息】

1. 裁判书字号

原山东省莱芜市中级人民法院（2018）鲁12民终361号民事判决书

2. 案由：机动车交通事故责任纠纷

3. 当事人

原告（被上诉人）：张甲、徐甲

被告（上诉人）：财保包头支公司

被告（被上诉人）：配货公司、李某、刘甲

【基本案情】

张甲、徐甲为徐乙的合法继承人。刘甲为肇事司机，系刘乙之子，刘乙系实际车主。涉案车辆鲁HS××78号重型自卸车挂靠在配货公司名下，且在中国人民财产保险股份有限公司梁山支公司投保交强险，在交强险限额内已赔偿原告11万元。

2017年6月23日，财保包头支公司签发一机动车商业保险单。保险单中载明被保险机动车车牌号为鲁BS××78，投保时保险单载明的车牌号与实际车牌号不一致。

2018年1月4日，刘甲驾驶超载的重型自卸车时发生车辆侧滑，将前方顺行的徐乙驾驶的二轮摩托车撞倒，冲出路面后将其撞在路东侧的墙上，造成徐乙当场死亡，两车及公路设施、民房受损。经交通警察认定，刘甲承担事故的全部责任。

【案件焦点】

1. 本案是否需要中止审理；2. 肇事车辆是否为投保车辆，财保包头支公司应否承担赔偿责任，数额如何确定。

【法院裁判要旨】

山东省济南市钢城区人民法院经审理认为：涉案车辆和投保商业三者险的车辆除车牌号和被保险人不一致外，其余信息均相同。本案中，虽然投保车辆车牌号与肇事车辆号牌不同，但车架号、发动机号相同，足以认定肇事车辆即为保险单中载明的被保险机动车车辆。车辆车牌号只是公安机关用于方便车辆行政管理登记的号码，车辆是否投保应以车架号、发动机号为准，保险公司应当履行保险责任。

山东省济南市钢城区人民法院依据《中华人民共和国侵权责任法》第十六条，《最高人民法院关于审理人身损害赔偿案件适用法律若干问题的解释》第十七条第三款、第十八条、第二十七条、第二十八条、第二十九条、第三十五条第二款之规定，判决如下：

一、财保包头支公司于本判决生效之日起十日内赔偿张甲、徐甲各项损失 798347 元；

二、驳回张甲、徐甲的其他诉讼请求。

财保包头支公司不服一审判决，提起上诉。原山东省莱芜市中级人民法院经审理认为：机动车车辆识别号、发动机号具有唯一性，而车牌号及登记的权利人因转让行为等因素具有不特定性。涉案肇事车辆与被保险车辆识别号及发动机号一致，足以认定两车实际系同一车辆。财保包头支公司关于以车牌号码不同，否认肇事车辆就是投保车辆的主张，与事实不符，不予支持。其主张涉案车辆违法装载运输，依照保险条款约定应免除10%的赔偿责任，但未提交证据证实，不予支持。一审判决确定的赔偿数额，并无不当。

综上所述，财保包头支公司的上诉请求不能成立，应予驳回；一审判决认定事实清楚，适用法律正确，应予维持。原山东省莱芜市中级人民法院依照《中华人民共和国民事诉讼法》第一百四十四条、第一百七十条第一款第一项的规定，判决如下：

驳回上诉，维持原判。

【法官后语】

随着市场经济的发展，保险公司的业务范围、业务内容等都有了较大的变化，人们对保险公司及其产品的选择也越来越多样化，保险理赔也越来越普遍。

保险合同是当事人保险理赔的重要依据，因此依法成立生效的合同，对当事人具有法律约束力，当事人应当按照约定履行自己的义务，不得擅自变更或者解除合同。保险合同在没有被依法撤销、解除或确认无效的前提下，双方当事人应当按照合同约定履行各自的义务。

保险合同是当事人通过合意对于其未来事务的安排，然而，当事人在订立合同时，即使具有丰富的交易经验和扎实的法律知识，也不可能对未来发生的各种情况事先都作出充分的预见，并在合同中将其未来的各种事项安排得十分周全，所以在合同中出现某些漏洞，甚至某些条款不明确、不具体，是在所难免的，如本案中投保车辆的车牌号与实际车牌号不一致。

当双方当事人对保险合同内容产生纠纷时，就需要按照合同所使用的词句，结合相关条款、行为的性质和目的、习惯以及诚信原则，确定意思表示的含义，同时使用合同的解释、意思表示错误等民法原理以及综合案件事实来予以认定。该案中投保车辆车牌号与肇事车辆车牌号虽然不一致，但车架号、发动机号是相同的且唯一的，足以认定肇事车辆即为保险单中载明的被保险机动车车辆。车辆号牌只是公安机关用于方便车辆行政管理登记的号码，车辆是否投保应以车架号、发动机号为准。表述错误并不影响被保险车辆的认定。且保险公司具有严格审查被保险车辆信息的义务，疏于审查导致车牌号不一致的责任主要在于保险人。综上所述，保险公司应当承担保险责任，是合同法目的解释原则的准确适用，有利于当事人缔约目的的实现。

编写人：山东省济南市钢城区人民法院　李金凤　陈怀泽

058 排除保险车辆本身以外的火源引起的火灾造成的损失不属于车损险的保险责任范围

——李某诉保险公司财产保险合同案

【案件基本信息】

1. 裁判书字号

天津市第一中级人民法院（2018）津01民终47号民事判决书

2. 案由：财产保险合同纠纷

3. 当事人

原告（上诉人）：李某

被告（被上诉人）：保险公司

【基本案情】

2016年6月30日，原告李某作为投保人与被告订立机动车商业保险合同，保险公司签发的保险单载明：被保险人为李某；被保险车辆为登记于其名下的轿车；保险期间自2016年8月24日起至2017年8月23日止。保险公司承保机动车损失险等险种，车辆损失险项下保险金额为79601.6元，其“保险责任”是：保险期间内，被保险人或其允许的合法驾驶人在使用被保险机动车过程中，因“火灾”等原因造成被保险车辆的直接损失，且不属于免除保险人责任的范围，保险人依照本保险合同的约定负责赔偿。合同条款的释义部分对“火灾”的定义为：“指被保险机动车本身以外的火源引起的、在时间上或者空间上失去控制的燃烧所造成的灾害。”

2017年4月4日11时13分，位于霸州市津保高速天津方向20千米处的涉案车辆起火，被烧毁。霸州市公安消防大队2017年4月30日出具的火灾事故认定书记载：“起火部位位于汽车前部，起火原因为汽车前部设备故障。”

针对火灾造成的被保险车辆损失，原告向被告理赔遭拒，遂成讼。

【案件焦点】

因该事故属于车辆自燃，而该车辆未投保自燃险，该起事故是否属于保险公司应当赔付的保险责任范围。

【法院裁判要旨】

天津铁路运输法院经审理认为：原、被告之间的机动车商业保险合同系双方的真实意思表示，合法有效，应当受法律保护。双方当事人应当按照合同约定的内容享有权利，承担义务。在本案中，保险责任条款中约定的“火灾”，条款明确其定义为：“指被保险机动车本身以外的火源引起的、在时间上或者空间上失去控制的燃烧所造成的灾害。”霸州市公安消防大队出具的火灾事故认定书确认起火部位位于汽车前部，起火是汽车前部设备故障引发，而非被保险机动车本身以外的火源引起的。可见保险车辆的烧毁原因不属于机动车损失险约定的保险责任范围，故原告要求被告赔付车辆损失的诉讼请求不予支持。

天津铁路运输法院依照《中华人民共和国保险法》第十四条、《中华人民共和国民事诉讼法》第六十四条第一款、《最高人民法院关于适用〈中华人民共和国民事诉讼法〉的解释》第九十条的规定，判决如下：

驳回原告李某的全部诉讼请求。

二审法院同意一审法院裁判意见。

【法官后语】

未投保自燃险，排除保险车辆本身以外的火源引起的火灾不属于车损险保险责任范围。

1. 不能混淆保险责任与责任免除的界限

保险责任范围是依据保险合同的约定，保险公司应当承担赔偿责任的所有情形，免责事由是在保险责任范围内保险公司不承担赔偿责任的情形。判断保险人是否应当就某一保险事故承担保险金赔付责任，首先应当判定，该保险事故是否属于保险人承保之危险的实际发生。如果不是，保险人当然无需赔付保险金；反之则应当进一步审查该事故所造成的损失，是否属于保险合同约定的保险人应当赔付保险金的范围，损失结果不属于保险合同约定的赔付范围的，保险人无需赔付保险金。

本案中，保险合同中的车辆损失险条款关于火灾的保险责任明确约定：保险车辆本身以外的火源引起的，在时间上或空间上失去控制的燃烧所造成的火灾，属于保险合同赔付范围。本案中，根据消防部门出具的火灾事故认定书可知，保险车辆起火部位位于汽车前部，起火原因为汽车前部设备故障引发，排除了外来火源引发的因素，属于自燃，故不属于车辆损失险中约定的火灾的保险责任范围，保险公司根据合同约定拒赔，并无不当。李某主张保险车辆起火属于自燃，且自燃属于车损险项下的责任免除事由，保险公司应当予以赔偿。显然，这一主张混淆了保险责任和责任免除的概念。保险责任范围已经明确对火灾进行了划定，且火灾事故认定书也已经明确了事发火灾的性质，不属于保险合同约定的赔付范围，进而也就没有必要再探究该情形是否属于免责事由，只有事故的危险及其损害结果是在保险责任范围内同时又不属于免责事由的情形下，保险公司才需要承担保险责任。

2. 不能混淆承保与未承保的界限

此外，保险合同并非对于“自燃之火灾”绝对不予以赔偿，而是约定在另一险种“自燃险”项下，投保人可以根据自己的需要投保该险种，在发生自燃原因之火灾的情况下，由保险人对相应的损失承担赔付保险金之责任。据此，保险合同为双务合同，投保人需支付对价后方可获得保障，因此投保人需投保自燃险并支付保险费，才能在自燃险项下得到赔偿，在未投保自燃险的情况下不能在车损险项下主张本案事故造成保险车辆损失的赔偿。

编写人：天津铁路运输法院　李海龙

059 挂靠的车辆未按约定足额投保，超出保额的交通事故赔偿责任承担的认定标准

——运输公司诉冯某追偿权案

【案件基本信息】

1. 裁判书字号

广东省广州市中级人民法院（2018）粤01民终17339号民事判决书

2. 案由：追偿权纠纷

3. 当事人

原告（被上诉人）：运输公司

被告（上诉人）：冯某

【基本案情】

2015年4月3日，冯某与运输公司签订《车辆服务合同书》，约定冯某将车辆挂靠在运输公司名下运营，由运输公司代为购买车辆保险，第三者责任险需购买100万元的额度。2015年3月30日，该车投保了交强险和保额为50万元的第三者责任险。2015年8月23日，该车发生交通事故，造成案外人江某受伤。2016年10月19日，广东省广州市白云区人民法院作出民事判决，判令保险公司在机动车交通事故责任强制保险限额内向江某赔偿110000元，在机动车交通事故第三者责任商业保险限额内向江某赔偿470000元，冯某向江某赔偿121625.65元，运输公司对冯某应承担的赔偿责任承担连带赔偿责任。2017年6月20日，广东省广州市中级人民法院维持了一审判决。2017年9月至10月，运输公司

被法院依法扣划了 123349.65 元执行款。其后，运输公司与冯某对超出保险额度部分的赔偿款的负担问题产生争议。运输公司遂诉至法院，请求判令冯某偿还其支付的赔偿款及利息。

【案件焦点】

冯某、运输公司对涉案车辆未按约定购买 100 万元限额的第三者责任险是否存在过错及承担责任的比例。

【法院裁判要旨】

广东省广州市白云区人民法院经审理认为：涉案车辆的第三者责任险投保时间为 2015 年 3 月 30 日，涉案《车辆服务合同书》签订的日期为 2015 年 4 月 3 日，投保在先，签合同在后。运输公司作为代为购买车辆保险的一方，明知投保的限额仅为 50 万元仍与冯某签订记载有“第三者责任险需购买限额 100 万元”的《车辆服务合同书》，显然不当；冯某作为车辆的实际车主对车辆的投保情况有核实、注意和提醒的义务，但其并未履行上述义务。且冯某在庭审中，一方面称不清楚保险的具体金额，另一方面又称因保额不够，其曾经要求过加险，其陈述前后相互矛盾且未作出合理的解释，故对冯某关于其以为运输公司为涉案车辆购买了 100 万元第三者责任险的主张不予采信。冯某亦未提交证据证明其在未购买足额保险时，曾向运输公司对车辆保险的事宜提出过异议。故在本次事件中，冯某、运输公司均具有过错，均应承担同等责任，即本次事件造成运输公司的各项损失，应由冯某按 50%的比例予以赔偿，剩余 50%的损失则应由运输公司自行承担，即冯某应向运输公司支付其垫付的赔偿款项 61674.82 元。鉴于双方均有过错，对于运输公司主张冯某按中国人民银行规定的同期同类贷款利率计算利息的诉请，不予支持。

广东省广州市白云区人民法院依照《中华人民共和国合同法》第六十条、第一百零七条，《中华人民共和国民事诉讼法》第六十四条之规定，作出如下判决：

在本判决生效之日起五日内，冯某支付运输公司垫付的赔偿款项61674.82元。

冯某不服一审判决，提起上诉。广东省广州市中级人民法院经审理认为：综合本案案情，可推定冯某对涉案车辆投保了50万元第三人责任险是知晓的。冯某未提交证据证明其在未购买足额保险时，曾向运输公司对车辆保险的事宜提出过异议。因此，一审法院认定冯某存在一定过错，并根据当事人在合同履行过程中的过错程度，合理酌定运输公司与冯某各承担50%的责任并无不当，法院予以维持。

广东省广州市中级人民法院依照《中华人民共和国民事诉讼法》第一百七十条第一款第一项之规定，作出如下判决：

驳回上诉，维持原判。

【法官后语】

车辆挂靠经营作为一种长期存在的经济现象，不规范运作的情况时有发生，司法实践中纠纷较多，定性和处理均存在一定的困难。在车辆挂靠经营关系中，表现形式主要为挂靠人（一般是个人）与被挂靠人（通常是汽车运输公司）签订一份服务合同或挂靠合同，期限为若干年，约定由挂靠人出资购买车辆，向被挂靠人缴纳一定的管理费，由挂靠人实际使用车辆，被挂靠人以自己的名义为车辆登记上牌，办理营运证，代缴各项费用，挂靠关系终止时，车辆所有权归挂靠人所有，有关营运权仍属被挂靠人所有。车辆挂靠经营合同如属当事人的真实意思表示，内容未违反法律法规的禁止性规定的，应认定为有效合同。

关于车辆挂靠经营情况下发生交通事故，挂靠人和被挂靠人之间的外部责任问题，《中华人民共和国民法典》第一千二百一十一条规定："以挂靠形式从事道路运输经营活动的机动车，发生交通事故造成损害，属于该机动车一方责任的，由挂靠人和被挂靠人承担连带责任。"本案中，审理机动车交通事故责任纠纷的法院即据此判令冯某承担保险限额不足赔付的部分，运输公司对冯某应承担的赔偿责任承担连带赔偿责任。

关于车辆挂靠经营情况下发生交通事故，挂靠人和被挂靠人之间的内部责任分担问题，需根据法律规定、挂靠经营合同的约定、双方在履约过程中的过错及应承担的义务进行判断。本案中，《车辆服务合同书》约定由运输公司代为购买车辆保险，第三者责任险需购买100万元的额度，但实际上第三者责任险仅购买了50万元的额度，冯某作为实际车主对车辆的投保情况有核实、注意和提醒的义务，但其未尽到前述义务，也未提供证据证实提出过异议，故应认定冯某、运输公司均具有过错，应承担同等责任，进而判令由冯某向运输公司支付应承担的赔偿款项。

编写人：广东省广州市白云区人民法院　欧阳莉　刘明丽

060 对新能源汽车按照补贴前价格收取保费，保险公司不得按照扣除补贴后价格进行赔付

——王甲诉保险公司财产保险合同案

【案件基本信息】

1. 裁判书字号

北京市房山区人民法院（2018）京0111民初16838号民事判决书

2. 案由：财产保险合同纠纷

3. 当事人

原告：王甲

被告：保险公司

【基本案情】

2017年11月10日，王甲在保险公司为其小轿车投保机动车商业损失保险（以下简称车损险）及不计免赔率险。该投保车辆为纯电动轿车，购买此车享受新能源汽车购置优惠政策。涉案事故车辆在扣除国家补贴之后，王甲实际支付购车款为6万元。保险公司按照该车补贴前的官方指导价格为标准进行评估计算保险费用。车损险的赔偿限额为169801.2元。保险期间自2017年12月12日起至2018年12月11日止。2018年4月25日，王甲的父亲王乙驾驶该车辆在北京市房山区燕山石化东岭路上行驶发生交通事故，造成车辆受损。事故发生后，王乙立即向保险公司报险并说明事故情况。后王甲将事故车辆送至保险公司合作厂北京西三旗中海同创汽车销售有限公司维修，支付维修费用70365元。

王甲认为涉案事故车辆在保险公司投保车损险，保险金额为169801.2元，本案事故发生在保险期间内，保险公司应按照保险合同约定向王甲赔偿保险金70365元。保险公司认为涉案事故车辆应该按照王甲实际购车价格的折旧价值54240元为赔偿计算标准，不应该按照投保时的车辆保险金额169801.2元进行赔偿，故不同意王甲主张的赔偿金额。

【案件焦点】

涉案事故车辆的保险价值如何确定。

【法院裁判要旨】

北京市房山区人民法院经审理认为：王甲与保险公司签订的保险合同系双方当事人的真实意思表示，未违反法律、行政法规的强制性规定，应属合法有效。本案的争议焦点为涉案事故车辆的保险价值如何确定。

根据《中华人民共和国保险法》第五十五条的规定，投保人和保险人约定保险标的的保险价值并在合同中载明的，保险标的发生损失时，以约定的保险价值为赔偿计算标准。投保人和保险人未约定保险标的的保险价值的，保险标的发生损失时，以保险事故发生时保险标的的实际价值为赔偿计算标准。根据《中华人民共和国保险法》第十八条的规定，保险金额是指保险人承担赔偿或者给付保险金责任的最高限额。根据上述规定，在财产保险合同中，保险标的具有保险价值，保险金额的确定以保险价值为基础。保险价值是指保险标的在某一特定时期可以用货币进行估算的经济价值。具体到本案中，保险标的即王甲名下的涉诉保险车辆，保险价值是被保险人对于保险标的物所具有的保险利益的货币化体现，保险标的物的价值是客观存在的，不会因是否有国家补贴而有所变化，进而被保险人对保险标的物所具有的保险利益也是客观的，也不会因是否有国家补贴而有所变化。根据《机动车综合商业保险条款》（以下简称《保险条款》）第十二条的约定，保险金额按投保时被保险机动车的实际价值确定。本案中，在机动车综合商业保险单“保险金额”一栏处所对应的保险金额为169801.2元，即王甲在对该车进行投保时，保险公司是以该车补贴前的官方指导价格为标准计算的保险金额以及保险费用，该处也能够认证，保险公司认为涉案事故车辆投保时的实际价值为169801.2元。故法院认为涉案事故车辆投保时的实际价值应为补贴前官方指导价格169801.2元。根据《中华人民共和国保险法》第五十五条的规定，投保人和保险人未约定保险标的的保险价值的，保险标的发生损失时，以保险事故发生时保险标的的实际价值为赔偿计算标准。本案中，双方没有约定保险价值，因此保险公司应该以事故发生时保险标的的实际价值为赔偿计算标准。根据《保险条款》的约定，本案事故车辆在保险事故发生时折旧后的实际价值为169801.2×（1-16×0.006）= 153500.2848元。本案中，王甲主张的车辆维修费用为70365元，该损失价值亦低于上述折旧后的实际价值，且在保险金额的赔偿范围之内。故法院对于王甲主张的车辆维修费用70365元予以支持，对于保险公司主张的投保时按照补贴前价格计算保险金额，赔偿时按照实际购车款6万元为标准计算保险金额的意见，法院不予支持。

北京市房山区人民法院依照《中华人民共和国保险法》第二十三条之规定，判决如下：

保险公司于本判决生效之日起十日内赔偿王甲保险金70365元。

判决后，双方当事人均未上诉，本判决现已生效。

【法官后语】

本案是涉新能源汽车保险理赔的新型案例。随着新能源汽车的快速发展，新能源汽车的市场占比也在不断提升，新能源汽车的“高保低赔”问题成为司法实践中的热点问题，并引起了社会的广泛关注和探讨。本案将国家补贴金额认定为保险标的物的保险价值，对于新能源汽车领域保险行业的财产保险理赔问题具有一定的引导作用，并对出台新能源汽车保险行业的专门立法、车险体系提供了一个重要的分析样本。

1. 我国现行保险法中对于保险金额的确定

保险金额与保险价值在实践中是容易混淆的两个概念。保险金额的确定是被保险人主张赔偿的主要依据，在保险合同中具有重要地位。因此，明晰保险金额与保险价值的含义以及两者的关系对司法裁判至关重要。根据保险法的规定，保险金额是指保险人承担赔偿或给付保险金责任的最高限额。在财产保险合同中，保险金额不得超过保险价值。一般认为，保险价值是指经保险合同当事人约定并记载于保险合同中的保险标的的价值，或保险事故发生后保险标的的实际价值。保险价值是保险金额确定的基础，是财产保险合同中的关键事项，对于保险事故的理赔至关重要。按照机动车综合商业保险条款的约定，在一般的保险合同中，保险金额按投保时被保险机动车的实际价值确定。对于传统普通燃油车辆来说，在订立商业机动车损失保险合同时，对于保险费以及保险金额的确定一般有如下三种方式：一是按照投保人和保险人约定的保险标的的保险价值为赔偿计算标准；二是在没有约定保险价值的情况下，按照投保时被保险机动车的实际价值确定，即根据投保时新车购置价减去折旧金额后的价格协商确定；三是按照其他市场公允价值协商确定。上述三种方式在我国目前的车险体系中为传统燃油汽车的保险价值及保险金额确定了理赔标准。

2. 新能源汽车保险金额在我国现行车险体系中的计算标准

随着新能源汽车的快速发展，新能源汽车在汽车市场中的比例不断增加，尤其是北京、上海等地区，新能源汽车的使用更为普遍。但就目前来说，在我国保险法中，并没有关于新能源汽车保险的专门规定，在目前的车险体系中，亦没有针对新能源汽车的专用保险。保险公司的惯例是套用传统燃油车保险体系。对于新能源汽车而言，车主购买新能源汽车一般会享受国家补贴，故车主的实际新车购置价格比市场官方指导价格低。在机动车财产损失保险中，当前保险公司一般的做法是以补贴前的价格为基数计算保费，但是在理赔时，则以补贴后的金额为标准进行上限赔付。这在实践中，就会出现“高保低赔”的问题。本案中保险公司亦是对于涉案事故车辆主张按照补贴后的金额进行上限赔付。保险公司认为本案中保险标的的保险价值应该以被保险人实际购车发票的金额为计算标准，而不是补贴前金额。这种计算标准存在不科学性。保险金额的确定以涉案事故车辆的实际价值为基础，本案中的新能源汽车享受国家补贴，实际购车金额低于官方指导价值，但是保险公司并不能据此认定该车的实际价值与实际购车金额相同。且保险公司一般都是按照官方指导价格收取的保费，这也能够从侧面认证保险公司与被保险人默认了该车的实际价值为补贴前价值，而不是该车的实际购车价值。所以，在理赔时，保险公司应该按照保险金额对被保险人进行保险金赔偿。这也符合保险法中的损失填补原则。

综上，在新能源汽车这一新兴产业发展的同时，我国的保险法、车险体系也面临着新问题。新能源汽车具有与传统燃油汽车相近特点的同时，也存在较大差异。新能源汽车的核心技术在于动力电池，但是我国现有车险体系中对于该险种的设置尚处于空白阶段，这对司法裁判也造成了困境。本案系出现在新能源汽车领域“高保低赔”的新型案例，争议焦点也正是目前保险行业以及社会大众迫切需要回应的问题，因此本案例为新能源汽车保险专属条款的出台以及新能源汽车保险领域立法的出台都将提供有益补充。

编写人：北京市房山区人民法院　丛丹

061 财产保险全损事故中获得残值并非保险理赔的前置程序

——郑某诉保险吉林分公司财产保险合同案

【案件基本信息】

1. 裁判书字号

北京市房山区人民法院（2018）京0111民初5664号民事判决书

2. 案由：财产保险合同纠纷

3. 当事人

原告：郑某

被告：保险吉林分公司

【基本案情】

2016年8月24日，郑某在保险吉林分公司为其车牌号为吉AP××44的机动车投保了机动车损失保险，保险金额为96689.6元，郑某为该项主险投保了不计免赔率险，每次事故的绝对免赔额为0元。保险期间为2016年8月30日至2017年8月29日。双方使用的保险条款为保险吉林分公司提供的《机动车综合商业保险条款》（以下简称保险条款）。该保险条款中对全部损失的解释为“被保险机动车发生事故后灭失，或者受到严重损坏完全失去原有形体、效用，或者不能再为被保险人所用的，为实际全损；或被保险机动车发生事故后，认为实际全损已经不可避免，或者为避免发生实际全损所需支付的费用超过实际价值的，为推定全损”。机动车全部损失的赔款计算方式为：赔款=（保险金额-被保险人已从第三方获得的赔偿金额）×（1-事故责任免赔率）×（1-绝对免赔率之和）-绝对免赔额。同时，根据该保险条款第十七条的约定，被保险机动车遭受损失后的残余部分由保险人、被保险人协商处理。如折归被保险人的，由双方协商确定其价值并在赔款中扣除。

2017年6月21日12时，郑某驾驶保险车辆发生交通事故，导致车辆受损。经北京市公安局公安交通管理局房山交通支队良乡大队认定，郑某负事故全部责任。事故发生后，郑某于当日报案并报险。随后，郑某将车辆拖到一家4S店进行检修。经4S店勘查，保险车辆的维修费在11万余元。保险吉林分公司在对投保机动车进行查勘后，也认为该车辆基本能够按照全损处理，但是在残值处理方式上，要求郑某先行对车辆残值部分进行处理，后对差额部分进行赔付。后双方对处理方式未能达成一致意见，保险吉林分公司未出具定损通知书，亦未进行理赔。

【案件焦点】

获得受损投保机动车的残值利益是否为被保险人获得保险理赔的前置程序。

【法院裁判要旨】

北京市房山区人民法院经审理认为：对于被保险机动车推定全损之后的理赔流程，保险吉林分公司一直强调要按照保险条款第十七条的约定，由保险人和被保险人协商处理。但本案的起因恰恰在于双方就该事项并没有协商一致。而理赔流程无法达成一致，并非保险人拒绝支付保险赔偿金的法定理由。根据《中华人民共和国保险法》第五十九条的规定，保险事故发生后，保险人已支付了全部保险金额，并且保险金额等于保险价值的，受损保险标的的全部权利归于保险人。由此可见，保险人已支付了全部保险金额是其取得受损投保标的物权利的前提条件。因此，保险人不能以尚未取得受损投保标的物的处分权利或残值为由，拒绝支付被保险人保险赔偿金。故法院对于郑某要求保险吉林分公司支付保险赔偿金的诉讼请求予以支持。

北京市房山区人民法院依照《中华人民共和国合同法》第六十二条，《中华人民共和国保险法》第五十七条、第五十九条之规定，判决如下：

一、保险吉林分公司于本判决生效之日起十日内赔偿郑某保险金 96689 元，施救费 1260 元；

二、保险吉林分公司向郑某赔偿保险金后，车牌号为吉 AP××44 的机动车的全部权利归于保险吉林分公司，郑某应当予以配合。

判决后，双方当事人均未上诉，本判决现已生效。

【法官后语】

保险标的物的损失分全部损失和部分损失，全部损失又分为实际全损和推定全损。推定全损是指实际全损已不可避免，或受损标的物残值加上施救、整理、修复的费用之和超过其实际价值，视为已经全损。在此情况下，保险公司放弃努力，给予被保险人以保险标的物实际价值的赔偿即为推定全损。推定全损是相对于实际全损而言，是对保险标的物损失的一种拟制，比较抽象，且目前法律规定也不够明确，但推定全损的法律后果却是审判实践无法回避的问题。

在财产保险事故中，如果事故达到全损程度，那么标的物残值处理与保险理赔之间的关系是什么？换言之，发生财产保险事故后，保险公司是应当先行赔付，还是先对保险标的物的残值进行处理，然后再进行赔付呢？对此保险法并无统一的强制性规定。

保险法对此问题相关的规定在第五十九条，具体内容为“保险事故发生后，保险人已支付了全部保险金额，并且保险金额等于保险价值的，受损保险标的的全部权利归于保险人”。通过对该条规定进行分析，可以得知其内在的法律逻辑为：只有保险人已支付了全部保险金额之后，其才能取得受损投保标的物的权利。但是在保险实践中，保险人对此条规定的逻辑理解通常为：先行获得受损投保标的物的残值利益，其后再对被保险人进行保险理赔，以致在目前保险行业经营过程中，保险人经常主张“被保险人尚未将标的物权利转移给我，所以我拒绝赔付”。这种做法具有一定的广泛性。该做法旨在最大限度保障保险人的财产利益，但却是以限制被保险人依法及时获得保险赔偿为代价的。

笔者认为，在保险人与被保险人对保险标的物残值及处置方式上存在争议的情况下，为维护被保险人的合法权益，确保被保险人不承担潜在的损失，保险人应当对被保险人先行赔付，保险标的物权利归属于保险公司更合适。具体理由有如下两点。

1. 先行赔付具有一定的法律依据

尽管保险法对残值处理与赔偿顺序并无统一的强制性规定，但是在保险人与被保险人没有约定的情形下，保险人先行赔付具有一定的法律依据。《中华人民共和国保险法》第二十一条明确规定："投保人、被保险人或者受益人知道保险事故发生后，应当及时通知保险人……"第二十三条规定："保险人收到被保险人或者受益人的赔偿或者给付保险金的请求后，应当及时作出核定；情形复杂的，应当在三十日内作出核定，但合同另有约定的除外。保险人应当将核定结果通知被保险人或者受益人……"按照上述两条规定，发生保险事故后，被保险人具有及时通知保险人的报险义务，而保险人则有及时核定损失的义务。在被保险人履行通知义务之后，保险人应当及时核定损失。此处的"及时"定损应该是有约定的按约定，无约定的则"应当在三十日内"。保险法之所以如此规定，目的就在于规制保险人久拖不赔进而损害被保险人或受益人权益的行为。只有保险人赔付了被保险人的损失后，其才可以根据保险法第五十九条的规定拥有受损保险标的物的权利。

2. 获得残值作为赔付的前置程序，有违保险最大诚信原则

诚信是所有行业的原则，保险行业遵循的则是最大诚信原则。作为射幸合同的典型代表，保险合同对诚信的要求高于其他类型的合同。保险消费者购买保险的目的即转移风险，保护自身的财产权益得到及时的保护。如果保险人以自身利益为价值考量，利用自身优势地位，为被保险人依法获得保险理赔设置障碍，有违市场主体之经营诚信，司法不应予以提倡或鼓励。一般来讲，保险人对法律规定的保险理赔流程应当比被保险人更为熟悉，理应在合法经营、诚信经营方面为行业做出示范和表率。但部分保险人利用自身在保

险合同关系中的主导地位，为被保险人依法获得理赔设置前置条件，在被保险人不接受的情况下拒绝理赔。这种“行业惯例”将处理保险标的物残值的义务在无合同约定的情况下强加于被保险人，让不专业的被保险人做专业的事情，致使被保险人为获得保险赔偿金花费大量的人力、物力及时间成本去自行拍卖，甚至进行诉讼，直接导致被保险人迟延获得保险金，导致正常的保险理赔成诉，无端浪费司法资源。对此种违背市场诚信的行为，司法应当予以否定性评价。因此，从投保目的、保险价值的角度出发，财产保险全损保险事故中获得残值不应该成为保险理赔的前置程序。如此方能规范保险市场秩序，推动保险服务水平的提高，促进保险业的健康持续发展。

编写人：北京市房山区人民法院　杨瑞强

062　单方委托鉴定的效力法院能否认定

——顾某诉保险公司责任保险合同案

【案件基本信息】

1. 裁判书字号

江苏省无锡市中级人民法院（2018）苏02民终2279号民事判决书

2. 案由：责任保险合同纠纷

3. 当事人

原告（被上诉人）：顾某

被告（上诉人）：保险公司

【基本案情】

2017年5月30日，顾某与汽运公司签订挂靠经营管理合同，明确顾某将一辆重型厢式货车（以下简称保险车辆）挂靠在汽运公司。

汽运公司为保险车辆向保险公司投保了车损险（保险金额为21.3万元）及不计免赔率特约条款等险种，保险期限为2017年5月26日至2018年5月25日。机动车综合商业保险示范条款载明：保险期间内，被保险人或其允许的驾驶人在使用被保险机动车过程中，因碰撞等原因造成被保险机动车的直接损失，保险人依照本保险合同的约定负责赔偿。汽运公司投保时，保险公司就免责条款进行了提示和说明。

2017年10月29日，黄某驾驶保险车辆撞上同方向停在路边由张某驾驶的车辆，造成车辆、货物损坏、黄某受伤的交通事故。事故发生后，汽运公司支付施救费7000元，丹阳市珥陵镇东进停车场开具发票。后汽运公司与保险公司就维修价格无法达成一致，汽运公司遂委托公估公司进行评估，并通知了保险公司，保险公司未到场，公估公司认定保险车辆的损失为14.7万元，汽运公司支付评估费7300元。事故发生后，汽运公司出具权益转让书，确认将案涉车辆损失的赔偿请求权转让给顾某。

汽运公司委托维修公司对保险车辆进行维修，现保险车辆已经维修完毕，维修公司开具了价税合计金额为14.7万元的发票。

诉讼中，因保险公司对评估报告不予认可，顾某申请公估公司鉴定人任某到庭。任某陈述，公估公司于2017年12月1日接受委托，于12月5日查勘现场并拍照，确认了损失的项目。当地重型汽车特约维修站仅有维修公司、汽修服务站两家，在向维修公司、汽修服务站询价后，综合两家的报价单，公估公司在较低的报价基础上，按照行业惯例打九五折，甚至更低的折扣，形成了案涉公估报告。

【案件焦点】

顾某单方委托进行的鉴定是否有效，保险公司能否要求重新鉴定。

【法院裁判要旨】

江苏省无锡市梁溪区人民法院经审理认为：汽运公司与保险公司签订的保险合同合法有效。保险事故发生后，保险公司应依约承担保险责任。顾某将保险车辆挂靠在汽运公司，且汽运公司已将案涉车辆损失的赔偿请求权转让给顾某，现顾某向保险公司主张车损险保险金及评估费、施救费，符合法律规定。保险车辆损失经公估公司评估后认定为14.7万元，公估公司具有评估资质，且在评估时通知保险公司到场。而保险公司未到场，其既无证据足以反驳该评估报告，也未提供证据证明鉴定程序严重违法或鉴定结论明显依据不足，故对该评估结论法院予以采信，保险公司提出的对评估报告不予认可、要求重新鉴定的抗辩，法院不予采纳。评估费系为确定保险车辆的损失程度所支付的必要的、合理的费用，依法应由保险公司承担。保险公司提出施救费用系车辆从丹阳拖至无锡产生，系扩大的损失的抗辩，但未提供相应依据，且顾某提供了施救费的发票，对该抗辩，法院不予采纳。

江苏省无锡市梁溪区人民法院依照《中华人民共和国保险法》第十条、第六十四条之规定，作出如下判决：

保险公司应于本判决发生法律效力之日起十日内赔偿顾某车损险保险金 147000 元、评估费 7300 元、施救费 7000 元。

二审法院同意一审法院裁判意见。

【法官后语】

单方委托是车辆损失保险合同纠纷的常见问题，一般情况下，保险公司在接到事故报案后，均会及时自行查勘定损。但在有些情况下，被保险人只能选择单方委托，被保险人之所以进行单方委托，主要原因在于保险公司定损价格过低，双方又无法协商一致，故委托公估公司等对车损进行鉴定。在此情形下，保险公司对评估金额通常不予认可，往往会申请重新鉴定，法院在此情形下，一般会予以允许。

1. 单方委托鉴定意见在一般情况下不具有可采性

一是被保险人单方委托鉴定，剥夺了保险公司参与查勘、选择鉴定机构并提出相关意见的权利，保险公司无法对鉴定方法、鉴定过程、检材等进行确认，而程序公正的重要一环就是程序的参与性，如果保险公司连参与程序的机会都没有，则很难保证程序的中立性和公正性；二是在评估机构资质有所放开的情况下，评估机构存在良莠不齐的情况，在实践中存在评估机构为了谋利与被保险人串通作高损失的可能，采纳单方委托鉴定意见可能存在道德风险。

2. 单方委托鉴定意见存在的价值

单方委托的鉴定意见是否应该一概予以排除？不可否认，单方委托仍时有发生，在某些情形下是具有合理性的，一是保险公司在交通事故发生后拒绝定损或怠于定损，则视为保险公司放弃了查勘车损的权利，此时被保险人委托第三方鉴定机构对车损进行鉴定不存在过错。在保险公司没有提供反驳证据的情况下，可以采纳单方委托的鉴定意见。二是在充分保证保险公司程序参与权的条件下，可以考虑采纳单方委托鉴定意见。否则，完全否认单方委托鉴定的效力，则纵容了保险公司过分压低定损金额的做法。在部分车损数额较大的案件中，保险公司定损金额与单方委托定损金额差距甚大，有的定损金额甚至仅为委托定损金额的一半左右，而从实践情况来看，按照保险公司的定损金额无论如何都是无法进行正常维修的，部分被保险人为了减少损失，不得不接受保险公司过低的定损。三是在法院委托鉴定的金额与被保险人单方委托鉴定的金额差距不大的情况下，亦是对法院委托鉴定意见的佐证，可以加强第二次鉴定意见的证明力。

3. 采纳单方委托鉴定意见的进路

在哪些情形下可以采纳单方委托作出的鉴定意见？笔者认为，不采纳单方委托鉴定意见的最重要理由即为损害程序的公正性，在保证程序公正的前提下，采纳单方鉴定意见具有合理性。

以本案为例，法院之所以采纳单方意见，主要出于以下考虑：一是顾某在单方委托评估时通知保险公司到场而保险公司未到场，给予了保险公司参与程序的机会，但保险公司却未予理会。二是诉讼中鉴定人到庭接受询问。在保险公司对鉴定意见不予认可、申请重新鉴定的情况下，赋予保险公司询问鉴定人的权利，既能使鉴定程序的问题暴露，也能使法院形成心证，作出合理的判断。三是车辆系在特约维修店修理。不可否认，我国车辆维修市场存在一些乱象，在这种情况下，4S店、大型车辆维修连锁机构、汽车生产厂家指定的维修点等，较之于普通的车辆维修作坊、公司等，在市场认可度、信誉方面具有一定的优势，这种大型机构参与保险骗保等的可能性较低。

编写人：江苏省无锡市梁溪区人民法院　李涛

063 挂靠车辆的实际车主放弃对第三人请求赔偿权利的，车损险保险人不承担相应的保险金赔偿责任

——运输公司诉保险公司财产保险合同案

【案件基本信息】

1. 裁判书字号

上海市浦东新区人民法院（2018）沪0115民初36841号民事判决书

2. 案由：财产保险合同纠纷

3. 当事人：

原告：运输公司

被告：保险公司

第三人：李某

【基本案情】

第三人李某将其购买的涉案车辆（沪D××××6重型半挂牵引车）登记于原告运输公司名下。原告作为投保人和被保险人将该车向被告保险公司投保了机动车交通事故责任强制保险、机动车损失保险及不计免赔险等，保险期间自2016年12月11日零时起至2017年12月10日二十四时止。

2017年7月14日13时25分许，案外人向某（系第三人李某雇佣的驾驶员）驾驶沪D××××6重型半挂牵引车牵引另一辆重型集装箱半挂车行驶时，与前方变更车道后同方向行驶沈某驾驶的拖拉机相撞，造成交通事故，致沈某当场死亡、两车损坏。

2017年7月19日，第三人李某以涉案车辆实际所有人、向某以该车驾驶员身份（两者共同作为乙方）与沈某继承人（作为甲方）签署《协议书》，约定“双方均服从公安交通部门对此次事故的责任认定，如果该事故认定沈某、向某均承担同等责任，除保险公司法定赔偿外乙方一次性补偿甲方人民币160000元，补偿款与保险赔偿无关……除此之外双方不得再向对方主张任何权利”等。

2017年8月24日，江苏省射阳县公安局交通警察队出具《道路交通事故认定书》，认定向某、沈某均承担事故的同等责任。

事故发生后，原告运输公司支付了涉案车辆维修费、施救费等费用，遂要求被告保险公司承担赔偿责任，被告拒不履行保险义务，故原告诉至法院请求判令：1. 被告支付原告车辆维修费80000元、施救费6500元；2. 本案诉讼费由被告承担。

【案件焦点】

1. 第三人作为挂靠车辆实际所有权人，是否系车损险保险合同中的被保险人；2. 其在侵权纠纷中向对方放弃请求赔偿权利的，保险人是否将不承担相应的保险金赔偿责任。

【法院裁判要旨】

上海市浦东新区人民法院经审理认为：本案中，第三人李某与原告运输公司之间是挂靠关系，涉案车辆虽登记在原告名下，但根据原告与第三人李某的当庭陈述，该车系第三人李某购买并实际经营，保险费实际也由其支付，故该车的实际所有权人系第三人李某，其对涉案车辆具有法律上承认的所有权利益。同时，根据《中华人民共和国保险法》第十二条第五款“被保险人是指其财产或者人身受保险合同保障，享有保险金请求权的人”的规定，受财产保险合同保障的主体为被保险人。涉案机动车损失保险合同保障的主体为涉案车辆的所有权人，故第三人李某应为该保险合同下的被保险人。

《中华人民共和国保险法》第六十一条第一款规定“保险事故发生后，保险人未赔偿保险金之前，被保险人放弃对第三者请求赔偿的权利的，保险人不承担赔偿保险金的责任。”第三人李某在保险事故发生后、保险人未赔偿保险金之前，在《协议书》中放弃向第三者请求赔偿的权利。在本次交通事故中，向某、沈某负有同等事故责任。根据《中华人民共和国道路交通安全法》第七十六条第一款第一项“机动车之间发生交通事故的，由有过错的一方承担赔偿责任；双方都有过错的，按照各自过错的比例分担责任”的规定，向某、沈某按照50%分担责任，故被告抗辩对第三人李某放弃部分的50%不承担保险金赔偿责任，于法有据，法院予以采信。被告应赔偿的修理费、维修费金额为43250元。审理中，原告和第三人李某当庭陈述上述费用已由原告支付，且第三人李某同意由原告向被告主张保险金请求权，故被告应向原告赔偿上述费用。

上海市浦东新区人民法院依照《中华人民共和国保险法》第十二条、第六十一条第一款的规定，作出如下判决：

被告保险公司于本判决生效之日起十日内支付原告运输公司保险金43250元。

判决后，双方当事人均未上诉，本判决现已生效。

【法官后语】

车损险保险合同约定的被保险人，通常系机动车行驶证登记的所有权人，具有保险金请求权。但是在运输物流行业中，由于挂靠关系的普遍存在，行驶证登记的所有权人与实际所有权人经常发生分离。此时如何确定车损险保险合同中的被保险人，在司法实践中备受争议。

1. 在车辆挂靠关系中，机动车实际所有权人为挂靠人

根据《中华人民共和国民法典》第二百二十四条、第二百二十五条的规定，机动车所有权的取得自交付时发生效力，登记仅是对抗善意第三人的要件。本案中，第三人购买取得车辆并挂靠经营，应被认定为实际所有权人。

2. 在机动车损失保险合同中，机动车实际所有权人为被保险人

根据《中华人民共和国保险法》第十二条第五款的规定，其财产受保险合同保障的主体为被保险人。车损险保险合同保障的主体是因机动车本身灭失或损坏而遭受损失的主体，而符合该条件的主体应为机动车所有权人，故机动车所有权人为被保险人。在车辆挂靠关系存在的情况下，即使登记的机动车所有权人在保险合同中被约定为被保险人，被保险人仍应为实际享有机动车所有权的挂靠主体。该挂靠主体在侵权纠纷中向第三方放弃请求赔偿权利的，根据《中华人民共和国保险法》第六十一条第一款的规定，应视为被保险人放弃请求赔偿的权利。

本案详细探讨了此类案件审理过程中出现的法律问题，为此类纠纷的化解提供了解决思路。

编写人：上海市浦东新区人民法院　李鹏　姜岚

064 发生事故后驾驶员弃车离开现场致使事故原因无法查明的，保险公司不承担赔偿责任

——速运公司诉保险公司保险合同案

【案件基本信息】

1. 裁判书字号

江苏省无锡市中级人民法院（2018）苏02民终1291号民事判决书

2. 案由：保险合同纠纷

3. 当事人

原告（上诉人）：速运公司

被告（被上诉人）：保险公司

【基本案情】

速运公司为属其所有的营运货车向保险公司投保了三责险及不计免赔率等险种，保险期限为2016年8月4日至2017年8月3日。三责险保险条款载明，在保险责任范围内，出现下列情况，不论任何原因造成的人身伤亡、财产损失和费用，保险人均不负责赔偿：（一）事故发生后，被保险人或其允许的驾驶人故意破坏、伪造现场、毁灭证据；（二）驾驶人有下列情形之一者：1. 事故发生后，在未依法采取措施的情况下驾驶被保险机动车或者遗弃被保险机动车离开事故现场；2. 饮酒、吸食或注射毒品、服用国家管制的精神药品或者麻醉药品等。投保单声明栏载明：本投保人已经收到了条款全文及投保告知书，仔细阅读了保险条款，尤其是加黑突出标注的、免除保险人责任的条款部分的条款内容。保险

人已就本合同所涉及的所有免除其责任的条款的概念、内容及其法律后果向本人做出了通俗的、本人能够理解的解释和明确说明，本人对其真实含义和法律后果完全理解，同意并接受本投保单所载各项内容，申请投保并同意按保险合同约定缴纳保险费。投保人签章处加盖速运公司公章。

2017年2月17日13时47分，速运公司驾驶员蒋某某驾驶重型厢式货车，倒车后在起步右转弯时与从路口由东往西在斑马线附近行走的行人彭某某发生碰撞，造成行人彭某某当场死亡的道路交通事故。交警部门认定造成此次事故的直接原因系蒋某某驾驶保险车辆倒车后，在起步时因疏忽大意与同方向前方的行人发生碰撞，彭某某无导致此事故发生的过错。蒋某某负事故的全部责任，彭某某不负事故责任。事故发生后，蒋某某向110报警后弃车离开现场，于2017年2月18日11时29分到临海市交警大队投案。同年3月7日，彭某某的家属谭某某等人向浙江省临海市人民法院起诉速运公司和保险公司，要求速运公司赔偿损失574211.2元，保险公司在交强险和三责险范围内承担赔偿责任。经调解，保险公司赔偿彭某某家属交强险保险金11万元，速运公司赔偿彭某某家属损失33万元（已扣除预付的7万元）。调解后，保险公司、速运公司均已按调解书的约定履行了付款义务。

【案件焦点】

1. 保险条款中的免责条款是否有效；2. 驾驶员弃车离开现场，保险公司能否依据免责条款拒赔。

【法院裁判要旨】

江苏省无锡市梁溪区人民法院经审理认为：保险公司已就保险条款中的免责条款向速运公司进行了明确说明，保险条款中的免责条款具有法律效力。事故发生后，速运公司的驾驶员蒋某某拨打 110 报警后无正当理由弃车离开现场，未留在事故现场等待警察处理事故，亦未及时接受酒精检测，导致无法查明事故发生时蒋某某是否具有酒驾等免责情形，符合三责险保险条款第二十四条约定的免责情形，故保险公司不应承担赔偿责任。

江苏省无锡市梁溪区人民法院依照《中华人民共和国保险法》第十七条之规定，作出如下判决：

驳回速运公司的诉讼请求。

速运公司不服一审判决，提起上诉。江苏省无锡市中级人民法院经审理认为：速运公司在投保单声明栏处以盖章形式确认保险公司已就保险合同所涉及的所有免除其责任的条款的概念、内容及其法律后果对其作出解释和明确说明，可以认定保险公司已就免责条款尽到了提示和说明义务，本案所涉保险合同中相关免责条款有效。

本案所涉保险合同明确约定，事故发生后，在未依法采取措施的情况下驾驶被保险机动车或者遗弃被保险机动车离开事故现场的；饮酒、吸食或注射毒品、服用国家管制的精神药品或者麻醉药品的，保险公司不负责赔偿。在未依法采取措施的情况下驾驶被保险机动车或者遗弃被保险机动车离开事故现场的导致保险公司对保险事故性质、原因、损失程度等难以确定时，保险公司在此范围内免责。本案中蒋某某在事故发生后，虽有报警行为，但无正当理由未留在现场配合保险事故性质、原因的查明，客观上导致对其事故当时生理状态无法确定，不能排除存在饮酒驾车等免责情形。因此，保险公司有权依据有效的免责条款拒赔。

江苏省无锡市中级人民法院依照《中华人民共和国民事诉讼法》第一百七十条第一款第一项的规定，作出如下判决：

驳回上诉，维持原判。

【法官后语】

随着人们生活水平的日渐提高，我国民用汽车保有量不断增长，而驾驶员驾驶水平参差不齐，有些驾驶员安全意识较差，开车存在侥幸心理。机动车强制保险和商业保险虽然为交通事故发生后的赔偿提供了一定的保障，但在法律规定或保险条款约定的免责事由成立时，保险公司有权拒绝赔偿。

1. 保险条款中的免责条款须向投保人作出提示并明确说明后生效。

保险是集合具有同类危险的众多单位或个人，以合理计算分担金的形式，实现对少数成员因该危险所致经济损失的补偿性行为。保险公司提供保险服务是以营利为目的的，故订立保险合同时，保险条款中会对投保人、被保险人、保险人的权利义务进行明确约定。免责条款是保险公司在特定情况下，可以不承担赔偿责任的依据。保险条款一般为格式条款，由保险公司自行拟定，一般投保人不会多加注意，或因条款冗长、字体细小而不易阅读，或文义晦涩难懂，对投保人十分不利。因此，《中华人民共和国保险法》第十七条规定，保险人应当向投保人说明合同的内容，对免责条款应当在投保单、保险单或其他保险凭证上作出足以引起投保人注意的提示，并对该条款内容以书面或口头形式向投保人作出明确说明；未作提示或明确说明的，该条款不产生效力。本案中，保险公司在保险条款中对免责条款用加深加粗字体显示，且速运公司在投保单声明栏中加盖公章予以确认，故应视为保险公司已就免责条款向速运公司进行明确说明，免责条款有效。

2. 发生事故后应及时采取有效措施以便于查清事故情况。

在免责条款有效的前提下，保险事故发生后，如存在免责条款中的免责事由，保险公司即有权拒绝赔偿。《中华人民共和国保险法》第二十一条规定，投保人、被保险人或者受益人知道保险事故发生后，应当及时通知保险人。故意或者因重大过失未及时通知，致使保险事故的性质、原因、损失程度等难以确定的，保险人对无法确定的部分，不承担赔偿或者给付保险金的责任。本案所涉保险合同明确约定了保险公司不负责赔偿的若干情形。该约定免责的依据即来源于上述法律规定，在导致保险公司对保险事故性质、原因、损失程度等难以确定时，保险公司在此范围内免责。因对于保险事故性质、原因、损失程度的查明，不仅需要对事故现场包括驾驶车辆等状况查勘，也需查明驾驶人当时的生理状态，故保险合同中约定"依法采取措施"应理解为保险公司对保险事故查明的相关措施，而不单单指报警这一行为。本案中驾驶员蒋某某在事故发生后，虽有报警行为，但无正当理由未留在现场配合保险事故性质、原因的查明，客观上导致对其事故当时生理状态无法确定，不能排除存在饮酒驾车等免责情形。因此，保险公司有权依据有效的免责条款拒赔。

编写人：江苏省无锡市梁溪区人民法院　张明明

065 对车上人员责任险项下“车上人员”“使用”“免责情形”如何解释

——某商店诉保险公司财产保险合同案

【案件基本信息】

1. 裁判书字号

北京市第一中级人民法院（2018）京01民终4781号民事判决书

2. 案由：财产保险合同纠纷

3. 当事人

原告（被上诉人）：某商店

被告（上诉人）：保险公司

【基本案情】

2017年4月2日，某商店为一辆混凝土搅拌运输车在保险公司投保了车上人员责任险（司机）10万元/座和不计免赔率险，保险期限自2017年4月3日0时起至2018年4月2日24时止。其中机动车车上人员责任保险条款第三条约定：本保险合同中的车上人员是指保险事故发生时在被保险机动车上的自然人；第四条约定：保险期间内，被保险人或其允许的合法驾驶人在使用被保险机动车过程中发生意外事故，致使车上人员遭受人身伤亡，依法应当由被保险人承担的损害赔偿责任，保险人依照本保险合同的约定负责赔偿。2017年6月12日，某商店允许的合法驾驶人冯某在汽车维修中心修理被保险车辆，在上车取油箱钥匙时，从车上摔下受伤。此次事故经北京市公安局延庆分局交通大队认定，冯某负全部责任。事故发生后，负责管理某商店车辆的白某支付了冯某住院期间医疗费6687.64元、伙食补助费1000元及护理费。冯某于2017年9月22日诉至法院要求某商店、白某承担赔偿责任。2017年12月1日，法院判决某商店、白某连带赔偿冯某残疾赔偿金、精神损害抚慰金、误工损失费、出院后护理费、住院伙食补助费、营养费、交通费等共计101920元。2018年1月2日，某商店诉至法院，要求保险公司支付保险赔偿款10万元。

【案件焦点】

人保延庆公司是否应基于车上人员责任险向某商店承担保险赔付责任。

【法院裁判要旨】

北京市延庆区人民法院经审理认为：被保险人投保车上人员责任险的目的就是减少或降低自身风险，故车上人员不能狭义理解为驾驶室内的人员，还应包括车辆在使用中，上、下机动车的司乘人员。冯某是被保险车辆上的驾驶员，在上车取油箱钥匙时，从车上摔下受伤，应当属于车上人员正当使用机动车，属于保险事故。被保险车辆在保险公司投保了车上人员责任险，且事故发生在保险期限内，保险公司应在车上人员（司机）责任险承保范围内对某商店承担保险理赔责任。

北京市延庆区人民法院依照《中华人民共和国保险法》第二条之规定，作出如下判决：

保险公司于本判决生效后七日内给付某商店保险金10万元。

保险公司不服一审判决，提起上诉。北京市第一中级人民法院经审理认为：本案中某商店对冯某的损害赔偿责任已经生效判决予以认定，故依法应系本案保险合同项下之保险标的。虽然从常理来看，机动车的使用应理解为发挥机动车的使用价值，即在道路上合法行驶，但本案中冯某作为被保险人允许的合法驾驶人，其对被保险机动车的管理行为与损害发生之间具有连续性，亦具备事实上的关系，故法院认为对“使用”应进行扩大解释，不宜作狭隘理解。判断是否属于“车上人员”应以该人在事故发生时这一特定时间是否身处保险车辆之上为依据，其中包括在被保险机动车车体内或车体上的人员，亦包括正在上下车的人员。本案中冯某系在登上涉案车辆取钥匙时发生的事故，其应属于保险条款中约定的“车上人员”。

本案中某商店认可当时冯某系在维修中心修理被保险机动车，而保险条款中明确约定对在营业性场所维修、保养、改装期间发生的事故保险公司不论原因均不予赔付，且对该免除保险人责任的条款，保险公司已经在保险条款中予以加黑提示，某商店亦盖章确认保险公司已对免除保险人责任的条款向其作了明确说明。因此，对保险条款中约定的修理期间应解释为从送去修理至取走车辆的整个连续期间，而不是仅仅指实际修理被保险机动车的时间。故即使涉案事故属于保险责任范围，亦属于保险合同中约定的责任免除情形。综上，人保延庆公司的上诉请求成立，应予支持，一审法院认定事实有误，判决结果错误，依法应予以纠正。

北京市第一中级人民法院依照《中华人民共和国保险法》第二条、第十七条，《中华人民共和国民事诉讼法》第一百七十条第一款第二项之规定，作出如下判决：

一、撤销北京市延庆区人民法院（2018）京 0119 民初 396 号民事判决；

二、驳回某商店的诉讼请求。

【法官后语】

机动车车上人员责任保险属责任保险范畴，是以被保险人对车上人员应负的损害赔偿责任为标的的保险合同。被保险人主张车上人员险的前提应是该损害赔偿责任已经确定，这也是此类案件中原告的举证义务。本案中某商店对冯某的损害赔偿责任已通过生效判决予以认定，故可以进入本案的实质审查阶段。

首先，允许的合法驾驶人的范畴。

实践中一般发生争议较大的是允许的合法驾驶人在把车辆转交于他人驾驶时，该他人是否系允许的合法驾驶人。就此我们认为，此种情形下应考虑被保险人授权允许的合法驾驶人时的授权范围，如果仅系一次性授权抑或特定授权，而又未出现紧急事由致使允许的合法驾驶人无法使用该被保险车辆时，保险公司提出该点抗辩的应予支持；而若该授权系概括性授权，未提出明确使用人员限制的，保险公司提出该点抗辩的应不予支持。

其次，关于什么是“使用”被保险机动车。

当保险合同中载明的“在使用被保险车辆过程中发生意外事故”中的“使用”存在多种解释时，根据合同法的相关规定，对格式条款有两种以上解释的，应当作出不利于提供格式条款一方的解释；当事人对合同条款的理解有争议的，应当按照合同所使用的词句、合同的有关条款、合同的目的、交易习惯以及诚实信用原则，确定该条款的真实意思。本案中因冯某对被保险机动车的管理行为与损害发生之间具有连续性，亦具备事实上的关系，且车辆静止或是行驶只是物理状态的不同，均未改变按照车辆的性质而占有和使用车辆，故我们认为对“使用”应结合保险合同条款、合同目的及事故发生的实际状态作出更有利于被保险人的解释。

再次，车上人员如何认定。

判断因使用被保险车辆发生意外事故而遭受人身伤亡的属于“第三者”还是属于“车上人员”，必须以该人在意外事故发生当时这一特定的时间是否身处被保险车辆之上为依据，在车上即为“车上人员”，其中包括在被保险机动车车体内或车体上的人员，亦包括正在上下车的人员；在车下即为“第三者”。本案中该意外事故发生时，冯某系在涉案车辆车体上，其应属于保险条款中约定的“车上人员”。保险合同中所涉及的“第三者”和“车上人员”均为在特定时空条件下的临时性身份，即“第三者”与“车上人员”均不是永久的、固定不变的身份，二者可以因特定时空条件的变化而转化。

最后，考量是否存在除外条款。

一般保险合同中均有责任免除的约定，如违章搭乘人员的人身伤亡；车上人员因疾病、分娩、自残、殴斗、自杀、犯罪行为造成的人身伤亡；驾驶员紧急刹车造成乘客伤亡。而本案保险合同中约定，在营业性场所维修、保养、改装期间发生的事故造成人身伤亡的，保险人均不负责赔偿，且对该免除保险人责任的条款，保险公司已经进行了提示并作了明确说明，该条款依法具有合同效力。

编写人：北京市第一中级人民法院　耿瑗

066 不利解释原则在保险合同纠纷中的运用

——混凝土公司诉财保射阳支公司保险合同案

【案件基本信息】

1. 裁判书字号

江苏省盐城市中级人民法院（2018）苏09民终5517号民事判决书

2. 案由：保险合同纠纷

3. 当事人

原告（上诉人）：混凝土公司

被告（被上诉人）：财保射阳支公司

【基本案情】

2016年3月10日，混凝土公司在财保射阳支公司为苏JT×××6号泵车投保机动车损失保险，保险金额3500000元；第三者责任保险不计免赔，保险金额500000元，保险期间为2016年3月12日0时至2017年3月11日24时，并在特别约定处载明“该车为不足额投保，出险时按比例赔偿”。

2017年2月20日，苏JT×××6号泵车在进行泵送混凝土作业时泵车二节臂突然断裂，造成地下车库钢筋笼和底板损坏。混凝土公司到派出所报警，派出所未到现场进行勘查，现场由保险公司自行勘查认定。事故发生后，射阳县气象局出具气象证明一份，载明：2017年2月20日6时2分，射阳县城测得最大风速为17.2m/s，风力8级。

事故发生当日财保盐城支公司派员到现场查勘，与现场建筑瓦工王某作询问笔录，王某陈述："……当时出险时风非常大，臂抖动比较严重，是阵风时间不长，出险时就在刮大风的时间，当时浇注地下室，六节臂全部扯平……"财保盐城支公司出具机动车辆保险车辆损失情况确认书一份，认可泵车维修费为 675500 元，施救费为 12500 元。

2017 年 2 月 26 日，某建设集团有限公司出具情况说明，载明：混凝土公司苏 JT×××6 号泵车在我工地浇筑砼承台时，大臂断裂导致我方损失 28048 元；出具收条，载明：今收到混凝土公司苏 JT×××6 号泵车赔偿款 28048 元。另外，发票载明，施救费共计 16000 元。

2017 年 2 月 26 日，苏 JT×××6 号泵车生产厂家出具情况说明，载明："经现场勘查和现场作业的泵车工和工人了解，具体情况分析如下……泵送的是地下车库，泵车六节泵臂全部展开，泵臂的重心前移，压力相当大，摆臂时阵风达到六至七级（射阳县天气预报显示风力五级），导致泵车头冲击地面，导致事故的发生……"

另查明，案涉事故发生时，苏 JT×××6 号泵车系由袁某开车到现场，谢某来进行施工操作，两人均持有混凝土输送泵车资格证及建设类建设机械施工作业操作证。

混凝土公司的诉讼请求为：财保射阳支公司赔偿车辆维修费 675500 元、施救费 16000 元、财产损失 28048 元，合计 719548 元。

【案件焦点】

1. 案涉泵车投保的是普通机动车损失险还是特种车辆损失险；2. 案涉事故是否属于保险责任范围；3. 被保险车辆的损失金额如何确定。

【法院裁判要旨】

江苏省射阳县人民法院经审理认为：1. 案涉泵车投保时，承保险别中载明的亦是“机动车损失险”而非“特种车辆损失险”，故可以认定泵车虽属于特种车辆，但财保射阳支公司是认可投保普通机动车损失险的。2. 案涉保险条款约定：保险期间内，被保险人或其允许的合法驾驶人在使用被保险机动车过程中，因下列原因造成被保险机动车的损失，保险人依照本保险合同的约定负责赔偿：（1）碰撞、倾覆、坠落……（3）暴风、龙卷风……从气象证明、现场人员陈述事故的经过可证明，事发当天的风力较大，施工时泵车六节泵臂全部展开，泵臂的重心前移，抖动幅度大，泵车头极有可能受风力影响冲击地面，二臂断裂损坏。涉案保险条款中对“碰撞”的定义是指被保险机动车与外界物体直接接触发生意外撞击、产生撞击痕迹现象，但是并未明确指明是因何原因与外界物体接触以及外界物体为何物。该保险合同属于格式条款，对保险人应当适用不利解释原则。泵车臂因风力影响导致展开的车臂与地面直接接触发生撞击，符合条款中约定的“碰撞”的情形。3. 混凝土公司在事故发生后，及时向人寿财保盐城支公司报案，人寿财保盐城支公司到达现场出具车辆损失情况确认书。人寿财保盐城支公司与财保射阳支公司系上下级业务管理关系，上级保险公司出具的定损单对下级保险公司适用。案涉保险单特别约定载明“该车为不足额投保，出险时按比例赔偿”，故应按比例赔偿。

江苏省射阳县人民法院依法判决如下：

一、被告财保射阳支公司于本判决生效后十日内给付原告混凝土公司车辆损失险保险金 472850 元、施救费 16000 元、第三者责任险保险金 28048 元，合计 516898 元；

二、驳回原告混凝土公司的其他诉讼请求。

二审法院同意一审法院裁判意见。

【法官后语】

1. 各方当事人之间成立的合同关系只要不违反法律、行政法规的强制性规定，均应当认定合法有效。本案中泵车虽属于特种车辆，但混凝土公司与财保射阳支公司签订保险合同时在承保险别中载明是“机动车损失险”而非“特种车辆损失险”，说明双方均认可泵车投保的是普通机动车损失险。另外，保险单特别约定载明“该车为不足额投保，出险时按比例赔偿”。依法成立的合同，对当事人具有法律约束力。当事人应当按照约定履行自己的义务，不得擅自变更或者解除合同。本案中混凝土公司与财保射阳支公司均应遵循诚实信用原则履行各自义务。

2. 保险合同是典型的格式合同，大多为格式条款，具有附和性、不可协商性，保险人预先将自己的意志表示为文字，拟好条款交给对方，与其缔结合同的相对人只能对合同内容表示全部接受或全部不接受，而没有和保险人就格式条款进行协商修改的余地。保险行业的垄断和各保险公司相似的保险条款，使被保险人在选择签订合同的权利上受到了限制。虽然表面上被保险人接受提供的条款是意思自治的表示，但是被保险人被迫屈于保险人的现实却藏在这种资源约束的背后，掩盖了其意思表示的不自由。运用不利解释弥补了双方信息不对称的弊端，当双方对保险合同条款发生争议时，可以保护处于弱势地位的缔约人，平衡双方的权利与义务。

《中华人民共和国保险法》第三十条规定，采用保险人提供的格式条款订立的保险合同，保险人与投保人、被保险人或受益人对合同条款有争议的，应当按照通常理解予以解释。对合同条款有两种以上解释的，人民法院或仲裁机构应当作出有利于被保险人和受益人的解释。本案中保险条款中对“碰撞”的定义是指被保险机动车与外界物体直接接触发生意外撞击、产生撞击痕迹现象。财保射阳支公司认为，“碰撞”应当是碰撞行为直接导致的损失，“碰撞”应是原发性的，本案的接触是继发性的。但从保险条款对“碰撞”的释义来看，并不能明确何种情形为原发性碰撞、何种情形为继发性接触。事故当日风力达到八级，案涉泵车施工时泵车六节泵臂全部展开，泵臂的重心前移，抖动幅度大，因风力影响导致展开的车臂与地面直接接触发生撞击，符合条款中约定的“碰撞”的情形，故混凝土公司要求财保射阳支公司在保险责任范围内赔偿的诉请请求应得到支持。

编写人：江苏省射阳县人民法院　徐颖

067　保险人法定免责条款是否需要保险人提示和明确说明

——孔某诉财保重庆分公司财产损失保险合同案

【案件基本信息】

1. 裁判书字号

重庆市第五中级人民法院（2018）渝05民终4690号民事判决书

2. 案由：财产损失保险合同

3. 当事人

原告（上诉人）：孔某

被告（被上诉人）：财保重庆分公司

【基本案情】

2016年5月9日，孔某为其所购的轿车向财保重庆分公司投保机动车损失保险、第三者责任险和车上乘客责任险等，后财保重庆分公司向孔某签发了《机动车保险单》，该保险单附有《中国保险行业协会机动车损失保险条款》（责任免除）第八条第二款第一项载明："在上述保险责任范围内，下列情况下，不论任何原因造成的人身伤亡、财产损失和费用，保险人均不负责赔偿……（二）驾驶人有下列情形之一者：1. 事故发生后，在未依法采取措施的情况下驾驶被保险机动车或者遗弃被保险机动车离开事故现场……"第十条第四款载明"下列损失和费用，保险人不负责赔偿……（四）投保人、被保险人或其允许的驾驶人知道保险事故发生后，故意或者因重大过失未及时通知，致使保险事故的性质、原因、损失程度等难以确定的，保险人对无法确定的部分，不承担赔偿责任，但保险人通过其他途径已经及时知道或者应当及时知道保险事故发生的除外"。

2016年11月27日，驾驶人尤某驾驶涉案车辆发生侧翻的单方道路交通事故，事故发生后尤某留下车辆自行离开现场回到住所，尤某称事发后乘坐其他车辆离开因未携带手机所以无法报警。28日上午，巡查的路政人员发现事故现场后报警，高速公路交通警察支队出具《道路交通事故认定书》认定尤某负全部责任，但该认定书未认定事故的性质和成因。2017年4月19日，财保重庆分公司出具拒赔通知书，表示根据机动车损失保险条款以及相关规定不予理赔。孔某主张保险合同中的免除保险人责任条款未经提示和明确说明不产生效力，并就财保重庆分公司举示的投保单和投保人声明中手书的“孔某”字迹申请进行笔迹鉴定，经鉴定上述两处的“孔某”署名字迹均不是孔某书写。

【案件焦点】

保险人在未尽到免责条款的提示和明确说明义务的情况下，是否可以免除保险人责任。

【法院裁判要旨】

重庆市渝中区人民法院经审理认为：投保单和投保人声明处的投保人签字不是本人所签，保险人未就保险合同中的免责条款向投保人尽到提示和明确说明义务，该免责条款不发生效力。但发生交通事故后立即停车、保护现场并报警等候处理是每个取得驾驶资格的驾驶人员应当知晓的基本常识。本案中，尤某作为被保险车辆的驾驶人，在交通事故发生后依法应当承担对保险人的通知义务。尤某明知交通事故处理流程和报警义务，但在交通事故发生后却离开事故现场，后在具备报警或报险条件时仍未及时报警、报险，且未能提供合理说明，可以认定其具有重大过失。虽然保险合同中的免责条款无效，但是驾驶人尤某在事故发生后因重大过失未及时通知保险人的行为导致本案交通事故的性质、成因无法查清，符合保险法第二十一条规定的免赔情形。保险人有权拒绝承担赔偿责任，原告孔某的诉讼请求法院不予支持。

重庆市渝中区人民法院依据《中华人民共和国保险法》第二十一条之规定，作出如下判决：

驳回原告孔某的诉讼请求。

二审法院同意一审法院裁判意见。

【法官后语】

本案的处理重点主要在于对保险人免责条款生效要件的理解。保险人免责条款的效力具有相对独立性，以保险合同的生效为前提，却不必然随保险合同的生效而生效。实践中，保险人免责条款根据生效要件不同主要分为三种：一是保险合同约定的一般免责条款，经保险人履行提示和明确说明义务后生效；二是保险合同约定以法律、行政法规的禁止性规定作为免责事由的免责条款，保险人无需明确说明，经提示后即生效；三是法定保险人免责条款，保险人既不需要明确说明也无需提示，保险合同生效时即发生法律效力。

法定保险人免责条款是立法机关出于保护公序良俗、维护保险秩序之目的，在法律、行政法规中对投保人、被保险人或受益人设立禁止性规范或课以特定义务，并明确规定在投保人、被保险人或受益人违反禁止性规范或未履行特定义务时保险人对保险事故不承担赔偿或者给付保险金责任的条款，如保险法中规定的投保人故意制造保险事故、被保险人故意犯罪导致伤残或死亡等。其效力直接来源于法律、行政法规的规定，而无需当事人在保险合同中特别约定，更不以保险公司履行提示或明确说明义务作为生效要件。

具体到本案中，驾驶人尤某因重大过失未及时通知保险人，导致保险事故的性质和成因无法查清，符合保险法第二十一条“投保人、被保险人知道保险事故发生后，应当及时通知保险人。故意或者因重大过失未及时通知，致使保险事故的性质、原因、损失程度等难以确定的，保险人对无法确定的部分，不承担赔偿或者给付保险金的责任，但保险人通过其他途径已经及时知道或者应当及时知道保险事故发生的除外”的规定。保险法第二十一条系法定免责条款，在保险合同生效的同时即对保险人、投保人、被保险人等保险合同各方当事人产生法律效力。一审、二审法院正是依据保险法规定的法定免责条款作出上述判决的。

值得注意的是，本案中保险法第二十一条的内容已纳入保险合同约定且保险人未就该免责条款进行提示和说明，故该保险合同中约定的免责条款未生效，但这并不影响保险法的效力，保险人仍可依据法律规定拒绝承担保险责任。

编写人：重庆市渝中区人民法院　李冰心

068　保险合同中的“双重赔偿”问题

——秦甲、延某诉财保雅安分公司、物流公司财产保险合同案

【案件基本信息】

1. 裁判书字号

四川省雅安市雨城区人民法院（2018）川1802民初750号民事判决书

2. 案由：财产保险合同纠纷

3. 当事人

原告：秦甲、延某

被告：财保雅安分公司、物流公司

【基本案情】

秦乙是秦甲、延某夫妻的儿子，未婚，无子女。2017年8月24日，秦乙驾驶一辆重型自卸货车发生交通事故死亡。甘洛县公安局交通警察大队对事故出具的《交通事故认定书》认定秦乙承

担此次事故的全部责任。

涉案重型自卸货车在发生该交通事故时登记车主为物流公司，实际车主为白某某，该车行驶证载明的检验有效期至2018年6月。秦乙受雇于白某某为专职驾驶员。物流公司为该车在财保雅安分公司购买有机动车商业保险车上人员责任险（司机）等险种，事故发生在保险期限内。前述事故发生后，秦甲、延某作为原告以白某某、物流公司为被告向汉源县人民法院提起了提供劳务者受害责任纠纷诉讼，汉源县人民法院作出判决，判决白某某赔偿秦甲、延某因秦乙死亡的丧葬费、死亡赔偿金、精神损害抚慰金的70%即197534.75元，扣除白某某已支付的50920元，应支付146614.75元，物流公司对此承担连带赔偿责任，案件受理费4970元，秦甲、延某负担2845元，白某某、物流公司负担2125元。该判决书发生法律效力后，秦甲、延某向汉源县人民法院申请强制执行赔偿款及垫付的案件受理费148739.75元。财保雅安分公司于2018年2月1日，根据物流公司的申请将车上人员责任险（司机）的理赔款103440元支付给了物流公司。物流公司也以网上银行汇款方式将148739.75元转入汉源县人民法院诉讼费及案款专户。此后，秦甲、延某在汉源县人民法院领取了执行款148739.75元。

2018年2月28日，秦甲、延某以其儿子所驾驶的车辆在财保雅安分公司投保交强险、车上人员司机座位险，事故发生后向财保雅安分公司理赔被拒，故提起诉讼，要求：1. 判令财保雅安分公司支付车上人员责任保险金100000元；2. 本案诉讼费由财保雅安分公司承担。

【案件焦点】

物流公司、白某某按已发生法律效力的民事判决要求支付了赔偿款后，秦甲、延某是否还可以要求财保雅安分公司按保险合同向其支付车上人员责任险（司机）的保险理赔款，即所谓的“双重赔偿”。

【法院裁判要旨】

四川省雅安市雨城区人民法院经审理认为：车上人员责任险承保的是机动车被保险人对车上人员的损害赔偿责任，即被保险人基于保险事故对车上人员的伤亡负有赔偿责任时，被保险人的该赔偿责任风险可以转移给保险公司。本案事故发生后，秦甲、延某以提供劳务者受害责任纠纷向汉源县人民法院提起诉讼后，汉源县人民法院亦已作出判决。该判决发生法律效力后，秦甲、延某申请了强制执行，执行中承担义务之一的物流公司按判决将赔偿款转入汉源县人民法院账户，秦甲、延某也已领取该判决确定的赔偿款。随后，财保雅安分公司按保险合同约定向被保险人物流公司履行了赔付义务。被保险人物流公司基于保险合同约定，在保险事故发生时对保险标的具有保险利益，在财保雅安分公司领取保险理赔款，是填补其基于保险事故对车上人员司机秦乙死亡应负的赔偿责任而遭受的财产损失。秦甲、延某主张其不仅可以按已发生法律效力的民事判决要求物流公司、白某某支付赔偿款，还可以要求财保雅安分公司按保险合同向其支付车上人员责任险（司机）的保险理赔款，其所谓的“双重赔偿”没有合同依据和法律依据，其列举的证据不足以证明主张成立，故不予支持。

四川省雅安市雨城区人民法院依照《中华人民共和国保险法》

第十二条第三款、第四款、第五款，第四十八条，《中华人民共和国民事诉讼法》第六十四条之规定，判决如下：

驳回秦甲、延某的诉讼请求。

判决后，双方当事人均未上诉，本判决现已生效。

【法官后语】

现实生活中，提供劳务者在驾驶用人单位车辆发生人身损害时，多数情况下构成侵权责任纠纷。这时，如果用人单位车辆投保了车上人员责任险，则用人单位和提供劳务者容易出现如何处理车上人员责任险和人身损害纠纷问题即保险合同纠纷与侵权责任纠纷竞合的问题，如是否可以同时主张两种赔偿，即“双重赔偿”。

依据中国保险行业协会机动车综合商业保险示范条款，机动车车上人员责任险为保险期间内，被保险人或其允许的驾驶人在使用被保险机动车过程中发生意外事故，致使车上人员遭受人身伤亡，且不属于免除保险人责任的范围，依法应当对车上人员承担的损害赔偿责任，保险人依照保险合同约定负责赔偿。车上人员责任险属于责任保险，系财产险的一种，保险标的为雇主依法应对雇员承担的赔偿责任，责任保险的赔偿原则为损失补偿。而提供劳务者受害责任纠纷是指个人之间存在劳务关系的前提下，提供劳务一方因劳务造成他人损害的，由接受劳务一方承担侵权责任。提供劳务一方因劳务受到损害的，根据双方各自的过错承担相应的责任。车上人员责任保险赔偿与人身损害赔偿是两种不同性质的赔偿，前者属于保险合同法律关系范畴，主要法律依据为《中华人民共和国保险法》，后者属于侵权责任法律关系范畴，现行主要法律依据为《中华人民共和国民法典》侵权责任编。二者可能竞合，但不能混为一谈，亦不能相互替代。

本案事故发生后，秦甲、延某以提供劳务者受害责任纠纷向汉源县人民法院提起诉讼后，汉源县人民法院亦作出判决，物流公司已经按照发生法律效力的民事判决书支付了秦甲、延某因秦乙死亡的丧葬费、死亡赔偿金、精神损害抚慰金的70%，其中，扣除了白某某已支付的50920元。秦甲、延某选择了以侵权责任纠纷提起诉讼，得到了相应的赔付。作为接受劳务的物流公司在履行完毕上述赔付义务后，其作为接受劳务一方应承担的提供劳务者因交通事故身亡的赔偿责任已经完结，案涉保险的保险标的“被保险人对第三人依法应付的赔偿责任”已经不复存在，秦甲、延某再依据车上人员责任险即财产保险合同向物流公司与保险公司主张权利，缺乏事实和法律依据。

综上，用人单位为事故发生时的驾驶员所驾驶的车辆投保的车上人员责任险系用人单位对其驾驶员在工作过程中发生意外而作出的对用人单位自身利益的一种保障，可以将自身风险部分或者全部转嫁给保险公司，该保险合同的双方为保险公司和用人单位，提供劳务者不是合同当事人，无需缴纳保险费，本质上，该责任险与提供劳务者没有法律关系，提供劳务者并非索赔权利人。用人单位赔付受害者后，根据合同相对性原理，保险公司赔付的该笔保险金应归用人单位所有。而根据损失补偿原则，提供劳务者只享有一次按照侵权责任标准对应的赔偿款项的权利，而不享有两次主张同一款项的权利。

编写人：四川省雅安市雨城区人民法院　李垚　樊凌莎

069 未经年审的机动车是否属于保险赔偿免责事由

——某劳务服务部诉保险聊城支公司保险合同案

【案件基本信息】

1. 裁判书字号

山东省聊城市中级人民法院（2018）鲁15民终395号民事判决书

2. 案由：保险合同纠纷

3. 当事人

原告（被上诉人）：某劳务服务部

被告（上诉人）：保险聊城支公司

【基本案情】

2016年6月21日，某劳务服务部为其雇员成某在保险聊城支公司投保了雇主责任保险，约定在保险期间内，被保险人的工作人员在上下班途中，受到交通事故及意外事故伤害，应由被保险人承担的经济赔偿责任，由保险人按约定负责赔偿。保险金额为60万元。2017年1月4日，成某驾驶一辆二轮摩托车在下班途中与许某驾驶的货车相撞，造成成某死亡。经某劳务服务部与成某家属协商，某劳务服务部赔偿各项费用60万元。后某劳务服务部去保险聊城支公司办理理赔，保险聊城支公司于2017年7月7日向某劳务服务部送达了拒赔通知书，理由是：被保险人的工作人员成某驾驶的二轮摩托车未有效年检，依据保险单条款第六条第六项“被保险人的工作人员犯罪或者违反法律、法规的，保险人不负责赔偿”的约定，本案不属该保险单的保险责任。成某驾驶的二轮摩托车注册登记日期为2011年4月20日，检验合格证标至2013年4月。

【案件焦点】

1. 该保险合同中的免责条款是否属于无效条款；2. 车辆未经有效年审是否属于免责事由。

【法院裁判要旨】

山东省茌平县人民法院经审理认为：某劳务服务部与保险聊城支公司所签保险合同系双方的真实意思表示，且不违背有关法律、行政法规的强制性规定，应认定为有效合同，双方均应受合同约定的约束，积极履行合同义务。某劳务服务部如约缴纳保费，履行了合同义务，发生保险事故后，某劳务服务部作为雇主承担了赔偿责任，保险聊城支公司理应按照约定履行伤亡责任保险赔付义务。保险聊城支公司辩称被保险人的工作人员驾驶的二轮摩托车未有效年审，属于保险公司免责事由，保险公司不予赔付。对此，首先，本案属于正常交通事故，成某逆向行驶及观察操作不当是事故发生的主要原因，并非机械故障等车辆状况所致，事故的发生与车辆未有效年审没有直接的联系；其次，车辆未有效年检属于违反道路交通安全法的规定，应由行政主管部门处理，对于理赔问题应按照合同约定及保险法的相关规定解决，不能当然作为拒赔的根据；最后，保险合同中第六条第六项“被保险人的工作人员犯罪或者违反法律、法规的，保险人不负责赔偿”的约定，属格式条款，该条款加重了投保人、被保险人的责任，当属无效条款，保险聊城支公司以此作为拒赔的理由不能成立，不予采纳。另外，保险合同与侵权损害赔偿是两个不同的法律关系，保险聊城支公司以事故相对方已部分赔偿受害人，不应重复赔偿的抗辩理由于法无据，不予采纳。

山东省茌平县人民法院依照《中华人民共和国合同法》第六十条，《中华人民共和国保险法》第十九条，《中华人民共和国民事诉讼法》第一百三十四条之规定，作出如下判决：

保险聊城支公司于判决生效后十日内赔偿某劳务服务部60万元。

二审法院同意一审法院裁判意见。

【法官后语】

本案的争议焦点是未经年检的机动车是否属于免责事由。机动车年检是指登记后上道路行驶的机动车，应当依照法律、行政法规的规定，根据车辆用途、载客载货数量、使用年限等不同情况，定期进行安全技术检验，其目的是保证通行机动车质量符合安全技术要求，防止存在安全隐患的机动车上路通行对他人造成损害。机动车未按照规定及时进行年检会增加风险发生的概率，但也不必然表示机动车一定存在安全隐患，故将其作为免责事由有以偏概全、矫枉过正之嫌，应当对其适用加以合理限缩。

本案的关键在于未按规定对车辆进行审验与此交通事故的发生之间有无因果关系。事故发生时涉案车辆虽未按照规定年检，但道路交通事故认定书中确认成某驾驶机动车逆向行驶是事故发生的主要原因，车辆未年检并非本案交通事故发生的原因，车辆未在规定期限内年检，并未使得驾驶危险性增加或事故概率上升，故不能认定事故的发生与该车未按时进行检验存在因果关系。

另外，本案中保险聊城支公司主张免除赔偿责任的理由是成某驾驶未经年检的机动车的行为违反法律规定，依据是投保单免责条款中第六条第六项约定，“被保险人的工作人员犯罪或违反法律、法规的，保险人不承担保险责任”。但该条款对于“违反法律、法规”的约定过于笼统，未区分法律、法规的管理性规定和禁止性规定，该约定加重了投保人、被保险人的责任，根据《中华人民共和国保险法》第十九条“采用保险人提供的格式条款订立的保险合同中的下列条款无效：（一）免除保险人依法应承担的义务或者加重投保人、被保险人责任的；（二）排除投保人、被保险人或者受益人依法享有的权利的”的规定，应当认定该条款为无效条款。

综上所述，确定保险人是否免责应以保险免责条款的规定为基础，结合机动车未按规定检验是否明显增加了风险发生的概率为标准加以衡量。

编写人：山东省茌平县人民法院　彭艺

070　保险公司主张投保人“骗保”依据不足时应依法理赔

——华某诉人保公司财产损失保险合同案

【案件基本信息】

1. 裁判书字号

江苏省无锡市中级人民法院（2018）苏02民终3122号民事判决书

2. 案由：财产损失保险合同纠纷

3. 当事人

原告（被上诉人）：华某

被告（上诉人）：人保公司

【基本案情】

2017年3月5日16时18分许，鲁某（系华某的丈夫）驾驶一辆小型越野车，因避让车辆不慎驶入河道，致鲁某受伤、车辆损坏。江阴市公安局交通警察大队出具道路交通事故认定书，载明：鲁某负事故的全部责任，车损及施救费1900元由鲁某承担。发生事故时车辆副驾驶位的乘坐人为袁某，华某此时乘坐案外人周某驾驶的同行车辆。发生事故后，华某报警并立即向人保公司报案，公安机关接警后到场处置，但人保公司当日未达事故现场。涉案车辆于当日被打捞，产生施救费1900元，并先后停放于4S店及周庄镇澄杨路。事故发生时的照片显示，车辆打捞前在水中呈倾斜状态，大部分车体没于水中，且部分车顶在水面以下。华某为其名下的涉案车辆向人保公司投保了车损险（保险金额61万元）、三责险、发动机涉水损失险、不计免赔率等险种，该保险事故发生在保险期间内。

2017年3月15日，人保公司单方委托某鉴定所对涉案车辆落水是否系人为恶意造成进行鉴定。2017年4月15日，某鉴定所作出司法鉴定意见书，认为该起落水事故系车辆驾驶员故意造成，人保公司于2017年5月2日向华某出具拒赔通知书。华某认为该鉴定意见系人保公司单方委托作出，未通知其参与，鉴定的取材等不符合法律规定，且在庭审时才知晓该份鉴定意见书，故对此不予认可。法院要求人保公司通知某鉴定所鉴定人员出庭，某鉴定所未派鉴定人员到庭参加诉讼，法院通知人保公司勘察人员到庭说明情况，未有相关人员到庭；人保公司庭审中陈述未因本案涉嫌骗保向公安机关报案。

驾驶人鲁某非本地人，华某、鲁某、袁某三人陈述事故过程基本一致且均否认系故意驾驶车辆入水。经现场查勘，结合事故地照片显示，入水处部分路段突然变窄。

华某向一审法院提出申请，要求对案涉车辆整体的损失和因进水造成汽车发动机部分的损失进行司法评估。评估结论为“委托评估标的于价格评估基准日的损失（包含进水造成发动机的损失）总价格为 513827 元，委托评估标的进水造成的发动机损失价格为 145770 元”。

【案件焦点】

1. 现有证据能否认定该案事故系鲁某故意驾驶车辆入水造成；2. 保险公司是否可以因当事人骗保而免赔。

【法院裁判要旨】

江苏省江阴市人民法院经审理认为：人保公司主张本案事故系鲁某故意驾驶车辆入水造成依据不足。理由如下：第一，某鉴定所出具的司法鉴定意见书不应采信。该司法鉴定意见书系人保公司单方委托鉴定形成，其在鉴定之前未告知华某及驾驶员鲁某，在鉴定过程中未通知华某及驾驶员鲁某参与，在鉴定意见形成后、本案诉讼前未向华某及驾驶员鲁某提供，现华某明确对此不予认可，且法院在庭审过程中明确要求人保公司通知某鉴定所的鉴定人、人保公司事故勘察人员到庭，但上述人员无正当理由均未到庭，故对于某鉴定所作出司法鉴定意见书及人保公司的该抗辩意见均不予采信。第二，根据事故现场照片、交警部门出具的道路交通事故认定书并结合华某、鲁某、袁某等人的陈述，事故发生地路况不佳，落水处路面变窄、驾驶人路况不熟，法院确认案涉事故系因鲁某驾驶车辆行驶过程中避让车辆不慎驶入河道造成。第三，人保公司主张鲁某系故意驾驶车辆入水，后又要求理赔已经涉嫌刑事犯罪，但其并未向公安机关报案，仅提供司法鉴定意见书予以证明，在该证据不予采信的情形下，应由人保公司承担举证不能的责任。华某同时主张车辆损失 513827 元及发动机损失 145770 元，但车辆损失中已包含了发动机损失部分，华某的该主张于法无据，对于其主张的要求人保公司赔偿车辆损失 513827 元的诉讼请求予以支持，对于其要求人保公司赔偿发动机损失 145770 元的诉讼请求不予支持。综上，依据双方订立的保险合同，人保公司应支付华某保险理赔款 515727 元（车辆损失 513827 元+施救费 1900 元），华某的其他主张于法无据，法院依法不予支持。

江苏省江阴市人民法院依据《中华人民共和国合同法》第六十条、第一百零七条，《中华人民共和国保险法》第十条、第十四条、第十七条，《最高人民法院关于适用〈中华人民共和国保险法〉若干问题的解释（二）》第九条、第十一条第一款，《中华人民共和国民事诉讼法》第六十四条第一款之规定，判决如下：

一、人保公司应于判决发生法律效力之日起十日内给付华某保险理赔款 515727 元；

二、驳回华某的其他诉讼请求。

二审法院同意一审法院裁判意见。

【法官后语】

本案的重点在于涉案车辆入水是否系驾驶人故意驾车入水造成的保险事故，如果确实是故意驾车入水则保险公司可以拒赔，保险公司在首次庭审时即提出了上述抗辩主张。针对上述抗辩主张保险公司提交了鉴定意见书，该鉴定意见书认为该起落水事故系车辆驾驶员故意造成。据此，本案审理的核心为鉴定意见书能否采信。

鉴定意见能否采信所涉及的法律规定主要包括两个方面：一是保险法的规定。根据保险法第一百二十九条的规定，对双方有争议的保险事故，保险人和被保险人可以聘请依法设立的独立的评估机构或具有法定资格的专家，对保险事故进行评估和鉴定。二是民事诉讼法的规定。鉴定人有权了解进行鉴定所需要的案件材料，必要时可以询问当事人、证人。鉴定人应当提出书面鉴定意见，在鉴定书上签名或者盖章。当事人对鉴定意见有异议或者人民法院认为鉴定人有必要出庭的，鉴定人应当出庭作证。经人民法院通知，鉴定人拒不出庭作证的，鉴定意见不得作为认定事实的根据；支付鉴定费用的当事人可以要求返还鉴定费用。

根据上述规定，保险公司单方委托鉴定是保险人自己内部设立的一项业务，其设立的目的在于防止未发生保险事故而骗取保险理赔或是发生保险事故后高估性虚假理赔，其本质上属保险人对自身经营成本及保险金赔偿的控制制度，但目前该行为已被个别保险公司发展为限制被保险人获取充分赔偿的一个主要手段。不仅如此，2012 年民事诉讼法修改时，将之前的“鉴定结论”修改为“鉴定意见”。这本身也表明，鉴定作为民事诉讼证据的种类之一，并不具有“终局性”，不具有结论性质，司法实践中涉及的事实查明可以结合鉴定的情况综合认定，而不是必须与鉴定得出一致的“结论”。

本案审理过程中，针对原告提出的异议，为慎重起见，一审法院对车主、驾驶人、同行人员分别进行了交叉调查，要求当事人补充提供了病例资料，并至事故现场勘查实际路况，在上述调查的基础上，结合保险公司在委托单方鉴定时未通知车主及驾驶人，且鉴定后也未及时向车主及驾驶人出具鉴定意见的实际情况，上述鉴定意见能否采信存在较大疑问。由此法院通知鉴定人、保险公司经办人到庭，但鉴定人及经办人均未能到庭作证，故上述证据依法未予采信。此外，是否驾车入水故意造成保险事故，系驾驶人的主观心理状态，而鉴定作为一种推断性的判断，仅凭笔录及现场情况，在未对当事人进行询问的情况下，直接认定当事人（驾驶人）的主观心理状态，明显违背一般常识和认知。保险公司单方委托鉴定机构作出的鉴定意见，被保险人不认可的，人民法院有权依据相关标准依法审查，被保险人提出的异议理由经审查成立的，对该鉴定意见人民法院依法不予采信，该举证不能的后果由保险公司承担。

结合本案，我们认为针对单方定损或鉴定意见，人民法院应该建立必要审查标准。单方鉴定的采信也必须符合一定的条件：一是鉴定材料的真实性与关联性必须经过严格的审查；二是诉讼相对方提出合理怀疑时可申请鉴定人员应当到庭，防止单方鉴定中的鉴定机构为了迎合委托人的鉴定目的，得出难以令人信服的鉴定意见；三是诉讼相对方对于单方鉴定没有提出有力的反驳意见及依据。唯此，才能真正发挥鉴定意见作为证据证明待证事实的功能，而非简单“以鉴代审”，甚至产生鉴定机构僭越司法权的不良后果。

编写人：江苏省江阴市人民法院　王杰兵　王莹

071 车上人员跳车被本车致害时的身份认定

——段某诉保险公司保险合同案

【案件基本信息】

1. 裁判书字号

重庆市第二中级人民法院（2017）渝02民终133号民事判决书

2. 案由：保险合同纠纷

3. 当事人

原告（被上诉人）：段某

被告（上诉人）：保险公司

【基本案情】

段某的拖拉机于2016年5月11日在保险公司处投保了交强险。段某驾驶拖拉机时，由于拖拉机制动不良致使车辆在下坡路段失控，乘坐人蒋某在拖拉机失控滑行的过程中，从后排车门跳车，被车轮碾压死亡。段某赔付蒋某的家属230300元后找保险公司理赔，保险公司认为蒋某系车上人员，不属交强险应予赔偿的范围而拒绝理赔。

【案件焦点】

车上人员跳车被本车致害的，其身份能否转化为机动车第三者责任强制保险限额赔偿范围的理赔对象即“第三者”。

【法院裁判要旨】

重庆市梁平区人民法院经审理认为：《机动车交通事故责任强制保险条例》第三条规定，本条例所称机动车交通事故责任强制保险，是指由保险公司对被保险机动车发生道路交通事故造成本车人员、被保险人以外的受害人的人身伤亡、财产损失，在责任限额内予以赔偿的强制性责任保险。蒋某跳车时交通事故尚未发生，其身份已经转化为本车人员以外的人员。保险公司抗辩蒋某的死亡不属于保险公司应当承担的保险责任、不予纳入理赔范围的理由不能成立。

重庆市梁平区人民法院依照《中华人民共和国合同法》第四十四条、第六十条和《中华人民共和国保险法》第五条、第二十二条、第六十六条之规定，作出如下判决：

由保险公司于本判决生效后10日内在段某投保的交强险死亡伤残责任限额内支付保险金11万元。

保险公司不服，提起上诉。重庆市第二中级人民法院经审理认为：保险公司以车上人员跳车被本车致害的，其身份不能转化为机动车第三者责任强制保险中的“第三者”为由提起上诉。机动车交通事故责任强制保险具有一定的社会公益目的，它保护的是确定的利益群体。我国《机动车交通事故责任强制保险条例》第二十一条第一款规定，被保险机动车发生道路交通事故造成本车人员、被保险人以外的受害人人身伤亡、财产损失的，由保险公司依法在机动车交通事故责任强制保险责任限额范围内予以赔偿。本案中的《机动车交通事故责任强制保险条款》第五条约定：“交强险合同中的受害人是指因被保险机动车发生交通事故遭受人身伤亡或者财产损失的人，但不包括被保险机动车本车车上人员、被保险人。”由此可见，不论是我国立法还是本案合同条款均已明确将本车人员因被保险机动车发生道路交通事故造成的人身伤亡、财产损失排除在了机动车交通事故责任强制保险赔偿范围之外。本案中，蒋某跳车与被车轮碾压相伴而生，其跳车与损害发生均是本案事故不可割裂的环节，把本车人员在特殊形态下因被保险机动车发生道路交通事故造成的人身伤亡、财产损失纳入“第三者”的赔偿范围，有悖于机动车交通事故责任强制保险的设立目的，也没有明确的法律依据。故不能将蒋某视为本案所涉机动车交通事故责任强制保险中的被保险机动车外的人员，不应将其作为本案所涉机动车交通事故责任强制保险限额赔偿范围的理赔对象。

重庆市第二中级人民法院根据《中华人民共和国民事诉讼法》第一百七十条第一款第二项之规定，作出如下判决：

一、撤销重庆市梁平区人民法院（2016）渝 0228 民初 4761 号民事判决；

二、驳回段某的诉讼请求。

【法官后语】

本案处理的焦点问题是车上人员跳车被本车碾压致害的，其身份能否转化为机动车第三者责任强制保险限额赔偿范围内的理赔对象即“第三者”。这一问题没有明确的法律规定，在司法界处理该问题有两种观点：一种观点是所谓的“可转化说”，即如果车上人员在具体损害发生时其所处的时空位置在车外，其身份就可转化为“第三者”，即可以成为机动车第三者责任强制保险理赔的对象。一审法院就持该种观点。另一种观点是所谓的“固定说”，即当被保险车辆发生交通事故时，如本车人员脱离了被保险车辆，不能视其为机动车第三者责任强制保险中的“第三者”，不应将其作为机动车第三者责任强制保险限额赔偿范围的理赔对象。二审法院持该种观点。

目前关于“可转化说”和“固定说”的争议依然存在。争议之所以存在，实质上是因为选择的法律解释路径不同。“可转化说”认为《机动车交通事故责任强制保险条例》第二十一条规定中所称的“以外”是仅指空间上处于车辆以外。这是一种从空间上认识“以外”的文义解释观点。但是《机动车交通事故责任强制保险条例》第二十一条规定中所称的“以外”是不是在文义上仅能作空间上处于车辆以外的理解呢？显然从“固定说”的角度来看，“以外”还能被理解为一种法律身份的排除，要排除的是“车上人员”和“被保险人”，跳车的乘客虽可能在某个时间点处于车外，但其依然具有运输合同中的乘客身份，该身份并不因跳车而消失。因此，从这个角度进行文义解释，跳车的乘客不能被认定为《机动车交通事故责任强制保险条例》第二十一条规定中所称的受害人即“第三者”。既然法条在文义上存在多种理解，且都具有法律解释的形式合理性，那么这就需要追寻法条的立法本意，判断上述两种文义解释的实质合理性。从机动车保险种类上来看，保险公司对其承保的对象具有明确划分，针对车上人员的有车上人员险，针对车外人员的有第三者责任险。机动车第三者责任强制保险制度的设定具有一定的公益性，针对的是车外的第三者，如果随意扩大其保障对象，不仅在合同上对保险人不公平，也有可能损害该制度对应保人群的保障水平。因此，车上人员跳车被本车碾压致害时其身份不能转化为《机动车交通事故责任强制保险条例》第二十一条规定中的受害人即“第三者”，才能体现立法的本意。“固定说”的观点既体现了法律解释的形式合理性，也兼顾了法律解释的实质合理性。

另外，从空间上解释《机动车交通事故责任强制保险条例》第二十一条规定中所称的受害人，在具体的司法实践中面临事实认定的难题。类似上述案件，乘客跳车后被车碾压致死，究竟其跳没跳离车辆本身无法查清。因此，“可转化说”面临高度复杂的事实认定难题，而如果采用“固定说”就不存在上述事实认定的难题，且规避了保险当事人对保险赔偿的不稳定预期，节约了司法成本，也降低了当事人之间的交易成本。

法律是社会共识的凝结，具体的法条是对经常发生的且已经形成稳定形态的社会事实作出的解决纠纷的权利义务安排，具体的法律制度有其设定的初衷，法条的理解必须受到立法本意的限缩，不得随意扩展其内涵。二审法院驳回段某的诉讼请求依循的是上述“固定说”理论，体现了法律解释的形式合理性和实质合理性的统一，维护了法律的确定性和社会成员对机动车第三者责任强制保险赔偿范围预期的稳定。

编写人：重庆市第二中级人民法院　杨尚海

072 交通肇事后因救治伤者驾车离开事故现场，保险公司不能免赔

——刘某诉梁某等机动车交通事故责任案

【案件基本信息】

1. 裁判书字号

广东省佛山市中级人民法院（2017）粤06民终1195号民事判决书

2. 案由：机动车交通事故责任纠纷

3. 当事人

原告（被上诉人）：刘某

被告（上诉人）：保险公司

被告（被上诉人）：梁某、某驾校

【基本案情】

2016 年 4 月 12 日 19 时许，梁某驾驶制动技术性能不合格的粤 E××85 学号小型轿车，与步行横过道路的刘某和施某发生碰撞，造成刘某、施某受伤。事故发生后，梁某驾驶粤 E××85 学号小型轿车送伤者刘某和施某到医院救治。经公安交警部门认定，梁某负事故的全部责任，刘某及施某不负事故的责任。

事故发生后，刘某住院治疗，截至 2016 年 7 月 29 日共产生了医疗费 79221.54 元，其中由保险公司在交强险的医疗费用赔偿限额内垫付了 10000 元，由梁某、某驾校各垫付了 5000 元。

梁某驾驶的粤 E××85 学号小型轿车的注册登记车主为某驾校。梁某称其是某驾校的员工，但未能举证予以证实。该车辆在保险公司参投了交强险（其中医疗费用赔偿限额为 10000 元、死亡伤残赔偿限额为 110000 元、财产损失赔偿限额为 2000 元）及赔偿限额为 100 万元的不计免赔商业第三者责任险，事故发生在保险期间内。机动车第三者责任保险条款第二十四条第一款第二项约定，事故发生后，在未依法采取措施的情况下驾驶被保险机动车或者遗弃被保险机动车离开事故现场，保险人不负责赔偿。

刘某诉至法院，请求法院判令梁某、某驾校、保险公司连带赔偿刘某交通事故医疗费 59221.54 元。

【案件焦点】

交通肇事后驾驶人因救人驾驶机动车离开事故现场，保险公司在商业第三者责任险范围内可否免责。

【法院裁判要旨】

广东省佛山市南海区人民法院经审理认为：关于商业第三者责任险的责任承担问题，经查，事故发生后，梁某立即将原告送至医院进行救治而离开了事故现场，在主观上并没有故意逃避法律责任，其将伤者的生命价值放在第一位才忽略了采取拍照、标明事发位置等现场保护措施。因此，保险公司仍应在商业第三者责任险范围内承担赔偿责任。

广东省佛山市南海区人民法院根据《中华人民共和国侵权责任法》第十六条等规定，作出如下判决：

一、保险公司应于本判决发生法律效力之日起十日内赔偿59221.54元予刘某。

二、驳回刘某的其他诉讼请求。

保险公司不服一审判决，提起上诉。保险公司上诉认为，梁某肇事后未保护好现场，且未及时向其履行通知义务，根据商业第三者责任保险条款“事故发生后，驾驶人在未依法采取措施的情况下驾驶被保险机动车或者遗弃被保险机动车离开事故现场”的保险人免责约定及《中华人民共和国保险法》第二十一条之规定，其在商业第三者责任险范围内可予免责。

广东省佛山市中级人民法院经审理认为：保险公司的上诉主张依据不足。理由如下：

第一，从法律规定来看，虽然梁某肇事后未保护好现场，未及时通知保险公司，违反了法律规定，在主观上存在过错，但是应当考虑到梁某离开现场的原因是急于送伤者就医，该过错既不构成肇事逃逸的故意，亦不构成重大过失，仅属于轻微过失。《中华人民共和国保险法》第二十一条规定，投保人、被保险人或者受益人知道保险事故发生后，应当及时通知保险人。故意或者因重大过失未及时通知，致使保险事故的性质、原因、损失程度等难以确定的，保险人对无法确定的部分，不承担赔偿或者给付保险金的责任，但保险人通过其他途径已经及时知道或者应当及时知道保险事故发生的除外。据此，只有投保人、被保险人或者受益人因故意或重大过失未及时通知保险公司导致保险事故的性质、原因、损失程度等难以确定的情况下，保险公司方可免责。如前所述，梁某在本案中仅构成轻微过失，根据上述法律规定，保险公司不应免责。

第二，从法律价值来看，公平和自由均是法律追求的价值。从自由角度而言，保险条款中“事故发生后，驾驶人在未依法采取措施的情况下驾驶被保险机动车或者遗弃被保险机动车离开事故现场”的约定，属于投保人与保险公司的意思自治，系自由意志的体现，保险公司据此似可免责。但是，自由应以不违反公平为界。我们应当认识到：人类的生命和健康，在任何情况下均是应予首要尊重的价值。梁某在本案交通事故中造成刘某、施某两人受伤，单从刘某前期的治疗费用为近 8 万元来看，其伤情十分严重。在当时的情况下，要求梁某既保护好事故现场并及时通知保险公司又不延误伤者的救治时机，显然过于苛严，在客观上两者亦难以兼顾。因此，如判令保险公司免责，则对肇事后积极抢救伤员的梁某有失公平。另外，如梁某为保护现场而延误受害人的治疗时机，对受害人亦有失公平。因此，保险条款中体现的自由和意思自治，在本案中因与公平价值相悖，本院不予保护。

第三，从道德风险来看，本案如判令保险公司免责，由梁某承担赔偿责任，有可能导致肇事者在发生交通事故后将保护现场视为第一要务，首要考虑的将是责任如何划分而非积极救治伤者，其会因害怕承担责任而尽最大可能采取各种现场保护措施，从而很有可能延误伤者的救治时机，这将造成一种漠视他人生命和健康的社会导向，而该导向显然是十分危险和有害的。至于保险公司上诉所称的肇事者可能以救治伤者为由逃避交警部门对于其酒后驾驶、无证驾驶责任的追查，本院认为，肇事者显然不可能利用送伤者就医之机获取一份倒签的驾驶证，因此其借此逃避无证驾驶责任的风险根本无从谈起；因酒精在人体内代谢有一个较为漫长的过程，只要肇事者、受害人或目击者不过分延迟报警，肇事者利用送伤者就医之机逃避酒后驾驶责任追查的可能性就不会太高。因此，保险公司上诉所称的两种道德风险根本或基本不存在，可不予考虑。

广东省佛山市中级人民法院依据《中华人民共和国民事诉讼法》第一百七十条第一款第一项的规定，作出如下判决：

驳回上诉，维持原判。

【法官后语】

粗看，本案是一起极为简单的交通事故纠纷，争议焦点单一，即交通事故伤及他人后是先救人还是先拍照？不同的立场便有不同的答案，受害人、侵权人、保险公司均有说辞。细究，其中蕴含法律价值的冲突、人文主义的弘扬、道德风险的评估、社会导向的确立等一系列问题。

众所周知，公平和自由都是法律追求的价值。从自由角度而言，本案保险合同中“事故发生后，驾驶人在未依法采取措施的情况下驾驶被保险机动车或者遗弃被保险机动车离开事故现场”的保险人免责约定，属于投保人与保险公司的意思自治，这是一种自由的体现，如果遵从“合同自由”的合同法原则，这种保险条款所体现的自由，司法自然是应当予以尊重和保护的。但是，我们认为，自由应以不违反公平为界，如果一种自由严重损害公平，则这种自由在司法实践中一般不予保护。从法律的权利体系和人文关怀角度来看，人类的生命健康权，在任何情况下均是应予首要尊重和保护的，如其他权利与之冲突的，则应当优先保护人的生命健康权。本案中如果司法保护了“自由”，则会严重地损害“公平”，一方面，对于肇事后积极抢救伤员的肇事者有失公平；另一方面，更为重要的是，如肇事者为保护现场而延误受害人的治疗时机，对受害人亦有失公平。基于此，本案保险条款中体现的自由和意思自治，因与公平价值相悖，不应予以保护。

从社会导向来说，如本案判令保险公司免责，由积极救治伤者的肇事司机承担赔偿责任，必将打击肇事者救人的积极性，导致今后肇事者在发生交通事故后将保护现场视为第一要务，首要考虑的将是责任如何划分而非积极救治伤者，其会因害怕承担责任而尽最大可能采取各种现场保护措施，从而极大可能延误伤者的救治时机，这将造成一种漠视他人生命和健康的社会导向，而这种导向显然是十分危险和有害的。

本案判决从法律规定、法的价值、道德风险三个方面进行了剖析，综合运用规范适用、理论探索、经验法则、逻辑推理等手段对上述问题作出了合法、合情、合理的回答，体现了司法对公平正义价值的至高追求、对人类生命健康的顶格保护、对道德风险的审慎评估、对社会舆论的正确引导。

编写人：广东省佛山市中级人民法院　钟学彬

073 投保人不得依据两份或两份以上的交强险合同获得赔偿

——袁某诉甲保险公司财产保险合同案

【案件基本信息】

1. 裁判书字号

北京市第四中级人民法院（2017）京04民终13号民事判决书

2. 案由：财产保险合同纠纷

3. 当事人

原告（上诉人）：袁某

被告（被上诉人）：甲保险公司

【基本案情】

2016年5月，袁某从杨某处购买小型客车一辆。为使该车辆过户，袁某以车主杨某的名义在甲保险公司投保了机动车交通事故责任强制保险，保险期间为2016年4月20日至2017年4月19日，死亡伤残赔偿限额11万元。早在2015年7月17日，该小型客车第一任车主马某就在乙保险公司投保了机动车交通事故责任强制保险和机动车保险。保险期间均为2015年7月20日至2016年7月19日。

2016年5月17日10时10分，袁某驾驶该车在内蒙古自治区呼伦贝尔市海拉尔区发生交通事故，致殷某当场死亡。呼伦贝尔市公安局交警支队海拉尔大队认定，袁某与殷某对此次交通事故负同等责任。2016年5月23日，袁某与殷某家属和解，赔偿人民币 80 万元。事故发生后，乙保险公司赔偿袁某交强险 11 万元、商业险 256354 元。

袁某起诉到法院，要求甲保险公司在死亡赔偿限额内赔偿 11 万元。

【案件焦点】

在乙保险公司已经依据交强险合同赔付后，袁某能否依据在甲保险公司处投保的交强险合同再次获得赔付。

【法院裁判要旨】

北京铁路运输法院经审理认为：交强险系由法律规定实行的强制保险，具有强制性和公益性。在杨某与甲保险公司签订的机动车交通事故责任强制保险单中记载：特别提示——每辆机动车只需投保一份机动车交通事故责任强制保险，请不要重复投保。该强制保险单第二十二条约定，在交强险合同有效期内，被保险机动车所有权发生转移的，投保人应当及时通知保险人，并办理交强险合同变更手续。由此可见，上述规程要点作为保险行业内的规范性文件，甲保险公司按照此文件在保单中也明确了投保人不得重复投保以及被保险机动车所有权发生转移后保单的处理方法。同时，本案中袁某在事故发生后，已得到乙保险公司的交强险理赔，故对于甲保险公司的辩解意见，法院予以采纳。

北京铁路运输法院依照《中华人民共和国保险法》第二条的规定，判决如下：

驳回原告袁某的诉讼请求。

袁某不服，提起上诉。北京市第四中级人民法院经审理认为：

《机动车交通事故责任强制保险条例》第三条规定，机动车交通事故责任强制保险，是指由保险公司对被保险机动车发生道路交通事故造成本车人员、被保险人以外的受害人的人身伤亡、财产损失，在责任限额内予以赔偿的强制性责任保险。交强险具有强制性，机动车所有人必须依法办理该责任保险；交强险还具有法定性，投保人或者保险人均不得约定改变交强险的限额、费率；交强险亦具有公益性，旨在为投保人和交通事故受害人提供最基本的保障。对于超出交强险限额的损失，应当由侵权人或者商业三者险保险人负担。发生交通事故后，如果投保人依据两份或两份以上的交强险主张权利的请求得到支持，则投保人将获得双份或者多份限额赔偿，由此带来的法律后果是变相增加了交强险的法定赔偿限额，违背了交强险的公益性和法定性的特点，同时也在一定程度上弱化了对侵权人的惩戒作用，与《机动车交通强制保险条例》等的立法目的不符。

另外，对第二份交强险合同的签订，投保人袁某未能提供证据证明甲保险公司存在过错，故在第一份交强险合同已获赔偿的前提下，甲保险公司不予赔偿不违反法律规定。关于袁某向甲保险公司缴纳的保险费问题，双方可另行解决。

北京市第四中级人民法院依照《中华人民共和国民事诉讼法》第一百七十条第一款第一项的规定，判决如下：

驳回上诉，维持原判。

【法官后语】

我国车辆二手交易市场日渐发达。受制于行政机关的过户管理规定，案例中的交强险重复投保情况在实践中大量存在。发生保险事故后，投保人能否依据上家投保的交强险及自己投保的交强险获取保险公司的赔付？本案例对此确立了明确的规则，投保人依据两份或两份以上的交强险主张权利，与《机动车交通强制保险条例》等的立法目的不符，人民法院不予支持。

在我国，交强险是强制保险，机动车所有人必须依法办理。如果不办理，需要承担相应的法定责任。在行政责任上，依据《中华人民共和国道路交通安全法》和《机动车交通事故责任强制保险条例》的规定，由公安机关交通管理部门扣留机动车，通知机动车所有人、管理人依照规定投保，处依照规定投保最低责任限额应缴纳的保险费的2倍罚款。在民事责任上，则依据《最高人民法院关于审理道路交通事故损害赔偿案件适用法律若干问题的解释》的规定，受害人请求投保义务人在交强险责任限额范围内予以赔偿的，人民法院应予支持。投保义务人和侵权人不是同一人，受害人请求投保义务人和侵权人在交强险责任限额范围内承担连带责任的，人民法院应予支持。

交强险是法定保险，体现在投保人或者保险人均不得约定改变交强险的限额、费率。交强险亦是公益保险，旨在为投保人和交通事故受害人提供最基本的保障。发生交通事故后，无论侵权人有无过错，保险公司均须先行赔付受害人，既使受害人能够得到及时的治疗，又使投保人能够在交强险限额内免予支出。对于超出交强险限额的损失，则应当由侵权人或者商业三者险保险人负担。发生交通事故后，如果投保人依据两份或两份以上的交强险主张权利的请求得到支持，则投保人将获得双份或者多份限额赔偿，由此带来的法律后果是变相增加交强险的法定赔偿限额，违背交强险的公益性和法定性的特点，同时也将在一定程度上弱化对侵权人的惩戒作用，与《机动车交通事故责任强制条例》等的立法目的不符。

本案二审判决同时弥足了一审判决存在的漏洞，指出袁某向甲保险公司缴纳的保险费问题，双方可另行解决。

编写人：北京市第四中级人民法院　崔西彬

074　私家车从事网约顺风车行为导致保险标的危险程度显著增加的认定标准

——文某诉保险四川分公司保险合同案

【案件基本信息】

1. 裁判书字号

四川省成都市中级人民法院（2017）川01民终14506号民事判决书

2. 案由：保险合同纠纷

3. 当事人

原告（上诉人）：文某

被告（被上诉人）：保险四川分公司

【基本案情】

文某于2017年1月20日购买小型普通客车（以下简称案涉车辆），并向被告保险四川分公司购买了交强险与商业险，使用性质为非营运。后文某通过“××出行”软件注册为车主，在“顺风车”平台上数次发布出行行程接受订单搭载乘客，并按照该软件自动计算的金额收取乘客费用。2017年5月1日18时，文某通过“顺风车”平台接受四名乘客订单，驾驶案涉车辆前往成都市崇州、双流、龙泉三地先后搭载四名乘客，从成都前往重庆途中发生交通事故。经交管部门认定，文某承担此次事故的全部责任。后文某向保险四川分公司申请理赔，保险四川分公司向文某出具机动车辆保险拒赔通知书，拒赔案件情况备注：驾驶员驾驶标的车从事营运活动（备注：顺风车）。

【案件焦点】

文某用私家车从事顺风车业务的行为是否应认定为导致保险标的的危险程度显著增加的行为。

【法院裁判要旨】

四川省成都高新技术产业开发区人民法院经审理认为：根据文某与保险四川分公司订立的保险合同约定，保险四川分公司承保的是案涉车辆作为家用的风险，即基于个人或家庭的生活性使用风险。但2017年1月文某购买案涉车辆后即通过“××出行”软件注册为车主，在“顺风车”平台上数次发布出行行程接受订单搭载乘客。本案事故发生之日2017年5月1日适逢国家法定节假日，文某通过“顺风车”平台发布行程并接受四名乘客的订单从成都前往重庆，按照常理，该时间不属于工作日，亦不属于一般上下班时间，文某搭载乘客至其指定目的地并按照该软件自动计算的金额收取乘客费用，为营业性运输行为。文某擅自改变了被保险车辆的使用性质，使保险标的危险程度增加，未通知保险人。对于营运过程中发生的交通事故以及造成的损失，保险四川分公司有权拒绝赔偿。

四川省成都高新技术产业开发区人民法院依照《中华人民共和

国保险法》第十七条、第五十二条，《机动车交通事故责任强制保险条例》第二十一条之规定，判决如下：

一、保险四川分公司于判决生效之日起十日内向文某赔付交强险财产损失赔偿限额（责任限额）2000元；

二、驳回文某的其他诉讼请求。

文某不服，提起上诉。四川省成都市中级人民法院经审理认为：顺风车应是一种顺路合乘行为，是在车辆自用的基础上顺路搭乘出行线路相同之人，由合乘人合理分摊出行必要费用的活动，网约顺风车是私家车主事先通过网络平台发布行程信息，召集路线相同的其他人合乘的行为。故典型的网约顺风车并不具有营运性质，事故风险也不会显著增加。但当网约顺风车在出行目的、行使线路、出行频率、费用分摊上出现与上述内容迥异的情况时，应认定网约顺风车具有营运性质，出行风险显著增加。因此，对于网约顺风车搭载行为是否明显增加事故风险，不能一概而论。在发生争议时，作为车辆的使用人，车主应就出行目的、行使线路、出行频率、费用分摊等事实承担举证责任。

本案中，对于案涉车辆在事故发生前的具体接单、行程等信息，文某在二审中陈述为“之前的取消了，只有最近的记录”，因此对于出行目的、出行频率、费用分摊等事实，文某应承担举证不能的不利后果。从文某驾车前往成都市崇州、双流、龙泉三地先后搭载案外人的行驶线路判断，亦不能认定文某的行为属于顺路搭载他人的行为。综上，认定文某的行为属于导致保险标的危险程度显著增加的行为。一审判决认定事实清楚，适用法律正确，应予维持。

四川省成都市中级人民法院依照《中华人民共和国民事诉讼法》

第一百七十条第一款第一项的规定，判决如下：

驳回上诉，维持原判。

【法官后语】

本案的处理重点主要在于对网约顺风车行为的认定，即是否属于导致保险标的的危险程度显著增加的行为。

1. 保险理赔应当符合公平合理、等价有偿的市场原则

保险作为一种风险管控方式及分摊意外事故损失的机制，主要通过保险人与投保人之间订立保险合同这一民事行为而建立。保险合同作为一种民商事行为，应当符合公平合理和等价有偿的原则。保险费用是保险人依据其承保的风险大小通过精确的、大量的数据计算而来。营运车辆由于使用频率高，涉及人员更多，相比非营运车辆对社会公共安全影响更大，交通事故风险高，故其保费更高。非营业个人运输是指运输生产者使用自备车辆完成的运输活动，其出发点及目的系满足自身一定的生产或生活等方面的需要，而不是直接为了获得运输报酬进行的运输活动。相对于非营运车辆的概念，营运车辆即从事以营利为目的的道路运输经营活动的车辆，两者的使用目的、使用频率、行驶路线、运输标的均不相同，在市场准入、从业资格、强制报废、强制检测、强制保险等方面均有不同的行政管理规定。

2. 典型的私人小客车合乘行为一般情况下不引起被保险车辆危险程度显著增加或事故风险显著增加

“顺风车”即私人小客车合乘，也称为拼车，是由合乘服务提供者事先发布出行信息，出行线路相同的人选择乘坐合乘服务提供者的小客车、分摊部分出行成本或免费互助的共享出行方式。网约顺

风车则是以互联网技术为依托构建服务平台，整合顺风车车主与合乘乘客的出行路线、供需信息，促成合乘。对于非营运的私家车而言，从日常生活所需出发，法律并不禁止个人为分担部分出行成本、避免资源浪费而自行协商共同搭乘同一机动车出行甚至是好意施惠同行，网约顺风车仅仅系利用互联网和平台软件达到整合供需信息的效果，并未根本改变合意共乘的性质。私人小客车合乘的发起仍源于车辆驾驶人自身生活、生产出行的初衷、动机，未从驾驶行为中获取高于其成本开支之利润，不具有营运性质，合乘行为亦不改变出行目的地、路线、出行频率，准载人数内的乘客人数增加及沿途遵守交通规定的上下停车亦不当然导致被保险车辆危险程度显著增加或事故风险显著增加，由此发生的保险事故，保险人亦不能免赔。

3. 构成营运性质的搭乘认定及相关举证责任的分配

网约顺风车在出行目的、行驶线路、出行频率、费用分摊等方面出现与合意共乘行为相异的情况时，如出行目的与车主自身的日常生活、生产所需不符、行驶路线与通常公路交通起止路线不符、收取费用超过合理分摊成本等，此时应认定网约顺风车具有营运性质，出行风险显著增加。对于当事人的举证能力，要考虑当事人距离证据的远近，接近证据的一方具有举证方面的优势，举证能力、收集证据能力等相对而言较强。本案中，原告作为车主，相对于作为被告的保险公司，对其出行目的、行使线路、出行频率、成本开支、费用分摊等事实举证具有明显的优势，且涉及“顺风”的判断证据属积极证据，“不顺风”属消极证据，故车主方应承担举证责任。

市场经济与互联网时代催生了新的出行方式，“顺风”出行有利于缓解交通拥堵和减少空气污染，应予以鼓励和倡导，但保护“网约顺风车”时应通过构建裁判规则兼顾保险公司利益，避免保险公司因风险增加采取提升保费等措施，进而限制“网约顺风车”的发展。

编写人：四川省成都高新技术产业开发区人民法院　曾洁

075　存疑不诉决定不影响民事审判认定逃逸行为
——出租汽车公司诉人保奉节公司保险合同案

【案件基本信息】

1. 裁判书字号

重庆市第二中级人民法院（2017）渝02民终148号民事判决书

2. 案由：保险合同纠纷

3. 当事人

原告（被上诉人）：出租汽车公司

被告（上诉人）：人保奉节公司

【基本案情】

原告为其出租车在被告处投保交强险和商业险，保险期间均自2015年12月13日0时起至2016年12月12日24时止。2016年3月14日2时20分，王某驾驶原告公司所有的出租车未按交通标线行驶，越过道路中心实线超越前车，且未注意观察行车前方路面通行状况，导致车辆将躺卧在路面上的苏某碾压，造成苏某受伤且经抢救无效死亡的道路交通事故。2016年4月1日，奉节县交通巡逻警察大队作出事故认定书：王某承担本次交通事故的全部责任。王某因涉嫌交通肇事罪，被奉节县公安局立案侦查后移送奉节县人民检察院审查起诉。因犯罪事实不清、证据不足，奉节县人民检察院于2016年9月20日作出不起诉决定书。

原告与受害者家属就苏某死亡赔偿事宜协商达成赔偿58万元的协议。此后，原告向被告申请保险理赔时，被告支付原告人民币12万元交强险赔偿款，对于余下赔偿款明确表示拒绝支付。原告请求法院判令被告支付原告剩余赔偿款。被告认为本案事故发生后，原告方驾驶人员在未采取措施的情形下擅自驾车离开现场，根据保险合同免责条款的约定，保险公司有权拒赔。原告认为，如果本案认定驾车驶离肇事现场为逃逸，则王某至少是交通肇事罪基础上的逃逸，量刑点应该是七年以上，但是检察机关并未认定是犯罪，所以不存在逃逸的性质。

【案件焦点】

检察机关的存疑不诉决定能否推定肇事者驶离事故现场的行为并非逃逸行为。

【法院裁判要旨】

重庆市奉节县人民法院经审理认为：驾驶员王某虽然在事故发生后驾车驶离事故现场，但综合其在公安机关讯问笔录的供述和当日9时许向公安机关投案自首，并带民警指认事故现场的整个行为过程来看，王某当时不知事故发生，其主观上不存在为逃避法律追究而故意驶离事故现场的意图，其驾车离开的行为并非出于逃避法律责任。因此，被告援引保险合同免责条款拒绝理赔依据不足。

重庆市奉节县人民法院依照《中华人民共和国合同法》第八条、第六十条第一款，《中华人民共和国保险法》第二十三条第一款，《中华人民共和国道路交通安全法》第七十六条第一款第一项，《最高人民法院关于审理人身损害赔偿案件适用法律若干问题的解释》第十七条、第十八条，《中华人民共和国民事诉讼法》第六十四条第一款之规定，判决如下：

一、被告人保奉节公司于判决生效之日起十日内向原告支付保险赔偿金 442368 元；

二、驳回原告出租汽车公司的其他诉讼请求。

人保奉节公司不服，提起上诉。重庆市第二中级人民法院经审理认为：刑事诉讼证明标准与民事诉讼证明标准存在区别。结合交警部门的事故认定书、证人的询问笔录、驾驶员王某的讯问笔录、事故现场照片、勘查笔录等证据以及日常生活经验法则等综合分析，驾驶员王某在本案事故发生时知道或者应当知道发生了交通事故这一事实具有高度可能性，应予认定。事故发生后，王某在未依法采取任何救护救助及报警措施的情况下驾驶被保险机动车离开事故现场，符合保险条款约定的免责情形。而且，本案保险合同签订时，人保奉节公司对保险合同的免责条款履行了提示和明确说明义务，该免责条款具有法律约束力。

重庆市第二中级人民法院依据《中华人民共和国民事诉讼法》第一百七十条第一款第二项的规定，判决如下：

一、撤销重庆市奉节县人民法院（2016）渝 0236 民初 2683 号民事判决；

二、驳回出租汽车公司的诉讼请求。

【法官后语】

本案是一起检察机关作出不起诉决定，未明确机动车驾驶员驾车离开事故现场的行为是否属于逃逸行为，而机动车驾驶员是否具有事后逃逸行为又是民事诉讼争议焦点的典型案件。案件审理中涉及的焦点问题为检察机关存疑不诉决定能否推定肇事者驶离事故现场行为并非逃逸行为。

基于证明标准的差异，刑事诉讼和民事诉讼可能对同一案件事实作出不同的法律认定，结论可能截然相反。刑事诉讼中，公安机关侦查终结案件、检察机关审查起诉案件、人民法院判决案件都遵循排除合理怀疑的证明标准，缘由为刑事诉讼追求的价值理念不仅仅是惩罚犯罪，更是限制公权力机关恣意妄为，从而保护公民的财产、自由、生命不受非法侵犯。

在检察机关存疑不诉决定并未正面评价肇事者驶离事故现场的行为是否为逃逸行为的情形下，能否推定作出存疑不诉决定的理由就是检察机关未将其驶离肇事现场行为评价为逃逸，从而导致王某涉嫌交通肇事罪一案全案证据不能形成完整证明体系，无法排除对案件事实认定合乎常理的怀疑，达到办案人员对案件定罪量刑的内心确信呢？刑事诉讼法及相关司法解释并未要求检察机关作出存疑不诉决定后需对外公开案件究竟哪里事实模糊、何处证据薄弱。受制于证明标准的拘束力，奉节县人民检察院若对王某涉嫌交通肇事罪一案提起公诉，需要承担定罪量刑、是否存在违法阻却事由等诸多方面的严格证明责任。在不起诉决定书没有明确该案不起诉的具体理由时，不能简单反推，臆测作出不起诉决定就是因为检察机关没有将王某驶离事故现场的行为定性为逃逸。

况且，民事诉讼法相关司法解释也只是规定了已为人民法院生效裁判所确认的事实具有免证效力，对后续民事审判具有既判力（但允许当事人提供相反证据予以推翻）。本案中奉节县人民检察院所作存疑不诉决定，既非人民法院生效裁判，也没有将王某驶离事故现场的行为明确认定为是否构成逃逸，亦未经过直接、言辞、对席的严格证明程序，为纯粹的程序性裁决。[①] 因此该存疑不诉决定对后续民事审判没有既判力，也无法推定肇事者驶离事故现场行为并非逃逸行为。

值得注意的是，民事诉讼环节认定交通肇事者逃逸不以其驶离事故现场的行为具有刑法可罚性为前提。民事诉讼中认定逃逸，应当遵循高度盖然性的证明标准，依靠经验法则和逻辑推理，主观方面审查案发时行为人是否明知（知道或者应当知道）发生交通事故，客观方面审查行为人驶离事故现场是否具有正当性，将两者综合考虑。

编写人：重庆市第二中级人民法院　陈俊颖　何仕林

076　驾驶机动车离开事故现场，商业三者险项下免赔能否成立，应考虑驾驶人的主观状态

——林某诉混凝土公司等机动车交通事故责任案

【案件基本信息】

1. 裁判书字号

广东省佛山市中级人民法院（2017）粤06民终9883号民事判决书

2. 案由：机动车交通事故责任纠纷

3. 当事人

原告（上诉人）：林某

被告（上诉人）：混凝土公司

被告（被上诉人）：刘某、保险顺德支公司

---

① 施鹏鹏：《刑事既判力理论及其中国化》，载《法学研究》2014年第1期。

【基本案情】

2016年6月17日12时9分许，刘某驾驶A号重型特殊结构混凝土货车，沿325国道行驶，在直行过程中与同方向林某驾驶的B号普通二轮摩托车（搭载陈某）发生同向刮擦，造成B号普通二轮摩托车倒地损坏、林某及陈某均受伤的道路交通事故。发生交通事故后，刘某未立即停车保护现场，驾驶A号重型货车驶离现场。经交警部门认定，刘某承担此次事故的全部责任，林某及陈某无责任。事故发生后，林某被送至医院住院治疗。2017年5月31日，经某司法鉴定所鉴定，林某的伤残等级被评定为二级、五级、八级。

另查明，肇事车辆A号重型特殊结构货车的登记所有人是混凝土公司，刘某是混凝土公司的员工，发生事故时刘某正在履行职务行为，该车在保险顺德支公司投保了交强险及限额150万元的特种车第三者责任商业险（含不计免赔），本起事故发生在保险期间内。《特种车第三者责任保险合同》第二十四条约定："在上述保险责任范围内，下列情况下，不论任何原因造成的人身伤亡、财产损失和费用，保险人均不负责赔偿……（二）驾驶人或操作人员有下列情形之一者：1. 事故发生后，在未依法采取措施的情况下驾驶被保险机动车或者遗弃被保险机动车离开事故现场……"

刘某在事故后接受交警询问时陈述，其于事发当日11时30分许驾驶涉案混凝土车回公司，途经事发路段，其于12时35分许回到公司。12时50分许，公司车队队长致电通知其所驾驶的混凝土车在事故路段发生了交通事故，其立即把车开至交警中队处理；肇事前其没有发现对方的二轮摩托车，其起步时看左后视镜，没有注意右后方，当时不知道发生了交通事故；其在事故前没有饮酒，有准驾车型相符的驾驶证，车辆年检合格，有交强险和商业三者险等。

事故发生后，经检验，刘某驾驶的重型混凝土车前护杠右侧、右后轮毂有轻微碰撞刮痕，林某驾驶的摩托车的前装饰板、前护杠、后尾部、右侧叶子板有碰撞、变形痕迹。本起事故造成林某的各项损失合计 1150359.38 元。

林某诉至法院，请求法院判令刘某、混凝土公司赔偿林某各项损失共计 1528960.66 元，保险顺德支公司在保险责任范围内对上述赔偿款承担连带赔偿责任。

【案件焦点】

商业三者险保险条款约定驾驶人在未采取措施的情况下驾驶被保险车辆离开事故现场的，保险人不负责赔偿，本案中，保险公司是否免赔应否考虑驾驶人的主观状态。

【法院裁判要旨】

广东省佛山市顺德区人民法院经审理认为：道路交通事故认定书认定事实清楚，刘某承担事故的全部责任。刘某是混凝土公司的员工，发生事故时正在履行职务行为，混凝土公司应对侵权损害承担赔偿责任。由于 A 号重型特殊结构混凝土货车在保险顺德支公司处投保了交强险，交强险的赔偿限额应由林某及另一名伤者陈某按比例受偿。虽然肇事车辆在保险顺德支公司处投保了限额 150 万元的特种车第三者责任商业险，但刘某在发生交通事故后未立即停车保护现场，驾驶车辆离开现场（该情形也是交警对责任划分的重要考虑因素），依据《特种车第三者责任保险合同》第二十四条的约定，保险顺德支公司在第三者责任保险限额内不负赔偿责任。至此，混凝土公司应对林某尚未得到赔付的损失承担赔偿责任。

广东省佛山市顺德区人民法院根据《中华人民共和国侵权责任法》第十六条等规定，判决如下：

一、保险顺德支公司应于本判决发生法律效力之日起十日内，在机动车交通事故责任强制保险赔偿限额内向林某赔付86949.34元；

二、混凝土公司应于本判决发生法律效力之日起十日内，向林某赔付1023910.04元；

三、驳回林某的其他诉讼请求。

林某、混凝土公司均不服一审判决，提出上诉。广东省佛山市中级人民法院经审理认为：本案二审争议焦点在于保险公司在商业三者险项下是否应承担赔偿责任。

第一，关于合同条款应如何理解。首先，涉案商业三者险保险条款第二十四条约定："在上述保险责任范围内，下列情况下，不论任何原因造成的人身伤亡、财产损失和费用，保险人均不负责赔偿……(二) 驾驶人或操作人员有下列情形之一者：1. 事故发生后，在未依法采取措施的情况下驾驶被保险机动车或者遗弃被保险机动车离开事故现场……"上述保险条款约定了驾驶人在事故发生后存在以下两种情形的，保险人不负责赔偿：一是"事故发生后，在未依法采取措施的情况下驾驶被保险机动车离开事故现场"；二是"事故发生后，遗弃被保险机动车离开事故现场"。结合上述第一种情形的语义可见，"事故发生后，在未依法采取措施的情况下驾驶被保险机动车离开事故现场"的前提条件应为明知事故发生或应当知道事故发生而未采取措施离开事故现场之情形，因为若驾驶人不知道事故发生，则无法采取相应的措施，所以从逻辑上而言，上述规定的第一种免赔情形，应含有“驾驶人明知事故发生或应当知道事故发生而未采取措施离开事故现场”之意。其次，上述条款对第二种免赔情形的表述为“事故发生后，遗弃被保险机动车离开事故现场”，结合了驾驶人的主观状态对其行为作出评价，并据此约定免除保险人的保险责任，故同一条款的第一种免赔情形，亦应结合驾驶人的主观状态作出判断。再次，退一步而言，即使根据上述保险条款可作出保险公司关于“无论驾驶人是否知道事故发生，只要没有依法停车采取相应措施，根据保险条款的约定，保险人就免除赔偿责任”的解释，即针对上述保险条款的内容，可作出两种解释，根据《中华人民共和国保险法》第三十条关于“采用保险人提供的格式条款订立的保险合同，保险人与投保人、被保险人或者受益人对合同条款有争议的，应当按照通常理解予以解释。对合同条款有两种以上解释的，人民法院或者仲裁机构应当作出有利于被保险人和受益人的解释”的规定，本案亦应作出有利于被保险人的解释。最后，事故发生后，驾驶人驾驶车辆离开现场的主观状态并非完全不能判断，法律上仅对明知事故发生或应当知道事故发生而离开现场即肇事逃逸的行为作出否定性评价，故保险公司关于“无论驾驶人是否知道事故发生，只要没有依法停车采取相应措施，根据保险条款的约定，保险人就免除赔偿责任”的解释，明显属于加重投保人、被保险人责任之情形，故上述条款即使可作出保险公司抗辩的解释，亦属于无效格式条款，保险公司不能据此主张免赔。综上，本案中，上述保险条款规定的第一种免赔情形应理解为“事故发生后，驾驶人明知事故发生或应当知道事故发生，而未依法采取措施驾驶被保险机动车离开事故现场”，在此情形下，保险人的保险责任才可予以免除。对保险公司关于保险人责任是否免除不需要考虑驾驶人的主观状态的辩称，本院不予采纳。

第二，关于本案是否符合上述免责条款约定的免责情形。交警卷宗显示，刘某在接受交警询问时陈述，其于事发当日中午 11 时 30 分许从陈村镇驾驶涉案混凝土车回公司，途经事发路段，其于 12 时 35 分许回到公司，12 时 50 分许公司车队队长致电通知其所驾驶的混凝土车在事故路段发生了交通事故，其立即把车开至交警中队处理；肇事前其没有发现对方的二轮摩托车，其起步时看左后视镜，没有注意右后方，当时不知道发生了交通事故；其在事故前没有饮酒，有准驾车型相符的驾驶证，车辆年检合格，有交强险和商业三者险等。结合刘某的上述陈述，按照常理，刘某确实不存在事故后逃逸的必要；陈某及林某在事故发生后接受交警询问时的陈述、事故路段监控视频，均未显示刘某有明知事故发生或应当知道事故发生而离开事故现场之情形；结合事故后交警取证的照片，刘某驾驶的重型混凝土车仅有前护杠右侧、右后轮毂有轻微碰撞刮痕，林某驾驶的摩托车仅前装饰板、前护杠、后尾部、右侧叶子板有碰撞、变形痕迹，车辆整体损坏并不严重，加上刘某所驾驶的重型混凝土车的驾驶室高度、车辆结构的特点，驾驶该类型车辆确实存在视觉盲区，刘某称不知道事故发生，并不明显违反常理；交警部门经调查后虽认定刘某存在事故发生后驾车驶离现场的行为，但最终并未认定其属于肇事后逃逸。因此，现有证据未能反映刘某存在明知或应当知道事故发生而驾驶车辆离开现场之情形，本院结合对上述关于涉案免责条款的理解，认定保险公司辩称其可依据上述保险条款的约定免赔的理据不足，不予支持，一审法院认为本案符合保险人免责情形不当，本院对此予以纠正。

综上所述，保险公司在商业三者险项下的责任不应免除，故保险公司对林某的损失中超出交强险的部分，应在商业三者险项下承担赔偿责任，且本案中的损失没有超出商业三者险赔偿限额，故保险公司应在商业三者险项下向林某赔偿1023910.04元。

广东省佛山市中级人民法院依照《中华人民共和国民事诉讼法》第一百七十条第一款第二项的规定，判决如下：

一、维持广东省佛山市顺德区人民法院（2017）粤0606民初231号民事判决第一项；

二、撤销广东省佛山市顺德区人民法院（2017）粤0606民初231号民事判决第三项；

三、变更广东省佛山市顺德区人民法院（2017）粤0606民初231号民事判决第二项为：保险公司应于本判决发生法律效力之日起十日内在特种车商业第三者责任保险项下向林某赔偿1023910.04元；

四、驳回林某的其他诉讼请求。

【法官后语】

随着社会经济的发展，小汽车的人均拥有率越来越高，交通事故的发生越来越频繁，保险公司以保险合同约定了免赔条款为由拒绝理赔的情况也越来越常见。例如，《中国保险行业协会特种车综合商业保险示范条款》中《特种车第三者责任保险》第二十四条就约定：“在上述保险责任范围内，下列情况下，不论任何原因造成的人身伤亡、财产损失和费用，保险人均不负责赔偿……（二）驾驶人或操作人员有下列情形之一者：1. 事故发生后，在未依法采取措施的情况下驾驶被保险机动车或者遗弃被保险机动车离开事故现场……”①根据上述保险条款的约定，似乎在事故发生后，只要未依法采取措

① 本案例及所涉判决书所引用的《特种车第三者责任保险》均为涉案车辆投保时所采用的商业三者险保险条款，即中国保险行业协会发布的2014版商业三者险保险示范条款。

施而驾驶被保险机动车离开现场，保险公司即可免赔，但现实生活中往往有这种情形，即交通事故发生后，驾驶人并不知道事故的发生，并在此情况下驾驶机动车离开现场，交警部门亦未认定驾驶人属于交通肇事逃逸，这种情形是否属于上述保险条款规定的免赔情形，成了审判实务中迫切需要解决的问题。

从条款内容的逻辑、语义来看，“事故发生后，在未依法采取措施的情况下驾驶被保险机动车离开事故现场”的前提条件应为明知事故发生或应当知道事故发生而未采取措施离开事故现场之情形，因为若驾驶人不知道事故发生，则无法采取相应的措施，所以从逻辑上而言，上述保险条款的约定应含有“驾驶人明知事故发生或应当知道事故发生而未采取措施离开事故现场”的意思。该条款约定的第二种免赔情形“事故发生后，遗弃被保险机动车离开事故现场”，结合了驾驶人的主观状态对其行为作出评价，故从保险条款的结构、体系、语义上来看，同一条款的第一种免赔情形，亦应结合驾驶人的主观状态作出判断。

从法律规定来看，即使针对该保险条款，可作出保险公司所认为的上述解释，但根据《中华人民共和国保险法》第三十条关于“采用保险人提供的格式条款订立的保险合同，保险人与投保人、被保险人或者受益人对合同条款有争议的，应当按照通常理解予以解释。对合同条款有两种以上解释的，人民法院或者仲裁机构应当作出有利于被保险人和受益人的解释”的规定，亦应作出有利于被保险人的解释。法律上仅对明知事故发生或应当知道事故发生而离开现场即肇事逃逸的行为作出否定性评价，故保险顺德支公司的上述解释，明显属于排除投保人、被保险人主要权利之情形，且上述条款即使可作出保险顺德支公司抗辩的解释，亦属于无效格式条款，保险顺德支公司不能据此主张免赔。

从法律价值来看，保险人与投保人（被保险人）之间本身存在不平等的交易地位，需要进行司法调整平衡保险合同双方的利益，在一定程度上需要对保险交易中的弱势一方即被保险人一方予以保护，维护保险市场秩序，促进保险行业的健康发展。就本案而言，上述保险条款的约定，按照保险公司主张的解释方法，对保险人一方而言，确实很方便操作，只要事故发生后驾驶人没有采取措施就驾驶被保险车辆离开现场，保险公司即可主张免赔，不需要考虑驾驶人的主观状态。但采取这种解释，明显对被保险人不公平，因为在保险公司提供格式条款的情况下，投保人、被保险人无法对合同条款进行讨价还价，而现实生活中确实存在驾驶人因为视觉盲区等不知道事故发生而离开事故现场之情形，在此情况下，若不需要考虑驾驶人的主观状态，保险公司即可在商业三者险项下免赔，对被保险人而言明显不公平。此时，法院应平衡保险合同双方当事人的利益，按照法律的规定，结合合同条款的内容，对合同条款作出合理的解释，避免因保险公司缔约能力上存在的优势而导致的利益失衡的情况发生，对在保险交易中处于弱势地位的被保险人的合法权益予以保护，同时促使保险公司、行业协会及相关行政主管部门审视保险条款中明显利益失衡的内容，促进保险行业健康发展。①

就本案而言，驾驶人刘某在发生事故后约一小时，得知其所驾

① 2020年，中国保险行业协会对2014版商业车险示范条款（含特种车商业保险示范条款）进行了修订完善，其中，将2014版商业三者险保险条款中关于“事故发生后，在未依法采取措施的情况下驾驶被保险机动车或者遗弃被保险机动车离开事故现场……”的免责情形修改为“交通肇事逃逸”。由此可见，本案中法院认为，判断保险车辆在肇事后离开事故现场，保险公司是否免责时，应考虑驾驶人的主观状态，仅应将明知事故发生或者应当知道事故发生而未采取措施离开事故现场作为免责情形，即将免责情形限缩为交通肇事逃逸，法院的上述观点亦得到保险行业的认可，并自行对保险示范条款内容进行了相应调整。

驶的混凝土车发生了交通事故，就立即把车开至交警中队处理；根据其在交警部门接受询问时的陈述，其在肇事前没有发现对方的二轮摩托车，在事故前没有饮酒，有准驾车型相符的驾驶证，车辆年检合格，其知道车辆投保了交强险和商业三者险等。按常理，刘某确实不存在事故后逃逸的必要。其他当事人的陈述、事故路段监控视频，也均未显示刘某有明知事故发生或应当知道事故发生而离开事故现场之情形。结合交警取证的照片，刘某驾驶的重型混凝土车和林某驾驶的摩托车的碰撞、变形痕迹来看，两车整体损坏并不严重，加上刘某所驾驶的重型混凝土车的驾驶室高度、车辆结构的特点，驾驶该类型车辆确实存在视觉盲区，刘某称不知道事故发生，并不明显违反常理。交警部门经调查后虽认定刘某存在事故发生后驾车驶离现场的行为，但最终并未认定其属于肇事后逃逸。综上，现有证据未能反映刘某存在明知或应当知道事故发生而驾驶车辆离开现场之情形，本院结合上述对涉案免责条款的理解，认定保险公司辩称其可依据上述保险条款的约定免赔的理据不足，应不予支持。

编写人：广东省佛山市中级人民法院　何美健

077　紧急情况下被保险人积极为防止或者减少保险标的损失所支付的必要、合理的费用，应由保险人承担

——姚某、潘某诉保险公司保险合同案

【案件基本信息】

1. 裁判书字号

云南省昆明市中级人民法院（2017）云01民终4822号民事判决书

2. 案由：保险合同纠纷

3. 当事人

原告（被上诉人）：姚某、潘某

被告（上诉人）：保险公司

【基本案情】

2016年5月1日上午，原告潘某驾驶云A××××9号重型非载货专项专业吊车进行作业，不慎将电力工程公司价值32820元的一批低压电线损坏，同时还将某园艺公司价值67350元的苗圃、桂花树等损坏。事故发生后，潘某积极向公安交警和投保的保险公司进行了报案，并向受损的上述两个公司进行了通报。昆明市公安局呈贡分局交通警察大队立即赶到现场进行事故处理，并出具道路交通事故认定书，认定原告潘某承担此次事故的全部责任。交通事故认定书记载："2016年5月1日11时40分，潘某驾驶的云A××××9号车在侧翻时砸到苗圃内的电线、电杆、树木和其他附属设施，导致电线、电杆、五棵桂花树及其他附属设施受损。"经昆明市公安局呈贡分局交警大队调查，云A××××9号重型非载货专项专业吊车的车主系原告姚某，姚某在本案的事故发生时是允许合法驾驶人原告潘某使用该保险车辆的。潘某拥有机动车行驶证和吊车合格证，具有驾驶案涉车型的资格。姚某为该车在保险公司投保了机动车交通事故责任强制保险和商业险，保险期限为2016年3月1日至2017年2月28日。商业险的第三者不计免赔责任保险金额为人民币50万元。事故发生后，保险公司以及事故中受损的电力工程公司、某园艺公司三家单位在案发时都赶赴事故现场进行了勘验。保险公司查勘记录显示："保险车辆驾驶员是否为酒后驾车，否；事故是否涉及第三方人身伤亡，否；事故是否涉及本车上人员伤亡，否；保险车辆驾驶员的驾驶证是否有效，是。查勘意见：潘某驾驶标的车行驶，发生倾覆事故，导致标的车受损，需要施救。事故估损金额总计3000元，其中本车车损3000元，第三者其他财产损失0元，查勘人员和被保险人均未签字，但查勘人员一处盖有保险公司理赔业务专用章。”在2017年4月1日的机动车保险报案记录（代抄单）中载明：“出险经过——侧翻，本车受损，三者电线和树受损，已提醒报执法部门。处理经过——2016年5月24日16：28：41，李先生来电，要求增加三者财产定损任务，已处理。”原告潘某于2016年5月7日赔偿给第三者电力工程公司在本次事故中的低压电线等设施损坏款32820元，第三人向原告出具了发票。同日，原告潘某向某园艺公司赔偿了受损的苗圃等款共计人民币67350元，上述两项赔偿共计100170元。电力工程公司和某园艺公司分别向原告出具了两份赔偿证明及损失清单。两原告拿着发票和损失清单找被告保险公司依据双方签订的保险合同进行理赔，被告一直拒绝向原告赔付保险金。虽经多次交涉、协商，被告仍然拒绝履行合同义务。据此，原告特向法院提起诉讼。

原告向法院提出诉讼请求：1. 判令被告支付保险费共计100170元；2. 判令被告承担本案诉讼费用。

【案件焦点】

缺少被保险人签字的定损单与被保险人为防止损失扩大而先行赔偿的必要、合理费用，应如何进行赔付。

【法院裁判要旨】

云南省昆明市呈贡区人民法院经审理认为：原告提交的机动车交通事故强制保险单和机动车商业保险保险单可以清晰地证明原告姚某与被告保险公司之间存在合法、有效的保险合同法律关系。《中华人民共和国保险法》第二十一条规定："投保人、被保险人或者受益人知道保险事故发生后，应当及时通知保险人……"第二十二条第一款规定："保险事故发生后，按照保险合同请求保险人赔偿或者给付保险金时，投保人、被保险人或者受益人应当向保险人提供其所能提供的与确认保险事故的性质、原因、损失程度等有关的证明和资料。"第二十三条规定："保险人收到被保险人或者受益人的赔偿或者给付保险金的请求后，应当及时作出核定；情形复杂的，应当在三十日内作出核定，但合同另有约定的除外。保险人应当将核定结果通知被保险人或者受益人……"本案中，原告潘某是原告姚某允许的合格驾驶人，原告潘某在所驾车辆发生倾覆的交通事故后立即向被告进行了报案并对受损失的第三者进行了通报。虽然被告保险公司到达现场并进行了查勘，但被告出具的查勘记录仅记载了原告本车受损的情况，并未记载原告车辆倾覆对第三者造成的损失情况。虽然被告当庭提交了机动车保险财产损失确认书（抄单），但从该抄单上并不能反映具体的查勘情况和定损依据情况，而且损失确认单上也无原告或者任意受损第三者的签字，该损失确认书系被告单方制作，原告当庭对此也不予认可。因此，关于本案的损失究竟为多少、损失的大小应以原告先行支付的赔偿款为依据还是以被告提交的财产损失确认书为依据，根据《中华人民共和国保险法》第一百二十九条第一款"保险活动当事人可以委托保险公估机构等依法设立的独立评估机构或者具有相关专业知识的人员，对保险事故进行评估和鉴定”的规定，因原告围绕自己车辆倾覆造成的第三者财产损失金额向法庭提供了查勘记录和由受损单位出具的损失清单、赔偿证明及发票，而被告仅出示了一张财产损失确认书，而且该损失确认书也无原告或者任何受损第三者的签字，又因为原、被告双方在庭前或庭审中均未就本次事故造成的损失提请相关独立保险公估机构或专业人员进行评估和鉴定，故本院综合原、被告双方当事人提交的证据，认定原告提交的证据的证明力明显优于被告保险公司提出的证据。因此，本院对原告提交证据所证明的全部损失予以支持。

同时，根据《中华人民共和国保险法》第五十七条“保险事故发生时，被保险人应当尽力采取必要的措施，防止或者减少损失。保险事故发生后，被保险人为防止或者减少保险标的的损失所支付的必要的、合理的费用，由保险人承担……”之规定，本院认为，原告车辆倾覆损害的是正在运行的电力设施和道路旁的苗圃以及苗圃内树木，对于正在运行的电力设施如不及时抢修和恢复通电，将危害案涉电线接入单位和个人的正常生产和生活，会造成更大的损失，因此对原告车辆造成的电力设施损失的抢修具有紧迫性、重要性，公益性。另外，对于原告对自己车辆造成的第三者道路旁的苗圃和苗木等损失赔偿问题，亦是原告为防止损失扩大和尽力降低赔偿数额而进行的及时赔偿，故在被告保险公司未及时定损并赔偿受损害第三者的情况下，原告为减少损失，先行对第三者电力工程公司在本次事故中受损的低压电线等设施以及某园艺公司在该次事故中受损害的苗圃苗木进行赔偿并无不当，原告在事故发生后就在短时间内对受损害的第三者进行赔偿，恰好说明了原告的赔偿具有正当性和合理性，被告保险公司理应及时赔付原告，因此，本院对原告要求被告支付 100170 元保险费的诉讼请求予以支持。

云南省昆明市呈贡区人民法院依照《中华人民共和国保险法》第十条、第二十一条、第二十二条第一款、第二十三条、第五十七条、第一百二十九条第一款，《最高人民法院关于民事诉讼证据的若干规定》第二条、第七十三条，《中华人民共和国民事诉讼法》第六十四条之规定，判决如下：

由被告保险公司于本判决生效后十日内向原告潘某、姚某支付保险费 100170 元。

保险公司持原审起诉意见提起上诉。云南省昆明市中级人民法院经审理认为：当事人对自己提出的诉讼请求所依据的事实或者反驳对方诉讼请求所依据的事实有责任提供证据加以证明。没有证据或者证据不足以证明当事人的事实主张的，由负有举证责任的当事人承担不利后果。第七十三条规定，双方当事人对同一事实分别举出相反的证据，但都没有足够的依据否定对方证据的，人民法院应当结合案件情况，判断一方提供证据的证明力是否明显大于另一方提供证据的证明力，并对证明力较大的证据予以确认。因证据的证明力无法判断导致争议事实难以认定的，人民法院应当依据举证责任分配的规则作出裁判。本案中，上诉人主张应按照其现场勘验确定的损失即 17070 元承担赔偿责任，对此，上诉人仅提交了一份财产损失确认书，但该损失确认书无被上诉人或者任何第三者的签字，双方在一审中均未就本次事故造成的损失提请相关独立保险公估机构或专业人员进行评估和鉴定，该损失确认书系上诉人单方制作，被上诉人对此也不予认可。加之，被上诉人车辆倾覆后其对造成的电力设施损失的抢修具有紧迫性、重要性，公益性，对造成的第三者道路旁的苗圃和苗木等损失进行的赔偿亦是为防止损失扩大和尽力降低赔偿数额而进行的及时赔偿，故被上诉人在上诉人未及时定损并赔偿受损害第三者的情况下，为减少损失而先行对第三者的损失进行赔偿并无不当，一审法院认定被上诉人的赔偿具有正当性和合理性，上诉人应及时赔付并无不当，综合考虑本案实际情况和双方的证据效力，一审法院以被上诉人已经赔付的100170元来确定本案的赔偿金并无不当，本院亦予以维持。

云南省昆明市中级人民法院依照《中华人民共和国民事诉讼法》第一百七十条第一款第一项之规定，判决如下：

驳回上诉，维持原判。

【法官后语】

日常生活中，被保险人与保险公司之间就车辆定损金额或者实际造成的损失难以达成一致意见的情况时有发生，车辆的实际维修费用或者实际造成的损失有时远远超过保险公司的单方定损金额。被保险人通常认为，其足额交纳了保费，保险公司就理应全额赔付；而保险人则认为，保险公司作出的定损单或损失确认书，无论被保险人是否认可和签字，均是定损和赔偿的唯一依据，保险公司只应按上述定损金额进行赔付。此时，缺少被保险人签字的保险公司单方定损单与被保险人为防止损失扩大而先行赔偿的必要、合理费用，哪个才是真正的赔付标准？被保险人应如何维护自身合法权益？在实践中，对“车辆定损单/损失确认书”的性质以及“对被保险人为防止损失扩大而先行赔偿的必要、合理费用”的理解存在较大争议，审理此类案件的疑难颇多。本案的审理主要从以下几个方面入手：

1. 对车辆定损单性质的认定

一般情况下，保险公司在被保险车辆发生事故后，经现场查勘后，确定交通事故致损的财产类型、费用后，向被保险人出具车辆定损单或损失确认书，被保险人对车辆定损单或损失确认书进行签字确认后，应视为双方就定损内容达成了一致，该车辆定损单或损失确认书就具有了合同的效力。保险公司出具的定损单或损失确认书若缺少被保险人的签字确认，应视为双方就定损内容未达成一致，故该损失确认书不具有约束力，亦不具有合同的效力。综上，车辆定损单或损失确认书具备合同的性质，应双方协商一致并签字确认才对双方具有约束力，才是赔付的依据。

2. 车险定损差异大，保险公司拒绝赔付时保险人如何维护自身权益

通常情况下，保险公司与被保险人之间关于定损金额出现较大分歧时，被保险人应积极协调修理人员或财务受损方与保险公司定损人员就定损项目进行沟通，协商无法达成一致时，被保险人可依据《中华人民共和国保险法》第一百二十九条第一款“保险活动当事人可以委托保险公估机构等依法设立的独立评估机构或者具有相关专业知识的人员，对保险事故进行评估和鉴定”之规定，申请保险公估机构对事故损失作出相应判断。保险公估机构具备相关的专业知识，对损失的确定具有较强的借鉴和参考意义，被保险人起诉要求保险人按评估价值赔付具有较大的可能性。

3. 对被保险人为防止损失扩大而先行赔偿的必要、合理费用，由保险人承担的理解与适用

《中华人民共和国保险法》第五十七条规定：“保险事故发生时，被保险人应当尽力采取必要的措施，防止或者减少损失。保险

事故发生后，被保险人为防止或者减少保险标的的损失所支付的必要的、合理的费用，由保险人承担……”本条规定解决的是保险事故发生时，被保险人的尽力降低损失和避免损失扩大的先行义务以及为降低损失所支出的必要、合理费用由谁承担的问题。

紧急情况下，被保险人积极为防止或者减少保险标的损失所支付的必要、合理的费用与保险公司的单方定损单，谁才是最终的赔付依据？保险公司出具的定损单或损失确认书若缺少被保险人的签字确认，应视为双方就定损内容未达成一致，故该损失确认书不具有约束力，亦不具有合同的效力。结合本案，保险车辆单方倾覆肇事损害的是正在运行的电力设施和道路旁的苗圃以及苗圃内树木，对于正在运行的电力设施如不及时抢修和恢复通电，将危害案涉电线接入单位和个人的正常生产和生活，将会造成更大的损失，因此对保险车辆造成的电力设施损失的抢修具有紧迫性、重要性，公益性。另外，被保险人对自己车辆造成的第三者道路旁的苗圃和苗木等的损失赔偿，亦是被保险人为防止损失扩大和尽力降低赔偿数额而进行的及时赔偿，故被保险人在被告保险公司未及时定损并予以赔偿受损害第三者的情况下，被保险人为减少损失，先行对受损方在本次事故中受损的低压电线等设施以及苗圃苗木进行赔偿并无不当。被保险人在事故发生后就在短时间内对受损害的第三者进行赔偿，恰好说明了原告的赔偿具有正当性和合理性，保险公司理应及时赔付被保险人。

编写人：云南省昆明市呈贡区人民法院　李世民

078 “投保人声明”处的签名或签章不能一概用于认定保险人履行了明确说明义务

——建材公司诉人保江夏支公司财产保险合同案

【案件基本信息】

1. 裁判文书字号

湖北省武汉市中级人民法院（2016）鄂 01 民终 4414 号民事判决书

2. 案由：财产保险合同纠纷

3. 当事人

原告（被上诉人）：建材公司

被告（上诉人）：人保江夏支公司

【基本案情】

2015 年 9 月 10 日，人保江夏支公司向建材公司出具《投保单》，该投保单载明了投保人、被保险人基本信息、保险期限、投保险种等事项，“投保人声明”处写明：保险人已向本人详细介绍并提供投保险种所使用的条款，并对其中免除保险人责任的条款（包括但不限于责任免除、投保人被保险人义务、赔偿处理、赔偿等），以及本保险合同中付费约定和特别约定的内容向本人作了明确说明，本人已充分理解并接受上述内容，同意以此作为订立保险合同的依据，本人自愿投保上述险种。建材公司在投保人签名盖章处签章。

此后，人保江夏支公司向建材公司签发了《机动车保险单》，载明：机动车种类为混凝土泵车，被保险车辆车牌号为鄂 A××××3，承保险种为机动车损失险、第三者责任保险、车上人员责任险及不计免赔率。《特种车保险条款》第二条约定："特种车是指在中华人民共和国境内行驶的，用于牵引、清障、清扫起重、装卸、升降、搅拌……从事专业工作的监测、消防、清洁、医疗、电视转播……集装箱拖车以及约定的其他机动车（以下简称被保险机动车）。"第五条约定："碰撞、倾覆、坠落属于保险赔偿事由。"第七条约定："作业中车体失去重心造成被保险机动车的损失，保险人不负责赔偿。"附则中提到："倾覆：指意外事故导致被保险机动车翻倒（两轮以上离地、车体触地），处于失去正常状态和行驶能力、不经施救不能恢复行驶的状态。被保险人交付附加保险费，本保险合同扩展承保被保险机动车的下列损失：1. 作业中车体失去重心造成被保险机动车的自身损失……"

保险期限内，鄂A××××3号牌车辆发生事故，人保江夏支公司现场查勘记录写明："×××驾驶标的车在操作时不慎压塌地面，导致标的侧翻……"后人保江夏支公司确定鄂A××××3号牌车辆扣除残值后实际定损金额为124188.25元。建材公司向人保江夏支公司申请理赔，人保江夏支公司发出《机动车拒赔通知书》，载明：依据《特种车保险条款》责任免除第七条，作业中失去重心造成被保险机动车的损失，保险人不负责赔偿。

【案件焦点】

人保江夏支公司是否需要对被保险车辆损失承担保险责任。

【法院裁判要旨】

湖北省武汉市江夏区人民法院经审理认为：首先，保险事故属于保险合同约定的保险责任范围。鄂A××××3号牌车辆属于特种车，根据《特种车保险条款》附则部分对“倾覆”的解释，本案中，被保险车辆出险时车辆属于保险条款约定的“倾覆”情形。其次，“作业中失去重心”的免责条款无效。“倾覆”与“作业中失去重心”的概念并非分明易辨甚至容易混淆，保险人对该条款的说明义务应高于一般免责条款以引起投保人足够的注意。保险人也未就免责条款履行明确的说明义务。根据《中华人民共和国保险法》第十七条第二款、《最高人民法院关于适用〈中华人民共和国保险法〉若干问题的解释（二）》第十一条之规定，保险人应对免责条款的概念、内容及法律后果以书面或者口头形式作出常人能够理解的解释说明，保险人就免责条款未向投保人作出提示或者明确说明的，该免责条款不发生效力。虽然建材公司在投保单上印有“投保人声明”的部分盖有公章，但是本案中“倾覆”与“作业中失去重心”两者概念存在混淆，不能仅以声明栏中的签章认定保险人已履行明确说明义务。综上，本案中被保险车辆发生倾覆，应适用《特种车保险条款》第五条的约定，属于保险理赔范围，保险人应承担保险责任。

湖北省武汉市江夏区人民法院依照《中华人民共和国保险法》第十四条、第十七条第二款的规定，作出如下判决：

一、被告人保江夏支公司于本判决生效之日起十日内向原告建材公司支付保险赔偿款 124188.25 元；

二、驳回原告建材公司的其他诉讼请求。

二审法院同意一审法院裁判意见。

【法官后语】

根据《中华人民共和国民法典》第四百九十六条第二款、《中华人民共和国保险法》第十七条第二款、《最高人民法院关于适用〈中华人民共和国保险法〉若干问题的解释（二）》第十一条等的规定，保险人应对免责条款的概念、内容及法律后果等以书面或者口头形式作出常人能够理解的解释说明，保险人就免责条款未向投保人作出提示或者明确说明的，该免责条款不发生效力或投保人可主张该条款不成为合同的内容。法律规范对保险人免责条款的明确说明义务提出了两个要求：一是说明的范围包括免责条款的概念、内容及法律后果等；二是以常人能够理解的方式进行解释说明，即要求解释说明通俗易懂。保险人通常通过制作统一格式的“投保人声明”，载明保险人已就保险合同的特殊约定、免责约定、投保人及被保险人的特殊义务等进行了明确说明，并要求投保人在投保前签署该“投保人声明”以证明保险人履行了特殊条款及事项的明确说明义务。但实践中，并不能依据投保人签署的“投保人声明”一概认定保险人已经履行免责条款的明确说明义务。

首先，保险合同一般为格式合同，保险人应确保合同条款明确、清晰。保险人作为格式条款提供一方，在专业性和缔约能力上均处于显著优势地位，对保险条款文义的明确、清晰负有高度注意义务，且只有制定格式条款的一方才可能避免条款之间的冲突和争议，格式条款相对方并无能力对条款之间的内在关系进行审查和修改。因此，保险人应对保险条款的明确、清晰负责。

其次，保险人的明确说明义务根据说明对象的复杂性有程度差别。普通免责条款，如车辆保险中酒驾免赔、无证驾驶免赔等，只需保险人在保险合同中对相关条款进行加粗、放大等，即可认定保险人履行了提示、说明义务。但对于较为复杂的免责条款或概念，如前述案件中在日常理解层面上含义难以确定的“倾覆”“作业中失去重心”等，应当由保险人对相关概念进行分明的界定，并提示告知投保人，方可认定保险人履行了明确说明义务。

最后，投保人的注意义务仅限于常人理解能力层面的注意。投保人作为合同相对方，并不是专业的保险行业从业人员，在缔约能力及注意义务上显著低于保险人，其仅需具备对保险条款的通常理解能力即可，投保人在“投保人声明”处的签名或签章仅能表明其以常人之理解能力接受了保险人对免责条款等的说明，保险条款或概念具有高度专业性、复杂性的，或者概念范围与常人之理解存在差别的，保险人应当另行作出明确、清晰的说明，不能仅依“投保人声明”处的签字、签章就认定保险人履行了全面、确切的说明义务。

编写人：湖北省武汉市江夏区人民法院　许念

079　机动车驾驶人驾驶证被累计扣满12分不属于保险人免责事由的认定

——陶某诉保险南昌分公司财产保险合同案

【案件基本信息】

1. 裁判书字号

江西省九江市中级人民法院（2017）赣04民终626号民事判决书

2. 案由：财产保险合同纠纷

3. 当事人

原告（被上诉人）：陶某

被告（上诉人）：保险南昌分公司

【基本案情】

2015 年 10 月 30 日，原告陶某作为被保险人将其名下的一辆越野车在被告保险南昌分公司处投保了机动车损失险并购买了不计免赔条款，保险期间为 2015 年 10 月 31 日 0 时起至 2016 年 10 月 30 日 24 时止。2016 年 2 月 20 日，陶某驾驶越野车，发生造成原告车辆受损、无人受伤的交通事故。公安局交通管理大队作出道路交通事故认定书，认定原告陶某负事故的全部责任。事故发生时，原告驾驶证被累计扣分达到 12 分，但其驾驶证并未被公安机关交通管理部门扣留。机动车保险/机动车交通事故责任强制保险投保单（正本）“投保人签名/盖章”处的陶某签名并非原告所写。陶某向保险南昌分公司索赔无果，故诉诸法院。

【案件焦点】

1. 机动车驾驶人驾驶证被累计扣满 12 分属不属于双方约定免责事由；2. 机动车驾驶人驾驶证被累计扣满 12 分属不属于保险人的法定免责事由。

【法院裁判要旨】

江西省武宁县人民法院经审理认为：机动车驾驶人被累计扣满 12 分既不属于法定免责事由也不属于约定免责事由，保险公司依法应当承担给付原告保险赔偿款的责任。法律并未明文规定扣满 12 分属于免责事由，陶某的驾驶证也并未被交管部门扣留，投保单上陶某的签名也并非其本人书写，保险公司无法证明其已就免责条款尽到了告知义务。

江西省武宁县人民法院依据《中华人民共和国合同法》第四十八条、第六十条，《中华人民共和国保险法》第十条、第十七条、第五十五条、第五十九条，《最高人民法院关于民事诉讼证据的若干规定》第二条之规定，判决如下：

保险公司支付陶某赔偿款人民币388451.70元。

保险公司以事故发生时陶某驾驶证已扣满12分，依法在未重新考试获得驾驶资格之前，不具有驾驶机动车资格，其持已扣满12分的驾驶证上道路驾车行驶发生交通事故，也属于家庭自用汽车损失险保险合同的免责事由为由，向江西省九江市中级人民法院提起上诉。

江西省九江市中级人民法院经审理认为：一审法院认定事实清楚，适用法律正确，虽然事故发生时陶某持有的机动车驾驶证在一个记分周期内因交通违法行为被记分达12分，但是该行为不属于法定的或约定的保险人免除责任情形，保险人应当在责任范围内承担赔偿责任。

江西省九江市中级人民法院依照《中华人民共和国民事诉讼法》第一百七十条第一款第一项之规定，判决如下：

驳回上诉，维持原判。

【法官后语】

1. 机动车驾驶人驾驶证被累计扣满12分不属于双方约定免责事由

约定免责事由，是指当事人在合同中约定的免责条款。驾驶人累计扣12分有无在涉案保险条款中明确约定为免责事由是判断该问题的关键。诉争《保险条款》中载明："……一、下列情况下，不论任何原因造成被保险机动车损失，保险人均不负责赔偿：1. 持未按规定审验的驾驶证以及在暂扣、扣留、吊销、注销驾驶证期间驾驶被保险机动车；2. 依照法律法规或公安机关交通管理部门有关规定不允许驾驶被保险机动车的其他情况下驾车。二、保险人在订立保险合同时，应向投保人说明投保险种的保险责任、责任免除、保险期间、保险费及支付办法、投保人和被保险人义务等内容……"根据上述约定，驾驶人持未按规定审验的驾驶证以及在暂扣、扣留、吊销、注销驾驶证期间驾驶被保险机动车，依照法律法规或公安机关交通管理部门有关规定不允许驾驶被保险机动车的其他情况下驾车的，保险人免责。从该约定的内容来看，首先未明确列明机动车驾驶人被累计扣12分为免责事由；其次对于“依照法律法规或公安机关交通管理部门有关规定不允许驾驶被保险机动车的其他情况下驾车”应如何理解，保险条款中未进一步作出具体约定。根据本案已查明的事实，被上诉人在发生事故前并不知道自己被扣了12分，且交警部门也未扣留其驾驶证，因此，本案情形并不符合双方签订的《保险条款》有关条款。

2. 机动车驾驶人驾驶证被累计扣满12分不属于保险人的法定免责事由

对于驾驶人在一个记分周期内累计记分达到12分的，应作出扣留驾驶证、驾驶人学习相关交通法律法规知识后再考试等处罚，这些处罚与保险南昌分公司提供的汽车损失保险条款其他免责条款，如无证驾驶、酒驾、肇事逃逸等法律法规禁止性规定的行为相比，其危害性显然不具有相当性。驾驶证在一个记分周期内累计记分达到12分的，驾驶人未按照相关规定去接受相关学习和考试的，其驾驶证并不会产生自动吊销的法律后果，也不会产生无证驾驶的后果。《中华人民共和国保险法》第十七条规定，订立保险合同，采用保险人提供的格式条款的，保险人向投保人提供的投保单应当附格式条款，保险人应当向投保人说明合同的内容。对保险合同中免除保险人责任的条款，保险人在订立合同时应当在投保单、保险单或者其他保险凭证上作出足以引起投保人注意的提示，并对该条款的内容以书面或者口头形式向投保人作出明确说明；未作提示或者明确说明的，该条款不产生效力。对格式条款的理解发生争议的，应当按照通常理解予以解释。对格式条款有两种以上解释的，应当作出不利于提供格式条款一方的解释。因此，对于驾驶人在一个记分周期内累计记分达到12分且未被告知，驾驶证没有被交管部门扣留的情形，并不属于《最高人民法院关于适用〈中华人民共和国保险法〉若干问题的解释（二）》第十条中法律法规中禁止性规定情形。

编写人：江西省九江市中级人民法院　顾佰成　胡芯瑜

080 未按时年检的车辆发生事故保险公司能否依据免责条款免赔

——保险宿迁公司诉财保淮安公司、杨某追偿权案

【案件基本信息】

1. 裁判书字号

江苏省淮安市中级人民法院（2017）苏08民终43号民事判决书

2. 案由：追偿权纠纷

3. 当事人

原告（被上诉人）：保险宿迁公司

被告（上诉人）：财保淮安公司、杨某

【基本案情】

2015年3月17日，案外人董某为其所有的苏N××号车在保险宿迁公司处投保了机动车交强险、机动车损失保险与第三者责任保险（有不计免赔的条款），保险期间为2015年4月26日至2016年4月25日。2015年9月23日21时1分，杨某驾驶车牌号为苏

R××号的小型客车与佟某驾驶的苏 N××号的小型客车（车主为董某）发生碰撞，造成两车损坏的交通事故。经交通警察部门认定，杨某负该起事故的全部责任，佟某无责任。事故发生后，苏 N××号的车主董某花费修理费 4630 元，保险宿迁公司依保险合同向案外人董某赔付了 4630 元，董某将机动车辆商业保险权益转让给保险宿迁公司，保险宿迁公司取得向事故责任方追偿的权利。

苏 R××号小型客车的车主为范某成，该车辆在财保淮安公司处投保了交强险和 500000 元的第三者责任险，保险期限自 2014 年 10 月 28 日起至 2015 年 10 月 27 日止。机动车保险条款约定，发生意外事故时，保险车辆有以下情形的，保险人不负赔偿责任：未在规定检验期限内进行机动车安全技术检验或检验未通过。苏 N××号车辆于 2013 年 8 月 27 日初次登记，于 2015 年 10 月 14 日年检，检验有效期至 2017 年 8 月 31 日。

涉案交通事故经办警官梅某在江苏省淮安市中级人民法院的调查笔录中陈述：涉案交通事故属于轻微交通事故，不涉及人身损害，故适用简易程序进行事故处理。因造成的车辆损失轻微，故认定事故责任不涉及对车辆具体状况的检测，车辆是否过年检期间，对于事故责任认定不存在影响。关于车辆年检方面，小型轿车（七座以下）新车六年内年检不上检测线，只是作形式检测，六年后方上检测线，进行实质性检测。

【案件焦点】

财保淮安公司能否以保险条款约定“未在规定检验期限内进行机动车安全技术检验”为由免赔。

【法院裁判要旨】

江苏省淮安经济技术开发区人民法院经审理认为：保险宿迁公司与案外人董某之间的财产保险合同关系成立且有效。根据《中华人民共和国保险法》第六十条第一款的规定，因第三者对保险标的的损害而造成保险事故的，保险人自向被保险人赔偿保险金之日起，在赔偿金额范围内代位行使被保险人对第三者请求赔偿的权利。杨某驾驶的涉案车辆在财保淮安公司处投保了交强险及不计免赔第三者责任保险，董某授权保险宿迁公司进行追偿，故保险宿迁公司有权要求财保淮安公司在相应的保险限额内承担赔偿责任。因杨某在此次事故中负事故的全部责任，故保险宿迁公司主张的4630元保险理赔款，应由财保淮安公司在交强险范围内赔偿，超出交强险部分，由财保淮安公司在商业险限额内赔偿。

江苏省淮安经济技术开发区人民法院依照《中华人民共和国保险法》第六十条第一款、《最高人民法院关于审理道路交通事故损害赔偿案件适用法律若干问题的解释》第十六条第一款、《中华人民共和国民事诉讼法》第一百四十四条之规定，作出如下判决：

财保淮安公司于判决生效后十日内给付保险宿迁公司理赔款4630元。

财保淮安公司不服一审判决，提起上诉。江苏省淮安市中级人民法院经审理认为：《中华人民共和国保险法》第十一条第一款规定，订立保险合同，应当协商一致，遵循公平原则确定各方的权利和义务。本案中，财保淮安公司以“未在规定检验期限内进行机动车安全技术检验或检验未通过，保险人不承担保险责任”的保险条款，主张免除保险责任。因交警部门在认定本案涉案交通事故责任时并不涉及对车辆的检验，财保淮安公司亦无证据证明事故发生前车辆存在安全隐患，且对于小型轿车新车六年内检验只是作形式上的审查，涉案机动车为小型轿车，未按规定检验并未增加风险发生的概率。因此，并无证据显示本案涉案事故的发生与涉案车辆未通过年检具有关联性。结合本案案情，如果财保淮安公司据此免赔有违公平原则。

江苏省淮安市中级人民法院依照《中华人民共和国民事诉讼法》第一百七十条第一款第一项之规定，作出如下判决：

驳回上诉，维持原判。

【法官后语】

机动车实行定期检验制度，可以及时消除安全隐患，确保行驶安全，减少交通事故的发生。保险公司设立“未在规定检验期限内进行机动车安全技术检验或检验未通过”的格式条款，从条款的设置目的理解，是为了督促投保人按时对投保车辆进行检验，使投保车辆处于性能合格的状态，从而避免投保车辆危险系数增加而导致保险公司承担过重的风险。但是，车辆年检是车辆管理部门的行政行为，保险合同是基于投保人与保险人的民事行为，不能仅以发生事故时未年检而拒赔。

《中华人民共和国道路交通安全法实施条例》要求机动车应当从注册登记之日起，按规定的期限进行安全技术检验。但现行法律、法规并未有未经安全检验的车辆不能上路的禁止性规定。关于安全检验的时限，《机动车登记规定》第四十九条第一款规定，机动车所有人可以在机动车检验有效期满前三个月内向登记地车辆管理所申请检验合格标志，在此所用的词语亦为“可以”，并非“必须”。随着造车技术的不断成熟，私家车年检流于形式等弊端逐渐显现，要求废除私家车年检的呼声越来越高。2014年4月29日公安部、质检总局发布的《关于加强和改进机动车检验工作的意见》进一步放宽了机动车检验周期，该意见规定，自2014年9月1日起，试行6年以内的非营运轿车和其他小型、微型载客汽车（面包车、7座及7座以上车辆除外）免检制度，即每2年需要定期检验时，机动车所有人提供交通事故强制责任保险凭证、车船税纳税或者免征证明后，可以直接向公安机关交通管理部门申请领取检验标志，无需到检验机构进行安全技术检验。但车辆如果发生过造成人员伤亡的交通事故的，仍应按原规定的周期进行检验。

探究保险法基本原理，对未经年检的车辆一概予以免赔的格式条款亦不符合保险法的基本原则。近因原则是保险法的基本原则之一，即保险人只有在造成损失的最直接、最有效的原因为承保范围内的保险事故时才承担保险责任。投保车辆未按时年检，并不必然得出投保车辆安全检验不合格、投保车辆危险程度增加的结论。只有车辆未经年检存在安全问题是事故发生最直接、最根本、最有效的原因，且二者存在直接因果关系的，方符合保险法的近因原则。此种情形下，如果交通事故发生后经公安机关检测认定车辆发生事故前存在安全隐患的，保险公司则可予以免赔。如果交通事故发生后经公安机关检测认定车辆发生事故前不存在安全隐患的，保险公司不能免除赔偿责任。

本案中交通事故的发生与行驶证是否年检审验没有因果关系，行驶证不年检也不必然加重交通事故的后果。而且，涉案车辆后经检测，完全符合安全技术要求，即行驶证未年检并非交通事故发生的近因。财保淮安公司提供的保险条款以机动车行驶证未年检作为免责事由，明显排除了被保险人依法享有的权利，其主张不能得到支持。

编写人：江苏省淮安市中级人民法院　朱佩

081 必要、合理的减损费用由保险人在损失赔偿额外支付

——运输公司诉财险垫江支公司保险合同案

【案件基本信息】

1. 裁判书字号

重庆市第三中级人民法院（2017）渝03民终102号民事判决书

2. 案由：保险合同纠纷

3. 当事人

原告（上诉人）：运输公司

被告（上诉人）：财险垫江支公司

【基本案情】

2015年5月，运输公司与财险垫江支公司签订《保险合同》，约定：运输公司将其所有的渝G×××5重型半挂牵引车在财险垫江支公司投保商业险和交强险；双方确认投保车辆新车购置价为30万元，车辆损失险限额为20万元；机动车全损或推定全损，保险金额高于出险时的实际价值时，赔款=（出险时的实际价值-应由机动车交通事故责任强制保险赔偿的金额）×事故责任比例×（1-事故责任免赔率）×（1-绝对免赔率）；第三者商业责任险限额为100万元；出险时的实际价值是指出险时的新车购置价减去折旧金额后的价格。折旧按月计算，不足一个月的部分，不计折旧。保险事故发生时，被保险人或其代表为防止或者减少保险机动车损失而采取施救、保护措施所支出的必要合理的费用，保险人负责赔偿，本项费用最高赔偿金额以保险金额为限。运输公司依约向

财险垫江支公司交纳保险费。渝 G×××5 新车购置价为 23.1 万元。2016 年 4 月 15 日，渝 G×××5 车的车头与路边上护栏发生碰撞，致该车辆烧毁、高速路设施受损。运输公司为将挂车拖离事故现场支付施救费 16400 元。交警部门认定车方承担事故全部责任。运输公司诉至一审法院请求判决：财险垫江支公司赔付机动车损失赔款 20 万元、施救费 16400 元、第三方财产损失 32690 元，共计 249090 元。

【案件焦点】

1. 本案理赔的保险金金额应如何确认；2. 本案施救费应否纳入车辆损失赔偿限额内；3. 第三方的路政损失是否应扣除挂车所涉及的费用。

【法院裁判要旨】

重庆市垫江县人民法院经审理认为：本案保险合同合法有效，双方应全面履行。第一，新车价值 30 万元按约定折旧办法计算，车辆发生事故时价值为 220800 元，超出车损限额 20 万元，应以 20 万元为赔偿限额。第二，施救费 16400 元属车损险赔偿范围，应在车损险限额内赔偿，本案车损赔偿已达限额，施救费不予赔偿。第三，挂车所涉及的第三方 32690 元路政损失系本案事故车头撞击护栏所致，故应认定损失系投保车辆造成属合同约定的商业三者险赔偿范围，财险垫江支公司应予以赔偿。

重庆市垫江县人民法院依照《中华人民共和国合同法》第一百零七条的规定，判决如下：

一、财险垫江支公司向运输公司赔偿保险金 232690 元，保险车辆残值归财险垫江支公司所有；

二、驳回运输公司的其他诉讼请求。

运输公司以必要、合理的施救费应在保险标的损失赔偿金额以外另行计算为由，提起上诉；财险垫江支公司以应以保险车辆实际价值为车损赔偿计算依据为由，提起上诉。重庆市第三中级人民法院经审理认为：根据《中华人民共和国保险法》第五十七条第二款的规定，为激励被保险人履行减损义务，实际是否起到减损效果不是保险人承担施救费的前提，只要采取的措施是必要的、合理的，该费用仍应由保险人在保险标的损失赔偿额以外另行支付，但不得超过保险金数额。保险人放弃对保险标的价值调查核实而作出承保的行为表明其认可保险合同约定的标的价值，应以保险合同约定标的价值理赔。原判适用法律不当，依法予以纠正。

重庆市第三中级人民法院依照《中华人民共和国合同法》第一百零七条，《中华人民共和国保险法》第十条、第十一条、第十四条、第十六条、第五十七条、第五十九条，《中华人民共和国民事诉讼法》第一百七十条第一款第二项的规定，作出如下判决：

一、撤销一审判决；

二、由财险垫江支公司在本判决生效后 5 日内赔付给运输公司保险赔偿金 249090 元，保险车辆残值归财险垫江支公司所有。

【法官后语】

1. 保险人放弃对保险标的价值调查核实作出承保，应以保险合同约定的标的价值理赔

保险标的价值是确定保险标的损失赔偿金额的重要依据，也是保险人收取投保费用的重要依据。相对于被保险人来说，保险人掌握的信息更全面，更有能力对保险标的价值进行调查核实。现代保

险告知义务的功能并不在于将搜集风险评估有关的信息完全施加于投保人，而是让其协助保险人搜集相关重要信息，以弥补信息不对称的缺陷。也就是说，保险标的的价值，本身属于保险人应当予以调查核实的部分，并不是只由投保人告知。保险人应自行承担搜集信息的义务，该义务并不因投保人承担如实告知义务而免除。故对保险标的价值进行调查核实是保险人的权利和义务。现代法学理论认为，权利可以放弃，但义务必须履行，否则应承担相应的责任。保险合同约定的标的价值高于实际价值，保险人有义务对保险标的价值调查核实，保险人放弃对保险标的价值调查核实作出承保的行为，视为其认可保险合同约定的保险标的价值，理赔应以保险合同约定的标的价值为依据。

本案中，虽保险车辆的新车购置价 23.1 万元少于保险合同约定的价值 30 万元，但财险垫江支公司未对该实际价值调查核实而连续两年均按车辆价值 30 万元承保，应当推定保险公司已以其行为表明该保险合同具有法律效力。故理赔应以车辆价值 30 万元为依据。

2. 必要、合理的减损费用由保险人在损失赔偿额外支付

被保险人为防止或者减少保险财产损失而采取施救、保护、整理等措施，通常会有一定的费用支出。由于被保险人的财产已经投保，从某种意义上说，被保险人的这些费用是为保险人的利益而支出的。因此，为鼓励被保险人积极减损，被保险人为防止或者减少保险标的的损失而支付的必要的、合理的费用，应当由保险人来承担。《中华人民共和国保险法》第五十七条规定：“保险事故发生时，被保险人应当尽力采取必要的措施，防止或者减少损失。保险事故发生后，被保险人为防止或者减少保险标的的损失所支付的必

要的、合理的费用，由保险人承担；保险人所承担的费用数额在保险标的损失赔偿金额以外另行计算，最高不超过保险金额的数额。”施救费用支出与保险财产因保险事故发生所遭受的损失不属于同一性质，实际是否真正起到减损效果，不是保险人承担费用的前提。只要被保险人采取的措施必要，那么合理的、必要的减损费用应由保险人承担，但最高不超过保险金额的数额。即被保险人最高可获得两个保险金数额的赔偿。

本案中，投保车辆发生保险事故后遗留在高速公路上，本身就形成了新的危险，将事故车辆拖离现场而产生的施救费 16400 元是合理的、必要的。故财险垫江支公司应对运输公司支付的施救费 16400 元予以赔偿。

编写人：重庆市第三中级人民法院 陈江平

082 保险条款交付的证明责任及标准

——陈某诉财险吴江支公司财产保险合同案

【案件基本信息】

1. 裁判书字号

江苏省苏州市中级人民法院（2015）苏中商终字第 01856 号民事判决书

2. 案由：财产保险合同纠纷

3. 当事人

原告（被上诉人）：陈某

被告（上诉人）：财险吴江支公司

【基本案情】

苏E××××3小轿车登记车主为原告陈某，原告为该车辆在被告财险吴江支公司处投保了交强险和商业第三者责任险、车损险、不计免赔率险，其中商业第三者责任险的保险金额为100万元，车损险的保险金额为77800元，保险期间均自2014年8月28日起至2015年8月27日止。

2014年9月17日1时55分许，原告驾驶苏E××××3小轿车搭载史某撞上路灯杆，造成车辆受损及原告受伤的交通事故，后原告弃车离开现场。吴江区公安局交通巡逻警察大队作出《道路交通事故认定书》，认定原告负该起事故的全部责任，史某无责任。

2014年9月17日2时49分，原告至医院就诊，门诊病历载明：体温36.7度，患者两个月以来反复出现头晕（喷漆作业），无恶心呕吐，无晕厥……头颅CT，颅内未见异常。

经被告核定，被保险车辆因此次交通事故造成的损失为19200元，原告为车辆修理汽车支付修理费19200元，并产生施救费250元。吴江区价格认证中心认定因此次事故造成的路灯等损失为7150元，原告为此支付了鉴定费300元，并向吴江经济技术开发区市政管理处赔偿了7150元。原告因向被告理赔未果，遂诉至法院。

被告提供的《非营业用汽车损失险保险条款》第六条载明："下列情况下，不论任何原因造成被保险机动车损失，保险人均不负责赔偿……（六）事故发生后，被保险人或其允许的驾驶人在未依法采取措施的情况下驾驶被保险机动车或遗弃被保险机动车逃离事故现场，或故意破坏、伪造现场、毁灭证据……"第五条载明："被保险机动车造成以下人身伤亡或财产损失，不论在法律上是否应当由被保险人承担赔偿责任，保险人均不负责赔偿……（六）事故发生后，被保险人或其允许的驾驶人在未依法采取措施的情况下，驾驶被保险机动车或遗弃被保险机动车逃离现场，或故意破坏、伪造现场、毁灭证据……"以上条款在文字上已加黑处理。

诉讼中，被告主张其已向原告就上述条款履行了提示和明确说明义务，并提供了《机动车商业保险投保单》一份。原告对该保单上签名的真实性有异议。某司法鉴定所鉴定意见为该保单落款处"陈某"签名字迹与比对材料中"陈某"签名字迹不是同一人书写。

【案件焦点】

1. 保险条款中"事故发生后，被保险人遗弃保险车辆逃离事故现场的，保险人不负赔偿责任"是否发生法律效力；2. 原告是否收到被告交付的商业险保险条款。

【法院裁判要旨】

江苏省苏州市吴江区人民法院经审理认为："遗弃保险车辆逃离事故现场"属法律法规中的禁止性规定情形，保险人对该条款作出提示后，该条款生效；从鉴定意见书来看，原告并未签署投保单，在原告否认收到保险条款的情况下，被告应承担举证责任，但被告并未证明其已向原告交付相应保险条款，其仍应依照商业保险合同的约定承担保险责任；原告在事故发生后弃车离开现场，违反国家相关法律规定，故认定原告作为致害人应承担终局赔偿责任，在其已经赔偿受害人的情况下，保险人免除交强险的赔偿责任。

江苏省苏州市吴江区人民法院依照《中华人民共和国道路交通安全法》第七十条第一款，《机动车交通事故责任强制保险条例》第二十二条、第二十四条，《中华人民共和国保险法》第十七条、第二十三条，《最高人民法院关于适用〈中华人民共和国保险法〉若干问题的解释（二）》第十条，《最高人民法院关于民事诉讼证据的若干规定》第二条的规定，作出如下判决：

被告赔偿原告陈某 24900 元，鉴定费 2000 元由被告负担。

被告不服，提起上诉。江苏省苏州市中级人民法院经审理认为：陈某虽主张未收到保险条款，但其并没有在收到保险单后进行核对，亦没有将未收到保险条款的情况立即通知保险人。结合保险合同的正常交易习惯以及保险单中记载的事项，认定其在收到商业险保险单的同时已收到相应的保险条款。

财险吴江支公司承认该投保单系由公司业务员代签，业务员的行为本质上应视为保险人的行为，因此其主张陈某缴纳保费的行为系对保险业务员代签投保单行为的追认缺乏法律依据。以相关法规中的禁止性规定情形作为免责事由，对于此类免责条款，保险人仅须作出提示。在财险吴江支公司已将保险条款交付陈某，且用加黑字体进行提示的情况下，该条款已对陈某发生法律效力。

江苏省苏州市中级人民法院依据《中华人民共和国民事诉讼法》第一百七十条第一款第二项的规定，判决如下：

一、撤销一审判决；

二、驳回被上诉人的全部诉讼请求。

【法官后语】

在保险合同纠纷特别是机动车辆保险合同中，保险条款是否交付往往是法庭调查中双方争辩的焦点，进而成为保险合同诉讼胜败的关键。向投保人交付保险条款是保险公司履行提示和说明义务的重要内容，也是人民法院认定免责条款效力的前提和基础。

然而，在司法实践中，对于保险条款交付与否的认定标准存在争议。本案一审、二审就反映了不同的司法裁量标准。

一审法院将保险条款交付的举证责任严格分配给了保险公司，经过鉴定确定投保人并未签署投保单，在此情形下，并不足以证明保险人已向投保人履行保险条款的提示和明确说明义务，其应当进一步举证，否则应承担举证不能的后果。据此，认定保险公司未履行保险条款交付义务，因而判决保险公司败诉。

而二审法院则适用了推定规则，因保险单正本有重要提示内容但投保人从未提出异议，“结合保险合同的正常交易习惯以及保险单中记载的事项”即推定投保人在收到保险单的同时收到了保险条款，从而最终判决保险公司胜诉。

将保险条款交付的证明责任分配给保险人符合当前保险法和一般举证规则的基本要求。保险条款在性质上属于保险公司事先拟定的格式合同文本，当然应由保险公司向投保人交付保险条款。试想，保险条款如果都没有交付，何谈保险人履行提示义务，更勿论明确说明义务。因保险条款由保险人拟制的现实，故保险法已将保险条款交付的义务赋予了保险人。此外，根据“谁主张，谁举证”的一般举证规则，保险人作为履行保险条款交付义务的一方当事人亦应对其交付保险条款承担举证责任，未提供证据或证据不足以证明的，保险人应承担相应不利后果。

根据保险单直接推定保险人已将交付保险条款，不利于保险合同当事人之间的利益平衡，也不利于解决保险行业失范经营的问题。

载明重要提示内容的保险单即能证明保险人履行了交付保险条款的义务，在实际效果上已大大降低了保险人在保险条款交付问题上的证明责任，这很可能导致保险人不再向投保人交付保险条款或对该项工作持无所谓的消极态度。然而，现实生活中有多少投保人在未收到保险条款的情况下会提出异议并能保留证据，可想而知。投保人作为较为弱势的一方当事人，其往往（尤其是在第一次投保时）并不知道保险公司会向其提供哪些材料，未提异议很可能不是没有异议，而是根本就不知道该提出何种异议。以投保人无证据证明其曾提出异议为由推定其收到保险单的同时收到保险条款，已变相地将举证责任转移至投保人。除此之外，推定也很难涵盖现实生活中可能发生的一切情况，保险人事实上可能就真的未交付保险条款。

在交付保险条款证明能力上保险公司当然更胜一筹，只要其将保险单与保险条款装订成册或要求投保人签署投保单的同时签收保险条款即可。课以保险公司较高的注意义务，不仅有利于投保人基本权益的保障，也有利于保险行业的规范经营和健康发展。

编写人：江苏省苏州市吴江区人民法院　张勇

083　“有证据足以反驳”鉴定意见的认定

——郭某诉保险公司财产保险合同案

【案件基本信息】

1. 裁判书字号

北京市第一中级人民法院（2017）京01民终7527号民事判决书

2. 案由：财产保险合同纠纷

3. 当事人

原告（上诉人）：郭某

被告（被上诉人）：保险公司

【基本案情】

2016 年 2 月 3 日 14 时 35 分，郭某驾驶涉案车辆，与高速路右侧护栏相撞后起火。北京市公安局交通管理局昌平交通支队高速路大队出具了交通事故认定书。保险公司于 2016 年 2 月 4 日在停车场对事故车辆进行了勘查，并出具了机动车保险车辆损失情况确认书，确认车辆损失赔偿金 225651.21 元，郭某未在该确认书上签字确认。

2016 年 2 月 5 日，因保险公司怀疑郭某存在故意行为，委托公估公司核实保险责任。公估公司根据相关机构的鉴定意见得出调查结论：火灾事故原因排除发生碰撞事故引发车辆本身起火的可能。本次碰撞事故不足以造成标的车起火，故建议保险公司仅对本次事故直接碰撞损伤进行赔付。公估公司出具机动车车辆定损单，确定车辆损失金额为 266923 元。在诉讼过程中，一审法院向郭某释明，是否申请对事故与车辆起火之间是否存在因果关系进行司法鉴定，郭某表示不申请鉴定，认为其提交的交警队出具的事故认定书和消防部门的出警记录足以证明。

【案件焦点】

本案认定事实的依据应为北京市公安局交通管理局昌平交通支队高速路大队出具的交通事故认定书还是保险公司单方委托鉴定机构作出的鉴定意见。

【法院裁判要旨】

北京市昌平区人民法院经审理认为：保险公司提交的鉴定意见书排除了车辆因碰撞造成油、电路损坏引起火灾的可能。郭某认为此鉴定评估为保险公司单方在诉讼前委托进行的，其结论不可采信。郭某主张推定全损并按照239万元的保险价值计算的损失金额，不予支持。但对碰撞产生的损失，保险公司应予以赔偿。根据保险公司提交的保险公估报告可以确定的机动车损失金额为266923元。

北京市昌平区人民法院依据《中华人民共和国保险费》第二条、第二十二条、第五十五条、第六十四条，《中华人民共和国民事诉讼法》第六十四条，《最高人民法院关于民事诉讼证据的若干规定》第二条、第二十八条之规定，作出如下判决：

一、被告支付原告保险金268423元；

二、驳回原告的其他诉讼请求。

原告不服，提起上诉。北京市第一中级人民法院经审理认为：郭某认为交通事故认定书以及消防调派出动单已经证明碰撞与起火之间存在因果关系，应以此作为定案依据。保险公司认为其委托邯郸燕赵司法鉴定中心出具的鉴定意见书证明碰撞与起火之间不具有因果关系。对此，法院认为，交通事故认定书只是作为郭某请求保险公司支付保险金的初步证据，且交通事故认定书中的记载“A车右前部与右侧护栏相撞后起火”只是一种客观描述，并未明确认定碰撞与起火之间具有因果关系。

关于保险公司提交的鉴定中心出具的鉴定意见书，保险公司认为该鉴定意见证明碰撞与起火之间不具备因果关系。根据《最高人民法院关于民事诉讼证据的若干规定》第二十八条的规定，一方当事人自行委托有关部门作出的鉴定结论，另一方当事人有证据足以反驳并申请重新鉴定的，人民法院应予准许。在此情形下，如果郭某对于保险公司单方委托鉴定机构作出的鉴定结论有异议，应提出足以反驳的证据并申请重新鉴定。

针对保险公司提交的邯郸燕赵司法鉴定中心出具的鉴定意见书，郭某提出了质疑和反驳。但郭某无证据足以反驳且在一审审理中未提出重新鉴定申请，故保险公司提交的邯郸燕赵司法鉴定中心的鉴定意见书中“排除发生碰撞事故引发车辆本身起火的可能”的结论，一审法院对此予以采信系正确做法。

北京市第一中级人民法院依据《中华人民共和国保险费》第二条、第二十二条、第五十五条、第六十四条，《中华人民共和国民事诉讼法》第六十四条，《最高人民法院关于民事诉讼证据的若干规定》第二条、第二十八条之规定，判决如下：

一、被告中国人民财产保险股份有限公司北京市直属支公司支付原告郭某保险金 268423 元，于本判决生效后 7 日内付清；

二、驳回原告郭某的其他诉讼请求。

【法官后语】

本案的焦点问题是认定车辆碰撞与起火之间是否具有因果关系的依据，是北京市公安局交通管理局昌平交通支队高速路大队出具的交通事故认定书还是保险公司单方委托鉴定机构作出的鉴定意见。该焦点问题可进一步分解为两个次焦点问题：第一，公安机关交通管理部门制作的交通事故认定书的证明力如何；第二，如何认定和使用一方当事人自行委托的鉴定结论。

首先，关于公安机关交通管理部门制作的交通事故认定书的证明力如何。我们认为，交通事故认定书能够作为证明碰撞与起火之间具有因果关系的初始证据。理由有二：

第一，从碰撞与起火之间发生的前后看，碰撞与起火在初始逻辑上应认定二者为具有当然因果关系的前后事件，若强行要求原告精确地证明碰撞与起火之间具有因果关系，证明要求过高，对当事人不公；

第二，《最高人民法院关于审理道路交通事故损害赔偿案件适用法律若干问题的解释》第二十四条规定，公安机关交通管理部门制作的交通事故认定书，人民法院应依法审查并确认其相应的证明力，但有相反证据推翻的除外。根据该条规定，人民法院应认定交通事故认定书的证明力，但是，对方当事人可以用相反证据推翻。交通事故认定书中的记载“A车右前部与右侧护栏相撞后起火”只是一种客观描述，并未明确认定碰撞与起火之间具有因果关系。所以交通事故认定书是一种证明主张的初步证据。

在此种情况下，郭某完成其诉讼请求的初步证明，对方当事人若要主张碰撞与起火之间不具有因果关系，应负有举证责任。

其次，如前所述，因郭某完成其诉讼请求的初步证明，保险公司负有举证责任来证明碰撞与起火之间不具有因果关系，对此，其提交了自行委托鉴定机构作出的鉴定意见。依据《最高人民法院关于民事诉讼证据的若干规定》第四十一条的规定，当事人自行委托有关部门作出的鉴定意见可以作为一种证明形式，属于书证的一种，应当适用《中华人民共和国民事诉讼法》关于适用书证的规定进行质证认证，并非一律不能采信。但是，对于该条中“另一方当事人有证据或者理由足以反驳”究竟为何，该条并未明确规定。

对此，我们认为，“另一方当事人有证据或者理由足以反驳”的类型较多，其中一个重要的角度是从鉴定程序的形式合法性入手。

若当事人能够提供从鉴定程序的形式合法性中找出的自行委托的鉴定结论的瑕疵，人民法院便可不采纳自行委托的鉴定结论。此种角度，无论对于人民法院还是当事人均具有便利性和可行性，理由有二：

第一，对于人民法院而言，由于鉴定问题常常涉及专业问题，审判人员因专业知识的缺乏无法从专业层面对鉴定结论进行判断，而鉴定程序的形式合法性是一种可行的角度。《司法鉴定程序通则》第四十九条规定，在诉讼活动之外，司法鉴定机构和司法鉴定人依法开展相关鉴定业务的，参照本通则规定执行。故《司法鉴定程序通则》中所有关于司法鉴定的程序要求均可成为人民法院判断一方当事人自行委托的鉴定结论是否合法的依据。

第二，根据《最高人民法院关于民事诉讼证据的若干规定》第四十条第一款的规定，当事人对人民法院委托的鉴定部门作出的鉴定结论有异议申请重新鉴定，提出证据证明该条规定的四种情形时，人民法院应予准许。一方面，鉴于鉴定意见是自行委托，对于一方当事人自行委托的鉴定意见的反驳，在证明程度和要求上应低于上述规定；另一方面，当事人的反驳也可参照上述规定。因此，当事人可以依据《司法鉴定程序通则》中关于司法鉴定程序的程序要求对自行委托的结论进行反驳。

具体到本案中，郭某对鉴定程序提出了质疑和反驳，但法院依据《司法鉴定程序通则》等认为，上述主张均不属于“有证据足以反驳”。因此，在郭某未再提出其他反驳证据的情况下，人民法院采纳了保险公司自行委托的鉴定意见。

编写人：北京市第一中级人民法院　曹明哲

084 交通事故中肇事司机“赔偿款”性质的司法认定

——党某等诉财险河南分公司等责任保险合同案

【案件基本信息】

1. 裁判书字号

河南省三门峡市中级人民法院（2016）豫 12 民终 1725 号民事判决书

2. 案由：责任保险合同纠纷

3. 当事人

原告（被上诉人）：党某、康丙、李某

被告（上诉人）：财险河南分公司

被告（被上诉人）：胡某

被告：汽车租赁公司

【基本案情】

2015 年 7 月 11 日 21 时 5 分左右，被告胡某驾驶豫 AH××××号小型轿车，与沿道路由北向南横过公路的行人康甲、康乙相撞，造成车辆受损、康甲当场死亡、康乙受伤后经抢救无效死亡的交通事故。本次事故经灵宝市公安交通警察大队认定，胡某负本次事故的主要责任，康甲、康乙负次要责任。康乙在医院抢救时，花费医疗费 1072.59 元。因原告党某、康丙、李某的损失未得到足额的赔偿，引发诉讼。死者康甲的家庭关系为：妻子党某；女儿康乙；父亲康丙。

被告胡某驾驶的豫 AH××××号小型轿车所有权人登记为被告汽

车租赁公司，该车在被告财险河南分公司投保了交强险和商业三责险（商业三责险的限额为500000元），事故发生在保险期间。被告胡某因涉嫌犯交通肇事罪于2015年7月12日被刑事拘留，同年7月24日被逮捕；2015年9月23日经法院审理作出刑事判决书，判决“被告人胡某犯交通肇事罪，判处有期徒刑二年六个月，缓刑三年”。在刑事审判阶段，胡某家属（乙方）与原告党某、康丙、李某（甲方）达成赔偿协议，协议约定“乙方支付甲方290000元，作为支付抢救费、停尸费、丧葬费、被抚养人生活费、精神损害抚慰金等一切赔偿项目，甲方不得再向乙方要求任何费用；本次事故的保险金由甲方提供相关手续，乙方配合甲方办理，保险公司赔付多少全部由甲方领取，保险公司无论赔多少甲方不得再向乙方追偿……”

经审核，原告党某、康丙、李某的损失为：医疗费1072.59元、死亡赔偿金441025.2元（含被抚养人生活费64381.2元）、精神损害抚慰金110000元，丧葬费38804元，共计590901.79元。审理中，因双方分歧意见较大，致调解未能达成一致。

【案件焦点】

交通事故中肇事司机赔偿款性质的争议。

【法院裁判要旨】

河南省灵宝市人民法院经审理认为：机动车与非机动车驾驶人、行人之间发生交通事故，非机动车驾驶人、行人没有过错的，由机动车一方承担赔偿责任；有证据证实非机动车驾驶人、行人有过错的，根据过错程度适当减轻机动车一方的赔偿责任。本案中，胡某负本次事故的主要责任，康甲、康乙负次要责任，因此，原告党某、康丙、李某的损失应由胡某承担80%的赔偿责任。因胡某驾驶的豫AH××××号小型轿车在财险河南分公司投保了交强险和商业三责险，且事故发生在保险期间，财险河南分公司应先在交强险的限额内对原审原告的损失进行赔偿，不足部分在商业三责险的限额中承担80%的赔偿责任。本次事故造成党某、康丙、李某的两位亲属死亡，给三原审原告的精神上造成较大的伤害，原审被告应赔偿精神损害抚慰金，结合本案实际情况，精神损害抚慰金酌定为110000元。胡某已向三原告赔偿的290000元，系其为了取得被害人家属的谅解而支付的赔偿金，其当庭表示放弃向保险公司追偿上述赔偿金，该赔偿金应是胡某额外给付三原告的补偿款，故保险公司应当依法在保险责任限额范围内承担保险责任。综上，原审原告的诉讼请求符合法律规定，其合理部分的损失，予以支持。财险河南分公司辩称对胡某已经向原审原告支付的290000元赔偿金，应当依法进行扣除的意见，理由不当，不予采纳。

河南省灵宝市人民法院根据《中华人民共和国侵权责任法》第十六条、《中华人民共和国道路交通安全法》第七十六条第一款第二项、《中华人民共和国保险法》第六十五条的规定，判决如下：

一、中国平安财产保险股份有限公司河南分公司支付党某、康丙、李某494935.95元，限判决生效后十日内一次性付清；

二、驳回党某、康丙、李某的其他诉讼请求。

宣判后，财险河南分公司不服，提出上诉。河南省三门峡市中级人民法院终审认为：关于原审认定的赔偿费款项是否存在重复计算的问题。胡某通过其家属与党某、康丙、李某达成了协议并支付三原审原告的290000元，系其为了取得被害人家属的谅解而支付的款项。协议中虽注明“……抢救费、停尸费、丧葬费、被抚养人生活费、精神损害抚慰金等一切赔偿项目”，但更明确了“本次事故的保险金由甲方提供相关手续，乙方配合甲方办理，保险公司赔付多少全部由甲方领取，保险公司无论赔多少甲方不得再向乙方追偿”。即胡某放弃该29万元向保险公司的追偿权，故该29万元与保险公司理赔款项不冲突，不存在重复计算的情况。上诉人的该上诉理由不足，不予支持。

关于胡某放弃29万元追偿权是否其真实意思表示的问题。胡某和其代理人在一审、二审庭审中均已明确表示就29万元放弃向保险公司追偿的权利。故上诉人称胡某放弃该29万元的追偿权存在胁迫，不是其真实意思表示的理由与事实不符，不予支持。

河南省三门峡市中级人民法院依照《中华人民共和国民事诉讼法》第一百七十条第一款第一项之规定，判决如下：

驳回上诉，维持原判。

【法官后语】

1. 交通事故中肇事司机赔偿款性质的司法认定

该案例是责任保险合同纠纷中有关交通事故肇事司机为取得刑事责任的豁免和减轻处罚而自愿支付受害人29万元，关于这29万元赔偿款的性质，合议庭有两种不同的意见：

第一种意见认为：肇事司机胡某已支付给党某、康丙、李某的29万元是垫付的交通事故赔偿款，应从法院认定的赔偿范围中予以扣减。

第二种意见认为：肇事司机胡某已支付给党某、康丙、李某的29万元，胡某已明确放弃向保险公司追偿，是为了得到受害人家属谅解而额外支付的赔偿款，不影响受害人向保险公司请求赔偿权。

笔者认同第二种意见。本案中，胡某负本次事故的主要责任，康甲、康乙负次要责任，因此，党某、康丙、李某的损失应由胡某承担80%的赔偿责任。因胡某驾驶的豫AH××××号小型轿车在财险河南分公司投保有交强险和商业三责险，且事故发生在保险期间，财险河南分公司应先在交强险的限额内对原审原告的损失进行赔偿，不足部分在商业三责险的限额中承担80%的赔偿责任。本次事故造成党某、康丙、李某的两位亲属死亡，给三原审原告的精神上造成较大的伤害，原审被告应赔偿精神损害抚慰金，结合本案实际情况，精神损害抚慰金酌定为110000元。胡某已向三原告赔偿的290000元，系其为了取得被害人家属的谅解而支付的赔偿金，其当庭表示放弃向保险公司追偿上述赔偿金，该赔偿金应是胡某额外给付三原告的补偿款，故保险公司应当依法在保险责任限额范围内承担保险责任。

2. 在处理受害人在侵权人和保险公司间求偿及保险公司的追偿权时应该注意的问题

（1）注意受害人在侵权人和保险公司间求偿的法律规则。《最高人民法院关于审理道路交通事故损害赔偿案件适用法律若干问题的解释》第十三条规定，同时投保机动车第三者责任强制保险（以下简称交强险）和第三者责任商业保险（以下简称商业三者险）的机动车发生交通事故造成损害，当事人同时起诉侵权人和保险公司的，人民法院应当按照下列规则确定赔偿责任：先由承保交强险的保险公司在责任限额范围内予以赔偿；不足部分，由承保商业三者险的保险公司根据保险合同予以赔偿；仍有不足的，依照道路交通安全法和侵权责任法的相关规定由侵权人予以赔偿。被侵权人或者其近亲属请求承保交强险的保险公司优先赔偿精神损害的，人民法院院应予支持。保险公司在赔偿范围内向侵权人主张追偿权的，人民法院应予支持。追偿权的诉讼时效期间自保险公司实际赔偿之日起计算。

（2）保险公司的追偿权。保险公司的追偿权应当在其实际向受害人赔偿后才能取得，在受害人已经从侵权人处获得全部或部分赔偿的情况下，是否还有权向保险人请求损害赔偿呢？我国目前主要采取填补原则，即有损害才有赔偿，实际损害是多少，赔偿就偿付多少。受害人对向侵权人请求赔偿或向保险公司请求赔偿具有选择权，在受害人已经从侵权人处获得全部赔偿的情况下，其无权再向保险公司请求赔偿；在受害人已经从侵权人处获得部分赔偿的情况下，保险公司可以在赔偿中相应扣减。

应该注意的是，本案例是受害人仅向保险公司请求赔偿权，肇事司机胡某已明确放弃该29万元向保险公司的追偿权，故该29万元与保险公司理赔款项不冲突，不存在重复计算和扣减的情况。

编写人：河南省三门峡市中级人民法院　肖爱祥

085 财产保险合同受益人的含义

——王某诉人保双阳支公司财产保险合同案

【案件基本信息】

1. 裁判书字号

北京市第一中级人民法院（2016）京01民终590号民事判决书

2. 案由：财产保险合同纠纷

3. 当事人

原告（被上诉人）：王某

被告（上诉人）：人保双阳支公司

【基本案情】

涉案车辆登记在案外人卓某贺名下，由原告王某于2013年3月27日向被告人保双阳支公司投保了机动车损失险、第三者责任保险及不计免赔等险种，其中机动车损失险的限额分别为30万元及5万元，保险期间均自2013年4月2日0时起至2014年4月1日24时止。在保险单的特别约定中注明，本车车主为卓某贺、第一受益人为某银行长春建设街支行。

2013年9月8日，王某驾驶上述车辆，前部与同向行驶的另一车辆尾部相撞，该车辆所载钢筋将车厢、车楼顶坏，对方车辆驶离现场。经北京市公安局公安交通管理局昌平交通支队高速路大队认定，王某负事故全部责任。后涉案车辆被救援车拖送至北京中伟华友汽车服务有限公司进行修理。原告支付了施救费15000元。人保昌平支公司代人保双阳支公司对车辆进行了查勘并出具了定损单。定损价格为62380元，其中驾驶室总成的价格为31950元。涉案车辆进行了修理，共花费修理费用135425元。

案件审理过程中，因人保双阳支公司对原告车辆维修项目的合理性及维修价格的合理性有异议，申请对上述事项进行鉴定。鉴定意见为：维修项目共为73项，其中前保险杠、保险杠左右支架等项目为合理维修项目；其余为不合理维修项目及可以通过维修恢复不应该更换的维修项目。

前述鉴定书出具后，评估公司出具《价格评估结论书》，确定评估价格为 61745 元。被告支付了维修项目合理性的鉴定费用 6000 元，维修费用价格合理性的评估费用 3000 元。

另查明，该车为某银行贷款车辆，某银行长春建设街支行出具证明，同意将车辆赔款转入卓某贺的账户内。现该车辆银行贷款已经偿还完毕。

在二审审理中，涉案车辆的所有人卓某贺明确作出说明："我将向人保双阳支公司主张某险理赔款的权利转让给王某，并且我保证在王某依据人民法院生效判决取得人保双阳支公司支付的保险理赔款后不再向人保双阳支公司主张任何权利。"人保双阳支公司和王某对卓某贺该份说明的真实性均无异议。

【案件焦点】

王某并非保险合同第一受益人，可否主张某险金。

【法院裁判要旨】

北京市昌平区人民法院经审理认为：原告在被告处投保第三者商业责任保险，现该车辆因发生交通事故而受损失，被告应当对上述损失进行赔偿。虽然在保险合同中原告并非第一顺位受益人，但涉案车辆已经偿还完毕银行贷款，故原告有权向被告主张车辆损失赔偿款。被告对车辆维修费用不予认可，经鉴定车辆的维修费用为 61745 元。但在价格维修鉴定中没有考虑驾驶室总成的维修价格，依据交通运输部公路科学研究所司法鉴定中心出具的意见，驾驶室壳应当更换，驾驶室壳更换后驾驶室总成中除驾驶室壳外的其他零部件需要重新定损。依据保险公司向原告出具的定损单，可知保险公司对驾驶室总成做了定价，则本院依据该定损单确认驾驶室更换的价格。事故发生后，原告为此支出的施救费被告亦应予以赔偿。

北京市昌平区人民法院依据《中华人民共和国保险法》第十条、第六十五条的规定，作出如下判决：

一、被告人保双阳支公司向原告王某支付保险赔偿款108695元；

二、驳回原告王某的其他诉讼请求。

人保双阳支公司不服一审判决，提起上诉，认为王某对涉案车辆不具有保险利益，其没有向人保双阳支公司主张理赔款的权利。北京市第一中级人民法院经审理认为：关于人保双阳支公司提出王某主体不适格问题，虽然被保险车辆所有人不是王某，但王某在人保双阳支公司处对本案所涉车辆投保第三者商业责任保险，且被保险车辆所有人卓某贺亦明确表示将主张某险理赔的权利转让给王某，自己不再主张该车辆保险利益，故王某向人保双阳支公司主张涉案车辆的保险利益并无不当，人保双阳支公司提出的王某主体不适格的上诉理由不能成立，法院对此不予采信。

北京市第一中级人民法院《中华人民共和国民事诉讼法》第一百七十条第一款第一项之规定，作出如下判决：

驳回上诉，维持原判。

【法官后语】

本案主要涉及的焦点问题是：本案所涉财产保险合同中存在第一受益人条款，财产保险合同中是否能够存在受益人或者第一受益人的约定？在第一受益人未提起请求保险公司支付保险金的诉讼时，具有保险利益的投保人是否可以请求保险公司支付保险金？如果可以，如何理解财产保险合同中的“受益人”？

受益人存在于人身保险合同中，保险法在文本意义上并不存在财产保险合同的受益人。但是，在保险实践中，尤其是在保险标的之上存在银行的抵押权等担保物权时，财产保险合同中一般均有受益人的条款。因而，司法对于上述保险实践的约定应持尊重与肯定态度，而且保险法事实上也并没有明文禁止财产保险合同中约定受益人，学界主流观点也并不认为财产保险合同中的受益人条款无效。

那么，在受益人与投保人、被保险人不一致时，如果投保人、被保险人向保险人主张某险金请求权，而受益人未主张时，其作为原告主体是否适格？本案中，人保双阳支公司一直主张，本案保险金请求权应由受益人行使。

我们认为，即便受益人未主张某险金请求权，本案原告仍然可以向保险人行使保险金请求权。理由如下：

第一，财产保险合同中的受益人，只是担保物权人在财产保险合同中的体现，财产保险合同中的受益人约定并未创设任何新的权利类型，也没有否定投保人、被保险人的保险金请求权。

目前，在对财产保险合同受益人地位的理解中，主要有两种观点，一种是“预先的债权让与”，另一种是“以保险金请求权为标的所设定的权利质押”，而这两种观点均无法自圆其说。《中华人民共和国民法典》第三百九十条规定：“担保期间，担保财产毁损、灭失或者被征收等，担保物权人可以就获得的保险金、赔偿金或者补偿金等优先受偿。被担保债权的履行期限未届满的，也可以提存该保险金、赔偿金或者补偿金等。”因此，即便没有财产保险合同中的受益人条款，担保物权人也可依照本条对保险金享有优先受偿的权利。之所以会出现在财产保险合同中，只是商业银行向保险公司明示其担保物权的一种手段，借此提示保险公司保险标的之上存在担保物权。在这种理解下，所谓受益人的权利其实只是一种对保险金的优先受偿权，该种优先受偿权并没有否定投保人、被保险人基于保险利益和保险合同享有的保险金请求权。

第二，即便认为优先受偿权否定了投保人、被保险人基于保险利益和保险合同享有的保险金请求权，在本案中，由于涉案车辆的贷款已经还清，担保物权依法消灭，受益人的权利亦当然消灭。

编写人：北京市第一中级人民法院　曹明哲

086　持伪造的行驶证为机动车投保的保险合同效力认定

——财险北京分公司诉胡某财产保险合同案

【案件基本信息】

1. 裁判书字号

北京市第四中级人民法院（2016）京04民终24号民事判决书

2. 案由：财产保险合同纠纷

3. 当事人

原告（被上诉人）：财险北京分公司

被告（上诉人）：胡某

【基本案情】

胡某通过私下交易，从庞某处购买了一辆二手自卸农用运输车，车牌号为河北E6××××号。2014年3月，胡某为该运输车向财险北京分公司投保了机动车商业保险，并缴纳了保险费。运输车行驶证登记车主仍为原所有人庞某。2014年10月，胡某驾驶被保险运输车，与张某驾驶的二轮摩托车发生碰撞。北京市公安局公安交通管理局海淀交通支队清河大队作出道路交通事故认定书，认定胡某驾驶的河北 E6××××号自卸农用运输车行驶证非河北省邢台市农机安全监理所核发，自 2011 年 7 月 1 日起，所有河北 E 牌子的号牌及行驶证一律废止。胡某使用伪造的机动车行驶证、驾驶机件不符合技术标准、载物超过核定载质量 30%的机动车、违反禁令标志指示未确保安全行驶发生交通事故，确定胡某为同等责任，张某为同等责任。2014 年 12 月，北京市公安局公安交通管理局海淀交通支队因胡某使用伪造的机动车行驶证给予胡某行政拘留 15 日的处罚。

张某就上述交通事故起诉胡某、财险北京分公司等机动车交通事故责任纠纷一案的审理过程中，财险北京分公司向北京铁路运输法院提起本案诉讼，认为胡某持伪造的行驶证为运输车投保违反《中华人民共和国道路交通安全法》第十六条的禁止性规定，请求人民法院确认与胡某签订的机动车商业保险合同无效。胡某认为，《中华人民共和国道路交通安全法》第十六条系管理性强制性规定，不影响保险合同的效力。

【案件焦点】

胡某与财险北京分公司签订的保险合同是否因违反法律的强制性规定而无效。

【法院裁判要旨】

北京铁路运输法院经审理认为：当事人签署合同存在违反法律、行政法规的强制性规定情形的，合同无效。根据《中华人民共和国道路交通安全法》第十六条的规定，任何单位或者个人不得有下列行为……（三）伪造、变造或者使用伪造、变造的机动车登记证书、号牌、行驶证、检验合格标志、保险标志；（四）使用其他机动车的登记证书、号牌、行驶证、检验合格标志、保险标志。本案中，根据查明的事实，胡某投保的车辆，行驶证系伪造。胡某的上述行为违反法律的禁止性规定，故其针对涉案车辆与财险北京分公司签订的保险合同应属无效。合同无效后，因该合同取得的财产，应当予以返还。故该公司理应将保险费予以返还，因本案胡某明确表示对保险费将另案起诉，故本案不予处理。

北京铁路运输法院依照《中华人民共和国保险法》第二条、《中华人民共和国道路交通安全法》第十六条、《中华人民共和国合同法》第五十二条之规定，作出如下判决：

原告财险北京分公司与被告胡某就河北 E6××××号自卸农用运输车签订的机动车商业险保险合同无效。

胡某持原审答辩意见提起上诉。北京市第四中级人民法院经审理认为：投保人提出保险要求，经保险人同意，保险合同成立。依法成立的保险合同，自成立时生效。本案中，胡某与保险公司以河北 E6××××号自卸农用运输车为保险标的签订了《机动车辆保险合同》，约定了各自的权利义务。合同成立后，胡某依照约定交纳了保险费，保险公司签发了保险单。依据已查明的事实，该保险合同系双方的真实意思表示。保险公司以涉案机动车行驶证系伪造为由主张某险合同违反法律、行政法规的强制性规定故应无效，对此本院认为，违反法律、行政法规的强制性规定是指合同的缔约目的、手段、内容或者效果等为法律、行政法规所禁止，机动车行驶证是《中华人民共和国道路交通安全法》认可的机动车上路行驶的法定证件，而非机动车保险合同成立和生效的法定要件。而且，持伪造的行驶证驾驶被保险机动车发生事故，保险人对此是否应当承担赔偿保险金责任，也应是保险合同履行过程中发生的争议，并不涉及保险合同的效力争议。现保险公司并无证据证明保险合同的缔约目的、手段、内容或者效果等违反法律、行政法规的强制性规定，保险合同合法有效，故对其主张本院不予认可。此外，根据已查明的事实，胡某提出保险要求，财险北京分公司经审核同意承保，并收取了保险费，签发了保险单，在保险事故发生后，又以被保险机动车辆使用伪造的行驶证为由主张某险合同不成立，也有违保险法的最大诚信原则。

北京市第四中级人民法院依照《中华人民共和国保险法》第十三条，《中华人民共和国民事诉讼法》第六十四条、第一百七十条第一款第二项之规定，作出如下判决：

一、撤销一审判决；

二、驳回财险北京分公司的全部诉讼请求。

【法官后语】

本案的争议焦点系持伪造的行驶证为机动车投保是否会导致保险合同无效。违反法律、行政法规的强制性规定，会导致合同无效。

具体到本案中，一审、二审法院审理思路出现分歧，其主要原因即在于对合同效力与合同履行能否区分理解。违反法律、行政法规的强制性规定，是指合同的缔约目的、手段、内容或者效果等为法律、行政法规所禁止。为规范机动车行驶秩序，加强机动车行驶管理，《中华人民共和国道路交通安全法》第十六条对机动车上路行驶的证书资格条件作了要求。机动车行驶证是法律认可的机动车上路行驶的法定证件，任何单位或者个人不得有伪造、变造或者使用伪造、变造的行驶证、使用其他机动车的行驶证等行为。有上述违法行为，会受到行政机关的相应处罚。

胡某和保险公司以农用运输车为保险标的物签订了《机动车辆保险合同》，目的是使因使用该农业运输车造成他人人身或者财产的潜在损害的风险得到保障。该合同成立的目的、手段、内容或者效果均未违反任何法律、行政法规的禁止性规定。合同系双方当事人意思表示一致。行驶证是否真实，只是被保险车辆上路行驶的条件之一，并非保险合同成立和生效的法定要件。如果保险合同将持伪造行驶证上路行驶规定为免责条款，且保险人已经对该条款履行提示和说明义务，则投保人持伪造行驶证上路行驶发生保险事故，保险人可免除保险赔偿责任。但这并不涉及保险合同的效力争议。故保险公司的无效理由没有法律依据。二审法院正是基于此概念区分，才作出最终判决。

编写人：北京市第四中级人民法院　崔西彬

087　车辆火灾原因未明情况下保险赔付责任的划分

——刘某诉财险北京分公司财产保险合同案

【案件基本信息】

1. 裁判书字号

北京市第二中级人民法院（2017）京02民终字第770号民事判决书

2. 案由：财产保险合同纠纷

3. 当事人

原告（上诉人）：刘某

被告（被上诉人）：财险北京分公司

【基本案情】

2014 年 10 月 22 日，刘某与财险北京分公司就保险车辆（A 号）签订保险合同。在该合同附件约定：保险期限内，保险机动车在被保险人或其允许的合法驾驶人使用过程中，因火灾、爆炸，党政机关、事业团体用车、企业非营业用车的自燃原因造成保险机动车的全部损失或部分损失，保险人依照保险合同约定负责赔偿；被保险人索赔时，应当向保险人提供与确认保险事故的性质、原因、损失程度有关的有效证明和资料；保险机动车在被保险人或其允许的合法驾驶人使用过程中发生意外事故，致使第三者遭受人身伤亡或财产的直接损失，对被保险人依法应支付的赔偿金额，保险人依照保险合同的约定，对于超过机动车交通事故责任强制保险各分项赔偿限额的部分给予赔偿。

2015 年 7 月 12 日 23 时 34 分，停放于某小区门口的保险车辆（A 号）因发生火灾致损，并将旁边一辆车牌号为 B 的汽车烘烤。次日，北京市丰台区公安消防支队出具情况说明，认为"该起火灾与当晚另一起汽车火灾现场相距较近，且案发时间相差不到一小时，火灾原因均不能排除人为因素所致，存在放火嫌疑"。同日，消防支队将该火灾案移送至北京市丰台区公安分局南苑派出所。后刘某为维修两辆车分别支付了维修费。同年 11 月 18 日，南苑派出所对该案进行了立案受理，截至目前案件尚未侦破。此后，因保险公司拒绝赔付，刘某诉至法院。

保险公司认为，原告未提供车辆损失属于自燃还是其他原因，原告未投保自燃损失险，如因为外界引起原告需提供明确的火灾证明，否则不属于保险责任，B 号车起火原因亦不明确，无证据显示是原告车辆引起的损失，故不同意刘某的诉讼要求。

【案件焦点】

1. 火灾造成的损失是否属于保险赔付的范围；2. 静止状态的车辆对第三人车辆造成损失，是否属于交强险或是第三者商业责任险的承保范围。

【法院裁判要旨】

北京市丰台区人民法院经审理认为：关于保险公司是否应当在车损险限额内对A号车辆维修费用予以赔偿，因涉案火灾原因不明。根据双方在保险合同约定，刘某无法提交证据证明涉案火灾事故导致的损失属于保险公司的赔偿范围的情况下，应承担举证不利的后果。关于保险公司是否应当在三者险限额内对B号车辆维修费用予以赔偿。本案中，A号车辆在涉案火灾发生时处于静止状态，没有驾驶人或者使用人，也未发生意外事故，静止的物不能成为侵权人。故根据合同约定，B号车辆的维修费用亦不属于保险公司的赔偿范围。

北京市丰台区人民法院依据《中华人民共和国民事诉讼法》第六十四条第一款，《最高人民法院关于适用〈中华人民共和国民事诉讼法〉的解释》第九十条之规定，判决如下：

驳回原告刘某的全部诉讼请求。

刘某提起上诉。北京市第二中级人民法院经审理认为：本案中，由北京市丰台区公安消防支队出具的情况说明显示，涉案火灾原因不能排除人为因素所致，存在放火嫌疑。而根据合同约定对涉案事故的原因、性质确定的结论直接关系到涉案事故导致的损失是否属于保险合同约定的事故和是否属于保险公司保险责任范围的判断。当事人未能提供证据或者证据不足以证明其事实主张的，由负有举证证明责任的当事人承担不利的后果。刘某还提出了B号车辆维修费的理赔请求，但发生涉案事故时，A 号车辆处于静止状态，并未与 B 号车辆发生机动车道路交通事故，不属于第三者商业责任险中的保险事故。故刘某此项主张没有事实和法律依据。

北京市第二中级人民法院依照《中华人民共和国民事诉讼法》第一百七十条第一款第一项规定，判决如下：

驳回上诉，维持原判。

【法官后语】

1. 保险赔付范围的确定和举证责任的分担

在认定事故承担主体时通常采取三个步骤：(1) 在事实层面上确定事故发生的原因；(2) 通过双方签订的保险合同，确定保险公司的承保范围、除外责任及赔偿范围；(3) 确定事故发生原因是否在承保的范围之内。结合本案，在第一步骤事实层面上火灾发生的原因尚不明确。正如法谚云："举证责任之所在，即败诉之所在。"依据双方签订的合同，投保人对保险事故的原因承担举证责任，其应承担举证不利的后果。

2. 静止状态的车辆对第三人车辆造成损失，是否属于交强险或是第三者商业责任险的承保范围

结合《机动车交通事故责任强制保险条例》第二十一条第一款的规定和法律中对道路交通事故的认定，可以推断出一般属于交强险保险范围内的事故，需要满足以下三个要件：一是车辆在道路上发生交通事故；二是车辆处于行驶状态；三是由于交通事故引发人身财产损失。在本案中，车辆处于静止状态，所以其引发的"火灾"不属于"保险范围内的事故"。

第三者商业险承保范围是车辆使用过程中对第三人造成的直接

损失，依据“近因原则”，由于对涉案事故的原因尚无定论，在侵权人“放火”的情形下，第三人财产损失就非由保险车辆起火所直接引发，所以难以确定此损失是第三者商业险的承保范围。

从对本案的分析可以看出，在涉及保险公司赔付时，当事人对于保险事故发生原因等负有初步证明责任。当事人难以证明事故原因时很可能会承担败诉风险。

编写人：北京市丰台区人民法院　陈颖奇

088 车上人员责任险的保险标的是依法应当由被保险人承担的损害赔偿责任

——刘某诉人保北京分公司财产保险合同案

【案件基本信息】

1. 裁判书字号

北京市房山区人民法院（2016）京0111民初5376号民事判决书

2. 案由：财产保险合同纠纷

3. 当事人

原告：刘某

被告：人保北京分公司

【基本案情】

2015年3月23日22时许，涉案车辆在司机刘某修车期间发生溜车将其撞伤，送医院抢救。事故发生后，刘某以机动车交通事故责任纠纷为由诉至北京市房山区人民法院，要求李某、汽运公司、人保燕山支公司对其因事故产生的各类损失进行赔偿。刘某的受伤情况、治疗情况及伤残鉴定结果已由北京市房山区人民法院作出的（2015）房民初字第17744号民事判决书在审理查明的事实部分予以确认，同时该判决驳回原告刘某的诉讼请求。另查明，涉案车辆登记所有人为汽运公司，实际所有人李某以汽运公司的名义运营该车辆，刘某系李某雇用的司机。该车辆在人保北京分公司投保了交强险及商业险，商业险投保险种中车上人员责任险（司机）责任限额为50万元/座（含不计免赔），事故发生在保险期间内。现刘某提起诉讼，要求人保北京分公司支付保险赔偿金421703.50元。

【案件焦点】

刘某是否享有直接请求保险公司赔偿的权利。

【法院裁判要旨】

北京市房山区人民法院经审理认为：车上人员责任险作为一种责任保险，其保险标的为被保险人对第三人所负的赔偿责任。根据《中华人民共和国保险法》第六十五条的规定，在事故中遭受伤害的第三者，只有在被保险人对第三者应负的赔偿责任确定，并且被保险人怠于向保险人请求保险赔偿的前提下，才可以就其应当获得赔偿部分直接向保险人请求赔偿保险金。本案中，刘某作为保险人、被保险人以外的第三者，在本次诉讼中，没有证据证明被保险人某商贸公司应当对其承担赔偿责任以及具体明确的赔偿数额，亦没有证据证明被保险人某商贸公司存在怠于向保险人请求保险赔偿，故目前刘某并不享有直接请求人保北京分公司赔偿的权利。

北京市房山区人民法院依照《中华人民共和国保险法》第六十五条之规定，作出如下判决：

驳回原告刘某的诉讼请求。

判决后，双方当事人均未上诉，本判决现已生效。

【法官后语】

车上人员责任险，通常是与车辆有关的商业财产保险项下的一个险种。作为财产保险，其保险标的是被保险人的财产损失。进而，根据保险法的相关规定，作为财产保险项下的责任保险，其保险标的是被保险人对第三者依法应负的赔偿责任。车上人员责任险的保险标的是赔偿责任，区别于以生命及人身安全作为保险标的的人身保险，如身故险、人身意外伤害险等。

通过对法律规定以及保险条款中的表述进行分析，可以得出如下结论：

第一，车上人员责任险的保险标的是损害赔偿责任。对他人承担损害赔偿责任，会导致己方遭受财产损失，这和财产保险的保险标的为财产损失是一致的。

第二，该损害赔偿责任的主体是被保险人。也就是说，这种基于赔偿责任而产生的财产损失，一定是被保险人的财产损失，而非遭受人身伤亡的车上人员。此处值得一提的是，如果被保险人作为驾驶人，自己在驾驶过程中遭受人身伤害，车上人员责任险是不应当赔偿的。因为自己不可能对自己负有“损害赔偿责任”。如果赔偿了，这个险种的标的就是生命及人身安全，属于意外伤害险范畴。这里要特别解释一下，为什么还存在“被保险人在使用被保险机动车过程中发生意外事故”的理赔情形。原因在于车上人员责任险包含了司机座位和乘客座位两种，在被保险人使用被保险机动车过程中，发生意外事故的情形下，存在导致同乘人员受伤的可能。根据被保险人在事故中是否存在过错以及被保险人与同乘人之间可能形成的其他法律关系（如运输合同、雇用关系等），可能会导致被保险人根据侵权责任法或者其他法律关系，对同乘人承担赔偿责任，那么被保险人依法承担完这个赔偿责任后，可以依据自己投保的车上人员责任险（乘客座位）向保险公司请求赔偿。

第三，该损害赔偿责任，是被保险人依法应当承担的赔偿责任。一方面，并非只要车上人员遭受人身伤亡，被保险人就必然承担损害赔偿责任。另一方面，该依法应当承担的赔偿责任，客观上是由交通肇事这个事实引起的，但在法律适用上则并非仅依照《中华人民共和国民法典》产生的侵权赔偿责任，还可能是运输合同、劳务合同、劳动合同等多种法律关系形成的赔偿责任，只要是被保险人对伤者所负的法定的赔偿责任，都属于该险的保险标的。

综上，既然车上人员责任险的保险标的是依法应当由被保险人承担的损害赔偿责任。那么在交通事故中，被保险人是否需要对伤者承担法定的损害赔偿责任，就成为认定保险公司是否应当理赔的关键构成要件。只要在事故中有人受伤，保险公司就必须赔偿，那么该险种的性质就是基于人身遭受意外伤害而承保的人身意外伤害险，车上人员责任险中的“责任”二字，也就没有必要了。

编写人：北京市房山区人民法院　厉莉

089 家用车辆从事网约车营运发生交通事故，保险公司是否赔付

——岳某诉保险公司财产保险合同案

【案件基本信息】

1. 裁判书字号

北京铁路运输法院（2016）京7101民初字第1169号民事判决书

2. 案由：财产保险合同纠纷

3. 当事人

原告：岳某

被告：保险公司

【基本案情】

2015年8月27日，王某为其所有的机动车在保险公司处投保了机动车损失险。保险单载明，被保险车辆使用性质为“家庭自用”，重要提示栏注明，被保险机动车因改装、加装、改变使用性质等导致危险程度显著增加以及转卖、转让、赠送他人的，应书面通知保险人并办理变更手续。保险公司提交的投保单上手书下列文字“本人确认投保勾选险种，经保险人明确说明，本人已充分了解责任免除条款的内容”，投保人签字处有王某签名。原告对投保单不持异议。2016年8月18日，经王某申请、保险公司同意，上述保单被保险人、车主由王某变更为原告。

保险合同中家庭自用汽车损失保险条款第十六条第二款用加粗字体记载：在保险期间内，被保险机动车改装、加装或从事营业

运输等，导致被保险机动车危险程度显著增加的，应当及时书面通知保险人。否则，因被保险机动车危险程度显著增加而发生的保险事故，保险人不承担赔偿责任。第三十七条对“营业运输”作出了定义：指经由交通运输管理部门核发营运证书，被保险人或其允许的驾驶人利用被保险机动车从事旅客运输、货物运输的行为。未经交通运输管理部门核发营运证书，被保险人或其允许的驾驶人以牟利为目的，利用被保险机动车从事旅客运输、货物运输的，视为营业运输。

2016年10月9日2时39分，原告驾驶被保险车辆发生车祸，造成被保险车辆损坏。随后，原告就被保险车辆损失26062.2元向保险公司提出索赔，保险公司拒赔。原告自述其于2016年9月18日在网约车平台注册，发生交通事故时正在运送乘客，但不认为其在从事营运行为。

【案件焦点】

1. 保险公司是否履行了免责条款的提示说明义务；2. 原告通过平台载客的行为是否属于营运行为；3. 被告是否有权依法免除保险金赔偿责任。

【法院裁判要旨】

北京铁路运输法院经审理认为：原告岳某与被告保险公司订立的保险合同合法有效。本案中，家庭自用汽车损失保险条款第十六条第二款约定：在保险期间内，被保险机动车改装、加装或从事营业运输等，导致被保险机动车危险程度显著增加的，应当及时书面通知保险人。否则，因被保险机动车危险程度显著增加而发生的保险事故，保险人不承担赔偿责任。上述免责条款字体加粗，已达到足以引起投保人注意的标准。王某在投保单的投保人签字处签名并手书文字确认，能够证明投保人已经收到保单和条款，保险公司已就免责条款向投保人尽到了提示说明义务。因此上述免责条款生效，对投保人具有约束力。

本案中，保险单记载的车辆使用性质为“家庭自用汽车”，批单未对车辆使用性质作出变更，原告作为保险标的的受让人理应承继相应的义务。其通过网约车平台注册并用被保险车辆搭载乘客的行为符合家庭自用汽车损失保险条款第三十七条对于“营业运输”的定义，改变了车辆“家庭自用”的使用性质，增加了车辆的行驶风险。因原告未向保险公司履行通知义务，故因保险标的的危险程度显著增加而发生的保险事故，被告不负有赔偿责任。

北京铁路运输法院依照《中华人民共和国保险法》第十七条、第五十二条的规定，作出如下判决：

驳回原告岳某的诉讼请求。

判决后，双方当事人均未上诉，本判决现已生效。

【法官后语】

保险标的的危险状况是保险人决定是否承保以及确定保险费率的重要依据。在机动车商业保险中，保险人根据被保险车辆的用途，将其分为家庭自用车和营运车辆两种，并设置了不同的保险费率。因营运车辆以收取费用为目的服务于不特定的乘车人，致使车辆使用频率和危险系数明显高于家庭自用车，因此保险人核定营运车辆的保险费率要高于家庭自用车。就具体个案而言，若被保险人以家庭自用的非营运车辆投保，后以牟利为目的利用该被保险车辆从事载客运输，实际改变了被保险车辆的使用性质，相应地也就使被保险车辆面临的危险程度显著增加，如果继续按照原合同的约定维持其法律效力，将产生对保险人极其不利的显失公平的后果。

基于民法上的公平原则与诚实信用原则及合同法上的情势变更原则与对价平衡原则，《中华人民共和国保险法》第五十二条规定被保险人对保险标的危险程度显著增加的情形负有通知义务，保险人接到通知后有权选择按照合同约定增加保险费继续履行合同，或者选择解除合同并退还部分保险费。但若被保险人不及时履行通知义务，因保险标的危险程度显著增加而发生的保险事故，保险人不负有赔偿保险金的责任。本案中，原告岳某自述其通过网约车平台注册并认可被保险车辆发生事故时正在运送顺风车乘客，其行为有牟利意图，且搭载乘客为不特定的多人，符合营运的特征。原告岳某改变家庭自用车的使用性质，显著增加了保险标的的危险程度，却未通知保险公司，违反了保险法规定及保险合同约定的义务，最终保险事故在被保险车辆营运过程中发生，危险程度显著增加与保险事故发生具有因果关系。保险公司举证证明其已经在投保单、保险单上采用足以引起投保人注意的标识对保险人的免责条款进行解释说明，应当认定保险公司履行了对免责条款的提示告知和解释说明义务，保险公司有权拒赔。

本案兼具保护与警示的双重作用。当下，网约车市场比较活跃，其中相当比例的网约车登记的车辆使用性质仍是“非营运”，由于保险知识的缺乏，出现了改变车辆使用性质未及时向保险公司通知的情形。特别提示上述车辆的投保人、被保险人应当及时将车辆使用情况告知保险人，避免发生交通事故时难以获得赔偿，同时提醒购买二手车的买受人，在遇到转让车辆、改变车辆使用性质等情况下，应主动通知保险人，以避免保险理赔中的纠纷。

编写人：北京铁路运输法院　刘慧超

090 暴雨导致发动机进水受损应属于保险责任范围

——莫某诉人保广州分公司财产保险合同案

【案件基本信息】

1. 裁判书字号

广东省广州市中级人民法院（2016）粤01民终12644号民事判决书

2. 案由：财产保险合同纠纷

3. 当事人

原告（被上诉人）：莫某

被告（上诉人）：人保广州分公司

【基本案情】

2015年2月11日，原告为其名下粤AK××××车辆向被告投保车辆损失保险及不计免赔险，被告出具《电话营销专用机动车辆保险单（副本）》，载明被保险人为原告，车牌号码为粤AK××××，车辆损失险保险金额为343400元，保险期间自2015年2月12日0时至2016年2月11日24时止。该保险单所附《家庭自用汽车损失保险条款》第四条约定："保险期间内，被保险人或其允许的合法驾驶人在使用被保险机动车过程中，因下列原因造成被保险机动车的损失，保险人依照本保险合同的约定负责赔偿：（一）碰撞……（五）雷击、雹灾、暴雨、洪水、海啸……"第七条约定："被保险机动车发动机进水后导致的发动机损坏，保险人不负责赔偿。"第十四条约定："保险人收到被保险人的索赔请求后，应当及时作出核定，在被保险人提供了各种必要单证后，保险人应当迅速审查核定，保险人未能在三十日内作出核定的，应与被保险人商定合理期间，并在商定合理期间内作出核定，同时将核定结果及时通知被保险人。”

2015年5月4日22时左右，原告允许的驾驶员薛某驾驶粤AK××××车辆在道路上行驶时，暴雨引发一桥洞内积水太深致使涉案车辆熄火，并被水淹。事故发生后，原告及时向被告报案，被告于2015年5月5日对车辆进行查勘，并于2015年5月6日及5月18日对车辆进行拆检并拍照定损，但未出具定损报告。其后，原、被告双方就涉案车辆赔偿问题进行协商，但未达成一致方案。原告遂委托鉴定评估公司对粤AK××××车辆受损维修费用进行价格评估，鉴定评估公司于2015年7月17日作出评估结论书，评估结论为该车辆在上述事故中发生的维修金额13770元，换件金额183389元，合计197159元。由此产生评估费6390元，原告提供评估费发票予以证实。被告认为原告存在单方委托定损，不认可上述评估结论书的评估结果。粤AK××××车辆目前存放于汽车维修服务公司处，未进行维修。

另查明：根据广州市气象台发布的天气预报显示，案发当天即2015年5月4日19时47分，广州市气象台发布暴雨黄色预警信号；21时4分，暴雨预警信号升级为黄色；23时，暴雨信号升级为红色。

【案件焦点】

在暴雨气候条件下，被保险车辆发动机进水是否属于保险合同免责范围。

【法院裁判要旨】

广东省广州市越秀区人民法院经审理认为：原告为粤AK××××车辆向被告投保车辆损失险，被告据此向原告签发了保险单，保险单及相应的保险条款共同构成保险合同的内容，双方保险合同关系依法成立生效，原、被告均应恪守履行。在保险期间内，原告允许的驾驶人驾驶被保险车辆发生水浸事故，被告确认涉案车辆除发动机损失以外的部分属于保险责任范围，但辩称发动机进水后导致的发动机损坏不属于保险责任范围，且其对该免责条款已尽到说明提示义务，故本案的争议焦点在于在暴雨气候条件下，被保险车辆发动机进水是否属于保险合同免责范围。案发当天，广州属暴雨天气，在暴雨天气条件下，原告允许的驾驶员无法对降雨量、路面积水深度作出预料，对于积水多深导致发动机进水无法作出准确判断，驾驶员在主观上不具有故意或重大过失。造成涉案车辆发动机进水的最主要原因是暴雨，原告投保的车辆损失险中明确约定因“暴雨”造成车辆损失，被告应予以赔付，发动机作为机动车不可分割的关键部件，属于保险标的的重要组成部分，理应属于保险公司的赔偿范围。被告辩称保险条款中约定“发动机进水后导致的发动机损坏，保险人不予赔偿”，显然，保险条款规定暴雨责任与发动机进水免责两种情形同时出现且存在矛盾。根据《中华人民共和国保险法》第三十条“采用保险人提供的格式条款订立的保险合同，保险人与投保人、被保险人或者受益人对合同条款有争议的，应当按照通常理解予以解释。对合同条款有两种以上解释的，人民法院或者仲裁机构应当作出有利于被保险人和受益人的解释”的规定，原告与被告对此种情形是否属于保险范围的理解发生重大分歧，应当作出不利于格式条款提供者即被告的解释。本案中发动机进水损失是“暴雨”

原因造成的，故被告应当承担赔偿责任。

因本案中原告自行委托的鉴定评估公司与被告作出的车辆损失价格结论相差较大，本院委托某保险公估有限公司进行重新评估鉴定，评估结论为213799元，该价格高于原告主张的损失金额，故本院以原告主张的197159元作为认定车辆损失金额的依据。原告为查明涉案车辆的损失程度委托鉴定机构进行定损而向鉴定机构支付了评估费6390元，根据《中华人民共和国保险法》第六十四条的规定，该费用应由作为保险人的被告承担。对于本院重新委托评估产生的评估费11685元是为查明和确定被保险车辆损失程度所支付的必要的、合理的费用，应由被告承担。

广东省广州市越秀区人民法院依照《中华人民共和国合同法》第八条、第六十条、第一百零七条，《中华人民共和国保险法》第三十条、第六十四条之规定，判决如下：

在本判决发生法律效力之日起十日内，被告人保广州分公司向原告莫某支付保险赔偿金197159元、鉴定费6390元。

被告人保广州分公司不服一审判决，提起上诉。广东省广州市中级人民法院经审理认为：本案二审争议焦点在于保险公司要求在保险赔偿金额中扣减发动机损失18916元的主张是否成立。首先，依照涉案保险单所附《家庭自用汽车损失保险条款》第四条的约定，被保险车辆因“暴雨”造成损失，保险公司应予以赔偿。发动机作为机动车不可分割的关键部件，理应属于保险公司的赔偿范围。现上诉人人保广州分公司抗辩具有免责情形，应对其抗辩负举证责任。其次，2015年5月4日夜里涉案事故发生后，被上诉人已经报案，上诉人人保广州分公司也已经先后于5月5日、6日对车辆进行查勘和拆检，但其对于该车有否在水中启动不能确定，对于发动机损坏是否因进水所致也没有提供相应证据。最后，即使涉案车辆在该事故中发动机进水，但在当天夜里暴雨且在短时间内暴雨信号不断升级的恶劣天气中，普通驾驶员无法对降雨量、路面积水深度作出预料，对于积水多深以及发动机有否进水无法作出准确判断，驾驶员在主观上不具有故意或重大过失，应区别于天气状况良好情况下因驾驶人误操作或故意涉水行驶的情形。综上，造成涉案被保险车辆损坏的最主要原因是暴雨，保险公司应予以赔偿。原审判决对人保广州分公司主张发动机损坏不属于保险责任范围的抗辩不予支持，并无不当，应予维持。

广东省广州市中级人民法院依照《中华人民共和国民事诉讼法》第一百七十条第一款第一项的规定，判决如下：

驳回上诉，维持原判。

【法官后语】

判断发动机进水是否属于保险责任范围，笔者认为应该从以下三个方面来分析考量。

首先，保险公司是否对该免责条款尽到了提示说明义务。保险合同属于专业性很强的格式合同，投保人不具备保险的专业知识，处于弱势地位，保险公司作为拟定保险条款的一方，应该将该条款的概念、内容及可能产生的法律后果向投保人作出解释，提醒投保人审慎选择该项保险，并告知投保人该部分损失需通过购买附加险来保障，使投保人明确条款的真实含义和法律后果。保险公司提供的证据如果不足以证实其已向投保人提示，即使投保人购买了车损险，发动机损坏亦不能获赔的特别告知义务，则违背了诚实信用原则，该免责条款不产生效力。如果保险公司提供证据表明其已经明确解释说明了该免责条款，投保人在明知投保车辆损失险后，因暴雨等恶劣天气造成的发动机进水而产生的损失不能获赔的情况下，投保人仍坚持投保，表明投保人对该条款的法律后果认识清楚，保险人此时可以免除赔偿责任。

其次，暴雨是否为发动机进水的主要原因。涉水行驶包括两种情形，第一种为天气状况良好时，驾驶人操作失误或者故意驶入沟渠、河道及其他积水地段，第二种为暴雨、洪水等恶劣天气时，驾驶人对灾害发生、降雨量、路面积水深度及对车辆损坏程度等无法预料的情形。“涉水行驶”和“暴雨”属于不同的事件，但在两者同时出现的情况下，应判断何种事件是造成保险标的损失的主要、关键的原因。在第一种情形下，涉水行驶是引起发动机进水的首要原因，具有人为因素，保险公司可依合同约定的免责为由拒赔；在第二种情形下，被保险车辆系正常行驶，在暴雨天气条件下，驾驶员无法对降雨量、路面积水深度作出预料，对于积水多深导致发动机进水无法作出准确判断，驾驶员在主观上不具有故意或重大过失。造成发动机进水的最主要原因为暴雨，而车辆损失险中明确约定因“暴雨”造成的车辆损失，保险公司应予以赔付，且发动机作为机动车不可分割的关键部件，属于保险标的的重要组成部分，理应属于保险公司的赔偿范围，保险公司应当承担保险责任。

最后，《中华人民共和国保险法》第三十条规定：“采用保险人提供的格式条款订立的保险合同，保险人与投保人、被保险人或者受益人对合同条款有争议的，应当按照通常理解予以解释。对合同条款有两种以上解释的，人民法院或者仲裁机构应当作出有利于被保险人和受益人的解释。”本案中，保险条款规定的暴雨责任与发动机进水免责两种情形同时出现且存在矛盾，投保人与保险公司对此种情形是否属理赔范围的理解发生重大分歧，应当作出不利于格式条款提供者保险公司的解释，由保险公司承担理赔责任。

编写人：广东省广州市中级人民法院　赵璐璐

091　车辆零部件与车体碰撞造成零部件损失是否属于保险责任赔偿范围

——建材公司诉保险淮安支公司保险合同案

【案件基本信息】

1. 裁判书字号

江苏省淮安市中级人民法院（2016）苏08民终字第276号民事判决书

2. 案由：保险合同纠纷

3. 当事人

原告（被上诉人）：建材公司

被告（上诉人）：保险淮安支公司

【基本案情】

建材公司所有的苏HN××××号重型专项作业车（泵车）在保险淮安支公司处投保了商业险，其中车辆损失险保险金额50万元，不计免赔。保险期限为2014年10月9日至2015年10月8日。保险条款第五条约定，“保险期间内，保险机动车在被保险人或其允许合法驾驶人在使用过程中，因下列原因造成保险机动车的全部损失或部分损失，保险人依照保险合同约定负责赔偿：1. 碰撞、倾覆；2. 火灾、爆炸，党政机关、事业团体用车、企业非营业用车的自燃；3. 外界物体倒塌、空中物体坠落、保险机动车行驶中坠落；4. 受保险机动车所载货物、车上人员意外撞击；5. 雷击、暴风、暴雨、洪水、龙卷风、雹灾、台风、海啸、热带风暴、地陷、崖崩、滑坡、泥石流、雪崩、冰陷、雪灾、冰凌、沙尘暴；6. 载运保险机动车的渡船遭受自然灾害（只限于有驾驶人随船照料者）”。第三十五条约定“碰撞：是指保险机动车及其符合装载规定的货物与车体以外的固态物体的意外直接撞击”。

泵车作业时，遥控器必须与车身分离使用。2014 年 12 月 25 日 18 时许，驾驶员顾某驾驶泵车，使用该泵车遥控器以后，将遥控器放在车身后方。后顾某在倒车过程中，因疏于观察，将泵车遥控器压坏。对赔偿事宜，双方没有协商一致，建材公司分别于 2015 年 6 月 9 日、2016 年 3 月 31 日向法院起诉，后均撤诉。2015 年 11 月 25 日，一审法院委托某价格认证中心对苏 HN××××号重型专项作业车遥控器的价格进行鉴定，确认遥控器被损坏前的实际价值为 59950 元，建材公司支付鉴定费 2000 元。

【案件焦点】

泵车遥控器与泵车车体碰撞造成遥控器损失是否属于保险责任范围。

【法院裁判要旨】

江苏省涟水县人民法院经审理认为：涉案机动车保险合同不违反国家法律、行政法规的禁止性规定，是有效合同。建材公司投保的车辆是专项作业车辆（泵车），遥控器与泵车形成一个整体才能进行工程作业，所以，遥控器属于保险合同的保险范围，该保险车辆在保险期间发生保险事故，且是单方事故，并造成与被保险车辆为一体的遥控器损坏，保险淮安支公司应当在保险合同约定的范围内按照鉴定的价值向建材公司承担赔偿责任，被损遥控器归保险淮安支公司所有。综上所述，保险淮安支公司的辩解意见依据不足，不予采纳。

江苏省涟水县人民法院依据《中华人民共和国保险法》第十四条、第六十四条，《中华人民共和国民事诉讼法》第一百四十二条的规定，作出如下判决：

被告保险淮安支公司于判决生效后十日内给付原告建材公司保险金 59950 元、鉴定费 2000 元，合计 61950 元。泵车被损遥控器归被告保险淮安支公司所有。

保险淮安支公司持原审抗辩意见提起上诉。江苏省淮安市中级人民法院经审理认为：涉案保险合同系双方真实意思表示，合法有效。涉案泵车属于专项作业车辆，只有在与遥控器配合使用时才能进行工程作业。遥控器作为泵车的组成部分，属于保险标的。根据保险条款第五条的约定，碰撞所致保险机动车损失属于保险责任范围，而泵车遥控器与车身发生撞击造成的应属于碰撞的范畴。保险条款第三十五条对于碰撞的定义虽有合理之处，但并不周延。车辆作为一个整体，其零部件与车身分离的情况并不常见。因此，一般而言，保险机动车只能与车体之外的固态物体之间产生撞击才能发生碰撞，加之零部件与车身不必要的分离可能会造成保险标的危险的增加，故保险条款的这一约定有其合理性。但当车辆零部件与车辆产生必要的分离时，二者虽从功能完整性上而言仍是同一物体，但在物理状态上相互独立，可能产生意外直接撞击，且该意外直接撞击完全属于物理学概念上的碰撞。依据格式条款不利于提供格式条款一方的解释原则，应作出对保险公司不利的解释。另外，保险的宗旨在于分散危险于大众，消化损失于无形。建材公司的缔约目的即分散标的车辆遭遇意外事故所遇到的损失。本案遥控器损坏的原因为通常理解中的意外碰撞，将其损失排除出保险责任范围，显失公平，亦违背保险的初衷。

江苏省淮安市中级人民法院依照《中华人民共和国民事诉讼法》第一百七十条第一款第一项之规定，判决如下：

驳回上诉，维持原判。

【法官后语】

本案的处理重点主要在于对保险条款的解释。对于保险条款的解释，美国法院曾首先倡导满足合理期待原则，即被保险人和受益人客观合理的期待应当受到尊重，即使在对保险合同条款进行仔细研究后发现此期待已被合同条款否定。

合理期待原则由于突破了保险条款，在适用中存在争议，我国保险法立法仅对该原则进行了有限度的采纳，体现在：《中华人民共和国保险法》第三十条规定，“采用保险人提供的格式条款订立的保险合同，保险人与投保人、被保险人或者受益人对合同条款有争议的，应当按照通常理解予以解释。对合同条款有两种以上解释的，人民法院或仲裁机构应当作出有利于被保险人和受益人的解释”。该规定从某种程度上保障了投保人、被保险人、受益人对于保险合同之保障功能的合理期待。

具体到本案中，泵车遥控器是泵车的组成部分，故遥控器属于保险标的。然而泵车车体与泵车遥控器分离时，二者之间的撞击，虽不属于保险条款中对碰撞的解释，但完全属于通常意义上及物理学意义上的碰撞。此时，应当作出对被保险人和受益人有利的解释，以保护投保人对车辆损失险的合理期待。

编写人：江苏省淮安市中级人民法院　张威　朱月娥

092 车损险保险合同应明确保险金额确定的方式

——宋某诉保险公司财产保险合同案

【案件基本信息】

1. 裁判书字号

新疆维吾尔自治区乌鲁木齐铁路运输中级法院（2016）新 71 民终字第 20 号民事判决书

2. 案由：财产保险合同纠纷

3. 当事人

原告（上诉人）：宋某

被告（被上诉人）：保险公司

【基本案情】

原告宋某于 2015 年 5 月 5 日在保险公司为其新 A×××轿车投保交强险和车辆损失险、第三者责任险商业保险。商业险的保单载明：1. 保险期间为自 2015 年 5 月 7 日 0 时起至 2016 年 5 月 6 日 24 时止；2. 车辆初次登记日期为 2009 年 4 月 1 日，已使用年限为 6 年；3. 新车购置价为 260000 元；4. 机动车损失险保险金额为 260000 元，第三者责任保险的保险金额为 300000 元；5. 本保险合同由保险条款、投保单、批单和特别约定组成。保险单所附《家庭自用汽车损失保险条款》（以下简称保险条款）为格式条款。该保险条款第三条中约定本保险合同为不定值保险合同。

2015 年 9 月 17 日，被保险车辆与树木发生碰撞，造成车辆严重损坏。事发后，保险公司对现场进行了查勘，并将事故车辆拖运至某 4S 店。定损过程中保险公司认为该车损坏严重，修理费用已超过事故发生时车辆的实际价值，依据合同约定愿一次性赔偿139880元。保险公司按保险条款约定折旧比例进行计算，其计算方式为：折旧金额=投保时的新车购置价260000元×被保险机动车已使用月数77个月×月折旧率0.6%=120120元；实际价值是指新车购置价260000元-折旧金额120120元=139880元。宋某则认为，投保时保险公司已认可该车车损险保险金额为260000元，该保险金额就是投保时车辆的实际价值，与该车原始的新车购置价375000元相比，已为折旧后的价值。保险合同签订日期为2015年5月5日，事故发生在2015年9月17日，保险公司应当从投保之日起至事故发生之日止按4个月计算折旧金额后给予赔付。且4S店确认的车辆损失金额为259959.27元，保险公司一次性补偿数额139880元明显低于车辆实际价值。因双方协商无果，宋某诉至法院要求保险公司赔偿其车辆损失260000元及第三者财产损失7350元。

【案件焦点】

如何计算事故发生时车辆的实际价值及损失。

【法院裁判要旨】

新疆维吾尔自治区乌鲁木齐铁路运输法院经审理认为：因原、被告双方在合同中约定了折旧金额、实际价值和最高折旧金额的计算方法，即折旧金额=投保时的新车购置价260000元×被保险机动车已使用月数77个月×月折旧率0.6%=120120元；实际价值是指新车购置价260000元-折旧金额120120元=139880元；最高折旧金额不得超过投保时被保险机动车新车购置价的80%，故一审法院认为事故发生时车辆的实际价值为139880元，保险公司以此履行赔付义务并无不当。关于第三者财产损失险，因《道路交通事故认定书》、乌鲁木齐市天山区林业园林管理局出具的证明及相关结算票据，均可证实存在第三者财产损失及原告已向第三者赔偿了 7350 元的事实，故支持了该项诉讼请求。

新疆维吾尔自治区乌鲁木齐铁路运输法院根据《中华人民共和国保险法》第十四条、第五十五条第二款，《最高人民法院关于适用〈中华人民共和国保险法〉若干问题的解释（二）》第三条之规定，判决如下：

一、被告保险公司于本判决生效后十日内一次性向原告宋某支付保险赔偿金 147230 元；

二、驳回原告宋某的其他诉讼请求。

宋某持原审意见提起上诉。新疆维吾尔自治区乌鲁木齐铁路运输中级法院经审理认为：1. 本案保险合同为不定值保险合同，即合同双方当事人在订立保险合同时不预先确定保险标的的保险价值，待保险事故发生后，再行确定其实际价值和损失的保险合同。《中华人民共和国保险法》第五十五条第二款规定，投保人和保险人未约定保险标的的保险价值的，保险标的发生损失时，以保险事故发生时保险标的的实际价值为赔偿计算标准。因此，保险人对被保险人的赔偿，以使保险标的恢复到未出险前的状况，为履行了赔偿义务。2. 双方在合同中约定的保险金额为 260000 万元。保险条款虽约定了保险金额确定的三种方式，但合同中并未明确保险金额确定的具体方式。宋某认为保险金额是双方按投保时被保险车辆折旧后的实际价值确定的。由于保险条款为保险公司提供的格式条款，根据合同法关于对格式条款的理解发生争议时，应作出不利于提供格式条款一方的解释的规定，二审法院采纳了宋某的意见，认定本案被保险车辆是按投保时该车的实际价值确定的保险金额。3. 对于保险事故发生时被保险车辆的实际价值双方未达成一致意见，双方又均未要求法院委托相关机构进行评估作价，故对于保险事故发生时被保险车辆的实际价值，二审法院以投保时车辆的实际价值按照保险条款约定的折旧比率折旧后确认。即折旧金额＝投保时车辆的实际价值 260000 元×被保险机动车已使用月数 4 个月×月折旧率 0.6%＝6240 元；保险事故发生时车辆的实际价值＝投保时车辆实际价值 260000 元－折旧金额 6240 元＝253760 元。故保险公司应以 253760 元履行车辆损失险赔付义务。4. 对于原审判决认定保险公司应赔偿宋某第三者财产损失 7350 元，因宋某同时购买第三者责任保险，该认定并无不当，二审予以维持。

新疆维吾尔自治区乌鲁木齐铁路运输中级法院根据《中华人民共和国民事诉讼法》第一百七十条第一款第二项，《中华人民共和国保险法》第十四条、第五十五条第二款，《中华人民共和国合同法》第四十一条之规定，判决如下：

一、撤销一审判决；

二、保险公司于本判决生效后十日内支付宋某保险赔偿金 261110 元。

【法官后语】

车辆损失险根据险种的特点通常为不定值保险，双方当事人在订立保险合同时不预先确定保险标的的保险价值，待保险事故发生后，再行确定其实际价值和损失。司法实践中对于车辆损失险保险合同，最容易产生纠纷的就是当车辆发生全损时，如何估算保险事故发生时被保险车辆的实际价值和损失，保险公司与被保险人往往有着不同的理解。

就本案而言，投保车辆是一辆使用了五年的旧车，双方约定的保险金额为260000元。对于保险金额的确定保险条款约定了三种方式，由合同双方择其一种确定。但在司法实践当中，很多合同并未明确保险金额的确定方式，给以后的理赔造成一定障碍。财产损失险保险合同中，保险金额的确定与被保险财产的实际价值关系密切。按照相关规定，财产保险的保险金额不能大于保险价值，当事人在订立财产保险合同时，首先要对被保险财产的实际价值进行确定，以便确定保险金额，尽量避免“高保低赔”的情况发生。司法实践中，很多保险公司提供的车辆损失险保险单中，需要填写“新车购置价”，对于首次购买的新车，按照购车发票如实填写一般不会发生争议，但对于已使用一年以上的车辆仍在“新车购置价”栏中填写车辆价值则容易产生纠纷。主要的问题在于对于旧车而言双方在保险单“新车购置价”一栏中载明的金额，实际上是合同双方对投保车辆实际价值的估算，而非字面上所表达的意思。在此情况下，如不在保险单中标明保险金额的确定方式，当被保险车辆发生部分损失时，双方争议尚不明显；但当发生车辆全损时，双方基于对保险事故发生时车辆的实际价值和损失要依赖于投保时车辆的实际价值来评估计算，因此对于投保时被保险车辆的实际价值以及保险金额确定方式的争议就随之而来。

由于车辆损失险的保险合同无论是投保单、保险单还是保险条款通常都是保险公司提供的格式条款，根据合同法关于对格式条款的理解发生争议时，应作出不利于提供格式条款一方的解释的规定，保险公司在此类情况的诉讼中往往处于被动局面，因此，保险公司在订立车辆损失险保险合同时，对于保险金额的确定应当谨慎而严谨。由于车辆损失险的险种特点决定其为不定值保险，在合同签订时不确定保险价值，为了便于在保险事故发生后及时有效地确定被保险车辆的实际价值和损失，建议在车辆损失险保险单中应当明确保险金额的确定方式，尽量避免保险事故发生后在理赔的过程中产生纠纷。

编写人：新疆维吾尔自治区乌鲁木齐铁路运输中级法院　康建强

093　交通事故产生的停运损失，保险公司是否承担赔偿责任

——运输公司诉保险郑州分公司财产保险合同案

【案件基本信息】

1. 裁判书字号

山东省菏泽市中级人民法院（2016）鲁17民终字第104号民事判决书

2. 案由：财产保险合同纠纷

3. 当事人

原告（被上诉人）：运输公司

被告（上诉人）：保险郑州分公司

【基本案情】

2013年6月27日，运输公司在保险郑州分公司为豫N7××××号（豫N×号挂）重型半挂牵引车投保了机动车辆综合险条款（09版），共交纳保险费30460.11元，其中包括豫N7××××号牵引车所

投保的车辆损失险（保额245000元）。2013年10月29日23时许，田某驾驶豫N7××××号（豫N×号挂）重型半挂牵引车与卢某驾驶的鲁RG××××号轿车发生交通事故。经交警部门认定，吉发运输公司承担事故主要责任，卢某负次要责任。经鉴定，豫N7××××号车日营运损失的价格为人民币2364元，停运损失共184932元。

【案件焦点】

事故产生的184932元停运损失，保险公司是否承担赔偿责任。

【法院裁判要旨】

山东省菏泽市成武县人民法院经审理认为：运输公司要求保险郑州分公司赔偿停运损失184932元。根据通常车损险条款规定的保险责任范围，车损险只包括直接损失。运输公司只有在购买了车辆停驶损失附加险，才能得到保险郑州分公司的赔偿。但在本案中，保险郑州分公司存在迟延定损的违约行为，由于保险郑州分公司因其迟延定损给运输公司造成车辆停运应当预见。在事故发生后，运输公司按理赔流程立即报险，报险亦同时含有向保险郑州分公司索赔之意，根据《中华人民共和国保险法》第二十三条第一款、第二款“保险人收到被保险人或者受益人的赔偿或者给付保险金的请求后，应当及时作出核定；情形复杂的，应当在三十日内作出核定，但合同另有规定的除外……保险人未及时履行前款规定义务的，除支付保险金外，应当赔偿被保险人或者受益人因此受到的损失”及《中华人民共和国合同法》第一百一十三条第一款“当事人一方不履行合同义务或者履行合同义务不符合约定，给对方造成损失的，损失赔偿额应当相当于因违约所造成的损失，包括合同履行后可以获得的利益，但不得超过违反合同一方订立合同时预见到或者应当预见到的因违反合同可能造成的损失”之规定，保险郑州分公司对迟延理赔所给运输公司造成的停运损失应当予以赔偿。赔偿期限自2013年10月30日起至车辆维修出厂之日2014年1月15日，扣除《中华人民共和国保险法》规定的保险人30天法定定损期限，共计48天。价格认证中心鉴定的日营运损失2364元，确定运输公司的停运损失为113472元（2364元×48天）。

山东省菏泽市成武县人民法院依照《中华人民共和国合同法》第六十条、第一百一十三条，《中华人民共和国保险法》第十九条、第二十三条、第六十四条及有关法律规定，判决如下：

被告保险郑州分公司于判决生效后三日内支付原告运输公司车辆停运损失113472元。

保险郑州分公司持原审答辩意见提起上诉。山东省菏泽市中级人民法院经审理认为：因被上诉人是基于双方签订的机动车损失险合同而提起的诉讼，故判定上诉人是否承担停运损失应依双方签订的机动车损失险合同的约定予以确认。双方签订的机动车损失险合同第五条对本合同保险人的保险责任约定：保险期间内，保险机动车在被保险人或其允许的合法驾驶人使用过程中，因碰撞、倾覆等原因造成保险机动车的全部损失或部分损失，保险人依照保险合同约定负责赔偿。该保险险种是保险人针对被保险人或其允许的合法驾驶人在使用保险机动车过程中，因碰撞、倾覆等原因造成的机动车损失而设立的多种保险合同中的一种险种，其损失应是指被保险人保险机动车的全部损失或部分损失。因被上诉人是基于双方签订的机动车损失险合同而提起的诉讼，而被上诉人提出的停运损失在该保险合同中并未涉及，故被上诉人要求上诉人承担停运损失无合同依据。

山东省菏泽市中级人民法院依照《中华人民共和国民事诉讼法》第一百七十条第一款第二项、第一百七十五条的规定，判决如下：

一、撤销一审判决；

二、驳回运输公司对停运损失的诉讼请求。

【法官后语】

本案的争议焦点是对停运损失的定性问题。第一，关于停运损失的性质。机动车保险单所附第三者责任保险条款第七条约定："被保险机动车发生意外事故，致使第三者停业、停驶、停电、停水、停气、停产、通信或者网络中断、数据丢失、电压变化等造成的损失以及其他各种间接损失，保险人不负责赔偿。"由此可知，车辆停运损失费属于间接损失。

第二，停运损失不属于机动车辆强制险范围。机动车辆强制保险是指国家或地区基于公共政策的考虑，为维护社会大众利益，以颁布法律或行政法规的形式实施的汽车责任保险。例如，涉案机动车辆强制险第十条约定："下列损失和费用，交强险不负责赔偿和垫付：绝对不赔……（三）被保险机动车发生意外事故，致使第三者停业、停驶、停电、停水、停气、停产、通信或者网络中断、数据丢失、电压变化等造成的损失以及受害人财产因市场价格变动造成的贬值、修理后因价值降低造成的损失等其他各种间接损失。"

第三，停运损失不属于车辆损失险范围。车辆损失险是指保险车辆遭受保险责任范围内的自然灾害（不包括地震）或意外事故，造成保险车辆本身损失。由于停运损失是一种间接损失，其不属于车辆损失险赔偿范围。

第四，停运损失不属于第三者责任险的范围。交通事故损害赔偿纠纷发生后，应当依照保险合同的约定，确定保险公司承担的赔偿责任。车辆直接损失可以根据车辆的修理费、法律规定的人身伤亡赔偿标准来判定，是可以预测的损失；而间接损失则无法确定，如车辆停运损失费的多少，需要依据营运车辆的性质及车辆停运时间的长短确定，由于该两项不能预测，车辆停运损失费的数额也就难以预测。鉴于间接损失数额的不确定性，假如将其列入理赔范围，那么保险费率也无法预测，保险公司也将无法操作，故第三者责任险中不包括停运损失。

第五，交通事故造成的间接损失应由谁赔偿。根据《最高人民法院关于审理道路交通事故损害赔偿案件适用法律若干问题的解释》第十二条第三项规定，依法从事货物运输、旅客运输等经营性活动的车辆，因道路交通事故造成无法从事相应经营所产生的合理停运损失，当事人请求侵权人赔偿的，人民法院应予支持。本案中，运输公司的停运损失应当由鲁 RG××××号轿车车主卢某进行赔偿（由于运输公司被认定承担主要责任，卢某应赔偿停运损失的30%），双方的保险公司对停运损失均不承担保险责任。

另外，保险公司一般都设有“车辆停运损失险”这一单独附加险，因发生车辆损失险保险责任范围内的保险事故致使车辆停运的，保险公司应当按照车辆停运损失险约定的方式和限额承担赔偿责任。因此，营运车辆车主可以选择向保险公司投保营业用汽车损失保险及机动车停驶损失保险，而作为私家车主可以选择向保险公司投保非营业用汽车损失保险及第三者责任保险，以便在保险事故发生后自身及第三者的损失得到足额及时赔偿。

编写人：山东省菏泽市中级人民法院　王群

094 车辆发动机涉水受损是否属于保险理赔范围
——顾某诉人保石家庄公司保险合同案

【案件基本信息】

1. 裁判书字号

江苏省南通市中级人民法院（2016）苏06民终3620号民事判决书

2. 案由：保险合同纠纷

3. 当事人

原告（被上诉人）：顾某

被告（上诉人）：人保石家庄公司

【基本案情】

2014年6月12日，顾某为其购置的轿车向人保石家庄公司投保了机动车损失保险及附加不计免赔险，保险金额根据该车购置价确定为378000元，保险自2014年6月13日起至2015年6月12日止。该保险条款第四条载明："在保险期间内，被保险人或其允许的合法驾驶人在使用被保险机动车过程中，因下列原因造成被保险机动车的损失，保险人依照本保险合同的约定负责赔偿：（一）……（五）雷击、雹灾、暴雨、洪水、海啸……"责任免除

第七条约定："被保险机动车的下列损失和费用，保险人不负责赔偿：（一）……（十）发动机进水后导致的发动机损坏……"

2015年6月2日，海门市海门街道市区出现24小时153.2毫米的强降水，达到大暴雨量级，其中19时小时降水量为25.8毫米、20时小时降水量为21.1毫米、21时小时降水量为21.3毫米，均为短时强降水。当晚8时30分许，顾某驾驶涉案轿车在途经海门市海门街道时，因涉水发动机熄火，无法行驶，后将该车进行了维修，并于次日上午向人保石家庄公司报案。顾某因该事故支付了维修费60352.78元，其中发动机部分的维修费为46552.78元。

另外，在一审第一次庭审中，人保石家庄公司提出对发动机损失、车辆是否二次启动保留鉴定的权利，但其未在规定期限内向法院提出申请；二审审理中，人保石家庄公司就该项内容亦未能提供新证据予以证明。

【案件焦点】

争议的被保险车辆因发动机涉水后产生的损失是否属于理赔范围。

【法院裁判要旨】

江苏省海门市人民法院经审理认为：首先，保险缔约当时，人保石家庄公司据以收取保险费用的基数为保险车辆的新车购置价，双方对于保险标的物的认识和理解应该是一致的，即整车包括发动机。其次，机动车损失保险条款的第四条约定暴雨造成的损失属于赔偿范围，第十条约定发动机进水导致的发动机损坏不负责赔偿，条款约定前后矛盾，保险合同作为格式条款，当保险人与投保人、被保险人或者受益人有争议时，应当作出有利于被保险人和受益人的解释，故本案中应按照有利于原告解释的原则，认定保险条款规定的因发动机进水后导致的发动机损坏的免责事由中，不包含因暴雨原因造成的发动机进水后导致的发动机损坏这一情形。最后，作为格式条款提供方的人保石家庄公司也未提供任何证据证明对免除保险人责任的条款向原告进行了告知。故原告主张的发动机部分的损失应属于被告的理赔范围。

江苏省海门市人民法院依照《中华人民共和国保险法》第十七条、第二十三条第一款、第三十条，《中华人民共和国民事诉讼法》第一百四十四条之规定，判决如下：

被告人保石家庄公司于本判决发生法律效力之日起十日内支付原告顾某车辆维修费 60352. 78 元。

人保石家庄公司不服一审判决，提起上诉。江苏省南通市中级人民法院经审理认为：《中华人民共和国保险法》第十七条第二款规定，对保险合同中免除保险人责任的条款，保险人在订立合同时应当在投保单、保险单或者其他保险凭证上作出足以引起投保人注意的提示，并对该条款的内容以书面或者口头形式向投保人作出明确说明；未作提示或者明确说明的，该条款不产生效力。人保石家庄公司主张案涉车辆发动机损失免赔，其依据为《家庭自用汽车损失险保险条款》中责任免除第七条第十款“保险机动车发动机进水后导致的发动机损坏的损失和费用，保险人不负责赔偿”以及《附加险条款》中发动机特别损失险条款。前者保险合同系双方所签，但人保石家庄公司并未提供投保单、保险单或者其他保险凭证证明已对投保人就相应免责条款作出提示并作出明确说明，且该保险条款第四条约定的暴雨造成的损失属于赔偿范围，与第十条约定的发动机进水导致的发动机损坏不负赔偿责任，条款之间前后矛盾，亦应当作出有利于被保险人的解释。人保石家庄公司主张依据《附加险条款》中发动机特别损失险条款，反推顾某机动车涉水损失理赔应另投保发动机特别损失险，对此，法院认为，顾某并未投保此险种，人保石家庄公司一审、二审中亦无证据证明已对顾某交付并明确说明该特别附加条款的内容，以及已明确告知顾某投保该特别附加险与否将发生不同的理赔结果，现其据此条款主张对顾某车辆发动机涉水损失不予理赔，没有事实及法律依据。

江苏省南通市中级人民法院依照《中华人民共和国民事诉讼法》第一百七十条第一款第一项之规定，判决如下：

驳回上诉，维持原判。

【法官后语】

保险合同是投保人与保险人约定保险权利义务关系的协议。通常情况下，保险合同是由保险人单方提供的格式合同，在对保险合同条款进行解释时，应注意把握以下几个原则：

一是文义解释优先原则。在对保险条款进行解释时，首先应根据合同条款的文义按照通常理解进行解释。同一词语出现在不同的地方，前后解释应保持一致，保险专业术语应根据本行业的通用含义进行解释。

二是歧义条款不利解释原则。如果根据文义解释，合同条款出现歧义或前后矛盾的情形，鉴于保险条款是由保险公司单方拟定的格式条款，为了充分保障被保险人利益，保险条款的解释应作出对提供格式条款一方不利的解释，其实质来源于合同法对格式合同的解释原则。

三是免责条款明示原则。《中华人民共和国保险法》第十七条第二款规定："对保险合同中免除保险人责任的条款，保险人在订立合同时应当在投保单、保险单或者其他保险凭证上作出足以引起投保人注意的提示，并对该条款的内容以书面或者口头形式向投保人作出明确说明；未作提示或者明确说明的，该条款不产生效力。"在举证责任分配上，保险人应对免责条款的明确告知义务承担举证责任。

保险合同由于其自身专业性强的特征，保险人在合同的订立和履行过程中均处于强势地位，为了平衡保险人和被保险人之间的权益，在保险合同的条款解释、告知说明等方面，立法及司法实践均对保险人课以更为严苛的义务。但这并不意味着只要保险事故发生，保险人均要承担保险责任。是否承担保险责任最终仍以双方在合同中所明确约定的范围及理赔条件为标准。

以涉案车辆涉水发动机损坏赔偿为例，通过保险条款的解读，只有正常行驶或泊车过程中因暴雨短时间内路面积水而导致发动机进水，对此造成的损害，保险公司应予赔偿。如果是在路面积水的情况下，二次点火发动，造成发动机进水，则已突破保险合同约定的"因雷击、雹灾、暴雨、洪水、海啸等情形"造成的车辆损失，属于人为过错导致损失的加剧。对此，保险公司则不予赔偿。对于发动机受损的原因如存在争议的，负有举证责任的保险公司可以申请鉴定。

编写人：江苏省海门市人民法院　程炎

095 以车辆折旧剩余价值赔付车损是否合理

——钟某诉财险增城支公司财产保险合同案

【案件基本信息】

1. 裁判书字号

广东省广州市中级人民法院（2016）粤01民终字第11592号民事判决书

2. 案由：财产保险合同纠纷

3. 当事人

原告（被上诉人）：钟某

被告（上诉人）：财险增城支公司

【基本案情】

原告作为被保险人为号牌为粤M7××××号小型轿车在被告处投保商业险。商业险的保险期间为2014年9月4日0时至2015年9月3日24时，已投商业险包括车辆损失险（赔偿限额138600元）、车辆损失险不计免赔险、第三者责任险（赔偿限额200000元）等险种。商业险保险单附有家庭自用汽车损失保险条款，其中第二十七条约定：按投保时被保险机动车的新车购置价确定保险金额的，发生全部损失时，在保险金额内计算赔偿。保险金额高于保险事故发生时被保险机动车实际价值的，按保险事故发生时被保险机动车的实际价值计算赔偿。保险事故发生时被保险机动车的实际价值根据保险事故发生时的新车购置价减去折旧金额后的价格确定。折旧金额=保险事故发生时的新车购置价×被保险机动车已使用月数×月折旧率。

2015年6月24日22时，原告驾驶粤M7××××号轿车出行。因驾驶疏忽，车辆碰撞防护栏致使车辆、防护栏受损。事故发生后，原告向公安机关及被告报案，惠州市公安局交通警察支队高速公路三大队作出《事故认定书》，认定原告承担事故全部责任。由于被告迟迟不定损，原告依据《道路交通事故财产损失价格评估告知书》，委托评估公司对车辆损失进行鉴定，该公司出具《道路交通事故车物损失价格鉴定结论书》（以下简称结论书），鉴定受损车辆的损失总价为50367元。原告为此支付评估费2470元。原告将受损车辆送到维修厂进行维修，支付维修配件款和维修费共计50367元。受损车辆现已维修完毕。

另查明，涉案事故对防护栏造成损坏，之后由原告向广东省公路管理局河惠路政大队赔偿路产损失共计4180元。为处理涉案事故，原告还支付了救援拖车费840元。又查明，非本案当事人的另一家保险公司已在交强险财产损失赔偿限额内赔偿原告2000元。

【案件焦点】

如何确定车辆损失的赔偿数额。

【法院裁判要旨】

广东省广州市增城区人民法院经审理认为：原告为粤M7××××号小型轿车向被告投保了商业险，被告向原告出具了相应的保险单，故原、被告之间的保险合同关系依法成立有效。原告投保的商业险包括车辆损失险、第三者责任险等险种，在保险合同约定的保险期间，被保险车辆发生事故，被告应对原告在保险事故所造成的损失履行赔付义务。

原告主张按涉案结论书的鉴定结论即50367元作为被告应赔偿

的车辆损失保险金，而被告则抗辩主张应按车辆损失保险条款中第二十七条所列明的赔偿标准计算，根据车辆使用年限和折旧率，以车辆损失险保额138600元乘以折旧率80%得出应赔偿的保险金数额为27720元。法院认为，首先，《中华人民共和国保险法》第五十五条第一款规定："投保人和保险人约定保险标的的保险价值并在合同中载明的，保险标的发生损失时，以约定的保险价值为赔偿计算标准。"本案中，商业险保险单载明的新车购置价和车辆损失险的赔偿限额均为138600元，且被告亦系以138600元作为基数向原告收取车辆损失险的保险费，故在保险事故发生后，被告再以被保险车辆折旧后的剩余价值作为损失赔偿金额，显然于法不符，亦违反诚实信用原则，法院不予采纳。本案中，由于被告怠于履行其定损义务，故原告委托鉴定机构评估车辆损失所支付的评估费用2470元，依法应由被告承担。另外，由于被告对原告诉请其赔偿拖车费840元及路产损失费4180元没有任何异议，本院对此予以确认。综上，现原告要求被告赔偿保险金52547元（车辆维修费50367元+路产损失费4180元-交强险财损赔付2000元）以及评估费2470元、拖车费840元，理据充足，予以支持。

广东省广州市增城区人民法院依照《中华人民共和国保险法》第十条、第十四条、第二十三条、第五十五条第一款、第六十四条、第六十五条第四款的规定，作出如下判决：

一、被告财险增城支公司于本判决发生法律效力之日起十日内赔偿保险金52547元及支付评估费2470元、拖车费840元给原告钟某；

二、驳回原告钟某的其他诉讼请求。

二审法院同意一审法院裁判意见。

【法官后语】

本案的争议焦点主要在于如何确定车辆损失的赔偿标准。第一种观点主张以车辆损失险的保额乘以折旧率得出应赔偿的保险金数额。第二种观点主张按涉案结论书的鉴定结论即实际损失作为赔偿标准。

本案经办法官采纳了第二种观点，原因如下：

第一，坚持诚实信用原则的必然要求。诚实信用原则是保险法的基本原则，《中华人民共和国保险法》第五条明确规定："保险活动当事人行使权利、履行义务应当遵循诚实信用原则。"保险合同的主要目的是转移风险，属于射幸合同，其不完全遵循等价有偿的交易规则，发生保险事故时，被保险人获得的赔偿金将远远大于其所支付的保险费，若保险事故不发生则保费归保险人所有。这种特点导致合同双方当事人存在较大的道德风险，其对诚实信用的要求高于一般合同，因此必须最大限度地保持诚信。本案中，保险公司按照 138600 元作为基数向车主收取车辆损失险的保险费，而按照车辆损失险保额乘以折旧率支付保险金数额，显然与诚实信用原则相违背。

第二，规范市场行为、维护市场秩序的应有之义。当前我国的保险市场发展迅速，但发展过程中仍然存在一些不规范的方面，保险公司利用其优势地位，在合同的签订、履行告知义务、合同条款的解释、保险理赔等方面仍存在不完善的地方，导致投保人、被保险人的利益不能得到及时有效的保护，因此必须对保险公司的行为特别是理赔工作加以约束，确立公平、对等、诚信的交易规则，维护正常的交易秩序，促进保险行业的有序、健康发展。

第三，合理保护保险消费者、落实司法为民的重要体现。当前保险市场中“投保容易理赔难”的问题一直被广大保险消费者所诟病，并受社会各界关注。本案的判决遵循了保险法的“损失填补”的基本原则，尊重立法原意，积极回应了人民群众的诉求，是落实司法为民理念的体现，对社会具有积极的价值导向作用。

编写人：广东省广州市增城区人民法院　黄晖　柳志君

096　多家鉴定意见如何采信

——高某诉财险天津分公司财产保险合同案

【案件基本信息】

1. 裁判书字号

天津市第一中级人民法院（2015）一中民三终字第0519号民事判决书

2. 案由：财产保险合同纠纷

3. 当事人

原告（上诉人）：高某

被告（被上诉人）：财险天津分公司

【基本案情】

原告高某为自己所有的车辆在被告财险天津分公司处投保了车损险，保险期间为2014年1月19日至2015年1月18日，保险金额为460000元。高某亦投保了不计免赔险。2015年1月14日20时15分，南某驾驶保险车辆时，未确保行车安全，致使保险车辆与路边行道树相撞，造成车辆损坏、树木折断的交通事故。该事故经天津市公安局宝坻分局交通警察支队调查认定：南某负事故的全部责任。事故发生后，高某委托某价格认证中心对保险车辆进行评估鉴定，认定车辆损失为143250元。高某另支付了车辆施救费2000元、鉴定费7000元。其后，该车在高某开办的汽车服务公司进行维修，实际产生修理费用143250元。此外，财险天津分公司在接到报案通知后，委托公估公司对保险车辆鉴定损失，该机构认定车损为63600元。第一次庭审中，财险天津分公司申请按照高某提供的鉴定明细进行重新核价，一审法院予以准许，并依法委托鉴定公司进行核价。该公司认定保险车辆的损失为87866元。财险天津分公司预付鉴定费用4400元。第二次庭审中，根据高某申请，一审法院通知鉴定公司鉴定人龙某出庭作证并对鉴定资质和鉴定价格进行了说明。

原告高某请求依据某价格认证中心的评估结果，依法判令：1. 被告立即赔偿原告车辆损失143250元、施救费2000元、拆解费2100元、鉴定费7000元，上述损失合计为154350元；2. 诉讼费由被告承担。

被告保险公司辩称，原告车损鉴定为单方鉴定，与被告委托的公估鉴定结论相差极大，应按照公估公司或鉴定公司的核价进行赔偿。另外，评估费、拆解费为间接损失，不同意赔偿。

【案件焦点】

1. 鉴定评估机构的资质如何认定；2. 多家鉴定意见如何采信。

【法院裁判要旨】

天津市宝坻区人民法院经审理认为：高某主张车损赔偿，依法应就车辆实际损失情况承担举证责任。现高某单方委托车损鉴定得出的鉴定结论与财险天津分公司单方委托公估机构得出的鉴定结论具有同等证明效力，但二者相差极大，高某的证据不足以证明车辆的实际损失情况。财险天津分公司申请重新鉴定，据此得出的鉴定结论合法、客观、有效，且鉴定人出庭对鉴定资质、价格确定依据和价格鉴定时间效力作出合理解释，一审法院对该鉴定结论予以采纳，并据此认定保险车辆的实际损失为87866元。保险车辆的施救费2000元、一审法院委托鉴定的鉴定费4400元（财险天津分公司已支付），为查明和确定保险车辆实际损失所支付的必要、合理费用，一审法院予以确认。高某主张的拆解费，因未提供证据予以证明，一审法院不予支持。高某主张的鉴定费7000元，因其提交的鉴定结论并不具有相应的证明效力，该费用不应由财险天津分公司负担。据此，一审法院确定保险车辆的实际损失为：87866+2000+4400=94266元。其中，财险天津分公司已支付鉴定费4400元，还应赔偿89866元。

天津市宝坻区人民法院依照《中华人民共和国保险法》第十四条、第六十四条，《最高人民法院关于适用〈中华人民共和国民事诉讼法〉的解释》第九十条第一款之规定，判决如下：

一、被告财险天津分公司于判决生效后三日内在车辆损失险范围内赔偿原告高某保险金89866元；

二、驳回原告高某的其他诉讼请求。

上诉人高某不服一审判决，提起上诉。天津市第一中级人民法院经审理认为：双方争议的焦点为鉴定公司出具的机动车鉴定评估报告是否能够作为认定被保险车辆损失情况的依据。鉴定公司系一审法院组织双方当事人共同选定的评估机构，其评估报告具有客观公正性。上诉人高某主张评估时点晚于保险事故发生几个月，车辆零部件价格下降因素并未考虑在损失数额之内。二审法院认为，对于被保险车辆首次评估定损到一审法院组织评估定损期间被保险车辆需更换、维修的零部件价格是否发生变化以及具体幅度，上诉人高某负有举证责任。当事人对自己提出的诉讼请求所依据的事实或者反驳对方诉讼请求所依据的事实，应当提供证据加以证明，但法律另有规定的除外。在作出判决前，当事人未能提供证据或者证据不足以证明其事实主张的，由负有举证证明责任的当事人承担不利的后果。上诉人高某并未举证证明车辆零部件价格发生了变化，故上诉人高某的上诉请求，证据不足，不予支持。一审法院以鉴定公司出具的机动车鉴定评估报告作为认定被保险车辆损失情况的依据，处理结果并无不当，二审法院应予维持。

天津市第一中级人民法院依照《中华人民共和国民事诉讼法》第一百六十九条第一款、第一百七十条第一款第一项的规定，判决如下：

驳回上诉，维持原判。

【法官后语】

如何认定鉴定评估机构的资质？本案中就先后出现三次鉴定评估，一次是被保险人高某委托价格认证中心进行的鉴定评估，一次是保险公司委托公估公司进行的鉴定评估，最后一次是一审法院组织双方当事人共同选定的机动车鉴定评估机构进行的鉴定评估。某价格认证中心隶属于政府物价主管部门，有资质进行车物损失价格鉴定。保险公估机构是根据《保险公估机构监管规定》，符合相关规定的资格条件，取得经营保险公估业务许可证而成立的，其专门从事保险标的或者保险事故评估、勘验、鉴定、估损理算等业务。机动车鉴定评估机构，是按《二手车流通管理办法》的规定，经省级商务主管部门核准成立的。由此可以看出，以上三家评估鉴定机构都有相应鉴定评估资质，外观上看不能区分孰优孰劣。

三次鉴定评估意见如何采信？从形式上看，鉴定评估意见是集人证、物证、书证、勘验笔录等证据综合形成的鉴定意见，其效力高于一般的物证、书证等证据。但与其他证据一样，鉴定意见能否采信也需要质证和审查认定。从本案来看，被保险人委托价格认证中心进行的鉴定评估是单方委托进行的，保险公司委托保险公估机构进行的鉴定评估也是单方委托进行的，双方均未参与对方的鉴定评估过程，鉴定的车辆损坏部件未经双方核实确认。这两次鉴定评估都存在程序瑕疵。为此，保险公司提出申请按照被保险人提供鉴定明细进行重新鉴定核价。一审法院予以准许，并依法委托鉴定公司进行核价。机动车鉴定评估公司进行了第三次鉴定评估。这次鉴定是一审法院组织双方当事人共同选定的，其鉴定程序合法，评估报告具有客观公正性。被保险人认为多次评估期间涉案车辆损坏的零部件价格发生了重大变化，不认可鉴定公司的核价结果，但未能举证证明涉案车辆损坏零部件价格发生的重大变化及具体幅度。且鉴定人出庭对鉴定资质、价格确定依据和价格鉴定时间效力作出了合理解释，应当予以采信。由此可见，对多次鉴定意见的采信要经双方质证，并综合衡量评定。

编写人：天津市第一中级人民法院　苗法礼

097 对诉讼权利的处分不代表实体权利的放弃

——毛甲诉保险萧山支公司保险合同案

【案件基本信息】

1. 裁判书字号

浙江省杭州市中级人民法院（2015）浙杭商终字第2008号民事判决书

2. 案由：保险合同纠纷

3. 当事人

原告（被上诉人）：毛甲

被告（上诉人）：保险萧山支公司

【基本案情】

2012年8月26日，原告就新购买的客车向保险萧山支公司投保了机动车损失保险、第三者责任保险、车上人员责任保险（驾驶员）、车上人员责任保险（乘客）、不计免赔率特约险等险种，其中车上人员责任保险（乘客）保险金额/赔偿限额为10000元/座·4座，保险期间自2012年8月26日14时0分起至2013年8月26日14时0分止。

2012年11月4日18时10分许，谭某驾驶一辆中型普通货车由东向西行驶，与由南向北行驶的原告驾驶的轿车相撞，造成车辆损坏，轿车车上人员丁某、毛乙受伤的交通事故。交警部门认定，谭某、原告各负事故同等过错责任，丁某、毛乙无责任。事故发生后，丁某、毛乙分别就机动车交通事故责任纠纷起诉谭某及其所在公司、保险公司，并自愿放弃要求原告承担赔偿责任的权利。萧山法院作出相应判决，确定了毛乙、丁某各自造成的损失，以及谭某尚需要赔偿的金额。原告于2014年7月1日赔偿毛乙交通事故赔偿款25000元，于同年8月27日赔偿丁某交通事故赔偿款30000元。2015年4月1日，毛乙、丁某分别向原告出具上述赔偿款的收条一份。现原告要求保险萧山支公司赔付保险金，双方协商无果，原告提起诉讼。

【案件焦点】

毛乙、丁某在交通事故责任纠纷案件的诉讼中放弃要求原告承担赔偿责任的权利，是否等同于放弃实体上要求原告赔偿的权利。

【法院裁判要旨】

浙江省杭州市萧山区人民法院经审理认为：原、被告之间签订的保险合同系双方的真实意思表示，内容不违反法律、行政法规的强制性规定，应认定为有效。原告在被告处投保了车上人员责任保险，交通事故发生在保险期限内，原告在交通事故中系同等责任方，对车上人员毛乙、丁某应当承担赔偿责任，对原告应支付的赔偿金额，被告应按保险合同的约定在责任限额内予以赔付。车上人员与对方车辆的交强险已先行处理，虽车上人员毛乙、丁某在交通事故案件诉讼中放弃要求原告承担赔偿责任的权利，但对诉讼权利的处分并不代表其放弃赔偿的民事权利，原告与车上人员自行协商赔偿两位车上人员因交通事故受到的损失后有权依据保险合同的约定向保险公司理赔，故被告的答辩意见本院不予采纳。被告应按保险合同的约定，赔偿原告相应的保险金。

浙江省杭州市萧山区人民法院依照《中华人民共和国保险法》第十条、第二十三条之规定，作出如下判决：

保险萧山支公司于本判决生效后十日内赔付毛甲车上人员责任保险（乘客）保险金 20000 元。

保险萧山支公司提起上诉。浙江省杭州市中级人民法院经审理认为：毛甲与保险萧山支公司之间签订的保险合同系双方的真实意思表示，合法有效。关于毛乙、丁某在交通事故案件诉讼中放弃要求毛甲承担赔偿责任权利的问题，合同约定：每次事故车上人员人身伤亡按照国家标准、法规规定的赔偿范围、项目和标准以及本保险合同的约定进行赔偿，每位乘客的赔偿金额不超过保险单载明的乘客每次事故每人责任限额，赔偿人数以投保乘客座位为限。因毛乙、丁某与毛甲系父女、母女关系，交通事故案件中放弃对女儿的诉讼赔偿权利系在情理之中，并没有放弃要求毛甲最终的赔偿责任。根据现有证据毛甲要承担的赔付毛乙、丁某责任均超过保险合同约定的责任限额。综上，原审法院判决保险萧山支公司赔付毛甲车上人员责任保险（乘客）保险金 20000 元并无不妥。经审查原审法院适用法律及证据认定正确。原审判决事实认定清楚，适用法律正确，保险萧山支公司的上诉理由不能成立，其上诉请求不予支持。

浙江省杭州市中级人民法院依照《中华人民共和国民事诉讼法》第一百七十条第一款第一项之规定，作出如下判决：

驳回上诉，维持原判。

【法官后语】

在交通事故责任纠纷案件中，毛甲和谭某对交通事故的发生负同等过错责任，毛乙和丁某无责任。按照法律规定，毛乙和丁某起诉时应当将毛甲一并起诉，但是根据《中华人民共和国民事诉讼法》规定的处分原则，当事人自己有选择诉谁和不诉谁的权利，因此，毛乙和丁某可以选择放弃对毛甲的诉讼的权利，对于事故的发生，谭某对毛乙和丁某放弃诉讼请求的毛甲应当承担的赔偿份额不承担连带责任。

毛乙和丁某选择放弃对毛甲的诉讼的权利，体现了民事诉讼中的处分原则。在民事诉讼中，当原告表示放弃其全部或者一部分请求时，行为效力源自诉讼法的规定，即当事人放弃诉讼请求的意思表示并不当然发生实体权利消灭的法律效果，需要在法院作出判决之后，相关诉权才会终结。本案中，毛乙和丁某选择放弃对毛甲的诉讼的权利，是一种诉讼行为，后在保险纠纷案件庭审过程中，表示放弃对毛甲的诉讼是因为其已经履行了赔偿义务。毛乙和丁某放弃的是诉权，诉权消灭，与之对应的实体权利不受影响。

因此，虽车上人员毛乙和丁某在交通事故案件诉讼中放弃要求毛甲承担赔偿责任的权利，但对诉讼权利的处分并不代表其放弃赔偿的民事权利，毛甲承担了赔偿责任之后，保险公司应当按照保险合同的约定履行赔偿或者给付保险金的义务。

编写人：浙江省杭州市萧山区人民法院　王静

098　逾期提交身体条件证明通过审验保险公司不能免赔

——雍某诉保险万盛支公司财产保险合同案

【案件基本信息】

1. 裁判书字号

重庆市第五中级人民法院（2015）渝五中法民终字第02073号民事判决书

2. 案由：财产保险合同纠纷

3. 当事人

原告（被上诉人）：雍某

被告（上诉人）：保险万盛支公司

【基本案情】

2014年8月20日，雍某在保险万盛支公司为其车辆投保了机动车损失险，保险期间为2014年8月20日18时至2015年8月20日18时。双方所签订的合同为保险万盛支公司提供的格式合同，合同明确载明未按规定审验驾驶证的，保险万盛支公司不承担赔偿责任。

2014年8月26日，雍某驾驶涉案车辆与大货车相撞且负全责；同年9月4日，雍某驾驶涉案车辆与小客车相撞且负全责。两次事故时，雍某已年满60周岁，其应于2014年7月5日提交《身体条件证明》进行审验，但其于2014年10月9日才向重庆交通管理局车管所提交《身体条件证明》，并得到回执注明下次提交日期为2015年7月5日。

两次事故共造成雍某修车损失18477元，其找到保险万盛支公司理赔，保险万盛支公司以其两次事故发生时，其驾驶证未按规定审验，根据保险条款的约定不予理赔。雍某遂诉至法院请求判决保险万盛支公司赔偿其全部修车费用。

【案件焦点】

雍某逾期提交《身体条件证明》的行为是否符合双方保险合同约定的“持未按规定审验的驾驶证”这一免责情形、保险万盛支公司能否据此免赔。

【法院裁判要旨】

重庆市綦江区人民法院经审理认为：雍某与保险万盛支公司签订的保险合同合法有效，双方均应按合同约定履行义务。雍某诉请保险万盛支公司赔偿因两次交通事故产生的修车损失合计 18677 元，扣除两次事故交强险无责赔付财产损失限额 200 元，还应赔付 18477 元，符合合同约定，法院予以支持，保险万盛支公司应当在商业险机动车损失保险责任限额范围内予以赔偿。

保险万盛支公司辩称发生交通事故时，雍某持未经审验的驾驶证驾驶机动车辆，属于免赔情形。对此，依照《机动车驾驶证申领和使用规定》第六十二条之规定，年龄在 60 周岁的机动车驾驶人，应当每年进行一次身体检查并提交《身体条件证明》。发生交通事故时，雍某已满 60 周岁，其应当于 2014 年 7 月 5 日提交《身体条件证明》进行审验，雍某虽于 2014 年 10 月 9 日向重庆交通管理局车管所提交了《身体条件证明》，但车管所回执中注明了下次提交日期为 2015 年 7 月 5 日，说明雍某已通过审验。因此，对于保险万盛支公司该辩称意见不予采纳。

重庆市綦江区人民法院依照《中华人民共和国保险法》第十条、第十三条第一款、第三款、第十四条，《最高人民法院关于审理道路交通事故损害赔偿案件适用法律若干问题的解释》第十六条之规定，判决如下：

保险万盛支公司赔偿雍某因两次交通事故产生的修车工时费及材料费 18477 元。

二审法院同意一审法院裁判意见。

【法官后语】

本案审理的难点在于对条款的解释。雍某的修车损失应由保险万盛支公司承担赔偿责任，应从以下几个方面把握：

1. 免责条款有不同含义的应作出有利于被保险人的解释

从双方合同约定的“未按规定审验驾驶证的”条款文义来看，本案中持未按规定审验的驾驶证应包含未在规定期限内提交《身体条件证明》等审验要件即视为未按规定审验和未参加审验、未通过审验才视为未按规定审验两种理解。

《中华人民共和国保险法》第三十条规定，“采用保险人提供的格式条款订立的保险合同，保险人与投保人、被保险人或者受益人对合同条款有争议的，应当按照通常理解予以解释。对合同条款有两种以上解释的，人民法院或者仲裁机构应当作出有利于被保险人和受益人的解释”。据此，免责条款含义的解释，应从有利于被保险人的角度出发。

本案中，雍某虽未在驾驶证载明的期限内即每年7月5日向交管部门提交《身体条件证明》，但根据重庆交通管理局车管所2014年10月9日出具的回执载明的内容，其已收到雍某的《身体条件证明》，并已录入计算机管理系统中，注明下次提交日期为2015年7月5日。该回执并未对雍某延期提交身体条件证明提出异议，亦认可雍某的身体条件符合驾驶相应机动车要求，雍某已通过审验，其效力可溯及至本案所涉两次交通事故发生之时。

2. 保护投保人的合理期待符合双方合同缔约目的

当保险合同当事人就合同内容的解释发生争议之时，还应以投保人对于合同缔约目的的合理期待为出发点对保险合同进行解释。法院应重视并尊重被保险人以及受益人对保险合同条款的客观合理的期待，保险人以合同条款明示方式排除责任，但如果一般投保人依其常识可以合理地期待某种风险仍属于承保范围，尽管这种期待与合同条款规定不符，保险人仍应承担保险责任。

本案中，从投保人的合理期待及合同目的来看，投保人希望通过订立保险合同，在保险事故发生时得到理赔，从而减少损失。虽然其在事故发生时持有的驾驶证未按期向车管所提供《身体条件证明》，但在其事后补交《身体条件证明》被交管部门认可的情况下，投保人要求保险人理赔事故损失，属于合理期待，法院应予保护。

3. 逾期提交《身体条件证明》通过审验并未加大保险人的保险风险

免责条款订立的目的是控制保险风险，本案驾驶人在事故发生时的身体条件符合驾驶相应机动车的要求，与保险事故的发生并无事实上的因果关系，并未加大保险人的保险风险。故保险万盛支公司应当对雍某因交通事故产生的财产损失予以理赔符合双方合同约定，亦符合公平、诚实信用的法律原则。

综上所述，雍某逾期提交《身体条件证明》的行为不符合双方保险合同约定的“持未按规定审验的驾驶证”这一免责情形，保险万盛支公司应当对雍某的修车损失承担全部赔偿责任。

编写人：重庆市綦江区人民法院　刘义

099 保险合同补签情况下保险期间的认定

——物流公司诉保险公司财产保险合同案

【案件基本信息】

1. 裁判书字号

青海省海西蒙古族藏族自治州中级人民法院（2015）西民二终字第9号民事判决书

2. 案由：财产保险合同纠纷

3. 当事人

原告（上诉人）：物流公司

被告（被上诉人）：保险公司

【基本案情】

原、被告双方有长期业务往来。2014年4月29日，双方经口头协商确定投保机动车损失险和第三者责任险，并口头约定保险期间为半年。当天，原告全额交纳保险费。2014年4月30日投保车辆出险。2014年5月20日，双方补签保险合同，原告公司负责人韩某在合同上签字，表示“本人已充分理解并接受上述内容”。但签署日期“2014年4月29日”系保险公司的工作人员填写。补签合同中约定：保险期间自2014年5月1日0时起至2014年10月31日24时止。原告因2014年4月30日的保险事故向保险公司索赔，保险公司以保险事故未发生在保险期间内拒赔。

【案件焦点】

保险事故是否发生在保险期间内，保险人是否应当承担保险责任。

【法院裁判要旨】

青海省德令哈市人民法院经审理认为：涉险事故发生时间为2014年4月30日，原告虽然在2014年4月29日提出保险要求，并交纳了相关保费，但当日双方签订的两份合同中约定保险期间自2014年5月1日0时起，即这两份合同系附生效期限的合同，合同生效时间为2014年5月1日0时。且原告以签字的方式明确表示了“本人已充分理解并接受保单（正本）的内容”，表明原告对保险期间知道亦认可。综上，被告不承担此次事故的财产损失。

青海省德令哈市人民法院根据《中华人民共和国合同法》第四十六条之规定，判决如下：

驳回原告物流公司的诉讼请求。

原告不服，上诉称原告于2014年4月29日交纳保费时，双方未明确约定保险期间，保险人也未在当天出具保险合同。4月30日发生保险事故后，保险人故意将保险期间定于5月1日0时起，且在要求投保人在保险单上签字时未告知保险期间。故保险期间应从原告交纳保险费的2014年4月29日起计算，保险人应当承担保险责任。一审法院判决错误，应予纠正。

青海省海西蒙古族藏族自治州中级人民法院经审理认为：双方签订的合同有效，各方当事人均应依照合同的约定全面履行各自义务。案涉保险合同虽书面约定保险期间自2015年5月1日起计算，但由于下列原因，保险期间应自 2015 年 4 月 29 日起计算，被上诉人保险公司应对上诉人物流公司于 2015 年 4 月 30 日发生的交通事故承担保险责任：1. 双方均认可原告在 2014 年 4 月 29 日交纳了保险费后，于同年 5 月 20 日补签了保险合同。被告在庭审中自述：“2014 年 4 月 29 日双方口头协商了半年保险期，考虑到方便计算时间，就从 5 月 1 日起算。”该意思表示是否与原告在 4 月 29 日即已协商一致，应由被告举证证明。现原告否认双方协商的保险期间是自 2015 年 5 月 1 日起算，被告又举证不能的情况下，应当推定双方未达成保险期间自 2015 年 5 月 1 日起计算的合意。2. 首先，在保险合同中，投保人的主要合同义务是支付保险费，因不能认定投保人与保险人约定的保险期间是自 2015 年 5 月 1 日起计算，而上诉人又于 2015 年 4 月 29 日履行了合同的主要义务，认定保险期间自 2015 年 4 月 29 日起计算符合权利、义务对等原则。其次，参照《最高人民法院关于适用〈中华人民共和国保险法〉若干问题的解释（二）》第四条之规定“保险人接受了投保人提交的投保单并收取了保险费，尚未作出是否承保的意思表示，发生保险事故，被保险人或者受益人请求保险人按照保险合同承担赔偿或者给付保险金责任，符合承保条件的，人民法院应予支持”，书面约定的保险期间计算实际保险期间不符合本案实际情况。

青海省海西蒙古族藏族自治州中级人民法院根据《中华人民共和国保险法》第十四条，《中华人民共和国民事诉讼法》第一百七十条第二款、第一百四十四条之规定，判决如下：

一、撤销一审判决；

二、被上诉人保险公司于本判决生效之日起十五日内支付上诉人物流公司保险金 227502. 49 元。

【法官后语】

本案涉及两个方面的问题：1. 双方对合同约定的保险期间有异议时，举证责任应由哪方承担？2. 保费交纳在先，合同签订在后，此期间发生的保险事故，保险公司是否应当承担责任？

具体到本案中，第一个问题，因投保人否认书面合同约定的保险期间，故其应负举证责任；但在法庭查明的两个基本事实下，举证责任应转移给保险人。首先，保险合同为补签，“条款已阅读并充分理解”的说明系由保险人代签，故不能证明投保人已充分知晓合同内容；其次，双方在交纳保费时，口头约定保险期间为半年，这意味着“半年保险期”的起始期限不明。在保险期间约定不明的前提下，推定保险期自交费之日起算符合权利、义务对等原则。在推定保险期系交费日期的情况下，保险人不予认可的，应对此承担举证责任。

第二个问题，《最高人民法院关于适用〈中华人民共和国保险法〉若干问题的解释（二）》第四条之规定“保险人接受了投保人提交的投保单并收取了保险费，尚未作出是否承保的意思表示，发生保险事故，被保险人或者受益人请求保险人按照保险合同承担赔偿或者给付保险金责任，符合承保条件的，人民法院应予支持”。本案例即出现先交费、后签合同，保险事故又发生在合同签订前的情况，二审判决结果符合法律精神，亦符合实际情况。

编写人：青海省海西蒙古族藏族自治州中级人民法院　王淑君

100 挂靠关系下实际车主能否作为主张保险金的适格主体

——娄某诉财险平顶山支公司保险合同案

【案件基本信息】

1. 裁判书字号

河南省平顶山市中级人民法院（2014）平民金终字第 287 号民事判决书

2. 案由：保险合同纠纷

3. 当事人

原告（被上诉人）：娄某

被告（上诉人）：财险平顶山支公司

【基本案情】

2013 年 3 月 20 日 1 时 14 分许，娄某驾驶豫 D-×××××（豫 DA×××挂）重型半挂货车在一饭店门口停车休息期间，行人陈某强酒后进入其驾驶室要求乘坐该车，娄某不愿让陈某强搭乘，遂趁陈某强下车之际匆忙驾车离开，在离开时与陈某强发生碰撞，造成陈某强死亡。该事故经陕县公安交通警察大队调查，认定娄某负该起事故的主要责任，陈某强负该起事故的次要责任。事故发生后，经陕县公安交通警察大队调解，娄某赔偿陈某强亲属丧葬费、死亡赔偿金、被抚养人生活费、交通费等各项费用 400000 元。

豫 D-×××××（豫 DA×××挂）重型半挂货车的登记车主为汝州市某汽车运输服务有限公司，实际所有人为娄某，某汽车运输服务有限公司同意以娄某名义主张本案的权利。该车在财险平顶山支公司投保了两份机动车交通事故责任强制保险及不计免赔率的第三者责任保险，其中交强险保险限额为244000元；第三者责任保险限额为550000元，保险期间均自2012年7月1日起至2013年6月30日止。

原告娄某请求财险平顶山支公司在保险合同限额内赔付娄某损失400000元，并承担本案诉讼费。

【案件焦点】

在保险合同纠纷中，挂靠关系下的实际车主向保险公司主张赔偿金的，人民法院应否支持。

【法院裁判要旨】

河南省平顶山市宝丰县人民法院经审理认为：豫D-×××××（豫DA×××挂）重型半挂货车在财险平顶山支公司投保机动车交通事故责任强制保险及第三者责任险，并签订了保险合同，事故发生后娄某已赔偿受害人家属400000元，故保险公司应按保险合同的约定履行赔付义务。《中华人民共和国道路交通安全法》第七十六条规定，机动车发生交通事故造成人身伤亡、财产损失的，由保险公司在第三者强制保险责任限额范围内予以赔偿，不足部分，机动车之间发生交通事故的，由有过错的一方承担赔偿责任；双方都有过错的，按照各自的过错比例分担责任。根据该起事故的责任划分，娄某在该交通事故中负主要责任，娄某应承担事故总损失70%的赔偿责任。

陈某强负该起事故的次要责任，故其权利人应得的赔偿数额为399367.73元。事故发生在交强险及第三者责任险的承保期限内，且汝州市某汽车运输服务有限公司同意以娄某名义主张权利，因此，娄某履行赔偿义务后，有权要求财险平顶山支公司按照保险合同约定在交强险及第三者责任险的保险限额内予以赔偿。财险平顶山支公司应向娄某支付保险金 399367.73 元，娄某的诉讼请求部分成立，部分予以支持。财险平顶山支公司所称娄某事故后逃逸，保险公司不应承担赔偿责任的意见，与查明的事实不符，不予采纳。

河南省平顶山市宝丰县人民法院判决：

一、财险平顶山支公司于本判决生效后十日内赔付娄某 399367.73 元；

二、驳回娄某的其他诉讼请求。

二审法院同意一审法院裁判意见。

【法官后语】

在保险合同纠纷中，实际车主与具有运输资质的挂靠单位之间存在挂靠关系时，谁是向保险公司主张保险金的适格主体。在实践中主要有两种观点：一种观点是：挂靠单位是向保险公司主张保险金的适格主体。财产保险中的被保险人享有保险金请求权。挂靠单位是保险合同约定的被保险人，理应享有保险金请求权。另一种观点是：实际车主作为投保车辆的所有人，对保险标的具有保险利益，其有权向保险公司请求赔偿保险金。笔者赞同第二种观点。

在财产保险合同中，保险利益存在时间为保险事故发生时，它影响的只是保险金请求权的问题，也就是说，订立保险合同的时候，有无保险利益不影响合同的效力。因此，财产保险合同不因挂靠单位对保险标的不具有法律上承认的利益而无效。在挂靠单位无权向保险人请求赔偿保险金时，实际车主是否有权主张保险金呢？笔者试从以下三个方面予以分析：

1. 从事实基础上看

所有权上，车辆所有权的确认不以登记为要件，实际车主是挂靠车辆的购买人，拥有车辆的所有权；占有上，挂靠车辆的实际运营主要控制在实际车主手中，一般不受挂靠单位的干涉和管理；收益上，挂靠车辆的运营收益主要归实际车主所有，挂靠单位一般不参与分配；责任承担上，双方约定挂靠车辆发生的事故责任由实际车主承担，挂靠单位不承担任何责任。所以从事实基础上看，实际车主对挂靠车辆具有法律上承认的所有利益。

2. 从法律依据上看

隐名代理，即代理人以自己的名义，在委托人的授权范围内与第三人订立合同。如果第三人在订立合同时知道代理人与被代理人之间存在代理关系的，则该隐名代理产生与显名代理相同的法律效力，即第三人与代理人所订立的合同直接约束被代理人和第三人。如果第三人不知道代理人与被代理人之间存在代理关系的隐名代理并非必然产生显名代理的效果，而是要通过被代理人行使介入权或者第三人行使选择权而形成相应的法律后果。被代理人的介入权是指，代理人因第三人的原因对被代理人不履行义务时，则应当向被代理人披露第三人，被代理人因此可以行使代理人对第三人的权利。关于本文讨论的车辆挂靠关系，实际车主向挂靠单位支付了车辆保险费，由挂靠单位代其向保险公司投保。挂靠单位则收取实际车主一定的费用（管理费）。两者之间的关系符合代理关系的构成要件，即实际车主是委托人，挂靠单位是代理人，保险公司是第三人。挂靠单位以自己的名义与保险公司订立保险合同，被保险人约定为挂靠单位，则实际车主与挂靠单位之间形成隐名代理关系。如果订立保险合同时，保险公司知道实际车主与挂靠单位之间存在代理关系的，保险合同直接约束实际车主与保险公司。如果保险公司不知晓实际车主与挂靠单位的真实关系的，在保险公司以挂靠单位不具有保险利益而拒绝赔偿保险金时，挂靠单位需向实际车主披露保险公司，则实际车主有权向保险公司行使保险金请求权。

3. 从社会效果上看

虽然法律、法规禁止车辆挂靠经营，但因利益驱动，实践中挂靠行为仍然大量存在。如果认定挂靠单位是向保险公司请求支付保险金的适格主体，会引发一系列的问题，如：(1) 因挂靠单位与实际车主的利益并不捆绑，挂靠单位并不关心挂靠车辆是否能及时获得保险金，以及受害人（第三者或车上人员）能否第一时间得到赔偿。这就造成挂靠单位可能怠于行驶保险金请求权。(2) 挂靠单位在获赔保险金后，以各种理由占有、扣除保险金，实际车主的损害将得不到及时填补，受害人的权益也将受到第二次侵害。若挂靠单位存在上述行为，将严重侵害实际车主和受害人的合法权益。如果由实际车主直接向保险公司行使保险金请求权，则有效地避免了上述问题。

编写人：河南省平顶山市宝丰县人民法院　王鹏珂

101 驾驶证脱审不属于“未取得驾驶资格”

——刘某诉财险潍坊支公司财产保险合同案

【案件基本信息】

1. 裁判书字号

山东省潍坊市中级人民法院（2014）潍商终字第531号民事判决书

2. 案由：财产保险合同纠纷

3. 当事人

原告（被上诉人）：刘某

被告（上诉人）：财险潍坊支公司

【基本案情】

2010年12月30日，原告在被告处为自己所有的鲁G××××L货车购买交强险一份，其中责任限额中死亡伤残赔偿限额为110000元，医疗费用赔偿限额为10000元，财产损失赔偿限额为2000元。保险期限自2010年12月30日至2011年12月29日。2011年11月15日，原告驾驶投保车辆与骑电动车的梅甲相撞，发生交通事故，造成两车受损，梅甲受伤。该交通事故经滨州市公安局交通警察支队东城区大队认定，原告刘某承担事故的全部责任。经交警队调解，原告已赔偿梅甲各项损失25971元。梅甲住院11天，共计花费医疗费15238.97元，住院期间由其子梅乙护理，梅乙月工资2700元。经当地公安司法鉴定中心鉴定：梅甲之护理期为70日。经当地价格认证中心认证：梅甲二轮电动车损失为230元。2013年7月18日，被告对原告作出拒赔通知。原告遂诉至法院。

另查明：原告刘某在事故发生时所持有的驾驶证有效起始日期为2005年9月27日，有效期限为6年，2012年12月2日，系统自动注销。2013年4月15日起恢复驾驶资格。

二审查明事实：《交强险合同条款》载明："被保险机动车在本条（一）至（四）之一的情形下发生交通事故，造成受害人受伤需要抢救的……保险人在医疗费用赔偿限额内垫付……对于其他损失和费用，保险人不负责垫付和赔偿；（一）驾驶人未取得驾驶资格的……"

财险潍坊支公司在一审中提供的潍坊市公安局交通警察支队车辆管理所于2014年5月13日出具的刘某《驾驶证基本信息》查询表显示，初领日期2005年9月27日，有效期始2011年9月27日，有效期止2021年9月27日，状态正常。

【案件焦点】

发生交通事故时，刘某所持驾驶证已过有效期，是否属于"未取得驾驶资格"，应否予以理赔。

【法院裁判要旨】

山东省临朐县人民法院经审理认为：原、被告间签订机动车交通事故责任强制保险合同，是双方的真实意思表示，且不违反法律、行政法规的禁止性规定，合同有效。原告按合同约定履行缴费义务后，投保车辆在被告承保期间发生保险事故，被告理应按约定履行理赔义务。原告要求被告支付的理赔款的诉讼请求，事实清楚，证据充分，应予支持。原告主张的医疗费超出交强险的医疗费用赔偿限额10000元，超出部分不予支持。原告主张的误工费6300元，于法有据，予以支持。而原告的其他诉讼请求因未提供相应的证据予以证实，不予支持。被告在答辩中称原告的驾驶证已过有效期，属于无证驾驶，应当按照驾驶人未取得驾驶资格处理，不应属于理赔范围。但本院认为，对驾驶证规定有效期是公安机关行政管理的需要，与驾驶能力没有必然的联系，驾驶证脱审不能导致驾驶人失去了驾驶资格，被告的答辩理由不予采纳。

山东省临朐县人民法院依照《中华人民共和国保险法》第十四条、第二十三条、第二十五条之规定，作出如下判决：

一、被告财险潍坊支公司于本判决生效后十日内支付原告刘某各项理赔款共计 16300 元；

二、驳回原告多主张的诉讼请求。

财险潍坊支公司对原审判决提起上诉。山东省潍坊市中级人民法院经审理认为：上诉人财险潍坊支公司与被上诉人刘某之间交强险合同的基础法律属性是保险合同，只是这种保险合同是国家为公共交通安全管理秩序的需要强制推行的保险，其目的在于保障交通事故受害者能够获得基本的保障，这种合同的缔结不是双方当事人意思自治的结果，是个人利益服从于公共利益的契约，对合同的当事人具有法律拘束力，均应按交强险合同的约定履行各自的义务。

本案交通事故发生后，被保险人刘某赔偿第三者损失 25971 元（其中含医疗费 15238.97 元、护理人员误工费 6300 元）的事实清楚，双方亦无争议，予以确认。二审双方当事人争议的焦点问题是财险潍坊支公司应否负本案事故的赔付责任。财险潍坊支公司主张不负本案事故赔付责任的理由是事故发生时，刘某的驾驶证有效期限已过，属于未取得驾驶资格的情形，根据交强险合同的约定，保险人不负赔付责任。

机动车驾驶证是指依法允许学习驾驶机动车的人员，经过学习，掌握了交通法规知识和驾驶技术后，经管理部门考试合格，核发许可驾驶某类机动车的法律凭证。驾驶人是否具有驾驶资格属于交通管理机关的一种行政许可，主要判断标准是交通管理机关的许可证明文件。刘某在发生事故所持驾驶证状态是没有按时年审，但刘某的驾驶证在年审之后，有效期为2011年9月27日至2021年9月27日，即在交通管理机关对刘某驾驶资格的许可证明文件中，刘某在2011年11月15日发生交通事故时，是具有驾驶资格的，故财险潍坊支公司以刘某发生事故时未取得驾驶资格的理由不成立，不予支持。对本案事故，保险人财险潍坊支公司应当依据约定在交强险分项限额内赔付刘某已赔偿第三人损失中的16300元。综上，财险潍坊支公司的上诉理由不成立，不予支持。原审判决正确，应予维持。

山东省潍坊市中级人民法院依据《中华人民共和国民事诉讼法》第一百六十九条、第一百七十条第一款第一项、第一百七十五条之规定，作出如下判决：

驳回上诉，维持原判。

【法官后语】

本案的处理重点主要在于对驾驶证脱审是否属于“未取得驾驶资格”的理解。根据《机动车交通事故责任强制保险条例》第二十二条的规定，驾驶人未取得驾驶资格的，保险公司在交强险责任限额内垫付抢救费用，并有权向致害人追偿，也即此时保险人不承担保险赔偿终局责任。但由于该条例未明确何为“未取得驾驶资格”，在一定程度上导致了理解分歧。

驾驶证超过有效期，属于道路交通安全法上“不得驾驶机动车”的情形，也属于通常理解上的“无证驾驶”的情形，但是否构成“未取得驾驶资格”，还得考虑驾驶人的驾驶能力对于车辆行驶安全的影响。笔者认为，对驾驶证规定有效期，是公安机关行政管理的需要，与驾驶能力没有必然联系，这表现在三个方面：第一，根据《机动车驾驶证申领和使用规定》的相关条款，驾驶证超过有效期但逾期不足一年的，尚不会被公安机关吊销，仅属于脱审状态。第二，实践中驾驶员换领驾驶证时，一般不会被要求重新通过驾驶技能考试。第三，驾驶员换领的新驾驶证与其旧驾驶证往往在有效期上前后连贯，应当认为公安机关已经追认驾驶员在旧证到期至取得新证期间内仍具有驾驶资格。因此，驾驶证过期脱审并不等同于驾驶员失去驾驶资格，也不当然增加承保车辆的危险性。

结合本案，刘某在发生事故时所持驾驶证状态是没有按时年审，但刘某的驾驶证在年审之后，有效期为2011年9月27日至2021年9月27日，即在交通管理机关对刘某驾驶资格的许可证明文件中，刘某在2011年11月15日发生交通事故时，是具有驾驶资格的，故财险潍坊支公司以刘某发生事故时未取得驾驶资格的理由不成立，对期间发生的交通事故理应予以赔偿。

编写人：山东省临朐县人民法院　刘艳红

102 车辆损失保险合同中有关车辆折旧率的约定应认定为免责条款，保险人应对其履行提示和明确说明义务

——孔某诉保险盐城支公司保险合同案

【案件基本信息】

1. 裁判书字号

江苏省扬州市中级人民法院（2014）扬商终字第00154号民事判决书

2. 案由：保险合同纠纷

3. 当事人

原告（被上诉人）：孔某

被告（上诉人）：保险盐城支公司

【基本案情】

孔某为其所有的苏JTX×××重型半挂牵引车（挂车号苏JY×××挂）在保险盐城支公司处分别投保了交强险及商业险，保险期间为2013年3月19日至2014年3月18日，车损险保险金额为225000元，车损险的绝对免赔额为2000元。营业用汽车损失保险相关条款约定的内容包括：投保方在事故中负全责的保险人计算赔款时免赔15%。按投保时被保险机动车的新车购置价确定保险金额的，发生全损时，在保险金额内按保险事故发生时的实际价值计算赔偿；部分损失时，在保险金额内按保险事故发生时的实际价值内，按核定的修理费用计算赔偿。实际价值为新车购置价-折旧金额（新车购置价×被保险车辆已使用月数×1.1%月折旧率）。

保险条款关于实际价值计算的条款未加黑提请投保人注意。

2013年11月23日，孔某的投保车辆与他车发生碰撞两车受损，孔某在事故中负全部责任。孔某支付了清障费、救援费，并将事故车辆送修理厂修理。经当地价格认证中心鉴定，该车修理费用为139711元，孔某支付了鉴定费1500元。

孔某所有的苏JTX×××重型半挂牵引车（挂车号苏JY206挂）购置于2008年3月，行驶证上载明该车强制报废期限至2023年3月。发生本次保险事故时，孔某的驾驶证照合法有效。

【案件焦点】

1. 保险盐城支公司应当承担本案车损险赔偿金的数额是多少；2. 保险合同约定的车辆折旧率是否属于免责条款。

【法院裁判要旨】

江苏省扬州市邗江区人民法院经审理认为：《中华人民共和国保险法》（本案以下简称《保险法》）第五十五条规定，投保人和保险人约定保险标的的保险价值并在合同中载明的，保险标的发生损失时，以约定的保险价值为赔偿的计算标准；未约定保险标的保险价值的，保险标的发生损失时，以保险事故发生时，保险标的的实际价值为赔偿计算标准。本案显然属于后一种情形，应按保险事故发生时保险标的的实际价值计算保险金。

关于保险标的的实际价值，保险条款第二十七条确认了保险事故发生时保险标的实际价值的计算方法，即实际价值为新车购置价-折旧金额（新车购置价×被保险车辆已使用月数×月折旧率）。该计算方法作为保险条款，孔某承认对其进行了说明。

关于月折旧率，保险条款规定1.1%，该规定未加黑提示投保人注意。《保险法》第十七条第二款规定，对保险条款中免除保险人责任的条款，保险人应在保险单据上作出足以引起投保人注意的提示，并对该条款的内容向投保人作出明确说明，未作提示或未作说明的，该条款不发生法律效力。该法条要求保险人对免除其责任的条款必须提示投保人注意并作出明确说明，有一个条件不满足，免责条款均不生效。孔某的投保车辆行驶证规定车辆的报废年限为 15 年，符合相关法规规定，按此计算的折旧率应为月折旧率 0. 6%。本案保险条款规定的月折旧率为 1. 1%，与 0. 6%相差近一倍，属于免除保险人责任的免责条款，未加黑提示投保人注意，对投保人不发生法律效力。依上述方法计算事故车辆的实际价值应为 134550 元。孔某修车费用 139711 元已超过实际价值，根据保险条款的约定应以 134550 的实际价值作为损失计算的依据。计算保险金应考虑孔某负事故的全部责任保险盐城支公司免赔 15%，应扣减绝对免赔 2000 元等因素，孔某事故车辆损失的保险赔偿应为 112367. 5 元。孔某主张的清障费 790 元、施救费 700 元，虽提供了协议书、登记表，但提供的票据与本案缺少关联性，考虑到事故的实际情况酌定为 500 元。孔某为明确车辆损失支付的鉴定费 1500 元，因保险条款约定及法律规定推定全损只需按发生事故时保险标的的实际价值计算保险金，无需明确车辆损失，故孔某支付的鉴定费应由其自行承担。保险盐城支公司辩称赔偿的保险金中还应扣减车头车尾交强险免赔 200 元，未能提供相关规定，从法理分析，交强险属于强制保险，赔偿与事故有关与责任无关，交强险免责的理由不能成立。

综上，孔某在保险盐城支公司处投保运输车辆车损险，在保险期间发生保险条款约定的保险事故，保险盐城支公司作为保险人应按约定承担保险金的赔偿责任，孔某修复事故车辆费用超过投保车辆发生事故时的实际价值，保险人应按合同约定的计算方法，根据合理的月折旧率，计算保险车辆实际价值确定保险赔偿金。保险盐城支公司赔偿孔某的保险金应为车辆损失 112367. 5 元，清障费、施救费酌定损失 500 元之和，即 112867. 5 元。

江苏省扬州市邗江区人民法院根据《保险法》第十七条、第二十三条、第五十五条，《中华人民共和国民事诉讼法》第六十四条之规定，判决如下：

一、保险盐城支公司赔付孔某保险金 112867. 5 元；

二、保险盐城支公司履行上述义务后，孔某事故车辆维修更换的配件归保险盐城支公司所有；

三、驳回孔某的其他诉讼请求。

二审法院同意一审法院裁判意见。

【法官后语】

本案属于财产保险合同纠纷，是车辆损失保险（以下简称车损险）合同。《保险法》第五十五条规定，投保人和保险人未约定保险标的保险价值的（即不定值保险），保险标的发生损失时，以保险事故发生时，保险标的的实际价值为赔偿计算标准。车损险即为不定值保险。车损险条款中通常约定：按投保时被保险机动车的新车购置价确定保险金额的，发生全损时，在保险金额内按保险事故发生时的实际价值计算赔偿；部分损失时，在实际价值内，按核定的修理费用计算赔偿；修理费用超出实际价值的，按照推定全损处理。实际价值=新车购置价-折旧金额（新车购置价×被保险车辆已使用月数×月折旧率）。由此可见，折旧率是计算保险车辆实际价值的重要参数，保险车辆折旧率如何约定对确定保险人的赔偿责任具有十分重要的影响。车损险条款通常对不同种类和性质的保险车辆，会约定不同的月折旧率，如小、微型非营运载客汽车为0.6%，重、中型载货汽车（包括半挂牵引车和全挂牵引车）为1.1%，等等。但这与《机动车强制报废标准规定》（以下简称《报废标准》）所规定的车辆使用年限不相一致，通常保险条款约定的折旧率均大于根据车辆使用年限所计算的折旧率。因此，按照合同约定的折旧率计算的实际价值均小于按照使用年限的折旧率计算的实际价值，有的甚至相差很大，这样保险公司核定理赔金额时，就能减轻保险公司的赔偿责任。保险实务中，通常均按照合同约定的折旧率核定车损险的理赔数额，很少有被保险人质疑，但实质上损害了广大投保人和被保险人的利益，这长期以来为人们所忽视；司法实践中，因被保险人很少对此提出抗辩，也一直没有引起司法实务界的重视。本案中，保险车辆为重型带拖挂的载货汽车，车辆行驶证中载明的使用年限为15年，这符合《报废标准》的规定，按此计算车辆的月折旧率应为0.6%左右，而保险条款约定的月折旧率为1.1%，两者计算所得出的车辆实际价值相差接近一倍，明显减轻了保险公司的赔偿责任。

保险条款中所约定的车辆折旧率，是保险行业长期以来的内部规定，没有相关的依据，特别是与《报废标准》所规定的车辆使用年限存在冲突，客观上损害了广大投保人和被保险人的利益，对其效力应加以否定，车辆折旧率应根据《报废标准》所规定的车辆使用年限加以确定。本案根据保险法及其司法解释的精神，进行了充分的说理，裁判说理和结论可能会对保险实务和司法实践产生一定的影响，但对保护广大投保人和被保险人的利益具有积极的意义。

由于保险合同约定的车辆折旧率与《报废标准》所规定的车辆

使用年限不相一致，在保险理赔计算车损险赔偿数额时，减轻了保险人的责任，根据《保险法解释（二）》第九条的规定，应认定为免责条款。同时，《保险法》第十七条规定：保险人在订立合同时应当对格式条款中的免责条款向投保人进行提示和明确说明，如未履行提示或者明确说明义务，则该条款不产生效力。分析该法条可以看出，提示义务和明确说明义务属于并列关系，保险人既要履行提示义务，又要履行明确说明义务，两个条件必须同时满足、缺一不可，否则免责条款对被保险人不产生法律效力。而是否履行提示和明确说明义务应按照《保险法解释（二）》第十一条的规定加以认定。故本案应认定保险公司对合同中有关车辆折旧率的条款未尽到提示义务，该条款对孔某不发生法律效力。

编写人：江苏省扬州市中级人民法院　杨松

103 免责条款的认定及单方委托鉴定的效力问题

——袁某诉保险莱芜支公司财产保险合同案

【案件基本信息】

1. 裁判书字号

山东省莱芜市中级人民法院（2014）莱中商终字第66号民事判决书

2. 案由：财产保险合同纠纷

3. 当事人

原告（被上诉人）：袁某

被告（上诉人）：保险莱芜支公司

【基本案情】

2014 年 1 月 31 日 8 时 35 分许，原告驾驶涉案轿车，与葛某驾驶的微型普通客车相撞，造成车辆受损。葛某驾驶的微型普通客车未投保交通事故责任强制保险。莱芜市公安局交通警察支队第二大队出具道路交通事故认定书认定，事故发生的原因是葛某驾车违反交通信号灯通行，葛某承担事故的全部责任，原告袁某不承担事故责任。莱芜市公安交通警察支队第二大队委托当地价格认证中心对涉案轿车事故直接损失进行鉴定，鉴定基准日为 2014 年 1 月 31 日。2014 年 3 月 6 日，当地价格认证中心出具涉案物品价格鉴定（认证）结论书，鉴定事故直接损失 29901 元。原告提供 2014 年 4 月 4 日汽修公司开具的增值税专用发票两张证实其车辆修理费为 29901 元，施救费 600 元。同时查明，涉案轿车所有人为原告袁某，2013 年 4 月 19 日，原告在被告处投保了保险，保险期间为 2013 年 4 月 25 日至 2014 年 4 月 24 日。其中险别分别为车辆损失险赔偿限额 87120 元（新车购置价），商业第三者责任保险赔偿限额 200000 元，车上人员责任险（司机）赔偿限额 10000 元，且均为不计免赔率。在保险单所附的“电话营销专用机动车辆保险条款（2009 版）”中，在第二章车辆损失险保险条款中约定：在保险期间内，被保险人或其允许的合法驾驶人在使用保险车辆过程中，发生保险合同约定的保险赔付事项的，保险人按本合同约定负责赔偿。被保险人为减少保险车辆的损失所支付的必要的、合理的施救费用，保险人按照合同规定负责赔偿。条款中第十一条约定：保险车辆发生道路交通事故，保险人根据驾驶人在交通事故中所负事故责任比例相应承担赔偿责任。保险车辆方负全部事故责任的，事故责任比例不超过 100%，保险车辆方负主要事故责任的，事故责任比例不超过 70%，保险车辆方负同等事故责任的，事故责任比例不超过 50%，保险车辆方负次要事故责任的，事故责任比例不超过 30%。保险车辆的保险金额按投保时新车购置价确定的，无论保险金额是否低于出险当时的新车购置价，发生部分损失按照实际修复费用赔偿。在“责任免除”条款中规定“保险车辆的损失中应当由交强险赔偿的部分”属于保险免责事由，并规定保险车辆在使用过程中与其他机动车辆发生碰撞造成保险车辆损坏的，对应当由其他机动车辆的交强险赔偿的金额，保险人先予以扣除。被告对原告提供的当地价格认证中心出具的涉案物品价格鉴定（认证）结论书有异议，提出申请对车辆损失价值重新鉴定，但因该涉案车辆已修复，双方就鉴定材料达不成一致意见，遂决定终止委托。

【案件焦点】

保险条款第十一条是否为免责条款。

【法院裁判要旨】

山东省莱芜市钢城区人民法院经审理认为：原告与被告签订机动车保险合同，系双方当事人的真实意思表示，双方当事人应依照合同约定履行各自合同义务，原告投保车辆在保险期内发生交通事故，被告应予理赔。关于被告辩称的根据双方的《保险合同》第十一条的约定，保险车辆发生道路交通事故，保险人根据驾驶人在交通事故中所负事故责任比例相应承担赔偿责任。由于原告不承担事故责任，因此保险公司不具赔付义务的主张，根据保险法的规定，对保险合同中免除保险人责任的条款，保险人在订立合同时应在投保单、保险单或其他保险凭证上作出足以引起投保人注意的提示，并对该条款的内容以书面或者口头形式向投保人作出明确说明，未作提示或明确说明的，该条款不产生效力。虽然该第十一条未明确列入责任免除章节，但从其文义及作用来看，对保险公司在赔偿限额内的责任进行了限定，属于免除保险人依法应承担的义务、排除被保险人依法享有的权利的格式条款，符合免责条款的本质特征。被告对该条款作为普通条款设置，并未对该条款作出足以引起原告注意的提示，也没有证据证实对上述条款履行提示及明确说明义务，本院对被告依该条款免除保险赔偿责任的主张不予支持。对于被告在庭审中陈述的依照责任免除条款“保险车辆的损失中应当由交强险赔偿的部分”属于免责范围，应予扣除的主张，因肇事车辆未投保交通事故责任强制保险，对该主张不予支持。关于保险车辆的车损数额，原告提供当地价格认证中心出具的涉案物品价格鉴定（认证）结论书证实直接损失 29901 元，被告对该鉴定结论有异议，本院准许了被告重新鉴定的申请，但双方因鉴定材料达不成一致意见导致终止委托，故本院依据认证中心出具的鉴定结论书及车辆修理费发票，认定保险车辆的车损为 29901 元。对于原告主张的施救费 1000 元，因其提供的相应证据证实施救费为 600 元，本院认定施救费为 600 元。

山东省莱芜市钢城区人民法院依照《中华人民共和国合同法》第一百零七条、《中华人民共和国保险法》第十七条的规定，作出如下判决：

一、被告保险莱芜支公司于本判决生效之日起十日内赔偿原告袁某涉案车辆损失 29901 元及施救费 600 元；

二、驳回原告的其他诉讼请求。

原告持原审意见提起上诉，山东省莱芜市中级人民法院经审理认为：本案保险条款第十一条对保险公司的赔偿责任，根据被保险人在事故中的责任确定了赔付比例，因此属于免责条款。保险条款第十一条未明确列入责任免除章节，上诉人未对该条款作出足以引起被上诉人注意的提示和说明，该条款不产生效力。并且上诉人在被上诉人报案后未核定损失系其自身行为导致，在此情况下，被上诉人依据交警部门委托所出具的鉴定结果确定损失并无不当。

山东省莱芜市中级人民法院依照《中华人民共和国民事诉讼法》第一百七十条第一款第一项、第一百七十五条的规定，作出如下判决：

驳回上诉，维持原判。

【法官后语】

1. 免责条款的认定及法律后果

免责条款是指当事人约定的用以免除或限制其未来合同责任的条款。免责条款通常被合同一方当事人写入合同或格式合同之中，作为明确或隐含的意思要约，以获得另一方当事人的承诺，使其发生法律效力。通常在保险合同中，保险人往往设定一些情形限定为免除其赔偿责任的条款，并将该情形通过黑体及加粗形式进行标注，即显性的免责条款。但还存在一些条款作为普通保险条款进行设置，但从其文义及作用来看，对保险公司在赔偿限额内的责任进行了限定，属于免除保险人依法应承担的义务、排除被保险人依法享有的权利的格式条款，符合免责条款的本质特征，即隐性的免责条款，同样亦应认定为免责条款的范畴。因此，判断某保险条款是否属于免责条款，不应仅考察该条款是否属于明确列举的范围，对于明确列举范围之外的条款，还应实质考察该条款是否免除或者减轻了保险人的责任。《最高人民法院关于适用〈中华人民共和国保险法〉若干问题的解释（二）》亦规定，保险人提供的格式合同文本中的责任免除条款、免赔额、免赔率、比例赔付或者给付等免除或减轻保险人责任的条款，可以认定为免除保险人责任的条款。对于免责条款，保险人在订立合同时应在投保单、保险单或其他保险凭证中以足以引起投保人注意的文字、字体、符号或者其他明显标志作出提示，并对免除保险人责任条款的概念、内容及其法律后果以书面或者口头形式向投保人作出常人能够理解的解释说明，否则不产生效力。《中华人民共和国民法典》同样规定，格式条款是当事人为了重复使用而预先拟定，并在订立合同时未与对方协商的条款。采用格式条款订立合同的，提供格式条款的一方应当遵循公平原则确定当事人之间的权利和义务，并采取合理的方式提示对方注意免除或者减轻其责任等与对方有重大利害关系的条款，按照对方的要求，对该条款予以说明。提供格式条款的一方未履行提示或者说明义务，致使对方没有注意或者理解与其有重大利害关系的条款的，对方可以主张该条款不成为合同的内容。保险合同中存有大量免责格式条款，保险人未尽到提示或说明义务的，投保人可以主张该条款不成为合同内容。而在举证责任的分配上，保险人应对是否作出明确说明承担举证责任，本案中上诉人未举出其作出明确说明的证据，应承担举证不能的法律后果。

2. 被保险人单方委托鉴定结论的效力认定

交通事故发生后，通常情况下被保险人在未与保险公司确认具体损失项目、损失程度的情况下，即单方委托认证中心进行鉴定，此时，保险公司往往会提出疑问，有时会要求重新鉴定。2019 年修正的《最高人民法院关于民事诉讼证据的若干规定》第四十一条规定："对于一方当事人就专门性问题自行委托有关机构或者人员出具的意见，另一方当事人有证据或者理由足以反驳并申请鉴定的，人民法院应予准许。"单方委托作出的鉴定意见，符合证据的形式要件，但从证据的实质要件看，单方委托剥夺了保险公司参与查勘、选择鉴定机构并提出相关意见的权利，保险公司无法对鉴定方法、鉴定过程、检材等进行确认，且在审判实践中，认证中心普遍存在低损高定的现象，其出具的鉴定书有的亦存在不合理、不公正之处，为了防止保险诈骗，即使保险公司没有足够证据推翻鉴定结论，亦应给予保险公司一定的程序救济，允许保险公司重新申请鉴定。但是，如果保险公司在交通事故发生后拒绝定损或怠于定损，则视为保险公司不履行义务的同时放弃了查勘车损的权利，此时被保险人单方委托认证中心进行鉴定不存在任何过错，在保险公司没有证据证明鉴定机构或者鉴定人员不具备相关鉴定资格、鉴定程序严重违法的前提下，法院对于鉴定意见应予采信。本案中，保险人接到报案后，以无责不赔为由不予理赔，未及时核定损失，虽然给予保险公司再次启动鉴定程序的机会，但因保险车辆已修复，双方对鉴定材料达不成一致而导致无法鉴定，既然保险公司一开始放弃定损权利，错过了最好的查勘时机，应当为此承担鉴定不能的相应责任。

3. 保险人代位权的行使

因第三者对保险标的的损害而造成保险事故的，保险人自向被保险人赔偿保险金之日起，在赔偿金额范围内代位行使被保险人对第三者请求赔偿的权利。本案事故是第三者的责任导致，保险人亦应赔偿保险金，其赔偿后可代位求偿，维护其权利。

编写人：山东省济南市钢城区人民法院　朱琳

104 第三方委托鉴定是否合法有效及相关委托费用是否应由保险公司承担

——王某诉宋某、财险大同支公司保险合同案

【案件基本信息】

1. 裁判书字号

天津市第二中级人民法院（2014）二中速民中字第636号民事判决书

2. 案由：保险合同纠纷

3. 当事人

原告（被上诉人）：王某

被告（被上诉人）：宋某

被告（上诉人）：财险大同支公司

【基本案情】

2012年5月8日12时20分，汪某驾驶晋B×××××、晋BJ×××挂号车掉头时，车左后侧与同向第一机动车道原告驾驶的冀E×××××号车前部相撞，造成两车损坏的交通事故。该事故经公安交通管理部门认定，汪某承担事故主要责任，原告承担事故次要责任。原告支付施救费10000元、血检费300元、接触痕迹鉴定费1000元、车检费800元。2012年6月6日，天津市滨海新区塘沽价格认证中心出具道路交通事故车物损失评估结论书，冀E×××××号车鉴定总损失为82432元。原告支付评估费2000元、拆解费8200元、存车费2900元。冀E×××××号车系原告所有。晋B×××××号、晋BJ×××挂号车系被告宋某实际所有，挂靠在

某公司，二车在被告财险大同支公司投保机动车交强险二份，保险金额分别为50万元、5万元的商业三者险各一份，附加不计免赔条款，事故发生在保险期限内。

原告要求被告赔偿车辆损失费82432元、施救费11000元、拆解费8200元、评估费2000元、血检费300元、接触痕迹鉴定费1000元、车辆检验费800元、存车费2900元；由被告保险公司在两份交强险限额内先行赔偿，不足部分由被告保险公司在商业险限额内根据保险合同赔偿，仍有不足的由被告宋某按责任比例70%赔偿；本案诉讼费由被告承担。财险大同支公司对车辆损失费和施救费同意赔偿，认为其他费用均系间接损失，不予认可。宋某认为保险公司所述的其他费用均系直接损失，其应予赔偿。

【案件焦点】

1. 本案中车辆损失鉴定是否合法有效；2. 评估费、拆解费、停车费、血检费、痕迹鉴定费、车检费是否应由保险公司承担。

【法院裁判要旨】

天津市滨海新区人民法院经审理认为：根据《最高人民法院关于审理道路交通事故损害赔偿案件若干问题的解释》第十六条的规定，原告的损失应当由被告财险大同支公司在机动车强制保险限额范围内先行赔偿，不足部分由被告财险大同支公司在商业三者险限额内根据保险合同赔偿，仍有不足的由被告宋某按责任比例70%赔偿。原告主张的车辆损失费82432元、施救费10000元，提供了相应证据，二被告均无异议，本院予以支持；拆解费8200元、评估费2000元、血检费300元、接触痕迹鉴定费1000元、车辆检验费800元、存车费2900元，原告均提供了相应证据，被告保险公司认为不属于保险赔偿范围，但未能提供证据证明其已履行明确说明的义务，上述损失应由被告保险公司赔偿。

天津市滨海新区人民法院依据《中华人民共和国民法通则》第一百一十七条，《最高人民法院关于审理道路交通事故损害赔偿案件若干问题的解释》第十五条、第十六条，《最高人民法院关于适用〈中华人民共和国保险法〉若干问题的解释（二）》第十三条第一款之规定，作出如下判决：

一、被告财险大同支公司自本判决生效之日起十日内在交强险限额内赔偿原告王某车辆损失费 4000 元；

二、被告财险大同支公司自本判决生效之日起十日内在商业三者险限额内赔偿原告王某车辆损失费 78432 元、施救费 10000 元、拆解费 8200 元、评估费 2000 元、血检费 300 元、接触痕迹鉴定费 1000 元、车辆检验费 800 元、存车费 2900 元，共计 103632 元的 70%，即 72542 元。

被告财险大同支公司提起上诉。天津市第二中级人民法院经审理认为：财险大同支公司以鉴定部门未经双方共同选定为由，对鉴定意见不予认可，但不能证明鉴定意见存在程序严重违法或鉴定结论明显依据不足等不能作为证据使用的法定情形；评估费、拆解费、停车费、血检费、痕迹鉴定费、车检费等费用是为防止或者减少、查明和确定保险标的损失支付的必要合理费用。

天津市第二中级人民法院依据《中华人民共和国民事诉讼法》第一百六十九条第一款、第一百七十条第一款第一项之规定，作出如下判决：

驳回上诉，维持原判。

【法官后语】

本案中的重点在于运用当然解释和文义解释的方法对法律和司法解释的规定进行进一步的解读。

具体而言，《最高人民法院关于民事诉讼证据的若干规定》第四十一条规定，对于一方当事人就专门性问题自行委托有关机构或者人员出具的意见，另一方当事人有证据或者理由足以反驳并申请鉴定的，人民法院应予准许。本案中的鉴定系处理事故的交警大队委托，但根据当然解释的方法，即使该鉴定系原告单方委托，财险大同支公司亦应提供足以予以反驳的证据，但其未能提供，且天津市滨海新区塘沽价格认证中心系有资质的鉴定单位，故该鉴定意见合法有效。在司法实践中，法官从公平和效率的角度出发，在组织对鉴定报告进行质证、认证的过程中，对其证明力完成内心确信。一方当事人提出重新鉴定的，必须有足够的证据予以反驳，否则诉讼将陷入反复鉴定的拉锯当中，对另一方当事人的利益造成损害，对司法资源造成严重浪费。

关于间接损失，首先应当从概念上进行解释。侵权行为法理论一般认为侵权行为造成的损失可以分为两个类型，即直接损失和间接损失。主要有两种学说：一种借助因果关系的观念区分二者，认为“着眼于损失之引发，谓损失事故直接引发之损失为直接损失，非直接引发而系因其他媒介因素之介入所引发之损失则为间接损失”。另一种以行为结果的时间性关联为判断标准，认为“着眼于损失之标的，谓损失事故直接所损及之标的，其损失即直接损失；其他之损失，则为间接损失”①。而我国的侵权行为理论通说认为，直接损失是指已得利益之丧失，间接损失是虽受害时尚不存在，但受

① 曾世雄：《损害赔偿法原理》，中国政法大学出版社2001年版，第137页。

害人在通常情况下如果不受侵害，必然会得到的利益。①

根据《中华人民共和国保险法》第六十四条的规定，保险人、被保险人为查明和确定保险事故的性质、原因和保险标的的损失程度所支付的必要的、合理的费用，由保险人承担。本案中，血检费、痕迹鉴定费、车检费是为了查明事故的性质、原因所支付，关系到原告和被保险人之间的责任比例划分，进而确定保险公司在商业三者险限额内的赔偿比例；评估费、拆解费、停车费，是为了确定保险标的的损失程度所支付，均是必要、合理的费用。且上述费用从概念上来界定，并非属于间接损失，应由被告保险公司赔偿。

编写人：天津市滨海新区人民法院　宋扬

105　机动车车上人员责任险的保险责任范围

——梁某等诉保险云南分公司保险合同案

【案件基本信息】

1. 裁判书字号

云南省昆明市中级人民法院（2014）昆民四终字第325号民事判决书

2. 案由：保险合同纠纷

3. 当事人

原告（上诉人）：梁某、刘甲、刘乙、邹某

被告（被上诉人）：保险云南分公司

---

① 张新宝：《中国侵权行为法》，中国社会科学出版社1995年版，第36页。

【基本案情】

原告梁某与刘某系夫妻关系，生育一女即原告刘甲，原告刘乙、邹某系刘某的父母。2013 年 4 月 28 日，刘某为其所有的云 AE××××号车向被告投保了车上责任险（驾驶员），保险限额为 50000 元，并投保了机动车第三者责任险、机动车损失险，也购买了上述险种的不计免赔，保险期间自 2013 年 4 月 29 日起至 2014 年 4 月 29 日止。2014 年 3 月 7 日，刘某停车等待装货，其在投保车辆车顶左侧前端插蓬杆的过程中不慎从车上掉下，后经 120 急救人员到现场处理后确定刘某已经当场死亡。事故发生后，原告梁某向被告索赔，被告于 2014 年 3 月 19 日出具《机动车保险拒赔通知书》，认为投保车辆于 2014 年 3 月 7 日发生的事故不属于赔偿责任范围。四原告于 2014 年 4 月 4 日提起诉讼。

【案件焦点】

“机动车车上人员责任险”的保险责任范围。

【法院裁判要旨】

云南省昆明市五华区人民法院经审理认为：原告为其所有的车辆向被告投保并交纳了保险费用，被告承保并签发了保单，原、被告之间的保险合同关系合法有效，双方当事人均应当按照合同约定履行各自的义务。本案的争议焦点为刘某的死亡是否属于保险事故，四原告作为刘某的法定继承人主张被告承担责任所依据的险种为机动车车上人员责任险，根据《机动车车上人员责任保险条款》第六条约定：保险机动车在被保险人或其允许的合法驾驶人使用过程中发生意外事故，致使车上人员遭受人身伤害，对被保险人依法应支付的赔偿金额，保险人在扣除机动车交通事故责任强制保险应当支付的赔款后，依照本保险合同的约定给予赔偿。该保险条款为双方保险合同的组成部分，明确了保险车辆使用过程中发生意外事故致车上人员遭受人身伤害的，保险公司应当赔偿被保险人依法支付给车上人员的赔偿金，即只有保险车辆发生事故导致车上人员受伤，保险公司才承担保险责任。本案中，刘某是在保险车辆上挂蓬杆时不慎从车上掉下致死，其死亡的结果不是保险车辆发生意外事故所导致，故不属于保险合同约定的保险事故，被告不应承担保险责任。

云南省昆明市五华区人民法院依照《中华人民共和国保险法》第十三条、第十四条，《中华人民共和国民事诉讼法》第六十四条、第一百一十八条的规定，判决如下：

驳回原告梁某、刘甲、刘乙、邹某的诉讼请求。

二审法院同意一审法院裁判意见。

【法官后语】

“车上人员责任险”属于人身险还是财产险？本案中原告对“车上人员责任险”的保险标的理解为“车上人员”的人身健康及生命，将该险种归结为人身险，即认为人在车上出现意外导致死亡，就属于“车上人员责任险”的保险责任范围。而根据保险条款的约定，“车上人员责任险”的保险责任为“保险机动车……发生意外事故，致使车上人员遭受人身损害。对被保险人依法支付的赔偿金额，保险人在扣除机动车交通事故责任强制保险应当支付的金额后，依照本保险合同的约定给予赔偿”。保险合同包含了财产保险合同及人身保险合同，而财产保险合同实际上包含了两个种类，即一般财产保险及责任保险。责任保险是基于财产而产生的，其保险标的为被保险人或其允许的人在使用财产过程中对第三者承担的责任。故“车上人员责任险”属于责任保险，其保险标的为被保险人或其允许的驾驶员在使用机动车过程中给车上人员造成伤害，从而依法应当对车上人员所承担的赔偿责任。

确定保险事故发生的原因是判断保险人是否应当承担赔偿责任的关键。近因原则要求造成损害发生的原因与保险合同中约定的保险事故发生之间存在直接的、密切的、关键的关系。本案中，死者是在保险车辆上挂篷杆时意外跌落死亡，故其死亡的原因是意外跌落。而从“车上人员责任险”的保险责任范围来看，其承保的保险事故为使用机动车过程中因碰撞、倾覆等原因，也即事故实际上是机动车导致的损害，故本案中的事故原因与保险合同中约定的保险事故没有直接的、密切的、关键的联系，该事故导致的损害不是保险合同约定的赔偿责任范围。

《中华人民共和国保险法》第三十条规定：“采用保险人提供的格式条款订立的保险合同，保险人与投保人、被保险人或者受益人对合同条款有争议的，应当按照通常理解予以解释。对合同条款有两种以上解释的，人民法院或者仲裁机构应当作出有利于被保险人和受益人的解释。”对于保险条款的理解，首先应该是按照通常理解予以解释。本案中争议的焦点即对“使用机动车”的解释。如果脱离机动车保险问题来理解“使用机动车”确实可以认为“使用”包括了驾驶机动车或乘坐机动车，甚至包含了与机动车有关的清洗、检修等活动。但是本案的争议与机动车保险有关系，设置机动车保险的目的是转移驾驶机动车这种危险行为具有的风险性，故在机动车保险这个特定的意境下理解“使用机动车”就应该特指“驾驶机动车”，故本案中死者因在车辆上挂篷杆时意外跌落导致死亡不应该包含在“使用机动车”的范围内。

商业保险合同是被保险人（投保人）与保险人意思表示一致的

结果，保险条款是保险人提供的格式条款，是保险合同的组成部分，双方当事人均应当遵守保险合同的约定，即保险人是否承担保险赔偿责任是基于保险条款约定的保险事故是否发生，事故发生是否属于保险责任范围。订立保险合同过程中，被保险人（投保人）可能存在没有仔细阅读保险条款或没有收到保险条款的情况，但购买保险时被保险人（投保人）作为完全民事行为能力人，其签字本身就有确认知晓合同内容也即收到保险单及保险条款的法律后果。因此，如果被保险人（投保人）仅抗辩不知晓保险条款的内容，但是没有提交证据予以证明，法院一般不予采信。保险条款中的保险责任范围不属于免除保险人责任的条款，保险人没有明确说明的义务。

编写人：云南省昆明市五华区人民法院　范萌萌

106 保险合同中关于索赔前置条件及按事故责任比例赔付的约定是否有效

——钱某诉保险公司保险合同案

【案件基本信息】

1. 裁判书字号

浙江省绍兴市嵊州市人民法院（2013）绍嵊商初字第629号民事判决书

2. 案由：保险合同纠纷

3. 当事人

原告：钱某

被告：保险公司

【基本案情】

2011年8月1日，钱某与保险公司签订了一份机动车保险合同，被保险人为钱某，车牌号码为浙DEW×××，承保险种为车辆损失险31200元、第三者责任险300000元，车上人员险（驾驶员）10000元，保险期限为2011年8月3日至2012年8月2日，未投保不计免赔特约险。其中《机动车车上人员责任保险条款》及《非营业用汽车损失保险条款》第七条均约定，下列损失和费用，保险不负责赔偿：应当由机动车交通事故责任强制保险赔偿的损失和费用。第八条约定，保险人在依据本保险合同约定计算赔款的基础上，在保险单载明的责任限额内，按下列免赔率免赔：负主要事故责任的免赔率为10%。同时，保险人依据被保险机动车驾驶人在事故中所负的事故责任比例，承担相应赔偿责任。被保险机动车方负主要责任事故的，事故责任比例为70%。

2012年2月2日8时5分许，钱某驾驶浙DEW×××号轻型普通货车，与蒋某义驾驶的浙DNZ×××号小型普通客车发生刮擦，造成钱某及车上乘坐人员黄某连、周某英、楼某根、钱某慧、孙某堪受伤，两车损坏的交通事故。据道路交通事故认定书认定，钱某负事故主要责任，蒋某义负事故次要责任。事故发生后，钱某住院治疗6天，出院后医嘱休息15天。事故造成钱某的人身方面的损失有：医疗费1852.15元、误工费1593.48元、护理费587.34元、住院伙食补助费120元，共计4152.97元；财产方面的损失有：拖车费、吊车费、停车费1610元，车辆维修费9600元，共计11210元。

保险公司对所涉车辆在被告处进行了投保及发生交通事故的事实没有异议，但认为：对于车上人员责任险和车辆损失险，按合同约定，应当由机动车交通事故责任强制保险赔偿的损失和费用，保险人均不负责赔偿，因此，原告的车上人员责任险可向事故相对方保险公司的交强险内要求赔偿，对于车辆损失险，由事故相对方在交强险内赔付2000元外，再根据本次交通事故双方的责任，按比例予以赔偿。由于原告并未投保不计免赔特约险，按合同约定，原告在事故中负主要责任，故还应扣除10%的免赔率。

【案件焦点】

双方在保险合同中约定的车上人员责任险、车辆损失险中索赔前置条件及车辆损失险中保险人依据被保险机动车驾驶人所负事故责任比例承担相应的赔偿责任的约定是否有效。

【法院裁判要旨】

浙江省嵊州市人民法院经审理认为：本案原、被告双方对投保及事故发生的事实均无争议，争议的主要焦点为按照双方签订的保险合同约定，对于车上人员责任险，被告认为原告方的人身方面的损失，应当由侵权方保险人在机动车交通事故责任强制保险内赔偿。对于汽车损失险，被告也认为应由侵权方保险人在机动车交通事故责任强制保险内赔偿，不足部分再按事故责任比例由被告进行赔偿。对于被告关于要求原告先行向第三者请求在机动车交通事故责任强制保险内进行赔偿的主张，根据《最高人民法院关于适用〈中华人民共和国保险法〉若干问题的解释（二）》第十九第一款的规定，“保险事故发生后，被保险人或者受益人起诉保险人，保险人以被保险人或者受益人未要求第三者承担责任为由抗辩不承担保险责任的，人民法院不予支持”。故被告的该主张明显不符合法律相关规定，本院不予采信。对于被告关于要求对原告的车辆损失应按事故责任比例进行赔偿的主张，因为车辆损失险是一种损失补偿保险，被保险人获得赔偿的依据是其实际损失，而非其承担的赔偿责任。按责任比例进行赔偿是第三者责任险的基础，在车辆损失险中不应当适用。且保险条款关于驾驶员在交通事故中无责任则保险人不承担赔偿责任的规定不符合保险法法理，不符合缔约目的，亦有违公平原则，应当认定该免责条款无效。综上，原、被告双方签订的保险合同系双方真实意思表示，双方均应按合同约定全面履行自己的义务。在事故发生后，原告有权选择按双方签订的保险合同向保险人主张权利。对原告诉请中合理部分，依法予以支持。被告关于原告应向侵权方保险人在机动车交通事故责任强制保险内主张先行赔偿，不足部分再按事故责任比例由被告进行赔偿的辩称，于法不符，不予支持。由于原告并未投保不计免赔特约险，且原告在事故中负主要责任，故被告关于应按合同约定扣除免赔率 10% 的主张，既符合合同约定，又不违反法律规定，予以支持。

浙江省嵊州市人民法院依照《中华人民共和国合同法》第四十条，《中华人民共和国保险法》第二条、第二十三条第一款、第二款、第六十条第一款，《最高人民法院关于适用〈中华人民共和国保险法〉若干问题的解释（二）》第十九条的规定作出如下判决：

一、被告保险公司给付原告钱某保险赔偿款 15362.97 元的 90%，合计 13826.67 元；

二、驳回原告钱某的其他诉讼请求。

【法官后语】

本案是一起保险纠纷，所涉及的险种为较为常见的车辆损失险和车上人员责任险。该案所涉标的金额虽然较小，但保险公司作为被告仍然拒绝调解，就是因为该案在保险公司看来，其拒赔的理由完全符合保险合同中相关条款的约定。其双方争议的主要焦点为：1. 对于车上人员责任险，双方合同中关于"车上人员人身方面的损失，应当由侵权方保险人在机动车交通事故责任强制保险内赔偿"的约定是否有效？2. 对于车辆损失险，双方合同中关于"应由侵权方保险人在机动车交通事故责任强制保险内赔偿，不足部分再按事故责任比例由被告进行赔偿"的约定是否有效？

对于第一个争议焦点：虽然《机动车车上人员责任保险条款》及《非营业用汽车损失保险条款》第七条均载明：下列损失和费用，保险人不负责赔偿：应当由机动车交通事故责任强制保险赔偿的损失和费用。该条款系保险免责条款，从其内容看，该规定系设定索赔前置条件的保险条款。保险条款规定被保险人首先要向负有责任的第三人求偿，实际上剥夺了被保险人直接向保险人求偿的权利，也不符合及时分散社会风险的保险功能。作为提供格式条款的保险人免除其直接给付保险金的义务，限制了被保险人直接要求保险人赔偿保险金的权利，因此该条款中关于索赔前置条件的约定应认定为无效。

对于第二个争议焦点：《非营业用汽车损失保险条款》第八条载明：保险人依据被保险机动车驾驶人在事故中所负的事故责任比例，承担相应赔偿责任。被保险机动车方负主要事故责任的，事故责任比例为70%。按照该条款约定，驾驶员在事故中的责任越大，保险人赔付的比例就越高。若在事故中无责任，则保险人不承担赔偿责任。这明显不符合保险法法理，不符合缔约目的，亦有违公平原则，且与鼓励机动车驾驶者遵守交通法规的社会正面价值导向相背离，容易诱发道德风险。车辆损失险是一种损失补偿保险，被保险人获得赔偿的依据是其实际损失，而非其承担的赔偿责任。按责任比例进行赔偿是第三者责任险的基础，在车辆损失险中不应当适用。根据《中华人民共和国保险法》第十九条的规定，关于车辆损失险中保险人依据被保险机动车驾驶人所负事故责任比例承担相应的赔偿责任的约定亦应认定为无效。

编写人：浙江省嵊州市人民法院　徐海明

107　以保险金额作为保险赔偿款计付基数的合同条款是否属于免责条款

——出租汽车公司诉财保万州支公司财产保险合同案

【案件基本信息】

1. 裁判书字号

重庆市第二中级人民法院（2013）渝二中法民终字第00637号民事判决书

2. 案由：财产保险合同纠纷

3. 当事人

原告（上诉人）：出租汽车公司

被告（被上诉人）：财保万州支公司

【基本案情】

2008年5月23日，谭某依法取得出租汽车公司渝AF××××号出租车的经营权。2010年9月10日，出租汽车公司在财保万州支公司为渝AF××××号出租车投保商业第三者责任险。财保万州支公司出具的保险单载明：赔偿限额为50万元，保险期限为2010年9月30日至2011年9月29日。机动车商业保险条款第十三条约定：交通事故中，保险车辆驾驶人负全部责任的，事故责任免赔率20%，负主要责任的，事故责任免赔率15%……第二十条约定：本保险按以下方法计算赔偿金额：（一）当被保险人应负赔偿金额高于赔偿限额时：赔款=赔偿限额×（1-事故责任免赔率）×（1-绝对免赔率）……合同签订后，出租汽车公司按约交纳了保险费。同年12月26日，谭某聘请的驾驶员杨某在驾驶渝AF××××号出租车时将陈某撞伤。事故认定书认定杨某负主要责任，陈某负次要责任。2011年12月29日，人民法院生效判决书判决谭某与出租汽车公司连带赔偿陈某各种损失325万余元。出租汽车公司向财保万州支公司索赔，财保万州支公司赔付出租汽车公司42.49999万元。出租汽车公司起诉要求财保万州支公司继续给付保险理赔款7.5万元。

【案件焦点】

保险人对以保险金额作为保险赔偿金计付基数的计算公式条款是否具有特别提示和明确说明义务。

【法院裁判要旨】

重庆市万州区人民法院经审理认为：出租汽车公司未投保不计免赔责任险，保险事故发生后，财保万州支公司已按保险合同的约定在商业三者险50万元限额内赔付出租汽车公司42.49999万元。

出租汽车公司要求财保万州支公司赔偿由其在商业三者险内自行承担的15%的请求无法律依据，不予支持。

重庆市万州区人民法院依据《中华人民共和国合同法》第六条、第六十条之规定，作出如下判决：

驳回出租汽车公司要求财保万州支公司给付保险理赔款7.5万元的诉讼请求。

出租汽车公司不服，提起上诉。重庆市第二中级人民法院经审理认为：财保万州支公司提供的《商业第三者保险条款》第二十条约定：当被保险人应负赔偿金额高于赔偿限额时：赔款=赔偿限额×（1-事故责任免赔率）×（1-绝对免赔率）。这一条款是由事故责任免赔率和绝对免赔率组成的计算公式，事故责任免赔率和绝对免赔率本身属于《中华人民共和国保险法》第十七条第二款规定的“免除保险人责任的条款”，因此由事故责任免赔率和绝对免赔率组成的计算公式，计算结果必然减轻保险人的赔偿责任，也应属于“免除保险人责任的条款”。财保万州支公司没有履行对这一免责条款的提示和明确说明义务，该条款不产生效力。

重庆市第二中级人民法院根据《中华人民共和国保险法》第十七条第二款，《最高人民法院关于适用〈中华人民共和国保险法〉若干问题的解释（二）》第九条第一款和《中华人民共和国民事诉讼法》第一百七十条第一款第二项的规定，作出如下判决：

一、撤销一审判决；

二、财保万州支公司在本判决生效后十五日内向出租汽车公司支付保险理赔款75000元。

【法官后语】

责任保险中，被保险人因发生保险事故而向第三者承担的赔偿责任是保险标的。因此，计算保险赔偿款时应以被保险人向第三者赔偿的金额作为保险人计付赔偿款的基数。为平衡双方利益，双方可约定保险人承担赔偿或者给付保险金责任的最高限额即保险金额。但在同一保险合同中，既有保险金额条款，又有以保险金额作为计算保险赔偿金基数的计算公式条款，则是相互矛盾的。因为，如以保险金额条款为准，以保险金额作为计付保险赔偿金基数的计算公式条款就失去了意义；如以将保险金额作为计算基数的计算公式条款为准，依据该计算公式得出的赔偿数额必然低于保险金额，实质上就降低了保险金额，减轻了保险人的责任。因此，以保险金额作为保险赔偿金计算基数的计算公式条款属于部分免除保险人责任的条款。基于合同自由原则，保险合同当事人可对“免除保险人责任的条款”进行约定。但是，合同自由要求双方都在自由行使自由决定权的基础上形成协议。保险合同具有技术性、专业性，在对条款内容、文字含义、专业术语等精准理解方面，投保人通常难以有如保险人一样的理解能力。因此，要求保险人履行最大诚信义务，在订约时主动就免责条款向投保人作出足以引起投保人注意的提示，确保投保人明了该条款的真实含义和法律后果。如保险人未履行此法定义务，视为双方对“免除保险人责任的条款”未达成一致意思表示，故不产生法律效力。

本案中，保险合同中约定的“当被保险人应负赔偿金额高于赔偿限额时：赔款=赔偿限额（即保险金额）×（1-事故责任免赔率）×（1-绝对免赔率）”计算公式条款，从改变保险金额和计算免赔率两个方面免除保险人的赔偿责任，属“免除保险人责任的条款”。财保万州支公司仅将前述限额计付保险赔偿金计算公式条款作为合同的一般条款，而未作为“免除保险人责任的条款”在合同文本中作出足以引起投保人注意的提示，亦未对这一免责条款尽到明确说明义务，故该条款不产生法律效力。因此，二审改判财保万州支公司继续赔付出租汽车公司保险理赔款7.5万元。

编写人：重庆市第二中级人民法院　向亮　龙江莉

108　“姐妹车”相撞的“交强险”赔偿问题分析

——集装箱公司诉人保黄浦支公司机动车交通事故损害赔偿案

【案件基本信息】

1. 裁判书字号

上海市宝山区人民法院（2013）宝民一（民）初字第4348号民事判决书

2. 案由：机动车交通事故损害赔偿纠纷

3. 当事人

原告：集装箱公司

被告：人保黄浦支公司

【基本案情】

2012年5月8日5时许，刘某驾驶A车追尾前方梅某驾驶的B车，造成交通事故，致后车驾驶员刘某受伤，车辆损坏。经交警部门认定，刘某负事故主要责任，梅某负次要责任。A车与B车行驶证均登记在原告集装箱公司名下，并为该公司所有。B车在被告人保黄浦支公司投保交强险两份，本次事故发生在保险期限内。事故发生后，被告人保黄浦支公司对 B 车进行了定损，定损金额为 17862 元，扣除残值 500 元，计 17362 元。后原告花费 17362 元对车辆进行了修理。

原告要求被告人保黄浦支公司在两份交强险财损限额 4000 元内对原告的车辆修理费进行赔偿。交强险外不足部分，因对方车辆亦为原告所有，故本案中不予主张。驾驶员刘某因本起交通事故造成的人身损害赔偿，刘某另案通过工伤途径处理。

被告对事故的真实性及发生经过无异议。但对于本案的责任认定及赔偿责任问题有异议。第一，该起事故系后车追尾前车引起，前车未有任何操作不当，前车驾驶员不存在任何交通违规行为，故前车驾驶员梅某对于本起事故应当无责。正是因为前后车均为一家公司所有，故事故的责任认定系前后车的驾驶员，为了最大限度地获取保险公司理赔而在交警部门进行的自认。第二，由于前、后车属于同一公司所有，就本案而言，承保车辆 B 车的所有人为原告，而相撞的另一方 A 车的所有人亦为原告，受害人即为被保险人，A 车并非真正交强险中的“第三者”，故根据交强险条例的免责事由，被告不应该对原告的损失进行赔偿。

【案件焦点】

属于同一所有人名下的机动车发生事故，保险公司是否应当在“交强险”范围内予以赔偿。

【法院裁判要旨】

上海市宝山区人民法院经审理认为：损坏他人财产的，应当恢复原状或折价补偿。机动车发生交通事故造成人身伤亡、财产损失的，由保险公司在机动车强制保险责任限额内予以赔偿，不足部分，由有过错的一方承担赔偿责任；双方都有过错的，按照各自过错的比例分担责任。

机动车第三者责任强制保险属于财产保险范畴，是以财产及其有关利益为保险标的的保险合同，故该保险中所指的“第三者”应以财产作为判断标准，而非以财产的所有权人作为判断标准。被告集装箱公司为 B 车投保的交强险承保范围是该车辆所造成的人身及财产损失。虽然 A 车与 B 车同为集装箱公司所有，但在本起事故中，A 车为 B 车的第三者车辆，故 B 车给 A 车造成的损失，应当属于 B 车交强险责任范围，在无证据证明投保车辆存在故意制造事故的情况下，被告人保黄浦支公司应在交强险范围和限额内对原告的合理损失承担赔偿责任。

事发后，交警部门依法对本起事故双方的责任作出认定，刘某负事故主要责任，梅某负次要责任，本院予以确认。被告保险公司对交警部门作出的责任认定提出异议，但其未提供充分依据证明其主张，对此本院不予采信。关于车辆维修费，现原告依据定损单、车辆维修相关费用凭据等，要求被告人保黄浦支公司在两份交强险财损限额 4000 元范围内承担赔偿责任，于法有据，本院予以支持。

上海市宝山区人民法院依照《中华人民共和国民法通则》第一百一十七条第二款，《中华人民共和国交通安全法》第七十六条第一款第一项之规定，判决如下：

被告人保黄浦支公司于本判决生效之日起十日内在机动车第三者责任强制保险责任限额内赔偿原告集装箱公司车辆修理费 4000 元。

【法官后语】

随着社会经济的发展和人民生活水平的提高，汽车需求呈不断增长的趋势。一家公司、一个家庭，甚至是一个人名下拥有多辆车已经成为普遍现象，尤为典型的如出租车公司、货运公司、公交公司等。笔者在此借用船舶保险中将属于一个船东所有或经营的船舶称为“姐妹船”的做法，将这种属于同一所有人（包括实际管理人）的机动车称为“姐妹车”。近年来，这种“姐妹车”之间相撞引发的关于保险赔偿的讨论时常见诸报端。笔者在下文中仅以本案为例，就此类“姐妹车”事故中“交强险”赔偿问题作简单分析，抛砖引玉。

笔者观点，属于同一所有人名下的机动车发生事故，只要能够排除故意制造事故的可能性，保险公司应当在“交强险”范围内予以赔偿。主要从以下几个角度考虑：

1. 交强险的性质及其价值取向

交强险虽然属于机动车第三者责任保险的一种，但它与任意的机动车第三者责任保险有着本质的不同。这种不同，不仅体现在投保、承保与否的强制性，更体现在两者功能和价值取向的不同。交强险从自愿投保向强制投保的转变，反映了机动车责任保险从实现个人目的向实现社会目的的观念转变。从世界范围来看，目前各国实行的交强险，多是出于保护机动车交通事故受害人的公共政策目的，对传统机动车责任保险不利于保护受害人的某些做法予以了限制。现行交强险条款，在免责事由与“第三者”之范围上，与任意的第三者责任险有着很大的不同。在保险人的免责事由上，包括我国交强险在内的各国机动车第三者责任强制险制度都规定，凡发生道路交通事故被保险车辆造成人身伤害和财产损失的，除非受害人故意碰撞所致，无论机动车一方有无过失，保险人都必须在第三者责任强制险责任限额内无条件地予以赔偿。

由此可见，交强险从制度设计上就是以保护受害人利益作为核心价值取向，保护受害人利益这一制度理念已经成为国家的一项社会政策，交强险即落实此项政策的一个工具。

2. 交强险中“第三者”的范围与界定

什么是交强险中的“第三者”？责任保险合同中的“第三者”是有特定含义的。这里的“第三者”既不是为他人利益而订立的人身保险合同、财产保险合同中所说的“第三人”，也不是货物运输合同中所指的“第三人”，而是特指交强险保单约定当事人以外的，对被保险人享有赔偿请求权的人。该“第三者”由于被保险人的非故意侵犯行为造成民事损害而依法享有了索赔权。对于第三者责任险中“第三者”范围的认定，直接关系到保险权益能否实现以及合同免责条款的效力。

本案中，保险公司认为，受害人恰与被保险人属于同一人，受害人不属于“第三者”，故保险公司不需要承担“姐妹车”交通事故中所造成的任何损失。

笔者认为，交强险属于财产保险范畴，是以财产及其有关利益为保险标的的保险合同，故该保险中所指的“第三者”应以财产作为判断标准，而非以财产的所有权人作为判断标准。交强险中的“第三者”应当以被保险车辆作为保险标的予以理解，不能机械地以被保险人作为区分标准，实际上，被保险人是为保险标的而投保的，保险标的对自身以外的第三者造成损失，应当由保险公司进行赔偿。

3. 将“姐妹车”相撞造成的损失排除在理赔范围外既不符合社会公众的基本判断，也难以规避道德风险

同样是因为交通事故造成人身、财产损失，一般的受害者可以从保险公司获得相应的理赔，而如果相撞的系同一所有人名下的其他车辆，那就是“撞了白撞”，保险公司分文不赔。从社会效果来看，这显然是一般人难以接受和理解的。大型出租车公司名下有上万辆出租汽车，出租车比起普通的非营运车辆其使用频率明显较高，其发生事故的概率也明显较大。根据概率，同一家出租车公司名下的车辆相撞是必定存在的，如果据此保险公司不予赔偿，这显然是置一般情理于不顾，难以令人接受。

对于保险条款作出“被保险人不赔”的规定，国内很多学者和保险公司都将其解释为防范被保险人故意制造保险事故的道德风险。本案中，被告保险公司辩称的事故责任系两位驾驶员在交警部门自认的理由，亦为同理。笔者认为，这种解释是不充分的。假定保险人真是出于此目的，我们就有理由相信机动车辆损失保险及其他财产保险都应该将被保险人故意或过失导致被保险人自己的财产损失列为责任免除事项，因为被保险人除可能制造交通事故来损坏自己的财产外，还有大量其他更为便利的手段可以用来制造保险事故，损坏自己的财产。但是，事实上，机动车辆损失保险和其他保险的合同条款中通常都只是将被保险人故意损坏自己的财产列为责任免除，而对于被保险人因过失导致的保险事故是承担保险责任的。再者，即使为了获取更高的保险利益，交通事故中不相关的双方亦可以通过私下约定的方式作出最有利于理赔的责任认定。因此，认为交强险是出于防范道德风险的目的拒绝赔偿“姐妹车”交通事故中的车辆损失，在逻辑上是站不住脚的，在客观上也难以起到防范道

德风险的作用。

综上，本案中，承办人以“交强险”的立法价值取向作为着眼点，采用了法律解释的方法，兼顾判决结果的公众接受度以及相关当事人利益平衡等因素，并运用了一定的自由裁量权，对该起“姐妹车”相撞交通事故作出了判决。期望本案的司法实践为未来的“交强险”立法的成熟和完善带来借鉴意义和积极的推动作用。

编写人：上海市宝山区人民法院　鲁晓彦

109　公安机关交通管理部门制作的交通事故认定书是否是认定交通事故事实和保险公司理赔的必要条件

——李甲、李乙诉保险漯河支公司保险合同案

【案件基本信息】

1. 裁判书字号

河南省漯河市中级人民法院（2014）漯民三终字第26号民事判决书

2. 案由：保险合同纠纷

3. 当事人

原告（上诉人）：李甲、李乙

被告（被上诉人）：保险漯河支公司

【基本案情】

2011年9月14日，李甲驾驶登记车主为其妻李乙的机动车倒车时将梁某撞倒，造成梁某颅内出血。事发后李甲立即将梁某送往医院治疗，没有向交警部门报警并出具事故认定书。但李甲向

保险漯河支公司进行了报案，保险漯河支公司受理了李甲的报案并派勘查员前往案发现场，但当事人已去医院，未能对现场完成勘查。因赔偿问题，受害人梁某于2011年11月向法院提起诉讼，要求李甲、李乙及保险漯河支公司赔偿其医疗费等损失共计9116.89元。2012年5月7日，法院判决李甲、李乙赔偿梁某损失9116.89元。该判决作出后，李甲、李乙对梁某履行完毕。现李甲、李乙起诉保险漯河支公司，认为其在该公司投保了交强险，保险事故发生在保险期间，且已经按照法院生效判决书对受害人赔付完毕，要求保险漯河支公司对该9116.89元予以理赔。

【案件焦点】

在没有公安机关交通管理部门处理并制作交通事故认定书的情况下，能否认定李甲驾驶其所有的机动车将梁某致伤的交通事故。

【法院裁判要旨】

河南省漯河市源汇区人民法院经审理认为：生效判决认为梁某因交通事故造成伤害，在该起交通事故中李甲负事故的全部责任，梁某无责任，李甲、梁某均予以认可。在本案庭审中，李甲、李乙仅提供了一份村民的书面证明（该村民未出庭作证），并未提供其他证据予以证明，尚不足以证实该事故为保险漯河支公司所投保的小型普通客车所为，保险漯河支公司也不予认可。

河南省漯河市源汇区人民法院依照《最高人民法院关于民事诉讼证据的若干规定》第二条之规定，判决如下：

驳回原告李甲、李乙的诉讼请求。

李乙、李甲持原审起诉意见提起上诉。河南省漯河市中级人民法院经审理认为：双方争议的焦点是本案事故是否是涉案车辆造成，保险漯河支公司是否应承担赔偿责任。本案事故虽然没有交警部门的事故认定书，但根据当事人梁某、李乙、李甲的陈述、二审提交的 2011 年 9 月 14 日保险漯河支公司给李乙所发的短信内容等，完整的证据链条已经形成，能够证明 2011 年 9 月 14 日，李甲驾驶其所有的涉案车辆发生事故，将梁某致伤后将梁某立即送入医院治疗，后赔偿梁某损失 9116. 89 元的事实。因涉案车辆在被上诉人保险漯河支公司投有交强险，且事故发生在保险期间，故保险漯河支公司应当向李乙、李甲支付该 9116. 89 元。李乙、李甲的上诉请求与理由有事实和法律依据，予以支持。原审判决认定事实不清，处理欠当，应予以纠正。

河南省漯河市中级人民法院依照《中华人民共和国民事诉讼法》第一百七十条第一款第二项之规定，判决如下：

一、撤销一审判决；

二、保险漯河支公司于本判决生效之日起十日内赔付李乙、李甲 9116. 89 元。

【法官后语】

一般的交通事故责任纠纷如果当事人不是协商解决，均会报警由公安机关交通管理部门进行处理并出具事故认定书，对事故经过和各方责任进行确定，各方当事人据此来处理纠纷，保险公司也根据事故认定书进行理赔。但保险公司能否将事故认定书作为理赔的必需条件，没有事故认定书保险公司能否拒赔？事故认定书是否是人民法院在审理交通事故案件中认定交通事故事实和确认各方责任的必要证据？下面就结合本案进行分析。

1. 公安机关交通管理部门制作的交通事故认定书的性质

《中华人民共和国道路交通安全法》第七十三条规定："公安机关交通管理部门应当根据交通事故现场勘验、检查、调查情况和有关检验、鉴定结论，及时制作交通事故认定书，作为处理交通事故的证据。交通事故认定书应当载明交通事故的基本事实、成因和当事人的责任，并送达当事人。"根据该条规定，交通事故认定书的性质即为处理交通事故的证据。首先，交通事故认定书是公安机关作为自己处理交通事故的证据，是公安机关对交通事故的责任人作出罚款、拘留、限制驾车人员的资格等行政处罚决定的依据，是公安机关对交通事故损害赔偿进行调解的依据。其次，交通事故认定书是人民检察院对于交通肇事者是否提起公诉的证据，更是人民法院定罪量刑和确定损害赔偿的证据。从证据类型上看，根据交通事故认定书所载明的内容，显示其具有书证的特性，因由公安机关制作，故应为公文书证，具有较高的证明效力。

2. 交通事故认定书在保险理赔和交通事故损害赔偿诉讼的作用

(1)《中华人民共和国道路交通安全法》第七十六条规定，机动车发生道路交通事故造成人身伤亡、财产损失的，由保险公司在机动车第三者责任强制保险责任限额范围内予以赔偿。《机动车交通事故责任强制保险条例》第二十一条第一款规定："被保险机动车发生道路交通事故造成本车人员、被保险人以外的受害人人身伤亡、财产损失的，由保险公司依法在机动车交通事故责任强制保险责任限额范围内予以赔偿。"第二十八条规定："被保险机动车发生道路交通事故的，由被保险人向保险公司申请赔偿保险金。保险公司应当自收到赔偿申请之日起1日内，书面告知被保险人需要向保险公司提供的与赔偿有关的证明和资料。"第二十九条规定："保险公司应当自收到被保险人提供的证明和资料之日起5日内，对是否属于保险责任作出核定，并将结果通知被保险人；对不属于保险责任的，应当书面说明理由；对属于保险责任的，在与被保险人达成赔偿保险金的协议后10日内，赔偿保险金。"故不论是《中华人民共和国道路交通安全法》还是《机动车交通事故责任强制保险条例》均没有强制要求保险申请人必须提供交通事故认定书，而是要求保险公司对是否属于保险责任进行审查。有交通事故认定书时，固然可以此为依据，若没有交通事故认定书，而有其他证据材料能够证明交通事故发生的基本事实、成因和当事人责任的，同样也是可以的，保险公司审查申请人提交的相关材料后，如果不存在骗保的情形，保险公司要及时予以理赔，而不能以没有事故认定书为由拒赔。

（2）在交通事故损害赔偿诉讼中，公安机关交通管理部门制作的交通事故认定书对案件的审理确实具有十分重要的影响。但是从交通事故认定书的性质来说，其就是一项证据，具体来讲就是公文书证。虽然其具有较高的证明效力，但并不是认定交通事故必要和唯一的依据。在审判实践中，对于交通事故认定书的采用存在一种误区：部分法官怠于行使审查的权力，对引发交通事故的原因和事实、过错、责任采取"拿来主义"，直接以责任认定作为证据采纳，对当事人的抗辩事实不作过多的考虑。长期如此，使得公安机关所认定的事故责任与诉讼中的民事损害赔偿责任等同，造成误导的消极负面影响。交通事故是否发生以及责任的分配不应当单纯以交通事故责任认定书来确定，而应当从损害行为、损害后果、行为与后果之间的因果关系及客观方面的过错程度并结合其他证据等方面综合考虑。故在有交通事故认定书的情况下法院仍然要对其进行审查并确认其相应的证明力，认定案件事实和各方责任。在没有公安机关交通管理部门制作的交通事故认定书的情况下，更不能因此绝对否定交通事故的事实，而应审查当事人提供的其他证据，确认交通事故是否发生和当事人的责任。

具体到本案中，李甲在倒车时不慎将梁某撞倒之后，为及时救助梁某，直接把梁某送入医院治疗，而没有向公安部门报警，没有交通事故认定书，但受害人梁某出庭陈述了交通事故的事实，与原告李乙、李甲诉称的基本一致，李甲庭审中提供的保险漯河支公司给其发送的短信，内容显示事发当日李甲向保险漯河支公司报案，保险漯河支公司短信回复对事故予以受理，并派公司的勘查员过去，不过由于当事人均去医院，现场已不存在而未能完成现场的勘查。且已经生效的民事判决也确认了该交通事故，能够证明2011年9月14日，李甲驾驶其所有的涉案车辆将梁某撞倒致伤后并将其立即送入医院治疗，后赔偿梁某损失9116.89元的事实。且本案当事人申请的系交强险，交强险在理赔时不用划分责任，一审以没有公安机关交通管理部门制作的交通事故认定书，李乙、李甲提供的证据不足为由驳回其要求保险漯河支公司理赔的请求不当，二审通过认真审查相关证据，依法支持李乙、李甲的请求符合事实和相关法律规定及精神，也很好地保护了当事人的合法权益。

编写人：河南省漯河市中级人民法院　王黎明　缑兵伟

110 道路外事故比照机动车交通事故处理的辨析

——宋某诉保险宜昌支公司等机动车交通事故责任案

【案件基本信息】

1. 裁判书字号

湖北省宜昌市中级人民法院（2013）鄂宜昌中民一终字第00341号民事判决书

2. 案由：机动车交通事故责任纠纷

3. 当事人

原告（被上诉人）：宋某

被告（上诉人）：保险宜昌支公司、闫某、吴某、陈某

【基本案情】

2012年4月16日晚，被告吴某驾驶被告闫某所有的涉案重型罐式货车，到某汽车修理部修理，后原告便给该车辆修补轮胎。涉案重型罐式货车有搅拌机，熄火会导致车上的水泥凝固，因此当时该车辆没有熄火。当原告上好轮胎、卸下千斤顶时，由于被告吴某和陈某未拉上手制动且车辆未熄火，车辆突然向前滑行，轧到当时在车下的原告的左手。原告大喊："我的手被轧了，快点把车往后倒！"被告吴某立刻上驾驶室倒车，致原告手背又和地面发生摩擦，倒车时还轧到了原告的左小腿和左脚掌。后原告被送往医院救治，经鉴定为九级伤残，后期治疗费30000元，误工180日。原告认为，本次事故应该比照道路交通事故由被告保险宜昌支公司在交强险范围内承担赔偿责任，不足部分由其他被告赔偿。原告遂向人民法院提起诉讼，请求判令被告共同支付原告损失179105.25元。

【案件焦点】

道路外事故在何种情形下可比照机动车交通事故处理。

【法院裁判要旨】

湖北省当阳市人民法院经审理认为:《中华人民共和国道路交通安全法》第七十七条规定，车辆在道路以外通行时发生的事故，公安机关交通管理部门接到报案的，参照本法有关规定办理。《机动车交通事故责任强制保险条例》第四十三条规定，机动车在道路以外的地方通行时发生事故，造成人身伤亡、财产损失的赔偿，比照适用本条例。以上两条规定表明，交强险的适用范围不仅限于道路交通事故，还包括机动车处于通行状态时的非道路交通事故。本案事故发生时，车辆系在无人驾驶的情况下自行向前滑行，形式上虽未表现出通常意义的通行状态，但实质上可认定为处于具有通行性质的运动状态。故本案可适用上述两条规定比照机动车交通事故处理，由保险宜昌支公司在交强险范围内予以赔偿，不足部分由原告与被告闫某、吴某、陈某按责任比例分担。被告保险宜昌支公司辩称本案不属于交通事故，保险公司不应承担赔偿责任的理由本院不予采纳。原告请求被告保险宜昌支公司在交强险范围内赔偿符合法律规定，本院予以支持。

湖北省当阳市人民法院判决如下:

一、原告宋某的经济损失 168001.27 元【医疗费 27891.25 元，后期治疗费 30000 元，住院伙食补助费 840 元（42 天×20 元/天），误工费 10577.10 元（21448 元/天÷365 天×180 天），护理费 2467.99 元（21448 元/天÷365 天×42 天），残疾赔偿金 92024.93 元［73496 元（18374 元/年×20 年×0.2），王某生活费应为 6681.33 元（5011

元/年×20 年×0. 2÷3)，宋某生活费应为 11847. 60 元（13164 元/年×9 年×0. 2÷2）]，精神损害抚慰金 2000 元，鉴定费 2200 元】，由被告保险宜昌支公司赔偿 120000 元，由被告闫某与被告吴某连带赔偿 4800. 13 元【（168001. 27 元-120000 元）×10%】，由被告陈某赔偿 9600. 25 元【（168001. 27 元-120000 元）×20%】，其余损失由原告宋某自行承担；

二、驳回原告宋某的其他诉讼请求。

保险宜昌支公司不服，提起上诉。湖北省宜昌市中级人民法院经审理认为：《机动车交通事故责任强制保险条例》第四十三条规定："机动车在道路以外的地方通行时发生事故，造成人身伤亡、财产损失的赔偿，比照适用本条例。"《最高人民法院关于审理道路交通事故损害赔偿案件适用法律若干问题的解释》第二十五条规定："机动车在道路以外的地方通行时引发的损害赔偿案件，可以参照适用本解释的规定。"依照上述法律的规定，本案事故发生时，车辆在修理过程中一直处于未熄火的状态，故本案可适用上述两条规定比照机动车交通事故处理，原审判决保险宜昌支公司在交强险范围内予以赔偿，并无不当。上诉人保险宜昌支公司认为本案事故不适用交强险赔偿的上诉理由不能成立，本院不予支持。

湖北省宜昌市中级人民法院判决如下：

驳回上诉，维持原判。

【法官后语】

在日常生活中，最为常见的机动车事故是发生在道路上的交通事故，但有时在非开放道路上，也会引发事故。依据目前的法律法规，对该类事故处理可以比照机动车交通事故的处理进行，但需要满足以下条件：(1) 事故发生在道路以外的地方；(2) 事故发生时车辆处于通行状态。

1. "道路以外地方" 的界定

《中华人民共和国道路交通安全法》第一百一十九条第一项规定，"道路"，是指公路、城市道路和虽在单位管辖范围但允许社会机动车通行的地方，包括广场、公共停车场等用于公众通行的场所。一般认为，在日常生活中，较为常见的可能通行机动车的"道路以外的地方"主要包括：(1) 自建自管未列入规划的城市巷弄或村间路，或者自行修建并自行负责管理的路面；(2) 用于田间耕作的农村铺设的水泥路、沥青路、砂石路等机耕路；(3) 村民宅前宅后建造的路段或自然通车形成的路面；(4) 封闭式住宅小区内楼群之间的路面；(5) 机关、团体、单位的内部路面，厂矿、企事业单位、火车站、机场、港口、货场内的专用路面；(6) 撤村建居后尚未移交公安交通部门管理的路段；(7) 晾晒作物的场院内；(8) 断路施工而未竣工或已竣工未移交公安交通部门管理的路段等。本案事故发生在汽车修理部，属于"道路以外的地方"。

2. 车辆处于通行状态的认定

比照机动车交通事故处理，不仅是事故发生的地点在道路以外的地方，还应当符合发生事故的机动车处于"通行"状态的条件。当机动车停放在道路以外的地方，或者机动车处于停车状态下的施工作业等情况下发生的事故，则不属于参照适用的情况。本案事故发生时，车辆系在无人驾驶的情况下自行向前滑行，形式上虽未表现出通常意义的通行状态，但车辆一直处于未熄火的状态，实质上也可认定为处于具有通行性质的运动状态，可以比照机动车交通事故处理。

3. 比照机动车交通事故处理的内容

《中华人民共和国道路交通安全法》第七十七条规定，车辆在道路以外通行时发生的事故，公安机关交通管理部门接到报案的，参照本法有关规定办理。该条规定了公安机关交通管理部门对道路外事故参照交通事故的处理程序、方法办理。通常的步骤是：公安机关交通管理部门在接到道路外事故报警后立即出警赶赴现场，组织抢救受伤人员，保护现场，恢复交通；然后对事故现场进行勘查取证；制作、出具交通事故责任认定书；以各方当事人自愿申请为原则进行损害赔偿调解，调解不成的，告知当事人向人民法院提起民事诉讼。

《机动车交通事故责任强制保险条例》第四十三条规定，机动车在道路以外的地方通行时发生事故，造成人身伤亡、财产损失的赔偿，比照适用本条例。由此可以看出，交强险同样适用于道路外交通事故。也就是说，机动车在道路以外的地方通行发生事故时，交强险保险公司赔偿责任的确定、免赔范围、交强险责任限额，交通事故社会救助基金的垫付和追偿、交强险的理赔等，都应当按照该条例的规定进行。这符合交强险的立法目的和我国当前国情，有利于保护事故受害人的合法权益，更有利于维护社会的和谐、稳定。

《最高人民法院关于审理道路交通事故损害赔偿案件适用法律若干问题的解释》第二十五条规定，机动车在道路以外的地方通行时引发的损害赔偿案件，可以参照适用本解释的规定。该条是从人民法院在案件审理中事故侵权责任的认定角度作出的规定，包括赔偿权利人和义务人的确定，侵权责任构成中过错的认定、归责原则、因果关系，损害赔偿的范围，交强险赔偿责任等。

综合以上的法律法规，对机动车在道路以外的地方通行引发的事故，比照机动车交通事故处理，已经形成了较为完整的法律链条，这就为及时、公正处理该类事故，全面维护当事人合法权益，确保此类事故损害赔偿纠纷的解决，提供了有力的法律支持。根据以上规定，本案中认定该事故比照机动车交通事故处理，由保险宜昌支公司在交强险范围内予以赔偿，不足部分由原告与被告闫某、吴某、陈某按责任比例分担。并根据各当事人在本次事故中过错的大小，对各自责任作出划分，责任认定合法、合理、合情。

编写人：湖北省当阳市人民法院　文晓威

111　主车与挂车均投保商业三者险时应当如何承担保险责任

——运输公司诉甲保险公司、乙保险公司保险合同案

【案件基本信息】

1. 裁判书字号

北京市第一中级人民法院（2013）一中民终字第12085号民事判决书

2. 案由：保险合同纠纷

3. 当事人

原告（被上诉人）：运输公司

被告（上诉人）：甲保险公司

被告（被上诉人）：乙保险公司

【基本案情】

2011 年 3 月 31 日，运输公司与甲保险公司签订商业保险单，为 A 号重型半挂牵引车投保车辆损失险（保险金额 266800 元）、第三者商业责任险（保险金额 500000 元），保险期间自 2011 年 4 月 3 日 0 时起至 2012 年 4 月 2 日 24 时止。2011 年 4 月 12 日，运输公司与乙保险公司签订保险单，为 B 号重型半挂车投保机动车损失险（保险金额 210000 元）、第三者责任保险（保险金额 500000 元），保险期间自 2011 年 4 月 28 日起至 2012 年 4 月 27 日止。2011 年 7 月 18 日，运输公司司机董某驾驶 A 号/B 号挂重型牵引车与佟某驾驶的 C 号轿车相撞，造成两车损坏及 C 号轿车乘车人员王甲、王乙、闫某受伤的交通事故，经河北省三河市公安交通警察大队认定，董某负全部责任。

2011 年 9 月 6 日，运输公司支付 C 号轿车车辆修理费 29500 元；2011 年 7 月 13 日，运输公司支付 C 号轿车施救费 2000 元；2011 年 7 月 18 日，运输公司支付 C 号轿车停车费 480 元。2011 年 7 月 12 日，运输公司支付 A 号/B 号挂重型牵引车施救费 15600 元；2013 年 1 月 9 日，运输公司支付 A 号重型半挂牵引车车辆修理费 6380 元。运输公司另为王乙支付医疗费 8328.3 元，为闫某支付医疗费 7209.3 元，为王甲支付医疗费 40496.43 元。另据法院生效判决，运输公司应当支付王甲伤残类损失金 48882.5 元、诉讼费 2624 元及鉴定费 2250 元，2012 年 12 月 12 日，运输公司履行了上述给付款项义务。

甲保险公司第三者责任保险条款第十一条约定：“主车和挂车连接使用时视为一体，发生保险事故时，由主车保险人和挂车保险人按照本保险合同上载明的机动车第三者责任险赔偿限额的比例，在各自的赔偿限额内承担赔偿责任，但赔偿金额总和以主车的赔偿限额为限。”乙保险公司第三者责任保险条款第十二条约定：“主车和挂车连接使用时视为一体，发生保险事故时，由主车保险人和挂车保险人按照保险单上载明的机动车第三者责任保险责任限额的比例，在各自的责任限额内承担赔偿责任，但赔偿金额总和以主车的责任限额为限。”运输公司为A号牵引车与B号挂车投保商业三者险的限额均为50万元。

A号牵引车与B号挂车分别在丙保险公司和乙保险公司投保了交强险。在前述生效判决中，除判决乙保险公司在交强险范围内向王甲赔偿医疗费用类保险金1万元、死亡伤残类保险金11万元及丙保险公司在交强险范围内赔偿王甲医疗费用类保险金7444.49元、死亡伤残类保险金11万元外，还判令丙保险公司给付运输公司2585.51元。

【案件焦点】

主车与挂车均投保商业三者险的情况下应如何承担保险责任。

【法院裁判要旨】

北京市昌平区人民法院经审理认为：A号/B号重型半挂牵引车的牵引车与半挂车车牌号不同，且分别投保了机动车交通事故责任强制保险与商业保险，本案发生交通事故的车辆为A号重型半挂牵引车，故运输公司应当向甲保险公司主张理赔。

运输公司与甲保险公司签订的保险单系双方当事人的真实意思表示，且未违反法律的强制性规定，应予认定合法有效。在保险期间，A号重型半挂牵引车与第三者车辆发生交通事故，造成第三者及自身车辆损坏，第三者人员受伤，甲保险公司应当在车辆损失险及第三者商业责任险责任限额内进行理赔。本案中，运输公司共支付C号轿车车辆维修费、施救费、停车费31980元；支付A号/B号挂重型半挂牵引车车辆维修费、施救费21980元；支付第三者王乙、闫某、王甲医疗费56034.03元；支付王甲伤残类保险金48882.5元；支付（2012）昌民初字第12538号案件受理费、鉴定费共计4874元。对于上述费用，甲保险公司辩称应当根据保险条款的约定进行相应减免，但其并未提供保险条款予以证明，故法院不予采信。对于运输公司主张的向第三者支付的营养费及误工费，因运输公司并未提供证据予以证明，故该院不予支持。

北京市昌平区人民法院依照《中华人民共和国保险法》第二十三条的规定，判决如下：

一、甲保险公司于判决生效后十日内支付运输公司保险理赔款163755.53元；

二、驳回运输公司的其他诉讼请求。

甲保险公司不服一审判决，提起上诉。北京市第一中级人民法院经审理认为：运输公司与乙保险公司签订的第三者责任保险保险单、与甲保险公司签订的第三者责任保险保险单及车辆损失险保单均系当事人真实意思表示，且内容不违反国家法律法规的强制性规定，应属有效。

本案的争议焦点为承保B号挂车的乙保险公司是否应当承担保险赔偿责任。对此，A号牵引车与B号挂车在发生交通事故时系连接使用，交通事故认定书中将两者作为一个整体进行责任认定，而非作为两个独立车辆。在甲保险公司和乙保险公司的商业三者险保险合同条款中均约定主车与挂车连接使用时视为一体，对于保险赔偿，由主车和挂车的保险人根据各自承保的限额按比例分担。本案中，甲保险公司和乙保险公司承保的限额均为50万元，运输公司已经赔付了C号轿车及乘车人的财产和人身损失，根据保险条款约定，乙保险公司与甲保险公司对运输公司支付第三者的合理费用应承担相同比例的赔偿责任。甲保险公司该项上诉理由有事实与法律依据，予以采信。

关于赔偿数额的争议焦点，《最高人民法院关于审理道路交通事故损害赔偿案件适用法律若干问题的解释》第十三条规定，同时投保机动车第三者责任强制保险和第三者责任商业保险的机动车发生交通事故造成损害，当事人同时起诉侵权人和保险公司的，人民法院应当按照下列规则确定赔偿责任：（一）先由承保交强险的保险公司在责任限额范围内予以赔偿；（二）不足部分，由承保商业三者险的保险公司根据保险合同予以赔偿；（三）仍有不足的，依照道路交通安全法和侵权责任法的相关规定由侵权人予以赔偿。本案中，A号牵引车与B号挂车均投保了交强险及商业三者险，财产损失部分的赔偿限额均为2000元，但承保的乙保险公司及丙保险公司仅赔偿了医疗费用类保险金及死亡伤残类保险金，对财产部分损失尚未进行理赔。运输公司共支付C号轿车车辆维修费、施救费、停车费31980元，就该部分费用，运输公司应先向承保交强险的保险公司申请理赔，其余不足部分再申请商业三者险理赔，故在运输公司未就交强险中的财产损失部分申请理赔的情况下，其向商业三者险承保公司主张全部损失于法无据，本院对其交强险财产损失赔偿限额以外的合理损失予以支持。另，生效判决判令丙保险公司给付运输公司2585.51元，该部分费用运输公司已用于赔偿C号轿车乘车人员王乙及闫某的医疗费用，故该部分费用亦应从运输公司主张的赔偿总额中扣除。甲保险公司该项上诉理由成立，予以采信。

关于甲保险公司提出的停车费、鉴定费及案件受理费均不属于保险赔偿范围的上诉理由，本院认为，甲保险公司上述主张所依据的保险条款属于免责条款，但就该免责条款，甲保险公司不能举证证明其在订立合同时提示运输公司注意，并对该条款的内容向运输公司作出明确说明，因此该免责条款不发生效力。甲保险公司该项上诉请求不能成立，本院对此不予采信。

北京市第一中级人民法院依照《中华人民共和国保险法》第十七条第二款，《最高人民法院关于审理道路交通事故损害赔偿案件适用法律若干问题的解释》第十三条第一款，《中华人民共和国民事诉讼法》第一百四十条、第一百七十条第一款第二项、第一百七十四条之规定，缺席判决如下：

一、撤销北京市昌平区人民法院（2013）昌民初字第5370号民事判决；

二、甲保险公司于本判决生效后十日内支付运输公司保险理赔款89572.51元；

三、乙保险公司于本判决生效后十日内支付运输公司保险理赔款67592.51元；

四、驳回运输公司其他诉讼请求。

【法官后语】

挂车不同于其他一般机动车，由于挂车本身不具备动力，需要同主车连接使用，但主车与挂车分别悬挂不同车辆号牌，需要分别投保交强险及商业险，在司法实践中，经常出现主车与挂车在不同保险公司投保的情况。在发生保险事故后，主车与挂车的保险赔偿责任如何分担是本案的争议焦点之一。

交管部门在处理交通事故时通常将主车与挂车作为一个整体进行事故责任认定，而不具体区分主车责任或挂车责任。本案中的交通事故责任认定书中，可以体现交管部门的这一处理原则。主车与挂车在交通事故中视为一体，这在本案所涉两家保险公司的保险条款中均有体现。因此区分主车和挂车责任，进而确定保险责任承担主体的处理是不当的。

我国财产保险采取“填平制”原则，即被保险人所获保险赔偿不能超过其受到的财产损失。本案中，在交强险理赔的案件，即（2012）昌民初字第12538号民事判决中，除判决承保主车和挂车的保险公司支付的王甲医疗费用类保险金及死亡伤残类保险金外，还额外判令交强险剩余的医疗费用类保险金2585.51元给付运输公司，运输公司不能将该部分费用视为收益，而应当抵消运输公司向其他事故受害者支付的医疗费用等损失，故运输公司在本案中仍向保险公司主张该部分费用损失的请求不能得到支持。此外，依据《最高人民法院关于审理道路交通事故损害赔偿案件适用法律若干问题的解释》第十三条规定，侵权人同时投保了交强险和商业三者险，理赔顺序为先由交强险承保公司赔偿，再由商业险承保公司赔偿，最后不足部分由侵权人承担。交强险由三部分构成：死亡伤残类赔偿金、医疗费用类赔偿金及财产损失类赔偿金。本案中，主车及挂车交强险承保公司仅支付了死亡伤残类赔偿金及医疗费用类赔偿金，运输公司亦未向交强险承保公司主张财产损失类赔偿金，因此，其就交强险承保的财产损失部分不能直接向商业险承保公司主张，其该部分请求亦不能得到支持。

编写人：北京市第一中级人民法院　魏应杰

112 保险合同中医保条款效力的认定

——第六小学诉人保怀柔公司保险合同案

【案件基本信息】

1. 裁判书字号

北京市第二中级人民法院（2013）二中民终字第09038号民事判决书

2. 案由：保险合同纠纷

3. 当事人

原告（被上诉人）：第六小学

被告（上诉人）：人保怀柔公司

【基本案情】

2012年7月18日，第六小学校长王某驾驶投保车辆停靠马路，坐在后排左侧的乘客开启左后侧车门时，将从后方骑电动车的第三人朱某碰倒。此次事故经北京市公安局怀柔分局交通支队处理，认定第六小学车辆驾驶人王某负全部责任，朱某无责任。事故发生后，第六小学已垫付了朱某住院期间的医疗费45003.77元，护理费9660元，固定支具费1200元，汽车修理费600元，电动车修理费1100元，共计57563.77元。因与人保怀柔公司理赔协商不成，第六小学诉至法院。

庭审中，人保怀柔公司提出，保险合同中约定了“保险人按照国家基本医疗保险的标准核定医疗费用的赔偿金额”，认为医保外用药不予理赔，要求核减非医保费用6021.97元，第六小学表示保险公司没有明确告知免赔条款，不同意核减非医保费用。

【案件焦点】

保险合同中约定“保险人按照国家基本医疗保险的标准核定医疗费用的赔偿金额”的条款是否有效。

【法院裁判要旨】

北京市怀柔区人民法院经审理认为：第六小学与人保怀柔公司签订的机动车辆保险合同系双方当事人真实意思表示，且不违反法律法规的强制性规定，故合法有效，双方均应遵照执行。2012 年 7 月 18 日，保险车辆发生交通事故，该事故发生在保险期间，第六小学为此支付的合理费用，人保怀柔公司应在保险限额范围内按照约定予以赔付。对于第六小学主张的护理费 9660 元，固定支具费 1200 元，汽车修理费 600 元，电动车修理费 1100 元，人保怀柔公司认可，该院不持异议。第六小学在朱某住院期间支付住院医疗费 45003. 77 元，虽然人保怀柔公司认为其中应扣除由患者自负的部分，但人保怀柔公司未能充分证明其对免责条款的概念、内容、法律后果进行了口头或书面的明确说明，且医疗费 45003. 77 元系朱某医疗过程中的实际支出，并无不合理成分，故人保怀柔公司应予理赔。

北京市怀柔区人民法院依照《中华人民共和国保险法》第十条、第十四条、第二十三条之规定，作出如下判决：

一、人保怀柔公司于判决生效后 10 日内赔付第六小学住院医疗费 45003. 77 元、护理费 9660 元、固定支具费 1200 元、汽车修理费 600 元、电动车修理费 1100 元，以上共计 57563. 77 元；

二、驳回第六小学其他诉讼请求。

人保怀柔公司持原审答辩意见提起上诉。北京市第二中级人民法院经审理认为：人保怀柔公司提供了有第六小学盖章的投保单，欲证明其就免责条款履行了明确说明义务，但该投保单中并没有对“国家基本医疗保险标准”的含义作出明确解释，且根据人保怀柔公司在庭审中的陈述，人保怀柔公司在投保时只是对第六小学提出疑问的条款进行解释和说明，而未就免责条款主动向第六小学履行明确说明义务，现第六小学否认人保怀柔公司就涉案免责条款进行了明确说明，人保怀柔公司也无其他证据证明其履行了明确说明义务，故据此认定保险合同中按照国家基本医疗保险标准核定医疗费用的赔偿条款对第六小学不产生法律效力，人保怀柔公司应就涉案非医保费用 6021.97 元向第六小学承担赔付责任。

北京市第二中级人民法院依照《中华人民共和国民事诉讼法》第一百七十条第一款第（一）项的规定，判决如下：

驳回上诉，维持原判。

【法官后语】

在保险合同中，主要的权利义务为投保人交付保险费，保险人承担风险并在保险事故发生时承担保险责任，给付保险金。因此，保险人承担保险责任的范围和程度，对于投保人权利的实现至关重要。然而，一方面，保险具有较强的专业性，保险合同所采用的相关条款包含大量专业术语，有些甚至晦涩难懂，且内容庞杂，合同双方存在较为严重的信息不对称；另一方面，保险条款一般都是由保险人单方提供的格式条款，投保人对保险条款进行实质性修改的难度较大，想要投保一般只能选择接受相关条款。因此，要求投保人在保险合同订立之前，对保险条款内容尤其是免责条款进行解释说明，有利于充分保障投保人、被保险人的利益，实现保险合同当事人之间的利益平衡。

1. 何为"明确说明义务"

保险法第十七条第二款规定："对保险合同中免除保险人责任的条款，保险人在订立合同时应当在投保单、保险单或者其他保险凭证上作出足以引起投保人注意的提示，并对该条款的内容以书面或者口头形式向投保人作出明确说明；未作提示或者明确说明的，该条款不产生效力。"由此可见，只要是在保险条款中涉及免除保险人任何责任的条款，保险人在依法提示的前提下，还应依法向投保人或被保险人作出明确说明。

《最高人民法院关于适用〈中华人民共和国保险法〉若干问题的解释（二）》第九条第一款规定："保险人提供的格式合同文本中的责任免除条款、免赔额、免赔率、比例赔付或者给付等免除或者减轻保险人责任的条款，可以认定为保险法第十七条第二款规定的'免除保险人责任的条款'。"本案中，双方的争议焦点是保险合同中的医保条款，即"保险人按照国家基本医疗保险的标准核定医疗费用的赔偿金额"的约定是否有效。而所谓"国家基本医疗保险"，是为补偿劳动者因疾病风险造成的经济损失而建立的一项具有福利性的社会保险制度，旨在通过用人单位和个人缴费建立医疗保险基金，参保人员患病就诊发生医疗费用后，由医疗保险经办机构给予一定的经济补偿，以避免或减轻劳动者因患病、治疗等所带来的经济风险。为了控制医疗保险药品费用的支出，国家基本医疗保险限定了药品的使用范围。故"保险人按照国家基本医疗保险的标准核定医疗费用的赔偿金额"的约定实际上限制了理赔范围，将非医保费用排除在外，这是一条限制赔偿金条款，减轻了保险人的责任，保险人应对该条款向投保人作出明确说明，且应当由保险人提供其已对该免责条款作出明确说明的相关证据。

2. 明确说明方式的认定

在保险实践过程中，保险人通常采取两种常见说明方式：一是在保单中将有关条款采用黑体加粗的方式表示；二是采用“格式说明条款”的方式，此“格式说明条款”指保险人在投保单中引入“投保人声明”的设计，要求投保人签字确认保险人已履行了说明义务，本案中，人保怀柔公司即采用了此种方式，并以此主张其履行了明确说明义务。

一般认为，只有具备以下三个条件，才能认定保险人履行了明确说明义务：(1) 保险人在免责条款之外以书面等形式专门对免责条款进行了说明；(2) 保险人说明的内容清晰完整；(3) 投保人已清楚免责条款的概念、内容及法律后果。

需要注意的是，此种明确说明义务应为一种积极的作为义务，仅仅提示投保人阅读相关合同条款与向投保人就有关条款进行解释说明，两者在履行义务的主动性和程度上有着根本区别，不能仅凭保险单正本上载明“明示告知”或让投保人在相关声明上签字，来证明投保人已经履行了明确说明义务，否则有以形式上的说明或告知替代实质的解释说明之嫌，相关规定的立法目的将被架空。本案中，人保怀柔公司仅提供了有第六小学盖章的投保单，欲证明其就免责条款履行了明确说明义务，虽然投保单上列有“保险人已向本人详细解释责任免除条款的内容，本人已了解责任免除条款的内容”这样的声明，但该投保单中并没有对“国家基本医疗保险标准”的含义作出明确解释，且根据人保怀柔公司在庭审中的陈述，其只是针对第六小学提出疑问的条款进行解释和说明，而未就免责条款主动向第六小学履行明确说明义务，故不能证明人保怀柔公司就保险合同中免除保险人责任的条款尽到了明确说明义务，由此导致该条款对投保人不产生效力。

此外，根据最高人民法院民事审判第二庭编著的《最高人民法院关于保险法司法解释（二）理解与适用》的意见[①]，需要补充说明的是，基于公平原则，即使投保人按照法律规定履行了相关明确说明义务，认定“保险人按照国家基本医疗保险的标准核定医疗费用的赔偿金额”的约定可以订入合同，其后果也应当是对于超出医保范围的药品，保险人按照医保范围内同种类或同功能药品的价格标准予以赔付，而非对于超出医保范围的药品全额免赔。

编写人：北京市第二中级人民法院　卓燕平　陈碧玉

113　分期缴费的财产保险合同投保人欠缴保险费时保险人如何进行权利救济

——物流公司诉保险公司财产保险合同案

【案件基本信息】

1. 裁判书字号

广东省广州市中级人民法院（2013）穗中法金民终字第 800 号民事判决书

2. 案由：财产保险合同纠纷

3. 当事人

原告（上诉人）：物流公司

被告（被上诉人）：保险公司

① 最高人民法院民事审判第二庭编著：《最高人民法院关于保险法司法解释（二）理解与适用》，人民法院出版社 2015 年版，第 158 页。

【基本案情】

物流公司与保险公司于2011年12月1日签订《货物运输保险预约保险协议》，约定保险公司以该预约保险单承保物流公司国内运输货物，保险期间自2011年12月20日0时起至2012年12月19日24时止，物流公司分四期缴交每期150000元的保险费，第一期保费在保单生效15天内向被告缴付，其余三期分别在保单生效后的第4、7、11个月的前5天内缴交，年度最低收取保费600000元，每月所产生的实际保费经双方核对后并签章确认；在保险生效年度内，如果物流公司累计申报金额超过年预计最低投保金额，保险公司将对多出的部分加收保费，申报金额低于年预计最低投保金额，保险公司将不退回多出保费。协议双方可以书面形式通知对方解除本协议约定，解约自双方其中一方向对方发出书面解约通知起30天后开始生效。若投保人未按照约定交付保险费，保险费交付前发生的保险事故，保险人不承担赔偿责任等。上述协议签订后，物流公司于2012年1月10日向保险公司支付第一期保险费150000元，未支付其余的保险费。2012年5月5日，物流公司通知保险公司其运输的一批格力空调受损，发生保险事故。同年5月7日，保险公司向物流公司发出《解除保险合约通知函》，表示因物流公司至2012年5月4日超出30天未付第二季度保险费150000元，根据上述保险协议第十三条的规定向物流公司提出解除保险合同。同年12月21日，物流公司向广州市越秀区人民法院提起诉讼，请求判令保险公司退回33930元保险费，并提起另一案诉讼，要求保险公司支付上述保险事故的保险赔偿金。在该案一审过程中，物流公司确认上述保险协议于2012

年6月7日解除。保险公司针对该起诉辩称，由于物流公司只缴纳了第一期保险费150000元构成违约，保险公司有权依照合同法及保险法的规定解除上述保险协议。保险公司依约于2012年5月7日向物流公司发出解除协议通知，通知上述协议于2012年6月7日正式解除生效，合同效力已经终止。保险公司提起反诉，请求确认解除双方签订的上述保险协议，判令物流公司向保险公司支付合同解除前到期的第二期保险费150000元和利息。

【案件焦点】

在分期支付保险费的财产保险合同中，在投保人未依约支付当期保险费时，保险人应如何进行权利救济，具体为保险人能否据此解除保险合同，并起诉主张投保人支付尚欠的保险费。

【法院裁判要旨】

广东省广州市越秀区人民法院经审理认为：双方均在庭审中确认上述保险协议自2012年6月7日解除，故对合同解除的事实予以确认。本案争议焦点在于物流公司是否需向保险公司支付第二期保险费150000元。由于被保险人履行支付保险费的义务是其享受保险权利的前提，物流公司在未按期支付第二期保险费的情况下，出现保险事故后又起诉要求保险公司承担保险责任，故物流公司在保险合同解除前享受被保险人权利的同时应当继续合同解除前已到期的第二期保险费150000元，并按迟延付款期间计付相应的利息。

广东省广州市越秀区人民法院判决如下：

一、物流公司与保险公司于2011年12月1日签订的《货物运输保险预约保险协议》自2012年6月7日起解除；

二、物流公司在该判决发生法律效力之日起十日内向保险公司支付保险费150000元和该款的利息（从2012年3月25日起至该判决限定债务履行期间按年利率6.1%计付）。

二审法院同意一审法院裁判意见。

【法官后语】

本案原审的反诉涉及分期缴费财产保险合同投保人未依约支付当期保险费时，保险人如何进行权利救济的问题。现行的法律法规未对该问题进行明确规定，而实践中此类纠纷却大量存在。本案审理中的几个问题值得思考和讨论：

1. 投保人未支付当期保险费时，保险合同的效力问题

保险法规定了分期缴费的人身保险合同投保人欠付当期保险费时，合同效力中止，该条款不适用于财产保险合同。支付保险费是投保人的合同义务，根据合同法原理，合同义务的发生需以合同的成立生效为前提，而履行合同义务过程中的瑕疵不应反过来影响合同的效力，故此种情况下财产保险合同仍为有效。且保险人向投保人追缴所欠的到期保费也需以保险合同的有效为前提。

2. 投保人拒缴当期保费的，保险人能否行使合同解除权

投保人拒不支付保险费的行为违背诚实信用原则，构成违约。若使保险合同继续有效，则会导致保险人在没有任何收益的情况下承担保险责任，有违合同法的公平原则，也背离了保险制度设立的本意，更有可能引发道德风险。故从法理上应赋予保险人以守约方的单方解除权。但根据现行法律规定，保险合同纠纷遵守特别法优

于一般法的位阶原则，应遵守保险法中保险人不得任意解除保险合同的条款。因此在上述情况中，除非双方在合同中明确约定保险人享有合同解除权，否则保险人不得据此解除保险合同。

3. 上述情况下保险合同解除的法律后果

财产保险合同解除的法律后果亦具有特殊性。由于保险人的合同义务在于承担事故发生的风险，该义务存在于整个保险期间，并非仅在于保险事故发生之时，而保险费是作为投保人转嫁事故风险的报酬。故财产保险合同解除时，即使保险事故尚未发生，投保人已经支付的保险费也不予退还。而由于投保人在合同解除前一直享受合同权利，故投保人欠付的到期保险费还应继续支付。保险人对于该笔保险费的主张具有可诉性，可向法院请求判令投保人向其支付。

编写人：广东省广州市越秀区人民法院　唐娜

114 鉴定意见书能否推翻简易事故认定书的证明力

——张某诉人保昌平支公司财产保险合同案

【案件基本信息】

1. 裁判书字号

北京市第一中级人民法院（2013）一中民终字第13319号民事判决书

2. 案由：财产保险合同纠纷

3. 当事人

原告（被上诉人）：张某

被告（上诉人）：人保昌平支公司

【基本案情】

2010年12月27日，张某为其所有的A车投保机动车交通事故责任强制保险、机动车商业保险，保险期间均为自2010年12月28日起至2011年12月27日止。其中，机动车商业保险的承保险种包括机动车损失保险（保险金额72300元）、第三者责任保险（保险金额50000元）、车身划痕损失险（保险金额2000元）。

2011年12月20日，北京市公安局公安交通管理局房山交通支队良乡大队（以下简称良乡大队）出具简易程序处理道路交通事故认定书（以下简称简易事故认定书），简易事故认定书载明，A车与B车（闫某驾驶）接触后，B车前部与路边树木接触，两车损坏，树木损坏。经过认定，A车负全部责任，B车无责任。

2012年1月6日，甲汽修厂为A车开具汽车维修行业维修车辆材料明细表统一结算（凭证附件）及汽车维修施工单（代结算单），并开具A车的修理费发票，修理费共计31780元。2011年12月31日，乙维修中心为B车开具汽车维修行业维修车辆材料明细表统一结算（凭证附件）及汽车维修施工单（代结算单），并开具B车的修理费发票，修理费共计9920元。

一审庭审中，人保昌平支公司向法院递交鉴定申请书，申请对A车碰撞痕迹及损失项目更换维修进行鉴定。该院委托交通运输部公路科学研究所司法鉴定中心（以下简称鉴定中心）进行鉴定，2012年9月4日，鉴定中心出具司法鉴定意见书（以下简称鉴定意见书），其鉴定意见为：A车前部损伤痕迹与B车后部损伤痕迹不相符；A车前部损伤痕迹不能在简易程序处理道路交通事故认定书记载的事故中形成。2012 年 9 月 27 日，张某针对鉴定意见书向法院递交鉴定异议书，提出了五点异议，对于张某提出的异议，鉴定中心出具了相关说明。

【案件焦点】

鉴定意见书是否足以推翻简易事故认定书的证明力。

【法院裁判要旨】

北京市昌平区人民法院经审理认为：张某与人保昌平支公司于 2010 年 12 月 27 日签订的保险合同，系双方当事人的真实意思表示，未违反法律法规的强制性规定，应予认定合法有效。人保昌平支公司依据鉴定意见书辩称，B 车与 A 车之间并未发生交通事故，对此，该院认为，鉴定意见书并不能推翻良乡大队出具的简易事故认定书，故对于人保昌平支公司的辩称不予采信。

在保险期间内，投保车辆 A 车与 B 车发生交通事故，造成两车损坏，投保车辆承担事故全部责任，保险公司应当对投保车辆的维修费及对第三者车辆造成的损失在机动车损失保险、第三者责任保险责任限额内进行赔偿。根据 A 车及 B 车维修清单及维修费发票，张某为 A 车支付维修费 31780 元，为第三者车辆 B 车支付维修费 9920 元，故人保昌平支公司应当支付张某保险金共计 41700 元。

北京市昌平区人民法院依照《中华人民共和国保险法》第二十三条之规定，作出如下判决：

人保昌平支公司于判决生效后十日内支付张某保险金 41700 元。

人保昌平支公司不服原审判决，提起上诉称：1. 鉴定意见书能够推翻良乡大队制作的简易事故认定书，简易事故认定书本身不能证明事故的真实性和损失的真实性，张某有扩大损失的可能性。2. 退一步讲，简易事故认定书只能证明事故发生，不能证明事故车辆的损失是因本次事故产生的。

北京市第一中级人民法院经审理认为：张某与人保昌平支公司之间签订的保险合同系双方当事人真实意思表示，其内容未违反国家法律、行政法规的强制性规定，应属有效。

在财产保险合同中，保险事故的发生是被保险人申请理赔的前提和依据。本案中，良乡大队出具的简易事故认定书记载保险车辆发生事故的事实，但经人保昌平支公司申请由鉴定中心出具的鉴定意见书却明确了 A 车前部损伤痕迹与 B 车后部损伤痕迹不相符，A 车前部损伤痕迹不能在简易事故认定书记载的事故中形成。经审查，鉴定中心据以作出鉴定意见书的照片、简易事故认定书等鉴定材料系张某提供，鉴定程序合法。后张某对鉴定意见书有异议，经本院通知，鉴定人出庭作证，对张某提出的异议给予了相应的答复，张某虽不认同，但并未提出充分的证据予以反驳，故本院对鉴定意见书及鉴定人的当庭陈述予以确认。

根据《最高人民法院关于适用〈中华人民共和国保险法〉若干问题的解释（二）》的相关规定，行政管理部门依据法律规定制作的交通事故认定书，人民法院应当依法审查并确认其相应的证明力，但有相反证据能够推翻的除外。本案中，鉴定意见书足以推翻良乡大队出具的简易事故认定书，故一审关于鉴定意见书不能推翻良乡大队出具的简易事故认定书的认定有误，本院予以纠正。人保昌平支公司的上诉理由具有事实与法律依据，本院予以采信。张某提供的现有证据不能证明其主张的保险车辆发生保险事故，故张某要求人保昌平支公司支付保险金无事实和法律依据。

北京市第一中级人民法院依照《中华人民共和国保险法》第二条，《最高人民法院关于适用〈中华人民共和国保险法〉若干问题的解释（二）》第十八条，《中华人民共和国民事诉讼法》第一百七十条第一款第二项之规定，作出如下判决：

一、撤销一审判决；

二、驳回张某的诉讼请求。

【法官后语】

1. 交通事故认定书的局限性及救济途径

交通事故认定书是公安机关交通管理部门根据交通事故现场勘验、检查、调查情况和有关的检验、鉴定结论制作的，是区分交通事故责任的重要依据。但制作交通事故认定书的交警并非亲历了交通事故的发生，多是根据交通事故当事人的陈述，交通事故现场勘验、检查等得出的结论，难以保证百分之百的正确性。尤其在交通事故当事人以骗保为目的人为地制造假的交通事故的情况下，交警难以确保都能识破当事人的目的，此时就易作出与实际情况不符的交通事故认定书，可见交警作出的交通事故认定书存在一定的局限性。此时，应从法律的层面上作出规定，对这种情形予以纠正。《最高人民法院关于适用〈中华人民共和国保险法〉若干问题的解释（二）》第十八条规定，人民法院应当依法审查并确认交通事故认定书相应的证明力，在有相反证据的情况下便能够推翻交通事故认定书的证明力。根据相关法律规定并结合审判实际，目前能够推翻交通事故认定书证明力的主要有鉴定意见、交通事故发生时的监控录像等。若交通事故现场无监控录像，交由专业机构进行鉴定便成为审查交通事故认定书证明力的重要手段。

2. 鉴定意见的审查认定

鉴定意见是由专门的鉴定机构对某一事项进行判断而得出的意见，进行鉴定时多需要运用专业的知识、专门的工具，普通人很难理解。故在鉴定机构作出鉴定意见时，处于不利的一方可对鉴定意见提出异议。此时，鉴定人出庭作证，回答当事人的疑问及法庭的询问，并在庭上对形成鉴定意见的过程，所运用到的专业知识、专门工具等作出详细的说明，不但有利于法院审查认定鉴定意见的效力，而且有利于当事人理解、接受鉴定意见，从而服从人民法院的判决。民事诉讼法也规定了鉴定人应出庭作证的情况以及鉴定人拒绝出庭作证的后果，弥补了法律有关鉴定意见审查认定的空白。

3. 对本案争议焦点的判断

具体到本案，张某对鉴定机构作出的鉴定意见书提出异议，经法院通知，鉴定人出庭作证，对张某提出的异议给予了相应的答复，并回答了法庭的询问，详细地解释了鉴定意见书的作出过程和所运用的知识、方法，并对张某和法庭的异议作出了合理的解释，张某虽不认同，但并未提出充分的证据予以反驳，故法院对鉴定意见书及鉴定人的当庭陈述予以确认，并最后认定鉴定意见书足以推翻简易事故认定书的证明力。

编写人：北京市第一中级人民法院　邵普

115 技术性或程序性条款不属于免除责任条款

——奚某诉保险公司财产保险合同案

【案件基本信息】

1. 裁判书字号

北京市第一中级人民法院（2012）一中民终字第6918号民事判决书

2. 案由：财产保险合同纠纷

3. 当事人

原告（被上诉人）：奚某

被告（上诉人）：保险公司

【基本案情】

2010年12月12日，奚某为其所有的发动机号码为×××、车牌号码为京PP×××的轿车向保险公司投保了机动车商业保险，保险期间自2010年12月13日零时起至2011年12月12日二十四时止。其中车辆损失综合险的全损保额为95800元。保险单附加险与特约条款中记载的险种分别为玻璃单独破碎损失险、车身划痕损失险、自燃损失责任免除特约条款。保险单上约定新车购置价为95800元。保险单特别约定一栏记载以下内容：“兹经双方约定，1. 在保险车辆未领取正式牌照号码前，本保险单不负盗抢险赔偿责任；2. 本保单车辆损失险种包含涉水行驶，含自燃责任……”保险单所附的车辆损失综合保险条款第四条约定：“在本合同的保险期间内，保险车辆因下列原因发生的损失，本公司按照本合同的约定负责赔偿：（一）碰撞、倾覆、火灾、爆炸；（二）自燃、涉水行驶……”第二十三条约定：“全部损失是指保险车辆全部损毁、灭失或其修复费用达到事故发生时保险车辆实际价值的情形，保险车辆发生全部损失的，（一）如全损保额不低于事故发生时保险车辆实际价值，对保险车辆损失，本公司按以下规定核定赔偿：核定保险车辆损失＝（事故发生时保险车辆实际价值－交强险赔付）×（1－绝对免赔率之和）×事故责任比例……”车辆损失综合保险释义第二条约定，实际价值是指保险车辆新车购置价减去折旧金额后的价值；折旧金额＝新车购置价×N×月折旧率；其中，N为保险车辆自初次登记时开始至计算时已经过的期间（以月为单位），其中不足一个月的部分，不计算。保险单所附的自燃损失责任免除特约条款第二条约定：投保本特约条款后，因自燃造成的保险车辆损失，本公司不负责赔偿。

2011年10月3日，北京市海淀区公安消防支队出具火灾事故认定书，主要内容为，2011年9月14日15时43分（接警时间），京PP×××车辆发生火灾，消防中队到场将火扑灭，火灾造成车辆及车内物品受损，未造成人员伤亡。现查明，火灾初起部位为京PP×××车辆右前部位，火灾系因车辆自燃所致。起火时间为2011年9月14日15时30分左右。随后，保险公司以奚某未投保自燃险为由拒绝赔付。

诉讼中，保险公司表示月折旧率标准为月千分之六，奚某表示认可。此外，保险公司认可投保车辆已达到报废状态。另查，车辆注册日期为2010年12月23日。

【案件焦点】

1. 被保险标的物因自燃发生的事故是否属于免责范围；2. 保险公司是否履行了说明义务；3. 若保险公司未履行说明义务，当被保险标的物实际发生全损时，按车辆折旧价值确定被保险标的物实际价值是否合理。

【法院裁判要旨】

北京市海淀区人民法院经审理认为：依据保险单，奚某已投保了车辆损失综合险，该险种的保险条款第四条第二项已明确约定车辆自燃属保险责任赔付范围。现保险公司虽辩称奚某没有投保自燃责任险，但保险公司并未提交证据证明已就免除自燃损失责任的相关事项及条款向奚某进行过说明提示，且保险单特别约定一栏亦明确记载保单车辆损失险中含自燃责任，故对于保险公司的辩称本院不予采纳。据此，保险公司应当赔付奚某因投保车辆自燃而产生的相关损失。

本案中，双方已在保险单中明确约定车辆的新车购置价为95800元。现双方均认可车辆的月折旧率标准为月千分之六，本案投保车辆在事故发生时，已行驶近9个月时间，故在事发时投保车辆的折旧率应为千分之四十八（以月千分之六为标准，按八个月计算）。据此，投保车辆实际价值应为91201.6元（95800元减去4598.4元），对于奚某超出部分的损失，本院不予支持。

北京市海淀区人民法院依照《中华人民共和国合同法》第八条、第六十条第一款之规定，判决如下：

一、被告保险公司赔付原告奚某车辆损失综合险保险金91201.6元，于本判决书生效之日起十日内付清；

二、驳回原告奚某的其他诉讼请求。

【法官后语】

1.“免除责任条款”如何认定

保险合同的订立应遵循最大诚信原则，因而保险合同中免除保险公司责任条款范围的确定应以条款是否包含相应免除责任的内容为判断标准，不仅包括注明为免除责任字样的条款，即明示的免责条款，还包括未注明免除责任字样，但保险公司通过推论等方式得出的，对其他所有事项不承担赔偿责任结论的条款，即隐性的免责条款。本案中，保险条款已明确车辆自燃情形属保险责任赔付范围，现条款的责任免除章节未将车辆自燃列为免责事由，但保险公司却称不予赔付。因此，保险公司需举证证明已就免除自燃赔偿责任的约定向投保人奚先生进行过提示、说明。但保险公司未能证明其已履行说明义务，且保险单特别约定处又明确记载车辆损失险中含自燃责任。因此，保险公司应支付奚先生保险金，但具体的赔付金额是否应按投保时双方约定的车辆价值确定呢？

2. 技术性或程序性条款不属于免除责任条款

本案中，保险条款约定车辆的价值进行按月折旧。随着车辆行驶时间的增加及制造技术的不断更新，其实际价值必然出现下降趋势，如仍依签订合同时约定的购置价确定事发时投保车辆的实际价值，则赔偿金额必然会超过事发时市场同类车辆的价格，使得被保险人有通过理赔获得额外利益之可能，显然有违损失补偿这一财产保险的基本原则，亦违背公平原则。因此，对车辆进行按月折旧约定系为提升理赔效率所作出的技术性条款，在于确定保险事故发生之时车辆的实际价值，避免了保险事故发生后再行委托鉴定机构对车辆实际价值进行确定之烦琐，减少了理赔周期。可见，该条约定并不损害被保险人的利益，不属免除责任条款。

保险公司应当在扣除车辆实际行驶月数折旧金额后，向奚先生支付保险金。

编写人：北京市海淀区人民法院　宋硕

116　因醉酒发生的交通事故，保险公司不应向被保险人支付交强险赔偿

——裴某诉财险北京分公司保险合同案

【案件基本信息】

1. 裁判书字号

北京市第一中级人民法院（2012）一中民终字第11778号民事判决书

2. 案由：保险合同纠纷

3. 当事人

原告（反诉被告、上诉人）：裴某

被告（反诉原告、被上诉人）：财险北京分公司

【基本案情】

2009年10月16日，裴某为自己所有的保险车辆向保险公司投保交强险，保险公司同意承保并出具了交强险保单，主要内容记载如下：1. 被保险人为裴某；2. 保险车辆号牌号码为京Y×××；3. 死亡伤残赔偿限额为11万元，医疗费用赔偿限额为1万元；4. 保险期间自2009年10月26日起至2010年10月25日止。

交强险条款“垫付与追偿”项下第九条约定：“被保险机动车在本条（一）至（四）之一的情形下发生交通事故，造成受害人

受伤需要抢救的，保险人在接到公安机关交通管理部门的书面通知和医疗机构出具的抢救费用清单后，按照国务院卫生主管部门组织制定的交通事故人员创伤临床诊疗指南和国家基本医疗保险标准进行核实。对于符合规定的抢救费用，保险人在医疗费用赔偿限额内垫付。被保险人在交通事故中无责任的，保险人在无责任医疗费用赔偿限额内垫付。对于其他损失和费用，保险人不负责垫付和赔偿。（一）驾驶人未取得驾驶资格的；（二）驾驶人醉酒的；（三）被保险机动车被盗抢期间肇事的；（四）被保险人故意制造交通事故的。对于垫付的抢救费用，保险人有权向致害人追偿。”

2010年5月8日，裴某醉酒后驾驶保险车辆致杨某受伤。该事故经北京市公安局公安交通管理局海淀交通支队清河大队认定裴某负事故全部责任。事故发生后，保险公司应交管部门和医疗机构的通知向杨某垫付了医疗费10000万元，裴某向杨某给付了483000元。

杨某向北京市海淀区人民法院（本案以下简称海淀法院）起诉裴某、保险公司，要求裴某和保险公司支付相关费用。海淀法院审理过程中，杨某和裴某均同意裴某已支付杨某的483000元在扣除杨某有限的医疗费后，剩余部分的费用用于抵扣其他合理诉讼请求。海淀法院认定杨某应获得的赔偿款为468287.05元，因裴某、保险公司已支付的费用超过了杨某的合理诉讼请求，故判决驳回杨某的诉讼请求。杨某不服，提起上诉。该案二审法院经审理认为杨某上诉理由不足，故判决：驳回上诉，维持原判。

裴某认为其在保险公司投保了交强险，故在交强险限额范围内，保险公司应承担赔偿责任。现裴某向杨某进行了赔偿，故保险公司应向裴某支付死亡伤残赔偿限额项下的 110000 元。因此，裴某起诉至法院。诉讼请求为：1. 请求判令保险公司向裴某支付 110000 元；2. 保险公司承担本案诉讼费及其他费用。

【案件焦点】

裴某醉酒后驾驶保险车辆能否成为保险公司不负责理赔死亡伤残赔偿限额 110000 元的理由。

【法院裁判要旨】

北京市西城区人民法院经审理认为：《机动车交通事故责任强制保险条例》第二十二条规定："有下列情形之一的，保险公司在机动车交通事故责任强制保险责任限额范围内垫付抢救费用，并有权向致害人追偿：（一）驾驶人未取得驾驶资格或醉酒的；（二）被保险机动车被盗抢期间肇事的；（三）被保险人故意制造道路交通事故的。有前款所列情形之一，发生道路交通事故的，造成受害人的财产损失，保险公司不承担赔偿责任。"根据该条规定，对于驾驶人醉酒的，保险公司只在交强险范围内垫付抢救费用。而且，即使对于垫付的抢救费用，保险公司都有权向致害人追偿。很明显，保险公司垫付抢救费用后，保险公司不再在交强险限额内承担其他赔偿责任。在驾驶人醉酒驾车的情况下，如果保险公司需在交强险限额内承担赔偿责任，则《机动车交通事故责任强制保险条例》第二十二条无需规定保险公司在承担垫付抢救费用后还有权向致害人追偿。因此，该条款的规定是保险公司不再承担其他交强险责任限额范围内的赔偿责任的法定免责事由，故《交强险条款》第九条的内容不是免责条款，不适用免责条款的相关规定。《机动车交通事故责任强制保险条例》作为行政法规对裴某和保险公司双方产生约束力，保险公司在垫付抢救费用后，无需再承担其他赔偿责任。醉酒驾驶保险车辆可以成为保险公司不负责理赔死亡伤残赔偿限额110000元的理由，本院对此予以支持。另外，本案中，保险公司向杨某垫付了抢救费用10000元，现保险公司向裴某追偿，要求裴某返还其垫付的10000元，对此，本院予以支持。

北京市西城区人民法院依照《中华人民共和国保险法》第二条，《机动车交通事故责任强制保险条例》第二十二条的规定，判决如下：

一、驳回原告（反诉被告）裴某的诉讼请求；

二、原告（反诉被告）裴某于本判决生效后10日内向被告（反诉原告）财险北京分公司返还10000元。

二审法院同意一审法院裁判意见。

【法官后语】

对于驾驶人醉酒驾驶引发交通事故，保险公司应否赔偿交强险保险金，实务中存在争议，主要有两种观点：

第一种观点认为，此种情形下，保险公司不应当承担赔偿责任。根据《机动车交通事故责任强制保险条例》第二十二条规定，因醉酒驾驶引发交通事故的，保险公司有权在保险责任限额范围内垫付抢救费用，并且有权向致害人追偿。显然，对于抢救费用保险公司都有权利追偿，那么对于其他损失，保险公司更不应进行赔偿。

第二种观点认为，此种情形下保险公司应当承担赔偿责任。理由如下：第一，交强险设置的目的是保护受害人的权益，最大限度弥补受害人的损失，而不是追究致害人的责任。如果醉酒驾驶造成受害人损失，受害人无法得到赔偿，但是在驾驶人无责的情况下，受害人反而可以得到赔偿，这有违交强险设置的目的。第二，道路交通安全法规定的免赔事由只有受害人故意，根据法的位阶性理论，道路交通安全法效力高于交强险条例，故应优先适用前者，保险公司应当赔偿。

司法实践中虽然采纳两种观点的判决都有，但是根据《机动车交通事故责任强制保险条例》第二十二条的规定，无论解释均无法得出保险公司应当承担赔偿责任的结论。

应该说，上述两种观点表面上是关于道路交通安全法与《机动车交通事故责任强制保险条例》之间如何适用的争议，实际上是对于交强险的功能定位的理解存在偏差。

很多人对交强险功能的理解是保护受害人的利益，而不必考虑被保险人的责任，应该说这是正确的，如果是这样则应该直接以立法规定，在事故造成人员伤亡、财产受损的情况下，在交强险范围内直接由保险公司向受害人赔偿，不必考虑由致害人赔偿的问题。

但是，我国现行交强险制度是责任保险和维护受害人利益相统一的制度，对于驾驶人在全责、部分责任以及无责任造成的损失，保险公司是在交强险下向被保险人予以赔偿的。理论上，是先由被保险人向受害人赔偿，然后再由被保险人向保险公司主张赔偿。当然，司法实践中，受害人可以直接向保险公司追偿，但仍然存在被保险人先赔偿后向保险公司主张的情况，本案即是。在这种责任保险制度下，受害人的权益基本上是可以得到维护的。如果是在醉酒的特殊情况下，即使在致害人没有财产理赔的情况下，保险公司也可以垫付抢救费用。当然，这仍然无法弥补受害人的其他损失，这涉及交强险的理赔范围问题，是可以探讨的。但是，对于被保险人的严重过错，从相关法律规定以及社会舆论上是予以否定的，特别是对于醉酒驾驶，现在甚至可以构成犯罪。因此，在醉酒驾驶等情形下，保险公司不向被保险人赔偿是合理合法的，毕竟醉酒是严重过错。这时，给受害人造成损失的后果应当由被保险人负担。如果现在就废除被保险人的责任，时机并不成熟，鉴于我国驾驶人的违法状况，在不损害受害人利益的前提下，应当由致害人承担更多的责任。因此，我国当前交强险的功能定位是准确、适合的。

当然，为了更好地保护受害人的利益，可以由保险公司先向受害人支付赔偿金，然后再向被保险人追偿。实际上，在本案审理后不久，最高人民法院公布了《关于审理道路交通事故损害赔偿案件适用法律若干问题的解释》，其中就规定了驾驶人醉酒驾车发生交通事故致使第三人人身损害的，第三人可以请求保险公司在交强险下直接赔偿，之后保险公司有权向侵权人追偿。

编写人：北京市西城区人民法院　王翔　王雁冰

117 悬挂辖区内临时号牌跨行政辖区临时行驶出险，不能成为保险公司拒赔的理由

——李某诉保险公司保险合同案

【案件基本信息】

1. 裁判书字号

北京市第一中级人民法院（2011）一中民终字第16749号民事判决书

2. 案由：保险合同纠纷

3. 当事人

原告（上诉人）：李某

被告（被上诉人）：保险公司

【基本案情】

2010年3月13日，李某向保险公司提交机动车辆保险投保单向保险公司投保，所投险种包括车辆损失险，保险金额/赔偿限额852500元，商业第三者责任险，保险金额/赔偿限额500000元。上述险种均投保了不计免赔率特约条款。保险公司同意根据李某提交的投保单进行承保，与李某订立保险合同。2010年5月5日18时10分，李某在辽宁省驾驶车牌号为京B×（临）的保险车辆时撞到护栏，造成交通事故，李某负全部责任。李某承担以下损失：1. 车损：291636元；2. 施救费：以保险公司核对为准；3. 路产损失：4080元。

临时号牌查询信息载明：临时号牌号码京B×，登记日期2010年5月4日，有效期至2010年5月11日，号牌类型为辖区内临时号牌，所有人李某。汽车配件公司出具的增值税普通发票载明：购货单位名称为李某，修理费价税合计387838元。价格评估公司作出的财产价格评估结论书记载：价格评估标的在价格评估基准日的维修费用为291636元。保险公司在一审中答辩称：双方之间存在保险合同关系。发生事故后保险公司进行查勘发现，事故发生时李某持有的是临时牌照且李某未提交安全技术检验单，符合保险合同中责任免除条款的约定，故保险公司不需承担保险责任，不同意李某的诉讼请求。

【案件焦点】

悬挂辖区内临时号牌跨行政辖区临时行驶出险，能否成为保险公司拒赔的理由。

【法院裁判要旨】

北京市西城区人民法院经审理认为：《中华人民共和国保险法》（2009年修订）第十七条规定，订立保险合同，采用保险人提供的格式条款的，保险人向投保人提供的投保单应当附格式条款，保险人应当向投保人说明合同的内容。对保险合同中免除保险人责任的条款，保险人在订立合同时应当在投保单、保险单或者其他保险凭证上作出足以引起投保人注意的提示，并对该条款的内容以书面或者口头形式向投保人作出明确说明；未作提示或者明确说明的，该条款不产生效力。保险合同条款中以黑体字印刷责任免除内容以进行提示，李某在投保书上确认已经收到条款，即保险公司已经对保险条款进行了明确说明，其亦对保险条款完全了解，故保险合同中的责任免除条款内容生效。

车辆损失险机动车损失保险条款责任免除部分第三条约定："发生意外事故时，保险车辆有以下情形之一的，保险人不负赔偿责任：（一）除非另有约定，发生保险事故时无公安机关交通管理部门核发的合法有效的行驶证、号牌、或临时号牌或临时移动证……"商业第三者责任保险责任免除部分第四条约定："发生意外事故时，保险车辆有以下情形之一的，保险人不负赔偿责任：（一）除非另有约定，发生保险事故时无公安机关交通管理部门核发的合法有效的行驶证、号牌、或临时号牌或临时移动证……"

《机动车登记规定》第四十五条规定："机动车具有下列情形之

一，需要临时上道路行驶的，机动车所有人应当向车辆管理所申领临时行驶车号牌：（一）未销售的；（二）购买、调拨、赠予等方式获得机动车后尚未注册登记的……”第四十六条第二款规定：“车辆管理所应当自受理之日起一日内，审查提交的证明、凭证，属于本规定第四十五条第（一）项、第（二）项规定情形，需要在本行政辖区内临时行驶的，核发有效期不超过十五日的临时行驶车号牌；需要跨行政辖区临时行驶的，核发有效期不超过三十日的临时行驶车号牌。”即临时行驶车号牌区分为本行政辖区临时行驶与跨行政辖区临时行驶。本案中，李某所驾驶的进口保险车辆在事故发生时所持有的临时号牌为北京市公安局公安交通管理局签发的辖区内临时号牌，因此保险车辆行驶的合法规定区域应为北京市辖区内。李某驾驶保险车辆在辽宁省发生交通事故，乃跨行政区域行驶，但其并未申领跨行政区域行驶之临时号牌，属于未持有合法有效的临时号牌或临时移动证，符合车辆损失险与商业第三者责任险条款所约定的保险公司责任免除事项，故对李某要求保险公司在上述险种项下赔偿保险金共计440213元的诉讼请求，该院不予支持。李某的陈述及其提交的证据可以证明其赔付了路产损失4080元，因此保险公司应当在交强险财产损失限额内赔偿李某2000元。

北京市西城区人民法院依照《中华人民共和国保险法》（2009年修订）第二条、第十七条之规定，判决如下：

一、保险公司于判决生效之日起十日内在交通事故责任强制保险项下赔偿李某2000元；

二、驳回李某的其他诉讼请求。

李某不服，提起上诉。北京市第一中级人民法院经审理认为：李某与保险公司签订的商业保险合同及机动车交通事故责任强制保险合同，系双方真实意思表示，协议内容未违反国家法律、行政法规的禁止性规定，应属有效。本案中，依照交通事故认定书可知，李某负事故全部责任，故保险公司应当在承保范围内承担相应保险责任。保险公司在一审中拒绝理赔的理由是，李某驾驶的被保险车辆在事发时没有合法有效的号牌，对此本院认为，虽然《机动车登记规定》第四十五条、四十六条对机动车所有人应当向车辆管理所申领临时行驶号牌的情形作出了规定，但并没有对悬挂辖区内临时号牌跨行政辖区临时行驶的，其临时号牌的效力作出明确规定，在法律法规未明确规定上述临时号牌为无效的情况下，且李某在发生保险事故时，该号牌亦在有效期限内，故应认定该临时号牌为合法有效。保险公司为李某投保时明知李某的投保车辆尚未办理正式号牌，因此，保险公司有义务就办理正式号牌之前投保人可能悬挂临时号牌上路行驶的情况作出特殊提示，但保险公司并未能就此提供证据予以证明。综上分析，一审判决以李某乃跨行政区域行驶，但其并未申领跨行政区域行驶之临时号牌，属于未持有合法有效的临时号牌或临时移动证，符合车辆损失险与商业第三者责任险条款所约定的保险公司责任免除事项为由判决驳回李某要求保险公司在车辆损失险与商业第三者责任险范围内赔偿保险金的诉讼请求不当，应予以纠正。

本案中，李某主张车辆修理费 58000 元。该笔费用系李某为修理投保车辆产生的合理费用，该笔费用未超出保险公司保险责任赔付范围，保险公司应当在机动车车辆损失险范围内予以赔付。

本案中，李某主张车辆维修零配件费用 329836 元。该笔费用为修理投保车辆产生的合理费用，未超出保险公司保险责任赔付范围，且已实际发生，北京市财产价格评估结论书中价格评估结论虽与李某向法院提交的零配件发票之间存有差异，但未超出零配件市场上价格浮动的范围，因此保险公司应当在机动车车辆损失险范围内予以赔付。

本案中，李某主张车辆拆解费用 46297 元。李某未能提交有效证据证明该笔拆解费用实际产生，因此，对李某的该项主张，本院不予支持。

本案中，李某主张评估费用 4000 元。该项评估为李某单方委托，且该费用亦非减少保险车辆损失所支付的必要的、合理的费用，因此，对李某的该项主张，本院不予支持。

本案中，李某主张路产损失 4080 元。李某已经赔付了路产损失 4080 元，一审判决保险公司在交强险财产损失限额内赔偿李某 2000 元，其余 2080 元应从商业第三者责任险范围内赔偿，因此，对李某的该项主张，本院予以支持。

北京市第一中级人民法院依照《中华人民共和国合同法》第六十条第一款，《中华人民共和国保险法》第二十三条，《中华人民共和国民事诉讼法》第一百五十三条第一款第三项之规定，判决如下：

一、维持一审判决第一项；

二、撤销一审判决第二项；

三、保险公司于本判决生效之日起十日内赔付李某车辆损失险保险金 387836 元；

四、保险公司于本判决生效之日起十日内赔付李某商业第三者责任险保险金 2080 元；

五、驳回李某的其他诉讼请求。

【法官后语】

本案是一起因投保车辆悬挂辖区内临时号牌，驶出辖区后发生交通事故，投保人向保险公司索赔遭拒赔的案件。

本案的核心问题：车辆损失险机动车损失保险条款责任免除部分第三条约定："发生意外事故时，保险车辆有以下情形之一的，保险人不负赔偿责任：（一）除非另有约定，发生保险事故时无公安机关交通管理部门核发的合法有效的行驶证、号牌、或临时号牌或临时移动证……"商业第三者责任保险责任免除部分第四条约定："发生意外事故时，保险车辆有以下情形之一的，保险人不负赔偿责任：（一）除非另有约定，发生保险事故时无公安机关交通管理部门核发的合法有效的行驶证、号牌、或临时号牌或临时移动证……"保险公司拒赔的理由是，发生保险事故时无公安机关交通管理部门核发的合法有效的行驶证、号牌、或临时号牌或临时移动证。因此，如何判定悬挂辖区内临时号牌，驶出辖区时该号牌的效力如何认定即成为本案的核心问题。

李某与保险公司签订的商业保险合同及机动车交通事故责任强制保险合同，系双方真实意思表示，协议内容未违反国家法律、行政法规的禁止性规定，应属有效。保险公司在一审中拒绝理赔的理由是，李某驾驶的被保险车辆在事发时没有合法有效的号牌，对此本院认为，虽然《机动车登记规定》对机动车所有人应当向车辆管理所申领临时行驶号牌的情形作出了规定，但并没有对悬挂辖区内临时号牌跨行政辖区临时行驶的，其临时号牌的效力作出明确规定，在法律法规未明确规定上述临时号牌为无效的情况下，且李某在发生保险事故时，该号牌亦在有效期限内，故应认定该临时号牌为合法有效。保险公司为李某投保时明知李某的投保车辆尚未办理正式号牌，因此保险公司有义务就办理正式号牌之前投保人可能悬挂临时号牌上路行驶的情况作出特殊提示，但保险公司并未能就此提供证据予以证明。

同时，本案在审理中发现，发放临时号牌时交管部门未明确告知申领人不得驶出辖区，且临时号牌上亦没有明显的警示告知申领人不得驶出本辖区，导致申领人无法预知悬挂辖区内临时号牌，驶出辖区的法律后果，在这种情况下，将所有的不利后果都由李某来承担亦不符合公平原则。

编写人：北京市第一中级人民法院　李文成

118 同一被保险人投保的车辆之间发生事故属于第三者责任险理赔范围

——森林工业公司诉保险公司保险合同案

【案件基本信息】

1. 裁判书字号

北京市第二中级人民法院（2011）二中民终字第 10436 号民事判决书

2. 案由：保险合同纠纷

3. 当事人

原告（被上诉人）：森林工业公司

被告（上诉人）：保险公司

【基本案情】

2010 年 9 月 9 日，原告为其购买的车牌号为 A 的半挂牵引车（以下简称 A 车）在被告处投保了机动车交通事故责任强制保险（以下简称交强险）、第三者责任保险（以下简称三者险）、机动车损失保险（营业用汽车损失保险条款）、不计免赔特约条款等。

保险期间自2010年9月10日0时起至2011年9月9日24时止。其中交强险死亡伤残赔偿限额为11万元、医疗费用赔偿限额为1万元、财产损失赔偿限额为2000元。三者险保险金额为30万元。2010年9月26日，原告为车牌号为B的半挂牵引车（以下简称B车）在被告处投保了交强险。保险期间自2010年9月27日0时起至2011年9月26日24时止。

2010年11月9日9时30分，原告公司驾驶员林某驾驶A车倒车时，与原告公司驾驶员刘某驾驶的B车发生碰撞事故，造成B车前部损坏，经交警《机动车事故快速处理协议书》认定林某负本起事故的全部责任。事故发生后，原告通知保险公司要求索赔，并将事故车辆送交被告维修，修车费为15020元。2010年11月18日被告向原告出具了《机动车辆保险拒赔案件报告书》，对事故车辆损失估损金额为13000元，认为发生事故的两辆车为同一个被保险人，互不构成第三者责任，属于保险公司交强险和商业机动车第三者保险责任范围之外的保险事故，拒绝赔付。至今被告尚未向原告进行理赔。

【案件焦点】

同一被保险人投保的车辆之间发生事故是否属于第三者责任险理赔范围。

【法院裁判要旨】

北京市通州区人民法院经审理认为：原告与被告签订保险合同形成的保险合同关系，系双方真实意思表示，不违反法律法规强制性规定，合法有效。原告投保车辆在保险期间发生交通事故，原告及时向被告报险并将车辆交付进行修理，原告的损失有证据证明。

被告拒绝赔付原告损失，其依据是三者险保险条款第五条：“被保险机动车造成下列人身伤亡或财产损失，不论在法律上是否应由被保险人承担赔偿责任，保险人均不负责赔偿：（一）被保险人及其家庭成员的人身伤亡、所有或代管财产的损失……”对此，第一，保险人将被保险人即原告的其他车辆排除在第三者责任险赔付范围之外没有法律依据。涉案保险合同为机动车三者险保险合同，按照通常的理解和国际通行的保险理念，机动车辆三者责任险中的“第三者”是指订立保险合同的双方当事人即保险人、被保险人以外的所有人。机动车辆三者险责任旨在确保第三者因交通事故受到伤害时能够从保险人处获取救济，以保护不特定的第三者的利益。机动车三者险保险合同是射幸合同，保险人是否应当给付保险金，取决于合同成立后偶然事件及交通事故的发生。本案中，原告驾驶员林某驾驶 A 车在倒车时与原告公司驾驶员刘某驾驶的 B 车发生碰撞，造成 B 车前部损坏。此次交通事故的发生纯属偶然。原告所有的另一辆投保车辆 B 车作为受害方，和通常情况下第三者车辆并无不同。在现有法律法规没有明确规定的情况下，涉案机动车三者险保险合同的相关格式化免责条款将被保险人所有的其他车辆排除在外，属人为缩小第三者的范围。该格式化免责条款的设定有悖机动车三者险的初衷。且根据格式合同解释原理，应作出有利于原告的解释。第二，被告未就格式化免责条款尽到“明确说明”义务，故该格式化免责条款无效。根据保险法的相关规定，对保险合同中免除保险人责任的条款，保险人在订立合同时应当在投保单、保险单或者其他保险凭证上作出足以引起投保人注意的提示，并对该条款的内容向投保人作出明确说明，未作提示或者明确说明的，该条款不产生效力。根据本案事实、证据，不能认定被告在签订合同时已经履行了就免责条款的概念、内容及其法律后果等向投保人作出解释，以使投保人明了该条款的真实含义和法律后果的明确说明义务。故该免责条款应归于无效。综上，被告拒绝理赔原告损失依据不足，被告理应对原告损失进行赔付。本案中，原告维修 B 车所发生的车辆维修费为 15020 元，扣除交强险保险责任财产损失赔偿限额 2000 元，被告应该赔付 13020 元。现原告要求被告赔付修理费 13020 元的请求合理，证据充分，应予以支持。根据我国民事诉讼法的规定，当事人有答辩并对对方当事人提交的证据进行质证的权利，本案被告经合法传唤，无正当理由未到庭应诉，视为其放弃了答辩和质证的权利。

北京市通州区人民法院依照《中华人民共和国保险法》第二条、第十七条、第十九条、第三十条，《中华人民共和国民事诉讼法》第一百三十条之规定，判决如下：

被告保险公司给付原告森林工业公司赔偿金 13020 元，于本判决生效之日起七日内付清。

保险公司不服，提起上诉。北京市第二中级人民法院经审理认为：保险公司拒赔的依据是三者险保险条款中“责任免除”部分第五条第一项关于保险人不负责赔偿被保险人所有的财产损失的约定，该条款属于免除保险人责任的条款。根据《中华人民共和国保险法》第十七条第二款规定，对保险合同中免除保险人责任的条款，保险人在订立合同时应当在投保单、保险单或者其他保险凭证上作出足以引起投保人注意的提示，并对该条款的内容以书面或者口头形式向投保人作出明确说明；未作提示或者明确说明的，该条款不产生效力。上述法律规定中的“明确说明”，是指保险人在与投保人签订保险合同之前或者签订保险合同之时，对于保险合同中所约定的免责条款，除在保险单上提示投保人注意外，还应当对有关免责条款的概念、内容及其法律后果等，以书面或者口头形式向投保人或其代理人作出解释，以使投保人明了该条款的真实含义和法律后果。但在本案中保险公司就该免责条款仅以黑体字显示，既没有让森林工业公司在保单上签字提示其注意，又没有以其他书面或口头形式对有关免责条款向森林工业公司作出解释，因此该免责条款对森林工业公司不发生效力，保险公司不能以此为由拒绝赔偿。保险公司的上诉理由缺乏法律和事实依据，故不予支持。

北京市第二中级人民法院依照《中华人民共和国民事诉讼法》第一百五十三条第一款第一项的规定，判决如下：

驳回上诉，维持原判。

【法官后语】

1. 第三者责任保险中对第三者范围的认定

所谓保险合同是投保人与保险人约定保险权利义务关系的协议。按照保险合同，投保人向保险人支付保险费，并有权在发生保险事故时请求保险人支付保险金。保险车辆因意外事故，致使第三者遭受人身伤亡或财产的直接损失的，保险人依照保险合同给予赔偿，此即为第三者责任险。对于第三者责任险中第三者范围的认定，直接关系到保险权益能否实现以及合同免责条款的效力，但遗憾的是，目前法律却没有对此的相关规定。本案中，事故车辆 A 车与 B 车所有人为同一人，被保险人为同一人，即原告公司，在这种情况下，A 车将 B 车撞坏，原告所有的 B 车作为受害方可否主张第三者责任险？在此问题上，笔者认为应以目的解释的方法来进行分析，正如本案中判决所言，机动车辆三者险责任旨在确保第三者因交通事故受到伤害时能够从保险人处获取救济，以保护不特定的第三者的利益。虽然本案机动车所有人同为原告公司，但加害方与受害方不同，导致原告公司同时具有两种身份，此时应当对其进行一分为二的看待，在其作为第三人身份要求保险赔偿时，不应不合理地混淆其此时的身份，否则应认定为人为地缩小第三者的范围。

综上，在界定第三者范围时，应以目的解释的方法和通常的理解，对第三者身份进行辩证的看待，而不应人为地缩小第三者的范围，否则有悖于设定第三者责任险的初衷，不利于事故受害者权益的保护。

2. 保险合同格式条款解释方法

保险合同条款属于典型的格式条款，保险合同当事人相互约定的权利与义务大都被囊括其中。对于保险条款的解释是审理类似本案的大多数保险合同纠纷的关键所在。尽管保险人拟制保险条款时必须顾及被保险人利益以及社会公共利益，但其利用拟制保险条款之便损害投保人或者被保险人利益的可能性依然很大，投保人一般又没有修改保险条款的权利与机会。因此，结合《中华人民共和国保险法》等对格式条款的规定，笔者认为，实践中对于保险合同格式条款的解释应遵循以下原则：

第一，以通常解释为前提。所谓通常解释应当是指普通的、通用的、常规的、规范化的解释。《中华人民共和国保险法》第三十条规定："采用保险人提供的格式条款订立的保险合同，保险人与投保人、被保险人或者受益人对合同条款有争议的，应当按照通常理解予以解释……"通常解释均是遵循市场一般规律、公平原则以及诚实信用原则进行的解释，因此对于平衡合同双方的地位，维护交易秩序都是行之有效的解释方法。

第二，以附加的非格式条款优先的原则解释。当保险合同中既有格式条款又有附加非格式条款存在的情形下，附加非格式条款有优先于格式条款适用的效力。该原则的宗旨就是更加真实地体现双方当事人的意思表示，还原合同条款的合约性、真实性。

第三，以有利于被保险人和受益人为原则进行解释。相对于保险人而言，投保人、被保险人、受益人往往处于弱势的地位，其对于合同格式条款一般没有修改的权利，只能听之任之，在此种情况下，保险人利用己方优势，作出有利于自己的解释就是情理之中了。保险法第三十条规定："……对合同条款有两种以上解释的，人民法院或者仲裁机构应当作出有利于被保险人和受益人的解释。"这也正是格式条款平衡当事人地位，发挥积极、正面调节作用的体现。

本案中，被告保险公司利用格式条款将第三者责任险中被保险人所有的其他车辆排除在外，显然是作出了有利于自己而不利于对方的解释，且被告也未能证明其对该格式化免责条款尽到"明确说明"的义务，依据保险法及相关规定，该条款对原告方不产生效力，原告应当被认定为第三者责任险中第三者的范围。

3. 保险合同的射幸特征分析

射幸合同是当事人之间签订的、包含不确定给付内容的风险性协议，该不确定的给付内容仅取决于合同约定的偶然事件是否发生，常见的射幸合同包括保险合同及彩票奖券合同等。射幸合同具有双务性、履行的不确定性及金钱或者当事人对价外观上的不均衡性等特点。

保险合同之所以是射幸合同，是由于保险人是否负有保险金的给付义务以及应为给付时的具体数额的多少取决于保险事故是否发生及其损害的大小，因此对投保人而言，在保险事故发生时将获得可能远高于投保金额的保险金；反之，在保险事故不发生时，投保人即丧失保险费。本案中，被告保险公司是否应当给付保险金，取决于合同成立后偶然事件及交通事故的发生，而原告方恰恰在合同期限内发生相应的事故，所以被告应给付射幸合同的约定金额。

编写人：北京市通州区人民法院　兰雅丽

（二）责任保险合同纠纷

119　雇主责任保险赔偿标准与范围的认定

——物业公司诉财险公司责任保险合同案

【案件基本信息】

1. 裁判书字号

北京市第一中级人民法院（2020）京01民终8098号民事判决书

2. 案由：责任保险合同纠纷

3. 当事人

原告（被上诉人）：物业公司

被告（上诉人）：财险公司

【基本案情】

2017年11月，姚某驾驶的重型专项作业车与身着环卫工人工作服的刘某相碰刮，致其受伤。2018年1月，烟台市公安局交通警察支队第二大队认定姚某承担事故的全部责任，刘某无事故责任。2018年12月，司法鉴定中心出具司法鉴定意见书，认定：刘某颅脑损伤致偏瘫构成七级伤残，开颅术后构成十级伤残。2019年1月，精神疾病司法鉴定所出具鉴定意见书，认定：刘某因交通事故遗留“脑外伤所致器质性智能损害（轻度）”，评定为八级伤残。审理中，财险公司表示不申请鉴定。

2019年3月，山东省烟台市芝罘区人民法院确认第三人财产保险股份有限公司烟台中心支公司一次性赔偿刘某医疗费、误工费、护理费、残疾赔偿金、住院伙食补助费、营养费、交通费共计375000元；第三人姜某赔偿刘某鉴定费5000元。

2017年1月，物业公司与刘某签订《劳动合同书》，合同期限为2017年1月21日起至2018年1月20日。物业公司在财险公司处为其114名雇员投保了雇主责任保险，并约定保险期间自2017年10月2日起至2018年10月1日止；主险每人伤亡赔偿限额60万元，每人医疗费用赔偿限额8万元，附加每日住院现金保障保险1231200元。刘某名列该雇主责任保险的雇员信息清单。物业公司表示，财险公司未告知过其该电子保单适用的保险条款内容。财险公司亦未能提供有效证据证明其就保险条款内容向物业公司履行了告知义务。

2019年8月，物业公司与刘某之子董乙签订协议书，约定物业公司基于刘某受伤之事实向其赔偿35万元，并于当日支付刘某之法定代理人董乙现金35万元，董乙出具收条一张，确认收到前述款项。2020年8月10日，董甲（董乙之父）出具证明，确认35万元已交由董甲保管，用以照顾刘某。

物业公司向财险公司申请理赔遭拒赔后，诉至法院，要求支付保险理赔金35万元。关于35万元数额的依据，物业公司表示其系比照人身损害赔偿标准及工伤六级标准进行核算与和解。

【案件焦点】

1. 刘某已经获得的赔偿部分是否应当在雇主责任保险理赔时予以扣减；2. 保险人应当承担的责任保险责任范围和数额如何认定。

【法院裁判要旨】

北京市延庆区人民法院经审理认为：物业公司与财险公司之间形成雇主责任保险合同关系。第一，关于刘某已经获得的赔偿部分是否应当扣减。根据法律规定，被保险人已获得的赔偿可以在保险人赔偿时予以相应扣减。但在本案中，刘某不是被保险人，被保险人为物业公司。此外，物业公司未为刘某投保工伤保险。刘某系农村家庭户，其受伤时年龄已经超过50岁，有权在获得交通事故赔偿后，再行向物业公司主张工伤赔偿，故刘某已获得的赔偿不应予以扣减。第二，关于损失赔偿的计算依据及物业公司支付的赔偿金额是否符合保险合同约定。物业公司与刘某参照事故发生时作出的人身及精神伤残鉴定意见，结合刘某“不能正常工作及劳动，部分生活需要家人协助”的现状，参照工伤及人身损害赔偿的标准，所达成的工伤赔偿和解金额未超出法律、行政法规的相关规定，且已赔付刘某的35万元亦在物业公司投保的《雇主责任保险电子保险单》赔偿限额内，未超出保险合同约定。

基于涉刘某机动车交通事故责任一案的调解书中未对各项赔偿费用数额的计算标准予以明确，财险公司亦未提交证据证明物业公司在本案中赔付刘某的费用，与刘某在前案中所获得的保险公司理赔金额存在重复计算问题，且物业公司的主张金额在财险公司的责任限额内，故物业公司要求财险公司支付35万元保险金的诉讼请求合法有据，应予支持。

北京市延庆区人民法院依照《中华人民共和国保险法》第二条、第十条、第十四条、第十七条第二款、第六十五条，《最高人民法院关于审理人身损害赔偿案件适用法律若干问题的解释》第十一条第三款等规定，作出如下判决：

财险公司于本判决生效后七日内给付物业公司保险赔偿金35万元。

二审法院同意一审法院裁判意见。

【法官后语】

本案的主要争议焦点为保险人应当承担的保险责任范围和数额如何认定，换言之，即用人单位与劳动者私下和解达成并履行的和解金额应否在责任保险限额内全额赔付。

关于责任保险的赔偿范围问题。责任保险是指保险人在被保险人依法应对第三者负赔偿民事责任，并被提出赔偿要求时，承担赔偿责任的财产保险形式。雇主责任保险是时下很多企业，尤其是建筑行业企业偏向选择的保险种类，该类企业多希望通过投保雇主责任保险弥补工伤赔偿支出之损失。财产保险遵循损失补偿原则，即保险事故发生、被保险人遭受实际损失时，保险人才承担损失补偿责任。而被保险人获得的补偿数额应限于损失范围，不能使其通过参加财产保险获得额外利益。

就本案而言，劳动者在机动车交通事故责任纠纷中所获得的赔偿，是劳动者基于被侵权人身份及受损情况从侵权人处获得的侵权赔偿；劳动者自用人单位物业公司获得的赔偿，是劳动者基于在工作期间遭受意外伤害而获得的工伤赔偿。就赔偿项目而言，除医疗费等依法不应获得双份赔偿的项目外，其他赔偿项目皆与工伤赔偿无关，亦与责任保险的保险人无关。雇主责任保险损失补偿原则适用的对象为被保险人（用人单位），适用的范围为用人单位在工伤赔偿中对劳动者所承担的赔偿义务，而非肇事方在交通事故中对受伤劳动者所承担的侵权责任。至于劳动者在交通事故中所获赔偿与工伤赔偿中是否存在重复计算的问题，不是损失补偿原则所要审查的范围，而是和解协议是否合理的审查范围。

关于用人单位与劳动者达成并履行的和解协议的合理性问题。首先，本案的劳动者属于农民工，其有权向用人单位主张工伤赔偿。故本案中，用人单位的工伤赔偿义务是确定的，用人单位与劳动者签订赔偿协议具有法理基础。其次，关于赔偿数额的合理性问题，根据《工伤保险条例》等规定，劳动者因工伤致残，可以申请在评定伤残等级时通过医学检查对劳动功能障碍程度（伤残程度）和生活自理障碍程度作出判定结论。

本案中，用人单位物业公司并未给劳动者购买工伤保险，但劳动者在处理交通事故案件中已经做过相应的伤残等级评定，在双方协商一致的情况下，未再次进行工伤伤残等级、劳动能力、护理依赖等鉴定，符合情理，亦符合常理。加之双方计算的赔偿数额未明显超出法定的赔偿范围和保险合同约定的范围，且保险人亦未申请对劳动者的工伤伤残等级、劳动能力、护理依赖等进行鉴定，故和解协议所确定的赔偿数额应认定为合理。

编写人：北京市延庆区人民法院　石菲　刘芳

120 雇主责任险合同条款“实质性变更”的认定标准

——甲公司诉保险北京分公司保险合同案

【案件基本信息】

1. 裁判书字号

北京市第二中级人民法院（2020）京 02 民终 3611 号民事判决书

2. 案由：保险合同纠纷

3. 当事人

原告（被上诉人）：甲公司

被告（上诉人）：保险北京分公司

【基本案情】

2018 年，甲公司向保险北京分公司投保雇主责任保险，投保单尾部载明，业务员为赵某，主介绍人为张某。2018 年 9 月 5 日，甲公司以公司账户汇款的方式交纳了保险费 82500 元。2018 年 9 月 6 日，保险北京分公司出具雇主责任险保险单，被保险人为甲公司，保险期间为 2018 年 9 月 8 日至 2019 年 9 月 7 日，投保员工人数为 110 人，水面、河道作业工人每人死亡赔偿限额为 50 万元；每人保费为 750 元；每次事故医疗费用绝对免赔额为 300 元；总保费为 82500 元。该保险单上手写有“赵某”两字。该保险单附有人员清单明细，列明了投保的 110 名员工的姓名、身份证号，廖某在该名单中。

2018 年 9 月 6 日，保险北京分公司出具了另一份被保险人为乙公司的雇主责任险保险单。该保险单的内容以及所附的人员清单明细与被保险人为甲公司的保险单均一致。该保险单上也手写有“赵某”，廖某亦出现在该保险单所附的人员清单明细中。

甲公司与乙公司所投保的雇主责任险保险A条款载明了如下内容：“在保险期间内，被保险人的雇员在其雇用期间因从事保险单所载明的被保险人的工作而遭受意外事故致伤、残、死亡，可认定为工伤的，依照中华人民共和国法律应由被保险人承担的经济赔偿责任，保险人负责赔偿，具体包括死亡赔偿金、伤残赔偿金、医疗费用等；被保险人对其承包商所雇的员工的责任，保险人不负责赔偿……雇员是指与被保险人签订有劳动合同或存在事实劳动合同关系，接受被保险人给付薪金、工资的人员，包括正式在册职工、短期工、临时工、季节工等，但因委托代理、行纪、居间等其他合同为被保险人提供服务或工作的人员不属于本保险合同所称的雇员。”

廖某于2018年3月与乙公司签订《农民工劳动合同》。乙公司自2018年4月起向廖某发放工资。2018年10月22日，廖某在甲公司承包、乙公司分包的清淤工程项目进行水面清理工作时溺水身亡。2018年10月25日，甲公司、乙公司与廖某的妻子白某、独生子廖某某签订《赔偿协议书》，约定甲公司、乙公司共同向白某、廖某某赔偿100万元，该笔赔偿金包含一次性工亡补助金、丧葬补助金、亲属抚恤金、死亡赔偿金、丧葬费、被抚养人生活费、精神损害抚慰金等所有费用，上述赔偿金已由甲公司支付完毕。

2018年11月，甲公司向保险北京分公司申请理赔。2018年11月20日，保险北京分公司出具《拒赔通知书》，载明：“死者廖某与甲公司未签订劳动合同，承包合同显示，出险时该员工为签订劳动合同单位工作，故与甲公司无劳动关系，不属于本保单的保险责任；本次事故保险责任不成立，保险公司无法赔付。”

2018 年 12 月 17 日，乙公司向保险北京分公司申请理赔。2018 年 12 月 26 日，保险北京分公司向乙公司赔付 499700 元。乙公司收到保险赔偿金后，于 2018 年 12 月 28 日向甲公司转账 499700 元。

甲公司主张其与保险北京分公司的保险合同有效，要求保险北京分公司赔付保险金及利息损失。保险北京分公司认为死者廖某的赔付已经于 2018 年 12 月 26 日向乙公司支付，虽然甲公司在保险北京分公司投保了雇主责任险，廖某也在名单中，但其不符合保险条款中雇员的含义，故不同意甲公司的诉讼请求。

【案件焦点】

保险北京分公司同日与甲公司、乙公司均签订包括廖某在内的雇主责任险保险单，是否视为对保险合同条款“雇员”定义进行了实质性变更。

【法院裁判要旨】

北京市西城区人民法院经审理认为：死者廖某生前与乙公司签署劳动合同，并未与甲公司产生直接的劳动合同关系，与保险条款约定的“雇员”定义不符，但探究合同当事人的真实意思表示、确定合同对当事人发生何种法律效力，除应参照合同条款内容外，还应结合合同订立的背景、合同签订的经办人员、合同表现的形式、合同具体的履行等多方面因素，综合进行判断。

甲公司与乙公司于同一日在保险北京分公司的同一保险代理机构办理雇主责任险，两份保险均由保险北京分公司的销售人员张某办理，两份保险单上均手写有保险北京分公司的员工“赵某”的姓名，同时，两份保险单除被保险人信息外的全部内容均完全相同，均注明雇员总人数为110，附带的两份人员清单明细亦完全相同。据此，保险北京分公司在核保并签发保险单时，有能力也有义务发现两份雇主责任险的内容一致、承保的雇员名单一致。作为商业性的保险公司，其应当意识到，从事商业活动，必然会面临商业风险。因此，在核保时，保险公司应当形成这样一种预期，即若对两份雇主责任险均同意承保，收取了两份保险费，在可能赚取更多利润的同时，一旦发生保险事故，则需对同一批雇员承担双份的保险责任。如不愿意承担该种经营风险，则应只承保乙公司投保的保险。保险北京分公司在收取了分别来自甲公司与乙公司的双份保险费后，即选择了承担相应的商业风险。保险北京分公司为甲公司与乙公司分别出具雇主责任险保险单的行为，在事实上变更了相应合同条款中关于保险责任和雇员定义的约定，故本案属于保险责任范围，保险北京分公司仍应按照合同约定支付保险金并赔偿损失。

北京市西城区人民法院依照《中华人民共和国合同法》第六十条、《中华人民共和国保险法》第二十三条之规定，判决如下：

保险北京分公司于本判决生效后十日内支付甲公司保险金500000元，并支付利息损失。

保险北京分公司不服，提起上诉。北京市第二中级人民法院经审理认为：保险北京分公司为甲公司签发的雇主责任险保险单所附的保险条款中列明了“投保人应在投保时列明被保险人雇员名单，对发生保险事故时未列入名单的雇员的经济赔偿责任，保险人不负责赔偿”“被保险人的雇员在其雇用期间因从事被保险人的工作而遭受意外事故致死时应由被保险人承担的经济赔偿责任”“被保险人对其承包商所雇的员工的责任，保险人不负责赔偿”及“雇员”定义等。即保险公司对发生保险事故是否理赔以雇员名单为依据，而判断雇员身份的依据为是否签订有劳动合同并判断是否属于被保险人的承包商所雇人员。由此可见，上述将可获赔人员限定于特定范围的理赔条件，在保险合同订立之初既已明确，在约束投保人、被保险人的同时，保险公司亦受到约束并理应在决定是否承保之时以此为依据。现廖某出现在甲公司投保时的雇员名单中，且涉及甲公司、案外人乙公司两份保单的保险北京分公司办理人员为同一人，保险北京分公司对廖某亦出现在案外人乙公司投保的雇员名单的情况完全知悉且并无异议。因此，应视为保险北京分公司已同意将廖某纳入所承保涉案保险的人员范围。原审法院认定保险北京分公司事实上变更了保险条款中关于保险责任和雇员定义的约定，并无不当。保险北京分公司上诉称投保人投保时只固定人数，保险公司核保时并不审核人员名单的理由，缺乏合同依据和法律依据。原审判决保险北京分公司对甲公司进行赔付，处理正确。因保险北京分公司拒赔保险金的理由不能成立，按照保险法的相关规定，保险人未及时履行相关义务的，除支付保险金外，还应当赔偿被保险人或者受益人因此受到的损失。故原审判决保险北京分公司向甲公司支付利息损失，处理正确。综上所述，保险北京分公司的上诉请求与理由无法律及事实依据，不予支持。原审判决认定事实清楚，适用法律正确，应予维持。

北京市第二中级人民法院依据《中华人民共和国民事诉讼法》第一百七十条第一款第一项之规定，判决如下：

驳回上诉，维持原判。

【法官后语】

本案涉及雇主责任险的保险责任范围问题。《中华人民共和国民法典》第一千一百九十二条规定，个人之间形成劳务关系，提供劳务一方因劳务造成他人损害的，由接受劳务一方承担侵权责任。接受劳务一方承担侵权责任后，可以向有故意或者重大过失的提供劳务一方追偿。提供劳务一方因劳务受到损害的，根据双方各自的过错承担相应的责任。提供劳务期间，因第三人的行为造成提供劳务一方损害的，提供劳务一方有权请求第三人承担侵权责任，也有权请求接受劳务一方给予补偿。接受劳务一方补偿后，可以向第三人追偿。由此可见，雇主责任是一种严格责任、无过错责任，即只要雇员在从事雇用活动过程中遭受了人身损害，而不问雇员存在过错与否，雇主均要对雇员的损害承担赔偿责任。

就保险合同约定而言，雇主责任保险一般是指被保险人所雇员工在受雇过程中，从事与被保险人经营业务有关的工作而遭受意外或患与业务有关的国家规定的职业性疾病致伤、残或死亡的，被保险人根据劳动法及劳动合同应承担的医药费用及经济赔偿责任，由承保的保险公司在约定的赔偿限额内负责赔偿的一种保险，其目的在于分担雇主的风险。作为建设工程安全生产保险领域的主要险种之一，雇主责任险有其独特的保险功能。雇主责任险是对建设工程安全生产保险的完善与补充，其保障对象为雇主，其险种功能特点、各项条款设置，都是以有效转移雇主的风险责任为目的。

本案中，雇主责任保险条款对保险责任、雇员均有明确的合同约定，从合同条款来看，排除了同一“雇员”在发生事故时同时受两家及两家以上雇主雇用的情形；但探究合同当事人的真实意思表示、确定合同对当事人发生何种法律效力，除应参照合同条款内容外，还应结合合同订立的背景、合同签订的经办人员、合同表现的形式、合同具体的履行等多方面因素，综合进行判断。本案中，甲公司与乙公司于同一日期在保险公司的同一保险代理机构办理雇主责任险，两份保险均由保险公司的同一销售人员办理，两份保险单均手写有保险公司的同一员工的姓名，同时，两份保险单除被保险人信息外的全部内容均完全相同，注明的雇员总人数与附带的两份人员清单明细亦完全相同。保险公司的经办人员在甲公司与乙公司投保时完全可以发现，但并未提出异议，并收取了两份保费。保险合同本身为射幸合同，责任事故的发生具有不确定性，保险公司在可能赚取更多利润的同时，一旦发生保险事故，亦应承担与所收保费相对应的对价。保险公司事后以不符合保险条款约定的雇员定义为由拒绝理赔，有违公平诚信原则，且不论经办人员是未尽到谨慎审查义务而未发现，还是有意向两个投保人作出误导性的赔付承诺，其后果均归属于保险公司，保险公司不能因为内部人员的工作瑕疵而拒绝对外承担责任。

保险合同多采取格式条款订立，其内容变更往往有严格的形式要件，如要求批单或者另行订立书面协议。在发生纠纷后，保险公司往往以格式条款为依据进行抗辩。本案从探究合同当事人的真实意思表示出发，除参照合同条款内容外，还结合合同订立的背景、合同签订的经办人员、合同表现的形式、合同具体的履行等多方面因素，综合判断认定合同内容已发生了实质变更，对于解决实践中类似争议提供了一定的参考。

编写人：北京市西城区人民法院　许波　高亢

121 违反如实告知义务与免责条款竞合下保险责任的认定

——高某诉人保北分公司责任保险合同案

【案件基本信息】

1. 裁判书字号

北京市东城区人民法院（2020）京0101民初13009号民事判决书

2. 案由：责任保险合同纠纷

3. 当事人

原告：高某

被告：人保北分公司

【基本案情】

某建材中心系于2013年3月6日注册登记的个体工商户，实际经营者为高某。2017年9月6日，北京市工商行政管理局丰台分局经现场检查，某建材中心未在住所从事经营活动，也未办理变更登记，责令改正后仍未改正违法行为。故北京市工商行政管理局丰台分局对其作出吊销营业执照的处罚。

2017年9月13日，高某作为投保人及被保险人，向人保北分公司投保雇主安全生产责任保险，保险期间自2017年9月13日起至2018年9月12日止，保障内容为从业人员每次事故责任限额350万元，每人伤亡责任限额55万元，从业人员5人。投保单照片显示，投保人及被保险人栏均由某建材中心手写涂改为高某。高某在投保人声明出处签字确认："本人所填写的投保单已附《安全生产责任保险条款（北京地区适用）》，并且保险人已将保险条款的内容，尤其是免除保险人责任、投保人及被保险人义务、赔偿处理的条款的内容和法律后果，向本人进行了明确说明。本人对保险条款已认真阅读并充分理解。”

诉讼过程中，高某与人保北京分公司均认可案涉保险合同实际被保险人为某建材中心。人保北分公司认可孙某在雇员名单内。

《安全生产责任保险条款（北京地区适用）》第二条约定，凡在中华人民共和国境内依法成立，取得合法生产、经营资格的企业，均可作为本保险合同的被保险人。第四条约定，在保险期间内，被保险人在保险单载明的场所从事生产、储存、经营等活动中，因生产安全事故及相关事故导致雇员和第三者死亡或伤残，依照中华人民共和国法律应由被保险人承担的经济赔偿责任，保险人按照保险合同约定负责赔偿。第九条约定，有下列情形之一的，保险人不负责赔偿：（一）被保险人被政府有关部门责令停产、停业整顿期间擅自从事生产经营活动发生的事故，但在停产、停业整顿期间采取必要的整改措施以及进行设备检车、维修引起的安全事故不在此限；（二）被保险人从事与保险合同载明的经营范围不符的合同。

2018 年 3 月 18 日，在吊挪钢管的过程中，孙某受伤。高某支付了孙某部分医疗费用后，孙某以提供劳务者受害责任纠纷为案由，将高某、尹某（高某之配偶）、某建材中心诉至法院。法院最终判决高某、某建材中心赔偿孙某医疗费、误工费、护理费等各项损失共计 2513198.39 元。后在执行过程中，孙某与高某、某建材中心于 2019 年 10 月 31 日达成执行和解协议，高某于 2019 年 11 月 30 日、2020 年 4 月 30 日分别向孙某转账支付赔款 300000 元、575500 元。

高某向人保北分公司提出索赔，人保北分公司于2020年5月8日向高某下达拒赔/拒付通知书，认为不属于保险责任赔偿范围。具体理由为：按照保险条款第二条和第九条，贵单位营业执照已被吊销，属于非法经营，不属于保险责任，保险人不负责赔偿，故我部理赔意见为拒赔处理。高某不服，提起诉讼。人保北分公司以高某未尽到如实告知义务及非法经营为由抗辩。

【案件焦点】

1. 投保时被保险人已被吊销营业执照，是否构成投保人未尽如实告知义务；2. 保险公司不予赔付的情形，是否属于保险公司责任免除的情形。

【法院裁判要旨】

北京市东城区人民法院经审理认为：双方均认可保单上载明被保险人为高某，被保险人实际上为高某作为经营者的某建材中心，人保北分公司亦认可孙某在雇员名单内。根据本案查明的事实，人民法院生效判决已判令高某作为经营者的某建材中心向孙某履行经济赔偿责任，高某也已向孙某支付了部分赔偿款。根据安全责任保险条款第四条的约定，人保北京分公司应当在其保险责任限额内赔偿高某因孙某伤残而需要承担的经济赔偿责任。高某已向孙某赔付部分赔偿款，故人保北分公司仅应依照保险合同的约定在雇员伤残责任限额55万元及每人医疗费用责任限额2万元内给付保险赔偿金，高某的诉讼请求具有事实和法律依据，予以支持。

关于人保北分公司辩称高某未履行如实告知义务，投保时某建材中心已被吊销营业执照，案涉事故发生在非法经营期间不属保险责任范围的抗辩意见，根据法律规定，投保人的如实告知义务限于订立保险合同时对保险人询问的说明或陈述。某建材中心被吊销营业执照系经过公示的客观信息，保险公司予以核保时应对投保人的主体资格进行审核，而投保时保险人亦未对此作出询问。且根据本案查明的事实，某建材中心系因未在登记的住所从事经营活动，也未办理变更登记才被吊销营业执照。而根据保险合同约定，在保险期间内被保险人在保险单载明的场所从事生产、储存、经营等活动中发生合同约定的事故属于保险责任范围。人保北分公司签发的保险单上载明投保人和被保险人的地址均为大兴区某钢铁市场，与孙某发生事故的地点相同。人保北分公司核保时也并未对高某担任经营者的某建材中心登记注册地与投保单载明住址提出异议，且因未在登记的住所从事经营活动被吊销营业执照也并非保险条款约定的被政府有关部门责令停产、停业整顿或从事与保险合同载明的经营范围不符的活动，故对人保北分公司的相关意见不予采纳。人保北分公司应在保险合同约定的责任限额范围内支付理赔款。

北京市东城区人民法院依照《中华人民共和国保险法》第二条、第十四条、第十六条、第六十五条第四款之规定，判决如下：

一、被告人保北分公司于本判决生效之日起十日内支付原告高某保险赔偿款570000元；

二、驳回原告高某的其他诉讼请求。

判决后，双方当事人均未上诉，本判决现已生效。

【法官后语】

不如实告知和责任免除是保险案件拒赔的两大主要原因。在投保时被保险人已被吊销营业执照的情况下，可能会同时引起保险公司主张未尽如实告知义务拒赔与符合责任免除条款不赔的竞合。在审判实践中，当事人容易将二者混淆。如实告知义务是保险法规定的先合同义务，违反免责条款中的义务属于违约行为。保险公司是否应予赔偿，应根据保险公司的抗辩意见，从投保人如实告知义务的履行及免责条款的效力与适用，分情况进行论述。

1. 如实告知义务的范围

因保险合同具有严重的信息不对称性和射幸性，投保人存在逆向选择的风险，故保险法通过告知义务予以防范。实践中，投保人与保险公司就履行如实告知义务的范围存在较多争议。按照相关法律规定，投保人如实告知的事实，应当是投保人或被保险人知道的有关保险标的危险情况的重要事实，并以保险人在投保书中列明或者在订立保险合同时询问的事项为限。对于保险人已经知道或者在通常的业务活动中应当知道的事实，即使构成影响保险风险的重要情况，除非保险人特别询问，否则投保人也没有告知义务。本案中，某建材中心被吊销营业执照系经过公示的客观信息。投保人主体资格属于保险公司核保时应知的信息，因人保北分公司未能举证证明其就某建材中心的企业经营状况进行过明确询问，其以投保人未如实告知为由拒赔，没有事实依据，法院不予采信。

2. 免责条款的效力

保险合同系格式合同，由保险人单方拟定，具有专业性、复杂性和利己性，其中的免责条款更是排除了保险人的理赔义务。为了平衡保险人和投保人的不平等地位，保险公司对免责条款应尽到提示与说明义务，否则免责条款无效。对免责条款效力的审查，不能仅限于是否“明确说明”的形式标准，更应就其提示说明的程度及内容是否公平进行实质判断。保险人理应明知保险标的已经出现保险条款规定的免责事由，仍接受投保并收取保险费的，应推定其没有尽到充分的提示与说明义务或放弃对该免责条款之抗辩。本案中，被保险人在投保时已被吊销营业执照，属于保险公司应予核查的范围；现保险公司承保，之后不得再就该事由进行抗辩。

3. 免责条款的适用

退一步讲，即使保险人提供投保人声明及签章证明其已经履行明确说明义务，免责条款有效，在适用免责条款时仍需作出有利于被保险人的解释。首先，根据免责条款的文义解释，未在登记的住所从事经营活动被吊销营业执照并非保险条款约定的被政府有关部门责令停产、停业整顿或从事与保险合同载明的经营范围不符的活动，故保险人援引该免责条款应属错误。其次，保险公司主张的非法经营是否都属于免责事由，应根据该违法行为是否会增加保险标的风险作出判断。本案中，投保单上载明投保人及被保险人的地址均与实际经营地、保险事故发生地一致，可见投保后保险标的的风险并未增加。故保险公司不能以违法行为而主张免赔。

编写人：北京市东城区人民法院　郝笛　刘宇佳

122　保险合同中付费前事故免责条款的司法认定

——财保上海分公司诉餐饮公司保险合同案

【案件基本信息】

1. 裁判书字号

上海金融法院（2020）沪74民终1112号民事判决书

2. 案由：保险合同纠纷

3. 当事人

原告（上诉人）：财保上海分公司

被告（被上诉人）：餐饮公司

【基本案情】

2018年9月，被告以包含自身在内的7家餐饮企业为被保险人，向原告投保雇主责任险。9月13日，原告向被告出具《续保报价书》。《续保报价书》另载有投保人声明："本人在填写本报价书之前，已收悉并阅读本保险所有条款及附加条款，保险人也已就本报价书及所附保险条款的内容，尤其是就保险人免除及减轻责任的条款、投保人和被保险人义务条款及本报价书中的特别约定条款向本人作了充分明确的说明，本人已完全了解并接受同意。"被告于《续保报价书》投保人栏加盖了公章。2018年9月21日，原告签发雇主责任险保险单，保险单明细表载明被保险人为包含被告在内的7家餐饮企业，雇员304人，总保险费155040元。明细表特别约定栏第4项载明，"除合同另有约定外，投保人应于保单印发日或者保单起保日（以后者为准）的45天之内一次性缴清保险费。投保人若未按约定足额缴纳保险费，保险人对其实际足额支付日之前发生的保险事故，不承担相应的保险责任"（以下简称付费前事故免责条款）。付费日期栏载明缴费止期为2018年10月7日。被告此后未支付保险费。

另查明，原告于保险期间内，分别于2018年11月5日、2018年12月28日、2019年3月1日收到被告出险请求，但均因被告未缴纳保险费而未承担保险责任。其中2019年3月1日的报案在原告系统内登记为"立未理"，另两起报案登记为"零结案件"。

【案件焦点】

在付费前事故免责条款下，原告追索保险费的请求是否应予支持。

【法院裁判要旨】

上海市虹口区人民法院经审理认为：保险合同本质上是投保人支付保险费，以换取保险人负担风险的协议。投保人未支付财产保险项下的保险费并非保险人解除合同的法定情形。在法律对保险人解除合同有诸多限制的情况下，付费前事故免责条款不失为保险人自我救济的手段，其令合同双方权利义务在未付保险费之前处于悬置状态。法律并未禁止保险人以诉讼方式追索财产保险合同的保险费，但保险人收取保险费的同时亦应承担保险事故风险，保险人无任何风险负担、纯收取保险费的行为有违权利与义务相一致原则。当保险人明确向投保人主张保险费时，其暗含之意为激活合同权利义务，自愿承担至少在其主张保险费之后的保险事故风险。本案中，被告三次出险报案，原告均未予理赔，其虽在庭审中认为被告缴清保险费后仍可予核赔，但上述意见系将支付理赔款作为合同后履行义务进行抗辩，与特别约定中不承担保险责任并不相符。至原告起诉时约定的保险期间已全部经过，即便投保人支付保险费，依照付费前事故免责条款的约定，保险人对保险期间内的全部事故亦不承担风险，双方权利义务显著失衡。保险人愿意承担保险责任，也是在比较了索赔金额和保险费之后的结果，此时已丧失保险合同射幸特征。综上，因无证据证实原告在保险期内对于保险标的承担任何风险，故对其主张保险费的请求不予支持。

上海市虹口区人民法院依照《中华人民共和国合同法》第六十

条第一款，《中华人民共和国民事诉讼法》第一百四十四条，《最高人民法院关于适用〈中华人民共和国民事诉讼法〉的解释》第九十条的规定，判决如下：

驳回财保上海分公司的诉讼请求。

二审法院同意一审法院裁判意见。

【法官后语】

付费前事故免责条款本质上是对保险人承担保险责任起算点所作之约定。该条款不能机械地逆向解读为：若投保人在保险期间内足额交纳保费，保险人仍对其补交之前发生的保险事故承担保险责任。该种理解误将投保人支付保费作为保险人回溯承担保险责任的前提，有悖本意。对该条款的探究须进一步结合保险的射幸本质加以分析。

保险的射幸性体现为：一方面，被保险标的发生风险事件具有不确定性，出险时间、程度、范围及损害大小等难以预料；另一方面，基于不确定风险事件的发生，投保人与保险人权利义务呈现鲜明的不对等性。投保人起初交纳少量保费，于出险时能够获取较高的保险金；保险人收取单个投保人较少的保费，但投保人数众多、资金聚沙成塔，而风险事件发生的概率趋低，令保险人能够在出险时负担较高的保险金支出；在未发生保险事故的情形下，投保人支付的保费"付诸流水"，保险人收取的保费纯为盈利。保险的射幸性从根本上决定了投保人的保费交纳不仅是转嫁被保险标的风险于保险人的"入场券"，也是保险人据以组成未来赔付所需资金的"土壤"，对于整个保险合同的存续及履行影响甚重。故实践中，保费的交纳普遍约定为自保险合同成立时须及时缴纳或在一段合理期间内履行完毕，鲜少有放任或允许延后之情形。付费前事故免责条款诠释并维护了保险合同的射幸特征，其将保费支付作为激活保险人保险责任的“敲门砖”，将保险责任之门的开启同步挂钩于保费交纳时点，以避免保险人在收取风险负担对价前面临保险标的的既有损失。

一般情形下，财产保险合同成立生效后，投保人即负有支付保费义务，保险人即开始承担相应保险责任直至保险期间届满。若投保人未支付保费，保险人追诉之保费是针对整个保险期间的全部保费。即便至保险期满未有任何保险事故发生，保险人仍得向投保人诉追全部保费。相较之，若约定有付费前事故免责条款，保险期间内保险人开始诉追保费无异于表明其愿意承担取得保费之后的保险事故风险，这意味着保险人的诉追范围大体上仅能及于剩余保险期间对应的保费，而无权追及已经过保险期间所对应的保费。倘若保险期间完全届满，保险人客观上丧失承担保险责任的期限基础，则其诉追保费已无意义；进一步而言，保险人因处于付费前责任免除条款的“保护伞”之下在整个保险期间内未承担任何风险，其再要求投保人支付保费显然有违公平原则。

本案中，保单特别约定保险人对投保人付清保费前发生的事故不承担保险责任，其本质是将投保人支付保费的时点确定为保险人保险责任期间的起算点，使得双方权利义务在未付保费之前处于悬置状态，不发生任何损益。保险期间届满后，该期间是否发生保险事故已成为确凿无疑的事实，保险人此时以投保人足额补交保费为前提同意对保险期间内所发生事故核赔并据此向投保人诉追保费，与前述免责条款约定不符且有违保险合同的射幸本质。如果保险人未在保险期间内实际负担任何风险，其向投保人诉追保费无法得到支持。

编写人：上海市虹口区人民法院　任一　夏梦

123 依据公平原则认定诉讼财产保全责任险的保费支付标准

——保险上海分公司诉建设公司保险合同案

【案件基本信息】

1. 裁判书字号

上海市第二中级人民法院（2018）沪02民终8624号民事判决书

2. 案由：保险合同纠纷

3. 当事人

原告（上诉人）：保险上海分公司

被告（被上诉人）：建设公司

【基本案情】

肖某非原告公司员工。自2016年起，肖某陆续介绍诉讼财产保全责任保险业务给原告业务员王某与张某。2016年8月，被告因与案外某公司发生建设工程施工合同纠纷，诉至江苏省常州市中级人民法院（以下简称常州中院）并申请财产保全。为提供保全担保，被告员工孙某通过肖某向原告投保诉讼财产保全责任保险。由于肖某持有印有原告抬头的名片且涉案业务沟通进展顺利，孙某“信任”肖某为原告员工。针对付款条件，孙某向肖某提出“出裁付款”的要求，肖某也将这一要求反馈给王某，但原告未同意。

嗣后，原、被告签订《协议书》，约定：甲方为被告，乙方为原告；保费及支付：甲方申请财产保全金额为155711616元，乙方确认保全金额为155711616元，保险费为233567.42元；保费的退回：如常州中院拒不认可乙方出具的保单保函作为甲方申请财产保全的担保，需提供相关书面证据材料，乙方同意在甲方退回保函之日起三日内全额退还甲方所支付的保费，且乙方需收回保单及保函。《协议书》中未约定保费支付条件或期限。

2016年8月8日，原告签发《诉讼财产保全责任保险保单》，保单约定：被保险人（保全申请人）为被告，保全被申请人为案外某公司，保险金额为155711616元，保险期间自2016年8月9日0时起至2017年8月8日24时止；保费为233567.42元，适用条款为平安诉讼财产保全责任保险条款。同日，原告签发致常州中院的保单保函，明确财产保全申请人为被告，被申请人为案外某公司，保险金额为155711616元，保函有效期为自被保险人向法院提出诉讼财产保全申请之日起至保全损害之债诉讼时效届满时终止，并附保单及条款。王某将上述保单、保函等材料送至常州中院。由于当天未能见到承办法官，便将材料留放在法官指定的周转箱中。

2016年8月25日，常州中院与本案被告进行谈话，谈话笔录记载：“……你们的保函上明确要附保单及条款，法院不可能对你们的合同约定进行审查。所以要求保函必须是清洁的且不加任何附加条件等。所以要求你们重新调整出具。重新出具的不能附加任何限制性条件。假如对保险责任做了附加限制性说明，我们的保全也会在该附加限制性说明范围内。”嗣后，原告未调整出具过新的保单保函。

2016年9月23日，本案被告向常州中院递交民事撤诉申请书。2016年9月28日，常州中院出具民事裁定书准许本案被告撤诉。被告未向常州中院取回保单保函等材料。

【案件焦点】

1. 原、被告间是否存在“出裁付款”的约定；2. 原告是否完全履行自身合同义务；3. 原告是否有权向被告收取保费。

【法院裁判要旨】

上海市虹口区人民法院经审理认为：关于争议焦点一，原、被告间未就“出裁付款”达成合意。理由如下：1.《协议书》未明确约定“出裁付款”。肖某确曾向王某反馈过被告关于“出裁付款”的要求，但原告不予认可，故在《协议书》中未作此约定。嗣后，双方也未以任何方式追认、变更过协议内容。2. 被告根据孙某与“肖某”的微信聊天记录主张肖某曾承诺“出裁付款”，但在肖某未能到庭认可被告提供的微信材料的真实性且原告不认可微信材料的情况下，法院对该微信材料不予确认，对被告的主张不予采纳。3. 肖某仅为中介身份，即使承诺过“出裁付款”，对原告也难生效力。涉案业务主要由孙某与肖某沟通协商达成，王某与张某均表示未参与投保事宜的具体磋商。涉案业务系原、被告首次合作，保险金额巨大，保费对价不菲，在非至原告营业场所洽谈业务的情况下，被告本应对肖某身份尽到必要的审慎和注意义务，但被告在既未要求肖某出示劳动合同、工作证等身份证明，又未向原告人事管理部门核实的情况下，仅凭肖某提供的名片就轻信肖某的员工身份，对此被告存在重大过失。被告称曾实地走访肖某的办公场所，有合理理由相信该场所为原告旗下办公场所，但未能提供任何证据予以证明。此外，被告也未能举证证明肖某与原告之间存在委托代理关系或对被告形成可资信任的权利外观。故对被告关于有合理理由信任肖某为原告员工或认为肖某对被告构成表见代理的辩称意见，法院不予采纳。结合以上，被告认为双方约定“出裁付款”的辩称意见，法院不予采信。

关于争议焦点二，原告未能完全履行自身合同义务。诉讼财产保全责任保险作为一种新兴险种，是财产保全申请人作为投保人与保险人签订保险合同，在发生保全错误时，财产保全申请人依据财产保全责任险约定，要求保险公司在保险限额内予以赔偿，继而实现诉讼财产保全担保的目的。对于这一责任保险担保，法院有权审查具体案件情况、保险人的资信状况、经营许可、担保范围、承担责任等内容，决定是否接受担保；对于担保材料中最为关键的保单保函材料，法院应当审查其担保函表述承担担保责任的内容、期限、方式等，若经法院认定存在足以影响承担保险责任的情形，法院有权拒绝该保险人提供的责任保险担保。据此，原告作为保险人，既应按约出具保单保函，同时应确保该保单保函被相关法院所接收并认可，上述系保险人基于合同产生的主要义务。

本案中，一方面，原告出具的保单保函未被常州中院所认可。谈话笔录中，常州中院明确要求保函必须是清洁的且不加任何附加条件，要求重新调整出具，否则保全也会在该附加限制性说明范围内。从该表述可见，首先，常州中院要求对保单保函进行调整；其次，若保险人原告与投保人被告能够协商一致明确向常州中院表示对保单保函不作修改，可径行在保单保函的限制性范围内出具相应保全裁定，常州中院也仍是能够在限制性范围内出具的。但本案中，原告后续未能跟进了解保单保函接收情况，也未能与被告协商一致向常州中院明确作出上述不变更、可径行出具的意思表示，故常州中院最终仍是不认可该保单保函的担保效力。另一方面，原告在履约过程中存在明显懈怠：1. 原告作为专业的保险人，对于此险种项下的保单保函材料须经有关法院接收并认可应属明知，其本应关注保单保函能否被法院所确认及后续保全裁定出具情况。但王某送交材料至常州中院，在未见到承办法官的情况下，将材料留放在法官指定周转箱后便自行离去，未留下有效的原告联系方式，事后也再未与承办法官取得联系，以至于常州中院发现保单保函瑕疵后也只能联系保全申请人即本案被告。2. 原告自身员工并未与投保人被告直接接触，送交材料后本应主动向投保人跟进了解，但包括王某、张某在内的原告员工在送达之后并未积极与被告展开沟通。3. 原告明知肖某仅为中介身份，在无自身业务员与被告、常州中院对接的情况下，本应积极督促肖某及时反馈业务进展，但在原告否认肖某曾反馈保函未被常州中院采纳的情况下，原告自始至终未能知悉保单保函未被法院确认的事实，原告对此难谓不具有过失。结合以上，关于原告认为自身已完全履行合同义务的意见，法院不予采纳。保险合同系双务合同，保险人在己方未履行主要义务的情形下，无权要求投保人对价支付保费，且保单保函所担保的案件最终撤诉，保险人再无履行的客观条件和必要，投保人可以此抗辩。

关于争议焦点三，《协议书》系原、被告的真实意思表示，内容均合法有效，双方应予恪守。双方对保费金额、支付方式、保费退还等均有约定，但未明确约定保费支付事宜。《诉讼财产保全责任保险条款》虽记载“投保人应当在保险合同成立时一次性交付保险费”，但由于保费支付问题关系双方当事人权利义务甚巨，且双方就保费支付时间及条件存在明显分歧，在原告未能证明交付过被告上述条款的情况下，难以认定被告知悉上述条款。本案中，由于原告出具的保单保函存在影响责任保险担保范围的情形，在原、被告未一致向常州中院表示可径行在限制性范围内出具裁定的情况下，常州中院最终不认可该保单保函的担保效力，也未出具相应保全裁定，这与《协议书》中所约定的法院“拒不认可”的情形相互吻合。即便被告在合同签订后已主动缴纳保费，一旦发生上述约定的法院不认可保单保函的情形，被告仍可要求原告退还保费。本案中，被告并未实际支付保费，常州中院未予认可保单保函后，被告又同时享有要求退还保费的权利，两者一经折抵，被告也无须再行支付。至于原告认为《协议书》约定退回保费须以退回保单保函为前提，被告若未取回保单保函则保费无退回之可能，则失之偏颇。实践中，保单保函未能退回既有当事人主观原因又有其他诸多客观因素，该约定究其关键还是约束原告在法院不予认可保单保函的情况下无权收取保费，保单保函的取回只是形式上施与被告的义务。被告在知悉保函瑕疵后未取回，的确构成合同义务的违反，但尚不足以就此推导出被告须支付全额保费。

在原、被告未就保费支付事宜达成实质性约定的情况下，原告此时究竟有无权利收取保费，须进一步结合公平原则予以确定。根据合同法第五条之规定，当事人之间的权利义务要公平合理，强调一方给付与对方给付之间的等值性，防止出现一方仅享有权利而另一方仅承担义务或权利义务极端不对等的现象。另根据保险法第十一条之规定，应遵循公平原则确定各方的权利和义务，其亦强调合同双方享有的权利与承担的义务应为对等。保险合同较于其他合同有其特殊的射幸性质，但仍严格遵循权利义务对等的公平原则，外观上双方当事人所取得的价值可能不完全对等，但彼此间的权利义务却始终处于对等状态。投保人主要义务为支付保费，而保险人主要义务为在保险期间内承受可能发生保险事故的风险并于出险后予以赔付。针对案涉诉讼财产保全责任保险，保险人承保风险在于保全申请人因申请错误而给被保全人造成的损失，而该风险的实质发生须以法院出具保全裁定并启动保全程序为前提。本案中，常州中院最终未出具保全裁定，这使得保全错误的发生根本不具有事实上的可能性，原告承保风险自始未曾发生，后续也绝无发生之可能。既然保险人无法履行其主要义务，那么投保人支付保费的主要义务也相应得以免除。

另需说明的是，原告保单保函出具并送达的时间为 2016 年 8 月上旬，常州中院告知被告保单保函瑕疵的谈话笔录时间为 2016 年 8 月 25 日，被告在常州中院的案件申请撤诉的时间为 2016 年 9 月 23 日。根据民事诉讼法有关规定，人民法院接受保全申请后，必须在四十八小时内作出裁定。若原告出具的保单保函能为常州中院所认可，那么常州中院早已出具保全裁定，原告承保风险也相应得以开启；即使保单保函一开始未被常州中院所认可，若原告能与常州中院、被告、肖某三方中的任一方保持沟通，在被告案件撤诉之前原告重新出具能被认可的新保单保函也并非不可能。据此，对于原告所称被告撤诉行为才导致常州中院未出具保全裁定的意见，法院不予采纳。

综上所述，一方面原告未完全履行自身合同义务，另一方面结合公平原则，原告应收取与自身实际承受风险相对应的保费。在原告未承担任何风险的情况下，原告主张保费并无法律依据，故对于原告要求被告支付保费的诉讼请求，法院无法支持。原告主张被告支付逾期利息的诉讼请求，法院亦不予支持。

上海市虹口区人民法院依据《中华人民共和国合同法》第五条、第六十条，《中华人民共和国保险法》第十一条第一款，《中华人民共和国民事诉讼法》第六十四条，《最高人民法院关于适用的解释》第九十条之规定，判决如下：

驳回原告保险上海分公司的全部诉讼请求。

二审法院同意一审法院裁判意见。

【法官后语】

1. 诉讼财产保全责任险的创设

当事人向法院申请保全时，由于自有资金紧张、实物资产不足或短时间内无法寻觅到合适保证人等原因，难以在规定时间内提供相应保全担保。针对这一现象，诉讼财产保全责任险应运而生，即由保险公司承保申请人因保全错误对被申请人造成损害的风险，并向法院出具保函，当保险事故发生时，由保险人承担对被申请人的赔偿责任。这一担保模式于2016年10月被《最高人民法院关于人民法院办理财产保全案件若干问题的规定》所认可。诉讼财产保全责任险的创设打破了担保规则的局限性，有利于降低当事人的诉讼成本及法院启动保全程序的风险。

2. 相关法院对保单保函的审查及接收认可

保函通常载明以下内容：申请人与被申请人的基本情况、请求保全金额、担保金额、担保期限、本保函为不可撤销保函、为申请人的错误保全申请造成被申请人的损失在担保金额范围内承担赔偿责任的意思表示等。对于关键的保单保函材料，法院应审查其担保函表述的承担担保责任的内容、期限、方式等。若法院认为存在足以影响承担保险责任的情形，法院有权拒绝该保险人提供的责任保险担保。对于保费支付问题，保险条款通常约定投保人在保险合同成立时一次性交纳保费，但不排斥当事人另行作出“出裁付款”等约定。对于投保人而言，在投保过程中须综合考虑申请保全的金额、启动保全程序的紧迫性、保单保函被法院接受的概率等因素，与保险人形成关于保费支付时间、方式、条件及保费退回等明确的书面约定。诉讼财产保全责任险本质上属于保全申请人（投保人）与保险人之间订立的合同，系双方意思自治的结果。保单特别约定及格式化条款中通常包含责任减免条款，此类条款均可能影响被申请人未来诉请财产损害赔偿获赔的可能与程度，故对相关约定是否显著影响保险人的保险责任承担亦应引起注意。

编写人：上海市虹口区人民法院　张毅　夏梦

124　责任保险项下被保险人“怠于请求”的判断标准

——甲保险公司诉乙保险公司海上保险合同案

【案件基本信息】

1. 裁判书字号

上海海事法院（2017）沪72民初2556号民事判决书

2. 案由：海上保险合同纠纷

3. 当事人

原告：甲保险公司

被告：乙保险公司

【基本案情】

2015年11月1日，甲保险公司就“A号”轮船载货物签发了被保险人为钢铁公司的险种为综合险的保险单。2015年11月4日，“B号”轮与“A号”轮在某海域发生碰撞，事故造成“A号”轮及船载货物沉没。事故发生后，钢铁公司就碰撞事故遭受的损失向甲保险公司提出保险赔偿要求，甲保险公司赔付后依法取得代位求偿权。

2016 年 6 月 7 日，甲保险公司向上海海事法院提起诉讼，要求“A 号”轮的船舶所有人轮船公司就涉案货损承担赔偿责任。上海海事法院作出（2016）沪 72 民初 1675 号民事判决，依法认定碰撞事故当事方轮船公司应依其过失责任对甲保险公司承担货损金额 280635.09 元的赔偿责任。甲保险公司和轮船公司均未对该判决提起上诉，该判决于 2017 年 6 月 18 日生效。轮船公司未履行判决义务。

2015 年 3 月 3 日，乙保险公司就“A 号”轮向轮船公司签发承保范围包括“船东对货物责任保险”的保单。该项责任保险限额为 300 万元，每次事故绝对免赔额为 3 万元，保险期限自 2015 年 3 月 4 日 0 时起至 2016 年 3 月 3 日 24 时止。

2016 年 3 月 21 日，乙保险公司与轮船公司就涉案“A 号”轮及“B 号”轮碰撞所造成的两轮受损、“A 号”轮及船载涉案货物一同沉没、油料溢漏等达成和解协议。和解协议第四条约定，就保险单项下可能的保险赔偿责任，乙保险公司同意向轮船公司一次性支付 990 万元，作为轮船公司因上述碰撞事故所遭受的所有损失、损害、责任、费用及利息（但轮船公司对“A 号”轮所载货物损失的可能赔偿责任除外）之全部和最终的解决方案。

2017 年 6 月 22 日，甲保险公司要求乙保险公司向其支付保险赔款 280635.09 元及相应利息。

2017 年 6 月 27 日，轮船公司向乙保险公司及乙保险公司诉讼委托代理人张律师发送邮件称：“王经理、张律师，两位好，继上次将‘A 号’轮货损的判决转发给贵司知晓后，近日我方律师收到生效函件，我方一并转发给贵司，本事故属于保险事故，请贵司尽快按照判决安排赔付事宜。”

原告诉请法院判令被告向其支付保险赔偿金人民币280635.09元及相应的利息损失。被告认为原、被告间无法律关系，原告无相应诉权；轮船公司已要求被告向原告支付保险赔偿金，因被告与轮船公司就同一保单同一碰撞事故存有诸多争议，不存在轮船公司“怠于请求”的情形；根据其向轮船公司签发的保单，被告享有绝对免赔额人民币3万元。

【案件焦点】

轮船公司是否存在保险法第六十五条第二款“怠于请求”的情形，即原告是否享有诉权。

【法院裁判要旨】

上海海事法院经审理认为：本案系海上保险合同纠纷。针对原告是否享有诉权、轮船公司是否存在保险法第六十五条第二款“怠于请求”的情形的问题，法院明确保险法第六十五条第二款第三者保险金请求权行使的适用要件及“怠于请求”的认定标准，“在被保险人对第三者应负的赔偿责任确定后，被保险人不履行赔偿责任，且第三者以保险人为被告提起诉讼时，被保险人尚未向保险人提出直接向第三者支付保险金请求的情形”。本案中，乙保险公司提交邮件用以证明轮船公司已要求乙保险公司向甲保险公司支付保险赔偿金。但法院认为，首先，从乙保险公司提供的邮件内容看，轮船公司的确就涉案货损向乙保险公司提出保险理赔，但并未明确保险赔付的对象是轮船公司自身还是甲保险公司；其次，因同一碰撞事故，轮船公司与乙保险公司就《船舶油污责任保险保险单》项下的责任保险达成了和解，轮船公司已要求乙保险公司向其先行赔付了责任保险。故在语意不详的情况下，应认定轮船公司就涉案货损赔偿责任未明确要求乙保险公司将保险赔偿金直接支付给甲保险公司。在轮船公司对甲保险公司应负的赔偿责任已由生效的（2016）沪 72 民初 1675 号民事判决予以确定，轮船公司未履行赔偿责任，且在甲保险公司向乙保险公司提起诉讼前，被保险人轮船公司未明确要求保险人乙保险公司直接向第三者甲保险公司支付保险赔偿金的情况下，可认定轮船公司“怠于请求”，甲保险公司依据保险法第六十五条第二款的规定可直接要求乙保险公司向其支付保险赔款。故甲保险公司依照法律规定享有对乙保险公司的相应诉权。

轮船公司应履行的货损赔偿责任 280635.09 元因生效的（2016）沪 72 民初 1675 号民事判决予以确定，乙保险公司应依保险合同的约定就轮船公司所承担的货损赔偿责任在扣除免赔额 3 万元的情况下承担保险责任，在轮船公司“怠于请求”的情况下，甲保险公司依法享有对乙保险公司的保险金给付请求权。

上海海事法院依据《中华人民共和国合同法》第六十条第一款、第九十九条第一款，《中华人民共和国保险法》第六十五条第二款、第三款、第四款，《中华人民共和国民事诉讼法》第六十四条第一款的规定，判决如下：

乙保险公司向甲保险公司支付保险赔偿金 250635.09 元及利息损失。

判决后，双方当事人均未上诉，本判决现已生效。

【法官后语】

该案系海上责任保险中非油污致损，受损第三者直接向保险人行使保险金给付请求权的首例案件。一般责任保险中受损第三者直接请求权的行使需被保险人“怠于请求”保险人给付。“怠于请求”是指被保险人应当且能够请求保险人向受损第三者赔偿保险金，但不予请求或迟延请求的情形。何为“请求”、何为“怠于”，2018年9月实行的《最高人民法院关于适用〈中华人民共和国保险法〉若干问题的解释（四）》第十五条对“怠于”的时间标准予以了明确规定。该案在2017年审理时，司法实践中如何判断和衡量被保险人“怠于请求”尚未有具体细化的认定标准，裁判尺度并不统一。该案判决后，《最高人民法院〈关于保险法司法解释（四）〉理解与适用》一书将该案作为解析《最高人民法院关于适用〈中华人民共和国保险法〉若干问题的解释（四）》第十五条的典型案例，并对该案的审理思路予以了肯定性的评价。

该案确立了以下审理思路：一方面，法官应当审查“请求”行为是否发生，发生的标准为被保险人是否现实启动了保险理赔程序，要求保险人向第三者进行赔付，同时，法官应在该基础上进一步审查“请求”行为是否真实，是否出现保险人同被保险人串通、伪造曾“请求”的证据以损害第三者权利的情形；另一方面，法官应当审查该请求行为是否构成“怠于”，“怠于”的审查标准为时间标准即第三者以保险人为被告提起诉讼时，被保险人尚未向保险人提出直接向第三者支付保险金请求。通过上述两个方面的全面审查形成对“怠于请求”的综合判定。该案于2017年11月审结，其提出的“怠于”的时间标准与2018年9月实行的《最高人民法院关于适用〈中华人民共和国保险法〉若干问题的解释（四）》第十五条的规定相一致。

编写人：上海海事法院　王寰瑾

125 责任保险中第三者请求权的保护

——薛某诉保险公司责任保险合同案

【案件基本信息】

1. 裁判书字号

上海市第二中级人民法院（2016）沪02民终1149号民事判决书

2. 案由：责任保险合同纠纷

3. 当事人

原告（被上诉人）：薛某

被告（上诉人）：保险公司

【基本案情】

2014年6月13日上午11时许，原告开车与袁某驾驶的轿车发生两车相撞的交通事故。交警大队作出《交通事故责任认定书》，认定袁某对本次事故承担全部责任。原告的上述车辆经修理厂修理，支付修车费人民币5800元。袁某所开的上述肇事车辆在被告处分别投保了交强险和商业险，商业险中包括机动车损失保险、第三者责任保险（责任限额人民币50万元）、不计免赔率险等，保险期间为2013年7月6日至2014年7月5日。袁某向被告申请理赔，被告将保险事故造成原告车辆的损失赔偿直接支付给袁某。但袁某在取得保险公司的理赔款后未向原告赔偿保险金，故原告诉至法院，请求判令被告向原告赔偿保险事故车辆损失人民币5800元。

【案件焦点】

保险公司根据未审核被保险人是否已向第三者赔偿的前提下，将原告的车损 5800 元直接划入被保险人袁某的账户，保险公司是否已尽理赔义务而不应再对原告承担赔偿责任。

【法院裁判要旨】

上海市崇明县人民法院经审理认为：原告因涉案保险事故发生的 5800 元修车损失客观存在，法院确认原告上述损失应由保险事故的责任人袁某承担。同时，袁某与保险公司之间的责任保险合同关系依法成立并生效，双方当事人均应恪守。依照约定，在保险期间，被保险人在使用被保险机动车过程中发生意外事故，致使第三者遭受人身伤亡或财产直接损毁，依法应当由被保险人承担的损害赔偿责任，保险人应当负责赔偿。根据《中华人民共和国保险法》第六十五条的规定，保险人对责任保险的被保险人给第三者造成损害，可以依照法律的规定或合同的约定，直接向该第三者赔偿保险金。且责任保险的被保险人给第三者造成损害，被保险人未向该第三者赔偿的，保险人不得向被保险人赔偿保险金。在本案中，原告系责任保险合同法律关系中的第三者，在被告和被保险人袁某之间无特别约定的前提下，被告理应直接向原告赔偿保险金。现被告仅提供证据证明其向被保险人袁某支付全额保险金的凭证，却未提供证据证明被保险人袁某已向原告赔偿，故被告向袁某的理赔行为违反法律的强制性规定，不发生被告已向原告进行赔偿的法律效力。因此，法院对原告的诉请予以支持。至于被告已向袁某支付原告修车费 5800 元，可另向袁某主张返还。

上海市崇明县人民法院依照《中华人民共和国保险法》第六十

五条第一款、第三款，《中华人民共和国民事诉讼法》第一百四十四条、《最高人民法院关于民事诉讼证据的若干规定》第二条之规定，判决如下：

被告保险公司于本判决生效之日起十日内支付原告薛某保险金5800元。

二审法院同意一审法院裁判意见。

【法官后语】

本案由责任保险合同第三方起诉而涉讼，具有典型意义。在本案中，根据保险人与被保险人之间签订的《责任保险合同》，原告本可以通过被保险人所投责任险，从保险人处得到赔偿。然而，保险人已经将本应向原告支付的理赔款支付给了被保险人，而被保险人未诚信地向原告赔偿。由此引发的问题是，原告作为合同第三方，并非合同直接相对方，是否有权直接在保险人已支付保险金的前提下向保险人提起请求支付保险金之诉权，这在实务中存在争议。

责任保险以保障受害第三者得到及时、有效救助为目的的强制性商业保险，其有着不同于普通合同的第三者利益性，即第三者通过介入合同而获得独立于当事人的新的权利义务，明确涉第三者利益合同关系，较完整地体现了对第三方利益进行设定和保护，属于典型的涉他合同中为第三方设定利益之合同，赋予第三者的实体和程序权利具有法定性、直接性、独立性。第三者享有保险金赔付的实体权利表现为，在责任保险中，不管是基于法律的规定还是依照合同的约定，责任保险的被保险人给第三方造成的损害，可以依照法律的规定或合同的约定，由保险人直接向第三方赔偿保险金。在责任保险中，保险金利益归属第三者，而并非被保险人，这种保险利益归属的特殊性成为责任保险中第三者权利的最大特点，也是第三者实体权利的核心内容。第三者获得保险金赔付的程序权利主要体现在三种情形之中：第一，被保险人向保险人提出理赔请求而获得赔偿的权利；第二，被保险人怠于请求的，第三者得以直接向保险人提出请求的权利；第三，当被保险人存在错误理赔，即在被保险人未向第三者赔偿时，保险人向被保险人赔偿保险金的情况下，第三者亦有直接向保险人提出请求的权利。

通过分析保险法第六十五条的规定可知，责任保险中第三者救济路径主要有两条：第一，由被保险人向保险人提出向第三者支付保险金的请求，此时，第三者只是合同相对方以外的受益人，而无直接依据保险合同法律关系之请求权；第二，第三者直接向保险人请求保险金。根据侵权构成三要件说即过失、损害事实、行为与损害事实之间的因果关系分析，其一，在保险金依法归属于第三人的前提下，第三人向保险人请求保险金，保险人未予赔偿或违反法律规定向被保险人进行理赔，显有过错；其二，保险人未赔偿或错误理赔的行为造成第三人的损失无法得到填补；其三，第三人损失未得到赔偿与保险人的过错之间存在因果关系。由此，在第二种路径下任何情形之下，第三者直接请求权则体现为侵权责任之下的侵权赔偿请求权。本案的适用前提是，保险业以最大诚信为原则，要求保险人谨慎审核保险事实，更应严格按照法定程序履行理赔事务。在没有被保险人向第三者赔偿的证据时，保险人直接向被保险人支付了保险金，违反法律的规定，未尽法定审核义务，理赔对象错误。保险公司在此种情况下的理赔行为显有过错，其该行为并不能产生向责任保险第三者履行赔付义务的法律效果，理应就原告的损失赔偿保险金。

编写人：上海市崇明区人民法院　方产

（三）其他财产保险合同纠纷

126 保险人需履行“货物装载不妥”免责条款的明确说明义务

——船务公司、陈某诉财险广州分公司海上保险合同案

【案件基本信息】

1. 裁判书字号

广东省高级人民法院（2020）粤民终 2235 号民事判决书

2. 案由：海上保险合同纠纷

3. 当事人

原告（上诉人）：船务公司、陈某

被告（上诉人）：财险广州分公司

【基本案情】

“建×228”轮为钢质集装箱船，该轮登记所有人为船务公司和陈某、船舶经营人为船务公司，可航区域为 A 级航区及港澳航区。

2015 年至 2018 年，陈某分别向财险广州分公司投保沿海内河船东保障和赔偿责任保险，投保人和被保险人均为陈某，“投保人声明”处均载明“保险人已向本人提供并详细介绍了《沿海内河船东保障和赔偿责任保险条款》，并对其中免除保险人责任的条款（包括但不限于责任免除、投保人被保险人义务、赔偿处理、其他事项等）以及本保险合同中付费约定和特别约定的内容向本人做了

说明，本人已充分理解并接受上述内容，同意以此作为订立保险合同的依据，自愿投保本保险”并均有“陈某”的签名字样，财险广州分公司均同意承保。经鉴定，前述陈某的签名并非其本人签写。

《沿海内河船东保障和赔偿责任保险》第六条“责任免除”载明，在任何情况下，因下列原因造成的损失、费用和责任，保险人不负责赔偿……（二）船舶不适航（不适拖），包括被保险船舶的人员配备不当、技术状态、航行区域、用途不符合航行（拖航）规定或货物装载不妥……

2018 年 11 月 2 日，“建×228”轮到达南沙港二期码头附近水域准备停靠码头卸货时，10 个集装箱沉入水底，7 个集装箱未沉入水底，另有 13 个集装箱变形受损。广州沙角海事处出具的水上交通事故调查结论书载明，“建×228”轮未按要求进行绑扎，采用绑扎带代替带芯钢丝和桥锁；该船在航行过程中，受台风“玉兔”外围环流的影响，遭遇风浪发生摇晃，船舶横倾慢慢增加；航行过程中驾驶人员发现较大横倾后，未采取相应的有效措施避免船舶发生倾侧，最终导致该船集装箱绑扎带及锁具绷断，集装箱掉落水中。这是一起单船事故，“建×228”轮应负事故责任。

2018 年 11 月 4 日，船务公司委托建航公司对沉入水底的集装箱进行打捞。建航公司出动了多艘船舶进行打捞，沉入水底的 10 个集装箱于 11 月 5 日被打捞出水。因船务公司未支付打捞费用，建航公司将船务公司起诉到法院，请求船务公司支付打捞费用 138 万元及违约金等。后法院判令船务公司向建航公司支付打捞费用 138 万元及违约金、赔偿建航公司保险费损失 3875 元。

事故发生后，船务公司向财险广州分公司索赔。财险广州分公司拒赔，理由是：1. 本次事故近因为船舶在开航前装载集装箱时绑扎不当，不满足船舶配载要求，构成船舶不适航/不适货条件；2. 本次事故不属于涉案保险合同项下承保责任范围；3. 船舶不适航（不适拖）属于财险广州分公司的除外责任。

因财险广州分公司拒赔，船务公司和陈某对财险广州分公司提起本案诉讼，请求判令财险广州分公司赔偿船务公司向建航公司支付的打捞费用138万元及违约金等相关费用。财险广州分公司辩称涉案事故发生系因集装箱绑扎系固不当，系固不当违反了《中华人民共和国内河交通安全管理条例》第八条第二款“船舶、浮动设施的配载和系固应当符合国家安全技术规范”的规定，该规定属于《最高人民法院关于适用〈中华人民共和国保险法〉若干问题的解释（二）》第十条的“法律、行政法规中的禁止性规定”，财险广州分公司已向陈某进行了提示，无需再履行明确说明义务。而系固不当属于财险广州分公司可免除赔偿责任的“货物装载不妥”免责条款。故财险广州分公司无需承担赔偿责任。另外，财险广州分公司还提出了其他抗辩理由。

【案件焦点】

“货物装载不妥”免责条款是否有效。

【法院裁判要旨】

广州海事法院经审理认为：“货物装载不妥”条款属于涉案保险合同的格式免责条款。根据《中华人民共和国保险法》第十七条的规定，财险广州分公司应对该免责条款向陈某作出提示和明确说明。从陈某连续四年购买同类型保险等事实看，可认定财险广州分公司已尽提示义务。该免责条款属于《最高人民法院关于适用〈中华人民共和国保险法〉若干问题的解释（二）》的“禁止性规定”，无需财险广州分公司向陈某履行明确说明义务，需同时满足如下三个要件：一是本案保险事故的近因为“货物装载不妥”；二是“货物装载不妥”与“系固应当符合国家安全技术规范”作同等含义解读或者后者完全包含前者；三是“系固应当符合国家安全技术规范”属于法律和行政法规的“禁止性规定”。首先，涉案事故系由“建×228”轮未按要求进行绑扎、台风“玉兔”外围环流影响、遭遇风浪、驾驶人员过失等多种原因共同所致，在案证据不能证明“货物装载不妥”是涉案事故的近因。其次，“货物装载不妥”与“系固应当符合国家安全技术规范”在语词解释以及涵摄范围等方面并不完全等同，后者不能完全包含前者。最后，《最高人民法院关于适用〈中华人民共和国保险法〉若干问题的解释（二）》第十条关于保险人对免责事由为法律、行政法规中的禁止性规定情形而免于保险人再作明确说明的规定，已经减轻了保险人的举证责任。基于利益平衡原则，对于前述禁止性规定的范围应作合理限定，不宜扩大。法律、行政法规中的禁止性规定是命令当事人不得为一定行为的法律规定，属于禁止当事人采用特定模式的强行性规范，多包含“不得”或“禁止”等语词。同时，为了更好地实现行政管理目的，法律、行政法规中也有部分管理类规定，用于规范和指引相关主体的行为。前述管理类规定多包括“应当”等语词。禁止性规定与管理类规定在对当事人行为要求的强度以及违反规定的法律后果等层面均存在一定差异。《中华人民共和国内河交通安全管理条例》第八条第二款中的“系固应当符合国家安全技术规范”属于管理类规定，而非禁止性规定。将管理类规定情形作为保险人免责事由的，保险人仍需负明确说明义务。因此，财险广州分公司关于无需向陈某明确说明“货物装载不妥”免责条款的抗辩于法无据，财险广州分公司应向陈某明确说明该免责条款。

广州海事法院依照《中华人民共和国海商法》第二百三十七条，《中华人民共和国保险法》第十二条第二款、第六款，第十七条，《最高人民法院关于适用〈中华人民共和国保险法〉若干问题的解释（二）》第十一条第二款、第十三条第一款等规定，作出如下判决：

财险广州分公司向船务公司和陈某支付保险赔偿金 138 万元。

双方当事人均不服一审判决，提起上诉。广东省高级人民法院经审理认为：根据广州沙角海事处作出的水上交通事故调查结论书，涉案事故由多重因素造成，财险广州分公司主张涉案事故系因货物系固不当引起、与风力因素无关，依据不足，不予支持。“货物装载不妥”的免责条款是格式免责条款，财险广州分公司未能提供充分证据证明其已对该免责条款向投保人进行了提示和明确说明，其以该条款主张免责依据不足，不予支持。

广东省高级人民法院按照《中华人民共和国民事诉讼法》第一百七十条第一款第一项的规定，判决如下：

驳回上诉，维持原判。

【法官后语】

1. 海上保险合同保险人负有提示和明确说明免责条款的义务

本案系海上保险合同纠纷，根据《最高人民法院关于审理海上保险纠纷案件若干问题的规定》第一条的规定，在海商法及其司法解释没有规定海上保险合同项下保险人就免除其赔偿责任的格式条款的提示和说明义务之时，应当根据保险法第十七条的规定，确定保险人的提示和明确说明义务。提示和明确说明义务的履行标准应以《最高人民法院关于适用〈中华人民共和国保险法〉若干问题的解释（二）》第十一条的规定为准。

2. “货物装载不妥”不属于法律和行政法规中的“禁止性规定情形”的免责事由，保险人对该免责条款负有明确说明义务

诉诸本案，财险广州分公司提出了“货物装载不妥”属于“法律、行政法规中的禁止性规定”免责情形、保险人无需履行明确说明义务即可使该条款产生效力的抗辩，应根据抗辩的构成要件判断其是否具有合理性，即“系固应当符合国家安全技术规范”是否属于法律和行政法规的“禁止性规定”。

首先，要判断“货物装载不妥”与“系固应当符合国家安全技术规范”是否可作同义解释。集装箱货物的装载对于船舶航行安全和货物自身安全十分重要。航运实践中，货物的装载主要包括配载（pre-stowage plan）和积载（stowage plan）两部分内容。配载是船公司根据订舱待运情况根据集装箱内装载的货物类型、重量、船舶物理空间等情况并根据船舶适航证书关于该船集装箱装载的要求预先制作的预配载图。配载时应确保船舶装载情况满足稳性计算书的要求。由于集装箱一般由码头方负责操作作业，船公司制作预配图后需发送给码头方的装卸公司，装卸公司根据船方的预配载图制作实配图。船公司的最终积载图根据自己出具的预配载图和码头出具的实配图确定。而集装箱货物装载到船舶后，出于航行安全考量，还需要根据不同类型船舶以及实际装载情况进行专业系固。因此，在语词解释、涵摄范围等方面，“货物装载”与“货物系固”属于并列关系，不能作同义解释，《中华人民共和国内河交通安全管理条

例》第八条第二款中的“系固应当符合国家安全技术规范”与“货物装载不妥”并不存在包含关系。

其次，“系固应当符合国家安全技术规范”属于管理类规定而不是禁止性规定。因为《最高人民法院关于适用〈中华人民共和国保险法〉若干问题的解释（二）》第十条已经减轻了保险人对“禁止性规定”免责事由的明确说明义务，所以对于“禁止性规定”的范围应作合理限缩，不宜扩大。虽然目前并没有法律、行政法规或司法解释就“禁止性规定”的范围或名称予以明确界定，但一般而言，法律、行政法规中的禁止性规定是命令当事人不得为一定行为的法律规定，属于禁止当事人采用特定模式的强行性规范。就航运领域而言，禁止性规定一般是指航运主体普遍能够理解、为确保船舶航行和货物安全明显不得为或禁止为的相关规定，如禁止无证驾驶船舶、禁止船舶超载等。而管理类规定，则是指相关行政主管部门为更好地实现行政管理目的，规范和指引相关航运主体的行为。禁止性规定与管理类规定在对当事人行为要求的强度以及违反规定的法律后果等层面均存在一定差异。而《中华人民共和国内河交通安全管理条例》第八条第二款中的“系固应当符合国家安全技术规范”性质属于管理类规定，并非禁止性规定，将管理类规定情形作为保险人免责事由的，保险人仍需负明确说明义务。

3. 投保人多次投保的事实不能得出保险人已履行明确说明义务的结论

虽然陈某连续在财险广州分公司处投保了四年涉案船舶保险，但包括涉案年度在内的连续4个年度的投保单上的“投保人签章处”签名人员并非陈某本人。即使同一投保人与同一保险人连续多次订立同种类保险合同，免除保险人责任条款内容一致且保险人有证据证明曾就相同的免责条款向投保人履行明确说明义务的，基于保险最大诚信原则、倡导保险人积极履行提示和明确说明义务等考量，财险广州分公司在前三年度向陈某履行免责条款明确说明义务的事实，也不能得出财险广州分公司在涉案年度船舶保险合同项下无需向陈某履行免责条款明确说明义务的结论。因此，涉案保险合同中的“货物装载不妥”免责条款不产生效力。财险广州分公司援引该免责条款免除自身赔偿责任，不应得到支持。

编写人：广州海事法院　徐春龙　周茜

127　如何探求合同当事人真实的意思表示

——财保防城港分公司诉船务公司海上、通海水域保险合同案

【案件基本信息】

1. 裁判书字号

广西壮族自治区高级人民法院（2020）桂民终1225号民事判决书

2. 案由：海上、通海水域保险合同纠纷

3. 当事人

原告（上诉人）：财保防城港分公司

被告（被上诉人）：船务公司

【基本案情】

2014年6月，被告为其所有的“瑞×9”轮向原告投保，并签订《付费协议》，约定“保险费按下列条件分期缴付：第一期交付

保费金额 79875 元，交付日期 2014.6.18；第二期交付保费金额 79875 元，交付日期 2014.10.17。如果投保人未按约定交付保险费，在保险事故发生后，保险人将按实际交付保费与保费总额的比例承担相应保险责任”。6 月 16 日，原告向被告出具《沿海内河船舶一切保险保险单》，保单载明：1. 鉴于投保人已向本保险人投保沿海内河船舶一切险，并按本保险合同约定交付保险费，保险人同意按照适用条款的约定承担保险责任，特立本保险单为凭；2. 被保险人为被告，承保船舶为被告所有的“瑞×9”轮，保险期间自 2014 年 6 月 18 日 0 时起至 2015 年 6 月 17 日 24 时止，保险险种为沿海内河船舶一切险及船东对船员责任险等三种附加险；3. 保险价值为 1500 万元，保险金额为 1500 万元，保险费合计 159750 元。

被告支付第一期保费后，未支付第二期保费。2018 年 8 月 1 日，原告向被告发出《保费催缴函》，被告在该催缴函的“签收（单位盖章）”栏上盖章。《保费催缴函》的主要内容为：“根据保险人与投保人签订的《付费协议》，约定如投保人未按约定交付保险费，在保险事故发生后，保险人将按实际交付保费与保单保费总额的比例承担相应保险责任。敬请贵公司按时交付第二期保费 79875 元。”在保险期间，“瑞×9”轮没有发生保险事故。

原告于 2019 年 4 月 15 日向广西壮族自治区防城港市港口区人民法院提起诉讼，请求法院判令被告支付剩余保险费 79875 元及相应利息。该院审理后认为本案属于海事法院受案范围，遂裁定移送广西壮族自治区北海海事法院审理。

【案件焦点】

1. 原告的诉讼请求是否已过诉讼时效；2. 被告是否需要支付第二期保费。

【法院裁判要旨】

广西壮族自治区北海海事法院经审理认为：关于原告的诉讼请求是否已过诉讼时效的问题，案涉的第二期保费的支付时间是2014年10月17日，在没有出现诉讼时效中止、中断等情形时，诉讼时效应截至2016年10月17日。2018年8月1日，原告向被告发出前述催收内容的催收函，被告虽盖章确认，但催收函却再次明确了“如投保人未按约定交付保险费，在保险事故发生后，保险人将按实际交付保费与保单保费总额的比例承担相应保险责任”。因此，被告在该催收函上盖章，不能视为其对支付第二期保费的重新确认，不能起到诉讼时效重新计算的作用。故原告的诉讼请求已过诉讼时效。

关于被告是否需要支付第二期保费的问题，原、被告应当按照约定全面履行自己的合同义务。《付费协议》作为案涉保险合同不可分割的部分，双方约定案涉保费分两期支付，如果被告未按约定支付保险费，在保险事故发生后，保险人将按实际支付保费与保单保费总额的比例承担相应保险责任。案涉保险合同期间已于2015年6月17日24时结束，双方关于保险合同的权利义务也随之终止，被告没有支付第二期保费，没有违反《付费协议》的约定，也没有违反法律规定，同时也符合权利义务相一致原则，故原告要求被告支付第二期保费，没有事实和法律依据，不予支持。

广西壮族自治区北海海事法院依照《中华人民共和国合同法》第六十条、《中华人民共和国民事诉讼法》第六十四条第一款、《最高人民法院关于适用〈中华人民共和国民事诉讼法〉的解释》第九十条第二款之规定，作出如下判决：

驳回原告财保防城港分公司的诉讼请求。

二审法院同意一审法院裁判意见。

【法官后语】

这是一起典型的海上保险合同纠纷。海上保险系高度商业化的行业，案涉《保险单》及《付费协议》中的全部条款均系投保人与保险人平等协商之后达成的合意，双方均充分享有合同自由。处理此类保险合同纠纷，应探求合同当事人的真实意思表示。

1. 被保险人对是否支付第二期保费享有选择权

《付费协议》约定被保险人可分期支付保费，逾期不付，保险人按实际交付保费与保费总额的比例承担相应保险责任，一方面减缓了被保险人一次性支付保费的压力，另一方面又以“保险人按实际交付保费与保费总额的比例承担相应保险责任”为不利后果督促被保险人及时支付各期保费，是合理平衡双方权利义务的机制。该约定由当事人协商一致而形成，且不违背法律禁止性规定，故对合同双方当事人均有约束力。被保险人根据协议约定以及自身实际未选择缴纳第二期保费不违反合同的约定，亦不存在违反诚实信用及公平合理的情形。

2. 《保费催缴函》并非债权债务重新确认凭证

债权债务的重新确认是一个双方法律行为，只有双方对履行原债务达成一致，符合合同的成立要件，才能认定为成立了一个新合同。对原债务的重新确认，一般应具备以下条件：第一，债权人行使债权请求权应有明确的催收表示，这一点不仅要看文书的名称，还要结合文书内容综合判断；第二，催收通知应得到债务人的认可和同意，有愿意继续履行的意思表示。

首先，案涉《保费催缴函》载明“根据保险人与投保人签订的《付费协议》，约定如投保人未按约定交付保险费，在保险事故发生后，保险人将按实际交付保费与保单保费总额的比例承担相应保险责任。敬请贵公司按时交付第二期保费79875元”，函中虽有要求被保险人交付第二期保费的表示，但该函出具的时间为2018年8月1日，时间已过函件所约定的支付时间，且重申了“投保人未按约定交付保险费，在保险事故发生后，保险人将按实际交付保费与保单保费总额的比例承担相应保险责任”的法律后果，即表明被保险人对是否缴纳第二期保费拥有自主选择权，因此该函的催收表示并不明确，不能起到催缴函的法律效果。其次，被保险人在该催缴函的“签收（单位盖章）”栏上盖章的行为，只是反映了其接收催缴函的客观事实，但未对是否选择支付第二期保费作出意思表示，不能推断其有同意继续支付第二期保费的意思。因此，被保险人在案涉《保费催缴函》上盖章的行为，不能认定为保险人与被保险人就第二期保费的履行进行了重新确认。

编写人：广西壮族自治区北海海事法院　孙淑锋

128 保单仅载明“仅限符合安全运输要求”，能否认定保险人尽到了提示、说明义务

——风景物流公司诉财保公司保险合同案

【案件基本信息】

1. 裁判书字号

重庆市第五中级人民法院（2019）渝05民终5038号民事判决书

2. 案由：保险合同纠纷

3. 当事人

原告（上诉人）：风景物流公司（化名，下同）

被告（被上诉人）：财保公司

【基本案情】

2018年5月4日，风景物流公司向财保公司投保货物运输定期保险，保单约定：覆盖的运输方式，仅限符合安全运输要求的公路运输；在中华人民共和国境内以外地区发生的事故及造成的损失均为本保单除外责任；下列货物的损失不在本保险覆盖范围内：鲜花、血液制品、烟火爆竹……风景物流公司还向财保公司盖章承诺保险人已经就本投保单及所附的保险条款的内容做了明确说明。2018年8月8日19时17分，风景物流公司投保车辆运输钢材至西城大道白居寺轻轨站点时，因避让摩托车操作不当将车内货物洒落，造成货物损失。

另查明，重庆平正保险公估有限公司于2019年1月25日出具

《保险公估报告》，第六页载明根据车辆行驶证信息得知，承运车辆的核载重量为14950千克，而实际货物重量为38895千克，属于超载。

【案件焦点】

保单仅载明“仅限符合安全运输要求”，能否认定保险人就“仅限符合安全运输要求”“禁止超载”尽到了提示、说明义务。

【法院裁判要旨】

重庆市大渡口区人民法院经审理认为：根据《中华人民共和国道路交通安全法》第四十八条规定，机动车载物应当符合核定的载质量，严禁超载。风景物流公司的车辆属于超载。根据保险合同约定，该车辆不符合安全运输的情形，不在保险公司的赔偿范围之内。

重庆市大渡口区人民法院依照《中华人民共和国道路交通安全法》第四十八条，《中华人民共和国合同法》第八条，《中华人民共和国民事诉讼法》第三十九条、第一百四十二条之规定，作出判决：

驳回风景物流公司的全部诉讼请求。

风景物流公司不服一审判决，提起上诉。重庆市第五中级人民法院经审理认为：在保险合同关系中，投保人在实际缔约上处于弱势地位。根据格式合同条款订入原理，未通过合理途径让对方知悉的条款不能够成为合同内容而发生效力。本案中，保单约定“仅限符合安全运输要求的公路运输”系承保范围的约定，并非免责条款。但是，因承保范围条款系对承保范围之外的事件均不承担责任，对投保人或被保险人更属不利，故至少应苛以保险人对免责条款和承保范围条款同等的提示、说明义务。从保单内容来看，免责条款以列举方式对免责事由进行详细的列举，对承保范围却以“仅限符合安全运输要求的公路运输”概括方式进行规定。如果保险人不进行列举式的提示和说明，可能导致投保人的合同目的不能实现。现有证据不能证明保险人已经就符合安全运输要求的行为，对投保人进行足以让投保人明确其权利和相应义务的提示、说明，该条款不能够成为合同内容而发生效力。财保公司应按照保单约定承担保险责任。

重庆市第五中级人民法院依照《中华人民共和国合同法》第三十九条、《中华人民共和国保险法》第十七条、《中华人民共和国民事诉讼法》第一百七十条第一款第二项规定，作出如下判决：

一、撤销重庆市大渡口区人民法院（2019）渝 0104 民初 1353 号民事判决；

二、财保公司于本判决生效后十日内向风景物流公司给付保险金 82116.9 元。

【法官后语】

本案的争议焦点在于保险人是否就“仅限符合安全运输要求”“禁止超载”尽到了提示、说明义务。笔者将从承保范围条款的限定内容功能、被保险人投保目的、法律禁止性规定情形作为承保范围条款限定内容的提示、说明程度几个方面来阐述这一问题。

1. 承保范围条款的限定内容功能

对本案保险人而言，承保范围条款与免责条款共同筑起了保险人不承担责任的防护墙。承保范围条款的限定内容进一步缩减了保险人承担保险责任的范围，“仅限符合安全运输要求”意味着对

“符合安全运输要求”之外的公路运输均不承担责任，对投保人更属不利。保险法及相关司法解释就免责条款对保险人苛以了提示、说明义务。依同类事务同等对待的法理以及最大诚信原则之要求，保险人应就承保范围条款的限定内容尽到与免责条款同等程度的提示、说明。否则，“仅限符合安全运输要求”对投保人不产生效力。

2. 被保险人投保目的

被保险人投保目的在于其遭遇危险事故时由社会团体成员共担损失。被保险人意图通过较小的代价换取可靠的保障，以便无后顾之忧地从事有益活动。关于公路运输的安全运输要求，从规范体系角度观之，有法律、行政法规、部门规章、地方政府规章、被保险人内部安全管理等规定。从安全运输要求内容来看，除严禁超载外，还涉及营运驾驶员资质、营运车辆安全结构及性能、高速公路行驶、低能见度气象条件行驶等宽泛内容。理性的被保险人当然清楚其在公路运输过程中可能存在不符合安全运输要求的情形。如此宽泛的注意义务与理性被保险人的投保目的显然不符。保险人提供的格式条款仅载明“仅限符合安全运输要求”过于笼统、概括，不宜认定保险人对被保险人尽到了提示、说明义务。

3. 法律禁止性规定情形作为承保范围条款限定内容的提示、说明程度

行为人违反法律禁止性规定，并不当然对保险合同产生影响。保险人如未将禁止性内容作为承保范围条款的限定内容向投保人进行提示、说明，投保人也无从知悉违反禁止性规定将逸出保险覆盖范围。承保范围条款的限定内容、免责条款均关乎保险人是否承担保险责任。保险人应就法律禁止性规定情形作为承保范围的限定内

容尽到与法律禁止性规定作为免责事由同等程度的提示、说明。超载属于道路交通安全法明文禁止的情形，保险人无需作出明确说明，但是，保险人仍应就禁止超载进行提示、说明。本案中，保单上无禁止超载或涉及超载的字样，“仅限符合安全运输要求”与禁止超载缺乏直接关联。尤其是保单中其他保险人不承担责任条款均是以详细列明的方式作出表述。无论是从禁止超载意思的清晰程度，还是与保险人其他不承担责任条款表述的同一性来看，“仅限符合安全运输要求”不会使投保人对禁止超载情形给予关注。

综上，保险人并未就承保范围条款的限定内容“仅限符合安全运输要求”以及禁止超载尽到提示、说明义务，该内容对投保人不产生效力。

编写人：重庆市第五中级人民法院　柳光洪　杨曦

129　财产损失险和责任险的区别与适用

——敏捷物流公司诉财保泉州支公司财产保险合同案

【案件基本信息】

1. 调解书字号

福建省泉州市中级人民法院（2019）闽05民终6203号民事调解书

2. 案由：财产保险合同纠纷

3. 当事人

原告（被上诉人）：敏捷物流公司（化名，下同）

被告（上诉人）：财保泉州支公司

【基本案情】

2016年8月8日，敏捷物流公司与财保泉州支公司签订《财产保险综合险保险单》，约定：保险标的包括机器设备、建筑物、流动资产；总保险金额3007万元，总保险费33077元；保险期间：自2016年8月27日零时起至2017年8月26日二十四时止；特别约定：本保单每次事故绝对免赔额为2000元或损失金额的10%，二者以高者为准；本保单适用《财产综合险保险条款》。敏捷物流公司依约交纳保费33077元给财保泉州支公司。2016年9月15日，敏捷物流公司的财产受台风"莫兰蒂"影响遭受损失。财保泉州支公司委托某公估公司对敏捷物流公司财产因台风、暴雨遭受的损失进行评估。某公估公司经查勘现场，对财产受损情况进行清点、统计记录，并于10月6日出具《敏捷物流公司2016年9月15日莫兰蒂台风、暴雨致损案的核损说明》，主要内容为：存货损失金额1382368.95元；房屋建筑核损199567元；机器设备核损4800元；受损的存货按折旧处理无残余价值，受损的房屋建筑预估残值为3000元。2019年4月15日，某公估公司出具《定损报告》，公估意见为：损失金额1586735.95元，其中监控设备4800元，钢结构厂房199567元，流动资产1382368.95元；钢结构厂房残余价值3000元；免赔额136587.46元，理算金额1229287.14元。财保泉州支公司以敏捷物流公司受损的流动资产是第三者的财产，敏捷物流公司提供的证据不能证明其实际赔偿第三者为由拒绝赔偿原告保险金。敏捷物流公司遂提起诉讼，请求财保泉州支公司赔偿原告损失1586735.95元及利息。又查明，敏捷物流公司的经营范围为道路货物运输、其他仓储业等。因台风莫兰蒂遭受的损失的货物为敏捷物流公司保管的货物。

【案件焦点】

1. 投保人能否对其保管的他人财产向保险人投保财产综合险；2. 财产综合险的标的是被保险人保管的第三者财产的，损失是以投保财产的实际损失为准，还是以被保险人对第三者应负的赔偿数额为准。

【法院裁判要旨】

福建省南安市人民法院经审理认为：2016 年 9 月 15 日，台风"莫兰蒂"造成敏捷物流公司的财产损失。台风属于保险条款约定的保险事故，该保险事故发生于保险期间内，对事故造成的保险标的损失，财保泉州支公司应依照财产综合险条款约定赔偿保险金。财保泉州支公司主张某公估公司作出的《定损报告》关于存货损失1382368.95 元的评估意见证据不足、事实不清。敏捷物流公司因台风受损的存货是其基于仓储合同而保管的存货人的财产。根据《财产综合险保险条款》，由被保险人经营管理或替他人保管的财产可作为保险标的。某公估公司在对受损货物项目、数量进行了清点、统计的基础上，就货物的实际损失作出评估。财保泉州支公司对评估报告关于受损货物项目、数量、评估价值没有异议，该评估结论具有真实性、客观性，可以作为认定货物损失的依据。至于敏捷物流公司与存货人的仓储合同关系属另一法律关系，不影响敏捷物流公司基于财产综合险投保人享有的向保险人主张赔偿保险金的权利。敏捷物流公司因台风所受保险标的的损失共计 1586735.95 元，扣除残值及按免赔率 10%计算的免赔额，财保泉州支公司应支付敏捷物流公司保险金 1229287.14 元，并赔偿未及时支付保险金造成的利息损失。

福建省南安市人民法院依照《中华人民共和国合同法》第三十九条第二款、第四十四条、第六十条，《中华人民共和国保险法》第二条、第十三条、第十四条、第十八条、第二十三条、第五十五条，《最高人民法院关于民事诉讼证据的若干规定》第二十九条的规定，作出如下判决：

一、财保泉州支公司应于本判决生效后十日内支付敏捷物流公司保险金 1229287.14 元，并赔偿未及时支付保险金造成敏捷物流公司的损失；

二、驳回敏捷物流公司的其他诉讼请求。

财保泉州支公司不服一审判决，提起上诉。二审期间，经福建省泉州市中级人民法院主持调解，当事人自愿达成协议：

敏捷物流公司与财保泉州支公司双方共同确认本案保险理赔金额按 110 万元调解，由财保泉州支公司于 2020 年 1 月 25 日前一次性支付 110 万元给敏捷物流公司。款项付清后，敏捷物流公司与财保泉州支公司的纠纷就此了结。

【法官后语】

本案处理重点在于财产损失险和责任险的区别适用。本案财保泉州支公司对保险公估公司出具的《定损报告》关于房屋建筑、机器设备损失的评估意见没有异议，但对存货损失的评估意见不予认可，认为原告与案外第三者达成补偿协议，以现金方式支付补偿款证据不足，要求原告提供仓储合同及通过银行转账支付赔偿款的证据，否则不予赔偿。保险公司的主张混淆了财产损失险和责任险，违反了财产综合险保险条款，不应予以支持。

财产损失险和责任险的主要区别在于，责任险的标的是被保险人对第三人依法应负的赔偿责任。《中华人民共和国保险法》第六十五条第二款、第三款规定，责任保险的被保险人给第三者造成损害，被保险人对第三者应负的赔偿责任确定的，根据被保险人的请求，保险人应当直接向该第三者赔偿保险金。被保险人怠于请求的，第三者有权就其应获赔偿部分直接向保险人请求赔偿保险金。责任保险的被保险人给第三者造成损害，被保险人未向该第三者赔偿的，保险人不得向被保险人赔偿保险金。根据《最高人民法院关于适用〈中华人民共和国保险法〉若干问题的解释（四）》第十四条、第十九条规定，被保险人对第三者应负的赔偿责任的确定方式包括经人民法院生效裁判、仲裁裁决，以及被保险人与第三者协商一致。被保险人与第三者就赔偿责任协商达成和解协议，未经保险人认可的，保险人有权对保险责任范围、赔偿数额重新予以核定。因此，责任保险的被保险人要求保险人将保险金支付给被保险人的，应当先行向第三者赔偿，保险人有权要求被保险人提供先行赔偿第三者的证据。被保险人对第三者应负的赔偿责任如果是通过与第三者自行达成协议方式确定、未经保险人认可的，保险人有权就被保险人与第三者的赔偿协议提出抗辩，对保险责任范围、赔偿数额重新予以核定。

财产损失险的标的为与投保人具有保险利益的财产。保险利益是指投保人或被保险人对保险标的所具有的法律上或事实上的利益。根据本案保险条款，由被保险人经营管理或替他人保管的财产可作为财产综合险的保险标的。敏捷物流公司的经营范围为道路货物运输及仓储业，对其基于仓储合同保管的他人的货物具有保险利益，其依照财产综合险保险条款规定，将保管的他人的货物投保的财产综合险应当认定为财产损失险，而不是责任险。财产损失险的保险人应依照保险合同约定，对保险期间内因保险事故造成的保险标的的损失承担赔偿责任。保险标的损失的数额亦应以保险合同约定的保险价值计算方式计算，而不是以被保险人对第三者应负的赔偿数额为准。被保险人与存货人的仓储合同关系属另一法律关系，不影响投保人将其保管的货物向保险人投保财产综合险，基于财产保险合同投保人享有的向保险人主张赔偿保险金的权利。被告对保险公估公司的评估报告关于受损货物项目、数量、评估价值没有异议的，应当据此赔偿，而不得以被保险人自行与第三者达成赔偿协议，未经保险人认可，赔偿责任、赔偿数额不能确定为由拒绝赔偿。

编写人：福建省南安市人民法院　尤江岚

130 出口信用保险“知险后出运”免赔条款适用的司法认定

——贸易公司诉保险重庆营业部、保险公司进出口信用保险合同案

【案件基本信息】

1. 裁判书字号

重庆市第一中级人民法院（2019）渝 01 民终 1135 号民事判决书

2. 案由：进出口信用保险合同纠纷

3. 当事人

原告（被上诉人）：贸易公司

被告（上诉人）：保险重庆营业部、保险公司

【基本案情】

2011年5月17日，保险公司下属分支机构保险重庆营业部向贸易公司签发《短期出口信用保险综合保险单》等文件，双方建立保险合同关系。贸易公司作出《投保人声明》称，保险人签发本保险单时已就全部内容特别是免除或限制保险人责任内容提示注意，并作出了明确说明，投保人确认充分理解并无异议等。双方在保险合同中约定，被保险人知道或应当知道买方破产或无力偿付债务、买方拖欠货款、买方拒绝接受货物等风险已经发生，或者由于买方根本违反销售合同或预期违反销售合同，被保险人仍继续向买方出口所遭受的损失，保险人不承担赔偿责任。2014年4月25日，保险重庆营业部向贸易公司签发《续转批单》，载明保单有效期为2014年5月1日至2015年4月30日。2015年4月14日，保险重庆营业部向贸易公司签发《短期出口信用保险续转保险单明细表》，载明保单有效期为2015年5月1日至2016年4月30日。

2015年3月23日至5月17日，贸易公司向巴西买方按批次出口货物，巴西买方未按约定足额支付货款，贸易公司遂向保险重庆营业部发出可能损失通知书，表明买方拖欠货款，存在可能损失金额。2015年10月19日，贸易公司致函保险重庆营业部，表明其出口货物到巴西，由于巴西国内货币兑换美元汇率走高，影响付款汇率，目前尚有部分货款未支付等。其后，贸易公司向保险重庆营业部申请理赔，保险重庆营业部向贸易公司出具《可损/理赔处理意见书》载明，经我公司委托渠道介入调查，存在迟报可损、知险后出运的问题。2016年6月27日，保险重庆营业部向贸易公司发出《复函》载明，本案暂不定损核赔是因为贵公司存在迟报可损、知险后出运等；根据以往案件追偿经验，结合巴西自2015年以来的整体经济环境和汇率情况，买家按照邮件中提及的还款时间支付款项的可能性存疑等。

另查明，2015年8月10日至2017年10月19日，巴西买方与贸易公司多次通过往来邮件等方式磋商付款事宜。庭审中，贸易公司主张巴西买方拖欠货款金额为185614.36美元，其中2014年4月25日《续转批单》项下出口拖欠货款104200.49美元，2015年4月14日《短期出口信用保险续转保险单明细表》项下出口拖欠货款81413.87美元。

【案件焦点】

贸易公司与巴西买方的进出口贸易中，巴西买方未按照约定及时足额支付货款，贸易公司仍出口货物，由此未收回的货款，保险重庆营业部是否可援引保险合同中“知险后出运”免赔条款的约定，拒绝赔付对应保险赔偿金。

【法院裁判要旨】

重庆市江北区人民法院经审理认为：贸易公司与保险重庆营业部形成保险合同关系，保险合同合法有效。诉争出口系保险期间发生，根据已查明的事实，巴西买方虽然提出质量争议，但仍支付了部分货款并提出分期还款计划，未足额支付货款的原因为巴西经济恶化及买方下游无回款。信用保险的目的是鼓励和促进贸易而非阻碍贸易，在买卖双方存在长期贸易往来的活动中，买方暂时欠付货款的赊销型贸易较为普遍，不能以买方未及时结清货款而要求卖方拒绝或中止供货，否则将妨碍贸易活动，违反信用保险的宗旨。本案中贸易公司与巴西买方之间非一次性即时结清买卖，双方存在持续性合同关系，无证据显示巴西买方资力及信用状况恶化，且其仍继续清偿债务，故贸易公司不当然有权拒绝继续供货，保险重庆营业部不能以贸易公司“知险后出运”主张免责。

重庆市江北区人民法院依照《中华人民共和国民法总则》第七十四条、《中华人民共和国合同法》第四十四条、《中华人民共和国保险法》第二十三条、《最高人民法院关于适用〈中华人民共和国合同法〉若干问题的解释（二）》第二十条之规定，判决如下：

一、保险重庆营业部于本判决生效之日起十日内支付贸易公司保险赔偿金 73272.48 美元；若保险重庆营业部管理的财产不足以履行前述义务，保险公司对保险重庆营业部不足清偿部分承担清偿责任；

二、驳回贸易公司的其他诉讼请求。

保险重庆营业部、保险公司不服，提起上诉。重庆市第一中级人民法院经审理认为：首先，贸易公司仅在第一次签订保险合同时签署了《投保人声明》，在后续的续签时，未再次作出声明，保险重庆营业部未就免除或限制保险人责任的条款尽到足够的提示说明义务。其次，即便保险人已尽提示说明义务，在保险期间，贸易公司与巴西买方之间在持续性合同关系中形成了未按约定时间、金额付款及持续滚动付款的交易习惯，此处二审法院同意一审法院的意见，认为保险重庆营业部不能以贸易公司“知险后出运”主张免责。

重庆市第一中级人民法院依照《中华人民共和国民事诉讼法》第一百七十条第一款第一项之规定，判决如下：

驳回上诉，维持原判。

【法官后语】

1. 出口信用保险及“知险后出运”条款的背景及意义

出口信用保险，是指保险人对被保险人在保险期限内出口货物后，出口买受方拒绝或不能履行付款义务时，所遭受的经济损失承担赔偿责任的保险方式。出口信用保险是各国政府推动本国出口和对外投资、保障本国出口商和投资者权益、由国家财政提供保险风险基金的政策性保险业务。在当前全球经济一体化的时代背景下，国际贸易日趋频繁，出口信用保险在促进国家对外经济贸易与海外投资增长、支持企业“走出去”等方面，发挥着重要作用。

实践中，出口信用保险合同通常会约定“知险后出运”为保险人免责事由，即对被保险人（卖方）知道或应当知道买方破产或无力偿付债务、买方拖欠货款、买方拒绝接受货物等风险，或者由于买方根本违反或预期违反销售合同，被保险人仍继续向买方出口所遭受的损失，保险人不承担赔偿责任。“知险后出运”系免除保险人责任的条款，对其认定和风险揭示应秉持审慎态度：过于严苛可能导致约定名存实亡，不能达到预期目的；过于宽泛则可能对被保险人保护造成不良影响，降低出口信用保险的制度应用，甚至可能阻碍国际出口贸易。

2. “知险后出运”免责事由的认定

保险具有补偿性，约定“知险后出运”免责条款，目的应为平衡保险人与投保人利益，避免投保人故意或滥用保险骗取保险金，符合公平原则和诚实信用原则。当前我国保险法律法规未对“知险后出运”作明确规定，人民法院在认定时，应从两个方面入手：(1) 该风险应具有可预见性。临时的、突发的、被保险人不可预见的风险不能作此认定。另，对于从事特定领域或行业相关领域的被保险人，风险预见性和注意义务应当高于一般人。（2）该风险应具有较大的实际发生可能性。若出口贸易双方长期交易，存在滚动付款的交易习惯，则买方虽有未按约支付的货款，但卖方有足够理由相信依照交易习惯可以继续交易，不能仅因卖方有未收回的货款而继续出货就认定“知险后出运”。

本案中，贸易公司多次向巴西买方出口货物，双方之间存在持续性合同关系，且非单次发货付款即时结清，而是贸易公司间断发货，巴西买方连续付款对之前货款予以抵扣，即双方存在持续滚动付款的交易习惯。基于此，在巴西买方并无预期违约、经济状况明显恶化等情况下，贸易公司并不能当然预见到不能收回货款的风险。此时保险人不能仅以买方未及时付款，而卖方又继续交易发货的情况主张“知险后出运”拒绝赔付。

3. 保险人对“知险后出运”条款应尽提示说明义务

对保险合同中免除保险人责任的条款，保险人在订立合同时应当作出足以引起投保人注意的提示，并作出明确说明；未作提示或者明确说明的，条款不产生效力。

在出口信用保险中约定的投保人“知险后出运”系免除保险人责任的条款。本案中，保险重庆营业部仅在第一次签订保险合同时作出了提示和说明，由此法院认定其在续签时未尽免责条款提示说明义务。保险合同系格式合同，投保人在签订保险合同时作为弱势一方，对“知险后出运”这一免责条款，保险人的风险提示义务应当从严掌握，才能保护投保人的合法利益，促进国际出口贸易发展。

编写人：重庆市第一中级人民法院　赵青　周旭丹　詹勤艳

131 火灾财产损失数额无法确定法官自由裁量权的运用

——商业公司诉人保滁州分公司财产保险合同案

【案件基本信息】

1. 裁判书字号

安徽省高级人民法院（2019）皖民终706号民事判决书

2. 案由：财产保险合同纠纷

3. 当事人

原告（上诉人）：商业公司

被告（上诉人）：人保滁州分公司

【基本案情】

2014年8月1日，商业公司向人保滁州分公司投保了财产一切险（2009版），约定固定资产的保险金额/赔偿限额为2574500元，流动资产（存货）保险金额/赔偿限额为15000000元，均由出险时的市场价值确定保险价值。保险期限为12个月（2014年8月2日至2015年8月1日）。

2014年8月21日23时50分，商业公司发生火灾，全椒县公安消防大队赶赴现场进行扑救。火灾烧毁了厂房及制造毛刷用的木柄、猪鬃、毛刷半成品等。2015年6月12日，全椒县公安消防大队作出《火灾事故认定书》，认定如下：起火建筑为商业公司车间，火灾初起部位位于厂房西半边南侧，起火点位于车间南侧中部第2、3根钢柱附近处。可以排除自燃、玩火、雷击、用火不慎、电气线路故障等引发火灾事故的可能，不能排除遗留火种和外来火源引发火灾事故的可能。后商业公司依照合同约定向人保滁州分公司申请理赔无果后，于 2015 年 4 月 10 日向滁州市中级人民法院提起诉讼。历经滁州市中级人民法院一审、安徽省高级人民法院二审后发回重审、滁州市中级人民法院重新审理后，裁定驳回起诉移送公安机关。商业公司上诉后，安徽省高级人民法院裁定驳回上诉，维持一审裁定。之后，滁州市中级人民法院将本案移送全椒县公安分局侦查，该分局因在侦查过程中发现不应对犯罪嫌疑人追究刑事责任，决定撤销此案。商业公司收到该决定书后，即向最高人民法院申请再审。最高人民法院经审查后裁定驳回再审申请，认为商业公司涉嫌经济犯罪案被撤销，属于发生了新的事实，商业公司可以另行提起诉讼。

商业公司于 2013 年 4 月 3 日成立，注册资本为 100 万元。2013 年 6 月 5 日、6 月 9 日，商业公司通过中国农业银行向某鬃刷厂汇款 70 万元。2013 年 7 月 15 日、7 月 16 日、8 月 13 日，某鬃刷厂向商业公司开具了 7 张价值 692428 元的增值税发票，2013 年 9 月 27 日，淮安市楚州区双德利鬃刷厂向商业公司开具了 2 张价值 200224 元的增值税发票，合计 892652 元的增值税发票。

【案件焦点】

火灾财产损失客观存在但无法鉴定，火灾赔损数额如何确定。

【法院裁判要旨】

安徽省滁州市中级人民法院经审理认为：财产保险合同是保险人根据合同的约定对被保险人因保险事故造成经济损失进行补偿的合同，用于弥补被保险人的实际经济损失。故人保滁州分公司的赔付保险金数额应以商业公司因火灾事故造成的实际损失确定。火灾事故发生后，双方为确定火灾造成的损失，共同委托某财产保险公估有限公司安徽分公司（以下简称某财险安徽分公司）对火灾损失进行公估理算。但某财险安徽分公司在公估过程中存在违法情形，某财险安徽分公司出具的《保险公估终结报告》不能作为确定商业公司损失的定案依据。

案涉保险合同第二十五条约定，被保险人请求赔偿时，应向保险人提供财产损失清单、必要账簿等证据证明其损失财产的数额。商业公司所举证据并不足以证明其因火灾而遭受的实际损失数额，但商业公司遭受火灾客观属实，应该说商业公司账册、凭证不完整、不准确，仅根据其目前提供的材料无法判断发生火灾时该公司库存货物的情况，因此商业公司不规范经营导致失火时被烧毁财产的实际价值无法确定，商业公司存在一定的过错。而人保滁州分公司在核保时未认真进行核查，就与商业公司签订了高达17574500元的保险合同，人保滁州分公司亦存在一定的过错。综合考虑商业公司的资金情况、生产能力与库存匹配程度，兼顾双方当事人的过错程度等因素，根据公平原则和诚实信用原则，酌定人保滁州分公司赔付商业公司保险金3000000元及相应的利息。

安徽省滁州市中级人民法院依照《中华人民共和国合同法》第八条，《中华人民共和国保险法》第二条、第十四条、第五十五条第一款，《中华人民共和国民事诉讼法》第六十四条第一款的规定，判决如下：

一、人保滁州分公司于本判决生效后十日内赔付商业公司保险金3000000元及利息；

二、驳回商业公司的其他诉讼请求。

二审法院同意一审法院裁判意见。

【法官后语】

本案在审理过程中形成了两种意见:

第一种意见是应当驳回商业公司的诉讼请求。根据“谁主张,谁举证”的规则,虽然商业公司的损失客观存在,但商业公司并未举证证明其具体损失的金额,应承担举证不能的不利后果。

第二种意见是应当赔偿案涉财产损失。商业公司的损失客观存在,可以根据商业公司的资金情况、生产能力,兼顾双方当事人的过错程度等因素,在适当范围内酌情认定具体损失金额。

本案最后采用的是第二种意见。根据《中华法学大辞典》的解释,自由裁量权是法官根据正义、公平、正确和合理的原则,对案件酌情作出决定的权力。自由裁量权的运用在审判实践中大量存在。定分止争,是法官的终极责任和职业准则,当遇到个别特殊案件时,法官不能以法无明文规定、法无巨细规定或事实不清楚为由拒绝裁判。然而,法律具有模糊性、滞后性和不周延性,法律的普遍性忽视了社会现象的特殊性,不能穷尽整个社会现象,这就需要法官结合立法精神并依据法律原则、规则等去发挥能动作用,在对事实认定、证据取舍、法律适用及程序处理上合理地行使自由裁量权。

本案中,商业公司火灾损失客观存在,第一次鉴定因出现违法情形,鉴定结论无法使用,而案涉物品已被火灾烧毁,其财产损失已不能通过司法鉴定等方式进行确定,导致具体损失金额无法认定。此种情况下,法官可以依据立法精神和公平、合理原则,秉持正确的司法理念和良知,遵循职业道德,结合案件间接证据及其他客观事实,遵循经验法则,运用逻辑推理,进行自由心证,在当事人诉请范围内,合理酌定应承担的赔偿金额。

而确定商业公司火灾时的损失，只有在账册、凭证等完整无缺失且能相互印证的情形下，才可能根据账册、凭证等确定失火时被烧毁财产的实际价值。商业公司的账册、凭证不完整、不准确，仅根据其目前提供的材料无法判断发生火灾时该公司库存货物的情况，但商业公司遭受火灾客观属实，一审法院通过合理运用证据规则、经济分析方法等手段，充分考虑商业公司资金情况、生产能力与库存匹配程度、双方当事人的过错等因素，根据公平原则和诚实信用原则，酌定人保滁州分公司赔付商业公司保险金及相应的利息。应该说，一审法院并未机械地适用证据规则，而是根据该案的实际情况酌定了火灾损失赔偿金额，既符合了立法精神、公平原则，又体现了法官的自由裁量，是合理运用法官自由心证来解决有关损害赔偿纠纷的有益尝试。

编写人：安徽省滁州市中级人民法院　邓见阁

132　险种错配时承运人对承运货物有无保险利益的认定

——贾某诉财保厦门分公司财产保险合同案

【案件基本信息】

1. 裁判书字号

福建省厦门市中级人民法院（2019）闽02民终3382号民事判决书

2. 案由：财产保险合同纠纷

3. 当事人

原告（上诉人）：贾某

被告（上诉人）：财保厦门分公司

第三人：蔡某

【基本案情】

蔡某与财保厦门分公司于2016年11月21日签订一份险种为货物损失险的《货物保险协议》，约定以蔡某为投保人，以实际货主为被保险人；保险险种及险别：国内水路、陆路货物运输保险条款——基本险；免赔额：免赔5000元或损失金额的20%，两者以高为准，火灾、翻车，全损或推定全损免赔35%（该条款作加黑处理）。2017年10月4日，贾某受案外人陈某的委托，承运14件价值198816元的进口大理石板货物。起运前，贾某在蔡某处以自己为被保险人购买了保险金额为20万元的上述险种，并向蔡某缴纳了200元保险费。蔡某通过网上申报投保成功后向贾某出具电子保险凭证，凭证载明：被保险人为贾某；货物名称为石材进口大理石大板；件数14件；起运地福建泉州，目的地甘肃兰州；保险金额20万元，保险费率及保险费按约定；特别约定：本保单投保时间为2017年10月5日23时46分11秒，保险责任以投保和起运时间的后发生者为准。电子保险凭证上保险人的签章落款时间为2017年10月4日。

2017年10月7日3时许，贾某驾驶途中，因操作不当发生单方事故，致车辆和运载货物受损，经交通部门认定贾某负事故全责。事故发生后，贾某向财保厦门分公司报案，财保厦门分公司拒绝理赔，遂成讼。

【案件焦点】

在货物运输保险中，承运人是否对所承运的货物享有保险利益。

【法院裁判要旨】

福建省厦门市思明区人民法院经审理认为：第一，诉争保险合同是否合法成立且有效。财保厦门分公司作为保险人与蔡某作为投保人签订货物运输预约保险协议（以下简称保险协议），贾某向蔡某支付保险费，并取得电子保险凭证，该保单与保险协议所承保的险种相一致。虽然保险协议中约定被保险人为实际货主，但贾某作为货物的运输人，承担货物运输过程中的毁损、灭失风险，故其对承运货物具有保险利益。该合同依法成立，合法有效。第二，诉争合同保险金额的认定问题。贾某及蔡某均认为保险金额为 20 万元，财保厦门分公司认为保险金额为 10 万元。根据投保单、缴纳的保费金额和电子保险凭证，应认定诉争保险合同的保险金额为 20 万元。财保厦门分公司对贾某持有的电子保险凭证的真实性并未提出异议。虽然财保厦门分公司认为蔡某的修改申请是在事故发生（2017 年 10 月 7 日）后提出的，但其提交的系统截图不足以证明其主张，且系统截图电子凭证上载明的投保时间和签章落款时间存在矛盾，不予采信。第三，本案贾某因事故产生的货物损失金额的认定问题。事故发生后贾某及时向财保厦门分公司报案出险。贾某已履行了出险后通知义务，财保厦门分公司未及时对损失进行核定，违反了《中华人民共和国保险法》第二十三条规定的保险人的及时核定义务，应视为其自愿放弃核损的权利。因蔡某与财保厦门分公司未约定保险标的的保险价值，故发生损失时，以保险事故发生时货物的实际价值为赔偿计算标准。第四，货物保险协议中的免赔额条款是否具有法律效力的问题。根据《最高人民法院关于适用〈中华人民共和国保险法〉若干问题的解释（二）》第九条第一款的规定，本案货物保险协议对免赔额条款作了加黑处理，可视为财保厦门分公司对该条款作出足以引起投保人的注意的提示，且蔡某亦确认在双方签署保险协议之时财保厦门分公司对该条款已告知并明确说明，故本案货物保险协议中的免赔额条款合法有效。综上，按货物保险协议约定（“火灾、翻车，全损或推定全损免赔35%”）扣除免赔额后，财保厦门分公司应赔偿贾某保险金198816元×（1-35%）=129230.4元。

福建省厦门市思明区人民法院依照《中华人民共和国保险法》第十二条第二款、第十四条、第十七条第二款、第二十条第一款、第二十三条第一款、第五十五条第二款，《中华人民共和国民事诉讼法》第六十四条第一款的规定，作出如下判决：

一、财保厦门分公司应于本判决生效之日起十日内支付贾某保险金129230.4元；

二、驳回贾某的其他诉讼请求。

贾某、财保厦门分公司均不服一审判决，提起上诉。福建省厦门市中级人民法院经审理认为：关于保险合同保险金额的认定，贾某持有的电子保险凭证加盖有财保厦门分公司的电子公章，该保险凭证上载明“保险金额为20万元、投保时间为2017年10月5日23时46分11秒”，结合蔡某填写、贾某签字确认的《货物运输保险投保单》及《货物运输、保险代办专用收据》等证据，可以认定讼争保险合同的保险金额为20万元。财保厦门分公司不否认贾某持有的电子保险凭证的真实性，且其提交的修改证据系来源于其内部系统截图，该截图上显示的修改时间与贾某持有的电子凭证上载明的投保时间和落款日期存在矛盾，故对其主张法院不予支持。

关于《货物保险协议》中约定的免赔额条款是否有效，案涉保险合同的投保人为蔡某，蔡某与财保厦门分公司签订的《货物保险协议》约定：火灾、翻车，全损或推定全损免赔35%，该约定属于保险法规定的免责条款。对该条款，财保厦门分公司已作了加黑处理，蔡某亦确认财保厦门分公司对该条款已进行了告知并明确说明，故法院认定财保厦门分公司已履行了提示及明确说明义务，该免责条款依法发生法律效力。一审法院据此计算免赔额并无不当。综上所述，本案讼争保险合同的保险金额为20万元，《货物保险协议》中约定的免赔额条款合法有效。

福建省厦门市中级人民法院依照《中华人民共和国民事诉讼法》第一百七十条第一款第一项的规定，作出如下判决：

驳回上诉，维持原判。

【法官后语】

物流产业的发展推动了物流保险的兴起，广义的物流保险包括物流责任保险和货物运输保险。物流责任保险承保的是承运人的运输责任，货物运输保险承保的是在运货物。实践中，物流责任保险手续较为烦琐，有较高的免赔率，投保费用也高于货物运输保险，承运人因不具备专业的保险知识无法区分两者的差异，更倾向于购买货物运输保险。而保险公司为了业务的开展，与投保人签订框架协议，以承运人为被保险人，由投保人在保险公司系统上进行在线投保，事实上促成了“险种错配”的现象。一旦出险，保险公司再以承运人对所承运货物不享有保险利益而拒绝赔付，由此引发了承运人在“险种错配”的情况下是否具有保险利益的争议。一种观点认为，承运人在货物运输保险中不具有保险利益，不应列为被保险人，保险人应承担缔约过失的责任；另一种观点则认为，承运人负有将货物及时、安全送抵目的地的职责，基于与托运人的运输合同，承运人具有保险利益，且保险人明知承运人对货物不享有所有权依旧承保，即放弃了“险种错配”的抗辩权，应承担出险时的理赔责任。

依据《中华人民共和国保险法》第十二条的规定，财产保险的被保险人在保险事故发生时，对保险标的应当具有保险利益。财产保险是以财产及其有关利益为保险标的的保险。保险利益是指投保人或者被保险人对保险标的具有的法律上承认的利益。在以承运人作为被保险人的货物运输保险中，虽然承运人不享有所承运货物的财产利益，但是托运人将货物转移给承运人后，承运人要担负起保障托运人货物所有权完满性的责任，一旦货物在运输途中毁损、灭失，托运人的所有权会受到损害，承运人势必也将承担相应的民事侵权责任，受到财产损失。因此，承运人承担了在运输途中确保货物安全的职责，这既是职责利益，也是财产利益。易言之，在货物运输保险中，承运人对所承运货物的保险利益来源于保险事故发生时承运人将遭受到财产上的不利益 。

当前，“险种错配”的现象不在少数，其根源在于保险合同关系的不平等性以及保险公司的逐利本质，不同险种的承保范围的模糊、保费和免赔额的差异容易误导投保人和被保险人掉进保险人设置的“陷阱”。若贸然否定承运人在货物运输保险中的保险利益将不利于保险行业投保审单流程的规范运行，也不利于保护保险合同的稳定性，甚至会助长保险公司“故意承保又拒保”的不良商业行为。反之，承认承运人的保险利益既尊重了保险领域的民事法律关系下意思自治的自由，保护了被保险人的保险利益，又能刺激保险行业反思物流保险在市场实践中的应用和完善，起到优化保险产品的作用。

编写人：福建省厦门市思明区人民法院　杨绿芳

133 保险事故发生后保险公司无权要求投保人缴纳保险费

——人保南通分公司诉严某保证保险合同案

【案件基本信息】

1. 裁判书字号

江苏省南通市通州区人民法院（2018）苏0612民初6990号民事判决书

2. 案由：保险合同纠纷

3. 当事人

原告：人保南通分公司

被告：严某

【基本案情】

2017年2月22日，严某（甲方）与案外人××银行（乙方）签订保证借款合同，约定严某向××银行借款65000元。借款合同约定：借款用途为购买商品，借款期限为36个月，自2017年2月22日起至2020年2月22日止，借款利息为年利率6.65%，甲方负责向人保南通分公司投保个人贷款保证保险。合同还对借款的还款方法、利息计算方式及逾期还款责任等进行了约定。合同签订当日，××银行向严某发放贷款65000元。为办理上述借款，严某向人保南通分公司投保了个人信用贷款保证保险。保险条款第五条约定，在保险期间内，当超过贷款合同约定的应付款日或被保险人宣布的贷款提前到期日，投保人仍未履行或未完全履行在规定期间内还款（或付息）义务，且超过保单载明的期限的，视为保险事故发生。保险人对保险事故发生时投保人在所投保的贷款合同项下未偿还的全部贷款本金和相应利息按照本保险合同的约定承担赔偿责任。保险条款第十条约定，保险期间根据贷款合同约定的还款期限而确定，但最长不得超过三年，具体起始日和终止日以保险单上载明的日期为准，如果借款人提前还清贷款，则保险期间至实际还款日结束。保险单载明：保险费为48008.16元，保险金额为71878.54元，赔偿等待期80天，保费缴纳方式为每月缴纳，每月保险费为1333.56元，保险期间为自个人贷款合同项下贷款发放之日起至清偿全部贷款本息之日止。保险单还约定如下："1.保险人赔偿后，投保人需向保险人归还全部赔偿款和未付保险费，从保险人赔偿当日开始超过30天，投保人仍未向保险人归还全部赔偿款项，则视为投保人违约，投保人需以尚欠全部款项为基数，从保险人赔偿当日开始计算按每日千分之一向保险人缴纳违约金。2.保险人基于投保人违约而理赔后，保险人有权追回赔偿款、违约金理赔及催收产生的其他费用。"保险合同签订后，严某缴纳了八期保险费，共计10668.48元。

合同履行过程中，因严某超过80天未偿还借款，××银行就严某结欠的剩余借款本息合计54473.20元（本金53352.84元、贷款利息1036.81元、逾期罚息83.55元）向人保南通分公司提出索赔请求，人保南通分公司遂向××银行赔偿54473.20元。嗣后，××银行向严某发出《代偿债务通知书》，告知严某应向人保南通分公司支付上述代偿款54473.20元。

【案件焦点】

人保南通分公司向××银行履行赔偿责任后，是否有权要求被告严某继续缴纳剩余的保险费。

【法院裁判要旨】

江苏省南通市通州区人民法院经审理认为：人保南通分公司无权要求严某继续缴纳剩余保险费。理由如下：本案保证保险中，借款合同的借款人为投保人，借款合同的贷款人即银行为被保险人，银行对借款人享有的债权为保险标的，若借款人逾期未能偿还借款，保险公司按照约定向银行承担赔偿责任。因严某未按期还款导致发生保险事故，人保南通分公司根据保险合同约定向××银行承担赔偿责任后，本案保险标的即××银行对严某享有的债权已不复存在，则人保南通分公司与严某签订的保险合同由此而终止。因保险合同业已终止，而缴纳保险费系投保人在保险合同存续期间的义务，故人保南通分公司在保险合同终止后再行向严某收取保险费，违反了合同法第九十一条的规定。

保险法第十九条规定，保险人提供的格式条款具有免除保险人依法应承担的义务或者加重投保人责任的情形，不具有法律效力。本案中，保险合同约定的保险期间为三年，保险费合计 48008.16 元，每月缴纳保险费 1333.56 元。按照保险合同约定，投保人无论在保险期间的任何一个时间节点出现违约，均应承担支付全部保险费用的后果，而若投保人因借款期限临近届满前违约（借款合同约定每月等额还本付息，若投保人在最后一个月逾期还款或未还，保险人只需承担最后一个月欠款本金即 2000 余元的赔偿责任），则保险人承担的保险责任大为减小，但在此情况下其仍然向投保人收取全部保险费，将导致投保人和保险人之间的利益严重失衡，显然有违公平原则。因此，案涉保险单关于保险费缴纳的特别约定，不仅加重了投保人责任，也违反了保险行业保险费的高低以危险损害概率大小为依据的基本原理，应当认定无效。

江苏省南通市通州区人民法院依照《中华人民共和国合同法》第一百零七条、第一百一十四条第二款，《中华人民共和国保险法》第十条、第十九条、第六十条第一款，《中华人民共和国民事诉讼法》第一百四十四条之规定，作出如下判决：

一、被告严某于本判决发生法律效力后十日内向原告人保南通分公司给付代偿款 54473. 20 元；

二、被告严某于本判决发生法律效力后十日内向原告人保南通分公司承担违约金（以 54473. 20 元为基数，自 2018 年 1 月 11 日起计算至实际给付之日止，按照年利率 24%计算）；

三、驳回原告人保南通分公司的其他诉讼请求。

判决后，双方当事人均未上诉，本判决现已生效。

【法官后语】

保证保险是保险法第九十五条规定的新型的财产保险业务，保证保险合同既是合同的一种，也是财产保险之一，因此涉及保证保险合同的签订、解除、违约责任等适用合同法的一般规定；在保险事故的索赔、理赔以及保险责任等方面应适用保险法的一般规定和财产保险合同的有关规定；合同法和保险法均无明确规定的，如保险人的代位求偿权问题，可参照适用保险法第六十条的规定。

保险人代位求偿权是法律赋予保险公司的权益，代位求偿制度的目的是维护保险的补偿原则、避免道德风险，同时体现社会公平原则。本案中，保险公司针对银行借款而向借款人提供信贷保证保险，在该保险法律关系中，借款合同的借款人严某为投保人，银行为被保险人，银行对借款人严某所享有金融债权为保险标的。严某为了获得银行50000元贷款与保险公司签订贷款保证保险合同，不仅需要承担三年合计48008.16元的保险费，保险单还特别约定如严某违约未能返还保险金，每日按未返还保险金的1‰计算违约金。显然，严某为获得该笔贷款，其承担的融资成本（包括银行的借款利息、保险费和可能发生的违约金）已远高于合法民间融资利率即民间借贷约定的年利率24%的标准。

本案因严某未按时偿还借款导致发生了保险事故，为此保险公司向银行履行了赔偿责任。根据保险法第六十条规定，保险公司取得了银行代位求偿权，可向投保人严某进行追偿。但根据保险人代位求偿的原理，保险公司行使代位权的范围仅限于其赔偿的严某未能偿还的借款本金和利息，无权再根据保险合同约定主张严某继续缴纳剩余的保险费。合同权利义务关系因债务由当事人按照约定履行而终止。本案中，因严某未能还款而发生保险事故，在保险公司履行赔偿责任后保险标的发生消灭，则保险合同关系已终止，保险公司在保险合同关系终止后要求严某继续缴纳保险费亦然违反了合同法第九十一条的规定。

关于保险公司主张的违约金问题，法院根据利益衡量和公平原则，认定保险单特别约定的每日1‰计算的违约金明显过高，故按照年利率24%进行了调整。

编写人：江苏省南通市通州区人民法院　邓建华

134 投保险种与保险利益不符时保险性质的认定

——仓储公司诉保险公司财产保险合同案

【案件基本信息】

1. 裁判书字号

北京市第二中级人民法院（2018）京02民终10616号民事判决书

2. 案由：财产保险合同纠纷

3. 当事人

原告（被上诉人）：仓储公司

被告（上诉人）：保险公司

第三人（被上诉人）：商贸公司

【基本案情】

仓储公司作为被保险人与保险公司签订书面《保险合同》，载明保险名称为“财产保险基本险”，保险标的为“由被保险人经营管理或替他人保管的财产”及仓库房屋。

保险期间内，仓储公司的仓库发生火灾，导致仓库房屋建筑和库存商品发生重大损失，仓储公司向保险公司索赔遭拒。商贸公司是仓库的货主之一，火灾给商贸公司造成货物损失，北京市房山区人民法院作出判决确定了仓储公司对商贸公司货损应负赔偿责任45万元，判决生效后，仓储公司未履行。仓储公司认为，《保险合同》的保险性质是责任险，故诉至法院，请求法院判令保险公司支付其房屋建筑及库存商品保险赔偿金，并向商贸公司支付保险赔偿金45万元。

【案件焦点】

1.《保险合同》对于“库存商品”所提供的保险的性质是否为责任险；2. 保险公司是否应直接向商贸公司支付保险金。

【法院裁判要旨】

北京市房山区人民法院经审理认为：本案“财产保险基本险”是为库存商品本身提供保障，还是为仓储公司对其代为保管的货物履行保管义务时产生的赔偿责任提供保障，关键在于确定仓储公司对保险标的“库存商品”中由其负责保管的货物存在何种保险利益。仓储公司与各实际第三方货主之间形成仓储合同关系，仓储公司是库存商品的保管方和管理者，负有保障库存商品安全的合同义务，但其不是库存商品的所有权人或合法使用人，在保险法意义上，仓储公司对其保管的库存商品所享有的保险利益是责任利益。此外，从订立保险合同的目的来看，仓储公司作为仓库经营者，其向被告投保之初衷和目的，在于发生保险事故造成库存商品损失时，能够转移己方对第三方货主承担的赔偿责任的风险，由保险公司代其赔偿第三方货主相应的损失。因此，以仓储公司为被保险人，以仓储公司保管的库存商品为保险标的的保险合同之性质应为责任险，应按照保险法有关责任险的规定处理库存商品赔偿的相关问题。

责任保险的被保险人给第三者造成损害，被保险人对第三者应负的赔偿责任确定的，根据被保险人的请求，保险人应当直接向该第三者赔偿保险金。北京市房山区人民法院的生效判决确定了仓储公司对商贸公司应负赔偿责任 45 万元，现仓储公司作为被保险人请求保险人保险公司直接向第三者商贸公司赔偿保险金，符合法律的规定，对该诉讼请求予以支持。

北京市房山区人民法院依照《中华人民共和国民法通则》第一百三十七条、第一百四十条，《中华人民共和国保险法》第十二条、第十三条、第十四条、第十六条、第十七条、第二十六条、第五十二条、第五十五条、第六十五条，《最高人民法院关于适用〈中华人民共和国保险法〉若干问题的解释（二）》第六条、第十八条之规定，作出如下判决：

一、被告保险公司于本判决生效后十日内支付原告仓储公司房屋建筑保险赔偿金 4691472.5 元；

二、被告保险公司于本判决生效后十日内支付第三人商贸公司保险赔偿金 450000 元［如原告仓储公司具有向第三人商贸公司履行（2011）房民初字第 04127 号民事判决书所规定的义务的行为，被告保险公司将相应数额的保险金赔偿给原告仓储公司］；

三、驳回原告仓储公司的其他诉讼请求。

保险公司不服一审判决，提起上诉。北京市第二中级人民法院经审理认为：在保险合同双方当事人意思表示形成一致的情况下，应当结合合同目的，遵从保险原理，尊重当事人的真实意思表示，以此判断案涉库存商品的保险性质。仓储公司向保险公司投保的目的，是希望在发生保险事故造成库存商品损失时，能够将自己对第三方货主承担的赔偿责任的风险，转移由保险人承担。仓储公司对于库存商品并不具有物权，仅是基于其与货主之间的仓储保管合同关系，对于仓储商品具有保管义务；在保险事故发生时，仓储商品发生毁损灭失的，仓储公司并不直接产生物权意义上的损失，虽然“财产保险基本险”从字面意义上看是为库存商品的物品损失提供保障，实际上是基于所负的保管义务产生对于货主承担的赔偿责任。因此，对于仓储公司而言，在保险事故发生之时，其对保险标的物享有的保险利益是弥补其赔偿责任损失的责任利益。

北京市第二中级人民法院依照《中华人民共和国民事诉讼法》第一百七十条第一款第一项之规定，作出如下判决：

驳回上诉，维持原判。

【法官后语】

财产保险通常包括财产损失保险、责任保险、信用保险、保证保险等。近年来，随着人们投保需求趋于多样化、个性化，传统保险业迎来新的突破，保险公司在进行财产保险产品设计时，会考量投保人和被保险人经营的多样性以及成本等技术因素，可能使保险利益对应的保险责任不能明确区分。例如，本案中“财产保险基本险”从字面意义上看是为库存商品的物品损失提供保障，但保险合同针对仓储公司所保管的库存商品的保险性质却不是财产损失保险。在审判实践中，面对保险利益与投保险种不符或不易直接识别财产保险合同纠纷中承担保险责任的依据时，不应简单以投保的保险名称直接确定财产保险性质，应当综合保险利益原则及合同目的解释方法认定是否承担保险责任或承担何种保险责任。

保险利益原则历来是保险法的基本原则之一，保险利益决定了被保险人获得赔偿的范围。保险利益是指投保人或者被保险人对保险标的具有的法律上承认的利益。确定保险利益，应当同时把握主体、时点和利益性质三个维度，即保险利益的主体是被保险人，时点是发生保险事故时，利益性质是对于保险标的物享有的法律上承认的利益。这种利益既可以来自物权，也可以来自债权或股权。责任保险是指以被保险人对第三者依法应负的赔偿责任为保险标的的保险，即责任保险的保险标的是被保险人向第三者依法应负的赔偿责任。财产的非所有权人，不享有所有权保险利益，如果被保险人对保险标的享有责任保险利益，如基于运输义务、保管仓储义务，则应当按照责任保险的相关法律规定处理。在确定具有保险利益的前提下，法官需要参考具体的投保单、保险单、批单等，通过当事人之间关于财产保险的具体约定来界定，不能泛泛地通过险种名称径直裁判。考虑到保险公司应当对投保人、被保险人阐明何为法律认可的保险利益的义务，若有证据证明在投保之初保险公司明知或应知投保人为被保险人所投险种不具有保险利益，仍然订立保险合同，那么在发生保险事故时，保险公司以保险利益原则作为抗辩时，法官应当审慎采纳。

合同解释的目的是通过阐明合同条款的含义，以探寻当事人的真意。合同成立后，当事人受共同意思的制约，《中华人民共和国民法典》第一百四十二条、第四百六十六条也体现了我国对当事人合议的重视。不管采取何种解释方法，都是为了探求当事人在该条款上的真实目的。在不能求得当事人的真意时，或依据一般解释方法明显不公平、不合常理时，才可以运用诚实信用、交易习惯等方法解释合同含义。因此，寻求合同双方订立合同时共同意志的目的解释原则，应当是合同解释中的最重要和优先使用的原则。转移风险是投保人投保的根本目的，因此识别意图转移何种风险是解释保险合同的前提。如果基于财产所有权，意图在财产灭失后通过理赔的方式补偿自身财产损失的，基于该意图，则保险的性质为财产损失保险。如果意图在发生保险事故造成财产损失时，将自己对第三方承担的赔偿责任的风险，转移由保险人承担，基于该意图，则保险的性质为责任保险。

编写人：北京市房山区人民法院　柴也婧

135 保险合同的解释原则和投保人的说明义务

——物流公司诉保险新乡支公司财产保险合同案

【案件基本信息】

1. 裁判书字号

河南省新乡市中级人民法院（2017）豫07民终1667号民事判决书

2. 案由：财产保险合同纠纷

3. 当事人

原告（被上诉人）：物流公司

被告（上诉人）：保险新乡支公司

【基本案情】

2014年9月9日，物流公司作为投保人向保险新乡支公司投保国内水路、陆路货物运输保险，并填写投保单，在投保单“投保人声明”处载明：1. 本人兹申明上述各项内容填写属实。2. 本人确认已收到了主险及附加险条款，且贵公司已向本人详细介绍了条款的具体内容，特别就该条款中有关免除保险人责任的条款（包括但不限于责任免除、投保人及被保险人义务），以及付费约定的内容作了明确说明，本人已完全理解，并同意投保。同日，双方签订了国内货物运输预约保险协议（以下简称预约保险协议），保险新乡支公司并向物流公司签发了保险单，预约保险协议和保险单载明的被保险人为委托物流公司的货主，保险标的为电器品牌商品，保险期限为2014年9月10日至2015年9月9日，保险金额为11.5亿元，保险费率0.42‰，保费48.3万元，投保险别为综合险，每次事故绝对免赔额 2 万元，还特别约定：第一受益人为物流公司；承运车辆为物流公司自有货车及为物流公司提供运输服务的挂靠车辆（社会车辆必须提供同物流公司的运输协议，并且承保前报备，否则保险人不承担保险责任）；如发货前未发送清单，我司不承担保险责任。另，预约保险协议中约定的责任起讫为自签发保险凭证和保险货物运离起运地发货人的最后一个仓库或储存处所时起至该保险凭证上注明的目的地的收货人在当地的第一个仓库或储存所时止，投保形式为投保人于每次货物起运前，将运输申报单（包括但不限于该批货物的数量/重量、保额、航程、运输工具名称、发票/提单号、起运时间等资料）签章后以传真或电子邮件形式通知保险人，经保险人书面确认后予以承担保险责任，在“其他”条款中双方兹声明：保险人已对本协议所附保险条款（包括责任免除条款）履行了明确说明义务，投保人已经知悉并充分理解该保险条款（包括责任免除条款）的内容。协议附件《国内水路、陆路货物运输保险条款》（以下简称保险条款）第二条保险责任约定在装货、卸货或转载时因遭受不属于包装质量不善或装卸人员违反操作规程所造成保险货物损失时，保险人按承保险别的责任范围负赔偿责任。

2015 年 7 月 1 日，袁某驾驶车辆在承运货物的过程中不慎造成车载某品牌空调受损。2015 年 7 月 2 日，袁某与保险新乡支公司工作人员对事故现场进行了查勘，并形成了现场查勘记录，其中载明：2015 年 7 月 1 日下午，该车辆载满货物从仓库提货等待区提货后开往雨布覆盖区时，在右转进入雨布覆盖区时，因雨路存在高低差（左高右低），导致货物偏移并掉落到地下，一共102台。后物流公司向保险新乡支公司提出索赔申请，保险新乡支公司于2015年7月28日出具拒赔通知书，该通知书主要载明："根据贵公司已提供的索赔材料，结合承保、查勘情况，我司经仔细研究后认为：1. 根据国内水陆路货运险条款解释，承运车辆在开往厂区内雨布覆盖区期间，运输工具并未运离发货人的最后一个仓库或储存处所，保险责任尚未开始。2. 平板车装了满满一车的空调，无任何固定装置就在厂区内行驶，明显的货物包装不善，如果道路不平或转弯，货物很容易掉出，这种风险程度明显增加，货物包装不善，属于保单约定的除外责任。因此，非常抱歉地通知贵公司，本次事故保险责任不成立，我司无法赔付。如贵司对我司以上意见有异议，欢迎补充材料或者与我司理赔人员进行沟通，我司将竭诚为贵司提供优质服务。"

2015年11月25日，前述空调品牌电器公司家用空调及小家电经营部向物流公司发出扣款通知：贵司于2015年6月至7月在承运我司产品业务时，在装货过程中发生多起损机事故，造成我司的经济损失金额为85820.23元。扣除残值金额4216.85元，实际损失金额为81603.38元。请贵司收到通知起五天内核对清楚并开具有效证明同意在贵司的运费中扣除作为赔偿，逾期我部将按贵公司签订的《2015年度电器公路货物运输合同》的有关约定作出处理。2016年2月16日，前述空调品牌电器公司向物流公司开具了金额为74587.38元的增值税专用发票。后物流公司要求保险新乡支公司赔偿保险金54587.38元未果，遂向法院提起诉讼。

【案件焦点】

1. 案涉预约保险协议中货物起运前需申报的条款是否属于免责条款并对物流公司产生约束力；2. 本案货损是否属于保险责任范围。

【法院裁判要旨】

河南省新乡市红旗区人民法院经审理认为：物流公司与保险新乡支公司间的保险合同关系合法有效，双方应按约履行。物流公司作为投保人依约履行了缴纳保费的义务，在发生保险事故后，保险新乡支公司理应承担理赔义务。在保险期间内，物流公司运输车辆载满货物后从仓库提货区开往雨布覆盖区右转时，因雨路存在高低差导致货物偏移并掉落造成承运货物损失，属于保险合同约定的保险责任范围，且物流公司已向托运人格力公司支付了赔偿款74587.38元，故物流公司主张保险新乡支公司支付保险金的请求，符合双方约定和法律规定。依照双方约定，每次事故绝对免赔额为20000元，故保险新乡支公司应当支付的保险金数额为54587.38元（74587.38元-20000元）。

关于保险新乡支公司所辩物流公司未依约在货物起运前向其履行通知义务，其不应承担保险责任的意见，关键在于对案涉预约保险协议中货物起运前需申报的条款是否属于免责条款并对物流公司产生约束力的认定问题。预约保险协议属保险协议的一种，其条文主要为保险行业统一的格式文本，该条款中约定的承担保险责任的条件为：货物起运前将运输申报单通知保险人并经保险人确认。但在双方实际履行中，物流公司系在运单发生后将数单汇总以电子邮件的形式不定期向保险人申报，保险新乡支公司亦未出具书面确认手续，双方对该条款均未严格遵守。因此，保险事故发生后，保险新乡支公司援引该实践中双方均未履行的条款主张免责，对物流公司显有不公，故该条款属于保险法中的免责条款，依据《中华人民共和国保险法》第十七条“订立保险合同，采用保险人提供的格式条款的，保险人向投保人提供的投保单应当附格式条款。保险人应当向投保人说明保险合同的内容。对保险合同中免除保险人责任的条款，保险人在订立合同时应当在投保单、保险单或者其他保险凭证上作出足以引起投保人注意的提示，并对该条款的内容以书面或者口头形式向投保人作出明确说明；未作提示或者明确说明的，该条款不产生效力”的规定，保险新乡支公司有明确提示说明的义务，但对该免除保险人责任的条款，保险新乡支公司未进行加黑、加粗等以引起投保人注意，不足以证明保险新乡支公司就该条款向物流公司进行了明确提示说明，故该免责条款对物流公司不产生法律效力，保险新乡支公司该项辩解意见，缺乏依据，法院不予采纳。

关于保险新乡支公司所辩承运车辆未运离发货人最后一个仓库或储存所，其保险责任尚未开始，且物流公司未对货物加固，明显包装不善，致使危险程度增加，依约不属于保险责任的意见，即对本案货损是否属于保险责任范围的认定问题。案涉保险条款第二条保险责任范围约定中包含了在装货、卸货或转载时因遭受不属于包装质量不善或装卸人员违反操作规程所造成的损失。本案货损事故系因承运车辆在满载货物从仓库提货区提货后向雨布覆盖区加盖雨布过程中因雨路高低不平而发生，其标准装货程序并未结束。依据《中华人民共和国保险法》第三十条“采用保险人提供的格式条款订立的保险合同，保险人与投保人、被保险人或者受益人对合同条款有争议的，应当按照通常理解予以解释。对合同条款有两种以上解释的，人民法院或者仲裁机构应当作出有利于被保险人和受益人的解释”的规定，本案货物系在运离仓库进行加固过程中发生损失，属于上述条款中“在装货、卸货或转载时”的保险责任范围，保险新乡支公司亦未举证证明导致货物损失的物流公司存在故意或重大过失，故保险新乡支公司的该项辩解意见，法院亦不予采纳。

河南省新乡市红旗区人民法院依照《中华人民共和国保险法》第二条、第十条、第十四条、第十七条、第二十三条、第三十条，《最高人民法院关于适用〈中华人民共和国民事诉讼法〉的解释》第九十条之规定，判决如下：

保险新乡支公司于本判决生效之日起十日内支付物流公司保险金 54587.38 元。

二审法院同意一审法院裁判意见。

【法官后语】

本案系财产保险合同纠纷，主要争议焦点有二：一是案涉预约保险协议中货物起运前需申报的条款是否属于免责条款并对物流公司产生约束力；二是本案货损是否属于保险责任范围。对上述两个焦点的认定，遵循的是诚实信用原则和公平原则。

首先，保险人熟悉保险业务，精通保险合同条款，且保险合同条款大都由保险人制定，而投保人受专业知识的限制，对保险业务和保险合同条款不甚熟悉，加之对合同条款内容的理解也可能发生偏差、误解，导致被保险人、受益人在保险事故或保险事件发生后，得不到预期的保险保障。因此，保险人在订立保险合同时应当按照最大诚信原则，对保险合同条款内容作出说明，使投保人正确理解合同内容，自愿投保。此外，我国保险法第十七条强调保险人对免责条款必须作出足以引起投保人注意的提示，并要作出明确说明，即对免责条款不仅要以加粗、加黑等特别字体醒目地印制在投保单、保险单等保险凭证上，提醒投保人注意，使其一望便知，而且还应将免责条款的含义、内容、法律后果等通过书面或口头形式清晰明白、通俗易懂、确定无疑地向投保人解释清楚，即保险人需针对免责条款向投保人进行充分、积极的解释行为，否则该免责条款不产生效力。

其次，有利于被保险人的解释原则又称疑义利益解释原则，其含义是：当保险人与投保人、被保险人或者受益人对合同内容发生争议时，应作有利于被保险人和受益人的解释。之所以在法律上采用该解释原则，是因为保险人与投保人或被保险人在订立合同过程中的不平等地位。保险合同系格式合同，合同条款多由保险人或其主管机关事先拟就，投保人在订立保险合同时，对保险条款只能表示接受与否，在法律地位上处于相对弱势，为了平衡保险合同双方当事人的地位，保护被保险人或受益人的利益，在对保险合同条款进行解释的原则上，法律作了一些倾斜。对同一条款如果有两种以上的解释的，应作不利于提供条款一方的解释。保险法第三十条明确规定，对于保险合同的条款，保险人与投保人、被保险人或者受益人有争议时，人民法院或仲裁机构应当作出有利于被保险人和受益人的解释。另外，保险合同为射幸合同，具有较强的专业性，涉及的专业术语也较多，对于普通大众而言不易理解，保险人是集聚风险的专家，具有相当丰富的法律、金融、风险管理等方面的知识，而与保险人相对应的保险合同另一方，投保人或被保险人往往对此知之甚少或完全不了解。基于上述原因，有利于被保险人的解释原则被世界各国普遍采用。该原则适用的前提是争议条款存在两种以上的解释，即合同条款用语含糊，意思不清，就合同双方当事人而言，从保险人的立场出发进行解释，可以说得通，而从投保人一方的立场出发进行解释，也可以说得通。既然格式条款是由一方提供的，就应当作有利于非提供条款一方即被保险人和受益人的解释。如果保险合同条款的用语明确，含义清晰，或者虽有不清，但经过解释能够完全明确时，就不应再适用疑义利益解释原则。

综上，免责条款是保险合同主要条款之一，其对合同当事人利益及社会利益是否平衡起关键作用，保险人应对该条款尽明确说明义务，使投保人明确该条款的真实含义和法律后果，进而保证投保人的选择权和获得赔偿的权利；鉴于保险条款是由保险公司单方制作的格式条款，为充分保护被保险人利益，当双方当事人对保险条款的内容理解不一致时，应当遵循公平和诚实信用原则，首先按照通常理解，结合条文词句的含义、逻辑关系以及保险交易惯例等进行合理解释，有专业解释的，应按照专业术语的理解来解释；当保险条款的含义含混不清或产生多种理解时，应当援引上述规定，作有利于被保险人和受益人的解释。

编写人：河南省新乡市红旗区人民法院　李艳利

136　与保险利益不对应的保险合同效力

——储运公司诉保险杭州分公司保险合同案

【案件基本信息】

1. 裁判书字号

河北省沧州市中级人民法院（2017）冀09民终1711号民事判决书

2. 案由：保险合同纠纷

3. 当事人

原告（被上诉人）：储运公司

被告（上诉人）：保险杭州分公司

【基本案情】

2014年5月30日，科技公司向保险杭州分公司投保了公路货物运输保险，被保险人为储运公司，保险金额为1200000元，运输车辆牌照为辽P4××××，起运日期为2014年5月30日，起运地为辽宁阜新，目的地为福建南平，承运司机为张某。储运公司向科技公司支付保险费，保险杭州分公司向储运公司出具了保单。合同约定绝对免赔额1000元或损失金额的10%，两者以高者为准。合同第十七条约定，保险货物发生保险责任范围内的损失，根据法律规定或者有关约定，承运人或其他第三者负责赔偿部分或全部的，被保险人应首先向承运人或其他第三者提出书面索赔，直至诉讼。保险事故发生后，保险人未履行赔偿保险金义务前，被保险人放弃对有关责任方请求赔偿的权利的，保险人不承担赔偿责任。如被保险人要求保险人先予赔偿，被保险人应签发权益转让书并将向承运人或者第三者提出索赔的诉讼书及有关材料交给保险人，协助保险人向责任方追偿。

投保后，储运公司作为承运人承运了辽宁伊利乳业有限责任公司由沈阳发往福建南平的1535袋奶粉。2014年5月30日原告与张某签订了货物公路运输合同，由张某自辽宁沈阳至福建南平运输奶粉1535袋，每袋奶粉800元，共计1228000元。

2014年6月2日7时，张某驾驶辽P4××××/辽P×××1挂车变更车道，与机动车驾驶人李某驾驶的津JL××××号车刮擦相撞，致使津 JL××××号车失控与护栏相撞，辽 P4××××/辽 P×××1 挂车失控冲出护栏，翻入沟中，造成两车受损、货物及路产损失的道路交通事故。该事故经河北省高速公路交通警察黄骅大队处理认定，张某负事故的全部责任，李某无责任。事故发生后，部分货物损失，由储运公司赔偿货主共计 135850 元。根据原告举证以及保险合同约定，认定原告损失为：71 袋奶粉损失为 800 元/袋×71 袋=56800 元，重新包装人工费及包装费 2850 元，99 袋无法回收奶粉损失 76230 元，鉴定费 5860 元，共计 141740 元，依据保险合同约定，扣除绝对免赔率 10%，被告应赔偿原告各项损失 127566 元。

【案件焦点】

享有责任保险利益的承运人投保货物损失险，该合同是否有效。

【法院裁判要旨】

河北省黄骅市人民法院经审理认为：原告应投保由保险公司承担替代责任的承运人责任险。原告作为承运人在货主具有的保险利益上投保了货损险，该保险合同是否具有法律效力？根据《中华人民共和国保险法》第十二条第二款的规定，财产保险的被保险人在保险事故发生时，对保险标的应当具有保险利益。本案原告对保险标的具有责任保险利益而不具有所有权保险利益，但在他人保险利益上投保的保险，虽然不具有合同约定的保险利益，但并不当然是无效合同，该合同也没有法律规定的无效情形，所以该合同应是合法有效的。根据保险合同约定，当发生保险事故时，保险人应当按照合同约定对被保险人的损失进行赔偿。被告作为专业保险机构和专业保险代理机构，在原告投保时并未向被保险人明确说明在他人保险利益上投保，保险公司依据保险合同不承担赔偿责任。通过本案审理，原告与被告及被告保险代理机构就承运人投保货损险的投保行为延续二年，且在发生保险事故时双方就赔偿问题进行充分协商，因此被告是明知被保险人在他人保险利益上投保，仍然为其投保的，且在发生保险事故后并未明确拒绝赔偿，被告行为视为保险人弃权，保险人应当承担赔偿责任。

河北省黄骅市人民法院根据《中华人民共和国保险法》第十二条、第十四条、第六十四条之规定，判决如下：

被告保险杭州分公司自本判决生效之日起五日内赔付原告储运公司保险金 127566 元。

保险杭州分公司不服一审判决，提出上诉。河北省沧州市中级人民法院经审理认为：上诉人与被上诉人之间的保险合同真实合法有效，本院予以确认。本案被上诉人作为保险标的的承运人，且保险事故发生在被上诉人对保险标的承运期限内，因此被上诉人在保险事故发生时，对保险标的具有保险利益，有权就保险标的的损失主张权利，系本案适格的主体。《最高人民法院关于适用〈中华人民共和国民事诉讼法〉的解释》第一百零八条第一款规定："对负有举证证明责任的当事人提供的证据，人民法院经审查并结合相关事实，确信待证事实的存在具有高度可能性的，应当认定该事实存在。"关于被上诉人主张的保险标的的损失数额，被上诉人原审中提交的证据及原审法院委托所作的鉴定结论能够达到高度盖然性的证明标准，原审予以认定并无不当。

河北省沧州市中级人民法院依照《中华人民共和国民事诉讼法》第一百七十条第一款第一项的规定，作出如下判决：

驳回上诉，维持原判。

【法官后语】

本案中，合同中约定的是货物损失险，保险利益是在运输中毁损或灭损所引起的财产利益，享有者应为货物所有权人；而承运人在承运过程中因发生事故给货主造成损失而应承担赔偿责任，其享有的应为责任保险利益。享有责任保险利益的承运人投保货物损失险，该合同是否有效，是本案的争议焦点。

同一保险标的物虽存在不同保险利益，但不同保险利益的性质并不相同。从保险运行原理来看，被保险人在他人保险利益范围内投保的，保险利益在合同订立时即不存在，而且在整个保险合同存续期间，合同约定的被保险人都不具有保险利益。此时保险合同是否生效？保险公司是否要按照合同约定赔偿？向谁赔偿？这些都是值得探讨的问题。本案二审直接认定原告具备合同约定的保险利益，保险合同成立。笔者认为该做法欠妥。本案中，原告作为承运人，投保货物损失险，其对承运货物是不具有所有权的，不具有相应的保险利益。根据《中华人民共和国保险法》第十二条第二款的规定，财产保险的被保险人在保险事故发生时，对保险标的应当具有保险利益。保险利益原则是保险合同的一项基本原则，对该原则应该严格遵守，否则将导致保险体系的混乱。笔者认为，该保险合同应属无效，但是如果判决保险公司不承担保险责任，将有明显的弊端：一方面，这有违诚信原则，因为此时保险公司明显存在过错，其未向投保人尽到应尽的说明义务，未向投保人解释订立该保险合同可能存在的法律后果；另一方面，这将导致权利和义务的不对等，导致保险公司只享有收取保费的权利而不承担任何责任后果，权利与义务明显失衡。

进一步说，如果判决保险合同无效，保险公司应承担责任，此种责任属于哪种性质，依据什么承担责任呢？笔者认为，保险公司此时承担的是一种侵权责任，就是保险公司在订立保险合同时未尽到说明义务，导致被保险人无法依据保险合同获得保险赔偿，保险公司因此应承担的损害赔偿责任。至于损害赔偿的范围，则应根据投保人、保险人的过错大小进行认定。这样，不仅能够完全依照保险原理解决保险合同效力问题，还能将投保人的过错考虑进来，能够更好地实现过错与责任相一致。

编写人：河北省黄骅市人民法院　王丹

137　保险单与投保单不一致时以何者为准

——某船业集团诉保险广东分公司海上保险合同案

【案件基本信息】

1. 裁判书字号

浙江省高级人民法院（2015）浙海终字第240号民事判决书

2. 案由：海上保险合同纠纷

3. 当事人

原告（被上诉人）：某船业集团

被告（上诉人）：保险广东分公司

第三人（被上诉人）：金融公司

【基本案情】

2013年3月7日，××公司作为投保人，就“××15”轮向保险广东分公司投保。涉案投保单上“投保人声明”一栏打印有：“保险人已向本人提供并详细介绍了条款内容，并对其中免除保险人责任的条款（包括但不限于责任免除、投保人被保险人义务、赔偿处理、其他事项等），以及本保险合同中付费约定和特别约定的内容向本人作了明确说明，本人已充分理解并接受上述内容，同意以此作为订立保险合同的依据，自愿投保本保险。”次日，保险航运中心（保险广东分公司旗下机构，下略）发送应收保费通知书给某船业集团，要求尽快支付全年全部保费，注明保费支付后保单方可起保。

2013 年 3 月 10 日，保险航运中心签发保单。保单随附的特别约定清单中载明：保费分四期支付：“第一期保费于 2013 年 3 月 11 日前支付，第二期保费于 2013 年 6 月 15 日前支付，第三期保费于 2013 年 9 月 15 日前支付，第四期保费于 2013 年 12 月 15 日前支付，不按保单约定支付保费将导致保单失效，为了保证您能及时获得保险保障，请您尽快交付保险费。”

2013 年 3 月 19 日，保险航运中心再次向某船业集团发送应收保费通知书，要求尽快支付第一期保费。某船业集团支付第一期保费后，保险航运中心于 2013 年 3 月 21 日开具了相应数额的保险费发票，载明付款人为某船业集团。

2013 年 7 月 3 日，保险广东分公司出具了保险批单一份，载明被保险人为××公司，批文为“保单由于未按约定于 2013 年 6 月 15 日前缴付保费，保单已经失效。按照已缴第一期保费折算，保险期限为 2013 年 3 月 11 日起至 2013 年 6 月 10 日止，因此该保单自 2013 年 6 月 11 日正式注销，我司不再承担任何赔偿责任”。

2013 年 10 月 14 日，“××15”轮在韩国浦项新港碰撞了防波堤，船体沉没。10 月 22 日，某船业集团向保险广东分公司正式书面告知了该沉船事故，要求尽早处理船舶理赔事宜，遭到拒绝。

某船业集团认为该次事故属于保险责任范围，请求判令保险广东分公司赔偿船舶全损款3900万元及利息，并赔偿防波堤损坏损失900万元。

被告保险广东分公司辩称，保险单特别约定清单中载明保费分四期支付，故第二期保费应于2013年6月15日前支付，原告未按时支付，被告已发出了保单注销通知，并以保险批单的形式将保险合同注销，故被告不应当承担任何责任。

【案件焦点】

当特别约定清单中“不按保单约定支付保费将导致保单失效”的条款与投保单上保险条款（2009版）第七条“如果保险人同意，保费也可以分期交付，但保险船舶在承保期限内发生全损时，未发生的保费要立即付清”的约定相悖，“不按保单约定支付保费将导致保单失效”的条款是否能被认为已并入保险合同中。

【法院裁判要旨】

浙江省宁波海事法院经审理认为：2013年3月7日投保人签署的投保单中，并没有保费支付安排及不支付保费后果的条款。保险广东分公司于2013年3月10日签发的保单上，在保费分四期支付的安排后出现“不按保单约定支付保费将导致保单失效，为了保证您能及时获得保险保障，请您尽快交付保险费”的文字，而非被告所说的“任一期保费逾期不付，保险自动终止或失效”的权利义务性明确条款。因此，该条款不能认定为存在于涉案保险合同中。

浙江省宁波海事法院依据《中华人民共和国海商法》第二百一十六条、第二百二十七条、第二百三十七条、第二百三十八条，《最高人民法院关于审理海上保险纠纷案件若干问题的规定》第一条，《最高人民法院关于适用〈中华人民共和国保险法〉若干问题的解释（二）》第十四条第一款，《中华人民共和国民事诉讼法》第一百五十三条的规定，判决如下：

被告保险广东分公司于本判决生效后十日内赔付给原告某船业集团“××15”轮全损保险赔款人民币 3900 万元，并支付该款自 2013 年 12 月 9 日起至判决确定的履行之日止按中国人民银行同期贷款基准利率计算的利息；上述款项直接支付给第三人金融公司。

保险广东分公司不服，提起上诉。浙江省高级人民法院经审理认为：根据《最高人民法院关于适用〈中华人民共和国保险法〉若干问题的解释（二）》第十四条第一项之规定，投保单与保险单或者其他保险凭证不一致的，以投保单为准，但不一致的情形系经保险人说明并经投保人同意的，以投保人签收的保险单或者其他保险凭证载明的内容为准。本案中，特别约定清单中“不按保单约定支付保费将导致保单失效”的条款与投保单上人保远洋船舶保险条款（2009 版）中第七条“如果保险人同意，保费也可以分期交付，但保险船舶在承保期限内发生全损时，未发生的保费要立即付清”的约定相悖。某船业集团对于保险单和特别约定清单的签收行为并不能代表其当然接受了与保险单不同的内容，该行为不能免除保险广东分公司对于有利于自己免责条款的特别说明义务。因此，“不按保单约定支付保费将导致保单失效”的条款不存在于本案的保险合同中。

浙江省高级人民法院依照《中华人民共和国民事诉讼法》第一百七十条第一款第一项之规定，判决如下：

驳回上诉，维持原判。

【法官后语】

本案是一起典型的船舶定期保险合同纠纷，争议焦点涉及保险单与投保单不一致时的处理方式。

在办理财产保险过程中，被保险人与保险人可能数次签订保险文书，对保险相关事宜作出前后不一致的约定。依据《最高人民法院关于适用〈中华人民共和国保险法〉若干问题的解释（二）》第十四条第一款之规定，当投保单与保单不一致时，判断特定免责条款是否存在于保险合同当中，保险人是否尽到说明义务至关重要。不论是《最高人民法院关于适用〈中华人民共和国保险法〉若干问题的解释（二）》第十四条抑或《中华人民共和国保险法》第十七条，法理之基础均为最大诚信原则和附和契约的客观要求。保险合同是典型的格式合同，保险条款由保险人单方拟定，具有附和性。其条款中多有一些艰涩难懂的专业术语，对于缺乏专业保险知识的普通投保人而言，其与保险人在保险产品信息的掌握上存在不对称性，在此基础上缔结合同，要求投保人按照合同约定严格履行有违保险法的最大诚信原则。

在本案中，虽然投保人××公司签署的投保单在投保人声明栏中有“保险人已对本保险合同中付费约定和特别约定的内容向本人作了明确说明”的描述，保险广东分公司随后出具的保单中也有“逾期不付保费将导致保单失效”的相关描述，但保险广东分公司不能证明在投保单上已经附上了付费约定及特别约定条款，投保单保险销售事项确认书处未见保险销售人员、保险中介销售人员及保险中介机构的盖章，因此保险广东分公司也不能证明其对于保单中关于付费的约定尽到了特别说明义务。据此，一审法院认为“逾期不付保费将导致保单失效”条款不存在于涉案保险合同中，保险人不能以此为由解除保险合同。二审法院还指出，被保险人某船业集团对保险单、特别约定清单及保单的签收行为并不能代表其当然接受了与投保单不同的内容，该行为仍然不能免除保险广东分公司对于有利于自己的免责条款的特别说明义务。

编写人：浙江省宁波海事法院　陈晓明　邵颖凤

二、人身保险合同纠纷

（一）人寿保险合同纠纷

138　保险合同表意瑕疵时主要格式条款的认定

——罗某诉人寿保险公司保险合同案

【案件基本信息】

1. 裁判书字号

北京市第一中级人民法院（2020）京01民终8583号民事判决书

2. 案由：保险合同纠纷

3. 当事人

原告（被上诉人）：罗某

被告（上诉人）：人寿保险公司

【基本案情】

1998年7月7日，罗某向人寿保险公司投保人寿养老保险，投保书载明：缴费标准为月缴100元，投保份数为2份，保险费合计200元，领取方式为一次性领取，领取年龄为60岁。罗某还就“本人对本保险条款、投保须知及保险费率所述详细内容均已了解并自愿向贵公司投保；本人已获告知，只有经贵公司同意承保后，本保险合同才开始生效，生效时间以保单上所载为准”进行确认并签字。

1998年7月7日，罗某（甲方）与人寿保险公司（乙方）签订委托代收代付养老金保险协议书，约定："一、甲乙双方共同遵守保险条款及本协议书约定。二、乙方委托木樨园邮局（以下简称金融储蓄机构）将保险费从甲方活期储蓄存款账户划至乙方金融储蓄机构存款账户。甲方同意由乙方提供正确保险费数字后，由金融储蓄机构代扣保险费……"经询，罗某称未收到保险条款，也没有看到任何文字内容，投保后只在邮政储蓄机构领取到保单正本、划款协议以及退保说明；人寿保险公司称保险条款有备案，但未在指定的举证期限内提供。

人寿保险公司开具首期保险费收据，载明："投保人名称：罗某；险种名称：养老金；缴费方式：月缴；保险费合计：200元；收款日期：1998年7月8日。"

1998年7月23日，人寿保险公司向罗某出单，约定：缴费期限为1998年7月9日至2019年7月8日，缴费方式为月缴，保险费为200元，领取标准为235248元。

罗某的银行存折显示，2019年7月9日至2020年10月9日，除2019年9月外，每月该户均被转走200元，注释为保险或保费，累计3000元。

后罗某诉至法院，请求：1. 人寿保险公司停止扣款并返还多扣的保险费（截至2020年10月15日，共计3000元）；2. 人寿保险公司出具缴费期满凭证批单并加盖公章。

【案件焦点】

1. 罗某养老金缴费期限的截止日期是2019年7月8日还是2029年7月9日；2. 保险合同文本之间内容冲突时如何认定。

【法院裁判要旨】

北京市延庆区人民法院经审理认为：罗某在人寿保险公司投保了养老保险，从而与其形成保险合同法律关系，此为双方当事人的真实意思表示，未违反国家法律、行政法规的规定，应确认有效。本案的主要争议焦点为罗某缴纳保险费的截止期限是2019年7月8日还是2029年7月9日。罗某基于所持养老金保险单，认为其保险费缴费期限截至2019年7月8日；人寿保险公司基于合同条款的推定，认为罗某的保险缴费期限截至2029年7月9日，保险单所载截止日期系笔误。而人寿保险公司提交的证据未明确指向罗某曾收到保险条款，亦未能证明其曾向罗某进行过说明，且其作为持有保险单（副本）的一方，在长达二十年的时间里，从未向罗某声明过保险单所载日期为笔误。现罗某所持保险单（正本）与人寿保险公司所持的保险单（副本）均载明罗某的缴费期限截至2019年7月8日，故对罗某关于缴纳保险费的截止期限为2019年7月8日的主张予以采信。

保险合同载明的保险费缴费期限为1998年7月9日至2019年7月8日，双方应当按照合同确定的期限缴纳和收取保险费。现人寿保险公司在保险合同约定的缴费期限截止后，仍然继续从罗某银行账户内扣划保险费，显属违约，其多扣划的保险费亦应予以返还。罗某关于人寿保险公司出具缴费期满凭证批单并加盖公章的请求，超出合同约定，不予支持。

北京市延庆区人民法院依照《中华人民共和国保险法》第二条、第九条、第十三条、第三十条，《最高人民法院关于适用〈中华人民共和国保险法〉若干问题的解释（一）》第一条的规定，作出如下判决：

一、人寿保险公司于本判决生效后三日内停止从罗某银行账户内扣划保险费并退还罗某自2019年7月9日起至停止扣划之日止所扣的保险费（截至2020年10月15日，共计3000元）；

二、驳回罗某的其他诉讼请求。

二审法院同意一审法院裁判意见。

【法官后语】

本案争议焦点是罗某养老金缴费期限的截止日期是2019年7月8日还是2029年7月9日，双方对此各执一词。总结罗某的所有主张，其认为保险单对于被保险人是最直观的合同内容载体，其根据朴素的观念善意信赖保险单所载内容，认定缴费截止时间为2019年7月8日。而分析人寿保险公司的抗辩意见，其认为保险单与投保单、保险协议等保险条款构成完整的保险合同，不能割裂来看，而应作为整体考虑，当保险单出现记载错误时，应按照文义解释，综合各保险条款来解释合同约定本意。对此，可以从以下三个角度分析。

首先，从保险法律法规角度分析。《最高人民法院关于适用〈中华人民共和国保险法〉若干问题的解释（二）》第十四条对保险合同记载内容不一致时的认定规则予以规定，具体包括：（1）投保单与保险单或者其他保险凭证不一致的，以投保单为准。但不一致的情形系经保险人说明并经投保人同意的，以投保人签收的保险单或者其他保险凭证载明的内容为准；（2）非格式条款与格式条款不一致的，以非格式条款为准；（3）保险凭证记载的时间不同的，以形成时间在后的为准等。本案中，投保单并未载明缴费期限，只是记载了罗某的领取年龄为60岁，罗某虽在此作出承诺表示已知悉保险合同条款等内容，但保险公司未能提出证据证明已向罗某发放保险合同条款。此外，保险公司在投保单的告知上明示，保险合同生效时间以保险单所载为准，加之保险单的形成时间确在投保单之后，且保险单所载的缴费期限约定明显非格式条款，故据此认定罗某缴费期限应以保险单为准，并无不当。

其次，从证据认定角度分析。保险单记载的缴费期是2019年7月8日，投保人罗某完成初步举证责任，举证责任转移至保险公司。保险公司对此以“笔误”为由提出抗辩，但未拿出直接证据证明其系“笔误”，而是通过解释投保书及保单条款、保险精算模型推定、同类型保单类推等间接方式试图予以证明。对此，可依《中华人民共和国保险法》第三十条加以理解认定。该条规定，“采用保险人提供的格式条款订立的保险合同，保险人与投保人、被保险人或者受益人对合同条款有争议的，应当按照通常理解予以解释。对合同条款有两种以上解释的，人民法院或者仲裁机构应当作出有利于被保险人和受益人的解释”。其中，“通常理解”应以一般人的正常理解为衡量标准，是合同双方基于一般生活常识所作出的常识性理解。具体到本案，在保险公司看来，“缴费期间为1998年7月9日至2019年7月8日，领取年龄60岁”的通常理解是“缴费缴到投保人60岁，停止缴费后即可领取养老金”；而对于对保险条款相对陌生的投保人来说，此番表述的通常理解是“缴费缴到2019年7月8日，但要到60岁后才能领取养老金”。这两种解释，孤立地看都有其合理性。鉴于保险公司未能提供证据证明其已充分告知投保人相关事项，故即便真是笔误，运用体系解释的方式解读该保险合同，投保人的缴费期认定为2019年7月8日也更妥，即应当按照《中华人民共和国保险法》第三十条的规定，作出有利于被保险人的解释。

最后，从格式条款角度分析。《中华人民共和国民法典》第四百九十八条对格式条款作出规定：“对格式条款的理解发生争议的，应当按照通常理解予以解释。对格式条款有两种以上解释的，应当作出不利于提供格式条款一方的解释。格式条款和非格式条款不一致的，应当采用非格式条款。”其背后体现的法律原理是不利于表意人的解释规则，格式条款提供人应当承担条款含义不明（包括笔误）的风险。因此，本案判定保险公司承担保险单记载错误的不利后果，更能体现出法律在价值衡平上的公正性。

编写人：北京市高级人民法院　赵书博

北京市延庆区人民法院　石菲

139　婚姻关系解除后人身保险合同受益人的认定

——刘某诉保险北京分公司人身保险合同案

【案件基本信息】

1. 裁判书字号

北京市东城区人民法院（2020）京0101民初3773号民事判决书

2. 案由：人身保险合同纠纷

3. 当事人

原告：刘某

被告：保险北京分公司

【基本案情】

2016 年 5 月 6 日，刘某作为投保人通过电话投保的方式为其配偶李某（被保险人）在保险北京分公司处投保全心无忧两全保险，附加意外身故定期寿险、意外医药补偿医疗保险、意外住院给付医疗保险，合同有效期为 2016 年 5 月 6 日至 2036 年 5 月 6 日，其中意外身故定期寿险基本保险金额为 200000 元。保险合同第二条保险责任约定，在本合同有效期内，若被保险人身故，则本公司将给付身故保险金予健在的身故保险金受益人，其金额等于被保险人身故时本合同的保险金额。投保单上记载：被保险人为李某，已婚，身故保险金受益人为刘某，与被保险人关系为配偶。2016 年 5 月 20 日，刘某向保险北京分公司提交保险合同内容变更申请书，申请对上述保险合同降低保险金额，其中意外身故定期寿险的保险金额降为 100000 元。意外事故定期寿险的保险条款第二条中约定被保险人在不处于法定节假日因私人交通工具发生意外事故，保险北京分公司支付的保险金总金额为一般意外保险金金额×2。2016 年 8 月 1 日，刘某与李某协议离婚，离婚协议载明双方婚后无子女，双方未在离婚协议中对上述保险合同项下的权利进行约定。后刘某表示双方离婚后仍在一起生活，故对案涉保险单项下的权利也未以其他方式进行约定。2019 年 11 月 6 日，李某因车祸入院治疗。2019 年 11 月 10 日，被保险人李某去世，死亡原因为骑摩托车躲避行人滑倒摔伤。2019 年 12 月 15 日，李某的父母李甲、徐甲作为李某的法定继承人向被告保险北京分公司提出理赔。被告保险北京分公司已受理该理赔申请，并将相应的保险金支付给李某的父母李甲、徐甲。刘某不服，遂成讼。

【案件焦点】

夫妻关系存续期间，一方指定另一方为人身保险合同受益人，保险事故发生在夫妻双方离婚之后的，如何确定保险合同受益人。

【法院裁判要旨】

北京市东城区人民法院经审理认为：《最高人民法院关于适用〈中华人民共和国保险法〉若干问题的解释（三）》第九条第二款规定："当事人对保险合同约定的受益人存在争议，除投保人、被保险人在保险合同之外另有约定外，按照以下情形分别处理……（三）约定的受益人包括姓名和身份关系，保险事故发生时身份关系发生变化的，认定为未指定受益人。"《中华人民共和国保险法》第四十二条第一款规定："被保险人死亡后，有下列情形之一的，保险金作为被保险人的遗产，由保险人依照《中华人民共和国继承法》的规定履行给付保险金的义务：（一）没有指定受益人，或者受益人指定不明无法确定的……"遗产按照下列顺序继承：第一顺序：配偶、子女、父母。第二顺序：兄弟姐妹、祖父母、外祖父母。继承开始后，由第一顺序继承人继承，第二顺序继承人不继承。没有第一顺序继承人继承的，由第二顺序继承人继承。据此，本案中保险合同约定的受益人包括姓名和身份关系，即李某的配偶刘某；但保险事故发生时，李某与刘某已经解除婚姻关系，且刘某认可未就案涉保单项下的权利归属进行约定，故应认定为未指定受益人，保险金作为被保险人李某的遗产应由第一顺序的法定继承人即李某父母继承。受益人的确定方式系法律规定，不属于保险公司免除责任的情形，故被告保险北京分公司依据李某父母的索赔申请进行赔偿，符合法律规定。综上，原告刘某要求被告保险北京分公司赔付

200000 元的诉讼请求无事实和法律依据，不予支持。

北京市东城区人民法院依照《中华人民共和国保险法》第四十二条第一款第一项、《中华人民共和国继承法》第十条、《最高人民法院关于适用〈中华人民共和国保险法〉若干问题的解释（三）》第九条第二款第三项之规定，作出如下判决：

驳回刘某的诉讼请求。

判决后，双方当事人均未上诉，本判决现已生效。

【法官后语】

人身保险合同以被保险人的生命和身体健康为保险标的，《中华人民共和国保险法》第三十九条规定了人身保险的受益人由被保险人或者投保人指定，只在投保人为与其有劳动关系的劳动者投保人身保险以及被保险人为无民事行为能力人或者限制民事行为能力人方面进行限制，在被保险人同意的情况下，并未对受益人身份关系进行绝对规定，这也是尊重被保险人自身的意思表示。但是，当保险合同约定的受益人包括姓名关系及身份关系时，享有保险金请求权的受益人必须是基于身份关系的选择，这也是为了实现被保险人和受益人之间的利益平衡，降低道德风险。在夫妻关系存续期间，人身保险合同受益人为夫妻另一方的情形非常普遍，离婚后因未更改保单受益人而发生的纠纷很多。保险合同一般为格式合同，在人身保险合同受益人一栏一般会写明姓名及身份关系。但是夫妻之间的身份关系具有不确定性，当婚姻关系解除之后，夫妻之间基于婚姻产生的身份关系不再存续，那么保险事故发生后就不应认定另一方为人身保险合同的受益人。

在本案中，保险事故发生时，李某与刘某已经解除婚姻关系，依据《最高人民法院关于适用〈中华人民共和国保险法〉若干问题的解释（三）》第九条第二款第三项之规定，约定的受益人包括姓名和身份关系，保险事故发生时身份关系发生变化的，认定为未指定受益人。在保险合同中，对受益人的约定既然包含了身份关系，就应当推定被保险人在选择受益人时有基于身份关系的考量，那么在保险事故发生时，就应当基于身份关系的变化来确定受益人，这也是在探明被保险人意思表示的基础之上对其利益的保护。

当然，受益人的确定首先要尊重被保险人的意思表示。例如，保险合同约定受益人为配偶，夫妻在离婚协议中约定一方人身保险合同项下的权利均属于另一方的，则仍应当以另一方为受益人。在本案事实查明中，刘某与李某在离婚协议中并未对保险合同项下权利进行约定，也未有其他约定，故认定为未指定受益人，进而依据《中华人民共和国保险法》第四十二条的规定将保险金作为被保险人的遗产，由保险人依照继承的法律规定履行给付保险金的义务。

编写人：北京市东城区人民法院　李燕　李冰洁

140　人身保险合同复效中投保人如实告知义务的履行

——范某诉人寿公司人寿保险合同案

【案件基本信息】

1. 裁判书字号

北京市朝阳区人民法院（2019）京0105民初30946号民事判决书

2. 案由：人寿保险合同纠纷

3. 当事人

原告：范某

被告：人寿公司

【基本案情】

2011年5月31日，范某作为投保人、保险人、业务员签署了投保单，向人寿公司投保了福如东海A款终身寿险（分红型）、附加安康提前给付重大疾病保险。2011年6月8日，人寿公司向范某签发保险单，载明：投保人、被保险人范某，合同成立日期2011年6月8日，生效日期2011年6月9日；险种包括福如东海A款终身寿险（分红型），基本保险金额10万元，保险费每年3500元；附加安康提前给付重大疾病保险，保险金额10万元，保险费每年1300元；交费期间均为20年。2011年至2014年，范某均交纳了保险费，但2015年和2016年均没有交纳保险费，保险合同效力中止；2017年6月22日，范某办理了保险合同复效；2017年6月28日，范某一次性交纳了3年的保险费。2018年6月，范某因患乳腺癌晚期到人寿公司提出理赔。人寿公司根据附加安康提前给付重大疾病保险条款：在本合同保险期间内，本公司承担下列保险责任，被保险人于本合同生效（或合同效力恢复）之日起一年内，由本公司认可医院的专科医生确诊初次发生本合同所指的重大疾病，本公司给付重大疾病保险金，其金额为本保险实际交纳的保险费的110%，范某于保险合同复效后一年内发生保险事故，人寿公司按照上述约定在2018年6月12日支付了10010元的保险金。范某认为在补交保险费时，并没有人告诉其存在一年的观察期，其亦不清楚合同效力恢复也适用该规定。故范某诉至法院，要求人寿公司赔偿保险金14万元。

【案件焦点】

1. 对附加安康提前给付重大疾病保险的理解是否存在歧义；2. 保险合同效力恢复之日起一年内发生保险事故的赔付方法对范某是否有约束力。

【法院裁判要旨】

北京市朝阳区人民法院经审理认为：关于争议焦点一，人寿公司向范某签发的保险单载明了福如东海 A 款终身寿险（分红型）、保险费每年 3500 元和附加安康提前给付重大疾病保险、保险费每年 1300 元的字样，从该内容能明确看出不同的险种交纳不同的保险费。对于附加安康提前给付重大疾病保险，保险条款对于该险种的保险责任进行了明确约定，且范某本人为当时的投保业务员，故其对该险种的保险责任应当是清楚明知的。

关于争议焦点二，保险合同成立后，投保人按照约定交付保险费，保险人按照约定的时间开始承担保险责任。因此，对于投保人来说，按时交纳保费，是要求保险人承担保险责任的前提条件。同时，合同约定分期支付保险费，投保人支付首期保险费后，除合同另有约定外，投保人自保险人催告之日起超过 30 日未支付当期保险费，或者超过约定的期限 60 日未支付当期保险费的，合同效力中止，或者由保险人按照合同约定的条件减少保险金额；被保险人在前款规定期限内发生保险事故的，保险人应当按照合同约定给付保险金，但可以扣减欠交的保险费。合同效力依据规定中止的，经保险人与投保人协商并达成协议，在投保人补交保险费后，合同效力恢复。范某在 2015 年、2016 年连续两年未按期交纳保险费，根据保险条款约定，此时合同效力已经中止。2017 年 6 月 22 日，范某补交保险费后，根据合同约定，合同效力恢复。但保险条款明确约定了合同生效或合同效力恢复之日起1年内发生保险事故的赔付办法。范某虽称其在申请保险合同复效之时人寿公司未告知该规定，但首先，范某本人即为保险经纪人，作为专业的保险经纪人，其在为自己投保该保险产品时，应当对保险条款的约定是明知的；其次，关于合同效力恢复后1年内发生保险事故的赔付办法与合同生效后1年内发生保险事故的赔付办法是在同一条规定中，甚至仅仅是在合同生效后以括号形式表示或合同效力恢复的字样，而范某对合同生效后的赔付办法是清楚明知的，因此其也应当对该条款是清楚明知的。综上，该条款约定对范某亦具有约束力。

北京市朝阳区人民法院依照《中华人民共和国保险法》第十四条、第三十七条之规定，判决如下：

驳回范某的全部诉讼请求。

判决后，双方当事人均未上诉，本判决现已生效。

【法官后语】

保险合同的复效，是指在保险合同效力中止时，在法定或约定的期间内满足各条件，该合同即行恢复效力。复效制度是保险法独有的一项重要制度，对于维持保险合同效力，保护投保人、被保险人、受益人权益具有重要意义。对于复效中投保人是否需要再次履行告知义务，目前实践中存在不同的观点。究其原因，实际上是因为对复效后的合同性质的认识不同导致对告知义务是否需要再次履行的认定不同。本案中，虽然范某表示是在复效期间发现了其身体健康状况恶化并因此申请理赔，并非在复效时没有履行告知义务，但我们也注意到，在实践中存在很多这样的案例。因此，本案引发了笔者对复效期间投保人如实告知义务的思考。

1. 保险合同复效后合同的性质

目前关于保险合同复效后的合同的性质存在三种观点。第一种是原合同说，该观点认为复效制度的立法目的是重新恢复原人身合同之法律效力，复效之后的合同和原有合同在具体内容、保险费率等多个方面都是比较相似的，甚至并没有任何改变。基于此，复效后的保险合同对于原合同而言，是个效力中止后又恢复效力的合同。第二种观点则为新合同说。该观点认为，复效后的合同虽然与原合同相比在主体、内容上基本相同，但效力恢复需要经过投保人提出复效申请、保险人进行复效审核、重新签订协议等一系列的操作，实际上已经形成了新的合同。第三种观点则认为，复效后的保险合同融合了原保险合同及新合同的内容，应为特殊合同。

笔者以为，在效力恢复时，保险人需要对投保的流程、事实等内容进行一系列的审核，因此绝对地认为复效后的保险合同性质为原合同或者新合同都不妥，采用第三种观点才更为合理。

2. 保险合同复效的如实告知义务

对投保人是否需要在复效时履行告知义务观点的不同主要源于对复效后保险合同性质认定的看法不同。持肯定说的学者对复效后的合同持新合同说，因而新合同的订立当然需要投保人履行告知义务。考虑到在保险合同中止后至合同复效期间，健康状况恶化或不良的人会更倾向于选择申请复效，而健康状况良好的人则更倾向于不申请复效或退保。为了避免投保人逆向选择的道德风险，保险人有必要在复效时重新要求投保人履行如实告知义务。对合同性质持原合同说的，则认为复效后的合同不需要再进行告知义务。该观点认为投保人在订立保险合同之时就已经履行过告知义务，如果中止期间投保人的健康状况发生变化导致复效之时被保险人的危险增加，也应属于事先应预计到的风险。假使保险合同从未发生中断的情况，被保险人的健康状况也会随时间而改变，也会导致保险事故发生或者保险风险增加，保险的复效与被保险人健康状态的恶化没有因果关系。

笔者以为，复效后的合同既有原合同的内容也有新增加的内容，对于投保人在复效中的告知义务就应当区分对待。对于在合同中止期间保险标的发生变化甚至可能影响保险人是否同意复效的情形，投保人应当如实履行告知义务。除此之外，投保人可沿用原告知内容。

3. 保险合同中止期间危险程度增加的认定

根据《最高人民法院关于适用〈中华人民共和国保险法〉若干问题的解释（三）》第八条的规定，“危险程度在中止期间显著增加”的，保险人可以拒绝恢复效力。“危险程度在中止期间显著增加”如何认定，目前并没有明确规定。但参照法律规定，可以看出在合同效力中止期间被保险人的危险程度增加，达到“影响保险人决定是否同意承保”或者“提高保险费率”程度的，均应当认定为“危险程度在中止期间显著增加”，保险人有权拒绝复效。在实践中，对于人身保险合同中的“危险程度在中止期间显著增加”也不应当仅仅定性为投保人或者被保险人的健康状况恶化，应适当地作扩大解释，如投保人或被保险人的经济状况恶化等，以避免道德风险的出现。

编写人：北京市朝阳区人民法院　李方　吴桐

141 宣告死亡超过保险期等事实免责情形的认定

——陈某诉人寿保险公司、人寿保险广东公司人寿保险合同案

【案件基本信息】

1. 裁判书字号

广东省信宜市人民法院（2019）粤0983民初463号民事判决书

2. 案由：人寿保险合同纠纷

3. 当事人

原告：陈某

被告：人寿保险公司、人寿保险广东公司

第三人：李甲、李乙、李丙

【基本案情】

2012年5月26日，李某向被告人寿保险公司投保了《金鼎富贵两全保险（分红型）》，双方约定：保险费为80000元，保险期间为5年，保险金额为85200元。产品说明书中约定："一般身故或全残保险金——被保险人身故或全残，被告无息返还其所交保险费，保险公司按基本保险金额给付一般身故或全残保险金；但若被保险人自本合同生效日起1年内因疾病身故或全残，保险公司按所交保险金（不计利息）给付一般身故或全残保险金，本合同终止。意外身故或全保险金——被保险人遭受意外伤害，并且自意外伤害发生之日起180日内因该意外伤害导致身故或全残，保险公司按基本保险金额的二倍给付意外身故或身残保险金，本

合同终止。本合同所列各种保险金的给付累计以 1 种和 1 次为限。”保险条款约定：“在本合同有效期内，被保险人失踪且经人民法院宣告被保险人死亡后，保险公司依法院判决宣告死亡之日确定被保险人死亡日期，并根据造成失踪的原因按本合同约定的相应金额标准给付身故保险金。”该保险的保险单落款处加盖有“人寿保险公司保险合同专用章”。同日，李某按照上述保险合同约定向被告缴交了保险费 80000 元。

原告陈某是李某的妻子，第三人李甲、李乙、李丙是李某的子女，四人均是李某遗产的第一顺序法定继承人。2013 年 2 月 1 日，被保险人李某离家外出，至今下落不明。2017 年 6 月 16 日，原告及第三人向法院申请宣告李某死亡。法院于 2018 年 7 月 9 日判决宣告李某死亡。

2018 年 10 月 22 日，第三人李甲、李乙、李丙分别出具《放弃继承保险权益声明书》，均表示放弃继承本案的保险权益。原告陈某于 2019 年 2 月 18 日向法院提起诉讼，请求被告赔付保险金及支付保单分红。

【案件焦点】

被保险人李某被宣告死亡的时间已超过保险期间，被告是否应承担保险赔偿责任。

【法院裁判要旨】

广东省信宜市人民法院经审理认为：本案的投保日期为 2012 年 5 月 26 日，保险期间为 5 年，而被保险人李某被法院宣告死亡的日期为 2018 年 7 月 9 日，该时间并不在 5 年的保险合同期间内。事实上，即使被保险人投保当日便下落不明，其利害关系人立即向法院申请宣告被保险人死亡，被保险人被宣告死亡的时间也已超过5年的保险期间。

本案保险条款约定，“在本合同有效期内，被保险人失踪且经人民法院宣告被保险人死亡后，保险公司依法院判决宣告死亡之日确定被保险人死亡日期，并根据造成失踪的原因按本合同约定的相应金额标准给付身故保险金”。被告人寿保险公司一方面在保险条款中表示对宣告死亡的情形承担保险责任，另一方面实际将被保险人因下落不明被宣告死亡的情形排除在外，使得其在事实上不可能赔付。基于此，被告人寿保险公司对本案所涉的不周延保险合同条款以及前述情形下的宣告死亡事实上不予赔付的后果应以善意、诚实、守信的态度履行说明义务，以便投保人、被保险人获得必要的信息，明确自己的权利和义务。但在订立保险合同时，被告人寿保险公司未以合理方式向投保人李某提示、说明，即对保险人的事实免责情形并未履行说明义务，依法不能免除被告人寿保险公司给付保险金的保险责任。因此，被保险人李某被宣告死亡的时间虽然已超过保险期间，但是被告人寿保险公司应当承担保险赔偿责任。

广东省信宜市人民法院依照《中华人民共和国合同法》第四十一条，《中华人民共和国保险法》第十条、第十三条、第十四条、第十七条、第三十条的规定，判决如下：

一、限被告人寿保险公司在本判决发生法律效力后十日内赔付保险金170400元给原告陈某；

二、限被告人寿保险公司在本判决发生法律效力后十日内支付保单分红7962.12元给原告陈某；

三、驳回原告陈某的其他诉讼请求。

判决后，双方当事人均未上诉，本判决现已生效。

【法官后语】

尽管我国保险立法确立了保险人对保险条款的说明义务和对免除保险人责任条款的明确说明义务制度，但在司法实践中，尤其是保险人仍面临着许多问题亟待探讨。本案就是一起涉及保险人明确说明义务的案例，争议焦点在于被告是否因被保险人被宣告死亡的时间已超过保险期间而当然免责。

1. 宣告死亡属于不超过五年期的保险合同中保险人的事实免责情形

综合分析有关宣告死亡的法律规定后可以发现，自然人被宣告死亡必须经过的法定期间一般为五年（下落不明满四年，公告期间一年）。因此，即使被保险人在投保人投保当日便下落不明，其利害关系人经过法定程序向法院提出宣告死亡申请后，被保险人被依法宣告死亡的日期从投保人投保之日起算已必然超过五年。在投保人投保的以死亡给付保险金条件的寿险合同保险期间为五年以内（包括五年）的情形下，尽管保险合同没有相关明确的免责条款约定，但保险公司对于被保险人被宣告死亡的情形事实上不可能赔付。此时，被保险人被宣告死亡就成了不超过五年期寿险合同中保险人的事实免责情形。而“事实免责情形”实质上是保险人利用其拟定条款的专业和经验优势，将免除或限制己方责任的情形隐藏于保险合同中的一种更专业、更“高明”的方式，其相较免除保险人责任条款而言更不易被普通人察觉和理解，从而损害相对人的利益于无形。

2. 保险人应对事实免责情形履行明确说明义务

现代保险活动具有高度专业性、技术性和复杂性，且保险人在经济实力、信息占有和专业知识等方面具有绝对优势，而投保人作为普通民众专业知识有限，对保险条款的理解可能存在偏差。我国保险法明确规定了对于保险合同中免除保险人责任的条款，保险人需要以合理方式向投保人作明确说明；而对于那些并未在保险合同中明确约定免责，需通过综合分析法律规定和保险合同相关约定才能发现保险人已实际免责的事实免责情形，保险人更应以合理方式向投保人作明确说明，否则该事实免责情形不产生效力，保险人也不能因此免除其应承担的保险责任。从本案来看，在订立该类五年期寿险合同时，被告并未以书面或口头的合理方式向投保人说明自然人被宣告死亡的法定期间即使自投保之日起算也必然超过五年，致使投保人并不知道其可能发生的被宣告死亡的保险风险必然不属于该类五年期寿险合同的保险人承保范围，却期待得到保险保障。发生保险事故时，被告又以被保险人被宣告死亡日期不在保险合同有效期内为由拒赔，被告此举显然有失公允，故法院以被告未对本案事实免责情形履行明确说明义务、其不能免除保险责任为由判决被告向原告赔付保险金。

编写人：广东省信宜市人民法院　黄方强　任秋雯

142　保险单记载事项与保险条款约定相抵触时的适用问题

——刘某某诉保险公司人寿保险合同案

【案件基本信息】

1. 裁判书字号

江苏省无锡市中级人民法院（2017）苏02民终5547号民事判决书

2. 案由：人寿保险合同纠纷

3. 当事人

原告（被上诉人）：刘某某

被告（上诉人）：保险公司

【基本案情】

1997年3月15日，刘某某向保险公司投保88型终身保险，投保单载明：投保人（被保险人）为刘某某，受益人为马某某、刘某。保险期限自1997年3月16日起算，缴费期为20年，缴费方式为年缴，保险费为40480元，附加费为3000元，合计43480元。声明处记载：兹向贵公司投保上述保险，对保险条款的各项规定均已了解并同意遵守，且投保单所填各项及健康告知均属真实，如有隐瞒或与事实不符，贵公司可依法解除本保险合同。投保人（被保险人）签名处有刘某某签字。1997年4月16日，保险公司签发了88型终身保险单及保险条款，保险单载明：缴费期为20年，缴费方式为年缴。保险费为40480元，附加费为3000元，合计43480元。保险份数为80份，普通保险金金额为800000元，生存保险金金额为809600元。保险条款第七条约定本保险每份保险单的普通保险金金额为10000元，缴费期满生存保险金为累计缴纳保险费额。第八条第六款约定被保险人生存至缴费期满的保险单年生效对应日，保险人给付生存保险金，保险责任继续有效。刘某某按约缴纳保费20年，每年缴费金额为43480元，共计缴纳保费为869600元。2017年4月1日，保险公司向刘某某给付生存保险金809600元。后因双方对应给付生存保险金是809600元还是869600元发生争议，诉至法院。

【案件焦点】

保险单记载事项与保险条款约定相抵触时应如何适用。

【法院裁判要旨】

江苏省无锡市滨湖区人民法院经审理认为：刘某某与保险公司订立的88型终身保险，系双方当事人真实意思表示，未违反有关法律法规的强制性规定，真实有效，当事人均应依约履行各自义务。《中华人民共和国保险法》第十三条规定，投保人提出保险要求，经保险人同意承保，保险合同成立。保险人应当及时向投保人签发保险单或者其他保险凭证。保险单或者其他保险凭证应当载明当事人双方约定的合同内容……当事人也可以约定采用其他书面形式载明合同内容。由此可见，保险单作为保险合同内容的载体，应当按订约过程中双方已达成的合意内容载明合同双方各自的权利和义务。本案中，从投保单反映的订约过程可见，双方未就生存保险金金额明确计算，仅就保险条款进行告知和说明，而按照保险条款约定，缴费期满生存保险金为累计缴纳保险费额。但保险公司以出具记载有不同内容保险单的方式单方变更了双方已商定的合同内容，即减少生存保险金金额为809600元，并未得到刘某某的明示同意，对刘某某没有法律约束力。故保险公司还应按照保险条款的约定支付刘某某生存保险金60000元。

江苏省无锡市滨湖区人民法院依照《中华人民共和国保险法》第十条、第十三条之规定，判决如下：

保险公司支付刘某某生存保险金60000元。

保险公司不服一审判决，提起上诉。江苏省无锡市中级人民法院经审理认为：保险单作为保险合同内容的载体，应当按订约过程中双方已达成的合意内容载明合同双方各自的权利和义务。本案中，从投保单反映的订约过程可见，双方未就生存保险金金额明确计算，仅就保险条款进行告知和说明，而按照保险条款第七条的约定，缴费期满生存保险金为累计缴纳保险费额。但保险公司以出具记载有不同内容保险单的方式单方变更了双方已商定的合同内容，即生存保险金金额为809600元，并未得到刘某某的明示同意，对刘某某没有法律约束力。故一审判决保险公司还应按照保险条款约定支付刘某某生存保险金60000元并无不当。

江苏省无锡市中级人民法院依照《中华人民共和国民事诉讼法》第一百七十条第一款第一项之规定，判决如下：

驳回上诉，维持原判。

【法官后语】

保险合同是由一组书面文件共同构成的，保险单与保险条款均是保险合同的组成部分。《最高人民法院关于适用〈中华人民共和国保险法〉若干问题的解释（二）》第十四条规定了保险合同中记载内容不一致的认定规则，包括投保单与保险单或者其他保险凭证不一致、非格式条款与格式条款不一致、保险凭证记载的时间不同、保险凭证存在手写和打印两种方式，但上述规定并未涉及保险单与保险条款记载不一致的情况。实践中，因保险条款需保险公司向中国银行保险监督管理委员会备案，而保险单的记载则可由保险公司自行决定，因此保险单的记载与保险条款约定事项相抵触的情形时有发生。

1. 关于保险单和保险条款的效力问题

保险单是保险人与投保人之间订立的正式合同凭证，由保险人签署，交由被保险人签收保管，并以此作为投保人向保险人交付保险费和被保险人在保险标的发生保险事故时向保险人索赔的重要依据。根据《中华人民共和国保险法》第十三条之规定，保险人签发保险单是保险合同成立后保险人的法定义务，保险单应当体现订约过程中双方已达成的合意内容。保险条款多为保险公司制定的格式条款，经由中国银行保险监督管理委员会审批或备案，保险公司无法随意更改。根据《中华人民共和国保险法》第十七条规定，采用保险人提供的格式条款的，保险人应当对免除保险人责任的条款作出足以引起投保人注意的提示，并对该条款的内容以书面或者口头形式向投保人作出明确说明，未作提示或者明确说明的，该条款不产生效力。第十九条规定，免除保险人依法应承担的义务或者加重投保人、被保险人责任，排除投保人、被保险人或者受益人依法享有的权利的条款无效。

2. 保险单记载与保险条款约定不一致时的适用问题

作为保险合同内容载体之一的保险单应当与投保人、被保险人订约过程达成的合意一致。因此，除非保险人能举证证明保险单与保险条款相抵触的记载得到了投保人的明示同意，否则不发生法律效力。这也符合《中华人民共和国保险法》第十七条第二款“对保险合同中免除保险人责任的条款，保险人在订立合同时应当在投保单、保险单或者其他保险凭证上作出足以引起投保人注意的提示，并对该条款的内容以书面或者口头形式向投保人作出明确说明；未作提示或者明确说明的，该条款不产生效力”的规定。具体到本案中，保险公司通过保险单载明较低保险金的方式，免除了其按照保险条款应承担的保险义务，参照适用《中华人民共和国保险法》关于格式条款的相关规定，应向投保人作出明确说明。保险公司未提供证据证明其就该保险单的记载事项向刘某某履行了明确说明义务，其主张按照保险单的记载支付保险金于法无据，不应得到支持。

3. 个案裁判的价值引领意义

本案所涉保险险种是20世纪90年代末由保险公司推出的，因其在特定条件下被保险人既可以获得生存保险金，也可以获得普通保险金，在当时受到了众多投保人的青睐。目前正值生存保险金给付的集中期，该案的处理结果有助于规范保险公司的业务操作模式，为类案的审理提供参考思路。同时，还需指出的是，保险合同系典型射幸合同，该性质决定了保险合同签订时双方对于风险认识的博弈。投保人希望通过保险转移风险，保险人为控制赔付风险，则会通过各类条款来限缩赔付范围。但在保险活动中，无论是投保人还是保险人都需要坚持诚实信用原则，这不仅是中华民族的传统美德，还是保险消费者权益保护的迫切需要，更是保险行业高质量发展的重要前提。

编写人：江苏省无锡市滨湖区人民法院　贺锡霞

143　保险合同中的手写内容应视为对印制条款的变更

——袁某诉人寿江阴公司人寿保险合同案

【案件基本信息】

1. 裁判书字号

江苏省无锡市中级人民法院（2018）苏02民终2471号民事判决书

2. 案由：人寿保险合同纠纷

3. 当事人

原告（被上诉人）：袁某

被告（上诉人）：人寿江阴公司

【基本案情】

1997年10月17日，人寿江阴公司为袁某承保独生子女父母养老金保险20份，每份保费500元，并出具独生子女父母养老保险投保单、独生子女父母养老金保险证，均载明：被保险人为袁某，出生年月1961年12月，周岁年龄35，趸缴保费1万元，开始领取养老金年龄为55周岁，起保日期为1997年10月18日。按投保时银行利率计算领取额：年领7440元（“年领7440元”均系手写）。保险证背面附独生子女父母养老金保险办法，第二条约定：1. 被保险人到约定的领取养老金年龄时，可领取养老金直至被保险人身故时止。2. 被保险人领取养老金年限不满十年，可由法定受益人领满十年为止。3. 本保险领取额在同期个人养老金标准上增加10%。第四条第二项约定：今后利率调整，期满领取额也相应调整。同日，人寿江阴公司出具保险费收据，载明收到袁某交来的独养险保险费1万元。

原告袁某向法院提出诉讼请求：1. 判令人寿江阴公司自2017年10月起至袁某身故时止按每年8184元标准（1997年10月17日原告投保时核定的“独生子女父母养老保险金”领取标准7440元，加上承诺的领取时上浮10%标准744元，合计8184元）支付独生子女父母养老保险金。2. 本案的诉讼费由人寿江阴公司承担。

人寿江阴公司辩称：1. 袁某投保了独生子女父母养老金保险系事实，案涉独生子女父母养老金保险的保险责任目前由我公司承担。2. 保险凭证上的金额系手写错误，应当予以纠正，同时保险证条款明确了利率可以调整。参照个人养老金月领金额，袁某领取金额为每月 414.28 元，每年 4971.36 元。3. 对袁某诉请中的上浮 10%，我方认为即使上浮也应当在个人养老金的给付标准上再上浮 10%。

庭审中，袁某提供独生子女父母养老金保险简介一份，证明保险简介约定：保险费在个人养老金给付标准上上浮 10%；简介反面投保及年领金额对照表（一次趸缴 500 元）约定投保年龄 35 周岁，55 周岁年领金额 372 元，证明年领 7440 元的计算方式为 372 元×20 份=7440 元，35 周岁到 55 周岁年期 20 年即 20 份保险的来历。人寿江阴公司认为该简介并非对应保单简介，但未提供相应保单简介及相应保险条款。

庭审中，人寿江阴公司提供养老金月领金额表一份，证明按该表计算袁某可每月领取 414.28 元，计算方式为 1 万元×0.041428（根据袁某投保年龄和经过的年数得出），但未提供告知袁某的相关证据。袁某对上述证据的真实性有异议，称未见过该表，对此并不知情。

【案件焦点】

对保单及保险证上关于领取金额“年领 7440 元”手写内容的记载该如何认定。

【法院裁判要旨】

江苏省江阴市人民法院经审理认为：袁某与人寿江阴公司之间的保险合同合法有效，人寿江阴公司应当按照保险合同的约定履行赔付义务。袁某主张按投保单及保险证上“按投保时银行利率计算领取额年领7440元”在记载金额7440元基础上上浮10%计算保险金金额。投保单及保险证系袁某购买保险时保险公司向其提供的保险凭证，故亦属保险合同的组成部分。投保单及保险证上关于领取金额“年领7440元”的记载系手写内容，因印制内容形成在先，手写内容形成在后，故手写内容应视为双方协商一致对保险条款内容的变更。也因格式条款系保险公司单方制作并提供，体现其单方意志，而手写内容系双方协商后确定，体现双方意志，故应采用手写内容作为双方合同约定的内容。因此，人寿江阴公司应按保险证上书写的保险金金额“年领7440元”支付袁某保险金，袁某主张人寿江阴公司应在“年领7440元”基础上上浮10%支付保险金的诉讼请求法院不予支持。对人寿江阴公司主张按养老金月领金额表计算保险金金额的主张，因该表格系由保险公司单方提供，且其未提供相应证据证明明确告知袁某，法院对此不予支持。

江苏省江阴市人民法院依照《中华人民共和国保险法》第十条、第十四条，《中华人民共和国民事诉讼法》第六十四条第一款之规定，判决如下：

一、人寿江阴公司应自2017年10月起按每年7440元的标准逐年支付袁某保险金至袁某身故时止；

二、驳回袁某的其他诉讼请求。

人寿江阴公司不服一审判决，提起上诉。江苏省无锡市中级人民法院经审理认为：第一，当事人对自己提出的主张有责任提供证据。本案投保单及保险证均载明每年领取保险金金额为7440元，人寿江阴公司提出该金额系业务员手写错误的理由不成立，法院不予支持。第二，根据《最高人民法院关于适用〈中华人民共和国保险法〉若干问题的解释（二）》第十四条之规定，投保单、保险证中关于年领取金额记载位置均以手写方式载明固定的领取金额，即使认为保险证附后的独生子女父母养老金保险办法中关于期满领取金额随利率变动系针对本案被保险人，但投保单上并未约定该条款，也即投保单与保险证关于期满领取金额存在不一致，现人寿江阴公司未提供证据证明对此作出说明且经投保人同意，故本案应当以投保单载明的年领取金额7440元为准。第三，保险活动当事人行使权利、履行义务应当遵循诚实信用原则。人寿江阴公司未提供证据证明其提供的养老金月领金额表系双方订立合同时约定的计算领取金额依据，而投保单、保险证系双方协商一致后自愿订立。根据诚实信用原则，人寿江阴公司应当遵守约定，按照合同载明的领取额支付保险金。故对人寿江阴公司主张适用公平原则，以其提供的养老金月领金额表计算本案保险金领取金额，法院不予支持。

江苏省无锡市中级人民法院依据《中华人民共和国民事诉讼法》第一百七十条第一款第一项之规定，判决如下：

驳回上诉，维持原判。

【法官后语】

本案系人寿保险合同纠纷，投保的时间较早，条款内容相对粗糙，本案主要的争议焦点是保险合同部分条款印制内容和手写部分有冲突的时候应当如何认定。根据《中华人民共和国保险法》第十三条、第十四条的规定，保险人应当按照保险单或者其他保险凭证上双方约定的合同内容承担保险责任。法院根据诚实信用原则确认了手写内容的效力，有两个理由。

首先，从保险合同缔约的一般流程考虑，应当确认手写内容的效力。案涉投保单及保险证上关于领取金额“年领7440元”的记载系手写内容，因印制内容形成在先，手写内容形成在后，故手写内容应视为双方协商一致对保险条款内容的变更。也因格式条款系保险人单方制作并提供，体现其单方意志，而手写内容系双方协商后确定，体现了双方意志，故应采用手写内容作为双方合同约定的内容。因此，法院认为保险人应按保险证上书写的保险金金额“年领7440 元”支付保险金。

其次，从有利于被保险人的解释原则考虑，应当确认手写内容的效力。根据《中华人民共和国保险法》第三十条的规定，当保险人与投保人、被保险人或者受益人对合同内容发生争议时，应作有利于被保险人和受益人的解释。案涉保险条款均由保险人制定，手写部分也由保险工作人员书写，即使同一份保险合同同时约定两个不一致的赔偿标准，根据上述原则，也应当采用有利于投保人、被保险人或者受益人的赔偿标准。另外，保险人抗辩手写部分系书写错误，但未提供相应的证据予以证明，应当承担相应的举证不能的后果。

随着市场经济的不断发展，保险业务已经走进千家万户，成为人民生活不可或缺的一部分。然而保险业务具有极强的专业性，保险人一般都是庞大的专业机构，精通保险相关业务，制定保险格式条款，在保险合同缔结过程中占有相对优势地位。而投保人往往对保险业务及保险合同知之甚少，大多需要专业引导，极易发生投保错误或理解偏差导致保险人拒赔，处于相对弱势地位。保险合同双方地位的不对等，使得保险合同对诚信的要求远远高于其他合同，现行保险法已经为保障投保人及受益人的相关权益作了一系列的规定，在此不再赘述，保险机构应当主动遵守保险法及相关行业法规的规定，营造健康有序的保险市场。同时也要提醒各位投保人，在投保时应当积极与保险专业人士进行沟通，审慎研究合同条款内容，选择合适的保险产品。若发生保险事故，受益人亦应当及时向保险机构申请理赔，必要时也可以拿起法律武器维护自身的合法权益。

编写人：江苏省江阴市人民法院　陈艳红

144 保险法复效规则中的期间规定属半强制性条款

——王某诉保险北京分公司人身保险合同案

【案件基本信息】

1. 裁判书字号

北京市第四中级人民法院（2017）京04民终104号民事判决书

2. 案由：人身保险合同纠纷

3. 当事人

原告（被上诉人）：王某

被告（上诉人）：保险北京分公司

【基本案情】

王某于1989年与保险北京分公司订立保险合同，约定王某年满55周岁即可按月领取养老金，保险费必须按期交付，逾期不交，保险责任暂时中止；王某按规定加交逾期利息和保险费后，可恢复保险责任。王某自1989年8月开始缴纳保费直至2013年7月，每年缴纳保费120元。截至2017年10月30日，王某欠缴保费510元，利息102.67元。

王某起诉到法院，请求判令王某补交保费和利息，恢复保险合同。

【案件焦点】

王某按规定加交逾期利息和保险费后可恢复保险责任的约定是否可以排除保险合同复效中的二年期间规定。

【法院裁判要旨】

北京铁路运输法院经审理认为：该案所涉及的保险合同系双方当事人的真实意思表示，不违反法律、行政法规的强制性规定，合法有效。当事人应当遵守诚实信用原则，根据合同的性质、目的和交易习惯履行相应的义务。保险法关于保险合同复效及未复效后果之相关规定并非禁止性条款，本案中当事人的约定更加符合合同法之本意，以相关法律的基本价值为旨归，确保个案自身的合法性、正当性，亦考量可能的社会示范效应，王某可补交保费和利息，恢复本案的保险合同。

北京铁路运输法院依据《中华人民共和国合同法》第六十条之规定，判决如下：

恢复本案的保险合同，原告王某于本判决生效后七日内给付被告保险北京分公司保险费人民币510元、利息人民币102.67元。

保险北京分公司不服，提起上诉。北京市第四中级人民法院经审理认为：双方当事人于1989年订立的保险合同，系双方当事人的真实意思表示，不违反法律、行政法规的强制性规定，不违背公序良俗，合法有效。依据合同约定，保险费必须按期交付，逾期不交，保险责任暂时中止。王某按规定加交逾期利息和保险费后，可恢复保险责任。本案中，双方当事人关于复效的约定遵循了保险法中的保险合同复效的规则。依据现有证据，双方之间的保险合同仍处于效力中止状态，被保险人王某的危险程度在中止期间并未显著增加，现投保人王某依据保险合同的约定提出复效申请，保险北京分公司不得拒绝。

另外需要说明的是，《最高人民法院关于适用〈中华人民共和国保险法〉若干问题的解释（三）》第八条第三款规定，保险合同自投保人补交保险费之日恢复效力。保险人要求投保人补交相应利息的，人民法院应予支持。案涉保险合同的效力应自王某补交保险费及其利息时恢复。

北京市第四中级人民法院依照《中华人民共和国民事诉讼法》第一百七十条第一款第一项之规定，判决如下：

驳回上诉，维持原判。

【法官后语】

案涉保险合同具有一定的特殊性，其成立日期远远早于保险法的制定时间。当时的法律法规并未对保险合同的复效制度作出规定。即使如此，该案例对保险复效制度的解读在现阶段仍具有指导意义。

应当说，一审判决“本院认为”部分关于法理的论述并无不当之处。在一般情形下，当事人的约定可以排除法律的适用。但若从法律的严谨性与法律制度的认识论上来看，一审判决相关的法律规范性质定性有待商榷。

由于人身保险合同具有长期性、连续性的特点，为了使保险合同不因投保人偶然遗忘或暂时经济困难未能按期交费而导致合同失效，保险法设立了复效制度。关于保险法规定的复效条件投保人补交保费及利息，属于强制性规范自无争议。但是保险法第三十六条和第三十七条规定的几个期间，实际上属于半强制性规范，或者说相对强制性规范。对于拟定保险条款的保险人一方，具有其必须遵守的最低标准意义上的强制性规范的因素，保险人如在保险中排除复效期间或者缩短复效期间均为无效，但对于投保人一方，则具有有利于投保人利益的任意性要素。半强制性规范，原则上不允许当事人合同约定排除，但如果有利于投保人一方，则不在此限。也就是说，如果保险人与投保人在保险合同中约定了不同于保险法第三十七条的规定，但实际有利于投保人一方的条款，则不应否定其效力。一审判决片面认定保险法关于保险合同复效及复效后果的相关规定非禁止性条款，有失妥当。

本案中，涉案保险合同约定，王某按规定加交逾期利息和保险费后，可恢复保险责任。一方面，本条款符合保险合同复效的条件；另一方面，本条款未约定保险公司的合同解除权，也未有二年期间的限定，该约定有利于投保人王某的利益，属于法律允许的范围。实际上，复效期间设立的目的是限制保险人终止合同，而非限制投保人申请期间。据此，涉案保险合同的约定系双方当事人的真实意思表示，不违反法律、行政法规的强制性规定，不违背公序良俗，应认定其合法有效，各方当事人均应依约履行。现投保人王某依据保险合同的约定提出复效申请，在保险公司未举证证明王某的危险程度在保险合同中止期间显著增加外，保险公司不得拒绝。正是基于此，二审法院才作出维持判决。

另外需要说明的是，即使二年期间届满，投保人未达到复效条件，此时无论保险公司是否解除保险合同，投保人均可要求退还保险单的现金价值。因为，在此情况下，保险合同的效力中止状态在二年期间届满后已无实际意义。反之，如果二年期间届满，投保人申请复效，且保险人同意复效，此时，保险合同效力当然可以认定为恢复。对此的解释应是，保险人以自己的行为放弃了二年期间抗辩的权利。

编写人：北京市第四中级人民法院　崔西彬　程宏

145　保险人拖延理赔应支付保险金和赔偿损失

——陈某等诉保险重庆分公司人身保险合同案

【案件基本信息】

1. 裁判书字号

重庆市第三中级人民法院（2016）渝03民终2470号民事判决书

2. 案由：人身保险合同纠纷

3. 当事人

原告（被上诉人）：陈某、郑乙、徐某

被告（上诉人）：保险重庆分公司

【基本案情】

郑甲系陈某之夫、郑乙之父、徐某之子。郑甲生前系交通开发公司职工。2015年1月27日，交通开发公司在保险重庆分公司给郑甲等60名员工投保了企业员工综合福利保障计划团体人身险。双方签订的《投保单》《保险合同》等约定：每名员工投保保险份额2份，每份保险中疾病身故的保险金额为5万元；保险期间为2015年1月23日0时起至2016年1月22日24时止；保险受益人法定；被保险人投保前所患的疾病或先天性或遗传性疾病及其并发症引起的保险事故为除外责任。郑甲曾于2000年5月25日因患门静脉高压症、肝硬化失代偿期、脾功能亢进等住院治疗，并于2015年10月5日因病死亡。医院出具的《病历》载明：郑甲死亡的原因为：1. 肝性脑病；2. 呼吸循环衰竭。次日，交通开发公司向保险重庆分公司告知该保险事故。2016年1月14日，陈某向保险重庆分公司提交理赔申请和相关资料。2016年3月，保险重庆分公司通知陈某补充提交郑乙、徐某的授权委托书。陈某于2016年4月1日向保险重庆分公司补充提交郑乙、徐某的授权委托书。2016年5月4日，保险重庆分公司向陈某邮寄送达《通知》告知：该分公司拒赔，其理由是郑甲系投保前疾病及其并发症身故属合同约定的除外责任。陈某、郑乙、徐某遂诉至重庆市武隆县人民法院，请求判决：保险重庆分公司向陈某、郑乙、徐某支付保险金10万元及其利息。

【案件焦点】

保险重庆分公司是否构成逾期核定理赔，是否应向陈某、郑乙、徐某支付保险金及其利息。

【法院裁判要旨】

重庆市武隆县人民法院经审理认为：本案的《保险合同》等约定“被保险人投保前所患的疾病或先天性或遗传性疾病及其并发症引起的保险事故为除外责任”合法有效。郑甲因肝性脑病而死亡也属投保前疾病及其并发症身故。保险重庆分公司要求补充提交郑乙、徐某的授权委托书不属于《中华人民共和国保险法》第二十二条规定的有关证明和资料，该分公司主张以陈某补充提交郑乙、徐某授权委托书的时间即2016年4月1日为核定理赔期限的起算时间无法律依据。本案的核定理赔期限应从陈某提交理赔申请和相关资料的2016年1月14日起算，保险重庆分公司未在法律规定的30日内即2016年2月12日前作出核定结论并及时通知陈某等，依法应向陈某等支付保险金10万元并赔偿因此受到的损失。

重庆市武隆县人民法院依照《中华人民共和国合同法》第一百零七条、第一百一十三条，《中华人民共和国保险法》第二十二条、第二十三条、第二十四条和《最高人民法院关于适用〈中华人民共和国保险法〉若干问题的解释（二）》第十五条的规定，作出如下判决：

保险重庆分公司向陈某、郑乙、徐某支付保险金10万元及其从2016年2月17日起至付清时止的利息。

二审同意一审法院裁判意见。

【法官后语】

1. 被保险人或受益人为数人的无需各自重复申请理赔

保险人核定理赔是根据投保人、被保险人或受益人提供的证明、资料及保险人掌握的情况，全面评估损失、进行责任分析认定，确定该保险事故是否属于保险合同约定的保险责任范围、保险人是否赔偿保险金及其数额，但无权决定数个被保险人或受益人对保险金的分配。故被保险人或受益人为数人的，只要其中一人申请了理赔，应视为全体被保险人或受益人申请了理赔，无需各个被保险人或受益人重复申请理赔。

本案中，陈某于2016年1月14日向保险重庆分公司提交理赔申请和相关资料，并于2016年4月1日向保险重庆分公司补充提交郑乙、徐某的授权委托书。故本案理赔无需郑乙、徐某重复申请理赔。

2. 保险人不得以被保险人或受益人未提交与理赔无关的补充资料为由拖延核定理赔

根据《中华人民共和国保险法》第二十二条、第二十三条、第二十四条和《最高人民法院关于适用〈中华人民共和国保险法〉若干问题的解释（二）》第十五条的规定，保险人有权主张三十日核定理赔期间扣除投保人、被保险人或者受益人补充提供有关证明和资料期间，但该补充的有关证明和资料仅限于与确认保险事故的性质、原因、损失程度等有关，如果该补充的有关证明和资料与确认保险事故的性质、原因、损失程度等无关，保险人不得要求核定理赔期间扣除投保人、被保险人或者受益人补充提供有关证明和资料期间。保险人应在其初次收到索赔请求及投保人、被保险人或者受益人提供的有关证明和资料之日起算三十日内核定是否理赔并及时通知投保人、被保险人或者受益人，不得无故拖延。

本案中，陈某补充提供的郑乙、徐某的委托书只与保险金的支付方式有关，但对于确认保险事故的性质以及是否赔偿保险金并无影响。保险重庆分公司主张以陈某补充提交上述委托书的时间即2016年4月1日为核定理赔期限的起算时间，于法无据。该分公司应自陈某提交理赔申请和相关资料的2016年1月14日起三十日内作出核定理赔并及时通知陈某等。

3. 保险人拖延理赔应支付保险金和赔偿损失

根据《中华人民共和国保险法》第二十三条、第二十四条的规定，保险人未在其初次收到索赔请求及投保人、被保险人或者受益人提供的有关证明和资料之日起算三十日内作出核定是否理赔并及时通知投保人的，应支付保险金和赔偿被保险人或者受益人因此受到的损失。

本案中，陈某于2016年1月14日向保险重庆分公司提交理赔申请和相关资料，保险重庆分公司未在2016年2月12日作出核定结论并在2016年2月15日前向陈某等发出拒赔通知，依法应向陈某、郑乙、徐某支付保险金10万元及陈某等因此受到的损失即保险金的利息。

编写人：重庆市第三中级人民法院　陈江平

146 胎儿具有请求死亡赔偿金和被扶养人生活费的民事权利能力

——物流公司诉财险淮南支公司财产保险合同案

【案件基本信息】

1. 裁判书字号

安徽省淮南市中级人民法院（2017）皖04民终742号民事判决书

2. 案由：财产保险合同纠纷

3. 当事人

原告（被上诉人）：物流公司

被告（上诉人）：财险淮南支公司

第三人：汽车服务公司

【基本案情】

物流公司名下的A号重型半挂牵引车、汽车服务公司名下的B挂号重型仓栅式半挂车均在财险淮南支公司投保了第三者商业责任保险、车辆损失险、全车盗抢损失险及三者险不计免赔条款等多个险种，且均在保期内。2016年3月2日20时15分许，朱某驾驶的A/B挂号货车与殷某驾驶的C号轿车发生交通事故，造成第三者聂某死亡，淮南市公安局交通警察支队潘集大队认定朱某、殷某负事故同等责任，聂某无责任。2016年6月15日，物流公司与死者聂某亲属达成了赔偿协议，协议约定物流公司赔偿聂某亲属56万元，双方就该事故再无纠纷。同日，物流公司向聂某亲属付清了赔偿款56万元，履行了协议。付款后，物流公司向财险淮南支公司就该交通事故要求理赔，但财险淮南支公司至今未能赔付保险金。故物流公司向法院提起诉讼，请求法院判令财险淮南支公司理赔物流公司事故赔偿款56万元，并赔偿本案的诉讼费。

本案案涉事故的死者聂某系某村村民，在城镇务工且居住生活满一年以上。王某系聂某妻子，聂甲系聂某女儿，聂乙系聂某的遗腹子，2016年9月15日出生。

【案件焦点】

被继承人因侵权死亡后，在是否享有死亡赔偿金和被扶养人生活费的赔偿请求权的问题上，胎儿是否具有民事权利能力。

【法院裁判要旨】

安徽省淮南市潘集区人民法院经审理认为：关于物流公司要求财险淮南支公司理赔事故赔偿款56万元是否有事实和法律依据。一审法院审理后认为，本案中，朱某负此事故的同等责任，朱某肇事车辆一方依法应当承担 50%的赔偿责任。根据当事人提交的证据，物流公司的损失依法核定为 475075.25 元。财险淮南支公司在交强险、第三者商业责任险限额内向物流公司共计赔偿 475075.25 元。对于物流公司主张赔偿 56 万元的诉讼请求，合理部分本院予以支持，超出的部分本院不予支持。对于财险淮南支公司提出的死者聂某遗腹子聂乙的被抚养人生活费不应赔偿的辩解意见，因本案事故发生时，死者聂某的妻子王某已经怀有聂乙，聂乙娩出时为活体，其利益应受保护，物流公司已赔偿的被抚养人聂乙生活费，财险淮南支公司对物流公司应当承担保险赔偿责任，故对财险淮南支公司提出的该辩解意见，依法不予支持。

安徽省淮南市潘集区人民法院依照《中华人民共和国道路交通安全法》第七十六条第一款，《中华人民共和国保险法》第十条、第十四条的规定，判决如下：

财险淮南支公司赔偿物流公司保险金共计 475075.25 元。

财险淮南支公司不服，提起上诉。安徽省淮南市中级人民法院经审理认为：儿童最大利益原则已逐渐成为社会共识。与其他的法定继承人或者被扶养人相比，遗腹子出生后的被抚养利益，更应该受到“特殊保护”。上述原则在相关法律中均有体现。《中华人民共和国民法总则》第十六条（现《中华人民共和国民法典》第十六条）规定，涉及遗产继承、接受赠与等胎儿利益保护的，胎儿视为具有民事权利能力。但是胎儿娩出时为死体的，其民事权利能力自始不存在。《中华人民共和国民法总则》虽然在本案审结之时尚未正式实施，但立法理念理应得到贯彻。因此，从儿童最大利益原则出发，在死亡赔偿金的认定和分配过程中，应当保护遗腹子的利益。财险淮南支公司上诉主张，案涉交通事故发生时以及达成赔偿协议时受害人的遗腹子聂乙并未出生，尚不属于法定意义上的“自然人”，不具有民事权利能力，不应计算其抚养费，依法不予支持。

安徽省淮南市中级人民法院依照《中华人民共和国民事诉讼法》第一百七十条第一款第一项的规定，判决如下：

驳回上诉，维持原判。

【法官后语】

本案争议的实质为：被继承人因侵权死亡后，遗腹子是否享有死亡赔偿金和被扶养人生活费的赔偿请求权。合议庭最后予以支持，主要基于以下理由：

第一，儿童最大利益原则已逐渐成为社会共识。与一般的法定继承人或者被扶养人相比，遗腹子出生后的生活和学习等往往更需要得到保障，更应该受到“特殊保护”。我国已批准加入的《儿童权利公约》第三条第一款规定，关于儿童的一切行动，不论是由公私社会福利机构、法院、行政当局或立法机构执行，均应以儿童的最大利益为一种首要考虑。上述原则在《中华人民共和国未成年人保护法》等相关法律中均有体现。

第二，死亡赔偿金不是遗产，但具有类似遗产的属性，死亡赔偿金的认定和分割应保留遗腹子的份额。从死亡赔偿金的属性分析，我国采取的是“继承丧失说”。侵权人的行为致使受害人死亡，从而丧失了未来可得收入，受害人法定继承人也因此丧失了未来可以继承该收入的机会，因此赔偿义务人应当对受害人近亲属进行赔偿。根据上述分析，死亡赔偿金不是遗产，但却有类似遗产的属性，应保留遗腹子的份额。根据法律的规定和精神，被扶养人生活费应包含在死亡赔偿金之中。

第三，新的立法理念。对于“胎儿”是否享有民事权利能力问题，《中华人民共和国民法典》已经进行了更加明确的肯定。该法第十六条规定，涉及遗产继承、接受赠与等胎儿利益保护的，胎儿视为具有民事权利能力。但是，胎儿娩出时为死体的，其民事权利能力自始不存在。该条规定虽然没有明确列举胎儿享有损害赔偿请求权，但在文字表述上使用了一个“等”字。立法的本意是留待法官根据实际情况进行扩充解释。该条立法的本意就是对于胎儿进行特殊保护，而根据本案实际情况，从死亡赔偿金的基本属性和儿童最大利益原则角度考虑，认定被继承人因侵权死亡后，遗腹子享有死亡赔偿金和被扶养人生活费的赔偿请求权，是完全符合立法本意的。

编写人：安徽省淮南市中级人民法院　李兆杰　刘凤玉

147 如实告知制度对投保人和保险人信息搜集义务分配的司法裁量

——陆某诉保险上海分公司人身保险合同案

【案件基本信息】

1. 裁判书字号

上海市第一中级人民法院（2015）沪一中民六（商）终字第605号民事判决书

2. 案由：人身保险合同纠纷

3. 当事人

原告（被上诉人）：陆某

被告（上诉人）：保险上海分公司

【基本案情】

2014 年 6 月，陆某（投保人、被保险人）向保险上海分公司投保重大疾病保险，基本保险金额为 20 万元。陆某填写《个人寿险投保单》，投保单“询问事项”第 4 项“是否在过去 2 年内做过以下一项或几项检查（若是，在备注栏告知检查项目、时间、原因、地点及结果）……”陆某勾选“是”；第 7 项 G 栏“是否患有、被怀疑患有或接受治疗过以下一种或几种疾病，如甲状腺或甲状旁腺疾病等”，陆某勾选“否”。“备注及特别约定栏”载明“被保人备注：单位每年年检，指标正常。2013 年 10 月 26 日参加体检后有出具体检报告”。但陆某在投保时未提交该份体检报告，审理中查明，该体检报告关于甲状腺外科检查中表述为“未见异常”，而在超声波诊断中载明“超声提示：甲状腺右叶结节。建议定期复查，外科随诊”。后保险上海分公司签发涉案保险单。2015 年 1 月 26 日，陆某被诊断为右侧甲状腺癌，遂向保险上海分公司申请理赔，被拒。拒赔理由为：陆某投保前已经患有右侧甲状腺结节，而在投保时未告知，严重影响被告承保决定，保险上海分公司并退还陆某已经缴纳的全部保费 5060 元。陆某遂诉至法院，要求判令保险上海分公司赔付保险金 20 万元。

保险上海分公司辩称：第一，投保人投保时未如实告知其患病，其已患病情形直接导致甲状腺癌，属于足以影响被告决定是否同意承保或者提高保险费率的重要事项，被告有权解除合同；第二，投保人并未提交体检报告，其在疾病询问中均填写“否”，被告因此未调取体检报告审查。

【案件焦点】

陆某向保险上海分公司投保重大疾病保险时，对于保险人在投保单中列明的询问事项的回答以及备注体检时间、地点的行为，是否尽到如实告知义务。

【法院裁判要旨】

上海市浦东新区人民法院经审理认为：保险法规定投保人的如实告知义务不在于将搜集风险评估有关的信息完全施加于投保人，而是让其协助保险人搜集相关重要信息，以弥补信息的不对称。保险人仍应当承担信息搜集和审查义务，该义务并不因投保人承担如实告知义务而免除。根据《个人寿险投保单》的备注栏可知，保险上海分公司在与陆某签订保险合同时，应当知道存在 2013 年 10 月 26 日的体检报告，保险上海分公司作为谨慎的保险人，应当尽到一定的审查义务。保险上海分公司在保单中设置对检查事项的询问，主要目的就是进一步核实投保人所作陈述。备注栏的内容即投保人对询问事项中体检事宜的进一步明确，保险上海分公司在操作过程中，只需审查体检报告，也没有不合理增加其负担。另外，体检报告外科检查与超声检查两部分对“甲状腺”的结论表述不明确，陆某在回答询问事项时可能难以把握，若以外科检查为准，亦无法认定其存在未如实告知的情况。且陆某已经主动告知保险上海分公司体检事宜，可见并无隐瞒之意，而保险上海分公司疏于进行适当的核实，就作出承保决定，使原告产生合理期待。因此，保险上海分公司无权解除合同，现投保人发生保险事故，保险上海分公司应当承担给付保险金的责任，其已经退还的保费 5060 元，应当予以扣除。

上海市浦东新区人民法院依照《中华人民共和国合同法》第六

十条第一款，《中华人民共和国保险法》第二条、第二十三条之规定，判决如下：

被告保险上海分公司赔付原告保险金 194940 元。

二审法院同意一审法院裁判意见。

【法官后语】

随着人们保险意识的觉醒及人口老龄化的客观现状，健康险成为保险行业的“黑马”。与此同时，健康险领域的保险纠纷数量亦随之增长，争议焦点集中于投保人是否履行了“如实告知义务”。“如实告知义务”是指投保人在订立保险合同时，有将保险标的的重大情况如实向保险人披露的义务。保险交易是以风险承担为内容的交易，保险人是否愿意承保投保人转嫁的风险，以及如何合理收取保费，取决于其对风险的正确评价。健康险中，被保险人的健康状况影响到保险人对健康风险的认定，根据保险最大诚信原则，投保人有如实告知的义务。通常，保险人在投保单中列明“询问事项”，多涉及既往病史，要求投保人如实作答，投保人未如实作答的，当被保险人发生保险责任范围内的重大疾病时，保险公司有权解除合同、拒绝赔偿。实践中，“如实告知义务”成为保险公司拒赔的惯用理由。

本案通过对投保人如实告知义务范围的界定，明确了“保险告知义务制度”的功能在于在保险人和投保人之间合理地分配搜集风险评估信息的责任，而非将搜集风险评估信息的责任完全施加于投保人。投保人如实告知义务的范围以“询问”和“明知”为限，对于“明知”应从主观、客观两个方面进行审查；保险人对投保人的告知在特定情形下应负一定的核实义务，未尽核实义务不得以投保人未如实告知进行抗辩。比如，本案中，投保人主动告知了体检的具体时间、地点，体检报告是对投保人针对询问所做回答更为专业的补充，已完全完成了协助保险人了解、获取关于被保险人身体风险评估信息的义务。保险人作为谨慎而专业的经营机构，在投保人提供了明确的核实线索，且具备调取体检报告手段的情况下，并未不合理增加其额外负担，应当予以核实，若未予核实，也视为其“应知”的范围，不得以该份体检报告已载明的事项作为投保人未如实告知的抗辩。

本案的判决，既向购买健康险的金融消费者提示“如实告知”系其应尽义务，又对保险公司滥用“如实告知义务”拒赔予以纠正，有助于保障消费者的权益，促进健康险领域的健康发展。

编写人：上海市浦东新区人民法院　周士钧　徐秋子

148　保险条款变更应遵循合同自治原则，法院不能强制变更

——张某诉保险北京分公司人身保险合同案

【案件基本信息】

1. 裁判书字号

北京铁路运输法院（2016）京7101民初20号民事判决书

2. 案由：人身保险合同纠纷

3. 当事人

原告：张某

被告：保险北京分公司

【基本案情】

原告于1998年5月2日购买被告所售保险，其中《递增养老年金保险条款》明示了“可以凭保险单向本公司进行借款”“本合同所述利息以计息当日中国人民银行个人储蓄存款五年定期利率计算”。原告于2015年10月22日向被告申请贷款，但当时中国人民银行已经不再公布个人储蓄存款五年定期利率，被告告知原告决定以7.5%作为初始贷款利率、以8.5%作为逾期贷款利率，原告认为被告私自更改利率的行为违反了该保险条款对客户的承诺，侵害了原告的权益，认为虽然中国人民银行已经不再公布个人储蓄存款五年定期利率，但应当参照其他几大商业银行的五年期整存整取的基准利率作为贷款利率，保险条款应当作出有利于被保险人和受益人的解释。请求法院判令被告：1. 以借款日当日的中国银行的五年期整存整取存款的基准利率作为本保险合同的借款利率；2. 按诉求1确定的利率作为初始贷款利率和逾期贷款利率，在不修改原规则的前提下保证持续向投保人提供保单借款的服务；3. 承担本案的全部诉讼费。

被告认为原告和被告之间实为借款合同关系属于意思自治，对于贷款利率条款的约定因政策不可抗力的原因而无法适用，本案涉案条款不存在两种不同的合理解释，不适用不利解释原则，请法院驳回原告的诉讼请求。

【案件焦点】

因政策原因，保险合同原有条款内容已无法履行，应如何变更条款内容。

【法院裁判要旨】

北京铁路运输法院经审理认为：本案的争议焦点为在中国人民银行不公布个人储蓄存款五年定期利率的情况下该如何处理涉案条款“贷款利率履行”的问题。本案中，鉴于中国人民银行不再公布五年期定期存款基准利率，客观上无法依据合同条款“所述利息以计息当日中国人民银行个人储蓄存款五年定期利率计算”履行合同。

第一，本案中导致不能按照约定利率条款履行的原因是中国人民银行不再公布个人储蓄存款五年定期利率，是政策原因导致，合同双方当事人均无过错。

第二，合同当事人的法律地位平等，一方不得将自己的意志强加给另一方。依法成立的合同，对当事人具有法律约束力。当事人应当按照约定履行自己的义务，不得擅自变更或者解除合同。在双方均无过错的情况下，原告或被告单方面变更合同条款，均损害对方的合法权益，一方不得将自己的意志强加给另一方，双方应协商解决，故本案中原告不能将中国银行利率标准强加给被告保险公司，被告保险公司亦不能将自行核定的利率标准强加给原告。

第三，在此种情况下，法院是否有权力为合同双方制定或者划定一个利率标准。民事活动应当遵循自愿、公平、等价有偿、诚实信用的原则。当事人依法享有自愿订立合同的权利，任何单位和个人不得非法干预。由此可见，意思自治和合同自由是民法及民事活动的基本原则，在意思自治原则下，当事人有权选择合同当事人、签订或者不签订合同、通过协议约定或者变更合同的自由，是否变更以及如何变更合同内容均是当事人意思自治的内容，法院要充分尊重当事人的合同自由权利。法院只能为当事人强制执行一份合同，但不能替代当事人签订一份合同或变更合同条款。本案中，合同双方在约定的合同条款因客观原因无法继续履行时，双方应当在协商一致的基础上进行变更，在原、被告协商不一致的情形下法院强制划定一个利率标准，违反了民事合同自愿、意思自治的原则。故本院对原告主张以中国银行的五年期存款利率作为涉案条款适用的标准不予支持。

第四，涉案保险条款“中国人民银行个人储蓄存款五年定期利率”的约定具体明确，不存在两种以上的解释，故法院对原告主张依据《中华人民共和国保险法》第三十条规定解释的主张不予支持。

北京铁路运输法院依照《中华人民共和国民法通则》第四条，《中华人民共和国合同法》第三条、第四条、第八条、第七十七条第一款之规定，判决如下：

驳回原告张某的诉讼请求。

判决后，双方当事人均未上诉，本判决现已生效。

【法官后语】

人身保险不少险种除了保险功能以外，还兼具借款等其他功能，如本案所涉险种。本案的争议焦点在于合同中约定的保单借款利息因中央银行政策的原因不再公布，对于保单借款的利息应如何确定的问题。本案争议的实质为保险合同履行过程中因政策原因部分内容无法履行时，合同条款应如何变更的问题。

1. 本案不适用不利解释原则

实践中，不少当事人认为保险合同是格式合同，一旦涉及保险条款的问题就当然认为要适用不利解释原则作出对保险人不利的解释。这是对法律的误解或者夸大了不利解释原则适用的范围。不利解释原则的适用需要满足一定的条件，只有在“通常理解”无法解决争议，而合同条款有两种以上解释的情况下才能适用，本案中涉及条款“本合同所述利息以计息当日中国人民银行个人储蓄存款五年定期利率计算”定义清楚明了，不存在两种以上的解释，显然不适用不利解释原则。

2. 本案不适用情势变更原则

有观点认为，本案应当适用情势变更原则，由法院对贷款利息进行调整划定。情势变更原则体现在《中华人民共和国民法典》第五百三十三条规定：“合同成立后，合同的基础条件发生了当事人在订立合同时无法预见的、不属于商业风险的重大变化，继续履行合同对于当事人一方明显不公平的，受不利影响的当事人可以与对方重新协商；在合理期限内协商不成的，当事人可以请求人民法院或者仲裁机构变更或者解除合同。人民法院或者仲裁机构应当结合案件的实际情况，根据公平原则变更或者解除合同。”根据上述规定，情势变更原则适用的条件必须满足有不可预见的客观情况发生，不改变合同继续履行会导致显失公平或合同目的无法实现，且情势变更的出现不能归责于任何一方当事人。本案中，因中央银行政策调整不再公布五年期存款利息虽然属于不能归责于双方的客观情况的变更，但本案中所涉险种递增养老金保险主要的目的是保障功能，贷款仅是该险种附加的功能，并非保险合同基础的、主要的目的，保单借款不影响合同的保障功能的正常履行，且合同继续履行并非导致双方当事人显失公平。因此，本案不符合情势变更原则适用条件。且基于契约必须遵守和维护交易安全与稳定的现实考虑，情势变更原则自产生以来，各地法院都严格控制情势变更原则的适用。

3. 本案应遵循民事意思自治原则，法院不能强行变更民事合同内容

意思自治，又称合同自治，合同自治包括合同缔约自治、合同内容自治、合同履行自治等内容，当事人订立何种合同，合同条款包括什么，除少数情况外应由其自主决定，他人不得干涉。对于依法成立的合同，当事人应当按照约定履行自己的义务，不得擅自变更或者解除合同。当事人变更合同的，应当协商解决，一方不得将自己的意志强加给另一方。故本案中原告不能将中国银行利率标准强加给被告保险公司，被告保险公司亦不能将自行核定的利率标准强加给原告。法院更不能运用审判权为原、被告划定一个利率标准强行施加给原、被告。否则就违反了民事合同自愿、意思自治的原则。故法院对原告主张以中国银行的五年期存款利率作为涉案条款适用的标准不予支持是正确的。本案中，原告可依据涉案保险合同向被告申请保单贷款亦是该合同部分内容，虽然法院不能为原、被告保险合同强行确定适用的贷款利率标准，但双方当事人应当依据法律规定的诚实信用、公平的原则，合理确定一个标准，以保证合同正常履行。

编写人：北京铁路运输法院　韩武

149 投保人未履行如实告知义务，但保险人亦存在阻碍行为，是否应当酌情减轻投保人主观过错的认定

——冯某诉保险北京分公司人寿保险合同案

【案件基本信息】

1. 裁判书字号

北京市第四中级人民法院（2015）四中民（商）终字第3号民事判决书

2. 案由：人寿保险合同纠纷

3. 当事人

原告（被上诉人）：冯某

被告（上诉人）：保险北京分公司

【基本案情】

2013年6月17日，冯某作为投保人以田某为被保险人在保险北京分公司处投保“智胜人生”保险，保险期间为终身，交费年限不限，保险金额150000元，保险费年交7000元。

《人身保险投保书》（电子版）上载明：1. 冯某与田某为母女关系；2. 身故保险受益人为冯某；3. 健康告知询问事项中第二项：您是否目前饮酒或曾经饮酒？若“是”，请告知每周饮酒量和饮酒年限。您是否现已停止饮酒，若“是”，请在说明栏中告知时间及原因等问题中均作出否定答复。投保书上勾选为“否”。

2013年12月23日，田某因病死亡。冯某向保险北京分公司提出保险金给付申请。保险北京分公司调取了田某的住院病例。2013年8月29日，田某住院，诊断为“酒精性肝硬化、失代偿期，

脾大、腹水、慢性肝衰竭”。病例现病史记载：“患者2个月余前无明显诱因出现乏力，伴腹胀、双下肢可凹性水肿，伴皮肤及巩膜黄疸，伴尿色加深、如浓茶色，尿量无明显改变，伴自发性鼻出血……就诊于我院门诊（2013-6-21）……考虑肝硬化……”个人史中记载：“饮酒20余年，每天1斤白酒，近2月减少至每天1两白酒。”诊断及诊断依据显示：“酒精性肝硬化、失代偿期，脾大、腹水、慢性肝衰竭：患者有长期大量饮酒史，近期出现乏力、腹胀、双下肢水肿，转氨酶及胆红素升高，腹部超声示肝硬化、脾大、腹水，考虑酒精性肝硬化诊断明确。”2013年9月23日，田某第二次住院，诊断为酒精性肝硬化、失代偿期，脾大、腹水、慢性肝衰竭、肝性脑病、食道胃底静脉曲张破裂出血。保险北京分公司据此出具拒赔通知书，并退还现金价值人民币3284.05元。

诉讼中，冯某向法院提交与保险北京分公司业务员梁某的两份通话录音。2013年11月27日、2014年8月28日，冯某和业务员梁某进行通话，梁某对冯某说：“您和我告知了，您是说喝酒了，可您没说一天喝一斤，我也和公司说了。”诉讼中，冯某表示，人身投保书中的勾选内容均系梁某所书，唯签字处是田某所签。

保险北京分公司认为，被保险人田某的饮酒量足以影响承保决定和承保费率，但投保人冯某在投保时故意未履行如实告知义务，故有权拒绝给付保险金。冯某则认为，签订保险合同时已经明确告知业务员田某有饮酒史，但是梁某说这些不重要，就勾选了“否”，梁某也承认冯某履行了如实告知义务。投保书上所有的勾选都是梁某所勾画，田某只是在空白投保书上签了字。保险北京分公司应当给付保险金15万元。

【案件焦点】

冯某是否履行了如实告知义务；如未履行，其主观过错是故意、重大过失还是一般过失。

【法院裁判要旨】

北京铁路运输法院经审理认为：依据冯某提交的和保险北京分公司业务员梁某的通话录音，虽然冯某向保险公司如实告知了田某喝酒，但是没有如实告知每天喝酒的量，田某来京十余年，据冯某所述其经常前去看望和照顾，因此田某每天喝酒的量应为冯某明知的与被保险人有关的情况，而该情况足以影响保险公司决定是否承保或者提高保险费，且未如实告知事项与保险事故的发生具有重要因果关系，因此认定冯某因重大过失未向保险公司履行如实告知义务。保险北京分公司应当退还冯某已交纳的保险费 7000 元，而不是退还现金价值 3284.05 元。

北京铁路运输法院依照《中华人民共和国保险法》第十六条的规定，判决如下：

一、被告保险北京分公司退还原告冯某保险费 7000 元；

二、驳回原告冯某的其他诉讼请求。

保险北京分公司持原审答辩意见提起上诉。北京市第四中级人民法院经审理认为：保险合同订立时，投保人应当将其知道的或者应当知道的与保险标的或者被保险人有关的情况向保险人进行如实告知。投保人的告知义务限于保险人询问的范围和内容。当事人对询问的范围和内容有争议的，由保险人负举证责任。依据冯某提交的其与保险北京分公司业务员梁某的通话录音内容，冯某已经告知了田某有饮酒行为，但并无证据证明冯某对于田某的饮酒量是明知并且有意不告知，因此原审判决将冯某的主观过错认定为重大过失并无不当。保险北京分公司主张应认定冯某故意不履行如实告知义务的上诉意见，没有事实依据，不予支持。

北京市第四中级人民法院依照《中华人民共和国民事诉讼法》第一百七十条第一款第一项之规定，判决如下：

驳回上诉，维持原判。

【法官后语】

本案中，从投保人关于其经常前去看望、照顾被保险人的自述来看，对于被保险人是否饮酒的情况不可能不知情，对于其饮酒史和饮酒量等情况，投保人则极有可能知情。这些信息已经足以影响到保险公司决定是否承保或者提高保险费率，投保人对此并未向保险公司如实告知。但保险人作为保险产品的开发者和保险知识的掌握者，对于哪些事项足以影响和决定是否同意承保或者提高保险费率，保险人较投保人更为熟知，因此保险人对此应负有自行判断和自行考察的义务。《最高人民法院关于适用〈中华人民共和国保险法〉若干问题的解释（二）》第六条规定，投保人的告知义务限于保险人询问的范围和内容。实践中，保险公司为了提高核保效率，一般将自己认为重要的事项和其他想要了解的事项列入制式保险询问事项中，让投保人或被保险人在履行告知义务时使用。保险公司展业人员根据保险询问事项所列内容逐一向投保人或被保险人询问，由被询问人员逐一回答，展业人员据此一一填写，最后由投保人承诺所填写事项真实并签名或盖章，如实告知流程就此完成。从本案中投保人与保险公司展业人员的两次通话内容来看，投保人告知了展业人员被保险人喝酒的事实，此时展业人员应当按照保险询问事项继续向投保人询问“每周饮酒量和饮酒年限”的问题，但据投保人所述，展业人员对投保人“喝酒了”的陈述并未理睬，亦未继续询问，呈现出一种无所谓的态度，在客观上也阻碍了投保人如实告知义务的履行。从保险法第一百三十一条和第一百六十五条的规定来看，无论是阻碍投保人履行如实告知义务，还是诱导其不履行如实告知义务，均为保险业监管所不容。

在投保人的隐瞒行为如此明显的情况下，如果认定其未履行如实告知义务系一般过失，难有事实根据。而如果认定系故意，则对保险公司展业人员的上述违规行为又是一种放任和变相鼓励。保险公司在核保过程中存在明显过错，待保险事故发生时，又利用投保人未如实履行告知义务为由解除合同，免除自己的赔偿责任，这对投保人一方又甚为不公。更为重要的是，对保险知识掌握欠缺的投保人基于对保险产品的熟知者——保险公司展业人员的信赖，亦会疏于对告知范围和内容的审查，错误以为不再需要向保险公司进一步告知即可。这种情况下，如果将因保险公司和投保人双方过错导致的法律后果完全由投保人来承担，与保险法精神明显相违背。因此，本案综合考虑双方过错，酌情减轻投保人的主观过错强度，认定投保人系因重大过失未履行如实告知义务，使保险公司丧失保费利益，也无法收回为签订保险合同付出的雇佣成本，使投保人丧失可期保险金利益，对双方均为公平之举。当然，本案在平衡个案双方利益的同时，也注重发挥司法的社会引导功能，规范保险公司的展业行为，促进保险事业的健康发展。

编写人：北京市第四中级人民法院　崔西彬

150 被保险人死亡系“意外”还是“自杀”的举证责任分配

——李某某诉保险曲靖支公司人身保险合同案

【案件基本信息】

1. 裁判书字号

云南省曲靖市中级人民法院（2015）曲少民终字第 106 号民事判决书

2. 案由：人身保险合同纠纷

3. 当事人

原告（被上诉人）：李某某

被告（上诉人）：保险曲靖支公司

【基本案情】

原告李某某是何某某的儿子。2014 年 2 月 26 日，原告之母何某某与被告保险曲靖支公司订立了《人身保险合同》，投保人为何某某，被保险人为何某某，身故保险金受益人是原告李某某。投保的主险为终身寿险（万能型），保险金额为 150000 元；附加一年期短险为无忧意外保险，保险金额为 100000 元。保险合同成立及生效日是 2014 年 2 月 26 日。在合同签订后何某某向被告支付了保险费 6000 元。

2014 年 8 月 5 日，何某某死亡，昆明市公安局西山分局经对死亡现场及尸表进行勘验后作出何某某系高坠死亡，可排除他杀的检验意见。何某某死亡后，其尸体被拉回老家，并于 2014 年 8

月 28 日按照农村风俗予以土葬。在此期间，其丈夫即原告李某某的父亲李某刚在整理何某某遗物时，发现何某某投保了人身保险，即于 2014 年 8 月 24 日向被告保险曲靖支公司申请理赔。被告保险曲靖支公司以被保险人本次事故属于保险条款约定的责任免除事项为由，作出了“歉难给付保险金”的决定。

【案件焦点】

被保险人死亡系“意外”还是“自杀”的举证责任如何分配。

【法院裁判要旨】

云南省曲靖市麒麟区人民法院经审理认为：本案涉及人身保险合同中被保险人投保后死亡，经公安机关侦查鉴定得出结论被保险人系“高坠死亡，可排除他杀”，人身保险合同受益人在向保险公司提出理赔时，当事人双方就被保险人系意外死亡还是自杀身亡产生争议。保险公司认为，被保险人在投保时已就人身保险合同中的免责条款向被保险人予以明确的说明和告知，现被保险人系自杀，符合人身保险合同免责条件之一，从而拒绝理赔，但却未提供相应证据予以证明。保险公司在承保时未以口头或书面形式向被保险人就免责条款予以明确说明，也未举证证明被保险人死亡系自杀为由，人身保险合同受益人请求保险公司支付保险赔偿金，应予支持。

云南省曲靖市麒麟区人民法院根据《中华人民共和国保险法》第十条、第十四条、第十七条、第二十二条、第三十条之规定，判决如下：

一、由保险曲靖支公司在本判决生效之日起十五日内赔付原告李某某保险金 250000 元；

二、驳回原告李某某的其他诉讼请求。

保险曲靖支公司不服，提起上诉。云南省曲靖市中级人民法院经审理认为：上诉人保险曲靖支公司与死者何某某签订的《人身保险合同》是在双方自愿平等的基础上签订的，是双方的真实意思表示，该保险合同合法有效，依法应当予以保护。该保险合同的受益人为其子李某某，在何某某死亡后，被上诉人李某某有权向保险曲靖支公司主张保险赔偿。关于上诉人认为一审程序违法的上诉理由，双方当事人在一审庭审中提举的所有证据均已进行了举证质证，根据民事诉讼“谁主张、谁举证”的证据规定，被上诉人提交的昆明市公安局西山分局出具的《死亡证明书》及《检验意见》已经明确证明死者何某某“可排除他杀，系高坠死亡”，上诉人主张何某某系自杀，应当提供证据证明，一审法院未调取相关证据，不属程序违法。本案中，双方当事人对证据中何某某是自杀还是意外的理解产生争议，根据《中华人民共和国保险法》第三十条“采用保险人提供的格式条款订立的保险合同，保险人与投保人、被保险人或者受益人对合同条款有争议的，应当按照通常理解予以解释。对合同条款有两种以上解释的，人民法院或者仲裁机关应当作出有利于被保险人和受益人的解释”的规定，对此争议应作出有利于被保险人和受益人的解释，且上诉人保险曲靖支公司无确切证据以证明何某某死亡系“自杀”，故原判据此认定何某某的死亡属意外并无不当。本案中，《人身保险合同》的投保人何某某死亡后，其丈夫李某刚在整理遗物时发现《人身保险合同》并于第二日便向上诉人保险曲靖支公司报案，符合保险合同的约定以及保险法及时报案的规定，原判根据本案实际认定李某刚已经尽到了及时报案的义务并无不当。上诉人作出《理赔决定通知书》并送达被上诉人系其单方行为，并不能成为保险合同解除及上诉人免责的事由。故上诉人提出的“被保险人系自杀、被上诉人未及时报案、保险合同因其《理赔决定通知书》送达而解除”的上诉理由均不能成立，上诉人应当按照《人身保险合同》及保险法的相关规定履行义务，承担相应的保险责任。

云南省曲靖市中级人民法院依照《中华人民共和国民事诉讼法》第一百七十条第一款第一项的规定，判决如下：

驳回上诉，维持原判。

【法官后语】

本案涉及被保险人或投保人死亡后，其死亡原因到底系“意外”还是“自杀”的举证责任分配问题，笔者认为，被保险人系意外无疑是肯定的，主要基于以下几点：

第一，本案被保险人何某某坠楼身亡已成既定事实，但对于坠楼身亡的具体原因，因为案发现场没有目击证人，也没有监控设备，经公安机关调查得出“可排除他杀，系高坠死亡”的结论，该结论已经排除了人为致害，属于意外或者非刑事案件。按照《中华人民共和国保险法》第二十二条“保险事故发生后，按照保险合同请求保险人赔偿或者给付保险金时，投保人、被保险人或者受益人应当向保险人提供其所能提供的与确认保险事故的性质、原因、损失程度等有关的证明和资料。保险人按照合同的约定，认为有关的证明和资料不完整的，应当及时一次性通知投保人、被保险人或者受益人补充提供”的规定，虽然举证责任的第一任务仍由被保险人或受益人承担，但其规定了一个限度，即“其所能提供的”，对于保险人所要求的证明和资料无法提供的情况应如何处理却没有规定。本案中，人身保险合同的受益人（原告李某某）依照其自身条件和能力已经提供其客观上所能提供的与确认保险事故性质、原因有关的证明和资料，已经完成了举证责任，而保险事故原因的举证责任由此转移给保险人，同时保险人是主张免责，也应当对其主张负有举证责任。

第二，人身意外伤害保险合同的本质是分担各种社会风险，原告已经提供了初步证明材料，如果还要负责调查、确认保险事故发生的具体原因，显然违背了人身保险合同的本质，显失公平。保险人如认为被保险人何某某坠楼身亡系自杀，应当对此承担举证责任。而在本案中，原告李某某已经提供证据证明意外事故已经发生的事实，而被告只提供死者死亡时酒店照片三张、电子投保申请确认书、人身保险投保提示书、投保前特别提示书等证据均不属于直接证据，证明力较低，而保险事故发生的偶然性要远远大于人为因素造成的可能性，参照民事证据高度盖然性的标准，被告保险曲靖支公司所提供的证据还不足以直接证明死者何某某的死亡系自杀，故保险曲靖支公司应当对此承担举证不能的法律后果，按照人身保险合同的约定向受益人支付相应的保险赔偿金。

第三，本案中双方当事人对被保险人何某某到底是“自杀”还是“意外”争议较大，根据《中华人民共和国保险法》第三十条“采用保险人提供的格式条款订立的保险合同，保险人与投保人、被保险人或者受益人对合同条款有争议的，应当按照通常理解予以解释。对合同条款有两种以上解释的，人民法院或者仲裁机关应当作出有利于被保险人和受益人的解释”的规定，被告保险曲靖支公司在与何某某签订人身保险合同时所提供的合同范本是为了重复使用而事先已经拟定好，并对大多数投保人和被保险人均通用的，属标准的格式合同。现双方当事人对“被保险人何某某系高坠死亡，可排除他杀”的理解产生分歧，且保险曲靖支公司无法提供直接证据证明被保险人何某某系自杀，根据上述法律规定，对此应作出有利于被保险人和受益人的解释，应当认定被保险人何某某的死亡属“意外”，故保险曲靖支公司应当按照人身意外伤害保险合同的相关规定支付保险赔偿金。

编写人：云南省曲靖市中级人民法院　谢源

151 保险公司对主、从险免责条款须尽同等提示、说明义务

——张甲诉人保江苏分公司人寿保险合同案

【案件基本信息】

1. 裁判书字号

江苏省盐城市中级人民法院（2014）盐商终字第0529号民事判决书

2. 案由：人寿保险合同纠纷

3. 当事人

原告（被上诉人）：张甲

被告（上诉人）：人保江苏分公司

【基本案情】

2007年7月18日，投保人张乙为原告向被告购买了一份“大学教育金累积式分红保险（A款）”，到期即可领取助学基金。若

被保险人十八周岁以后身故，还可获得身故保险金。同日，又投保了一份“附加保险费豁免定期寿险”，约定若投保人在保险期间内意外身故，保险公司豁免主险续期保费。

2013年11月22日，张乙猝死，鉴定为心肌梗塞。原告申请对剩余的16000元保费予以豁免，却被告知附加险含有“对投保人因疾病导致的意外身故，我们不承担保险费豁免责任”的特别约定。原告不服，诉称保险公司未尽提示、明确说明义务，该条款依法不产生法律效力；而保险公司认为，虽说张乙的猝死对于原告主观而言确属“意外”，也是一场“事故”，但合同保障的“意外事故”是指“遭受外来的、不可预知的、突发的、非被保险人本人故意的客观事件”，而非源于被保险人自身的、可预知的疾病，并且张乙在投保书上已签字确认知悉条款含义，故不符合理赔条件。

经审理查明，主险采用斜体印刷，对包括“因意外事故以外的原因失踪而被法院宣告死亡”在内的九种情形导致被保险人身故进行了免责约定，并用黑体对其中所谓的“意外事故”作了如上解释，而附加险对包括疾病在内的十八种情形导致投保人身故虽也进行了免责约定，但未作识别区分，仅是载明“主险的条款解释适用于本附加险”。

【案件焦点】

保险公司对附加险免责条款的提示和明确说明义务是否因对主险免责条款的提示和明确说明而免除。

【法院裁判要旨】

江苏省阜宁县人民法院经审理认为：对于被告有关已尽附加险

免责条款明确说明义务的辩解，本院不予采纳，因为与主险采用斜体加粗印刷以提醒投保人注意免责条款相比，被告未能采用同样方式，对附加险免责条款亦作出引人注意的提示，而根据法律规定，该提示既是被告的法定义务，也是证明其已尽免责条款明确说明义务的一种有效手段。因此，仅凭投保人签字的投保声明，不足以证明被告已对诉争免责条款作出过明确说明，故该条款不产生效力。

江苏省阜宁县人民法院依照《中华人民共和国保险法》（本案以下简称《保险法》）第十七条，《最高人民法院关于适用〈中华人民共和国保险法〉若干问题的解释（二）》（本案以下简称《保险法解释（二）》）第十三条、第二十一条之规定，判决如下：

支持原告的全部诉讼请求。

被告不服，提起上诉。江苏省盐城市中级人民法院经审理认为：虽然涉案主险已对“意外事故”作了明确解释，但附加险没有，而主险与附加险属于两个独立险种，前者中“意外事故”所指的对象为被保险人，后者中“意外事故”所指的对象为投保人，两者的适用对象完全不一致，因此上诉人不能当然认为主险解释即适用于附加险。另上诉人并未采用足以引起投保人注意的标识或字体对附加险的免责条款进行识别区分，故现有证据不足以认定上诉人已就意外事故的定义，向投保人履行了明确提示或说明义务。本案投保人张乙是突发疾病身故，而非久病死亡，当事人及其家人均无法预料，所以该死亡情形应当认定为常人所理解的意外事故，上诉人依约应当承担保险费豁免责任。

遂驳回上诉，维持原判。

【法官后语】

本案裁判思路值得借鉴，其从保护弱势群体利益出发，认定保险公司对主、从险的免责条款须尽同等提示和明确说明义务，否则应当承担保险责任。

保险合同系最大诚信合同。无论合同法，还是新保险法，为平衡保护当事人的利益，防止保险人利用单方拟定条款的优势地位侵害投保人、被保险人的合法权益，遵循公平原则，对于保险人提供的格式保险合同中的免责条款，法律同时从订入、解释和效力三个方面予以规制。

1. 订入

为防止异常条款植入合同，《保险法》第十七条对保险人课以一般说明、明确说明和提示三项义务。除要求保险人在订立合同时，应当就一般条款向投保人作出一般说明外，还特别要求对免责条款的概念、内容及其法律后果，须以书面或口头的形式向投保人作出常人能够理解的明确说明。尤为严厉的是，除明确说明外，还须在投保单、保险单或其他保险凭证上采用合理方式作出提示，以提醒投保人知晓该免责条款的存在，否则不生效力。

2. 解释

格式免责条款订入合同后，即需对该条款进行解释，合理界定其具体内容，以作为确定当事人权利义务的依据。如上所述，因保险人负有使格式条款加以明确的义务，否则应承担由此带来的不利后果。据此《保险法》第三十条规定，当保险人与投保人、被保险人或者受益人对合同条款发生争议，若穷尽一般解释方法仍未果的，即须遵照疑义不利解释原则，作出对被保险人或受益人有利的解释。这样更有利于衡平保险合同双方的利益，满足投保方的合理期待。

3. 效力

为保障被保险人或受益人免遭格式免责条款之不利影响，保险法除从实体上强化保险人在订立合同时的信息披露之提示和明确说明义务外，还从程序上予以规制。根据《保险法解释（二）》第十三条第一款的规定，由保险人负明确说明之举证义务。倘若举证不能，则该免责条款依然不生效力。另外，即便保险人尽到了明确说明义务，若存在《保险法》第十九条规定的不公平条款之情形，该免责条款也应确定为绝对无效，即“免除保险人依法应当承担的义务或者加重投保人、被保险人责任”和“排除投保人、被保险人或者受益人依法享有的权利的”。

本案中，仅凭对主险免责条款的相关提示和明确说明，难以认定保险公司已尽附加险免责条款的提示和明确说明义务。

首先，与主险免责条款采用斜体加粗印刷提请投保人注意相比，保险公司未能采取同样方法，对附加险免责条款的存在亦作出足以引人注意的提示，而从义务设定目的来看，该提示义务的履行不因主、从险的地位差异而有所区别，保险公司在主观上须树立统一责任意识，否则将被视为存有过错。

其次，提示既是明确说明的前置义务，也是司法实践中检验保险公司是否履行后置说明义务的一种有效手段。本案保险公司对主险免责条款采用的印刷技术识别即为例证。但如上所述，因保险公司对附加险免责条款未作区分提示，继而明确说明也就无从谈起。从审查尺度来看，对主、从险免责条款的义务性提示应持相同标准，否则将被视为举证不能。

再次，附加险中有关“主险的条款解释适用于本附加险”的约定，本质上亦属于兜底性免责条款。在该条款的掩盖下，保险公司不仅免除了自身对附加险免责条款所负的再提示和说明义务，还加重了投保人的负担，将原本只属于一方当事人的法定提示义务，通过意思自治的表征，"合法化"地转换成由另一方当事人自行承担的注意义务，明显有悖公平。

最后，主险与附加险的保障内容并不相同，免责条款的适用对象亦不一致。前者针对的是被保险人身故情形，后者针对的是投保人身故情形，因此即便对主险免责条款的相关明确说明能够及于附加险，甚至两者的免责情形完全一致，也不能免除保险公司的再提示义务，不仅因为提示的内容相异，保险公司确有重新提示必要，而且在于要正确理解附加险免责条款的含义，首先当是知悉该条款的存在，否则作再多解释也是无益。

综上，虽说附加险是主险的从合同，但从内容和作用来看，附加险免责条款与主险免责条款的地位却彼此独立，相互平等，两者既不相同，也不兼容，保险公司须尽各别提示和明确说明义务。

编写人：江苏省盐城市阜宁县人民法院　刘干

152　保险代理人虚假宣传与投保人过错

——卞某诉保险总公司、保险上海分公司人身保险合同案

【案件基本信息】

1. 裁判书字号

上海市第二中级人民法院（2014）沪二中民六（商）终字第38号民事判决书

2. 案由：人身保险合同纠纷

3. 当事人

原告（上诉人）：卞某

被告（被上诉人）：保险总公司、保险上海分公司

【基本案情】

2012年3月23日，原告在被告保险上海分公司业务员华某的误导下，向被告保险总公司投保尊贵人生年金保险（分红型）。

同年3月28日，原告向被告保险上海分公司缴纳首期保险费999640元。3月30日，被告保险总公司签发保险单，保险单记载，“基本责任基本保险金额为373万元，保险期间自2012年3月30日起至2062年3月29日止，基本保险费每年999640元，交费方式年交，交费期间10年。合同文本1.5条款载明，合同生效后，投保人收到保险单并书面签收之日起10日内为犹豫期。在犹豫期解除合同的，本公司自合同解除之日起10日内在扣除工本费后退还本保险实际缴纳的保险费；2.3.1关爱年金条款载明，被保险人于犹豫期结束的次日零时生存，本公司按首次交纳的基本责任的保险费的10%给付关爱年金；被保险人于本合同生效后至60周岁保单生效对应日之前（不含60周岁保单生效对应日），在每一保单生效对应日零时生存，本公司按首次交纳的基本责任的保险费的1%给付关爱年金”。同年4月26日，被告保险上海分公司向原告指定账户汇款99864元。

同年8月22日，原告向被告保险上海分公司投诉，认为被误导，误导的主要内容为“每年可拿保费的10%，是根据每年实际缴纳数的10%；33万元2年可拿一次，分红每年3万元，满一年可

拿”；等等。因与被告保险上海分公司协商不成，原告遂诉至法院，请求判如所请。

两被告辩称：原告与被告保险总公司签订的保险合同依法成立，保险合同上所有应由原告本人签字的地方都是其本人所签，合同签订后被告保险总公司进行电话回访时，原告亦进行过确认。嗣后，原告亦领取了保险关爱年金，双方已实际履行合同，原告存在签订保险合同的真实意思。原告主张业务员误导和欺诈无证据证明，故不同意原告的诉讼请求。

【案件焦点】

1. 代理人虚假宣传、混淆合同性质、夸大收益的，导致投保人对合同内容产生重大误解的情况下，是否可以请求撤销合同；2. 投保人对人寿保险合同的订立存在过错的，保险人在退还保险费时是否应扣除相应手续费。

【法院裁判要旨】

上海市虹口区人民法院经审理认为：因重大误解订立的合同，当事人一方有权请求人民法院撤销。结合至本案，卞某在华某“名义是份保险，实际上是我们推出的一个理财产品，购买越多利润越多，年收益率可以达10%”的误导下订立涉案合同，高额利率回报是其订立合同时所期待的理财目的。而合同约定给予卞某保险费10%的利益仅是签订合同首年的关爱年金，以后每年只有1%，显然与华某介绍的内容不相符合，与卞某订立合同的真实意思和目的亦不相符，故卞某有权请求撤销该合同，保险上海分公司应当返还卞某保险费，卞某应当返还已取得的首年关爱年金99864元；卞某对于合同的订立，缺乏经验，在签订投保金额如此之大的合同之前不核实情况，合同订立后又不仔细阅读条款，存在疏忽大意的过失，对回访电话也不实回复，丧失在犹豫期内解除合同的机会，给保险人的营运成本等带来一定的损失，故除对已缴纳保险费的利息损失应自行承担外，仍应赔偿保险上海分公司、保险总公司的相应损失，法院酌定该损失为保险费的 10%，即 99964 元。综上，扣除卞某应返还的关爱年金 99864 元，保险上海分公司实际应退回卞某保险费 799812 元。

上海市虹口区人民法院依照《中华人民共和国合同法》第五十四条第一款第一项、第五十八条之规定，作出判决：

一、撤销卞某与保险总公司订立的保险合同；

二、于判决生效之日起 10 日内，保险上海分公司退回卞某保险费 799812 元；

三、卞某要求保险上海分公司、保险总公司赔偿已交保险费利息的诉讼请求不予支持。

二审法院同意一审法院裁判意见。

【法官后语】

因重大误解订立的合同，当事人一方有权请求人民法院撤销。重大误解的确定一般应当从表意人作出意思表示原因是否为误解、表意人对合同的内容等是否发生了重大误解等方面予以考量，而且在实践中要考虑当事人的状况、活动性质、交易习惯等各方面的因素，区分误解者所误解的不同情况，予以综合判断。本案原告在保险上海分公司的业务员华某误导销售下订立涉案合同，卞某没有仔细阅读保险上海分公司、保险总公司提供的合同内容，对收益、合同目的等合同重大事项产生误解。证人的证言与华某于 2013 年 11 月 19 日所作的陈述能相互印证，原审法院采信其证明力，并据此结合本案其他证据认定卞某在合同订立中存在重大误解，并无不当，原审判决撤销卞某与保险总公司订立的保险合同，符合法律规定。原审鉴于卞某在合同订立中存在过错，赔偿保险上海分公司、保险总公司保险费的10%的损失，并在抵扣后判决保险上海分公司退回卞某保险费799812元，并无不当。此外，对卞某已缴纳保险费的利息损失理应自行承担。

综上，本案形成的裁判观点如下：

1. 银行代销人寿保险合同中，代理人虚假宣传、混淆合同性质、夸大收益的，投保人因而对合同内容产生重大误解的情况下，可以请求撤销合同。

2. 根据《最高人民法院关于适用〈中华人民共和国保险法〉若干问题的解释（二）》规定的精神，投保人对人寿保险合同的订立存在过错的，保险人在退还保险费时可以扣除相应手续费。本案对该费用的认定以保险人开展经营活动支出的合理成本和投保人过错程度相对应。

编写人：上海市虹口区人民法院　陈道喆　王潇

（二）意外伤害保险合同纠纷

153　保险合同格式条款对险种和赔付标准约定不明时的认定

——谭某诉保险宜昌支公司意外伤害保险合同案

【案件基本信息】

1. 裁判书字号

湖北省宜昌市中级人民法院（2020）鄂05民终1781号民事判决书

2. 案由：意外伤害保险合同纠纷

3. 当事人

原告（被上诉人）：谭某

被告（上诉人）：保险宜昌支公司

【基本案情】

2014年11月12日，原告就职的公司向被告保险宜昌支公司投保《建筑工程施工人员团体人身意外伤害保险（2013版）》，保险金额为60万元/人；《附加法定伤残鉴定标准保险（2013版）》，保险金额60万元/人；《附加意外伤害医疗保险（2013版）》，保险金额4万元/人。保险期限为2014年11月13日至2016年11月13日。2015年10月27日中午，原告在工作时发生交通事故被撞伤。2016年、2017年，原告分两次诉讼处理了机动车交通事故责任纠纷。（2017）鄂0529民初741号民事判决书认定原告因案涉交通事故支出医疗费5709.34元，原告在该案中放弃了对医药费进行保险赔付的主张。2016年8月29日，人社部门认定原告为工伤。2018年1月4日，宜昌市劳动能力鉴定委员会评定原告工伤致残程度为七级。2019年6月，人事劳动争议仲裁委员会仲裁裁决确认原告停工留薪期待遇60000元、一次性伤残补助金65000元、一次性工伤医疗补助金47193元、一次性伤残就业补助金78655元，共计250848元。

原告提起本案诉讼，要求被告给付建筑工程施工人员团体人身意外伤害保险项下保险金190848元；附加法定伤残鉴定标准保险项下保险金60000元；附加意外伤害医疗保险项下保险金5500元。被告认为，原告构成伤残，附加法定伤残鉴定标准保险是对团体人身意外伤害保险的补充说明，在本案中替代了团体人身意外伤害保险，保险公司只需支付附加法定伤残鉴定标准保险及附加意外伤害医疗保险两个险种的保险金。且附加法定伤残鉴定标准保险赔付金额为保险金额乘以相应比例，而非仲裁裁决金额。

【案件焦点】

1. 保险合同约定的是几个险种；2. 各险种的赔付金额如何计算。

【法院裁判要旨】

湖北省五峰土家族自治县人民法院经审理认为：原告提交的保单上清楚载明保险宜昌支公司承保的险种名称，三项险种为并列关系，并不存在补充、替代或包含关系，且合同条款也未约定按照附加险赔付残疾保险金后原主险的残疾保险金不再赔付。故被告应当按照三项险种分别进行赔付。

《建筑工程施工人员团体人身意外伤害保险条款》及《附加法定伤残鉴定标准保险条款》对两个险种的赔偿标准均有约定。但保单上有特别约定："本保单伤残赔付采用法定工伤标准，伤残赔付比例按照附加法定伤残鉴定标准条款执行"。两险种的赔付应当按照特别约定执行。原、被告对该条款的理解存在分歧：原告认为伤残赔付采用法定工伤标准，包括鉴定等级及赔付金额的计算，故主险应当按照仲裁裁决的工伤伤残补助金额赔付；被告认为该条款仅指伤残等级按照法定工伤鉴定等级计算，故应当以险种的保险金额乘以工伤伤残等级对应的赔付比例计算。当保险合同条款有两种以上解释时，应当作出有利于受益人的解释。但保单特别约定条款明确伤残赔付应当按照一定比例执行，原告提出直接按照仲裁裁决的工伤伤残补助金进行赔付的主张，与条款原意不符。若按照仲裁裁决的工伤伤残补助金再乘以相应的比例赔付，则更不利于原告。

湖北省五峰土家族自治县人民法院依照《中华人民共和国保险法》第三十条等规定，判决如下：

一、保险宜昌支公司于本判决生效之日起15日内支付谭某建筑工程施工人员团体人身意外伤害保险金60000元；

二、保险宜昌支公司于本判决生效之日起15日内支付谭某法定伤残鉴定标准保险金60000元；

三、保险宜昌支公司于本判决生效之日起15日内支付谭某意外伤害医疗保险金4320元。

二审法院同意一审法院裁判意见。

【法官后语】

随着我国经济的飞速发展，保险作为保障人们利益免受不确定因素影响、减少生命及财产损失的行业，也在不断发展和更新。但在实际操作过程中，由于保险合同是格式合同，保险公司单方拟定保险条款，难免更多考虑自身利益。这种单方事先决定的性质，在面对不特定人普遍使用的过程中，容易产生不公平的结果。且保险条款大多冗长，包含诸多保险行业专业术语，而投保人、被保险人或受益人文化水平参差不齐，大多缺乏专业知识，难以做到通读所有保险条款并深入研究条款含义。发生保险事故后，往往因被保险人与保险公司对条文的理解存在分歧而产生纠纷。为平衡合同相对方的共同利益，《中华人民共和国保险法》第三十条规定，保险人与投保人、被保险人或者受益人对合同条款有争议的，应当按照通常理解予以解释。对合同条款有两种以上解释的，人民法院或者仲裁机构应当作出有利于被保险人和受益人的解释。该条款是反立约人解释规则在《中华人民共和国保险法》中的具体体现。但在实际运用该条款时，要以不违反法律法规和公序良俗为前提，同时也要考虑保险合同特有的基本原则和专业技术性。

本案中，保单上载明原告投保的险种有《建筑工程施工人员团体人身意外伤害保险（2013 版）》《附加法定伤残鉴定标准保险（2013 版）》《附加意外伤害医疗保险（2013 版）》，保险金额分别为 60 万元/人、60 万元/人、4 万元/人。被告保险公司关于附加法定伤残鉴定标准保险是团体人身意外伤害保险的补充说明，保险金额相同，是一个险种的抗辩，无论按照通常理解，还是按照条文的约定，均不能成立。而对团体人身意外伤害保险及附加法定伤残鉴定标准保险赔付金额的计算方法，双方对条文的理解分歧更大。上述两项险种的保险条款中，分别约定有赔付金额的计算方法，但保单上有特别约定。在有特别约定的情况下，应当按照特别约定执行。谭某认为伤残赔付采用法定工伤标准，即主险应当按照仲裁裁决的工伤伤残补助金额赔付，附加险则用保险金额乘以对应比例。保险公司认为该条款仅指伤残等级按照法定工伤鉴定等级计算，应当以险种的保险金额乘以伤残等级对应的赔付比例计算。案涉保险合同对赔付金额计算方式的描述繁冗且复杂，依据《中华人民共和国保险法》第三十条的规定，首先应依据常理解释，特别约定条款明确了伤残赔付应当按照一定比例执行，原告主张的直接按照仲裁裁决的工伤伤残补助金数额赔付，显然与条文常理相违背，则赔付金额应当为一定的基数乘以伤残等级对应的比例。被告自认基数可以按照保险金额60万元计算，如果按照条款理解为工伤伤残补助金为基数，则更不利于受益人。故法院结合常理解释及有利于受益人的解释，认定两个险种的赔付金额均为保险金额乘以伤残等级对应的比例。

保险合同的格式条款并不意味着一方的垄断，实际上格式条款给合同双方都提出了更高的要求。为保障保险在经济活动中实现更大的价值，就合同提供方而言，一是要合法、合理、公平地确定双方的权利和义务，不应过度扩大自身利益；二是要充分履行告知义务，尤其是限制对方利益和增加对方义务的条款，更应详细说明，不应为经济利益、快速签订合同对投保人夸大其权益。就合同接收方而言，在签订格式条款时，要认真阅读条款全文，全面了解自己在保险合同中的权利和义务，对不明之处应要求对方详细说明或通过其他途径深入了解，只有确保自己完全理解和接受，才能投保。唯有这样，才能充分发挥格式条款的积极作用。

编写人：湖北省五峰土家族自治县人民法院　向瑾

154　保险合同中特别约定不明确的，不产生免责效力

——建设公司诉保险萧山公司意外伤害保险合同案

【案件基本信息】

1. 裁判书字号

浙江省杭州市萧山区人民法院（2020）浙0109民初17519号民事判决书

2. 案由：意外伤害保险合同纠纷

3. 当事人

原告：建设公司

被告：保险萧山公司

【基本案情】

2018 年 11 月 27 日，建设公司、保险萧山公司订立《保险合同》，约定：建设公司就案涉工程投保建筑工程团体意外伤害保险（险种 1）、附加绿洲意外费用补偿团体医疗保险（险种 2）；被保险人数为 50 人，保险金额分别为 25000000 元、1500000 元；合同生效日为 2018 年 11 月 10 日，合同满期日为 2019 年 11 月 9 日，保险费合计 10410 元。特别约定：附加绿洲意外费用补偿团体医疗保险，无医保的免赔额为 100 元，赔付比例为 80%，有医保的免赔额为 100 元，赔付比例为 90%。保险人不承担投保日与生效日之间的责任，从合同生效且资金到账的次日承担保险责任。此工程不涉及高空作业。

2019 年 1 月 3 日，建设公司与吴某订立《浙江省建设领域建议劳动合同》。2019 年 6 月 23 日，吴某在案涉工程采光顶（距离地面 3 米左右）安装过程中不慎摔伤，于当日住院治疗，共计支出医疗费 22874.84 元。经鉴定，吴某伤残等级评定为 10 级。后吴某将保险金请求权转让给建设公司，建设公司向保险萧山公司申请理赔，保险萧山公司以不在保险责任范围内为由拒赔。

建设公司向法院起诉，请求保险萧山公司支付建设公司伤残保险金 50000 元、意外费用医疗保险金 15485.6 元、鉴定费用 1200 元。

【案件焦点】

保险合同已特别约定“此工程不涉及高空作业”，保险期间内高空作业过程中发生的意外伤害是否属于保险责任约定范围。

【法院裁判要旨】

浙江省杭州市萧山区人民法院经审理认为：保险合同是投保人和保险人约定保险权利义务关系的协议，建设公司、保险萧山公司之间的团体意外伤害保险合同合法有效，双方均应按约履行合同义务。吴某作为案涉保险合同的被保险人之一，在保险期间发生保险事故，系相应保险金的受益人。现建设公司已赔偿吴某相关费用，并受让吴某保险合同项下的保险金请求权，不违反法律规定，且建设公司已就受让的保险金请求权向保险萧山公司申请理赔，故建设公司系本案适格的原告，依约享有向保险萧山公司主张保险金的权利。建设公司起诉主张其与保险萧山公司签订的保险合同中未约定“保险人对高空作业产生的意外伤害不承担责任”，且建设公司事先已告知案涉工程存在高空作业内容，保险萧山公司未采取合理方式提醒建设公司注意投保单中“此工程不涉及高空作业”系免除责任情形，不能据此免除责任；双方对“此工程不涉及高空作业”理解有争议，应当作出对建设公司有利的解释；故保险萧山公司对吴某在案涉工程施工过程中发生的意外伤害应承担保险金给付义务。保险萧山公司认为双方已特别约定“此工程不涉及高空作业”，且建设公司在投保单中对上述约定亦签字盖章确认，案涉意外伤害属于高空作业过程中发生的，不在保险责任范围。故本案争议焦点是保险期间内吴某在案涉工程施工过程中发生的意外伤害是否属于保险萧山公司保险责任约定范围。

首先，吴某系在案涉工程采光顶施工过程中不慎从 3 米左右高空摔下致伤属于案涉保险合同约定的保险事故，对此建设公司、保险萧山公司均不持异议，均认为系案涉工程高空作业过程中发生的意外伤害，本院对该事实予以认定。其次，“此工程不涉及高空作业”不属于保险条款约定的责任免除情形，双方在特别约定中仅载明“此工程不涉及高空作业”，但并未就“此工程不涉及高空作业”是否系责任免除情形作出明确约定，故不能据此认定“此工程不涉及高空作业”系责任免除情形。另，建设公司在投保时已向保险萧山公司提供案涉工程《采光顶、采光井制作安装合同》，保险萧山公司对案涉工程是否存在高空作业理应知悉，即便约定中“此工程不涉及高空作业”系免除保险人责任的条款，保险萧山公司亦应当在投保单、保险单或者其他保险凭证上作出足以引起投保人注意的提示，并对该条款的内容以书面或者口头形式向投保人作出明确说明。保险萧山公司仅在投保单、保险单中载明“此工程不涉及高空作业”，未对上述约定会产生责任免除的法律后果作明确说明，应视为保险公司未就免责条款向投保人履行明确告知义务，该条款不生效。最后，建设公司、保险萧山公司对“此工程不涉及高空作业”条款的理解存在争议，在保险条款等未将高空作业排除在保险责任范围的情况下，根据不利解释原则，本案亦应当作出不利于保险萧山公司的解释。故认定吴某因案涉工程高空作业过程中发生的保险事故属于保险萧山公司保险责任范围，保险萧山公司应当按照保险条款的约定承担保险责任。

根据保险合同和保险条款的约定，保险萧山公司应承担的保险金包括：伤残保险金 50000 元（被保险人的保险金额 500000 元×伤残等级 10 级对应的保险金给付比例 10%）；意外费用医疗保险金 18219. 87 元［（22874. 84 元-100 元）×80%］。故建设公司要求赔付伤残保险金 50000 元、意外费用医疗保险金 15485. 6 元的诉讼请求，不违反法律规定，予以支持。保险萧山公司关于其不承担赔付责任的抗辩意见，依据不足，不予采信。关于建设公司要求保险萧山公司承担鉴定费用 1200 元的诉讼请求，鉴定费用不属于保险责任范围，故对该项诉请不予支持。

浙江省杭州市萧山区人民法院依照《中华人民共和国合同法》第七十九条、第八十条，《中华人民共和国保险法》第十四条、第十七条、第三十条和《中华人民共和国民事诉讼法》第六十四条第一款之规定，判决如下：

一、保险萧山公司在本判决生效之日起十日内赔付建设公司保险金 65485. 6 元；

二、驳回建设公司的其他诉讼请求。

判决后，双方当事人均未上诉，本判决现已生效。

【法官后语】

1. “此工程不涉及高空作业”不是免责条款，亦不是投保人如实告知义务范畴

本案中，吴某系在案涉工程采光顶施工过程中不慎从 3 米左右高空摔下致伤，属于保险合同约定的保险事故。对此建设公司、保险萧山公司均不持异议。然而建设公司、保险萧山公司在特别约定中仅载明“此工程不涉及高空作业”，但并未就“此工程不涉及高空作业”是否系责任免除情形作出明确约定，不能仅据此认定“此工程不涉及高空作业”系免责条款。根据日常生活经验，架空层处采光顶、景观室外地下室顶板采光井等施工必然存在高处作业施工项目，对此保险人保险萧山公司理应知悉。因此，建设公司亦不存在故意或者重大过失未履行如实告知义务的情形。

2. 保险人未尽明确说明义务，条款不生效

保险合同是一种典型的格式合同，具有较强的专业性、技术性，投保人受限于自身专业知识，对保险业务和保险条款知之甚少，较保险人处于弱势地位，而保险人基于自身利益有可能事先在保险合同拟定一些不利于被保险人的格式条款。对此，《中华人民共和国保险法》第十七条第二款规定，对保险合同中免除保险人责任的条款，保险人应尽提醒注意和明确说明义务，否则条款不产生效力。“明确说明”并非一般意义上的明示、告知，除在保险单上提示投保人注意外，还应当对有关免责条款的概念、内容及其法律后果等，以书面或者口头形式向投保人或其代理人作出解释，以使投保人明了该条款的真实含义和法律后果。

本案中，保险人提供的投保单上虽印有“贵公司已对保险合同的条款内容履行了说明义务……保险条款尤其是责任免除合同等规定，并同意遵守”的内容，并有投保人签字盖章，但该投保单上未写明保险合同的具体条款，建设公司亦不认可保险人将“此工程不涉及高空作业”是免责条款向其作了明确说明，尚不足以证明保险人已经向投保人建设公司作了明确说明。另，从疑义利益解释原则来看，应作出对保险公司不利的解释。建设公司认为该约定系对案涉工程是否存在高空作业的描述，而建设公司已向保险人提供了案涉工程合同，并非高空作业造成的意外伤害保险人不承担赔付责任。保险萧山公司认为该约定系责任免除约定，不承担赔付责任。对合同条款有两种以上解释的，人民法院应当作出有利于被保险人和受益人的解释。故根据疑义利益解释原则，亦应当作出不利于保险人的解释。

编写人：浙江省杭州市萧山区人民法院　李春兰

155 被保险人违反建筑安全生产相关规定保险人即免除保险责任的保险条款无效

——集团第四工程公司诉人寿保险公司保险合同案

【案件基本信息】

1. 裁判书字号

北京市第一中级人民法院（2020）京01民终3404号民事判决书

2. 案由：保险合同纠纷

3. 当事人

原告（被上诉人）：集团第四工程公司

被告（上诉人）：人寿保险公司

【基本案情】

2016年8月30日，集团第四工程公司某项目二期主体25标项目经理部（以下简称25标项目部）与人寿保险公司签订保险合同，合同约定，投保人为25标项目部，保险期间为2016年8月29日0时至2019年12月20日24时，险种为建筑工程团体意外伤害保险，保险金额为30万元/人，被保险人人数为600人，付某为被保险人之一。保险合同第2.4条“责任免除”第8项以粗体字载明，被保险人违反建筑工程安全生产的相关规定。保险合同第4.1条“保险金受益人的指定和变更”载明，没有指定受益人或者受益人指定不明无法确定的，被保险人身故，身故保险金作为被保险人的遗产，由人寿保险公司按照法律规定履行给付保险金的义务。

2017年7月14日，付某在某项目二期工程第三批主体工程（以下简称施工项目）2#隧道出口操作铣挖机做挖掘工作时，上方掉落的土块砸在其安全帽上，后付某经抢救无效死亡。事故发生后，县安全生产监督管理局认定事故主要原因为付某在超出3m安全区域外作业，安全意识淡薄，事故性质为违规操作导致的一般生产安全事故，决定对集团第四工程公司作出处24万元罚款的行政处罚。

2017年7月18日，付某的继承人顾甲（兼付乙的法定代理人）、顾乙、付甲、付乙出具收款说明，内容为：已收到集团第四工程公司支付付某亡故赔偿金共计125万元，同时承诺就付某施工时意外伤害死亡事件，不再向承包方及施工单位主张任何权利。

2017年9月1日，顾甲、顾乙、付甲、付乙向集团第四工程公司出具权益转让书，将2017年7月14日发生的属于上述保险合同项下的保险事故应得的各项保险金转让给集团第四工程公司，并授权该公司直接向其支付保险金。

2018年5月15日，人寿保险公司在出险确认表处注明，依据提供的安检证明，被保险人违反了安全生产的相关规定，依据保险合同第8条，本公司不承担保险责任。集团第四工程公司遂起诉请求人寿保险公司给付保险金。

【案件焦点】

保险合同中“被保险人违反建筑工程安全生产的相关规定”的免责条款效力如何认定。

【法院裁判要旨】

北京市延庆区人民法院经审理认为：《中华人民共和国保险法》第十九条规定，“采用保险人提供的格式条款订立的保险合同中的下列条款无效：（一）免除保险人依法应承担的义务或者加重投保人、被保险人责任的；（二）排除投保人、被保险人或者受益人依法享有的权利的”。此为保险法对于保险条款的内容控制规范。具体至本案，首先，对于何为“违反建筑工程安全生产”、违反的建筑工程安全生产规定层级以及由谁来证明违反了建筑安全生产等，在涉案保险合同中均没有明确的定义、释义，一旦发生建筑安全生产事故，人寿保险公司以此笼统、宽泛、不明确的表述就剥夺受益人请求保险金的权利，对受益人有所不公，限制和排除了受益人的主要权利。其次，对于违反建筑工程安全生产相关规定，在主观上亦有故意或者重大过失、一般过失之分，不区分情形而笼统不予赔付，无异于架空了被保险人、受益人基于意外伤害险而享有的保险金请求权和分散风险的权利，剥夺了被保险人、受益人的主要权利。人寿保险公司指出，“安全生产的规定不可能在保险合同中尽数列明，就如同保险合同中对故意犯罪行为的免赔责任中也不会就犯罪的罪名尽数列明”。其也认为，免赔责任应针对主观故意。本案中，通渭县安全生产监督管理局认定事故为一般事故，非重大事故，亦并无证据表明付某系故意违反安全生产管理规定造成保险事故或者存在自杀行为。因此，受益人应享有基于本案保险合同而产生的保险金请求权。

北京市延庆区人民法院依照《中华人民共和国保险法》第二条、第五条、第十条、第十二条、第十七条、第十九条，《最高人民法院关于适用〈中华人民共和国保险法〉若干问题的解释（二）》第九条，《最高人民法院关于适用〈中华人民共和国保险法〉若干问题的解释（三）》第十三条，《中华人民共和国民事诉讼法》第六十四条的规定，判决如下：

一、人寿保险公司于判决生效后七日内支付集团第四工程公司保险金30万元；

二、驳回集团第四工程公司的其他诉讼请求。

二审法院同意一审法院裁判意见。

【法官后语】

本案中，受益人认为“违反建筑安全生产相关规定即免除保险责任”属于《中华人民共和国保险法》第十九条免除保险人依法应承担的义务或者加重投保人、被保险人责任的条款，排除了投保人、被保险人或者受益人依法享有的权利，应为无效。因此，此问题涉及《中华人民共和国保险法》第十九条内容控制的审查标准。《中华人民共和国保险法》第十九条没有对何为免除、加重等作出明确的判断标准。有观点认为，免责条款是否通过内容控制审查应依个案判断；亦有观点认为，违反平等互惠原则的保险合同条款、违反任意性规范之条款、妨碍达成合同目的的条款等违反公平原则的条款可认定为无效。①

在理论上，按照德国的立法理由，是将宣示性条款和核心给付条款排除在内容规制之外的。所谓宣示性条款，是指重复法律规定的条款，这样的条款不仅不会损害到给付的均衡，相反在很多情形

① 参见高圣平：《试论格式条款效力的概括规制——兼评我国合同法第39条》，载《湖南师范大学社会科学学报》2005年第3期。

下它恰好能体现立法者所期待的给付均衡。[①] 故如何判断核心给付条款又成为在此理论之下的问题。

具体至保险合同中，结合上述理论，有观点提出，“保险合同约定保险金给付事由，即保险人之给付义务具体化之偶然且一定之事实（承保风险），以及保险金给付标准的条款，均应当属于保险合同的核心给付条款”[②]。同时，“保险法第十九条的合理适用范围应限于具有远期性、不确定性的约定义务条款，尤其是隐藏性义务条款，而不应当适用于保险给付事由（包括危险描述条款与危险限制条款）、保险金计算方式或给付标准及保险费等核心给付条款”[③]。相对地，也有观点反对将除外责任、免赔率等限制保险责任的条款排除于审查范围外，否则内容控制的范围将被极大压缩；保险格式条款内容控制的范式应采用抽象表述与具体列举相结合，并结合比较法提出两项抽象判断标准：条款与其所排除的适用或补充之任意性规范的立法宗旨明显矛盾；合同的主要权利或义务因受条款的限制，而使合同目的难以达成。[④]

上述理论为保险条款的内容控制审查提供了分析框架，尽管理论表述方式存在不同，但是从前述理论中大抵可以判断出保险合同条款内容控制审查的几个关键，即宣示性条款、核心给付条款不属于内容控制的审查范围；具有远期性和不确定性的约定义务条款，违反互惠平等原则的条款，对被保险人、受益人主要权利

---

① 解亘：《格式条款内容规制的规范体系》，载《法学研究》2013 年第 2 期。

② 王静：《我国〈保险法〉第 19 条司法适用研究——基于保险格式条款裁判的实证分析》，载《政治与法律》2014 年第 11 期。

③ 王静：《我国〈保险法〉第 19 条司法适用研究——基于保险格式条款裁判的实证分析》，载《政治与法律》2014 年第 11 期。

④ 马宁：《保险格式条款内容控制的规范体系》，载《中外法学》2015 年第 5 期。

进行限制的条款以及限制合同目的实现的条款，大抵属于无效条款。

就本案而言，“违反建筑安全生产相关规定即免除保险责任”的条款无法通过内容控制审查，属于无效条款。

第一，内容过于宽泛、缺乏确定性。保险合同中并没有就违反建筑安全生产相关规定中的建筑安全生产规定的层级、范围进行明确，那么实践中有的情形可能违反地方性的建筑安全生产规定，而不违反国家、行业规范；保险合同也没有明确由谁来认定是否存在违反建筑安全生产相关规定的事实。因此一旦发生保险事故，保险人以此笼统、宽泛、不明确的表述剥夺受益人请求保险金的权利，对受益人有所不公，限制和排除了受益人的主要权利。

第二，未区分主观故意与过失，限制了受益人主要权利。对于违反建筑工程安全生产相关规定，被保险人在主观上亦有故意或者重大过失、一般过失之分。故意导致保险事故发生，当然不属于保险金赔付的范围，对此，保险法第二十七条第二款规定，投保人、被保险人故意制造保险事故的……不承担赔偿或者给付保险金的责任；第四十三条规定，投保人故意造成被保险人死亡、伤残或者疾病的，保险人不承担给付保险金的责任；第四十五条规定，因被保险人故意犯罪……保险人不承担给付保险金的责任。但是，被保险人基于过失导致保险事故的发生之时，恰恰是保险分散风险功能得以体现之时，如果不考虑主观情形而笼统不予赔付，限制了被保险人、受益人的订立保险合同的目的以及基于保险合同所享有的基本权利。

因此，本案保险合同中“违反建筑安全生产相关规定即免除保险责任”的条款限制了受益人的主要权利，无法通过《中华人民共和国保险法》第十九条的内容控制审查，属于无效条款。

编写人：北京市第一中级人民法院　曹明哲

156　投保人通过互联网投保意外伤害保险时保险公司核保义务的界定

——刘某诉财险北京分公司保险合同案

【案件基本信息】

1. 裁判书字号

北京市东城区人民法院（2020）京 0101 民初 8744 号民事判决书

2. 案由：保险合同纠纷

3. 当事人

原告：刘某

被告：财险北京分公司

【基本案情】

刘某通过手机平台投保“家庭综合意外险”，保险责任包括意外伤害身故及残疾保险金、意外医疗保险金等，该保险产品由财险北京分公司承保。刘某与财险北京分公司签订《个人人身意外伤害保险合同》，期限为 2019 年 7 月 14 日至 2020 年 7 月 13 日，被保险人为刘某及其丈夫、儿子、父亲。刘某将四位被保险人身份信息、身份证等上传系统，后经财险北京分公司核保通过。自合同生效后，刘某按月交纳保险费。2020 年 1 月 7 日，刘某父亲在家中意外摔倒，摔伤后出现下肢截瘫，生活不能自理，但因某不可抗力因素无法送医院治疗。直到 2020 年 3 月 9 日，其父才被送至医院接受检查治疗，后于 3 月 25 日死亡。

被保险人出险后，刘某按投保的意外伤害保险向财险北京分公司申请理赔，但财险北京分公司于 2020 年 4 月 1 日出具解除保险合同通知书，并于 4 月 2 日作出不予赔付通知书。故刘某诉至法院，要求支付保险金。财险北京分公司辩称，刘某父亲不属于案涉保险合同有效的被保险人，案涉保险产品只面向 1 岁至 60 岁的人进行销售。刘某在其父亲 74 岁的时候仍然投保，隐瞒其年龄，财险北京分公司有权解除保险合同，不承担保险责任，退还刘某保险的现金价值。未有证据证明发生了“摔倒”的意外事故及因该意外事故造成死亡，财险北京分公司不应承担保险责任。

【案件焦点】

保险公司无法回溯投保流程时，是否可以投保人未如实告知为由解除合同。

【法院裁判要旨】

北京市东城区人民法院经审理认为：关于财险北京分公司是否享有合同解除权问题。财险北京分公司认为涉案意外伤害保险的被保险人刘父在投保时已超过 60 周岁，不符合涉案保险的投保条件，投保人对此未进行如实告知，故财险北京分公司享有解除合同的权利。依照法律规定，订立保险合同时，保险人就保险标的或者被保险人的有关情况提出询问的，投保人应当如实告知。投保人故意或者因重大过失未履行前款规定的如实告知义务，足以影响保险人决定是否同意承保或者提高保险费率的，保险人有权解除合同。本案中，刘某认为在投保时并未看到被保险人年龄的限制，结合刘某、财险北京分公司提交的保险单，保险单均载明被保险人的范围，故涉案保险承保范围仅针对1~60周岁的被保险人。投保人提出投保要求，经保险人同意承保，保险合同成立。刘某为刘父投保时，刘父已超过60周岁，财险北京分公司并未提交证据证明刘某存在故意隐瞒刘父年龄的情形。保险人在核保时并未对此提出异议，亦未提示投保人被保险人年龄超过承保范围，并向刘某签发保险单，应当视为保险公司同意承保。保险公司在承保后再以刘某未向保险人如实告知为由解除合同，于法无据。

关于财险北京分公司是否应对被保险人刘父的死亡承担保险责任问题。双方签订的保险合同成立，双方均应遵守保险条款约定。保险条款中约定，被保险人因遭受意外伤害事故导致身故、残疾的，保险人依照约定给付保险金，且给付各项保险金之和不超过保险金额。身故保险责任约定，在保险期间内，被保险人遭受意外伤害事故，并自事故发生之日起一百八十日内因该事故为直接原因事故的，保险人按保险金额给付身故保险金，对该被保险人的保险责任终止。本案被保险人刘父的死亡证明书中载明，刘父的死亡原因系多器官功能衰竭，其入院时门诊诊断为右肾积水，故其死亡的直接原因应是疾病。刘某为刘父投保的是意外伤害保险，保险条款中约定的是身故保险责任，意外伤害应为事故的直接原因。刘某虽主张刘父系摔倒导致截瘫进而引发疾病死亡，但刘某并未提交证据证明刘父曾发生摔伤的事实以及摔伤系死亡的直接原因。故刘某认为刘父死亡属于被告保险责任的主张，不予支持。

北京市东城区人民法院依照《中华人民共和国保险法》第十三条、第十六条，《中华人民共和国民事诉讼法》第六十四条第一款的规定，判决如下：

驳回刘某的诉讼请求。

判决后，双方当事人均未上诉，本判决现已生效。

【法官后语】

随着互联网全面融入居民的生活，各保险公司逐步在互联网平台上进行保险产品的宣传、营销、服务，并通过电子平台完成投保、核保、理赔、给付等一系列活动。投保人在互联网平台上可自主浏览、选择保险产品，通过填写投保信息、阅读电子保险条款、交纳保险费完成整个投保流程。线上投保的方式虽给投保人及保险公司提供了便利，但由于并无完善的投保确认、询问告知体系，纠纷发生后无法回溯投保人电子投保时的投保页面，无法确认保险人是否就相关问题进行了询问。

本案系投保人通过互联网平台自主投保意外伤害保险的案件。投保人主张在互联网平台投保时，页面并未对被保险人的年龄进行限制，且保险公司在核定被保险人信息后予以承保，保险合同合法有效。保险公司主张投保人在投保时未尽如实告知义务，致使保险公司基于错误认识承保，应当解除保险合同。由此引发的问题是投保人如实告知义务与保险公司核保义务的范围应如何界定。

1. 投保人如实告知义务的范围

按照《中华人民共和国保险法》第十六条的规定，订立保险合同，保险人就保险标的或者被保险人的有关情况提出询问的，投保人应当如实告知。投保人故意或者因重大过失未履行前款规定的如实告知义务，足以影响保险人决定是否同意承保或者提高保险费率的，保险人有权解除合同。网络投保时，投保人基于最大诚信原则，应当仔细阅读保险条款，仔细审核是否符合保险公司的承保条件，如明知不符合承保条件仍继续投保，则违反了投保人的如实告知义务。本案投保人在为被保险人投保时，被保险人年龄与电子保单上载明的年龄并不相符，投保人主张投保时并无年龄限制，且保险公司并未对于承保条件进行解释说明。保险公司虽提交了涉案保险产品投保的全流程视频，但该产品并非投保人投保时的保险产品的页面内容，针对投保时的保险产品，保险公司并未提交证据证明已在产品页面上明确注明被保险人的年龄限制，不能证明投保人在投保时隐瞒了足以影响承保的重要信息。

2. 保险公司的核保义务

投保人提出保险要求，经保险人同意承保，保险合同成立。本案中，保险公司提出投保人提交了投保信息后，并未进行人工核保，系统仅审核投保人是否符合要求，并未审核被保险人信息，也未在投保人投保时对于不符合年龄要求的被保险人作出弹框提示。在投保人申请理赔时，保险公司发现被保险人不符合该款产品的年龄要求，故提出解除合同。保险公司对于投保人的投保要求，需要进行审核是否符合相关产品要求，保险公司不进行核保即同意承保，事后再以投保人未尽如实告知义务为由解除合同，加重了投保人的义务，减轻了保险公司的责任，不符合保险公司应遵循的诚实信用原则。

3. 近因原则下保险责任的认定

近因原则系危险事故的发生与损失结果的形成须有直接的因果关系，保险人才对发生的损失承担理赔责任的原则。实践中，多因一果情况下保险责任的认定是审理的难点和要点。本案中，意外事故导致疾病死亡是否属于保险公司应该理赔的情形即另一争议焦点。在认定因果关系的过程中，不同事实情形将导致不同保险责任的认定结论。第一种情形为多种原因相继发生致损，要看后因是否为前因的必然结果。具体到本案中，摔倒后截瘫导致多器官功能衰竭死亡，截瘫是前因，多器官功能衰竭是后因，实际上截瘫后并不必然导致多器官衰竭，因此后因不是前因的常理延续，是新介入的独立原因，死亡由后因所致。意外事故与死亡结果不具有因果关系，保险人的死亡不属于保险责任。第二种情形是多种原因同时发生致害，致害的原因相互之间无前后关系，如截瘫和感染同时发生导致死亡的。若多种原因均属保险风险，则保险人负责赔偿全部损失；若多种原因中既有保险风险又有除外风险，保险人可按比例予以赔付。第三种情形是摔倒直接导致死亡，则属于意外事故。由此可见，发生保险责任范围内的意外事故和人身意外伤害不必然导致保险公司承担保险责任，投保人或其他受益人还应举证证明意外事故和人身意外伤害之间存在因果关系。

编写人：北京市东城区人民法院　黄莹荧　刘宇佳

157　责任保险理赔应否一律以损失实际发生为前提

——体育公司诉人保延庆支公司保险合同案

【案件基本信息】

1. 裁判书字号

北京市延庆区人民法院（2020）京0119民初5830号民事判决书

2. 案由：保险合同纠纷

3. 当事人

原告：体育公司

被告：人保延庆支公司

【基本案情】

2017年7月25日，体育公司与人保延庆支公司签订保险合同，为其经营的一处高尔夫俱乐部投保公众责任保险，保险期间为12个月（自2017年7月28日0时起至2018年7月27日24时止）。保险责任限额为100万元，每次事故责任限额50万元，每次事故每人人身伤亡责任限额10万元，每次事故每人财产损失赔偿限额1万元；每次事故财产损失免赔额为100元或损失金额的10%，以高者为准。

2018年7月27日，前述高尔夫俱乐部内发生高尔夫球伤人的事故，造成第三人（郑某，其年龄为2岁3月）受伤。医院出具两份诊断证明书，确认郑某为眼外伤、鼻外伤、鼻骨骨折。诊断证明书还载明，郑某实际就诊时间为2018年7月27日和2018年7月28日。医院影像学检查诊断报告单载明：郑某右侧鼻骨略塌陷，局部骨质骨折，对位可；右侧上颌骨额突出下缘骨折，对位可。

2020年1月11日，体育公司（甲方）与郑某之监护人（乙方）签订赔付协议，双方约定：2018年7月27日在高尔夫俱乐部内发生高尔夫球伤人事故，造成乙方小孩（即郑某）鼻骨骨折及塌陷，需要做全麻鼻骨矫正手术；因小孩年龄尚小，暂不适合做全麻手术，经咨询医生可以等年龄稍大后再进行手术，手术费用预计3万元至5万元，经双方协商，甲方已经一次性赔付乙方所有损失及手术费用合计人民币3万元，甲方就此事故赔偿责任终止，乙方不得再向甲方提出任何赔偿请求，双方签字生效。经询，郑某之监护人郑甲表示：已收到体育公司给付的3万元赔偿现金；医疗费票据、诊断证明等原件已交于人保延庆支公司；郑某现一侧鼻骨还有些塌陷，因年龄较小不适合全麻手术，故暂时未做手术。审理中，双方均表示不申请鉴定。

人保延庆支公司以体育公司所支付的3万元并非手术实际发生的费用为由拒绝赔付除实际医疗费用外的其他费用，故体育公司诉至法院。

【案件焦点】

1. 人保延庆支公司是否应就未实际发生的手术治疗费用予以赔偿；2. 体育公司与郑某的监护人和解并实际履行的“手术费用估算数额”是否合理。

【法院裁判要旨】

北京市延庆区人民法院经审理认为：责任保险是指以被保险人对第三者依法应负的赔偿责任为保险标的的保险。体育公司与人保延庆支公司之间的公众责任保险合同关系，系双方当事人的真实意思表示，未违反法律法规的禁止性规定，合法有效，双方均应当按照合同约定履行义务。本案的争议焦点在于人保延庆支公司是否应就未实际发生的手术治疗费用予以赔偿以及手术费用估算数额是否合理。本案中，因郑某年龄尚小，直接进行全麻手术可能会对孩子的健康产生不利影响，即时执行矫正手术风险过大。基于保护儿童以及快速解决纠纷的考虑，体育公司与郑某的监护人郑甲私下协商并达成赔偿协议，并未违反法律法规的禁止性规定。关于赔偿数额的合理性问题，体育公司及郑某监护人结合伤者的年龄、医院的诊断，在没有相反证据证明赔偿数额不合理且双方均未申请鉴定的情况下，该和解金额应认定为合理。基于体育公司已实际向第三人足额支付3万元赔偿金的事实，体育公司作为保险合同的投保人、被保险人，就实际承担的损失有权依据保险合同的约定向人保延庆支公司主张支付保险金。根据保险单约定，每次事故每人人身伤亡责任限额10万元。人保延庆支公司对于发生在保险期间内的保险事故，应当在此限额内进行赔偿。现体育公司主张的赔付数额显然未超出合同约定，故体育公司要求人保延庆支公司支付3万元保险金的诉讼请求，合法有据，本院应予支持。人保延庆支公司经本院合法传唤，无正当理由拒不到庭参加诉讼，应视为自愿放弃了对本案的抗辩权利。

北京市延庆区人民法院依照《中华人民共和国保险法》第二条、第十条、第十四条、第六十五条以及《中华人民共和国民事诉讼法》第一百四十四条之规定，判决如下：

人保延庆支公司于本判决生效后七日内给付体育公司保险赔偿金3万元。

判决后，双方当事人均未上诉，本判决现已生效。

【法官后语】

本案的主要争议焦点在于人保延庆支公司是否应就未实际发生的手术治疗费用予以赔偿。责任保险属于财产保险的一种，基于财产保险的损失补偿原则，一般情况下，被保险人的损失实际发生后，方能向保险人主张赔偿。在责任保险合同纠纷中，应否一律以“损失实际发生”作为保险理赔的前提这一问题，在实践中时常引发争议。

在责任保险合同纠纷中，“损失实际发生”的理解通常表现在两个层面：一是被保险人的“损失实际发生”，即被保险人向第三者履行了赔付义务；二是第三者的“损失实际发生”。对于普通的责任保险合同纠纷而言，第三者的损失已经实际发生，且被保险人已经赔付完毕，方能认定被保险人的损失实际发生。此时，保险人依法履行赔付义务。但有两种特殊情况在实践中时常发生：一是第三者损失已经实际发生，但被保险人无力赔偿或怠于赔偿；二是第三者目前并未产生实际损失，但未来必然会发生损失，基于及时定分止争的意向，被保险人与第三者协商提前履行赔付义务。对于第一种特殊情况，《中华人民共和国保险法》第六十五条赋予了解决路径，即只要被保险人对第三者应负的赔偿责任确定的，应被保险人申请，保险人应向第三者赔偿保险金；被保险人怠于履行的，第三者可以直接向保险人主张赔偿。对于第二种特殊情况，实践中则处理方法不一致，支持者多以双方和解数额并无不合理且被保险人已经实际支付为由判令保险人予以赔偿，反对者则以第三者损失尚未实际发生、待发生后可再行主张为由不予赔偿。

就本案而言，第三者年龄尚小，直接进行全麻手术可能会对孩子的健康产生不利影响，即时执行矫正手术风险过大。基于这种特殊的客观事实，何时进行手术并无明确预期，如坚持以第三者“实际损失发生”后再行赔付的观点，被保险人和第三者的权利都将长期处于不确定状态，明显不符合日常生活的经验法则，亦不利于定分止争。此外，被保险人与第三者私下协商并达成赔偿协议，并未违反法律法规的禁止性规定。因此，本案中，即便第三者的损失并未实际发生，但只要其损失确定，赔偿数额并未超出合理限额，保险人就应当履行赔付义务。当然，对于诸如“二次手术”费用等能够明确期限的损失，在没有有效鉴定意见支持的前提下，为避免道德风险，待损失实际发生后再行赔付则更为合理。

编写人：北京市延庆区人民法院　石菲　刘芳

158 通过网络平台在同一家保险公司重复购买多份内容相同保险的效力认定

——吴甲诉某某保险有限公司苏州分公司人身保险合同案

【案件基本信息】

1. 裁判书字号

广东省广州市海珠区人民法院（2020）粤 0105 民初 23689 号民事判决书

2. 案由：人身保险合同纠纷

3. 当事人

原告：吴甲

被告：某某保险有限公司苏州分公司

【基本案情】

吴甲于 2018 年 11 月 3 日在手机保险平台购买了两份老年人综合意外保险，两份保险的保障开始时间均为 2018 年 11 月 4 日，结束时间为 2019 年 11 月 3 日，被保险人为投保人的母亲吴乙。2019 年 5 月 30 日 23 时 37 分，案外人唐某不按照规定倒车，造成吴乙受伤。事故发生后，吴乙被送到第一家医院进行治疗，初步诊断为骨折，经过三天的治疗后回到家中。2019 年 6 月 28 日，吴乙再次来到第一家医院进行治疗，仍未见好转。2019 年 7 月 17 日，吴乙前往第二家医院进行治疗，并于当天被安排住院，入院诊断为肩袖损伤和精神分裂症。2020 年 7 月 24 日，吴乙出院。吴乙在第一家医院进行治疗的费用为 5085.13 元，在第二家医院进行治疗的费用为 37465.17 元。

2019 年 7 月，原告向被告申请索赔，被告却说“同一保险期间内每位被保险人限投保一份，不同意向原告支付两份保险金”，并于 2019 年 8 月 9 日向投保人退还 147 元的保险费。投保人向被告要求其提供保险单，被告以各种理由拒绝提供，直到原告提起诉讼后，被告才于 2020 年 6 月 5 日通过邮件发送了一份电子保单给投保人。原告提起本案诉讼，要求被告向原告支付意外残疾赔偿金 20000 元、意外医疗费用 20000 元、意外住院津贴 900 元、骨折意外赔偿 3000 元，共计 43900 元。被告没有提交答辩意见及证据。

【案件焦点】

被告是否应该对投保人所购买的两份同一保险均予以理赔。

【法院裁判要旨】

广东省广州市海珠区人民法院经审理认为：通过互联网平台在同一家保险公司重复购买多份内容完全相同的保险不属于我国法律中的重复保险，该重复购买的多份保险合同在无法定合同无效情形下均成立且有效，保险公司不得单方解除；保险事故发生后，此种情形下的理赔规则应视保险性质而定，即补偿性保险应当类推适用重复保险的限制理赔规则，非补偿性保险则应按每份保险合同予以“重复理赔”。

广东省广州市海珠区人民法院依照《中华人民共和国合同法》第八条、第六十条第一款，《最高人民法院关于适用〈中华人民共和国民事诉讼法〉的解释》第九十条的规定，判决如下：

被告在本判决发生法律效力之日起十日内向原告支付赔偿款43753元（含意外医疗费用20000元、意外住院津贴900元、骨折意外补偿3000元、意外残疾赔偿金20000元，并扣减被告已退回的147元）。

判决后，双方当事人均未上诉，本判决现已生效。

【法官后语】

近年来，保险公司为拓展其业务，纷纷将其保险业务搬上互联网，消费者可通过第三方平台选购自己需要的保险产品，大大提升了消费者购买保险的便捷度。但在投保过程中，一旦购买页面未对购买数量作出限制，很容易出现消费者在同一家保险公司重复购买多份内容完全相同的保险的情形。此种行为是否构成重复保险？重复购买的多份保险的效力应如何认定？保险事故发生后应如何进行理赔？法律对此没有明确的规定，笔者拟对上述问题进行如下分析：

首先，从我国保险法第五十六条第四款的规定可知，重复保险是指投保人对同一保险标的、同一保险利益、同一保险事故分别与两个以上保险人订立保险合同，且保险金额总和超过保险价值的保险。该规定被置于“财产保险”一节，从体系解释的角度来看，重复保险仅存在于财产保险中，人身保险中并不存在重复保险。在同一家保险公司重复购买多份内容完全相同的人身保险并不符合我国保险法对重复保险的定义。就本案而言，在同一家保险公司重复购买多份内容完全相同的人身保险当然不属于我国保险法中的重复保险。

其次，我国现行法律中并未禁止重复保险行为，也未禁止在同一家保险公司购买多份内容完全相同保险的行为，基于法无禁止即自由的法理，在没有其他法定原因导致合同无效的情形下，无论是重复保险还是在同一家保险公司购买的多份保险均有效，在没有发生约定或法定的合同解除条件时，任何一方不得擅自解除合同。就本案而言，第一，从合同成立的过程来看，保险公司作为保险提供人，亦是格式合同条款的制作方和投保保险系统的管理者，如果对某一保险有购买限制要求，理应在投保人投保时就明确提示或直接拒绝投保人的重复投保申请。保险公司在与消费者订立之前未对涉及消费者重大利害关系的限制购买数量条款进行提示说明，未尽到法律赋予其的提示说明义务，事后不能以此作为合同无效的抗辩理由。第二，从投保人的角度来看，投保人在同时投保两份保险的过程中已尽到其诚实信用义务，未向保险公司隐瞒两份保险的被保险人为同一人的事实，且保险事故为发生在投保6个多月后的交通意外，投保人在重复投保时无法预知将来会发生的保险事故，不存在骗保或者意图通过保险获得不当利益的情形。第三，从保护合同相对人信赖利益的角度来看，保险公司在收取投保人保费时已明确知悉被保险人情况及投保份数，如保险公司认为投保人投保不符合要求应尽快行使合同解除权，与投保人协商或者通过诉讼等方式解除合同、退还保费，而不是在事故发生后、被保险人提出理赔要求时单方解除合同、退还保费。此种伤害合同另一方信赖利益的行为有违民法的公平原则，不应得到法律的保护。

再次，虽然在同一家保险公司购买了多份内容完全相同的保险的行为并非我国保险法意义上的重复保险，但此种行为确系投保人对同一保险标的、同一保险利益、同一保险事故订立了多个保险合同，是否应类推适用重复保险的理赔限制规则？笔者认为，应当视保险的性质而定。我国对重复保险的理赔限制是为了防止任何人通过保险而获得大于其实际损失的不当利益，这种限制是从保险基本原则之一——损失补偿原则中派生而来的。从法律目的解释的角度来看，此种保险仅适用于补偿性保险。具体到我国保险法对保险的分类上，财产保险属于补偿性保险，近年来，法学界的通说将人身保险中的医疗保险也纳入补偿性保险的范围。此外，我国银保监会颁布的《健康保险管理办法》将医疗保险分为费用补偿型和定额给付型，费用补偿型医疗保险的给付金额不得超过被保险人实际发生的医疗、康复费用金额。这一规定也突破了我国保险法中损失补偿原则不适用于人身保险的规定。综上所述，在同一家保险公司重复购买了多份内容完全相同的保险在发生保险事故进行理赔时需视保险的性质区别对待，即在同一家保险公司重复购买了多份内容完全相同的财产保险应当类推适用重复保险的理赔规则，在同一家保险公司重复购买了多份内容完全相同的人身保险（除医疗保险等补偿型保险外）不应类推适用重复保险的理赔规则。就本案而言，投保人重复购买的两份保险合同中对医疗费、住院津贴、骨折意外、意外身故、残疾等的赔付额度、赔付方式均进行了约定，上述赔付项目中仅医疗费用的赔付属于补偿性保险的性质，可类推适用重复保险的理赔规则，其他项目则不适用损失补偿原则，无需受重复保险的理赔限制。因本案中被保险人实际医疗费支出远高于两份合同医疗费赔付最高额之和，两份合同均予以最高额理赔并不会导致被保险人因此获得不当利益，故本案中的两份保单权益均应予以理赔。

最后，重复保险的理赔限制规则是建立在投保人针对同一保险标的、同一保险利益、同一保险事故向两家以上不同的保险公司投保的基础上的，在投保人未尽到如实告知义务的情形下，各保险公司对重复保险之事并不知情，法律为维护公平以及防止道德风险对重复保险的理赔规则进行限制，是一种“不得已而为之”的行为。作为保险服务的提供者、保险合同条款的制作方以及投保保险系统的管理者，保险公司完全有能力避免在同一家保险公司重复购买内容完全相同的多份保险的行为，如将购买页面中的数量直接设置为“1”。建议保险公司加强系统管理，尤其应加强对线上保险销售模式的管理。虽然本案中医疗费的保险金额总和未超过保险价值，“重复理赔”没有障碍，但为避免纷争，建议保险公司科学设计保险条款，尤其是包含医疗费项目的人身保险条款，需对此尽到专门的提示说明义务。

编写人：广东省广州市海珠区人民法院　熊丹丹　钟晓婷

159 商业险“人身保险金请求权”不禁止转让

——胡某等诉人保绍兴分公司、电梯公司确认合同无效案

【案件基本信息】

1. 裁判书字号

浙江省绍兴市中级人民法院（2020）浙 06 民终 4829 号民事判决书

2. 案由：确认合同无效纠纷

3. 当事人

原告（上诉人）：胡某、吴甲、吴乙、吴丙

被告（被上诉人）：人保绍兴分公司、电梯公司

【基本案情】

吴某系被告电梯公司的职工。2016年9月7日，吴某在安装拆卸电梯时，因承重链断裂从高处坠落至井道底部，经医院抢救无效死亡。四原告系吴某的法定继承人。2016年9月8日，四原告与被告电梯公司经协商达成工伤死亡赔（补）偿协议，约定由被告电梯公司给予四原告一次性赔偿金85万元。该一次性赔偿金包含丧葬补助金、供养亲属抚恤金和一次性工亡补助金、直系亲属的安抚费、亲友奔丧期间车旅费、住宿费、误工费、生活费等一切费用，亦包括死者吴某可理赔所得的工伤保险待遇651732.14元。2016年11月21日，四原告及被告电梯公司共同向人保绍兴分公司出具了理赔受益权转让协议四份，确认四原告同意放弃保险合同下理赔款项的受益权，把权益转让给电梯公司，并由受让人去保险公司办理理赔申请和领取保险金。庭审中，电梯公司确认其受让取得的理赔受益权项下保险金数额为80万元，且人保绍兴分公司已经赔付完毕。

【案件焦点】

1. 四原告与被告电梯公司签订的理赔受益权转让协议是否合法有效；2. 被告电梯公司是否需要向原告返还其基于理赔受益权转让协议取得的财产性利益；3. 被告人保绍兴分公司有无存在赔付对象错误的情形，是否需要向四原告再次履行赔付义务。

【法院裁判要旨】

浙江省新昌县人民法院经审理认为：四原告对理赔受益权转让协议上的签字真实性无异议，结合当时四原告均为完全民事行为能力人的实际情况，该转让协议项下约定内容应属其真实意思表示。虽协议中未明确受益权项下的保险金数额，但协议约定转让的标的即概括性权利明确且具体，双方当事人遵照字面意思理解及履行义务不会产生分歧，可以认为理赔受益权转让协议具体、明确且属于双方当事人的真实意思表示。即便当时原告对协议内容未进行查看，在未尽审慎注意义务的情况下签订该协议处分其民事权利，在转让协议不存在无效或依法被撤销的情况下，依法亦应认定该协议的法律效力。综上，理赔受益权转让协议属于协议相对方的真实意思表示。

至于协议约定内容是否违反法律、行政法规的强制性规定，关键在于审查保险金请求权能否依法转让。《中华人民共和国保险法》第三十九条第二款之规定系禁止投保人为与其有劳动关系的劳动者投保时指定被保险人及其近亲属以外的人为受益人，旨在避免道德风险，即防止投保人或受益人为了获得保险金而故意制造被保险人死亡、伤残或疾病。然，保险事故发生后，保险金请求权的转让并不属于该条款所规范的行为内容，亦不会引发上述道德风险，因此前述第三十九条并不适用于案涉保险金请求权转让的情形。保险事故发生后，商业险保险金请求权属于纯财产性质的债权，不具有人身依附性。根据《中华人民共和国保险法》第四十二条之规定，被保险人死亡后，没有指定受益人，或者受益人指定不明无法确定的，保险金作为被保险人的遗产，由保险人依照《中华人民共和国继承法》的规定履行给付保险金的义务。即在被保险人死亡且没有指定受益人的情况下，保险金便成为被保险人的遗产，遗产作为纯财产性权益，当然可以自由转让。现原告主张被告电梯公司返还其基于转让协议取得的经济利益，有失诚信且无相应法律依据，本院依法不予支持。有鉴于此，人保绍兴分公司向理赔受益权受让人电梯公司履行赔付义务不存在赔付错误，原告无权再行请求人保绍兴分公司赔付保险金。综上，对原告提出的全部诉讼请求，依法予以驳回。

浙江省新昌县人民法院依照《中华人民共和国合同法》第八条、第五十二条、第六十条、第七十九条，《中华人民共和国保险法》第四十二条，《最高人民法院关于适用〈中华人民共和国保险法〉若干问题的解释（三）》第十三条之规定，判决如下：

驳回原告胡某、吴甲、吴乙、吴丙的诉讼请求。

胡某等四人不服，提起上诉。浙江省绍兴市中级人民法院经审理认为：胡某等四人关于涉案理赔受益权转让协议无效、要求支付保险金 80 万元的主张不宜得到支持，理由如下：第一，涉案理赔受益权转让协议系在人身伤亡事故发生之后，在人保绍兴分公司的见证下，由胡某等四人与电梯公司经协商达成，是双方的真实意思表示；第二，电梯公司给死者吴某缴纳了工伤保险，按照法律规定，该公司没有必要主动与吴某的家属签订涉案工伤死亡赔（补）偿协议，电梯公司也称系死者吴某的家属主动要求其签订该协议；第三，涉案理赔受益权系商业险，吴某死亡后，保险金系其遗产，胡某等四人作为该遗产的继承人，有权依法进行处置，故涉案理赔受益权转让协议并不违反法律的禁止性规定，为合法有效协议；第四，死者吴某的工伤赔偿金最终核定为 65 万余元，而胡某等四人获得 85 万元，理赔受益权转让协议签订时，对于该保险能不能获得理赔及具体理赔金额尚需保险公司进行调查、决定。胡某等四人自愿从电梯公司处获得85万元而不走正常的工伤保险申请、商业保险理赔的程序，也是其经权衡而作出的决定。

浙江省绍兴市中级人民法院依照《中华人民共和国民事诉讼法》第一百七十条第一款第一项之规定，判决如下：

驳回上诉，维持原判。

【法官后语】

人身商业险保险金请求权的转让是否有效，法律并未作出明确规定。审判实践中对此存在不同观点。有观点认为，指定用人单位、雇主作为受益人将减轻雇主就雇员在工作中受到意外伤害依法应当承担的赔偿责任，降低用人单位、雇主的安全管理注意义务，这与《中华人民共和国保险法》第三十九条的立法精神相悖。也有观点认为，保险金请求权属于债权，在无除外情形的情况下，债权人可以将债权的全部或者部分转让给第三人，人身保险的保险金请求权可以转让。

为厘清上述问题，需要从人身商业保险的价值取向、保险金请求权的法律性质，并以《中华人民共和国保险法》为视角加以研究分析。

1. 人身商业保险的价值分析

人身商业保险不具有强制性，是否投保人身保险完全由当事人自主决定。传统保险以保障给付赔偿为首要功能；而在当今社会，随着保险事业的蓬勃发展，商业保险不再是单纯的经济保障，投资型保险开始进入人们的视野。人身保险除具有给付赔偿的保障功能外，往往还具有储蓄、投资、融资等功能。保险合同转让是保险业务发展的必然产物，它不仅可以使保险投资价值得以充分实现，还能活跃金融资本市场，助推经济繁荣。

2. 人身保险合同转让与保险金请求权转让的法律分析

(1) 人身保险合同转让的法律分析

人身保险合同作为合同的一种，具有合同的一般法律属性，因此人身保险合同是可以进行转让的。但人身保险合同比一般合同复杂，既包括基本当事人（投保人和保险人），又包括关系人（指被保险人和受益人）。由于基本当事人和关系人在保险合同中不同阶段的地位、享有的权利义务存在明显差别，因此人身保险合同的转让在不同阶段有不同的标准。以保险事故的发生为界限，可分为保险事故发生前的转让和保险事故发生后的转让。具体分析如下：

一是保险事故发生前的转让。在保险事故发生前，人身保险合同的转让仅指投保人和保险人的转让，被保险人和受益人是没有转让权的。保险事故发生前人身保险合同的转让实质上属于人身保险合同当事人的变更。无论是投保人的变更，还是保险人的变更，均不是纯粹合同权利或纯合同义务的转让，而是合同权利、义务一并转让。因此，人身商业保险合同的转让，应以另一方的同意为前提。

二是保险事故发生后的转让。在保险事故发生后，赔偿责任一旦确定，被保险人（包括被保险人的继承人）和受益人就可以请求保险公司给付已经确定下来的保险金，此时投保人一般不再享有任何权利。因为这种保险金属于纯财产性质的债权，所以在保险事故发生后，被保险人和受益人可以随时转让人身保险合同，只需遵循合同权利转让的要求，通知另一方（保险人）即可。

(2) 保险金请求权转让的法律分析

由于保险金请求权属于债权，根据《中华人民共和国民法典》

第五百四十五条第一款的规定，债权人可以将债权的全部或者部分转让给第三人，但有下列情形之一的除外：①根据债权性质不得转让；②按照当事人约定不得转让；③依照法律规定不得转让。保险金请求权转让合同不属于当事人之间存在特殊信任关系的合同，即不属于依据债权性质不得转让的债权；也不属于依照法律规定不得转让的债权。这里的“法律”，根据《中华人民共和国立法法》的规定，仅指全国人大及其常委会制定的法律，不包括行政法规、地方性法规以及司法解释等。因为法律对此未作出禁止性规定，同时，当事人之间也未约定保险金请求权不得转让，所以人身保险的保险金请求权可以转让。

3. 以《中华人民共和国保险法》为视角分析商业险保险金请求权转让合同的效力

人身保险合同属于为第三人利益的涉他合同。保险事故发生后，在指定受益人的前提下，保险金并不归属于被保险人所有，而是按合同约定归受益人所有。但是在被保险人死亡且投保人没有指定受益人的情况下，根据《中华人民共和国保险法》第四十二条第一项的规定，被保险人死亡后，没有指定受益人，或者受益人指定不明无法确定的，保险金作为被保险人的遗产，由保险人依法履行给付保险金的义务。据此，此时的保险金应属于被保险人的遗产。作为遗产的人身保险金的处分及转让，与其他财产性权利的处分、转让并无二致，即人身保险的保险金请求权作为普通财产权益可以自由转让；同时，根据《中华人民共和国保险法》第三十四条第二款的规定，按照以死亡为给付保险金条件的合同所签发的保险单，未经被保险人书面同意，不得转让或者质押。这从另一侧面反映出人身保险合同是可以转让的，即法律并不禁止人身保险合同的转让，作为人身保险合同一部分的保险金请求权当然也可以转让。

综上所述，人身保险合同属于商业险，法律并不禁止人身保险合同保险金请求权的转让，只是由于保险合同属于射幸合同，保险人承保的危险或者保险合同约定的给付保险金的条件发生与否尚不确定，存在或然性，只有发生合同所约定的保险事故时，权利人才有实现利益的可能，所以在保险事故发生前，保险金请求权尚属期待权，也就不存在行使保险金受领权的问题；但是在保险事故发生后，人身保险合同的保险金随即成为确定的、纯财产性质的债权，此时的保险金请求权不具有人身依附性，可以自由转让，转让人身商业险的保险金请求权不违反法律禁止性效力性规定，应为有效。

编写人：浙江省新昌县人民法院　丁叶莎　章力文

160 被保险人是否死于意外，没有直接证据的，可以通过若干间接证据形成完整的证据链认定事实

——罗某诉保险焉耆支公司意外伤害保险合同案

【案件基本信息】

1. 裁判书字号

新疆维吾尔自治区焉耆回族自治县人民法院（2020）新 2826 民初 1153 号民事判决书

2. 案由：意外伤害保险合同纠纷

3. 当事人

原告：罗某

被告：保险焉耆支公司

【基本案情】

2016年11月14日，杨某在保险焉耆支公司投保了意外伤害保险，保险焉耆支公司出具了意外伤害保险单。该保险单载明：意外身故、残疾给付每人保险金额30000元，保险期间共12个月，自2016年11月15日起至2017年11月14日止，保险合同争议解决方式为诉讼；特别约定：本方案仅适用年龄在60周岁以上80周岁（含80周岁）以下的身体健康者。该保险附加的《意外伤害保险条款》第二条第一款约定，保险期间内被保险人遭受意外伤害（释义见第八条第二款），并因该意外伤害导致其身故、残疾的，保险人依照下列约定给付保险金，且给付各项保险金之和不超过保险金额；在保险期间内被保险人遭受意外伤害，并自意外伤害发生之日起180日内因该意外伤害身故的，保险人按保险金额给付身故保险金，对给付被保险人的保险责任终止；第八条第二款载明，意外伤害，是指以外来的、突发的、非本意的、非疾病的客观事件为直接且单独的原因致使身体受到的伤害。

2016年6月19日，被保险人杨某因故去世，其法定继承人罗甲、罗乙、罗丙、罗丁将涉案保险权益转让给本案原告罗某。

【案件焦点】

被保险人是因意外死亡还是因疾病死亡。

【法院裁判要旨】

新疆维吾尔自治区焉耆回族自治县人民法院经审理认为：双方签订的意外伤害保险合同约定，意外伤害指以外来的、突发的、非本意的、非疾病的客观事件为直接且单独的原因致使身体受到的伤害。罗某提交的被保险人杨某死亡原因的证据是杨某死亡是否构成保险事故的关键。庭审中，原告提交了下列证据：第一，保险焉耆支公司对罗某的询问笔录，证实被保险人杨某去世前曾与罗某共同居住。事发当晚，杨某睡着后，罗某也去睡觉了。第二天早上罗某起床后，发现杨某摔下床、在地上躺着。罗某忙上前去搀扶，发现杨某已无呼吸，人已死亡，额头部有瘀青，估计是从床上摔到地上时碰的。第二，社区于2016年11月24日出具证明，证实杨某因不慎摔倒意外去世。第三，派出所于2017年6月19日出具户口注销证明，证实杨某因不慎摔倒意外去世。第四，派出所于2017年8月17日出具证明，证实杨某因摔倒死亡为意外。原告提供的上述证据能够形成完整的证据锁链，证实被保险人杨某系因意外摔倒而死亡，对原告主张杨某于2016年6月19日因意外摔倒死亡的事实，予以认定；对原告要求被告支付保险金30000元的诉讼请求，予以支持。被告辩称被保险人杨某因疾病死亡，无相关证据加以证实，不予采纳。

新疆维吾尔自治区焉耆回族自治县人民法院依照《中华人民共和国保险法》第十四条、第十六条第七款的规定，作出如下判决：

保险焉耆支公司在本判决生效之日起十日内日向罗某支付保险金30000元。

判决后，双方当事人均未上诉，本判决现已生效。

【法官后语】

近年来，公民购买保险的意识越来越高，尤其是财产保险和意外保险，衍生的问题就是投保人认为己方受到侵害，满足赔偿的标准，于是向保险公司索赔，但保险公司会以投保人的投保要求不符合合同规定或者证据不足为由，拒绝赔付。最后，双方只能通过法律手段解决，由法官进行调解，调解不能的，法官根据双方提供的证据和陈述进行判决。

作为主张诉权的投保人，自然需要准备充足的证据，以此来证明自己受到的侵害是符合索赔标准的。但提到证据，很少有投保人能够列举出十分充分的证据，这也是保险合同纠纷中遇到的一种普遍现象。

本案中，原告主张投保人的死亡是意外造成的，并非疾病造成的。因发现投保人时投保人已经去世，加之逝者后事已处理，投保人并未经过医院方的诊断，故没有专业机构的直接证据能够指明投保人是意外死亡或疾病死亡。而投保人到底是意外死亡还是疾病死亡，却是本案争议的焦点，也是判决的关键。

笔者认为，对该种情况，可以结合以下几点情况进行推定。第一，投保人与保险公司在签订保险合同时，保险公司已经对投保人进行了审查，认为投保人的身体状况是符合标准的，故双方达成一致，签订了合同，对此，保险公司在签订合同时是有可预见性的。第二，投保人提供了保险公司的询问笔录、社区、公安机关的证明，这些证据所指向的都是投保人因为意外摔倒造成的死亡，这形成了较为完整的证据锁链，社区、公安机关出具的证明虽然没有负责人的签字，不符合证据规则的形式要件，但因时间较长，出具证明时的负责人已经调离原岗，要求负责人签字不切合实际。而仅据此就否定该证据的效力也不符合审判的要求。第三，该笔保险索赔的费用为 30000 元，标的较小，考虑到投保人亲属失去亲人的痛苦以及办理相关丧葬程序的花费，又考虑到投保人购买保险的初衷和投保人明确处于较为弱势的状态，笔者认为法院支持原告的主张既有相关法律法规的依撑，也符合价值导向，在一定程度上平衡了双方的利益需求。

编写人：新疆维吾尔自治区焉耆回族自治县人民法院　单晨

161 保险格式合同中不同条款内容发生冲突应作出对投保人有利的解释

——张某诉人寿陕西分公司人身保险合同案

【案件基本信息】

1. 裁判书字号

陕西省西安市中级人民法院（2019）陕01民终13773号民事判决书

2. 案由：人身保险合同纠纷

3. 当事人

原告（被上诉人）：张某

被告（上诉人）：人寿陕西分公司

【基本案情】

2016年2月25日，张某作为投保人与人寿陕西分公司签订自由两全保险合同，被保险人为杨某。同月29日，人寿陕西分公司向张某出具了保险单，载明：受益人张某，保险期间30年，缴费期间10年，基本保险金10万元，每年保险费1920元。保险合同于2016年3月1日成立并生效。保险格式合同载明，身故保险金包括疾病身故保险金、一般意外身故保险金、自驾车意外身故保险金、公共交通工具意外保险金。其中一般意外身故保险金条款约定，若被保险人遭受意外伤害，自意外伤害发生之日起180日内，因该意外伤害直接导致身故，按基本保险金额的2倍给付意外身故保险金。保险合同对意外伤害作了释义：意外伤害是指遭受外来的、突发的、非本意的、非疾病的客观事件，直接致使身体受到的伤害，猝死不属于意外伤害。责任免除条款载明，被保险人自合同成立之日或者合同效力恢复之日起两年内自杀，导致被保险人身故，不承担给付保险金的责任，保险合同终止。但自杀时系无民事行为能力人除外。截至2019年3月15日，张某共缴纳保险费7680元。2019年4月8日，杨某在租住房内死亡。法医对现场进行勘验，后对杨某的父亲和伯父进行调查，杨某亲属对杨某疑似在房间内燃烧木炭产生的一氧化碳导致中毒死亡无异议，并称不需要解剖尸体。同月10日，西安市公安局未央分局出具死亡证明书，杨某的死亡排除刑事案件。同日，杨某家属对杨某的尸体进行火化。次日，杨某家属报案申请理赔。同年5月20日，人寿陕西分公司退还张某保险现金价值8448元。

【案件焦点】

1. 杨某的死亡是否系自杀；2. 自杀是否属保险合同项下的一般意外身故；3. 人寿陕西分公司应否向张某支付保险金。

【法院裁判要旨】

陕西省西安市临潼区人民法院经审理认为：2019年4月8日，西安市公安局未央分局草滩派出所向杨某之父杨甲、伯父杨乙调查时，杨甲、杨乙对死因无异议，且明确表示不进行尸体解剖。公安机关的调查结论为死亡事件，排除刑事案件。在杨某的尸体火化后，其家属才向保险公司报案。综合本案证据，按照证据的高度盖然性原则，对杨某的死因确定为自杀。

人寿陕西分公司的保险条款虽对意外伤害作出解释，但同时又有免责条款，在两者存在不一致的情形下，应当作出不利于人寿陕西分公司的解释，故应当按照免责条款的内容来确定是否属于一般意外身故。从保险合同免责条款的内容看，超出两年自杀死亡的，应认定为一般意外身故。

因杨某的自杀死亡为一般意外身故，按照保险合同约定，人寿陕西分公司应当向第一顺序受益人张某支付一般意外身故保险金 20 万元。鉴于张某已领取理赔款 8448 元，故人寿陕西分公司应当向张某支付一般意外身故保险金 19.1552 万元。人寿陕西分公司的抗辩，不符合法律规定，依法不予采纳。

陕西省西安市临潼区人民法院依照《中华人民共和国保险法》第十四条、第四十四条第一款的规定，判决如下：

人寿陕西分公司于判决生效后十日内支付张某保险理赔金 19.1552 万元。

二审法院同意一审法院裁判意见。

【法官后语】

本案保险合同的标的为生存保险和身故保险，而身故保险项下又有一般意外身故保险。杨某死亡后，公安机关出具了死亡证明书，载明杨某的死亡排除刑事案件。人寿陕西分公司认为杨某系自杀，应承担举证责任。但因尸体火化后，人寿陕西分公司才接到报案，客观存在举证不充分、不确实的情况。而查明杨某死亡原因属本案的基本事实，直接决定着保险人应否承担保险责任以及承担保险责任的大小。综合对张某、人寿陕西分公司提供的证据的审查判断，认定杨某系在居住的出租屋内自杀。在未有尸检报告的情况下，该认定是基于证据高度盖然性的一种推定。需要特别注意的是，在进行推定时，应当严格按照证据裁判主义的原则，充分运用逻辑推理和经验法则，遵守证明力规则，对证据的证明力作出准确的判断，使法律事实与客观事实相一致或者最大限度地接近客观事实。

保险产品设计高度专业，保险格式条款文字比较晦涩难懂，故保险合同的构成远较一般合同复杂，其内容易产生冲突，这种冲突既可能存在于保险合同内部的不同组成部分之间，也可能存在于同一保险合同下的不同款项中。《最高人民法院关于适用〈中华人民共和国保险法〉若干问题的解释（二）》第十四条对保险合同条款相互冲突时的内容认定规则作出了明确规定，而对保险合同同一部分中不同条款相互冲突的内容认定规则却无具体规定。本案中，农银爱自由两全保险条款项下一般意外身故保险中对意外伤害的解释与免责条款的内容不一致，导致自杀是否属于一般意外身故的保险责任范围相互冲突。鉴于保险条款具有极强的专业性、技术性、复杂性，一般人很难对其作出精准、全面的理解和把握，且保险条款由保险公司预先拟定、重复使用，属典型的格式条款，存在严重的信息不对称，保险人订立保险合同时应按最大诚信原则负有对格式条款内容说明的义务。故在两者内容发生冲突时适用不利提供原则，按对投保人有利的条款内容来认定。基于此，杨某的自杀死亡为一般意外身故。

保险法第四十四条规定，以被保险人死亡为给付保险金条件的合同，自合同成立或者合同效力恢复之日起2年内，被保险人自杀的，保险人不承担给付保险金的责任，但被保险人自杀时为无民事行为能力人的除外。该规定属法定免责条款。本案中，保险格式条款关于自杀的免责规定移植了保险法第四十四条的规定，把法定免责条款作为保险合同格式条款的免责内容。故应以法律规定作为处理案件的依据。尽管保险法第四十四条未进一步对被保险人超过2

年自杀，保险人应当承担给付保险金责任作出具体表述，但无论是从文义解释，还是从该法条的逻辑结构以及立法目的来解读，均应认为保险人应当承担给付保险金的责任。杨某在自杀时，保险合同已履行3年，故人寿陕西分公司应当承担给付保险金的责任。

编写人：陕西省西安市临潼区人民法院　李沛　王晓峰

162 保险合同诉讼时效的起算应以知晓保险合同存在为前提

——于某、唐某诉财保渝中公司保险合同案

【案件基本信息】

1. 裁判书字号

重庆市渝中区人民法院（2019）渝0103民初12094号民事判决书

2. 案由：保险合同纠纷

3. 当事人

原告：于某、唐某

被告：财保渝中公司

【基本案情】

案外人王某与浩浩运输公司（化名，下略）签订《营运车辆挂靠合同》，将A号车挂靠在浩浩运输公司名下经营。浩浩运输公司委托天天运输公司（化名，下略）向财保渝中公司投保，后双方签订《团体人身意外伤害保险合作协议》，约定投保险种为团体人身意外伤害保险，保险金额为每份死亡限额20万元，后财保渝中公司出具保单予以承保。

于某、唐某（以下简称受益人）之子于小甲系王某聘用的驾驶员。2014年12月12日，于小甲驾驶A号车与其他车辆发生事故，在此次事故中死亡。

后因涉案交通事故引发的工伤待遇问题，受益人提起仲裁，要求浩浩运输公司支付工伤死亡待遇。浩浩运输公司不服裁决并提起民事诉讼，后法院判决浩浩运输公司支付工伤死亡待遇。2017年4月13日，受益人向法院申请强制执行，2018年，在法院强制执行的过程中，浩浩运输公司告知本案存在诉争保险后，受益人才知道涉案保险合同。双方于2019年4月9日达成执行和解，并在《执行和解笔录》中约定“将本次事故的意外赔偿款用于抵扣本案的赔偿款”，达成协议后浩浩运输公司“支付5万元，等财保渝中公司支付完毕后，我们再支付余款”。2019年4月10日，受益人依据《中华人民共和国保险法》的规定向法院提起诉讼，要求财保渝中公司赔付保险赔偿金200000元，财保渝中公司则以受益人的诉讼请求超过了诉讼时效为由，拒绝赔付。

【案件焦点】

受益人在保险事故发生三年后向财保渝中公司提起保险赔偿金赔付的起诉，是否超过了诉讼时效。

【法院裁判要旨】

重庆市渝中区人民法院经审理认为：人身意外伤害保险的诉讼时效期间为三年，自知道或者应当知道保险事故发生之日起计算。本案交通事故发生于2014年12月12日，受益人于2019年4月10

日提起诉讼，但不宜认定超过了诉讼时效。

关于诉讼时效的起算点。1. 保险法规定的保险事故并非单纯的交通事故，应当是指在保险合同中具有法律意义，能够引起保险合同当事人权利义务变更的保险事实。故诉讼时效起算的实质条件应以当事人或受益人知晓保险合同及合同权利受到损害，能够依据保险合同行使权利为前提；2. 涉案险种为团体人身意外伤害保险，存在被保险人或受益人不知晓公司为其购买保险的情形，即虽然保险人或受益人知晓交通事故，但不知道享有保险合同权利。基于公平原则，此时不宜认定其怠于行使权利并开始计算诉讼时效。故诉讼时效的起算应当从受益人知晓交通事故的发生，同时被保险人或者受益人知晓团体人身意外伤害保险合同之日起开始计算。

至于具体起算日期问题。1. 涉案保险系记名投保的人身险，财保渝中公司理应在投保或保险事故发生时通知被保险人或受益人，但财保渝中公司并未进行通知，故不宜以交通事故发生之日为知晓保险合同之日并开始计算诉讼时效；2. 涉案保险合同事实清楚，受益人在知晓保险合同的情况下，通常会通过各种方式向财保渝中公司积极主张权利，然而直到 2019 年其才在《执行和解笔录》中首次确认向财保渝中公司主张权利。受益人主张是在 2018 年法院强制执行工伤待遇纠纷时才知道保险合同，该事实与《执行和解笔录》能够相互印证。故法院综合认定受益人于 2014 年 12 月 12 日知晓交通事故的发生，于 2018 年执行期间知晓保险合同，并于 2019 年 4 月 10 日提起诉讼，并未超过诉讼时效。

重庆市渝中区人民法院依照《中华人民共和国合同法》第八条，《中华人民共和国保险法》第十四条、第十七条第二款的规定，作出如下判决：

财保渝中公司在本判决生效之日起十日内支付于某、唐某保险金200000元。

判决后，双方当事人均未上诉，本判决现已生效。

【法官后语】

本案的处理难点在于合理理解诉讼时效相关规定，同时兼顾保险行业客观事实以及合同权利的实质平等。

保险法规定人寿保险以外的其他保险的诉讼时效期间为二年，自被保险人或者受益人知道或者应当知道保险事故发生之日起计算。《中华人民共和国民法典》规定向人民法院请求保护民事权利的诉讼时效期间为三年，自权利人知道或者应当知道权利受到损害之日起计算。本案双方当事人对诉讼时效的理解大相径庭：财保渝中公司实际上主张按保险法条文进行文本解释，严格按照条文的字面意思去理解，即保险事故就是指交通事故；被保险人的受益人则朴素地认为其根本不知道有保险合同存在，财保渝中公司不予赔偿不符合公平原则。

法院实际上认为保险法对于诉讼时效只是规定了形式条件，并未明确实质条件，因而还必须结合《中华人民共和国民法典》的一般规定进行综合认定：一方面，诉讼时效制度的本意在于督促权利人积极主张权利，以实现私权与公共利益的平衡。当事人是否知晓并怠于行使权利，构成判断是否超过了诉讼时效的一般条件和实质条件。另一方面，虽然保险人与投保人、被保险人、受益人同为平等民事主体，但保险行业是专业化程度非常高的行业，保险合同是保险人提供的格式合同，保险人在专业知识和信息获取方面具有天然的不对称优势，部分被保险人或者受益人因客观情况存在举证困难的情况，故而法律要求保险尽到更多的提示和说明义务，以平等保护合同当事人的权利。而且，保险行业客观上存在部分不规范的领域，如具有保险利益的投保人未向被保险人告知为其购买了保险，财保渝中公司未向被保险人或者受益人尽到通知义务，特别是某些具有人身属性的保险合同。故而法官综合考虑诉讼时效制度的两种规定、保险行业客观事实以及合同权利的实质平等后作出了上述判决。

在此类案件中，诉讼时效的起算需要考虑三个时间节点，即损害结果的发生时间、权利人知晓损害结果的时间、权利人知晓保险合同的时间，并且以三者中最晚的时间点作为诉讼时效的起算时间。该案的社会意义在于提示保险公司加强保险合同审核、合理履行通知义务，促进保险行业健康有序发展。

编写人：重庆市渝中区人民法院　汤小辉　王真祥

163　保险责任确定后受益人将人身保险金请求权转让第三人的行为有效

——顾某诉人寿吉林分公司意外伤害保险合同案

【案件基本信息】

1. 裁判书字号

江苏省南通市中级人民法院（2019）苏06民终1165号民事判决书

2. 案由：意外伤害保险合同纠纷

3. 当事人

原告（上诉人）：顾某

被告（被上诉人）：人寿吉林分公司

第三人（被上诉人）：贝塔公司（化名，下略）

【基本案情】

2016 年 3 月 19 日，贝塔公司为其公司员工向人寿吉林分公司投保团体意外伤害保险（B 型）（2013 版）、附加意外费用补偿团体医疗保险（2013 版）、附加意外住院定额给付团体医疗保险（2013 版），顾某在被保险人名单中。2016 年 4 月 25 日，顾某在工作时受伤，后于 2017 年 1 月 12 日与贝塔公司达成工伤赔偿协议，约定贝塔公司一次性支付顾某工伤伤残补助金合计 82252 元。贝塔公司已将该款汇给顾某。2017 年 7 月 5 日，顾某出具保险金权益转让声明，其自愿将保险金申请权及与保险金申请权相关的其他权利转让给贝塔公司，并承担由此引发的一切法律后果。后贝塔公司向人寿吉林分公司申请理赔，人寿吉林分公司于 2017 年 7 月 24 日向贝塔公司支付保险理赔款 81000 元。顾某认为保险金权益转让声明因违反有关规定而无效，并认为贝塔公司向其汇付的 82252 元系工资、医保中心转交的一次性伤残补助金和住院伙食补助费，工伤赔偿协议项下的工伤伤残补助金并未实际支付，人寿吉林分公司应向其支付该笔理赔款。

【案件焦点】

案涉保险金请求权转让行为的效力如何认定。

【法院裁判要旨】

江苏省南通市通州区人民法院经审理认为：合同债权转让涉及两种关系，一是债权人与债务人之间的原合同关系，二是转让合同关系。两种合同关系虽然关联密切，但并非同一法律关系，原合同关系是原合同当事人之间的合同关系，权利义务受原合同约束。转让合同关系是转让人与受让人之间的合同关系，其完全可由债权人与受让方在不违背法律和社会公共利益的前提下自由约定。债权人转让权利的通知送达债务人，则不得撤销，除非经受让人同意。具体就本案而言，保险金申请权转让系原告顾某与第三人贝塔公司之间的合同关系。原告顾某已就保险金申请权转让给第三人贝塔公司事项，采用转让声明的形式通知到被告人寿吉林分公司，被告人寿吉林分公司也已将保险金给付了第三人贝塔公司。案涉保险为意外伤害商业保险，保险事故发生后，收益权转化为保险金给付请求权，该请求权与普通债权并无本质区别，禁止其转让缺乏法律依据。被告人寿吉林分公司根据原告顾某的通知向第三人贝塔公司支付保险金并无恶意，应保护其合理信赖，该给付行为应当产生保险金履行的效力。在此情况下，原告要求被告人寿吉林分公司支付保险理赔款，并赔偿调查费、交通费损失，无合同或法律依据，法院不予支持。至于原告主张的协议中与第三人贝塔公司议定的工伤伤残补助金金额不合理问题，因该争议发生在原告与第三人之间，不属于本案保险合同纠纷的审理范畴。若原告顾某认为第三人贝塔公司受让权利欠缺法律原因，可另行向第三人贝塔公司主张利益返还。

江苏省南通市通州区人民法院依照《中华人民共和国合同法》第八十条、第九十一条第一项的规定，判决如下：

驳回顾某的诉讼请求。

顾某持起诉意见提起上诉。江苏省南通市中级人民法院经审理认为：贝塔公司与人寿吉林分公司之间签订的案涉团体保险合同系双方真实意思表示，并未违反法律、行政法规的强制性、禁止性规定，应为合法有效，各方当事人均应受到该合同的约束。顾某在被保险人名单中，其发生保险事故后，人寿吉林分公司应依法依约承担赔偿责任。但人寿吉林分公司已经根据顾某出具的保险金权益转让声明等材料，向贝塔公司实际支付了理赔款。顾某现以贝塔公司未向其实际支付工伤赔偿金以及案涉保险金请求权不得转让为由，要求人寿吉林分公司向其支付理赔款及调查费用等。对此法院认为，首先，顾某案涉工伤事故发生后，所涉意外伤害保险受益权随即转变为现实的、能够体现出数额的一项财产性权利，不再具有人身专属性，该权利可以依约定转让。顾某虽称其可能在贝塔公司让其签署相关材料时一并签订了保险金权益转让声明，但其中字迹确系其本人所签，应当认定其具有将保险金申请权及与之相关的其他权利转让给贝塔公司的意思表示。人寿吉林分公司基于对赔偿协议、转让声明以及两份转账凭证等材料的形式审查，而向贝塔公司支付理赔款，具有事实依据，应当认定该公司已经履行了保险理赔责任，顾某在本案中再次向其主张理赔并无事实与法律依据。其次，顾某对贝塔公司一审提交的两份网银往来账凭证所涉款项的性质有异议，认为不属于其与贝塔公司 2017 年 1 月 12 日达成的工伤赔偿协议项下的赔偿款。但本案为团体意外伤害保险纠纷，保险事故发生后产生的保险金请求权与顾某依据其与贝塔公司之间的劳动关系产生的工伤赔偿请求权系相互独立的两种法律关系，贝塔公司有无向顾某实际支付工伤赔偿款不影响案涉保险金权益转让的效力，亦不影响本案审理。如顾某认为贝塔公司未根据双方赔偿协议约定实际支付工伤赔偿款，其可另行主张权利。综上所述，顾某的上诉请求不能成立，应予驳回；一审适用法律准确，判决结果正确，应予维持。

江苏省南通市中级人民法院依照《中华人民共和国民事诉讼法》

第一百七十条第一款第一项规定，判决如下：

驳回上诉，维持原判。

【法官后语】

对于能否转让保险金请求权的问题，司法实践中不乏争议。由于人身保险合同承保的是被保险人的风险，其目的在于保护受益人在被保险人死亡、伤残、疾病时能够获得救济，保险金请求权以被保险人遭受事故为条件，且可能与受益人的生活密切相关，具有很强的人身依附性，一般不应允许转让。但随着保险市场的发展，人身保险已不仅仅具有给付赔偿的保障功能，还具有投资功能，若一味禁止转让，则有违合同自由的基本原则，也不符合保险市场的实际需求。因此，应对保险事故发生前的转让与保险事故发生后的转让作出区别。

保险事故发生前，保险人承保的危险及保险合同约定的给付保险金的条件是否发生尚不确定，保险金请求权尚属期待权，不存在行使保险金受领权问题。在人身保险事故发生后，保险责任得以确定，保险金随即成为被保险人或受益人确定的、纯财产性质的权利，保险金请求权不具有人身依附性，与其他普通财产权利的转让并无区别。

顾某在工伤事故发生后，与贝塔公司签订的工伤赔偿协议，确定了工伤伤残补助金的金额。顾某在出具保险金权益转让声明时，保险事故已经发生，所涉意外伤害保险受益权随即转变为现实的、能够体现出数额的一项财产性权利，不再具有人身专属性，该权利可以依约定转让。顾某将保险金申请权及与之相关的其他权利转让给贝塔公司的意思表示真实，应当认定该转让行为有效。保险事故发生后产生的保险金请求权与顾某依据其与贝塔公司之间的劳动关系产生的工伤赔偿请求权系相互独立的两种法律关系，贝塔公司有无向顾某实际支付工伤赔偿款不影响案涉保险金权益转让的效力。

编写人：江苏省南通市通州区人民法院　吴菊

164 被保险人的法定继承人有义务协助保险公司进行死因调查

——周甲、周乙诉财保重庆分公司保险合同案

【案件基本信息】

1. 裁判书字号

重庆市第五中级人民法院（2019）渝05民终8699号民事判决书

2. 案由：保险合同纠纷

3. 当事人

原告（上诉人）：周甲、周乙

被告（被上诉人）：财保重庆分公司

【基本案情】

2017年8月31日，灯塔公司为某工程向财保重庆分公司投保建筑工程施工人员团体意外伤害综合保险。高某系灯塔公司员工。

2018年8月13日7时40分许，高某在工地运砖的过程中，被工友发现蜷缩在厕所区域地上，经灯塔公司项目部工作人员派车送到医院救治，当日经抢救无效死亡。同日，医院的护理记录单载明，高某因昏迷于8时5分入院抢救，于8时36分由医生宣布临床死亡，诊断为“猝死、心脑血管、意外?”。抢救期间，医院处方笺取药联载明，高某的临床诊断为“猝死、抢救”。

同日，医院出具《居民死亡殡葬证》《居民死亡医学证明（推断）书》，载明：死者高某，死亡日期为2018年8月13日，死亡原因为“死因不明、头颅挫伤？心脑血管疾病意外？其他?”。

同日，财保重庆分公司向高某的丈夫周甲、女儿周乙发出《尸检通知函》，该通知函载明：“依据相关法律以及保险合同规定，保险金申请人有义务向保险公司提交证明保险事故的一切材料，并配合保险公司作相关核查事宜，以明确死因，核定保险责任、履行合同；1. 协助保险公司现场调查取证，包括笔录、拍照。2. 提交法医鉴定死亡原因；尸体检查（解剖）本着知情同意的原则，需要征求家属以及受益人同意，按有关规定程序进行。”周甲、周乙在家属意见处书写“不同意”，并签名确认。

2019年4月25日，周甲、周乙要求财保重庆分公司就高某死亡事故支付意外身故保险金60万元。财保重庆分公司以高某死亡原因不明为由拒付。周甲、周乙遂向法院起诉。

【案件焦点】

在无法查明死亡原因的情况下，死者亲属是否有义务配合保险公司进行尸检。

【法院裁判要旨】

重庆市渝中区人民法院经审理认为：保险公司仅在查明保险事故原因、性质的基础上，对承保风险范围内的保险事故承担支付保险金的责任。本案被保险人死亡原因无法查明，该死亡事故是否属于保险合同约定的保险事故不能确定，且被保险人死亡原因无法查明的结果系周甲、周乙不协助调查义务所致。在医院未确诊的情况下，周甲、周乙提供的材料不足以证明被保险人死亡原因，其负有协助财保重庆分公司查明被保险人死亡原因的义务。高某尸体未经尸检即火化，主要原因在于周甲、周乙不同意尸检。医疗机构对死因不明的死者尸体进行解剖，需要经过死者家属或单位负责人同意。财保重庆分公司在事故发生后通知提交法医鉴定死亡原因，但周甲、周乙明确表示不同意并签字确认，从而导致尸体未经尸检即被火化。周甲、周乙的行为违反了协助调查义务。

重庆市渝中区人民法院依照《中华人民共和国保险法》第二十二条、《中华人民共和国民事诉讼法》第一百四十五条之规定，判决如下：

驳回周甲、周乙的全部诉讼请求。

二审法院同意一审法院裁判意见。

【法官后语】

本案处理的重点在于，在医疗机构未明确判定死亡原因的情况下，死者亲属的义务是什么、其在保险案件中的举证责任是什么。

首先，死者近亲属履行配合保险人进行死因调查义务的前提是医疗机构不能明确判定死亡原因。公民个人的死亡原因的认定一般是医疗机构或公安机关，在这两者有相应的判定结论时，从保护亲属朴素的伦理亲情观念以及自然风俗的角度出发，不进行尸检对于案件的处理仍有据可循，此时，死者亲属的配合义务无需上升至法律层面进行认定。但在医疗机构或公安机关均未判定出死者死亡原因的情况下，说明死者的死因从客观上需要进一步的检验，此时，对于死者亲属的配合义务则需上升至法律层面进行认定。

其次，从举证责任分配角度出发，在保险案件中，死者亲属作为原告理当承担证明死者系因意外死亡的举证责任，其提供的医疗机构的诊断证明不能明确判定死亡原因，而其并不具有对个人死亡原因进行调查并作出结论的职责和相应的技术条件。故在现有证据材料明显不充分且文义尚有矛盾的情况下，尸检无疑为查明死因的最有效的方式。保险合同系商事合同，查明死因系履行理赔手续的重要环节，被保险人的法定受益人作为商事合同的受益者，其有义务配合保险人完成这一环节。同时，保险公司已经履行了告知义务，明确告知周甲、周乙不配合进行尸检的法律后果，周甲、周乙作为死者家属，明知死者在抢救过程中未发现明显受伤情形，未经进一步核实便相信于己方有利的材料，并据此拒绝尸检、火化尸体，其拒绝履行配合义务，则应当承担相应的法律后果。

编写人：重庆市渝中区人民法院　王真祥　李冰心

165　当事人举证责任和举证能力的再平衡

——欧某、佟乙诉保险公司人身保险合同案

【案件基本信息】

1. 裁判书字号

天津市第三中级人民法院（2019）津 03 民终 2457 号民事判决书

2. 案由：人身保险合同纠纷

3. 当事人

原告（被上诉人）：欧某、佟乙

被告（上诉人）：保险公司

【基本案情】

死者佟甲与欧某系夫妻关系，婚生一子佟乙。死者佟甲的父母均先于佟甲死亡，其第一顺序继承人为欧某、佟乙。除欧某、佟乙二人外，死者佟甲无其他第一顺序继承人。2018 年 10 月，欧某在保险公司处投保《家庭呵护保障计划保险》（其中意外伤害的保额为每人 100000 元、驾乘非营运客运车意外伤害的保额为每人 50000 元）和《驾乘无忧 A 款保险》（其中驾乘交通工具意外伤害的保额为每人 200000 元），《驾乘无忧 A 款保险》的保险单中已经明确约定了车辆牌号为 A。2019 年 2 月 15 日 7 时许，佟甲驾驶 A 号小型轿车由东向西行驶时，车前部撞击路边西侧花坛，导致车辆前部损坏。后案外人谭某拨打 120 急救及 110 报警电话，急救人员到达事故现场，发现佟甲已无生命体征，初步诊断为"猝死"。该事故经天津市滨海新区公安局交通管理分局塘沽支队万年桥大队委托甲司法鉴定中心及乙司法鉴定中心鉴定，结论：佟甲血液中未检出乙醇；佟甲为休克死亡，如需明确死因建议尸体解剖；案涉车辆发生事故前（临近事故地点）的平均速度约为 18 千米/小时；A 号小型轿车因机件损坏，不能利用监测设备对其进行安全技术检验。据此，公安交通管理部门认定，佟甲承担事故全部责任。

2019 年 2 月 14 日，佟甲因身体不适曾前往医院就诊，诊断为胃肠炎。2019 年 2 月 16 日 11 时许，欧某曾拨打保险公司的保险电话报案，称其爱人因为交通事故死亡。2019 年 3 月 8 日，欧某再次拨打保险电话报案，称其投保了《家庭呵护保障计划保险》和《驾乘无忧 A 款保险》，其配偶佟甲因驾车出交通事故死亡。佟甲死亡后未能进行尸体解剖，即予以火化。

【案件焦点】

1. 本案的保险事故是否属于保险理赔范围，保险公司是否应向欧某、佟乙支付保险金；2. 保险金请求权人是否应当进一步举证证明被保险人的死亡原因，当事人之间的举证责任如何分配。

【法院裁判要旨】

天津市滨海新区人民法院经审理认为：案涉保险合同合法有效，应受法律保护，双方应按保险条款及保险法律法规的规定行使各自权利并履行相关义务。佟甲属于案涉两份保险合同约定的被保险人范围。该事故经公安交通部门认定，佟甲尸表没有发现明显外伤，其死因系“休克死亡”。根据医学对“休克”原因的分类，休克包括低血容量性休克、血管扩张性休克、心源性休克等，故仅从“休克死亡”的表述无法判断佟甲的死亡是疾病、意外或者两个原因结合导致的。《中华人民共和国保险法》第二十二条第一款规定，保险事故发生后，按照保险合同请求保险人赔偿或者给付保险金时，投保人、被保险人或者受益人应当向保险人提供其所能提供的与确认保险事故的性质、原因、损失程度等有关的证明和资料。该条规定与“谁主张，谁举证”的原则并不矛盾，是民事诉讼程序中规则运用于保险赔偿的一种具体表现。鉴于保险事故本身的复杂性，应当按照公平原则分配索赔方与保险公司的举证责任，通常情况下保险金请求权人自身的专业素质和保险事故本身的复杂性可能存在不相适应的情况，一味要求保险金请求权人提供完备的证明和资料，有悖公平和诚信原则，也不符合保险法优先保护被保险人的原则。考虑到索赔方可能遇到举证方面的种种困难，该法条对举证责任规定了一个限度，即“其所能提供的”。欧某、佟乙申请理赔时，提供了交通部门和医疗机构出具的《事故责任认定书》、鉴定报告、《死亡证明》等证据材料，已按合同约定和保险法的规定完成了向保险公司提供其所能够提供的与确认保险事故的性质、原因等有关证明，履行了提供材料的义务，故欧某、佟乙主观上不存在过错，不应当承担死因不能查明的后果。保险公司在经调查后，认为佟甲生前可能患有重大疾病，死亡系疾病导致，对此应由其承担举证责任，而其未能提供证据证明，应承担不利的后果，故保险公司的抗辩不予采信。欧某、佟乙要求保险公司支付保险金的主张，于法有据，予以支持。

天津市滨海新区人民法院依照《中华人民共和国保险法》第十条、第二十二条、第三十一条的规定，作出如下判决：

保险公司于本判决生效之日起十五日内给付欧某、佟乙保险金350000元。

二审法院同意一审法院裁判意见。

【法官后语】

在民事诉讼中，举证责任的分配通常都是遵循“谁主张，谁举证”的原则，当事人对自己提出的诉讼请求所依据的事实或者反驳对方诉讼请求所依据的事实有责任提供证据加以证明。没有证据或者证据不足以证明当事人的事实主张的，由负有举证责任的当事人承担不利后果。然而，在一些民事案件的审理中并不能僵化地适用这一原则，而应在坚持基本原则的前提下，结合案件事实、当事人的诉讼能力、特别法规定、诉讼法原则等进行举证责任和举证能力的再平衡。

在保险纠纷中，当保险事故发生后，投保人、被保险人、受益人均有权向保险人进行索赔，请求支付保险金，其应当提供有关证明和材料来证明保险事故的原因、性质和损失等，这是保险金请求权人应当承担的举证责任。但是这一举证责任是有所限定的，即“其所能提供的”，这一表述说明保险法对于保险金请求权人的举证能力进行了一定的平衡。在人身保险合同中，保险人与相对人的举证能力是存在差别的，保险人对于事故的定损有一套完善的流程和规范，相对人普遍为不具有专业能力的自然人，对于保险事故有关原因、性质等具体细节，前者明显在举证能力上存在优势。有鉴于此，面对一些事故原因较为复杂的保险案件，保险金请求权人如果能够提供其力所能及的相应证明材料，即可认定其已经完成了举证，如在本案中当事人提供了交通部门和医疗机构出具的《事故责任认定书》、鉴定报告、《死亡证明》等证据材料，已经按照法律规定和合同约定履行了提交证明材料的义务。

在举证责任和举证能力的分配方面进行再平衡，充分体现了公平原则和诚实信用原则，对民事案件审判具有以下现实意义：首先，有利于充分查清案件事实，实现实体正义。法院对于民事案件的事实只能是根据双方当事人各自的主张和提供的证据认定后的事实，通过平衡当事人之间的举证责任可以更好地查清有关事实，定分止争。其次，通过合理分配举证责任，实现程序正义。对于举证责任不能简单粗暴地适用法律，而是应该关注特别法中的有关特别规定，通过法律解释实现利益平衡。最后，针对能力不同的当事人设定不同的举证责任要求可以实现利益的平衡。

在审理类似案件时，应当灵活运用举证责任分配的原则，除了关注法律特别规定之外，还需要对案件事实进行考量，合理关注当事人的举证能力，不可设定过高的举证门槛，忽略公平与诚信原则。

编写人：天津市第三中级人民法院　王帅

166 对电子保单保险人是否履行免责条款提示与说明义务的司法认定

——周某、李乙诉财保重庆公司、财保南川公司意外伤害保险合同案

【案件基本信息】

1. 裁判书字号

重庆市第三中级人民法院（2019）渝03民终1477号民事判决书

2. 案由：意外伤害保险合同纠纷

3. 当事人

原告（上诉人）：周某（李甲之妻）、李乙（李甲之子）

被告（被上诉人）：财保重庆公司、财保南川公司

【基本案情】

2018年5月7日，李乙以投保人的身份通过网络销售的方式购买了一份财保重庆公司的“合家欢乐保险卡”，险种包括附加意外伤害、身故、残疾保险等，保险期间自2018年5月7日0时起至2019年5月6日24时止。保险合同约定对于年龄小于六十周岁的被保险人意外伤害保险金额为6万元。合同条款责任免除部分载明，被保险人酒后驾车、无有效驾驶证驾驶或驾驶无有效行驶证的机动车期间，遭受伤害导致身故、伤残或医疗费用支出的，保险人不承担给付保险金责任。2018年6月12日11时28分，李甲驾驶无牌照普通二轮摩托车，在行驶途中与前方同向行驶的重型

非载货专项作业车发生追尾碰撞，致李甲当场死亡。重庆市南川区公安局交通巡逻警察支队出具的《道路交通事故认定书》载明："李甲驾驶无牌照普通二轮摩托车违反了《中华人民共和国道路交通安全法》第十一条：驾驶机动车上道路行驶，应当悬挂机动车号牌，放置检验合格标志、保险标志，并随车携带机动车行驶证。该规定属于国家禁止性规定。李甲承担本次事故的全部责任。"周某、李乙遂诉请保险公司向其支付因平安家庭财产附加意外身故保险理赔款6万元。

【案件焦点】

保险人对案涉电子保单免责条款是否已经尽到提示与说明义务。

【法院裁判要旨】

重庆市南川区人民法院经审理认为：李乙只有在勾选"本人已经阅读并理解本卡卡册内容和条款内容，并同意接受投保规则全部内容"后点击"确认"，才可以激活购买的"合家欢乐保险卡"，应当视为李乙对于保险条款已明确知晓。保险公司已尽到了对免责条款进行提示、说明的义务。李甲驾驶无有效行驶证、无牌照普通二轮摩托车发生交通事故属于涉案保险条款免责事由。因此，周某、李乙请求被保险人支付保险理赔款6万元的主张，其理由不能成立，不予采纳。

重庆市南川区人民法院依照《中华人民共和国合同法》第六十条第一款，《中华人民共和国保险法》第十七条、第二十二条第一款，《最高人民法院关于适用〈中华人民共和国保险法〉若干问题的解释（二）》第十二条，《最高人民法院关于适用〈中华人民共和国民事诉讼法〉的解释》第九十条以及《中华人民共和国民事诉讼法》第一百四十四条的规定，作出如下判决：

驳回周某、李乙的全部诉讼请求。

周某、李乙不服一审判决，提起上诉。重庆市第三中级人民法院经审理认为：案涉“合家欢乐保险卡”属电子保单，由投保人登录保险人网站依次进行“卡片登录验证”、浏览“投保须知”“保险条款”并确认勾选相关内容后才可激活生效。现案涉保单已经激活并生效。根据现有证据并不能证明该保单的网上激活等过程并非由李乙本人操作，可以认定被上诉人在订立合同时对免除保险人责任条款尽到了提示和明确说明义务具有高度可能性，故对周某、李乙的抗辩理由不予采信，保险人对案涉事故不承担赔偿责任。

重庆市第三中级人民法院依照《中华人民共和国民事诉讼法》第一百七十条第一款第一项的规定，作出如下判决：

驳回上诉，维持原判。

【法官后语】

随着信息时代的到来，我国的电子保单技术日趋成熟，方便快捷、安全环保的投保方式也得到越来越多的保险消费者青睐。同时，电子保单自身的局限性以及流程设计的缺陷，导致不规范投保的情况越发普遍。认定保险人是否向投保人尽到免责条款的提示和说明义务，对于规范投保程序、保障投保人的保险权益具有重大意义。

其一，关于保险合同中免责条款的效力认定问题。保险合同通常都是依照保险人预先拟定的格式保险条款订立的，由于保险合同条文众多、内容繁杂、文字晦涩，为防止保险人制定不公平的格式条款，同时维持保险合同双方当事人的对价平衡，我国法律对保险人提供的合同条款内容进行特别规制。《中华人民共和国保险法》第十七条规定：“订立保险合同，采用保险人提供的格式条款的，保险人向投保人提供的投保单应当附格式条款，保险人应当向投保人说明合同的内容。对保险合同中免除保险人责任的条款，保险人在订立合同时应当在投保单、保险单或者其他保险凭证上作出足以引起投保人注意的提示，并对该条款的内容以书面或口头形式向投保人作出明确说明；未作提示或者明确说明的，该条款不产生效力。”所以，一般情况下，保险人欲使格式条款发生其期望的免责效果，应对相关条款履行提示和说明义务。另，《最高人民法院关于适用〈中华人民共和国保险法〉若干问题的解释（二）》第十条规定：“保险人将法律、行政法规中的禁止性规定情形作为保险合同免责条款的免责事由，保险人对该条款作出提示后，投保人、被保险人或者受益人以保险人未履行说明义务为由主张该条款不成为合同内容的，人民法院不予支持。”具体到本案，李甲驾驶无牌照普通二轮摩托车的行为违反了法律、行政法规禁止性规定，保险公司已对该禁止性规定的免责事由作出提示，该免责条款即发生法律效力。

其二，对电子保单免责条款的提示与说明义务不同于传统保单。作为新型的投保方式，互联网保险订立时，保险人履行提示与说明义务的方式、投保人确认保险人履行提示与说明义务的方式均通过电子点击确认的方式进行，代替了传统保险现场面签确认环节。《最高人民法院关于适用〈中华人民共和国保险法〉若干问题的解释（二）》第十二条规定：“通过网络、电话等方式订立的保险合同，保险人以网页、音频、视频等形式对免除保险人责任条款予以提示和明确说明的，人民法院可以认定其履行了提示和明确说明义务。”可见，电子保单的免责条款是否产生效力，应以保险人是否以网页、音频、视频等形式对免除保险人责任条款予以提示和明确说明来认定。本案中，涉案电子保单需由投保人依次进行“卡片登录验证”、浏览“投保须知”“保险条款”并确认勾选相关内容后才可激活生效，能够证明保险人在订立合同时对免除其责任的条款尽到了提示和明确说明义务。

其三，电子保单订立时，保险人是否对免责条款尽到提示和说明义务的举证责任分配。保险法司法解释明确规定，保险人应对其履行了提示和明确说明义务负举证责任，即投保人主张保险公司未对免责条款进行提示或明确说明的，保险公司对此应承担相应的举证责任。在保险人完成举证后，投保人对保险人履行提示和说明义务提出否认意见的，应举示证据证明保险人未履行相关义务。具体到本案，现有证据可以认定被上诉人在订立合同时，对免除其责任的条款尽到了提示和明确说明义务，投保人周某、李乙抗辩称该保单网上激活并非由李乙本人操作，而系由被上诉人的业务员代为完成，但其并未举示充分证据予以证明，故两级法院对其该抗辩理由不予采信。

编写人：重庆市第三中级人民法院　黄琳熹　李健

167 发生意外事故后雇主因先行赔付取得的保险金请求权范围的界定

——建筑公司诉人保镇江公司意外伤害保险合同案

【案件基本信息】

1. 裁判书字号

江苏省镇江市中级人民法院（2019）苏11民终558号民事判决书

2. 案由：意外伤害保险合同纠纷

3. 当事人

原告（被上诉人）：建筑公司

被告（上诉人）：人保镇江公司

【基本案情】

2017年9月15日，建筑公司在人保镇江公司处投保“建筑工程团体人身意外伤害保险”，约定保险人数为100人，保险费合计30000元，保险期间自2017年9月15日起至2018年9月14日止，主险安全建筑工程团体意外伤害保险（2013版）保险金额合计60000000元，保险单未指定受益人。保险单特别约定：“建筑项目名称为新建涂装房工程，工程地址为……因违反高空作业及安全技术标准的相关规定所导致的意外伤害事故作为除外责任，因被保险人高空作业未系安全带导致的保险事故作为除外责任。”

2017年9月20日，建筑公司在人保镇江公司处投保“建筑工程团体人身意外伤害保险”，约定被保险人数为50人，保险费合计18000元，保险期间自2017年9月15日起至2018年9月14日止，主险建筑工程团体意外伤害保险（2013版）保险金额合计20000000元，保险单未指定受益人。保险单特别约定：“建筑项目名称为新建涂装房工程，工程地址为……”

2018年2月27日，赵某与工友来到建筑公司承建的涂装车间施工工地从事搅拌机操作工作。2018年3月27日8时40分左右，赵某在涂装车间施工工地，从涂装车间设备房二楼一直径约0.7米的预留洞口坠落至一楼水泥地面，当场死亡。经事故调查组调查认定，该起事故是一起生产安全责任事故。2018年3月29日，经扬中市西来桥镇人民调解委员会调解，被申请人（建筑公司）与申请人（赵某家属）协商达成调解协议，约定被申请人一次性赔偿申请人各项费用合计 838000 元，申请人自愿放弃除上述赔偿款外的其他一切民事权益，包括但不限于被申请人给赵某投保的意外险的收益，如果需要申请人配合，则申请人必须无条件配合。2018 年 8 月 31 日，人保江苏分公司已支付建筑公司保险合同项下的保险金 400000 元。

建筑公司向法院提起诉讼，要求判令人保镇江公司立即支付保险合同项下的保险金 600000 元，并承担逾期付款损失。

【案件焦点】

1. 建筑公司受让保险金请求权的行为是否有效；2. 建筑公司请求支付保险金的范围如何确定。

【法院裁判要旨】

江苏省扬中市人民法院经审理认为：建筑工程团体人身意外伤害保险是建筑企业给建设项目员工所投的团体意外伤害保险，是不记名、不特定人的保险，与投保人对投保人近亲属及与投保人有抚养、赡养、扶养关系的其他家庭成员所订立以死亡为给付保险金条件的单纯的人身保险合同不同，并不需要被保险人同意及认可。人身保险合同因其具有人身依附性，除有特约条款外，保险事故发生前，受益人未经投保人和被保险人同意，不得将受益权转让给他人。但在保险事故发生后，人身保险合同的保险金额即成为确定的、财产性质的债权，此时的保险金请求权不具有人身依附性，具有可转让性，受益人可将与保险事故相对应的全部或者部分保险金请求权转让他人。本案中，赵某的受益人（即法定继承人）在事故发生并获得建筑公司支付的赔偿金后，将自己享有的权益转让给建筑公司，是其对自己权利的自由处分，转让行为不违反法律、行政法规的强制性规定。建筑公司可以以其受让取得的保险金请求权要求人保镇江公司给付保险金，故建筑公司诉讼主体适格。建筑公司要求人保镇江公司支付保险合同项下保险金 600000 元的诉讼请求，应予支持。

江苏省扬中市人民法院依照《中华人民共和国保险法》第二条、第十二条、第十四条、第二十三条，《最高人民法院关于适用〈中华人民共和国保险法〉若干问题的解释（三）》第十三条的规定，作出如下判决：

一、人保镇江公司于本判决生效后十日内向建筑公司支付保险金 600000 元；

二、驳回建筑公司的其他诉讼请求。

人保镇江公司提起上诉。江苏省镇江市中级人民法院经审理认为：关于本案保险合同中涉及的以死亡为给付保险金条件的合同条款是否有效问题，以及建筑公司的诉讼主体地位问题，二审法院同意一审裁判意见。关于该保险金请求权应否全额支持问题。本案中，事故发生后，建筑公司支付给赵某家属的各项赔偿补偿费用为 838000 元，并以此为条件受让所得赵某家属的保险金请求权。若全额给付，建筑公司将因此获利 162000 元（1000000 元减去 838000 元）。保险是一种受法律保护的分散危险、补偿损失的法律制度，具有经济补偿性质，但绝无获利功能。保险法第四条亦明确规定，从事保险活动必须遵守法律、行政法规，尊重社会公德，不得损害社会公共利益。人民法院作为国家审判机关，职能之一就是鼓励和倡导善良公德，具有诉讼导向作用。如果无视用工单位实际支付给身故被保险人家属的各项费用少于被保险人的身故保险金的实际情况，判决保险公司全额支付用工单位受让而来的保险金，无疑将产生巨大的道德风险：个别单位（或个人）有可能利用优势地位强压被保险人或其受益人转让保险金请求权，从中获利；更严重的后果可能就是个别单位或个人认为有机可乘，无视生产安全甚至制造安全责任事故，从中牟取不当利益。因此，应倡导善良公德，遵循公平原则，不违背公序良俗，以实际付出的赔偿款为限支持建筑公司的诉讼请求。因建筑公司已取得案涉保险金 400000 元，故人保镇江公司仍应向建筑公司支付保险金 438000 元。

江苏省镇江市中级人民法院依照《中华人民共和国民法总则》第六条、第八条，《中华人民共和国保险法》第四条，《中华人民共和国民事诉讼法》第一百七十条第一款第二项之规定，作出如下判决：

一、维持扬中市人民法院（2018）苏 1182 民初 4248 号民事判决的第二项；

二、变更扬中市人民法院（2018）苏 1182 民初 4248 号民事判决的第一项为：人保镇江公司于本判决生效后十日内向建筑公司支付保险金 438000 元。

【法官后语】

本案是关于人身保险合同中保险金请求权能否转让及转让范围的界定。

关于保险金请求权能否转让的问题。《最高人民法院关于适用〈中华人民共和国保险法〉若干问题的解释（三）》第十三条规定："保险事故发生后，受益人将与本次保险事故相对应的全部或者部分保险金请求权转让给第三人，当事人主张该转让行为有效的，人民法院应予支持，但根据合同性质、当事人约定或者法律规定不得转让的除外。”该条规定确立了保险金请求权转让的基本规则。首先，保险金请求权作为保险合同的一项权利，允许转让是原则，不允许转让是例外。其次，在保险事故发生后受益人才能转让保险金请求权，因为此时保险金请求权属于纯财产性质的债权，不具有人身依附性。这一点在《中华人民共和国保险法》第四十二条第一款第一项的规定中也可得到佐证。本案中的团体人身保险不属于强制投保的险种，被保险人的受益人在获得用人单位的赔偿金后，同意将对保险公司的权利转让给用人单位，该转让行为未违反法律的禁止性规定，应属有效。最后，保险金请求权具有可分性，受益人可以部分转让，也可以整体转让。但需要注意的是，保险金请求权转让后，保险人对受让人不仅可基于保险合同提出抗辩，而且可就受让保险请求权是否合法等事项提出抗辩。

关于保险金请求权转让范围的判断。保险金请求权转让作为债权转让的一种，基于债权转让的无因性，本不必考虑转让的原因。但是由于实践中受益人转让保险金请求权一般都会基于一定的原因（如用人单位先行向受益人支付事故赔偿金等）而受益人对基于保险合同能够享有的赔偿金具体数额并不十分了解，因此为探究受益人转让的真实意思表示，在判断保险金请求权的转让范围时应当结合转让的原因行为一并考虑，以避免发生道德风险。本案中，发生保险事故后，用人单位因赔付死者家属而获得保险金请求权，应当认为死者家属作为保险合同的受益人转让的份额限于用人单位的赔付范围，对于未转让部分受益人仍享有向保险公司请求支付的权利。

编写人：江苏省镇江市中级人民法院　沈荷　李洁

168 名义投保人与实际投保人不一致的保险合同效力

——杨某诉人寿山东分公司、产联公司意外伤害保险合同案

【案件基本信息】

1. 裁判书字号

江苏省南京市中级人民法院（2019）民终 9385 号民事判决书

2. 案由：意外伤害保险合同纠纷

3. 当事人

原告（被上诉人）：杨某

被告（上诉人）：人寿山东分公司

被告：产联公司

【基本案情】

原告系创造公司的员工，创造公司将原告派遣至银河公司（化名，下同）工作。创造公司通过产联公司的名义与人寿山东分公司签订保险合同。

2018 年 7 月 17 日，产联公司为原告等 708 人在被告人寿山东分公司投保了团体人身保险：险种代码 6801 的团体意外伤害保险，保险金额为 80 万元；险种代码 7802 的附加团体意外伤害医疗保险，保险金额为 20 万元；险种代码 7814 的附加团体意外伤害住院津贴医疗保险，保险金额 160 元/天。保险有效期为 2018 年 7 月 17 日 0 时至 2018 年 7 月 31 日 24 时。

2018 年 7 月 29 日，原告在工作时双手被冲床压伤，后住院治疗，入院诊断双手毁损伤。2018 年 9 月 5 日，原告出院，出院诊断

双手毁损伤。原告为此共计花费 142305.96 元治疗费用。2019 年 3 月 20 日，南京市溧水区人力资源和社会保障局认定原告杨某受到的事故伤害属于工伤认定范围，现予以认定（或视同）工伤。2019 年 6 月 19 日，经南京市劳动能力鉴定委员会出具劳动能力鉴定结论通知书，鉴定杨某致残程度为伤残 4 级。

杨某受伤后向人寿山东分公司申请理赔，2019 年 4 月 24 日人寿山东分公司作出理赔决定通知书，拒绝承担理赔保险金等，遂成讼。

【案件焦点】

名义投保人与被保险人之间不具有劳动关系，保险合同是否有效。

【法院裁判要旨】

江苏省南京市溧水区人民法院经审理认为：保险合同系投保人与保险人约定保险权利义务关系的协议。被保险人同意投保人为其订立合同的视为投保人对被保险人具有保险利益。本案中，创造公司以产联公司的名义为包括原告在内的 708 人向人寿山东分公司投保团体人身保险，产联公司的经营范围包括保险代理业务，故产联公司为名义投保人，创造公司为实际投保人，对原告杨某具有保险利益，而涉案保险合同被保险人总人数达 708 人，人寿山东分公司未尽基本审查义务仍与产联公司签订保险合同并收取保费，双方之间的保险合同依法成立且合法有效，双方均应依约行使权利并履行义务。故原告作为涉案保险合同的被保险人在保险期间内发生意外事故后，有权要求人寿山东分公司履行保险金赔付义务。

江苏省南京市溧水区人民法院依照《中华人民共和国保险法》第二条、第十条、第十二条、第十三条、第十四条、第三十一条，《中华人民共和国合同法》第八十条，《中华人民共和国民事诉讼法》第六十四条第一款、第一百四十二条的规定，判决如下：

一、人寿山东分公司于本判决生效之日起三十日内支付杨某保险理赔款合计 683714.39 元；

二、驳回杨某的其他诉讼请求。

二审法院同意一审法院裁判意见。

【法官后语】

随着社会各种制度设施的逐步完善，各种保险也成为企业员工福利不可或缺的一部分，在发生意外的情况下，能够为员工提供保障。团体人身意外保险也因费用低、保障高、保险期间灵活、满足企业人员流动管理需要等特点深受企业的欢迎。而在司法实践中，团体人身意外保险名义投保人与实际投保人不一致的情况比较多见，名义投保人与被保险人之间可能毫无关系，保险公司常以此为由拒绝理赔，此时保险合同的效力问题则是审理的重点。

保险利益，是指投保人或者被保险人对保险标的具有的法律上承认的利益。人身保险中，投保人对下列人员具有保险利益：(1) 本人；(2) 配偶、子女、父母；(3) 前项以外与投保人有抚养、赡养或者扶养关系的家庭其他成员、近亲属；(4) 与投保人有劳动关系的劳动者。除前款规定外，被保险人同意投保人为其订立合同的，视为投保人对被保险人具有保险利益。具体投保时，团体人身意外保险的被保险人总人数常常高达数百甚至数千人，人数众多，保险公司作为专业公司，与某些名义投保人保持长期合作关系，有时在与名义投保人订立合同时就投保人与被保险人之间的关系未尽必要的审查义务，基于保险合同的射幸性，此时，保险合同依然成立并发生法律效力，对保险人具有拘束力。实际投保人对被保险人具有保险利益或者被保险人同意投保人为其订立合同的，被保险人发生保险事故时，保险人应当遵守诚信原则，及时履行保险赔付义务，而不得以名义投保人对被保险人不具有保险利益主张保险合同无效进而拒绝理赔。

现实生活中，由于保险知识的普及率和人们的保险意识还有待提高、监管机制需要进一步健全等，保险活动中容易发生纠纷。为避免出现保险纠纷，维护保险合同双方的利益，需要保险公司进一步完善制度建设，规范保险销售行为，切实提升服务水平，同样，保险客户也需要多了解保险知识，履行相关义务，保障保险合同的有效性，维护自己的保险权益。

编写人：江苏省南京市溧水区人民法院　程美霞

169　“符合承保条件”的判定应采用客观评价标准

——彭某诉保险重庆分公司保险合同案

【案件基本信息】

1. 裁判书字号

重庆市第一中级人民法院（2019）渝01民终6932号民事判决书

2. 案由：保险合同纠纷

3. 当事人

原告（被上诉人）：彭某

被告（上诉人）：保险重庆分公司

第三人：建筑公司

【基本案情】

2017年11月17日，投保人建筑公司向保险重庆分公司提交《团体建筑工程险投保单》就建筑公司承接的工程投保的险种及保险金额予以约定，并特别约定了意外残疾评残标准及对应的赔付比例，意外身故需提供区县级以上建委安全生产主管部门、安监局、公安局或派出所等政府部门出具的事故说明资料，发生事故、残疾事故24小时内报案。当日，建筑公司向保险重庆分公司转账支付保险费5800元。2017年11月30日，保险重庆分公司的工作人员在该投保单（第一联：保险公司联）中的“核保意见”栏签署“同意”。2017年12月1日，保险重庆分公司将前述5800元款项退还建筑公司，其后又将包括投保单在内的投保资料退还建筑公司。

2017年11月26日，彭某在建筑公司承接的前述涉讼工程务工时发生事故，其左手大拇指被搅拌机轧断，随即先后前往两家医院就医，并先后产生医药费750.86元和3753.16元。2018年4月20日，彭某委托重庆市万州司法鉴定所对其伤残等级进行鉴定，该鉴定机构于2018年5月8日出具《司法鉴定意见书》，认定彭某所受伤害属八级伤残。

2016年至2017年，建筑公司与保险重庆分公司之间就数个建筑工程项目发生多次团体建筑工程意外伤害保险业务往来，所形成的保险单中均有与本案投保单中内容相同的特别约定条款。但同时，该期间内，保险重庆分公司承保的其他主体投保的同类保险项目中亦存在与前述特别约定条款不同的情形。

【案件焦点】

1. 建筑公司的投保项目是否符合承保条件；2. 保险重庆分公司退回保险费是否影响合同成立。

【法院裁判要旨】

重庆自由贸易试验区人民法院经审理认为：首先，根据《最高人民法院关于适用〈中华人民共和国保险法〉若干问题的解释（二）》第四条的规定，核保期间发生保险事故，保险人主张不符合承保条件的，应当承担举证责任。承保条件应采客观评价标准，而非以保险人的主观陈述和其内部业务标准为依据。承保条件虽然也会体现保险人的特定风险偏好，但如果其在保险合同订立前未以适当的方式将这些主观条件进行对外公示，那么，在当事人对合同是否成立发生争议时，保险人不能以此作为合理的抗辩事由。相反，保险人应当就案件所涉投保事实的客观承保条件的具体构成及其判断的标准加以证明。其次，从保险重庆分公司既往承保的团体建筑工程意外险业务来看，相关保险合同的特别约定条款既有与本案投保单中所载内容相同的情形，也有相异的情形；在特别约定条款内容相同的情况下，其未举证证明案涉投保项目的承保条件与双方在临近期间内发生的其他数笔交易之间有何实质差异，故未完成证明案涉保险事项不符合承保条件的举证义务。最后，在满足“接受了投保单”“收取了保险费”“符合承保条件”三个要件后，保险人即应对相应保险事故承担保险责任，同时即应视为保险合同已经成立。不论保险人是否知晓该保险事故的发生，其在保险事故发生后向投保人退回保险费的行为并不影响保险合同的成立与生效，也不影响约定的保险责任的承担。

重庆自由贸易试验区人民法院依照《中华人民共和国保险法》第十条、第十一条，《最高人民法院关于适用〈中华人民共和国保险法〉若干问题的解释（二）》第四条的规定，作出如下判决：

一、保险重庆分公司于本判决生效之日起五日内支付彭某意外伤残保险金150000元、意外医疗保险金4504.02元；

二、驳回彭某的其他诉讼请求。

二审法院同意一审法院裁判意见。

【法官后语】

《最高人民法院关于适用〈中华人民共和国保险法〉若干问题的解释（二）》第四条设定了保险合同成立的特殊例外情形，但是，对于承保条件的判断标准问题，司法解释并未明确规定，在司法实践中也存在诸多争议。本案裁判提出了承保条件认定的客观标准规则，对于类案审理具有参考和借鉴意义。

1. 认定“符合承保条件”应采取客观标准规则

承保条件是指保险人据以决定是否接受投保人对特定保险产品的要约的审查规则。实践中，保险人通常会预先制定统一的保险产品核保规则，设定具体的承保条件和审查标准。这些规则和标准是保险人基于其风险偏好而形成的，体现了该保险人的特定主观意图，因此可以称为承保条件判断的个别性规则或主观规则标准。但是，随着保险行业的日益发展和成熟，对于市场上典型的保险产品，各保险机构对投保人和被保险人的个体情况的审查判断内容已具有一定的共性，能够从中得出有关核保和承保条件的惯例性的客观规则要素。司法解释基于权利义务相一致原则、保险法最大诚信原则以及公平原则等综合考量，规定保险人对于核保“空白期”内发生保险事故后，投保“符合承保条件”的，保险人即应承担保险责任。基于同样的衡量准则，在承保条件的判断和认定上也应坚持客观标准的立场，以避免保险人恶意逃避保险责任的情形发生。

2. 交易习惯可作为客观可保条件的辅助判断因素

在保险行业，尤其是建筑工程团体保险领域，投保人一般为建筑工程的承包方或劳务分包方，其与保险人之间往往会建立较为长期的稳定合作关系，并就团体保险投保的条件和内容等形成一定的交易习惯。这些交易习惯通常可以作为识别保险人针对同一保险产品在核保规则和风险控制等方面的偏好，进而可以成为认定某一项具体投保是否符合承保条件的考虑因素。这类交易习惯虽然反映的主要是该特定保险人对于承保条件构成的主观标准，但是，就投保人而言，其对于这些习惯性规则也是预先明知的，因而已成为交易习惯的承保条件便具备了相对客观性，进而可以成为认定是否“符合承保条件”的客观标准之一。不过，交易习惯的认定条件也具有复杂性，在合同当事人之间发生的同种类交易频率较低的情形下，还是应当寻求以行业通常标准作为判断依据，并由保险人承担举证责任。

3. 保险人在空白期内退还保险费不影响合同成立

从合同成立原理的角度分析，投保人向保险人提交投保单的行为构成要约，保险人接受保险单以及保险费的行为是否构成承诺，则进一步取决于对承保条件的判断结果。符合承保条件的，则构成承诺，保险合同自保险人收到保险费之日成立。因此，只要投保人的投保客观上符合承保条件，在保险人进行核保的空白期内发生保险事故的，保险合同即已依法成立，并对当事人产生约束力。保险人在保险合同成立后又退还保险费的行为，并不会产生阻却合同成立或者解除合同的法律效果，故也不影响投保人主张保险责任的请求权的行使。但是，尽管如此，基于诚信原则和公平原则的考量，应当允许依法承担了保险责任的保险人再行向投保人主张给付相应的保险费。

编写人：重庆两江新区人民法院（重庆自由贸易试验区人民法院）
肖明明

170 损失补偿原则在人身保险合同中的适用
——仇某诉财保济南分公司保险合同案

【案件基本信息】

1. 裁判书字号

山东省济南市中级人民法院（2019）鲁01民终10882号民事判决书

2. 案由：保险合同纠纷

3. 当事人

原告（被上诉人）：仇某

被告（上诉人）：财保济南分公司

【基本案情】

2017年9月1日，仇某在济南市某中学上学期间，经由学校向财保济南分公司交纳保费60元，投保学生、幼儿意外伤害保险，具体包括意外伤害保险、附加突发急性病身故保险、住院医疗保险、意外伤害医疗保险，其中住院医疗保险的保险金额为40000元，保险期限自2017年9月1日起至2018年8月31日止。

2018 年 7 月 25 日至 8 月 6 日，仇某因气胸住院治疗，共花费医疗费 31354.11 元，扣除医疗报销后，个人支付 19685.57 元。

2018 年 8 月 6 日，仇某向财保济南分公司申请理赔，财保济南分公司于 2018 年 10 月 15 日作出意健险案件理赔决定通知书，决定对仇某的申请不予给付保险金，理由是本次住院医疗属于治疗既往症，未构成保险责任。仇某为维护其合法权益诉至法院，要求判令财保济南分公司支付保险赔偿金 19685.57 元。

另外，因仇某另在某人寿保险公司（非本案被告）投保国寿长久呵护住院费用补偿医疗保险，该保险公司已向其给付保险金 5000 元。

【案件焦点】

财保济南分公司是否负有理赔义务。

【法院裁判要旨】

山东省济南市章丘区人民法院经审理认为：仇某向财保济南分公司交纳保险费，财保济南分公司接受其投保，双方之间保险合同已成立并生效。第一，关于理赔义务，财保济南分公司辩称仇某系治疗既往症，依据保险条款第五条第六项“治疗既往症……发生的费用”，仇某此次住院系治疗既往症，属责任免除情形，因此不予理赔；仇某称涉案保险系在学校投保的，至今未见到保险单和保险条款。《中华人民共和国保险法》第十七条第二款规定，对保险合同中免除保险人责任的条款，保险人在订立合同时应当在投保单、保险单或者其他保险凭证上作出足以引起投保人注意的提示，并对该条款的内容以书面或者口头形式向投保人作出明确说明；未作提示或明确说明的，该条款不产生效力。《最高人民法院关于适用〈中华人民共和国保险法〉若干问题的解释（二）》第十三条规定，保险人对其履行了明确说明义务负举证责任。在诉讼过程中，财保济南分公司未提交证据证实其已向投保人履行提示和明确说明义务，因此，其所辩称的“治疗既往症”免责条款不生效，财保济南分公司应依约向仇某理赔。第二，关于理赔金额，仇某提交的保险单详细信息中显示住院医疗的保险金额为40000元，财保济南分公司提交的保险条款第四条约定了医疗费用的免赔额及赔付比例。《最高人民法院关于适用〈中华人民共和国保险法〉若干问题的解释（二）》第九条规定，保险人提供的格式合同文本中的责任免除条款、免赔额、免赔率、比例赔付或者给付等免除或者减轻保险人责任的条款，可以认定为保险法第十七条第二款规定的“免除保险人责任的条款”。具体到本案中，保险条款第四条的约定系免除和减轻保险人责任的条款，保险人应向投保人作出提示及明确说明，但财保济南分公司未能举证证明其履行了该义务，因此该条款亦不生效，财保济南分公司应在保险单载明的保险金额内赔付。

综合分析涉案保险合同的性质，涉案医疗保险合同属补偿性保险合同，应当适用损失补偿原则，即因同一保险事故被保险人要求各保险人支付的保险金超过实际发生的医疗费用的，人民法院不予支持。仇某的诉讼请求中包含其已在某人寿保险公司就同一笔医疗费用获得的理赔款5000元，法院适用损失补偿原则将该部分理赔款从仇某所诉数额中进行了扣除，故财保济南分公司应理赔金额为14685.57元（19685.57元-5000元）。

山东省济南市章丘区人民法院依照《中华人民共和国保险法》第十条、第十七条，《最高人民法院关于适用〈中华人民共和国保险法〉若干问题的解释（二）》第九条、第十三条的规定，作出如下判决：

一、财保济南分公司于本判决生效之日起十日内给付仇某保险金 14685. 57 元;

二、驳回仇某的其他诉讼请求。

财保济南分公司不服，提起上诉。山东省济南市中级人民法院经审理认为：财保济南分公司明确其主张拒绝赔偿的理由是仇某未履行如实告知义务。财保济南分公司未有证据证明仇某投保时，其向仇某或向仇某的监护人进行了询问。虽然《中华人民共和国保险法》第十六条规定，订立保险合同，保险人就保险标的或者被保险人的有关情况提出询问的，投保人应如实告知，但投保人告知的义务限于保险人询问的范围和内容。财保济南分公司未有证据证明仇某投保时，其向仇某或向仇某监护人进行了询问，故仇某或其监护人不负有如实告知的义务。财保济南分公司以此为由拒绝赔偿，证据不充分。

山东省济南市中级人民法院依照《中华人民共和国民事诉讼法》第一百七十条第一款第一项的规定，作出如下判决：

驳回上诉，维持原判。

【法官后语】

损失补偿原则是指保险事故造成保险标的毁损，被保险人遭受经济损失，保险人给予被保险人经济赔偿，赔偿的标准恰好能填补被保险人遭受保险事故的经济损失。在损失补偿原则下，保险的目的在于补偿被保险人因保险事故造成的实际损失。因此，被保险人可获得的补偿以其保险标的在经济上恢复到保险事故发生之前的状态为限，而不是让被保险人获得多于或少于损失的补偿，尤其是不能让被保险人通过保险获得额外的收益。这个原则主要是为了维护保险双方的利益，从而防止道德风险的发生，防止被保险人因保险而获取不当利益。

随着社会经济的发展，保险行业推出的保险产品日益增多，人民群众投保意识也逐渐增强，现实中出现重复投保的现象。《中华人民共和国保险法》第五十六条规定，重复保险的投保人应当将重复保险的有关情况通知各保险人。重复保险的各保险人赔偿保险金的总和不得超过保险价值。除合同另有约定外，各保险人按照其保险金额与保险金额总和的比例承担赔偿保险金的责任。该条规定就是损失补偿原则在财产保险合同中的体现，即各保险人赔偿保险金的总和不得超过保险价值。

大多数的财产保险合同都适用损失补偿原则，但损失补偿原则并不是财产保险合同的特有原则。保险合同按保险标的不同划分为财产保险合同和人身保险合同，而人身保险合同按照合同的经济性质不同又划分为补偿性合同和给付性合同（定额合同），补偿性合同大多表现为医疗保险合同，此类保险系根据被保险人实际发生的医疗、康复费用支出，按照约定的标准来确定保险金数额的医疗保险，给付金额不得超过被保险人实际发生的医疗、康复费用金额，这便是损失补偿原则在人身保险合同中的适用，这一点在《健康保险管理办法》中也有体现，即“费用补偿型医疗保险的给付金额不得超过被保险人实际发生的医疗、康复费用金额”。

因此，损失补偿原则虽主要适用于财产保险合同，但也适用于部分人身保险合同，尤其是医疗保险合同。在审判实践中，不能简单地按照人身保险和财产保险进行分类，将损失补偿原则机械地理解为财产保险合同的特有原则而将人身保险中的健康保险等排除在外，应当根据保险合同的性质以及保险合同的约定进行综合分析，来判断涉案保险合同是否属补偿性保险合同。如属补偿性保险合同，被保险人要求各保险人支付的保险金超过实际发生的医疗、康复费用的，人民法院不予支持。

在此也提醒广大消费者，在购买医疗保险时首先应区分医疗保险的性质，看是否属费用补偿性医疗保险，避免重复购买。

编写人：山东省济南市章丘区人民法院　路瑛

171 意外伤害保险合同中被保险人死因不明时的保险赔付诉讼举证规则

——范某诉财险宜兴公司意外伤害保险合同案

【案件基本信息】

1. 裁判书字号

江苏省宜兴市人民法院（2019）苏0282民初10106号民事判决书

2. 案由：意外伤害保险合同纠纷

3. 当事人

原告：范某

被告：财险宜兴公司

【基本案情】

范甲肢体残疾等级为叁级。宜兴市残疾人联合会为范甲在内的本市持证残疾人向财险宜兴公司投保了宜兴市持证残疾人团体人身意外伤害保险（未指定受益人），保险期限为二年，自2018年

6月30日起至2020年6月29日止。险种包括：意外伤亡（保险金额10万元）、意外伤残（保险金额20万元）、丧葬补贴每人限额800元、法律费用（每次事故及累计诉讼费用赔偿限额为实际赔偿金额的5%）等。其中，意外是指外来的、突发的、非本意的、非疾病唯一引起的使身体受到伤害的客观事实，意外伤亡是指保险期内，被保险人遭受意外伤害事故，并因该事故身故，保险人按意外伤害保险金额给付身故保险金。

2019年7月27日，宜兴市公安局和桥派出所接到范某报警称，同村村民范甲早上买菜时摔死了，下午被人发现，已被抬至家中。民警接警后，出具接处警工作登记表，并载明：死者范甲于2019年7月27日上午出门买菜后一直未归，后于下午4时许被发现倒在家附近的小路边上，已经死亡，后其尸体被邻居抬至家中，经法医鉴定排除他杀，其家人表示无异议。后该所出具居民死亡医学证明（推断）书，死亡原因载明为摔倒。同年7月28日，范甲被注销户籍，死亡原因载明为其他非正常死亡。

事发后，范某等人在范甲死亡当日及之后与财险宜兴公司的工作人员微信联系赔偿事宜，但未达成一致意见。为此，范某作为范甲遗产受遗赠人诉至法院，要求财险宜兴公司支付保险赔偿金100000元、丧葬补贴800元、法律费用5000元。

财险宜兴公司辩称：根据保险条款的约定，本案中范某提供的证据不足以证明范甲死于意外，无法确定本案属于保险范围，需要范某继续补充证据证明范甲死于意外，否则应当承担举证不能的法律后果。

【案件焦点】

范甲是否系意外死亡的举证责任由保险金申请人承担还是保险人承担。

【法院裁判要旨】

江苏省宜兴市人民法院经审理认为：一方面，根据保险法规定，保险事故发生后，按照保险合同请求保险人赔偿或者给付保险金时，投保人、被保险人或者受益人应当向保险人提供其所能提供的与确认保险事故的性质、原因、损失程度等有关的证明和资料，说明保险金请求权人需要提出相应的证据证明发生了保险事故，其需尽初步的证明义务。本案中，原告范某提供的证据证明了范甲经法医鉴定排除他杀，在报案后公安部门出具的居民死亡医学证上载明的范甲死亡原因为摔伤，死亡注销登记上载明的死亡原因为其他非正常死亡。范某等人也将相关情况通知了财险宜兴公司。据此，范某作为一个正常合理的举证人提供了客观上其所能提供的全部证据，并无恶意规避的行为，与其举证能力相适应，而不应对其举证责任过于严苛，从而导致本案所涉的具有公益性的残疾人团体人身意外伤害保险失去应有的实质意义，故可以认定原告对范甲系意外死亡尽到了举证义务。另一方面，保险人有权以保险合同未成立、解除、无效或损失系除外原因造成等为由主张免责，但是抗辩的同时必须承担相应的举证责任。在本案原告已尽到初步证明义务的情况下，此时，对于范甲的确切死因的确定问题上，财险宜兴公司具有专业的经验和技术优势，对程序也比较熟知，故其举证能力相对更强，由其承担相应的举证责任更为合理，财险宜兴公司也应当在接到通知后及时对范甲的确切死因进行查勘，如果查勘后对其死因仍存有异议，可要求通过科学手段如尸检来确定，现财险宜兴公司未采取前述措施，将死因不明的意外死亡直接推定为非意外伤害死亡，证据不足，法院不予采信。保险人仍应承担理赔责任。

江苏省宜兴市人民法院依照《中华人民共和国合同法》第八条，《中华人民共和国保险法》第十条、第十四条，《中华人民共和国继承法》第三十一条之规定，作出如下判决：

财险宜兴公司于本判决发生法律效力之日起十日内给付范某105800元。

判决后，双方当事人均未上诉，本判决现已生效。

【法官后语】

1. 保险合同纠纷中保险赔付的概念

保险赔付，是指保险事故发生后或者保险期间届满时，保险金申请人依照保险合同的约定向保险人申请给付保险金，保险人审核后予以支付的行为。一般而言，保险赔付诉讼的原告大都是保险金申请人，被告则是保险人，双方争议之焦点即为申请人主张保险事故及损失确已发生，保险人应按约赔付，保险人则认为事故非属保险事故或由于除外原因造成，保险人无需赔付，由此可见，保险赔付争议的解决实质即举证责任如何分配的问题。举证责任的分配大都依赖于实体法与程序法的遵循，但法律并未针对每一个具体个案提供详细完备的举证责任分配规则。法官才是举证责任正当分配的必要媒介，其思维方式以及分配责任时所遵循的规则和原则对案件的裁判过程和结果能否达到公正的要求，具有至关重要的作用。

2. 保险赔付诉讼中举证责任的意义

保险赔付是基于保险合同当事人通过签订保险合同的方式形成

的保险法律关系而产生，被保险人或受益人在申请领取保险金过程中，必须向保险人提供证明保险事故发生及损失存在的证据和资料。法院是维护权利人合法权益的最后一道屏障，举证责任分配虽然是一个理论性较强的问题，但最终是为解决民事审判实践问题服务的，因此，从保险赔付诉讼实践的角度来探讨举证责任问题，显得尤有意义。

作为一种普通的民事诉讼，举证责任的分配对保险赔付诉讼当事人至关重要，负有举证责任的一方如果不能证明自己主张的事实，则将面临败诉的后果。一般来说，根据“谁主张，谁举证”的原则，保险金申请人为证明其赔付主张的成立，必须就保险事故的发生、原因、性质、损失构成等进行举证，使对事故一无所知的法官和保险人相信事故发生的经过以及由此造成的损失金额的全过程；保险人为否定申请人的主张，也必须就抗辩的免责事由进行举证。但主张并非举证责任分配的唯一标准，特殊情况下，某些证据一方当事人确实无法或难以取得时，人民法院可适当参与调查取证或对行为举证责任进行调整，以充分查明事实，作出正确处理。

3. 保险赔付诉讼中举证责任的分配原则

根据《中华人民共和国保险法》第二十二条、第二十四条的规定，在该类案件审理中，须将举证的对象（保险事故的发生原因）划分为引起保险事故发生的事件（保险事故的直接原因）与引起该事件的原因（保险事故的间接原因）两个部分，而这两个部分应由保险金请求权人与保险人分别承担举证责任。具体而言：

(1) 保险金申请人的证明责任

①保险合同成立并合法有效

保险金申请人于起诉时，应向法院提交保险单、保险证及相应条款。但是，申请人因客观特殊原因无法提供完备的合同条款但能够证明合同关系存在的，作为存有格式保险单的保险机构也有义务提供相应合同。

②保险事故确系在保险期间发生

该项证明对象包括两个内容：一是事故发生在保险期间内；二是某项承保危险与事故的发生有直接的因果关系。实务中，该项证明责任可细化为提交事故发生的时间、地点、性质、情节、结果等证明资料，需要说明的是，保险事故认定的举证责任到位与否应视投保险种、举证能力、主观过错、履行义务程度、客观原因等多种因素的差别作出正确合理的认定，也就是准确把握证明标准，单纯对请求主张方苛以严厉的举证责任极有可能有失公正，也有悖签订保险合同的初衷。实践中，索赔人缺乏保险的专业素质和技能，加上保险事故的复杂性，不能对其要求过于严苛，否则妨碍其索赔，使投保失去实质意义。本案中，保险金申请人在被保险人死亡后及时报警，同时立即向保险机构履行了告知义务，应当认定其是持善意、平常的心态来履行合同义务，并无恶意规避的行为，也应确认其已尽举证义务。

③被保险人或受益人确已遭受损失

保险标的确已遭受损失是保险赔付的前提条件，被保险人、受益人必须证明损失是客观存在的和直接的。

（2）保险人的证明责任

当被保险人、受益人主张赔付保险金时，保险人有权主张免责，但是抗辩的同时必须承担相应的举证责任，这既是保险人的权利，也是保险人的义务。保险人不能证明危险事故是由除外原因造成，又认为事故原因不具备完全的排他性时，不能认为保险人的拒赔理由成立，而应由其继续举证，也就是说当事件处于“真伪不明”的状态时，保险人该举证责任属于谁承担举证责任谁就承担败诉之不利益的“客观的举证责任”。此外，本案中财险宜兴公司完全可以通过申请尸检探明其死亡的真实原因，从而完成举证责任，而财险宜兴公司却放弃了这一方式，仅凭可能性判断被保险人并非死于意外，这更能说明财险宜兴公司举证义务未履行到位，不利后果将由保险人承担。

编写人：江苏省宜兴市人民法院　陈豪　孟钰洁

172　意外伤害保险合同中对工程范围存在争议时的保险责任认定

——张甲诉财保云阳服务部意外伤害保险合同案

【案件基本信息】

1. 裁判书字号

重庆市第二中级人民法院（2019）渝02民终1885号民事判决书

2. 案由：意外伤害保险合同纠纷

3. 当事人

原告（被上诉人）：张甲

被告（上诉人）：财保云阳服务部

【基本案情】

2018年8月7日，张甲委托其女儿张乙之夫叶某在财保云阳服务部处投保。叶某以其自己的名义投保了建筑工程团体人身意外伤害保险（2010版）和附加意外伤害医疗费用保险，保单抄件载明了投保人、工程名称、施工地址等信息。云阳服务部提交的《建筑工程承包合同》载明的发包方为张乙，承包方为叶某，且工程质量以施工图纸、国家颁发的施工验收规范和质量检验标准为依据。该投保所涉的工程施工过程中，工人龙某在水井施工过程中意外身故，张甲向龙某亲属赔偿后，龙某亲属书面同意将本次保险事故相对应的保险金请求权转让给张甲，张甲遂向财保云阳服务部申请理赔。财保云阳服务部拒赔，理由为：水井不属于保险合同的承保范围。张甲遂诉至法院，要求判令财保云阳服务部赔付保险金 20 万元。

【案件焦点】

保险公司能否以被保险人未告知投保工程具体范围为由拒赔。

【法院裁判要旨】

重庆市云阳县人民法院经审理认为：张乙与叶某是夫妻关系，叶某代张甲投保时提交的《建筑工程承包合同》中并没有明确工程的具体内容，财保云阳服务部在订立保险合同时应当对投保的工程作详细的了解，故财保云阳服务部以修建水井不属于保险范围为由拒赔，没有事实和法律依据。

重庆市云阳县人民法院依照《中华人民共和国保险法》第十四条、第二十三条，《最高人民法院关于适用〈中华人民共和国保险法〉若干问题的解释（三）》第十三条之规定，作出如下判决：

财保云阳服务部于本判决生效后十日内向张甲给付保险金 20 万元。

财保云阳服务部不服一审判决，提起上诉。重庆市第二中级人民法院经审理认为：叶某代张甲投保时提交的《建筑工程承包合同》的发包方为张乙，承包方为张乙的丈夫叶某。在张乙、叶某夫妻与张甲共同居住的情况下，张乙为建设自家房屋将工程发包给其丈夫不符合常理；《建筑工程承包合同》与《房屋建设工程合同》载明的工程地点、建房面积一致，两份合同应系指向同一建设工程，即张乙自建房。在《建筑工程承包合同》中并未载明工程的具体内容，而在《房屋建设工程合同》中，明确载明了房屋配套设施为饮水水井及院坝硬化，故财保云阳服务部应尽到相应的核实义务，确认其承保的具体范围。现财保云阳服务部以《建筑工程承包合同》中未将水井包含在工程范围之内为由拒赔，没有事实和法律依据。

重庆市第二中级人民法院依据《中华人民共和国民事诉讼法》第一百七十条第一款第一项之规定，作出如下判决：

驳回上诉，维持原判。

【法官后语】

本案的主要争议在于保险公司认为投保人主张权利所涉及的水井修建未包含在《建筑工程承包合同》的工程范围之内，综合分析，此项争议主要涉及三个问题。

一是投保人是否尽到如实告知义务。《中华人民共和国保险法》第十六条明确规定投保人具有如实告知义务，根据保险最大诚信原则与对价平衡原则，在投保人与保险人信息不对称的情况下，需投保人尽到如实告知义务，使得保险人可正确评估其承保的风险，保险人根据投保人如实告知的情况，判断保险风险是否可承受以及保费的收取标准。本案中，投保人在投保时，已经向保险公司提交了《建筑工程承包合同》，从形式上看，相关资料已提交完毕，可以视为已经尽到了如实告知义务；从实质上看，保险人与投保人签订了保险合同，视为投保人已经按照保险人的要求尽到如实告知义务，且在投保后保险人未就投保工程的具体内容再次要求投保人补充或者完善，也未采取适当方式要求投保人进一步提交相关资料，双方的保险合同已经发生效力，说明保险人对工程投保的具体内容没有异议。在此情况下，不能强行再给投保人附加相关义务。

二是保险公司是否已尽到审查义务。保险公司依据其专业知识优势、从业经验，在制度设计上充分甚至过度强调投保人的最大诚信原则，会使如实告知义务成为“对投保人不利益的法律约束”。通常情况下，投保人的告知难以避免受到主观认识的限制，具有专业知识的保险人，应主动、充分地尽到审查义务，而非对投保人告知内容的消极确认。本案中，保险人明知投保人提交给保险人的《建筑工程承包合同》中发包人与承包人是夫妻关系，且该合同是为了投保而签订，具体投保内容应以当事人实际履行的合同为准，再加上投保人向保险人提交的保险合同仅载明工程地点、工程面积，并未载明工程范围，保险人作为保险业务的专业经营机构，在投保人已明确提供可供核实的工程现场线索，也具备现场核实条件的情况下，保险人应充分核实，尽到自身对被投保工程风险评估的义务。

三是诉争所涉项目与投保内容的从属性。确定该从属性，需要依照建设工程现行法律法规，并结合每项建设工程项目的具体内容。基本判断标准为，如果具体内容是建设工作项目必须具备的，就可以确定为该建设工程项目的具体内容。本案中，从案件所涉的房屋建设工程来看，修建水井是该房屋建设的生产生活必要内容，从日常习惯角度可以确定为房屋建设的具体内容，虽然没有明确在投保的《建筑工程承包合同》中，但是不妨碍确定为该合同的具体内容，保险公司拒绝赔付的理由不能成立。

编写人：重庆市第二中级人民法院　陈俊颖

重庆市云阳县人民法院　覃辉

173 保险公司应当就其对雇主责任险中保险事故范围的限制以及伤残赔付比例表的适用尽到提示说明义务

——林某诉人保威海分公司人身保险合同案

【案件基本信息】

1. 裁判书字号

山东省威海市中级人民法院（2018）鲁1082民终2642号民事判决书

2. 案由：人身保险合同纠纷

3. 当事人

原告（被上诉人）：林某

被告（上诉人）：人保威海分公司

【基本案情】

2016年12月16日，林某在人保威海分公司处为×号货车1名司机投保了雇主责任保险（1999年版），保险责任期间自2016年12月17日0时起至2017年12月16日24时止，保障内容为：每人人身伤亡责任限额500000元、每人医药费用责任限额50000元。人保威海分公司向林某交付了对应的保险单，该保险单备注部分记载"营业货车雇员只有在驾驶或乘坐车辆过程中或为了维护车辆继续运行的临时停车过程中，如加油、加水、故障处理、换胎、装卸货物等情形而遭受意外伤害，本公司才按条款规定承担赔偿责任"，但上述备注内容的字体较小，亦未以加粗或更改颜色等方式作出明显提示。

2017年8月13日，林某雇用司机刘某驾驶上述投保货车到大修厂修理消声器，在修理过程中，其按修理厂工作人员要求使用小型电割锯切割铁皮过程中不慎割伤左手拇指，后被立即送至医院治疗。出院后，林某委托威海鉴通司法鉴定所对刘某的伤残等级进行司法鉴定，结论为：刘某损伤的伤残等级为十级。2018年4月9日，林某与雇用司机刘某签订和解协议书，林某按协议向刘某支付了医疗费12943.47元、伤残赔偿金5万元，刘某将所有医疗费单据、用药清单及住院病历原件交给林某，并为林某出具收到现金5万元的收条。后林某凭刘某交付的治疗材料向人保威海分公司理赔雇主责任险，要求保险公司按照人身伤残赔偿的一般标准，赔付保险限额50万元的10%即5万元，但人保威海分公司以雇主责任险所附的伤残赔付比例表规定十级伤残每人伤亡责任限额百分比为1%为由，仅同意支付林某伤残赔偿金5000元。为此双方协商未果，遂成诉。

【案件焦点】

1. 保险单中载明的承担保险责任的雇员事故范围限制对投保人林某是否产生免责效力；2. 保险公司主张的伤残赔付比例表对投保人林某是否产生免责效力。

【法院裁判要旨】

山东省荣成市人民法院经审理认为：本案中保险公司在保单上备注的限制保险事故范围的事项以及条款中约定的伤残赔付比例表都属于法律规定的免除或者减轻保险人责任的条款，保险公司应当举证证实其就条款的内容及法律后果对投保人尽到了提示和说明义务，而本案中保险公司就此未能举证证实。

山东省荣成市人民法院依照《中华人民共和国保险法》第十条、第十七条第二款，《最高人民法院关于适用〈中华人民共和国保险法〉若干问题规定的解释（二）》第九条第一款、第十一条之规定，判决如下：

一、人保威海分公司于本判决生效之日起十日内赔付林某医药费用责任保险金 12943.47 元；

二、人保威海分公司于本判决生效之日起十日内赔付林某人身伤亡责任保险金 50000 元。

二审法院同意一审法院裁判意见。

【法官后语】

本案两个争议焦点都涉及对保险限制条款的认定和适用问题。雇主责任险的设立基础是雇员在从事雇佣活动过程中致人损害或遭受人身损害，雇主应当承担赔偿责任之法律规定，故雇主为司机等雇员投保时的正常初衷即应为减轻因雇员的雇佣行为造成的一系列责任后果。本案中刘某系投保人所有货车的驾驶司机，其修理货车的行为与从事驾驶本职工作任务之间存在内在联系，应当认定为“从事雇佣活动”。被告在保单备注部分虽对营业货车雇员承担保险责任的事故范围进行了说明，但说明内容对雇主责任范围作出了极大限制，按该限制内容可以构成保险事故的情形远少于通常理解的雇主责任事故，从而明显减轻了保险人责任。保险法以及司法解释明确规定保险人提供的格式合同文本中的责任免除条款、免赔额、免赔率、比例赔付或者给付等免除或者减轻保险人责任的条款，可以认定为保险法第十七条第二款规定的“免除保险人责任的条款”，对于该类条款，保险人应当在投保单、保险单或者其他保险凭证上作出足以引起投保人注意的提示，并对该条款的内容以书面或者口头形式向投保人作出明确说明，否则该条款不产生效力。而保险单上的该部分内容没有以足以引起投保人注意的文字、字体、符号或者其他明显标志作出提示，被告也未举证证实其已就该限制内容的概念尤其是法律后果以书面或者口头形式予以了提示和说明，故不能认定被告履行了法定的提示和说明义务。据此，该限制事故范围的条款对原告不产生效力。同理，对于被告以伤残比例表为由提出的抗辩意见，被告未能举证证实其已履行法定提示、说明义务，因此该比例表对原告亦不产生效力。

从该案的审理情况来看，保险人在日常投保中应当以录音录像或者问答试卷等有效方式，对条款中涉及限制投保人权利、加重投保人义务或者实际内容区别于对保险名称的正常理解等类似条款进行充分说明，由此既可以保证投保人确实知晓条款内容，又可以为将来的诉讼保存有力证据，避免投保人滥用法律关于提示、说明免责类条款的规定。

编写人：山东省荣成市人民法院　慈方铭

174 保险合同中对自驾车的解释应符合普通民众的通常理解

——张某某等诉某某保险分公司人身保险合同案

【案件基本信息】

1. 裁判书字号

河北省邯郸市中级人民法院（2018）冀04民终5029号民事判决书

2. 案由：人身保险合同纠纷

3. 当事人

原告（被上诉人）：张某某、汲某某、薛某某、张冰某、张哲某

被告（上诉人）：某某保险分公司

【基本案情】

原告张某某、汲某某系张某飞的父母，薛某某系张某飞的妻子，张冰某、张哲某系张某飞的儿子。2014年5月4日，张某飞向某某保险分公司申请自由两全保险，并作为投保人及被保险人在银行代理保险投保书、投保要约变更确认书及人身保险投保提示书上签字确认。2014年5月5日，张某飞与被告某某保险分公司签订保险合同，保险单上加盖有某某保险分公司合同专用章，保险单显示：投保人及被保险人均为张某飞，身故保险金受益人：法定，险种名称为：农银爱自由两全保险，保险期间30年，交费期间10年，基本保险金额100000元，年交保险费1920元。保险条款第2.3条约定："一般意外身故保险金：自本主险合同生效之日起，若被保险人遭受意外伤害（见第10.5条），并且自意外伤害发生之日起180日内因该意外伤害直接导致身故，将按基本保险金额的2倍给付一般意外身故保险金，本主险合同终止。自驾车意外身故保险：被保险人于年满70周岁后的首个保单周年日前（不含），以乘客身份搭乘或作为驾驶员驾驶自驾车（见第10.6条）时遭受意外伤害，并且自意外伤害发生之日起180日内因该意外伤害直接导致身故，按基本保险金额的20倍给付自驾车意外身故保险金，本主险合同终止。"保险条款第10.5条约定："意外伤害指遭受外来的、突发的、非本意的、非疾病的客观事件直接致

使身体受到的伤害，猝死不属于意外伤害。”保险合同签订后，张某飞分别于2014年5月5日、2015年5月5日、2016年5月5日、2017年5月5日缴纳了当年的年保险费1920元。2018年2月23日2时22分，驾驶人张某驾驶轻型普通货车（非营运）由南向北行驶，与驾驶人王某某驾驶的重型半挂车尾部发生碰撞，造成轻型普通货车驾驶人张某和乘车人张某飞死亡的交通事故。河南省公安厅高速公路交通警察总队四支队作出道路交通事故认定书，张某承担事故的主要责任，王某某承担事故的次要责任，张某飞无责任。经鉴定，张某飞符合机动车撞击、挤压致颅脑损伤所致死亡。因原告与被告就赔偿事宜未达成一致意见，原告遂诉至法院，要求被告某某保险分公司赔偿保险理赔金2000000元。

另查明，被告公司销售人员及保险客服在回访中均未就《汽车和挂车类型的术语和定义》（GB/T 3730.1—2001）中的乘用车定义对张某飞进行提示说明，张某飞签字的人身保险投保提示书中也未有对自驾车的定义，保险合同约定的责任免除情形也没有对自驾车发生的意外事故进行约定。

【案件焦点】

涉案车辆是否为保险合同约定的自驾车，原告的请求应否得到支持。

【法院裁判要旨】

河北省邯郸经济技术开发区人民法院经审理认为：保险公司应当对该“自驾车”释义的内容向被保险人履行提示和明确说明义务。保险公司对《汽车和挂车类型的术语和定义》（GB/T 3730.1—2001）

中的乘用车定义未向被保险人作出足以引起被保险人注意的提示和明确说明义务的，免责条款对被保险人不产生效力。按照通常理解，“自驾车”相对于“公车”而言，是指购买并拥有使用支配权的家庭自用车辆。涉案车辆性质为非营运，车主为自然人，核定载人数为3人，有合法有效的行驶证，符合普通民众对“自驾车”的通常理解。因此，涉案车辆为保险合同约定的自驾车，保险公司应按合同约定履行支付保险金的义务。

河北省邯郸经济技术开发区人民法院依照《中华人民共和国保险法》第十四条、第十七条，《最高人民法院关于适用〈中华人民共和国保险法〉若干问题的解释（二）》第十三条，《中华人民共和国民事诉讼法》第六十四条，《最高人民法院关于适用〈中华人民共和国民事诉讼法〉的解释》第九十条的规定，判决如下：

某某保险分公司于判决生效之日起十日内赔偿张某某等五人保险理赔金2000000元。

二审法院同意一审法院裁判意见。

【法官后语】

首先，被告未对保险合同中“自驾车”释义的内容履行提示和明确说明义务，该条款不产生效力。被告在保险条款中的释义部分对自驾车作了如下释义：（1）符合《汽车和挂车类型的术语和定义》（GB/T 3730. 1—2001）中的乘用车定义；（2）在境内登记、登记的使用性质为非营业性运输（非营运）且有合法有效机动车行驶执照的机动车；（3）主要用于载运乘客及其随身行李或临时物品，包括驾驶员座位在内最多不超过9个座位。《汽车和挂车类型的术语和定义》（GB/T 3730. 1—2001）中对乘用车定义为，在其设计和技术特性上主要用于载运乘客及其随身行李和/或临时物品的汽车，包括驾驶员座位在内的不超过9个座位。它也可以牵引一辆挂车。保险人显然对“自驾车”的定义作了限制性解释，该“自驾车”释义直接减轻或免除了保险人的保险责任，属于免除保险人责任的条款。根据《中华人民共和国保险法》第十七条第二款的规定，对保险合同中免除保险人责任的条款，保险人在订立合同时应当在投保单、保险单或者其他保险凭证上作出足以引起投保人注意的提示，并对该条款的内容以书面或者口头形式向投保人作出明确说明；未作提示或者明确说明的，该条款不产生效力。

其次，对格式条款的理解发生争议的，应当按照通常理解予以解释。对格式条款有两种以上解释的，应当作出不利于提供格式条款一方的解释。本案中，按照通常理解，“自驾车”相对于“公车”而言，是指购买并拥有使用支配权的家庭自用车辆。涉案车辆性质为非营运，车主为自然人，核定载人数为3人，有合法有效的行驶证，符合普通民众对“自驾车”的通常理解。

最后，保险公司应按合同约定履行支付保险金的义务。依据《中华人民共和国保险法》第十四条的规定，保险合同成立后，投保人按照约定交付保险费，保险人按照约定的时间开始承担保险责任。本案中，被告某某保险分公司与张某飞的保险合同为双方真实意思表示，合法有效。张某飞在保险期限内乘车发生交通事故意外身亡，被告应按照合同约定的基本保险金额20倍的保险金赔偿张某飞的法定继承人即本案原告。

编写人：河北省邯郸经济技术开发区人民法院　代丽荣　韩丽君

175 恶劣工况下的突发死亡可推定为意外

——陈甲等诉寿险沈阳分公司人身保险合同案

【案件基本信息】

1. 裁判书字号

四川省成都市青白江区人民法院（2018）川 0113 民初 3058 号民事判决书

2. 案由：人身保险合同纠纷

3. 当事人

原告：陈甲、陈丙、陈丁

被告：寿险沈阳分公司

【基本案情】

2017 年 4 月 15 日，陈乙购买并激活了寿险沈阳分公司销售的意外伤害“安康卡”，保险期间 1 年，意外伤害保险金额为 8 万元。

2018 年 1 月 13 日 13 时 25 分，陈乙在从事雨水管网疏掏工作时，在 1 米直径的地下管道内作业十余分钟后晕倒，工友及时发现后将其转移至地面进行人工呼吸、按压人中等方式进行抢救并拨打“120”急救电话送医，陈乙被送至医院抢救，抢救 7 天后死亡，死亡原因为：心肺复苏术后，蛛网膜下腔出血。

陈乙死亡后，其无配偶、无子女，父母也已去世，法定继承人为其兄陈甲、其妹陈丙、其弟陈丁。2018 年 1 月 20 日，陈甲、陈丙、陈丁与陈乙的用工单位签订《关于陈乙因工死亡一次性处理的协议》，陈甲、陈丙、陈丁获得赔偿款共计 56.5 万元。

事故发生后，陈乙的亲属及用工单位未向保险公司报案，陈乙的尸体火化后其兄妹才申请理赔，死亡原因未通过尸检认定。寿险沈阳分公司受理理赔后，向陈乙的施工班组长赵某进行调查，根据赵某陈述的案发时工地现场没有异常味道，管道内也不潮湿，其他两名工友没有中毒状况的事实，认定陈乙系因自身疾病死亡，不属于意外责任，于2018年6月21日出具《拒绝给付保险金通知书》。

【案件焦点】

陈乙系因自身疾病死亡还是意外死亡。

【法院裁判要旨】

四川省成都市青白江区人民法院经审理认为：所谓意外，应当具备外来的、突发的、非本意的和非疾病的四个要素。本案中，陈乙的死亡符合外来的、突发的和非本意的特征，双方就陈乙是否系因疾病死亡产生分歧。从陈乙的入院症状来看，呼吸性酸中毒合并代谢性酸中毒是最终导致陈乙心肺复苏术后、蛛网膜下腔出血的直接死亡原因之一，而呼吸性酸中毒产生的医学原因为体内生成的CO_2不能充分排出，结合陈乙在地下管道内作业仅十余分钟即突发此症，与该作业空间狭小空气流通不畅有直接关系，在无证据证明陈乙下井前即有身体不适症状或者其之前曾有相关病史的情形下，陈乙的死亡与井下作业有直接关系，应认定为意外，保险公司应当承担保险责任。

四川省成都市青白江区人民法院依照《中华人民共和国保险法》第十四条、第四十条，《中华人民共和国民事诉讼法》第六十四条第一款之规定，作出如下判决：

寿险沈阳分公司于本判决生效之日起十日内支付陈甲 26666.67 元，支付陈丙 26666.67 元，支付陈丁 26666.66 元。

判决后，双方当事人均未上诉，本判决现已生效。

【法官后语】

当前，我国保险行业诚信环境不够理想：一方面，保险公司信用度低，“投保易，索赔难”现象突出；另一方面，投保人或受益人在保险事故发生后未按规定及时通知保险人，造成保险公司现场勘查难、调查取证难、责任认定难，这也是保险理赔纠纷产生的重要原因。本案中，陈乙的法定受益人在事故发生后未按照保险法第二十一条“投保人、被保险人或者受益人知道保险事故发生后，应当及时通知保险人”的规定及时通知保险公司，造成保险公司未能及时进行现场勘查，保险公司在事故调查过程中又发现与死者同时作业的工友未有中毒现象，故援引保险法的相关规定拒绝赔偿。因此，本案是否属于保险事故的认定成为难点。

人身保险合同中的意外死亡应当排除突发疾病死亡，但因本案死者未进行尸检，不能直接排除疾病死亡的可能。人民法院应当按照法定程序，全面、客观地审核证据，依照法律规定，运用逻辑推理和日常生活经验法则，对证据有无证明力和证明力大小进行判断，并公开判断的理由和结果。在本案中，法官运用逻辑推理和日常生活经验法则，根据死者在直径 1 米的地下管道内作业仅十余分钟即晕倒，推定该晕倒与作业环境狭小空气流通不畅有关，再结合呼吸性酸中毒为死亡原因之一，而该中毒的产生系因体内生成的 CO_2 不能充分排出这一事实，可基本认定死亡原因为意外。再从死者下井前并未出现身体不适现象，之前也未曾有过因自身原因造成相关中毒病史的情形综合分析，形成法官心证，判定陈乙系因工作意外中毒而亡，属于保险责任。一审判决后，寿险沈阳分公司未提起上诉，并主动履行了判决义务。

编写人：四川省成都市青白江区人民法院　付军

176　意外伤害应区分原因意外与结果意外

——张甲、张乙诉寿险江苏分公司保险合同案

【案件基本信息】

1. 裁判书字号

江苏省盐城市盐都区人民法院（2017）苏 0903 民初 6571 号民事判决书

2. 案由：保险合同纠纷

3. 当事人

原告：张甲、张乙

被告：寿险江苏分公司

【基本案情】

张甲、张乙系高某之子女。2016 年 10 月 15 日，物业管理公司作为投保人，以高某等人为被保险人在寿险江苏分公司投保了团体意外伤害保险一份，保险期间自 2016 年 10 月 15 日 0 时起至 2017 年 10 月 14 日 24 时止，保险金额为意外伤害每人 160000 元，意外住院津贴每人 21000 元。保险合同签订后，高某于 2017 年 4 月 25 日 22 时 30 分左右，在驾驶电动自行车的过程中摔倒。路人呼叫“120”急救车，高某被送至医院，后抢救无效于次日死亡。

高某在抢救过程中，被诊断有“高血压病病史多年，具体服药及血压控制情况不详，4 年前有胃穿孔术后治疗病史，6 年前有左下肢骨折病史，具体部位不详”，对其头颅 CT 检查显示“左侧基底节区脑出血破入脑室，有铸行及中线移位”，医院急诊处理并联系神经外科医生会诊后建议手术治疗，但高某家属拒绝并要求内科保守治疗。死亡医学证明记载高某死亡原因为脑出血。事后，张甲、张乙作为高某的子女向寿险江苏分公司申请支付身故保险金未果，遂诉至法院。

团体意外伤害保险条款第 2.3 条保险责任约定，在保险期间内被保险人因遭受意外伤害导致残疾或身故的，保险人依照下列约定给付保险金。第 2.3.2 条意外伤害身故保险责任约定，被保险人自意外伤害发生之日起 180 日内因该意外伤害身故的，保险人按该被保险人的保险金额给付意外身故保险金，对该被保险人的保险责任终止。第 6.4 条对意外伤害的释义为“以外来的、突发的、非本意的、非疾病的客观事件为直接且主要原因导致的身体伤害，猝死不属于意外伤害”。

【案件焦点】

案涉死亡原因能否认定为意外伤害。

【法院裁判要旨】

江苏省盐城市盐都区人民法院经审理认为：物业管理公司作为投保人以高某等为被保险人与寿险江苏分公司作为保险人签订的意外伤害保险合同，不违反我国法律和行政法规的强制性规定，应为有效合同。本案的争议焦点是被保险人高某死亡是意外伤害还是自身疾病致死、是否属于保险责任赔偿范围。对此，首先，因监控录像无法显示高某摔倒时的具体细节，亦无其他证据证实高某摔倒瞬间的详情，盐城市公安局交通警察支队向盐城市盛世华城住宅区保安所作的调查，也仅能证实高某摔倒、后被“120”急救车送走抢救的经过，因此无证据证实高某摔倒系外力作用或者是其避让他人而引发碰撞等情况导致。交警部门的处警记录对该起事故记载为“高某驾驶电动自行车在盐城市亭湖区青年路盛世华城南门发生单方交通事故摔倒”，但处警记录不能等同于交通事故认定书，高某未碰撞任何物品而意外摔倒非等同于交通事故，故张甲、张乙认为高某摔倒属于交通事故证据不足。其次，高某入院抢救过程中，医院诊断其有“高血压病病史多年，具体服药及血压控制情况不详，4 年前有胃穿孔术后治疗病史，6 年前有左下肢骨折病史，具体部位不详”，对其头颅 CT 检查显示“左侧基底节区脑出血破入脑室，有铸行及中线移位”，该院急诊处理并联系神经外科医生会诊后建议手术治疗，但高某家属拒绝而要求内科保守治疗。该院出具的死亡医学证明记载高某死亡原因为脑出血。现代医学认为，脑出血是指原发性非外伤性脑实质内的自发性出血，多发生于 50 岁以上人群，多伴有高血压病史。医院对高某的医学检查显示，高某并无任何外伤或颅脑损伤，因此高某脑出血可以排除系外力作用所致。张甲、张乙认为高某死亡系“交通事故”引起，属于外伤性致脑出血致死原因，与客观事实不符。最后，现有证据能够证明高某意外摔倒被送至医院抢救无效死亡的事实，虽然摔倒原因无法查明，但摔倒不是致死的直接原因，导致高某死亡的真正原因是其脑出血。张甲、张乙未提供充分的证据证实高某脑出血系外力所致，应承担举证不能的法律后果，故寿险江苏分公司辩称高某脑出血死亡不属于外来的意外事件死亡原因，法院予以采信。

江苏省盐城市盐都区人民法院依照《中华人民共和国保险法》第十四条、第二十四条之规定，判决如下：

驳回张甲、张乙的诉讼请求。

判决后，双方当事人均未上诉，本判决现已生效。

【法官后语】

本案的争议焦点为：被保险人是否属于意外伤害死亡。在裁判思路上法官重点考虑以下三个因素，以确定是否支持两原告的诉请。

一是解读合同要义。根据案涉保险合同对意外伤害的释义，指外来的、突发的、非本意的、非疾病的客观事件为直接且主要原因导致的身体伤害，猝死不属于意外伤害。可以看出，“意外”具有外来性、突发性、非本意性。因此，对于投保了意外伤害（死亡）险的被保险人死亡，能否适用意外伤害的保险合同进行理赔，必须查明被保险人的死亡原因是因意外伤害导致的死亡，还是因自身疾病导致的死亡或者其他非因意外导致的死亡。为此，需要还原事故发生时的情形，判断被保险人是否符合意外死亡的情形。结合本案，被保险人摔倒时的监控无法显示摔倒时的具体情形，现场也无证人目睹事故发生时的具体情况，交警大队调查结果仅证实了被保险人摔倒及死亡的事实。因此，根据现场调查，无法查明被保险人摔倒的具体原因是否属于意外。

二是死亡原因推断。事故现场无法证明被保险人的死亡原因，结合抢救过程，根据医院的诊断记录，能够显示被保险人患有高血压病史，并且曾做过两次外伤手术。死亡证明载明死亡原因系脑出血，根据检查记录，被保险人无任何外伤或者颅脑损伤，结合现代医学对于脑出血的定义即“原发性非外伤性脑实质内的自发性出血……”

推断被保险人的死亡原因系自身疾病导致而非意外伤害导致。

三是举证责任分配。根据“谁主张，谁举证”原则，原告依据意外伤害保险合同主张赔偿，其应当就意外发生的事实及其因果关系进行举证，但是原告仅能证明被保险人投保了意外伤害险以及被保险人倒地、死亡的事实，无相应的证据印证被保险人的摔倒系外力所致，或死亡原因系外力所致，即无法证明被保险人死于意外伤害，故原告依据意外伤害的保险合同主张保险赔偿证据不足。

对于意外伤害的保险理赔纠纷，核心要义是查明被保险人是否因意外伤害而受伤（死亡）。所谓“意外”应当指原因的意外，而非结果的意外。意外伤害产生的原因是多方面的，但是无论情形如何，都应当符合伤害发生的外来性、突发性、非本意性，也仅有符合意外伤害的情形，才能适用意外伤害保险条款进行理赔。综上，裁判法官作出了驳回两原告诉讼请求的判决，文书送达后双方当事人均未提起上诉，一审判决已生效。

编写人：江苏省盐城市盐都区人民法院　朱蕾

177 工伤保险待遇中护理期的确定及可不经过仲裁前置诉求的认定

——赵某诉实业公司工伤保险待遇案

【案件基本信息】

1. 裁判书字号

福建省厦门市中级人民法院（2018）闽 02 民终字 3564 号民事判决书

2. 案由：工伤保险待遇纠纷

3. 当事人

原告（被上诉人）：赵某

被告（上诉人）：实业公司

【基本案情】

2015年10月23日，赵某与实业公司签订劳动合同，入职该公司，岗位为作业员，合同期限自2015年10月24日起至2018年12月20日止，试用期为6个月。实业公司为赵某办理社会保险。2016年9月27日，赵某在工作中受伤住院进行治疗，经诊断为脑外伤后综合征。2016年10月9日，厦门市人力资源和社会保障局确认赵某为工伤。2017年9月5日，厦门市劳动能力鉴定委员会同意延长赵某停工留薪期3个月，自2017年9月27日至2017年12月27日。2017年12月11日，福建省劳动能力鉴定委员确认延长赵某停工留薪期三个月至2017年12月27日。赵某受伤后，曾前往多家医院进行治疗。实业公司支付赵某部分医疗费。赵某因伤长期聘请护工进行护理，医院出具《疾病诊断证明书》，注明赵某因脑外伤，遗留左侧偏瘫、头痛、言语欠流利等，需要他人护理，建议休息等。之后因与公司就其工伤待遇发生纠纷，赵某于2017年9月25日向厦门市海沧区劳动人事争议仲裁委员会（以下简称海沧仲裁委）申请仲裁，请求裁决：实业公司支付赵某截至2017年9月6日的工伤医疗费用11708.57元、停工留薪期工资50346.95元、截至2017年8月27日的停工留薪期护理费1959元。2018年1月9日，海沧仲裁委裁决：一、实业公司应一次性支付赵某停工留薪期工资差额2923.38元；二、驳回赵某的其他仲裁请求。赵某因不服裁决诉至法院，请求：1. 判令实业公司立即向赵某支付2016年9月27日至2017年9月6日工伤医疗期间医疗费11708.57元、2016年9月27日至2017年12月27日停工留薪期工资50346.95元、2016年9月27日至2018年5月3日期间的护理费75945.33元（5768元÷21天×0.5×553天）；2. 本案诉讼费用由实业公司承担。

【案件焦点】

工伤保险待遇中护理期的确定及可不经过劳动仲裁前置诉求的认定。

【法院裁判要旨】

福建省厦门市海沧区人民法院经审理认为：赵某与实业公司形成劳动合同关系，赵某在工作中受伤经认定为工伤，实业公司已为赵某缴纳社会保险，赵某可享受工伤保险待遇。赵某因工伤所花费的医疗费应由工伤保险基金支付。职工因工伤停工接受医疗的，在停工留薪期内，原工资福利待遇不变，由所在单位按月支付。除2017年3月工资外，实业公司已按月支付赵某2016年9月27日至2017年12月27日的工资。故应按照赵某受伤前3356.47元平均工资标准向赵某支付2017年3月工资。赵某仲裁请求实业公司支付停工留薪期护理费1959元，现变更诉讼请求为请求实业公司支付护理费75945.33元，该增加的诉讼请求部分与讼争的工伤保险待遇具有不可分性，根据法律规定，应当合并审理，减轻当事人讼累。相关医院出具的证明可以证实赵某因工作造成脑外伤、左侧偏瘫等状况，认定其停工留薪期间需要护理，护理人数酌定为1人，根据厦门市实施《工伤保险条例》规定标准，赵某护理费为62761.33元（5768元÷21天×0.5×457天），根据规定，该费用应由用人单位承担。2017年12月28日之后的护理费应另行处理，不予支持。

福建省厦门市海沧区人民法院依法判决：

实业公司于本判决生效之日起十日内支付赵某工资3356.47元、护理费62761.33元。

宣判后，实业公司不服，提起上诉。福建省厦门市中级人民法院经审理认为：首先，关于停工留薪期工资，因实业公司的举证不足以证明其有支付赵某2017年3月的工资，一审判决实业公司向赵某支付该月工资3356.47元，并无不当。其次，赵某在一审中增加的关于护理费的诉讼请求与讼争的工伤保险待遇具有不可分性，一审法院合并审理，有事实和法律依据。最后，相关医院出具的证明可以证实赵某因工作造成脑外伤、左侧偏瘫等状况，需要护理，结合赵某伤残三级的事实，一审认定赵某在停工留薪期均需要护理，并按法定标准支持赵某停工留薪期护理费62761.33元，有事实和法律依据。

福建省厦门市中级人民法院依法判决：

驳回上诉，维持原判。

【法官后语】

本案主要涉及两个法律问题：一是关于护理期限的确定；二是劳动争议案件中可不经过劳动仲裁前置诉求的认定。

1. 关于护理期限的确定

在人身损害赔偿案件中，常常会涉及护理期限确定的问题，通常情况下，护理情况可以根据住院天数、医嘱、司法鉴定来确定。但在工伤保险待遇纠纷案件中，根据《工伤保险条例》第三十三条第三款“生活不能自理的工伤职工在停工留薪期需要护理的，由所在单位负责”的规定，工伤职工在停工留薪期的护理费用需要所在用人单位负责，无法在工伤保险基金中报销，该部分费用常常成为工伤保险待遇纠纷中发生争议的内容。因护理情况的确定往往涉及医学专业知识，法官为避免事实认定错误，一般直接根据医疗机构的护理意见来确定，同时出于诉讼效率、诉讼成本等因素的考虑，即使存在争议，也很少单独针对停工留薪期的护理情况进行司法鉴定。在工伤职工无法提供证据证明其实际护理情况时，若直接根据医疗机构的意见认定护理期限，则可能造成与实际客观事实不符，工伤职工的护理费用得不到补偿的情况，如本案中医疗机构意见只能证明赵某存在一个月的护理需要，但直到本案开庭时，简单从外观看就可判断其仍处于需要护理状态。因此，法官需要在具体个案中，综合考虑工伤职工的伤残情况、恢复情况、医疗机构的建议等因素对停工留薪期的护理情况进行认定，以实现案件的公平公正。

2. 劳动争议案件中可不经过劳动仲裁前置诉求的认定

根据劳动争议仲裁前置原则，劳动争议案件的诉讼请求必须先经过劳动仲裁，但在实践中，当事人常常会在诉讼阶段新增诉讼请求，因此需要判断新增的诉讼请求是否应当合并审理。《最高人民法院关于审理劳动争议案件适用法律问题的解释（一）》第十四条规定：“人民法院受理劳动争议案件后，当事人增加诉讼请求的，如该诉讼请求与讼争的劳动争议具有不可分性，应当合并审理……”但对于什么情况属于“与讼争的劳动争议具有不可分性”，该司法解释没有进一步规定，实践中对此认定不一。笔者认为，该条款的“不可分性”增加的诉讼请求与仲裁的事项是基于同一事实而产生的，相互之间具有依附性。具体而言，下列情况应属“不可分性”的情况，应当合并审理。

(1) 在诉讼阶段增加关于“确认劳动关系”请求的。因为确认劳动关系属于审理劳动争议的前提，无论当事人是否在仲裁和诉讼中提出，均应对该问题进行审理。(2) 同一诉求，在诉讼阶段增加金额的，包括计算基数、时间的变化等导致金额增加。本案中，赵某在诉讼阶段增加护理费金额即属于该种情形。(3) 对诉求性质进行变更的，如将经济补偿金变更为经济赔偿金。(4) 工伤待遇纠纷中，在诉讼阶段增加理赔项目的。因为工伤待遇理赔的项目具有法定性，用人单位有明确的预期，无需进行额外的举证，不会对用人单位造成诉求突袭，且从保护弱势群体的角度出发，也应合并审理。

编写人：福建省厦门市海沧区人民法院　颜思远　章先攀

178 保险合同约定伤残等级应符合《人身保险伤残评定标准》的条款不应认定为免责条款

——蒋某诉保险公司保险合同案

【案件基本信息】

1. 裁判书字号

四川省成都市武侯区人民法院（2018）川 0107 民初 34 号民事判决书

2. 案由：保险合同纠纷

3. 当事人

原告：蒋某

被告：保险公司

【基本案情】

2016年1月8日，被告通过电话方式与原告订立了《交通工具意外伤害险》保险合同。在电话中，被告工作人员向原告介绍了该险种的相关内容，同时声称将以短信方式告知原告如何查询保单信息。该保险合同的保险期限为2016年1月12日至2017年1月11日，保险金额为50万元。保险责任范围为被保险人驾驶或乘坐保单约定的交通工具期间遭受交通事故意外伤害，包括身故、残疾、烧伤三种责任内容。其中关于残疾保险责任范围约定为被保险人于保险期限内遭遇交通意外事故，且自交通事故发生之日起180天内致成《人身保险伤残评定标准》（行业标准）所列伤残等级程度之一者，被告以保险金额50万元为基数，按照该伤残等级对应的保险金给付比例给付伤残保险金。合同所附的《人身保险伤残评定标准》（行业标准）将人身保险伤残程度分为一级至十级，最重为一级，最轻为十级，相对应的保险金给付比例分为十档，一级对应的保险金给付比例为100%，十级对应的保险金给付比例为10%，每级相差10%。

2016年10月29日，原告驾驶A车辆与案外人胡某驾驶的B车辆相撞，事故导致两车受损，原告受伤。经交警部门认定，原告承担事故主要责任，胡某承担次要责任。原告受伤后，住院治疗23天。2017年2月10日，原告伤情适用《道路交通受伤人员伤残评定标准》被评定为十级。原告向被告申请理赔后，被告以原告伤情不符合《人身保险伤残评定标准》（行业标准）为由，拒绝向原告支付保险金。

被告向法院申请对原告伤残等级按照《人身保险伤残评定标

准》重新进行鉴定。法院向原告释明依照保险合同约定，应当按照《人身保险伤残评定标准》进行残疾等级评定，如不重新鉴定，可能承担败诉风险，并询问原告是否同意按照《人身保险伤残评定标准》重新进行鉴定，原告明确予以拒绝。

【案件焦点】

约定伤残等级应符合《人身保险伤残评定标准》的条款，系明确保险责任范围的条款还是免责条款。

【法院裁判要旨】

四川省成都市武侯区人民法院经审理认为：原、被告签订的保险合同是当事人的真实意思表示，不违反法律、行政法规的强制性规定，合法有效。原告称被告未向原告明确告知保险合同约定伤残程度等级应适用《人身保险伤残评定标准》，故该约定无效。根据《中华人民共和国保险法》第十七条第二款的规定，对保险合同中免除保险人责任的条款，保险人在订立合同时应当在投保单、保险单或者其他保险凭证上作出足以引起投保人注意的提示，并对该条款的内容以书面或者口头形式向投保人作出明确说明；未作提示或者明确说明的，该条款不产生效力。从该条款内容可知，保险人对保险合同中免除保险人责任的条款未尽提示及明确告知义务，方导致该条款不产生效力，故本案需要审查的是保险合同约定应当适用《人身保险伤残评定标准》确定伤残程度等级的条款，是否属于免责条款范围。对此分析如下：

1. 保险合同将《人身保险伤残评定标准》约定于保险责任范围项下，意在明确保险人承担的保险责任范围和保险金给付标准，而非免除保险人的责任，故《人身保险伤残评定标准》不应当属于免责条款，而应当属于免责条款之外的确定保险责任范围的条款。

2.《最高人民法院关于适用〈中华人民共和国保险法〉若干问题的解释（二）》第九条第一款规定，保险人提供的格式合同文本中的责任免除条款、免赔额、免赔率、比例赔付或者给付等免除或者减轻保险人责任的条款，可以认定为保险法第十七条第二款规定的“免除保险人责任的条款”。《人身保险伤残评定标准》有按照比例支付保险金的内容，但该标准中的比例给付是按照伤残等级的高低程度向被保险人支付保险金，是为了确定保险金的支付标准，而不是免除保险责任。《人身保险伤残评定标准》所列的伤残程度，基本覆盖了大多数伤残情况，同时体现了被保险人伤残程度与保险金数额的相互对应关系，即重伤的多赔，轻伤的少赔。《人身保险伤残评定标准》不仅兼顾了保险人与被保险人双方利益，也反映了对遭受特定风险的被保险人予以分担风险的保险功能，适用该标准相对合理与公平，该标准并未在保险责任范围内免除或者减轻保险人责任。

综上，保险合同约定伤残等级应符合《人身保险伤残评定标准》的条款，系对保险责任范围的约定，而非免责条款。原告称被告未明确告知，该条款无效的理由，依法不予采纳。原告在法院明确告知其如不按照《人身保险伤残评定标准》对伤残等级进行重新评定，可能承担败诉风险的情况下，明确表示拒绝重新鉴定，应当承担不利的法律后果。原告蒋某之诉讼请求，依法不予支持。

四川省成都市武侯区人民法院依照《中华人民共和国保险法》第二十三条之规定，作出如下判决：

驳回原告蒋某诉讼请求。

判决后，双方当事人均未上诉，本判决现已生效。

【法官后语】

保险合同系典型的格式合同。对保险合同中免除保险人责任的条款，保险人在订立合同时应当在投保单、保险单或者其他保险凭证上作出足以引起投保人注意的提示，并对该条款的内容以书面或者口头形式向投保人作出明确说明；未作提示或者明确说明的，该条款不产生效力。保险合同纠纷案件中，对免责条款的甄别是案件审理中的常见点，也是审理难点。

《最高人民法院关于适用〈中华人民共和国保险法〉若干问题的解释（二）》规定：保险人提供的格式合同文本中的责任免除条款、免赔额、免赔率、比例赔付或者给付等免除或者减轻保险人责任的条款，可以认定为免责条款。本案中，法院认为，本案需要审查保险合同约定应当适用《人身保险伤残评定标准》确定伤残程度等级的条款，是否属于免责条款范围。如属于免责条款，需进一步审查被告是否尽到提示及明确告知义务，如未尽到，则该免责条款无效，被告需承担保险责任。

综上，保险合同中的《人身保险伤残评定标准》条款，系对保险责任范围的约定，而非免责条款。保险人未对非免责条款内容进行提示及明确告知，不产生非免责条款无效的法律后果。原告在法院明确告知其如不按照《人身保险伤残评定标准》对伤残等级进行重新评定，可能承担败诉风险的情况下，仍然明确表示拒绝重新鉴定，应当承担不利的法律后果。原告蒋某之诉讼请求，不予支持，故判决驳回原告蒋某诉讼请求。

编写人：四川省成都市武侯区人民法院　杜伟

179 建筑工程团体人身意外保险项目下被保险人的认定标准

——蒋某等诉保险四川分公司意外伤害保险合同案

【案件基本信息】

1. 裁判书字号

四川省南充市中级人民法院（2018）川13民终1524号民事判决书

2. 案由：意外伤害保险合同纠纷

3. 当事人

原告（被上诉人）：蒋某、刘某、郑小甲、郑小乙

被告（上诉人）：保险四川分公司

【基本案情】

蒋某系死者郑某妻子，二人系再婚。刘某系蒋某之子、郑某之继子。郑小甲、郑小乙系郑某、蒋某婚生子女。

2014年2月9日，建筑工程公司中标承建某房地产公司开发的涉案工程。2014年2月10日，建筑工程公司将其中标的上述工程的劳务分包给建筑劳务公司。2014年8月7日，建筑工程公司在保险四川分公司投保了一份建筑工程团体人身意外伤害保险，保险合同约定：保险合同生效期为2014年8月8日，投保总人数为50人，保险期间为1800天（自2014年8月8日0时起至2019年7月12日24时止），投保险种分别为：建筑工程团体意外伤害保险B款（保险金额1000万元）、附加建筑工程意外团体医疗保险（保险金额50万元）。该保险合同无具体被保险人名册。

2015年11月1日，郑某在工地作业时被楼上掉下的钢管砸中受伤，致重度颅脑损伤、T4爆裂性骨折，花费医疗费用共计374423.79元。2016年6月10日，郑某经某司法鉴定中心鉴定，认定郑某目前症状符合头部外伤致机体“植物状态”，根据《人身保险伤残评定标准》有关颅脑损伤导致植物状态的规定，认定郑某因外伤致头部损伤致植物状态，评定为一级伤残。2016年10月18日，郑某去世。郑某及其家人在发生事故后向保险四川分公司申请理赔，但未获得相应赔付。故起诉至法院，请求法院判令被告保险四川分公司立即给付原告蒋某、刘某、郑小甲、郑小乙因郑某意外伤害发生的残疾保险金及医疗保险金共计21万元。

【案件焦点】

如何确认建筑工程团体人身意外保险范围，即建筑工程施工过程中哪些人享有保险权益。

【法院裁判要旨】

四川省营山县人民法院经审理认为：建筑工程公司与保险四川分公司签订的保险合同，是双方当事人的真实意思表示，未违反法律禁止性规定，该保险合同成立有效。郑某在工地作业时受伤，原、被告对事故发生地无争议。被告保险四川分公司认为郑某不符合建筑工程团体意外伤害保险B款第二条有关投保范围中对凡年满16周岁至60周岁、能够正常工作或劳动，在建筑工地施工现场从事管理和作业并与施工企业建立合法劳动关系的人员可作为被保险人的约定；事实上，郑某系通过他人介绍到建筑劳务公司务工，接受建筑劳务公司的考勤、管理并发放相应的劳动报酬，故郑某系建筑劳务公司雇用员工，与建筑劳务公司构成事实上的劳务关系，郑某不属于被保险人的抗辩理由不能成立。

建筑工程项目保险是指以承保土木建筑为主体的工程，在整个建设期间，由于保险责任范围内的风险造成保险工程项目的物质损失和列明费用损失的保险。同时由于工程项目建设施工过程的复杂性，其牵涉参与方和关系方众多，其主要包括建设单位、总承包商、分包商等，均对工程项目拥有保险利益，成为被保险人，结合本案，总承包人建筑工程公司对工程投了项目保险，劳务承包人建筑劳务公司具体负责该项目的劳务施工，死者郑某受建筑劳务公司的雇请从事施工作业，且事故发生在保险合同所约定工地的施工现场及保险期内，按照工程项目保险的相关论述以及保险合同的相关原则，郑某具有保险利益，属于投保人建筑工程公司与保险人保险四川分公司所签订保险合同中的被保险人，根据建筑工程公司与被告保险四川分公司所投保的建筑工程团体意外伤害保险 B 款、附加建筑工程意外团体医疗保险，对郑某的伤残所应给付的伤残保险金及医疗保险金，由被告保险四川分公司按投保时双方所签订的保险合同给付本案的四原告，由四原告共同享有。

四川省营山县人民法院依照《中华人民共和国保险法》第十四条、第三十一条第一款第四项、第四十二条，《中华人民共和国继承法》第三条第一款第七项、第五条、第十条及《最高人民法院关于适用〈中华人民共和国民事诉讼法〉的解释》第九十条之规定，作出如下判决：

被告保险四川分公司于本判决生效之日起十日内向原告蒋某、郑小甲、刘某、郑小乙给付郑某应享有的意外伤害残疾保险金 20 万元以及意外伤害医疗保险金 7840 元。

保险四川分公司不服一审判决，提起上诉。四川省南充市中级人民法院经审理认为：建筑职工意外伤害保险是法定的强制性保险，也是保护建筑业从业人员合法权益、转移企业事故风险、增强企业预防和控制事故能力、促进企业安全生产的重要手段。建筑施工企业应当为施工现场从事施工作业和管理的人员，在施工活动过程中发生的人身意外伤亡事故提供保障，办理建筑意外伤害保险、支付保险费，范围应当覆盖工程项目。本案中，建筑工程公司与保险四川分公司签订的保险合同，是双方真实意思表示，未违反法律规定，保险合同成立生效。虽然保险条款约定了投保范围是“凡年满16周岁至60周岁、能够正常工作或劳动，在建筑工地施工现场从事管理和作业并与施工企业建立合法劳动关系的人员”，但保险四川分公司在建筑工程公司投保时，未要求建筑工程公司提供50名被保险人名册。这是保险四川分公司对风险的管理和控制问题，是其对自己民事权利的处分。结合保险合同，保险费是按建筑工程施工面积来收取的，可见建立保险合同关系时被保险人是不确定的，只要符合保险合同约定即可。《建筑工程团体意外伤害保险B款》第二条约定：“……在建筑工地施工现场从事管理和作业并与施工企业建立合法劳动关系的人员，可作为被保险人……”对其中劳动关系的理解，保险公司认为应当是劳动合同关系或事实劳动关系，蒋某、刘某、郑小乙、郑小甲则认为对该工程进行了施工即可，双方对此理解有争议，而该保险条款的释义条款中并未对“劳动关系”的概念作出专门解释，根据不利解释原则，此处的劳动关系不应限缩理解为劳动合同关系或事实劳动关系，而应指广义的劳动施工事实关系。且本案所涉及的建筑工程施工人员团体意外伤害保险，通常理解为对工程施工人员受到的意外伤害进行保险赔偿，该保险的保险风险来自建筑工程施工。而死者郑某是案涉工地的施工人员，劳动成果归于该工程，后也是在施工中意外受伤导致死亡，符合该保险合同约定的被保险人范围。综上，原审判决认定事实清楚，适用法律正确。

四川省南充市中级人民法院依照《中华人民共和国民事诉讼法》第一百七十条第一款第一项之规定，作出如下判决：

驳回上诉，维持原判。

【法官后语】

近年来，城乡一体化建设飞速发展，建筑工程遍地开花，但很大一部分承揽建筑工程的企业并未为全体施工人员购买建筑工程团体意外伤害保险，或未明确具体被保险人。建筑工程实际施工过程中，施工人员大多又不是建筑企业的职工，而是实际承建人临时雇佣、组织的施工人员（其中多为农民工），在此情况下，如发生意外事故，将涉及对建筑工程团体意外伤害保险的理赔问题，引发诸多纠纷。

建筑工程团体意外伤害保险难以从固定被保险人名册的方式上去确定被保险人，需要结合工程实际，合理并合法地确定被保险人，就本案来看，建筑工程公司作为总承包单位为项目投保，意在转移企业事故风险，更多的是给职工的一种福利，对职工施工的一种精神性安抚和人身性保障；建筑工程公司作为总承包人购买的团体人身意外保险，是对修建项目的50名个人的意外伤害的保险，是针对项目而购买，范围应当覆盖整个工程项目，只要是公司在该项目上作业的工人均享有保险利益关系。因此，郑某虽未明确在被保险人之列，也应当认定为建筑工程团体人身意外保险项目下的被保险人，享有相应的保险权益。

为有效维护建筑行业农民工群体的合法权益，避免矛盾的增加和升级，除扩大解释，将工程项目具体相关人员纳入被保险人范围外，还可以在以下几个方面推动发展。

1. 适当放宽对被保险人同意的认定标准

鉴于团体保险的特殊性，被保险人同意的意思表示应作相对宽松的认定，不宜要求为严格的书面形式。一般情况下，根据投保人在投保前其对员工进行了宣传及集中投保，且被保险人亲属作为受益人主张保险金的，应认定被保险人同意并认可了保险金额，保险合同有效。

2. 对伤亡人员是否属于被保险人范围合理分配举证责任

在审理建筑工程团体意外伤害系列案件时，若保险公司未在投保时要求投保人提供被保险人名单，发生保险事故后又以伤亡人员不是被保险人为由拒绝支付保险金的，应由保险公司对伤亡人员不是被保险人这一事实负举证责任，保险公司无法举证的，只要能够确认伤亡人员系涉案工程施工人员且在施工过程中发生保险事故导致伤亡的事实，即使无进一步的证据证明伤亡人员与投保人之间建立了劳动关系，也应当认定该伤亡人员属于被保险人。

3. 对团队成员资格的存疑不影响保险合同效力

团体保险是一种总括性的合同，团体保险合同的效力并不能因为某些个别被保险人的团体成员资格存在错误陈述而受影响。如果某些成员资格存在错误陈述，它所涉及的仅仅是该成员是否属于团体保险的承保范围之内的问题，与保险合同的有效性无关。

对建筑工程团体意外伤害保险被保险人的确定，举足轻重，既关乎从事建筑这个高危行业农民工群体的人身财产性权益，也关乎家庭这个社会细微单元的稳定问题。只有多管齐下，从切实保障被保险人权益角度出发，完善被保险人确定标准，才能为建筑行业的农民工群体撑起一片公平正义的法治蓝天。

编写人：四川省营山县人民法院　何俐辉

180 合同中存在“承保五日后生效”条款，保险合同生效时间如何认定

——叶某某等诉保险公司保险合同案

【案件基本信息】

1. 裁判书字号

河北省沧州市中级人民法院（2018）冀09民终6519号民事判决书

2. 案由：保险合同纠纷

3. 当事人

原告（被上诉人）：叶某某、陈某某、王某甲、王某乙

被告（上诉人）：保险公司

【基本案情】

王某某与保险公司于2016年10月24日签订保险合同，并于当日缴纳了相应的保险费用。投保对象为被保险人及其配偶、子女；约定被保险人意外身故保险金额为10万元；被保险人配偶意外身故保险金额为10万元；被保险人子女意外身故保险金额总计为5万元。保险合同未指定受益人。2016年10月25日，王某某、

叶某甲发生交通事故死亡，叶某甲为王某某配偶，本案原告均是叶某甲的继承人。本案中，保险合同中约定的“自本产品承保5日后生效，保险期限一年”属于特别约定；投保声明第二款载明“投保人及被保险人已详细阅读并理解了本保险的相关格式条款，特别是保险责任、责任免除、特别约定和合同解除等事宜，了解并完全明白本保险合同规定的权利和义务，愿意遵守保险公司的保险条款及特别约定”，但在该保单中投保人签名一栏中没有王某某的签字确认。

【案件焦点】

涉案保险合同是即时生效还是自承保五日后生效。

【法院裁判要旨】

河北省泊头市人民法院经审理认为：保险公司应就“王某某投保时就特别约定中的生效时间对王某某履行了明确告知义务”承担举证责任。保险公司未能举出充分有效的证据加以证实，因此认定本案保险合同生效的时间为成立时生效，即2016年10月24日。原告的诉讼请求成立，依法予以支持。原、被告的其他诉辩，缺乏理据，不予采信。

河北省泊头市人民法院依照《中华人民共和国保险法》第二条、第十条、第十三条、第三十一条、第四十二条和《最高人民法院关于适用〈中华人民共和国保险法〉若干问题的解释（二）》第十三条之规定，判决如下：

保险公司于判决生效之日起十日内给付叶某某、陈某某、王某甲、王某乙保险理赔款100000元。

保险公司不服一审判决，提起上诉。河北省沧州市中级人民法院经审理认为：保险公司原审提供的保险合同显示，保险公司将“自本产品承保5日后生效，保险期限一年”记载于特别约定一栏，而投保声明栏并无投保人王某某的签名，证实该特别约定并非充分体现投保人的意思表示，且保险公司也未就该特别约定向投保人以书面或口头方式履行提示或明确说明义务，该条款不产生效力。因此，涉案保险合同应在投保人履行支付保费的义务后生效，本案事故发生在保险期间内，保险公司应当承担相应的保险责任。

河北省沧州市中级人民法院依照《中华人民共和国民事诉讼法》第一百七十条第一款第一项之规定，判决如下：

驳回上诉，维持原判。

【法官后语】

本案中，保险公司主张其公司不应承担保险责任，被上诉人则主张保险公司应承担保险责任。两个观点彼此对立，核心点在于涉案保险合同的生效时间如何认定，是即时生效还是自本产品承保5日后生效。

判断保险合同的生效时间，应从当事人对保险合同生效时间有无特别约定、保险合同生效时间的特别约定是否是投保人的真实意思表示、保险公司对保险合同不即时生效的风险是否向投保人尽到了提示说明义务这几个方面着手。

1.“承保5日后生效”并非投保人真实意思表示

依法成立的合同，自成立时生效。《中华人民共和国保险法》第十三条规定：“投保人提出保险要求，经保险人同意承保，保险合同成立。保险人应当及时向投保人签发保险单或者其他保险凭证……依法成立的保险合同，自成立时生效。投保人和保险人可以对合同的效力约定附条件或者附期限。”根据上述规定可知，除双方当事人对合同生效时间另行约定外，一般保险合同自成立时生效。具体到本案中，保险公司主张涉案保险合同自承保5日后生效，保险公司应提供证据证明双方就此问题达成了一致的意思表示，而保险合同显示，上诉人将“自本产品承保5日后生效，保险期限一年”记载于特别约定一栏，而投保声明栏并无投保人王某某的签名，由此可见该特别约定并不是投保人的真实意思表示，双方并未就合同效力附期限问题达成一致的意思表示，因此保险公司关于保险合同自承保5日后生效的主张不能成立。

2. 保险公司对“承保5日后生效”条款未尽到提示说明义务

保险公司“自本产品承保5日后生效”的保险条款，使得保险公司在保险合同依法成立后的一段时间内规避了保险责任，免除了自己特定时段内应承担的义务，排除了投保人在缴纳保费到该条款起保时间段可能获得期待利益的权利。“自本产品承保5日后生效”条款，是保险公司单方事先拟制重复使用的条款，属于格式免责条款，保险公司应当将保险合同不即时生效的风险以书面形式或口头形式对投保人进行告知。本案中，上诉人也未就该特别约定向投保人以书面或口头方式履行提示或明确说明义务，因此该条款不发生法律效力。

本案中，保险公司同意承保，双方当事人于2016年10月24日签订保险合同，投保人于当日缴纳了相应的保险费用，双方未就合同生效期限问题另行达成一致的约定，因此保险合同自成立时生效。事故发生在保险期间内，属于保险事故，理应由保险公司承担保险责任。

编写人：河北省南皮县人民法院　张磊

河北省沧州市中级人民法院　槐倩颖

181 建工团体险中保险人不得以投保人未如实告知工程造价为由而拒绝向被保险人赔付

——杨某等诉保险广东分公司人身保险合同案

【案件基本信息】

1. 裁判书字号

广东省广州市中级人民法院（2018）粤01民终15045号民事判决书

2. 案由：人身保险合同

3. 当事人

原告（被上诉人）：杨某、张小甲、张小乙、余某

被告（上诉人）：保险广东分公司

第三人：环保设备公司

【基本案情】

2014年7月14日，第三人环保设备公司向被告保险广东分公司投保团体人身保险，《团体人身险投保单》中载明：主被保险人数为20人，投保险种为意外身故险、意外医疗险等，以工程造价160万元为基数缴纳费用。

2014年10月28日，第三人环保设备公司的工人张某在工作的时候不慎摔伤头部，后被送到医院，经治疗无效后死亡。同年12月9日，死者张某的法定继承人即原告杨某、张小甲等人向被告提出理赔申请。

2015年1月4日，被告保险广东分公司向第三人环保设备公

司发出《解除保险合同告知书》，载明："由于建工团体险的保费是根据所投保的工程项目造价而确定，贵公司在投保时提供的施工合同工程造价为160万元，而实际工程造价为8500万元。贵公司故意不如实告知工程造价，足以影响我司决定是否提高保险费率，现根据保险法第十六条的规定，与贵司解除签订的保险合同，我司对合同解除前发生的保险事故，不承担赔偿或给付保险金的责任，并不退还保险费。"

2017年6月5日，原告杨某等人因保险公司拒赔而诉至法院。庭审中，原告杨某等人提交污水处理公司与第三人环保设备公司签订的《建设施工合同》，证实案涉工程合同价款为160万元，建筑面积19350.3平方米。被告保险广东分公司认为该合同是虚假的，并提交了其于2014年12月30日在污水处理公司处拍照取得的《建设施工合同》复印件，载明上述工程的"合同价款为8500万元，建筑面积19350.3平方米"。

【案件焦点】

被保险人无过错的，保险人能否以投保人未如实告知工程造价为由而拒绝承担保险责任。

【法院裁判要旨】

广东省广州市天河区人民法院经审理认为：

第一，本案系团体意外的建筑工程团体意外保险（以下简称建工团体险），由用人单位作为投保人，为施工人员在施工过程中的人身安全进行投保，属施工单位对施工人员提供劳动保障的一部分，本案保险合同除了投保人与被保险人之间的商业行为之外，亦承载了对施工人员人身意外的社会保障功能。

第二，被告作为专业金融保险机构，对于投保人提供的信息有核实的权利与义务，其在保险合同订立时应当清楚工程的地理位置、建筑面积，以上信息可以使其作出工程造价是否属实的判断。本案中，投保人提供的《建设施工合同》载明工程建筑面积 19350.3 平方米，但工程价款只有 160 万元，该工程造价明显低于市场合理价格，然而保险人在明知的情况下仍继续予以承保，未尽谨慎核查的义务。

第三，被保险人未参与合同的订立，对投保人是否履行“如实告知义务”既无过错亦不知情，而是将本保险合同视为其劳动保障的一部分，现发生保险事故，其作为于意外事故中死亡的劳动者，若被告仅依据投保人故意不履行如实告知义务，对所发生的保险事故不承担给付保险金的责任，则意味着未履行如实告知的后果实际由被保险人承担，这显失公平，亦非正义。

因此，参照《中华人民共和国保险法》第十六条第六款“保险人在合同订立时已经知道投保人未如实告知的情况的，保险人不得解除合同；发生保险事故的，保险人应当承担赔偿或者给付保险金的责任”之立法精神，不管本案中投保人是否履行如实告知的义务，被告保险广东分公司仍应对本案保险事故承担支付保险金的责任。

广东省广州市天河区人民法院依照《中华人民共和国保险法》第十条、第十一条、第十三条、第十六条第六款，《中华人民共和国民事诉讼法》第六十四条第一款、第九十二条、第一百四十四条的规定，判决如下：

一、被告保险广东分公司向原告杨某、张小甲等人支付保险金 65 万元；

二、驳回原告杨某、张小甲等人的其他诉讼请求。

二审法院同意一审法院裁判意见。

【法官后语】

建工团体险是由施工单位为施工人员的人身安全进行投保，属施工单位对施工人员提供劳动保障的一部分。在建工团体险纠纷中，往往涉及投保人未履行如实告知工程造价，保险人拒绝承担保险责任的情况。在司法审判中对于保险人能否行使合同解除权，需根据建工团体险的社会保障功能，对保险法律关系所涉投保人、保险人、被保险人权利义务进行综合判断和价值平衡。

1. 投保人的如实告知义务

依据保险法第十六条第一款，投保人应当履行如实告知义务。该款规定："订立保险合同，保险人就保险标的或者被保险人的有关情况提出询问的，投保人应当如实告知。"保险合同是最大诚信合同，投保人告知义务制度的设计初衷是以诚实信用为前提，协助保险人进行危险测定，该制度起着保护保险共同体利益的作用。投保人有义务将与保险标的有关的情况如实告知保险人，保险人因此能够正确评估保险标的的风险，以确定是否承保或者保险费率的高低。

但是在实践中，投保人为了促成保险合同的缔结或者为了缴纳较低的保险费用，往往会违反如实告知义务，隐瞒有关事实，由此可能造成保险合同显失公平。因此，保险法第十六条第二款赋予了保险人的单方合同解除权。

2. 保险人义务中的禁止反言原则

保险人在履行义务的过程中，应当遵循禁止反言原则。保险法

第十六条第六款为保险人设定了禁止反言的义务，该款规定：“保险人在合同订立时已经知道投保人未如实告知的情况的，保险人不得解除合同；发生保险事故的，保险人应当承担赔偿或者给付保险金的责任。”保险人能否对投保人如实告知义务的抗辩，主要是基于禁止反言原则的适用。

保险法第十六条第六款引入了禁止反言原则，其法理基础就在于保险法中的合理预期理论，详言之就是满足被保险人的合理期待。在保险关系中，被保险人虽是保单利益的享有者，但其在保险合同订立的过程中又处于相对被动的地位。被保险人对于该保险合同的可期待利益应属保险法律关系中被保护的范围。保险人不能为了促成保单获得利益，在订立合同时对投保人的欺诈行为视而不见，而在发生保险事故时又以投保人的过错进行抗辩。这样损害的实际上是被保险人的合理利益。

禁止反言原则要求保险人在缔结保险合同时要履行询问与审查的义务，并且这种询问不是被动的，而应当是主动进行的，怠于履行该义务的就不能行使保险合同单方解除权。

3. 被保险人利益的社会性和无过错性

建工团体险中的被保险人通常是建筑工程施工人员，系保险合同的受益人。建工团体险与其他团体险保险不同，该险种具有一定的社会保障性和公共利益，应当得到保护。

该险种普遍存在的社会基础在于建筑行业的高危性，较容易发生工伤、工亡事故，同时该行业人员流动性大、变动频繁，属人力资源密集型行业。建筑施工企业以及施工人员普遍都不愿意参加工伤保险，为了应对高发的工伤事故，在发生事故后对受伤工人提供经济补偿，建筑施工企业转而为施工人员购买建工团体险，作为工伤保险的替代品，目的在于转移自身风险，由保险人代为赔偿实际施工人员的意外伤害。因此，建工团体险实际上起着对施工人员替代性的社会保障功能，发挥着工伤保险的作用。该类险种所保障的利益因此具备一定的社会性。并且，在此种保险法律关系中，被保险人在保险合同中并无特别需要履行的义务，所以其通常为保险纠纷中的无过错方。

4. 被保险人利益的优先性

基于前述分析，即使本案施工合同的工程造价确为低报，投保人违反了如实告知义务，但保险人并不当然享有依据保险法第十六条第二款的单方解除权。因为保险人是否有权解除合同，还需考量保险人自身义务是否履行得当，以及该行为是否损害了被保险人的合法利益。

第一，保险人存在未履行法定义务的行为，符合禁止反言原则的构成要件。如裁判理由所述，换算后的工程价格仅约 80 元/平方米，这明显不符合 2014 年的工程造价。保险人系建工团体险的承保机构，是商业保险公司，具有高于常人的判断能力和经验，其审查能力亦超过社会的普遍认知，在订约时有义务也有足够的能力对相关资料的真实性进行审查。如经过审查，认为与实际情况显著不符，保险人有义务作出进一步的询问。但是保险人并没有对此进行询问，也未进行实地勘察，在应当知道投保人所述资料存在隐瞒的情况下，仍然予以承保，因此保险人对此有过错，符合禁止反言原则的构成要件。

第二，被保险人是无过错的第三方，其合法的利益应当得到保护。建工团体险的受益人是实际施工人员，其之所以享有该保险利益，是因为在建筑工程中提供了高风险的劳动，而该风险囿于建筑施工行业的实际情况，没有被纳入社会保障的范围。因此，该类保险除具有商业保险的特质外，还承载了社会保障的功能。被保险人对此的可得利益有社会利益的性质，应当属于更优先的保护位阶。

本案中，即使投保人存在未如实告知的过错，但如果不考虑保险人在合同订立过程中的过错程度，而机械地适用保险法第十六条第二款赋予保险人单方解除保险合同的权利，将会直接损害被保险人的合法利益，导致此保险法律关系中的不利后果实际由无过错的被保险人承担，显失公平。在此情况下，保险人的利益显然应当让位于被保险人的利益。

编写人：广东省广州市天河区人民法院　赵心晶

182　不确定概念不能作为保险合同的免责条款

——王木等诉财保上海分公司意外伤害保险合同案

【案件基本信息】

1. 裁判书字号

云南省昆明市中级人民法院（2018）云01民终2756号民事判决书

2. 案由：意外伤害保险合同纠纷

3. 当事人

原告（被上诉人）：王木、王水、王火、王土

被告（上诉人）：财保上海分公司

【基本案情】

2017 年 4 月 25 日，原告王火作为投保人，通过推送链接为被保险人王金投保了被告的“高额户外运动保障方案三保险”，其中意外伤害（身故、伤残）保险金额为 800000 元，丧葬处理保险金额为 20000 元，身故遗体运返保险金额为 20000 元。保险期间自 2017 年 4 月 28 日 0 时起至 2017 年 5 月 7 日 24 时止。2017 年 5 月 4 日，被保险人王金在陕西省穿越鳌太线路时，遇到暴风雪后死亡。该事故发生在保险合同期间。被保险人王金去世后，其法定继承人有王木、王水、王火、王土。

被告财保上海分公司辩称：在保险合同中明确约定潜水、跳伞、攀岩运动、蹦极、驾驶滑翔机以及探险属于高风险运动，不在被告的承保范围内；被保险人自发进行鳌太穿越运动并发生事故，而鳌太线路属于无人区，穿越该条线路的活动属于高风险运动，投保人在购买保险时未向保险人履行如实告知的法定义务，因此该事故不属于保险合同约定的保险责任范围，被告不应承担保险责任；在保险购买网页被告采用不同样式的字体、符号、颜色履行了对免责条款进行提示和说明的义务，投保人在购买保险时应当明确知晓保险承保的范围，以此可以证明被告已经履行了提示和明确说明的义务。

【案件焦点】

1. 被告保险公司是否尽到了免责条款的提示、说明义务；2. 鳌太线路是否属于被告免责条款中的无人区；3. 被保险人王金从事的活动是被告承保范围内的低风险运动，还是免责条款禁止的高风险活动；4. 被告是否应承担保险责任。

【法院裁判要旨】

云南省昆明市盘龙区人民法院经审理认为：

本案的争议焦点之一，被告保险公司是否尽到了免责条款的提示、说明义务。《中华人民共和国保险法》第十七条第二款规定："对保险合同中免除保险人责任的条款，保险人在订立合同时应当在投保单、保险单或者其他保险凭证上作出足以引起投保人注意的提示，并对该条款的内容以书面或者口头形式向投保人作出明确说明；未作提示或者明确说明的，该条款不产生效力。"《最高人民法院关于适用〈中华人民共和国保险法〉若干问题的解释（二）》第十二条规定："通过网络、电话等方式订立的保险合同，保险人以网页、音频、视频等形式对免除保险人责任条款予以提示和明确说明的，人民法院可以认定其履行了提示和明确说明义务。"本案中，被告主张已通过网页对免责条款给予投保人明确的说明或提示，但被告仅提交目前在售网页截图证据，未提交投保人投保时网页截图及投保人投保页面，因此不能推断投保人已经知晓被告的免责条款，亦不能证明被告尽到了说明、提示义务。对被告辩称已尽到免责条款提示、说明义务的主张，法院不予支持。

本案的争议焦点之二，鳌太线路是否属于被告免责条款中的无人区。根据《中华人民共和国自然保护区条例》第十二条第二款、第十四条第一款、第二十七条、第二十八条的规定，"地方级自然保护区的建立，由自然保护区所在的县、自治县、市、自治州人民政府或者省、自治区、直辖市人民政府有关自然保护区行政主管部门提出申请，经地方级自然保护区评审委员会评审后，由省、自治区、直辖市人民政府环境保护行政主管部门进行协调并提出审批建议，报省、自治区、直辖市人民政府批准，并报国务院环境保护行政主管部门和国务院有关自然保护区行政主管部门备案”“自然保护区的范围和界线由批准建立自然保护区的人民政府确定，并标明区界，予以公告”“禁止任何人进入自然保护区的核心”“禁止在自然保护区的缓冲区开展旅游和生产经营活动”。由此，无人区的划定需由行政机关进行审批公示，被保险人有理由相信被告免责条款中的无人区与行政机关划定的生态无人区相符合，而本案中并无行政机关对鳌太线路进行过无人区的划定，因此对被告的免责辩称，法院不予支持。

本案的争议焦点之三，被保险人王金从事的活动是被告承保范围内的低风险运动，还是免责条款禁止的高风险活动。《中华人民共和国保险法》第五条规定，“保险活动当事人行使权利、履行义务应当遵循诚实信用原则”，《最高人民法院关于适用〈中华人民共和国保险法〉若干问题的解释（二）》第十七条规定，“保险人在其提供的保险合同格式条款中对非保险术语所作的解释符合专业意义，或者虽不符合专业意义，但有利于投保人、被保险人或者受益人的，人民法院应予认可”，被告主张被保险人王金从事探险无人区及攀登海拔三千五百米以上独立山峰，属于从事高风险活动，是保险合同中免责条款所规定的内容，但被告提交的证据不能证明被保险人王金所从事的活动与高风险活动相符合。在被告所提交的证据——投保须知中载明“可承保的低风险运动包括远足徒步、登山运动等”，从投保须知中对可承保的低风险运动描述上，符合被保险人王金从事的活动，法院认可被保险人王金所进行的活动属于被告承保范围。因此，对被告辩称被保险人王金从事的是高风险活动主张，法院不予支持。

本案的争议焦点之四，被告是否应承担保险责任。《中华人民共和国保险法》第二条规定，“……投保人根据合同约定，向保险人支付保险费，保险人对于合同约定的可能发生的事故因其发生所造成的财产损失承担赔偿保险金责任，或者当被保险人死亡、伤残、疾病或者达到合同约定的年龄、期限等条件时承担给付保险金责任的商业保险行为”，《最高人民法院关于适用〈中华人民共和国民事诉讼法〉的解释》第九十条规定，“当事人对自己提出的诉讼请求所依据的事实或者反驳对方诉讼请求所依据的事实，应当提供证据加以证明，但法律另有规定的除外。在作出判决前，当事人未能提供证据或者证据不足以证明其事实主张的，由负有举证证明责任的当事人承担不利的后果”。本案中，原告购买被告销售的“高额户外运动保障方案三保险”，双方形成保险合同关系，该保险合同合法有效，受法律保护，双方均应按保险合同的约定享有权利，履行义务；四原告在被保险人王金发生保险事故后，便向被告报险，被告接到报险后应按保险合同的约定履行保险义务、承担保险责任，但被告未到事故现场进行勘查，也未提交证据证明被保险人王金死亡之地属于保险合同不承保范围，对此，被告应承担举证不利的后果。四原告作为被保险人王金的法定继承人有权向被告主张权利，故对四原告要求被告按保险单承保金额理赔意外伤害（身故）保险金800000元、丧葬处理保险金20000元、身故遗体运返保险金20000元的诉讼请求，法院予以支持。

云南省昆明市盘龙区人民法院根据《中华人民共和国保险法》第十七条第二款，《最高人民法院关于适用〈中华人民共和国保险法〉若干问题的解释（二）》第十七条之规定，判决如下：

被告财保上海分公司于本判决生效之日起十日内，赔偿原告王木、王水、王火和王土意外伤害（身故）保险金800000元、丧葬处理保险金20000元、身故遗体运返保险金20000元，共计840000元。

被告财保上海分公司不服原审判决，提起上诉。云南省昆明市中级人民法院经审理认为：本案中，根据一审查明事实，被上诉人通过网络投保了本案涉及的“高额户外运动保障方案三保险”，上诉人主张其免责条款主要为“……参加本合同所指高风险运动和活动的，应于投保时书面告知保险人……”“被保险人从事高风险运动……”及相关释义，以及投保须知中载明“本产品不承保下列高风险运动……探险活动”。因投保人系通过网络链接投保了上述保险，上诉人也陈述并未向投保人或被保险人送达书面保险单或保险条款等文本，故从上诉人主张的网络投保过程分析其是否尽到提示及明确说明义务。其一，从上诉人提交的保险产品详情页面看，“投保须知”及“保险条款”虽已设为蓝色字体并在页面下方附有链接，点击进入“保险条款”链接后通过红色字体提示“责任免除”部分，但上诉人也明确陈述点击阅读“投保须知”及“保险条款”并非购买保险的必要条件或前置步骤，投保人可以直接购买保险并支付款项，同时上诉人提交的证据也不足以证实上诉人是否点击查阅过“保险条款”；其二，上诉人提交了网页版的《客户告知书》，其载明“我声明：服务人员已经对我投保相关的事项讲解清楚，我也对上述内容明确理解”，但该声明并无投保人签字确认或已经送达投保人或被保险人的相关证据，同时，上诉人也未能提交其他通过口头或书面方式向投保人进行明确说明的证据；其三，本案一审、二审中，双方对于高风险运动、无人区、海拔三千五百米以上的独立山峰等内容的理解及免责条款是否适用争议较大，而被上诉人陈述是通过业务员周某购买了保险，而上诉人认可被上诉人通过公司推荐的链接购买保险，但对于周某是否为业务员及承保的具体情况表示不清楚，也未能就投保时已经对该保险的免责条款向投保人进行明确说明充分举证。综上所述，上诉人所设计的网络中并未主动提供保险条款及投保须知等，对上述免责条款并未尽到提示或明确说明义务，免责条款不发生效力，上诉人对被上诉人应按意外伤害保险金额给付身故保险金及其他保险金，同时对被保险人的保险责任终止；对于上诉人提出异议的丧葬处理保险金、身故遗体运返保险金，上诉人一审中对被上诉人提交的涉及上述费用的证据质证表示无异议，二审中虽提出异议，但未能提交证据予以反驳，一审法院所作处理并无不当，予以维持。综上，上诉人的上诉请求不能成立，不予支持。

云南省昆明市中级人民法院依照《中华人民共和国民事诉讼法》第一百七十条第一款第一项之规定，判决如下：

驳回上诉，维持原判。

【法官后语】

保险合同系严格责任合同，制定免除保险人责任条款，意味着保险人在销售保险产品时，对免责条款应承担更高程度的主动说明义务，做到准确、易懂，为一般人所能理解，不能使用模糊、概念性的表述，便于投保人清楚知晓保险产品的免责内容。因该内容与投保人利益攸关，投保人是否知悉保险免责条款的内容、相关概念及法律后果直接决定其最终能否获得保险赔偿，从而影响投保人是否作出投保的决定。

被告财保上海分公司一度认为，无人区就是长期空置的土地或不适合人类居住的地区，鳌太路线周边的自然环境险恶且海拔高度达三千五百米以上，均是该环境固有的本质，同时其并不适合人类居住，属于根据法律规定或已知事实和日常生活经验法则能推定出的另一事实，故对本案涉及的“鳌太线路”是否属于无人区应当采用逻辑解释，保险事故发生在免责条款范围内，被告应予免责。

根据《中华人民共和国自然保护区条例》第十二条第二款、第十四条第一款、第二十七条、第二十八条的规定，国家划定自然保护区，目的在于保护自然资源、生态环境，防止人类的生产经营活动对环境造成破坏，同时亦为杜绝闯入者在该区域发生意外得不到及时救助，因此明令禁止进入。结合被告的观点，“无人区”应分为禁止进入与无人长期居住（包括不适宜人类居住）两类，禁止进入的区域经过行政机关公示、划有明确边界，对未经许可的擅自闯入予以处罚；而无人长期居住的范围则可作无限延伸，定义比较模糊，属于不确定概念。从维护公平正义的目的出发，若采被告观点将“无人区”理解为无人长期居住地，就会导致免责条款适用范围的不当扩大，这既不符合立法本意，也可能损害一方当事人的利益，故应从“最狭义”的角度将免责条款中“无人区”的理解限缩在行政机关划定的禁止进入的区域范围。

因为行政区域的划定需由国家行政机关按法定程序进行审批公示，而鳌太线路并未被行政机关划定过“无人区”，所以鳌太线路“无人区”的说法仅为旅游徒步爱好者之间的荣耀俗称。本案被告在用“无人区”作为免责条款内容时，并未对“无人区”的概念做到准确定义，也未尽到主动明确的说明义务，而是任由投保人自行臆断，发生保险事故后即以字面意义作出有利于自己的解释，其解释不符合损益同归的基本理念，也与合同正义原则相悖，故被告以不确定概念作为免责条款内容，发生保险事故，不能免除被告的赔偿责任。

编写人：云南省昆明市盘龙区人民法院　赵鑫　杨天铭

183　保险条款约定伤残评定标准的有效性
——周某诉保险公司人身保险合同案

【案件基本信息】

1. 裁判书字号

广东省珠海市中级人民法院（2018）粤04民终3220号民事判决书

2. 案由：人身保险合同纠纷

3. 当事人

原告（被上诉人）：周某

被告（上诉人）：保险公司

【基本案情】

周某于2017年5月15日通过网络在保险公司处购买了个人意外伤害保险。保单生效日为2017年5月16日0时（北京时间），保单到期日为2018年5月15日24时（北京时间），总保费为人民币298元，保障利益为意外身故及伤残保额50万元，猝死保障保额1万元，意外医疗保额1万元，自驾车意外伤害节假日补偿保额5万元。周某于2017年5月15日支付了保险费298元，保险公司向周某出具了保险单。

2017年5月20日，周某不慎砍到左手食指并住院治疗。2017年8月14日，周某自行委托某司法鉴定所进行伤残鉴定。2017年8月23日，某司法鉴定所出具《司法鉴定意见书》，认为周某被刀砍伤左食指，于2017年5月20日行左食指清创+远侧关节融合复位内固定术，术后因左食指末节指再植术后坏死，于2017年6月1日行左食指再植术后坏死截指清创术+残端修整术，术中用咬骨钳咬除多余指骨，截指平面至中节指骨中段，现遗留左食指中节中段以远缺失。该损伤构成十级伤残。某司法鉴定所作出鉴定意见如下：伤者周某被刀砍伤致左食指中节中段以远缺失，其伤残等级评定为十级。

保险公司提交了《个人人身意外伤害保险条款（2016年版）》，该保险条款用加黑字体载明"《人身保险伤残评定标准》（行业标准）请参考中国保险行业协会、中国法医学会于二零一三年六月八日联合发布的《人身保险伤残评定标准》（行业标准）。如下链接供参考：（网址略）"。另外，该保险条款第二条"保险责任"第二款"伤残保险责任"约定，在保险期间内，被保险人遭受意外伤害事故，并自该事故发生之日起180日内因该事故造成本保险合同所附《人身保险伤残评定标准》（行业标准）所列伤残之一的，保险人按该表所列给付比例乘以意外伤害保险金额给付伤残保险金。该条款与合同文本的其他普通条款字体一致，未予加粗加黑。

法庭调查中，保险公司称通过对保险条款中免责条款字体进行加粗加黑的方式进行了提示，并在投保过程中要求投保人进行阅读。周某否认收到了保险条款。

【案件焦点】

1. 保险条款另行约定伤残评定标准的实质；2. 减轻保险人责任条款的效力。

【法院裁判要旨】

广东省珠海横琴新区人民法院经审理认为：保险公司辩称该司法鉴定意见书系周某单方委托、鉴定标准不符合合同约定并申请重新鉴定。当事人可以就查明事实的专门性问题向人民法院申请鉴定。当事人申请鉴定的，由双方当事人协商确定具备资格的鉴定人；协商不成的，由人民法院指定。然而，本案中周某提交的司法鉴定意见书并非周某向人民法院申请鉴定的情形，不适用该法律规定。并且，单方委托鉴定也不必然导致原司法鉴定意见书的无效或者重新鉴定的启动。另外，《中华人民共和国保险法》第十七条第二款规定，对保险合同中免除保险人责任的条款，保险人在订立合同时应当在投保单、保险单或者其他保险凭证上作出足以引起投保人注意的提示，并对该条款的内容以书面或者口头形式向投保人作出明确说明；未作提示或者明确说明的，该条款不产生效力。本案中，《人身保险伤残评定标准》（行业标准）属于免除保险人责任的约定，保险公司虽然在保险条款中对伤残评定标准作出了提示，但并未能证明其尽到了明确说明的义务，故该约定不产生效力。因此，对保险公司的答辩意见不予采纳，并不予准许重新鉴定。根据某司法鉴定所出具的司法鉴定意见书，周某左食指中节中段以远缺失，其伤残等级评定为十级，保险公司应当按照意外身故及伤残保额 50 万元的 10%计算，赔偿周某保险金 50000 元。

广东省珠海横琴新区人民法院依照《中华人民共和国保险法》

第十二条、第十四条、第十七条、第三十条，《中华人民共和国民事诉讼法》第六十四条第一款、第七十六条第一款之规定，作出如下判决：

保险公司于判决生效后十日内赔偿周某保险金50000元。

保险公司不服一审判决，提起上诉。广东省珠海市中级人民法院经审理认为：《人体损伤致残程度分级》是由最高人民法院、最高人民检察院、公安部、国家安全部、司法部联合发布的，适用于人身损害致残程度等级鉴定，是法定的、通用的人身损害致残程度等级鉴定标准。现保险公司以双方约定为由，主张适用《人身保险伤残评定标准》（行业标准）对周某的伤残等级进行鉴定。保险条款的约定改变了法定标准，存在提高定残标准之嫌，属于《最高人民法院关于适用〈中华人民共和国保险法〉若干问题的解释（二）》第九条规定的“减轻保险人责任的条款”，可以认定为《中华人民共和国保险法》第十七条第二款规定的“免除保险人责任的条款”，保险公司依法应当履行提示和说明义务。本案中，且不论保险条款有无向周某送达或出示，保险公司自行提供的保险条款中对于伤残鉴定标准的约定并未使用能够引起投保人注意的特殊字体进行提示，更未能举证证明已经就该条款对投保人进行了明确说明。综上，保险公司未尽提示和明确说明义务，保险条款中有关适用《人身保险伤残评定标准》（行业标准）的约定对投保人不发生法律效力。保险公司请求按《人身保险伤残评定标准》（行业标准）对周某进行伤残鉴定理据不足，不予准许。

本案中，周某自行委托某司法鉴定所进行伤残鉴定。虽然该鉴定系由周某单方委托，但某司法鉴定所系有资质的司法鉴定机构，其出具的司法鉴定意见书对周某的伤情描述客观准确，亦具体陈述了评残的标准和依据。保险公司虽不认可，但未能举证证明该鉴定意见存在明显违法或不合常理之处，依法应予采纳。一审法院根据该鉴定意见判令保险公司赔偿周某保险金 50000 元理据充分，予以维持。

广东省珠海市中级人民法院依照《中华人民共和国民事诉讼法》第一百七十条第一款第一项之规定，作出判决如下：

驳回上诉，维持原判。

【法官后语】

随着我国保险行业在最近十几年爆发式的发展，各种保险纠纷也越来越多，诉讼成为越来越多的人解决保险纠纷的重要途径。其中人身保险合同诉讼占据了保险诉讼案件领域的重要一席，因保险人未尽到对免责条款的提示和明确说明义务而判决保险人败诉的案件可以说是相当之多，然而保险人对此义务态度的执着似乎并没有因败诉的案例示范效果而改变。就本案而言，其中既有保险人对免责条款的性质判断的问题，也有网销这样一种新型保险销售方式下保险人应如何履行提示、说明义务的问题。

1. 免责条款的认定

免责条款，是指保险合同当事人之间约定的免除或限制将来一方承担责任的条款。一方面，保险免责条款对保险人的承保范围作出界定，明确保险人不承保的风险及不承担责任的情形，对防范道德风险和保障保险公司的科学运营及健康发展起到了积极的作用。但另一方面，免责条款往往成为保险人逃避保险责任、加重对方义务或限制对方权利的工具，损害了保险合同相对方的合法利益。实践中很多时候，对于一些条款，保险人自认为不属于免责条款而没有必要履行明确说明义务，引起理赔纠纷并导致败诉的案例不胜枚举。

本案中保险条款第二条“保险责任”第二款“伤残保险责任”约定保险公司给付伤残保险金的伤残评定保准为保险合同所附《人身保险伤残评定标准》（行业标准），实质上改变了法定的、通用的人身损害致残程度等级鉴定标准《人体损伤致残程度分级》，提高了定残标准，依照《最高人民法院关于适用〈中华人民共和国保险法〉若干问题的解释（二）》第九条第一款“保险人提供的格式合同文本中的责任免除条款、免赔额、免赔率、比例赔付或者给付等免除或者减轻保险人责任的条款，可以认定为保险法第十七条第二款规定的‘免除保险人责任的条款’”的规定，可以认定为《中华人民共和国保险法》第十七条第二款规定的“对保险合同中免除保险人责任的条款，保险人在订立合同时应当在投保单、保险单或者其他保险凭证上作出足以引起投保人注意的提示，并对该条款的内容以书面或者口头形式向投保人作出明确说明；未作提示或者明确说明的，该条款不产生效力”。

2. 免责条款的提示、说明义务

是否尽到明确说明义务的认定标准较为复杂，法律上的明确说明标准应该是一个客观标准，但投保人是否理解则是一个主观上的标准，无法以证据形式固定，规定保险人明确说明的程度为足以使投保人理解难免缺乏可操作性。也正因如此，《最高人民法院关于适用〈中华人民共和国保险法〉若干问题的解释（二）》采用了“常人能够理解”的标准。在形式上，通过录音录像的方式记录保险人明确说明义务的履行能最直观地还原履行的过程，但是考虑到商事交易的效率性，这种记录方式明显不适合市场需求，实践中多采用投保人签字的声明来作为证明保险人已尽明确说明义务的证据。从法理上讲的“权利可以放弃”的规则来看，书面的载有投保人签章的声明是综合考虑、平衡双方当事人利益、实现商事交易的高效性及法律认定的可操作性之后，最为可行的标准。

本案中，保险公司自行提供的保险条款中对于伤残鉴定标准的约定并未使用能够引起投保人注意的特殊字体进行提示，更未能举证证明已经就该条款对投保人进行了明确说明。保险人未尽提示和明确说明义务，有关适用《人身保险伤残评定标准》（行业标准）评残的保险条款中不产生法律效力。保险公司要求按《人身保险伤残评定标准》（行业标准）对周某进行伤残鉴定没有事实和法律依据。

3. 网签保险合同保险人如何履行提示、说明义务

周某是通过网络购买的案涉个人意外伤害保险。在网络高度发展的当今社会，保险网销也势必成为保险销售的主流。对于网签的保险合同，保险人履行对免除保险人的责任条款提示和说明义务时可将保险合同条款尤其是免除保险人责任条款放置在页面显著位置并将条款及释义的阅读设置成投保的强制必经程序，在停留一定时间后跳出对话框，显示“投保人和被保险人声明保险人已履行提示和明确说明义务，我已明知”的“确认”按钮和条款不明晰需要进一步解释的“条款释义”按钮。若点击“确认”按钮，则合同签订流程继续；若点击“条款释义”按钮，则会有客服对话框或者在线电话的方式实时对客户进行解释说明直到投保人明知为止。经过这些程序就应该认为保险人履行了明确说明义务。

编写人：广东省珠海市中级人民法院　徐烽娟

184 未按约定进行伤残评定是否免除保险公司的责任

——石某诉保险公司人身保险合同案

【案件基本信息】

1. 裁判书字号

江苏省盐城市盐都区人民法院（2018）苏0903民初503号民事判决书

2. 案由：人身保险合同纠纷

3. 当事人

原告：石某

被告：保险公司

【基本案情】

2013年6月28日，某洗浴中心作为投保人、石某作为被保险人与保险公司作为保险人订立《团体意外伤害保险》《交通意外伤害保险》《附加意外费用补偿团体医疗保险》合同。2014年5月31日，邱某驾驶苏JCX×××号小型普通客车，违反禁止标线超车，与石某驾驶的无号牌电动自行车发生碰撞，致石某倒地受伤，两车及路灯杆损坏。对该交通事故的责任，经公安交警部门认定，邱某负事故的主要责任，石某负事故的次要责任。石某因该起交通事故花费医疗费426600.24元。后原告就案涉交通事故诉至盐都区人民法院，盐都区人民法院依法作出（2016）苏0903民初4616号民事判决书，认定超出交强险责任限额的部分，由原告石某自行承担20%的责任，现该判决书已生效。在该案中，法院对原告石某的伤残等级依法委托某司法鉴定所进行了鉴定，鉴定意见为：石某因交通事故致双侧额颞叶挫伤、外伤性蛛血、右额部及左额颞部硬膜下积血积液、左侧4-11（共8根）肋骨骨折、两肺挫伤、脾破裂等，构成下列伤残：（1）后遗颅脑外伤所致四肢瘫痪（双上肢肌力5级，双下肢肌力4级），构成交通事故四级伤残；（2）后遗颅脑外伤所致智能损害（轻度），构成交通事故八级伤残；（3）外伤致脾破裂行脾切除术，构成交通事故八级伤残；（4）外伤致左侧4-11（共8根）肋骨骨折，构成交通事故九级伤残。后石某撤回了对“后遗颅脑外伤所致四肢瘫痪是否构成四级伤残”的鉴定申请。石某在事故发生后，曾至被告保险公司要求理赔，但因被告保险公司认为石某不符合理赔的情形，理赔未果。

诉讼中，保险公司提交了团体保险投保单（复印件），其中的投保人及被保险人声明载明：贵公司已对保险合同条款内容履行了说明义务，并对责任免除条款履行了明确说明义务；投保单位已仔细阅读、理解投保提示及保险条款尤其是责任免除、解除合同等规定。投保人某洗浴中心在下方签字、盖章。

【案件焦点】

1. 原告受伤是否属于“意外伤害”；2. 原告没有按照约定的赔付标准进行工伤评定是否产生免除被告赔付责任的效力。

【法院裁判要旨】

江苏省盐城市盐都区人民法院经审理认为：本案中，石某虽对案涉事故负有次要责任，但该事故的发生并非出于石某的本意，该交通事故的发生符合《团体意外伤害保险》合同中关于意外伤害的定义。上述条款约定：保险公司按该被保险人的保险金额乘以该项残疾所对应的给付比例给付残疾保险金。该约定系就保险金给付比例的计算方式进行的约定，原告虽是按照交通事故的有关标准进行伤残评定，但并不能产生免除被告保险公司责任的效力。现原告要求参照其在案涉交通事故中鉴定的伤残等级计算本案的残疾保险金给付比例，依法予以准许。

事故发生时，原告驾驶的是电动自行车，并非《交通意外伤害保险》保险条款约定的交通工具，故案涉事故并非该保险的责任范围。原告在案涉交通事故中自行承担的医疗费已经超过《附加意外费用补偿团体医疗保险》的限额（5000 元），被告保险公司应给付原告该项保险金 5000 元。

江苏省盐城市盐都区人民法院依据《中华人民共和国保险法》第十四条、第十七条、第二十三条、第三十条之规定，作出判决如下：

一、被告保险公司于本判决生效之日起十日内向原告石某支付意外伤害保险金 19000 元、附加意外费用补偿医疗保险金 5000 元，合计 24000 元；

二、驳回原告石某的其他诉讼请求。

判决后，双方当事人均未上诉，本判决现已生效。

【法官后语】

1. 原告受伤是否属于“意外伤害”

根据案涉保险条款及司法实践，“意外伤害”指遭受外来的、突发的、非本意的、非疾病的客观事件直接致使身体受到的伤害。本案中，原告石某虽对案涉事故负有次要责任，但相对于原告的主观状态而言，事故的发生与原告的心理期待不符。该事故的发生并非出于原告的本意，对原告而言该事故也不具有可预见性。故该交通事故的发生符合意外伤害的定义。

2. 意外伤害类保险的保险责任及免责的判断

根据案涉保险条款，保险公司应按该被保险人的保险金额乘以该项残疾所对应的给付比例给付残疾保险金。单纯从上述条款来看，原告没有进行工伤评定，便无法确定工伤残疾程度，故而无法确定对应的给付比例。但事实上，原告因遭受意外事故而使身体受到伤害并致残，保险公司理应给付保险金，而以上条款仅仅是关于保险金的计算方式的规定，即便原告未进行工伤评定，也并不能产生免除被告保险公司责任的效力。

本案的特殊性在于：原告石某受伤并不属于工伤，不具有进行工伤鉴定的现实基础。客观上，在机动车交通事故责任纠纷一案中，法院已依法委托相关机构对原告的伤情进行了鉴定。法院固然可以就原告的伤情对应的工伤残疾等级委托咨询，但原告表示请求参照交通事故残疾程度确定给付比例。考虑到交通事故的伤残评定标准较于工伤评定标准更为严格，况且原告多次向本案的被告主张赔偿，被告均不予赔付，在诉讼双方实力上，原告处于明显的弱者地位。比起局限于促进形式公平，维护弱者利益更具现实意义。从减轻当事人诉累及公平的角度，法院依法参照交通事故残疾程度确定给付比例，与原、被告双方的利益均不相违背。

编写人：江苏省盐城市盐都区人民法院　陈星如

185 团体意外险的保险金请求权可以转让

——道路施工公司诉保险商洛支公司保险合同案

【案件基本信息】

1. 裁判书字号

陕西省商洛市中级人民法院（2018）陕10民终42号民事判决书

2. 案由：保险合同纠纷

3. 当事人

原告（被上诉人）：道路施工公司

被告（上诉人）：保险商洛支公司

【基本案情】

2016年4月19日，原告向被告缴纳了保险费，在被告处投保了“建筑工程团体意外伤害保险”，被告给原告出具了保险单。原告雇用陈某在其承包的工程中从事压路机驾驶工作时，查看了陈某的身份证和建筑施工特种作业操作资格证，并让其提交了复印件。2016年6月19日，陈某驾驶压路机上路，因操作不慎导致压路机驶出有效路面坠入路边河流，当场溺水身亡。2016年7月4日，原告与陈某的继承人达成《赔偿协议》和《赔偿补充协议》，原告向陈某继承人赔偿799900元，保险公司赔偿款归原告所有。后原告向陈某继承人支付了赔偿款799900元。保险事故发生后，原告向被告报案并要求理赔，被告以“1. 特种作业人员上岗必须持有合法的特种作业操作证，否则属于保险合同约定的责任免除事项，陈某特种作业操作证属于虚假证件；2. 本案的保险金请求权不能转让”为由拒绝理赔。

【案件焦点】

1. 本案的保险金请求权可否转让，原告的诉讼主体是否适格；2. 驾驶压路机是否属于保险合同约定的特种作业；3. 购买保险时被告是否向原告提供保险条款，对免责条款是否尽到了提示、说明义务。

【法院裁判要旨】

陕西省镇安县人民法院经审理认为：原、被告签订的保险合同是双方真实意思表示，且不违反法律禁止性规定，应认定为合法有效，双方应按照约定全面履行自己的义务。原告为其员工投保了团体意外伤害保险，陈某作为被保险人之一，在施工过程中发生意外事故身亡，被告应依约承担保险理赔义务。被保险人陈某的法定继承人将保险理赔请求权让与原告，原告有权向被告主张理赔保险金。虽然保险单上的特别约定明确了未取得对应的特种作业证书进行特种作业操作引起的意外事故，保险公司不承担保险责任。但保险单及保险条款并未约定驾驶压路机属特种作业，且被告未能举证证明对该条款向投保人作了提示或明确说明，该条款对原告不产生法律效力。故原告要求被告按照保险合同约定给付保险金300000元的理由充分，法院予以支持。

陕西省镇安县人民法院依据《中华人民共和国保险法》第十三条、第十四条、第十七条、第四十二条第一款，《中华人民共和国合同法》第六十条、第七十九条，《最高人民法院关于适用〈中华人民共和国保险法〉若干问题的解释（二）》第十一条、第十三条，《最高人民法院关于适用〈中华人民共和国保险法〉若干问题的解释（三）》第十三条，《中华人民共和国民事诉讼法》第六十四条第一款之规定，判决如下：

被告保险商洛支公司在本判决生效后十五日内支付原告道路施工公司保险金 300000 元。

二审法院同意一审法院裁判意见。

【法官后语】

团体意外险越来越多地被企业、用工单位所采用，它能够在一定程度上规避用工风险，也能为普通的劳动者多提供一份保障。保险事故发生后，企业和劳动者先行协商赔偿，而后企业再向保险公司申请理赔，有利于社会矛盾的快速化解，但保险金请求权可否转让一直存在争议。

人身保险合同具有人身依附性，故在人身保险合同中，除有特约条款外，保险事故发生前，受益人未经投保人和被保险人同意，不得将受益权转让给他人。而在保险事故发生后，因保险责任已经确定，受益人的受益权转化为确定的财产权，具有可转让的要素，故受益人可将与保险事故相对应的全部或者部分保险金请求权转让给他人。

本案中，原告为其员工投保了团体意外伤害保险，涉案保险是不记名的，陈某属原告的员工，是当然的被保险人。被保险人陈某的法定继承人将保险金请求权让与原告，原告有权向被告主张理赔保险金。《中华人民共和国保险法》第四十二条第一款规定，被保险人死亡后，有下列情形之一的，保险金作为被保险人的遗产，由保险人依照《中华人民共和国继承法》的规定履行给付保险金的义务：（一）没有指定受益人，或者受益人指定不明无法确定的……本案陈某并未指定受益人，陈某的保险金依法应作为遗产处理。原告提供了与陈某继承人达成的赔偿协议书、补充协议等，证明原告给陈某的第一顺序继承人进行了赔偿，陈某继承人自愿将保险金转让给原告所有。《最高人民法院关于适用〈中华人民共和国保险法〉若干问题的解释（三）》第十三条规定："保险事故发生后，受益人将与本次保险事故相对应的全部或者部分保险金请求权转让给第三人，当事人主张该转让行为有效的，人民法院应予支持，但根据合同性质、当事人约定或者法律规定不得转让的除外。"保险事故发生后，陈某的继承人将向被告请求理赔的权利转让给原告，该项权利是基于保险契约而产生的请求保险金的权利，是债权请求权，并未违反法律、行政法规的禁止性规定，该转让行为应认定为有效。

编写人：陕西省镇安县人民法院　慕年浩

186 未进行死因鉴定情况下，如何认定是否系意外伤害死亡

——汪某等诉寿险安庆支公司意外伤害保险合同案

【案件基本信息】

1. 裁判书字号

安徽省安庆市中级人民法院（2018）皖08民终1604号民事判决书

2. 案由：意外伤害保险合同纠纷

3. 当事人

原告（被上诉人）：汪某、高小一、高小二

被告（上诉人）：寿险安庆支公司

【基本案情】

高甲（系汪某的丈夫，高小一、高小二的父亲）于 2016 年 11 月 30 日在寿险安庆支公司为自己投保了名为“祥和幸福保意外伤害保障计划”的个人人身保险。保险期间为一年或至本合同列明的终止性保险事故发生止，身故受益人及分配方式为法定，意外伤害身故、残疾的保险金额为 32 万元。2017 年 8 月 13 日，高甲的堂兄高乙向公安机关报警，派出所《接处警情况登记表》载明“经查：报警人的堂弟高甲在经过田埂时不慎跌入下面的塘里溺水身亡”。因高甲家属对其系溺水死亡无异议，派出所未进行死因鉴定，并出具《高甲非正常死亡情况的说明》及《死亡证明》，《死亡证明》亦载明“因溺水死亡”。高甲家属按当地风俗对其进行土葬，寿险安庆支公司于 2017 年 8 月 15 日送达《尸检告知书》，主要内容为：“我司于 2017 年 8 月 14 日 9 时接到您关于高甲溺水死亡报案，并派专员对事故进行勘察核实，因被保险人溺水死亡原因不明……敬请您及相关受益人邀请法医或提请司法鉴定机构对其死亡原因进行死因鉴定，并及时将鉴定结果及相关理赔材料提交给我司。如未能对被保险人进行尸检而无法确定死亡原因致使我司无法确定保险责任的，我司将依法不承担本次事故的保险赔偿责任。”高小一、高小二在《尸检告知书》签收栏加注：“请保险公司通过其他途径确定此次溺水原因，不同意尸检，我方保留起诉或其他意见。”2018 年 1 月 9 日，寿险安庆支公司作出《理赔决定通知书》，以“无意外死亡证明”为由拒绝赔付。为此，三原告向法院提起诉讼，要求寿险安庆支公司支付保险金 320000 元并自 2017 年 12 月 24 日起按月利率 5‰的标准赔偿利息损失。寿险安庆支公司认为本案不属于保险事故，高甲未做尸检，其家属也坚决不同意做尸检，高甲死亡原因不明。村委会的土葬证明及派出所证明均是依据死者近亲属描述作出，可信度低。寿险安庆支公司已尽到保险责任和免责条款的提示、告知义务，原告应承担举证不能的法律后果。

【案件焦点】

高甲是否构成保险合同中的意外伤害死亡。

【法院裁判要旨】

安徽省岳西县人民法院经审理认为：寿险安庆支公司与高甲签订个人人身保险合同，系双方真实意思表示，合法有效。该保险合同约定“对被保险人的死因有争议，双方均有权提请司法鉴定机构对被保险人进行死因鉴定，另一方应当予以配合”。寿险安庆支公司对异议事项未按合同约定行使自行鉴定的权利。高甲家属不同意做尸检的意见，仅是对《尸检告知书》内容的回复，不能仅以此证明其拒不配合鉴定。公安机关依职权作出的《死亡证明》明确载明“因溺水死亡”，与《接处警情况登记表》、多人询问笔录、现场照片、村委会证明等形成相对完整的证据链，高甲系溺水意外死亡具有高度可能性，为优势证据，可以确认。高甲死亡是突然的、非本意的，符合一般人对于意外死亡的通常理解，应属于保险合同中意外伤害（外来的、突发的、非本意的、非疾病的客观事件直接致使身体遭受的伤害）的涵摄范畴。寿险安庆支公司认为不属于意外伤害，应承担相应的举证责任。综上，法院采信高甲系意外溺水死亡，三原告作为法定受益人，有权主张本保险合同项下的保险权益，故对三原告主张赔付保险金的请求予以支持。寿险安庆支公司仅以死因不明为由不履行支付保险金义务，不能成立。因保险合同对迟延支付保险金的损失有明确约定，故应自作出拒赔决定之日起支付利息。

安徽省岳西县人民法院依照《中华人民共和国保险法》第二十三条，《中华人民共和国继承法》第十条，《最高人民法院关于适用〈中华人民共和国保险法〉若干问题的解释（三）》第九条等规定，作出如下判决：

一、寿险安庆支公司于本判决生效后十日内支付汪某、高小一、高小二保险金320000元，并自2018年1月9日起至清偿之日止，按中国人民银行公布的同时期的人民币活期存款基准利率支付利息；

二、驳回汪某、高小一、高小二的其他诉讼请求。

二审法院同意一审法院裁判意见。

【法官后语】

在司法实践中，意外伤害保险合同纠纷审理的难点在于确定损害结果是否系保险合同中约定的意外伤害所致，尤其是以意外伤害死亡作为给付保险金条件的情况。未进行死因鉴定时，该如何进行认定？

现实中，保险合同多会对一些排除性情形进行列举，并确定为免责情形。对于意外伤害的定义，一般采用的是概括规定加个别列举排除的规范模式，目前尚没有法律法规对这些要件的具体内涵和判断方法进行规定，而且鉴于社会生活的多样性，也无法做到穷尽列举。那么在办案时，该如何进行把握呢？据对意外伤害释义的文意理解可得出：非本意的、非疾病的，即排除了自杀、疾病所导致的死亡；外来的、突发的，指的应是非因自身潜在疾病所导致的、突然发生的、意料之外的。总的来说，在具体案件判断中，排除了疾病导致的死亡、自身潜在疾病引起的“猝死”、自杀等情形，排除了尽到提示和说明责任的免责情形，其他原因的应该都可认定为意外伤害死亡。那么，就具体个案而言，待证事实是已经发生的客观事件，对于过去的、在一定空间和时间已经发生的事实，只有通过证据加以证明后，才能成为法律事实。所以，案涉事件到底属不属于意外伤害，应当结合举证规则来进行认定。

根据一般通用的保险条款及保险合同规定，在进行保险理赔时，保险受益人或索赔人要举证证明被保险人受损害的事实以及其系意外伤害所致。由于社会生活的复杂性、多变性，在实践中往往较难证明是否系意外伤害所致，这也是诸多保险人拒赔的理由。保险法第二十二条第一款规定，保险事故发生后，按照保险合同请求保险人赔偿或者给付保险金时，投保人、被保险人或者受益人应当向保险人提供其所能提供的与确认保险事故的性质、原因、损失程度等有关的证明和资料。该条款将保险受益人或索赔人的举证范围限定为“其所能提供的”，而非苛责提供完备的，或在客观上不具备证明能力的相关资料。按该条文规定，保险受益人或索赔人在提供了其客观上具备的，完成了力所能及的初步证明义务后，举证责任即转移至保险人。其他案件若类似于本案，保险合同对举证责任分配进行了约定，“双方均有权提请司法鉴定机构对被保险人进行死因鉴定，另一方应当予以配合”，未加重合同一方负担，不违反法律强制性规定，则应对合同双方产生约束力。双方均应按法律规定和合同约定行使举证质证的权利，承担举证不能的法律后果。

就本案而言，被保险人高甲是否属于意外伤害死亡应当进行如下两个层面的分析。一是死亡系溺水所致还是由于其他原因？虽然高甲未进行死因鉴定，医学上死亡的原因并不确定，但保险受益人或索赔人提供的公安机关证明已明确载明"因溺水死亡"，该内容是公安机关依据职权进行调查、走访后作出的结论性意见，属于行政行为，应予以采信。若保险公司对此持有异议，则应提出足够推翻的相反证据。否则，抗辩不能成立。本案中，保险公司提出高甲未做尸检，死亡原因不明，派出所证明是依据死者近亲属描述作出，可信度低。但其既未按合同约定申请鉴定，明确高甲在医学上的死因，也未举出其他非因溺水的证据，故法院对抗辩意见不予采信。二是系主动投水还是失足落水，即是否属于自杀？《最高人民法院关于适用〈中华人民共和国保险法〉若干问题的解释（三）》第二十一条第一款规定："保险人以被保险人自杀为由拒绝给付保险金的，由保险人承担举证责任。"该法条明确规定自杀的举证责任倒置，即除保险人能够证明被保险人系主动投水（自杀）外，都应采信系失足落水，属于意外。本案中，保险公司并未对是否属于自杀进行举证，其应当承担举证不能的后果，故法院采信高甲系失足落水。综上，通过从证据角度的分析，法院采信高甲系失足落水后溺水死亡，属于保险合同约定的意外伤害死亡情形。

值得注意的是，保险合同纠纷背后往往涉及双方当事人的巨大利益，为了防范可能由此引发的法律风险、道德风险，审理意外伤害保险合同纠纷案件应尽可能进行去道德化判断，注重运用死因鉴定、医学病历、公安机关证明等专业性、职权性证据，依据法律规定及合同约定的举证责任进行合理认定，充分发挥保险规避风险的功能，促进整个保险行业的健康发展。

编写人：安徽省岳西县人民法院　储彬　程雨

187 被保险人死亡原因的认定

——潘甲等诉财险广西公司意外伤害保险合同案

【案件基本信息】

1. 裁判书字号

广西壮族自治区南宁市中级人民法院（2018）桂01民终57号民事判决书

2. 案由：意外伤害保险合同纠纷

3. 当事人

原告（上诉人）：潘甲、潘乙、潘丙

被告（被上诉人）：财险广西公司

【基本案情】

2016年11月4日，某商行为马某在内的85人向财险广西公司投保短期团体意外伤害保险，财险广西公司依据投保申请签发了《短期健康保险和意外伤害保险保险单》。2016年11月6日晚8时许，马某在泡温泉时晕倒、昏迷，后经抢救无效死亡，医院出具《居民死亡医学证明（推断）书》，载明马某死亡日期为2016年11月6日，死亡原因为猝死。2016年11月9日，马某的遗体被火化。马某的继承人潘甲等人向财险广西公司索赔，财险广西公司以马某死亡原因为猝死、并且有高血压病史，无任何外伤，意外死亡证据不足为由不予给付保险金。后潘甲等人认为财险广西公司的拒赔理由不成立，遂诉至法院，请求财险广西公司向其赔偿人身意外伤害身故险保险金。

【案件焦点】

1. 马某是否属于因遭受意外伤害事故导致身故；2. 财险广西公司是否应赔付保险金。

【法院裁判要旨】

南宁市青秀区人民法院经审理认为：按照双方的约定，财险广西公司在本案中给付保险金的前提是被保险人马某因遭受意外伤害事故而身故。根据《中华人民共和国保险法》第二十二条第一款"保险事故发生后，按照保险合同请求保险人赔偿或者给付保险金时，投保人、被保险人或者受益人应当向保险人提供其所能提供的与确认保险事故的性质、原因、损失程度等有关的证明和资料"之规定，潘甲等人应就马某系因遭受意外伤害事故导致身故死亡承担初步的举证责任。从潘甲等人提供的《居民死亡医学证明（推断）书》来看，其上记载马某的死亡原因为猝死，并未反映马某的死因系意外伤害。事故发生后，公估公司接受财险广西公司的委托对事故原因进行调查并形成一份《调查报告》，因公估公司是独立于保险合同各方当事人的第三方机构，且其业务范围包括对保险标的出险后的查勘、检验、估损理算，而潘甲等人虽对《调查报告》的内容提出异议，但未提供证据予以反驳，故本院对该《调查报告》予以采信。该《调查报告》记载案发时马某身体无外伤，法医排除他杀的可能，同时马某有高血压既往病史，推断为心源性猝死可能性较大。由于马某的遗体已经火化，无法通过尸检确定马某的具体死亡原因，而现有证据不足以认定马某系因"外来的、突发的、非本意的和非疾病的客观事件为直接且单独的原因致使身体受到的伤害"导致身故，潘甲等人主张马某因意外伤害事故导致身故的理由不成立。马某不属于因意外伤害事故导致身故，故不符合保险合同约定的保险责任范围，财险广西公司不应承担给付保险金的责任。潘甲等人要求财险广西公司给付保险金的诉讼请求不符合合同约定，对其诉讼请求本院不予支持。

广西壮族自治区南宁市青秀区人民法院依据《中华人民共和国保险法》第二十二条第一款和《中华人民共和国民事诉讼法》第六十四条第一款之规定，判决如下：

驳回原告潘甲、潘乙、潘丙的全部诉讼请求。

潘甲、潘乙、潘丙不服一审判决，提出上诉。广西壮族自治区南宁市中级人民法院经审理认为：马某在泡温泉时突然身亡，死亡原因已经排除了他杀或外伤致死的可能。根据一般社会经验可知，其死亡的可能原因仅为两种：第一种为因冷热交替或过度疲劳、情绪波动、剧烈运动等原因引起身体潜在性疾病突然发作或恶化；第二种为因溺水、窒息导致肺功能衰竭、肾功能衰竭等。如上文所述，第一种原因导致的死亡属于疾病性死亡，不在本案保险范围之内，第二种原因属于“外来的、突发的、非本意的客观事件”，在本案保险范围之内。

马某死亡之后虽然没有进行尸检，但是尸检并不是确定死亡原因的唯一方法。首先，《居民死亡医学证明（推断）书》，载明马某“死亡原因”为“猝死”，该推断书载明的“猝死”显然不是马某的死亡原因，而仅是马某死亡的临床表现形态。但如果是溺水、窒息导致的器官功能性衰竭导致死亡，医疗病例中应当有相应的记录，推断书上一般也不会将死亡原因写为“猝死”。其次，公估公司对事故原因进行调查时，走访了事发现场，询问了事发现场工作人员、第一时间抢救的医生、处理此次事件的警察等，上述事件亲历者、参与者均陈述马某是在泡温泉时突然晕倒、昏迷，之后就立刻被拉出水面救治，救治的过程中出现了测量不到血压、呼吸微弱、心脏跳动微弱等症状，没有人陈述马某存在溺水的情形。最后，马某有高血压既往病史。综合以上三点，马某的死亡原因为“因冷热交替或过度疲劳、情绪波动、剧烈运动等原因引起身体潜在性疾病突然发作或恶化”已经具备高度可能性，即马某为自身潜在性疾病导致死亡，其死亡不在本案保险范围之内。

广西壮族自治区南宁市中级人民法院依照《中华人民共和国民事诉讼法》第一百七十条第一款第一项、第一百七十五条的规定，判决如下：

驳回上诉，维持原判。

【法官后语】

本案审理的关键在于确认被保险人的死亡是否系遭受意外事故导致。死亡原因的认定通常会涉及两个方面的问题：首先，在死亡原因并不是显而易见的情况下，如何合理分配诉讼双方的举证责任，将直接决定案件的审理结果如何以及公平是否能在个案中得到实现；其次，当双方当事人均无直接有力的证据对待证事实加以证明，主办法官通常需运用事实推定的方法，来对案件事实进行判断。

关于举证责任分配的问题，除了法律有明文规定的以外，应根据公平原则和诚实信用原则，综合当事人的举证能力等因素加以确定。就本案而言，应遵循如下思考逻辑：第一，受益人、投保人、被保险人的初步举证责任。根据《中华人民共和国保险法》第二十二条第一款的规定，受益人需向保险人提供其所能提供的与确认保险事故的性质、原因、损失程度等有关的证明和资料，故潘甲等人应就马某系因遭受意外伤害事故导致身故死亡承担初步的举证责任。潘甲等人拿出被保险人马某的死亡证明及火化证等证据，应认为其已提供了初步的证据，但其提供的死亡证明上仅记载马某的死亡原因为猝死。第二，保险公司的进一步举证责任。如果被告财险广西公司认为潘甲等人提供的证据不足以证明马某系因意外事故死亡，则须承担进一步的证明责任。被告财险广西公司委托独立的第三方公估公司出具《调查报告》，证明被保险人马某有高血压既往病史，推断为心源性猝死可能性较大，但亦未给出具体死亡原因。由于马某的遗体已经火化，现有证据不足以证明马某死亡系遭受意外事故导致。这就涉及将要讨论的第二个问题：当双方当事人均无直接的证据对待证事实加以证明，主办法官如何对被保险人的死亡原因进行判断。

事实推定是按照经验法则从已知的某一基础事实推断另一不明推定事实的存在，并允许当事人提出反证推翻的一种证据法则。经验法则实际上是人们在日常生活中感知到的一种事物之间高度盖然性的常态联系。一旦基础事实得到证明，法官即可根据基础事实直接认定推定事实，无需再对推定事实加以证明，因此正确运用经验法则进行合理推定，不仅有利于正确认定案件事实，防止诉讼僵局，而且有利于提高诉讼效率，降低诉讼成本。

本案中，马某在泡温泉时突然身亡，根据一般社会经验可知，其死亡的原因无非两种：第一种为保险公司主张的外部原因引起身体潜在性疾病突然发作或恶化；第二种为原告方主张的因溺水导致的死亡。原告潘甲等人提供的死亡证明上载明死亡原因为猝死，根据经验法则，若是溺水导致的则医疗病例中应有相关记载，推断书上一般也不会将死亡原因写为“猝死”。另外，公估公司对事故原因进行调查时，经各方走访事故的亲历者及参与者，均无人陈述马某存在溺水的情形，且马某有高血压既往病史，故据此可推定，马某的死亡原因为“外部原因引起身体潜在性疾病突然发作或恶化”已经具备高度可能性。

由于事实推定依据的经验法则本身具有局限性和盖然性的特点，并不具有绝对排他的必然性，结论并不具有百分之百的真实性，故应允许对方进行反驳，但本案原告潘甲等人并未举出有利证据进行反驳，因此应当认定被保险人马某的死亡原因并非遭受意外事故导致。

编写人：广西壮族自治区南宁市青秀区人民法院　黄晨熙

188　“按照《人身保险残疾程度与保险金给付比例表》给付残疾保险金”的条款不属于免除保险人责任的条款

——于某诉保险公司人身保险合同案

【案件基本信息】

1. 裁判书字号

北京市第一中级人民法院（2017）京01民终2063号民事判决书

2. 案由：人身保险合同纠纷

3. 当事人

原告（上诉人）：于某

被告（被上诉人）：保险公司

【基本案情】

2011 年 12 月 8 日，于某与保险公司签订《人身保险合同》一份，主险保险期间为 15 年，交费年限为 8 年，基本保险金额/份数/档次为 914 元，保险费为 863 元；附加险为保险期间为 15 年，交费年限为 8 年，基本保险金额/份数/档次为 400000 元，保险费 51 元，于某的保费已经交至 2016 年 7 月 9 日。二审补充查明，于某于 2011 年 12 月 29 日在保险公司出具的保障计划确认书上签字。该确认书主要载明以下内容：我公司电话销售人员已将本保险条款的相关内容告知您并征得您的同意。为充分保障您的权益，请您认真阅读条款内容，尤其是免责条款部分。请您注意，根据合同约定，我公司如果未能收到您的保费，保险合同不成立，公司不承担合同约定的保险责任。现请确认您的保障内容、交费信息及授权声明。平安附加倍保安行意外伤害保险条款中有关于被保险人遭受意外伤害的详细规定。

2015 年 11 月 29 日，于某在工地工作时摔伤。于某申请理赔时，保险北京分公司于 2016 年 5 月 30 日，委托某司法鉴定所进行鉴定，某司法鉴定所出具《鉴定意见书》，鉴定意见为："（一）被鉴定人于某的目前情况不符合保险公司《人身保险残疾程度与保险金给付比例表》之规定；（二）依据《人身保险伤残评定标准》之规定，被鉴定人于某中度智力缺损、右侧偏瘫肌力Ⅳ级、腰部功能受限的伤残程度分别属于四级、七级、九级。"于某认可《鉴定意见书》当中第二项结论，不认可第一项结论。二审期间，某司法鉴定所的鉴定人员出庭对该所出具的鉴定意见进行了说明，鉴定人员称鉴定意见的两项结论是基于于某的病情分别依据《人身保险残疾程度与保险金给付比例表》与《人身保险伤残评定标准》而得出的，其中第二项鉴定结论中于某的伤残程度与《人身保险残疾程度与保险金给付比例表》中所列明的伤残等级无对应关系。

【案件焦点】

涉案保险合同中按《人身保险残疾程度与保险金给付比例表》给付保险金的约定是否属于《中华人民共和国保险法》第十七条第二款规定的“免除保险人责任的条款”。

【法院裁判要旨】

北京市昌平区人民法院经审理认为：于某与保险公司签订的保险合同系双方当事人的真实意思表示，未违反法律、行政法规的强制性规定，应为合法有效。于某工地摔伤确系意外伤害。于某的伤残程度均不符合保险合同约定的《人身保险残疾程度与保险金给付比例表》中的任意一项，故于某的诉讼请求没有合同依据，不予支持。

北京市昌平区人民法院依据《中华人民共和国保险法》第二条之规定，作出如下判决：

驳回原告于某的诉讼请求。

后原告上诉。北京市第一中级人民法院经审理认为：涉案保险合同中按《人身保险残疾程度与保险金给付比例表》给付保险金的约定不属于《中华人民共和国保险法》第十七条第二款规定的“免除保险人责任的条款”。理由如下：根据《中华人民共和国保险法》第十一条第一款的规定可知，保险合同的订立应兼顾投保人与保险人的利益，合理分担各方的权利义务。人身意外伤害保险合同中，关于被保险人因意外伤害造成不同程度的伤残，由保险人进行不同额度赔付的约定，即为保险合同公平原则的体现。

本案中，依据平安附加倍保安行意外伤害保险条款约定可知，该条款将被保险人伤残程度的重与轻和保险人给付保险金的多与少相对应，是给付伤残保险金的条件及相应的保险金计算方式，是保险公司的保险责任，并未排除投保人、被保险人或者受益人依法应享有的权利，亦未在保险公司承担保险责任的范围内减轻或排除其应当承担的风险与损失，故该条款的约定内容不属于《最高人民法院关于适用〈中华人民共和国保险法〉若干问题的解释（二）》（本案以下简称《保险法司法解释二》）第九条规定的“比例赔付或者给付”，不应当认定为免除保险人责任的条款。因此，于某的上诉理由于法无据，法院不予支持。

北京市第一中级人民法院依照《中华人民共和国民事诉讼法》第一百七十条第一款第一项之规定，作出如下判决：

驳回上诉，维持原判。

【法官后语】

人身意外伤害保险合同中通常会约定“被保险人发生意外伤害保险事故导致身体残疾的，按照《人身保险残疾程度与保险金给付比例表》（以下简称《给付比例表》）给付残疾保险金”的条款。对于该条款，笔者认为其不属于《保险法司法解释二》第九条第一款所规定的“免除或者减轻保险人责任”的比例赔付条款，保险人不需要特别的提示、说明，条款即生效，理由如下：

第一，判断保险合同的格式条款是否属于保险免责条款，应以保险人需要承担保险责任为条件。保险责任是指保险人按照保险合同约定所承担的赔偿或者给付保险金的责任。非保险责任是指不在保险合同约定的保险责任范围内发生的风险。责任免除是指保险人限制或者免除保险责任的范围。三者的关系是保险合同界定了保险责任，保险责任以外的所有风险称为非保险责任，而在保险责任范围内，保险人根据合同约定或法律规定免除应当承担的责任的成为责任免除。“按照《给付比例表》给付残疾保险金”条款系规定在合同中的“保险责任”项下，其意在明确保险人承担保险责任的范围和保险金给付标准，而非免除保险人责任。

第二，“按照《给付比例表》给付残疾保险金”的条款，体现了被保险人因意外伤害导致的伤残程度的重与轻和保险人给付保险金的多与少的相互对应。这种约定，不仅兼顾了保险人与被保险人双方的利益，也反映了保险风险由众多投保人分担，对受到特定风险损害的投保人予以救济的保险功能，并未在保险人承担保险责任的范围内减轻或排除其应当承担的风险与损失，不属于免责条款。若将《给付比例表》认定为免责条款，将会导致该类型保险合同的被保险人伤残程度无论轻重均得到等额赔偿，违反了《中华人民共和国保险法》第十一条公平原则的要求，亦不符合《中华人民共和国保险法》第十七条第二款、《保险法司法解释二》第九条规定的本意。

第三，“按照《给付比例表》给付残疾保险金”的条款，并非《保险法司法解释二》第九条第一款所规定的比例赔付条款。为明确《中华人民共和国保险法》第十七条第二款规定的“免除保险人责任的条款”的范围，《保险法司法解释二》第九条对属于“免除保险人责任的条款”的情形进行了列举式规定。正确识别相关保险条款是否属于《保险法司法解释二》第九条第一款所列举的比例赔付或给付条款，既要看相关保险条款中是否含有“比例赔付或给付”字样，更要分析该条款的内容是意在“确定”保险人的保险责任范围，还是“免除”保险人的保险责任。如前所述，“按照《给付比例表》给付残疾保险金”的保险条款仅仅是为了确定保险人承担保险责任的范围和相对应的保险金支付标准，因此，该条款不属于司法解释所列举的免除保险人责任的比例赔付或给付条款。

编写人：北京市第一中级人民法院　杨玉清　刁亚伟

189 保险公司不因伤残鉴定超过合同约定的鉴定期间当然免责

——余某诉保险深圳分公司保险合同案

【案件基本信息】

1. 裁判书字号

江苏省无锡市中级人民法院（2016）苏02民终4756号民事判决书

2. 案由：保险合同纠纷

3. 当事人

原告（被上诉人）：余某

被告（上诉人）：保险深圳分公司

【基本案情】

2013年1月，余某所在单位为公司员工余某向保险深圳分公司投保了团体意外伤害保险、附加意外伤害团体医疗保险、附加住院团体医疗保险等保险。保险期间为2013年1月1日0时起至2013年12月31日24时止，其中团体意外伤害保险最高赔偿金额为20万元，六级伤残赔偿额为最高赔偿金额的50%。保险合同还约定：自保险事故发生，被保险人受意外伤害，应该在治疗结束后进行残疾等级鉴定，如果自被保险人受意外伤害或患病之日起180日内，治疗仍未能结束，按第180日的身体情况进行鉴定。

2013年10月20日，余某在工作期间发生工伤事故，其左眼被灼伤。后经多次治疗，余某于2015年5月进行了左眼球摘除及眼座植入手术，2015年6月1日办理出院。其间，余某所在单位于2014年5月19日代余某向保险深圳分公司申请赔付医疗保险金，保险深圳分公司于同年6月进行了理赔。2016年1月12日，经无锡市人力资源和社会保障局工伤鉴定，认定余某构成六级伤残。据此，余某向保险深圳分公司提出理赔申请，要求按最高赔偿额20万元的50%即10万元予以理赔。保险深圳分公司以余某超过理赔期限为由拒绝赔偿，遂成讼。

【案件焦点】

保险深圳分公司可否因余某伤残鉴定时间超出“意外伤害发生之日起180日”而免除赔偿责任。

【法院裁判要旨】

江苏省无锡市梁溪区人民法院经审理认为：余某与保险深圳分公司之间的保险合同关系依法成立、有效。余某在保险期间发生工伤事故造成六级伤残，保险深圳分公司依约应承担赔付余某10万元保险金的民事责任。余某术后并未超出180天即申请了工伤鉴定，且没有证据证明延后鉴定提高了伤残等级，故对保险深圳分公司关于工伤鉴定超出180天违反合同约定的抗辩意见，不予采纳。医疗期间应是保险理赔诉讼时效期间的除外期间，扣除医疗期间，余某的诉请并未超过二年，故对保险深圳分公司关于余某诉讼请求已经超过诉讼时效期间的抗辩意见，不予采纳。余某的上述诉请，证据充分，予以支持。

江苏省无锡市梁溪区人民法院依照《中华人民共和国保险法》第十条、第十二条、第十四条、第三十条之规定，判决如下：

保险深圳分公司于判决生效之日起10日内支付余某保险赔偿金10万元。

保险深圳分公司持原审答辩意见提起上诉。江苏省无锡市中级人民法院经审理认为：保险条款对鉴定时间设限的初衷是为督促被保险人积极治疗，并排除被保险人构成伤残是因保险事故之外的其他原因导致的可能性，同时也便于及时确定保险人的赔偿责任。余某发生工伤事故后一直在医院接受治疗，于症状及体征达到相对稳定时及时进行了伤残鉴定，并无证据证明其存在懈怠治疗或拖延鉴定的情形，亦无证据证明超过180天后所做的鉴定提高了伤残等级。因此，保险深圳分公司仍应承担残疾保险金理赔责任，不因伤残鉴定超过意外伤害发生之日起180天而免责。

江苏省无锡市中级人民法院依照《中华人民共和国民事诉讼法》第一百七十条第一款第一项的规定，作出判决：

驳回上诉，维持原判。

【法官后语】

本案争议的核心问题在于当被保险人进行伤残鉴定时间超出合同约定的“意外伤害发生之日起180日”，保险公司可否据此否定鉴定结论的效力继而免除赔偿责任。

1. 伤残鉴定时间超出合同约定的180日不属于保险免责事由

免责条款是合同中双方当事人在订立合同或格式合同提供者提供格式合同时，为免除或限制一方或者双方当事人责任而设立的条款。鉴于免责条款的目的是减轻甚至免除合同一方或双方的民事责任，该条款的表述必须明确具体，不能有其他解读。《最高人民法院关于适用〈中华人民共和国保险法〉若干问题的解释（二）》第九条第一款将“保险合同中免除保险人责任的条款”定义为“保险人提供的格式合同文本中的责任免除条款、免赔额、免赔率、比例赔付或者给付等免除或者减轻保险人责任的条款”。据此，保险人的免责条款所追求的基本目标应直接指向最终的保险理赔比例。该案例中，保险合同限定被保险人在受伤或患病之日起180日内进行伤残鉴定，仅是对余某在发生保险事故后需要启动伤残鉴定的时间进行了预先合理的约束，但上述限定和约束并未直接对应保险人赔付比例的减少或免除，至于超出上述180日后进行伤残鉴定所得出的鉴定结论效力如何，双方未有明确约定。因此，无论是从免责条款的目的解释还是从免除保险人责任条款的定义来看，该保险条款并不符合免责条款的形式要件。所以，即使余某实际进行伤残鉴定的时间超出了合同约定的意外伤害发生之日起的180日，也不能仅因此就当然否定该鉴定结论的效力，保险公司亦不可据此而免责。

2. 对伤残鉴定时间设限的目的是保证鉴定的时效性和准确性

实践中，我国大多数保险公司提供的保险合同文本中，凡因意外伤害涉及伤残鉴定的，均对伤残鉴定设置了“意外伤害发生之日起180日”的时限。既然该条款并不属于免除保险人责任的条款，那么保险合同中为何还要对伤残鉴定设定时限？一般而言，伤残鉴定原则上应在临床治疗终结或者伤情稳定后进行，以不同性质的损失作为鉴定依据的，治疗终结时间不等。临床上常见的治疗终结时间为3~6个月。由此可推知，保险合同对鉴定期限作180日限定的初衷是保证伤残鉴定的时效性和准确性，一方面可督促被保险人积极治疗并排除其他原因致残的可能性，另一方面也便于及时准确地评定伤残等级，以确定保险人的赔偿责任。

3. 法院应对伤残鉴定时间作实质性审查

虽然保险公司参照相关规定为伤残鉴定设置180日上限具备合理性，但是该180日仅为一般标准。对于被保险人超出180日进行伤残鉴定的，不应一律排除其鉴定结论的有效性，而应进行实质性审查。因为对于意外事故所致的伤害，经过多长时间的治疗才能确定所遗留的功能障碍相对永久固定或呈不可逆转从而达到伤残鉴定的最佳条件，是根据伤者的病情并结合医院的诊断综合确定的。司法实践中，针对一些确须进行二次或多次后续治疗的伤残者，如一律强制要求其在意外伤害发生后第180日即进行伤残鉴定，不仅不利于保障鉴定结论的客观准确性，还有可能损害被保险人的利益。因此，当被保险人有证据证明其在系统治疗后于症状、体征达到稳定或功能障碍相对固定时及时进行了伤残鉴定，并无懈怠治疗或怠于鉴定情形，且保险人亦无证据证明超出180日所做的鉴定提高了伤残等级的，保险人仍应依据保险合同承担赔偿责任。反之，对于已经治疗终结或具备鉴定条件的被保险人，存在无故拖延鉴定情节的，也将因怠于行使权利而承担于己不利的法律后果。

编写人：江苏省无锡市中级人民法院　杜凤君　孙宏

190 承保风险和非承保风险共同造成损害时，保险人如何赔偿

——张甲诉财险通州支公司意外伤害保险合同案

【案件基本信息】

1. 裁判书字号

江苏省南通市中级人民法院（2017）苏06民终151号民事判决书

2. 案由：意外伤害保险合同纠纷

3. 当事人

原告（被上诉人）：张甲

被告（上诉人）：财险通州支公司

【基本案情】

张甲的父亲张乙生前是塑胶公司员工。塑胶公司为包括张乙在内的12名员工在财险通州支公司投保了团体意外伤害人身保险，每人保险金额为15万元。保险责任免除条款第七条约定："被保险人在下列期间遭受伤害导致身故、伤残或者医疗费用支出的，保险人也不承担给付保险金责任……（二）被保险人醉酒或毒品、管制药品的影响期间；（三）被保险人酒后驾车、无有效驾驶证驾驶或驾驶无有效行驶证的机动车期间……"保险条款对"醉酒"的解释为："指血液中的酒精含量大于或者等于80mg/100ml"，"酒后驾驶"的解释为"指车辆驾驶人员在其血液中的酒精含量大于或者等于20mg/100ml时的驾驶行为"。

2016年5月14日，张乙驾驶电动自行车与案外人驾驶的普通货车发生碰撞，造成张乙死亡和两车损坏的交通事故。交通巡逻警察大队作出如下事故认定：张乙醉酒（乙醇含量为238.9mg/100ml血液）后驾驶电动自行车未遵守右侧通行，且在对方向来车时向右改变方向时未能确保安全，其交通安全违法行为和过错作用较大，承担事故主要责任；案外人夜间驾驶机动车行经交叉路口时未降低行驶速度，且对路面情况观察不够，其交通安全违法行为和过错作用较小，承担事故次要责任。为张乙交通事故损害赔偿问题，2016年6月20日，张甲作为张乙的唯一法定继承人向法院提起诉讼，要求案外人及其投保的案外保险公司承担赔偿责任。法院在该案审理中认为，对于交通事故中超出交强险范围外的损失，由案外人承担40%的民事赔偿责任，判决如下：1. 案外保险公司向张甲赔偿112492.24元；2. 案外人向张甲赔偿258486.60元。

因张乙系财险通州支公司承保的人身保险的被保险人，张甲以张乙死亡属于保险合同约定的保险事故为由，向财险通州支公司提出赔偿。财险通州支公司认为张乙系醉酒发生死亡事故，属于保险条款约定的免责情形，保险公司不应承担赔偿责任。张甲遂向法院提起诉讼，要求财险通州支公司赔付保险金。

【案件焦点】

张乙醉酒驾驶电动车死亡，财险通州支公司是否有权按照保险免责条款的约定拒绝赔偿。

【法院裁判要旨】

江苏省南通市通州区人民法院经审理认为：涉案保险事故中，保险公司拒绝赔偿的理由是保险责任免除条款第七条的约定，即

“被保险人酒后驾车、无有效驾驶证或者驾驶无有效行驶证的机动车期间”和“被保险人醉酒或毒品、管制药物的影响期间”。根据文义解释原则，“酒后驾驶”“无有效行驶证驾驶”“驾驶无有效行驶证”是指被保险人驾驶机动车，并未包括被保险人驾驶非机动车。本案中，张乙醉酒驾驶非机动车发生身亡事故不属于该条规定的免责情形；而该条中规定的“被保险人醉酒影响期间”发生保险事故，应当理解为被保险人醉酒对发生保险事故具有“影响”，即饮酒与保险事故发生之间存在因果关系。根据保险法审判实践，多因致损的保险事故，应按照每一种原因对造成事故结果的影响力判定保险公司的赔付责任，以平衡保险合同中各方当事人的利益，也更能符合公平价值取向。本案中，交警部门认定交通事故系多种原因造成，张乙醉酒驾驶是事故发生的主要原因，案外人违章驾驶是事故发生的次要原因。因案外人过错所造成的事故赔偿责任与张乙无关，故该部分损失应由财险通州支公司予以赔付。

江苏省南通市通州区人民法院依据《中华人民共和国保险法》第十条、第十二条第三款、第四十二条的规定，作出如下判决：

一、被告财险通州支公司于本判决书生效后十日内向原告张甲赔偿保险金 6 万元（身故保险金 15 万元×40%）；

二、驳回原告张甲的其他诉讼请求。

财险通州支公司不服一审判决，提起上诉。江苏省南通市中级人民法院经审理认为：首先，虽然保险条款第七条约定“被保险人酒后驾车、无有效驾驶证或者驾驶无有效行驶证的机动车期间”，但对于“车辆”的范围，条款未作出进一步解释。依照《中华人民共和国保险法》第三十条的规定，对合同条款有两种以上解释的，人民法院或者仲裁机构应当作出有利于被保险人和受益人的解释。根据通常解释，“车辆”的范围应当包含机动车和非机动车，由于涉案保险条款并未明确“车辆”是否包含非机动车，故该条款具有两种解释，本案应当作出有利于被保险人的解释，即张乙酒后驾驶非机动车不属于该免赔情形。其次，虽然张乙醉酒后驾驶电动车系涉案事故发生的主要原因，但这并非引起事故的唯一因素，案外人对此亦负有过错，故一审法院判决保险公司对张乙的死亡事故损失承担40%的赔偿责任并无不当。

江苏省南通市中级人民法院依照《中华人民共和国民事诉讼法》第一百七十条第一款第一项规定，作出如下判决：

驳回上诉，维持原判。

【法官后语】

对于单一原因造成的保险事故损失，即保险标的损害系由唯一的风险因素或风险事故所造成的情形下，只需确定该因素或事故风险是否属于保险风险或保险事故，便可确定保险人是否应承担保险赔偿责任。同时发生且相互独立的多种原因都可以导致损失发生，这些原因均可被认定为近因。如果这些原因都属于保险合同约定的承保责任范围，保险人应当赔偿，此时无需探求哪一个原因是近因。如果这些导致事故发生的原因都属于保险合同约定的责任免除范围，保险人不予赔偿。如果多个原因中既有承保风险，又有非承保风险或除外风险，由于每个风险都可以单独造成损失，因此，承保风险就成为保险法上承担法律责任的近因，保险人应当赔付。但是问题在于赔付多少。

在人身保险合同中，关于承保风险和未承保风险共同导致损害的情形，我国保险法规定了比例赔偿原则，即按照承保风险所造成的损失比例进行赔付。对此，《最高人民法院关于适用〈中华人民共和国保险法〉若干问题的解释（三）》第二十五条规定：“被保险人的损失系由承保事故或者非承保事故、免责事由造成难以确定，当事人请求保险人给付保险金的，人民法院可以按照相应比例予以支持。”该规定确定的比例分摊原则打破了传统保险法“全赔或全不赔”的理论缺陷，是保险法因果关系学说的补充和发展。在大多数“多因一果”的保险疑难案件中，适用该条款不仅有利于保护作为弱者一方的保险人利益，也有利于避免在此类案件中全部作出有利于被保险人的判断，从而出现损害保险人利益的不公平现象。

审判实践中，被保险人的损失系由承保风险或非承保风险、免责事由造成且难以确定，当事人请求保险人给付保险金的，人民法院应当行使自由裁量权，将损失在承保风险或者非承保风险、免责事故之间进行合理分摊，按照承保风险所占事故原因的比例或程度，判决由保险人承担相应比例的保险责任。至于保险人按照多大比例承担责任，应结合具体案件的案情进行判断。

编写人：江苏省南通市通州区人民法院　邓建华

191　“多因一果”造成的保险事故保险公司应按原因力比例赔付

——张某诉保险北京分公司意外伤害保险合同案

【案件基本信息】

1. 裁判书字号

北京市第四中级人民法院（2017）京04民终31号民事判决书

2. 案由：意外伤害保险合同纠纷

3. 当事人

原告（上诉人）：张某

被告（上诉人）：保险北京分公司

【基本案情】

2015年6月10日，原告与被告订立了平安境外保险。保险单上记载：投保人及被保险人均为张某，保险期间自2015年6月28日0时起至2015年9月25日24时止。被告在法庭上提交了保险条款，未提交投保单。原告称未收到保险条款。

原告称2015年9月13日，其在法国因就餐不慎被异物（橄榄核）意外扎伤口腔，造成细菌感染，引发胸腔腹水、呼吸困难，危及生命。原告为此提交了多份巴斯蒂亚医院的医疗证明，内容如下：张某女士，1962年11月2日出生，从9月13日至22日住院，因牙根感染引起发烧，经抗生素治疗后出院。9月28日又住院，诊断发现是胸膜腔积脓，做了引流手术并安置在重症监护室观察。虽然遭受严重感染，肝功能并未退化。病人即日起就可以返回北京，但须遵循下列条件：引流管连接在装有防止回流阀的引流瓶，搭乘飞机时采取半躺或全躺姿势。应当事人之要求开立本证明。原告因此次在医院就医，花费了救护车费用219.7欧元以及医疗费503.21欧元。国际SOS出具了紧急转运说明：兹证明张某女士在法国突发疾病，法国巴斯蒂亚市医院及家属与我中心取得联系，要求对病人进行紧急转运。张某女士此次转运回国的救援费用为300000元人民币。原告实际支出了上述费用。2015年10月27日，飞机从法国起运，抵达北京后，原告直接被送往首都医科大学附属北京佑安医院（以下简称佑安医院）。法院调取了该次住院病历，首页记载第 11 次住院。出院诊断为原发性肝癌、硬化型、乙型；腹水；胸水、胸腔感染；低蛋白血症（中度）；肝性脑病；脾功能亢进；肺部感染；胆汁淤积。

法院调取了原告在佑安医院就诊的十九次住院病历。时间为 2009 年 9 月至 2016 年 11 月，出院诊断分别为肝炎肝硬化失代偿期；腹水；低蛋白血症；门脉高压性胃病；胃溃疡（多发）；十二指肠溃疡；胆囊炎（慢性）；上呼吸道感染；出院诊断为肝炎肝硬化失代偿期乙型；腹水；腹腔感染；病毒性肝炎戊型；急性黄疸型；乙肝病毒多重耐药；肝内占位；原发性肝癌可能性大。经法庭询问，原告认可自己有肝病基础，这次意外扎伤事故导致原告在法国出现肝部病情反复、加重、恶化的情况。

【案件焦点】

1. 原告是否收到被告提供的保险条款；2. 原告请求所依的事故是否属于保险合同约定的保险责任；3. 被告是否应当赔付以及赔付的数额。

【法院裁判要旨】

北京铁路运输法院经审理认为：

1. 原告是否收到被告提供的保险条款

订立保险合同，采用保险人提供的格式条款的，保险人向投保人提供的投保单应当附格式条款，保险人应当向投保人说明合同的内容。对保险合同中免除保险人责任的条款，保险人在订立合同时应当在投保单、保险单或者其他保险凭证上作出足以引起投保人注意的提示，并对该条款的内容以书面或者口头形式向投保人作出明确说明；未作提示或者明确说明的，该条款不产生效力。被告未提交证据证明其已将保险条款一并交付给原告，也未提交证据证明其已就保险合同中免除保险人责任的条款向投保人作出了明确说明。所以，被告在法庭上提交的保险条款对原告不具有约束力，但是原告认可保险单上载明的各项保险金的给付前提是保险事故属于意外事故，故双方应当按照保险单上的约定履行权利义务。

2. 原告请求所依的事故是否属于保险合同约定的保险责任

通过原告提交的巴斯蒂亚医院的医疗证明，可以证实原告因橄榄核碎片扎伤牙龈，滋生细菌，细菌入侵肺部导致感染，应属意外事故。但是通过原告和被告报险时的叙述以及法院调取的原告 19 次的住院病历，可以看出，原告在发生保险事故之前，就患有肝炎肝硬化失代偿期乙型、腹水、胸水、胸腔感染、低蛋白血症等多种病症，且多次就医住院，毫无疑问，原告的上述病症与本次原告不慎被橄榄核碎片扎伤共同造成了保险事故的发生和损失。

3. 被告是否应当赔付以及赔付的数额

原告产生的符合保险合同约定的各项损失如下：（1）急救车费用 219. 7 欧元；（2）医疗费 503. 21 欧元；（3）飞机转运费用 300000 元人民币。按照 2016 年 12 月 17 日判决之日欧元汇率，1 欧元 = 7. 2666 人民币，故上述损失共计 305253. 1 元。原告还请求了公证、翻译、认证、邮寄费 720 欧元，该项诉讼请求不符合保险责任范围，本院不予支持。另外，保险单上记载每次事故绝对免赔额 300 元。根据《最高人民法院关于适用〈中华人民共和国保险法〉若干问题的解释（三）》第二十五条的规定，本院将依照所承保的风险所占事故原因的比例或程度，判决被告应承担的保险责任。

北京铁路运输法院依照《中华人民共和国保险法》第二条、第十七条，《最高人民法院关于适用〈中华人民共和国保险法〉若干问题的解释（三）》第二十五条之规定，判决如下：

一、被告保险北京分公司于本判决生效之日起十日内给付原告张某保险金11万元；

二、驳回原告张某的其他诉讼请求。

二审法院同意一审法院裁判意见。

【法官后语】

《最高人民法院关于适用〈中华人民共和国保险法〉若干问题的解释（三）》第二十五条规定，被保险人的损失系由承保事故或者非承保事故、免责事由造成难以确定，当事人请求保险人给付保险金的，人民法院可以按照相应比例予以支持。该条规定的是“多因一果”造成的保险事故如何赔付，充分考量各种风险对于损害发生的原因力大小来确定保险人应承担的责任，弥补了保险法上多年的空白，使得判决结果更加合理、细致。

近因原则是保险法的基本原则之一。但是在实务中，有大量的承保事故、非承保事故、免责事由相互交织引发保险事故，情况更为复杂，这在意外伤害事故中尤为突出。意外伤害是指在被保险人没有预见到或违背被保险人意愿的情况下，突然发生的对被保险人身体造成伤害的客观事实，意外伤害的四个特征为：外来的、突发的、非本意的、非疾病的。对于由于被保险人自身疾病引起的意外事故一般都在免责条款中予以规定。但是在司法实践中，有很多情况属于被保险人的自身原因加意外因素共同导致保险事故的发生。根据举证责任分配原理，被保险人需对保险事故为意外事故而承担举证责任；保险人需对除外事由的存在承担举证责任。本案即是此种情况。原告确实因橄榄核碎片扎伤牙龈，滋生细菌，细菌入侵肺部导致感染，应属意外事故。但是通过法院调取的原告19次的住院病历可以看出，原告在发生保险事故之前，就患有肝炎肝硬化失代偿期乙型、腹水、胸水、胸腔感染、低蛋白血症等严重病症，毫无疑问，原告的上述病症与本次原告不慎被橄榄核碎片扎伤共同造成了最终的需要运送回国的状况，从而产生一定的费用损失。保险事故的发生和损失，应本着公平保护双方当事人利益的原则，由保险人承担相应比例的保险责任。至于保险人承担的比例，应根据当事人自身原因和外来因素的原因力进行裁判。本案中，原告自身的肝基础病占据绝大部分原因，故本案判决保险人承担百分之三十左右的责任。

保险合同的核心是风险的承担，基于不同险种、不同费率精算基础之上的考量，该条规定突破了“全赔”或者“全不赔”的机械理论，既实现了被保险人的保险权利，又没有打破保险人承担风险与被保险人交纳保费遵循的“风险对等”的原则。该案例恰当地诠释了《最高人民法院关于适用〈中华人民共和国保险法〉若干问题的解释（三）》第二十五条的规定，二审对一审判决予以了维持。

编写人：北京互联网法院　张博

192 不具有唯一性的鉴定意见不应被采纳为定案证据

——张某等诉保险公司意外伤害保险合同案

【案件基本信息】

1. 裁判书字号

江苏省无锡市中级人民法院（2016）苏02民终4198号民事判决书

2. 案由：意外伤害保险合同纠纷

3. 当事人

原告（被上诉人）：张某、陶小一、陶小二、陶某、赵某

被告（上诉人）：保险公司

【基本案情】

陶大（化名）的妻子为张某。陶大与张某生育二子名陶小一、陶小二（皆为化名）。陶某为陶大父亲，赵某为陶大母亲。张某、陶小一、陶小二、陶某、赵某为陶大的法定第一顺序继承人。

2015年7月18日，张某为陶大在保险公司投保了个人意外伤害保险，保险责任为意外伤害身故、残疾、烧烫伤，保险起期为2015年7月22日，保险期间为12个月，保险金额为50万元。个人意外伤害保险条款第七条约定："被保险人在下列期间遭受伤害导致身故、伤残的，保险人也不承担给付保险金责任……（三）被保险人酒后驾车、无有效驾驶证驾驶或驾驶无有效行驶证的机动车期间。"

2016年3月20日13时30分许，陶大驾驶小型轿车出行，车

辆前部撞到前同方向李某驾驶的正在清扫道路的重型载货专项作业车尾部，致陶大受伤，小型轿车起火，经120急救人员现场确认陶大死亡、车辆损毁。2016年3月22日陶大尸体在殡仪馆火化。

江阴市公安局于2016年3月21日对陶大尸体进行检验，于2016年3月28日出具法医学尸体检验意见书，分析意见为陶大由于颅脑及胸腔脏器损伤死亡。

江阴市公安局于2016年3月28日出具物证检验报告，该报告提及：2016年3月21日10时30分在殡仪馆提取陶大血液送检，检验结果为送检的陶大血液中检出乙醇成分，其含量为1.35mg/ml血液。

2016年4月20日，某司法鉴定中心（以下简称司鉴中心）出具检验报告书，对江阴市公安局交通警察大队2016年4月13日委托送检血液进行乙醇成分分析（重新鉴定）和乙醇代谢物乙基葡萄糖醛酸苷成分分析，检验结果为所送血液中乙醇含量为1.51mg/ml，所送血液中未检出乙基葡萄糖醛酸苷成分。司鉴中心在2016年5月10日发给江阴市公安局交通警察大队复函，复函内容为："乙基葡萄糖醛酸苷是乙醇在人体内的特征性代谢产物，可作为近期乙醇摄入的特征标志物，一般情况下饮酒后可在体内同时检出乙醇和乙基葡萄糖醛酸苷。"

2016年5月6日，江阴市公安局交通警察大队对该起事故作出责任认定，认为陶大驾驶机动车行驶至事故路段，未及时观察前方路面情况，撞到前方同向行驶的机动车尾部，造成事故，陶大的行为违反了《中华人民共和国道路交通安全法》第二十二条第一款之规定。根据《中华人民共和国道路交通安全法实施条例》

第九十一条等规定，陶大负此事故的全部责任，李某不负此事故责任。

审理中，法院向江阴市公安局调取了本案交通事故的档案材料。现场勘查笔录记录情况为小型轿车驾驶人经医生现场确认死亡，颅脑变形，已无任何抢救意义。在李某的询问笔录中，李某陈述其和路过的驾驶员把出事的轿车的驾驶员拉出来，抬到隔离花坛上，轿车上就驾驶员一人，李某急着把驾驶员从车内拖出来，没有在意对方驾驶员身上有没有酒味。在吴某的询问笔录中，吴某陈述其为陶大的同学，在其印象中陶大不喝酒，因为患有乙肝小三阳和胆囊结石，平时生活很当心，生活作息非常规律。在季某的询问笔录中，季某陈述其为陶大的同学，“陶大不喝酒的”，其没有见到过陶大喝过酒，陶大肝脏有毛病，平时很注意保养身体，烟酒不沾，晚上也不出去玩。在张某的询问笔录中，张某陈述陶大不会喝酒，结婚那天陶大喝了点酒，陶大有乙肝，张某就一直不让陶大喝酒，陶大就一直不喝酒。在赵某的询问笔录中，赵某陈述在事发当天其和陶大及陶大的两个儿子一起吃中饭，中饭吃的是青菜、白菜炒肉、鲫鱼汤、红烧排骨，陶大中午没有喝酒，平时都不喝酒的。

保险公司申请主任法医师戴某（已退休）作为专家证人出庭。戴某陈述：1. 江阴市公安局没有对陶大尸体进行解剖，死亡原因不明，也没有关于陶大尸体上有无酒味的记载。2. 按照江阴市公安局的检验，陶大在死亡后21小时内提取的血样并当天检验，根据当时的气温和死亡时间等情况，该次检验是具备检验条件的，检验乙醇含量得出的乙醇含量的浓度应当是准确的，司鉴中心的送检时间已经是提取血样的24天后，出具报告时已是31天后，江阴市公安局鉴定的乙醇含量比司鉴中心高是由于血样放置较久，在微生物作用下产生腐败，生成新的乙醇，因此司鉴中心检测的乙醇含量比江阴市公安局检测的数值高。3. 乙基葡萄糖醛酸苷是乙醇在体内的代谢产物，司鉴中心回复的“一般情况下”是正确的，但司鉴中心复函没有针对陶大血样已放置一个月进行解释。司鉴中心鉴定人卓某曾发表的论文谈到在尸体腐败过程中不可能产生乙基葡萄糖醛酸苷，如果环境温度超过30~40度，可能导致放置的血样中的乙基葡萄糖醛酸苷不稳定，导致乙基葡萄糖醛酸苷分解。因此，如果腐败尸体中检测出乙基葡萄糖醛酸苷可以证明近期有饮酒，如果没有检测出乙基葡萄糖醛酸苷不等于没有饮酒。4. 目前国内通行的做法是对死后尸体的检验，除了检验乙醇之外还可检验正丙醇。针对死者的检验因为环境温度在24小时之内气温在20度以下，现有的教科书均认为检验乙醇的浓度是准确的，无需另外检验正丙醇。5. 乙基葡萄糖醛酸苷的检验方法目前国内仅有司鉴中心和山西医科大学进行检验，对乙基葡萄糖醛酸苷具体案件中的适用尚未普及，对腐败血样乙基葡萄糖醛酸苷的问题，司鉴中心对此没有文献报道，因此司鉴中心的复函强调的是一般情况下乙基葡萄糖醛酸苷和乙醇并存，这个复函不是很全面，没有对陶大血样已腐败的情况作进一步检测。

【案件焦点】

根据江阴市公安局的物证检验报告及司鉴中心出具的检验报告书能否认定事发时陶大系饮酒驾驶。

【法院裁判要旨】

江苏省江阴市人民法院经审理认为：张某为陶大投保的个人意外伤害险保险合法有效，保险公司应当对在保险合同有效期内发生的保险事故承担保险责任。

保险公司抗辩称本起事故因陶大饮酒后驾驶车辆导致，依据保险条款约定，不属于保险责任范围。但对于陶大是否饮酒驾驶，从江阴市公安局的物证检验报告及司鉴中心出具的检验报告书中，陶大的血液中乙醇的含量分别为1.35mg/ml和1.51mg/ml，司鉴中心出具给江阴市公安局的复函中答复，乙基葡萄糖醛酸苷是乙醇在人体内的特征性代谢产物，可作为近期乙醇摄入的特征标志物，一般情况下饮酒后可在体内同时检出乙醇和乙基葡萄糖醛酸苷。而司鉴中心的检验报告书中明确未检出乙基葡萄糖醛酸苷成分，即陶大的血液内虽然存在乙醇，但没有乙醇在人体内的特征性代谢产物乙基葡萄糖醛酸苷，因此不能推断出陶大存在饮酒的行为，且在本案所涉事故处理的过程中也未有陶大存在饮酒迹象的记载，陶大血液中的乙醇不排除系其他化学反应生成。保险公司未向本院提供充分的证据证明陶大存在饮酒驾驶行为，应承担举证不利的法律后果。综合江阴市公安局事故处理的档案材料，对保险公司关于陶大系饮酒驾驶的抗辩意见，一审法院不予采信。该起事故属于保险责任范围，保险公司应按保险合同约定金额予以赔偿。张某、陶小一、陶小二、陶某、赵某作为陶大法定第一顺序继承人有权要求保险公司赔偿保险金。

江苏省江阴市人民法院依照《中华人民共和国保险法》第二条、第十四条、第四十二条第一款，《中华人民共和国继承法》第三条、第十条之规定，作出如下判决：

保险公司应于本判决发生法律效力之日起10日内赔偿张某、陶小一、陶小二、陶某、赵某保险金50万元。

保险公司不服一审判决，提出上诉。江苏省无锡市中级人民法院经审理认为：保险公司要求依据免责条款的约定不予赔付，那么其对免责事由的存在负有举证证明责任，即需要证明陶大确实存在酒后驾车的情形。现有证据虽然证明陶大血液中的乙醇含量达到了醉酒驾驶的标准，但是陶大体内未检测到乙基葡萄糖醛酸苷，而一般情况下，如有人饮酒，那么该人血液中的乙醇与乙基葡萄糖醛酸苷是并存的，因此，一审法院未认定陶大是酒后驾车并无不当。保险公司二审申请出庭的专家证人虽然提出上述乙醇与乙基葡萄糖醛酸苷没有并存在陶大体内可能是因为陶大血样已腐败、需要进一步检测，但是保险公司只陈述了一种可能性，没有提供证据证明乙醇与乙基葡萄糖醛酸苷未在陶大血液中并存的原因，也没有排除陶大确实有未饮酒的可能，说明保险公司没有完成举证义务证明陶大存在酒后驾驶的情形。另外，经江阴交警大队多方调查，无人反映陶大有饮酒的习惯和迹象。综上，二审法院对保险公司的该项主张不予采信。保险公司的上诉请求不能成立，应予驳回。一审判决认定事实清楚，适用法律正确，应予维持。

江苏省无锡市中级人民法院依据《中华人民共和国民事诉讼法》第一百七十条第一款第一项的规定，作出如下判决：

驳回上诉，维持原判。

【法官后语】

鉴定意见，作为相关行业领域的专家就案件中的专门性问题所出具的专门性意见，相较一般言词证据而言，更具科学性和权威性，在司法实践中得到了广泛运用，对推进案件的审理工作发挥了重要作用。但是，鉴定意见系专业人士结合客观依据就某一问题作出的主观意见，具有一定程度的臆断性和推测性，故究其本质仍属于证人证言，并不具有当然的证据能力，必须经过查证属实后才能作为定案依据。

1. 鉴定意见审查的现状与误区

在审理实务中，当事人、律师甚至部分法官在认识上都存在误区，认为鉴定意见就是科学定论，不会出现错误，可以直接作为定案依据使用。究其原因，有的是因为缺乏鉴定事项内容所需的专门知识，不敢质疑，生怕出现“外行指导内行”的局面；有的是由于自身专业知识欠缺，无法在实质内容方面提出强有力的反驳意见。因此，实务中当事人或律师往往只是寻找程序瑕疵，对鉴定依据或论证过程无法提出有针对性的反驳意见，不服鉴定结论也只能被动接受；法官面对鉴定报告有时亦显得专业知识不足，甚至会出现“以鉴代审”的局面，一旦鉴定结论存在不规范甚至错误的情况，对于案件的判断可能会出现“失之毫厘，谬以千里”的局面。有鉴于此，2012 年民事诉讼法修订时，将证据章节中原来“鉴定结论”的表述修改为“鉴定意见”，打破了该类证据原有的“不可辩驳”的证据地位；审理实务中，有专门知识的人出庭作证制度逐步落实，越来越多的专家证人或因一方当事人的申请，或因法院职权申请到庭进行作证，接受当事人或法院询问，就诉讼各方提出的质疑进行解答，凭借自身知识就专业性问题用通俗的语言进行表述，让当事人对鉴定意见的得出有更加全面的了解，亦便于法官对鉴定意见从法律层面进行分析判断，从而对是否采纳相应鉴定意见形成内心确认。

2. 鉴定意见的审查路径分析

对于鉴定意见是否符合法律对于证据的规定和要求，能否被采纳为定案证据，笔者认为可以从程序和实体两个方面进行评判，法官在面对鉴定意见这一类型证据时也应当主动审查。在程序方面，审查的主要内容包括：鉴定机构和鉴定人是否具有合法的资质；是否鉴定人员存在应当回避而未回避的情形；协商选择鉴定机构等鉴定程序是否符合法律及有关规定；送检样品的来源、取得、保管、送检是否符合法律及有关规定，与卷宗笔录、物品清单等记载的内容是否相符，检材是否充足、可靠；鉴定意见是否依法及时告知相关人员。在实体方面，审查的主要内容包括：鉴定的程序、方法、分析过程是否符合本专业的检验鉴定规程和技术方法要求；鉴定意见的形式要件是否完备，是否注明提起鉴定的事由、鉴定委托人、鉴定机构、鉴定要求、鉴定过程、检验方法、鉴定文书的日期等相关内容，是否由鉴定机构加盖鉴定专用章并由鉴定人签名盖章；鉴定意见是否明确，结论是否具有唯一性；鉴定意见与案件待证事实有无关联；鉴定意见与案件其他证据如检验笔录、勘验笔录、照片等之间是否存在矛盾。

3. 鉴定意见的评判规则

鉴定报告的结论性意见作为鉴定意见的核心内容，在整个鉴定报告中尤为重要，指向必须明确，且应具有唯一性，开放性的鉴定意见不仅无法解决案件中的问题，反而会引起当事人对法院公正性及鉴定科学严肃性的质疑。本案中，江阴市公安局的物证检验报告及司鉴中心出具的检验报告书对于死者陶大血液中含有乙醇的结论明确，按通常理解，该结论能够确定陶大在事发时属于饮酒驾驶，但是司鉴中心的鉴定报告同时指出送检血液中未检出乙醇在人体内的特征性代谢产物即乙基葡萄糖醛酸苷成分，也即陶大血液中检测出的乙醇无法排除可能是由于饮酒以外的其他原因产生，而保险公司申请出庭的专家证人认为该情形只能得出没有检测出乙基葡萄糖醛酸苷不等于没有饮酒，但亦无法得出陶大事发时肯定饮酒、不存在其他原因导致体内产生乙醇的结论，且鉴定意见与公安机关对事发时现场其他人员、陶大亲属等制作的笔录陈述内容相矛盾，故该两份鉴定意见不能作为本案确定陶大饮酒驾驶的定案证据。从举证责任分配角度来看，本案保险公司并未完成陶大在事发时系饮酒驾驶的举证责任，也即死者陶大不存在免赔的情形，故保险公司应当根据保险合同承担相应的赔偿责任。

编写人：江苏省江阴市人民法院　杨奕　冯海

193　保险公司能否以电动自行车无牌照予以免责

——李甲诉保险北京分公司人身保险合同案

【案件基本信息】

1. 裁判书字号

北京市第四中级人民法院（2016）京 04 民终字第 66 号民事判决书

2. 案由：人身保险合同纠纷

3. 当事人

原告（被上诉人）：李甲

被告（上诉人）：保险北京分公司（本案以下简称保险公司）

【基本案情】

2015年6月29日，李甲之妻李乙作为投保人为李甲在保险公司投保了人身保险，其中，保险公司免责条款约定，因下列情形之一造成被保险人医疗费用支出的，我们不承担给付保险金的责任……（4）被保险人酒后驾驶、无合法有效驾驶证驾驶，或驾驶无有效行驶证的机动车；其中，“无合法有效驾驶证驾驶”及“无有效行驶证”的字体被加黑加粗；释义条款中的7.7无合法有效驾驶证驾驶指下列情形之一：（1）没有取得驾驶资格……7.8无有效行驶证指下列情形之一：（1）未取得行驶证……李甲驾驶电动自行车发生交通事故后，向保险公司申请理赔，保险公司以该电动自行车为机动车且无车牌为由拒绝赔偿。

【案件焦点】

保险公司以“涉案无号牌二轮车为机动车”符合免责条款的约定拒赔李甲是否适当。

【法院裁判要旨】

北京铁路运输法院经审理认为：首先，在本案中，保险条款及条款释义中只是对机动车进行了概念解释，均未对机动车的认定标准作出明确而具体的约定。

其次，普通的投保人、被保险人对机动车概念的理解，只能根据日常生活经验判断，其对所购买产品的认知通常是基于产品使用说明及合格证。本案争议车辆在产品使用手册及合格证上均显示为电动自行车，使得被保险人李甲作为普通消费者无法知晓该车是机动车，因而不可能产生该车属于保险人责任免除条款中所约定的机动车的认知，亦无从根据机动车的管理需要去办理驾驶证和行驶证。

被保险人主观上不存在违反保险条款约定的故意和过失。

再次，经法院调查核实，根据对机动车登记和管理的规定，该车在客观上无法进行登记并取得机动车号牌和证照，也不允许进入非机动车登记管理系统进行登记。因此，即便原告李甲在知道涉案争议车辆为机动车的前提下去车管部门也无法办理到相关证照。

最后，保险人与投保人（被保险人）就被保险人发生事故时所驾驶的车辆是否属于免责条款约定的机动车存在不同理解。投保人及被保险人对于该车不属于免责条款约定的机动车的理解，符合一个不具备专业知识的普通人的认知标准。根据《中华人民共和国保险法》的规定，人民法院应当作出有利于被保险人一方的解释。因此，对争议车辆是否属于机动车，应当作出有利于被保险人的解释，该车辆不属于保险免责条款所约定的机动车。

北京铁路运输法院依照《中华人民共和国保险法》第二条、第三十条之规定，作出如下判决：

被告保险北京分公司于本判决生效之日起十日内赔偿原告李甲保险金人民币 30000 元。

保险公司持原审意见提起上诉。北京市第四中级人民法院经审理认为：关于涉案无号牌二轮车的性质。李甲作为消费者并未被销售商告知所购买车辆的性质，且车辆合格证上面写明产品名称为“电动自行车”。普通人对机动车的概念通常为以燃油为燃料的四轮车，李甲并不具备专业的判断能力，一审法院认定李甲不可能产生涉案车辆属于保险人责任免除条款中所约定的机动车的认知并无不当。进而一审法院以双方对保险合同免责条款约定的机动车存在不同理解时，应作出有利于被保险人一方的解释，认定争议无号牌二轮车不属于免责条款约定的机动车，该认定亦无不当。李甲驾驶涉案车辆发生交通事故造成意外伤害，保险公司应当依照合同约定承担保险赔偿责任。保险公司的上诉意见本院不予支持。

北京市第四中级人民法院依照《中华人民共和国民事诉讼法》第一百七十条第一款第一项规定，判决如下：

驳回上诉，维持原判。

【法官后语】

二审中，双方围绕电动自行车无号牌能否适用免责条款展开辩论，二审引用了《中华人民共和国保险法》第三十条维持了一审结论，对涉案电动自行车没有具体定性，只写明不属于合同条款约定的机动车。得出此结论是考虑到原告相对于保险公司而言处于劣势地位且对专业术语理解有限，最终判决由保险公司承担责任。一方面保护了投保人的利益，另一方面也警示保险公司在设计和解释条款时需更加注重对免责条款的释明是让投保人理解而不只是简单地履行告知义务。

我国对于机动车的解释出现在《中华人民共和国道路交通安全法》第八章附则中第一百一十九条第三项对机动车的规定，“机动车”，是指以动力装置驱动或者牵引，上道路行驶的供人员乘用或者用于运送物品以及进行工程专项作业的轮式车辆。《中华人民共和国道路交通安全法》施行于2004年，采用专业术语且笼统的规定方法。而随着电动车的普及，《机动车运行安全技术条件》中对电动车作了更加明确的规定。

至此，不得不讨论一下电动自行车的判定问题。在审理涉及电动自行车的保险案件及交通事故损害赔偿案件中，是否将符合《机动车运行安全技术条件》的电动自行车与机动车等量齐观进行判定目前还存在争议。如今存在以下两种说法。

1. 肯定说。理由是：(1) 交警部门的事故认定书为公文书证，具有较强的证据效力，且认定有合法依据，即《机动车运行安全技术条件》中规定“时速在20公里以上、50公里以下，重量超过40公斤的电动车”。(2) 此类电动车的危险性接近于摩托车，从加大对电动车驾驶人安全的角度，严格“准入”实施机动车化管理，有利于提供电动车驾驶人的安全驾驶意识，规范电动车驾驶人的驾驶行为，减少交通事故的发生。

2. 否定说。理由是：(1) 对于电动自行车的规制和管理需要进一步完善。有的电动自行车从速度、重量设计上完全符合机动车的要求，其危险性接近于机动车。但是考虑到目前电动车在车辆登记、管理以及交强险的承保上我国还处于滞后状态。如果按照机动车对待，因为非归责于自身的原因而无法投保交强险，不仅无法得到交强险的社会保障，判决其因未违反法定义务（即投保交强险）而承担交强险的民事责任，显然强人所难，于法理不通。(2) 交警部门对电动车的检测结果更多地依赖于机动车技术规范，在事故发生时电动车所有人甚至交警部门都不知道该电动车是否一定被认定为机动车，需要检验鉴定才能确定，如果一旦被鉴定为机动车，超出电动车所有人的心理预期。即在事故发生后其责任的性质及大小完全取决于对电动车的检验鉴定结果，明显带有“客观归罪”之嫌。(3) 在一般公众看来，电动车就是非机动车，在两辆机动车相撞的情形下，如果有一辆被认定为机动车，另一辆为非机动车，双方适用无过错责任归责原则，无疑会出现一方对另一方全额赔偿的情况，显然难为公众认同。(4) 广大人民群众对于电动自行车的认知并不具备专业素质，通常将电动自行车归纳到自行车的范畴，另外还有些生产厂家在售卖电动自行车时有意无意地误导消费者，在解释和生产证书上会标注该产品属于非机动车，对于电动自行车的售卖我国目前监管不是非常严格，会让生产者钻了空子。故消费者在购买时并不认为自己买的是机动车，加之保险公司在销售保险时对这种非免责条款不一定做到完全解释，导致投保人在投保保险时并没有安全搞清楚，在这种情况下判定涉险车辆属于机动车显然不利于保护投保人。

故在目前对于电动自行车的认定还存在较大争议的前提下，法院在审理过程中应结合具体案情具体分析。

编写人：北京市第四中级人民法院　王翔　茹莹

194 保险合同中“意外伤害”死亡举证责任的分配及除外责任的理解和认定

——某银行诉人寿保险公司人身保险合同案

【案件基本信息】

1. 裁判书字号

湖北省宜昌市中级人民法院（2015）鄂宜昌中民二终字第00345号民事判决书

2. 案由：人身保险合同纠纷

3. 当事人

原告（上诉人）：某银行

被告（被上诉人）：人寿保险公司

第三人：唐某

【基本案情】

2013年5月17日，熊某与某银行下设机构五眼泉支行签订《个人借款合同》，约定熊某向某银行借款人民币300000元，用途为经营贷款，借款期限为12个月，当天，某银行依约向熊某发放了贷款300000元。熊某在办理贷款的同时作为投保人和被保险人购买了人寿保险公司所发行的《小额贷款借款人意外伤害保险》一份，并支付了保费1200元。保险合同约定保险金额为300000元；保险责任自2013年5月17日起至2014年5月17日止；第一受益人为向被保险人发放贷款的机构即某银行，第二受益人即法定受益人。2013年6月4日21时许，被保险人熊某与邓某等人驾车出行，中途熊某下车小便后突然死亡。医院出具《死亡医学证明书》，载明熊某死亡系“临床死亡”，后于2013年6月7日土葬。2013年6月19日，某银行通过人寿保险公司的业务员赵某向人寿保险公司报案索赔。之后人寿保险公司理赔部人员调查了被保险人熊某死亡的相关情况，但未向某银行或者第三人作出答复。2014年11月3日，某银行提起诉讼，请求判令人寿保险公司支付保险理赔款300000元。

【案件焦点】

人身保险合同纠纷中“意外伤害”死亡举证责任的分配及责任免除的理解和认定。

【法院裁判要旨】

湖北省宜都市人民法院经审理认为：本案争议焦点在于被保险人熊某的死亡是否是“意外伤害”导致，该举证责任在作为受益人的某银行还是在作为保险人的人寿保险公司。被保险人熊某突然死亡，死亡原因未知，某银行作为受益人并未提交证据证明本案系保险事故且被保险人死亡属于保险合同约定的“意外伤害”死亡。受益人对被保险人死亡属于合同约定的保险事故负有证明责任。被保险人熊某死亡的性质、原因不明，导致法院无法认定熊某的死亡属于意外伤害所致，这一结果意义上的证明责任应由提出该项主张的某银行承担。

湖北省宜都市人民法院依照合同法及保险法相关规定，判决如下：

驳回某银行的诉讼请求。

某银行不服一审判决提出上诉。湖北省宜昌市中级人民法院经审理认为：非疾病死亡对某银行而言，是消极事实。在某银行已提供熊某是突然死亡且死亡与被保险人主观意志无关的初步证据后，其行为意义上的举证责任即已完成。此时，应由人寿保险公司提交熊某是死于疾病等属于保险合同免责范围的相关证据，否则应承担不利法律后果。人寿保险公司可以通过举证证明熊某是死于疾病等方式完成行为意义上的举证责任，从而阻止不正当请求案件的发生。原审法院将所有的举证责任自始至终均交由某银行承担，可能使正当的请求权人蒙受不利裁判，应予纠正。综上，原判认定事实清楚，但适用法律错误。

湖北省宜昌市中级人民法院依照《中华人民共和国民事诉讼法》第一百七十条第一款第二项之规定，作出如下判决：

一、撤销一审判决；

二、人寿保险公司于本判决生效后十日内向某银行给付300000元。

【法官后语】

本案处理重点在于人身保险合同纠纷中“意外伤害”死亡举证责任的分配以及责任免除的理解和认定。

关于举证责任的分配，某银行作为受益人在知道被保险人死亡后第一时间立即向保险人报案索赔，并提交了被保险人死亡情况说明及医院死亡医学证明等初步证明被保险人死亡经过的证据，完成了法律规定的初步证明责任。余下应该由保险人举证证明被保险人死亡属于保险合同约定的除外责任情形。

关于责任免除的理解和认定。本案为人身意外伤害保险合同，保险条款中将意外伤害界定为：外来的、突发的、非本意的、非疾病的使身体受到伤害的客观事件。这一界定是对意外伤害所作出概括性的解释，保险条款中没有也不可能将所有意外伤害的情形一一列举，而保险条款的“责任免除”规定的不保事项非常明确列举了投保人、受益人的故意杀害、伤害，被保险人犯罪，被保险人自杀、自伤、醉酒、吸毒，疾病等情形。因此，本案人身意外伤害险合同实际采用的是“一切险减去除外责任”方式，因此受益人只需就被保险人死亡这一保险事故发生与被保险人主观意志无关等进行初步举证，而无须证明究竟是哪一种意外情形。保险人若认为不负赔付责任，则保险人应举证证明保险事故属于除外责任确定的情形。本案中，保险人并未就被保险人死亡属于责任免除事由中的一种进行举证，故应承担赔付责任。

编写人：湖北省宜昌市西陵区人民法院　周芳

195 如何认定保险公司工作人员代投保人网上激活保险卡行为的法律性质

——保险北京分公司诉王某等意外伤害保险合同案

【案件基本信息】

1. 裁判书字号

北京市第三中级人民法院（2016）京03民终3048号民事判决书

2. 案由：意外伤害保险合同纠纷

3. 当事人

原告（上诉人）：保险北京分公司

被告（被上诉人）：王某、尹某、张乙

【基本案情】

张甲系王某之子、尹某之夫、张乙之父。2014年11月19日，保险北京分公司业务员陈某向张甲推销意外伤害保险卡，张甲购买了该卡并交纳保险费100元，由保险人为其办理了激活。保险金额为意外伤害保险金额10万元，意外医疗保险金额1万元，搭乘机动车意外伤害保险金额10万元，驾驶私家车意外伤害保险金额10万元。保险期间为一年。因下列情形之一，导致被保险人身故或伤残的，保险公司不承担给付保险金的责任……被保险人酒后驾驶、无合法有效驾驶证驾驶或驾驶无有效行驶证的机动车。

2015年7月26日12时15分，夏某雇用的司机李某驾驶重型自卸货车，张甲驾驶三轮（电动）摩托车（无号牌），两车碰撞后造成两车损坏、张甲受伤。后张甲在住院期间因闭合性颅脑损伤经抢救无效死亡。此次事故经北京市密云区公安局交通大队认定，李某因驾驶超载机动车在道路上违法临时停车负同等责任；张甲因持“C1E”驾驶证驾驶未经公安机关交通管理部门登记的机动车上道路行驶且未确保安全的交通违法过错行为负同等责任。张甲住院期间，花费医疗费151563.48元。

现王某、尹某、张乙请求法院判令保险北京分公司赔偿死亡赔偿金10万元及医疗费1万元共计11万元。保险北京分公司不同意王某、尹某、张乙的诉讼请求，其认为：依据道路交通事故认定书，张甲所驾车辆未经公安交通管理部门登记，且未保证安全，与发生交通事故具有因果关系，上述情形属于保险条款中免除保险公司责任的情形。同时，张甲于2014年11月20日通过网络激活的形式向保险北京分公司购买了意外伤害保险，虽然由保险公司人员代为激活保险卡，但代理的法律效果直接归属于委托人，保险公司人员已经阅读了网页弹出的免责条款，故该免责条款的法律效果及于张甲。

【案件焦点】

如何认定保险公司工作人员代投保人网上激活保险卡行为的法律性质。

【法院裁判要旨】

北京市密云区人民法院经审理认为：保险北京分公司销售的意外伤害保险具有通常销售和网络销售两种销售方式的复合属性。就投保人获取保险信息来源而言，投保人往往通过保险人的销售人员推销而获知保险合同的主要内容，亦因信赖保险人销售人员的介绍而购买保险，在此意义上，本案保险系通常方式订立的保险合同。就本案具体案情而言，投保人购买了涉案保险卡，并由保险人为其办理了激活，因此不构成以网络方式订立的保险合同。保险北京分公司主张免责条款以黑体字作出了提示，对免除事项作出了说明，王某、尹某、张乙请保险北京分公司销售人员出庭作证，表明保险北京分公司仅仅向张甲列举了打架斗殴等部分违法事由不予赔偿，并未提及电动三轮车等无牌照的问题，且概括表示平常受伤的情况都赔偿。保险北京分公司销售人员尚系其在职员工，其证言具有较高可信度，予以采信，保险北京分公司尚未履行全部的明确说明义务。

据此，北京市密云区人民法院依照《中华人民共和国合同法》第十条第一款、《中华人民共和国保险法》第三十条、《最高人民法院关于适用〈中华人民共和国保险法〉若干问题的解释（二）》第十二条之规定，判决如下：

保险北京分公司于判决生效之日起 7 日内给付王某、尹某、张乙保险金 11 万元。

宣判后，保险北京分公司不服一审判决，提起上诉。北京市第三中级人民法院经审理认为：首先，本案中保险合同是否以网络方式订立。当事人之间以何种方式订立合同，取决于已订立合同内容的客观表现形式，而与订立合同的表意主体无关。本案中，保险北京分公司通过设置激活程序，将保险合同内容以作为书面形式之一的数据电文形式予以表现，通过激活程序的完成，在保险北京分公司与张甲之间成立了保险合同并合法有效，该保险合同内容在客观上以数据电文形式表现。数据电文方式订立合同即为网络方式订立合同的情形之一，因此，可以认定本案保险合同系以网络方式订立。故对于保险北京分公司的该项上诉理由予以采信，一审法院认定事实错误，法院予以纠正。

其次，保险北京分公司是否对免责条款进行了提示说明。《最高人民法院关于适用〈中华人民共和国保险法〉若干问题的解释（二）》第十二条规定："通过网络、电话等方式订立的保险合同，保险人以网页、音频、视频等形式对免除保险人责任条款予以提示和明确说明的，人民法院可以认定其履行了提示和明确说明义务。"适用该条的前提是，投保人确实接收到了以网页、音频、视频等形式存在的免除保险人责任条款信息。本案中，张甲将卡号及密码告知保险北京分公司人员，由保险北京分公司人员通过网页办理完成了激活的所有步骤，上述过程中，保险北京分公司人员未向张甲提示网页自动弹出的免责条款内容，免责条款信息仍然停留在保险北京分公司内部，并未到达张甲。此外，保险北京分公司人员出庭作证时认可，其亦未通过其他方式向张甲告知及解释过本案涉及的免责条款。综上可以认定，保险北京分公司并未对免责条款向张甲履行提示说明义务。关于保险北京分公司主张，保险北京分公司人员是受张甲委托代为激活保险卡，故保险北京分公司人员作为代理人，其代理行为的法律后果应由张甲承担的上诉理由，保险北京分公司人员作为公司代表，张甲告知其卡号及密码，即为直接向保险北京分公司作出订立保险合同的意思表示，并无意委托其再代为向保险北京分公司作出相关意思表示。故对保险北京分公司该项上诉理由不予采信。

北京市第三中级人民法院依照《中华人民共和国民事诉讼法》第一百七十条第一款第一项、《最高人民法院关于适用〈中华人民共和国民事诉讼法〉的解释》第三百三十四条之规定，判决如下：

驳回上诉，维持原判。

【法官后语】

近年来，随着网络及信息化发展，网络、电子、通信设备等投保方式被广泛应用，通过激活注册订立的保险单大量出现，引发了一系列新类型保险合同纠纷。在审理此类保险合同案件中，发现保险公司工作人员代投保人激活注册保险单的情形较为普遍。总结该类案件审理，笔者认为：

1. 以电子激活方式订立合同属于通过网络方式订立保险合同的情形

当事人之间以何种方式订立合同，取决于已订立合同内容的客观表现形式，而与其他因素无关。保险公司通过设置激活程序，将保险合同内容以作为书面形式之一的数据电文形式予以表现，通过激活程序的完成，在保险公司与投保人之间成立了保险合同并合法有效。该保险合同内容客观上以数据电文形式表现，数据电文方式订立合同即为网络方式订立合同的情形之一，因此，以激活方式订立保险合同属于通过网络方式订立保险合同的情形，具体是由投保人还是保险公司工作人员激活并不影响合同订立的客观形式。

2. 保险公司人员代为激活行为不构成代理行为

保险公司人员作为公司代表，投保人告知其卡号及密码，即为直接向保险公司作出订立保险合同的意思表示，并无意委托其再次代为向保险公司作出相关意思表示，即由于保险公司人员作为公司代表的特别身份，在与投保人订立保险合同的过程中，只存在保险人与投保人的双方法律关系，而不存在保险人、投保人、投保人之代理人的三方法律关系。

3. 保险公司人员代为激活后仍应当就免责条款向投保人进行提示说明

适用《最高人民法院关于适用〈中华人民共和国保险法〉若干

问题的解释（二）》中第十二条规定的前提是，投保人确实接收到了以网页、音频、视频等形式存在的免除保险人责任条款信息。如果投保人将激活所需的卡号及密码告知保险公司人员，保险公司人员独自通过网页办理完成了激活的所有步骤，上述过程中，免责条款信息仍然停留在保险公司内部，并未到达投保人。此外，由于保险公司人员代为激活行为并不构成代理行为，其获知免责条款的法律效果亦不由投保人承受。综上，保险公司人员代为激活后仍应当就免责条款向投保人进行提示说明。

编写人：北京市第三中级人民法院　向玗

196　网络投保情形下免责条款之举证责任分配

——朱甲、常某诉财险北京分公司人身保险合同案

【案件基本信息】

1. 裁判书字号

北京市第二中级人民法院（2015）二中民（商）终字第08403号民事判决书

2. 案由：人身保险合同纠纷

3. 当事人

原告（被上诉人）：朱甲、常某

被告（上诉人）：财险北京分公司

【基本案情】

2013年5月，投保人朱乙（原告朱甲之父、常某之子）在被告财险北京分公司投保个人意外伤害险。保险期间为2013年5月

25日0时至2014年5月24日24时。在保险公司工作人员激活本保险卡时，选择的受益人是法定继承人。2013年8月12日，原告朱甲之父、常某之子朱乙在某养殖场的鱼池中意外溺水身亡。事故发生前，投保人朱乙在某养殖场工作，职务是养殖工，属于100%赔偿职业类别系数。该笔保险由财险北京分公司工作人员张某具体承办，由保险公司工作人员进行激活，投保人和法定受益人均没有委托张某进行保险手续的办理，从始至终没有任何人向投保人和法定受益人解释保险内容，告知相关注意事项。被保险人朱乙因溺水身亡后，原告及时通知了财险北京分公司进行理赔，后来财险北京分公司以被保险人不符合理赔条件为由拒绝理赔。

【案件焦点】

网络投保情形下免责条款的举证责任如何分配。

【法院裁判要旨】

北京市丰台区人民法院经审理认为：根据相关法律规定，对保险合同中免除保险人责任的条款，保险人在订立合同时应当在投保单、保险单或者其他保险凭证上作出足以引起投保人注意的提示，并对该条款的内容以书面或者口头形式向投保人作出明确说明；未作提示或者明确说明的，该条款不产生效力，现财险北京分公司拒赔的依据系《人身意外伤害保险条款》第六条（原因除外）和第七条（期间除外）的约定，该两条属于免除保险人责任的条款，但财险北京分公司提供的证据不足以证明其已经向朱乙作出提示或者明确说明，故该条款并不产生效力，财险北京分公司以此为据拒赔没有合同依据。另外，现有证据亦不足以证明被保险人朱乙系因故意犯罪而导致身故，故财险北京分公司拒赔亦无法律依据。因此，作为被保险人的朱乙身故后，朱甲、常某作为其第一顺序继承人，有权要求财险北京分公司给付相应保险金，故法院对朱甲、常某的诉讼请求予以支持。

北京市丰台区人民法院依照《中华人民共和国保险法》第十七条、第二十三条、第四十五条的规定，判决如下：

财险北京分公司于本判决生效之日起十日内给付朱甲、常某保险金20万元。

财险北京分公司持原审答辩意见提起上诉。北京市第二中级人民法院经审理认为：当事人对自己提出的诉讼请求所依据的事实或反驳对方诉讼请求所依据的事实有责任提供证据加以证明。没有证据或证据不足以证明当事人的事实主张的，由负有举证责任的当事人承担不利后果。《中华人民共和国保险法》第十七条规定：订立保险合同，采用保险人提供的格式条款的，保险人向投保人提供的投保单应当附格式条款，保险人应当向投保人说明合同的内容。对保险合同中免除保险人责任的条款，保险人在订立合同时应当在投保单、保险单或者其他保险凭证上作出足以引起投保人注意的提示，并对该条款的内容以书面或者口头形式向投保人作出明确说明；未提示或者明确说明的，该条款不产生效力。本案中，财险北京分公司没有证据证明其对免赔条款向被保险人朱乙说明，故该免赔条款对朱乙不产生效力。

北京市第二中级人民法院依照《中华人民共和国民事诉讼法》第一百七十条第一款第一项之规定，判决如下：

驳回上诉，维持原判。

【法官后语】

随着人民群众生活水平的不断提高，保险行业迎来了新的发展契机。伴随着信息化、网络化的浪潮，网络投保等新型投保方式有日渐扩大的趋势。在普及的过程中，网络投保的规范化势在必行。

1. 网络投保中，保险公司需对投保人收到保险条款承担举证责任

网络投保中，保险公司将保险类别、保险金额、保险费、保险条款等内容通过网页链接的形式予以展示。投保人投保时，一般通过输入本人身份证号码以确认本人的身份。由于网络的虚拟性，网络投保中可能出现投保人只是交纳保险费用，实际并非本人进行网络操作的情形。投保人亦不会实际在纸质文件上签收保险条款。投保人认可交纳保险费用，不认可已经收到保险条款的，保险公司主张投保人已经收到保险条款的，保险公司应当承担相应的举证责任。在网络化、无纸化的浪潮中，保险公司可以通过科技创新的方式，在投保人投保时进行同步摄影录像，确保投保人本人进行了网络投保。投保人委托他人进行网络投保的，投保人需向保险公司出具符合条件的授权委托书，保险公司审查后予以留存。双方对保险条款的交付与否有争议的，保险公司明确了投保时录像的投保规范后，保险公司可以提交投保时的录像材料等电子数据。

2. 网络投保中，保险公司需对保险合同的免责条款已尽提示及明确说明义务承担举证责任

《中华人民共和国民法典》第四百九十六条第二款规定，采用格式条款订立合同的，提供格式条款的一方应当遵循公平原则确定当事人之间的权利和义务，并采取合理的方式提示对方注意免除或者减轻其责任等与对方有重大利害关系的条款，按照对方的要求，对该条款予以说明。提供格式条款的一方未履行提示或者说明义务，致使对方没有注意或者理解与其有重大利害关系的条款的，对方可以主张该条款不成为合同的内容。该条规定进一步保护了投保人对保险条款尤其是免责条款的知情权，也进一步加大了格式条款提供

者的提示说明义务和法律责任。

网络投保作为新型的投保方式，保险公司无法留存投保单、保险单等纸质保险凭证，而留存有网页等电子数据作为保险凭证。投保人主张保险公司未将免责条款进行提示或明确说明的，保险公司对此应承担相应的举证责任。保险公司可以在网页中对免责条款部分通过颜色加重或变色、字体加粗等形式进行凸显，同时，专门以单独的链接要求投保人对免责条款进行阅读并予以理解，并要求投保人明确是否要求保险公司的工作人员对相对条款再进行口头的明确说明。投保人在网络投保的同时，有必要要求保险公司工作人员对免责条款进行口头说明。双方对保险条款中免责条款是否已尽提示及明确说明义务有争议的，保险公司在规范化操作中，可以采用当庭演示并提交相应的网页等电子数据的形式，证明自己已经尽到了提示及口头说明义务。保险公司提交了相应证据，尽到了举证责任后，投保人对此不认可的，需提供足以反驳的证据。

编写人：北京市丰台区人民法院　徐冲　侯斌

197　网络销售中保险人是否尽到提示和明确说明义务的认定

——严某诉健康保险公司人身保险合同案

【案件基本信息】

1. 裁判书字号

上海市第二中级人民法院（2015）沪二中民六（商）终字第52号民事判决书

2. 案由：人身保险合同纠纷

3. 当事人

原告（被上诉人）：严某

被告（上诉人）：健康保险公司

【基本案情】

原告严某诉称：2013年年初，原告以自己为被保险人投保了被告的意外伤害（A款）保险一份，保险合同生效日为2013年5月14日，保险期间为1年。2013年5月15日，被保险人即原告被小轿车撞伤，经鉴定原告四根以上肋骨骨折构成十级伤残，经治疗花费医疗费共计48074.73元。治疗结束后，原告根据上述保险单向被告索赔，被告却以原告十级伤残未达到被告规定的七级以上伤残为由拒赔。原告遂起诉要求判令：1. 被告支付原告意外伤残保险金50000元；2. 被告支付原告意外医疗费30000元。

被告健康保险公司辩称：对原告的诉请均不同意。双方的确签订过涉案保险合同1份，对于原告诉请1，原告投保被告保险产品时通过网站链接阅读并认可该保险产品所对应的条款的内容，是投保的必经手续，该保险条款是经保险监管部门核准的，是合同重要组成部分，原告是知晓和认可保险条款的。保险合同约定，被告承担意外伤残保险金的条件是原告需提交其因遭受意外伤害并自事故发生之日起180日内以此事故为直接且单独原因造成本合同所附《残疾程度与给付比例表》或《意外烧伤与给付比例表》为鉴定标准的被保险人伤残结论文件，而不是其提交的伤残结论文件，故对于原告诉请1不予认同。对于原告诉请2，意外医疗保险是涉案保险的附加险，所以也是原告在网站投保时确认知晓才能购买的，根据保险条款，原告申请保险金需提交医疗费用原始凭证，而原告提供的是发票复印件，并没有提供原件，被告无法进行审核。而且医疗费不能重复赔偿，本案原告已经得到了赔偿，保险合同也规定了避免重复赔偿的内容。为避免原告在侵权人或他人理赔后被告继续理赔，故对医疗费不予赔偿。

经审理查明：1. 原告通过网络投保了被告的保险产品，被告出具了电子凭证保险单，保险单上载明投保人和被保险人均为原告，保险费为340元，保险期间为1年，保险合同生效日为2013年5月14日，保险责任：意外残疾保险金500000元、意外医疗费30000元。保险单另载明《意外伤害保险（A款）条款》《附加意外医疗费用医疗保险条款》《附加意外住院津贴医疗保险条款》为本保险凭证的适用条款。《意外伤害保险（A款）条款》第六条“意外伤残保险金”段落载明：被保险人因遭受意外伤害，并自事故发生之日起180日内，以此事故为直接且单独原因造成本合同所附《残疾程度与给付比例表》所列伤残之一者，本公司按照表中对应的给付比例，乘以保险金额，给付意外伤残保险金。若届时治疗仍未结束，则对第180日被保险人的身体情况进行伤残鉴定，并据此给付意外伤残保险金。《残疾程度与给付比例表》中按照残疾程度分七个等级，第七级给付比例最低，给付比例为10%。《附加意外医疗费用医疗保险条款》第六条载明：被保险人因遭受意外伤害，并以此事故为直接且单独原因在医院治疗，本公司就其自此事故发生之日起180日内实际支出的合理且必要的医疗费用超过100元部分给付意外医疗费用保险金；若被保险人的医疗费用已通过其他途径（包括但不限于社会医疗保险机构、公费医疗、农村合作医疗保险、工作单位和本公司在内的任何商业保险机构等）获得补偿，本公司仅对被保险人的医疗费用扣除该等补偿后余额超过人民币100元部分给付意外医疗费用保险金。第十六条载明：在申请意外医疗费用保险金时，申请人须提交医疗费用原始凭证。

2. 2013年5月15日10时20分，案外人童某佳驾驶轿车与骑自行车的原告相撞，造成原告受伤，后经交警部门认定，童某佳负事故全部责任。原告已经另案起诉童某佳等机动车交通事故责任纠纷要求赔偿医疗费49809.23元等费用，医疗费已经（2014）宝民一（民）初字第473号民事判决书确认支持且全额赔付履行完毕。

3. 事故发生后，经某司法鉴定所鉴定，原告四根以上肋骨骨折被评定为道路交通事故十级伤残。

4. 审理中，原告表示对各项保险条款及《残疾程度与给付比例表》内容均不知晓，其网络购买被告保险产品时只需在“投保申明确认”下方勾选“我接受以上投保申明”即可确认购买，无须点击相关保险条款，网页中也并未主动弹出相关保险条款内容。被告确认网页中确无主动弹出相关保险条款内容，需点击相关链接才能阅读相关保险条款。投保申明确认部分第三条载明：本投保人已阅读该产品详细条款，投保申明确认下方有勾选“我接受以上投保申明”才能确认购买。被告确认本案并无书面保险单，是通过电子邮件形式发送给原告的。被告亦确认并未以书面形式告知原告本案相关保险条款。

【案件焦点】

被告是否已在网络投保过程中就免除保险人自身保险责任的合同条款向投保人履行了提示和明确说明义务。

【法院裁判要旨】

上海市宝山区人民法院经审理认为：原、被告之间的人身保险合同关系合法有效，受法律保护。原告因事故造成人身伤害后经鉴定机构鉴定了伤残等级，理应可以通过人身保险合同要求被告履行赔付义务，被告辩称所涉及的条款及所附《残疾程度与给付比例表》属于列举式条款，未能涵盖全部人身伤残，排除了部分被保险人享有的权利，限制了被保险人获得赔偿的权利，上述条款均是直接涉及被保险人权益减少、风险加大等重大利益以及保险人免除或减少保险责任的内容，且均为保险人的格式条款。订立保险合同，采用保险人提供的格式条款的，保险人向投保人提供的投保单应当附格式条款，保险人应当向投保人说明合同的内容。对保险合同中免除保险人责任的条款，保险人在订立合同时应当对该条款的内容向投保人作出提示和明确说明的义务，未作提示或者明确说明的，该条款不产生效力，本案的争议焦点在于被告是否就其格式合同中免除保险人责任的上述条款向投保人履行了提示和明确说明义务。提示和明确说明义务应由保险人主动积极履行，而不是基于投保人的请求才被动产生的，本案中投保人如需要阅读具体保险条款，需主动在网页中点击所链接的保险条款，被告亦确认网络中并无主动弹出保险条款页面，应当认定其并未主动向投保人出示提供保险条款，保险人未能尽到提示和明确说明义务，有违诚实信用原则，保险条款中免除保险人责任的上述条款均不产生效力。

上海市宝山区人民法院依照《中华人民共和国合同法》第八条，《中华人民共和国保险法》第十七条、第二十三条第一款及《中华人民共和国民事诉讼法》第一百四十二条的规定，判决如下：

一、被告健康保险公司于本判决生效之日起十日内支付原告严某意外伤残保险金50000元；

二、被告健康保险公司于本判决生效之日起十日内支付原告严某意外医疗费30000元。

二审法院同意一审法院裁判意见。

【法官后语】

1. 免责条款范围的界定

《最高人民法院关于适用〈中华人民共和国保险法〉若干问题的解释（二）》第九条对“免除保险人责任的条款”作出了明确定义。从本案看，并没有机械地从形式上根据争议焦点所涉条款所在段落来判断其性质，而是从条款内容的实质进行分析，认定条款内容的确减轻或者免除了保险人承担保险责任的义务，限制或剥夺了被保险人获得赔偿的权利，故认为属于免责条款，这样的判断是符合法律原理的，免责条款可以出现保险条款的任意章节或附件中，如果仅从其所在段落进行判决，将使保险人利用其优势地位将本该属于免责条款的内容规定在“责任免除”以外的其他章节来逃避承担保险责任。

2. 网络投保和一般投保的区别

互联网投保作为新兴的保险营销模式，与柜面投保等传统保险销售模式在保险合同的订立流程和形式上存在显著差异，网络投保已经可以不需要保险业务员，取而代之的是标准化的计算机程序，无须通过人与人之间面对面的交流、沟通、解释即可完成投保，提示和说明义务的完成缺少了人的具体行为。数字化、无纸化等特征也产生了很多新的法律问题，但基于保险法律原则，在网络投保中保险人仍应秉持最大诚信原则，按照法律规定履行免责条款的提示和说明义务，实践操作中作为保险人对前述行为履行义务的举证难度也大大增加。

3. 网络投保中免责条款提示和明确说明义务的履行标准

系争保险合同以互联网为载体而订立，保险条款、保单等合同资料均是以网页这一数据电文的形式呈现，若有证据证明投保人在网络投保过程中已经阅看了保险条款的相关网页并经相应的勾选确认环节，可视为保险人已尽到了免责条款的提示和明确说明义务。本案中保险人虽然已经用格式化的“投保人声明”对有关内容进行了提示并在得到投保人肯定的反馈即点击确认后投保才完成，但因其条款内容并不是弹框式网页或强制投保人阅读等方式主动、完整地展现于投保人面前，网页上只有保险条款的链接地址，但其条款链接有无被保险人点击均不影响保险合同的订立，本案中投保人否认知晓相关保险条款，保险人的举证也无法证明其已经主动向投保人履行了上述义务，投保人如需要阅读相关保险条款，仍要点击该页面所链接的条款，判决认定以这种方式来完成提示和明确说明义务不符合《中华人民共和国保险法》及司法解释规定，本案判决对现行网络保险业务具有借鉴和指导意义，经营网络销售的保险公司应当完善其网页设计、投保程序，以符合法律规定的方式履行提示和说明义务，以避免争议的发生。

编写人：上海市松江区人民法院　王彦越

198 卡式保险合同中保险人提示和明确说明义务的认定

——时某诉保险公司意外伤害保险合同案

【案件基本信息】

1. 裁判书字号

山东省淄博市中级人民法院（2014）淄商终字第350号民事判决书

2. 案由：意外伤害保险合同纠纷

3. 当事人

原告（被上诉人）：时某

被告（上诉人）：保险公司

【基本案情】

2013年9月12日，李某在保险公司投保个人人身意外伤害保险、附加意外伤害医疗保险及附加意外伤害住院津贴保险各两份，保险期间均为2013年9月13日至2014年9月13日，被保险人均为时某，受益人均为法定。其中，每份个人人身意外伤害保险金额为50000元，每份附加意外伤害医疗保险金额为20000元，意外医疗每人每次事故扣除100元免赔额后按80%比例给付，每份附加意外伤害住院津贴保险金额为50元/天，每人单次住院给付天数不超过90天，累计以180天为限。2013年11月26日，时某因右上肢热压毁损伤、左腕部及左手热压开放伤住院治疗24天，支出医疗费32748.71元。2014年4月21日，时某经鉴定为五级伤残。事故发生后保险公司拒绝赔付。为此，时某起诉要求保险公司支付意外伤害保险赔偿金100000元、意外伤害医疗赔偿金26218.9元、意外伤害住院津贴2400元。保险公司辩称保险条款特别说明第一项明确写明各类机床操作工不予承保，故保险不生效，且时某在工作中无上岗证并且属于违章操作，不属于意外伤害，因此不予理赔。

投保人李某购买的是激活式保险卡，所附的保险条款是在保险卡激活过程中以网页形式显示出来的，未采用书面形式，在投保人勾选"我已阅读并且同意条款内容"后保险卡才能继续激活。涉案保险卡系由保险公司工作人员代为激活。

【案件焦点】

保险公司对于卡式保险合同中的免责条款是否尽到了提示和明确说明义务，其应否承担保险责任。

【法院裁判要旨】

山东省淄博市张店区人民法院经审理认为：投保人李某以时某为被保险人在保险公司投保，保险公司与李某之间成立保险合同关系。保险公司主张时某属于机床操作工，不属于《个人人身意外伤害保险条款》约定的承保范围，但未能举证证明其在投保人购买保险卡时对该约定的内容向投保人作了明确说明，因此应当认定投保人与保险公司之间的保险合同关系成立。虽然《个人人身意外伤害保险条款》所附的《人身保险伤残评定标准》（行业标准）中载明与人身保险伤残程度等级相对应的保险金给付比例为十档，伤残程度第一级对应的保险金给付比例为100%，伤残程度第十级对应的保险金给付比例为10%，每级相差10%，但是该条款并未用足以引起投保人注意的文字、字体、符号或者其他明显标志作出提示，故该免责条款不产生效力，保险公司应当给付时某个人人身意外伤害保险金 100000 元，附加意外伤害医疗保险金 26038.97 元（每份扣除 100 元免赔额后按 80%比例给付），附加意外伤害住院津贴保险金 2400 元（每份 50 元/天，共计 24 天）。

山东省淄博市张店区人民法院依照《中华人民共和国保险法》第十七条第二款，《最高人民法院关于适用〈中华人民共和国保险法〉若干问题的解释（二）》第九条第一款、第十一条第一款、第十三条之规定，判决如下：

保险公司支付时某个人人身意外伤害保险金 100000 元、附加意外伤害医疗保险金 26038.97 元、附加意外伤害住院津贴保险金 2400 元。

保险公司不服一审判决，提起上诉。山东省淄博市中级人民法院经审理认为：本案中保险卡系由保险公司代为激活，激活过程中投保人并未阅读保险条款，对代为填写的合同内容也不知晓，最后确认提交也未经投保人同意。故代为填写的内容和同意提交的行为不能视为投保人的真实意思表示，保险公司对涉案保险合同中免除保险人责任的条款，未能履行向投保人作出提示或者明确说明的义务，合同中免责条款不产生效力。本案中每份保单意外伤害保险金赔偿限额为 5 万元，而伤残程度总共分为十级，并对应相应的赔偿比例，如不区分伤残等级，只要出现伤残就全额赔偿，那么将会出现一级伤残和十级伤残得到赔偿数额相同的情况，既不符合民事活动的公平原则，也不符合相关法律规定，故伤残赔偿应按法定比例在每份 5 万元限额内进行赔偿，应由保险公司按照时某的伤残等级在赔偿责任限额内，以每份 5 万元限额为基数对应相应的残疾赔偿比例，每份赔偿 3 万元，共计 6 万元（5 万元×

0.6×2=6万元）。综上，一审判决认定事实清楚，但部分判决结果有误，应予纠正。

山东省淄博市中级人民法院依照《中华人民共和国保险法》第十七条第二款，《最高人民法院关于适用〈中华人民共和国保险法〉若干问题的解释（二）》第九条第一款、第十一条第一款、第十三条，《中华人民共和国民事诉讼法》第六十四条第一款、第一百六十九条、第一百七十条第一款第二项、第一百七十四条、第一百七十五条之规定，判决如下：

一、撤销一审判决；

二、保险公司支付时某个人人身意外伤害保险金60000元、附加意外伤害医疗保险金26038.97元、附加意外伤害住院津贴保险金2400元。

【法官后语】

近年来，随着保险行业的不断发展，新型的以保险卡形式出现的卡式保险合同大量上市，本案所涉及的意外伤害保险即典型的卡式保险合同。在卡式保险合同产生的纠纷中，双方当事人往往对于保险公司是否尽到提示和明确说明义务存在较大争议。本案二审虽然改判，但改判原因是在于对保险公司承担赔偿责任的比例和数额的认定上，二审对于卡式保险合同中保险公司是否尽到提示和明确说明义务的认定与一审是一致的，即本案中保险公司对于涉案卡式保险合同中免除保险人责任的条款未能尽到向投保人予以提示和明确说明的义务。而这也是本案反映出的核心问题所在。

卡式保险合同是指保险公司以销售带有一定面额的保险卡形式与投保人订立的保险合同。保险卡中注明保险金额、有效期、提示说明、操作网站等信息。投保人在拿到保险卡后，需在有效期内按照提示到保险公司指定网页内进行相关操作，以激活保险卡。保险期间则自投保人激活之日起算。在此过程中，并不需要保险销售人员参与。故在这种情形下，保险公司就难以采用传统意义上的书面或当面的形式来履行提示和明确说明义务，而是在保险卡的激活过程中采用诸如网页、音频、视频等形式向投保人来履行其应尽的提示和明确说明义务。对此，《最高人民法院关于适用〈中华人民共和国保险法〉若干问题的解释（二）》第十二条规定，通过网络、电话等方式订立的保险合同，保险人以网页、音频、视频等形式对免除保险人责任条款予以提示和明确说明的，人民法院可以认定保险人履行了提示和明确说明义务。

但是，既然是通过网页、音频、视频等形式进行提示和明确说明，那就要求操作人应当是投保人或者经投保人授权的代理人，而不能是保险合同的相对方——保险人即保险公司的工作人员。如果由保险公司工作人员代投保人进行激活操作，则投保人没有接触和阅读保险条款的机会，更不用说理解免责条款的含义，亦即等于变相免除了保险人对免责条款的提示和明确说明义务，这显然与保险法的相关规定不符。所以说对于卡式保险合同由保险公司工作人员代为进行激活操作的情形，不应认定为保险人履行了提示和明确说明义务。

本案中，涉案保险卡由保险公司工作人员代为激活，并非由投保人或其授权的代理人激活，激活过程中投保人实际并未阅读保险条款，其对激活过程中代为填写的合同内容也无从知晓，最后确认提交也未经其同意。故保险公司代为填写的内容和同意提交的行为不能视为投保人的真实意思表示，保险公司对涉案保险合同中免除保险人责任的条款实际未能履行向投保人进行提示和明确说明的义务，合同中的免责条款不产生效力。因此本案一审、二审认定保险公司未尽到对免责条款的提示和明确说明义务。

编写人：山东省淄博市中级人民法院　王鹏　荣明潇

199　乘坐出租车发生意外伤害可向出租车公司投保的保险公司主张理赔

——沈某诉甲出租车公司等意外伤害保险合同案

【案件基本信息】

1. 裁判书字号

上海市第一中级人民法院（2014）沪一中民六（商）终字第322号民事判决书

2. 案由：意外伤害保险合同纠纷

3. 当事人

原告（上诉人）：沈某

被告（被上诉人）：甲出租车公司、乙出租车公司、人寿保险公司

【基本案情】

2011年10月19日23时40分许，原告沈某乘坐乙出租车公司的出租车，遭韩某驾驶的小型客车碰撞，导致沈某受伤。经交警部门认定，韩某转弯未让直行，负事故全部责任。后经鉴定，沈某右腿骨折，多处软组织损伤，构成交通事故十级伤残，休息期

120~150日、护理期90日、营养期60日。事故各方协商赔偿事宜未果，沈某提起道路交通事故侵权责任纠纷诉讼。2012年8月30日，法院审理后依法判决韩某小型客车投保的保险公司赔偿原告医药费2825.70元、营养费1800元，共计4625.70元；赔偿精神损害抚慰金5000元、残疾赔偿金72460元、误工费13250元、护理费3600元、残疾辅助器具费190元、交通费262元，共计94762元。另外韩某赔偿原告鉴定费1930元、律师代理费5000元共计6930元。

后沈某得知，乙出租车公司已向被告人寿保险公司投保出租汽车乘客意外伤害保险，保险项目及限额分别为：意外伤害身体残疾保险金10万元；医疗费用5万元；补偿费用5万元。由于事故发生后乙出租车公司被甲出租车公司收购，故沈某以甲出租车公司、乙出租车公司和人寿保险公司为被告，向法院提起诉讼，要求人寿保险公司按照伤残等级系数赔偿意外伤害身体残疾保险金1万元；医疗费2825.70元；补偿费用106880元。同时要求甲出租车公司、乙出租车公司赔偿交通费262元、律师费1万元、精神损害抚慰金1万元、公证费1000元，以及前述要求人寿保险公司赔偿的费用中未获支持的部分等。

【案件焦点】

意外伤害保险项下各项理赔金额的确定。

【法院裁判要旨】

上海市浦东新区人民法院经审理认为：系争保险合同主要涉及意外伤害身体残疾保险金、医疗费用、补偿费用三项。关于身体残疾保险金和医疗费用，系争保险既包括伤残赔偿金等人身保险，也包括医疗费、误工费等财产保险，属于综合性保险。按照《中华人民共和国保险法》的规定，财产保险以填补损失为原则，通过其他途径获得赔偿的，不再重复赔付；人身保险则以人的寿命和身体为保险标的，在获得韩某赔偿后，原告可以继续依法要求人寿保险公司赔付。关于保险金中的补偿费用，虽然理赔细则未明确无责赔付比例，也未约定无责免赔，但从合同约定驾驶员承担事故责任比例从次责至全责由低到高承担相应的比例来看，主要是对驾驶员未起到安全驾驶的行为进行惩罚，合同约定驾驶员承担次责被告人寿保险公司应承担95%的赔付责任，而本次事故中，出租车驾驶员已尽到谨慎驾驶义务，在事故中不承担责任，被告人寿保险公司反而主张不承担赔付责任，显然不能达到当初的保险合同缔约目的，失去了乘客意外伤害保险的保障作用。

上海市浦东新区人民法院依照《中华人民共和国合同法》第六十条第一款，《中华人民共和国保险法》第二条、第二十三条之规定，判决如下：

一、被告中国人寿保险股份有限公司上海市分公司应于本判决生效之日起十日内赔付原告沈某保险金人民币60000元；

二、驳回原告沈某的其余诉讼请求。

原告不服一审判决，依法提起上诉。上海市第一中级人民法院经审理认为：本案所涉意外伤害保险承保范围既包括伤残及身故赔偿金，亦包含医疗费、误工费等财产性损失，而此类财产性损失显然并非寿命和身体类的保险标的，故上述意外伤害保险实质系一兼容财产险及人身险的综合性保险。依照《中华人民共和国保险法》第二条之规定，财产保险系指投保人根据合同约定，向保险人支付保险费，保险人对于合同约定的可能发生的事故因其发生所造成的财产损失承担赔偿保险金责任的保险。依照上述法律规定，财产险被保险人保险金理赔请求权成立的前提为存在因保险事故而造成的财产损失，如被保险人的该种损失已通过其他法律关系的当事人承担其他民事责任而得以填补的，则被保险人亦将丧失相应的保险金理赔请求权。现上诉人要求被上诉人人寿保险公司予以赔付的钱款中，除身体残疾保险金外，其余均为财产性损失，上诉人亦已明确该种损失均已由第三人实际赔偿，故原审判决被上诉人人寿保险公司给付的保险金已超出上诉人的权利范围，上诉人再行要求被上诉人人寿保险公司予以赔付，缺乏事实与法律依据，不予采信。

上海市第一中级人民法院依据《中华人民共和国民事诉讼法》第一百七十七条第一款第一项之规定，判决如下：

驳回上诉，维持原判。

【法官后语】

原告乘坐出租客车发生交通事故，当然可以获得相应的乘客意外伤害保险的保障。在人寿保险公司对涉案保险关系予以确认，并确认原告乘坐事故车辆发生事故亦在保险期限内的情况下，作为出租车乘客的原告具有保险金的请求权。

本案中，原告是上海市首例提起该类诉讼的出租车乘客，由于出租行业涉及民生且出租车数量庞大，此类案件的裁判结果将会引起一定的社会关注度。本案的研究意义在于，通常情况下，作为乘客的被保险人对出租车意外伤害保险是不知情的。但实际上，相关出租车公司投保了乘客意外伤害保险，然而涉案出租车费发票上并未载明该项内容，导致绝大部分乘客在乘坐出租车发生交通事故后，并不知晓有获得相应保险理赔的权利。

案件的判决支持了作为乘客的原告主张理赔的权利，其依法获得理赔也对其他消费者起到了示范作用。案件亦受到了社会的广泛关注。为更好地发挥司法职能，扩大案件的示范效应和积极作用，法院向上海市交通委员会发出司法建议，建议其在会同税务部门印制出租车发票时，将客运车费中包含乘客意外伤害保险费用这一事实印制于发票之上，以简洁明了的方式直接告知被保险人即乘客，这样做既保障了乘客的知情权，也确保其遇险后能够及时获得理赔。建议发出后，上海市交通委员会也积极反馈，向法院复函称，将全面启用新版出租汽车发票，告知乘客“客运车费中包含乘客意外伤害保险费用”这一事实。相关媒体报道进一步扩大该案的宣传示范效应，取得了良好的社会效果。

编写人：上海市浦东新区人民法院　张文忠　孔燕萍

200　学生平安保险是否适用损失补偿原则

——邓某诉保险四川分公司人身保险合同案

【案件基本信息】

1. 裁判书字号

四川省成都市金堂县人民法院（2012）金堂民初字第1820号民事判决书

2. 案由：人身保险合同纠纷

3. 当事人

原告：邓某

被告：保险四川分公司

【基本案情】

原告邓某（曾用名邓某某）的法定监护人邓甲于2008年9月1日在原告就读的某小学购买了一份保险四川分公司的学生平安保险，并按约缴纳了保险费。学生平安保险卡载明投保人为邓甲，被保险人为邓某某。保险金额：意外伤害保险金额10000元整；疾病身故保险金额5000元整；附加意外伤害医疗险保险金额5000元整；附加疾病住院医疗保险金额60000元整。保险期限为半年，自2008年9月1日0时起至2009年2月28日24时止。保险责任包括：被保险人自遭受意外伤害之日起180日内因同一原因导致身体残疾，本公司根据中国保险监督管理委员会确认的《人身保险残疾程度与保险金给付比例表》的规定，按意外伤害保险金额及该项残疾所对应的给付比例给付残疾保险金。如治疗仍未结束，按第180日的身体情况进行残疾鉴定，并据此给付残疾赔偿金。被保险人无论一次或多次发生意外伤害事故，可按规定多次给付残疾保险金，但累计给付金额不超过其保险金额。被保险人因遭受意外伤害接受治疗，并自事故发生之日起180日内实际支出的符合保险单签发地基本医疗保险规定的合理医疗费用，本公司扣除100元免赔额后按70%给付意外伤害医疗保险金。如果被保险人从其他途径获得补偿，本公司只承担合理费用剩余部分的保险责任。累计给付金额以保险金额为限。

2008年9月6日，原告遭遇交通事故，受伤入院治疗，经鉴定为十级伤残，并估算其颌面部及口腔后续医费约需要30000元至60000元。2009年，邓某对交通事故肇事者刘某提起道路交通事故人身损害赔偿纠纷诉讼，生效民事判决书认定原告后续治疗费为45000元，残疾赔偿金为25266元。

【案件焦点】

1. 学生平安保险是否适用损失补偿原则；2. 如何认定保险合同免责条款及保险公司履行免责条款明确告知义务的问题。

【法院裁判要旨】

四川省金堂县人民法院经审理认为：原告在被告处投保的学生平安保险，是对被保险人因疾病或遭受意外伤害造成死亡或身体残疾，由保险人按约定给付保险金的保险，属于人身保险；其中意外伤害保险和附加意外伤害医疗险，是以被保险人身体因遭受意外伤害并需要治疗为给付保险金条件的保险，其性质亦属人身保险。由于被保险人的生命、健康遭受损害，其损失是无法用金钱衡量和弥补的，被保险人或受益人获得双重赔偿，并不会产生所获赔偿超过所受损失的问题。依据《中华人民共和国保险法》第四十六条“被保险人因第三者的行为而发生死亡、伤残或者疾病等保险事故的，保险人向被保险人或者受益人给付保险金后，不享有向第三者追偿的权利，但被保险人或者受益人仍有权向第三者请求赔偿”的规定，无论原告的残疾赔偿金和后续治疗费是否在第三人处获得了赔偿，被告仍应向被保险人支付保险金。

本案保险单载明“本公司根据中国保险监督管理委员会确认的《人身保险残疾程度与保险金给付比例表》的规定，按意外伤害保险金额及该项残疾所对应的给付比例给付残疾保险金”，而《人身保险残疾程度与保险给付比例表》将七级以下伤残排除在外，属于保险人不承担保险责任的情形，该条款应当认定为免除保险人责任的条款。《中华人民共和国保险法》第十七条第二项规定：“对保险合同中免除保险人责任的条款，保险人在订立合同时应当在投保单、保险单或者其他保险凭证上作出足以引起投保人注意的提示，并对该条款的内容以书面或者口头形式向投保人作出明确说明；未作提示或者明确说明的，该条款不产生效力。”保险公司对该条款负有向投保人进行说明的义务。本案中，被告不仅未在保险卡上对该条款进行突出标示，更无证据证明曾向原告送达《人身保险残疾程度与保险给付比例表》，不能证明其已尽明确说明义务，上述免责条款对原告不产生效力，被告应当赔付原告残疾赔偿金。原告的残疾赔偿金经生效判决确定为25266元，本案保险单确定意外伤害保险金额为10000元，依据《中华人民共和国保险法》第十八条“保险金额是指保险人承担赔偿或者给付保险金责任的最高限额”的规定，被告应当赔付原告残疾赔偿金10000元。

四川省金堂县人民法院依照《中华人民共和国保险法》第十七条第二项、第十八条、第四十六条，《中华人民共和国民事诉讼法》第六十四第一款、第一百二十条第一款、第一百二十八条、第一百三十四条第一款、第二款、第三款之规定，作出如下判决：

一、被告保险四川分公司于本判决生效之日起十日内给付原告邓某意外伤害保险金10000元、附加意外伤害医疗险保险金5000元，两项合计15000元；

二、驳回原告邓某的其他诉讼请求。

判决后，双方当事人均未上诉，本判决现已生效。

【法官后语】

本案处理重点在于学生平安保险是否适用损失补偿原则和保险合同免责条款及保险公司履行免责条款明确告知义务的认定两个问题。

当被保险人或者受益人从实施致害行为人处获得侵权赔偿后，

可否再向保险人主张理赔，通俗说即可否获得“重复赔偿”？对此，现行保险法尚无明确规定，实务中主要有以下三种不同看法：第一种观点认为不能。理由是：虽然人身保险的本质并不直接以恢复标的物原状、重新购置、重新修复为根本目的，但是人身保险追求的是与被保险人生命和健康相关联的经济关系的稳定，是“补偿”因被保险人生命、健康或其他身体利益损害而造成的收入丧失或减少，只是鉴于人的生命无法用金钱表示其价值，所以，保险人是以双方事先约定的保险金额来承担补偿责任。因此，如获双倍赔偿有违侵权法中的“损害填补”规则。第二种观点认为，一般而言，人身保险不适用损失补偿原则。但是，如在第三人处未获得足额赔偿，其不足部分可主张理赔，即适用“损失补偿原则”，其理由与第一种观点本质相同。第三种观点认为，可以向保险人主张理赔，即可获得“双倍赔偿”。理由是：人身保险的保险标的是人的生命或身体机能，它们的可保利益是无法估价的，保险金无法弥补被保险人发生伤残或死亡而给本人或家庭带来的经济损失和精神上的痛苦，而只能在一定程度上缓解事故发生带来的经济困难，给予精神上的安慰。因此，根据《中华人民共和国保险法》相关规定，人身保险不适用“损失补偿原则”，故可要求支付相关保险金。上述第三种观点亦即本案所持观点。

“损失补偿原则”是适用于财产保险的一项重要原则，即当保险事故发生并使被保险人遭受损失时，保险人必须在其承担的保险金给付义务范围内履行合同义务，对被保险人所受实际损失进行填补。保险人履行给付义务旨在弥补被保险人因承保危险发生所失去的利益，被保险人不能因保险给付义务的履行而获得额外利益。《中华人民共和国保险法》第六十条规定：“因第三者对保险标的的损害而造成保险事故的，保险人自向被保险人赔偿保险金之日起，在赔偿金额范围内代位行使被保险人对第三者请求赔偿的权利。前款规定的保险事故发生后，被保险人已经从第三者取得损害赔偿的，保险人赔偿保险金时，可以相应扣减被保险人从第三者已取得的赔偿金额。保险人依照本条第一款规定行使代位请求赔偿的权利，不影响被保险人就未取得赔偿的部分向第三者请求赔偿的权利。”法律赋予保险人行使代位追偿权也是财产保险中“损失补偿原则”的体现，其目的就是防止被保险人通过购买保险而获取不当利益。同时，《中华人民共和国保险法》第五十六条限制了财产保险的重复投保，规定在财产保险中重复保险的保险金额总和超过保险价值的，各保险公司的赔偿金额的总和不得超过保险价值。除当事人另有约定外，各保险公司按其保险金额与保险金额总和的比例承担赔偿责任。但是对于人身保险，《中华人民共和国保险法》第四十六条亦规定：“被保险人因第三者的行为而发生死亡、伤残或者疾病等保险事故的，保险人向被保险人或者受益人给付保险金后，不享有向第三者追偿的权利，但被保险人或者受益人仍有权向第三者请求赔偿。”该条款明确限制保险人行使代位追偿权，被保险人或者受益人从保险公司获赔后，仍有权向实施致害行为的第三者索赔。从现行法律规定上看，《中华人民共和国保险法》对人身保险并无重复投保的限制。因此，“损失补偿原则”不适用于人身保险，当然也不适用于本案中属于人身保险的学生平安保险。

作为人身保险的一种，学生平安保险的被保险人或受益人依保险合同取得赔偿是一种合同法律关系，是约定之债。学生平安保险的被保险人因致害人的过错获得赔偿是一种侵权法律关系，是法定之债。根据债之相对性原理，法定之债和约定之债之间是不同的法律关系，因此，保险人不能以实施致害行为的第三人已向被保险人、受益人给予赔偿为由拒绝保险赔偿。本案中，交通事故损害赔偿义务人刘某对原告邓某所支付的赔偿，是基于侵权行为的发生而产生的侵权责任赔偿，被告保险公司不得因此拒绝履行保险赔偿的合同义务。本案是基于邓某与保险公司签订的学生平安保险合同所发生的纠纷，涉案交通事故属于该保险条款所规定的保险事故，保险公司亦无异议，故保险公司应承担相应的保险责任，给付邓某保险金。

编写人：四川省成都市金堂县人民法院　罗宝珊

201　被保险人猝死的举证责任分配

——李某诉保险茂名分公司意外伤害保险合同案

【案件基本信息】

1. 裁判书字号

广东省茂名市中级人民法院（2012）茂中法民四终字第77号民事判决书

2. 案由：意外伤害保险合同纠纷

3. 当事人

原告（上诉人）：李某

被告（被上诉人）：保险茂名分公司

【基本案情】

2011年2月18日和2012年2月28日，被保险人张某向保险茂名分公司购买了两份意外伤害保险，保险期限为一年，险种为：综合意外伤害保险—意外伤害（保险金额 100000 元）、综合意外伤害保险—意外医疗（保险金额 10000 元）、附加意外住院定额给付医疗保险（保险金额 3600 元），受益人为张某的母亲李某，受益份额 100/100。该意外伤害保险于 2012 年 2 月 17 日到期，到期后，被保险人张某交付了续保保险费，保险期间自届满的次日起延续有效一年。保险单所附《综合意外伤害保险利益条款》第四条保险责任约定，在本合同保险期间内，被保险人遭受意外伤害，本公司依下列约定给付保险金：一、被保险人自该意外伤害发生之日起 180 日内因该意外伤害身故，本公司按本合同约定的意外伤害保险金额扣除已给付残疾保险金后的余额给付身故保险金，本合同终止……；第十二条释义约定，意外伤害指遭受外来的、突发的、非本意的、非疾病的客观事件致使身体受到伤害。2012 年 3 月 7 日晚，被保险人张某在外唱卡拉 ok，喝啤酒、可乐后回家睡觉，次日凌晨被发现已死亡。2012 年 3 月 8 日早，李某向保险茂名分公司报案，该公司强调要尸检并请某鉴定中心专家进行鉴定。2012 年 3 月 10 日，李某委托某鉴定中心对尸体进行了检验，支付了尸检鉴定费 9500 元。2012 年 4 月 17 日，某鉴定中心作出《司法鉴定意见书》，分析说明了张某在饮酒及重型颅脑损伤术后猝死的病理变化。《司法鉴定意见书》作出后，李某向保险茂名分公司提出索赔申请，保险茂名分公司于 2012 年 4 月 28 日作出《拒绝给付保险金通知书》，通知书称：经核实，被保险人系猝死，不符合意外死亡保险责任，保险公司不承担本次事故的保险责任，合同终止。

【案件焦点】

被保险人张某猝死原因的证明责任应如何分配。

【法院裁判要旨】

广东省茂名市茂南区法院经审理认为：张某与保险茂名分公司签订的保险合同是双方当事人的真实意思表示，不违反法律法规的强制性规定，合法有效。张某依约交纳了保险费，在其死亡后，李某作为保险合同的受益人，在本案中享有保险金受偿请求权。本案的争议焦点是被保险人张某的猝死是否属于意外伤害范围。本案所涉保险合同中，“意外伤害”是指遭受外来的、突发的、非本意的、非疾病的客观事件致使身体受到的伤害。本案中，通过某鉴定中心对被保险人张某的鉴定意见所进行的分析说明，被保险人张某的死亡可以排除机械性暴力作用致死，即缺少致死的外来原因。因此，结合本案的证据分析，被保险人张某的死亡不应属于保险合同约定的意外伤害致死。李某认为被保险人张某的死亡符合保险合同中保险责任的约定，应当对张某的死亡属于意外伤害致死负有举证责任，因李某未能提供证据证明被保险人张某的死亡属意外伤害致死，故李某请求保险茂名分公司给付保险金的诉讼请求，依法无据，不予支持。

广东省茂名市茂南区法院依照《中华人民共和国合同法》第一百二十五条、《中华人民共和国保险法》（2009 年修正）第十三条、《最高人民法院关于民事诉讼证据的若干规定》（法释〔2001〕33 号）第二条的规定，作出如下判决：

驳回李某的诉讼请求。

李某以本案应由保险茂名分公司承担举证责任提起上诉。广东省茂名市中级人民法院经审理认为：某鉴定中心作出的《司法鉴定意见书》认定张某属于猝死，但无法查明张某的死亡原因，即无法查明张某是否为疾病所导致，该《司法鉴定意见书》排除机械性暴力作用致死，但无法排除所有的外来因素。根据《中华人民共和国保险法》第二十一条及第二十二条第一款的规定，被保险人张某死亡后，李某已及时通知了保险茂名分公司，并申请某鉴定中心对张某的死亡原因进行鉴定，李某作为保险受益人履行了被保险人张某出险后应尽的义务，并提供了相关证据。因此，李某已完成了投保人、受益人应承担的举证责任。根据《中华人民共和国保险法》第二十三条第一款的规定，保险茂名分公司接到报案后，应及时履行勘查、核定等义务，核定张某的死亡原因。保险茂名分公司虽然认为张某的死亡属于免赔的范围，但其没有提供证据证实张某的死亡是由于疾病、内在原因所导致，也没有申请司法鉴定机构对张某的死亡原因进行重新鉴定，且涉案保险合同也没有将猝死列为免赔条款范围内。因此，保险茂名分公司应承担举证不能的法律后果。原审判决适用法律错误，应予以纠正。

广东省茂名市中级人民法院依照《中华人民共和国民事诉讼法》（2007 年修正）第一百五十三条第一款第二项的规定，作出如下判决：

一、撤销一审判决；

二、限保险茂名分公司于本判决发生法律效力之日起 10 日内赔付李某保险金 200000 元及鉴定费 9500 元。

【法官后语】

保险事故发生后，在保险合同当事人之间，存在一个举证责任分配的问题。本案争议的焦点并不是猝死是否属于意外伤害保险的责任范围，而在于猝死死因的证明责任。

《中华人民共和国保险法》第二十二条规定："保险事故发生以后，按照保险合同请求保险人赔偿或者给付保险金时，投保人、被保险人或者受益人应当向保险人提供其所能提供的与确认保险事故性质、原因、损失程度等有关的证明和资料。"投保人、被保险人、受益人及保险公司均负有一定的证明责任，举证的第一阶段应由保险金请求人（即投保人、被保险人或受益人）完成，且被举证责任是有限度的，即其"向保险人提供其所能提供的与确认保险事故性质、原因、损失程度等有关的证明和资料"后，便已视为完成了初步证明责任。本案中，被保险人张某猝死后，其保险金请求人（受益人）李某在第一时间通知了保险人，并依据保险人的意见申请了司法鉴定和提供了《司法鉴定意见书》等证据，已经完成了其法律规定的初步证明责任。

在这种情况下，举证进入第二阶段，保险人应根据已有证据作进一步调查，若保险人在证明保险事故发生的原因和性质的过程中没有完全履行自己应担的证明责任，则要承担举证不利的法律后果。本案中，保险人保险茂名分公司接到受益人李某的通知和尸体解剖鉴定后，理应及时履行勘查、核定等义务，核实被保险人的死亡原因，但保险人既没有提供证据证实被保险人的死亡是由于疾病、内在原因所导致，也没有申请司法鉴定机构对被保险人的死亡原因进行重新鉴定，且涉案保险合同也没有将猝死列为免赔条款范围内，在最终没有证据证明或者不能排除被保险人张某不是由于意外伤害死亡的情况下，保险茂名分公司应承担举证不能的法律后果，即赔付保险金。

此外，本案还涉及格式条款中相关概念的理解与认定的问题。保险合同为格式合同，由保险人即保险公司提供，其中一些相关的概念和释义由保险公司确定。本案中，保险人对“意外伤害”的释义为遭受外来的、突发的、非本意的、非疾病的客观事件致使身体受到的伤害。而关于“猝死”，一般认为，其原因包括病理性和非病理性两个方面。猝死只是一种死亡表现形式，而非死亡原因。导致猝死的原因，可能是疾病，也可能是非疾病，不能将猝死简单等同于疾病致死。本案中，保险合同虽然没有对“猝死”进行定义和释义，但对免责条款进行了约定，对“意外伤害”进行了定义，而非病理性的“猝死”并没有排斥在保险合同所定义的“意外伤害”的内涵和外延之外。保险条款中“意外伤害”的释义存在瑕疵，对非病理性猝死是否属于意外伤害未作出界定。而保险合同属于格式合同，当保险合同出现两种不同的解释时，法院应作出不利于保险公司的解释。本案中的保险人保险茂名分公司认为被保险人张某猝死是由自身疾病引起，不属于意外伤害的抗辩理由是不成立的。

编写人：广东省茂名市中级人民法院　王宇庆　邹辉球

（三）健康保险合同纠纷

202　遵医嘱院外购药的保险责任承担

——李某诉保险宜昌支公司人身保险合同案

【案件基本信息】

1. 裁判书字号

湖北省宜昌市猇亭区人民法院（2020）鄂0505民初253号民事判决书

2. 案由：人身保险合同纠纷

3. 当事人

原告：李某

被告：保险宜昌支公司

【基本案情】

2018年11月26日，原告李某的丈夫何某为李某在被告保险宜昌支公司处投保“乐享百万医疗保险（H2018）”，双方订立保险合同，何某在《个人人身保险产品投保提示书》《个人人身保险投保单》《客户权益保障确认书暨保险合同回执》上签名确认，李某在《个人人身保险投保单》上签名确认。“乐享百万医疗保险（H2018）保险”合同期间为2018年11月27日至2019年11月26日，基本保险金额为100万元。《乐享百万医疗保险（H2018）条款》第2.4条（保险责任）约定：“……（1）住院医疗费用：指被保险人因意外伤害或在疾病观察期后患疾病经诊断必须住院治疗的，在我们指定医疗机构普通病房住院期间，在该医疗机构发生的合理且必要的住院医疗费用（指本合同约定的药品费及其他住院医疗费）。”第9.4条（合理且必要）约定：“合理且必要指被保险人发生的各项医疗费用应符合下列所有条件：（1）治疗疾病所必需的项目；（2）不超过安全、足量治疗原则的项目；（3）由医师开具的处方药或医嘱；（4）非试验性、研究性的项目；（5）与接受治疗当地普遍接受的医疗专业实践标准一致的项目。对是否合理且必要由我们根据客观、审慎、合理的原则进行核定，若被保险人对核定结果有不同意见，可委托双方认可的权威医学机构或者权威医学专家进行审核鉴定。”第9.6条（药品费）约定：“药品费指住院治疗期间根据医师开具的处方所发生的西药、中成药和中草药的费用，但不包括：（1）主要起营养滋补作用的中草药类……（2）可以入药的动物及动物脏器……（3）美容和减肥药品……”第2.7条（责任免除条款）约定：“对下列费用或因下列情形之一导致被保险人接受治疗的，我们不承担保险责任……（11）被保险人在我们特定医疗机构范围外的其他医疗机构发生的质子重离子治疗费用，被保险人在我们指定医疗机构范围外的其他医疗机构发生的医疗费用，但本保险条款‘6.5急危重病及转院’另有约定的除外。”

2019年8月29日至2019年9月29日，原告李某住院治疗，遵医嘱使用免疫球蛋白共18次，费用共计18840元。该药品由李某凭医生开具的处方在一药房购买。被告保险宜昌支公司在扣除1万元免赔额后赔付李某34177.54元，赔付费用中未包含免疫球蛋白费用18840元。李某在住院期间做了骨髓-噬血细胞综合征基因全套检测，做该类检测的病人具有临床使用免疫球蛋白的指征，李某当时作为发热病人，该药品能够增强其免疫力及抗感染能力。

【案件焦点】

李某住院期间遵医嘱在药房购买免疫球蛋白的费用18840元是否属于保险合同约定的“在指定医疗机构发生的住院医疗费用”。

【法院裁判要旨】

湖北省宜昌市猇亭区人民法院经审理认为：《乐享百万医疗保险（H2018）条款》第2.7条免责条款并未明确排除保险公司对于被保险人在指定医疗机构住院期间遵医嘱在外购买必需药品的费用的保

险责任，保险合同全文也未对“在指定医疗机构发生的住院医疗费用”作出更进一步的明确释义。《中华人民共和国保险法》第三十条规定：“采用保险人提供的格式条款订立的保险合同，保险人与投保人、被保险人或者受益人对合同条款有争议的，应当按照通常理解予以解释。对合同条款有两种以上解释的，人民法院或者仲裁机构应当作出有利于被保险人和受益人的解释。”对于本案保险合同第2.7条理解不一致的，应当作出不利于格式条款提供方的解释。原告李某投保“乐享百万医疗保险（H2018）”，目的在于确保自己生病住院时能够享受更全面的医疗保障，弥补社保费用外的额外支出，主治医生根据李某住院治疗期间的病情开具免疫球蛋白处方，应当认定为“在指定医疗机构”发生的治疗行为，又因院方时常存在该类药品库存不足的情况导致李某外出购药，因其购药所发生的医疗费用也符合保险合同中约定的“合理且必要”的“药品费”释义，法律、行政法规亦未规定该情形下保险公司可以免责。据此，该笔医疗费用应当认定为保险合同中约定的“在指定医疗机构发生的住院医疗费用”，被告辩称没有在指定医疗机构购买的药品不属于“在指定医疗机构发生的住院医疗费用”的抗辩理由，不予采纳。

湖北省宜昌市猇亭区人民法院依照《中华人民共和国保险法》第十四条、第三十条，《中华人民共和国民事诉讼法》第一百四十二条之规定，判决如下：

保险宜昌支公司于本判决生效之日起十日内支付李某医疗费18840元。

判决后，双方当事人均未上诉，本判决现已生效。

【法官后语】

本案涉及的在商业医疗保险中关于指定医疗机构发生的住院医疗费用是否报销的问题值得进一步探讨。

近年来，随着商业健康险的快速发展以及基本医疗保险、大病保险、医疗救助等制度相互配合和补充，人民群众的医疗负担减轻了。为了进一步减轻居民用药负担、降低药价、科学管理药品市场，医药分离体制改革被引入。随着医药分离体制改革逐步推广实施，部分药品从医院药房分离出去，转入外部药房销售，确实有效切断了医院与药品销售之间的利益链条，但这项改革举措也导致了一部分消耗快、周转快的药品在医院出现库存不足的问题，越来越多的患者需要凭医生处方到院外药房购药。这种情形的普遍存在逐渐引发了许多与本案类似的相关药品医疗报销问题。

在此之前，人们对于“指定医疗机构的住院医疗费用”的通常理解是普遍一致的，即在医院看病、住院、购药发生的医疗费用。绝大多数的病情治疗所用药品几乎全部在医院领取，待离院时一并支付结算给医院，同时完成医保报销手续。而当前，这一常规现象被院外购药打破，出现了同时在院内、院外购药的情况，而此时的公共医疗保险制度改革并未同步配套跟进。因此，部分病人转向商业保险寻求帮助，但当前各大保险公司又普遍在商业医疗保险合同中明确限制了对“发生在指定医疗机构的住院医疗费用”的报销，进一步加剧了患者用药与商业医疗保险之间的冲突。

在众多医疗事故责任纠纷、保险纠纷案件中，保险公司均以“该药品是在院外购买，没有在医院内部药房购买”“凡是没有出现在医院开具的发票上的药品费，都不属于发生在指定医疗机构的住院医疗费用”等来进行免赔抗辩。笔者认为，若是在当前医疗报销背景下支持保险公司的抗辩理由，则在一定程度上有损病人的合法权益。在医疗市场中，消费者和生产者的信息不对称，消费者始终处于被动地位，在患病情况下，如何购药依然只能听凭医生建议，购药的决策权仍然掌握在医生手中。医生依据病情开具的药品，病人只能想方设法到处购药来治疗病情，在此种情况下，即使出现“院外购药”情形，也应当考虑实际治疗情况，对该类药品费予以支持。

结合本案，一方面，院外购药原因的客观性及必要性是法官判决的理由，另一方面，涉案的商业保险条款全文并未对“在指定医疗机构发生的住院治疗费用”作出进一步说明，可能保险公司也未根据当前治病购药变化及时更新相应条款，导致出现了对前述条款的不一致理解。本案中，承办法官援引了“不利解释”原则保护了原告的合法利益。

在此案基础上，不妨进一步来分析药品报销问题：若商业保险条款中进一步明确了“在指定医疗机构发生的住院医疗费用”中药品费必须在医院购药才可报销，那么此时，法官是应当按照合同明确条款约定支持保险公司的抗辩，还是仍然支持投保人诉求？笔者认为，基于当前医疗用药背景以及病情治疗的必要性，如若院外购药是遵该院医生医嘱，治疗医院属于商业保险合同指定的医疗机构，且该类药品确是“合理且必要”的，在此情形下，即使是院外购药，即使保险条款作出了相应的免责赔偿解释，仍然应当适当支持该类药品的商业保险赔付。

编写人：湖北省宜昌市猇亭区人民法院　冯辈蓓

203 保险公司未提供绿色就医通道服务的责任认定

——金某诉人保北京分公司保险合同案

【案件基本信息】

1. 裁判书字号

北京市东城区人民法院（2020）京0101民初4106号民事判决书

2. 案由：保险合同纠纷

3. 当事人

原告：金某

被告：人保北京分公司

【基本案情】

2014年11月12日，金某通过互联网保险销售服务平台投保人保北京分公司发行的“终身重大疾病保险”。该保险由人保北京分公司提供“专属重疾绿色通道服务”。2019年11月21日，金某在医院体检发现右甲状腺有一肿物，门诊医生结合B超检查结果高度怀疑是甲状腺癌，建议立即住院进行手术治疗，并向金某签发住院证。因床位紧张，金某于当天致电人保北京分公司报案，要求提供“专属重疾绿色通道服务”，但客服人员告知没有查询到金某享有“专属重疾绿色通道服务”。无奈之下，金某只能选择其他医院就诊，后其在他院确诊患有甲状腺癌并于2019年11月25日进行了手术治疗。经金某向保险监管机构投诉后，人保北京分公司于2019年12月4日才告知原告享有“专属重疾绿色通道服务”，并表示系因未录入相关信息、操作失误导致当时未能查询到。

因人保北京分公司导致金某未能享有重疾绿色通道服务，故金某提起诉讼，要求人保北京分公司按照交纳保险费的30%支付违约金13068元。人保北京分公司辩称，绿色就医通道并不属于保险合同的内容，而是增值服务，绿色就医通道的宣传页面是由保险经纪公司提供而不是由人保北京分公司提供的。绿色就医通服务只是代表帮助客户进行预约，并不代表确保预约成功，且提供服务只报销本市的交通费（上限为2000元），其余的费用由客户自理。人保北京分公司的客服工作人员在金某报案后的第9天才对金某进行回复，但是金某已在其他医院就医，即使应当提供服务也需要按照流程及时间进行预约。

【案件焦点】

保险公司未提供就医绿色通道服务是否应当承担违约责任。

【法院裁判要旨】

北京市东城区人民法院经审理认为：首先，人保北京分公司作为保险人，其与金某缔结保险合同的主要义务为在发生保险事故时向被保险人支付理赔款。在本案中，人保北京分公司已经按约向金某支付了保险理赔款，故其在履行主要合同义务方面并不存在违约行为。但保险人依照诚实信用原则，除履行保险合同项下的赔付义务外，还需承担对于保险事故的及时审核及通知义务，并对其承诺的保障利益提供相应的服务。人保北京分公司认为重大疾病就医绿色通道专项服务属于保险合同的增值服务，不属于保险合同内容的意见不能成立，不予采信。

其次，金某在发生保险事故后致电人保北京分公司要求提供重大疾病就医绿色通道专项服务，但人保北京分公司却未能将金某的该项服务录入系统，导致金某无法及时享受该项服务，也未能在承诺的两个工作日内对金某回复查询是否存在该项服务的结果。人保北京分公司在履行提供该项服务的合同义务时存在过错，应当承担相应的赔偿责任。

最后，金某认为因人保北京分公司违约，应当向其支付交纳保险费的30%作为违约金，人保北京分公司认为即使向金某提供了重大疾病就医绿色通道专项服务，也仅保障金某由此产生的北京地区的交通费2000元。保险合同的核心义务是保险人对于出险后的理赔，并未约定保险人违反核心义务以及相应附随义务的违约责任。人保北京分公司虽存在违约行为，但金某主张的违约金支付标准并无合同依据。金某也未能提交证据证明其因此存在实际损失。而人保北京分公司提供的重大疾病就医绿色通道专项服务介绍中虽载明了报销交通费的金额，但该券的发放时间系2019年11月29日，晚于金某首次要求提供服务的时间，人保北京分公司也未能提交证据证明在金某投保时，已向金某告知并送达重大疾病就医绿色通道专项服务的相应条款，故本案的违约金标准并不单独适用交通费损失2000元的约定。重大疾病就医绿色通道专项服务介绍中载明，人保北京分公司对于符合条件的客户将安排指定医院的专家向客户提供全面详尽的诊断和治疗意见，现人保北京分公司因自身过错未能向金某提供该项服务，应赔偿金某由此造成的损失。结合重大疾病就医绿色通道专项服务条款及人保北京分公司的违约情形，对于人保北京分公司应当支付的违约金予以酌定。

北京市东城区人民法院依照《中华人民共和国保险法》第二条、第五条、第十三条、第十四条，《中华人民共和国民事诉讼法》第六十四条第一款，《最高人民法院关于适用〈中华人民共和国民事诉讼法〉的解释》第九十条之规定，判决如下：

一、被告人保北京分公司于本判决生效后十日内支付原告金某违约金2500元；

二、驳回原告金某的其他诉讼请求。

判决后，双方当事人均未上诉，本判决现已生效。

【法官后语】

1. 就医绿色通道服务是否属于保险合同的内容

当前针对医疗及重大疾病保险的产品，各大保险公司多推出就医绿色通道服务：在被保险人被确诊为符合理赔条件的疾病时，由保险公司为被保险人在特定医疗机构申请就医绿色通道，具体包括专家诊前咨询、专家医生门诊、专人陪同诊疗、入住专家病房、安排专家手术、诊后调理等服务。就医绿色通道服务在保险产品的宣传中会进行特别注明，投保人通过投保特定保险产品，由保险公司提供该项服务。本案系保险公司未向被保险人提供就医绿色通道服务引发的案例。一般而言，保险合同生效后，出现保险事故时，保险公司的核心义务在于及时核定事故，承担赔偿责任或向被保险人、受益人支付保险金。提供就医绿色通道服务并非保险公司的核心义务，对于该项服务是属于保险公司提供的增值服务还是保险合同的内容，存在争议。

从提供服务的内容来看，就医绿色通道服务并非保险公司的核心义务，保险公司认为该项服务属于增值服务，即使未提供也不应属于保险公司不履行合同义务的行为。但保险公司对该项服务在产品说明中进行特别备注，并以宣传材料的形式提供给投保人，表明保险公司愿意为提供此项服务作出承诺，应构成要约的意思表示。投保人接受保险公司宣传材料，据此购买保险产品，并将就医绿色通道服务所需的信息向保险公司提供，完成了整个合同订立的过程，保险合同生效后，保险公司提供就医绿色通道服务应属于保险公司履行的合同义务，而非保险公司主张增值服务。

虽然未提供就医绿色通道服务非与给付相关的义务，但其作为保险公司履行合同的一项内容，基于诚实信用原则，保险公司除应当按照约定履行保险合同项下的赔付义务外，还需承担对于保险事故的及时审核及通知义务，并对其承诺的保障利益提供相应的服务，该项义务应当认定为保险公司的附随义务。

2. 保险公司违反附随义务的责任认定

附随义务实为合同义务扩张的结果，其本质为合同义务，保险公司违反附随义务应当承担违约责任。但纵观各类保险合同，保险公司提供的格式条款中并未约定保险公司的违约责任。实践中，被保险人要求保险公司承担赔偿责任，保险公司拒赔后引致的诉讼，也多未确定保险公司应负的违约责任。

本案的情况为保险公司已经向被保险人支付了重大疾病保险的保险金，其已完成了给付保险金义务，但就其未提供就医绿色通道服务的违约责任，保险合同并未约定。投保人作为消费者购买医疗及重大疾病保险产品，是为了在出现保险事故时获得良好的医疗救助，而保险公司未能提供该项服务，使被保险人只能自行选择医疗机构进行救治。虽然医疗机构之间存在医疗技术、医生职业经验的差异，但并不能因此产生使得被保险人出现疾病未能获得良好救治的后果。所以在考虑保险公司承担违约责任的范围时，在被保险人无法出具证据证明存在实际损失的情况下，应当结合保险公司在该项服务中承诺的交通费、挂号费进行综合评定，而不能以交纳保险费的30%作为赔偿标准。

编写人：北京市东城区人民法院　黄莹荧

204 保险合同隐性免责条款的认定

——何某等诉人寿保险公司人身保险合同案

【案件基本信息】

1. 裁判书字号

北京市第二中级人民法院（2020）京02民终7960号民事判决书

2. 案由：人身保险合同纠纷

3. 当事人

原告（被上诉人）：何某、王某、郝甲、郝乙

被告（上诉人）：人寿保险公司

【基本案情】

郝某向人寿保险公司投保，人寿保险公司予以承保并向其出具《电子保险单》，记载的生效日期为2018年1月23日0时；保险产品名称为“爱相随重疾轻症保险”。

与本案争议相关的保险合同条款如下：1. 等待期为90天，等待期内患本合同约定的重大疾病，保险人不承担给付保险金的责任，在等待期后发生本合同约定的保险事故，保险人按照合同约定给付重大疾病保险金，本案中等待期届满之日为2018年4月22日24时；2. 重大疾病保险金：“被保险人初次发生（见7.5）并被医院（见7.6）的专科医生（见7.7）确诊为本合同约定的重大疾病，我们按照本合同基本保险金额给付重大疾病保险金，合同终止。”释义7.5“初次发生”，是指被保险人首次出现重大疾病的

前兆或异常的身体状况，包括与重大疾病相关的症状及体征。该条款系一般字体显示。

2018 年 4 月 10 日，郝某进行了血常规检查、腮腺及下颌彩超，医院诊断为“腮腺炎？颈部淋巴结炎”。2018 年 4 月 17 日、18 日、19 日，郝某行超声检查等，其中超声提示：腹腔多发肿大淋巴结、腹腔积液。2018 年 4 月 22 日，郝某前往甲医院血液科就诊，医院建议患者尽快自行去肿瘤医院取活检。2018 年 4 月 25 日至 5 月 8 日，郝某在甲医院感染微生物科住院治疗，出院主要诊断为血管免疫母细胞 T 细胞淋巴瘤。2018 年 5 月 15 日至 6 月 22 日，郝某在乙医院住院治疗，诊断为患有非霍奇金淋巴瘤Ⅳ期、外周 T 细胞淋巴瘤等。2018 年 7 月 9 日，郝某病故。

2018 年 7 月 26 日，何某向人寿保险公司提交理赔申请。2018 年 9 月 12 日，人寿保险公司以本次理赔申请不符合约定的保险金给付条件为由拒赔。何某、王某、郝甲和郝乙作为郝某的法定继承人，起诉要求人寿保险公司赔偿保险金 400000 元及利息损失，人寿保险公司不同意该诉讼请求。庭审中，人寿保险公司认可郝某患“非霍奇金淋巴瘤”系合同中约定的“重大疾病”之“恶性肿瘤”。

【案件焦点】

1. 保险事故发生时，合同约定的等待期是否已经届满；2. 对保险条款释义项下 2.4“等待期不承担保险责任”和 7.5“初次发生”条款如何解释与认定。

【法院裁判要旨】

北京市西城区人民法院经审理认为：第一，根据释义 2.4 条款之约定，一般人无法对“初次发生”得出明确的、符合通常理解且不存在歧义之理解与解释。释义7.5条款属于概括性、兜底性描述，对于何种症状、体征或须经何种途径确认与所患重大疾病相关均无明确的界定标准。任何人均可能在某一时间段出现某种异常状况，大部分疾病均可能存在一个或长或短的发展过程，保险人根据该释义对被保险人的身体状况进行追溯，必将免除自身的保险责任。第二，释义2.4、7.5条款均属于格式条款。7.5条款对2.4条款进行了限缩性解释，其内容实质上系隐性的免除保险人责任的条款，且系一般字体显示，人寿保险公司亦未有证据证明曾就该条款向郝某进行解释说明。第三，本案中，虽然郝某在保险合同约定的等待期届满之前在医院进行过治疗，但均未确诊为案涉重大疾病，郝某确诊为“非霍奇金淋巴瘤”的时间在保险合同约定的等待期届满之后。

综上，释义7.5条款不发生效力，郝某系等待期届满后发生保险事故，人寿保险公司应当承担保险责任。案涉保单未指定受益人，保险金应作为郝某的遗产，郝甲、王某、何某、郝乙均有同等的继承权利且同意平均分配，故应在四人之间平均分配。

北京市西城区人民法院依照《中华人民共和国合同法》第八条、第六十条，《中华人民共和国保险法》第二条、第十四条、第十七条、第十九条、第二十三条、第三十条、第四十二条，《中华人民共和国继承法》第十条、第十三条，《中华人民共和国民事诉讼法》第六十四条第一款之规定，判决如下：

一、人寿保险公司于本判决书生效之日起十日内给付何某保险金10万元，并以实际未给付数额为基数，支付自2018年9月12日起至实际付清之日止的利息；

二、人寿保险公司于本判决书生效之日起十日内给付王某保险金10万元，并以实际未给付数额为基数，支付自2018年9月12日起至实际付清之日止的利息；

三、人寿保险公司于本判决书生效之日起十日内给付郝甲保险金10万元，并以实际未给付数额为基数，支付自2018年9月12日起至实际付清之日止的利息；

四、人寿保险公司于本判决书生效之日起十日内给付郝乙保险金10万元，并以实际未给付数额为基数，支付自2018年9月12日起至实际付清之日止的利息；

五、驳回郝甲、王某、何某、郝乙的其他诉讼请求。

二审法院同意一审法院裁判意见。

【法官后语】

保险合同是最大诚信合同，当事人在订立保险合同时应当遵守诚实信用原则。对投保人而言，应当履行如实告知义务，即投保人在订立保险合同时，如实向保险人告知保险标的的情况，以使保险人对保险标的的情况及所处的危险有客观真实的认识，从而决定是否承保及以何种费率承保。对保险人而言，应当履行提示和明确说明义务。保险合同是一种专业性、技术性较高的合同，绝大多数是以保险单等标准化形式出现，保险合同的条款、费率是保险人单方面制定的，投保人不易理解。因此，保险人有必要如实向投保人说明保险合同的主要条款，特别是其中的免责条款。按照保险法第十六条和第十七条的规定，当事人不履行如实告知义务或明确说明义务，就可能导致保险合同的解除或有关条款的无效。本案的核心焦点为，对保险条款释义项下2.4“等待期不承担保险责任”和7.5“初次发生”条款的解释与效力认定，进而确定人寿保险公司应否对郝某承担保险事故的理赔责任。

关于等待期，人身保险合同往往会约定“等待期”，即在保险合同生效后的一段时间内，即使发生保险事故，保险公司也不承担理赔责任。设置等待期是为了避免投保人的逆选择，如带病投保、恶意投保，系保险法最大诚信原则的具体要求。等待期条款符合保险行业惯例，不属于免责条款，保险人就此无须进行特别的明确说明义务。

关于保险条款中关于“初次发生”的约定与释义，属于隐性免责条款。本案中，保险合同7.5条款显然属于兜底性、概括性条款，因为人的身体是一个复杂的系统，某一时期的身体异常情况并不能直接与某一重大疾病挂钩。在现实生活中，有些疾病的症状是相似的，在未经最终确诊的情况下，不能由于患者有相似症状就直接推断与某种疾病相关联。本案作为具体个案，由于被保险人出现症状的时间节点与确诊时间较为接近，保险人确有一定的理由认为被保险人在等待期届满前出现的相关症状属于重疾前兆，但该理由仅系通过生活经验作出的一般性推断。重疾属于医学问题，具有高度的专业性、科学性，仅以生活经验进行推理作为裁判理由依据尚不充分，何况在保险合同关系中，保险人作为专业性更强的一方，理当负有更高标准的举证责任。另外，保险条款7.5“初次发生”的释义，根据其字面含义，在理论上可以对被保险人的身体状况进行无限追溯，而不局限于在等待期，如此将在很大程度上免除保险人的保险责任，进而排除投保人、受益人或被保险人的权利，造成保险关系中权利义务的严重失衡。

本案例的典型意义在于，法官以合同约定为着眼点，在准确理解与适用保险法相关法律法规的基础上，结合经验法则对争议条款进行了充分、翔实的论述，得出了具有说服力的结论，并传达了鲜明的司法价值取向。本案例具有较好的社会价值导向和行为规范导向，对保险人规范制定保险条款、恰当履行自身义务，以及被保险人、投保人依法维护自身的保险权益均具有一定示范意义。

编写人：北京市西城区人民法院　周韬　姚岚

205　多份保险合同相继到交费期的保费扣收准则

——顾某诉保险北京分公司人身保险合同案

【案件基本信息】

1. 裁判书字号

北京市东城区人民法院（2020）京 0101 民初 16049 号民事判决书

2. 案由：人身保险合同纠纷

3. 当事人

原告：顾某

被告：保险北京分公司

【基本案情】

顾某在保险北京分公司处投保五份保险，投保人均为顾某，交费方式均为年交：1. 健康福星增额终身重大疾病保险，保险期间自 2013 年 7 月 9 日起至被保险人终身，保险费每年 8720 元，交费期间 20 年，续期保险费交费日期为每年 7 月 9 日；2. 康健吉顺定期防癌疾病保险，保险期间自 2013 年 7 月 9 日起至 2024 年 7 月 8 日止，保险费每年 3594 元，交费期间 10 年，续期保险费交费日期为每年7月9日；3. 康健吉顺定期防癌疾病保险，保险期间自2013年7月9日起至2061年7月8日止，保险费每年1242元，交费期间30年，续期保险费交费日期为每年7月9日；4. 康健吉顺定期防癌疾病保险，保险期间自2013年8月30日起至2024年8月29日止，保险费每年1797元，交费期间10年，续期保险费交费日期为每年8月30日；5. 康健吉顺定期防癌疾病保险，保险期间自2013年8月30日起至2051年8月29日时止，保险费每年981元，交费期间30年，续期保险费交费日期为每年8月30日。

其中，康健吉顺定期防癌疾病保险条款约定，本合同的交费方式和交费期间由您和本公司约定，但须符合本公司当时的投保规定，约定的交费方式和交费期间将在保险单上载明。本合同续期保险费应按保险单所载明的交费方式和交费日期交纳，您应在所选择的交付期间内每年交纳保险费，交纳保险费的具体日期为当年的保单生效对应日，并在保险单上载明。如到期未交纳，自保险单所载明的交费日期的次日零时起60日为宽限期。宽限期内发生保险事故的，本公司承担保险责任，但在给付保险金时将扣减您欠交的保险费。除另有约定外，您逾宽限期仍未交纳续期保险费的，本合同自款项期满的次日零时起效力中止。本合同效力中止期间发生保险事故的，本公司不承担保险责任。

2020年8月31日8：58，顾某致电保险北京分公司工作人员周某，告知其想交纳健康福星增额终身重大疾病保险保费，其余四份保险不再续费。2020年8月31日10：06：31、10：07：04、10：08：20、10：24：30，保险北京分公司从顾某的银行账户划走保险费1797元、3594元、1242元、981元。顾某认为保险北京分公司扣划保费错误，与其多次协商未果，故诉至法院要求保险公司退还错误扣划的四份保单保费。

被告保险北京分公司辩称：交费期间届满后有60天宽限期。在此期间，顾某都可以退保，但顾某没有操作。顾某没有提交解除合同所需手续，合同正常履行。合同进入宽限期，若其账户有钱，系统就会优先扣除划转。系统系随机扣款，无先后顺序。顾某于8：58致电周某，保险北京分公司9点开始置盘操作扣款，时间不足。保险公司没有过错，若顾某要解除合同，只能按正常的程序退还现金价值。

【案件焦点】

多份保险合同于同一时间段到交费期，在保费不足的情况下，保险公司是否有权选择性扣收保费。

【法院裁判要旨】

北京市东城区人民法院经审理认为：在保险合同的履行过程中，投保人具有交纳保险费的义务，但其逾期不交纳保险费的法律后果仅为保险合同效力的中止，保险人不得强制人身保险合同投保人交纳保险费。本案中，顾某在保险北京分公司处投保五份人身保险，保险费金额及缴纳保险费的时间并不完全一致，且在保险北京分公司扣划保险费时，五份保险单均已过了应交保险费的时间。针对已逾期缴纳保险费的保险单，顾某有权决定是否续交及续交哪份保险单。现双方约定的保险费扣划账户里的金额，并不足以支付五份保险单的全部保险费，顾某也已在保险北京分公司扣划保险费之前向其员工致电告知其选择续交保险费的保单，保险北京分公司在既未询问顾某意见亦未取得顾某同意的情况下自行随机扣划了保险费，违背了保险公司应遵循的诚实信用原则。保险北京分公司虽主张，已交纳保险费对应的保险单已经成立并生效，保险费并不能退还，但交纳涉案四份保险单的保险费并非顾某的真实意思表示，双方并未就保险费的交纳达成一致意见，保险北京分公司收取的保险费应当退还，已交纳续期保险费对应的四份保险单，自保险北京分公司扣划保险费之日起至退还保险费期间的效力，未经顾某与新华保险北京分公司达成一致意见之时，不具约束力。综上，顾某的诉讼请求具有事实依据，予以支持。

北京市东城区人民法院依照《中华人民共和国保险法》第五条、第三十五条、第三十六条之规定，判决如下：

保险北京分公司于本判决生效后十日内退还顾某保险费 7614 元。

判决后，双方当事人均未上诉，本判决现已生效。

【法官后语】

保险是市场经济条件下风险管理的基本手段，居民为分散家庭意外及患疾风险，往往为自己和家人配置了多份保险。为方便保险消费者，购买保险的续费方式之一即有自动扣费：投保人在购买保险过程中勾选或另行签订授权书同意保险公司定期从自己的银行卡中扣划保费而无须手动操作。在投保人未解除保险合同的情况下，单份保险合同到期后保险公司自动扣划保费并无争议。但若多份保险合同同一时间段都到交费期，保险公司应遵循何种流程和顺序扣划保费尚无规范，实践中各方分歧较大，需要法官在保护保险消费者权益及保障金融交易秩序的前提下对保费扣划的正当性及合理性进行综合判断。

首先，针对已逾期缴纳保险费的多份保险单，投保人有权决定是否续交及续交哪份保险单，故审判实践中应保障投保人对续期保险合同的选择权。保险公司应遵循诚实信用原则，双方就保费扣划顺序可预先达成书面协议。若未有书面协议，则保险公司在扣划保费之前应通过电话、短信或邮件等方式对投保人进行询问，依据投保人的选择进行相应扣费。若双方未有相关协议且保险公司未履行询问义务，做出违背投保人真实意思表示的扣费行为，则该随机扣费行为缺乏合同依据及正当性。本案保险公司既未询问顾某意见亦未取得顾某同意，顾某更在扣费前向保险公司业务员作出明确意思表示，保险公司仍随机扣费应属不当。

其次，从维护交易秩序及平衡双方权利义务的角度，对于在扣款截止日前未能取得联系的投保人，保险公司有权做出有利于投保人权益的扣费选择。应当指出，保险公司的询问义务并不排除投保人在履行保险合同过程中交纳保险费的义务。若保险公司未能联系到投保人或投保人未能作出明确的意思表示，保险公司便不能进行选择性扣划保险费，这在本质上不仅侵犯了保险消费者的合法权益亦违反自动扣费的相关约定，而且不利于保险市场交易的有序进行。保险公司选择扣费顺序可遵循交费到期时间的先后顺序、交费年限与保险期间权衡、保险费最大化覆盖等标准，综合考量保险消费者权益后进行保费扣划。即使投保人事后提出异议，保险公司能做出合理解释即可。

最后，应对保险合同解除与保险合同无效的法律后果作出明确区分。按照保险法的相关规定，投保人享有任意解除保险合同的权利，只要通知保险人即可。保险合同自通知到达时解除。投保人交足两年以上保险费的，保险人应当按照合同约定向其他享有权利的受益人退还保险单的现金价值。保单的现金价值=投保人已缴纳的保费-保险公司的管理费分摊额-推销人员佣金-保险公司已承担该保单保险责任所需保费+剩余保费所生利息。保险合同无效是合同根本不符合法律规定的有效条件，使得合同从未发生过效力，合同无效无需通知，只要违反法律规定的无效事由，该合同当然无效。保险合同无效溯及既往，故保险人应退还投保人保险费。可见，保险合同的解除与保险合同无效的事由及法律后果不同，保单的现金价值与保险费亦属于不同的概念，投保人无权因解除保险合同要求保险公司退还全部已缴保险费。本案虽然判决保险公司返还顾某错误扣划的保险费，但该返还行为并非基于四份保险合同解除后的法律效果，而是因保险公司本次扣划保费不当应返回至“原始状态”所致。解除保险合同及退保后现金价值的返还并未在本案中进行处理。

编写人：北京市东城区人民法院　黄莹荧　刘宇佳

206 限制承保疾病理赔的治疗方式条款不应当认定为免责条款

——徐某诉人寿保险公司人身保险合同案

【案件基本信息】

1. 裁判书字号

北京市第三中级人民法院（2020）京 03 民终 4468 号民事判决书

2. 案由：人身保险合同纠纷

3. 当事人

原告（被上诉人）：徐某

被告（上诉人）：人寿保险公司

【基本案情】

2016 年 2 月 25 日，徐某与人寿保险公司签订保险合同，投保健康无忧 C 款重大疾病保险，基本保险金额为 30 万元，保险期间为 2016 年 2 月 26 日至徐某终身；合同约定徐某于本合同生效之日起 180 日后，由人寿保险公司认可医院的专科医生确诊初次发生本合同所指的轻症疾病，人寿保险公司按基本保险金额的 20% 给付轻症疾病保险金，本项保险责任终止，本合同继续有效；合同对于轻症疾病的释义包括颈动脉内膜切除手术，更为具体的释义是指颈动脉狭窄超过 80% 且实际实施了颈动脉内膜切除手术，颈动脉狭窄程度必须经颈动脉造影证实。徐某签署了《电子投保申请确认书》，确认人寿保险公司员工已经详细告知徐某保险合同的内容。徐某理解保险合同的各项内容。

2019 年 3 月 17 日至 2019 年 3 月 26 日，徐某住院治疗，其被诊断为短暂性脑缺血发作、左侧颈内动脉闭塞、高甘油三酯血症，徐某未进行手术治疗。人寿保险公司认可徐某患病发生在保险期内，但认为徐某未实施手术，因此不同意理赔。故徐某诉至法院，主张判令人寿保险公司给付徐某轻症疾病保险金 6 万元。

庭审中，徐某陈述其左侧颈动脉闭塞程度达到 100%，手术风险过高，故无法实施。对此，徐某提交医院门诊病历予以证明，载明“左侧颈内动脉闭塞，不能介入治疗，严格二级预防，定期随访。必要时建议介入门诊进一步诊治”。人寿保险公司以该门诊病历未加盖医院公章及医生未签名为由否认真实性，但认可徐某颈动脉闭塞程度超过 80%。

【案件焦点】

徐某颈动脉狭窄程度超过80%但未实施手术是否符合理赔条件。

【法院裁判要旨】

北京市通州区人民法院经审理认为：重大疾病保险条款中对承保疾病的理赔设置限制治疗方式的约定，不应当认定为免责条款。条款本身具有法律效力，但是在对条款予以认定的时候应不仅限于合同文本解释方法，而更应当运用合理期待原则或者疑义解释原则进行认定。

本案的焦点为人寿保险公司能否依照保险合同约定的“颈动脉狭窄超过80%且实际实施了颈动脉内膜切除手术”条款而徐某未实际进行手术为由不承担保险责任。合同约定为颈动脉狭窄超过80%且实际实施了颈动脉内膜切除手术，也即颈动脉闭塞为轻症疾病需要同时满足两个条件，一为颈动脉狭窄的程度要在80%以上，二为实际实施颈动脉内膜切除手术，两者缺一不可。本案中，人寿保险公司认可徐某左侧颈动脉狭窄程度超过了80%，其拒绝理赔的原因在于徐某未实际实施手术。

徐某提交医院门诊病历证明其颈动脉闭塞程度已不能实施手术治疗。根据门诊病历的诊断结果，徐某颈动脉闭塞无法介入治疗，需要随访。本案中，徐某未实施手术的原因非其本人主观拒绝接受手术治疗，或病情轻微无需手术治疗，而是客观上因现有的医疗水平所限导致无法实施手术。也即徐某无法通过手术治疗颈动脉闭塞，因此徐某需要一直接受其他治疗手段缓解症状。

人身保险合同存在的重要价值就是在投保人一旦发生疾病等意外时，能够通过保险理赔手段更好地治疗疾病或弥补损失。本案中，徐某的病情虽然不满足条款中约定的实际实施手术的理赔条件，但是无法实施手术非其本人意愿，徐某也未因无法实施手术而不再治疗疾病，其终身都需要接受其他方式的治疗用以缓解病症并为此支付治疗费用。此种情况下，人寿保险公司仅以条款约定的实施手术条件为由拒绝理赔，与条款设立时的本意不符，亦与《中华人民共和国保险法》立法的本意相悖，法院不予采信。综合以上情况，徐某的病症已满足合同约定的理赔条件。

北京市通州区人民法院依据《中华人民共和国合同法》第六十条、《中华人民共和国保险法》第十条、《中华人民共和国民事诉讼法》第六十四条之规定，判决如下：

人寿保险公司给付徐某保险金6万元。

二审法院同意一审法院裁判意见。

【法官后语】

实践中，重大疾病保险合同经常会设定治疗条款的限制，以此作为理赔依据。对于限制性条款的认定就成为案件争议的焦点。

1. 限制治疗方式条款性质的认定

保险合同的条款在实践中多为格式合同，因为它有利于减少磋商时间，提升缔约合同的效率。但格式合同难免也会有利用优势地位对投保人不利的可能性，因此对于免责条款，《中华人民共和国保险法》明确了保险公司作提示和明确说明的义务。

对治疗方式有所限定的条款是否应当被认定为免责条款，笔者认为不宜认定为免责条款。首先，免责条款存在的意义是对本应当由保险人承担的风险在特定情形下加以限制，而非对是否属于保险责任范围进行判断。其次，如果将疾病定义中涉及关于疾病状态、治疗方式等表述均视为免责条款，会造成保险人的提示说明义务过分繁重，既增加经营成本又影响缔约效率。

2. 限制治疗方式的条款是否为有效的格式条款

限制治疗方式的条款排除构成免责条款后，就要考虑其作为格式条款是否有效的问题。简单来说，无效的格式条款无外乎具有“免除应承担的义务”“加重责任”“排除权利”三个特性。

关于“免除应承担的义务”，作限缩解释为宜。本案中，保险公司承担的主要义务是在保险事故发生后根据被保险人的理赔申请进行理赔，限制治疗方式的条款只是限缩了保险公司的承保范围，被保险人依约即可获得理赔，所以显然并未免除应承担的主要义务。

关于“加重责任”，表面上看限制治疗方式的条款确实收缩了被保险人的理赔口径，但是否加重了被保险人的责任不能仅凭收缩口径进行判断，“加重”应当作合理性判断而非合法性判断。限制治疗方式的条款本质上是对疾病严重程度的一种辅助性判定方式，作治疗方式的限制，既是基于社会现实和医疗水平的观察，亦希望借此精确理赔患者，故实际上并不存在加重投保人责任的情形。

关于“排除权利”，根据权利义务对等原则，限制治疗方式条款更不会排除被保险人的权利，被保险人只要投保并按时交纳保费，就拥有依约提起理赔申请的权利，所以限制治疗方式条款属于非免责且有效的格式条款。

3. 限制治疗方式条款如何进行解释

当对限制治疗方式条款约定发生争议时，其解释不应当仅限于合同文本。保险人单方面界定的重大疾病范围对被保险人来说有失公平，不符合通常理解的重大疾病范围，此种情况下应该按照有利于被保险人和受益人的范围解释，对于解释的原则应当运用疑义利益解释原则或者合理期待原则。

疑义利益解释原则，指的是对保险合同格式条款具有两种以上解释时，应当采纳对被保险人或者受益人有利的解释。但是，如保险人可清晰明确地表述限制性治疗方式在保险合同项下的定义，不容易使投保人产生误解，则应当视为无疑义，不使用疑义利益解释原则。本案中，双方对于限制性治疗方式条款并不存在理解上的疑义，所以不适用疑义利益解释原则。除此之外，保险合同还应以被保险人的合理期待为导向，而不能以合同条款向被保险人强加非合同义务。

编写人：北京市通州区人民法院　钱笑　马帅

207　被保险人故意拖延确诊时间至观察期外，应据实认定确诊时间

——李某诉保险深圳分公司、保险总公司人身保险合同案

【案件基本信息】

1. 裁判书字号

广东省深圳市福田区人民法院（2020）粤0304民初19437号民事判决书

2. 案由：人身保险合同纠纷

3. 当事人

原告：李某

被告：保险深圳分公司、保险总公司

【基本案情】

2017 年 3 月 11 日，李某在保险深圳分公司处投保《人生提前给付重大疾病保险 A 款（2014 版）》，被保险人为其本人，重大疾病保险金额为 30 万元，保险期间自 2017 年 3 月 12 日起至终身止或合同列明的终止性保险事故发生时止。保险合同条款第 2.3 条约定，若被保险人在本附加险合同生效或最后一次复效（以较迟者为准）之日起 180 日内因意外伤害以外的原因被确诊初次发生本附加险合同约定的重大疾病，按照已支付的保险费的金额给付重大疾病保险金，主险合同与本附加险合同终止。

2017 年 8 月 2 日，李某在人民医院做彩超，提示某处弱回声结节伴钙化。同日，在该院做相应部位穿刺，2017 年 8 月 7 日穿刺病理报告提示“肿瘤性病变，建议行免疫组化检测进一步诊断”。2017 年 9 月 11 日，李某在该院住院治疗并于当日缴纳免疫组化检测费用，2017 年 09 月 13 日该院出具免疫组化检测病理报告，结果为“结合形态学及免疫表型，符合浸润性导管癌”，免疫组化检测使用的标本同为 2017 年 8 月 2 日穿刺病理报告的标本。

2017 年 11 月 5 日，李某向保险深圳分公司提交理赔申请。保险深圳分公司以李某故意拖延确诊时间，应当视为李某在合同生效之日起 180 日内已经确诊为由，按李某已支付的保险费的金额向李某赔付了重大疾病保险金 10800 元及 34374.81 元的医疗费，拒绝了李某其他的理赔申请。李某认为保险深圳分公司未履行合同义务，故诉至法院，请求支付保险金及利息。

【案件焦点】

李某的疾病确诊时间应如何认定。

【法院裁判要旨】

广东省深圳市福田区人民法院经审理认为：第一，根据保险合同和投保单，保险合同的生效时间为 2017 年 3 月 12 日，则第 180 日为 2017 年 9 月 8 日，如李某疾病确诊时间在 2017 年 9 月 9 日前则在 180 日内，否则在 180 日后。第二，确定疾病确诊的时间点，虽然依据的是就诊医院的诊断证明，但是重大疾病的确诊需要经历一个复杂的过程，患者往往需要经历多次、多种检查和诊断等。正因如此，医院对患者疾病的确诊，当然需要患者的配合，包括在合理的时间内及时缴费、及时就诊等。第三，李某就诊医院虽然于 2017 年 9 月 13 日才正式确诊所患疾病为浸润性导管癌，但在 40 多天之前的 8 月 2 日，李某所做彩超已提示某处弱回声结节伴钙化，8 月 7 日的穿刺病理报告已提示肿瘤性病变，并建议李某进行免疫组化检测进一步诊断。也就是说，在 2017 年 8 月 7 日，李某就诊医院已经倾向于认为李某所患疾病为肿瘤性病变。一个理性人的正常反应应当是尽快确诊、尽快治疗，但李某反而在拖延 30 多天以后才再次到医院就诊并按医院建议进行免疫组化检测，有违常理。第四，正是李某的故意拖延，才使确诊时间发生在保险合同生效后 180 日后，李某的行为有违诚实信用原则，不应受到鼓励。第五，考虑到 2017 年 8 月 7 日李某就诊医院已经提示肿瘤性病变，并建议李某进行免疫组化检测，给予合理的就诊时间、检测时间后，李某所患疾病的确诊时间至迟应该在 2017 年 8 月中旬。据此，可以确认李某所患疾病的确诊时间在保险合同生效之日起 180 日内，保险深圳分公司有权按保险合同的约定，按李某已支付的保险费的金额给付重大疾病保险金。

广东省深圳市福田区人民法院依照《中华人民共和国保险法》

第五条、第十四条，《中华人民共和国民事诉讼法》第六十四条第一款、第一百四十二条的规定，判决如下：

驳回李某的全部诉讼请求。

判决后，双方当事人均未上诉，本判决现已生效。

【法官后语】

1. 重大疾病责任观察期设置的目的与道德风险防范

就重大疾病保险合同而言，保险公司承接的是被保险人转移的未来有可能发生的疾病风险。一般人对疾病的认知不足，很难预判疾病何时发生、因何发生。因此，为了防止道德风险、防范带病投保以及合理分担保险人、被保险人之间的权利义务，避免加重保险人的承保风险，杜绝因道德风险和未知风险而引发保险公司承保中的系统性经营风险，在重大疾病保险合同中设置"观察期"已为各大保险公司通用之做法：如果在观察期内确诊，便终止合同，返还已交保费。在案件中，应考察被保险人是否在观察期内确诊，进而判断保险公司应按保费金额还是保险金额赔付。

2. 最大诚信原则的适用

保险合同实质上是射幸合同，具有不确定性，建立在诚实信用的基础之上。在订立和履行保险合同时，各方对于足以影响合同相对方订立或履约的全部事实均应如实相告，如一方当事人有所隐瞒，则造成信息的不对称，增加合同风险。在这一点上，对保险合同当事人的要求要高于其他民事行为的当事人，这也是对当事人正当合理期待的保护。

如因被保险人的故意拖延，才使确诊时间发生在观察期后，被保险人的行为有违诚实信用原则，不应受到鼓励。

3. 各方当事人利益的平衡

被保险人拖延确诊的行为有违一个理性人的正常反应，人为地将重疾确诊时间拖延至观察期之后，如机械地套用医院“确诊”时间而要求保险公司承担责任，将直接导致被保险人因其不诚信的行为而获利，变相鼓励了那些为获取保险金而不惜铤而走险、怠于治疗的投机行为，不合理地加重保险公司的承保风险，严重违背保险法的最大诚信原则和公平正义准则，也违背了设置疾病观察期的本意。基于此，应充分考虑医院前期给予提示的时间以及就诊、检测所需的时间来判断确诊时间。

编写人：广东省深圳市福田区人民法院　黄劭辉　戚欣

208 保险人未以网页、音频、视频等形式对网络保险合同的免责条款予以提示和明确说明的，免责条款不生效

——钟某诉保险梅州支公司人身保险合同案

【案件基本信息】

1. 裁判书字号

广东省梅州市中级人民法院（2020）粤14民终320号民事判决书

2. 案由：人身保险合同纠纷

3. 当事人

原告（上诉人）：钟某

被告（被上诉人）：保险梅州支公司

【基本案情】

钟某与黄某是夫妻关系。黄某为钟某在保险梅州支公司处投保重大疾病险，双方签订组合类产品（定额）保险单，其中《重大疾病保险条款》保险金额为200000元。钟某缴纳保费1080元，双方约定保险期间自2018年10月23日0时起至2019年10月22日24时止。2019年2月14日，钟某被诊断为左大腿神经性纤维瘤病（间叶源性恶性肿瘤）。钟某向被告申请理赔，被告将原告病情记录交广东华科法医临床司法鉴定所鉴定，鉴定意见为：1. 被鉴定人钟某患有神经纤维瘤病为遗传性基因缺陷性疾病，与外伤及意外等致病因素无因果关系；2. 被鉴定人钟某在向保险公司投保前即患有遗传性基因缺陷性神经纤维瘤病。被告据此向钟某发出《人身保险拒赔告知书》，告知根据合同责任免除第六条，本次事故不属于保险责任，故作拒赔处理。钟某不服，提起诉讼，请求被告在重大疾病保险限额内向原告支付保险金人民币200000元。

【案件焦点】

本案中的免责条款是否生效。

【法院裁判要旨】

广东省梅州市梅县区人民法院经审理认为：黄某作为原告妻子，其在被告公司处任职，工作范围除涉及管理部门外，还涉及保险业务部门，故被告对黄某履行的提示及明确说明义务应区别于一般投保人，且该保险为网上投保，需要点击到第三步出现条款并打钩后，才能进行下一步操作。黄某打钩操作行为应视为其清晰、明了免责条款约定。因此，认定《重大疾病保险条款》中免责条款发生法律效力。且被告提交了《司法鉴定意见书》，一审法院已受理原告的鉴定申请，多方联系鉴定机构，对鉴定机构的相关资质进行审查，均无法证明《司法鉴定意见书》不具备法律效力之处。依照《中华人民共和国民事诉讼法》的规定，法院亦允许原告联系专家鉴定人，代表当事人对鉴定意见进行质证，但在原审指定期限内，原告未能提供专家鉴定人。在原告未提供证据证明，仅存在病历及疾病证明之下，依高度盖然性原则，认定原告所患神经性纤维瘤病属于遗传性疾病，属于《重大疾病保险条款》约定的免除保险人责任范围。

广东省梅州市梅县区人民法院依照《中华人民共和国合同法》第四十四条、第六十条，《中华人民共和国保险法》第十七条，《最高人民法院关于适用〈中华人民共和国保险法〉若干问题的解释（二）》第十二条，《最高人民法院关于民事诉讼证据的若干规定》第二十八条、第七十三条、第七十七条，《中华人民共和国民事诉讼法》第六十四条的规定，判决如下：

驳回钟某的全部诉讼请求。

钟某不服，提起上诉。广东省梅州市中级人民法院经审理认为：第一，本案所涉保险合同责任免除条款部分约定“遗传性疾病”不在合同所载的重大疾病范围之内，是对被上诉人承保的重大疾病的限制，实际上是加重了投保人的责任。《重大疾病保险条款》释义载明，遗传性疾病是指生殖细胞或受精卵的遗传物质（染色体和基因）发生突变或畸变所引起的疾病，通常具有由亲代传至后代的垂直传递的特征，属专业术语。根据《中华人民共和国保险法》第十七条第二款、《最高人民法院关于适用〈中华人民共和国保险法〉若干问题的解释（二）》第十二条的规定，对此的说明义务的履行应当达到一般人在通常情况下能够明白地知晓免责条款的内容、含义及法律后果的程度。在网络营销模式下，保险人在设计网络投保程序时，应当对免责条款进行特别提示，确保投保人在合理时间内强制性阅读，精准地理解保险人免责条款内容、相关概念及法律后果，并通过音频、视频、人工在线服务等多种形式对保险合同中的专业化、技术化、复杂化条款及免除保险人责任条款进行生动形象的进一步说明，辅之以同步录音录像手段。被上诉人设计案涉险种的网络投保程序虽有强制阅读要求，但被上诉人没有提供证据证明对“遗传性疾病”这一医学专业术语履行了明确说明义务。第二，上诉人的妻子黄某在被上诉人处任职车商部团队经理，但本案保险属人身保险合同，没有证据证明上诉人在投保过程中明确了解免责条款的真实含义，不能免除被上诉人的明确说明义务。第三，上诉人在保险期间内，经医院明确诊断为患有间叶源性恶性肿瘤，属于重大疾病条款规定的60天观察期之后初次患病。上诉人作为被保险人，要求被上诉人承担给付保险金的赔偿责任，并按保险条款约定提供了上述医疗机构出具的医疗诊断证明、门诊及住院病历以及出院小结等合法有效的材料。被上诉人单方委托鉴定结论不足以证明上诉人投保前罹患或曾经患有该种疾病，亦不足以证明上诉人故意或者因重大过失未履行如实告知义务。综上，一审认定案涉免责条款发生法律效力不当，予以纠正。

广东省梅州市中级人民法院根据《中华人民共和国保险法》第十七条第二款、《最高人民法院关于适用〈中华人民共和国保险法〉若干问题的解释（二）》第十二条、《中华人民共和国民事诉讼法》第一百七十条第一款第二项之规定，判决如下：

一、撤销一审判决；

二、保险梅州支公司应于判决生效之日起10日内在重大疾病保险限额内赔偿200000元给钟某。

【法官后语】

互联网保险是指保险机构依托互联网和移动通信等技术，通过自营网络平台、第三方网络平台等订立保险合同、提供保险服务的业务。随着信息技术的深入发展和大数据在保险领域的不断深入，互联网投保作为一种新型的保险营销模式，得到了各大保险服务机构的大力发展，并成为主要保险方式之一。互联网保险具有虚拟化、数字化、跨区域等新特点，在保险合同的签订形式等方面与传统的柜面保险销售模式显著不同，使得互联网保险的管理难度加大，互联网保险纠纷增多。

互联网保险纠纷中，保险人的明确说明义务履行与否以及是否全面履行是主要争议焦点之一。保险人的说明义务可以分为两种类型，针对一般条款的普通说明义务和针对免责条款的明确说明义务。对于免责条款提示说明义务的履行，《中华人民共和国保险法》第十七条第二款规定："对保险合同中免除保险人责任的条款，保险人在订立合同时应当在投保单、保险单或者其他保险凭证上作出足以引起投保人注意的提示，并对该条款的内容以书面或者口头形式向投保人作出明确说明；未作提示或者明确说明的，该条款不产生效力。"《最高人民法院关于适用〈中华人民共和国保险法〉若干问题的解释（二）》第十二条规定："通过网络、电话等方式订立的保险合同，保险人以网页、音频、视频等形式对免除保险人责任条款予以提示和明确说明的，人民法院可以认定其履行了提示和明确说明义务。"

本案中，合议庭认为保险人未对免责条款尽到说明义务。首先，明确说明义务适用的范围包括免除保险人的责任条款的概念、内容及其法律后果。在网络营销模式下，保险人在设计网络投保程序时，应当对免责条款进行特别提示，确保投保人在合理时间内强制性阅读，精准地理解保险人免责条款内容、相关概念及法律后果，并通过音频、视频、人工在线服务等多种形式对保险合同中专业化、技术化、复杂化条款及免除保险人责任条款进行生动形象的进一步说明，辅之以同步录音录像手段。其次，涉案保险为重大疾病险，保险条款多为专业术语，常人以“一般理解力”通常难以理解，且互联网保险缺乏口语解释，条款作为书面语言展示更容易产生歧义，容易影响投保人对于保险条款含义的理解和自身风险的判断。最后，本案保险人的投保程序虽设置强制阅读，提示了投保人注意，但并未采取其他形式向投保人作出解释，以使投保人明确该条款的真实含义和法律后果，故认定该免责条款未生效。

编写人：广东省梅州市中级人民法院　王碧娟

209　保险公司不能以被保险人没有选择保险合同指定的治疗方式而免除保险赔付责任

——舒某诉寿险荆州支公司、寿险监利服务部人身保险合同案

【案件基本信息】

1. 裁判书字号

湖北省荆州市中级人民法院（2021）鄂10民终58号民事判决书

2. 案由：人身保险合同纠纷

3. 当事人

原告（被上诉人）：舒某

被告（上诉人）：寿险荆州支公司

被告（被上诉人）：寿险监利服务部

【基本案情】

被告寿险监利服务部隶属于被告寿险荆州支公司，没有独立的财产预算系统，不具备独立承担法律责任的能力。2017年6月8日，舒某向寿险监利服务部申请投保“团体重大疾病保险”，保单生效日期为2017年6月17日，保险期间为2017年6月17日至2018年6月16日，保险金额为150000元。2018年1月11日，舒某因病住院治疗，医院于同日22时1分出具的《病危通知单》载明“目前诊断：主动脉夹层；病情危重情况：患者目前随时可因主动脉夹层破裂大出血而死亡”，其《出院记录》载明患者有手术指征，《手术记录》载明手术名称为降主动脉内覆膜支架腔内隔绝术，并于次日经过右腹股沟切口置入主动脉内大支架的手术治疗。舒某出院后向寿险监利服务部和寿险荆州支公司申请保险理赔，寿险荆州支公司于2020年8月14日向舒某出具了理赔决定书，决定不予给付重大疾病保险金。舒某遂提起诉讼，请求人民法院判令二被告向原告支付保险金150000元。

【案件焦点】

被告能否以原告手术方式不符合保险条款约定为由拒绝理赔。

【法院裁判要旨】

湖北省监利市人民法院经审理认为：舒某在寿险监利服务部投保了“团体重大疾病保险”，交纳了保险费，双方之间的保险合同关系成立，合法有效，具有约束力。舒某身患主动脉夹层疾病，进行了主动脉手术，根据保险合同的约定，舒某应获得相应的保险金，而寿险荆州支公司予以拒赔，构成违约，应承担违约责任。保险条款约定动脉手术指为治疗主动脉疾病，实际实施了开胸或开腹进行的切除、置换、修补病损主动脉血管的手术。寿险荆州支公司以舒某实施主动脉手术时没有开腹为由予以拒赔。手术时，为放入支架，在舒某的右腹股沟切开了口子，腹股沟位于腹部的边缘，保险条款并没有明确排除腹股沟不是腹部的一部分，亦没有排除切开腹股沟不是开腹。况且，该保险条款为寿险荆州支公司提供的格式条款，对格式条款有两种以上解释时，应当作出不利于提供格式条款一方的解释。因此，对寿险荆州支公司认为舒某并没有进行开腹手术，仅仅是在主动脉放了覆膜支架，明显不符合合同条款的约定，不构成赔偿条件的抗辩理由，不予支持。寿险监利服务部没有独立承担法律责任的能力，其责任应由寿险荆州支公司承担。

湖北省监利市人民法院依照《中华人民共和国合同法》第八条、第四十一条、第六十条、第一百零七条、第一百零九条和《中华人民共和国民事诉讼法》第一百四十二条之规定，判决如下：

一、寿险荆州支公司于本判决生效后十日内给付舒某保险金150000元；

二、驳回舒某的其他诉讼请求。

寿险荆州支公司不服一审判决，提出上诉。湖北省荆州市中级人民法院经审理认为：双方当事人对案涉保险合同合法有效、被保险人舒某所患主动脉疾病均无异议，双方争议的焦点是案涉手术取腹股沟切口、行降主动脉内覆膜支架腔内隔绝术是否符合合同约定的主动脉手术。本案中，《病危通知单》载明目前诊断主动脉夹层，《出院记录》载明患者有手术指征。在舒某有手术适应症且所患主动脉疾病危及生命时，舒某有权选择有利于生命健康的最佳治疗方式与先进的治疗技术。《中华人民共和国保险法》第十九条规定："采用保险人提供的格式条款订立的保险合同中的下列条款无效：（一）免除保险人依法应承担的义务或者加重投保人、被保险人责任的；（二）排除投保人、被保险人或者受益人依法享有的权利的。"因此，对主动脉手术，保险人寿险荆州支公司不能以被保险人舒某没有按其提供的格式条款中"实际实施了开胸或开腹进行的切除、置换、修补病损主动脉血管的手术"的方式治疗而免除自己的保险责任。

湖北省荆州市中级人民法院依照《中华人民共和国民事诉讼法》第一百七十条第一款第一项规定，判决如下：

驳回上诉，维持原判。

【法官后语】

本案涉及人们日常生活中经常接触到的人身保险问题。随着社会的发展及人们保险意识、健康意识的提高，越来越多的人通过购买人身保险尤其是重疾险来转移疾病带来的经济风险，以更少的成本换取更多的保障。众所周知，重疾险往往需要被保险人长达十年甚至更长时间的持续购买，其最大的优势便是保险期间长，有的甚至保终身。与此同时，医疗技术和治疗手段不断更新改进，面对同一种疾病，其治疗方式不一而足。而保险公司在保险条款中设立的免责条款可能让保险权利人的合法权益受到损害，成为许多投保权利人的痛点。人们既渴望通过购买保险让生活多一层保障，又害怕最终理赔时保险公司以各种理由拒绝理赔，最终无法实现保险利益，不但没有让生活多一层保障，还损失了保险金。如何保障投保权利人的合法保险权益，成为越来越多的人关注的焦点。

本案中，保险条款约定“动脉手术指为治疗主动脉疾病，实际实施了开胸或开腹进行的切除、置换、修补病损主动脉血管的手术”，保险公司因此以被保险人未按照合同约定的手术方式进行治疗为由进行抗辩，对此，法院不予支持。理由如下：第一，排除被保险人依法享有的权利的约定无效。健康权是人固有的权利，被保险人有权根据自身病情接受或选择最有利于自身健康的最佳治疗方式。保险公司在保险合同中明确指定了治疗方式，这样的条款看似约定明确具体，实则排除了被保险人对疾病治疗方式的选择权，属于《中华人民共和国保险法》第十九条规定的无效条款。第二，不符合医学发展规律。随着医疗技术的发展进步，越来越多先进的治疗方式将原先的治疗方式取代，又加上重疾险保险期间长，必然会出现对患者而言创伤更小、死亡率更低、并发症发生率更低的治疗方式。在双方签订保险合同之初，保险公司却限定了治疗方式，这显然不符合医学发展规律。第三，违背合同目的。探究投保人购买人身保险合同（重疾险）的真实意思是转移被保险人因重大疾病带来的经济风险，因此从合同目的角度进行解释，保险公司即使在合同条款中列明治疗方式，也应当理解为双方约定的优先考虑的治疗方式，并非排除被保险人的其他选择。一言以蔽之，即使保险条款中列明治疗方式，如果该治疗方式与合同目的相悖，则可不予选择，保险公司不能以该约定为由免除自身保险赔付责任。第四，不符合理性人的选择。站在理性人角度，被保险人不可能在有更好的治疗方式可供选择、更能确保自身生命健康安全的情况下，仅为了确保重疾险保证金的给付而放弃更有利的治疗方式、强行选择合同约定的治疗方式。

一直以来，我国都在从立法和司法实践的角度积极地探寻和解决保险公司与投保权利人之间的利益平衡问题。

在立法上，我国现行法律对保险公司编制免责条款作出了必要的限制：第一，在基本法中进行立法限制，如《中华人民共和国民法典》第四百九十七条规定了三种格式条款无效的情形。[①] 第二，在特别法中进行特别限制，如《中华人民共和国保险法》第十七条规定了对保险合同中免除保险人责任的条款，未作提示或者明确说明的，该条款不产生法律效力；第十九条规定了格式条款中无效的两种情形。第三，在司法解释中进行明确，如《最高人民法院关于适用〈中华人民共和国保险法〉若干问题的解释（二）》第九条第一款规定："保险人提供的格式合同文本中的责任免除条款、免赔额、免赔率、比例赔付或者给付等免除或者减轻保险人责任的条款，可以认定为保险法第十七条第二款规定的'免除保险人责任的条款'。"

在司法实践中，保险公司与投保权利人之间的保险纠纷日益增多，人民法院需要通过具体案件的审理来正确引导保险公司规范其保险行为，从而保障保险权利人的合法权益。在现实生活中，保险合同多为格式条款，投保人无法对合同条款进行选择，这就使投保权利人陷入被动、弱势的地位，在这样的背景下，法律的天平往往需要有所倾斜才能实现真正意义上的公平正义。

最后，关于本案中的法律适用问题，《中华人民共和国民法典》于2021年1月1日起施行，《中华人民共和国合同法》同时废止。

---

① 该条规定，有下列情形之一的，该格式条款无效：（一）具有本法第一编第六章第三节和本法第五百零六条规定的无效情形；（二）提供格式条款一方不合理地免除或者减轻其责任、加重对方责任、限制对方主要权利；（三）提供格式条款一方排除对方主要权利。

《最高人民法院关于适用〈中华人民共和国民法典〉时间效力的若干规定》第一条第二款规定："民法典实施前的法律事实引起的民事纠纷案件，适用当时的法律、司法解释的规定，但是法律、司法解释另有规定的除外。"因此，本案在二审审理时认可一审法院对《中华人民共和国合同法》的适用。

编写人：湖北省荆州市中级人民法院　辰宇

210　投保人未履行如实告知义务，保险人合同解除权之适用

——周某婷诉人保宜昌分公司保险合同案

【案件基本信息】

1. 裁判书字号

湖北省宜昌市中级人民法院（2020）鄂 05 民终 1797 号民事判决书

2. 案由：保险合同纠纷

3. 当事人

原告（上诉人）：周某婷

被告（被上诉人）：人保宜昌分公司

【基本案情】

2016 年 10 月 6 日，周甲与被告人保宜昌分公司签订《保险营销员保险代理合同（A 类）》，在该公司担任保险营销员，周甲向保险公司提供了毕业证书复印件、身份证复印件等。2016 年 12 月

1 日至 2017 年 4 月 23 日，被告共向周甲支付其所销售保险的佣金累计 13243.6 元。

2016 年 10 月 15 日，周甲为其女儿周某婷投保以下险种：1. 祥瑞终身寿险、附加祥瑞提前给付重大疾病保险，被保险人为周某婷，保险金额 200000 元，保险期间终身；保险利益条款约定：本合同所指的重大疾病包含恶性肿瘤等五十种疾病。附加祥瑞提前给付重大疾病保险的保险利益条款第七条保险责任第一项约定："被保险人于本附加合同生效（或最后复效）之日起一百八十日内，因首次发生并经确诊的疾病导致被保险人初次发生并经专科医生明确诊断患本附加合同所指的重大疾病（无论一种或者多种），本附加合同终止，本公司按照本附加合同基本保险金额给付重大疾病保险金。"2. 少儿疾病保险（尊享版），被保险人为周某婷，保险金额 200000 元；保险利益条款约定：本合同所指的疾病包含严重川崎病等十五种疾病。3. 终身疾病保险（尊享版）、附加豁免保险费少儿疾病保险（尊享版），被保险人为周某婷，保险金额 200000 元；保险利益条款约定：本合同所指疾病包含严重大动脉炎等三十种疾病。

周甲在为周某婷投保上述保险时，其作为投保人在《电子投保单》上签名确认。《电子投保单》明确提示："本人已认可《电子投保单》的全部内容，确保投保人、被保险人及身故受益人信息、投保事项信息、银行账户信息均正确无误，健康、财务及其他告知内容属实，与本次投保有关的问卷、体检报告书及对体检医生的各项陈述均确保无误；已仔细阅读并理解电子版《人身保险投保提示书》的全部内容，如有不实告知，贵公司有权依法解除保险合同，并对合同解除前发生的保险事故不承担保险责任。”投保之后，周甲按照上述保险合同约定按时交纳保费。

2019 年 3 月 18 日，周某婷住院就诊，2019 年 4 月 15 日出院诊断为：恶性肿瘤复诊化疗、非霍奇金淋巴瘤（弥漫大 B 型细胞型）、化疗后骨髓抑制、脓毒症、急性支气管炎、麦粒肿、口腔溃疡。周某婷出院后，周甲向被告人保宜昌分公司申请理赔，2019 年 5 月 21 日被告作出拒绝给付保险金通知书，保险公司拒赔，理由：被保险人周某婷于 2016 年 3 月已确诊为非霍奇金滤泡性淋巴瘤，申请投保时未就上述疾病如实告知。2016 年 3 月 31 日，周某婷在某医院行“左淋巴结切除术”，出院诊断为非霍奇金 B 细胞淋巴瘤。该疾病属恶性肿瘤中的一种。周甲不服，遂成讼。

【案件焦点】

投保人未履行如实告知义务，保险人合同解除权之适用。

【法院裁判要旨】

湖北省枝江市人民法院经审理认为：被告与周甲签订的国寿祥瑞终身寿险、国寿附加祥瑞提前给付重大疾病保险等保险合同，虽然原告称合同不是周甲本人所签，但不论周甲是否亲笔签名，投保后周甲按照合同约定按时交纳保险费，依据《最高人民法院关于适用〈中华人民共和国保险法〉若干问题的解释（二）》第三条第一款的规定，视为对合同效力的追认，合同约定的内容是双方真实意思表示，本案所涉的保险合同成立并生效。

周甲为周某婷投保，应当按照保险合同的约定，如实向保险公司陈述，确保投保人、被保险人及身故受益人信息、投保事项信息、银行账户信息均准确无误，健康、财务及其他告知内容属实，与投保有关的问卷、体检报告书及对体检医生的各项陈述均无误。原告周某婷于 2016 年 3 月 31 日在医院行“左淋巴结切除术”，出院诊断为非霍奇金 B 细胞淋巴瘤，该疾病属恶性肿瘤的一种，2016 年 10 月 15 日周甲在为周某婷投保时作为投保人在投保单上签名确认，视为周甲已详知《电子投保单》《人身保险投保提示书》中的内容，但周甲并未就周某婷患恶性肿瘤疾病的事实如实告知保险公司。综上，周甲未履行如实告知义务，2019 年 4 月 15 日周某婷被诊断出的非霍奇金 B 细胞淋巴瘤并非首次发生并经确诊的重大疾病，保险公司有权解除保险合同，并对合同解除前发生的保险事故不承担保险责任。

原告主张《电子投保单》《保险营销员保险代理合同（A 类）》中周甲的签名不是其本人所签，其不是被告公司的保险销售人员，对投保单中的《人身保险投保提示书》的内容不知情，并申请对《电子投保单》中周甲的签名进行笔迹鉴定。经查，2016 年 10 月周甲入职被告公司，从 2016 年 12 月至 2017 年 4 月被告向周甲提供的银行账户支付了其所销售保险的佣金，周甲不能就其提供身份证复印件、银行账号等资料入职、收取被告支付佣金的事实给出合理解释，且证人亦证实周甲与其是同一时期进入保险公司从事保险销售工作，应认定周甲是被告的保险营销员，其作为本案所涉保险合同的销售人员，对其销售的保险产品的保险利益条款及《人身保险投保提示书》的内容应当是悉知的，故无需对《电子投保单》中周甲的签名进行笔迹鉴定。

湖北省枝江市人民法院依照《中华人民共和国保险法》第十六条，《最高人民法院关于适用〈中华人民共和国保险法〉若干问题的解释（二）》第三条第一款、第五条之规定，判决如下：

驳回周某婷的诉讼请求。

二审法院同意一审法院裁判意见。

【法官后语】

随着经济社会的进一步发展，越来越多的人意识到购买保险的重要性，其中不免存在违背诚实信用原则、未履行如实告知义务的投保人，更有甚者出现骗保行为，这在一定程度上扰乱了保险行业的秩序和生态。笔者将在此探讨一下投保人未履行如实告知义务后保险人的合同解除权。

1. 投保人的如实告知义务

我国保险法第十六条规定“订立保险合同，保险人就保险标的或者被保险人的有关情况提出询问的，投保人应当如实告知”，投保人如实告知义务是诚实信用原则的体现。投保人是否履行如实告知义务，主要看其主观心理状态及客观行为，未履行如实告知义务的主观心理状态表现为故意或重大过失，客观行为表现为没有向保险人如实告知其应当告知的内容。对于投保人的如实告知范围，《最高人民法院关于适用〈中华人民共和国保险法〉若干问题的解释（二）》第六条规定，“投保人的告知义务限于保险人询问的范围和内容。当事人对询问范围及内容有争议的，保险人负举证责任”。

2. 保险人的合同解除权的适用

投保人故意或者因重大过失未履行如实告知义务，足以影响保险人决定是否同意承保或者提高保险费率的，保险人有权解除合同。投保人的主观心理状态为故意或者重大过失，且客观上实施了未如实告知行为，在此种情形下，保险人可使用合同解除权，与投保人解除保险合同。

保险人使用合同解除权，有期限限制，若超过此期限，保险人不可抗辩。若保险人在知道有解除事由之日起超过三十日未行使，则合同解除权消灭，自合同成立之日起超过二年的，保险人不得解除合同；发生保险事故的，保险人应当承担赔偿或者给付保险金的责任。在司法实践中，投保人常认为，如果在保险合同成立两年内发生了保险事故，即使投保时存在未如实告知的情形，只要在保险合同成立两年后申请理赔，因保险合同成立已经超过了两年的时间，保险人就不得以未履行如实告知义务为由拒赔。但保险人的合同解除权存在适用前提，投保人常常忽略。

3. 合同解除权的适用前提

保险人合同解除权的适用前提为保险事故发生在保险合同期限内，对于保险合同成立前已经发生的保险事故，保险人是不予赔付的。如此，便有下面两种情形：（1）投保人故意不履行如实告知义务的，保险人对于合同解除前发生的保险事故，不承担赔偿或者给付保险金的责任，并不退还保险费。（2）投保人因重大过失未履行如实告知义务，对保险事故的发生有严重影响的，保险人对于合同解除前发生的保险事故，不承担赔偿或者给付保险金的责任，但应当退还保险费。投保人在进行投保时常常忽略此适用前提，用已过两年期限来进行抗辩是不可行的。

本案中，周某婷于2016年3月31日在医院行“左淋巴结切除术”，出院诊断为非霍奇金B细胞淋巴瘤，该疾病属恶性肿瘤的一种，2016年10月15日周甲在为周某婷投保时作为投保人在投保单上签名确认，视为周甲已详知《电子投保单》《人身保险投保提示书》中的内容，但周甲并未就周某婷患恶性肿瘤疾病的事实如实告知保险公司。周甲故意未履行如实告知义务，保险公司有权解除保险合同，并对合同解除前发生的保险事故不承担保险责任。周某婷另提出其缴纳保费到发生保险事故时已过两年期间，保险人不能解除合同的上诉理由，此上述理由是不成立的。

编写人：湖北省枝江市人民法院　田玉华

211　病历记录中患者主诉内容不能作为人身保险中投保人未如实告知的直接依据

——刘某诉人保上海分公司人身保险合同案

【案件基本信息】

1. 裁判书字号

上海市浦东新区人民法院（2020）沪0115民初70257号民事判决书

2. 案由：人身保险合同纠纷

3. 当事人

原告：刘某

被告：人保上海分公司

【基本案情】

2020年1月2日，原告作为投保人和被保险人，与被告签订了“国民健康福终身重大疾病保险”合同。该保险合同载明，生效日期为2020年1月3日，保险期间为终身，缴费年限30年，基本保险金额为300000元，保险责任为“重大疾病保险金，中症疾病保险金，轻症疾病保险金，重大疾病、中症疾病、轻症疾病豁免保险费，二、三次恶性肿瘤保险金”。2020年1月12日，原告参加工作单位组织的体检，体检报告书中的终检结论载明："双叶甲状腺肿块。建议头颈外科进一步检查。"2020 年 4 月 16 日，原告至医院就诊，就诊记录册记载："高血压史 2 年，最近体检发现甲状腺结节……"2020 年 4 月 22 日，原告至医院进行检查，该院 24 小时出入院记录记载："主诉体检发现甲状腺结节 1 年……患者 2019 年因体检查甲状腺彩超发现甲状腺结节……"2020 年 5 月 11 日至 5 月 18 日，原告住院治疗，该院出院小结记载："入院时主要症状与体征：患者……发现颈部肿块 1 个月。病程及治疗经过……于 2020-05-13 全麻下行胸骨后甲状腺肿瘤切除术……"

2020 年 8 月 7 日，信息技术公司出具《证明》："兹证明我公司员工刘某于 2018 年 2 月 27 日入职，因公司体检福利只针对入司满 10 个月以上的员工，故刘某未满足 2018 年福利条件，不能参加有效期为 2018 年 11 月 15 日至 2019 年 1 月 13 日的体检福利。而在 2019 年满足福利条件，可参加有效期为 2019 年 11 月 15 日至 2020 年 1 月 13 日的体检福利。"

庭审中，针对 2020 年 4 月 22 日相关出入院记录、出院小结中载明主诉"体检发现甲状腺结节 1 年""患者 2019 年因体检查甲状腺彩超发现甲状腺结节"，原告作出如下陈述：当天原告办理入院时，医生问其什么时候发现的甲状腺结节，其没有出示体检报告，只是口头回答"春节之前检查发现的"。该次体检应属于公司"2019 年度"体检，而这次体检原告实际参加时间是 2020 年 1 月 12 日。病历中显示主诉"体检发现甲状腺结节 1 年"和"2019 年体检发现甲状腺结节"系医生自行得出的结论，原告在 2019 年没有做过任何体检或医院的甲状腺检查。

原告诉请确认原、被告案涉保险合同继续有效，同时判令被告向原告支付“国民健康福终身重大疾病保险”保险金 390000 元。被告则认为原告在投保时未履行如实告知义务，严重影响了被告的承保决定，被告有权解除合同且不承担保险金的给付责任。

【案件焦点】

原告相关病例资料的主诉部分载明的内容能否作为人身保险中投保人未如实告知的直接依据。

【法院裁判要旨】

上海市浦东新区人民法院经审理认为：第一，出入院记录、出院小结中载明的“主诉”和“入院情况”不同于医院检查或诊断结果，其准确性可能受到患者陈述的精准性及医生理解、总结患者陈述情况的影响。第二，原告对该记录出现的解释具有一定的合理性。原告陈述其去医院办理入院时，医生问其什么时候发现的甲状腺结节，其没有出示体检报告，只是口头回答“春节之前检查发现的”，该陈述与原告 2020 年 1 月 12 日参加单位组织的体检情况一致，且可能导致医院将“主诉”记录为“体检发现甲状腺结节 1 年”。同时，本次住院穿刺检查是 2020 年 4 月 16 日原告就诊的延续，而在 2020 年 4 月 16 日的就诊记录中，医生记录的信息为“最近体检发现甲状腺结节”，与“体检发现甲状腺结节 1 年”不一致。第三，被告主张原告在投保时已明知自己患有甲状腺结节缺乏其他佐证。根据在案证据及原、被告的陈述，被告的举证尚不足以证明原告投保时未如实告知，故对被告的相关辩称意见不予采纳。原告要求确认案涉保险合同继续有效、要求被告支付保险金的诉请，予以支持。

上海市浦东新区人民法院依照《中华人民共和国合同法》第六

十条第一款，《中华人民共和国保险法》第二条、第二十三条，《最高人民法院关于适用〈中华人民共和国民事诉讼法〉的解释》第九十条之规定，判决如下：

一、确认原告刘某与被告人保上海分公司签订的“国民健康福终身重大疾病保险”合同继续有效；

二、被告人保上海分公司应于本判决生效之日起十日内支付原告刘某保险金390000元。

判决后，双方当事人均未上诉，本判决现已生效。

【法官后语】

在人身保险合同订立过程中，投保人应根据保险人的询问如实告知与投保相关的情况。实践中，经常有保险公司依据被保险人就诊记录中“患者主诉”内容证明被保险人病史情况。相关主张能否得到支持，本案对类似案件的审理具有一定的参考意义。

第一，医疗机构出具的病历记录对患者的疾病情况一般具有较强的证明力。由于制作病历的医疗机构是患者治疗疾病的直接见证者和实施者，加之医学的高度专业性，一般而言，医疗机构出具的病历会客观、准确地记录患者的病史、诊疗过程和身体状况，对患者疾病情况的记录具有较高的证明力。

第二，用于证明病情时，病历记录中“患者主诉”部分应与其他内容作适当区分。《病历书写基本规范》第十八条第二项规定：“主诉是指促使患者就诊的主要症状（或体征）及持续时间。”实践中，该部分内容一般是患者向医护人员陈述自身病情，医护人员作适当整理后记录形成的，不同于体格检查、疾病诊断、治疗措施、出院情况等内容，其准确性受到病人陈述、医护人员理解和书写等因素影响，在用于证明疾病情况时应作一定区分。

第三，病历“患者主诉”内容对疾病情况的证明力需结合案件其他情况予以综合判断。本案中，法院结合原告同时段其他医院就诊记录情况，认为被告仅凭上述病历“患者主诉”记载的内容，尚不足以证明原告投保前已明知自己患有甲状腺疾病，故对相关抗辩意见不予支持。原告要求被告支付保险金的诉请于法有据，应当予以支持。

编写人：上海市浦东新区人民法院　余韬

212 超标电动车驾驶人无证驾驶不构成保险拒赔的免责事由

——尹某等诉保险宁波分公司保险合同案

【案件基本信息】

1. 裁判书字号

浙江省宁波市海曙区人民法院（2020）浙0203民初2274号民事判决书

2. 案由：保险合同纠纷

3. 当事人

原告：尹某、张乙、张丙

被告：保险宁波分公司

【基本案情】

2007年8月13日，张甲作为投保人、被保险人在被告处投保“得意理财两全保险”，受益人为法定继承人，合同生效日期为2007年8月13日，保险期间为合同生效之日至被保险人年满70

周岁的对应日，张甲支付保费40000元。在《保险专用投保书及授权声明》中，张甲签字确认“已经认真阅读并理解保险条款的各项内容”。该保险合同第3条约定，被保险人以乘客身份乘坐火车、轮船、公共汽车和民航班机，驾驶或乘坐私家车、单位公务或商务用车（以上交通工具详见释义），在交通工具内因交通工具发生意外导致身故的，本公司按身故时本合同基本保险金的三倍给付特定交通工具意外伤害身故保险金。第4条约定，被保险人因本合同第3条以外的意外伤害导致身故的，本公司按身故时本合同基本保险金的两倍给付一般意外伤害身故保险金。该保险合同的“责任免除”部分约定，被保险人无有效驾驶证驾驶无有效行驶证的机动车，本公司不承担保险责任，本公司向投保人退还本合同现金价值。该保险合同的“释义”部分对交通工具进行了解释：“本合同所指私家车为不以货运为目的的合法使用的私有汽车。”

2019年9月7日，张甲驾驶电动三轮车与其他车辆发生碰撞，后经抢救无效于当日死亡。经鉴定，张甲所驾驶的电动三轮车为正三轮轻便摩托车，属于机动车。公安机关认定，张甲未依法取得机动车驾驶证，驾驶制动效能不符合技术标准的机动车上路且在借道通行过程中未注意避让在本道内同行的机动车辆，应承担事故主要责任。后保险宁波分公司以张甲无证驾驶机动车，应适用保险合同免责条款为由拒绝承担保险赔偿责任，张甲之近亲属尹某、张乙及张丙遂诉至法院。在庭审中，双方一致认可案涉保单现金价值为63900元。

【案件焦点】

1. 保险宁波分公司能否以张甲无有效驾驶证为由免除保险责任；2. 如免责事由不成立，则保险宁波分公司应当赔付的具体金额如何认定。

【法院裁判要旨】

浙江省宁波市海曙区人民法院经审理认为：首先，被保险人张甲驾驶的电动车在发生道路交通事故后被交警部门鉴定为“机动车”仅表明该电动车在空车质量、电动机功率、最高时速等方面符合正三轮轻便摩托车的标准，法律、法规未明确规定该类电动车属于机动车，不能要求电动车车主履行高于法律、法规等规定的义务。其次，原、被告对被保险人张甲发生交通事故时所驾驶的涉案车辆是否属于免责条款中所指的机动车存在不同解释。虽然被告根据上述交通事故认定书及鉴定报告书认为涉案车辆属于机动车，但是涉案车辆的产品说明明确该车为电动车，被保险人及原告基于产品说明而认为涉案车辆系非机动车的理解，符合普通人的认知标准。从社会公众的通常理解来看，国家实行机动车登记制度及机动车交通事故责任强制保险制度，涉案电动车未纳入机动车管理范围，其与机动车的使用范围和路权规则不同，购买者无法进行登记并取得机动车号牌，亦无法投保机动车交通事故责任强制保险，社会公众一般均认为涉案车辆系非机动车，故原告基于社会公众的通常理解认为本案事故不应适用免责条款，亦符合普通人的认知标准。采用保险人提供的格式条款订立的保险合同，保险人与投保人、被保险人或者受益人对合同条款有争议的，应当按照通常理解予以解释。对合同条款有两种以上解释的，人民法院或者仲裁机构应当作出有利于被保险人和受益人的解释。据此，双方对涉案车辆是否属于机动车存在不同理解，而案涉保险合同的责任免除条款中关于无有效驾驶证驾驶机动车的内容未能明确机动车的具体类别，故该免责条款不应适用于本案所涉车辆。

原告主张，被告并未明确告知张甲私家车的具体内涵，故应当适用案涉保险合同第 3 条，按保单现金价值三倍赔付。而经审理查明，张甲签名确认已阅读合同条款，案涉保险合同也对“私家车”进行了加黑提示、详细释义且该释义符合社会公众的通常理解，故对原告上述主张不予支持。案涉事故符合保险合同第 4 条的约定，应按本合同基本保险金的两倍给付一般意外伤害身故保险金 127800 元（63900 元×2）。

综上，投保人张甲与被告签订的保险合同系当事人真实意思表示，不违反法律、法规的规定，应为合法有效。现张甲因一般意外伤害身故，三原告作为法定继承人，有权要求被告支付身故保险金 127800 元，对三原告超出部分的诉请，不予支持。

浙江省宁波市海曙区人民法院依照《中华人民共和国保险法》第二条、第十三条、第十七条第二款及《中华人民共和国民事诉讼法》第六十四条第一款的规定，判决如下：

一、保险宁波分公司于本判决生效之日起十日内向尹某、张乙、张丙支付保险金 127800 元；

二、驳回尹某、张乙、张丙的其他诉讼请求。

判决后，双方当事人均未上诉，本判决现已生效。

【法官后语】

1. 现行法律框架下对机动车及其驾驶人的规制

《中华人民共和国道路交通安全法》第八条规定，国家对机动车实行登记制度。机动车经公安机关交通管理部门登记后，方可上道路行驶。尚未登记的机动车，需要临时上道路行驶的，应当取得临时通行牌证。第十一条第一款规定，驾驶机动车上道路行驶，应当悬挂机动车号牌，放置检验合格标志、保险标志，并随车携带机动车行驶证。第十九条第一款规定，驾驶机动车，应当依法取得机动车驾驶证；第四款规定，驾驶人应当按照驾驶证载明的准驾车型驾驶机动车；驾驶机动车时，应当随身携带机动车驾驶证。《机动车交通事故责任强制保险条例》第二条第一款规定，在中华人民共和国境内道路上行驶的机动车的所有人或者管理人，应当依照《中华人民共和国道路交通安全法》的规定投保机动车交通事故责任强制保险。由上可见，机动车上路行驶有严格的条件，机动车必须登记、挂牌，且需要强制缴纳交强险。同时，机动车驾驶人必须依法取得机动车驾驶证并持证驾驶。

2. 电动自行车行政管理现状的厘清

根据《电动自行车安全技术规范》的规定，电动自行车应当“具有脚踏骑行能力……电驱动行驶时，最高设计车速不超过25km/h；电助动行驶时，车速超过25km/h，电动机不得提供动力输出……整车质量小于或等于55kg”。而实际情况是，在经济利益的驱使以及电动车驾驶人对出行速度的需求下，很难确保电动车生产厂商按照该标准进行生产。该规范出台前即已存在的电动车也几乎不符合这个标准，车速往往远高于25km/h。因为电动车没有被纳入国家公布的机动车名录，超标的电动车在办理机动车登记时无法按照普通的机动车标准施行，所以公安交通管理机关依法不为超标电动车办理登记挂牌，保险公司无法为电动车提供交强险办理业务，该类电动车的驾驶人也无法取得驾驶证。这就是现实中大部分的电动车行政管理状态。

3. 保险合同格式条款不利解释原则的适用

（1）不利解释原则的适用应先穷尽通常理解

根据保险法第三十条规定，采用保险人提供的格式条款订立的保险合同，保险人与投保人、被保险人或者受益人对合同条款有争议的，应当按照通常理解予以解释。据此，对格式条款的发生争议时，应当先按照通常理解予以解释。通常解释原则可以参照民法典第一百四十二条规定的解释原则予以解释。除此之外，还可以运用整体解释原则、专业解释原则等解释格式条款。总之，不利解释原则系格式条款的补充性原则，应先穷尽通常理解，即对该条款的解释达到普通人可以理解的程度。本案中，原、被告对被保险人张甲发生交通事故时所驾驶的涉案车辆是否属于免责条款中所指的机动车存在不同解释。法院经审理认为，原告基于社会公众的通常理解，主张涉案车辆不适用免责条款，符合普通人的认知标准。

（2）不利解释原则的适用应符合当事人合理期待

通常情况下，法院会对当事人对格式条款的合理期待进行考量。当保险合同中当事人双方就格式条款的解释发生争议时，应当以投保人或者保险受益人对于合同缔结目的的合理期待为基点对保险合同中的格式条款进行解释。案涉保险合同投保人张甲驾驶的电动三轮车被鉴定为机动车，但投保人张甲作为电动车的驾驶人无证驾驶是因为行政管理部门并没有提供为其驾驶的电动车提供驾驶证申领服务。张甲无证驾驶系行政管理职能缺位的客观障碍所致，故对其持证驾驶电动车缺乏期待可能性。对保险合同中的格式条款的理解，应从投保人张甲的合理期待出发：投保人作为一名普通人，一般不掌握专业鉴定知识，无法知晓其驾驶的电动车属于机动车，不会产生该车系保险人责任免除条款中所指的机动车的认识，亦无法根据机动车的管理需要办理相关的驾驶证和机动车车辆行驶证，主观上没有违反免责条款中相关规定的故意与过失。其无证驾驶电动车，符合一般电动车驾驶人的合理期待，不能成为保险人拒赔的免责抗辩事由。

（3）不利解释原则的适用应平衡保护当事人利益

不利解释原则本身就是一种价值衡量，即不采取有利于保险人的解释，而是采取有利于与其交易相对的被保险人和受益人一方的解释。这种价值取向有其正当性基础。根据保险法第三十条规定，对合同条款有两种以上解释的，人民法院或者仲裁机构应当作出有利于被保险人和受益人的解释。在司法实践中，应根据保险人与被保险人交易实力的强弱决定是否适用不利解释原则。本案的投保人系自然人，其交易实力较弱，在保险交易中处于弱势地位。那么在适用不利解释原则时，被告保险人提供的合同系格式合同，张甲在一般情况下也无法行使对该合同提出修改的权利，因此有必要对其及受益人的利益其进行平衡保护。

编写人：浙江省宁波市海曙区人民法院　叶丹　刘勇

213　保险人解除保险合同时超过两年不可抗辩期间的认定

——汪某诉人保重庆分公司保险合同案

【案件基本信息】

1. 裁判书字号

重庆市第三中级人民法院（2018）渝03民终209号民事判决书

2. 案由：保险合同纠纷

3. 当事人

原告（被上诉人）：汪某

被告（上诉人）：人保重庆分公司

第三人：冯某

【基本案情】

汪某与冯某系夫妻关系。2015年7月16日，冯某给汪某投保了“健康福星增额（2014）重大疾病保险”。保险期间为2015年7月17日起至被保险人终身。基本保险金额为30000元。保险费每年3393元，交费期间为10年。保险责任中重大疾病保险，合同约定共两款，与本案相关的是指被保险人因保险合同生效（或合同效力恢复）之日起一年后，经保险公司认可的专科医生确诊初次发生本合同所指的重大疾病。保险合同指的重大疾病包括严重冠心病。对投保人未履行如实告知义务的处理，合同明确约定人保重庆分公司有权解除合同，但自合同成立之日起超过两年的，人保重庆分公司不得解除合同，保险事故发生后，人保重庆分公司仍需给付保险金。2017年6月8日，汪某因突发疾病住院。后于2017年6月18日出院。汪某的疾病被诊断为冠状动脉粥样硬化性心脏病等。其中，汪某所患冠状动脉粥样硬化性心脏病属保险合同约定的重大疾病范围。汪某出院后，认为所患冠状动脉粥样硬化性心脏病属保险合同约定的重大疾病范围，遂请求人保重庆分公司支付保险金。2017年8月31日，人保重庆分公司以投保人未履行如实告知义务为由拒绝支付保险金和退还保险费。2017年10月30日，汪某诉至法院。诉讼中，汪某撤回了要求返还保险费的诉讼请求。

【案件焦点】

人保重庆分公司是否有权解除保险合同。

【法院裁判要旨】

重庆市涪陵区人民法院经审理认为：案涉保险合同没有法定无效事由，属有效合同。合同明确约定，合同成立超过两年后不得解除合同，保险事故发生后，人保重庆分公司仍需给付保险金。本案保险合同成立时间是2015年7月16日，至2017年8月31日合同成立已超过两年，依照合同约定人保重庆分公司不得解除保险合同，保险事故发生后，仍需支付保险金。依前述约定，即使投保人有未履行如实告知义务的事实，由于超过解除合同的时限，依约人保重庆分公司仍应支付保险金。对于保险金的数额，合同约定是按基本保险金额×（1+3%×保单经过整年度）的规则计算，但未对保单经过整年度是按合同生效日起到保险责任事故发生时止计算，还是按合同生效日起到保险金支付时止计算作出明确约定，按有利于被保险人解释的规则，认定是按合同生效日起到保险金支付时计算，确认这里的整年度数为2年，据此计算，人保重庆分公司应支付的保险金为31800元。对人保重庆分公司是否应向汪某返还保险费的问题，因汪某已撤回该请求，不予评判。

重庆市涪陵区人民法院依照《中华人民共和国保险法》第二十三条第一款、第二款规定，作出如下判决：

人保重庆分公司在判决生效后10日内，支付汪某保险金31800元。

人保重庆分公司不服一审判决，提起上诉。重庆市第三中级人民法院经审理认为：《中华人民共和国保险法》第十六条第三款规定，前款规定的合同解除权，自保险人知道有解除事由之日起，超过三十日不行使而消灭。自合同成立之日起超过二年的，保险人不得解除合同；发生保险事故的，保险人应当承担赔偿或者给付保险金的责任。该条款为我国保险法中的不可抗辩条款，强调了保险人行使解除保险合同的权利仅限于法律明文规定的期间，否则可抗辩期间经过，该权利即丧失。现人保重庆分公司于 2017 年 8 月 31 日才明确提出解除合同，已超过两年，根据法律规定其不得解除合同，保险事故发生后，其仍需支付保险金。

重庆市第三中级人民法院依照《中华人民共和国民事诉讼法》第一百七十条第一款第一项规定，作出如下判决：

驳回上诉，维持原判。

【法官后语】

该案涉及对我国保险法中的不可抗辩条款如何适用的问题。虽然我国在保险法中引入不可抗辩条款属于重大进步，但因引入较晚，该条款在我国的发展历史较短，其规定仍较为简单、模糊，尚未形成完善的理论体系，导致在司法实践中对该条款如何具体适用存在诸多争议。该案对日益增多的保险合同纠纷中如何适用不可抗辩条款具有一定的参考价值。

1. 不可抗辩条款的适用情形

《中华人民共和国保险法》第十六条第三款规定："前款规定的合同解除权，自保险人知道有解除事由之日起，超过三十日不行使而消灭。自合同成立之日起超过二年的，保险人不得解除合同；发生保险事故的，保险人应当承担赔偿或者给付保险金的责任。"该条款为我国保险法中的不可抗辩条款，强调了保险人行使解除保险合同的权利仅限于法律明文规定的期间，否则可抗辩期间经过，该权利即丧失。这包括两种情形：一是保险人明知解除事由，可以从知道该解除事由之日起开始持续的三十天之内行使保险合同解除权；二是无论保险人是否知晓有解除保险合同的事由发生，从保险合同成立之日起算，一旦超过为期两年的可抗辩期间，保险人的合同解除权就当然丧失。换言之，保险人必须在法定的两年可抗辩期间内，积极展开核保工作并行使解除保险合同的权利，否则期间届满，保险人即不能再对投保人进行任何形式的抗辩，而应依据保险合同的约定，向被保险人或受益人履行给付保险金的责任。

2. 抗辩期内发生保险事故的适用问题

（1）截止日如何确定的问题

如投保人在投保时未履行如实告知义务，而保险事故发生在两年抗辩期内，那么投保人、被保险人、受益人很可能为了获得保险金而拖延至两年之后才向保险公司报案索赔，在此种情况下是否适用不可抗辩条款，将直接影响保险公司是否支付保险金。从我国保险法不可抗辩条款的规定来看，仅规定了自合同成立之日起超过两年的，保险人不得解除合同，并未规定是以被保险人事故发生之日、索赔发生之日抑或保险人作出理赔决定通知之日作为截止日。本案中，保险合同成立时间为 2015 年 7 月 16 日，汪某发生保险事故及住院时间为 2017 年 6 月 8 日至 6 月 18 日，保险公司抗辩称保险合同解除事项的产生应是从汪某住院治疗期间，但汪某出院后未及时申请索赔，而是延长到了合同满两年之后才申请索赔，是有意为了适用我国保险法第十六条的两年不可抗辩条款，如按此认定则加重了其风险责任。故保险法关于两年后不得解除保险合同应是自保险合同成立之日起至事故发生之日止满两年，本案不能适用该条款。但是，因现并无法律或司法解释对保险法第十六条中是以事故发生之日还是以索赔发生之日作为截止日，应对格式条款作出不利于提供格式条款一方的解释。本案中，因二审法院对索赔申请书不予采信，结合交易习惯，应确定本案自保险合同成立之日（2015 年 7 月 16 日）起至保险公司作出理赔决定通知之日（2017 年 8 月 31 日）已满两年。

（2）保险人是否明知解除事由的问题

结合本案在卷所有证据，保险公司为招揽业务，在投保前就已知晓汪某所患糖尿病的事实具有高度可能性，但其仍与之订立保险合同。且即便汪某的保险事故发生与其不如实告知有关，两年的期间经过之后，保险公司也不能解除合同。因为保险法第十六条的作用之一就是督促保险人积极进行调查核实，无论期间内是否发生保险事故，保险人都应当积极调查保险标的的现状，避免投保人利用不可抗辩规避责任。同时，保险人作为行业交易规则的制定者、保险产品的设计者、保险合同格式条款的提供者以及经济实力强大的商业实体，更应对所承保的保险标的风险谨慎核实，恪尽全面调查的义务，否则就必须接受因自身怠于核保而造成的损害后果。

编写人：重庆市第三中级人民法院　李健　张晓霞

214　保险人可以对保险等待期内发生的保险事故拒赔

——张某诉保险江阴服务部健康保险合同案

【案件基本信息】

1. 裁判书字号

江苏省江阴市人民法院（2019）苏 0281 民初 4234 号民事判决书

2. 案由：健康保险合同纠纷

3. 当事人

原告：张某

被告：保险江阴服务部

【基本案情】

2018年2月8日，张某与保险江阴服务部签订保险合同，保险计划包括附加一生保重大疾病保险B款和轻症疾病保险（B款），合同生效日为2018年2月8日。同日，张某签字确认电子投保申请确认书，确认保险江阴服务部履行了告知及明确说明义务。同日，张某交纳首期保费。

附加一生保重大疾病保险B款、轻症疾病保险（B款）加黑加粗约定本附加合同的等待期是指本附加合同生效（或最后复效）之日起90天内（含第90天）的期间。如果被保险人在等待期内发病或确诊患有本附加合同约定的任意一种疾病或轻症疾病，保险江阴服务部不承担保险责任，将无息退回本附加合同实际已交纳的保险费，同时本附加合同效力终止。但因意外伤害事故引起的疾病或轻症疾病无等待期；发病是指出现疾病的前兆和异常的身体状况，该疾病的前兆或异常的身体状况足以引起注意或应当引起注意并寻求检查、诊断、治疗或护理。

2018年5月4日，张某的健康体检报告载明左侧甲状腺结节性质待定。2018年5月7日，张某至医院进行彩色多普勒B型超声检查，无相应病历。报告单显示：左叶大小38毫米×13毫米×11毫米，上极见5毫米×4毫米的低回声区，超声提示左侧甲状腺低回声结节。2018年5月17日，张某进行左侧甲状腺部分切除术，病理检查报告单临床诊断为左甲状腺乳头状癌。

张某认为其并未出现疾病的前兆和异常的身体状况，去医院检查系单位统一组织的体检，随后的复查也是因为体检后建议进一步复查。故张某的情况并不属于在投保生效90天内发病的情况，保险江阴服务部不能以此拒赔。保险江阴服务部认为张某于2018年5月7日体检时发现有甲状腺结节性质待定，发病时间在保险合同约定的等待期内，所以不应承担理赔的责任，请求驳回张某的诉请。

【案件焦点】

保险等待期内发生保险事故，保险人是否应理赔。

【法院裁判要旨】

江苏省江阴市人民法院经审理认为：张某与保险江阴服务部签订的保险合同合法有效，保险江阴服务部应按约承担理赔责任。根据张某与保险江阴服务部签订的保险合同约定，发病是指出现疾病的前兆和异常的身体状况，该疾病的前兆或异常的身体状况足以引起注意或应当引起注意并寻求检查、诊断、治疗或护理。虽然甲状腺结节并不必然发展为甲状腺乳头状癌，但是张某于2018年5月4日体检发现患有左侧甲状腺结节性质待定，2018年5月7日进行彩色多普勒B型超声检查为左侧甲状腺低回声结节，2018年5月17日进行左侧甲状腺部分切除术，化验确诊为左甲状腺乳头状癌，可以判断张某于2018年5月4日体检、2018年5月7日检查时已经出现足以引起注意或应当引起注意并寻求检查、诊断、治疗的疾病前兆或异常身体状况，符合等待期条款关于发病的约定，故对张某要求保险江阴服务部理赔重大疾病保险和轻疾保险的诉讼请求依法不予支持。

江苏省江阴市人民法院依据《中华人民共和国保险法》第十条、第十四条，《中华人民共和国民事诉讼法》第六十四条第一款之规定，判决如下：

驳回张某的全部诉讼请求。

判决后，双方当事人均未上诉，本判决现已生效。

【法官后语】

保险等待期是指保险合同在生效的指定时期内，即使发生保险事故，受益人也不能获得保险赔偿，目的是防止投保人明知道将发生保险事故，而马上投保以获赔的行为。保险等待期可以平衡投保人与保险人之间的权利义务，是保险人为了防止骗保而打造的一种自我保护功能，因此保险人在疾病险中设置保险等待期条款具有合理性，未免除保险人依法应承担的义务或者加重投保人、被保险人责任的或排除投保人、被保险人或者受益人依法享有的权利的，该条款对投保人具有约束力，并不属于《中华人民共和国保险法》第十九条规定的条款无效情形。但保险等待期条款系免除保险人责任的条款，应按《中华人民共和国保险法》第十七条规定对该条款的内容以书面或者口头形式向投保人作出明确说明，否则该条款不产生效力。

一方面，投保人与保险人在保险知识储备上存在差异，且保险人提供的保险合同基本上为格式文本，投保人的选择权在于所投险种，并不能自由更改合同条款。在订立合同时，投保人意思表达能力受限，处于劣势地位，故我国保险法要求保险人对免除其责任的条款进行提示和明确说明。另一方面，投保人投保时，保险人无法查清被保险人、被保险人标的的具体状态，投保人、被保险人、受益人可能利用信息优势实施欺诈行为，损害保险人的利益。保险合同亦是合同的一种，理应遵守合同法的诚实信用及意思自治原则，因此在处理保险合同纠纷时，固然应侧重保护投保人、被保险人的切身利益，但不能过犹不及，更不能为此破坏诚实信用和意思自治原则。

本案中，甲状腺结节是临床常见的病症，症状不明显，大多数属于良性结节，恶性病变虽不常见，但性质难以鉴别。该疾病的特点导致人们在日常生活中并不能及时发现，往往是在体检后才能诊断出来，张某很可能在投保时确实不知道其患有甲状腺结节或甲状腺乳头状癌。张某在保险等待期内诊断出其患有甲状腺结节，并在保险等待期过去几天后确诊为甲状腺乳头状癌，其可能在诊断出甲状腺结节前未出现疾病的症状，但不能据此认定其未发病，而是应该根据保险合同中对于发病释义的约定来确定其是否在保险等待期内发病。根据保险合同对于发病的释义，张某在保险等待期内诊断出甲状腺结节，足以引起注意或应当引起注意并寻求检查、诊断、治疗或护理，应认定为甲状腺乳头状癌发病，保险人可以免赔。

编写人：江苏省江阴市人民法院　陈艳红　刘晓成

215　保险人作出的《理赔决定通知书》未同时送达投保人和被保险人的效力认定

——谭某、胡某诉人寿黔江支公司保险合同案

【案件基本信息】

1. 裁判书字号

重庆市黔江区人民法院（2019）渝0114民初2047号民事判决书

2. 案由：保险合同纠纷

3. 当事人

原告：谭某、胡某

被告：人寿黔江支公司

【基本案情】

2017年4月28日，谭某（投保人）、胡某（被保险人）与人寿黔江支公司签订了保险合同，于2017年4月29日生效。在投保时，投保人和被保险人分别接受了人寿黔江支公司的全部询问，均如实告知，人寿黔江支公司在保险单第58~59页作了详细的书面记录，被保险人按规定过了合同约定的180天观察期，且投保人缴足了每年约定的保费。2017年11月12日，被保险人确诊患有肝硬化。出院后，人寿黔江支公司按保险合同的约定报销了被保险人的医药费和住院补偿及补贴等费用。2018年11月8日，被保险人肝硬化进一步恶化，人寿黔江支公司依然按保险合同的约定报销了被保险人的医药费和住院补偿及补贴等费用，但是人寿黔江支公司在投保人和被保险人毫不知情的情况下，于2018年12月26日单方作出《理赔决定通知书》并称自2018年11月12日开始解除保险合同，其理由是被保险人投保前即患胆汁反流性胃炎等病史未告知，且《理赔决定通知书》仅对被保险人进行了送达。

投保人和被保险人认为，其在投保时已按人寿黔江支公司询问的全部内容分别作了如实告知，且人寿黔江支公司在保险单第58~59页作了详细的书面记录，其中没有投保人和被保险人未如实告知的书面记录，因此人寿黔江支公司以投保人和被保险人未如实告知为由解除合同的理由不符合法律规定和保险合同的约定。

另外，根据保险合同第12条解除权的限制约定，前条规定的合同解除权，自本公司知道有解除事由之日起超过30日不行使而消除。人寿黔江支公司解除合同的行为，违反了相关法律规定和保险合同的约定，投保人和被保险人认为该合同的解除无效，要求人寿黔江支公司继续履行合同。

【案件焦点】

保险公司的《理赔决定通知书》送达投保人、被保险人中的任何一方即可生效，还是应同时送达双方才能生效。

【法院裁判要旨】

重庆市黔江区人民法院经审理认为：投保人与人寿黔江支公司签订的保险合同内容不违反法律的强制性规定，合同合法有效，受法律保护，合同双方应当按照约定享有权利和履行合同的义务。关于人寿黔江支公司于2018年12月26日作出的《理赔决定通知书》：其一，从对象看，是对被保险人的答复和送达，没有对投保人通知和送达；其二，从拒赔和解除合同的理由看，是投保前即患胆汁反流性胃炎等病史未告知，但告知的内容中没有明确约定患胆汁反流属于可保资料中的慢性胃肠炎，故人寿黔江支公司解除合同的理由不能成立；其三，从合同解除时间看，人寿黔江支公司于2018年12月26日作出《理赔决定通知书》，自认保险合同于2018年11月12日解除，于2018年12月29日向被保险人送达，两者相差47天，超过了《生命健康无忧A款重大疾病保险条款》第11条、第12条中的投保人因故意或重大过失未如实履行告知义务的，自被告公司知道有解除事由之日起超过30日不行使而消灭的约定。因此，该《理赔决定通知书》无效，原告请求继续履行保险合同的主张，予以支持。

重庆市黔江区人民法院依照《中华人民共和国民法总则》第一百七十六条，《中华人民共和国合同法》第五十二条第五项、第六十条、第一百零七条，《中华人民共和国保险法》第十条、第十六条及《中华人民共和国民事诉讼法》第六十四条之规定，判决如下：

人寿黔江支公司于2018年12月26日作出的《理赔决定通知书》无效，保险合同继续履行。

判决后，双方当事人均未上诉，本判决现已生效。

【法官后语】

伴随现代经济与社会的发展，许多问题逐步凸显出来，如该案中涉及保险合同解除的通知对象问题并没有明确的规定。通过该案，笔者对完善我国保险合同制度解除权有几点浅陋的建议。

1. 明确规定投保人和保险人的通知义务和通知对象

在我国保险法中，投保人在行使合同解除权时并没有较为严格的限制与规定，致使投保人可以在合同约定与法律规定的权利义务内行使解除权，不受保险人约束。这样的规定虽然最大限度地保护了投保人的权利和义务，使投保人的权益得到了有效的保障，但是对于保险人而言存在着较大的风险，合同解除是对被保险人形成的一种较大的威胁。所以，在保险法中应该规定投保人在行使解除权时要有通知的义务，并同时规定，不论是投保人还是保险人行使解除权时通知对象除保险合同相对方外，还应通知受益人和被保险人。

2. 明确行使解除权的条件

目前我国相关法律法规中并没有对行使解除权的条件以及方式进行明文规定，使得保险人与被保险人在行使解除权时无据可寻。

投保人与保险人作为保险合同中重要的主体，在满足行使解除权的条件下可以行使解除权；但是在保险行业中，存在保险人、投保人以及受益人不是同一人的现实情况，如果不完善行使解除权的条件与内容，很可能会造成投保人或者保险人随意行使解除权，伤害受益人的利益。此外，在投保人死亡的情况下，其他直系亲属或者受益人是否可以行使解除权，法律也应该有明确的规定。

3. 进一步明确保险合同解除后的追溯力

保险合同在行使解除权后是否还具有追溯力，在保险法中没有任何的具体规定，致使该问题成为保险行业中比较有争议的问题，保险合同解除后追溯力在保险法中的进一步明确将更有利于司法实践的应用。

随着时代与经济的发展，应该针对目前存在的问题与缺陷，积极研究科学合理的解决办法，完善相关法律法规，使得保险合同中各方利益得到有效的保障，促进我国保险行业健康稳定发展。

编写人：重庆市黔江区人民法院　蒋小清　冯秀萍

216　复效制度在保险合同中的适用

——孙某诉人保石河子公司健康保险合同案

【案件基本信息】

1. 裁判书字号

新疆生产建设兵团第八师中级人民法院（2019）兵 08 民终 597 号民事判决书

2. 案由：健康保险合同纠纷

3. 当事人

原告（上诉人）：孙某

被告（被上诉人）：人保石河子公司

【基本案情】

2014年5月20日，孙某、人保石河子公司签订了一份《保险合同》，该合同由“首期保险费发票”“保险单”“现金价值表”“保险条款”等部分组成。“保险单”约定，孙某每年向人保石河子公司交纳1299元保险费；首次交纳保险费日期为2014年5月20日，交费方式为年交，交费期间为20年，续期保险费交费日期为每年5月21日；合同生效日期为2014年5月21日；保险期间为2014年5月21日至2039年5月20日。“保险条款”约定，本合同的交费方式和交费期间由您和本公司约定，但须符合本公司当时的投保规定，约定的交费方式和交费期间将在保险单上载明；续期保险费的交纳、宽限期：本合同续期保险费应按保险单所载明的交费方式和交费日期交纳，您应该在所选择的交费期间内每年交纳保险费，交纳保险费的具体日期为当年的保单生效对应日期（详见释义），并在保险单上载明。如到期未交，自保险单所载明的交费日期的次日零时起60日为宽限期。宽限期内发生保险事故的，本公司承担保险责任，但在给付保险金时将扣减您欠交的保险费。合同的效力中止：除另有约定外，您逾宽限期仍未交纳续期保险费的，本合同自宽限期满的次日零时起效力中止；合同效力的恢复：本合同效力中止后两年内，您可以申请恢复本合同效力。经本公司与您协商并达成协议，自您补交保险费之日起，本合同效力恢复。自本合同效力中止之日起满两年双方未达成复效协议的，本公司有权解除本合同，并退还宽限期开始前一日保险单的现金价值。该保险条款释义提到："保单生效对应日"为保单生效日每年的对应日；"现金价值"指保单所具有的价值。通常体现为解除合同时，根据精算原理计算的，由本公司退还的那部分金额。保单年度末的现金价值金额在现金价值表上载明，保单年度之内的现金价值金额您可以向我们查询。保险条款对其他事项也作了约定。

合同签订后，孙某向人保石河子公司交纳了 2014 年、2015 年、2016 年的保险费。因孙某未按约定交纳 2017 年的保险费，2017 年 7 月 11 日，人保石河子公司的工作人员给孙某发短信告知：因孙某投保的涉案保险未按期交纳保险费，保单将于 2017 年 7 月 20 日失效。告知孙某尽快交纳保险费。2019 年 2 月 22 日，孙某到人保石河子公司处要求续交保险费，双方未能达成协议。

【案件焦点】

孙某要求人保石河子公司继续履行保险合同有无事实及法律依据。

【法院裁判要旨】

新疆维吾尔自治区石河子市人民法院经审理认为：原、被告签订的《保险合同》系双方真实的意思表示，且不违反法律法规的强制性规定，该合同合法有效。双方均应按合同约定行使权利、履行义务。根据合同约定，原告续交保险费的日期为每年 5 月 21 日，2017 年度的交费时间为 2017 年 5 月 21 日，宽限期为次日起 60 日内，宽限期满的次日零时起也即 2017 年 7 月 22 日零时合同效力中止。原告未在宽限期内向被告交纳 2017 年度的保险费，双方签订的保险合同效力中止。合同中止后，原告要求恢复合同应与被告达成协议，合同中止期间原告与被告未达成协议，原告请求判令被告继续履行合同与法不合，该院不予支持。原告称被告的业务员告知保险费在2019年3月20日前交清都不算过期，但未提供证据证实，该院不予采信。

新疆维吾尔自治区石河子市人民法院依照《中华人民共和国保险法》第三十六条第一款、第三十七条的规定，作出如下判决：

驳回孙某的诉讼请求。

孙某不服一审判决，提起上诉。新疆生产建设兵团第八师中级人民法院经审理认为：上诉人与被上诉人签订的康健吉顺定期防癌疾病保险合同系当事人双方真实意思表示，不违反法律、法规的禁止性规定，合法有效，对合同双方具有约束力。当事人双方均应按照合同的约定享受权利履行义务。合同签订后，上诉人在按时缴纳2014年、2015年、2016年三期保费后，因上诉人个人原因，其未能按照合同约定的日期缴纳后续保费，导致保单在宽限期届满后于2017年7月22日零时中止。在保险合同中止后未满两年内，上诉人向被上诉人申请恢复保险合同的效力，并递交了保全作业申请书、新疆维吾尔自治区人民医院出具的出院诊断证明及上诉人填写的健康告知书，表达了交纳保险费，恢复合同效力的意愿。《最高人民法院关于适用〈中华人民共和国保险法〉若干问题的解释（三）》第八条第一款规定："保险合同效力依照保险法第三十六条规定中止，投保人提出恢复效力申请并同意补交保险费的，除被保险人的危险程度在中止期间显著增加外，保险人拒绝恢复效力的，人民法院不予支持。"被上诉人根据保险合同中复效规则进行审查时，认为上诉人在合同效力中止期间发生的疾病主要是继发性高血压（三期）、脑缺血灶等疾病，造成其危险程度显著增加。且足以影响保险人决定是否同意恢复保险或者提高保险费率。另根据康健吉顺定期防癌疾病保险条款第 3.4 条规定，保险合同中止后两年内，被保险人可以申请恢复合同效力，但是必须与保险人达成协议。本案中，上诉人与被上诉人就是否复效保险合同，未能达成合意。故上诉人要求被上诉人继续履行与其签订的保险合同于法无据，其上诉理由法院不予采纳。

新疆生产建设兵团第八师中级人民法院依照《中华人民共和国民事诉讼法》第一百七十条第一款第一项的规定，作出如下判决：

驳回上诉，维持原判。

【法官后语】

近年来，随着我国保险业的快速发展，保险合同纠纷案件不断增加，由此引发的问题也日益突出。维护投保人的保险利益，保障保险人的社会经济效益，平衡投保人与保险人之间的利益，对保险行业的繁荣发展有着重要的意义。

保险合同是投保人约定保险权利义务关系的协议，而保险费是指投保人为换取保险人承担危险赔偿责任支付的对价。缴纳保险费是投保人的一项基本义务，涉及投保人的切身经济利益。孙某在连续交纳三年保险费后，在第四年未按时交纳保险费，孙某未按约定履行保险义务，但保险合同并未因此解除，而是给孙某一个补救的机会。在未支付当期保险费次日起给予宽限期 60 日，宽限期届满后亦未交纳保险费，此时保险合同处于中止状态并未解除，投保人可以自保险合同中止之日起两年内与保险人协商达成一致意见继续履行合同。这就是保险法上所谓的“复效制度”，其是人身保险合同领域一项特殊的制度。人身保险合同复效制度的立法价值在于，能够更加充分地满足保险合同各方当事人的利益需求，确保各自利益的充分实现。本案中保险合同中止未满两年，若孙某与人保石河子公司达成一致意见，仍可继续履行该保险合同，此时就体现复效制度对孙某保险权利的保障，但因孙某未按约定交纳保险费，忽视保险合同权利义务的约束，因此复效制度在保障孙某权利的同时，亦在一定程度上限制其权利。在保险合同中止未满两年的情况下，是否继续履行合同，需要与保险人协商一致，此时，孙某处于被动地位，人保石河子公司处于主动地位，其对保险合同能否复效享有主动权，若保险人不同意继续履行合同，则保险合同解除，为限制保险人的复效决定权，我国保险法对此进行了限制，除非被保险人的危险程度在中止期间显著增加，否则只要投保人提出复效申请，并补交保险费后，保险人就应当同意复效。如此规定，能够防止保险人随意拒绝复效，更好地保护投保人的利益，更利于当事人利益的平衡。投保人在保险合同有效期间应按约定积极主动履行义务，避免因个人疏忽而怠于履行义务，限制个人权利。

保险法是民法中的特别法，诚实信用原则与平衡原则是保险法明显的特征。保险本质上是将被保险人的风险转移给保险人的一种协议。由于保险人承保的保险标的之风险处于不确定之状态，因此保险人无论于缔约时或缔约后关于危险的掌握及控制在事实上几乎立于无能之地位。同时，由于保险合同为继续性合同，若危险严重超出缔约时保险合同所承保的程度，势必会提高保险事故发生的概率，从而加重保险人的义务，破坏原有的对价平衡。因此，当保险标的危险程度显著增加时，被保险人应当按照合同约定及时通知保险人，以便保险人决定是否增加保费或者解除保险合同，此即危险增加的通知义务。保险合同的订立是建立在保险人对承保风险准确评估基础之上的，一旦保单签发后，保险人总是希望在保险期间内承保风险保持稳定。与保险人相反，投保人并不希望自己的行为受到限制。为了保护保险人的合法权益，我国的保险法规定，在保险期间内如果保险标的危险程度显著增加，保险人有权按照合同约定增加保险费或解除保险合同。

关于危险程度是否显著增加应当有全面正确的认识。首先，结合《中华人民共和国保险法》第十六条、第四十九条、第五十二条及《最高人民法院关于适用〈中华人民共和国保险法〉若干问题的解释（三）》第八条第一款规定可知，如果在合同效力中止期间被保险人发生足以“影响保险人决定是否同意承保”或者“提高保险费率”的事实，应认定为危险程度显著增加，此时若要求继续履行合同，将违反公平原则，因此保险人在此种情况下可拒绝复效。其次，影响危险程度显著增加的客观因素主要为被保险人自身危险增加，如身体健康出现问题，这类问题多为医院出具的诊断证明证实。再次，保险人应站在理性角度判断危险程度显著增加，简言之，相同地位的保险人面对不同投保人在同一事实情况下提交投保证明进行的判断。最后，判断危险程度显著增加应在“中止期间”与“合同订立时”之间进行比较。本案中，孙某在医院诊断出继发性高血压（三期)、脑缺血灶等疾病，属于被保险人在保险合同中止期间发生的足以“影响保险人决定是否同意承保”或者“提高保险费率”的事实，应认定危险程度在中止期间显著增加，故人保石河子公司决定解除保险合同。

编写人：新疆生产建设兵团第八师中级人民法院　禹文

217 人身保险合同中合同解除权的行使

——陈某诉人保豫南分公司人身保险合同案

【案件基本信息】

1. 裁判书字号

河南省西平县人民法院（2019）豫1721民初1831号民事判决书

2. 案由：人身保险合同纠纷

3. 当事人

原告（反诉被告）：陈某

被告（反诉原告）：人保豫南分公司

【基本案情】

2018年6月15日，陈某与人保豫南分公司签订《个人人身保险合同》，陈某支付了首期保险费，双方约定陈某购买被告“人生终身寿险（分红型）A款（2017版）”和“附加人生提前给付重大疾病保险A款（2017版）”，保险期间为2018年6月16日至终身，保险费分别为3690元/年、1440元/年，按年分10次交清，保险金额为50000元。《附加人生提前给付重大疾病保险A款（2017版）条款》第2.1条约定：本附加险合同的有效保险金额为主险合同的有效保险金额。第2.3条就特定疾病提前给付保险金事项约定：在本附加合同生效之日起180日后因意外伤害以外的原因被确诊初次发生附加险合同约定的特定疾病，我们按本附加险合同有效保险金额的20%给付特定疾病提前给付保险金予重大疾病保险金受益人。该条就保险费豁免事项作如下约定：“若被保险人符合特定疾病提前给付保险金给付条件，我们除给付特定疾病提前给付保险金外，对分期支付保险费的投保人，按以下约定豁免主险合同及本附加险合同的保险费：自被保险人被确诊初次发生本附加险合同约定的特定疾病后的首个保险费约定支付日起，我们每年于保险费约定支付日豁免主险合同及本附加险合同当期应支付的保险费，直至附加险合同终止；被豁免的保险费视为已支付。”2019 年 1 月 7 日，原告陈某因患脑梗死在西平县人民医院住院治疗，2019 年 1 月 16 日出院。陈某在住院期间向被告公司告知了其住院一事，并于出院后及时申请了理赔，但被告公司以陈某投保时隐瞒病史为由拒绝赔付。

陈某曾因患冠状动脉硬化性心脏病、高血压病、高脂血症等病，于 2015 年 11 月 19 日至 2015 年 12 月 3 日住院治疗。《附加人生提前给付重大疾病保险 A 款（2017 版）条款》对特定疾病进行了明确，脑梗死在第 10. 1. 3 条中予以列明，属于特定疾病。

【案件焦点】

1. 被告是否应当给付原告保险金一万元及豁免以后的保险费；2. 本案被告主张解除合同，本案保险合同是否应当解除。

【法院裁判要旨】

河南省西平县人民法院经审理认为：依法成立的合同，对当事人具有法律约束力。当事人应当按照约定履行自己的义务，不得擅自变更或者解除合同。本案中，原告陈某与被告订立的《人身保险合同》系双方真实意思表示，应受法律保护，双方应当按照合同约定履行自己的义务。该保险合同签订后，原告依约向被告交纳了首期保险费，现被保险人陈某在保险合同生效 180 日后患有脑梗死，被告应依约向原告支付保险金10000元，并豁免原告交纳后期的保险费。关于被告是否有权解除双方所签保险合同的问题，《中华人民共和国保险法》第十六条第二款、第三款规定，投保人故意或者因重大过失未履行前款规定的如实告知义务，足以影响保险人决定是否同意承保或者提高保险费率的，保险人有权解除合同。前款规定的合同解除权，自保险人知道有解除事由之日起，超过三十日不行使而消灭。《最高人民法院关于适用〈中华人民共和国保险法〉若干问题的解释（二）》第八条规定，保险人未行使合同解除权，直接以存在保险法第十六条第四款、第五款规定的情形为由拒绝赔偿的，人民法院不予支持。但当事人就拒绝赔偿事宜及保险合同存续另行达成一致的情况除外。根据保险单显示，被告公司为陈某办理保险业务的业务员为于某，经庭后向于某核实，原告在出院后及时申请了理赔，被告公司当时即以原告隐瞒病史为由予以拒绝，可知被告公司在原告提起诉讼前已得知原告之前患病事项，至本案开庭审理时已超过30日，被告解除权已消灭。在该保险合同未被解除的情况下，对双方仍具有约束力，被告应当按照保险合同的约定承担给付原告保险金的责任，并豁免原告交纳后期保险费。

河南省西平县人民法院依照《中华人民共和国合同法》第八条、第六十条，《中华人民共和国保险法》第十六条第一款、第二款、第三款，《最高人民法院关于适用〈中华人民共和国保险法〉若干问题的解释（二）》第八条之规定，作出如下判决：

一、人保豫南分公司于本判决生效后五日内给付陈某保险金10000元；

二、豁免陈某向人保豫南分公司交纳自第二保单年度起的保险费共计 46170 元；

三、驳回人保豫南分公司解除合同的诉讼请求。

判决后，双方当事人均未上诉，本判决现已生效。

【法官后语】

随着经济的发展，人们的保险意识在最近几年明显提高，尤其是年轻人越来越重视人身保险。很多年轻人在为自己购买人身保险的同时，对家中的老人也普及保险知识，现在越来越多的老人也开始购买人身保险，但是由于年纪较大，有时会存在自身有既往病史的情况。随着客户维权意识的增强，涉及人身合同纠纷的案件呈现出增长的态势，客户因保险公司拒绝理赔或要求解除保险合同的纠纷也时有发生。

依据《中华人民共和国保险法》第十六条第二款“投保人故意或者因重大过失未履行前款规定的如实告知义务，足以影响保险人决定是否同意承保或者提高保险费率的，保险人有权解除合同”规定，投保人在投保时违反了如实告知义务，足以影响保险人决定是否同意承保或者提高保险费率的，保险人是享有保险解除权的。但是并不能简单地认为只要出现类似情况，保险人就可以无限制地随时解除合同。依据《中华人民共和国保险法》第十六条第三款“前款规定的合同解除权，自保险人知道有解除事由之日起，超过三十日不行使而消灭”的规定，法律对保险人的合同解除权行使时间作出了时间限制，即在保险人知道解除事由之日起三十日内。并且在《最高人民法院关于适用〈中华人民共和国保险法〉若干问题的解释（二）》第八条“保险人未行使合同解除权，直接以存在保险法第十六条第四款、第五款规定的情形为由拒绝赔偿的，人民法院不予支持”的规定中作出了补充。

就本案而言，陈某虽在投保时隐瞒了自己的病史，但其与被告订立的《人身保险合同》系双方真实意思表示，应受法律保护，双方应当按照合同约定履行自己的义务。在保险合同约定的赔偿事由出现后，根据法律规定，保险人可以依法行使自己的合同解除权，但其在规定时间内没有行使合同解除权，导致解除权消灭，现在保险公司要求解除合同不应得到支持。在该保险合同未被解除的情况下，对双方仍具有约束力，被告应当按照保险合同的约定承担给付原告保险金的责任。

编写人：河南省西平县人民法院　黄娟

218　如实告知内容应以真实询问内容为限

——何某诉人寿重庆公司人身保险合同案

【案件基本信息】

1. 裁判书字号

重庆市第五中级人民法院（2019）渝05民终3049号民事判决书

2. 案由：人身保险合同纠纷

3. 当事人

原告（上诉人）：何某

被告（被上诉人）：人寿重庆公司

【基本案情】

2015年6月23日，何某因患右中肺腺癌（IB期）住院治疗，同年7月1日出院。2017年，人寿重庆公司工作人员杨某电话联系何某，向其推介保险产品。何某愿意投保健康险。杨某通过电话方式向何某询问在过去的两年内有没有住院或接受医生的手术建议、曾经患有、正在患有或者被怀疑患有任何疾病等内容，何某回答没有。后何某与杨某通过微信进行如下对话：何某陈述做过手术“切了一小块肺”。杨某询问“现在不影响生活吧”。何某答复“不影响，完全好了”。杨某答复“那就没问题。只要不影响生活而且完全好了就没问题”。何某询问能否通过审核，杨某表示“不知道能不能通过审核，要提交核保部门才知道”。双方还就缴费标准和期限做了沟通，并商定先扣缴保险费再发送保单。

人寿重庆公司在收取相关保费后，向何某邮寄了保险合同、保险单、投保确认书。对于投保单健康告知书询问事项中的第三项（“过去两年内您是否接受过医师的住院或手术建议”）及第五项（“您是否曾经患有、正患有或者被怀疑患有以下一种或几种疾病：A 癌症、肿瘤、肿块、息肉、囊肿……”），何某均勾选为否定回答。投保确认书及保险合同签收回执载明：“当您查收保单时，请确认如下事项：本人已仔细阅读保险合同中投保单的各项信息和内容，确认（包括客户信息、保险计划、转账授权、被保险人健康告知事项等）无误，特别是被保险人健康告知事项，确认与投保时所陈述的内容一致。”何某在保险合同签收回执中投保人签名处签名，落款时间为 2017 年 6 月 23 日。

2018 年 7 月 25 日，何某体检时发现患右肺中叶腺癌（IVa 期）。何某以患保险合同约定疾病为由，向人寿重庆公司提出理赔申请。同年 9 月 5 日，人寿重庆公司以何某投保时已患肺癌而在投保时未告知，严重影响了人寿重庆公司的承保决定为由，不同意承担保险责任，并解除了双方签订的保险合同。

【案件焦点】

本案存在两套问询资料，一套是保险员在电话问询基础上补充完成作为保险资料交付投保人签收的问询表，另一套是电话录音。当两者存在差异时，如何判断何某是否履行了如实告知义务。

【法院裁判要旨】

重庆市南岸区人民法院经审理认为：何某在2015年6月被诊断为患右中肺腺癌。在投保过程中，经人寿重庆公司员工询问，何某未如实告知其所患疾病，而何某所患疾病严重影响人寿重庆公司是否同意承保或提高保费。《中华人民共和国保险法》第十六条第五款规定："投保人因重大过失未履行如实告知义务，对保险事故的发生有严重影响的，保险人对于合同解除前发生的保险事故，不承担赔偿或者给付保险金的责任，但应当退还保险费。"人寿重庆公司作出不承担保险责任的理赔决定，具有事实和法律依据，一审法院对何某要求人寿重庆公司支付保险金的诉讼请求不予支持。

重庆市南岸区人民法院依照《中华人民共和国合同法》第四十四条、第六十条，《中华人民共和国保险法》第十六条第一款、第四款的规定，判决如下：

驳回何某的诉讼请求。

何某不服一审判决，提起上诉。重庆市第五中级人民法院经审理认为：涉案保险合同的纸质文件在何某交纳相关保费、人寿重庆公司签发保单后才邮寄给何某，因此前述文件是保险合同成立后何某才收到的。上述文件中关于对疾病情况的问询表，可以作为认定问询事实的佐证，但鉴于双方是通过电话及微信订立的保险合同，实际的问询情况应以真实的通话记录为准。

双方通过电话和微信沟通，这两种沟通方式中有关疾病问询的部分，都应纳入分析判断。人寿重庆公司工作人员电话询问所患何种疾病时的用语为“是否曾经患有、正患有或者被怀疑患有任何疾病”。何某都回答没有。此后何某认为不妥，通过微信告知人寿重庆公司工作人员他的肺部部分被切除，但在理赔前没有主动告知自己患癌症的事实。

包括投保单问询表在内的纸质文件，是何某与人寿重庆公司工作人员沟通后保险公司所填，保险合同成立后才交付何某，该问询表与电话和微信沟通不一致的，应以实际的电话和微信沟通内容为准。就所患何病而言，人寿重庆公司并未如投保单问询表记载的询问了是否患癌症等具体疾病，电话询问的真实内容是“是否曾经患有、正患有或者被怀疑患有任何疾病”。一个四十多岁的人，不可避免都“曾经患有、正患有或者被怀疑患有任何疾病”，而且“任何疾病”过于概括而无具体内容。既然并未实际询问何某是否患癌症，人寿重庆公司以何某没有如实告知患癌症的事实拒绝赔偿缺乏事实依据和法律依据。

重庆市第五中级人民法院依照《中华人民共和国保险法》第十六条、《最高人民法院关于适用〈中华人民共和国保险法〉若干问题的解释（二）》第六条、《中华人民共和国民事诉讼法》第一百七十条第一款第二项规定，判决如下：

一、撤销重庆市南岸区人民法院（2018）渝 0108 民初 19502 号民事判决；

二、人寿重庆公司于本判决生效后十日内支付何某 6 万元。

【法官后语】

本案的争议焦点是投保人何某在向人寿重庆公司投保重大疾病保险时是否履行了如实告知义务。投保人应当向保险人履行如实告知的义务，但是如实告知义务存在一定的范围，应当以保险人的“询问”为限。

1. 如实告知范围的确定

保险法第十六条第一款规定：“订立保险合同，保险人就保险标的或者被保险人的有关情况提出询问的，投保人应当如实告知。”我国保险立法采取的是询问告知主义模式，投保人并非履行无限告知义务。如实告知的意义在于帮助保险人判断是否同意承保或确定保费费率。就保险合同能否订立而言，保险人具有最终的决定权，而且保险公司对影响保险合同订立的事项比投保人具有更专业的知识，更清楚哪些因素可能会影响到承保。因此，法律赋予保险人询问权，对影响承保的重要事项进行询问。对保险人没有询问的事项，投保人没有告知不构成对告知义务的违反。保险人应当对其询问事项设计上的疏漏及没有严格执行承担不利后果。

2. 询问范围的确定

《最高人民法院关于适用〈中华人民共和国保险法〉若干问题的解释（二）》第六条规定，投保人的告知义务限于保险人询问的范围和内容。当事人对询问范围和内容有争议的，保险人负举证责任。保险人以投保人违反了对投保单问询表中所列概括性条款的如实告知义务为由请求解除合同的，人民法院不予支持。但是该概括性条款有具体内容的除外。不同的保险合同有不同的询问事项，而保险公司为便于操作，通常设计了相应的投保问询表。询问事项虽有不同，但是应做到具体明确，以使投保人能够有针对性地、清晰地回答保险人的询问。询问事项过于模糊，则会增大投保人和保险人双方的风险。

本案保险人通过电话询问被保险人的身体健康状况。订立合同前，在患有何种疾病方面只是概况询问是否曾经患有、正患有或者被怀疑患有任何疾病。与合同订立后发送的书面问询表内容不完全一致（问询表中在患有何种疾病方面列有具体的疾病名称）。鉴于保险合同成立时保险人未将书面问询表发送投保人，关于“任何疾病”的提问过于概括而无具体内容，应认定至保险合同订立，保险人实际并未询问投保人是否患癌。

3. 如实告知的认定

诚信原则是民法的基本原则之一，而保险所具有的特殊性，使保险合同相较其他商事合同对诚实信用有着更高的要求。根据保险法的规定，投保人对保险人的询问负有如实告知义务，投保人对尽到如实告知承担举证责任。本案通过电话投保，投保人在电话中对保险人的询问予以了回答。此后，投保人觉得回答不妥，通过微信再次与保险人沟通，告知保险人做过手术，肺部切除部分。保险人未询问因何原因切除部分肺部，而是询问保险人是否痊愈、是否影响生活，投保人据实回答了相关问题。保险人的工作人员代投保人填写投保单健康告知书，应当根据投保人的回答实事求是地填写。当书面填写内容与投保人的回答不一致时，不能简单地根据保单上载明的“本人已仔细阅读保险合同中投保单的各项信息和内容，确认（包括客户信息、保险计划、转账授权、被保险人健康告知事项等）无误，特别是被保险人健康告知事项，确认与投保时所陈述的内容一致”，认定投保人未如实告知。

投保人将自身健康状况如实告知保险人，保险人同意承保，向投保人发送保险合同、保险单等，投保人对保险利益产生了合理信赖。发生保险事故时，保险人应当按照保险合同约定向投保人承担保险责任。

编写人：重庆市第五中级人民法院　陈秀良　王慧杰

219 保险人对投保人未如实告知事项是否属于“重要事实”负有举证义务

——朱某某诉中国某某保险股份有限公司北京市分公司人身保险合同案

【案件基本信息】

1. 裁判书字号

北京市第四中级人民法院（2018）京04民终162号民事判决书

2. 案由：人身保险合同纠纷

3. 当事人

原告（被上诉人）：朱某某

被告（上诉人）：中国某某保险股份有限公司北京市分公司（以下简称保险公司）

【基本案情】

2017年3月20日，朱某某作为投保人在保险公司处以自己为被保险人投保了重大疾病保险。投保时，保险公司对朱某某进行了病史询问，其中包括：是否曾患有或接受治疗过下列疾病：肿瘤（包括恶性肿瘤及尚未确诊为良性或恶性之息肉、肿瘤、囊肿、结节、赘生物）。朱某某选择了“否”，并在电子投保确认单上签字。保险公司签订了保险单。2017 年 12 月 11 日至 12 月 19 日，朱某某在天坛医院住院治疗，诊断为甲状腺乳头状癌（峡部）。

朱某某提交了其和丈夫与保险公司业务员石某的微信聊天记录：2017 年 12 月 27 日，石某向朱某某告知理赔所需资料；2018 年 1 月 10 日，朱某某和石某说“住院的那些都是医院的章，门诊那些结果是复印件。我先提供吧，到时候不行你再告诉我”；2018 年 3 月 13 日，朱某某向石某微信送达了 2015 年至 2017 年的健康体检报告。另外，关于朱某某向保险公司提出索赔的时间，朱某某称是 2018 年 1 月 10 日左右，而保险公司出示了《理赔申请书》，落款时间为 2018 年 3 月 14 日，申请人签名处写有朱某某的名字，所以保险公司认为朱某某提出索赔的时间是 2018 年 3 月 14 日，朱某某不认可《理赔申请书》的签名系朱某某亲笔所签。法庭当庭通过电话与石某进行了核实，石某表示，朱某某是在年后通过微信聊天和打电话提出索赔申请，具体哪天记不清楚了，但是索赔可以通过口头方式提出。对于那份《理赔申请书》，朱某某确实没有去过公司服务大厅签署，是其帮客户代签字的，这些是可以由业务员代办的。

朱某某于 2016 年 9 月 22 日进行健康体检，体检报告上显示：甲状腺可见边界尚清晰的多发结节。保险公司认为朱某某未如实告知上述情况，足以影响其是否承保或者增加保费的决定。3 月 30 日，保险公司出具了《解除保险合同通知书》《拒绝给付保险金通知书》。朱某某请求法院判令保险公司给付其保险金 20 万元。保险公司基于朱某某未履行如实告知义务，拒绝赔付。

【案件焦点】

1. 保险公司的询问是否明确、具体；2. 投保人是否履行了如实告知义务；3. 保险公司解除保险合同并不予赔付的行为是否合法有效。

【法院裁判要旨】

北京铁路运输法院经审理认为：保险公司对朱某某进行了病史询问，其中包括“是否曾患有或接受治疗过下列疾病：肿瘤（包括恶性肿瘤及尚未确诊为良性或恶性之息肉、肿瘤、囊肿、结节、赘生物”，该询问内容具体，指向性明确，不存在概括性询问。朱某某在保险公司的健康告知询问下选择了“否”并签字。但是，朱某某在2016年的体检报告中显示其患有甲状腺可见边界尚清晰的多发结节，法院认为在保险公司询问下，朱某某并未向保险公司如实告知该事项。

投保人故意或者因重大过失未履行前款规定的如实告知义务，足以影响保险人决定是否同意承保或者提高保险费率的，保险人有权解除合同。对此法院认为，首先，保险人对于投保人未履行如实告知义务，是否足以影响保险人决定是否同意承保或者提高保险费率，负有举证证明的责任。本案中，朱某某未如实告知的事项是2016年体检时患有甲状腺多发结节，但是保险公司并未举证证明患有甲状腺多发结节是否影响保险人决定同意承保或者提高保险费率。其次，保险人收到被保险人或者受益人的赔偿或者给付保险金的请求后，应当及时作出核定；情形复杂的，应当在三十日内作出核定，但合同另有约定的除外。朱某某通过微信的方式在2018年1月10日左右就向业务员石某提出了理赔申请，石某作为保险公司的保险代理人员，保险代理人根据保险人的授权代为办理保险业务的行为，由保险人承担责任。但是，保险公司于 2018 年 3 月 13 日才要求朱某某补充体检材料，明显超过法律规定的核保期限。因此，保险公司解除保险合同的行为没有事实和法律依据，应当赔偿朱某某重大疾病保险金 200000 元，扣除已经退还的保险费 5320 元，保险公司还需要赔偿朱某某保险金 194680 元。

北京铁路运输法院依照《中华人民共和国保险法》第二条、第十六条第一款、第二款、第三款、第二十三条第一款、第一百二十七条之规定，作出如下判决：

一、保险公司于本判决生效之日起十日内赔偿朱某某保险金 194680 元；

二、驳回朱某某的其他诉讼请求。

保险公司不服一审判决，提起上诉。北京市第四中级人民法院经审理认为：当事人对自己提出的主张应当及时提供证据。当事人对自己提出的诉讼请求所依据的事实或者反驳对方诉讼请求所依据的事实有责任提供证据加以证明。没有证据或者证据不足以证明当事人的事实主张的，由负有举证责任的当事人承担不利后果。在朱某某的体检报告中，朱某某患有甲状腺多发结节；专家建议与指导内容为：甲状腺结节是临床常见的病症，恶性病变虽不常见，但术前难以鉴别。若甲状腺结节为孤立结节、突然迅速无痛地增大或有甲状腺肿瘤家族史者，建议及时去医院专科进行进一步检查，以明确诊断。保险公司主张，朱某某未告知其患有甲状腺多发结节，该病史与其所患有的重大疾病具有关联性，同时该情形影响其决定是否同意承保或者提高保险费率，但保险公司就两者之间的因果关系并未用充分证据予以证明。此外，石某作为保险公司的保险代理人员，其有权代理保险人代为办理保险业务，朱某某于2018年1月10日左右已经提出理赔申请，一审判决认定保险公司由此时开始承担核保义务并无不当。

北京市第四中级人民法院依照《中华人民共和国民事诉讼法》第一百七十条第一款第一项之规定，判决如下：

驳回上诉，维持原判。

【法官后语】

保险合同是最大诚信合同，由于个人身体健康状况的私密性造成投保人和保险人信息不对称。投保时，该信息优势属于投保人，而理赔时，该优势转移至保险人，如何实现两者间的平衡？我国保险法第十六条很好地诠释了这一点，既规定了投保人的如实告知义务，同时又限定了如实告知的范围——应当是投保人或者被保险人知道的有关保险标的的危险情况的重要事实，并以保险人在投保单中询问的事项为限。并且应将未如实告知事项是否足以影响保险人决定是否同意承保或者提高保险费率的举证责任赋予保险人。

一般来说，各国的保险立法均要求投保人如实告知的事项必须为“重要事实”。何为“重要事实”？英国学者克拉克教授将“重要事实”定义为：该情况如果为保险人知晓，他将拒绝订立保险合同或者是以不同的费率订立保险合同。我国保险法第十六条规定，订立保险合同，保险人就保险标的或者被保险人的有关情况提出询问的，投保人应当如实告知。投保人故意或者因重大过失未履行前款规定的如实告知义务，足以影响保险人决定是否同意承保或者提高保险费率的，保险人有权解除合同。上述法律规定了违反如实告知义务的法律后果是解除合同，但是在二者之间还存在一个桥梁，那就是投保人未如实告知的事项足以影响保险人决定是否同意承保或者提高保险费率。从我国上述法律规定可以看出，“重要事实”的认定有两个标准：一是足以影响保险人决定是否同意承保，二是足以影响保险人决定是否提高保险费率，并且无论投保人是故意还是重大过失未履行如实告知义务，均以“重要事实”为限。

“重要事实”的举证责任应由保险人来承担。以本文中出现的情况为例，目前甲状腺结节已成为我国常见病症，而其中多发甲状腺结节占绝大多数。如果保险人不能举证证明多发甲状腺结节是影响其决定是否同意承保或者提高保险费率，只是以投保人隐瞒了曾经患有甲状腺结节而作为拒赔的理由，那么投保人将处于绝对的不利地位。因为在理赔环节，本身投保人就处于信息弱势的一方，所以应当严格审查保险人是否具备解除合同的客观条件。若保险人举证不能，即使投保人故意隐瞒，保险人也不得解除合同，仍应履行赔偿保险金的责任。

编写人：北京互联网法院　张博

220　人身保险合同中被保险人初次确诊癌症时间的认定

——钟某诉人保广州分公司保险合同案

【案件基本信息】

1. 裁判书字号

广东省广州市中级人民法院（2018）粤01民终11900号民事判决书

2. 案由：保险合同纠纷

3. 当事人

原告（被上诉人）：钟某

被告（上诉人）：人保广州分公司

【基本案情】

2016年8月9日，钟某的丈夫作为投保人，钟某作为被保险人与保险人人保广州分公司订立了两份“防癌疾病保险”及“附加防癌两全保险”。保单载明保险金额均为10万元，交费日期为每年8月9日，保险合同生效日为2016年8月9日。《防癌疾病保险利益条款》约定：一、癌症确诊保险金：被保险人于该合同生效（或最后复效）之日起一年内，因首次发生并经确诊的疾病导致被保险人初次发生并经专科医生明确诊断患该合同所指的癌症，该合同终止，人保广州分公司按照该合同所交保险费（不计利息）给付癌症确诊保险金；被保险人于该合同生效（或最后复效）之日起一年后，因首次发生并经确诊的疾病导致被保险人初次发生并经专科医生明确诊断患该合同所指的癌症，人保广州分公司按照该合同基本保险金额的100%给付癌症确诊保险金，该合同继续有效，该项责任的给付以一次为限……第十二条“释义”中明确提到“癌症：经病理学检查结果明确诊断，临床诊断属于世界卫生组织《疾病和有关健康问题的国际统计分类》的恶性肿瘤范畴等”。合同签订后，钟某按时缴纳了首期保险费。

2017年8月4日，钟某因头部疼痛到医院就诊并住院。经检查，医院于2017年8月6日出具MRI诊断报告单，诊断意见显示钟某患有脑膜右侧颞叶肿瘤，右侧颞叶占位性病变，考虑肿瘤性病变、胶质母细胞瘤可能。2017年8月15日，钟某进行了肿瘤切除手术。2017 年 8 月 16 日，该院病理诊断为具有原始神经分化的胶质母细胞瘤。2017 年 8 月 25 日钟某出院，该院作出如下出院诊断：脑恶性肿瘤，神经胶质瘤。2017 年 9 月 25 日，钟某向人保广州分公司提出重大疾病理赔申请，人保广州分公司作出《理赔核定通知书》，认为根据约定，两份保险合同效力已终止，退还了钟某保险费 2200 元。钟某遂向法院起诉，要求人保广州分公司支付保险金 117800 元，双方继续履行两份保险合同，钟某豁免保费。

【案件焦点】

1. 钟某患有癌症确诊时间的认定；2. 钟某能否豁免第二年的保费。

【法院裁判要旨】

广东省广州市越秀区人民法院经审理认为：人保广州分公司向钟某签发保险单，钟某与人保广州分公司之间的保险合同法律关系成立，合同双方当事人应按保险条款的约定履行保险合同义务。双方的争议焦点在于钟某患有脑部恶性肿瘤的确诊时间。据广东三九脑科医院出具的病历可知，钟某入院后医院于 2017 年 8 月 6 日诊断钟某脑部右侧颞叶占位性病变存在胶质母细胞瘤可能，即在该时间点对钟某的脑部肿瘤的性质仅能作出一种推断，未能得出明确诊断意见；而在 2017 年 8 月 16 日术后作出的病理报告单中，通过对细胞瘤切除后的病理分析，确认钟某患有脑部恶性肿瘤，该日距合同生效之日已满一年，人保广州分公司应按约定豁免钟某癌症确诊日后的保费，并向钟某赔付保险金。

广东省广州市越秀区人民法院依照《中华人民共和国合同法》第六十条、第一百零七条，《中华人民共和国保险法》第十三条之规定，判决如下：

一、自本判决发生法律效力之日起十日内，人保广州分公司向钟某支付保险费117800元；

二、钟某与人保广州分公司继续履行保险合同。

宣判后，人保广州分公司不服原审判决，向广东省广州市中级人民法院提起上诉。二审法院同意一审法院裁判意见，认为钟某于2017年8月6日入院时作出的诊断仅为初步诊断结果，并非确诊结果。案涉保险条款关于癌症的释义“经病理学检查结果明确诊断，临床诊断属于世界卫生组织《疾病和有关健康问题的国际统计分类》的恶性肿瘤范畴”表明人保广州分公司承保的癌症责任范围亦要求患者经病理学检查结果作为确诊的条件。

广东省广州市中级人民法院依照《中华人民共和国民事诉讼法》第一百七十条第一款第一项的规定，判决如下：

驳回上诉，维持原判。

【法官后语】

本案的处理重点在于钟某患有癌症确诊时间的认定。根据《中华人民共和国保险法》第三十条的规定，采用保险人提供的格式条款订立的保险合同，保险人与投保人、被保险人或者受益人对合同条款有争议的，应当按照通常理解予以解释。对合同条款有两种以上解释的，人民法院或者仲裁机构应当作出有利于被保险人和受益人的解释。

双方当事人对涉案保险条款中约定的“因首次发生并经确诊的疾病导致被保险人初次发生并经专科医生明确诊断患该合同所指的癌症”和所指向的“确诊时间”发生争议。对该条款存在两种解释：第一种解释是被保险人在保险期内因首患某种病症就医，医院对被保险人首次就诊的病症作了初步诊断，后经多项相关检查后明确病因，确定为恶性肿瘤的，由于检查结果与就诊存在关联性，初步诊断时间即应认定为确诊时间，即为赔付保险金的时间节点依据。保险人有权以初诊时间发生于等待期内即合同生效之日起一年内终止合同、拒赔保险金并退还已交保险费；第二种解释是确诊时间应以病理报告出具日期来确定，因为在医学专业领域中，病理报告是对肿瘤性质进行病理分析的结果。临床诊断、影像诊断、血、尿、便常规和生化检查均不能单独作为癌症确诊的依据。只有通过病理学诊断再结合临床检查等证据才能作出恶性肿瘤的确诊。从合同中癌症的定义上看，癌症属于经病理学检查结果明确诊断，临床诊断属于世界卫生组织《疾病和有关健康问题的国际统计分类》的恶性肿瘤范畴等。所以癌症确诊时间应以病理报告出具之日确定，不能因病理报告与首次就诊的检查报告存在关联性而进行倒推，确诊时间应认定在合同生效之日起的一年后，保险公司应依约赔偿癌症确诊保险金和癌症康复保险金。本案的保险条款为格式条款，因此根据法律规定以及合同约定，确诊时间应作上述第二种解释，该解释更符合防癌疾病保险的订立目的及价值目标，对在等待期内患病但在等待期满后确诊癌症的被保险人给予经济上的救济。钟某主张其在保险合同生效之日起一年后确诊为脑部恶性肿瘤申请理赔保险金、继续履行保险合同的诉求于法有据，法院予以支持。人保广州分公司以钟某在一年等待期内患有癌症为由拒绝履行赔付责任，显然是对癌症确诊时间的概念混淆，以此达到规避保险责任的目的，无事实依据及法律依据，应不予支持。

涉案保险条款存在两种文义解释，法官行使自由裁量权适用不同的解释方法会导致截然不同的处断结论。格式保险条款的使用限制了投保人订立保险合同的意思表示的自由，同时也妨碍了投保人及被保险人对保险合同的内容之理解。处理保险格式条款的理解存在争议的案件时，应对所争议条款的文义解释作严谨限制，存在歧义时不宜适用扩大解释。根据保险法第三十条的规定，通常应适用不利解释原则，这样将有助于改善投保人订立保险合同时的被动状态，以增强被保险人或者受益人利益的保护，有效地满足保险“转移和分摊风险”与“消化和补偿损失”的绝大多数社会需求。

编写人：广东省广州市越秀区人民法院　郭雪　张嘉玲

221 对于投保人与被保险人不是同一主体的保险，确定被保险人申请理赔的诉讼时效起算点，应当遵从最大诚信原则

——于某诉保险公司人身保险合同案

【案件基本信息】

1. 裁判书字号

江苏省无锡市梁溪区人民法院（2018）苏 0213 民初 2777 号民事判决书

2. 案由：人身保险合同纠纷

3. 当事人

原告：于某

被告：保险公司

【基本案情】

于某系某公司员工。2010年12月31日，某公司与保险公司签订保险合同，约定为其公司992名员工及家属投保“团体重疾2007”等险种，保险期限为2011年1月1日至2011年12月31日，其中“团体重疾2007”险的保险金额为20万元，被保险人为某公司的员工（于某为被保险人之一）。某公司在《团体人身保险投保单》中“投保人声明”处载明：“该投保单项下的所有被保险人均已知悉投保的保险相关事宜。”某公司作为投保单位在落款处加盖公章。

2011年4月11日，于某至某市人民医院（以下简称人民医院）就诊，人民医院于同月15日出具《病理检查报告》，病理诊断结果为右侧甲状腺微小乳头状癌。后于某于同月18日出院，出院记录中诊断记载为：“1. 右甲状腺微小乳头状癌；2. 慢性淋巴细胞性甲状腺炎。”

因治疗产生医疗费，于某分别于同年5月13日、5月23日、6月20日、8月18日、11月29日填写团险理赔申请书并提交出院记录、CT检查报告单、电子鼻咽喉镜报告单、彩色超声检查报告单、病历及医药费收据等材料，向保险公司申请理赔住院及门诊费用，理赔金额合计为5794.57元。自2011年患甲状腺微小乳头状癌至今，于某均定期复诊，并遵医嘱服用药物。

于某诉称，其于2017年11月听公司其他同事提及才得知，除住院和门诊保险外，公司还为其投保了团体重疾险，故于某于2017年12月22日通过某公司向保险公司递交理赔申请材料，申请理赔团体重疾险保险金20万元。保险公司于2018年1月16日出具个人理赔结案通知书，认为于某在2011年就已确诊，但直到2017年年底才提出理赔申请，以已经超过两年索赔时效为由，拒绝给付保险金。于某遂诉至法院，请求判令保险公司给付保险金20万元及逾期付款利息。

诉讼中，法院向某公司调查其公司在投保后有无将投保保险的相关事宜告知于某，但某公司拒绝向法院说明。

【案件焦点】

于某主张理赔人身保险金是否已超过诉讼时效。

【法院裁判要旨】

江苏省无锡市梁溪区人民法院经审理认为：《中华人民共和国保险法》第二十六条第一款规定，人寿保险以外的其他保险的被保险人或者受益人，向保险人请求赔偿或者给付保险金的诉讼时效期间为二年，自其知道或者应当知道保险事故发生之日起计算。本案被保险人主张理赔人身保险金未超过诉讼时效，理由：1. 基于保险最大诚信原则，于某在2011年向保险公司理赔医疗费时，提交的理赔材料出院记录中已载明其患右侧甲状腺微小乳头状癌，保险公司明知某公司为其投保了团体重疾险，在知晓其患癌事实可能符合团体重疾险的理赔条件时，却未向于某提示或告知，保险公司的行为有违诚实信用原则。2. 于某于2011年4月经人民医院确诊患右侧甲状腺微小乳头状癌，如其明知某公司为其投保了团体重疾险而不向保险公司申请理赔该重疾险项下的20万元保险金，而仅申请理赔5794.57元的住院及门诊费用，与常理不符，故其不知某公司为其投保团体重疾险存在高度盖然性。3. 关于诉讼时效的适用宜采取从宽的原则，某公司虽在投保书中声明投保单项下的所有被保险人均已知悉投保的保险相关事宜，但不足以证明于某已知晓，且于某对此予以否认，现无证据证明于某 2011 年就已知晓。4. 于某于 2011 年被确诊，但出院至今一直在服药，疾病处于持续状态，至 2017 年知晓所投保的险种时方才知晓构成“保险事故”，两年诉讼时效应当自此时开始计算。综上，于某的理赔请求未超过诉讼时效，其所患疾病属于团体重疾险的保险责任范围，保险公司应当给付保险金。

江苏省无锡市梁溪区人民法院依照《中华人民共和国保险法》第十四条、第二十三条、第二十六条第一款之规定，作出如下判决：

保险公司应于本判决发生法律效力之日起十日内给付于某保险金 20 万元及逾期付款利息。

判决后，双方当事人均未上诉，本判决现已生效。

【法官后语】

本案的裁判要旨为：对于投保人与被保险人不是同一主体的保险，当被保险人未及时向保险公司理赔，且投保人是否向被保险人告知投保事宜难以查清时，确定被保险人申请理赔的诉讼时效起算点，应当遵从最大诚信原则。保险公司在明知被保险人具备理赔条件时却未提醒告知，明显有违最大诚信原则，不应从事实上已具备理赔条件的时间节点计算诉讼时效，而应从被保险人实际知道或应当知道之日起计算，从宽把握诉讼时效。

诉讼时效制度主要在于督促权利人及时行使权利，法律一方面对怠于行使权利的当事人不予保护，但另一方面也不随意剥夺对自己权利并不知晓的当事人的胜诉权利。民法典将诉讼时效期间从 2

年延长到知道或者应当知道权利之日起3年，也体现了诉讼时效从宽把握的立法精神。

1. 本案案情具有典型性

企业为其员工投保团体保险的形式较为常见，但其是否将所投保的险种和理赔条件明确向员工进行公示告知却不尽然。当员工未及时向保险公司理赔，而企业是否向员工告知投保事宜难以查清时，诉讼时效的起算时间点该如何认定、认定时应秉持怎样的原则、最终理赔的诉求能否得到支持，都是具有典型现实意义的法律适用难题。

2. 判决结果具有示范性

第一，本案判决回答了上面的问题，树立了价值取向，即保险的目的在于弥补损失、规避风险，诉讼时效应从宽把握，从合理性角度按常理分析。第二，保险法特点之一在于最大诚信原则，投保人、被保险人应向保险公司尽到最大诚信的告知义务，那么，根据权利义务对等的原则，保险公司在理赔时也应向被保险人尽到最大诚信义务。本案的保险公司在明知被保险人患有属于理赔范围的疾病时却视而不见，并未进行提醒告知，违反了诚实信用原则。况且在保险法领域还有更高的最大诚信原则，这一原则应平等地适用于投保人、被保险人和保险人，适用于投保人的投保环节和保险人的理赔环节。

3. 裁判方法体现技巧性

一是在公司是否实际上向员工告知投保的事宜无法查清时，要善于依照民事案件的高度盖然性标准来判断。原告已经申请理赔过医疗费，表明其并没有放弃向保险公司主张赔偿的权利，从常理上分析，原告应对投保重疾险的事实不知晓，否则肯定会积极主张，因此，原告对投保险种不知晓的可能性更大，更合乎事实和情理。二是本案裁决对保险法第二十六条中的“自知道或者应当知道保险事故”进行了有技巧性的法律解释。《中华人民共和国保险法》第二十六条第一款规定，人寿保险以外的其他保险的被保险人或者受益人，向保险人请求赔偿或者给付保险金的诉讼时效期间为二年，自其知道或者应当知道保险事故发生之日起计算。原告仅知晓其患病的客观事实，但不知道属于“保险事故”，所以时效应从知晓其疾病构成“保险事故”时起算，且原告患有疾病的事实处于持续状态，故认定理赔时未超过时效期间更具说服力。本案中所运用的裁判认定标准和裁判技巧具有较强的示范性和类案可参照性。

编写人：江苏省无锡市梁溪区人民法院　姜海

222　网络投保中明确说明义务与如实告知义务的认定

——张某诉财保湖北分公司人身保险合同案

【案件基本信息】

1. 裁判书字号

湖北省宜昌市中级人民法院（2018）鄂05民终3278号民事判决书

2. 案由：人身保险合同纠纷

3. 当事人

原告（被上诉人）：张某

被告（上诉人）：财保湖北分公司

【基本案情】

2017 年 6 月 28 日，原告通过微信扫被告二维码的方式，对被告推出的一款中高端住院医疗保险产品进行了阅读。其中健康告知第五项为“被保险人最近 6 个月是否有以下症状：反复头晕头痛”，原告点击确认无以上问题后，对下一页面内容继续进行阅读。原告在完善投保人、被保险人相关信息并勾选黑体字“我已阅读保险条款及所附除外责任条款并同意所述内容”、支付保费后，被告给原告出具了中高端住院医疗保险单，签单日期为 2017 年 6 月 28 日。

2017 年 8 月 28 日，原告“因间断性头昏眼花 10 天”住院治疗 5 天，入院诊断为系统性血管炎，出院医嘱建议转上级医院继续治疗，完善 CAT 等相关辅助检查，等炎症控制后可进行手术治疗。同年 9 月 7 日，原告住院至同年 9 月 15 日出院，出院主要诊断为：多发性大动脉炎、颈动脉不全闭塞、左锁骨下动脉不全闭塞等，医嘱出院后定期风湿免疫科复诊。同年 10 月 8 日至 10 月 13 日，原告再次住院治疗，诊断结论及医嘱同前次。2018 年 1 月 23 日至同年 1 月 31 日，原告就前述病症住院治疗。入院自述其于 2 年前无明显诱因出现反复头昏，活动后加重，未予诊治；2017 年 8 月开始出现间断性眼花，严重时出现双视力减退、视野缺失。2018 年 2 月 27 日至同年 3 月 1 日再次住院治疗，治疗、诊断同前。原告先后支付医疗费用 52137.4 元（含原告持医院处方在门诊自费购买人免疫球蛋白 PH4 针费用 29120 元）。

原告就上述发生的住院医疗费用，要求被告按人身保险合同的约定扣除 10000 元的免赔额后，支付保险金 42137.4 元，被告以原告投保时未如实履行告知义务，属带病投保为由，拒绝赔偿，遂起纷争。

【案件焦点】

1. 被告以网页形式询问被保险人“最近6个月是否有反复头晕头痛症状”，该提示和明确说明义务是否符合法律规定；2. 原告就诊时自述“2年前无明显诱因出现反复头昏”是否可以证明故意不履行如实告知义务；3. 被告是否在法定期限内行使合同解除权。

【法院裁判要旨】

湖北省宜昌市夷陵区人民法院经审理认为：《中华人民共和国保险法》第十六条第一款规定，订立保险合同，保险人就保险标的或者被保险人的有关情况提出询问的，投保人应当如实告知。投保人如实告知义务限于保险人询问的范围和内容。本案中，被告以网页为载体，用蓝色粗体字“健康告知”方式向原告询问被保险人最近6个月是否有反复头晕头痛症状，询问方式足以引起原告的注意；询问内容清晰、具体，不属于概括性询问。常人均能对询问内容作出是或否的告知。本案中，原告作出是或否的回答影响被告作出是否同意承保的决定。原告点击“确认无以上问题”后，继续进行阅读，并完成涉案保险合同的投保，法院认定原告对蓝色粗体字“健康告知”的相关内容进行了阅读，并作出了回答。而且，涉案保险合同第十一条责任免除共十八项情形，其中第十三项是“被保险人在投保前罹患的、投保时尚未治愈的疾病，被保险人在投保时未如实告知的疾病以及在本合同签发前24个月内已经存在的疾病或症状”，被告均采用黑体字进行了提示和明确说明，法院认为被告履行了保险法第十七条第二款规定的提示义务。

所谓症状，是人机体内一系列机能、代谢和形态结构异常变化所引起的人主观上的异常感觉或者某些客观病态改变，有的只有主观才能感觉到，如疼痛、眩晕；有些是需要通过客观检查才能发现的，不能一概而论。就本案争议而言，被告作出的上述询问只需要原告如实回答主观感受，并不需要通过客观检查确定。原告在投保时作出否认的回答，是被告同意承保的前提。2018 年 1 月 23 日，原告在住院时自述“头昏 2 年余，加重伴眼花”“于 2 年前无明显诱因出现反复头昏不适，活动后加重”，这是原告通过主观感受向医生所描述的症状。依常理，患者为治愈疾病会尽力真实陈述其主观不适，以便医生根据患者对症状的准确描述，辅之相关检查，确诊病因，对症治疗。据此，原告 2018 年 1 月 23 日入院时的陈述是客观的、真实的。“被保险人最近 6 个月是否有反复头晕头痛症状”的情况，系与涉案保险标的或者被保险人有关的情况，属于保险法第十六条第一款规定的投保人“应当如实告知”的内容。原告在投保时对其“最近 6 个月是否有反复头晕头痛症状”作否定性回答，明显与真实状况不符，属于保险法第十六条第四款“投保人故意不履行如实告知义务的”情形，该情形足以影响被告决定是否同意承保。原告提供的华中科技大学同济医学院附属协和医院关于原告经诊断患多发性大动脉炎并患颈动脉不全闭塞，既往无类似病史的证明，只能证明原告在此之前未经确诊有类似疾病，与其最近 6 个月是否有反复头晕头痛症状无因果关系。

原告投保时对其“于 2 年前无明显诱因出现反复头昏不适，活动后加重”的事实未如实履行告知义务，且该告知内容足以影响被告决定是否同意承保，被告有权解除涉案保险合同。根据在案事实，原告申请理赔时提交了相关住院资料，显示其在投保之前就有“最近6个月有反复头昏症状”，被告就应当知道解除事由；退言之，2018年8月29日公开开庭审理后，被告也应当知道解除事由，但是被告在答辩时和委托诉讼代理人的书面代理意见中均未明确行使合同解除权。被告于2018年10月8日才书面通知原告解除合同，已超过“自保险人知道解除事由之日起超过三十日不行使而消灭”的期限，其解除权已消灭。本案所涉保险合同未被解除的情况下，对原、被告双方仍具有约束力。被告应当按涉案保险合同的约定承担给付原告保险金42137.4元的责任。

湖北省宜昌市夷陵区人民法院依照《中华人民共和国保险法》第十四条、第二十三条，《最高人民法院关于适用〈中华人民共和国保险法〉若干问题的解释（二）》第八条和《中华人民共和国民事诉讼法》第一百四十二条之规定，判决如下：

被告财保湖北分公司于本判决发生法律效力后十日内向原告张某支付保险金42137.4元。

财保湖北分公司持原审起诉意见提起上诉。湖北省宜昌市中级人民法院经审理认为：关于财保湖北分公司是否应当承担保险责任问题。《中华人民共和国保险法》第十六条规定，订立保险合同，保险人就保险标的或者被保险人的有关情况提出询问的，投保人应当如实告知。投保人故意或者因重大过失未履行前款规定的如实告知义务，足以影响保险人决定是否同意承保或者提高保险费率的，保险人有权解除合同。前款规定的合同解除权，自保险人知道有解除事由之日起，超过三十日不行使而消灭。自合同成立之日起超过二年的，保险人不得解除合同；发生保险事故的，保险人应当承担赔偿或者给付保险金的责任……本案中，被上诉人张某通过网络投保的方式与上诉人财保湖北分公司签订《中高端住院医疗保险合同》，由于张某在投保中高端住院医疗保险过程中未履行如实告知义务，以致影响到财保湖北分公司作出是否同意承保的决定。因此，财保湖北分公司有权解除双方签订的上述保险合同。由于财保湖北分公司未在知道有解除事由之日起三十日内行使解除权，致使其行使解除权的权利消灭。《最高人民法院关于适用〈中华人民共和国保险法〉若干问题的解释（二）》第八条规定，保险人未行使合同解除权，直接以存在保险法第十六条第四款、第五款规定的情形为由拒绝赔偿的，人民法院不予支持。但当事人就拒绝赔偿事宜及保险合同存续另行达成一致的情况除外。据此，一审法院判令财保湖北分公司承担保险责任符合法律规定。财保湖北分公司关于其不应承担保险责任的理由不能成立，依法不予支持。

湖北省宜昌市中级人民法院依照《中华人民共和国民事诉讼法》第一百七十条第一款第一项之规定，作出如下判决：

驳回上诉，维持原判。

【法官后语】

本案系网络投保过程中投保人违反如实告知义务引发的人身保险合同纠纷。近年来，随着电子商务的兴起，网络投保越来越普遍，该种方式下如何认定保险人的明确说明义务和投保人的如实告知义务成为一个新的问题。《最高人民法院关于适用〈中华人民共和国保险法〉若干问题的解释（二）》第十二条规定，通过网络、电话等方式订立的保险合同，保险人以网页、音频、视频等形式对免除保险人责任条款予以提示和明确说明的，人民法院可以认定其履行了提示和明确说明义务。该条款虽然规定了网络投保中的提示和明确说明义务，但在实践中具体应达到什么标准才算履行了该义务还需根据具体情况认定。

第一，保险人的提示和明确说明义务是一种主动性的行为，因此在网络投保过程中，保险人所设计的网页程序应自动弹出免责条款页面，在投保人阅读并点击确认与否的情况下才能进行下一步操作，而不能仅通过设计链接等形式要求投保人主动去阅读。第二，网页所载的格式条款等内容必须采用特殊字体、颜色或者符号，足以引起投保人注意。第三，网页对合同免责条款中专业性较强的，应该给予较高程度的说明，同时避免使用有争议、晦涩、复杂的语言。第四，在投保完成后，应该及时进行电话回访，询问投保人对免责条款是否阅读并理解。本案中，被告以网页为载体，用蓝色粗体字“健康告知”方式向原告询问被保险人相关情况，询问方式足以引起原告的注意；询问内容清晰、具体，不属于概括性询问，足以认定被告履行了提示义务。

如实告知义务是指在订立保险合同时，保险人就保险标的或者被保险人的有关情况提出询问的，投保人应当如实告知。投保人故意不履行如实告知义务的，保险人对于合同解除前发生的保险事故，不承担赔偿或者给付保险金的责任，并不退还保险费。在实践中，往往存在投保人为了参保而故意隐瞒相关事实的情况。本案中比较特殊的是，保险人询问的事项中关于健康状况有些不是既往病史、家族遗传史等已经经医院确诊的某类疾病，而是一种主观感知的症状，在证明时就存在一定的困难。此时需要结合保险人投保前和发生保险事故时的相关情况综合认定。虽然主观感受无法证明，但依照常理，病人在就诊时为了医生准确判断病情会如实回答医生的提问，病历中的自述等内容可以作为证明的依据。

值得注意的是，本案中保险人知晓投保人故意未履行如实告知义务，足以影响其决定是否同意承保或者提高保险费率的情况下，超过规定时间未解除合同。该合同解除权受到除斥期间的限制，超过该期限权利归于消灭，在发生保险事故时保险人仍应当承担责任。

编写人：湖北省宜昌市夷陵区人民法院　龚晓莉

223　保险人就未询问的事项主张投保人未尽如实告知义务的不能拒赔

——刘某诉保险公司人身保险合同案

【案件基本信息】

1. 裁判书字号

河南省许昌市中级人民法院（2018）豫10民终797号民事判决书

2. 案由：人身保险合同纠纷

3. 当事人

原告（反诉被告、被上诉人）：刘某

被告（反诉原告、上诉人）：保险公司

【基本案情】

刘某与朱某系夫妻关系。2004年9月3日，朱某被确诊为右乳腺癌，并进行乳腺癌改良根治术。2010年，朱某因右乳腺癌术后并骨、淋巴结转移先后入院化疗四次。2012年11月19日，刘某为朱某在保险公司处投保人身保险合同，该合同包括“富贵齐添两全保险（分红型）”“附加额外给付重大疾病保险”等四个险种。投保人为刘某，被保险人为朱某，合同成立日期为2012年

11 月 19 日 13 时 35 分，生效时间为 2012 年 11 月 20 日 0 时 0 分，身故保险金受益人为刘某。保险合同订立后，刘某按合同约定每年缴纳保费至 2015 年。2013 年至 2016 年朱某因右乳腺癌术后多发转移多次入院治疗，2016 年 6 月 2 日出院后病故。2016 年 7 月 4 日，刘某以“索赔类别：身故”为由向保险公司递交理赔申请书。保险公司通过理赔调查发现，朱某存在带病投保的情形，但对其投保的“富贵齐添两全保险（分红型）”赔付疾病身故保险金及红利 47165.51 元，未对其投保的“附加额外给付重大疾病保险”进行理赔。至刘某起诉之日，保险公司未行使解除权，对刘某主张的支付重大疾病保险金亦未发出拒赔通知，保险公司认可朱某所患疾病属其承保的“附加额外给付重大疾病保险”承保险种。

刘某提供的 2012 年 11 月 19 日《个人人身保险投保单》（复印件）尾部手写添加部分为“本人已阅读保险条款产品说明书和投保担保提示书了解本产品的特点和保单利益的不确定性”，在该部分下方投保人、被保险人处分别签有“刘某”“朱某”的名字。经比对，“刘某”的签名与上述手写添加内容不是同一人书写，即该部分内容非刘某书写。

保险公司认为刘某未尽如实告知义务，刘某予以否认。刘某申请证人孙某出庭作证，孙某证明：本人曾是保险公司的业务员，刘某给朱某入保险时已离职。保险公司部门经理王某找到我，让我给他找人投保，就介绍了刘某，刘某把他爱人 10 多年前患乳腺癌的情况跟王某说了。他们两个谈完后，就把保单签了。刘某把他爱人朱某的身份证、保费都交给了王某，刘某就在合同上签名，其他手续都是王某办理的。

【案件焦点】

1. 投保人是否履行了如实告知义务；2. 保险公司应否履行保险合同义务进行赔付。

【法院裁判要旨】

河南省襄城县人民法院经审理认为：关于投保时，刘某是否履行了如实告知义务、保险公司应否支付重大疾病保险金的问题，《中华人民共和国保险法》第十六条第一款规定：订立保险合同，保险人就保险标的或者被保险人的有关情况提出询问的，投保人应当如实告知。《最高人民法院关于适用〈中华人民共和国保险法〉若干问题的解释（二）》（本案以下简称《保险法司法解释（二）》）第六条第一款规定，投保人的告知义务限于保险人询问的范围和内容。当事人对询问范围及内容有争议的，保险人负举证责任。依上述规定，投保人如实告知的前提是保险人应询问，否则投保人无法确定告知的范围和内容。本案中，证人当庭证明刘某投保时已就朱某曾患疾病予以告知，而保险公司人员仅让刘某签署名字，其他内容均不属刘某书写，结合《个人人身保险投保单》（复印件），除刘某、朱某的签名外，其他均不是刘某书写，因此可以认定保险公司未进行询问，且刘某已告知朱某曾患疾病的事实。故保险公司主张刘某未尽如实告知义务之抗辩，不予支持。保险法第十六条第三款规定，前款规定的合同解除权，自保险人知道有解除事由之日起，超过三十日不行使而消灭。自合同成立之日起超过二年的，保险人不得解除合同；发生保险事故的，保险人应当承担赔偿或者给付保险金的责任。根据该条规定，当存在有保险法第十六条第二款所列情形时，保险人应当在不可抗辩期间内解除合同。保险人解除保险合同应受不可抗辩期间的限制：一是在知道有解除事由之日起三十日内；二是自合同成立之日起二年之内，超过任何一个期间解除权即丧失。本案中，合同自 2012 年 11 月 19 日成立至发生争议时已远超二年，保险公司已丧失解除权。《保险法司法解释（二）》第八条规定，保险人未行使合同解除权，直接以存在保险法第十六条第四款、第五款规定的情形为由拒绝赔偿的，人民法院不予支持。但当事人就拒绝赔偿事宜及保险合同存续另行达成一致的情况除外。本案不具有该条规定的除外情况。依该条规定，保险人没有行使解除权或解除权丧失后，不得再依据保险法第十六条第四款、第五款拒赔。综上，保险公司拒赔的理由不能成立。刘某的主张有事实及法律依据，应予支持。

河南省襄城县人民法院依照《中华人民共和国保险法》第十六条第一款、第三款，《保险法司法解释（二）》第六条、第八条，《中华人民共和国民事诉讼法》第六十四条之规定，判决如下：

一、被告保险公司于本判决生效后三日内支付原告刘某保险金 4 万元；

二、驳回被告保险公司的反诉请求。

保险公司不服，提起上诉。河南省许昌市中级人民法院经审理认为：投保单系保险公司提供的固定格式条款，投保时保险公司应对需要投保人如实告知的重要事项进行明确说明，以便投保人知道如实告知的重要性及不履行告知义务的法律后果。本案投保单“询问事项”均系选构式固定格式，保险公司对上述事项询问的范围、内容及对询问事项的说明负有举证责任。在投保单上“投保人与被保险人/法定监护人声明及授权”之上的书写部分与投保尾部投保人签名的内容明显属不同的人书写，在证人孙某出庭作证明确陈述保单签署前的介绍、联系过程的情况下，结合被上诉人对投保过程的陈述，不能证明上诉人对相关内容进行了询问，且本案诉讼多次开庭，上诉人截至本次二审庭审时仍未对其询问的情况作进一步举证，故一审认定上诉人未进行询问并无不当。上诉人仅以投保单相关选项栏为“否”，即主张被上诉人存在隐瞒、欺诈证据不足，故保险公司以投保人未履行如实告知义务不承担给付保险金的上诉理由缺乏依据。

综上所述，保险公司的上诉请求不能成立，应予驳回；一审判决认定事实清楚，适用法律正确，应予维持。河南省许昌市中级人民法院依照《中华人民共和国民事诉讼法》第一百七十条第一款第一项的规定，判决如下：

驳回上诉，维持原判。

【法官后语】

本案争议焦点为投保人是否履行了如实告知义务，保险公司应否履行保险合同义务进行赔付。在审理该案的过程中，存在以下两种意见。

第一种意见认为，根据保险法第十六条的规定，投保人履行如实告知义务是订立保险合同的必经程序，也是保险合同成立的必要条件。如投保人未曾履行或未依约全面履行投保手续，由此导致对法定告知义务的规避，则在此情形下签发的保险单自始就存在瑕疵。因此，投保人的行为构成合同欺诈，该合同为可撤销合同，保险人可拒赔。

第二种意见则认为，虽经调查投保人确实属于带病投保，但由于投保人如实告知的前提是保险人应询问，否则投保人无法确定告知的范围和内容，显然无法履行如实告知义务，在法定期限内保险人未行使合同解除权的，保险人应依约履行赔付义务。

笔者同意第二种意见，理由如下。

首先，根据《保险法司法解释（二）》第六条第一款规定，投保人的告知义务限于保险人询问的范围和内容。当事人对询问范围及内容有争议的，保险人负举证责任。依上述规定，投保人如实告知的前提是保险人应询问，否则投保人无法确定告知的范围和内容。投保单系保险公司提供的固定格式条款，投保时保险公司应对需要投保人如实告知的重要事项进行明确说明并进行询问，以便投保人知道如实告知的重要性及不履行告知义务的法律后果。本案中，投保单“询问事项”均系固定格式，保险公司对上述事项询问范围、内容及对询问事项的说明负有举证责任，结合庭审查明的事实，保险人均不能证明保险人对相关事项进行了询问，因此投保人也就无法履行告知的义务，保险人以投保人未履行如实告知义务为由拒赔缺乏依据。

其次，保险法第十六条第三款规定，前款规定的合同解除权，自保险人知道有解除事由之日起，超过三十日不行使而消灭。自合同成立之日起超过二年的，保险人不得解除合同；发生保险事故的，保险人应当承担赔偿或者给付保险金的责任。根据该条规定，当存在保险法第十六条第二款所列情形时，保险人应当在不可抗辩期间内解除合同。保险人解除保险合同应受不可抗辩期间的限制：一是在知道有解除事由之日起三十日内；二是自合同成立之日起二年之内，超过任何一个期间解除权即丧失。

综上，在此案中，难以确认投保人未履行最大诚信原则，尽管投保人刘某隐瞒病情，但保险公司业务员未对投保人进行有关必要的询问，对保单上有关事项进行代签，并最终填写了保单，事后保险合同一直在履行，投保人按期缴纳保险费，在此期间保险公司也未就此保险合同行使解除权，故不能认定投保人故意隐瞒事实、不履行如实告知义务。保险公司应依约履行保险合同义务并予以赔付。

编写人：河南省襄城县人民法院　唐国建　彭洋

224 因误导性营销宣传致投保人对获得理赔产生合理期待的属于保险责任范围

——王某诉保险连云港支公司人身保险合同案

【案件基本信息】

1. 裁判书字号

江苏省连云港市中级人民法院（2016）苏07民终2050号民事判决书

2. 案由：人身保险合同纠纷

3. 当事人

原告（被上诉人）：王某

被告（上诉人）：保险连云港支公司

【基本案情】

2011年4月8日，王某向保险连云港支公司投保“终身寿险（万能型）”及附加险“提前给付重大疾病保险”（提前给付限额为人民币4万元）。投保前，保险连云港支公司业务员赵某对王某声称，如购买该险种，只要有“重大疾病”就能提前赔付4万元。

王某的文化程度较低，而案涉保单及保险条款共计约100页，包含大量医学术语和保险术语，但赵某未就保险条款中“重大疾病”的含义向王某作出说明。基于上述营销宣传，王某购买了该保险产品。另，赵某出庭作证时仍坚持认为王某所患疾病属于“重大疾病”，符合保险理赔条件。

2015年11月23日，王某因病入院治疗，至2015年12月6日要求出院，院方诊断王某患有延髓梗塞、椎动脉动脉瘤、肺部感染、高血压2级（很危险），建议王某前往上级医院继续治疗。当日，王某至某三甲医院入院治疗，后因需要对王某进行“椎动脉夹层动脉瘤支架辅助介入栓塞术”，该院向王某出具重大治疗与检查批准书。术后，王某于2015年12月21日出院，院方诊断王某患左侧椎动脉夹层动脉瘤、脑梗塞、高血压。医学专家证实，王某所患的左侧椎动脉夹层动脉瘤可能危及生命，且手术难度大、手术风险高、治疗费用高，在医学临床上属危重疾病范畴。

王某所患的左侧椎动脉夹层动脉瘤、脑梗塞、高血压等疾病均不符合涉案保险条款约定的32种“重大疾病”中的任一情形。

【案件焦点】

王某所患的左侧椎动脉夹层动脉瘤是否属于涉案保险合同的承保范围。

【法院裁判要旨】

江苏省灌云县人民法院经审理认为：王某与保险连云港支公司之间的保险合同依法成立。保险连云港支公司提供的保险条款系格式条款，保险连云港支公司的业务员在王某向其办理保险业务时，没有就重大疾病情形向王某作出明确说明，对此保险连云港支公司应当承担不利后果。现王某患有脑梗塞、脑动脉瘤，南京大学医学院附属鼓楼医院因王某病情危重，向王某方出具重大治疗与检查批准书，保险连云港支公司的业务员也到庭证明王某所患该疾病属于保险合同约定的重大疾病情形，现王某要求保险连云港支公司按照附带的卓越人生提前给付重大疾病保险，提前给付限额为人民币 4 万元，应予以支持。

江苏省灌云县人民法院依照《中华人民共和国民法通则》第一百零六条，《中华人民共和国保险法》第十条、第十七条、第十九条、第二十三条、第二十四条的规定，判决如下：

保险连云港支公司于判决生效后十日内向王某给付赔偿款人民币 40000 元。

被告保险连云港支公司不服一审判决，提起上诉。江苏省连云港市中级人民法院经审理认为：王某向保险连云港支公司投保了“终身寿险（万能型）”和附加险“提前给付重大疾病保险”，该保险合同是双方当事人的真实意思表示，且不违反法律法规的强制性规定，合法有效，双方均应按照约定履行合同权利义务。

关于王某所患的左侧椎动脉夹层动脉瘤是否属于涉案保险合同的承保范围问题。被上诉人王某主张左侧椎动脉夹层动脉瘤属于重大疾病且在涉案保险合同的承保范围内；上诉人保险连云港支公司则主张该疾病不属于重大疾病且不在保险合同的承保范围内。连云港市中级人民法院认为，这一问题的实质是如何妥善解释涉案保险条款。如果基于对涉案保险条款的文义解释，则左侧椎动脉夹层动脉瘤不符合涉案保险合同约定的 32 种重大疾病中的任一情形，不在涉案保险合同的承保范围内；但基于合理期待原则，投保人王某有正当理由对其患有左侧椎动脉夹层动脉瘤时可获得保险理赔怀有合理期待，故应以此为出发点对保险合同予以解释。详言之，合理期待原则认为，当保险合同当事人就合同内容的解释发生争议时，应以投保人或被保险人对于合同缔约目的的合理期待作为出发点对保险合同进行解释，即使保单中严格的条款术语并不支持这些期待。合理期待原则是诚实信用原则和合同自由原则的自然延伸和逻辑结果，而诚实信用原则、合同自由原则均为我国保险法基本原则。本案中，结合双方当事人缔结保险合同的具体情境，作出如下评判：

第一，涉案保险条款由保险人单方制定，篇幅冗长、结构复杂，且保险条款中包含大量的医学术语和保险术语，具有较强的专业性，再加上涉案保险产品的名称为“万能型”保险，上述因素均为投保人准确理解承保范围增加了困难，因此保险人全面履行说明义务更为必要。但缔约前，保险人不仅未就格式条款对投保人尽到说明义务，反而对承保范围作误导性宣传，声称只要有“重大疾病”就能提前赔付，造成投保人误解，故王某作为一般的保险消费者，在投保时未能准确理解保险条款的真实含义，而其主观上并无过错。

第二，王某在购买涉案保险产品时，其缔约目的之一显然在于为自己患有重大疾病时提供保障，鉴于左侧椎动脉夹层动脉瘤可能危及生命，且手术难度大、风险高、治疗费用高，严重影响患者本人及其家庭的正常生活，属于日常生活和临床医学意义上的危重疾病，故王某将该疾病理解为保险条款约定的“重大疾病”并期待保险理赔，具有客观合理性，符合投保人的缔约目的和普通人的合理期待。

总之，本案符合适用合理期待原则的情形，且无优先适用其他救济手段的余地，适用该原则确属必要。在本案投保人与保险人对保险条款的理解发生争议时，连云港市中级人民法院基于合理期待原则采纳投保人一方的解释，即左侧椎动脉夹层动脉瘤属于涉案保险条款所约定的“重大疾病”且在涉案保险合同的承保范围内。综上所述，保险连云港支公司的上诉请求不成立。

江苏省连云港市中级人民法院《中华人民共和国民事诉讼法》第一百七十条第一款第一项的规定，判决如下：

驳回上诉，维持原判。

【法官后语】

1. 法律空白和不利解释原则的滥用

由于格式保险合同存在加重合同相对人的责任和不合理地分配合同风险的弊端，域外普遍确立对格式保险合同的不利解释原则，对格式保险合同的相对方提供救济。在多数情况下，不利解释原则等传统合同救济办法，能够维护格式保险合同当事人利益的平衡。但由于保险人相对于保险消费者居于明显的优势地位，传统合同救济方法有时仍不能提供有效救济。例如，保险业务员推销方式不当，造成保险消费者误解的；以具体治疗手段定义疾病的。由于保险条款的规定具体明确、无歧义，无法适用不利解释原则，我国法律对上述情形又没有规定其他救济手段，导致法律适用困难。

司法实践中，一些法院通过不利解释原则的扩张适用，对投保人和被保险人提供救济。

例如，在某重大疾病保险合同纠纷中，保险合同把承保的良性脑肿瘤定义为“实际实施了开颅手术的良性脑肿瘤”。后因医学进步，实践中开颅手术被颅内动脉瘤栓塞术取代，后者有安全、价格低廉、损伤小等特点。法院认为，因医学进步导致治疗方式改变，并不能证明被保险人的脑瘤没有达到应当开颅治疗的程度。双方对保险合同关于良性脑肿瘤的约定在理解上发生争议，应作出对保险人不利的解释，故被保险人所患疾病属于保险理赔范围。[①]

上述判决援引了不利解释原则，但由于保险条款本身并无歧义，几乎不存在不利解释原则的适用空间。笔者认为，上述判决有滥用不利解释原则的嫌疑。

2. 合理期待原则的引入

上述判决的实质是运用了美国保险法上的“合理期待”的法律理念。所谓合理期待原则，是指当保险合同当事人就合同内容的解释发生争议时，应以投保人或被保险人对于合同缔约目的的合理期待作为出发点对保险合同进行解释，即使保单中严格的条款术语并不支持这些期待。但我国保险法并未规定合理期待原则及其适用条件，导致法律适用困难，“滥用”不利解释原则实为无奈之举。如要根本解决这一困境，应当在我国保险立法上引入合理期待原则。

当下，我国立法尚未明文规定这一原则，但司法实践对此却有迫切需求，在此情形下能否在解释论层面破解这一矛盾，成为法官不得不面对的问题。本文认为，在普通法历史上，合理期待原则起源于诚实信用原则和合同自由原则，在学理上是二者的自然延伸和逻辑结果，而诚实信用原则、合同自由原则均为我国保险法基本原

---

① 见河北省邢台市中级人民法院（2018）冀 05 民终 4021 号民事判决书，载中国裁判文书网，https：//wenshu. court. gov. cn/website/wenshu/181107ANFZ0BXSK4/index. html?docId = fEJK6mZ0fL2BgCtEzm2KpSa4S3/5n2GqnnXBp7GUfFBEj + wJabOMVJO3qNaLMqsJEjxqvsRAZ9JE3z3XhifmxiN05NRB6QgWvb77MR4zDn4zXVoCokYp3P8Cet2FC55V，最后访问时间：2022 年 11 月 7 日。

则，所以人民法院可以通过对诚实信用原则和合同自由原则的妥当解释，间接适用合理期待原则。

3. 本判决的司法技术创新

梳理国内判例，实质上适用合理期待原则的案例很多，但在法律适用上，多托词为“不利解释原则”，导致该原则被错误适用。本判决则通过对诚实信用原则和合同自由原则的妥当解释，推导出合理期待原则，实质上重现了该原则的演进过程，并据此作出了有新意的判决。本判决既有法理合理性，也有充分的现行法依据，为法律空白情形下的法律适用探索了一条新路。判决生效后，各方当事人均服判息诉，保险公司主动履行了判决，取得了较好的社会效果。

编写人：江苏省连云港市中级人民法院　袁辉

225　人身保险合同是否适用损失补偿原则

——陈某佐诉保险灵山支公司人身保险合同案

【案件基本信息】

1. 裁判书字号

广西壮族自治区钦州市中级人民法院（2014）钦民一终字第247号民事判决书

2. 案由：人身保险合同纠纷

3. 当事人

原告（被上诉人）：陈某佐

被告（上诉人）：保险灵山支公司

【基本案情】

原告陈某佐是某中学在校学生。在2013年8月底秋季学期开学报名时，原告将保险费80元交到班主任处，之后由学校统一将该校参保学生的保费交到被告处，投保“学生综合保险”一份，被告即对参保的学生送一份“致家长的一封信”，但未按规定出具书面保险合同和收取保险费发票。在被告附带所提供的投保确认单上投保人栏上署有原告父亲陈甲的名字，被保险人栏上署有原告的名字。投保确认单显示保险期间为一年，即从2013年9月1日起至2014年8月31日止。投保声明栏处无投保人的签名，亦未注明投保人在该次投保是否属于连续投保，但被告作为保险人已收取了投保人陈甲的保险费。投保确认单上人保寿险附加学生平安住院医疗保险险种的基本保险金额为30000元，其中10000元以上至30000元部分的赔付比例为80%。在“致家长的一封信”中，保险责任简介第4条即《附加学生住院医疗保险》载明：被保险人因意外伤害（注释1）或在90天等待期后因患疾病在我们认可的医院（注释2）住院（注释4）治疗，我们就其符合本附加合同签发地社会基本医疗保险支付范围的住院费用，依下列约定承担保险责任，(1) 未参加城镇居民基本医疗或农村新型合作医疗保险以及已参加且未获得城镇居民基本医疗或农村新型合作医疗保险补偿的，符合当地基本医疗支付范围的医疗费用，扣除其他途径已经补偿或给付部分以及免赔额100元后，对其余额在保险金额范围内按分级累进比例给付：100元至1000元部分给付比例为50%；1000元至5000元部分给付比例为60%；5000元至10000元部分给付比例为70%；10000元至30000元部分给付比例为80%；30000元以上部分给付比例为90%。（2）已参加且已获得城镇居民基本医疗或农村新型合作医疗保险补偿的，符合当地基本医疗支付范围的医疗费用，扣除城镇居民基本医疗或农村新型合作医疗保险及其他途径已经补偿或给付部分后对其余额在保险金额范围内按分级累进比例给付。

原告因患“慢性肥厚性鼻炎”于2013年9月1日至9月12日住院治疗，花去医疗费4006.48元。2013年9月12日至9月18日，原告因患“鼻中隔偏曲”住院治疗，用去医疗费7656.20元。原告两次住院治疗共用去医疗费11662.68元。

2013年9月21日，该医疗费原告在灵山县新型农村合作医疗报销6265.20元，之后又在另一家保险公司获保险赔偿5406.40元，被告对此事实亦认可。

2014年3月18日，原告持有关保险理赔资料向被告提出理赔申请，被告经核算，扣除原告在其他保险机构已获得的赔偿款之后，仅同意赔偿差额0.01元。原告对保险公司的理赔处理不满，遂诉至法院。

【案件焦点】

1. 医疗费已经获得新型农村合作医疗报销并在案外保险公司获保险赔偿，能否再要求被告赔偿；2. 若能获得赔偿，则赔偿金额如何计算。

【法院裁判要旨】

广西壮族自治区钦州市灵山县人民法院经审理认为：原告在被告处购买一份“学生平安综合保险”，被告出具了投保确认单（致家长一封信回执单兼保险费收据），作为原、被告双方存在人身保险合同的一种书面凭证，符合合同有效的要件，本院予以确认。根据投保确认单的约定，保险期间自 2013 年 9 月 1 日零时起至 2014 年 8 月 31 日二十四时止，10000 元至 30000 元部分给付比例为 80%。原告在保险期间出现保险事故后，被告应当依照约定给付保险金。但被告认为原告已在新型农村合作医疗和在案外保险公司获得了赔偿，仅同意赔偿差额款 0.01 元，被告为此未依约进行赔付，已构成违约。原告作为人身保险的被保险人依据保险合同取得赔偿，是一种合同法律关系，属约定之债。根据债之相对性原理，法定的债和约定之债之间，数个约定之债之间均是不同的法律关系。据此，原告除应当得到被告的赔偿外，还可以通过其他方式获得给付的医疗费。因为《中华人民共和国保险法》（本案以下简称《保险法》）对人身保险并无重复投保、重复理赔的限制，不适用财产保险中“损失补偿原则”。况且，在投保确认单上只有被告盖章，而在投保确认单中的“家长（投保人）签名”后无投保人、被投保人签名，说明被告对投保确认单和“致家长的一封信”的内容未予合理的方式向原告或其家长（投保人）明确说明重复投保及通过其他方式获得赔偿属于其公司的免责范围，被告亦未能举证证明其已尽到明确说明义务。人身保险是以人的寿命和身体为保险标的的保险，保险合同是最大诚信合同，保险人是格式合同的提供方。对于条款中没有明确说明不赔的保险责任，保险公司应当赔偿。因此，被告主张其所提供的格式条款已经履行告知义务及其经中国保险监督管理委员会审批备案后具有法律效力，无事实及法律依据，该院依法不予支持。原告请求被告赔偿医疗费 11662.68 元，应按投保确认单约定的赔付比例计付，即被告应赔偿原告的医药费为 11662.68×80% = 9330.14 元，超出部分的不予支持。

广西壮族自治区钦州市灵山县人民法院依照《中华人民共和国合同法》第四十四条、第六十条、第一百零七条，《保险法》第十四条、第十七条的规定，作出如下判决：

被告保险灵山支公司支付给原告陈某佐医疗保险金 9330. 14 元。

保险灵山支公司持原审起诉意见提起上诉。广西壮族自治区钦州市中级人民法院经审理认为：人身保险合同是否适用保险补偿原则和不盈利原则。《保险法》对人身保险并没有限制重复投保，也没有规定重复投保的各保险人赔偿保险金的总和不得超过损失。且按照《保险法》第四十六条“被保险人因第三者的行为而发生死亡、伤残或者疾病等保险事故的，保险人向被保险人或者受益人给付保险金后，不享有向第三者追偿的权利，但被保险人或者受益人仍有权向第三者请求赔偿”的规定，人身保险合同是不适用保险补偿原则和不盈利原则的。上诉人主张人身保险合同适用保险补偿原则和不盈利原则，没有法律依据。

关于保险赔偿是否应当扣除被上诉人已获得赔偿的部分，以及计算保险赔偿是否应当按照分级累进比例计算保险费。上诉人发给被上诉人《致家长的一封信》中，保险计划条款简介第四条属于免除保险人责任的格式条款，依照《保险法》第十七条的有关规定，上诉人在订立合同时应当在投保单、保险单或者其他保险凭证上作出足以引起投保人注意的提示，并对该条款的内容以书面或口头形式向投保人作出明确说明；未作提示或者明确说明的，该条款不产生效力。上诉人在订立合同时应当就免除保险人责任的条款履行提示说明义务，使得投保人可以权衡利弊并选择决定是否投保。而本案上诉人到被上诉人的学校推销保险产品，投保人在缴纳保险费并过了两三天后，上诉人才将相关的保险条款告知投保人和被上诉人。

上诉人主张将投保确认单和《致家长的一封信》交给学生家长就相当于告知保险条款，不符合法律规定的履行提示和说明义务的要求。上诉人没有向被上诉人履行提示和说明义务，该条款不产生效力，上诉人原则上应按照发票金额据实向被上诉人支付保险金，但被上诉人认可一审法院按照80%的比例计算保险金，这是被上诉人对自己权利的处分，应当予以支持。

广西壮族自治区钦州市中级人民法院依照《中华人民共和国民事诉讼法》第一百七十条第一款第一项之规定，作出如下判决：

驳回上诉，维持原判。

【法官后语】

该案例涉及人身保险合同与社会保险相竞合的情形。在现代社会，面对财产价值增高以及高额医疗费，越来越多的人选择用购买保险的方式减少或是弥补因意外导致的损失。尤其是学校，学生在校期间，难免会有意外或是自身疾病发生，为了减少医疗带来的损失，家长们除了为孩子办理社会医疗保险之外，往往会额外为孩子投保人身保险，这已经成为学生家庭的一项常规的开支。那么，紧随而来的就是，发生保险责任范围的损失时，在已经获得社会医疗机构报销后，是否还能依据人身保险合同再向投保的保险公司进行理赔，这就是是否适用损失补偿原则的问题。

从法律角度上看，在保险法中，损失补偿原则是指当保险标的发生保险责任范围内的损失时，被保险人有权按照合同约定获得保险赔偿，赔偿保险金额不得超过保险价值。损失补偿原则的目的在于禁止被保险人从保险合同中获利，防止道德风险的发生。但在我国《保险法》中，损失补偿原则并不是一切商业险中适用的原则。

该原则仅在《保险法》第三节财产保险合同第五十五条、第五十六条中有明确规定。财产保险合同限制被保险人通过重复投保获利的行为，但为体现保险合同权利义务的公平，《保险法》第五十六条第三款规定“重复保险的投保人可以就保险金额总和超过保险价值的部分，请求各保险人按比例返还保险费”。在财产保险中，如因第三者造成保险事故的，保险人向被保险人赔偿保险金后，可以代位行使对第三者的求偿权。而在人身保险合同立法中并没有类似规定，且在保险人给付保险赔偿金后，也无权代位行使对第三者请求赔偿的权利。在《保险法》第二节人身保险合同中，第四十六条规定“被保险人因第三者的行为而发生死亡、伤残或者疾病等保险事故的，保险人向被保险人或者受益人给付保险金后，不享有向第三者追偿的权利，但被保险人或者受益人仍有权向第三者请求赔偿”。由此可见，损失补偿原则在人身保险合同中没有明确的规定，从法律适用上不应当主动适用损失补偿原则。

从法理角度上看，财产保险合同和人身保险合同立法上的不同，探其立法用意，人身保险合同应是允许被保险人重复保险，获得多重给付的。与财产的可等价交换或者可替代性不同，人身保险合同所保护的内容是人的生命、身体完整、健康，是无价的且无法用金钱来衡量。即使被保险人获得多个保险人的赔偿，也无法填补被保险人的损失。保险相关的立法目的无疑在于最大限度地实现对被保险人的救济，体现立法对人的生命、身体健康的尊重。

从社会价值角度上看，保险其根源的目的是减少损失，财产保险允许适用损失补偿原则是基于物的特性，也是防止被保险人为了巨额保险费而突破法律和道德的底线。而人身保险基于人身的特性，人身受到损害后，其损害后果是无法预估的。若适用损失补偿原则，则有可能无法全面弥补损失，反而因为没有得到充分的保险保障，被保险人因治疗使家庭陷入困境，这样一来便失去了保险意义，并且有可能使被保险人在今后的生活中成为社会的负担。尤其是因病返贫等现象的出现，不利于实现社会的全面脱贫工作成效的巩固。

虽然《保险法》并不禁止人身保险合同重复投保，不禁止被保险人获得多重给付，但在实践中，保险公司常常以合同条款约束被保险人获得多重赔偿。比如，本案中保险公司在合同中列明“已参加且已获得城镇居民基本医疗或农村新型合作医疗保险补偿的，符合当地基本医疗支付范围的医疗费用，扣除城镇居民基本医疗或农村新型合作医疗保险及其他途径已经补偿或给付部分后对其余额在保险金额范围内按分级累进比例给付”。人身保险合同是平等主体之间签订的民事合同，适用民法的意思自治原则。但保险合同具有其特殊性，实践中，保险公司常常提供格式合同，保险人和被保险人无法充分平等协商合同内容，对于一些不利于己的免责条款，被保险人常常只能被动接受。为体现公平，《保险法》第十七条第一款明确规定，订立保险合同，采用保险人提供的格式条款的，保险人向投保人提供的投保单应当附格式条款，保险人应当向投保人说明合同的内容。对保险合同中免除保险人责任的条款，保险人在订立合同时应当在投保单、保险单或者其他保险凭证上作出足以引起投保人注意的提示，并对该条款的内容以书面或者口头形式向投保人作出明确说明；未作提示或者明确说明的，该条款不产生效力。本案中，保险公司主张其已经履行对格式条款的说明和提示义务，理由是双方签订的合同中有明确约定，应当扣除通过其他途径已经获得补偿或给付的部分，被保险人已经持有该合同，保险公司也已经履行义务。但笔者认为，法律规定的说明和提示义务，不是仅仅提供合同文本那么简单。《保险法》第十七条，《最高人民法院关于适用〈中华人民共和国保险法〉若干问题的解释（二）》第九条、第十一条对保险人履行说明和提示义务有特殊要求。首先，提示义务的范围即免除保险人责任的条款包括责任免除条款、免赔额、免赔率、比例赔付或者给付等免除或者减轻保险人责任的条款。保险人应当对这些免责条款作出特别提示和说明。其次，说明和提示义务的履行时间是签订合同时。本案中，保险公司虽然已经将合同文本交给投保人或被保险人，但该合同文本是投保人缴纳了保险费之后，被保险人才将投保确认单及合同条款交给投保人和被保险人。此时，被保险人即使已经知道合同内容，但已经不能协商合同条款，或者选择是否投保。保险公司在订立合同时应当就免除保险人责任的条款履行提示说明义务，使得投保人可以权衡利弊、衡量风险和收益，再选择是否投保。保险公司的行为是不符合法律规定的。再次，履行提示说明义务的具体做法有严格要求。免责条款的文字、字体、符号或者通过明显标志作出提示，就免责条款向投保人作出常人能够理解的解释，效果要足以引起投保人对不利于己的免责条款的注意。最后，是否已经履行了明确说明义务的举证责任在于投保人。如果保险人履行义务不符合法律的规定，免责条款不产生效力。如果保险人已经正确履行说明和提示义务，投保人或者被保险人在综合考虑缴纳的保险费、可获得赔偿数额、衡量风险和收益的情况下，决定是否投保或者重复投保。如果投保人同意投保，免责条款产生效力，则应当尊重双方当事人的意思自治，保险公司得以按照合同约定，履行理赔义务。

在实践中，对于保险合同的免责条款，人民法院一般都会采取严格审查的态度，其原因在于免责条款是限制接受格式条款一方的权利。被保险人所签订保险合同多为格式条款，与合同是当事人双方意思自治，平等协商一致的原则已经有了限制条件。在订立保险合同时，被保险人已经在地位上处于弱势。若扩大免责条款的适用，那么将不利于接受格式条款一方权利的保护，这也是与合同法的精神相一致的。其次，免责条款的严格审查也是为了监督提供格式合同一方的当事人，在拟定格式合同时，也应当本着平等、公平的原则进行。再者，面对大批量的保险业务，也是在规范保险公司在与被保险人签订保险合同时认真履行义务，在保险行业中关于告知、提示免责条款的义务要严格落实。保险公司不能为了卖保险而损害到被保险人一方的利益。法律规定的义务不可忽视。

本案例参照运用中应注意的问题：本案例适用商业险产生的纠纷，与基本医疗保险产生的纠纷以及因第三人原因造成的损害引起的保险纠纷不同，应当区别分析。

编写人：广西壮族自治区钦州市中级人民法院　何海　李秋华

226　住院补贴保险金不应以保险合同终止为核定依据

——王某诉人保北京分公司人身保险合同案

【案件基本信息】

1. 裁判书字号

北京市海淀区人民法院（2012）海民初字第10055号民事判决书

2. 案由：人身保险合同纠纷

3. 当事人

原告：王某

被告：人保北京分公司

【基本案情】

2010年3月8日，王某向人保北京分公司投保了住院每日补贴医疗保险，保险期间为1年（自2010年3月9日0时起至2011年3月8日24时止），基本保险金额为200元，保险费总计480元。

保险条款第五条约定："在本合同保险责任开始后的有效期内，本公司依照下列约定承担保险责任：一、住院每日补贴医疗保险金给付，若被保险人因意外伤害事故或因在本合同生效之日起三十日后（续保不受此限制）发生的疾病，经医院医生诊断，在必要的情况下住院治疗，本公司将按被保险人在医院的实际住院天数乘以住院每日补贴额，给付住院每日补贴医疗保险金；本合同的住院每日补贴额由投保人于投保时和本公司约定并载明于保险单上，在一个保险年度中，本公司给付的住院天数最高以一百八十天为限。"

2011年2月28日，王某因椎基底动脉供血不足住院治疗，2011年3月21日，王某出院（共住院21天）。

2011年3月28日，王某向人保北京分公司提交理赔申请单，就其在住院治疗期间（2011年2月28日至2011年3月21日）产生的每日住院补贴向人保北京分公司申请理赔，要求赔偿4200元。

2011年4月11日，人保北京分公司作出理赔决定通知书，给予王某自入院之日起至保险到期日止（2011年3月8日）共9天的住院每日补贴医疗保险金共计1800元。

诉讼中，人保北京分公司表示，其之所以支付王某9天共计1800元的保险金，是因为人保北京分公司并未向王某寄发续保缴费通知，保险责任终止于2011年3月8日24时，保险责任的有效期同样是至2011年3月8日24时止。综上，人保北京分公司没有支付2011年3月8日之后的保险金。王某表示，其主张人保北京分公司还应支付2400元保险金的理由是，王某实际住院21天，应该按照合同约定获得4200元保险金；人保北京分公司实际只赔付了1800元，差额2400元。

【案件焦点】

人身保险合同约定的保险期间到期后，因保险事故引发的持续治病损失是否应在保险金责任赔偿限额项下予以赔付。

【法院裁判要旨】

北京市海淀区人民法院经审理认为：人保北京分公司称双方保险合同关系已于2011年3月8日24时终止，故对于超过该日期的住院天数不属于保险责任范围。所谓保险责任是指保险人承担的经济损失补偿或人身保险金给付的责任。如被保险人在保险责任范围内发生人身保险事故，则保险人应负有给付保险金之责任。结合本案所涉保险条款第五条之约定内容可知，该条款约定在于确定保险事故发生的时间是否在保险有效期内，即保险人承担保险责任的期间之内，保险有效期与保险金的计算方式之间没有直接联系。本案中，王某于2011年2月28日因病住院治疗，该疾病发生在保险合同有效期内，属于保险责任赔付情形，人保北京分公司应当依日计算并赔付医疗保险金。关于保险金的具体数额，王某因疾病住院治疗，该治疗期间处于持续状态，未有中断或中止治疗之情况，因此应当按照保险条款约定以王某实际住院天数乘以住院每日补贴日额，现人保北京分公司已赔付王某 1800 元保险金，故还应再行向王某支付剩余 2400 元保险金。

北京市海淀区人民法院依照《中华人民共和国合同法》第八条之规定，判决如下：

被告人保北京分公司赔付原告王某生命住院每日补贴医疗保险保险金 2400 元。

判决后，双方当事人均未上诉，本判决现已生效。

【法官后语】

1. 保险责任范围是判断应否赔付的依据

被保险人同保险公司签订保险合同并交纳相应保险费后，双方在保险合同条款中约定的责任范围即成为保险公司承担责任的依据。保险责任范围既是保险公司负责赔偿和给付保险金的依据和范围，同时也是被保险人要求保险公司承担责任和获得赔偿或给付的依据和范围。就本案而言，王某购买的保险产品已明确约定了保险责任开始的时间。现王某在保险责任期间内不幸身患疾病并住院治疗，其病发状况亦符合保险责任赔付范围，双方争议的实质为保险合同关系到期终止后，保险公司应否赔付因保险事故引发的持续治病损失。

2. 保险责任的承担应以保险事故发生时间为依据

王某因身患疾病住院治疗，其保险事故发生的时间、赔付范围、事故与人身损害之间的因果关系，均符合保险合同约定的保险金给付情形，但本案特殊之处在于王某在住院治疗期间恰逢双方保险合同约定的保险合同关系到期终止，双方争议在于，在此之后住院治疗的天数应否计入住院每日补贴医疗保险金数额内。

在具体的保险关系中，保险公司与投保人就承保什么样的风险达成一致后，就应当依约定承担保险责任。在本案中，双方已在缔结保险合同时就将来被保险人可能因疾病住院治疗的风险予以预先约定，该风险属保险公司合理的预估风险。通常而言，疾病的治疗本身具有持续性和连贯性的特点，而保险责任的赔付核定条件之一就是判断保险事故的发生时间，并非以损失终结或人身康复的时间点作为保险责任期限的依据。本案中，双方约定因疾病住院治疗属保险责任的赔付范围，且并未将保险合同到期后的持续住院治疗约定为保险金给付的免赔情形，该后续治疗亦系为治疗在保险期限内发生的疾病而采取的必要诊疗手段，并未超出保险公司在订立保险合同时所能预见的风险，故该后续治疗天数仍应计算至最终保险金核定标准之中。

综上，即便后续损失发生在保险责任期限届满之后，只要该损失与保险事故发生之间存在直接因果关系，保险公司就应当依照合同约定予以赔付。

编写人：北京市海淀区人民法院　宋硕

227　病人自述与病历冲突，如何认定是否履行了如实告知义务

——邓某诉保险昆明分公司人身保险合同案

【案件基本信息】

1. 裁判书字号

云南省昆明市中级人民法院（2010）昆民四终字第495号民事判决书

2. 案由：人身保险合同纠纷

3. 当事人

原告（被上诉人）：邓某

被告（上诉人）：保险昆明分公司

【基本案情】

投保人石甲向被告保险昆明分公司投保一份“终身保险”及“附加住院医疗保险”，被保险人为石乙，身故保险金受益人为原告邓某，合同生效日期为2003年8月10日，保险金额20000元。保险条款约定被保险人身故，按基本保额的三倍给付身故保险金，但应扣除已给付的重大疾病保险金。投保单的告知事项中，在是否有饮酒或吸烟习惯的选项中，投保人及被保险人均选择“否”。合同订立后，投保人按合同约定履行了每年交纳保险费的义务。2005年7月11日至2005年7月26日，被保险人石乙因食用菌中毒住院治疗。2007年4月27日被保险人石乙住院治疗，经医生诊断为酒精性肝硬化、门脉高压、肝功能失代偿、消化道出血，治疗后于2007年5月22日出院。2007年6月3日至2007年6月29日，2007年7月15日至2007年8月2日被保险人石乙两次因酒精性肝硬化住院治疗。2007年8月22日被保险人石乙再次住院治疗，诊断为酒精性肝硬化，后于2007年9月3日死亡，死亡诊断：1. 呼吸、循环衰竭。2. 酒精性肝硬化（失代偿期）。并发症：(1) 感染。(2) 贫血。(3) 肝肾综合症。(4) 肝性脑病。在被保险人石乙的数次住院病历中，病人自述部分均有饮酒二十余年，每日0.5~1公斤的记载。被保险人死亡后，原告于2007年9月12日向被告申请理赔，被告经过调查后认为投保人及被保险人在投保时未履行如实告知被保险人饮酒史 20 年，0.5~1 公斤/日的义务，于 2007 年 12 月 4 日作出理赔处理意见通知书，认为被保险人此次出险不属于保险责任，对此次申请作不予给付处理，退还保险费，合同终止。

【案件焦点】

1. 病人自述与病历的情况冲突，是否能认定为已履行如实告知的义务；2. 免责条款范围如何界定。

【法院裁判要旨】

云南省昆明市盘龙区人民法院经审理认为：在投保人投保时，对于告知事项“是否有饮酒或吸烟习惯”，被保险人和投保人均是否定回答。而在被保险人数次住院病历记录中，病人自述部分均记载了有每天饮酒习惯。被保险人到医院就诊，对于自身情况的陈述是根据医生提问及治疗需要所作的，可以真实反映被保险人的情况。保险合同订立于 2003 年 8 月 10 日，被保险人最早的病历记录是 2005 年，按最短的十余年饮酒史计算，被保险人至少在 1995 年起就有每天饮酒的习惯。由此可以证实被保险人在投保时未如实告知被告其有长期每天饮酒的习惯。根据旧法第十七条第四款的规定及保险条款第十条第三款约定，投保人因过失未履行如实告知义务，对保险事故的发生有严重影响的，保险人对于保险合同解除前发生的保险事故，不承担赔偿或者给付保险金的责任，但可以退还保险费。被告享有解除合同的权利，但解除权的行使应在知道解除事由的合理期限内行使。2005 年 7 月被保险人依据附加住院医疗险已获得被告赔偿，住院的病历记录中，被保险人已自述饮酒二十余年，每天 0.5~1 公斤，此时被告保险公司对于被保险人的饮酒史应当是明知的，但并未提出异议，未行使解除合同的权利，还继续收取至2008年的保费。其行为应视为放弃行使解除权，仍愿履行本案所涉合同。本案所涉保险事故属于保险责任，被告应予以赔付保险金，并支付自原告起诉之日按同期贷款利率计算的利息。

云南省昆明市盘龙区人民法院依照《中华人民共和国保险法》第二十四条及《中华人民共和国民事诉讼法》第一百零七条之规定，判决如下：

一、被告保险昆明分公司于本判决生效之日起十日内支付给原告邓某身故保险金人民币60000元；

二、被告保险昆明分公司于本判决生效之日起十日内支付给原告邓某上述款项自2009年12月24日起至付清款项之日止按中国人民银行同期流动资金贷款利率计算的利息；

三、驳回原告邓某的其他诉讼请求。

二审法院同意一审法院裁判意见。

【法官后语】

人寿保险合同的履行期限通常都很长，在整个过程中会发生各种各样的变化，而保险人通常作为提供合同条款的一方，应对合同履行过程中对涉及合同解除权的事项尽到充分注意的义务，这就要求保险人加强对保险合同涉及的重要事项的调查了解。如本案中，保险人只要尽到注意义务是能够了解到被保险人的真实情况的。这是保障保险合同各方权益的要求，也是体现合同诚实信用原则的需要。保险人尽到充分注意义务，就可能充分行使其权利，是其行使权利的基础，但如果未尽到，也应承担不利的法律后果，即因超出行使权利的期限而丧失该权利。审理此类案件更应综合案件的具体情况，从保险人是否尽到充分注意义务的角度来界定保险人“知道解除事由”。

未履行如实告知义务的确是保险人的一个免责事由，但该免责事由是否适用保险法对保险人关于免责条款的明示义务的规定？理解保险人对免责条款的明示义务，应正确界定免责条款的范围，该范围应限于除保险人的法定义务外，针对不同保险对特殊免责情形的具体描述，而不应将投保人违反法定或合同义务产生保险人免责的法律后果作为保险人应明示的范围，投保人应对自己未履行法定或约定义务承担法律责任，而不能要求保险人承担起令投保人履行如实告知义务及遵循诚实信用原则的责任。

编写人：云南省昆明市盘龙区人民法院　陈娜

三、保险人代位求偿权纠纷

228 保险人代位求偿对象“责任第三人”的认定

——财保杭州支公司诉张某、汽车公司保险人代位求偿权案

【案件基本信息】

1. 裁判书字号

安徽省滁州市中级人民法院（2020）皖11民终2491号民事判决书

2. 案由：保险人代位求偿权纠纷

3. 当事人

原告（上诉人）：财保杭州支公司

被告（被上诉人）：张某、汽车公司

【基本案情】

2012年10月9日，运输公司向财保杭州支公司投保公路运输货运保险，约定保险期间为2012年10月17日至2013年10月16日，保险金额3亿元。特别条款约定：1. 每次事故最高赔偿限额为80万元，每次事故绝对免赔额（率）2000元或损失金额的10%，两者以高者为准。2. 被保险人保证将其运输的货物全部向保险人办理投保，每趟货物起运前必须将货物清单（附样本）发传真或发电子邮件至我司确认，货运清单收到时间以邮箱收件时间为准，若邮箱收件时间显示收到时间在货物起运后，则该批货物出险保险人不承担保险责任；确认内容包括货物品名、规格、数量、

单价及合同车牌、起运及目的地、起运日期。3. 累计运输量若超过保险金额，投保人必须增加保险金额并加收保险费，否则不予承担保险责任。

2013 年 9 月 1 日，压缩机公司将一批压缩机及配件交付给被保险人运输公司运输。当日，运输公司与汽车公司签订运输协议，约定由汽车公司从杭州市闲林工业区将压缩机及配件运送到合肥市经济开发区，运输费用 4000 元。2013 年 9 月 1 日，张某驾驶汽车公司所有的重型半挂车在运输上述货物时，因操作不当，撞到高速公路护栏上，造成车辆侧翻、车上货物全损。芜湖市公安局交警支队高速三大队作出道路交通事故认定书，认定张某负本起事故的全部责任。

2013 年 10 月 21 日，运输公司与压缩机公司达成赔偿协议，运输公司赔偿压缩机公司货物损失 724312.2 元。2013 年 11 月 20 日，财保杭州支公司与运输公司达成定损协议，财保杭州支公司定损查勘确认为保险事故，最终确定货物损失为 62.4 万元。2014 年 2 月 13 日，财保杭州支公司向运输公司支付保险赔偿金 56.16 万元。

2020 年 6 月 24 日，原告财保杭州支公司对被告张某、汽车公司提起诉讼，请求人民法院依法判令被告张某、汽车公司连带赔偿原告 511600 元及利息。

【案件焦点】

1. 张某、汽车公司是否为适格的保险代位求偿责任第三人；2. 张某、汽车公司是否应当赔偿财保杭州支公司 511600 元及利息。

【法院裁判要旨】

安徽省滁州市定远县人民法院经审理认为：运输公司向财保杭州支公司投保了国内货物运输保险，约定每次事故最高赔偿限额为80万元，每次事故绝对免赔额（率）2000元或损失金额的10%，两者以高者为准；每趟货物起运前必须将货物清单（附样本）发传真或发邮件至财保杭州支公司处，货运清单收到时间以邮箱收件时间为准，若邮箱收件时间显示收到时间在货物起运后，则该批货物出险保险人不承担保险责任；确认内容为：货物品名、规格、数量、单价及合同车牌，起运及目的地，起运日期。由此可以确定：以投保人/被保险人发送传真或发邮件的时间点作为保单的责任起期，此为保险标的发生保险事故时向承保人索赔的依据。投保人投保的是货物运输保险，运输工具为不特定的大货车。当投保人于每次货物起运前，将符合协议约定的运输工具名称等资料通过传真方式发送至承保方传真后，该运输工具即为被保险范围内的运输工具。张某驾驶挂车承运被保险人运输公司发往合肥的货物，在货物起运前已按约定用传真方式通知了保险人，在运输的过程中发生所载货物受损的交通事故属于保险事故，不属于第三人的行为所致。

安徽省滁州市定远县人民法院依照《中华人民共和国保险法》第十四条、第六十条第一款，《最高人民法院关于适用〈中华人民共和国民事诉讼法〉的解释》第九十条之规定，判决如下：

驳回财保杭州支公司的诉讼请求。

财保杭州支公司不服，提起上诉。安徽省滁州市中级人民法院经审理认为：张某承运运输公司货物，运输公司已按约定告知了财保杭州支公司，张某驾驶运输工具运输货物系运输公司自身完成物流货物的必要环节，此时张某相对于财保杭州支公司而言并非法律意义上的第三者。

安徽省滁州市中级人民法院依照《中华人民共和国民事诉讼法》第一百七十条第一款第一项之规定，判决如下：

驳回上诉，维持原判。

【法官后语】

司法实践中，要审理好保险人代位求偿纠纷案件，应全面把握好以下问题：充分认识保险人代位求偿权存在的必要性；保险人代位求偿对象“责任第三人”如何认定。

1. 保险人代位求偿权存在的必要性

保险代位求偿权，是指保险人依法享有的、代位行使被保险人对造成保险标的损害负有赔偿责任的第三人的求偿权。“保险代位求偿权是民商法代位权制度与保险理赔制度相结合的产物”。保险法上为什么要设计保险人代位求偿权，是我们认识和构建保险人代位求偿权制度的基本出发点。笔者认为，保险人代位求偿权制度还是具有法理基础的，实践上也是恰当的，其理论依据在于，保险人因第三人的不法行为遭受了损害，基于其自身与不法行为人之间的损害赔偿之债的关系而享有对该不法行为人的损害赔偿请求权，笔者暂且称之为“保险人损失发生说”。笔者认为，可以从以下两个方面来理解保险人的代位求偿权：一方面，被保险人以支付保险费为代价将风险转移给保险人承担后，在正常情况下这个危险可能不会发生，保险人也就可以不支出保险金，但第三人针对被保险人的不法行为而导致这个危险竟然发生，使得保险人不得不向被保险人支付保险金。这种保险金的支出，可以看作是因为第三人不法行为而引起的，所以第三人的行为从表面看来是针对被保险人的，而实质损害的却是保险人的利益，故第三人应该承担对保险人的赔偿责任，这也就是为什么保险人当然应当享有对第三人的损害赔偿请求权的原因。其理由在于：其一，第三人实施了不法行为，这种不法行为可能是侵权也可能是违约或者其他致人损害的行为事实；其二，不法行为人的行为造成了保险人损害的后果，保险人支出了本可不必支出的保险金，这无疑是保险人的损失；其三，保险人的损失与不法行为人的行为之间具有相当的因果联系。另一方面，从性质上讲，保险人所享有的代位求偿权并非受自被保险人债权的转让，而是其自己享有的一项独立的权利，这是保险人与第三人之间存在损害赔偿之债的必然结论。

坚持保险人代位求偿权存在的意义还在于，首先是为了防止被保险人由于保险事故的发生，从保险人和第三者同时获取双重赔偿而额外获利，确保损失补偿原则的贯彻执行。因为损失补偿原则要求被保险人获得的补偿不是超过其所遭受的损害，而当保险事故是由第三者责任造成时，被保险人有权依据保险合同向保险人请求赔偿，也有权对造成损害的第三者请求赔偿。由于被保险人同时拥有两方面的损害赔偿请求权，则被保险人行使请求权的结果，将使其就同一保险标的的损失获得双重的或者多于保险标的实际损害的补偿，这不符合损失补偿的原则。所以在被保险人取得保险赔偿后，应当将向第三者请求赔偿的权利转移给保险人，由保险人代位追偿。其次是为了维护社会公共利益，保障公民、法人的合法权益不受侵犯。社会公共利益要求致害人应对受害人承担经济赔偿责任，如果致害人因受害人享受保险赔偿而免除赔偿责任，这不仅使得致害人通过受害人与保险人订立保险合同而获利，而且损害保险人利益，这不符合社会公平原则。所以，通过代位追偿，既使得致害人无论如何都应承担损害赔偿责任，同时也使得保险人可以通过代位追偿从过失方追回支付的赔偿费用，从而维护保险人的合法权益。

2. 保险人代位求偿对象“责任第三人”的认定

在审判实践中，如何认定保险人代位求偿对象责任第三人，应从以下几个方面进行考量：

第一，保险代位求偿权行使的对象是造成保险标的物损失且负有责任的第三者。

保险标的因第三者行为发生保险事故而遭受损失，一方面可能是由于第三者的侵权行为所致，另一方面也可能是由于第三者的违约行为所致，或者由于这两种情形同时作用所致。前两种情形保险人在行使代位求偿权时争议较少，第三种情形在实践中争议很大。如果属于后者，被保险人既可向侵权行为人追究侵权产生的损害赔偿责任，也可依照合同约定向违约方追究违约责任，或者根据保险合同向保险人申请保险金赔付。保险人支付保险赔偿金后，在赔付金额范围内有权向哪个第三者行使代位求偿权？除《中华人民共和国保险法》第四十七条规定情形外，任何对保险标的损害负有赔偿责任的第三者都是保险人行使代位求偿权的主体，保险人有权决定行使权利的具体对象，并明确规定第三者之间应对保险人的求偿请求各自承担责任范围内负连带责任。如果保险人与被保险人订立的保险合同对“第三人”的范围作出界定时未能涵盖其全部，即进行了一定限定，保险人还能对任何一个“第三人”行使代位求偿权吗？保险人如在保险合同和其他法律文件中对“第三人”的范围作出限定，会给自己的权利（保险代位求偿权）带来瑕疵。

第二，当被保险人的家庭成员或者其组成人员等的故意行为引发保险事故时，保险人可以对其行使代位求偿权，《中华人民共和国保险法》第四十七条规定，如果被保险人的家庭成员或者其组成人员故意造成保险事故发生，保险人仍可向其行使代位求偿权。即使被保险人的家庭成员或者其组成人员因过失或重大过失行为引发保险事故，保险人均不得行使代位求偿权。这一立法规定体现了我国法律最大限度保护被保险人的目的。

第三，被保险人必须对第三人享有赔偿请求权。

被保险人对造成保险事故的第三人享有赔偿请求权，是行使保险代位求偿权的先决要件。保险代位求偿权是一种权利的法定转移，只有被保险人对第三人享有赔偿请求权，这种权利才可转移给被保险人，如果因各种原因，被保险人对第三人根本不享有赔偿请求权，那么何来转移，又转移什么呢？所以，保险人对第三人享有赔偿请求权是保险代位求偿权的行使条件之一。损失补偿原则和公平原则是保险代位求偿权的基本原则，保险代位求偿权的存在是为了防止被保险人不当得利，即被保险人既向保险人求偿，又向第三人求偿。那在什么样的情况下，被保险人既能向保险人求偿，又能向第三人求偿呢？只有事故是因第三人引起、并且该事故属于保险公司的承保范围的。如果事故不属于保险事故，那保险人没有义务赔偿，被保险人也没有权利去向保险公司索赔，只能向第三人请求赔偿，这时保险代位求偿权就没有存在的理由，因为没有不当得利。因此，被保险人既能向第三人求偿，又能向保险人求偿是保险代位求偿权的前提条件，只有第三人引起的事故属于保险事故，被保险人才能既向保险人求偿又向第三人求偿。

本案中，运输公司向财保杭州支公司投保了国内货物运输保险，张某驾驶大货车承运被保险人运输公司发往合肥的货物，在货物起运前已按约定用传真方式通知了保险人，在运输的过程中发生所载货物受损的交通事故属于保险事故，不属于第三人的行为所致。张某驾驶运输工具运输货物系运输公司自身完成物流货物的必要环节，此时张某相对于财保杭州支公司而言并非法律意义上的第三者。故财保杭州支公司的诉讼请求不能得到支持。

编写人：安徽省滁州市定远县人民法院　王敏

229　存在二次事故时，保险人应对事故与损失之间的关联性举证

——人保北京分公司诉张某保险人代位求偿权案

【案件基本信息】

1. 裁判书字号

北京市第三中级人民法院（2020）京 03 民终 12948 号民事判决书

2. 案由：保险人代位求偿权纠纷

3. 当事人

原告（上诉人）：人保北京分公司

被告（被上诉人）：张某

【基本案情】

2017 年 1 月 7 日 2 时许，在北京市朝阳区东直门外大街，白某驾驶 A 号车辆与张某驾驶的摩托车发生碰撞，经交警认定，张某负事故全部责任，白某无责任。事故发生后，A 号车辆维修花费 183933.5 元。事故发生时，A 号车辆在人保北京分公司处投保

了机动车损失险，人保北京分公司在保险范围内向被保险人白某支付了理赔金183933.5元。理赔后，人保北京分公司依法取得代位求偿权利，故诉至法院，请求判令张某支付保险理赔款183933.5元。张某辩称：事故发生时，张某到白某车上查看并无气囊弹出，维修明细载明的主气囊、副气囊、左右后排安全带等与事故受损状况不一致，且维修费过高，人保北京分公司提供的事故照片显示为2017年2月13日，不排除有二次事故发生的可能性。

【案件焦点】

1. 保险人已经理赔，是否对事故与损失之间的关联性举证；2. 张某应否承担赔偿责任。

【法院裁判要旨】

北京市朝阳区人民法院经审理认为：根据法律规定，因第三者对保险标的的损害而造成保险事故的，保险人自向被保险人赔偿保险金之日起，在赔偿金额范围内代位行使被保险人对第三者请求赔偿的权利。因此，人保北京分公司在理赔后有权行使代位求偿权。根据本案查明的事实，A号车辆在人保北京分公司投保了机动车损失保险，在保险期限内，白某驾驶的A号车辆与张某驾驶的摩托车发生交通事故，张某对交通事故负全部责任。人保北京分公司于2017年3月28日以转账方式向白某支付183933.5元理赔款。

本案的争议焦点为人保北京分公司赔付的183933.5元与本案事故的关联性。根据审理查明的事实和证据，白某于2017年2月

6日针对涉案交通事故向人保北京分公司报案，A号车辆于2017年2月10日进厂维修，《机动车保险报案记录》载明的“出险次数2”的含义为被保险车辆在保险期间内发生事故的次数，同时称除去本次交通事故，被保险车辆在2016年12月也发生过交通事故。首先，A号车辆保险期间为2017年1月6日至2018年1月5日，2016年12月的维修并未在保险期间内发生；其次，人保北京分公司称事故发生后，车辆被拉到维修厂维修，且事故责任认定时间并非事故发生当日，亦未提供其他证据予以证明；最后，根据日常生活经验法则并结合理性人判断标准，事故发生后一个月主张车险理赔，张某对此提出合理怀疑，人保北京分公司应对事故与损失之间的关联性进一步举证证明。根据法律规定，当事人对自己提出的主张，有责任提供证据。当事人对自己提出的诉讼请求所依据的事实或者反驳对方诉讼请求所依据的事实，应当提供证据加以证明，但法律另有规定的除外。在作出判决前，当事人未能提供证据或者证据不足以证明其事实主张的，由负有举证证明责任的当事人承担不利的后果。虽然人保北京分公司已向被保险人白某赔偿保险金，但人保北京分公司未能举证证明事故与损失之间的关联性，故根据现有证据，对人保北京分公司的诉讼请求不予支持。

北京市朝阳区人民法院依照《中华人民共和国保险法》第六十条、《最高人民法院关于适用〈中华人民共和国民事诉讼法〉的解释》第九十条之规定，判决如下：

驳回人保北京分公司的全部诉讼请求。

二审法院同意一审法院裁判意见。

【法官后语】

1. 何谓保险人代位求偿权

保险人代位求偿权的直接法律依据是《中华人民共和国保险法》第六十条第一款：因第三者对保险标的的损害而造成保险事故的，保险人自向被保险人赔偿保险金之日起，在赔偿金额范围内代位行使被保险人对第三者请求赔偿的权利。故保险人代位求偿权的含义是当保险标的发生损害，且损害由第三者的原因所致，保险人向被保险人支付赔偿金后，被保险人应当将其对第三者的赔偿请求权转让给保险人，由保险人代位行使被保险人对第三者的请求赔偿的权利。

司法实践中，保险人取得代位求偿权须满足四个要件：一是保险标的存在损害，且损害由第三人造成；二是损害属于保险责任范围；三是被保险人对第三人具有赔偿请求权；四是保险人实际支付赔偿金。

2. 保险人代位求偿权案件的举证责任

诉讼中，保险人须举证证明提起代位求偿权诉讼满足四个构成要件。本案中，交警部门认定张某负事故全部责任，被保险人白某对第三人张某具有赔偿请求权，人保北京分公司基于其向被保险人白某支付理赔金的事实向张某提起诉讼，其自认损失属于保险责任范围，但保险标的的损害由第三人造成这一构成要件，人保北京分公司未完成初步举证责任。即现有证据证明被保险车辆存在二次事故，人保北京分公司应对损失与张某导致的事故之间的关联性进行举证，具体表现为：一是交通事故认定书认定本案事故发生时间为2017年1月7日，白某签署《机动车辆保险索赔申请书》，载明报案时间为2017年2月6日，报案时间为事故发生后近30天。二是被保险车辆保险期间为2017年1月6日0时至2018年1月5日24时，《机动车保险报案记录》载明出险次数为2，报案时间为2017年3月17日，人保北京分公司称“出险次数2”为保险期间内被保险车辆发生事故的次数，即2017年1月6日后人保北京分公司理赔前，A号车辆发生交通事故两次。三是人保北京分公司理赔前，A号车辆发生了两次交通事故，张某亦否认其导致的交通事故与本案中A号车辆损失存在关联性，人保北京分公司应进一步举证证明事故与损失之间的关联性。

综合本案案情，人保北京分公司没有完成保险人代位求偿权案件四要件的举证义务，亦未按照证据规则对自己提出的诉讼请求所依据的事实完成举证义务，故人保北京分公司的诉讼请求被驳回。

3. 案件典型意义

虽然保险公司积极向被保险人支付赔偿金有利于保障保险人的权益，彰显了保险的应有功能和保险填补损失的价值导向，但是在损失为第三人产生的情况下，保险公司支付理赔金后享有被保险人对第三人请求赔偿的权利，故最终的损失承担者为第三人。因此，保险公司向第三人提起代位求偿权诉讼前，也需要审查被保险人是否对第三人享有请求赔偿权及享有请求赔偿权的范围。否则，纵使保险公司已经支付理赔金，如被保险人的损失与第三人不存在关联性或者仅存在部分关联性，保险公司依然无法向第三人主张其向被保险人支付的全部赔偿金额。

编写人：北京市朝阳区人民法院　马娇

230 未经通知第三者，第三者向被保险人的赔偿，能否对抗保险人的代位求偿权

——人保公司诉医疗器械公司保险人代位求偿权案

【案件基本信息】

1. 裁判书字号

北京市第三中级人民法院（2020）京 03 民终 13702 号民事判决书

2. 案由：保险人代位求偿权纠纷

3. 当事人

原告（上诉人）：人保公司

被告（被上诉人）：医疗器械公司

【基本案情】

某医院向人保公司投保了财产综合险，被保险人为某医院，保险标的包括机器设备、办公设备，保险金额共计 3 亿元，保险期限为 2015 年 11 月 8 日至 2016 年 11 月 7 日。2016 年 1 月 22 日，某医院与医疗器械公司签订《采购合同》，向医疗器械公司采购了一套血管造影 X 线机。2016 年 5 月 27 日 17 点，医疗器械公司发生火灾。2016 年 8 月 8 日，北京市房山区公安消防支队（以下简称房山消防）出具《火灾事故认定书》，认定起火原因为“血管造影 X 线机水冷机电气线路故障”。事故发生后，人保公司与某医院一同委托公估公司对火灾事故进行现场勘查、估损和理算，认定保险标的损失金额为 549162.92 元。人保公司于 2017 年 12 月 25 日向某医院支付赔款 549162.92 元，并取得权益转让书。鉴于

发生火灾的原因为医疗器械公司销售的血管造影 X 线机水冷机电气线路故障，医疗器械公司应当承担赔偿责任，请求判令医疗器械公司向人保公司支付保险赔偿款 549162.92 元。医疗器械公司辩称：2018 年 5 月 16 日，医疗器械公司与某医院签订《协议书》，就赔偿达成协议，且履行了赔偿义务，人保公司从未将获得代位求偿权的情况告知医疗器械公司，不同意赔偿。

【案件焦点】

1. 人保公司取得代位求偿后，是否有权向医疗器械公司主张；2. 未经通知，医疗器械公司向某医院赔偿后，是否能对抗人保公司。

【法院裁判要旨】

北京市朝阳区人民法院经审理认为：人保公司已向某医院赔偿保险金，且某医院已将追偿权转让给人保公司，故人保公司有权在转让金额范围内行使代位求偿权。本案中，2017 年 12 月 25 日，人保公司向某医院支付保险赔款后，并未将其获得代位请求赔偿权利的情况通知医疗器械公司，因此保险人获得代位求偿权的情况对医疗器械公司不发生效力。而医疗器械公司与某医院于 2018 年 5 月 16 日达成协议约定，除更换血管造影 X 线机一套外，还赔偿价值 160 万元的移动 DR 一台，并约定某医院不得因此次事故再主张权利。因此，医疗器械公司向某医院履行的行为在法律上产生了消灭债务的效力。现人保公司向医疗器械公司行使代位求偿权，因医疗器械公司的债务已消灭，代位求偿权作为债权请求权亦不复存在，故人保公司请求医疗器械公司支付其保险赔款及利息的诉讼请求不予支持。关于人保公司认为其保险赔偿范围与医疗器械公司的赔偿范围并不一致的意见，医疗器械公司与某医院达成的协议针对的是整体事件，并没有指定赔偿范围，也没有证据表明医疗器械公司对于保险赔偿范围知晓，对人保公司的上述意见不予采信。综上所述，对人保公司的全部诉讼请求不予支持。

北京市朝阳区人民法院依照《中华人民共和国保险法》第六十条，《最高人民法院关于适用〈中华人民共和国保险法〉若干问题的解释（四）》第十条第一款，《最高人民法院关于民事诉讼证据的若干规定》第四十一条之规定，判决如下：

驳回人保公司的全部诉讼请求。

二审法院同意一审法院裁判意见。

【法官后语】

1. 关于保险人代位求偿权的性质

《中华人民共和国保险法》第六十条第一款规定，因第三者对保险标的的损害而造成保险事故的，保险人自向被保险人赔偿保险金之日起，在赔偿金额范围内代位行使被保险人对第三者请求赔偿的权利。由此，保险人代位求偿权纠纷具有了法律上的依据。

关于保险人代位求偿权纠纷的性质，通说认为系法定债权转移，自保险人支付理赔金之日起依法取得对第三者的债权请求权，无须通知第三者，保险人即取得代位求偿请求权。本案中，人保公司向被保险人某医院支付理赔金后，依法取得代位求偿权。

2. 第三者及保险人同时向被保险人赔偿时的衡平

由于保险人依据法律规定取得代位求偿权并非基于当事人合意，保险公司取得代位求偿权后，一般不通知第三者，直接以提起诉讼的形式通知第三者。由此导致实践可能发生保险人向被保险人理赔后，第三者同时向被保险人赔偿的情形，那么发生该种情形时，第三者的赔偿损失能否对抗保险人的代位求偿请求权呢?

代位求偿权本质属于财产保险，财产保险的基本原则是损失补偿原则，如允许被保险人既获得保险人支付的理赔金，又获得第三者支付的赔偿款，不仅违背公序良俗，也违背公平原则。为避免保险人获得双重赔偿，体现惩罚与补偿原则，《最高人民法院关于适用〈中华人民共和国保险法〉若干问题的解释（四）》第十条第一款规定，因第三者对保险标的的损害而造成保险事故，保险人获得代位请求赔偿的权利的情况未通知第三者或者通知到达第三者前，第三者在被保险人已经从保险人处获赔的范围内又向被保险人作出赔偿，保险人主张代位行使被保险人对第三者请求赔偿的权利的，人民法院不予支持。即保险人赔偿后，未通知第三者前，第三者仍向被保险人作出赔偿时，第三者享有抗辩权。

《中华人民共和国保险法》未规定保险人取得代位求偿权的通知义务，《最高人民法院关于适用〈中华人民共和国保险法〉若干问题的解释（四）》第十条规定的通知主体为保险人，所以保险人取得代位求偿后是否需要通知第三者呢?

笔者认为，赋予第三者的抗辩权，除考虑到保险的损失补偿功能外，还需要重新梳理保险人代位求偿权的法律性质。首先，保险人代位求偿权虽基于法律规定产生，是法定的债权转移，保险人的债权请求取得无须以通知债务人为取得要件，但若对第三者发生效力，仍需要通知第三者。虽然实践中保险公司一般不通知债务人，但这并不意味着保险人免除了相应通知义务，理由有两个方面：一方面，提起诉讼本身是一种通知途径，另一方面，保险人在诉讼前通知，通知采取何种形式，通知是否到达，均需要保险人在诉讼中进行举证。为了降低通知成本，保险人通常以提起诉讼的形式向第三者主张代位求偿权。

3. 本案中医疗器械公司是否享有抗辩权

首先，关于因第三者损害保险标的而造成保险事故，本案中因医疗器械公司提供的设备故障导致火灾发生。

其次，保险人已经取得代位求偿权，人保公司向某医院支付了理赔金，依据《中华人民共和国保险法》第六十条的规定取得代位求偿权。

再次，保险人未通知第三者，本案中，诉讼前人保公司未通知医疗器械公司。

最后，通知到达第三者之前，第三者向被保险人作出赔偿，2018 年 5 月 16 日达成赔偿协议，在本案诉讼之前，第三者针对保险事故作出赔偿承诺。

综上，在人保公司通知医疗器械公司之前，医疗器械公司向某医院赔偿，人保公司主张代位行使其对医疗器械公司的请求赔偿的权利，人民法院不予支持。

4. 保险人的权利如何救济

《最高人民法院关于适用〈中华人民共和国保险法〉若干问题的解释（四）》第十条也赋予了保险人救济权，保险人就相应保险金额主张被保险人返还的，人民法院应予支持。即针对重复支付部分，人保公司可向被保险人返还相应的赔偿金。

在存在上述双重赔偿的情形下，因第三者的赔偿属于债务履行，第三者不可以要求被保险人返还，被保险人自保险人获得的赔偿系不当得利，故被保险人应向保险人返还相应赔偿金额。

编写人：北京市朝阳区人民法院　马娇　李方

231 保险人代位求偿需证明赔付金额与被保险人实际损失相当

——财险北京分公司诉高某保险人代位求偿权案

【案件基本信息】

1. 裁判书字号

北京市第三中级人民法院（2020）京03民终12949号民事判决书

2. 案由：保险人代位求偿权纠纷

3. 当事人

原告（上诉人）：财险北京分公司

被告（被上诉人）：高某

【基本案情】

A号车辆在财险北京分公司投保了机动车损失保险，被保险人为张某，保险金额147800元，保险期限为2016年4月25日至2017年4月24日。

2017年4月22日10时许，高某驾驶的B号车辆与王某驾驶的A号车辆发生交通事故。经公安交通管理部门认定，高某对事故负全部责任，王某无责任。事故发生后，张某向财险北京分公司报案，财险北京分公司提交《机动车保险报案记录》，载明：出险时间为2017年4月22日，驾驶人姓名王某，保险期限自2016年4月25日起至2017年4月24日止。

张某于2017年4月26日向财险北京分公司申请索赔。财险北京分公司出具《机动车保险车辆损失情况确认书》，载明：更换费用小计（不扣残值）52396元，辅料费516元，残值扣减23500元，残值扣减后29412元。张某于2017年4月26日签署《权益转让书》，同意将已获赔部分的追偿权转移给财险北京分公司。财险北京分公司于2017年6月19日以转账方式向张某支付29412元。

关于车辆损失一节，本案庭审后财险北京分公司提交《机动车保险车辆损失情况确认书零部件更换项目清单（代询价单）》，用以证明：因维修价格将超过车辆实际价值，A号车辆并未实际维修，财险北京分公司定损部门按照物价局定价标准综合认定车辆全损价值为52396元，显示所盖公章名称为“财险北京分公司理赔业务专用章公益桥理赔分部（2）”。对此，高某不予认可。

关于车辆残值一节，财险北京分公司称：A号车辆拍卖给了拍卖公司，拍卖公司向财险北京分公司支付车辆旧件价值23500元。

另查，高某驾驶的B号车辆在另一家保险公司处投保了交强险。高某称：该保险公司已将2000元交给自己，自己并未向张某支付任何款项。

【案件焦点】

侵权人实施侵权行为对被侵权人（被保险人）造成的实际损失金额无法确定时，应如何处理，保险人是否可以依据自行认定的损失主张赔偿。

【法院裁判要旨】

北京市朝阳区人民法院经审理认为：根据法律规定，因第三者对保险标的的损害而造成保险事故的，保险人自向被保险人赔偿保险金之日起，在赔偿金额范围内代位行使被保险人对第三者请求赔偿的权利。根据审理查明的事实，A 号车辆在财险北京分公司投保了机动车损失保险，保险期间为 2016 年 4 月 25 日至 2017 年 4 月 24 日，保险期间内，A 号车辆与高某驾驶的 B 号车辆发生交通事故，高某对交通事故负全部责任。财险北京分公司于 2017 年 6 月 19 日向被保险人张某支付 29412 元，按照法律规定，此后，财险北京分公司获得在赔偿金额 29412 元范围内行使代位求偿的权利，但这并不意味着财险北京分公司有权直接按照赔偿金额向高某主张赔偿，其仍然需要对赔偿金额的发生情况承担相应的举证责任，以证明其赔偿金额即损失金额。原因有两点：第一，保险代位求偿权是指保险人按照保险合同约定赔付被保险人的损失后，取代被保险人的地位，行使被保险人对损失的救济权。而被保险人向侵权人主张赔偿的过程中是需要对损失的发生情况进行证明的，因此取代被保险人地位的保险人亦无法免除对损失的证明责任。第二，财产侵权赔偿的依据为被侵权人因侵权人实施侵权行为造成的被侵权人的实际损失，侵权人有对损失进行核算的权利，进而才能对被侵权人必要合理的损失进行赔偿，而保险人向被保险人进行赔偿的主要依据是双方的保险合同，保险人确认赔偿金额的过程中有权依据合同约定结合自身证据审核标准对被保险人损失进行核算。两者对损失认定的标准和依据不同，存在损失认定差异的可能。

因此，本案的审理重点转化为在高某对损失提出异议的情况下，根据财险北京分公司所提交的证据能否确定张某因事故导致的损失为 29412 元。对此，在现有证据条件下，财险北京分公司所提交证据并不足以对此进行证明。实践中，交通事故发生后，车辆受损金额主要指专业车辆维修机构对车辆因事故受损部位进行维修所发生的费用，如果维修成本过高，亦允许各方协商，对车辆受损情况进行估算并达成一致意见。本案中，受损车辆并没有进行实际维修，现有证据亦不足以认定高某同意并认可财险北京分公司所主张的车辆损失确定方式以及由此计算得出的损失金额，在此情况下，如果径行判决高某承担 29412 元的赔偿责任，无视高某拥有的结合证据对损失进行核算的权利，不仅不利于损失情况的查明，而且可能导致结果的偏差，造成权利与义务的失衡。有鉴于此，对财险北京分公司的诉讼请求不予支持。

北京市朝阳区人民法院依照《中华人民共和国保险法》第六十条，《最高人民法院关于审理道路交通事故损害赔偿案件适用法律若干问题的解释》第十五条、第十六条，《中华人民共和国民事诉讼法》第六十四条之规定，判决如下：

驳回财险北京分公司的全部诉讼请求。

二审法院同意一审法院裁判意见。

【法官后语】

在审理侵权责任纠纷时，常常会遇到一方当事人举证证明侵权损害事实确实存在，但根据当事人举出的证据无法或者难以确定损害具体数额的情况。对此应如何处理，实践中有一种倾向性观点，即在已经能够认定损害确实存在，只是具体数额尚难以确定或者无法确定的情况下，法官可以结合一些间接证据和案件其他事实，遵循法官职业道德，运用逻辑推理和日常生活经验，进行自由心证，适当确定侵权人的应当承担的赔偿数额。因此，在侵权责任纠纷中，如果损失无法确定，当事人又无法通过协商达成一致意见，应该由法官判定赔偿数额，这种方式是一种不得已而为之的选择，所作出的决断有可能偏离实际的损失，但基于解决问题的需要、基于裁判的公正与权威，结果具有了执行效力。但这种方式并不当然适用于保险人代位求偿权纠纷，理由有两点：

一是被保险人向侵权人主张赔偿是需要对损失的发生情况进行证明的。因此，取代被保险人地位的保险人亦无法免除对损失的证明责任。如果无法证明损失的情况，则需要法院对损失的发生情况进行认定，但保险人未经过法院认定的程序即作出赔偿，赔偿金额将会与实际损失金额产生差异。在此情况下，不应认定保险人具有损失核定的权利。

二是侵权赔偿的依据为被侵权人因侵权人实施侵权行为造成的被侵权人的实际损失，侵权人有对损失进行核算的权利，而保险人向被保险人进行赔偿的主要依据是双方的保险合同，保险人确认赔偿金额的过程中有权依据合同约定结合自身证据审核标准对被保险人损失进行核算。两者对损失认定的标准和依据不同，存在损失认定差异的可能。

所以，若损失无法确定，保险人直接按照自行认定的损失进行赔付，在缺少证据的情况下，法官不应该轻易按照保险人主张的已赔付数额要求侵权人承担损失。但这是否意味着在此类纠纷中，保险人无法得到赔偿呢？实际并非如此，如果保险人能够提出证据，证明侵权行为的发生情况、损害的发生部位及受损程度、维修的成本，虽存在所赔付损失不被法院确认的可能，但至少其中一部分损失能够得到挽回；如果无法对此进行证明，保险人将最终承担不利的后果。这也对保险人提出了要求，即在保险案件的赔付过程中，需要留存更多的证据，还需要充分尊重侵权人对损失确定的权利，以此来为最终的代位求偿打下坚实的基础。

编写人：北京市朝阳区人民法院　宋学亮　马娇

232 保险公司取得代位求偿权后一并取得抵押权，抵押担保范围如何认定

——保险公司诉黄某保证保险合同案

【案件基本信息】

1. 裁判书字号

北京市第三中级人民法院（2020）京03民终12315号民事判决书

2. 案由：保证保险合同纠纷

3. 当事人

原告（被上诉人）：保险公司

被告（上诉人）：黄某

【基本案情】

2017年6月20日，黄某与小额贷款公司签订《授信及借款合同》，贷款金额为494万元，贷款期限为2018年1月2日至2019年1月2日。同日，黄某与小额贷款公司签订《最高额抵押合同》，以其位于北京市的某房屋（以下简称涉案房屋）作为抵押物对贷款提供担保。2018年1月2日，保险公司签发《个人借款保证保险保险单》，约定保险人依据保险合同约定向被保险人进行理赔，保险人理赔后，投保人需向保险人归还全部理赔款项和未付保费。小额贷款公司发放贷款后，黄某逾期还款。保险公司依据约定向小额贷款公司进行了理赔，黄某拒绝承担还款义务。故保险公司诉至法院，请求判令：1. 黄某支付代偿金额4820976.61元；2. 黄某支付保险费3128.67元；3. 黄某支付代偿滞纳金（以

4820976.61 元为基数，按照年利率 24%的标准，自 2018 年 7 月 21 日起计算至实际付清之日止）；4. 黄某就前述三项诉讼请求有权对涉案房屋处分价款优先受偿。黄某辩称：仅同意支付 4407972 元，抵押物在 4407972 元范围内优先受偿，不同意其他诉讼请求。

【案件焦点】

代位求偿权项下一并取得抵押权，抵押担保范围如何认定。

【法院裁判要旨】

北京市朝阳区人民法院经审理认为：黄某未按约定偿还贷款本息，构成保证保险合同约定的保险事由，保险公司向小额贷款公司履行了保险金赔付义务，保险公司有权主张黄某支付理赔款及违约金。保险公司代偿的本息金额亦是基于还款情况计算而来，具有合同及法律依据。故保险公司要求黄某支付代偿金额 4820976.61 元的诉讼请求，于法有据，予以支持。关于保费、律师费、抵押权的主张，亦有合同及法律依据，予以支持。关于违约金标准，保险公司自愿降低至按年利率 24%进行主张，不违反法律、行政法规的强制性规定，予以支持。

北京市朝阳区人民法院依照《中华人民共和国合同法》第一百零七条、第一百一十四条，《中华人民共和国物权法》第一百七十九条之规定，判决如下：

一、黄某于本判决生效之日起十日内向保险公司支付理赔款 4820976.61 元；

二、黄某于本判决生效之日起十日内向保险公司支付逾期保费 3128.67 元；

三、黄某于本判决生效之日起十日内向保险公司支付违约金(以4820976.61元为基数，自2018年7月21日起至实际给付之日止，按年利率24%的标准计算)；

四、被告黄某于本判决生效之日起十日内向原告保险公司支付律师费10000元；

五、原告保险公司就上述第一项、第二项、第三项、第四项确定的款项对被告黄某名下涉案房屋拍卖或变卖的价款，按照抵押登记顺序享有优先受偿权。

一审宣判后，黄某提起上诉。北京市第三中级人民法院经审理认为：关于黄某上诉主张违约金、保费、律师费就黄某抵押物享有优先受偿权一节，保险公司在二审期间明确表示放弃该项诉讼请求，此系其对自身权利的处分，故对此予以改判。

北京市第三中级人民法院依照《中华人民共和国民事诉讼法》第一百七十条第一款第二项之规定，判决如下：

一、撤销一审判决；

二、黄某于本判决生效之日起十日内向保险公司支付理赔款4820976.61元；

三、黄某于本判决生效之日起十日内向保险公司支付逾期保费3128.67元；

四、黄某于本判决生效之日起十日内向保险公司支付违约金(以4820976.61元为基数，自2018年7月23日起至实际给付之日止，按年利率15%的标准计算)；

五、黄某于本判决生效之日起十日内向保险公司支付律师费10000元；

六、保险公司就上述第二项确定的款项对黄某名下涉案房屋拍卖或变卖的价款，按照抵押登记顺序享有优先受偿权；

七、驳回保险公司的其他诉讼请求。

【法官后语】

《中华人民共和国保险法》规定了保证保险属于财产保险的一种，但并未对保证保险的性质、内容、适用等进行具体规范，引发了对保证保险合同纠纷的法律性质、独立性以及法律适用等争议：一种观点认为保险系保证性质，另一种观点认为保证保险系保险性质。由于对保证保险法律性质的认定不同，在出现保证保险与抵押、保证其他担保方式并存的情况下，如未约定债权实现顺序，债权人是否应就先债务人即借款人的抵押物优先受偿产生不同意见。保证说观点认为，在与借款人抵押并存的情况下应优先就借款人抵押物优先受偿；保险说观点认为，保险并非保证，不影响债权人直接要求保险公司承担保险责任。

本案中，借款人黄某以涉案房屋作抵押担保，也存在保险公司的保证保险，各方均未对实现债权的顺序作出约定。笔者认为，保证保险本质上属于保险，并非保证。保证保险的法律依据来源保险合同，虽然个别法院针对汽车保证保险将保证保险定义为保证，但该种规定并未上升到法律及司法解释层面。《中华人民共和国民法典》及《最高人民法院关于适用〈中华人民共和国民法典〉有关担保制度的解释》并未将保险定义为保证。故保证保险本质上属于保险，即便没有约定实现债权的顺序，债权人也可直接要求保险公司承担保险责任。

《中华人民共和国保险法》第六十条第一款规定，因第三者对保险标的的损害而造成保险事故的，保险人自向被保险人赔偿保险金之日起，在赔偿金额范围内代位行使被保险人对第三者请求赔偿的权利。本案中，保险公司在保险责任范围内向债权人即小额贷款公司支付了理赔金后，依法取得代位求偿权。

1. 向谁请求赔偿

在保证保险合同关系中，投保人系借款人，被保险人为债权人，保险事故为借款人的违约行为，故保险人向债权人承担理赔金额后在理赔金额范围内享有对第三者请求赔偿的权利，那么第三者是否包括借款人呢？

《最高人民法院关于适用〈中华人民共和国保险法〉若干问题的解释（四）》第八条规定，投保人和被保险人为不同主体，因投保人对保险标的的损害而造成保险事故，保险人依法主张代位行使被保险人对投保人请求赔偿的权利的，人民法院应予支持，但法律另有规定或者保险合同另有约定的除外。由此赋予了保险人承担保险责任后向投保人请求赔偿的权利。

2. 请求赔偿的范围

《中华人民共和国民法典》第五百四十七条第二款规定，受让人取得从权利不因该从权利未办理转移登记手续或者未转移占有而受到影响。保险公司取得小额贷款公司对黄某的债权请求权，一并取得对黄某的抵押权，无须办理抵押登记变更手续。

3. 抵押权的范围

因保险人获得抵押权系随同其代位求偿权一并取得，即抵押权担保的范围为其支付理赔金之时的理赔金额，小额贷款公司对黄某的抵押担保范围亦不包括保费、违约金、律师费，故本案抵押权范围不包括上述费用，仅包括理赔款金额。因对代位求偿权项下取得的抵押权范围认识不清，本案一审被改判。

编写人：北京市朝阳区人民法院　马娇

233 保证保险合同能否适用保险人代位求偿权管辖

——财保江苏分公司诉陈甲、陈乙保证保险合同案

【案件基本信息】

1. 裁判书字号

江苏省高级人民法院（2020）苏民辖 201 号民事裁定书

2. 案由：保证保险合同纠纷

3. 当事人

原告：财保江苏分公司

被告：陈甲、陈乙

【基本案情】

财保江苏分公司诉陈甲、陈乙保证保险合同纠纷一案，江苏省南京市建邺区人民法院（以下简称建邺法院）于 2019 年 10 月 23 日立案受理。财保江苏分公司向建邺法院起诉称，2018 年 10 月 26 日，陈甲以某商业银行为被保险人在财保江苏分公司投保了个人小额贷款履约保证保险，陈乙提供连带责任担保。同日，陈甲与浙江某商业银行签订《借款合同》，贷款 155172 元。借款期限内，陈甲未按约定归还借款，财保江苏分公司依约代陈甲向某商业银行偿还借款本息合计 129468.35 元。财保江苏分公司请求判令陈甲支付代偿款 129468.35 元及违约金，陈乙对上述债务承担连带清偿责任。

【案件焦点】

保证保险合同中，因投保人对保险标的的损害而造成的保险事

故，保险人向被保险人赔偿保险金后，代位行使被保险人对投保人请求赔偿的权利而提起的诉讼，应按照保险合同纠纷确定管辖法院，还是依据保险人所代位的贷款人（被保险人）与借款人（投保人）之间的合同关系确定管辖法院。

【法院裁判要旨】

建邺法院经审理认为：投保人与被保险人为不同主体，因投保人对保险标的的损害而造成保险事故，保险人依法主张代位行使被保险人对投保人请求赔偿的权利的，人民法院应予支持，但法律另有规定或者保险合同另有约定的除外。因保险代位求偿权而提起的诉讼，应根据保险人所代位的贷款人（被保险人）与借款人（投保人）之间的借款合同关系确定管辖法院。本案中浙江某商业银行与陈甲在借款合同中约定的管辖法院为甲方债权人住所地有管辖权的人民法院即浙江省台州市温岭市人民法院（以下简称温岭法院），建邺法院依法不具有管辖权。

建邺法院依据《中华人民共和国民事诉讼法》第三十六条等规定，裁定如下：

将本案移送温岭法院处理。

温岭法院接受移送后，与建邺法院就该案管辖发生争议，协商未果，后报请浙江省高级人民法院与江苏省高级人民法院协商解决。江苏省高级人民法院经审理认为：本案应为保证保险合同纠纷，陈甲为投保人而非第三者。本案中，财保江苏分公司作为保险人、陈甲作为投保人签订的《财保江苏分公司信用保证保险投保单》明确约定，不能协商解决的，应向保险人所在地人民法院起诉，且财保江苏分公司的住所地位于江苏省南京市建邺区。双方协议管辖合法有效，建邺法院对本案有管辖权。故建邺法院将本案移送温岭法院不当。

江苏省高级人民法院依照《中华人民共和国民事诉讼法》第三十七条第二款、第一百五十条第一款第十一项，《最高人民法院关于适用〈中华人民共和国民事诉讼法〉的解释》第四十条、第四十一条第一款之规定，裁定如下：

一、撤销建邺法院（2019）苏 0105 民初 10081 号之一民事裁定；

二、本案由建邺法院审理。

【法官后语】

在保证保险合同纠纷中，因投保人对保险标的的损害而造成的保险事故，保险人向被保险人赔偿保险金后，代位行使被保险人对投保人请求赔偿的权利而提起的诉讼，究竟是按照保险合同纠纷确定管辖还是按照保险人代位求偿权纠纷确定管辖，主要有以下三种不同的观点：

第一种观点认为，保证保险合同是以借款合同的债务人为投保人，以借款合同的债权人为被保险人，以保险公司为保险人，三者之间系担保追偿权法律关系，故仅适用被告住所地确定管辖。

第二种观点认为，保险公司与债务人、银行共同签订《贷款保证保险单》，三者系保证保险合同关系，应适用保证保险的管辖规定确认管辖。

第三种观点认为，适用保险人代位求偿权的管辖，根据被保险人与投保人之间的法律关系确定管辖。

笔者更倾向于按照第二种观点确认管辖，主要有以下几点原因：

1. 保证保险合同并非保证合同

从与借款合同的关系来看，借款合同与保证合同的关系是明确的主从关系，从合同的设立、变更和消灭都以主合同为依附，借款合同不存在，保证合同亦不存在。而保险合同与借款合同没有主从合同关系，两者之间是相互独立的。保证保险合同并非保证合同，故适用担保追偿管辖不妥当。如保险合同中有管辖协议则优先适用管辖约定，反之则由保险合同管辖规定确定管辖法院。

2. 保证保险合同中保险人代位追偿并非保险人代位求偿

一是保险人代位求偿权系法定权利而非当事人约定权利。保险人代位求偿权系因法律规定而产生，当保险人作出保险理赔后，被保险人对第三者的权利即转移给保险人。而保证保险合同中，保险人代被保险人（债权人）向投保人（债务人）追偿基于保险合同约定，只有在保险事故发生时，保险人先行向被保险人赔付后才可获得对投保人的债权，类似于附生效条件的债权转移，区别于保险人代位求偿中的债权当然转移。二是保险人代位求偿权的行使对象“第三者”并非保证保险合同的投保人。保险人代位求偿权的行使对象的第三者具有不确定性，只在保险事故发生后才可确定责任主体，其在事故发生前与保险人、保险标的无联系。而保证保险合同中的投保人系与保险人签订保险合同的当事人，其承担缴付保费的义务，与被保险人的利益具有关联。因此，其并非保险人代位求偿中的“第三者”。

本案中，陈甲以某商业银行为被保险人在财保江苏分公司投保了个人小额贷款履约保证保险，陈乙提供连带责任担保。陈甲作为保证保险合同的投保人而非第三者，并且保证保险合同已经明确约定在发生保险事故后，由保险人先行赔付，保险人在保险金额范围内有权向投保人进行追偿。故本合同已经明确约定了投保人既要承担按期还款的义务，又要交纳保险费，如果肯定保险人的代位求偿权，只会不合理地增加投保人的经济负担，打消其购买贷款保证保险的积极性。为了较好地平衡投保人和保险人的利益，既要鼓励投保人的投保积极性，又要规避出现投保人消极怠慢不履行还款义务的道德风险，笔者认为，肯定保证保险合同的独立性是一个较好的做法。

编写人：浙江省温岭市人民法院　李赛佳

234　保险代位求偿权因源权利丧失而消灭

——财险厦门分公司诉王某保险人代位求偿权案

【案件基本信息】

1. 裁判书字号

福建省厦门市思明区人民法院（2019）闽 0203 民初 23405 号民事判决书

2. 案由：保险人代位求偿权纠纷

3. 当事人

原告：财险厦门分公司

被告：王某

【基本案情】

2018 年 1 月 25 日，黄某向财险厦门分公司就车牌号为 A 的客车投保机动车损失保险、机动车第三者责任保险等。保险期间为 2018 年 1 月 29 日至 2019 年 1 月 28 日。2018 年 6 月 29 日 5 时 32 分，王某驾驶车牌号为B的大型汽车与案外人黄某驾驶的A号小型汽车发生碰撞，经厦门市公安局交通警察支队翔安大队出具的《道路交通事故认定书》认定：王某承担本次事故的全部责任，黄某不负责任。事故后，A号小型汽车经定损损失为107741.86元。王某于2018年7月16日与黄某签署《协议》，双方约定王某赔偿黄某35000元，双方对于此事不再相互追究。王某于2018年6月30日向黄某微信转账两笔10000元，2018年7月2日微信转账8000元、10000元。之后，黄某基于本次事故向财险厦门分公司申请理赔，财险厦门分公司于2018年10月18日向黄某赔付了维修费共计107741.86元。财险厦门分公司赔付后，A号车的车主黄某向财险厦门分公司出具《机动车辆保险权益转让书》，将向责任方追偿的107741.86元的赔偿款转让给财险厦门分公司。

庭审中，法院拨打案外人黄某电话，黄某确认已和王某私下对本次事故达成和解，并签订协议，约定王某赔偿黄某35000元，双方不再为本次事故追究对方责任。实际上王某共计赔偿黄某38000元。

【案件焦点】

保险代位求偿权是否因第三者支付全部赔偿款而消灭。

【法院裁判要旨】

福建省厦门市思明区人民法院经审理认为：当事人对自己提出的主张，有责任提供证据。财险厦门分公司提起本案诉讼主张的依据是其因保险赔付而在赔偿金额范围内获取的被保险人对第三者请求赔偿的代位权利。本案中，第三者王某与被保险人黄某在事故发生后自行协商并就本次事故处置达成协议，该协议系双方当事人的真实意思表示，不违反法律、法规的强制性规定，合法有效。王某按照协议支付了全部的赔偿款，黄某依约承诺不再追究，王某就本次事故已无赔偿责任。由于被代位人已经实现并放弃进一步追究的权利，财险厦门分公司也相应失去了代位的权利。财险厦门分公司基于黄某的理赔申请，向黄某支付了保险赔偿款107741.86元，系财险厦门分公司在理赔过程中未尽审慎审查义务或因黄某隐瞒已取得赔偿款的事宜导致，属于另外一个法律关系。财险厦门分公司应当先行承担其法律后果，并可另案向黄某追讨该理赔款。财险厦门分公司诉求王某向其支付代偿的理赔款于法无据，不予支持。

福建省厦门市思明区人民法院依据《中华人民共和国保险法》第六十条第一款，《中华人民共和国民事诉讼法》第六十四条第一款规定，判决如下：

驳回财险厦门分公司的全部诉讼请求。

判决后，双方当事人均未上诉，本判决现已生效。

【法官后语】

本案是一起保险代位求偿权纠纷案件。保险代位求偿权制度是财产保险法上一项重要制度，在各国保险法中均占有重要地位。所谓保险代位求偿权，是指保险人依法享有的、代位行使被保险人对造成保险标的损害负有赔偿责任的第三者的求偿权利。

保险人的代位求偿权系因法律特别规定而产生，当保险人作出保险理赔后，被保险人对第三者的权利即移转给了保险人。因为被保险人对第三者的赔偿请求权已经移转给了保险人，保险人本身已经成为损失赔偿请求权的权利人，所以应当以保险人自己的名义对第三者行使损害赔偿请求权。上述损害赔偿请求权之转移，属于法定、当然之移转，无需请求权的转移行为，也无需特别签署权利转让书，当事人有无移转的明确意思表示也在所不问。因此，在逻辑上也可称保险人代位权为“当然代位”。

在发生了因第三者对保险标的的损害而造成的保险事故以后，被保险人同时享有向保险人请求赔偿保险金的权利和向第三者请求赔偿的权利。如果被保险人先向第三者进行索赔，第三者承担了赔偿责任，支付了赔偿金，对于已获得赔偿的损失，被保险人不能再向保险人索赔。也就是说，第三者赔偿的金额如果等于或大于保险财产的实际价值，保险人就不再承担赔偿保险金的责任。发生保险事故后，如果被保险人先向保险人请求赔偿，保险人支付了保险赔偿金，则被保险人向第三者请求赔偿的权利依法应由保险人代位行使，被保险人只对未取得保险赔偿的部分享有向第三者请求赔偿的权利。法律赋予保险人代位求偿权，在于防止被保险人因保险事故获得额外利益，同时不能使有过错的第三者逃避损害赔偿责任，体现了财产损失补偿原则和社会公平原则。保险事故发生后，保险人未赔偿保险金之前，被保险人放弃对第三者请求赔偿的权利的，保险人就会失去代位求偿权，实际上使有过错的第三者免除了法定赔偿责任，损害了保险人的合法权益。为了制约被保险人放弃对第三者请求赔偿的权利的行为，法律明确规定了这种行为的法律后果，即被保险人将丧失从保险人处取得保险赔偿金的权利，其保险财产损失不能从保险人处得到赔偿。

被保险人对第三者和保险人可依据不同法律关系行使请求权，

法律并未禁止被保险人在保险事故发生后，直接向第三者行使赔偿请求权，所以第三者对被保险人的清偿可以发生债务消灭的法律后果。保险人赔偿保险金之前，第三者向被保险人支付赔偿款，保险人如果不知道前述情况，仍向被保险人赔偿保险金，之后又向第三者主张保险代位求偿权的，因第三者的债务已因清偿而消灭，故其源头的权利自始不存在，法院依法应当驳回保险人的诉讼请求。

因此，保险机构应高度重视其在理赔过程中的审慎审查义务，多方核实被保险人获得理赔情况，最大限度地降低经营风险；同时被保险人也不得刻意隐瞒已取得赔偿款的事实，以免影响自身征信。

编写人：福建省厦门市思明区人民法院　林鸿

235　保险人能否行使代位求偿权要求造成保险标的损害的挂靠车辆实际经营人与被挂靠方承担连带责任

——保险公司诉运输公司、张某保险人代位求偿权案

【案件基本信息】

1. 裁判书字号

北京市第一中级人民法院（2019）京01民终2459号民事判决书

2. 案由：保险人代位求偿权纠纷

3. 当事人

原告（上诉人）：保险公司

被告（被上诉人）：运输公司、张某

【基本案情】

2017年12月5日，保险公司向商务公司承保了《无车承运人责任保险》，保险期间为2017年11月24日0时起至2018年11月23日24时止。保单第四条约定："在保险期间内，因火灾造成货物损失，依照中华人民共和国法律应由被保险人承担的经济赔偿责任，保险人按照本保险合同约定负责赔偿。"

张某为商务公司运营的某卡车平台的注册会员，在该平台以其购买的挂靠在运输公司名下的案涉车辆接单承运。2018年2月5日19时许，由张某驾驶的案涉车辆在承运商务公司运输的货物途中发生火灾。事故发生后，经评估认定事故保险责任成立，理算金额为271010.22元，公估费11000元。2018年4月13日，保险公司向商务公司赔付了271010.22元。

根据张某与商务公司之间订立的《卡车司机服务协议》（以下简称服务协议）第5.10条约定：司机在运输过程中如发生火灾……无论在任何情况或原因（包括但不限于消防出具火灾原因系货物自然导致）导致火灾致使货物损失，司机均应按照货物实际损失价值予以赔偿以及承担其他的全部损失。张某驾驶的案涉车辆系由张某购买，但挂靠在运输公司名下，故保险公司诉请张某、运输公司连带赔偿财产损失271010.22元及利息、公估费11000元及利息、交通费1051.39元、住宿费549元。

【案件焦点】

1. 保险公司行使代位追偿权请求赔偿的范围；2. 运输公司是否应与张某就赔偿数额承担连带责任。

【法院裁判要旨】

北京市海淀区人民法院经审理认为：根据服务协议，张某作为承运司机应当对货物损失承担赔偿责任，保险公司作为保险人在对被保险人商务公司进行赔付后，有权向张某行使代位求偿权。张某应当赔偿保险公司经济损失 271010.22 元。保险公司要求运输公司承担连带责任的诉讼请求缺乏法律与事实依据，不予支持。保险公司主张的利息、公估费及利息、交通费、住宿费等不予支持。

北京市海淀区人民法院依据《中华人民共和国合同法》第六十条、第一百零七条，《中华人民共和国保险法》第六十条，《最高人民法院关于适用〈中华人民共和国保险法〉若干问题的解释（二）》第十六条之规定，判决如下：

一、张某于判决生效后 7 日内向保险公司赔偿经济损失 271010.22 元；

二、驳回保险公司的其他诉讼请求。

保险公司不服一审判决，提起上诉。北京市第一中级人民法院经审理认为：一审法院对于保险公司依据保险法的相关规定，其已就涉案事故的货物损失进行赔付，取得了向第三者追偿的权利的认定，予以确认。

关于保险公司行使代位追偿权请求赔偿的范围问题，根据保险法第六十条、第六十四条的规定，保险人行使代位求偿权的范围不得超过其实际赔偿金额的范围。保险公司主张的交通费、住宿费、利息等费用不属于其支付的赔偿金范围，应自行承担，故保险公司该主张缺乏法律依据，不予支持。

关于运输公司是否应承担连带责任问题，运输公司应当承担连带责任，理由如下：首先，依据《中华人民共和国道路运输条例》第二十二条、第二十五条和第三十四条规定可知，从事道路运输经营必须具备一定的条件，经行政许可才可进行，且禁止道路运输经营许可证的租借行为。本案中，运输公司作为从事运输经营的公司，其应当知道上述禁止性规定，但其却允许张某将机动车挂靠在其公司名下投入运营，其行为存有明显过错，同时，运输公司允许张某的挂靠行为，促成了不具有经营资格的挂靠人进行运输经营，其行为在客观上提高了挂靠车辆发生事故的可能性和危害性，这种允许行为亦需要承担相应的法律后果；其次，机动车运输是高度危险作业，涉案车辆行驶证上记载的车辆所有权人为运输公司，道路运输证上记载的业户名亦是运输公司，从外观上看运输公司是道路运输经营许可证的主体，其应对涉案车辆的道路运输安全管理尽到高度注意义务，可通过对挂靠车辆的技术维护、检查来减少和防止事故的发生，本案中，涉案火灾事故的发生正是因车辆电器线路故障而引发的，且运输公司亦称未过问过涉案车辆和张某的经营，故可以认定运输公司对涉案车辆的安全疏于管理，对于火灾的发生具有过错。因张某与运输公司的过错相结合导致了涉案火灾事故的发生，应由运输公司与张某承担连带责任。且由运输公司与张某承担连带责任亦有利于维护正常的运输经营秩序，保障运营安全。

北京市第一中级人民法院依照《最高人民法院关于适用〈中华人民共和国保险法〉若干问题的解释（四）》第七条，《中华人民共和国民事诉讼法》第一百七十条第一款第二项之规定，判决如下：

一、维持北京市海淀区人民法院（2018）京 7101 民初 1838 号民事判决第一项；

二、撤销北京市海淀区人民法院（2018）京7101民初1838号民事判决第二项；

三、运输公司对于本判决第一项所确定的赔偿金额承担连带责任；

四、驳回保险公司其他诉讼请求。

【法官后语】

当下，由于“互联网+”等经济业态的发展，没有相应资质的车辆运营人通过挂靠形式从事道路运输经营的现象开始大量出现。挂靠车辆从事道路运输经营活动造成损害时，车辆实际运营人与被挂靠人如何承担责任成为亟须研究的问题。挂靠车辆从事运输经营活动造成被保险人的财产损失，保险人履行相应赔付责任后，是否有权行使代位求偿权要求造成保险标的损害的挂靠车辆的实际经营人与被挂靠方承担连带责任，即本案例讨论的重点。

保险代位求偿权是在财产合同中，保险人赔偿被保险人损失后，代位被保险人依法向造成保险标的损害第三方请求赔偿的权利。保险代位求偿权的成立要具备以下要件：（1）第三者对保险标的的损害而造成保险事故；（2）保险人对被保险人已进行赔付。第三者对保险标的的损害不仅指侵权意义上的损害还包括违约造成的损害。本案中，张某与商务公司之间达成服务协议，张某负有保证运输货物安全的义务，因违约造成货物损失应承担赔偿责任，在保险人保险公司向被保险人商务公司赔付后，有权向张某行使代位求偿权。因张某不具备道路运输资格，挂靠在运输公司名下，探求运输公司承担何种责任是本案重点。

保险人行使的代位求偿权并非保险人对第三方的直接债权，而是被保险人对第三方的赔偿请求权。故探讨保险人是否对被挂靠方有代位求偿权，要回到被保险人对被挂靠方是否有损害赔偿请求权上。《中华人民共和国民法典》第一千二百一十一条明确了交通事故场域下挂靠人和被挂靠人的连带责任，但在像本案的火灾等其他损害责任事故中能否推定适用该规定并不明确。

法律可以具有相对滞后性，但法院不可以拒绝裁判，这就要求裁判者探寻相似情形背后的法价值，推导出最利于社会公平的裁判路径。首先，《中华人民共和国道路运输条例》第二十二条、第二十五条和第三十四条规定，从事道路运输经营必须具备一定的条件，经行政许可才可进行，且禁止道路运输经许可证的租借行为。历年来，道路运输部开展了多次取缔、清理挂靠运输的专项行动，挂靠经营规避了国家运输行业准入规定，在管理层面具有不法性。其次，道路运输行业作为高风险行业，挂靠经营开启了风险源头，被挂靠人应对涉案车辆的道路运输安全管理尽到高度注意义务，对挂靠车辆的技术维护、检查来减少和防止事故的发生，若由于疏于管理，造成损害事故，由被挂靠人承担连带责任符合共同侵权的一般法理。最后，从公共运输秩序的维护和社会公平的分担角度来看，由被挂靠方承担连带责任具有价值引导性。综上，从法价值层面，我们认为即使在非交通事故领域，受害人仍有权要求挂靠车辆实际经营人和被挂靠方承担损害赔偿的连带责任。同样，基于被保险人损害赔偿权，行使代位求偿权的保险人也有权要求挂靠车辆实际经营人和被挂靠方承担连带赔偿责任。

编写人：北京市第一中级人民法院　常洁　窦磊

236 保险人追偿权和代位求偿权的区分

——财险北分公司诉郑某追偿权案

【案件基本信息】

1. 裁判书字号

北京市朝阳区人民法院（2019）京 0105 民初 24782 号民事判决书

2. 案由：追偿权纠纷

3. 当事人

原告：财险北分公司

被告：郑某

【基本案情】

2016 年 8 月 6 日 1 时 40 分，郑某饮酒后无证驾驶 A 号普通二轮摩托车在北京市朝阳区某公交车站牌处，与案外人陈某发生交通事故，造成陈某受伤。陈某向北京市朝阳区人民法院提起民事诉讼，因财险北分公司是 A 号摩托车的交强险承保人，法院判决财险北分公司在交强险限额内赔偿陈某各项损失共计 12 万元。财险北分公司于 2018 年 1 月 25 日付款完毕。保险公司有权在赔偿范围内向侵权人主张追偿权。因郑某是交通事故的直接侵权人，应当承担赔偿责任，故财险北分公司诉至法院，请求判令郑某赔偿财险北分公司 12 万元。

【案件焦点】

1. 保险事故发生时驾驶人未取得机动车驾驶证，保险人是否应予理赔；2. 保险人理赔后享有代位求偿权还是追偿权。

【法院裁判要旨】

北京市朝阳区人民法院经审理认为:《机动车交通事故责任强制保险条例》第二十二条规定，有下列情形之一的，保险公司在机动车交通事故责任强制保险责任限额范围内垫付抢救费用，并有权向致害人追偿:（1）驾驶人未取得驾驶资格或者醉酒的;（2）被保险机动车被盗抢期间肇事的;（3）被保险人故意制造道路交通事故的。根据本案查明的事实，郑某驾驶 A 号摩托车与案外人陈某发生交通事故，A 号摩托车在财险北分公司投保了机动车交通事故责任强制保险，事故发生在保险期限内，法院已经判决财险北分公司在机动车交通事故责任强制保险范围内赔偿陈某损失 12 万元，财险北分公司已经向陈某履行了赔偿责任。由于郑某在事故发生时未取得机动车驾驶证，因此财险北分公司在向陈某赔偿后，有权依照前述法规和司法解释的规定向郑某追偿。财险北分公司起诉要求郑某赔偿财险北分公司 12 万元，有法律依据，法院予以支持。对于郑某的抗辩意见，法院不予采纳。

北京市朝阳区人民法院依照《机动车交通事故责任强制保险条例》第二十二条，《最高人民法院关于审理道路交通事故损害赔偿案件适用法律若干问题的解释》第十八条之规定，判决如下:

郑某于本判决生效之日起七日内赔偿财险北分公司财产损失 12 万元。

判决后，双方当事人均未上诉，本判决现已生效。

【法官后语】

1. 保险事故发生时驾驶人未取得机动车驾驶证，保险人是否应予理赔

《机动车交通事故责任强制保险条例》第二十二条规定，驾驶人

未取得驾驶资格或者醉酒的，保险公司在机动车交通事故责任强制保险责任限额范围内垫付抢救费用；《最高人民法院关于审理道路交通事故损害赔偿案件适用法律若干问题的解释》第十五条第一款第一项规定，驾驶人未取得驾驶资格或者未取得相应驾驶资格的，导致第三人人身损害，当事人请求保险公司在交强险责任限额范围内予以赔偿，人民法院应予支持。综上，对发生保险事故造成第三人人身损害，即便驾驶人存在未取得驾驶证、醉酒或者故意制造交通事故等情形，保险公司也应在交强险责任限额范围内予以赔偿。

2. 关于保险人理赔后享有代位求偿权还是追偿权

根据本案查明的事实，郑某认可事故发生时未取得机动车驾驶证，故《机动车交通事故责任强制保险条例》及《最高人民法院关于审理道路交通事故损害赔偿案件适用法律若干问题的解释》第十五条第二款规定，保险人向第三人赔偿后取得追偿权，系法律明文规定的追偿权。

3. 保险人追偿权与代位求偿权的区别

本案立案案由为保险人代位求偿权诉讼，经过审理和释明，当事人变案由为追偿权纠纷。关于保险人追偿权和代位求偿权，存在哪些不同，从以下三个方面作论述。

（1）在法律性质上，代位求偿权是保险人在履行保险责任之后，取代被保险人的地位向肇事方行使索赔的权利，实质上是被保险人索赔权利法定转移。保险追偿权是保险人承担保险责任后挽回代偿损失，适用于交强险中。

（2）在适用对象上，保险人追偿权的对象为交强险中的无证驾驶人、无相应驾驶资格驾驶人、醉酒驾驶人、服用国家管制的精神药品或者麻醉药品后的驾驶人，故意制造交通事故的驾驶人，包括投保人，只适用于交通事故中。保险人代位求偿权的对象只能是对保险事故负有法律责任的第三方，《最高人民法院关于适用〈中华人民共和国保险法〉若干问题的解释（四）》也明确了当投保人与被保险人为不同主体，保险人可以向投保人主张代位求偿。

（3）在权利行使程序上，保险人取得代位求偿权的前提是给付保险金履行保险责任，是法定的权利转移，转移方式是被保险人出具权益转让书，把索赔的权利转让给保险公司，由保险公司向第三人索赔。保险人行使追偿权是保险事故发生及保险人履行赔付责任，不需要经过权利转让程序。

交强险的目的是化解社会公众遭受交通事故后无法获得充分经济补偿的风险，具有一定的社会公益属性。所以，在上述法定情形下，即便驾驶人存在一定过错，保险人在保险事故发生时也应予理赔。但是，因为驾驶人存在过错，法律也规定了保险人在赔偿范围内有权向侵权人主张追偿权。

编写人：北京市朝阳区人民法院　马娇　杨帆

237　被保险人放弃索赔的认定

——保险北京分公司诉刘某保险人代位求偿权案

【案件基本信息】

1. 裁判书字号

北京市石景山区人民法院（2019）京0107民初18460号民事判决书

2. 案由：保险人代位求偿权纠纷

3. 当事人

原告：保险北京分公司

被告：刘某

【基本案情】

被保险人蔡某为车牌号A的客车在保险北京分公司处投保了机动车辆损失险，保险期限为2016年1月22日至2017年1月22日。2016年12月15日，蔡某驾驶涉案车辆在石景山区与刘某驾驶的电动三轮车发生碰撞，经北京市公安局交通管理局认定，刘某负全责，蔡某无责。A号客车维修费用9864元。

事故发生后，蔡某于2016年12月26日申请赔偿，并书写《情况说明》："因刘某刚来北京没有赔付能力，本人未从全责方获得任何赔偿，现本人申请在贵公司走代位求偿，由贵公司将修车费用9864元明确代位求偿有可能影响来年保费的费率浮动……"保险北京分公司于2016年12月27日支付保险金9864元。蔡某向保险北京分公司出具了《机动车辆保险权益转让书》，将其对刘某的赔偿请求权转让给保险北京分公司。

经询问，刘某称蔡某委托家属处理事故理赔事宜，并支付家属五千元，后家属将五千元退回刘某，称刘某经济困难，不再向刘某主张索赔。经法院电话联系蔡某及其家属，二人称未向刘某表示放弃索赔，仅称因工作、身体原因，不再直接向刘某索赔，而是由保险北京分公司向刘某代位求偿。

【案件焦点】

被保险人放弃索赔如何认定。

【法院裁判要旨】

北京市石景山区人民法院经审理认为：刘某在驾驶车辆过程中，违反交通法规，造成他人车辆受损，且承担事故全部责任，依法应对他人的损失承担赔偿责任；因刘某未履行赔偿义务，保险北京分公司根据约定对受损车辆先行予以赔付，因而取得了对刘某的代位求偿权，故保险北京分公司要求刘某立即支付赔偿款的诉讼请求，法院予以支持。刘某主张被保险人已经放弃索赔，但未提交相应的证据予以佐证，被保险人亦予以否认，且保险人赔偿保险金后，保险代位求偿权成立，被保险人的处分不影响保险代位求偿权的行使，故法院对刘某的抗辩意见不予采信。

北京市石景山区人民法院依照《中华人民共和国道路交通安全法》第七十六条、《中华人民共和国保险法》第六十条、《最高人民法院关于审理道路交通事故损害赔偿案件适用法律若干问题的解释》第十五条之规定，判决如下：

刘某于本判决生效之日起七日内支付保险北京分公司赔偿款9864 元。

判决后，双方当事人均未上诉，本判决现已生效。

【法官后语】

该案例涉及保险人代位求偿权纠纷中第三者抗辩被保险人已放弃对其请求赔偿的权利时如何审查裁判的问题。

首先，在保险人代位求偿权纠纷中，一般涉及的当事人为保险人、第三者，若第三者抗辩被保险人放弃索赔，则就是否作出过放弃行为，作为非诉讼当事人的被保险人如何审查呢？笔者认为，应通过与第三者、被保险人谈话初步审查放弃事实是否存在，确有必要的，追加为第三人查明事实。根据《中华人民共和国保险法》第六十一条的规定，保险事故发生后，保险人未赔偿保险金之前，被保险人放弃对第三者请求赔偿的权利的，保险人不承担赔偿保险金的责任。保险人向被保险人赔偿保险金后，被保险人未经保险人同意放弃对第三者请求赔偿的权利的，该行为无效。本案中，第三者抗辩被保险人放弃索赔，仅进行口头陈述，称第三者驾驶的快递车辆已投保财产保险，因此可以通过快递公司的保险进行理赔，但被保险人及其家属同情第三者，认为被保险人投保的车辆损失险能够弥补其损失，故将第三者之前给付的5000元赔偿金予以退回，称不再向第三者索赔。而保险人提交的证据中包括被保险人书写的情况说明、亲笔签字的机动车辆保险权益转让书，其中写明“因刘某刚来北京没有赔付能力，本人未从全责方获得任何赔偿，现本人申请在贵公司走代位求偿”。虽然两相比较，书面证据的证明力大于口头陈述的证明力，但对于是否存在被保险人因对保险术语的理解不充分，先承诺放弃，后签订权益转让书的情况，法院仍应通过对被保险人进行谈话予以明确。应当注意的是，鉴于被保险人非案件当事人，该审查应为适当审查、辅助审查，尽量还原案件事实。此类案件一般距事故发生时间久远，若被保险人难以确定放弃索赔的事实，仍应依据证据规则予以法律判断，而不能一律因第三者的口头抗辩，直接追加被保险人为第三人。

其次，就放弃行为的时间审查问题。《最高人民法院关于适用〈中华人民共和国保险法〉若干问题的解释（四）》第九条规定，在保险人以第三者为被告提起的代位求偿权之诉中，第三者以被保险人在保险合同订立前已放弃对其请求赔偿的权利为由进行抗辩，人民法院认定上述放弃行为合法有效，保险人就相应部分主张行使代位求偿权的，人民法院不予支持。保险合同订立时，保险人就是否存在上述放弃情形提出询问，投保人未如实告知，导致保险人不能代位行使请求赔偿的权利，保险人请求返还相应保险金的，人民法院应予支持，但保险人知道或者应当知道上述情形仍同意承保的除外。该司法解释中涉及的时间点“保险合同订立前”与《中华人民共和国保险法》第六十一条涉及的“赔偿保险金之前”时间节点有所不同。笔者认为，应当以保险合同订立时为时间节点，保险人在此时询问是否存在放弃情形，若投保人如实告知不存在放弃情形，则订立合同后，保险人的代位求偿权即为法定，即代位求偿权来源于法律的直接规定，订立合同后被保险人不得通过约定而改变，无需再考查约定放弃是否在赔偿保险金之前，赔偿保险金的时间仅系保险人代替被保险人行使债权的请求权的时间，而非决定保险人是否因被保险人放弃索赔而享有请求权的时间。

编写人：北京市石景山区人民法院　杨小花

238　代驾司机及代驾信息服务平台是否属于《中华人民共和国保险法》第六十条规定的第三者

——人保揭阳公司诉运输公司、王某保险人代位求偿权案

【案件基本信息】

1. 裁判书字号

江苏省南通市中级人民法院（2019）苏06民终3952号民事判决书

2. 案由：保险人代位求偿权纠纷

3. 当事人

原告（上诉人）：人保揭阳公司

被告（被上诉人）：运输公司、王某

【基本案情】

2015年12月14日，案外人庄某1为其所有的粤V×号小型普通客车在原告人保揭阳公司投保机动车交通事故责任强制保险、机动车损失保险（保险金额为567000元）、第三者责任险（保险金额为1000000元）等，保险期间自2015年12月19日0时起至2016年12月18日24时止。

人保公司机动车综合商业保险条款中车损险条款第六条约定，保险期间内，被保险人或其允许的驾驶人在使用被保险机动车过程中，因……造成被保险机动车的直接损失，且不属于免除保险人责任的范围，保险人依照本保险合同的约定负责赔偿。三责险条款第二十二条、第二十三条约定，保险期间内，被保险人或其允许的驾驶人在使用被保险机动车过程中发生意外事故，致使第三人遭受人身伤亡或财产直接损毁，依法应当对第三者承担的赔偿责任，且不属于免除保险人责任范围，保险人依照本保险合同的约定，对于超过机动车交通事故责任强制保险各分项赔偿限额的部分负责赔偿。

2016年8月9日21时48分，案外人庄某1向被告运输公司经营的“×代驾”平台发送代驾服务邀请，被告王某作为“×代驾”的注册司机在该平台上接收该订单。被告王某遂驾驶案外人庄某1的上述被保险车辆（载庄某1、黄某、庄某2、程某、陈某），左转弯时，车前右部与对向由张某1驾驶的苏B×号小型轿

（载费某、刘某、王某、苏某、张某2）前部碰撞，致张某1、庄某1、黄某、庄某2、张某2等人受伤，车辆出现不同程度损坏。张某1经抢救无效于2016年8月13日死亡。该事故经交警部门认定，王某负本起事故的主要责任，张某1负本起事故的次要责任，庄某1等人无事故责任。

2017年2月15日，张某1第一顺序继承人与原告人保揭阳公司、被告王某就张某1人身损害赔偿事宜达成调解协议，由原告人保揭阳公司在交强险和商业三责险范围内赔偿805447.55元，由被告王某赔偿94000元。原告人保揭阳公司依约履行了调解协议。事故发生后，案外人庄某1就本起事故造成被保险车辆损失向法院提起诉讼，要求原告人保揭阳公司赔偿车辆损失27万元、车辆评估费16000元、施救费400元。该案经一审、二审，由南通市中级人民法院作出（2017）苏06民终3364号民事判决，判决原告人保揭阳公司在车损险责任范围内支付庄某1赔偿金274400元。2017年11月23日，原告人保揭阳公司向庄某1支付了前述赔偿款。

【案件焦点】

运输公司及王某是否系《中华人民共和国保险法》第六十条规定的第三者。

【法院裁判要旨】

江苏省如皋市人民法院经审理认为：依据《中华人民共和国保险法》第六十条的规定，第三者应是被保险人以外的民事主体。案涉车损险、三者险保险条款均约定，在“被保险人或其允许的驾驶人在使用被保险机动车过程中”发生损失并不存在免责情形的情况下，保险人应当承担保险责任。再参照《机动车交通事故责任强制保险条例》第四十二条规定，被保险人，是指投保人及其允许的合法驾驶人，可以看出案涉保险合同的被保险人应当为投保人及其允许的合法驾驶人。本案中，被告王某系投保人庄某1通过“×代驾”平台找的代驾人，被告王某具有合法驾驶资格，不存在任何禁驾情形，系发生事故时投保人允许的合法驾驶人，应认定为案涉交强险、三者险及车损险的被保险人，不属于被保险人以外的第三者，原告人保揭阳公司依据保险合同承担赔偿责任后，依法不享有再向案涉保险合同被保险人王某追偿的权利。

江苏省如皋市人民法院依据《中华人民共和国保险法》第六十条、参照《机动车交通事故责任强制保险条例》第四十二条之规定，判决如下：

驳回人保揭阳公司的诉讼请求。

二审法院同意一审法院裁判意见。

【法官后语】

本案主要涉及的问题是代驾司机及代驾信息发布平台是否属于《中华人民共和国保险法》第六十条规定的第三者。

依据《中华人民共和国保险法》第六十条规定，因第三者对保险标的的损害而造成保险事故的，保险人自向被保险人赔偿保险金之日起，在赔偿金额范围内代位行使被保险人对第三者请求赔偿的权利。《最高人民法院关于适用〈中华人民共和国保险法〉若干问题的解释（四）》第七条规定，保险人依照保险法第六十条的规定，主张代位行使被保险人因第三者侵权或者违约等享有的请求赔偿的权利的，人民法院应予支持。依据上述规定，保险人向被保险人赔偿保险标的损失后可以依据侵权或者违约向有责任的第三人追偿。

首先，代驾司机不应被认定为保险法第六十条规定的第三者。理由如下：第一，代驾司机被认定为案涉机动车保险的被保险人符合保险合同约定。案涉保险条款约定被保险人或其允许的驾驶人均为受案涉保险保障的被保险人范围。该条款约定并未排除适用被保险人有偿允许的驾驶人，显然代驾司机属于被保险人允许的驾驶人，而不应区分有偿还是无偿。第二，代驾司机驾驶车辆并未显著增加保险标的的风险。代驾司机均是在被保险人或者其允许的使用人在场的情况下驾驶被保险人车辆，短暂的驾驶行为并不构成保险标的的管理人发生变化。此外，代驾司机在绝大多数情况下均具有合法驾驶资格，都是在熟悉车辆性能的管理人监督下驾驶车辆，代驾被保险人车辆的风险并不会显著高于被保险人或者其允许的无偿使用人的驾驶风险。第三，如果认定代驾司机对保险标的损害承担责任（排除故意损害的情况），会造成代驾司机权利义务失衡。代驾司机行业的从业人员大多数为社会低收入人群，一次代驾的收入也相对微薄，而所代驾的车辆价值却很高，如果让代驾人员承担车辆损失将给代驾行业带来重大冲击。

其次，代驾信息发布平台不应被认定为保险法第六十条规定的第三者。要求代驾信息发布平台对保险标的损害承担责任的法律基础是认为被保险人与代驾信息发布平台之间存在有偿的委托合同关系。事实上，代驾信息的发布者即车辆管理者及代驾信息的接收者即代驾司机均为代驾信息发布平台的客户，一般的收费方式是代驾委托人直接向代驾司机支付代驾服务费，代驾信息发布平台向代驾司机收取信息服务费，代驾信息发布平台实际是代驾委托人与代驾司机的居间人，根据收费的实际情况，代驾委托人与代驾信息发布平台之间并不直接发生有偿代驾服务合同关系。故代驾信息平台对代驾的车辆并不负有任何管理责任，对代驾车辆的损害不承担任何合同责任。

综上，将代驾司机纳入车险保障范围，其保险标的危险程度并未超过保险人订立合同时预估的范围，保险人不向代驾司机追偿并不影响保险行业生态健康发展，且有利于代驾行业的健康发展。

编写人：江苏省如皋市人民法院　崔小兰　王智勇

239　贷款保证保险代位求偿权案件的管辖权认定

——财险公司诉许某保险人代位求偿权案

【案件基本信息】

1. 裁判书字号

云南省昆明市中级人民法院（2019）云01民终5429号民事裁定书

2. 案由：保险人代位求偿权纠纷

3. 当事人

原告（上诉人）：财险公司

被告（被上诉人）：许某

【基本案情】

2014年8月5日，许某从××银行借款，借款本金为80000元，借款用于房屋装修，借款利率为年利率6.65%，借款期限为36个月，每月还款日为5日，还款方式为按月等额本息。《借款合同》签订后，××银行于2014年8月5日按照约定向许某发放贷款80000元。同时，贷款发放日许某（投保人）就该笔借款向财险公司投保个人贷款保证保险，以××银行为被保险人，双方于保单落款日期签订了《个人贷款保证保险保险单》（以下简称《保险单》）。在《保险单》的保险费支付条款中约定：月保费率为1.9%，如投保人出现还款逾期或提前还款的，保险人有权要求投保人支付未付保费；在保险理赔条款中约定：如投保人拖欠任何一期借款达到80天（不含）以上，保险人根据保险合同约定向被保险人进行理赔，保险人理赔后，投保人需向保险人归还全部理赔款项及未付保费，从保险人理赔当日开始超过30天，如投保人仍未向保险人归还上述款项的，则视为投保人违约，投保人需以尚欠全部款项为基数，从保险人理赔当日开始计算，按每日千分之一向保险人支付违约金。但许某于2016年12月5日起未履行还款义务，保险人根据《保险单》约定于2017年2月23日向被保险人×× 银行理赔，理赔金额共计22220.49元，×× 银行向财险公司出具了《保险理赔确认书》，财险公司理赔后，多次向许某催收，但许某始终未全部偿还理赔款项。本案系财险公司主张其向被保险人×× 银行赔偿保险金后，代位行使被保险人对许某赔偿请求权而提起的诉讼。许某与×× 银行签订的《个人贷款合同》约定："协商或调解不成的，应在贷款人所在地法院以诉讼方式解决。"该约定意思表示明确有效。

【案件焦点】

贷款保证保险代位求偿权案件的管辖权如何认定。

【法院裁判要旨】

云南省昆明市五华区人民法院经审理认为：根据《中华人民共和国民事诉讼法》第二十三条第一款规定，对公民提起的民事诉讼，由被告住所地人民法院管辖；被告住所地与经常居住地不一致的，由经常居住地人民法院管辖。本案中，许某住所地位于云南省安宁市连然镇，不在五华区辖区范围内。财险公司也未提交许某经常居住地在昆明市五华区人民法院辖区的证据，故云南省昆明市五华区人民法院对该案无管辖权。

云南省昆明市五华区人民法院依照《中华人民共和国民事诉讼法》第二十一条、第一百五十四条的规定，裁定如下：

对财险公司的起诉，云南省昆明市五华区人民法院不予受理。

财险公司不服一审裁定，提起上诉。云南省昆明市中级人民法院经审理认为：根据财险公司起诉的诉讼请求、所述事实理由及提交的证据材料，其系向被保险人×× 银行赔偿保险金后，代位行使被保险人对许某赔偿请求权而提起诉讼，因行使的是原属于被保险人的赔偿请求权，故本案的管辖应当根据代位行使的赔偿请求权所依据的法律关系确定，即本案应依据×× 银行与许某之间金融借款合同纠纷的法律关系确定管辖。许某与×× 银行签订的《个人贷款合同》约定："协商或调解不成的，应在贷款人所在地法院以诉讼方式解决。"该约定意思表示明确，符合《中华人民共和国民事诉讼法》第三十四条的规定，应为有效，应当据此确定管辖法院。因贷款人×× 银行住所地位于昆明市五华区，故云南省昆明市五华区人民法院对本案享有管辖权。

云南省昆明市中级人民法院依据《中华人民共和国民事诉讼法》第一百一十九条、第一百七十条第一款第二项、第一百七十一条、第一百七十五条及《最高人民法院关于适用〈中华人民共和国民事诉讼法〉的解释》第三百三十二条的规定，裁定如下：

一、撤销云南省昆明市五华区人民法院（2019）云0102民初9680号民事裁定；

二、本案指令云南省昆明市五华区人民法院立案受理。

【法官后语】

在贷款保证保险关系中，保证保险的性质是保险还是担保、保险人能否向投保人行使保险代位求偿权，在实践中有一定争议，也关系到对案件管辖法院的认定。由于认识不一致，部分法院以自己无管辖权互相推诿，不予受理案件。

在贷款保证保险关系中，被保险人通常为银行，债务人通常为投保人。当投保人和被保险人为同一人时，无代位求偿权自不待言；但如投保人与被保险人不是同一人时，保险人可否向投保人行使保险代位求偿权？实务中有一种观点认为，投保人是保险合同的签订者，而不是保险合同外的第三者，故保险人不能对投保人行使保险代位求偿权。但保险理论认为，保险代位求偿权的对象原则上可以是被保险人以外的任意自然人或法人，但被保险人的家庭成员或者其组成人员除外。关于保证保险的性质是保险还是担保，国外保险界和司法界的学者观点也各不相同，保险界的学者多主张保证保险是一种保险，而司法界则认为保证保险是担保之一种。我国保险界和司法界则采取折中的办法，“要保人（投保人）虽为保险契约的当事人，但并非保险契约的保障之对象，若因保险事故之发生而对被保险人负损害赔偿责任，自无因保险契约之订立而免除其对被保险人所负赔偿责任之理”。故保险人对投保人有代位求偿权的观点并不违反保险法的相关规定，投保人也可以成为保险代位的第三者。

《最高人民法院关于适用〈中华人民共和国保险法〉若干问题的解释（四）》第十二条规定，保险人以造成保险事故的第三者为被告提起代位求偿权之诉的，以被保险人与第三者之间的法律关系确定管辖法院。故本案中，应依据当事人之间的金融借款合同纠纷的法律关系确定管辖。当事人双方签订的《个人贷款合同》中的管辖协议合法有效，按照其约定由贷款人所在地法院管辖，一审法院具有管辖权，应当受理本案。

编写人：云南省昆明市中级人民法院　潘玲

240　互联网助贷保险合同的效力分析及证据认定规则

——财险宁波分公司诉林某保险人代位求偿权案

【案件基本信息】

1. 裁判书字号

福建省厦门市思明区人民法院（2019）闽 0203 民初 19730 号民事判决书

2. 案由：保险人代位求偿权纠纷

3. 当事人

原告：财险宁波分公司

被告：林某

【基本案情】

2017 年 5 月 10 日，林某通过某银行推出的××控股运营融资平台发布融资 300000 元的项目。2017 年 5 月 11 日，投资人严某等人通过该投融资平台与林某达成借款协议，并通过平台电子账户支付 300000 元融资至林某账户中，借款期限为 2017 年 5 月 11 日至 2018 年 5 月 9 日，预期投资收益率 6%，还款方式为到期一次性平台后端还款付息。为此，林某向财险宁波分公司投保“借款合同履约保证保险（白领融）”，约定被保险人为平台投资人严某等；保险期间 12 个月，即 2017 年 5 月 11 日 0 时至 2018 年 5 月 9 日 24 时；保险费 965.2 元。其中特别约定全体被保险人无条件、不可撤销及变更地授权××控股有限公司代为履行被保险人的相关权利义务；约定投保人、被保险人及其代理人一致同意：在发生保险事故的情况下，保险公司将保险赔款支付至某银行账户，即视为保险公司已经向被保险人支付了保险赔款。

融资到期后，林某未依约支付本金和利息。2018 年 5 月 10 日，××控股有限公司向财险宁波分公司发出索赔通知书，财险宁波分公司于 2018 年 5 月 15 日支付了 318200 元保险赔款至约定某银行账户中，××控股有限公司向财险宁波分公司出具了《债权转让书》。次日，上述款项转入投资人严某等账户。财险宁波分公司代偿后，林某仅归还了 2.8 元。

【案件焦点】

1. 互联网助贷保险合同的有效性；2. 电子签约的效力认定规则。

【法院裁判要旨】

福建省厦门市思明区人民法院经审理认为：财险宁波分公司提供的借款协议、保险单虽然没有借款人和投资人签字，但是提供了流程公证书等中立第三方证据证明借款及投保过程的真实性和合法性，结合银行支付证明等证据，足以形成完整的证据链。法院据此审核并认定了上述电子证据，确认财险宁波分公司与林某之间成立合法有效的保证保险合同关系。现因林某未依约偿还融资项目下的借款本金及利息，财险宁波分公司已经依约履行了理赔义务，保险事故已发生，则其依法有权就代偿本息向林某行使保险人代位求偿权。

福建省厦门市思明区人民法院依据《中华人民共和国保险法》第六十条、《最高人民法院关于适用〈中华人民共和国保险法〉若干问题的解释（四）》第八条、《中华人民共和国民事诉讼法》第一百四十四条之规定，判决如下：

林某应于本判决生效之日起十日内支付财险宁波分公司理赔款318197.2元及利息。

判决后，双方当事人均未上诉，本判决现已生效。

【法官后语】

本案是一起因保险公司为商业银行的互联网金融平台提供助贷保险而引发的保险人代位求偿权纠纷，属于银行、保险及网络金融企业跨界合作开展的新型金融产品，具有一定的典型性和前瞻性。

本案争议焦点主要是互联网助贷保险合同的有效性、电子签约的效力认定以及违约责任的确定和处置问题。

所谓助贷类保险产品，一般是指商业银行在信贷业务展业过程中，银行为了保障债权履行，规避坏账风险，而附加要求贷款人投保的一份以银行为被保险人的贷款保证保险。保单（保险合同）一般约定，当担保人未能依约履行还款义务而造成被保险人损失时，保险公司负责承担还贷责任。这一业务属于银行、保险合作推出的金融产品，2018年以来在市场中大幅涌现。

保证保险合同的实质属于保证合同，保险公司销售保险产品的行为本质上属于贷款增信行为，通过保单为贷款人增加贷款信用。在法律关系上，保险公司充当的是保证人的角色，所承担的保险责任实质上是以保险形式体现的连带保证担保。在贷款人发生逾期时，商业银行依约有权向保险公司申请理赔。根据保险法第六十条的规定，因第三者对保险标的的损害而造成保险事故的，保险人自向被保险人赔偿保险金之日起，在赔偿金额范围内代位行使被保险人对第三者请求赔偿的权利。保险人行使代位求偿权，应以被保险人对第三者享有损害赔偿请求权为前提，这里的损害赔偿请求权既可因第三者对保险标的实施的侵权行为而产生，亦可基于第三者的违约行为而产生。助贷类保险中的保险人代位求偿权即因借款人逾期还款这一违约行为而产生。

本案的特殊之处在于，某银行与财险宁波分公司之间并非直接发生关系，××控股股份有限公司与某银行达成协议，开发、运营、维护“某银行”APP，向社会提供点对点的P2P借贷投融资服务。投保人系P2P的借款人，被保险人为P2P的所有资金提供方，但特别约定全体被保险人无条件、不可撤销及变更地授权××控股股份公司代为履行被保险人的相关权利义务。在发生保险事故时，保险公司将保险赔款支付至某银行的自建平台到期清算户，即视为保险公司已经向被保险人支付了保险赔款。这一约定系保险人、投保人和被保险人真实意思表示，且内容不违反法律规定，合法有效。

由于包括申请贷款、购买保险和贷款发放在内的相关业务均通过手机APP在线办理，属于无纸化金融业务，并不存在各方当事人共同签署的纸质合同，在被告经合法传唤无正当理由缺席庭审的情况下，电子签约的效力认定也是这类案件审查的重点。本案中，财险宁波分公司不仅提供了银行放款流水、转账凭证、索赔通知书、债权转让书等资金证据，还提供了业务办理流程公证书，证明信贷客户从下载 APP 开始直至实际获取贷款的整个业务流程，能够形成完整的证据链，共同证明原告诉求。当然，实践中不少平台和保险公司的证据准备并不规范。法院受理的永安财产保险公司的类似案件即因缺乏第三方业务流程证明，不足以证明相关业务实际发生而导致相关诉求被法院驳回。本案就互联网金融纠纷案件中电子证据固化、电子证据的认定规则问题所作的分析，对互联网金融审判实践具有借鉴意义。

编写人：福建省厦门市思明区人民法院　林鸿

241　试驾人员是否属于保险人行使代位求偿权的“第三人”

——保险公司诉姚某保险人代位求偿权案

【案件基本信息】

1. 裁判书字号

江苏省无锡市中级人民法院（2019）苏 02 民终 2269 号民事判决书

2. 案由：保险人代位求偿权纠纷

3. 当事人

原告（上诉人）：保险公司

被告（被上诉人）：姚某

【基本案情】

2017 年 7 月 23 日，姚某向商务公司出具《试乘试驾协议书》，承诺“若有造成对贵公司及他人的一切损失，概由本人承担”。后其试驾×号车，撞上道路中心隔离花坛，造成×号车损坏，商务公司评估×号车损失 609747 元，无锡市公安局交通警察支队锡山大队认定姚某负事故全部责任。×号车系商务公司所有，由保险公司承保了车损险（保险期间自 2017 年 6 月 6 日 0 时起至 2018 年 6 月 5 日 24 时止，责任限额 63.6 万元）。保险事故发生后，保险公司与商务公司签订《事故车辆（一次性）定损协议书》，约定商务公司自主维修，维修价款 50 万元由保险公司支付。后保险公司向商务公司支付了 50 万元；商务公司向保险公司开具了 50 万元维修费发票，并出具《赔款收据及权益转让书》“同意保险公司以保险公司或商务公司名义向责任方追偿或诉讼”。

【案件焦点】

姚某是否具备保险公司行使代位求偿权的“第三者”身份。

【法院裁判要旨】

江苏省无锡市锡山区人民法院经审理认为：因第三者对保险标的的损害而造成保险事故的，保险人自向被保险人赔偿保险金之日起，在赔偿金额范围内代位行使被保险人对第三者请求赔偿的权利。然而姚某是经商务公司允许试驾的合法驾驶人，不具备第三者身份，故保险公司不能向姚某追偿。并且，×号车损失系由商务公司评估，维修费发票系由商务公司出具，不能证明×号车损失就是 50 万元。

江苏省无锡市锡山区人民法院依照《中华人民共和国保险法》第六十三条、《中华人民共和国民事诉讼法》第六十四条第一款的规定，判决如下：

驳回保险公司的诉讼请求。

保险公司不服一审判决，提起上诉。江苏省无锡市中级人民法院经审理认为：在车损险法律关系中，保险公司是依据车损险合同约定，对被保险人商务公司及其允许的合法驾驶人姚某造成的保险事故中的保险车辆损失承担保险责任，姚某本身是保险公司承担保险责任的受益对象，自然隶属于被保险人的组成人员，适用《中华人民共和国保险法》第六十二条“除被保险人的家庭成员或者其组成人员故意造成本法第六十条第一款规定的保险事故外，保险人不得对被保险人的家庭成员或者其组成人员行使代位请求赔偿的权利”的规定，而排除在保险公司可以行使代位求偿权的“第三者”之外。故保险公司的上诉请求和理由依据不足，法院不予支持。

江苏省无锡市中级人民法院依照《中华人民共和国民事诉讼法》第一百七十条第一款第一项的规定，判决如下：

驳回上诉，维持原判。

【法官后语】

1. 法律对行使保险代位求偿权追偿对象的限制规定

保险人代位求偿权是指因第三人对保险标的的损害造成保险事故的，保险人向被保险人赔偿保险金后，依法定或约定在赔偿金额范围内取代被保险人地位，行使被保险人对第三人请求赔偿的权利。保险人代位求偿权在行使上主要受到适用范围、追偿对象、时效等的限制，其中《中华人民共和国保险法》第六十二条对代位求偿权的追偿对象进行了限制：除被保险人的家庭成员或者其组成人员故意造成财产保险事故外，保险人不得对上述人员行使代位求偿权。笔者认为试驾人员应属于本条款规定的“被保险人的其他组成人员”从而阻却保险公司对其的代位求偿权。

2. 试驾人员构成“被保险人的组成人员”的理由

（1）基于财产保险制度弥补损失的保障特性，对于被保险人的组成人员，应作广义解释，凡与被保险人共同享有保险利益之人均为被保险人的组成人员

关于被保险人的组成人员的范围，狭义理解限于被保险人的员工和雇员，广义解释为被保险人的利益或者受被保险人委托或者与被保险人有某种特殊法律关系而进行活动之人如被保险人的雇佣人员、合伙人、代理人等都是被保险人的组成人员。保险人的代位权利基础是被保险人可以向第三人主张的赔偿请求权，如果保险事故是被保险人自己造成的，因为自己不能起诉自己赔偿，相应地保险人也就不能代位起诉被保险人。如果是被保险人的共同利益体成员引起的事故，保险人同样不能对其行使代位求偿权，因为处于同一利益共同体，相当于由被保险人承担责任，被保险人因保险所获得的损失赔偿又因被保险人行使代位求偿权而丧失，这种“左手给付，右手索还”的行为使得被保险人实际上没有获得保险保障。基于此代位求偿权的第三人不能是被保险人自己或其利益共同体成员。因财产保险最终保障的是标的财产因保险事故所受之损失，笔者认为利益共同体不应当拘泥于是否与被保险人存在外观的、直接的经济上的共同利益，而应当以发生事故时是否与被保险人共同享有保险利益确定。

（2）实践中，将被保险人允许的合法驾驶人的地位等同于被保险人是保险人应否承担保险责任时身份认定的惯例，但在代位求偿权纠纷中，“被保险人允许的合法驾驶人”不直接等同于被保险人

《机动车交通事故责任强制保险条例》第四十一条规定，被保险人是指投保人及其允许的合法驾驶人。商业第三者责任险条款中规定了被保险人或其允许的合法驾驶人在使用被保险机动车过程中发生意外事故致使第三人遭受人身伤亡或财产损失的，由保险人按照保险合同的约定对超出交强险的部分承担责任。实践中将被保险人允许的合法驾驶人地位等同于被保险人，是基于在驾驶机动车过程中，二者对车辆享有同样的保险利益，在造成交通事故后应当与被保险人受到一样的保险保障。但“被保险人允许的合法驾驶人”并不当然成为代位求偿权中的“被保险人”。

实践中法院支持保险人向代驾人员行使代位求偿权，笔者认为两者虽均为被保险人允许的合法驾驶人，但并不都属于被保险人的利益共同体，并不等同。保险代位求偿权是因第三人对保险标的的损害引起，法律并未明确该损害为侵权损害还是合同违约造成的损害。代驾公司与被代驾人签订有偿代驾合同，应当履行的主合同义务指派合法代驾人员将被代驾人准确、安全运送至被代驾人指定的目的地，该义务包含不得造成车辆损失，因代驾司机的过错导致被保险人车辆受损，构成违约，代驾公司应当向被保险人承担违约损失赔偿的责任。基于此被保险人对于代驾人员有损害赔偿请求权，保险人具备行使代位求偿权的基础权利。代驾行为系有偿合同，代驾人员的驾驶行为系为实现自身盈利，非为实现被代驾人之利益而为，不具备车损险的保险利益，不属于不允许追偿的对象。但试驾人员系为了解车辆情况决定是否购买车辆

而经过被保险人的允许驾驶被保险车辆，不存在为自身盈利的行为，相反系为实现被保险人即车辆出卖方的利益而为，应当认定试驾人员在试驾过程中同被保险人具有相同的财产保险利益，属于被保险人的“组成人员”，除非故意为之，否则保险公司不得向其行使代位求偿权。

本案确定了经被保险人允许的合法试驾人在驾驶被保险车辆时是保险公司承担保险责任的受益对象，属于被保险人的组成人员，从而排除在保险公司可行使代位求偿权的“第三者”之外的裁判规则，为类案的审理提供了裁判思路。

编写人：江苏省无锡市锡山区人民法院　王亦华

242　租赁房屋发生火灾承租人并不必然承担赔偿责任

——财保某支公司诉包装公司保险人代位求偿权案

【案件基本信息】

1. 裁判书字号

浙江省绍兴市中级人民法院（2019）浙06民终4011号民事判决书

2. 案由：保险人代位求偿权纠纷

3. 当事人

原告（上诉人）：财保某支公司

被告（被上诉人）：包装公司

第三人：服饰公司

【基本案情】

服饰公司在财保某支公司处投保了财产综合险，保险标的为坐落于浙江省诸暨市的某房屋建筑物，其中保单附页约定：固定资产按估价投保仅保房屋不含装修及附属设备。包装公司自2014年起向服饰公司租用东侧二楼三楼及西侧一楼靠北四间，并签订租房协议，约定租赁期间生产和生活上的一切安全及消防安全由包装公司自行负责，服饰公司不负任何责任。

2018年1月29日，涉案厂房发生重大火灾，火灾事故认定书认定，起火原因为电气故障引燃周边可燃物。财保某支公司与服饰公司协商一次性打包赔偿1899800元。财保某支公司理赔后，向包装公司追偿未果，遂成讼。

【案件焦点】

承租房屋发生火灾，因租赁协议约定承租人的安全管理义务及承租人的占有使用，承租人是否需要承担赔偿责任。

【法院裁判要旨】

浙江省诸暨市人民法院经审理认为：根据民事诉讼法有关举证责任分配的规定，财保某支公司就其诉请应根据侵权责任有关法律规定，提供证据证明火灾事故发生的原因、性质以及损失程度，并举证证明事故原因与损失之间的因果关系，从而确定包装公司因侵权行为所应承担的民事责任；若其认为因包装公司的合同违约行为损害保险标的的，其同样应提供证据证明包装公司因存在违约行为导致损失等事实。首先，诸暨市公安消防大队出具的火灾事故认定书明确火灾起因为电气故障，并未认定系包装公司对租赁物使用、管理过程中存在不当或过错行为导致火灾的发生。结合勘验笔录等，火灾现场不存在包装公司私接乱拉电线情况，即使火灾因电气线路故障引起，火灾事故认定书认定的起火点为由北向南第二排、由东向西第二根柱子北侧照明开关，而该照明开关电线位于房屋墙体内，由于房屋系第三人服饰公司所有，也不能就此推导出系包装公司管理不善导致保险标的物的损失，并由此认定包装公司对本次火灾的发生存在过错。其次，财保某支公司认为根据租房协议第6条“租赁期间生产和生活上的一切安全及消防安全由乙方自行负责，甲方不负任何责任”的约定，包装公司应对火灾事故承担违约责任。但从条文内容看，该约定是基于包装公司应做好防火工作，对因自身原因所引起的火灾等事故造成损失的，由包装公司自行承担，并不能排除第三人过错责任。财保某支公司以该条约定将因消防产生的民事责任以租赁关系转移给包装公司的抗辩意见，亦不予采纳。综上所述，财保某支公司现有证据不足以证明系包装公司在管理、使用承租厂房及附属设施中存在侵权或违约行为导致火灾，应承担举证不能的后果。

浙江省诸暨市人民法院依照《中华人民共和国保险法》第六十条、《中华人民共和国民事诉讼法》第六十四条第一款、《最高人民法院关于适用〈中华人民共和国民事诉讼法〉的解释》第九十条的规定，作出如下判决：

驳回财保某支公司的诉讼请求。

财保某支公司不服一审判决，提起上诉。浙江省绍兴市中级人民法院经审理认为：首先，服饰公司与包装公司在租赁合同中约定“租赁期间生产和生活上的一切安全及消防安全由乙方自行负责，甲方不负任何责任”，该约定不能概括性地理解为所有火灾事故损失均由包装公司承担责任。鉴于包装公司不是专业的安保公司，财保某支公司的理解主张将导致服饰公司与包装公司之间的权利义务明显失衡，有违公序。因此，财保某支公司基于违约要求包装公司承担火灾事故损失的主张不成立，不予支持。其次，财保某支公司能否基于侵权责任要求包装公司承担火灾损失。财保某支公司列举了包装公司的多处过错，分述如下：关于跳闸停电问题。根据消防大队所作笔录，包装公司员工仅陈述其在使用压包机时存在断电现象，但财保某支公司未能举证证明断电现象与火灾事故发生存在因果关系，故包装公司对断电现象的应对不能作为认定其对火灾发生存在过错的依据。关于拉设电线问题。消防大队认定的起火点系一楼照明开关，包装公司拉设电线的位置在不同的楼层，财保某支公司未能举证证明拉设电线与火灾事故发生存在因果关系，故包装公司拉设电线行为不能作为认定其对火灾发生存在过错的依据。关于包装公司对开关起火是否有过错。根据服饰公司陈述，在包装公司承租案涉厂房前曾有其他租户承租，该开关在包装公司承租前已经安装的可能性较大，且财保某支公司也没有证据证明该开关系包装公司自行安装，故财保某支公司的该项主张不能成立。关于消防设施保障及员工的施救问题。消防设施本身不影响火灾事故的发生，监控视频显示包装公司的员工在火灾发生后不存在明显延缓施救的行为。因此，财保某支公司未能举证证明包装公司对火灾事故的发生存在过错，其基于侵权要求包装公司承担火灾损失责任的主张不成立，不予支持。综上，原审判决认定事实清楚，适用法律正确。

浙江省绍兴市中级人民法院依照《中华人民共和国民事诉讼法》第一百七十条第一款第一项之规定，作出如下判决：

驳回上诉，维持原判。

【法官后语】

1. 保险人代位求偿权的权利范围

《中华人民共和国保险法》第六十条第一款规定："因第三者对保险标的的损害而造成保险事故的，保险人自向被保险人赔偿保险金之日起，在赔偿金额范围内代位行使被保险人对第三者请求赔偿的权利。"可见，保险人代位求偿权是法律赋予保险人的一项法定权利，但对于该项权利的范围，法律没有作出规定。有观点认为，第三者对保险标的的损害专指第三者对保险标的以侵权方式造成的损害。笔者认为，该观点失之偏颇。如果第三者对保险标的的损害仅限于以侵权方式造成的损害，那么在保险人对非因第三者侵权行为造成保险标的的损害引发保险事故的情形予以赔偿的情形下，会产生因被保险人不向第三者主张赔偿而使第三者逃脱责任的法律后果。因此，笔者认为"第三者对保险标的的损害"，是指导致被保险人享有向第三者请求赔偿的法律事实，而该法律事实究竟是基于合同法律关系、侵权法律关系抑或其他法律关系，在所不论。本案中，服饰公司因包装公司侵权、违约而对后者享有请求权，故财保某支公司可以从侵权、违约角度同时行使保险人代位求偿权；法院则应分别从侵权和违约责任两个方面，来分析包装公司的行为是否构成对保险标的的损害。

2. 对承租人赔偿责任的认定

承租人对租赁房屋发生火灾事故所应承担的责任，应当根据具体事故事实、承租人的义务来具体确定。就本案而言，认定火灾发生的起因，是确定承租人包装公司是否承担赔偿责任的前提条件。一方面，根据火灾事故认定书，本案中起火点为由北向南第二排、由东向西第二根柱子北侧照明开关，而该照明开关电线位于房屋墙体内，因财保某支公司无证据证明该照明开关系包装公司安装，故无法认定因该着火点所引发的火灾系包装公司使用不当或违规使用电器，未尽到承租人应尽的防火义务所致。财保某支公司以包装公司侵权为由要求后者承担赔偿责任，理由不成立。另一方面，租赁协议虽约定承租人包装公司具有安全管理义务，但财保某支公司仅以租赁房屋发生火灾之事实，而主张包装公司存在疏于管理的违约行为，理由亦不能成立。

编写人：浙江省诸暨市人民法院　李晖

243　保险代位求偿权限制对象范围的界定

——财险天津分公司诉甲公司代位求偿权案

【案件基本信息】

1. 裁判书字号

天津市第二中级人民法院（2018）津 02 民终 5052 号民事判决书

2. 案由：代位求偿权纠纷

3. 当事人

原告（上诉人）：财险天津分公司

被告（被上诉人）：甲公司

【基本案情】

乙公司于 1994 年 1 月 12 日成立，其股东成员为王甲、王乙、王大二、王小一、王小二、汪某、张某。被告于 2008 年 10 月 30 日成立，股东分别为王甲、王乙、王大二、王小一、王小二、汪某、张某及乙公司。王甲为王乙长兄，王乙为被告的法定代表人。

王大一为王甲长子，王大二为王甲长女。王小一系王乙长子，王小二为王乙长女。

2009 年 12 月 10 日，乙公司与被告签订《工业厂房租赁合同》，约定乙公司将坐落于天津市大港石化园区厂房出租给被告使用，租赁期限自 2010 年 1 月 1 日起至 2020 年 12 月 31 日止，租赁期 10 年，其间免收租金。

2016 年 1 月 19 日，乙公司为该房屋建筑向原告投保财产综合保险，保险金额 85020000 元，并约定每次事故绝对免赔率为 2000 元或损失金额的 10%，两者以较高者为准，保险期限自 2016 年 1 月 20 日 0 时起至 2017 年 1 月 19 日 24 时止。

2016 年 11 月 23 日，在被告生产过程中，烤漆车间的烤房设备意外起火，导致相关设备烧毁受损及钢结构厂房部分区域被烧毁。事故发生后，原告委托公估公司进行评估。该公司对事故原因进行了调查和分析后，认定该事故为意外事故引发的火灾，属于保险的保险范围，保险标的总受损金额为 1420234.6 元，扣除残值 54400 元，免赔率 10%，建议原告赔付 1229251.14 元，原告为此支出公估费 35000 元。

2017 年 8 月 11 日，乙公司同意接受 1229251.14 元的赔偿金额，在收到原告的赔偿款后，不再以任何方式向原告提出任何索赔，同时将已取得理赔款部分的保险标的一切权益（含残值、若有残值委付时）转让给原告，并确认原告可直接使用自己的名义或使用乙公司的名义向责任方采取法律或其他措施以行使这些权利或获得相应补偿。2017 年 9 月 27 日，原告将保险理赔款 1229251.14 元打入乙公司账户。随后，原告向被告进行追偿未果，故成讼。

【案件焦点】

被告甲公司是否属于保险法第六十二条规定中的“组成人员”。

【法院裁判要旨】

天津市滨海新区人民法院经审理认为：乙公司与原告签订保险合同，其目的是对将来可能发生的意外灾害损失能够及时从原告处得到经济补偿，从而保证企业生产、经营活动的正常进行。本案中，乙公司的厂房因火灾受损，原告按保险合同的约定向乙公司进行赔偿后，向被告行使代位求偿权并无不妥。

《中华人民共和国保险法》第六十二条规定，除被保险人的家庭成员或者其组成人员故意造成本法第六十条第一款规定的保险事故外，保险人不得对被保险人的家庭成员或者其他组成人员行使代位请求赔偿的权利。保险事故发生后，消防部门并未对此次火灾事故作出责任认定，乙公司作为厂房所有人，被告作为该厂房的承租人，是否对火灾的发生负有责任，原告未举证证明，且原告委托的公估公司在对事故原因进行了调查和分析后，认定该事故为意外事故引发的火灾，属于保险的保险范围，原、被告双方对此并无异议，故不能认定乙公司及被告在此次火灾中负有责任。

乙公司与被告在法律关系上属于彼此独立的法人，但被告公司股东除乙公司现有的股东王乙等七人外，乙公司亦为被告公司股东，两公司的法定代表人均为王乙，另外，王乙、王甲等七人或为父子（女）、或为兄弟、或为叔侄等关系，为同一家庭成员，故两公司在经济利益上具有高度一致性，乙公司受损，被告的利益也受到损害，反之亦然，两公司应属于利益共同体。如允许原告在赔偿后向被告追偿，则等同于向乙公司索回赔偿，由乙公司自己承担损失，其与原告签订的保险合同亦无意义。

天津市滨海新区人民法院依照《中华人民共和国保险法》第六十二条，《中华人民共和国民事诉讼法》第六十四条第一款的规定，判决如下：

驳回原告财险天津分公司的诉讼请求。

二审法院同意一审法院裁判意见。

【法官后语】

保险法以损失补偿为基本原则。若此损失是第三者造成的，保险人可对第三者行使代位权，让造成损害者承担最终责任。当第三者与被保险人存在特殊关联的情况下，如为被保险人的家庭成员及组成人员时，若行使代位权，则无异于左手给、右手还，有失保险之旨。基于保险代位权的性质，对某些特定对象限制行使代位权：被保险人本人及共同被保险人基于“被保险人不能自己起诉自己”的原则一般被免于追偿，被保险人家庭成员及组成人员则基于与被保险人一致的经济利益被排除在外，即“家属特权”。

保险法对此进行了规定，明确限制保险人行使代位权的特定对象分为两类，即家庭成员与组成人员。在理论及实务中，关于“家庭成员”争议不大，争议较大的是对“组成人员”的界定。笔者认为，应该从保险分散风险的本质和职能，公平和损失补偿原则等保险的原理和理念出发来予以合理界定。如被保险人与第三人存在密切关系，具备高度一致的共同经济利益关系，即可界定为保险法第六十二条规定的“组成人员”。根据实践，可具体分为如下几类主体：

1. 为被保险人的利益或者接受被保险人的委托而进行活动的人，包括被保险人的员工、雇佣人员和代理人。对于被保险人的员工、雇佣人员和代理人由于工作中的过错发生保险事故，该类人员的行为后果由被保险人承担，如允许向该类人员行使代位权，最终仍是被保险人承担责任，故该代位求偿权不宜适用。

2. 与被保险人有某种特殊法律关系而进行活动的人，包括股东、合伙人、母公司。此类人是被保险人的投资者，对被保险人享有股权或者合伙份额，被保险人的损失实际上是此类人的损失，如果向此类人代位求偿，实际上保险人对被保险人没有赔偿，损失还是由投资人承担，有违保险分散风险和损失补偿原则。因此，此类人应该排除在代位求偿的范围之外。

3. 被保险人的子公司或者分公司。对于被保险人的损失，如果允许向其子公司或者分公司代位求偿，实际上最终该责任也转移在被保险人身上，有违保险分散风险和损失补偿原则，因此此类人也应该排除在代位求偿的范围之外。

4. 被保险人为同一股东、合伙人或者母公司投资设立的其他子公司或者分公司。比如，跨国公司众多的子公司，或者国内集团公司内的各个子公司（一般称为关联公司）。此类人由同一个投资者所设立，如果允许向此类人代位求偿，实际上的承担者均为同一投资者，根本没有起到赔偿的效果。但是为公平起见，共同的股东、合伙人或者母公司在两者均应占50%以上的股份。

以上代位权限制的对象，对于其过失行为，无论是轻微过失还是重大过失造成保险事故，保险人均不得行使代位求偿权。但是，如果系故意造成保险事故的，无论是基于防止道德风险，还是对故意不法行为的惩戒，抑或基于民法上承担民事责任的理论，保险人均应行使代位求偿权，只是保险人行使代位权时应就该故意承担举证责任。

编写人：天津市第二中级人民法院　赵旭

244 保险人可否向非机动车驾驶人行使代位求偿权

——保险德州支公司诉冯某代位求偿权案

【案件基本信息】

1. 裁判书字号

山东省聊城市中级人民法院（2018）鲁15民终2982号民事判决书

2. 案由：代位求偿权纠纷

3. 当事人

原告（上诉人）：保险德州支公司

被告（被上诉人）：冯某

【基本案情】

2017年1月30日10时50分许，被告冯某驾驶电动三轮车转弯时与原告的被保险人姜某驾驶的×号轿车相撞，造成被告冯某及案外人高某、温某受伤及两车车辆受损的交通事故。后经茌平县交警部门认定，姜某与被告承担事故的同等责任，高某、温某对此事故不负责任。

×号轿车在原告处投保交强险和保险金额为500000元不计免赔第三者责任险，本案交通事故发生在保险期间内。

2017年2月20日，被告冯某及高某、温某提起诉讼，要求姜某及其妻子王某、原告保险德州支公司承担赔偿责任。上述案件经开庭审理，法院作出（2017）鲁1523民初627号民事判决书，判决保险德州支公司赔偿冯某及高某、温某交通事故损失185601.25元，冯某及高某、温某返还姜某垫付款4459.6元。

【案件焦点】

1. 被告应否承担案外人姜某车辆维修损失的赔偿责任；2. 原告能否向被告行使保险代位求偿权。

【法院裁判要旨】

山东省茌平县人民法院经审理认为：根据《中华人民共和国道路交通安全法》第七十六条第一款第二项的规定，机动车与非机动车驾驶人、行人之间发生交通事故，非机动车驾驶人、行人没有过错的，由机动车一方承担赔偿责任；有证据证明非机动车驾驶人、行人有过错的，根据过错程度适当减轻机动车一方的赔偿责任；机动车一方没有过错的，承担不超过百分之十的赔偿责任。由此可见，机动车与非机动车、行人之间发生交通事故，均由机动车一方承担赔偿责任，非机动车不是赔偿义务人。本案中，被告系非机动车方，姜某系机动车方，被告对事故发生并无故意，故应由机动车方——姜某承担赔偿责任。同时交通事故责任认定被告对事故的发生负同等责任，故在（2017）鲁1523民初627号民事判决中，已据此相应减轻姜某的赔偿责任，作为对于被告的过错的评价。被告不承担案外人姜某车辆维修损失的赔偿责任。

原告述称2017年2月18日，依据保险车辆损失情况确认书，已确认本案事故造成×号轿车车辆损失的维修费为37638元，原告于2017年4月21日代姜某支付了上述车辆维修费用，原告据此取得了代位求偿权。但根据上述证据分析，仅凭现有证据，无法证实原告的上述主张，故原告丧失向被告追偿的前提基础。且即使原告的主张成立，其已因代姜某支付了上述车辆维修费而享有向第三者追偿的权利，但保险法第四十四条保险人对第三者行使保险代位求偿权的前提，是被保险人对第三人具有赔偿请求权，第三人对保险标的的损失负有赔偿责任。本案中，被告并非姜某车辆维修损失的赔偿义务人，即姜某对于被告并无赔偿请求权，故原告亦不能向被告行使保险代位求偿权。故原告要求被告赔偿车辆损失的请求，无事实法律基础，法院依法予以驳回。

山东省茌平县人民法院依照《中华人民共和国保险法》第四十四条、第六十条，《中华人民共和国道路交通安全法》第七十六条，《中华人民共和国民事诉讼法》第一百四十二条之规定，判决如下：

驳回保险德州支公司的诉讼请求。

二审法院同意一审法院裁判意见。

【法官后语】

保险人的代位求偿权是指保险人赔偿被保险人的损失后所取得的，由被保险人享有的，依法向负有民事赔偿责任的第三者请求赔偿的权利。保险人可否向非机动车驾驶人、行人行使代位求偿权？审判实务中，保险人往往主张根据双方过错程度来承担责任，从而主张其享有代位求偿权。

《中华人民共和国民法典》第一千二百零八条规定："机动车发生交通事故造成损害的，依照道路交通安全法律和本法的有关规定承担赔偿责任。"该条规定采取了规范指引的立法技术，将机动车交通事故损害赔偿责任的法律适用指向了道路交通安全法，故保险人主张适用侵权责任法不能成立。

根据《中华人民共和国道路交通安全法》第七十六条第一款第二项的规定，"机动车与非机动车驾驶人、行人之间发生交通事故，非机动车驾驶人、行人没有过错的，由机动车一方承担赔偿责任；有证据证明非机动车驾驶人、行人有过错的，根据过错程度适当减轻机动车一方的赔偿责任；机动车一方没有过错的，承担不超过百分之十的赔偿责任”。该立法作出了加重机动车一方责任的安排，立法核心是机动车对非机动车驾驶人、行人的赔偿问题，而不是非机动车驾驶人、行人对机动车的赔偿问题，赔偿的指向是单一的而非双向的。

驾驶机动车与非机动车驾驶人、行人发生交通事故，即便非机动车驾驶人、行人在交通事故中负有一定的责任，依法只是根据非机动车驾驶人、行人的过错程度适当减轻机动车一方的赔偿责任，法律上并未规定机动车一方就其财产损失可以向非机动车驾驶人、行人一方索赔。因此，保险人不享有向非机动车驾驶人、行人行使车辆损失保险理赔款的代位求偿权。

编写人：山东省茌平县人民法院　李本山

245 侵权人的赔偿责任不因第三方保险公司基于责任保险合同的赔付而免除

——保险泰安支公司诉周某等保险人代位求偿权案

【案件基本信息】

1. 裁判书字号

山东省聊城市中级人民法院（2019）鲁15民终859号民事裁定书

2. 案由：保险人代位求偿权纠纷

3. 当事人

原告（被上诉人）：保险泰安支公司

被告：周某、张某

被告（上诉人）：物流公司

【基本案情】

2016年11月7日，周某在从事张某的雇佣活动中驾驶实际车主为张某的、挂靠在物流公司经营的A号重型半挂牵引车，与刘某驾驶的B号小型轿车、李某驾驶的交通运输公司C号大型普通客车（在保险泰安支公司投有道路客运承运人责任险，载闫某、宋某、乔某）、田某驾驶的D号三轮载客摩托车发生交通事故，造成乔某、宋某、闫某等多人受伤。经交警部门认定，周某未按照操作规范安全驾驶、文明驾驶及雨天驾驶未降低行驶速度是事故发生的直接原因，承担事故全部责任，其他人员无责任。事故发生后，保险泰安支公司赔偿了闫某17068.43元、宋某34957.91元、乔某48274.37元，合计各项损失100300.71元。

保险泰安支公司认为，责任保险为财产保险合同，根据《中华人民共和国保险法》第六十条之规定，对周某、张某、物流公司享有代位求偿权；周某、张某、物流公司认为保险泰安支公司承保的险种为道路客运承运人责任险，是以乘客的身体为保险标的的人身保险合同，保险人向被保险人或者受益人给付保险金后，不享有向第三者追偿的权利。

【案件焦点】

道路客运承运人责任险属于人身保险合同还是财产保险合同。

【法院裁判要旨】

山东省茌平县人民法院经审理认为：根据《中华人民共和国保

险法》第六十五条第四款“责任保险是指以被保险人对第三者依法应负的赔偿责任为保险标的的保险”之规定，交通运输公司与保险泰安支公司签订的《道路客运承运人责任保险合同》，约定被保险人为交通运输公司，以其所有的车辆在承运中可能出现的损害所负的赔偿责任为保险标的，故该责任保险合同属于保险法明文规定的财产保险合同。同时，根据《中华人民共和国保险法》第六十条第一款“因第三者对保险标的的损害而造成保险事故的，保险人自向被保险人赔偿保险金之日起，在赔偿金额范围内代位行使被保险人对第三者请求赔偿的权利”之规定，因涉案交通事故系由周某造成并负全部责任，保险泰安支公司根据人民法院的生效判决直接代交通运输公司向闫某、宋某、乔某进行赔偿后，取得了代受伤乘客向物流公司、周某、张某主张损失的权利，即代位求偿权。

以挂靠形式从事道路运输经营活动的被告机动车发生交通事故造成损害的，属于该机动车一方责任，保险泰安支公司请求由挂靠人张某和被挂靠人物流公司承担连带责任的，人民法院应予支持；雇员周某在从事张某的雇佣活动中致人损害的，雇主张某应当承担赔偿责任，雇员周某因重大过失致人损害，应当与雇主承担连带责任；周某、张某、物流公司都应对保险泰安支公司代位赔偿的车上人员承担赔偿责任，因保险泰安支公司已经替侵权人承担了赔偿责任，所以保险泰安支公司要求物流公司、周某、张某承担赔偿责任的请求，法院予以支持。

山东省茌平县人民法院依照《中华人民共和国侵权责任法》第六条、第七条，《中华人民共和国保险法》第六十条、第六十五条、第九十五条，《最高人民法院关于审理道路交通事故损害赔偿案件适用法律若干问题的解释》第三条，《最高人民法院关于审理人身损害赔偿案件适用法律若干问题的解释》第九条的规定，判决如下：

一、张某赔偿保险泰安支公司代其支付的保险理赔款100300.71元；

二、周某、物流公司对上述赔偿承担连带责任。

物流公司不服，提起上诉，但经传票传唤拒不到庭参加诉讼，应按其撤回上诉处理。山东省聊城市中级人民法院依照《中华人民共和国民事诉讼法》第一百四十三条、第一百五十四条第一款第十一项、第一百七十四条之规定，裁定如下：

本案按物流公司撤回上诉处理。一审判决发生法律效力。

【法官后语】

近年来，随着保险公司管理更加规范和各方法律意识的不断增强，保险人代位求偿权纠纷案件的数量也逐年上升。保险代位求偿权是保险法中的一项基本制度，其宗旨是为被保险人提供双重保障，以确保被保险人的损失得以充分补偿，同时，也不至于由于保险赔付而使被保险人过分受益。

从法律条文而言，庭审过程中，周某、张某、物流公司的答辩意见认为道路客运承运人责任险属于人身险，应当适用保险法第四十六条规定，保险泰安支公司不享有代位求偿权；但是根据保险法第九十五条的规定，责任保险属于保险公司财产保险业务，应当适用关于“财产保险合同”中相关法律规定，根据保险法第六十条规定，保险泰安支公司享有对周某、张某、物流公司的代位求偿权。

就本案案件事实而言，周某承担事故的全部责任，其他人员无责任，无责任的受伤旅客既可以对周某、张某、物流公司提起侵权之诉，也可以对交通运输公司、保险泰安支公司提起公路旅客运输合同的违约之诉。受伤旅客在权衡后，向法院提起了违约之诉，法院基于交通运输公司在保险泰安支公司购买了道路客运承运人责任保险，判决保险泰安支公司承担赔偿责任。保险泰安支公司向旅客支付赔偿金后，取得了代受伤乘客向对侵权人主张损失的权利即代位求偿权。

就责任保险合同目的本身而言，当事人之间订立责任保险合同的目的是减轻被保险人因法律责任问题而产生的经济赔偿风险，但不能因此而免除侵权人的侵权赔偿责任。综上，周某、张某、物流公司都应对保险泰安支公司代位赔偿的车上人员承担赔偿责任，因保险泰安支公司已经替侵权人承担了赔偿责任，故保险泰安支公司取得了代位求偿权。

编写人：山东省茌平县人民法院　赵青　代苗苗

246　保险人代位求偿权中善意第三者已赔偿部分的审核

——保险无锡支公司诉何某保险人代位求偿权案

【案件基本信息】

1. 裁判书字号

江苏省江阴市人民法院（2018）苏 0281 民初 13673 号民事判决书

2. 案由：保险人代位求偿权纠纷

3. 当事人

原告：保险无锡支公司

被告：何某

第三人：邵某、钢板公司

【基本案情】

2015年10月2日11时40分，何某驾驶A汽车，因与前车未保持安全车距、疏于观察而追尾邵某驾驶的B汽车，导致B汽车又撞击前面彭某驾驶的C汽车，C汽车又撞击前面的D汽车，事故致四车受损。2015年11月9日，苏州市公安局交通警察支队高速公路八大队作出道路交通事故认定书，认定何某负此事故全部责任。

2016年2月2日，B车辆的登记所有权人钢板公司将保险无锡支公司诉至江苏省无锡市锡山区人民法院，要求保险无锡支公司赔偿B车辆车损36023元、鉴定费1740元、拖车费500元、清障费225元，合计38488元。经审理，2016年4月19日，该院作出（2016）苏0205民初575号民事判决书，判决保险无锡支公司支付钢板公司理赔款38488元。2016年5月6日，保险无锡支公司向钢板公司支付38488元。

保险无锡支公司向法院提出诉讼请求：判令何某给付保险无锡支公司已赔偿的保险赔偿金38488元并承担本案诉讼费用。何某辩称：对事故的发生没有异议，但是该事故在交警大队签订了协议，其一共支付5000元，已经处理完毕，但是不知道付给本案的司机多少钱。

审理中，何某申请证人张某到庭作证，张某陈述：我是何某的舅舅，事发时不在场，但是处理的时候在场。当时说看何某可怜，就各报各的保险，然后何某给一些补偿就好了，就是4500元，其中两人年纪比较大，还补贴了500元的油费，但是名字不记得了。保险无锡支公司与何某对此均无异议。

为查明案件事实，法院依法追加第三人邵某、钢板公司，邵某、钢板公司未到庭答辩。审理中，法院至苏州市公安局交通警察支队高速公路八大队调取了案涉预付条一份，载明："今预付 B、C、D 小型轿车，共计 4500 元，特此证明。何某 2015. 11. 10"。赵某、邵某、彭某分别签字各领取 1500 元。保险无锡支公司与何某对此均无异议，保险无锡支公司认为其对上述 1500 元情况不知情，由法院依法认定是否在本案中扣减。

【案件焦点】

1. 现有证据能否认定何某已经向被保险人作出赔偿；2. 保险无锡支公司能否行使代位求偿权。

【法院裁判要旨】

江苏省江阴市人民法院经审理认为：根据《中华人民共和国保险法》第六十条第一款的规定，因第三者对保险标的的损害而造成保险事故的，保险人自向被保险人赔偿保险金之日起，在赔偿金额范围内代位行使被保险人对第三者请求赔偿的权利。保险无锡支公司向其承保的车辆进行赔偿后，可依法取得对何某的代位求偿权。本案中，何某负本起事故的全部责任，应赔偿 B 汽车的损失。鉴定费属于为查明和确定保险标的的损失程度所支付的必要的、合理的费用，是保险人为理赔支出的成本，不属于保险金范畴，不能代位求偿，故法院对保险无锡支公司要求何某赔偿鉴定费 1740 元的诉讼请求不予支持。法院调取的预付条、修理费发票可以证明何某支付邵某的 1500 元系预付的车损赔偿款，何某主张的该款系全部赔偿、事故已经处理完毕，但未提供相应的证据予以证明，不予采信，已预付的1500元应当予以扣除，故对保险无锡支公司要求何某支付赔偿款35248元的诉讼请求依法予以支持，超出部分不予支持。

综上，江苏省江阴市人民法院依照《中华人民共和国侵权责任法》第六条第一款、第四十八条，《中华人民共和国保险法》第六十条第一款，《中华人民共和国民事诉讼法》第六十四条第一款、第一百四十四条，《最高人民法院关于适用〈中华人民共和国民事诉讼法〉的解释》第九十条之规定，判决如下：

一、何某应于本判决发生法律效力之日起十日内给付保险无锡支公司赔偿款35248元；

二、驳回保险无锡支公司的其他诉讼请求。

判决后，双方当事人均未上诉，本判决现已生效。

【法官后语】

保险人代位求偿权是民法清偿代位制度在保险法领域的具体运用，是为了防止被保险人获得双重利益的一种债权转移制度。第三者损害保险标的而造成保险事故的，保险人自向被保险人赔偿保险金之日起，在赔偿金额范围内代位行使被保险人对第三者请求赔偿的权利。但如果善意第三者在被保险人已经从保险人处获赔的范围内亦向被保险人作出赔偿的，保险人不得再行使被保险人对第三者的代位求偿权，只能要求被保险人返还相应的保险金。

现实生活中，交通事故发生后，双方驾驶员往往会对各自的损失达成私下和解赔偿协议。部分被保险人隐瞒赔偿协议，根据车损险保险合同另行向车辆承保保险公司主张车损险理赔款，如保险人疏于与第三者进行核实而直接进行理赔，则会在进行保险代位求偿权时与第三人产生矛盾，需要法院对上述赔偿协议的内容进行核实认定。

本案中，何某到庭抗辩已经达成协议处理完毕并付款5000元，并申请证人出庭予以证明。为查明案件事实，法院依法追加被保险人及其驾驶人员作为第三人，第三人并未到庭参加庭审。法院另至交警部门调取案涉预付条一份，载明何某预付邵某车损赔偿款1500元，何某主张该款系全部赔偿、事故已经处理完毕，但未提供相应的证据予以证明，法院不予采信，故保险无锡支公司诉请的代位求偿权法院予以支持，但已预付的1500元从保险人代位求偿权车损总金额中予以扣除。

结合本案，我们认为保险人对车损赔偿案件理赔时应当尽到审慎义务，如理赔前应对第三者是否已经赔偿进行专项调查，并就事故车辆定损金额向事故双方进行意见征询，并将保险人获得代位求偿权的情况通知第三者，以便保险人代位求偿权的权利的进一步行使，避免被保险人双重受偿。同时提醒各位车辆驾驶员，发生交通事故后应当及时报警、报险，由保险公司专业人员处理事故损失。如果事故双方达成私下和解协议，各方也应当明确确定各自权利义务，并保管好书面协议及支付凭证，以便事故纠纷一次性处理完结，避免赔偿方因举证不能导致重复赔偿。

编写人：江苏省江阴市人民法院　陈艳红

247 保险人行使代位求偿权时名义承运人和实际承运人承担不真正连带债务

——人保北京分公司诉汽运公司、物流公司保险人代位求偿权案

【案件基本信息】

1. 裁判书字号

北京市第一中级人民法院（2018）京 01 民终 1341 号民事判决书

2. 案由：保险人代位求偿权纠纷

3. 当事人

原告（被上诉人）：人保北京分公司

被告（上诉人）：汽运公司

被告（被上诉人）：物流公司

【基本案情】

2013 年 12 月 13 日，物流公司（承运人）与贸易公司签订货物托运单，约定：贸易公司委托物流公司进行货物托运，由北京市到雅安市，托运标的为磁共振整机 10 件和坦克轮 1 件。同日，物流公司（甲方）与汽运公司（乙方）签订《货物委托运输协议》，协议约定：甲方委托乙方运输核磁共振设备（一套），共计 11 件；货物价值 1000000 元；承运车辆为 A 号汽车，司机孟某。孟某在乙方负责人处签字。

2013 年 12 月 13 日，人保北京分公司向贸易公司出具货物运输

保险单，载明：被保险人为贸易公司；保险货物项目为核磁共振设备一套；保险金额为人民币 1000000 元；装载运输工具为 A 号汽车，自北京市至四川省雅安市。承保险别为国内公路货物运输保险；所保货物如发生保险单项下可能引起索赔的损失或损坏，应立即通知本公司指定的代理人查勘。

2013 年 12 月 16 日 6 时，涉案车辆发生事故，造成车辆车上货物受损，孟某负全部责任。公估公司于 2014 年 7 月 25 日出具《公估报告》，结论为：1. 保险人应对该次货损保险事故承担保险赔付责任；2. 建议保险人赔付被保险人 899757 元。2015 年 1 月 7 日，人保北京分公司向被保险人贸易公司赔付 899757 元。

一审庭审中，人保北京分公司主张：人保北京分公司在赔付保险金后取得了代位求偿权。物流公司和贸易公司存在运输合同关系，应当对标的物的损害承担违约责任；汽运公司是实际承运人，应当对标的物的损害承担侵权赔偿责任，物流公司与汽运公司构成不真正连带债务，故应当承担连带责任。物流公司则主张：保险事故发生后应由保险事故的实际侵权人承担责任，不应由物流公司作出赔偿。关于汽运公司抗辩的货物运输合同没有其公司公章的问题，在行业惯例中，运输协议由司机直接商定，不用公司盖章确认；实际承运车辆属于汽运公司所有，就应当由汽运公司承担责任。汽运公司主张其不认可该评估报告的金额，但是经一审法院询问明确表示不申请重新评估。

【案件焦点】

人保北京分公司能否向物流公司、汽运公司行使保险人代位求偿权。

【法院裁判要旨】

北京市昌平区人民法院经审理认为：在保险事故发生后，原告应贸易公司的请求向其赔付了保险金，依法取得了代位求偿权。对于应当承担责任的主体，贸易公司委托物流公司承运货物，物流公司就有义务依照合同约定将涉案货物运抵目的地，现物流公司委托汽运公司进行运输，在运输过程中发生了交通事故，致使承运货物损坏，物流公司应当承担违约责任。汽运公司作为实际承运人，因其司机和车辆在运输过程中发生的单方事故造成了涉案标的物的损坏，应当就此承担侵权赔偿责任。物流公司应当与汽运公司一并向原告支付保险赔偿金。

北京市昌平区人民法院依据《中华人民共和国保险法》第六十条第一款，《中华人民共和国合同法》第一百零七条、第三百一十一条，《中华人民共和国侵权责任法》第六条、第十五条之规定，判决如下：

一、物流公司、汽运公司连带支付人保北京分公司保险赔偿金899757元及逾期利息（以899757元为基数，自2017年11月2日计算至实际履行之日止，按照中国人民银行同期贷款利率计算），于本判决生效后十日内履行；

二、驳回人保北京分公司的其他诉讼请求。

汽运公司不服，提起上诉。北京市第一中级人民法院经审理认为：第一，物流公司无法证明贸易公司同意其将涉案货物交由汽运公司承运，故应向贸易公司承担责任。汽运公司认可孟某为其司机，承运车辆为汽运公司名下的车辆，结合货物托运行业的惯例，故汽运公司应对孟某的行为承担责任。第二，物流公司与汽运公司基于交通事故这一偶然原因的发生而对贸易公司负有给付目的一致的债务，该情形构成了民法上的不真正连带债务。一审法院关于物流公司与汽运公司承担连带赔偿责任的认定有误，法院依法予以纠正。第三，一审法院依据《公估报告》确定人保北京分公司主张的赔偿金额并无不当。第四，人保北京分公司起诉并未超过诉讼时效期间。

综上，北京市第一中级人民法院依照《中华人民共和国合同法》第一百零七条、第三百一十一条，《中华人民共和国侵权责任法》第六条第一款、第十五条，《中华人民共和国保险法》第六十条第一款，《中华人民共和国民事诉讼法》第一百七十条第一款第二项之规定，判决如下：

一、撤销北京市昌平区人民法院（2017）京 0114 民初 17826 号民事判决；

二、汽运公司、物流公司于判决生效后十日内支付人保北京分公司保险赔偿金 899757 元；

三、驳回人保北京分公司的其他诉讼请求。

【法官后语】

本案争议的核心问题为承运人雇员行为是否构成职务代理、如何判定相关各方法律责任以及如何认定公估报告的证据效力等。本案判决时，《最高人民法院关于适用〈中华人民共和国保险法〉若干问题的解释（四）》尚未出台，保险人是否得因第三者对被保险人的侵权和违约行为要求代位赔偿、在投保人和被保险人为不同主体时保险人是否可对投保人行使保险代位求偿权等问题在司法审判中存在较大争议。本案裁判思路注重发挥保险制度的核心功能，即管理和分散实体经济运行中的意外事故、法律责任以及信用等风险。

1. 高度重视交易习惯，准确认定职务代理

货运市场需求的复杂多变决定了缔约必须快捷高效，承运人必须通过各种形式的代理人订立运输合同，承运人的工作人员等代理人以承运人名义承揽并以承运人车辆执行运输任务的情况是常见业态。因此，在认定行为主体时，不能拘泥于合同上有无签章，而应当高度重视交易习惯对合同订立方式的影响，结合现行法律中关于职务代理的规定，正确作出裁判。审判实务中，据以判断法人工作人员行为是否构成职务代理的标准主要包括：（1）实施争议法律行为是否属于法人工作人员的职权范围；（2）工作人员以法人名义实施该争议法律行为是否在执行工作任务；（3）实施争议法律行为是否利用了法人为其安排的工作场所或设施设备；（4）实施争议法律行为所获收益是否已经归于或将要归于法人；等等。

2. 正确认识保险代位求偿的请求权基础，科学界定不真正连带债务的对内对外效力

不真正连带债务是指数个债务人基于不同的发生原因而对同一债权人负有以同一给付为标的的数个债务，因一个债务人的履行而使全体债务均归于消灭。在对外效力上，不真正连带债权人有权对全体债务人或一部分债务人同时或先后请求给付；而在对内效力上，除非有明确的法律规定，否则任一债务人即使清偿全部债务也无法享有对其他债务人的追偿权。本案中，对于贸易公司来说，虽然其同时享有对物流公司的违约损害赔偿请求权和对汽运公司的侵权损害赔偿请求权，但其损失是确定且唯一的，无论谁履行赔偿义务，都足以使其损害赔偿请求权消灭。而对物流公司和汽运公司来说，法律并未规定二者当中谁属于终局责任人，因此本案中无论是物流公司还是汽运公司履行赔偿义务均不产生法定的追

偿权。但从损害发生的因果联系上来看，汽运公司应当承担终局责任，物流公司可以通过向汽运公司主张违约责任的方式来实现追偿的效果。

3. 依法确认单方委托公估报告的证据效力，合理确定赔偿范围

在保险代位求偿纠纷中，保险人在理赔中委托保险公估机构作出的公估报告是认定第三者赔偿数额的证据，具有证明损失大小及赔偿范围的作用。保险人未经第三者同意单方委托作出的公估报告，属于保险人自行委托作出的鉴定结论，在第三者经释明后既不申请重新鉴定又无证据足以反驳的情况下，应当依法确认其证据效力。

编写人：北京市第一中级人民法院　刘慧

248 保险人向第三者追偿时保险事故损失程度的举证责任划分

——保险青岛分公司诉吴某代位求偿权案

【案件基本信息】

1. 裁判书字号

山东省青岛市中级人民法院（2018）鲁 02 民终 8921 号民事判决书

2. 案由：代位求偿权纠纷

3. 当事人

原告（上诉人）：保险青岛分公司

被告（被上诉人）：吴某

【基本案情】

2016年8月21日18时15分，吴某驾驶A车辆由北向南在非机动车道行驶，案外人田某驾驶B车辆在机动车道右转时，A车辆左侧与B车辆的右前侧刮碰，造成两车受损的交通事故。经即墨市公安局交通警察大队出具道路交通事故认定书（简易程序）认定，吴某负事故全部责任。

B车辆在保险青岛分公司处投保车辆损失险，被保险人为田某，保险金额为148773元，并投保不计免赔，保险期限为2016年7月11日至2017年7月10日。事故发生后，保险青岛分公司出具定损报告，核定B车辆损失价值为8700元，该车实际花费维修费7729元。保险青岛分公司于2016年10月17日向被保险人田某赔付保险金7729元，被保险人田某出具机动车辆索赔权转让书，同意将已取得赔款的部分向责任方追偿的权利转让给保险青岛分公司。

吴某对保险青岛分公司出具的定损报告不予认可，认为定损金额过高，对多项维修及更换部件项目有异议，称事故发生后B车辆的车灯均未受损，故对定损报告中有关车灯更换及维修的项目均不予认可，并提交事故发生后B车辆的外部受损照片证明车辆受损情况。保险青岛分公司对该照片不予认可，称照片未显示拍摄的时间及地点，车牌号码亦无法看清。

吴某申请对B车辆因案涉事故造成的损失进行司法鉴定，一审法院依法委托公估公司进行评估，但因保险青岛分公司不能提供车辆定损及维修时的拆检照片导致无法准确定损，2018年6月27日公估公司予以退案。

【案件焦点】

保险人向第三者追偿时，保险事故损失程度的举证责任应当由谁承担，即如何确定《中华人民共和国保险法》第六十条规定的保险人代位求偿权的金额。

【法院裁判要旨】

山东省青岛市市北区人民法院经审理认为：因第三者对保险标的的损害而造成保险事故的，保险人自向被保险人赔偿保险金之日，在赔偿金额范围内代位行使被保险人对第三者请求赔偿的权利。吴某在案涉交通事故中负全部责任，保险青岛分公司有权就其在保险责任范围内赔付被保险人车辆损失后向吴某请求赔偿。双方争议的主要焦点为：保险青岛分公司主张的损失金额是否合理有据。

首先，保险人的代位求偿权系基于被保险人的侵权损害赔偿请求权而产生，本案中保险青岛分公司要求吴某承担赔偿责任，其对被保险车辆的损失程度负有举证证明责任。保险青岛分公司提交车辆定损报告证明 B 车辆损失情况，但该定损报告系保险青岛分公司单方作出，定损时未通知吴某到场，定损过程亦无其他具有资质的独立第三方公估机构参与，故仅凭保险青岛分公司自行作出的定损报告证明车辆损失情况，证明力并不充分。其次，保险青岛分公司向被保险人赔付 7729 元保险金，系基于双方之间存在的保险合同关系而履行的赔付义务，因未经过第三方公估机构的评估或司法程序的确认，故其与被保险人之间就车辆损失价值达成的赔付合意并不能直接及于侵权法律关系中的第三者，即保险青岛分公司向被保险人支付的保险金数额不能直接作为认定吴某因案涉交通事故所致车辆损失程度的依据。最后，吴某申请对 B 车辆因案涉交通事故造成的损失进行鉴定，因车辆早已维修，故保险青岛分公司应当提供相应的车辆拆检照片或其他能够确认车辆损失程度的证明和资料予以配合。现保险青岛分公司不能提供相应的资料，致使车辆损失无法确定，其应当承担举证不能的不利后果。综上，保险青岛分公司关于 B 车辆损失价值为 7729 元的主张证据不足，法院不予认定。但吴某同意赔偿保险青岛分公司损失 2000 元，其该项意见予以采纳。

关于保险青岛分公司主张的逾期付款利息，法院认为保险人自其向被保险人赔付保险金之日起取得代位求偿权，但在其实际向第三者主张赔偿请求权之前，第三者未给付赔偿金不应属迟延给付，在此情形下要求第三者承担逾期付款利息显失公平。本案保险青岛分公司并未证明其在起诉之前向吴某主张过权利，故逾期付款利息自保险青岛分公司起诉之日起算较为妥当。综上，吴某同意赔偿保险青岛分公司 2000 元，对保险青岛分公司的该部分请求及相应利息，法院应予支持。保险青岛分公司的其他诉讼请求因证据不足，法院不予支持。

山东省青岛市市北区人民法院依照《中华人民共和国保险法》第六十条，《中华人民共和国侵权责任法》第四十九条，《中华人民共和国民事诉讼法》第六十四条，《最高人民法院关于适用〈中华人民共和国民事诉讼法〉的解释》第九十条规定，判决如下：

一、吴某赔偿保险青岛分公司 2000 元；

二、吴某支付保险青岛分公司以 2000 元为基数，自 2018 年 1 月 16 日起至实际给付之日止，按中国人民银行发布的金融机构人民币同期同档次贷款基准利率计算的利息；

三、驳回保险青岛分公司其他诉讼请求。

保险青岛分公司不服原审判决，提起上诉。山东省青岛市中级人民法院经审理认为：本案事故发生后，保险人即上诉人对案外人田某履行赔付义务后，依法取得代位求偿权，上诉人享有要求事故侵权人即被上诉人吴某承担赔偿责任的权利，法院予以确认。本案的争议焦点为保险事故损失程度的举证责任应当由谁承担。上诉人主张，其已经出具定损单，举证责任已经完成，被上诉人如果对损失程度有异议，应当由被上诉人提供鉴定所依据的材料，上诉人不负有进一步提交鉴定材料的义务。被上诉人对上诉人单方出具的定损单不予认可。依据《最高人民法院关于适用〈中华人民共和国民事诉讼法〉的解释》第九十条“当事人对自己提出的诉讼请求所依据的事实或者反驳对方诉讼请求所依据的事实，应当提供证据加以证明，但法律另有规定的除外……”的规定，上诉人应当对本案车辆的损失程度负有举证证明责任。本案中，上诉人在定损时未通知吴某到场，吴某亦未对上诉人的该定损情况予以确认，上诉人与吴某之间就车辆损失情况并未达成合意，而上诉人与被保险人之间就车辆损失价值达成的合意不及于被上诉人吴某。现被上诉人吴某对损失程度提出异议，应当由上诉人举证证明车辆损失程度及对车辆定损的依据，不能仅凭上诉人单方制作的定损单就认定上诉人完成了举证责任，而上诉人不能提供相应资料致使车辆损失无法确定，应当由其承担相应的举证不能的法律后果，一审法院判决并无不当，法院予以确认。

综上所述，上诉人保险青岛分公司的上诉请求不能成立，应予驳回，一审判决认定事实清楚，适用法律正确，应予维持。山东省青岛市中级人民法院依照《中华人民共和国民事诉讼法》第一百七十条第一款第一项规定，判决如下：

驳回上诉，维持原判。

【法官后语】

在车辆损失保险合同中，保险人向第三者追偿的案件逐年攀升。保险人对被保险人赔偿保险金后，依据《中华人民共和国保险法》第六十条第一款“因第三者对保险标的的损害而造成保险事故的，保险人自向被保险人赔偿保险金之日起，在赔偿金额范围内代位行使被保险人对第三者请求赔偿的权利”之规定，依法取得代位求偿权。但是保险人向第三者追偿时的金额，应当如何确定呢?《中华人民共和国保险法》第六十条并未给出答案。

保险公司一般认为，保险人请求追偿的数额以对被保险人的赔付金额而确定，保险人作为理性人，在对事故损失定损时，金额越少越好，而且保险人作为专业的保险机构，往往有专门的核定损失的部门，其定损结果具有合理性。结合本案，保险人认为其提交了定损报告，足以反映事故损失程度，其已经完成举证责任，故应当按照保险人向被保险人的理赔确定的数额，确定第三者向保险人承担赔偿金的数额。

但是，保险人作为原告，按照民事诉讼法最基本的“谁主张谁举证”的举证规则，应当由保险人对保险事故损失程度负有举证证明的责任，并不能因假定其系理性人，就得出其作出的行为均系理性，应当具有约束第三者的效力。且依据合同的相对性，即使保险人与被保险人之间就事故损失程度达成的合意，亦并不及于第三者。第三者对保险人单方确定的保险事故损失程度不认可时，应当由保险人对保险事故损失程度承担举证责任。故本案中，因保险公司不能提供车辆定损及维修时的拆检照片，导致事故损失无法确定，由保险公司承担举证不能的不利后果。

本案例对此类案件中，《中华人民共和国保险法》第六十条规定如何更具操作性、更好地指导保险人行使代位求偿权、如何在保险人、第三者之间分配事故车辆损失程度的举证责任，具有重要实践意义。如果被保险人与第三者就车辆损失达成合意，则第三者按照合意数额向保险公司承担责任；如果第三者对车辆损失不认可，则应当由保险人承担保险事故损失程度的举证责任，即由其举证证明向被保险人理赔的依据，如果保险人不能提供相应资料致使车辆损失程度无法确定，应当由其承担相应的举证不能的法律后果。

编写人：山东省青岛市中级人民法院　嵇焕飞　麻丽

249 代驾公司对交通事故负有损害赔偿责任属于保险代位求偿的对象

——保险北京分公司诉汽车公司、孙某保险人代位求偿权案

【案件基本信息】

1. 裁判书字号

北京市第四中级人民法院（2018）京04民终30号民事判决书

2. 案由：保险人代位求偿权纠纷

3. 当事人

原告（被上诉人）：保险北京分公司

被告（上诉人）：汽车公司

被告：孙某

【基本案情】

车主王某饮酒后选择代驾服务。汽车公司通过派车软件指派孙某作为代驾司机。后孙某驾驶过程中与案外人驾驶的车辆发生碰撞，造成两车损坏及人员受伤。事故发生后，北京市公安局公安交通管理局朝阳交通支队交通事故认定书认定孙某负事故全部责任。

事故发生后，王某对车辆进行了维修，产生维修费用125000元。保险北京分公司对此予以赔付。保险北京分公司认为，汽车公司进行代驾服务，在提供代驾服务的过程中，给王某车辆造成损害，应承担赔偿责任。故提起代位求偿权诉讼，要求汽车公司赔偿其支付的保险赔偿金125000元。

【案件焦点】

代驾公司是否属于保险代位求偿权的对象。

【法院裁判要旨】

北京铁路运输法院经审理认为：代驾公司属于《中华人民共和国保险法》第六十条第一款规定的“第三者”。在提供有偿代驾服务过程中，因代驾员孙某的操作不当发生事故造成代驾车辆损失，并负事故全部责任，基于代驾服务合同，对车辆所有人即被保险人王某构成违约，王某享有向其请求赔偿的权利，因此本案存在代位求偿的基础权利，保险北京分公司可以对孙某、汽车公司进行代位求偿。另外，代驾人显然不属于被保险人的家庭成员，而组成人员一般应当针对“组织”而言，是指作为法人或者其他组织的被保险人的内部工作人员。本案被保险人系自然人，显然不是组成人员。

北京铁路运输法院依照《中华人民共和国保险法》第六十条第一款、第六十二条，《中华人民共和国侵权责任法》第三十四条，《中华人民共和国民事诉讼法》第一百四十四条之规定，判决如下：

汽车公司于本判决生效之日起十日内赔偿保险北京分公司125000元。

二审法院同意一审法院裁判意见。

【法官后语】

保险代位求偿权制度是保险法上的一项重要制度，旨在解决第三者的损害赔偿义务和保险人的保险赔偿义务之间的冲突。具言之，是平衡被保险人和对保险标的造成损害的第三者的利益，既禁止被保险人的双重受偿得利行为，又不失对第三者责任的追究实现民事惩罚目的。保险代位求偿权涵盖了三层法律关系：一是保险人与被保险人之间的保险合同关系，二是第三者与被保险人之间的损害赔偿关系，三是保险人与第三者的求偿法律关系。实践中关于保险代位求偿权纠纷的常见争议多是第三者以不存在第二层法律关系为由来否定第三层法律关系。本案即是典型。

关于第三者的认定，保险法规定为对保险标的的损害而造成保险事故的主体，并将与被保险人具有共同利益的家庭成员或者组成人员排除在外。保险代位求偿权是保险人的法定权利。排除除外人员后，只要保险事故的发生使得被保险人享有对第三者的损害赔偿请求权，第三者就能够成为保险人代位求偿权的行使对象。至于该赔偿请求权系侵权请求权还是违约赔偿请求权抑或其他法律关系请求权，保险法对此并无限定。如此理解，一方面可以避免投保方的双重受偿而产生不当得利，实现保险的补偿功能，另一方面让最终的赔偿义务人承担终局责任，符合立法本意。本案中，汽车公司所称“只要车上了保险，驾驶该车出了交通事故就由保险公司赔偿”的理念失之偏颇，保险人只是按照保险合同的约定，对保险事故造成的损失依约承担保险赔偿责任，但是保险人并不是责任的终局承担者，对被保险人负有赔偿责任的第三者有可能成为保险人代位求偿的对象。

本案第二层法律关系是王某与汽车公司之间的代驾服务合同关系。汽车公司未全面履行代驾服务合同，未能将王某安全及时送到目的地，应当承担违约责任，王某享有依据代驾服务合同向汽车公司请求赔偿的权利。保险人保险北京分公司在赔偿被保险人王某之后，代位取得被保险人王某对违约方汽车公司的损害赔偿请求权。相反，如果不允许保险人向代驾方追偿，则代驾方的责任就会逃脱，过错就会被放任。

另外，汽车公司关于代驾方不属于第三者而属于保险法第六十二条规定的“组成人员”，第三者应为发生碰撞的对方的上诉理由，亦存在理解狭隘问题。首先，《中华人民共和国保险法》第六十二条中的“组成人员”是相对于“组织”而言，多是指作为法人或者其他组织的被保险人的员工，如果员工造成保险事故，一般组织都会通过纪律处分方式追究责任，而很少要求赔偿。代驾公司与车主之间显然不存在该组成人员关系。其次，在侵权责任领域亦存在无意思联络的数人侵权行为，各侵权方均属于保险代位求偿权语境中的第三者。本案只是存在特殊案情，故代驾方全责而第三方车辆无责。

编写人：北京市第四中级人民法院　崔西彬

250 第三者不是保险事故发生的原因，保险公司不能行使代位求偿权

——人保宜宾分公司诉甲医院保险代位求偿权案

【案件基本信息】

1. 裁判书字号

四川省宜宾市中级人民法院（2018）川15民终1885号民事判决书

2. 案由：保险代位求偿权纠纷

3. 当事人

原告（上诉人）：人保宜宾分公司

被告（被上诉人）：甲医院

【基本案情】

黄某于2015年6月28日因交通事故受伤被送往甲医院急救，花费医疗费6610.14元，因病情严重于当日转入乙医院住院治疗，并于2015年6月30日凌晨在乙医院进行左大腿截肢手术，后于2015年8月29日出院。黄某出院后向法院提起诉讼，法院判决人保宜宾分公司在保险限额内全额赔偿黄某的损失。人保宜宾分公司于2016年12月13日履行了生效判决确定的金钱给付义务。2017年3月，人保宜宾分公司收到黄某提供的法医学鉴定意见书复印件，该鉴定意见书载明：黄某于2015年6月28日至6月29日在甲医院住院治疗期间，医方的医疗行为存在过错，其过错与黄某因左小腿骨筋膜综合征治疗不当而最终发生左小腿、左足缺

血坏死，须进行左下肢（大腿下段）截肢有一定因果关系，参与度拟为50%~60%。人保宜宾分公司遂以发现足以推翻原判决的新证据为由申请再审，后被裁定驳回。人保宜宾分公司遂提起保险代位求偿权纠纷诉讼。

【案件焦点】

人保宜宾分公司在本案中能否对甲医院行使代位求偿权。

【法院裁判要旨】

四川省江安县人民法院经审理认为：人保宜宾分公司已经履行了生效法律文书确定的对被保险人应当履行的金钱给付义务，获得了向造成被保险人损害的有责任的第三者追偿的权利。人保宜宾分公司在本案中行使追偿权的依据仅为交通事故案件的受害者黄某向其提供的法医学鉴定意见书，该司法鉴定意见书系黄某单独委托作出，且欲以此作为向甲医院主张损害赔偿的依据，但该司法鉴定意见书未经法定程序确认其效力，更不能以此确认甲医院将会承担医疗损害赔偿责任的必然性。故人保宜宾分公司以此向甲医院行使追偿权的证据不充分，对人保宜宾分公司在本案中提出的诉讼请求，依法不予支持。

四川省江安县人民法院依照《中华人民共和国民事诉讼法》第六十五条，《最高人民法院关于民事诉讼证据的若干规定》第二条之规定，作出如下判决：

驳回人保宜宾分公司的诉讼请求。

人保宜宾分公司不服一审判决提起上诉。四川省宜宾市中级人民法院经审理认为：首先，甲医院不是造成保险事故的第三者，人保宜宾分公司主张行使保险代位求偿权缺乏事实前提和法律基础。《中华人民共和国保险法》第六十条第一款规定，因第三者对保险标的的损害而造成保险事故的，保险人自向被保险人赔偿保险金之日起，在赔偿金额范围内代位行使被保险人对第三者请求赔偿的权利。按照交管部门的事故责任认定，本案不是因甲医院造成的交通事故，也就不存在因甲医院的损害而造成保险事故的事实前提。因此，人保宜宾分公司主张行使保险代位求偿权的请求不成立。其次，人保宜宾分公司向甲医院主张权利，缺乏权利让渡基础。甲医院与黄某系医疗服务合同关系，甲医院在医疗过程中是否存在医疗损害、是否存在医疗过错、是否存在民事责任，属于黄某与甲医院之间的问题，黄某并未明确向人保宜宾分公司让渡对甲医院的赔偿请求权，故人保宜宾分公司不能向甲医院主张权利。最后，从举证责任的分配来看，本案中，人保宜宾分公司仅举示了一份黄某委托出具的法医学鉴定意见书复印件，并未提供原件予以核对，黄某也未到庭说明相关情况，人保宜宾分公司提供的证据不足以证明其主张。

四川省宜宾市中级人民法院依照《中华人民共和国民事诉讼法》第一百七十条第一款第一项的规定，作出如下判决：

驳回上诉，维持原判。

【法官后语】

1. 如何正确厘清保险追偿权和保险代位求偿权

关于保险追偿权，《最高人民法院关于审理道路交通事故损害赔偿案件适用法律若干问题的解释》明确了无证驾驶、醉酒驾驶、多车碰撞等情形下的保险追偿权。另外，《机动车交通事故责任强制保险条例》第二十一条还规定了道路交通事故社会救助基金向道路交通事故责任人的追偿权。追偿的对象是投保或者应当投保交强险的侵权人。本案中并不存在驾驶人员无证驾驶、醉酒驾驶、驾驶盗抢机动车、被保险人故意四种法定追偿情形，甲医院也不是投保或者应当投保交强险的侵权人，故在交强险范围内人保宜宾分公司不享有追偿权。

保险代位求偿权是指发生保险责任内的人为事故损失时，保险公司向投保人负责赔偿的同时有要求肇事者赔偿的权利。《中华人民共和国保险法》第六十条第一款规定，因第三者对保险标的的损害而造成保险事故的，保险人自向被保险人赔偿保险金之日起，在赔偿金额范围内代位行使被保险人对第三者请求赔偿的权利，这是保险人可行使代位求偿权的法律依据。可以看出代位求偿权是损失补偿原则的派生制度，直接目的是防止投保人获得双重赔偿和防止第三者逃避责任，使保险人、被保险人、第三者之间的利益趋于公平，代位求偿权只适用于财产保险，求偿对象是造成保险事故的第三者。本案不存在因甲医院的损害而造成保险事故的事实前提，因此人保宜宾分公司主张行使保险代位求偿权的请求不成立。

2. 保险事故后出现第三者导致损失扩大时保险公司的权益保护

假如保险事故系人为事故，保险公司当然依法享有代位求偿权。但是保险事故发生后，第三者造成交通事故中伤者的伤势更加严重，从而导致事故损失扩大时，保险公司先行垫付第三者侵权产生的损失后，不能以代位求偿权实现权益保护。保险公司全部赔偿后，其追偿途径有二：一是可根据不当得利原则要求第三者赔偿。（1）保险公司超出了自己的限额赔偿，受到了损失；（2）第三者应赔偿未赔偿，获得了利益；(3) 保险公司的损失和第三者的获利有因果关系；(4) 第三者因此获利没有法律依据。二是可以通过权利让渡向第三者追偿。保险公司赔付了被保险人后，被保险人以明示的方式将对第三者的追偿权让渡给保险公司，保险公司据此可行使追偿权。在此情况下，第三者是否具有过错、过错多少、承担责任大小都需要在法定程序中予以确认。若投保单、保险条款有关于除机动车交通事故原因外，还有其他侵权行为导致损害结果发生情况下保险公司责任免除或责任扣除的约定的，应从其约定。

编写人：四川省宜宾市中级人民法院　王付兵

四川省筠连县人民法院　郝中燕

251 关联案件裁判生效之日或实际垫付之日均不能视为保险公司代位求偿权的诉讼时效起算点

——甲保险公司诉运输公司等保险人代位求偿权案

【案件基本信息】

1. 裁判书字号

江苏省宿迁市中级人民法院（2017）苏 13 民终 4329 号民事判决书

2. 案由：保险人代位求偿权纠纷

3. 当事人

原告（上诉人）：甲保险公司

被告（被上诉人）：运输公司、张某、汪某、沈乙、沈丙、黄某

【基本案情】

2012年2月15日，张某驾驶挂靠在运输公司的中型普通货车，与步行的沈甲发生碰撞，致沈甲受伤住院抢救。交警部门认定张某承担事故的主要责任，沈甲承担次要责任。

2012年2月18日，汪某（沈甲配偶）、张某分别向甲保险公司作出承诺，承诺将及时偿还救助基金已垫付费用，如因本次事故通过任何途径获得赔偿或补偿（包括但不限于保险理赔款），所获得的赔偿或补偿款将优先用于偿还救助基金已垫付的上述费用。同日，汪某向甲保险公司申请垫付沈甲的抢救费用59103.8元。甲保险公司经审核并于同年3月2日垫付沈甲抢救费用49073.8元。2012年7月28日，沈甲经医院抢救无效后死亡。

2012年9月20日，沈甲的近亲属汪某、沈乙、沈丙、黄某向法院提起诉讼，要求张某、运输公司及车辆所投保交强险的乙保险公司赔偿因该起交通事故造成的损失（不包含甲保险公司垫付的抢救费用49073.8元）。法院于2012年11月9日作出（2012）泰靖民初字第1888号民事判决：乙保险公司在交强险限额内赔偿汪某等人110000元；超出交强险部分由张某承担80%赔偿汪某548092.08元，运输公司对张某的赔偿义务承担补充赔偿责任。

2016年7月27日，甲保险公司提起诉讼，要求张某、运输公司、汪某、沈乙、沈丙、黄某共同偿还救助基金垫付的医药费49073.8元。

【案件焦点】

甲保险公司向汪某、沈乙、沈丙、黄某要求返还垫付的救助费用的诉讼时效如何起算。

【法院裁判要旨】

江苏省泗阳县人民法院经审理认为：受害人沈甲发生交通事故受伤后无力支付抢救费用，甲保险公司在垫付抢救费用后，有权向机动车道路交通事故责任人进行追偿。张某对案涉事故承担主要责任，应对案涉的垫付费用承担80%的赔偿责任，即39259.04元（49073.8元×80%），运输公司作为案涉车辆的被挂靠人，依法应对张某的案涉债务承担连带赔偿责任。沈甲对案涉事故的发生承担次要责任，应对案涉垫付费用承担20%的赔偿责任，即9814.76元（49073.8元×20%）。因沈甲已死亡，故汪某、沈乙、沈丙、黄某作为其继承人应当在继承遗产范围内承担9814.76元。汪某作为承诺人，亦应按照其作出的承诺及时偿还垫付的救助费用。甲保险公司于2012年3月2日垫付抢救费用至2016年8月1日提起诉讼已逾四年，又未能提供证据证明诉讼时效存在中止、中断情形，故对汪某、沈乙、沈丙辩称甲保险公司追偿救助费用已超过诉讼时效，予以采信。

江苏省泗阳县人民法院依照《中华人民共和国民法通则》第一百三十五条，《中华人民共和国道路交通安全法》第七十五条，《最高人民法院关于审理道路交通事故损害赔偿案件适用法律若干问题的解释》第三条以及《中华人民共和国民事诉讼法》第一百四十四条之规定，作出如下判决：

一、张某于本判决发生法律效力之日起十日内偿还甲保险公司垫付救助费用39259.04元；

二、运输公司对判决第一项确定的义务承担连带赔偿责任；

三、驳回甲保险公司的其他诉讼请求。

甲保险公司不服原审判决，提起上诉。江苏省宿迁市中级人民法院经审理认为：诉讼时效期间从知道或者应当知道权利被侵害时起算。汪某于2012年2月18日向甲保险公司请求给予垫付款时，承诺将及时偿还救助基金已垫付费用，但并未承诺具体的归还时日。且汪某、沈乙、沈丙等人辩称案涉交通事故损失的赔偿款至一审答辩时尚未得到全部赔偿，汪某、沈乙、沈丙、黄某等人在获得有关赔偿款时亦未通知甲保险公司，故甲保险公司向汪某、沈乙、沈丙、黄某等人主张权利并未超过诉讼时效期间，故被上诉人汪某、沈乙、沈丙、黄某应当在继承遗产范围内返还甲保险公司9814.76元。

综上，原审判决认定事实清楚，但适用法律不当，依法应予改判。江苏省宿迁市中级人民法院依照《中华人民共和国民事诉讼法》第一百七十条第一款第二项的规定，作出如下判决：

一、撤销泗洪县人民法院（2016）苏1324民初8826号民事判决第三项；

二、维持泗洪县人民法院（2016）苏1324民初8826号民事判决第一项、第二项；

三、改判被上诉人汪某、沈乙、沈丙、黄某于本判决生效之日起七日内在继承遗产范围内返还上诉人甲保险公司垫付救助费用9814.76元。

【法官后语】

诉讼时效是权利人请求人民法院保护其权利的法定期间，应当从权利人能够请求人民法院保护其请求权时开始计算。诉讼时效的起算应具备以下三个条件：

一是权利人的权利受到损害。只有权利人的权利受到损害的情况下，权利人请求人民法院保护其民事权利才具有必要性；如果权利人的权利没有受到损害，即使权利人误以为自己的权利受到损害，人民法院也没有必要予以保护。

二是权利人知道或者应当知道权利受到损害。如果权利人客观上受到了损害，但其不知道也不应当知道权利受到损害，就不会请求人民法院保护其民事权利，诉讼时效期间也不应该开始计算。所谓“知道”是指权利人主观上已知道自己的权利被侵害的事实。所谓“应当知道”则是一种法律推定，指基于客观之情事及根据权利人智力、知识、经验应尽的合理注意义务，权利人应当知悉其权利被侵害的事实，但因其自身过失而未知情，在该情形下，法律推定权利人知道其权利受到损害。所谓“合理注意”，是指以普通谨慎人的标准来衡量权利人的认知和行为能力，同时还应考虑权利人的主观心态、智力知识等主观因素。

三是权利人知道或者应当知道义务人。如果在权利人不知道义务人的情况下起算诉讼时效期间，则人民法院会因该案件不符合起诉的条件而不予受理。

关于保险公司代位求偿权的诉讼时效起算点，主要存在以下两种观点。第一种观点认为，诉讼时效应从垫付之日起计算。理由为：保险公司从垫付医疗费之日起即享有向交通事故责任人追偿的权利，其从垫付之日起就知道或应当知道权利救济途径，且交通事故责任人因交通事故认定书的存在，也是明确的，故诉讼时效应自其垫付之日起计算。第二种观点认为，诉讼时效应从保险公司知道或应当知道受害方权利实现或经生效法律文书确定之日起计算。理由为：诉讼时效本质上是交易的制度，其目的在于保障交易安全，维护社会秩序。交通事故救助基金的目的在于发挥社会救助功能保障受害人得到及时救治，是以保障人的生命健康权为目的，而非交易。通常情况下，交通事故认定书作出后交通事故责任人就是明确的，但垫付机构一般会以约定或承诺的方式扩大追偿范围。本案即是如此，保险公司不仅限于向事故责任人行使追偿权，也可依据承诺向受害人近亲属行使追偿权。据此，如果采垫付之日起算追偿诉讼时效的观点，便可能导致保险公司在不充分保障伤者治疗的情况下，为确保追偿权能够在诉讼时效期间内行使，而加重伤者一方的负担，这实与救助基金设立的初衷和功能相违背。因此，从有利于保护伤者或者受害人等弱势一方出发，保险公司追偿权行使的诉讼时效应自知道或应当道知道受害一方权利实现或者已经生效法律文书确定之日起计算更为合理。

笔者认为，交通事故救助基金垫付后保险公司行使追偿权的案件，诉讼时效起算点，应区别当事人系依据约定追偿还是依据法定追偿，从而适用不同的诉讼时效起算点为宜。

1. 从法定追偿的角度来看，机动车交通事故责任人作为侵权人，是保险公司行使垫付费用追偿权的当然责任主体。《道路交通事故社会救助基金管理办法》第二十八条规定："救助基金管理机构根据本办法垫付抢救费用和丧葬费用后，应当依法向机动车道路交通事故责任人进行追偿。发生本办法第十四条第三项情形救助基金垫付丧葬费用、部分或者全部抢救费用的，道路交通事故案件侦破后，处理该道路交通事故的公安机关交通管理部门应当及时通知救助基金管理机构。有关单位、受害人或者其继承人应当协助救助基金管理机构进行追偿。"照此规定，保险公司在利用救助基金垫付抢救费用和丧葬费用后，行使追偿权的诉讼时效起算点根据机动车交通事故责任人是否明确为前提分为两大类：一是事故发生后有明确事故责任人的，保险公司垫付相关费用后，即有权向机动车道路交通事故责任人主张权利，诉讼时效自垫付时起算；二是事故发生后有待公安机关侦查确定事故责任人的，由于保险公司行使追偿权的责任主体不明，故保险公司垫付相关费用后产生的追偿权行使，因缺乏追偿义务人而受限，此时的诉讼时效自处理该道路交通事故的公安机关交通管理部门侦破事故案件并通知保险公司后开始起算。

2. 从约定追偿的角度来看，意思自治是民事法律关系的基本特征。《道路交通事故社会救助基金管理办法》第二十八条虽然只规定救助机构垫付费用后，有权向事故责任人追偿，受害人或者其继承人有协助义务，但并未禁止救助机构与受害人或者其亲属就垫付的救助基金约定追偿权利和义务。民事法律关系中，当事人就垫付费用达成的协议、承诺，应对双方具有约束力，保险公司基于约定向相对方行使追偿权，诉讼时效应适用合同之债有关规则。关于合同之债诉讼时效的起算问题，《最高人民法院关于审理民事案件适用诉讼时效制度若干问题的规定》第四条规定："未约定履行期限的合同，依照民法典第五百一十条、第五百一十一条的规定，可以确定履行期限的，诉讼时效期间从履行期限届满之日起计算；不能确定履行期限的，诉讼时效期间从债权人要求债务人履行义务的宽限期届满之日起计算，但债务人在债权人第一次向其主张权利之时明确表示不履行义务的，诉讼时效期间从债务人明确表示不履行义务之日起计算。"《中华人民共和国民法典》第五百一十条规定："合同生效后，当事人就质量、价款或者报酬、履行地点等内容没有约定或者约定不明确的，可以协议补充；不能达成补充协议的，按照合同相关条款或者交易习惯确定。"第五百一十一条规定："当事人就有关合同内容约定不明确，依据前条规定仍不能确定的，适用下列规定：（一）质量要求不明确的，按照强制性国家标准履行；没有强制性国家标准的，按照推荐性国家标准履行；没有推荐性国家标准的，按照行业标准履行；没有国家标准、行业标准的，按照通常标准或者符合合同目的的特定标准履行。（二）价款或者报酬不明确的，按照订立合同时履行地的市场价格履行；依法应当执行政府定价或者政府指导价的，依照规定履行。（三）履行地点不明确，给付货币的，在接受货币一方所在地履行；交付不动产的，在不动产所在地履行；其他标的，在履行义务一方所在地履行。（四）履行期限不明确的，债务人可以随时履行，债权人也可以随时请求履行，但是应当给对方必要的准备时间。（五）履行方式不明确的，按照有利于实现合同目的的方式履行。（六）履行费用的负担不明确的，由履行义务一方负担；因债权人原因增加的履行费用，由债权人负担。”

具体到本案，保险公司分别与受害人近亲属及侵权人作出了追偿权约定，由该两方主体承诺及时偿还救助基金已垫付的医疗费，以约定的方式扩大了保险公司追偿权行使的范围，不再局限于事故责任人，受害人近亲属也因承诺约定需向保险公司负担救助基金所垫付医疗费的给付义务。对此给付义务，双方未约定明确的履行期限，仅约定所谓的“及时”偿还。对此，双方又未达成补充协议，亦无法通过承诺其他内容确定具体履行期限，更无交易习惯可参照。因此，保险公司作为权利人，可随时以一定方式向相对方主张权利，诉讼时效自其要求债务人履行义务的宽限期届满之日起计算。本案中，保险公司通过诉讼方式向张某等人主张给付。义务人抗辩权利人主张权利已过诉讼时效，应当就其抗辩事实提出证据予以证明。

从我国的民事诉讼制度来看，如果民事主体对涉诉标的享有独立请求权或者与案件裁判结果具有法律上的利害关系，应当申请作为第三人参加诉讼或者人民法院依职权追加其为第三人参加诉讼。在不满足前述情形下，第三人并无知悉他人涉诉裁判之义务，故一个案件事实虽已经为生效裁判文书所确认，但并不能视为非该案当事人的其他主体对生效裁判应当知悉或者当然知晓，无法据此推定权利人已经知道或者应当知道其权利受到侵害，或者债权履行期间就此届满。综上，受害人近亲属及侵权人均应对保险公司承担偿还责任。

编写人：江苏省泗阳县人民法院　刘玲

252　意定让与取得的权利不属于保险人代位求偿权的诉讼标的

——保险北京分公司诉商厦公司、电器公司保险人代位求偿权案

【案件基本信息】

1. 裁判书字号

北京市第二中级人民法院（2018）京02民终5528号民事判决书

2. 案由：保险人代位求偿权纠纷

3. 当事人

原告（上诉人）：保险北京分公司

被告（被上诉人）：商厦公司、电器公司

【基本案情】

2010年4月30日，电器公司（某电器商城的经营主体，下同）与商厦公司（某商厦的经营主体，下同）签订房屋租赁合同。乙公司系甲公司的全资子公司。2014年2月16日，商厦公司与乙公司签订租赁协议，商厦公司同意向乙公司出租位于某商厦六层的房屋用于经营火锅餐厅。工商登记信息显示，乙公司北京第二十五分公司的注册地址位于某商厦。

2015年9月7日，某商厦发生火灾。火灾事故认定书载明，起火原因可以排除电气线路故障引发火灾的因素，不排除外来火源引发火灾的因素。2015年10月22日，北京市大兴区防火安全委员会信息网发布《火灾事故报告》，提出此次事故暴露出某电器商城、某商厦日常消防安全管理不严格，消防安全主体责任落实不到位等问题。

另查明，甲公司系财产综合保险项下的被保险人及受益人，保险期间为2015年4月20日0时至2016年4月19日24时，保险金额为953693124.52元，保险条款的特约约定中载明自动承保新的营业场所条款（保险标的地址详见清单），清单载明的门店包括北京第十五分店至第二十五分店，其中，第二十五分店的开票名称为乙公司北京第二十五分公司，地址为某商厦所在地。

2015年6月20日，公估公司出具保险公估终期报告。该报告载明，保险标的为位于某商厦六层的北京第二十五分店，投保明细为装修费用、电子设备、机械设备、运输设备、家具设备以及其他设备共计保险金额12563115.75元，最终报损金额1882077.04元，核损金额为1090124.27元，理算金额为667351.79元。甲公司出具赔偿意向及权益转让书，同意就667351.79元作为最终赔付金额，并由保险北京分公司依法取得代位求偿权。保险北京分公司陈述，公估的委托方为保险北京分公司与甲公司。

2015年12月1日，保险北京分公司向乙公司银行账户汇款500000元。2016年7月19日，保险北京分公司向甲公司银行账户汇款167351.79元。保险北京分公司陈述上述付款对象系根据甲公司的指示作出。

诉讼中，乙公司出具情况说明，载明乙公司系甲公司的全资子公司，甲公司作为投保人以乙公司相关财产作为保险标的向保险北京分公司投保。火灾发生后，保险北京分公司将赔偿款支付给甲公司，且甲公司将索赔权转让给保险北京分公司。乙公司认可甲公司有权进行此等转让，亦不会再就门店损失向商厦公司等单位主张任何赔偿责任。

【案件焦点】

意定让与取得的权利是否属于保险人代位求偿权的诉讼标的。

【法院裁判要旨】

北京市大兴区人民法院经审理认为：涉案被保险人为甲公司，因此保险北京分公司代位行使的是甲公司对商厦公司、电器公司请求赔偿的权利。在性质上，该权利不仅包括侵权请求权，也包括合同请求权。

关于甲公司与商厦公司之间的关系。首先，租赁合同的承租方为乙公司。甲公司与商厦公司之间不存在合同关系，甲公司对商厦公司不存在任何合同上的请求权。其次，在侵权请求权方面，主张他人承担侵权责任的基本前提是自己的民事权益受到了侵害。保险北京分公司要求商厦公司承担侵权的赔偿责任，应当举证证明因火灾事故而导致甲公司遭受了相关损失。关于本次火灾的损失问题，没有证据证明评估报告涉及的财产损失的权利人为甲公司。最后，保险人代位求偿权在本质上系债权的法定转移，系基于保险法的规定而由保险人取得的权利，该权利的行使主体和条件都有明确限制。在保险人代位求偿权纠纷中，诉讼标的为被保险人是否基于保险事故对第三者享有请求赔偿的权利。如上所述，作为被保险人的甲公司并无请求商厦公司赔偿的权利，因此保险北京分公司所主张的保险人代位请求权无法成立。至于乙公司出具的索赔权转让说明，不属于本案保险人代位求偿权纠纷的审理范围，法院不予处理。

关于甲公司与电器公司之间的关系。一方面，甲公司与电器公司不存在合同关系；另一方面，保险北京分公司亦不能证明甲公司对电器公司享有侵权赔偿请求权。

综上，北京市大兴区人民法院依照《中华人民共和国保险法》第六十条第一款的规定，判决如下：

驳回保险北京分公司的全部诉讼请求。

二审法院同意一审法院裁判意见。

【法官后语】

本案所涉某商厦系笔者所在法院辖区的一家重要购物商场。2015年9月7日，某商厦发生火灾，给入住商家造成经济损失，造成商厦停业整顿。入住商家从保险公司取得理赔后，保险公司先后向法院提起保险人代位求偿权诉讼。案件审理中，当事人各方对于事故发生原因、保险公估金额等都存在重大争议。最终，法院从保险人代位求偿权的诉讼标的入手依法作出了判决。

首先，关于保险人代位求偿权纠纷的诉讼标的。从请求权基础的角度出发，法官在案件实体审理中应对原告所主张的权利是否存在作出判断。原告所主张的实体权利就成为本案的诉讼标的。诉讼标的限定了法院的审理范围，法院既不能超出诉讼标的进行裁判，亦不能遗漏案件的诉讼标的。《中华人民共和国保险法》第六十条第一款规定："因第三者对保险标的的损害而造成保险事故的，保险人自向被保险人赔偿保险金之日起，在赔偿金额范围内代位行使被保险人对第三者请求赔偿的权利。"根据该规定，保险人代位行使的权利应当具备两个条件：一是该权利属于被保险人对第三者请求赔偿的权利；二是导致该权利产生的法律事实是因第三者对保险标的的损害而发生的保险事故。上述两个方面限定了保险人代位求偿权纠纷的诉讼标的。

其次，关于保险人代位求偿权的性质和范围。保险人之所以能在赔偿金额范围内代位行使被保险人对第三者请求赔偿的权利，根本原因在于该权利因《中华人民共和国保险法》第六十条第一款的规定而移转给保险人。因此，保险人代位求偿权在性质上是法定债权转移，这就决定了保险人对第三者的权利应以被保险人对第三者的权利为基础，在行使范围和效力上不得大于被保险人对第三者的权利。在权利范围上，"被保险人对第三者请求赔偿的权利"不仅包括侵权行为所产生的损害赔偿请求权，还包括合同法上的损害赔偿请求权。但是，无论该权利的性质如何，都必须系被保险人基于保险事故而直接对第三者取得的权利。

最后，债权的意定转移不是保险人代位求偿权纠纷的诉讼标的。债权的意定转移，是指债权基于当事人的合意而发生主体变动。如上所述，保险人代位求偿权性质上系债的法定转移，系基于保险法的规定而由保险人取得的权利，该权利的行使主体和条件都有明确限制。如果保险人在保险人代位求偿权纠纷中所主张的权利不是基于保险法的规定，而是基于债权的意定转移所取得的，则该权利不属于保险人代位求偿权，亦不构成保险人代位求偿权纠纷的诉讼标的，法院应当判决驳回其诉讼请求。保险人可以另寻法律途径解决。

编写人：北京市大兴区人民法院　马超雄

253 被保险人预先免除第三人责任可否限制保险人行使代位求偿权

——甲保险公司诉A物流公司、乙保险公司保险人代位求偿权案

【案件基本信息】

1. 裁判书字号

广东省广州市中级人民法院（2016）粤01民终19279号民事判决书

2. 案由：保险人代位求偿权纠纷

3. 当事人

原告（上诉人）：甲保险公司

被告（被上诉人）：A物流公司、乙保险公司

【基本案情】

2014年5月30日，B物流公司（甲方）与A物流公司（乙方）签订了《运输服务协议》。协议约定，受甲方委托，乙方将为

甲方提供优质的符合甲方需求的运输服务。乙方在运输及由乙方安排的装卸货过程中发生任何事故，与甲方无任何关系，均由乙方自行承担。若因此而引起货品损坏，乙方应当据实赔偿。货损金额低于1500元，由乙方承担；货损金额超过1500元，则超过的部分通过甲方保险索赔。合同有效期自2014年6月1日起至2016年5月31日止。案外人保世高（广州）贸易有限公司为被保险人B物流公司向甲保险公司投保。对于每次及每个的理赔，设有1500元的免赔额。2014年7月30日，甲保险公司作出第043号货运险批单，同意自2014年7月29日起，在保单承保条款项下增加以下条款："保险人兹同意增加放弃对于下列签约承运商的代位求偿权：A物流公司。"2015年7月2日，甲保险公司作出第044号货运险批单，自2015年7月1日起，删除同意增加放弃对B物流公司的签约承运商包括A物流公司的代位求偿权条款。

2015年3月26日，A物流公司受B物流公司委托送货发生保险事故。甲保险公司向B物流公司赔付509270.38元。B物流公司向甲保险公司出具豁免责任和代位求偿书，豁免了甲保险公司的责任，并同意甲保险公司代位取得B物流公司向运输人A物流公司求偿的所有权利。甲保险公司于是提起本案诉讼，向A物流公司追偿。

A物流公司向乙保险公司投保了国内货物运输险以及财产一切险。

【案件焦点】

甲保险公司是否有权向A物流公司行使保险人代位求偿权。

【法院裁判要旨】

广东省广州市黄埔区人民法院经审理认为：甲保险公司在货运险批单中放弃代位求偿权，对其具有法律约束力，不能再对 A 物流公司行使代位求偿权。尽管在保险人代位求偿权案件中无须审理保险合同关系，但保险条款涉及第三人实体权益的，应纳入审查范围。

广东省广州市黄埔区人民法院依照《中华人民共和国合同法》第八条第一款、《中华人民共和国保险法》第五条、《中华人民共和国民事诉讼法》第六十四条第一款、《最高人民法院关于适用〈中华人民共和国民事诉讼法〉的解释》第九十条的规定，作出如下判决：

驳回甲保险公司的全部诉讼请求。

甲保险公司不服，提起上诉。广东省广州市中级人民法院经审理认为：本案的主要争议焦点为甲保险公司是否有权行使保险人代位求偿权。在保险人代位求偿权诉讼中，保险人取得的代位权不得超过被保险人即原权利人所享有的追究第三人民事责任的请求权边界。甲保险公司在保险合同中放弃向 A 物流公司行使代位求偿权，表明甲保险公司对于 B 物流公司事先放弃追究 A 物流公司的违约责任的行为予以确认，即保险人同意被保险人放弃对第三者请求赔偿的权利，B 物流公司的上述行为有效。因此，甲保险公司取得的代位求偿权不能超过 B 物流公司的权利边界，即放弃追究 A 物流公司的违约责任。尽管甲保险公司在随后出具的第 044 号货运险批单中删除了上述同意条款，但是该条款不具有溯及力。

关于甲保险公司预先同意 B 物流公司放弃对第三者的损害赔偿请求权的意思表示是否有效的问题。保险法并不禁止保险合同约定保险人同意被保险人事先放弃追究与其有共同利益的第三人的民事责任。甲保险公司在承保时是明知B物流公司事先放弃对第三者的损害赔偿请求权的。甲保险公司在担责后，推翻先前同意B物流公司放弃对第三者的损害赔偿请求权的意思表示，又向A物流公司主张代位追偿权有违保险法公平及最大诚信原则。

关于本案是否应当审查保险合同条款的问题。本案虽然审查了保险合同条款，但是并非因本案保险合同条款涉及第三者实体权益。本案并未审查甲保险公司与B物流公司之间的保险合同关系，而是对于甲保险公司所主张的代位求偿权的权利来源是否存在进行司法审查。B物流公司事后出具单方说明不能推翻其与A物流公司之间的合同约定，因此甲保险公司无权行使代位求偿权。在此基础上，本案无需处理乙保险公司是否须承责的问题。

广东省广州市中级人民法院依照《中华人民共和国民事诉讼法》第一百七十条第一款第一项之规定，作出如下判决：

驳回上诉，维持原判。

【法官后语】

对于保险事故发生前，被保险人预先免除第三人责任可否限制保险人代位求偿权的问题，在二审当时保险法及司法解释并无明文规定。因此，本案的审理须结合当时可以适用的其他规定推出合适的处理规则，以符合保险人代位权求偿权制度设立的初衷，平衡保险人、被保险人以及第三人之间的利益，保障财产保险分散、转移风险功能的顺利实现。

1. 保险人代位求偿权的权利基础

根据《中华人民共和国保险法》第六十条的规定，保险人取得的代位权来源于被保险人即原权利人的所享有的追究第三人民事责任的请求权。基于财产保险的损失填补原则，同时为避免道德风险，保险法规定，如果被保险人先从保险人处获得赔偿，那么就应当将其享有的向第三人索赔的权益转让给保险人。

既然保险人代位请求权是一种权益转让，那么保险人取得的权利不得优于原权利人所享有的权利。结合本案实际，甲保险公司若要行使保险人代位求偿权，就必须回归到保险人代位求偿权的基础，即被保险人向造成保险事故的第三人的损害赔偿请求权是否存在。根据本案查明的事实，B 物流公司已事先与 A 物流公司约定放弃追究违约责任。甲保险公司在保险合同中承诺放弃行使代位求偿权，表明 B 物流公司在投保时已经如实告知了甲保险公司弃权的情况。

2. 被保险人预先免除第三人责任的弃权行为是否有效

既然保险人的代位求偿权来源于基础关系中被保险人的民事权利，那么就要考察基础关系中民事权利是否可以被放弃。在我国民法体系中并未有明确条文规定弃权及禁反言原则，但均规定有自愿以及诚实信用原则，由该两条原则可以推出弃权及禁反言原则存在适用空间。既然民事权利可以放弃，那么继而应当考虑该弃权条款是否有效的问题。如果双方在合同中的弃权约定不符合合同法第四十条及第五十二条的规定，那么该条款就属无效条款。如果双方经过合意达成了守约方放弃追究违约方责任的约定，只要不存在约定无效的事由，那么根据合同意思自治的原则，该约定即为有效。本案中，B 物流公司有权预先免除 A 物流公司的民事责任，同时本案现有证据无法证实 B 物流公司与 A 物流公司的约定存在无效格式条款或是合同无效的情形，故 B 物流公司预先免除 A 物流公司责任的行为有效。B 物流公司在与 A 物流公司签订的运输合同中通过明示的方式弃权，而 A 物流公司基于信赖认为 B 物流公司会依照合同约定弃权并作出了履行合同的行为，因此 B 物流公司基于民法上的禁反言原则，在没有与 A 物流公司合意变更该约定的情况下，不得单方作出相反意思表示，向 A 物流公司主张权利。至于 B 物流公司为何放弃权利，属于 B 物流公司的自愿行为，并非本案应当审查的范围，基于民法上意思自治的原则，人民法院应当尊重市场主体对于自身权利或义务的安排，既有可能双方存在共同利益而形成关联共同体，也有可能 A 物流公司基于 B 物流公司的弃权而支付了某种对价。总之，双方既然达成了协议，那么基于契约精神，应当尊重双方当事人的约定。

3. 弃权行为可否限制保险人代位求偿权

保险合同签订前，B 物流公司已经与 A 物流公司约定了弃权条款，B 物流公司就此情况也如实告知了甲保险公司，甲保险公司予以承保并明确表示同意放弃行使代位求偿权，这涉及保险人代位求偿权是否可以放弃的问题。保险人代位求偿权是一种法定权利，是否允许当事人在保险合同中约定放弃，现行保险法也无明文规定，只能通过对于现行保险法条文进行解释来认定该权利可否放弃。根据《中华人民共和国保险法》第六十二条可以推定，保险法既然限制保险人在赔付后向与被保险人存在共同利益的同一方主体行使代位求偿权，那么举重以明轻，被保险人作为商事主体，也可能与基础关系相对方存在共同利益，进而对权利行使、义务负担作出理性安排，因此不应当禁止保险人同意被保险人预先免除第三人的民事责任，而该意思表示的表现形式可以是主动放弃代位求偿权，正如本案所涉条款。因此，保险人预先同意放弃行使代位求偿权符合保险法第六十二条的立法精神。

又根据《中华人民共和国保险法》第六十一条第二款的规定，我国保险法规定在保险事故发生后，保险人可以对于被保险人放弃追究第三者权利的行为作出是否同意的意思表示，而根据保险人态度的不同，被保险人放弃对第三者请求赔偿的权利的行为效果也不同。既然在保险事故发生后，现行保险法允许保险人作出是否同意的意思表示，那么在没有相反规定的情况下，应当允许保险人在保险事故发生前作出是否同意被保险人放弃追究第三人民事责任的意思表示。因此，保险人同意被保险人预先免除放弃第三人责任并不违反保险法第六十一条的规定。

综上，甲保险公司同意放弃行使代位求偿权的意思表示不仅是一种权利放弃行为，而且该弃权行为实际上是其作为保险人对于被保险人B物流公司预先免除第三人A物流公司违约责任的行为的确认，该确认并不违反保险法的相关规定，甲保险公司应当遵守承诺。既然代位求偿权可以放弃，那么在被保险人如实告知保险人该情况且保险人予以承保的情况下，被保险人的预先弃权条款应当可以限制保险人行权。

4. 如何保障保险人的权益

保险人因被保险人的预先弃权行为而无法行使代位求偿权，相当于保险人、被保险人与第三人之间的利益平衡被打破，而代位求偿权制度的初衷也未能实现，最终的责任者并未承担相应的民事责任，保险人的利益受损。因此，既然被保险人的预先弃权行为可以限制保险人行使代位求偿权，那么应当通过现有法律规定找出一条平衡各方利益的路径。

笔者认为，该种保护应区分两种情况，即根据《中华人民共和国保险法》第十六条的规定，考察投保人投保时是否已经履行了如实告知义务。本案中，B物流公司投保时明确告知了甲保险公司其与A物流公司约定有预先免除责任的条款。甲保险公司作为专业的保险机构，具有比一般商事主体更加专业的保险知识，可以通过精算方法准确计算出被保险人事先弃权致其无法行使代位求偿权的情况下所应当收取的保费，通过保费获得对价，来弥补其可能因弃权条款的存在而潜在的损失。而如果B物流公司未向甲保险公司履行如实告知的义务，则B物流公司违反了保险法最大诚信原则，应当承担相应的责任。甲保险公司可以通过该条的规定，解除合同并追究B物流公司的民事责任，以保护其潜在的利益损失。

综上所述，从此案中可以梳理出如下裁判规则：保险合同订立前，被保险人预先免除第三人责任只要不存在约定无效的情形，那么由于保险人代位取得的基础权利存在瑕疵，故可以限制保险人行使代位求偿权，除非第三人愿意主动负担义务。保险人在承保时明示同意或默示认可被保险人预先弃权行为的，依据最大诚信原则，保险人应予以赔付且不得向投保人主张权利。被保险人投保时未如实告知弃权情况的，保险人可以追究投保人的违约责任。

5. 本案裁判思路符合后续相关规定

本案判决生效后，《最高人民法院关于〈中华人民共和国保险法〉若干问题的解释（四）》于2018年9月1日起施行，该司法解释第九条针对案涉问题所确立的裁判规则肯定了本案裁判思路。该条规定：“在保险人以第三者为被告提起的代位求偿权之诉中，第三者以被保险人在保险合同订立前已放弃对其请求赔偿的权利为由进行抗辩，人民法院认定上述放弃行为合法有效，保险人就相应部分主张行使代位求偿权的，人民法院不予支持。保险合同订立时，保险人就是否存在上述放弃情形提出询问，投保人未如实告知，导致保险人不能代位行使请求赔偿的权利，保险人请求返还相应保险金的，人民法院应予支持，但保险人知道或者应当知道上述情形仍同意承保的除外。”

编写人：广东省广州市中级人民法院　辛野

254 网约代驾平台成为车损险代位求偿对象的法律证成

——保险广东分公司诉汽车服务公司、吴某保险人代位求偿权案

【案件基本信息】

1. 裁判书字号

广东省广州市中级人民法院（2017）粤01民终13837号民事判决书

2. 案由：保险人代位求偿权纠纷

3. 当事人

原告（被上诉人）：保险广东分公司

被告（上诉人）：汽车服务公司、吴某

第三人：王某

【基本案情】

保险广东分公司承保王某名下车辆。保险期间内，王某因饮酒不能驾驶，遂通过“×代驾”网络平台向汽车服务公司请求有偿代驾服务，汽车服务公司接受后，吴某提供代驾服务。王某签署了由吴某提供的《委托代驾服务协议》，内容为：协议适用于汽

车服务公司利用下属“×代驾”平台为客户推荐代驾司机服务项目；委托方向“×代驾”预约，“×代驾”接单并提供服务；委托方签字即确认了解收费标准及“×代驾”政策，并向司机支付服务费用。驾驶服务中，如遇意外交通事故发生，代驾车辆负有责任，委托方同意先行使用车辆保险理赔，属于保险责任范围内但未能赔付的部分由“×代驾”承担，非代驾车辆负有责任，“×代驾”不负责损失赔偿：(1) 委托方同意使用车辆保险理赔，因理赔影响次年保费涨幅，按照车辆保险次年涨幅情况由“×代驾”赔偿；(2) 交通补偿款赔偿，除本条约定外，“×代驾”不再对委托方的其他损失承担责任。王某在委托方署名，吴某、汽车服务公司在被委托方签名和签章。吴某提供代驾服务时发生交通事故，据交警部门作出的事故认定书，吴某负事故全部责任。事故发生后，经保险广东分公司定损并向王某赔付了保险金159194元。王某承诺将已获赔部分的追偿权转给保险广东分公司。庭审中，汽车服务公司提供一份《赔偿协议书》，内容为：鉴于王某委托汽车服务公司提供代驾信息的吴某提供代驾服务时发生交通事故，经协商，王某的车辆维修费由王某的保险公司理赔，汽车服务公司赔偿因此次事故导致保费上浮4000元，维修费用的20%即32700元，交通赔偿1000元，拖车费660元，共计38360元，王某已收到全部款项。《赔偿协议书》由汽车服务公司加盖印章及王某签名。

庭审中，吴某陈述汽车服务公司在代驾服务费中提取20%的信息服务费和2元的保险费，剩下的费用归吴某所有。事故发生后，王某与汽车服务公司沟通，汽车服务公司提供了两种解决方案：一是由汽车服务公司投保的保险公司为王某理赔；二是由王某投保的保险公司理赔，再由汽车服务公司赔偿部分款项。赔偿的数额是由汽车服务公司与王某沟通达成，由吴某代表汽车服务公司与王某签订《赔偿协议书》。汽车服务公司对吴某的上述事实陈述予以认可。吴某同时陈述，其曾与汽车服务公司签订雇佣合同，但是在事故发生后汽车服务公司与其解约并把雇佣合同收回。王某陈述，《委托代驾服务协议》《赔偿协议书》都是真实的，其已从汽车服务公司获得赔偿款 38360 元；《委托代驾服务协议》是事故发生后，吴某要求其签订的。

【案件焦点】

1. 保险广东分公司是否有权行使代位求偿权；2. 汽车服务公司与吴某之间属于居间关系还是雇佣关系。

【法院裁判要旨】

广东省广州市荔湾区人民法院经审理认为：车辆并未转移占有，代驾人对保险标的车辆也不存在占有利益，因此代驾人不能成为涉案保险合同的被保险人。代驾人作为第三人在提供有偿服务的过程中造成投保车辆受损并负全责，对被保险人的财产构成侵权，王某有权请求代驾人赔偿，保险广东分公司可代位行使权利，代驾人应当作为代位求偿对象。吴某未能提供与汽车服务公司存在雇佣关系的证据，而且既没有固定的工作场所、工作时间，也不按月领取劳动报酬，因此双方并非雇佣关系。吴某、汽车服务公司共同在《委托代驾服务协议》被委托方署名及签章并通过对服务费分成方式收益，且汽车服务公司与王某签订《赔偿协议书》赔偿了部分款项，故吴某与汽车服务公司应为共同代驾人，共同承担赔偿责任。但汽车服务公司已经向王某赔偿的款项应在赔偿总额中扣除。

广东省广州市荔湾区人民法院依照《中华人民共和国保险法》第十二条、第六十条,《中华人民共和国民事诉讼法》第六十四条的规定，作出如下判决：

一、汽车服务公司、吴某共同于判决发生法律效力之日起十日内向保险广东分公司支付赔偿款124834元；

二、驳回保险广东分公司的其他诉讼请求。

汽车服务公司、吴某不服一审判决，分别提起上诉。广东省广州市中级人民法院经审理认为：根据汽车服务公司与吴某的上诉主张，二审的主要争议焦点是双方之间是居间关系还是雇佣关系。第一，在案涉《委托代驾服务协议》中吴某与汽车服务公司均在被委托方一栏签名和盖章，不符合居间特征；第二，汽车服务公司与王某在事故发生后达成赔偿协议的事实，佐证了汽车服务公司是代驾服务当事方。汽车服务公司认可吴某是代表其与王某签订《赔偿协议书》且赔偿款由汽车服务公司支付，表明了吴某是履行职务行为。第三，吴某对于代驾服务无议价权，代驾费用标准由汽车服务公司制定，与居间特征相矛盾。而且吴某按照汽车服务公司制定标准收费，印证了其职务行为。第四，吴某提供服务时持有“×代驾”标识的证件，表明吴某是受汽车服务公司指派提供代驾服务。第五，吴某本质上还是不定期地通过接受汽车服务公司安排而向客户提供劳务获取报酬，符合雇佣关系的一般特征。第六，汽车服务公司收取的保险费实际上是从代驾司机的佣金中提取，汽车服务公司要求吴某承责，有违公平原则。综合以上几点，汽车服务公司与吴某应为雇佣关系，吴某系履行职务行为，应由汽车服务公司承担赔偿责任。因此，对一审判决部分改判，由汽车服务公司承担赔偿责任。

广东省广州市中级人民法院依照《中华人民共和国合同法》第

十条第一款、第一百零七条、第一百二十四条、第四百二十四条，《中华人民共和国侵权责任法》第三十四条第一款，《中华人民共和国民事诉讼法》第一百七十条第一款第二项的规定，作出如下判决：

一、撤销一审判决第二项；

二、变更一审判决第一项为：汽车服务公司于判决发生法律效力之日起十日内向保险广东分公司支付赔偿款124834元；

三、驳回保险广东分公司的其他诉讼请求。

【法官后语】

当前，“互联网+”服务正深刻地改变着人们的消费出行方式，网约代驾作为一种新型服务，近年来迅猛发展，相关事故纠纷也不断增多，所涉各主体之间的关系以及法律责任的认定问题日益成为社会关注的焦点。代驾司机驾驶被保险车辆发生保险事故的，保险公司在向被保险人进行赔付后，能否取得对网约代驾平台的代位求偿权，实践中存在分歧。《中华人民共和国保险法》第六十条第一款规定：“因第三者对保险标的的损害而造成保险事故的，保险人自向被保险人赔偿保险金之日起，在赔偿金额范围内代位行使被保险人对第三者请求赔偿的权利。”据此，保险人代位求偿的对象只能是“第三者”，且该“第三者”对保险标的存在赔偿责任，相应地，保险人能否向代驾平台求偿需进行两个层次的法律论证：一是代驾人是否属于车损险的第三者；二是代驾平台应否对代驾司机的行为承担责任。

1. 代驾人在车损险中的主体地位分析

保险人代位求偿制度中的第三者是指被保险人之外的人，[1] 故只要代驾人不属于被保险人范围，其成为代位求偿对象即无法律障碍。

① 江朝国：《保险法基础理论》，中国政法大学出版社2002年版，第394页。

（1）财产保险被保险人的外延界定

关于被保险人范围，各大保险公司的财产险合同通常指定具体的被保险人，但对于其他主体是否具有被保险人地位往往未予明确，有必要结合现行保险法规定作进一步探讨。

《中华人民共和国保险法》第十二条第五款将财产保险被保险人定义为“其财产或者人身受保险合同保障，享有保险金请求权的人”，同时第二款规定了“财产保险的被保险人在保险事故发生时，对保险标的应当具有保险利益”，前款仅明确“被保险人”的索赔权利主体地位，后款则揭示了“被保险人”的本质属性。据此，对保险标的是否具有保险利益是界定被保险人外延的核心要素。由于财产保险以保障财产的价值为目的，基于物尽其用的效益追求，在实践中衍生出借用、租赁等多种以物权使用为中心的法律关系，为实现保险目的，商业保险合同的保障范围并不限于投保单上指定的被保险人，而将部分财产使用人也纳入其中，赋予其被保险人的主体地位。

（2）代驾人不具备车损险被保险人地位

车损险是机动车商业险的主要险种之一，车损险赔付范围并不限于被保险人自驾车发生的保险事故。在网约代驾的情况下，代驾人显然不属于保险合同指定的被保险人，其是否具有被保险人主体资格取决于如下问题：一是代驾人是否属于被保险人允许的合法驾驶人；二是被保险人允许的合法驾驶人是否当然具有被保险人地位。

关于第一个问题，我们认为，首先，网约代驾平台仅对具有驾驶资格的司机开放注册，故代驾人应具有相关驾驶证，属于合法驾驶人；其次，保险合同并未对“被保险人允许的合法驾驶人”作出特别说明，应认定代驾人的驾驶行为得到被保险人的许可，以扩大对被保险人及受害人的保障。

关于第二个问题，实践中存在不同意见：

肯定性意见认为，被保险人允许的合法驾驶人属于被保险人。其理由如下：首先，车损险条款已明确对被保险人允许的合法驾驶人驾车发生的事故予以赔付，故代驾人依约具有被保险人地位。其次，根据《机动车交通事故责任强制保险条例》第四十一条第二项的规定，被保险人是指投保人及其允许的合法驾驶人，由于商业险未对“被保险人允许的合法驾驶人”另作规定，在投保人与被保险人一致的情况下，上述规定可以类推适用于机动车商业险。最后，《商业险条款》中，“被保险人允许的合法驾驶人”均见诸车损险章和第三者责任险章的保险责任条款，在无特别说明的情况下，同一合同内的概念应作相同理解，并具有相同的法律地位。在第三者责任险中，将被保险人允许的合法驾驶人视同被保险人为其他国家和地区所采。英美国家判例也规定车主所购买的责任保险保单里，被保险人的定义涵盖任何“得到列明被保险人明示或默示同意”而使用机动车的人。①

否定性意见认为，前述《商业险条款》第六条的目的仅在于界定保险事故范围，条款中的“或”字表明被保险人与其允许的合法驾驶人地位有别，并不能以后者造成的事故属于赔付范围反推其具有前者的主体资格。

我们同意否定性意见，不同险种因功能定位以及保险利益不同，其被保险人的外延也不尽相同，在车损险中，被保险人的范围并不

---

① ［美］小罗伯特·H. 杰瑞、道格拉斯·R. 里士满：《美国保险法精解》，李之彦译，北京大学出版社2008年版，第147页。

包括其允许的合法驾驶人，理由如下：

首先，车损险作为一种商业险，其目的在于分散风险，需从缔约双方的真实意思表示去把握被保险人的外延。而交强险具有社会功能，其目的在于救助受害人，有必要扩大被保险人的范围，以使受害人在交通事故发生后及时获得有效的救济。故交强险上的被保险人范围界定有其公共政策目的考量，其外延并不能当然适用于商业险，否则会加重保险公司的赔付责任，有违合同公平。

其次，车损险的保险利益决定了其被保险人范围亦有别于第三者责任险。第三者责任险是以对第三者的赔偿责任为保险标的，相应的保险利益体现为因赔偿责任的产生而可能导致财产减少。代驾人在驾驶投保车辆过程中存在应对第三者承担赔偿责任而导致财产减损的可能，故对被保险车辆享有第三者责任险的保险利益。而车损险是以车辆价值为保险标的，其保险利益体现为因保险标的受损而导致财产价值减损。网约代驾过程中，一方面，被保险车辆仍未脱离被保险人的控制，不发生占有转移，代驾人对被保险车辆并不享有任何物权利益；另一方面，代驾人提供的是有偿代驾服务，相关报酬收益取决于委托事项的完成情况，其对被保险车辆价值并无保障义务，仅在其驾驶行为直接导致保险标的受损时才发生赔偿责任，故代驾人对保险标的车不享有保险利益。

最后，从保险代位求偿权的制度功能来看，避免被保险人获得双重赔偿是其核心价值，如不允许保险人代位求偿，则会导致被保险人在获得保险金后，仍可依据合同关系向代驾人行使赔偿请求权，产生重复获赔的可能，违反保险法的损失填补原则。同时，代驾人与被保险人也不具备经济上的共同利益，故保险人向代驾人追偿亦不会造成被保险人经济利益的减损。

因此，代驾人在车损险中属于“第三者”而非“被保险人”，故可成为保险人代位求偿的对象。

2. 网约代驾责任主体认定

前已论述，保险人在向被保险人赔偿后，可向代驾人追偿，那么在网约代驾的情况下，代驾人是网约代驾平台还是代驾司机呢？问题的根源在于网约代驾平台与代驾司机之间是属于居间关系还是雇佣关系，在雇佣关系的前提下，代驾司机的行为构成职务行为，造成他人损害的，应由网约代驾平台承担侵权责任。

(1) 网约代驾服务的特点

在传统代驾公司提供的线下代驾服务中，代驾司机受雇于代驾公司，接受代驾公司的指派从事代驾行为。而当前的网约代驾服务通常按如下模式进行：被代驾人在网络平台上发出代驾需求，由网约代驾平台向附近的代驾司机推送，代驾司机自主接单并到达被代驾人指定的地点提供服务。相较于线下代驾服务，网约代驾在形式上具有如下特点：一是代驾司机对是否提供劳务、何时何地提供劳务有充分的自主权，即可以选择是否“接单”；二是网约代驾平台是通过手机 APP 向代驾司机送达客户需求信息，并未直接向代驾司机发出劳务指令。在代驾过程中，代驾司机受客户指示行车，网约代驾平台并不干预驾车路线、速度、中途停车或变更终点站等合同内容。

(2) 雇佣关系与居间关系的主要区别

居间关系是居间人向委托人报告订立合同的机会或者提供订立合同的媒介服务，并由委托人支付报酬的权利义务关系。我国合同法未将雇佣合同作为有名合同予以规范，在学理上，雇佣关系是指受雇人在一定或不特定的期间内，受雇用人指示或安排，为雇主提供劳务，并由雇主支付相应报酬所形成的权利义务关系。二者的主

要区别如下:

第一，主体参与程度不同。居间关系中居间人仅为委托人报告订约机会或充当谈判订约媒介，而具体的合同内容则由委托人与他人协商确定，居间人并不参与委托人与相对人的权利义务关系。[①] 而在雇佣关系中，提供工作机会的雇主即为订约一方，由雇主与他人签订合同，雇员根据雇主的指示履行职务行为。

第二，主体依附性不同。居间关系中居间人与委托人彼此之间无依附关系，不存在居间人指示委托人为或不为一定行为的情况。而雇佣关系中，雇主对于雇员存在一定程度的管理，受雇人根据雇佣合同提供劳务，必须服从雇用人的指示，一般不享有独立的酌情裁量的权利。[②]

第三，报酬方式不同。居间关系中居间人通过向委托人提供订立合同机会的信息而收取费用，而具体的劳务报酬由委托人与相对方议定而不受居间人干预。雇佣关系中雇员从雇主处获得报酬，在受雇主安排对外提供劳务时，对相关劳务收费并无议价权。

(3) 本案法律关系性质及其主体厘定

本案中，虽然三方签订的《“×代驾”信息服务平台用户使用规则》《信息服务协议》载明的汽车服务公司是中间人，但从整个网约代驾服务的过程来看，汽车服务公司与吴某之间成立雇佣关系而非居间关系，理由如下:

首先，从主体参与程度来看：第一，汽车服务公司在案涉《委托代驾服务协议》中被委托方一栏盖章，表明其自愿成为合同

---

① 李国光主编:《中国合同法条文释解》，新华出版社1999年版，第654页。

② 崔建远:《合同法》，北京大学出版社2012年版，第589页。

当事人，接受王某的委托提供相应的代驾服务；第二，涉案事故发生后，汽车服务公司理赔专员直接与王某协商理赔事宜，双方确认吴某是代表汽车服务公司与王某签订《赔偿协议书》，而赔偿款是由汽车服务公司支付，故汽车服务公司直接参与了本案事故的处理与赔付，表明其对吴某的服务行为负责。因此，汽车服务公司直接参与了委托人与相对方之间的权利义务关系，不符合居间的特征。

其次，从主体依附性上来看：一方面，王某向汽车服务公司的“×代驾”平台请求代驾服务，汽车服务公司接收后，吴某提供服务时持有“×代驾”标识的证件，表明吴某是代表汽车服务公司提供代驾服务；另一方面，汽车服务公司作为代驾人有权对代驾服务进行质量监控，亦从每次代驾服务中扣取费用购买代驾险，故吴某并非自主提供代驾服务，而是在汽车服务公司的管理和约束下进行，具有职务行为外观。

最后，从报酬方式上来看：虽然涉案《委托代驾服务协议》约定代驾司机的服务费用由代驾服务使用方支付，汽车服务公司再从代驾司机账户中扣除20%的信息服务费，但是代驾服务收费标准由汽车服务公司制定，吴某并无议价权。若汽车服务公司是居间人，则具体收费标准应由委托服务提供方与接收方协商约定。

综合上述分析，本案的代驾服务关系双方应当是王某与汽车服务公司，而吴某的代驾行为属于职务行为，其代驾过程中造成被保险车辆损害的，相应的法律责任应由汽车服务公司承担，故保险人有权向汽车服务公司行使代位求偿权。

编写人：广东省广州市中级人民法院　谢春晖　辛野

255 被保险人组成人员的理解适用

——保险公司诉汽车贸易公司保险人代位求偿权案

【案件基本信息】

1. 裁判书字号

吉林省长春市中级人民法院（2016）吉01民终字第3496号民事判决书

2. 案由：保险人代位求偿权纠纷

3. 当事人

原告（上诉人）：保险公司

被告（被上诉人）：汽车贸易公司

【基本案情】

吉A6××××号车所有人是案外人史某兴。2013年12月4日史某兴和本案保险公司为该车签订了机动车交通事故责任强制保险单和机动车商业保险单，2014年5月11日，案外人史某兴驾驶被保险车辆到汽车贸易公司处，提出车辆在颠簸路面行驶时天窗有异响，要求保养维修。汽车贸易公司向史某兴出示了试车单，试车单载明“您同意我厂有试车资格的人员对您的车做路试，您将承担路试所消耗的油品，您确认您的车辆有保险，在路试过程中发生意外情况，您同意我们按照保险索赔程序进行维修处理”，史某兴在试车单上签名表示同意。汽车贸易公司有驾驶资质的员工费某驾驶该车行至金城街时，与王某驾驶的吉AA××××号丰田牌小型轿车前部相接触，致王某及被保险车辆车内乘员谢某受伤。净月高新技术产业开发区交警大队做出的《道路交通事故认定书》，认定费某承担事故全部责任，王某、谢某无责任。事故发生后，保险公司对涉诉车辆定损，价格为422800元。史某兴自行在汽车贸易公司处修理涉诉车辆，发生维修费551409元。史某兴修车后依照保险单向保险公司索赔，并起诉保险公司，保险公司依法院生效判决于2015年6月19日向案外人史某兴支付赔偿款600709元。

【案件焦点】

汽车贸易公司对被保险人史某兴是否负有赔偿责任。

【法院裁判要旨】

吉林省长春市净月高新技术产业开发区人民法院经审理认为：案外人史某兴驾驶被保险车辆到汽车贸易公司处，提出车辆在颠簸路面行驶时天窗有异响要求保养维修时，允许汽车贸易公司有试车资格（有驾驶资质）的人员（费某），对涉诉车辆进行使用，在颠簸路面进行路试的行为，符合《机动车辆三者责任保险条款总则》第四条“保险期间内，被保险人或其允许的合法驾驶人在使用被保险机动车过程中发生意外事故，致使第三者遭受人身伤亡或财产直接损毁，依法应当由被保险人承担损害赔偿责任”的规定。

吉林省长春市净月高新技术产业开发区人民法院依照《中华人民共和国合同法》第八条之规定，作出如下判决：

驳回保险公司的诉讼请求。

保险公司持原审起诉意见提起上诉。吉林省长春市中级人民法院经审理认为：1. 关于汽车贸易公司是否应当向案外人史某兴承担赔偿责任的问题。史某兴将车辆送至汽车贸易公司进行检查维修，史某兴与汽车贸易公司之间成立修理合同关系。汽车贸易公司的工作人员对史某兴车辆进行路试的行为是履行合同的一种方式，并非汽车贸易公司所主张的与修理合同无关的独立行为。因该工作人员为履行职务行为，故责任应当由汽车贸易公司承担，即汽车贸易公司在履行修理合同中存在违反安全保障义务的违约行为，对于该违约行为给合同相对方史某兴所造成的损失，应负违约赔偿责任。违章驾驶人为汽车贸易公司的工作人员，故对于史某兴本人的财产损失，以及史某兴所负担的第三者车辆损失、车上人员人身损失，共计 608946.64 元均应当由修理合同的违约方汽车贸易公司对史某兴负违约赔偿责任。汽车贸易公司主张史某兴已经免除了其赔偿责任，但在汽车贸易公司所出具的试车单中，并没有明确约定对于汽车贸易公司的违约行为所造成的损失，史某兴将不向汽车贸易公司主张赔偿，且史某兴在本案及（2015）长民四终字第 201 号一案中均未表示免除汽车贸易公司的违约赔偿责任。

2. 关于保险公司所主张的保险人代位求偿权。根据《中华人民共和国保险法》第六十条的规定，在史某兴与保险公司所签订的保险合同中，车辆损失险项下史某兴所有的车辆即为保险标的，第三者责任险和交强险项下史某兴车辆对第三者造成的损失即为保险标的。本案中，因史某兴车辆和第三者车辆的损失，以及对车上人员的人身损害，均是汽车贸易公司的修理合同的违约行为所造成，故保险人保险公司在向被保险人史某兴赔偿保险金后，即取得了在 608946.64 元范围内代位行使被保险人史某兴对第三者汽车贸易公司请求违约赔偿损失的权利。

3. 汽车贸易公司主张其为史某兴的组成人员。《中华人民共和国保险法》第六十二条中的“组成人员”是指被保险人为非自然人的情况下，与被保险人有劳动关系或雇佣关系的人员，因本案中的史某兴为自然人，并不存在“组成人员”。史某兴与汽车贸易公司之间为修理合同关系，并非为汽车贸易公司所主张的委托关系，汽车贸易公司并非车辆保险合同中被保险人史某兴的组成人员。

吉林省长春市中级人民法院依照《中华人民共和国合同法》第六十条、第一百零七条、第一百一十三条、第二百六十五条、第二百五十一条，《中华人民共和国保险法》第六十条，《中华人民共和国民事诉讼法》第一百七十条第一款第二项之规定，作出如下判决：

一、撤销一审判决；

二、被上诉人汽车贸易公司向上诉人保险公司支付赔偿款608946.64元及利息；

三、驳回上诉人保险公司的其他诉讼请求。

【法官后语】

本案中一审与二审的分歧在于对保险人代位求偿权行使的前提条件和例外情形的理解。

关于保险人取得代位权的基础法律事实问题。保险人代位求偿权来源于合同法上的代位权理论和债权转让理论的结合，但保险法中代位权制度与合同法上的代位权制度和债权转让制度并不完全相同。对于保险代位权，我国保险法采用的是当然代位的方式，即不需被保险人明示转让债权给保险人，只需保险人履行了赔付义务即可自动取得代位求偿权。《中华人民共和国保险法》第六十条第一款规定中“因第三者对保险标的损害而造成保险事故的”的“损害”这一法律事实，我国保险法虽未明确规定，但通说认为基于该法律事实产生的法律关系可以为合同法律关系，也可以是侵权法律关系，抑或是其他法律关系，对此没有限定，本案中第三人的损害即为基于修理合同中的违约行为所产生的法律事实，对此损害事实，保险人在赔付被保险人，即修理合同关系中的定作人后，当然地取得了对修理合同中承揽人的保险代位求偿权。

关于被保险人的组成人员问题。《中华人民共和国保险法》第六十二条规定中的“家庭成员”指自然人，“组成人员”指非自然人。被保险人的家庭成员或者其组成人员对保险标的具有与被保险人共同的利益。被保险人的家庭成员或者组成人员造成保险事故的，一般情况下被保险人不会行使损害赔偿请求权，因此对保险人行使代位求偿权也应有所限制。由于保险代位求偿权仅存在于财产保险合同法律关系中，应该从财产关系和经济利益的角度来考察和界定本条规定中“家庭成员”的范围，不能因保险人行使代位求偿权而最终损害被保险人的经济利益、导致被保险人财产的减损，否则有悖于保险合同转移风险的合同目的。通说认为，“家庭成员”应当包括三类：一是长期共同居住、有共同家庭财产的亲属；二是非共同居住，但是有抚养关系的人，包括具有法定抚养关系的亲属；三是既非共同居住，也没有抚养关系的近亲属。“组成人员”是指被保险人内部与其存在共同经济利害关系的人员，包括被保险人的雇用人员、单位员工等，实践中可以考虑以与被保险人是否存在劳动关系作为判断标准。

编写人：吉林省长春市中级人民法院　李雨萍

256 保险人追偿权对象的确定

——保险长海支公司诉A公司、谢某追偿权案

【案件基本信息】

1. 裁判书字号

辽宁省大连市中级人民法院（2015）大民三终字第1102号民事判决书

2. 案由：追偿权纠纷

3. 当事人

原告（被上诉人）：保险长海支公司

被告（上诉人）：谢某、A公司（曾用名B公司）

【基本案情】

2011年9月27日14时30分，马某驾驶小型轿车行驶时，与其同方向前方持准驾车型为C1驾驶证的被告谢某驾驶的中型普通客车相撞，造成车辆损坏，小型轿车乘车人应某受伤。2011年10月24日，大连市公安局交通警察支队甘井子大队作出道路交通事故认定书，认定马某、谢某分别负事故同等责任，应某无责任。应某起诉马某、谢某、B公司、保险长海支公司承担赔偿责任，法院判决保险长海支公司在交强险限额范围内赔偿应某损失120000元。保险长海支公司于2014年7月8日向应某账户转账支付120000元。

另查，驾驶人谢某的机动车驾驶证记载准驾车型为C1。车辆的机动车行驶证记载车辆类型中型普通客车，车辆所有人为B公司。驾驶人谢某未按驾驶证载明的车型驾驶机动车，属准驾车型

不符。B 公司于 2015 年 3 月 24 日变更为 A 公司。被告谢某系 A 公司员工，在驾驶公司车辆执行工作任务时发生该起交通事故。

【案件焦点】

保险人追偿对象的确定。

【法院裁判要旨】

辽宁省大连市甘井子区人民法院经审理认为：驾驶人未取得驾驶资格或者未取得相应驾驶资格的，当事人请求保险公司在交强险责任限额范围内予以赔偿，人民法院应予支持。保险公司在赔偿范围内向侵权人主张追偿权的，人民法院应予支持。

本案中，被告谢某持准驾车型 C1 的驾驶证驾驶中型普通客车与马某小型轿车相撞造成小型轿车乘车人应某受伤。被告谢某是在驾驶被告 A 公司的车辆执行工作任务时致人损害，但因被告谢某未取得相应驾驶资格存在重大过错，故应当与被告 A 公司承担连带赔偿责任。原告保险长海支公司已在交强险责任限额范围内赔偿应某 120000 元，现原告向侵权责任人被告谢某、被告 A 公司追偿 120000 元，有事实和法律依据，予以支持。

两被告辩称，在出现《机动车交通事故责任强制保险条例》第二十二条规定的情形下，原告仅可对垫付受害人的抢救费用追偿，无权对其他赔偿追偿。《机动车交通事故责任强制保险条例》第二十二条虽然规定在三种情况下保险公司需垫付抢救费用且不赔偿受害人的财产损失，但是，该条款并未明确免除保险公司对人身损害的赔偿责任。保险公司在赔偿范围内向侵权人主张追偿权的，人民法院应予支持。由此可见，保险公司在已经实际向受害人支付保险金的前提下，可在其实际向受害人赔付的范围内向侵权人追偿。故对两被告该抗辩理由，法院不予支持。

辽宁省大连市甘井子区人民法院依据《最高人民法院关于审理道路交通事故损害赔偿案件适用法律若干问题的解释》第十八条之规定，判决如下：

被告谢某、被告A公司于本判决发生法律效力之日起十日内连带给付原告保险长海支公司120000元。

二审法院同意一审法院裁判意见。

【法官后语】

本案涉及保险人交强险追偿权问题。追偿权问题本质上也是代位求偿权问题。从民法理论来讲，代位求偿是一种债权转移行为，即被保险人将其享有的债权（赔偿请求权）转移给保险人，而债的内容不变。保险人作为新的独立债权人，以自己的名义向债务人即负有赔偿责任的第三者进行追偿。

在保险法领域，保险人代位求偿权适用的范围主要是财产保险领域。交强险属于强制性保险，以不特定的第三人为被保险人，保险内容涉及人身和财产两个方面的内容。之所以赋予保险人在特定情况下对侵权人追偿的权利，是因为交强险的社会公益属性，其能为受到伤害的第三人提供可靠的保障，侵权人由于实施了违法或犯罪行为而导致第三人人身或财产损失，其应为损失的最终承担者。保险人在依法赔偿第三人相应损失后，赋予其向侵权人追偿的权利，以此来达到保险人营利性与公益性的平衡。所以，《中华人民共和国保险法》中的代位求偿权的适用范围，是以财产险为原则，人身险（交强险）为例外。

保险人交强险追偿权是保险人依据交强险的规定，在赔偿受到伤害的第三人保险金之后，依法向特定侵权人求偿的权利。与保险人交强险追偿权类似的是保险人代位求偿权。代位求偿是指保险人在向被保险人进行保险赔偿后，取得该被保险人享有的依法向负有民事赔偿责任的第三人追偿的权利，并依据此权利予以追偿的制度。根据《中华人民共和国保险法》第六十条的规定，因第三者对保险标的的损害而造成保险事故的，保险人自向被保险人赔偿保险金之日起，在赔偿金额范围内代位行使被保险人对第三者请求赔偿的权利。这一法条针对的是财产保险。

根据《最高人民法院关于审理道路交通事故损害赔偿案件适用法律若干问题的解释》第十五条的规定，交强险保险人追偿权的行使必须同时具备以下两个条件：(1) 保险人已向受害人赔偿保险金；(2) 侵权人存在以下三种情形之一：①驾驶人未取得驾驶资格或者未取得相应驾驶资格的；②醉酒、服用国家管制的精神药品或者麻醉药品后驾驶机动车发生交通事故的；③驾驶人故意制造交通事故的。在侵权人为两个或两个以上时，如果存在有的侵权人具备上述三种情形之一而另外的侵权人不具备这一条件的情况下，保险人只能向符合条件的侵权人追偿。由于交强险保险人追偿权源于受害人对侵权人的损害赔偿请求权，故其范围不能超过保险人向受害人实际赔偿的数额。

本案中，保险公司在赔偿受害人交强险保险金之后，因上诉人谢某持准驾车型 C1 的驾驶证驾驶超出该证驾驶范围的中型普通客车，属于未取得相应驾驶资格的情形，故保险公司对其依法享有追偿权。又因谢某作为 A 公司的工作人员，该公司将案涉车辆交由谢某驾驶，就应知道其所具有的驾驶范围，在谢某未取得相应驾驶资格的情况下仍将该车交由其驾驶存在过错，该公司与谢某构成共同侵权，A公司与谢某作为共同侵权人，属于保险公司的追偿对象。虽然案外人马某对事故负有同等责任，但因其不具有追偿权所应具有的三种情形之一，故其不是保险人行使追偿权的适格对象。二上诉人辩解只应负50%的事故责任，不应承担返还全部款项的主张是对法律规定的错误理解，不应得到支持。

编写人：辽宁省大连市中级人民法院　侯德强

257 道路交通事故中第三责任人逃逸，保险方是否应当依据合同约定核减免赔率

——李某诉财险华容支公司保险合同案

【案件基本信息】

1. 裁判书字号

湖南省岳阳市中级人民法院（2015）岳中民二终字第12号民事判决书

2. 案由：保险合同纠纷

3. 当事人

原告（被上诉人）：李某

被告（上诉人）：财险华容支公司

【基本案情】

2013年7月2日，李某在财险华容支公司为其所有的湘F8Q×××小型客车投保了电话营销专用机动车辆保险。《电话营销专用机动车辆保险单（正本）》约定：车辆损失险赔偿限额为149800元，

并投保了不计免赔附加险和指定专修厂特约险。保险期限自2013年7月2日起至2014年7月1日止。2014年5月10日，周某驾驶奥BOW×××（假牌）小车与原告小车相撞，造成两车均受损的交通事故。事故发生后，周某驾车逃逸。2014年6月20日，华容县公安局交通警察大队作出《道路交通事故认定书》，认定周某负事故的全部责任，李某不负事故责任。事故发生后李某向车辆投保的财险华容支公司报案，财险华容支公司也派员到现场进行了勘查。李某将受损的湘F8Q×××小车在具有4S店资质的汽修公司进行了修理，共花费修理费用20000元。故李某认为，根据《道路交通事故认定书》《电话营销专用机动车车辆保险单（正本）》、汽修公司出具的修理发票，被告理应承担自己损失的全部赔偿责任。财险华容支公司则认为根据《中华人民共和国保险法》第六十一条的规定，原告并未穷尽救济途径向本案事故的责任人周某主张权利，且原告在本案事故中无责任，故被告不应承担赔偿责任。即使被告应承担保险责任，依据保险条款第八条第二款的规定，被保险车辆的损失应由第三方负责赔偿的，无法找到第三方时，免赔率为30%，且被保险车辆的损失只能按保险公司的定损计算，故被告方只能依据法律和保险合同的约定，承担相应赔偿责任。

【案件焦点】

李某直接向财险华容支公司主张权利有无事实和法律依据以及是否应当依据合同约定核减免赔率30%。

【法院裁判要旨】

湖南省华容县人民法院经审理认为：李某与财险华容支公司之间签订的保险合同合法有效，应受法律保护。财险华容支公司认为李某未穷尽救济途径向事故的责任人周某主张权利，且李某在事故中无责任，故财险华容支公司不应承担赔偿责任的辩称意见，《最高人民法院关于适用〈中华人民共和国保险法〉若干问题的解释（二）》第十九条第一款规定：“保险事故发生后，被保险人或者受益人起诉保险人，保险人以被保险人或者受益人未要求第三者承担责任为由抗辩不承担保险责任的，人民法院不予支持”。故财险华容支公司的上诉抗辩理由不成立，不予采信。财险华容支公司提出依据《电话营销专用机动车保险条款》第八条第二款的约定应扣减30%的免赔率的辩论意见，因该条款约定的是“被保险机动车的损失应当由第三方负责赔偿的，无法找到第三方时免赔率为30%”，而本案中第三方周某有具体的联系方式，不属于无法找到的情形财险华容支公司在向被保险人理赔后，可代为行驶被保险人对第三者周某请求赔偿的权利，故对该意见不予支持。综上所述，被告财险华容支公司应按照与李某签订的保险合同约定承担保险理赔责任，因李某的车辆损失没有超过保险合同约定的车辆损失险赔偿限额，且李某购买了不计免赔附加险和指定专修厂特约险，因财险华容支公司未提交车辆损失定损的证据，故李某要求按修理费发票承担赔偿责任的要求并无不当，故对李某要求财险华容支公司全额赔偿车辆损失修理费的诉讼请求，予以支持。财险华容支公司在向李某赔偿保险金后，可以代为行使被保险人李某对第三者周某请求赔偿的权利。

湖南省华容县人民法院根据《中华人民共和国合同法》第六十条第一款、第一百零七条，《中华人民共和国保险法》第十四条、第二十三条的规定，作出如下判决：

财险华容支公司在判决生效后十日内在车辆损失险保险项内向

李某支付保险金 20000 元。

财险华容支公司不服，提起上诉。湖南省岳阳市中级人民法院经审理认为：本案争议的焦点在于李某直接向财险华容支公司主张权利有无事实和法律依据以及是否应当依据合同约定核减免赔率30%。《最高人民法院关于适用〈中华人民共和国保险法〉若干问题的解释（二）》第十九条第一款规定：“保险事故发生后，被保险人或者受益人起诉保险人，保险人以被保险人或者受益人未要求第三者承担责任为由抗辩不承担保险责任的，人民法院不予支持”。李某作为被保险人，直接起诉保险人财险华容支公司符合法律规定，并不要求其穷尽救济途径，财险华容支公司在向李某理赔后，可以代为行使被保险人李某对第三者周某请求赔偿的权利。至于上诉人要求核减免赔率 30%，因本案中的周某不属于无法找到的第三方，不适用保险条款第八条第二款的约定，故上诉人提出的按要求核减免赔率 30%的理由没有事实与法律依据，该上诉理由亦不能成立，本院不予采纳。综上所述，原判决认定的事实清楚，适用法律正确，处理恰当，应予维持。

湖南省岳阳市中级人民法院依据《中华人民共和国民事诉讼法》第一百零七条第一款第一项的规定，作出如下判决：

驳回上诉，维持原判。

【法官后语】

本案的处理重点主要集中在对《中华人民共和国保险法》中“电话营销专用机动车辆保险”的理解。《中华人民共和国保险法》第六十条第一款规定，“因第三者对保险标的的损害而造成保险事故的，保险人自向被保险人赔偿保险金之日起，在赔偿金额范围内代位行使被保险人第三者请求赔偿的权利”，《电话营销专用机动车辆保险条款》第八条第二款约定，“被保险机动车的损失应当由第三者负责赔偿的，无法找到第三方时免赔率为30%”。

具体到本案中，以上三项规定直击本案中最大的两个争议焦点即李某直接向财险华容支公司主张权利有无事实和法律依据以及是否应当依据合同约定核减免赔率30%。一审、二审法院思路在此出现了高度的统一，其主要原因归于对以上两项规定都有正确且合理的理解，故二审法院维持了一审判决。

值得注意的是，以上三项规定中，有两点需要重点探讨：(1) 如何理解“代位行使第三者请求赔偿的权利”。(2) 什么样的情况属于“无法找到的第三方”。

针对第一点，其根本在于对代位求偿权本质的理解。代位求偿权指在财产保险中，保险标的由于第三者责任导致保险损失，保险人按照合同的约定履行赔偿责任后，依法取得对保险标的的损失负有责任的第三者请求赔偿权利。简言之，即在保险事故中，不管被保险方是否有责任，保险方都应按照合同的规定进行理赔，理赔后则取得向有责任的第三方请求在赔偿金额范围内代为行使赔偿金额的权利。

针对第二点应理解如下：(1) 第三方已经死亡；(2) 第三方的身份信息，家庭住址，手机号码的信息无法获取。根据交通事故认定书中周某并没有死亡，且原告既能提供周某的家庭地址又能提供其手机号码，故被告以周某的号码一直处于无法接通与关机状态为由，要求核减30%的免赔率的要求，人民法院不应采纳。

编写人：湖南省岳阳市华容县人民法院　李虎

258 保险公司赔付客运承运人责任险后行使代位追偿权之限制

——甲保险公司诉张老大等保险人代位求偿权案

【案件基本信息】

1. 裁判书字号

云南省昆明市中级人民法院（2012）昆民四终字第375号民事判决书

2. 案由：保险人代位求偿权纠纷

3. 当事人

原告（上诉人）：甲保险公司

被告（被上诉人）：张老大（化名）、汽车某区分公司、汽车总公司

【基本案情】

2011年8月25日3时32分，张老大驾驶渝B×××号重型货车（该车在乙保险公司投保了机动车交通事故责任强制保险），违反交通信号灯并超速行驶，导致该车侧翻后与临时停放于路旁的云A×××号出租车（该车在甲保险公司处投保了客运承运人责任保险且该车隶属出租公司）相撞，造成出租车驾驶员崔某当场死亡。经交警部门调查后出具了《交通事故责任认定书》认定张老大系醉酒驾车，并对此次事故负全部责任。渝B×××号重型货车车主为汽车某区分公司，该公司无独立法人资格，系汽车总公司下属分公司。事故发生后，保险公司依据保险合同向受害人崔某家属赔偿了保险金人民币200000元。

出租公司于2011年7月31日向甲保险公司投保客运承运人责任保险附加医药费赔偿责任险和附加司机及乘务员责任险，保险期限为2011年8月1日至2011年8月31日。原客运承运人保险扩展至驾驶员及乘务人员，在发生驾驶员及乘务员伤残或身故时，保险人按主险条款的约定承担保险责任。本案保险事故发生后，受害人崔某的亲属以张老大、李某、汽车某区分公司、汽车总公司、乙保险公司为被告向昆明市盘龙区人民法院提起民事诉讼，要求承担交通事故赔偿责任，昆明市盘龙区人民法院判决："一、乙保险公司于本判决生效之日起10日内赔偿各项损失共计人民币110000元；二、李某、张老大于本判决生效之日起10日内连带赔偿各项损失共计人民币228486元，汽车总公司对该款项承担补充赔偿责任……"

【案件焦点】

甲保险公司在理赔客运承运人责任险以后是否有权向已为生效判决确定侵权赔偿责任的致害人追偿。

【法院裁判要旨】

云南省昆明市盘龙区人民法院经审理认为：保险代位求偿权是指因第三者对保险标的的损害而造成保险事故的，保险人自向被保险人赔付保险金之日起，在赔偿金额范围内代位行使被保险人对第三者请求赔偿的权利。本案中，张老大醉酒驾驶等违法行为造成了案外人崔某死亡的后果，甲保险公司依照保险合同的约定在客运承运人责任保险范围内向崔某家属支付了人民币200000元的保险金，但保险人代位求偿权仅适用于财产保险，客运承运人责任保险系人身保险，保险人并不享有代位求偿权，故对甲保险公司的诉讼请求不予支持。

云南省昆明市盘龙区人民法院依照《中华人民共和国保险法》第六十条，《中华人民共和国民事诉讼法》第六十四条、第一百零七条、第一百三十条之规定判决如下：

驳回甲保险公司的诉讼请求。

甲保险公司不服，提起上诉。云南省昆明市中级人民法院经审理认为：首先，《中华人民共和国保险法》第六十五条第四款规定："责任保险是指以被保险人对第三者依法应负的赔偿责任为保险标的的保险。"在被保险人应当对第三者承担经济赔偿责任时，由保险公司全部或者部分分担该经济赔偿责任。本案中，甲保险公司承保客运承运人责任保险是对出租公司在造成第三者人身损害时承担限额内的赔偿责任，责任保险的被保险人为出租公司，后双方约定将该保险扩展至驾驶员及乘务人员，致使责任保险合同中被保险人与第三者相重合，该条约定与责任保险基本法律结构相冲突，对条款之外的第三方不产生法律约束力。其次，在交通事故发生后，受害人崔某的家属已向本案被上诉人提起交通事故损害赔偿之诉，相关判决也确认了张老大和汽车总公司的赔偿责任，现甲保险公司向张老大、汽车总公司行使代位求偿权将会使张老大和汽车总公司因同一侵权行为而承担双重赔偿责任，明显有悖民法的公平原则。

云南省昆明市中级人民法院依照《中华人民共和国民事诉讼法》第一百五十三条第一款第一项之规定，判决如下：

驳回上诉，维持原判。

【法官后语】

保险人代位求偿权是保险法针对财产保险合同损失补偿性质所作出的特别规定，而在人身保险合同中，保险标的是人的寿命或者身体，其难以用金钱来衡量，故人身保险合同不适用损失补偿原则，保险人也不能在理赔的范围内对致害第三人行使代位求偿权。本案审理的重点首先是确定涉案保险合同是不是典型性的财产保险合同，进而判定保险人的诉讼主张有无合法依据；其次是确定致害第三人是否已经承担了对受害人家属的赔偿责任，避免判决有失公平。

首先，责任保险合同是指保险人与投保人之间达成的，由保险人对被保险人因过失行为或者意外事故致使他人的人身伤亡或财产损害而依法应承担的民事损害赔偿责任承保保险责任的协议。责任保险是以被保险的民事损害赔偿为标的，而人身保险是以人的寿命和身体为保险标的的保险。本案保险人承保客运承运人责任保险，其责任赔偿的对象是旅客或者经司乘人员同意乘车的其他人，司乘人员因为是投保人的工作人员被排除在客运承运人责任保险的赔偿对象之外；即便在司乘人员与投保人是挂靠关系的情况下，车辆的相关保险多数情况下也是由司乘人员以出租车公司的名义购买。因此，司乘人员如果被纳入客运承运人责任保险赔偿范围内便与客运责任保险承保对第三方赔偿责任的性质相违背，保险人与投保人将客运承运人责任险保险扩展至驾驶员及乘务人员实际上是保险人针对司乘人员单独承保了人身意外伤害保险。因此，保险公司在对司乘人员遭受意外伤害而承担赔偿责任后，无权向侵权责任人行使追偿权。

其次，人的生命及身体具有不可替代性和复制性，人的生命与身体受到损害不能简单用金钱进行衡量和估价。因此，在保险领域很多适用于财产保险合同的制度不能直接适用于人身保险合同，如重复保险、超额保险、代位求偿等。但从侵权责任承担的角度来说，因为侵权责任承担的根本功能是弥补被侵害人的财产和人身损失，侵权人对于受害人人身遭受的损失可以通过承担医疗费、残疾赔偿金的形式予以限定；而对受害人生命的损失是通过对其近亲属支付丧葬费、死亡赔偿金等形式对近亲属进行物质上的补偿。因此，侵权人对受害人及其家属的赔偿是有限的、可确定的。本案中，交通事故发生后，侵权人已经被追究了刑事责任，同时受害人家属也向其提出了民事侵权赔偿并经法院的生效判决予以确认。现保险人以已支付了责任保险的赔偿金给受害人家属为由向侵权人行使代位求偿权，势必会使侵权人因同一侵权行为承担多重赔偿责任，违反了相关规定，不应当得到法院的支持。

编写人：云南省昆明市中级人民法院　杨万

259　保险人代位求偿权案件中公估报告及快递保价条款的效力认定

——保险公司诉快递公司保险人代位求偿权案

【案件基本信息】

1. 裁判书字号

上海市浦东新区人民法院（2011）浦民六（商）初字第5069号民事判决书

2. 案由：保险人代位求偿权纠纷

3. 当事人

原告：保险公司

被告：快递公司

【基本案情】

2008年6月19日贸易公司与原告签订《货物内陆运输保险预约保险单》及2009年7月1日出具的批单，被保险人为贸易公司，保险期限“自2008年7月1日起至任何一方按照取消条款提出终止为止”，每批承保限额“每一认可的运载工具装载被保货物的价值或对任一地点由同一原因发生一个或一系列事故的价值不得超过人民币3000000元”，被保险货物/包装情况“电气机电产品（阀门、驱动装置/气缸等）及其附件用标准纸箱包装”，航程“自上海至中国境内各地”，承保条件“每一快递运送限额为人民币200000元”，投保价值“实际现金价值”，无免赔额。2010年6月28日，贸易公司委托被告将一批货物从上海市运至杭州市，被告出具编号为368148443534的运单予以承运，贸易公司并未选择对运输货物进行保价。但原告未提供快递单原件，对运输重量及支付运费均不明。7月15日被告向原告出具《破损证明》证明涉案货物“由于运输途中外包装箱破裂，造成部分内件物品的破损或遗失，共计报价为111793.82元”，并在落款处注明“此证明用于费斯托索赔保险专用，报价金额与快递公司无关”。2010年8月27日原告委托公估公司于2010年9月1日前往贸易公司经营地址进行现场勘验检查，该公估公司于2010年12月26日出具公估报告，认定货损金额共计52646.65元。原告于2010年12月17日向贸易公司支付了保险赔款52646.65元。原告遂起诉来院。

原告诉称，被告作为本案货物承运人，对负责运输货物的毁损负有赔偿责任，根据《中华人民共和国保险法》的相关规定，原告根据保险合同向被保险人支付保险赔款后，依法取得保险代位追偿权，有权向被告主张赔偿。故原告诉至法院，请求判令：1. 被告支付原告人民币52646.65元；2. 本案诉讼费由被告承担。被告辩称，不同意原告诉请，第一，原告主体不适格，系争货物是贸易公司将货物运送至杭州公司，货物所有权及风险已经转移，贸易公司对系争货物没有保险利益，因此原告没有保险代位求偿权。第二，诉讼请求金额构成需要原告提供相关证据，被告不清楚货物破损情况，公估公司是原告委托的，被告没有参与公估过程，且公估人员资质已过期，对于被告运输货物是否遗失和破损情况无法确定。第三，贸易公司在托运时未对运输货物进行保价，仅支付了运费，根据快递单背面的条款，未进行保价的货物，最高赔偿标准不超过已支付快递费用的5倍。综上，被告同意向原告赔付1000元。

【案件焦点】

1. 保险公司委托公估公司做出的公估报告效力的认定；2. 快递运输单背面的保价条款的效力认定；3. 如何确定被告应承担的赔偿责任。

【法院裁判要旨】

上海市浦东新区人民法院经审理认为：原告与贸易公司之间的货物运输保险合同系当事人的真实意思表示，且于法不悖，故合法有效。根据《中华人民共和国保险法》第六十条的规定，因第三者对保险标的的损害而造成保险事故的，保险人自向被保险人赔偿保险金之日起，在赔偿金额范围内代位行使被保险人对第三者请求赔偿的权利。故本院对原告的主体资格予以确定。被告与案外人贸易公司之间的合同也同样约束原告。争议焦点一是公估报告的效力。公估公司取得中国保险监督管理委员会保险公估业务许可证，其业务范围包括对保险标的出险后的估损及理算。涉案公估报告公估师的执业证有效期至 2010 年 4 月，而检查评估的时间为 2010 年 9 月，出具公估报告的时间为 2010 年 12 月 26 日，均在有效期之后。因此，该公估师在作出公估报告时并无公估资质，法院对该公估报告的法律效力不予确认。因此法院对于货物损失金额无法确认。争议焦点二是快递运输单背面的保价条款是否有效。原告向法院提交涉案快递详情单的复印件，上载内容并不清晰，原告与托运人贸易公司都未提供原件，而被告向法院提交了其日常使用的空白快递服务合同，原告对此无异议。涉案快递详情单背面约定保价条款，被告主张因案外人贸易公司未对托运货物进行保价，即使赔偿也只能按快递费的 5 倍进行酌情赔偿。原告认为该快递服务合同为格式合同，保价条款的约定排除了被告的责任，应为无效条款。快递详情单已采取了合理的方式提请托运人贸易公司注意该限额赔偿的免责条款。贸易公司在快递单上签字并托运的行为系对此条款的一种认可。该保价条款未排除托运人在货物灭失或损坏时享有获得赔偿的权利，亦未排除承运人应对货运过程中货物的毁损、灭失承担损害赔偿责任的义务。综上，法院认定涉案快递详情单中的保价条款有效。鉴于原告未提供托运货物的快递详情单原件，对托运货物的真实情况和实际价值均无法确定，本院无法对托运货物致损情况及金额作出判断，对于因被告违约造成的实际损失无法查明。原、被告双方及托运人贸易公司对快递费用的金额均表示无法确定，被告在庭后表示其公司通常货物收费的最高标准为 200 元，自愿以 5 倍限额给予原告 1000 元的补偿，该补偿系被告真实意思表示，且于法不悖，法院予以确认。原告依据其与贸易公司的保险合同承担了相应的理赔责任取得了保险代位求偿的权利，但其在向被保险人贸易公司的理赔过程中，并未体现出履行了公平合理的审核义务。

上海市浦东新区人民法院依照《中华人民共和国合同法》第三十九条、第六十条第一款、第一百一十三条第一款、第三百一十一二条，《中华人民共和国保险法》第六十条第一款，《中华人民共和国民事诉讼法》第六十四条第一款的规定，判决如下：

一、驳回原告的诉讼请求；

二、准许被告于本判决生效之日起 10 日内赔偿原告人民币 1000 元。

【法官后语】

1. 公估报告的作用

我国保险法规定了保险人代位求偿制度，保险公司在依法理赔后，有权向责任人请求赔偿。从举证责任角度来看，保险公司在代位求偿之诉中有义务举证，以证明保险事故所造成的损失有多大、涉及的金额有多少。在此，保险公估报告是主要证据之一。保险公估报告是在保险事故发生后，由保险人或（和）被保险人委托有资质的公估机构对保险事故进行评估和鉴定后出具的书面文件。在理赔阶段，是确定保险事故损失的重要参考，在代位求偿阶段，亦是确定责任人赔偿金额的主要依据。在实践中，由于社会上不少中介机构诚信的缺失，导致责任人对公估报告的真实性产生怀疑，在诉讼理赔阶段，责任人认为其未参与公估过程而对保险公估报告不认可。

保险公估报告作为证据中的证人证言还是鉴定意见，这样的划分将直接影响到不同诉讼主体的诉讼利益。诉讼中，主张保险公估报告属证人证言的多为责任方（被告）。因为，与一方有利害关系的证人证言的效力在证明力上将大打折扣，在无其他证据可印证的情况下，大多不被法院所采信。责任方往往会进一步陈述公估机构系由保险公司单方聘请，从保险公司取得报酬，双方有利害关系。而对于鉴定意见，《最高人民法院关于民事诉讼证据的若干规定》第四十一条则规定，对于一方当事人就专门性问题自行委托有关机构或者人员出具的意见，另一方当事人有证据或者理由足以反驳并申请鉴定的，人民法院应予准许。意即对单方委托所产生的鉴定意见，对方如要推翻存在一个前提，有证据且足以反驳。由此就不难看出，不同的诉讼主体持不同观点的原因了。

2. 快递运输单的保价条款的效力认定

快递运输单背面的条款系格式条款。本案中，案外人贸易公司在委托快递公司托运货物时，在快递运输单上填写并签字。该快递运输单是快递公司提供并在背面包含条款，这种条款即是当事人为了重复使用而预先拟定，并在订立合同时未与对方协商的条款，属于《中华人民共和国民法典》第四百九十六条规定的格式条款。

快递公司是否已采取合理方式尽到提示告知义务。本案中，首先，该保价条款是否经承运人向托运人充分提示。快递详情单的正面加粗字体“填写本单前，务请阅读背面快递服务合同！您的签名意味着您理解并接受合同内容”，且在背面的条款内容中第四条（保价条款）“选择不保价服务品种的，如交寄快件物品毁损灭失，按照双方在快递详情单上的约定进行赔偿，如双方没有约定，按照最高赔偿标准不超过托运人（寄件人）已支付快递费用的5倍赔偿”也已加深字体颜色，足以引起正常人重视或关注，因此可以认定被告采取了合理的方式提请托运人贸易公司注意该限额赔偿的免责条款。

本案的证据尚不足以证明因被告违约造成贸易公司实际损失52646.65元。但是被告向案外人贸易公司开具破损证明“由于运输途中外包装箱破裂，造成部分内件物品的破损或遗失，共计报价为111793.82元”“此证明用于费斯托索赔保险专用，报价金额与快递无关”，该证明已显示被告确实在运输过程中导致贸易公司的货物毁损，鉴于原告未提供托运货物的快递详情单原件，对托运货物的真实情况和实际价值均无法确定，法院无法对托运货物致损情况及金额作出判断，对于因被告违约造成的实际损失无法查明。原、被告双方及托运人贸易公司对快递费用的金额均表示无法确定，被告表示其公司通常货物收费的最高标准为200元，自愿以5倍限额给予原告1000元的补偿。

编写人：上海市浦东新区人民法院　黄宗琴

ISBN 978-7-5216-2980-4

9 787521 629804 >

图书在版编目（CIP）数据

保险纠纷裁判规则理解与适用 / 国家法官学院，最高人民法院司法案例研究院编．—北京：中国法制出版社，2023.3

（中国法院年度案例集成丛书）

ISBN 978-7-5216-2980-4

Ⅰ.①保…　Ⅱ.①国…②最…　Ⅲ.①保险合同-合同纠纷-审判-案例-中国　Ⅳ.①D923.65

中国版本图书馆 CIP 数据核字（2022）第 193745 号

策划编辑：李小草　韩璐玮（hanluwei666@163.com）

责任编辑：赵律玮（ayu.0907@163.com）　　封面设计：李　宁

保险纠纷裁判规则理解与适用

BAOXIAN JIUFEN CAIPAN GUIZE LIJIE YU SHIYONG

编者/国家法官学院　最高人民法院司法案例研究院

经销/新华书店

印刷/三河市紫恒印装有限公司

开本/880 毫米×1230 毫米　32 开　　印张/ 42　字数/ 831 千

版次/2023 年 3 月第 1 版　　2023 年 3 月第 1 次印刷

中国法制出版社出版

书号 ISBN 978-7-5216-2980-4　　定价：189.00 元

北京市西城区西便门西里甲 16 号西便门办公区

邮政编码：100053　　传真：010-63141600

网址：http：//www.zgfzs.com　　**编辑部电话：010-63141793**

市场营销部电话：010-63141612　　**印务部电话：010-63141606**

（如有印装质量问题，请与本社印务部联系。）

中国法院2012~2023年度案例系列

国家法官学院　最高人民法院司法案例研究院　编

简便易用、专业实用——打造“好读有用”的案例

1. 专业的作者： 国家法官学院自2012年起推出“中国法院年度案例丛书”，至今已有12年，旨在探索编辑案例的新方法、新模式，以弥补当前各种案例书的不足。自2020年起，丛书由国家法官学院与最高人民法院司法案例研究院共同编辑，每年年初定期出版。

2. 强大的规模： 2012、2013年各推出15本，2014年推出18本，2015年推出19本，2016年推出20本，2017年推出21本，自2018年起推出23本，含传统和新近的热点纠纷，这些案例是从全国各地法院收集到的上一年度审结的近万件典型案例中挑选出来的，具有广泛的选编基础和较强的代表性。

3. 独特的内容： 不再有繁杂的案情，高度提炼案情和裁判要旨，突出争议焦点问题。不再有冗长的分析，主审法官撰写“法官后语”，展现裁判思路方法。

4. 数据库增值服务： 2023年继续推出数据库增值服务，凡购买本书，扫描前勒口二维码，即可免费使用往年同类案例数据库。

《中国法院2023年度案例系列（全23册）》

1. 婚姻家庭与继承纠纷
2. 物权纠纷
3. 土地纠纷（含环境资源纠纷）
4. 房屋买卖合同纠纷
5. 合同纠纷
6. 买卖合同纠纷
7. 借款担保纠纷
8. 民间借贷纠纷
9. 侵权赔偿纠纷
10. 道路交通纠纷
11. 雇员受害赔偿纠纷（含帮工损害赔偿纠纷）
12. 人格权纠纷
13. 劳动纠纷（含社会保险纠纷）
14. 公司纠纷
15. 保险纠纷
16. 金融纠纷
17. 知识产权纠纷
18. 行政纠纷
19. 刑事案例一
20. 刑事案例二
21. 刑事案例三
22. 刑事案例四
23. 执行案例